Bernard Stirn
Yann Aguila

Droit public français et européen

3e édition revue et augmentée

PRESSES DE SCIENCES PO ET DALLOZ

Droit public français et européen / **Bernard Stirn, Yann Aguila. – Paris : Presses de Sciences Po / Dalloz, 2020 (Amphi), troisième édition revue et augmentée**
ISBN 978-2-7246-2759-6 (Presses de Sciences Po)
ISBN 978-2-247-20417-5 978-2-247-21018-3 (Dalloz)
RAMEAU :
– Droit public : France : Manuels d'enseignement supérieur
– Droit public (droit européen) : Manuels d'enseignement supérieur

DEWEY :
– 342.44 : Droit constitutionnel et administratif en Europe – France
– 341.242 : Organisations régionales européennes

ISBN 978-2-7246-2759-6
DALLOZ
ISBN 978-2-247-20417-5 978-2-247-21018-3

Nous entendons par unités brillantes, les rencontres, les unissons, qui donnent à la civilisation européenne, sur le plan le plus élevé de la culture, du goût et de l'esprit, une unité fraternelle, comme si elle était envahie par une seule et même lumière. Est-ce à dire que toutes les nations d'Europe aient exactement la même culture ? Assurément non... L'Europe est, à chaque instant, unité et diversité.

Fernand Braudel, *Grammaire des civilisations*

Sommaire

DEUXIÈME PARTIE
LA HIÉRARCHIE DES NORMES

TROISIÈME PARTIE
LE CADRE EUROPÉEN

QUATRIÈME PARTIE
LES MOYENS DE L'ADMINISTRATION

Hommage à Guy Braibant (1927-2008)

Sous le titre *Droit public français et européen*, cet ouvrage prend la suite du *Droit administratif français* qui avait fait l'objet, dans la même collection, de sept éditions successives, de 1984 à 2005. Guy Braibant avait rédigé les trois premières et il a publié les quatre suivantes avec Bernard Stirn, qui lui avait succédé en 1996 à l'Institut d'études politiques de Paris pour assurer le cours, alors intitulé « Droit public et institutions administratives », qu'il professait depuis 1971.

Entré au Conseil d'État en 1953, Guy Braibant y a notamment exercé durant seize ans, de 1958 à 1974, les fonctions de commissaire du gouvernement. Il y a terminé sa carrière en présidant, de 1985 à 1992, la section du rapport et des études, qui venait d'être créée. Enseignant à Sciences Po d'un bout à l'autre de sa vie professionnelle, il est notamment l'un des auteurs des *Grands Arrêts de la jurisprudence administrative*. Les dernières étapes de son activité ont été marquées par le rôle déterminant qu'il a joué dans la rédaction et l'adoption de la Charte des droits fondamentaux de l'Union européenne.

Juriste éminent, Guy Braibant était une grande conscience républicaine, dont les forts engagements personnels n'ont jamais altéré la liberté de pensée, l'ouverture d'esprit et la tolérance. Convaincu que le droit exprime les valeurs d'une société et permet leur mise en œuvre effective, il était profondément attaché à la qualité de la norme et à l'autorité du juge. Adepte d'un droit vivant et concret, il recherchait des règles adaptées à l'action administrative. Ouvert au monde et attentif aux autres cultures, il a pratiqué et enseigné le droit comparé, présidé l'Institut international des sciences administratives et porté à travers le monde le message du droit français. Homme de progrès, constamment attentif aux évolutions de la société, stimulé par le renouvellement des problématiques et des interrogations, il situait les questions dans le temps long, en sachant combiner les forts héritages de la mémoire avec les horizons plus incertains de l'avenir. Son rôle a été déterminant dans la relance, à partir de 1989, de l'œuvre de codification. Il a marqué de son empreinte la définition du régime des archives publiques comme la réalisation du tunnel sous la Manche, les premières réflexions d'ensemble sur la bioéthique comme l'expression des droits fondamentaux dans l'espace européen.

Enseignant aujourd'hui, dans le cadre renouvelé de la scolarité à Sciences Po, le droit public et le doit public européen, Bernard Stirn et Yann Aguila ont été ses collègues au Conseil d'État et ont eu le privilège de nouer avec lui des liens d'amitié. Convaincus que Guy Braibant aurait compris que le *Droit administratif français* devienne, dans le cadre qui est aujourd'hui celui de l'univers normatif et de l'action administrative, le *Droit public français et européen*, ils mesurent ce que ce livre lui doit et ils espèrent qu'il contribuera à honorer sa pensée et à perpétuer son souvenir.

Introduction

En France plus que dans tout autre pays, le droit public est ancré dans l'histoire nationale. Le pays s'est construit autour de son État, à partir de lui, souvent grâce à lui. Des règles spécifiques se sont très tôt appliquées à la puissance publique, une juridiction administrative s'est constituée pour juger son action, de fortes institutions se sont perpétuées au travers des siècles et au-delà de la succession des régimes. « Depuis 1789, la constitution administrative de la France est toujours restée debout au milieu des ruines de ses constitutions politiques », a écrit Tocqueville.

Ubi societas, ibi ius publicum

Si le droit administratif français revêt une force particulière et s'il apparaît souvent comme une source d'inspiration pour d'autres pays, le droit public n'est pas une exception française. Pour régir l'organisation des autorités publiques, définir le cadre de leur action, assurer leurs rapports avec les citoyens, un droit spécifique a partout sa place et sa justification. Il suffit, pour s'en convaincre, de partir de la définition du droit public. Si le droit privé regroupe les règles régissant les rapports entre particuliers, on peut définir alternativement le droit public comme le droit des institutions publiques ou comme le droit des biens d'utilité publique. La concurrence entre ces deux définitions du droit public, organique et matérielle, constitue d'ailleurs l'une des grandes tensions qui traversent la matière.

Or, dans toute société, il existe des institutions communes dont il convient de préciser le mode de désignation, l'étendue des pouvoirs et les règles qui président à l'édiction de leurs actes. De même, dans toute communauté humaine, on trouve des biens d'utilité commune – autrefois la rivière, la forêt ou le chemin qui traversait le village, aujourd'hui les réseaux, les aéroports ou la couche d'ozone – qui font l'objet de règles spéciales, destinées à protéger leur usage public, règles qui ne sont pas tout à fait les mêmes que celles qui s'appliquent aux biens personnels des individus. Certes, les mots varient : chose publique, bien commun, intérêt général, service public, service économique d'intérêt général. Certes, le champ du droit public est plus ou moins étendu selon les époques et selon les pays – la France ayant sans doute retenu l'une des conceptions les plus larges, à travers le concept fédérateur de service public, qui est au cœur de toutes les notions du droit administratif. Mais, en paraphrasant une célèbre expression latine, on peut affirmer : *Ubi societas, ibi ius publicum.* Là où il y a une société, il y a un droit public.

Née avec le droit romain, la *res publica* s'affirme avec ses règles propres, qui marquent l'ensemble du droit continental. Les pays de *common law,* le Royaume-Uni comme les États-Unis, n'ignorent pas non plus la *public law* et font une place croissante à l'*administrative law.* Dans les rapports entre les États, le droit public international développe ses constructions et déploie ses ramifications.

L'émergence d'un droit public européen

Indissociable, à ses origines, de l'État, le droit public s'édifie audelà du cadre national. La société internationale s'organise davantage. Elle crée ses institutions, la Société des Nations puis l'Organisation des Nations unies. Elle a ses juridictions, la Cour internationale de justice et, depuis 1998, la Cour pénale internationale. Des traités toujours plus nombreux et variés lient les États et les organisations internationales sur des sujets très divers et avec une autorité juridique et politique qui se renforce.

En Europe, la construction d'un droit public qui dépasse les frontières revêt une dimension particulière. Le droit est une composante essentielle de l'Union européenne, qui constitue un ordre juridique intégré, distinct de celui des États membres. Un ensemble normatif imposant se dégage des traités, regroupés, depuis le traité de Lisbonne, en deux traités, le traité sur l'Union européenne (TUE), qui pose les grands principes, et le traité sur le fonctionnement de l'Union européenne (TFUE), qui fixe des règles plus détaillées, auxquels s'ajoute le droit dérivé, règlements et directives en particulier. Chargée de veiller à l'effectivité et à l'uniformité de l'application du droit de l'Union, la Cour de justice de Luxembourg affirme la primauté et l'effet direct de celui-ci. En outre, les vingt-sept États membres de l'Union européenne, qui recensent, après le Brexit, 447 millions d'habitants, adhèrent tous au Conseil de l'Europe, qui réunit quarante-sept États de la grande Europe, Russie et Turquie comprises, et compte plus de 830 millions d'habitants. Conçu pour promouvoir l'État de droit, le Conseil de l'Europe s'est principalement incarné dans la Convention européenne de sauvegarde des droits de l'homme et des libertés fondamentales. Créée par la Convention et accessible, au travers du droit de recours individuel, à tout citoyen, la Cour européenne des droits de l'homme (CEDH), qui siège à Strasbourg, confère sa pleine portée à ce mécanisme collectif de garanties des droits fondamentaux.

Pour tous les États membres de l'Union européenne, le droit évolue dans le double cadre de l'Union et de la Convention. Réciproquement, le droit de l'Union et le droit de la Convention reflètent les droits nationaux, synthétisent leurs principes partagés, empruntent à leurs caractéristiques communes. Un dialogue nourri s'établit entre les deux cours européennes, de Luxembourg et de Strasbourg, les cours constitutionnelles et les cours suprêmes des différents États. De ce réseau formé d'influences réciproques et d'interactions croisées découle la construction d'un droit public européen, système juridique original, qui prend sa place parmi les grands ensembles de droit.

Permanences et évolutions

Aussi le droit public actuel est-il à la fois français et européen. Il s'inscrit dans une histoire longue, qui lui imprime des caractéristiques permanentes ; il est également marqué par d'importantes évolutions, nationales et européennes, qui redessinent ses contours.

Dès le règne de Philippe le Bel (1285-1314), la force de l'État central s'affirme comme le ressort principal de la société. Des maîtres des requêtes et des conseillers d'État forment le Conseil du roi, tandis que la Chambre des aides, ancêtre de la Cour des comptes, voit le jour. Avec les légistes, le droit est placé au cœur de l'action publique. La monarchie administrative a ses fondements, qui iront en se consolidant, notamment sous l'impulsion du cardinal de Richelieu, de son entrée au Conseil du roi en 1624 jusqu'à sa mort en 1642, puis durant le long règne de Louis XIV (1643-1715), sous la conduite de Colbert en particulier. À la veille de la Révolution, la France se caractérise par la puissance de son organisation étatique, l'importance de sa législation, la multiplicité des interventions publiques, des manufactures royales au soutien à l'ensemble des arts.

Loin d'interrompre ce mouvement, la Révolution l'a prolongé, comme Tocqueville l'a montré dans *L'Ancien Régime et la Révolution*. Le Consulat et l'Empire posent sur ce socle les grandes institutions qui incarnent encore aujourd'hui l'administration française.

Le Conseil d'État reçoit sa forme moderne de l'article 52 de la Constitution consulaire du 22 frimaire an VIII, la loi du 28 pluviôse an VIII instaure les préfets, la Cour des comptes est créée en 1807, les recteurs d'académie sont mis en place.

Tout au long de la succession des régimes politiques qui marque le XIXe siècle, les institutions administratives se consolident. La démocratie locale se développe, avec l'élection du conseil municipal en 1831, la loi sur les conseils généraux du 10 août 1871, la loi du 5 avril 1884 sur l'administration communale. L'instruction publique se généralise, avec l'action de Guizot en faveur de l'école sous la monarchie de Juillet, l'adoption, sous la Seconde République, de la loi Falloux du 15 mars 1850, puis la mise en place par Jules Ferry de l'enseignement primaire gratuit, laïc et obligatoire (lois des 16 juin 1881 et 28 mars 1882). Les libertés publiques s'affermissent avant de trouver leur consécration dans les grandes lois du début de la Troisième République, qui consacrent la liberté de réunion (loi du 30 juin 1881), la liberté de la presse (loi du 29 juillet 1881), la liberté syndicale (loi du 21 mars 1884), la liberté d'association (loi du 1er juillet 1901), la séparation des Églises et de l'État (loi du 9 décembre 1905).

Après la première guerre mondiale, et plus encore aux lendemains de la seconde, les interventions économiques et sociales des collectivités publiques s'élargissent de manière considérable. Un vaste secteur public se constitue. La sécurité sociale est instaurée. Des champs nouveaux s'ouvrent à l'action administrative, en matière de culture et de sport, d'aménagement et d'environnement, de communication et de solidarité. Durant le dernier tiers du siècle, les droits des administrés se renforcent, déconcentration et décentralisation s'accélèrent, tandis qu'apparaissent les autorités administratives indépendantes. Les lignes directrices du droit public évoluent en accompagnant ce vaste mouvement. Le droit constitutionnel s'étend à la protection des droits fondamentaux. Des cours constitutionnelles sont créées dans la plupart des pays européens durant la seconde moitié du XXe siècle. Leur jurisprudence vient enrichir les sources du droit public.

En ce début de XXIe siècle, des impératifs nouveaux s'affirment. Les préoccupations budgétaires imposent des contraintes renforcées d'efficacité, des améliorations et des allègements de la législation et de la réglementation sont recherchés, l'interventionnisme recule au profit de la régulation. Les anciens monopoles s'ouvrent à la concurrence. À la suite de plusieurs vagues de privatisations, le champ du secteur public se réduit. Des partenaires privés sont davantage associés au service public. L'État recherche l'adhésion des citoyens, à travers le développement du contrat comme instrument de l'action publique ou celui de la participation du public à l'élaboration des actes administratifs. Dans une société plus ouverte et plus complexe, la République doit trouver de nouveaux équilibres, en protégeant mieux la diversité tout en préservant l'unité et la cohésion de la communauté nationale.

Une large partie des évolutions découle de l'inscription du droit public dans le cadre européen. Dans un contexte où droit international et droit national se rapprochent, la place du droit de l'Union européenne et de la Convention européenne des droits de l'homme conduit à une redéfinition de la hiérarchie des normes, conçue moins comme une pyramide et davantage comme un réseau qui réunit des ensembles étroitement imbriqués, normes constitutionnelles, droit de l'Union, droit de la Convention et loi nationale. Des principes communs s'affirment, notamment en matière de garantie des droits fondamentaux. L'administration et le droit comparés sont plus que jamais nécessaires.

L'historien Fernand Braudel, dans *La Méditerranée et le monde méditerranéen au temps de Philippe II*, utilise une métaphore maritime pour distinguer trois temps historiques : la marée est le temps long, la houle, celui de la conjoncture, et l'écume le temps court. De même, pour prendre la juste mesure des transformations du droit public, il faut les remettre en perspective. Certes, à l'échelle d'une quarantaine d'années, depuis une césure que l'on peut situer durant les années 1980, l'État a amorcé un mouvement de repli : un « État stratège » succède à l'État providence. Mais ce temps court doit être replacé dans le temps long. Tout au long du XXe siècle, l'interventionnisme économique et social n'a cessé de se renforcer. Surtout, si l'on prend le recul de plusieurs centaines d'années, la place de l'État n'a jamais été aussi forte que dans les sociétés contemporaines. Et si l'on se tourne vers l'avenir, les grands enjeux du XXIe siècle ne conduisent pas nécessairement à confirmer la thèse du *déclin de l'État*. Les attentes des citoyens face aux crises économiques et financières, sanitaires ou écologiques, pourraient bien, au contraire, plutôt jouer en faveur d'un renforcement d'un *besoin d'État*.

Au travers de ces grandes évolutions, le droit public français conserve des caractéristiques permanentes. Il repose sur une certaine conception de l'État, garant de l'intérêt général. Il s'appuie sur le respect du droit, autour de la juridiction administrative, sur une fonction publique de carrière, sur de fortes institutions. Vivant et concret, il régit nombre d'actes et de situations que chacun connaît au quotidien dans ses rapports avec les administrations, de l'école à l'hôpital, des impôts au permis de construire, des contrats publics aux mesures de police. Indissociable des évolutions politiques, économiques et sociales, il exprime les valeurs sur lesquelles repose la vie collective.

PREMIÈRE PARTIE

LES AUTORITÉS PUBLIQUES

Chapitre 1

L'État

En France, l'histoire de l'État est inséparable de celle de la nation : la communauté nationale s'est construite autour de l'État. D'autres pays ont des expériences et des héritages différents. Au Royaume-Uni, si un État fort et ancien a progressivement uni plusieurs nations, anglaise, écossaise, galloise, il a laissé celles-ci subsister et d'autres institutions que l'État, les villes, les universités, les clubs et les fondations notamment, jouent aussi le rôle de ciment nécessaire à la vie collective. Plus récents, l'État allemand ou l'État italien ne sont pas les créateurs d'une nation qui leur préexistait.

En dépit de ces différences, des traits communs se retrouvent dans les différents États, qui occupent tous une place centrale dans l'organisation de la société. L'État se caractérise à partir de trois éléments : un *territoire*, une *population*, un *pouvoir organisé*. Dans son ouvrage sur l'État[1], le président Renaud Denoix de Saint Marc le définit comme « l'autorité souveraine qui exerce son pouvoir sur la population habitant un territoire déterminé et qui, à cette fin, est dotée d'une organisation permanente ». L'État fixe les règles applicables, veille aux intérêts fondamentaux, pourvoit aux besoins essentiels. Si la société internationale se développe, les États en sont, avec les organisations internationales, les seuls membres.

Réalité historique et notion politique, l'État est aussi une personne juridique, source du droit en même temps qu'acteur du système juridique, au sein duquel il apparaît comme une personne

1. Renaud Denoix de Saint Marc, *L'État*, Paris, PUF, coll. « Que sais-je ? », n° 616, 2012.

morale d'une nature particulière. Garant du droit et chargé de l'administration, il est le premier responsable de la vie collective.

I

L'ÉTAT, ENTRE L'HISTOIRE, LA POLITIQUE ET LE DROIT

S'il est d'abord une réalité historique et une notion politique, l'État revêt aussi une forte consistance juridique.

A | L'ÉTAT, RÉALITÉ HISTORIQUE ET NOTION POLITIQUE

D'autres formes d'organisation de la société que les États sont concevables. La cité grecque, l'Empire romain, la féodalité correspondent à des modes de répartition du pouvoir et de structuration de la vie collective différents du système étatique, tel qu'il est aujourd'hui reconnu et pratiqué. Conçu pour dépasser la féodalité, l'État moderne, apparu à la fin du Moyen Âge et consacré à partir de la Renaissance, s'impose et se généralise du XIIIe au XVIe siècle. Il conduit les différents pays européens à se construire, du XVIIe au XIXe siècle, autour du modèle de l'État-nation. Au XXe siècle, l'État affirme sa puissance dans l'ensemble du monde en même temps qu'il commence à être concurrencé, au-delà comme en deçà de lui-même.

1/ *Vers l'État moderne : du XIIIe au XVIe siècle*

La France et l'Angleterre sont les deux premiers pays à bâtir un État organisé qui, dans les deux cas, permet au pouvoir monarchique de s'affirmer et de s'affranchir à la fois de la féodalité et de la papauté.

En France, Philippe Auguste (1180-1223) pose les premières pierres d'une monarchie administrative qui s'affermit sous le règne de son petit-fils, Philippe le Bel (1285-1314). Les légistes, Enguerrand de Marigny, Guillaume de Nogaret, construisent un pouvoir central qu'incarne le Conseil du roi, tandis que la Cour des aides voit le jour. Le pays s'organise autour de ces structures étatiques. Le jurisconsulte Jean Bodin, dans *Les Six Livres de la République* (1576), développe la théorie de la souveraineté, qui sera le fondement de l'État moderne.

En Angleterre, le régime mis en place, après la conquête normande de 1066 par Guillaume le Conquérant, demeure de nature féodale. Le petit-fils de Guillaume, Henri II Plantagenêt (1154-1189), unifie le pays autour de la *common law*. L'évolution décisive est accomplie sous le règne d'Edouard Ier (1272-1307). Le « roi législateur », conseillé par Simon de Montfort, « dernier des grands Français qui ont contribué à faire l'Angleterre[2] », est le contemporain exact de Philippe le Bel, dont il épouse la sœur, Marguerite, tandis que son fils, Edouard II, épouse lui-même la fille de Philippe le Bel, Isabelle de France. Ce dernier mariage est à l'origine de la guerre de Cent Ans, puisque, après l'extinction des Capétiens directs, le fils d'Edouard II et d'Isabelle, Edouard III, petit-fils par sa mère de Philippe le Bel, prétend à la couronne de France. Au début du XIVe siècle, le parallèle est frappant entre les deux rives de la Manche. Un État organisé se construit de part et d'autre, avec, en Angleterre, l'apparition, sous l'impulsion d'Edouard Ier, des grandes institutions de l'État britannique, le Parlement avec ses deux chambres, la Chambre des lords et la Chambre des communes, l'Échiquier, les grandes universités : Oxford, fondée en 1214, se développe tout au long du siècle et Cambridge est créée en 1284. L'État anglais se consolide sous les règnes d'Henri VIII (1509-1547), qui rompt avec le Vatican et crée l'Église anglicane, et de sa fille Elisabeth Ire (1558-1603).

Né en France et en Angleterre, le modèle de l'État monarchique organisé conquiert l'Europe. L'Espagne, en particulier, s'en inspire sous Charles Quint, empereur du Saint Empire romain germanique et roi d'Espagne de 1516 à 1556, puis surtout durant le règne de son fils Philippe II (1556-1598).

2/ *L'affirmation de l'État-nation : du XVIIe au XIXe siècle*

L'État, tel qu'il s'est constitué du XIIIe au XVIe siècle, reste lié à la personne du souverain. Le XVIIe siècle marque, en France en particulier, sous l'impulsion déterminée de Richelieu puis de Colbert, l'apogée de *l'État monarchique* incarné par Louis XIV. Qu'elle ait été réellement prononcée ou non, la phrase « l'État, c'est moi » est significative à cet égard.

En 1648, au travers des traités de Westphalie, le modèle de l'État monarchique est adopté par l'ensemble de l'Europe. En même temps, l'État commence à s'identifier avec la nation. État et nation se rapprochent au cours des deux siècles suivants. La Révolution française est faite au nom de la nation. Le mouvement des nationalités au XIXe siècle cherche à donner un État à chaque nation. L'Italie, la Belgique, l'Allemagne, la Roumanie voient le jour ; la Grèce, la Pologne retrouvent leur existence. L'*État-nation* devient alors la marque de l'Europe. L'appareil organisé de gouvernement

2. André Maurois, *Histoire de l'Angleterre*, Paris, Fayard, 1964 [2e éd.].

prend une dimension plus romantique et sentimentale. Renan écrit : « Une nation est une âme, un principe spirituel. C'est l'aboutissement d'un long passé d'efforts, de sacrifices, de dévouements ; avoir des gloires communes dans le passé, une volonté commune dans le présent, avoir fait de grandes choses ensemble, vouloir en faire encore, voilà les conditions essentielles pour être un peuple[3]. »

3/ *L'État puissant et concurrencé au XXe siècle*

Évoluant au XXe siècle vers l'*État providence*, l'État s'impose sans discussion, partout dans le monde, comme la forme d'organisation de la vie politique et sociale. L'Organisation des Nations unies (ONU), qui groupait cinquante et un États lors de sa création en 1945, en compte cent quatre-vingt-treize en 2020[4].

Les États sont en même temps concurrencés, et parfois menacés, à la fois au-dessus et en dessous d'eux. Au-dessus des États, les organisations internationales, qu'elles soient à vocation universelle, comme l'ONU, ou régionale, avec, au premier chef, l'Union européenne, jouent un rôle croissant. Des mouvements infra-étatiques se manifestent également avec force. Le régionalisme progresse dans beaucoup de pays. Des États se morcellent. L'Union soviétique a disparu, la Yougoslavie s'est disloquée, la Tchécoslovaquie s'est séparée en deux, la Belgique et l'Espagne connaissent des tensions qui mettent en cause leur unité. Si, en 2014, l'Écosse s'est prononcée par référendum pour demeurer au sein du Royaume-Uni, la question se pose en des termes renouvelés après le « Brexit », d'autant que l'Écosse a voté à 62 % en faveur du maintien dans l'Union lors du référendum du 23 juin 2016. Ces évolutions se conjuguent avec un phénomène de dispersion, dans l'ordre interne, des missions de l'État, toujours davantage confiées à des autorités administratives indépendantes ou déléguées à des partenaires privés. Un nouvel État se dessine ainsi peu à peu au début du XXIe siècle[5]. Il n'en demeure pas moins la collectivité centrale de la vie collective organisée. Son statut juridique est l'un des éléments de sa force.

B | L'ÉTAT DU POINT DE VUE JURIDIQUE : UNE PERSONNE MORALE D'UNE NATURE PARTICULIÈRE

1/ *L'État, personne morale*

À côté des individus, personnes physiques, l'univers juridique comprend des personnes morales. Une personne physique est une

3. Ernest Renan, *Qu'est-ce qu'une nation ?*, Paris, Levy, 1882.
4. Le Vatican et la Palestine sont en outre observateurs.
5. Yann Aguila, « Un nouvel État ? », dans *Mélanges en l'honneur d'Étienne Fatôme. Bien public, Bien commun*, Paris, LDGJ, 2011, p. 1.

réalité à la fois biologique et juridique : chaque individu a un nom, un domicile, un patrimoine, des intérêts, des droits et des devoirs. La personne morale est davantage une abstraction. Elle correspond à un groupement que des personnes physiques ont décidé de former en s'associant pour mener une activité, gérer des biens, défendre des intérêts. Une fois constituée, la personne morale reçoit des attributs qui la rapprochent de la personne physique : elle prend une dénomination, reçoit un siège social, acquiert un patrimoine, dispose d'intérêts qui lui sont propres, devient titulaire de droits et d'obligations. Elle s'exprime au travers de représentants qui ont qualité pour agir en son nom.

Les personnes morales relèvent du droit privé ou du droit public. Les associations, les sociétés commerciales, les syndicats, les fondations sont des personnes morales de droit privé. L'État, les collectivités territoriales, les établissements publics sont des personnes morales de droit public.

L'État dispose de l'ensemble des attributs de la personnalité morale. Il est un sujet de droit, national et international. Il est propriétaire de biens, des obligations s'imposent à lui, il a ses propres intérêts. Des autorités sont qualifiées pour le représenter et pour agir en son nom.

2/ *L'État, personne morale d'une nature particulière*

De fortes particularités s'attachent à la personnalité morale de l'État. Elles tiennent à sa *souveraineté,* à son *universalité* et à son *unité.*

L'État est titulaire d'une puissance souveraine dans l'ordre international comme dans l'ordre interne. Personne de droit international, l'État traite sur un pied d'égalité avec les autres États. Dans l'ordre juridique international, seuls les États et les organisations internationales qu'ils ont créées interviennent. L'État dispose du monopole de la représentation diplomatique. Avec les organisations internationales et, pour celles-ci, dans les limites de leurs compétences, il a seul la capacité de mener et de conclure des négociations conduisant à l'adoption de traités et d'accords internationaux.

Un traité ne peut en aucun cas être imposé à un État ou s'appliquer à lui sans son consentement. En 1927, la Cour permanente de justice internationale l'affirme dans sa sentence sur l'affaire du *Lotus* : « Les règles de droit liant les États procèdent de la volonté de ceux-ci. » Cette formule demeure d'actualité. Après les référendums négatifs, au printemps 2005, en France et aux Pays-Bas, le traité établissant une constitution pour l'Europe a été abandonné. Sauf sur saisine engagée par le Conseil de sécurité des Nations unies, la Cour pénale internationale (CPI) n'a pas de compétence à l'égard des États qui, tels la Chine, la Russie, l'Inde ou les États-Unis, n'ont pas adhéré au traité qui l'a instituée.

Certes, les collectivités territoriales peuvent mener certaines actions de coopération dite « décentralisée » avec leurs homologues de pays voisins, mais elles interviennent dans le cadre défini par leurs États respectifs et n'ont pas de personnalité juridique sur la scène internationale. Et s'il est vrai que, dans un univers davantage mondialisé, la place des traités internationaux et le rôle des organisations internationales s'accroissent, la souveraineté des États n'est pas pour autant mise en cause : chaque État demeure un partenaire souverain des relations internationales. Le professeur Alain Pellet souligne « l'irréductible souveraineté de l'État ».

Cette souveraineté se manifeste également dans l'ordre interne. L'État est maître à la fois de ses propres compétences et de celles de toutes les autres collectivités. Seul à disposer de *la compétence de la compétence*, il est une puissance originaire, dont tous les autres pouvoirs sont dérivés. Selon des modalités qu'il détermine, il exerce en outre un droit de regard sur l'ensemble des personnes et des institutions présentes sur le territoire national.

Puissance souveraine, l'État se caractérise par son universalité. Indissociable d'un territoire et d'une population, l'État intervient sur l'ensemble de son territoire et à l'égard de tous ceux qui s'y trouvent. Même si des collectivités d'outre-mer bénéficient d'une autonomie accrue, même si des liens qui unissent certaines collectivités à leur État peuvent être, comme en Allemagne, de nature fédérale, l'État a toujours vocation à intervenir sur la totalité du territoire. Qu'ils soient nationaux ou étrangers, tous ceux qui résident ou qui agissent sur ce territoire relèvent de son autorité. L'universalité de l'État revêt aussi un caractère fonctionnel. L'État n'a pas de spécialité. Il détermine lui-même le champ dont il entend s'occuper : aucun sujet ne lui est par nature interdit. Par l'universalité qui le caractérise, l'État se distingue des autres personnes morales de droit public. Les collectivités territoriales, telle la commune en France, ont une vocation générale, mais sur un espace particulier. Les établissements publics peuvent avoir une dimension nationale, comme le Commissariat à l'énergie atomique ou le Centre national de la recherche scientifique, cependant leur activité est limitée à la mission en vue de laquelle ils ont été créés : ils obéissent au principe de spécialité.

Même si l'État s'exprime au travers de plusieurs institutions, il forme une seule entité, dotée d'une personnalité unique. L'État est à la fois législateur, juge et administrateur. Aussi les différents pouvoirs, législatif, exécutif, judiciaire, sont-ils exercés en son nom. Dans leurs domaines de compétence respectifs, le président de la République, le Premier ministre, les assemblées parlementaires, les juridictions agissent pour son compte. Chacun des ministres est, dans son secteur d'attribution, un agent de l'État. Si des désaccords apparaissent entre ministres, il revient au Premier ministre de les régler par voie d'arbitrage interne au gouvernement. Les ministères n'ont pas de personnalité, et donc pas d'intérêts, qui leur soient propres.

Puissance souveraine de caractère universel et unitaire, l'État est le premier responsable de la vie collective organisée.

II

L'ÉTAT, RESPONSABLE DE LA VIE COLLECTIVE

L'État apporte à la vie collective les deux piliers fondamentaux que sont le système juridique et l'appareil administratif.

A | L'ÉTAT ET LE DROIT

Un double lien unit de manière indivisible l'État et le droit : l'État prescrit le droit, l'État est soumis au droit.

1/ *L'État est la source de l'ensemble du droit*

Chaque État définit la hiérarchie des normes qui s'applique sur son territoire. Il appartient à l'État de fixer les conditions dans lesquelles ses propres institutions disposent du pouvoir d'édicter des règles et, notamment, de déterminer les modalités d'exercice du pouvoir législatif et du pouvoir réglementaire. Il peut, seul, attribuer des compétences normatives à d'autres collectivités publiques ou privées.

Sans doute les particuliers se lient-ils eux-mêmes par des contrats. Le procédé contractuel se développe dans les sociétés d'aujourd'hui : le contrat est un mode de plus en plus utilisé de production de normes[6]. Mais le régime des contrats s'inscrit dans le cadre défini par l'État et résulte des prescriptions qu'il édicte. En droit français, la force des contrats trouve son fondement à l'article 1103 du code civil, aux termes duquel « les contrats légalement formés tiennent lieu de loi à ceux qui les ont faits[7] ».

6. Conseil d'État, « *Le Contrat, mode d'action publique et de production de normes* », dans Conseil d'État, *Rapport public 2008*, Paris, La Documentation française, 2008.

7. Issu de l'ordonnance du 10 février 2016, l'article 1103 a succédé à l'ancien article 1134.

Le droit qui découle des décisions de justice émane aussi de l'État. Rendre la justice est la première des missions régaliennes et l'État dispose, en ce domaine, d'un absolu monopole. Une décision du Conseil d'État du 27 février 2004, *Mme Popin*, l'exprime avec force : « La justice est rendue de façon indivisible au nom de l'État. » Cette règle s'applique même lorsque la loi a confié le pouvoir de juger à une instance qui n'est pas composée de magistrats de métier, comme la formation disciplinaire d'un ordre professionnel. Les décisions d'une telle instance sont, en effet, rendues au nom de l'État. L'arbitrage, auquel il est possible, dans certains cas, de recourir, n'est pas non plus une *justice privée* : son cadre est déterminé par la loi et les sentences arbitrales peuvent être contestées en appel devant les juridictions de l'État[8].

2/ L'État est soumis au droit

S'il est à l'origine de l'ensemble du droit, l'État se soumet lui-même au droit, dès lors qu'il s'organise en *État de droit*. Le professeur Prosper Weil y voyait comme un miracle : « Né d'un miracle, le droit administratif ne subsiste au surplus que par un prodige chaque jour renouvelé. Non seulement aucune force ne peut contraindre matériellement le gouvernement à se soumettre à la règle de droit et à la sentence du juge, mais l'État peut, en théorie du moins, mettre fin, quand il le désire, à l'autolimitation qu'il a consentie. Pour que le miracle se produise et qu'il dure, diverses conditions doivent être remplies, qui tiennent à la forme de l'État, au prestige du droit et des juges, à l'esprit du temps. Le droit administratif ne peut donc être détaché de l'histoire, et notamment de l'histoire politique ; c'est en elle qu'il trouve son ancrage, c'est à elle qu'il doit sa philosophie et ses traits les plus intimes[9]. »

La philosophie politique de l'État de droit s'exprime à l'article 16 de la Déclaration des droits de l'homme, selon lequel « toute société dans laquelle la garantie des droits n'est pas assurée, ni la séparation des pouvoirs déterminée, n'a point de Constitution ». Au sens de ce texte, tout État de droit a une Constitution. Celle-ci ne résulte pas nécessairement d'un texte écrit. Les lois fondamentales du Royaume, qui énonçaient, sous l'Ancien régime, les principes traditionnels de la monarchie, découlaient surtout d'usages établis. Le Royaume-Uni vit encore selon des *conventions de la Constitution*, qui résultent de la coutume. Mais, le plus souvent, la Constitution prend la forme d'un texte écrit, qui détermine l'organisation du pouvoir politique et, dans de nombreux cas, proclame les droits fondamentaux des citoyens. Adoptée et, le cas échéant, modifiée selon des

8. CE, 9 novembre 2016, *Société Fosmax*.

9. Prosper Weil, Dominique Pouyaud, *Le droit administratif*, Que sais-je ?, n° 1152, dernière édition 2017.

procédures solennelles, la Constitution a le caractère d'une norme suprême, qui s'impose à l'ensemble des autorités. Elle est le premier acte par lequel l'État se soumet au droit.

Si l'État rend la justice, il appartient aux juges de veiller à ce que ses différentes institutions respectent les règles qui ont leur source dans la Constitution. Dans un nombre croissant de pays, un juge constitutionnel est chargé de s'assurer de la conformité des lois aux règles et aux principes qui découlent de la Constitution. Né aux États-Unis, à partir de l'arrêt *Marbury c/ Madison*, rendu en 1803 par la Cour suprême, le contrôle de constitutionnalité des lois a fait, en Europe, son apparition en Autriche en 1920, sous la forme d'une cour constitutionnelle, avant de s'étendre, à partir des lendemains de la seconde guerre mondiale, à la plupart des pays.

L'activité de l'ensemble des administrations peut être discutée devant un juge. Comme la France, de nombreux pays, en particulier en Europe, disposent à cette fin d'une juridiction administrative spécialisée. D'autres confient, selon le modèle britannique, le contentieux administratif aux juridictions ordinaires. Dans tous les cas, deux grandes voies de recours assurent la soumission de l'administration au droit. D'une part, la légalité des décisions du gouvernement et des autorités administratives peut être contestée ; en cas d'illégalité, le juge prononce leur annulation. D'autre part, la responsabilité de la puissance publique peut être mise en cause ; des indemnités sont réclamées à l'État comme aux autres personnes publiques.

L'étendue et les modalités du contrôle juridictionnel de l'administration découlent pour une large part de la jurisprudence. Ainsi, le régime français de responsabilité de la puissance publique s'est construit à partir de l'arrêt fondateur du Tribunal des conflits du 8 février 1873, *Blanco*, qui juge que « la responsabilité qui peut incomber à l'État pour les dommages causés aux particuliers par le fait des personnes qu'il emploie dans le service public [...] n'est ni générale, ni absolue » et qu'« elle a ses règles spéciales qui varient suivant les besoins du service et la nécessité de concilier les droits de l'État avec les droits privés ». Le contrôle de la légalité des actes administratifs est assuré par le recours pour excès de pouvoir, que la jurisprudence du Conseil d'État a créé. « Ouvert même sans texte contre tout acte administratif », ce recours « a pour objet d'assurer, conformément aux principes généraux du droit, le respect de la légalité », selon les termes de la décision du Conseil d'État, *Ministre de l'Agriculture c/ dame Lamotte*, du 17 février 1950. Il peut être mis en parallèle avec son homologue britannique, le *judicial review*, qui trouve également son origine dans la jurisprudence, notamment les décisions rendues à partir de son arrêt *Wednesbury Corporation* de 1948 par la Chambre des lords dans l'exercice de la mission de cour suprême qui lui appartenait avant que la Cour suprême du Royaume-Uni ne lui succède en 2009.

B | L'ÉTAT ET L'ADMINISTRATION

Pour remplir ses missions, l'État a besoin d'un appareil administratif organisé et hiérarchisé, à partir du chef de l'État qui incarne l'unité du pays. Le gouvernement dispose de l'administration centrale, relayée sur le territoire par des services déconcentrés de l'État.

1/ *Le chef de l'État*

Selon le modèle constitutionnel, monarchie ou république, le chef de l'État est un monarque ou un président qui joue, dans certains pays, un rôle d'ordre principalement symbolique et dispose, dans d'autres, comme les États-Unis ou la France, de prérogatives gouvernementales effectives. Dans tous les cas, il symbolise la permanence et l'unité de l'État. Le général de Gaulle l'exprimait avec force, en affirmant, dans une conférence de presse du 31 janvier 1964, que « l'autorité indivisible de l'État est confiée tout entière au président par le peuple qui l'a élu, qu'il n'en existe aucune autre, ni ministérielle, ni civile, ni militaire, ni judiciaire, qui ne soit conférée et maintenue par lui ».

Dans l'Union européenne, si le modèle républicain est nettement majoritaire, six pays – auxquels s'ajoutait, avant le Brexit, le Royaume-Uni – sont des monarchies constitutionnelles[10]. Le souverain y exerce ses fonctions selon la formule que Bagehot utilisait au XIXe siècle à propos de la monarchie britannique : « Le souverain, dans une monarchie constitutionnelle, est investi de trois droits : le droit d'être consulté, le droit d'encourager, le droit de mettre en garde[11]. » Le monarque constitutionnel est plus qu'un symbole. L'exemple britannique montre qu'il est l'un des éléments de l'identité nationale. Roi d'Espagne de 1975 à 2014, Juan Carlos a joué un rôle important dans le rétablissement et l'affirmation de la démocratie. En Belgique, l'unité incertaine du pays est incarnée par le roi.

2/ *Le gouvernement et l'administration centrale*

L'appareil administratif de l'État se trouve placé sous l'autorité du gouvernement. En France, l'article 20 de la Constitution l'exprime avec netteté, en indiquant que « le gouvernement dispose de l'administration ». En même temps qu'il est un responsable politique qui appartient à un gouvernement collégial, chaque ministre est aussi le chef d'une administration, vis-à-vis de laquelle il dispose

10. Belgique, Danemark, Espagne, Pays-Bas, Luxembourg et Suède.

11. William Bagehot, *The English Constitution*, Londres, Chapman and Hall, 1867 [1re éd.].

d'un pouvoir hiérarchique. Un pouvoir réglementaire d'organisation des services est l'un des attributs de ce pouvoir hiérarchique[12]. Celui-ci comprend le pouvoir de donner des instructions, qui s'expriment notamment par voie de circulaires, et le pouvoir de réformer les actes des autorités subordonnées. Aussi le recours hiérarchique est-il toujours ouvert, même sans texte[13].

a) Le Premier ministre et le secrétariat général du gouvernement

Chef du gouvernement, le Premier ministre a autorité sur l'ensemble des ministres. Il assure la coordination interministérielle au travers du secrétariat général du gouvernement.

Sous la Troisième République, le président du Conseil est le plus souvent titulaire d'un ministère important (affaires étrangères, intérieur, guerre, finances, instruction publique notamment). Il siège dans ce ministère et ne consacre qu'une part limitée de son temps à son rôle de chef du gouvernement. Toutefois, à partir de 1935, l'hôtel Matignon, qui a abrité l'ambassade d'Autriche-Hongrie jusqu'à la première guerre mondiale, est affecté à titre permanent au président du Conseil. Un secrétariat général à la présidence du Conseil est créé parallèlement. Sous le Front populaire, Jules Moch occupe ces fonctions et en renforce l'autorité. Il est le premier secrétaire général à assister au conseil des ministres. À la Libération, le secrétariat général du gouvernement est institué, chargé de veiller, au-delà des alternances politiques, à la continuité de l'action gouvernementale et d'assurer la coordination interministérielle.

Sous l'autorité du secrétaire général du gouvernement, assisté d'un directeur, tous deux toujours choisis parmi les membres du Conseil d'État, une équipe légère de chargés de mission veille à la préparation des textes de loi et de décret, organise les réunions interministérielles, prépare les arbitrages, assure la régularité des procédures. Le secrétaire général assiste au conseil des ministres et en rédige le compte rendu. Exerçant ses fonctions durant une longue durée, indépendamment des changements politiques, il incarne la stabilité et la permanence de l'État. André Ségalat est secrétaire général du gouvernement pendant presque toute la Quatrième République, de la fin de 1946 à janvier 1958. Roger Belin, qui lui succède, reste en fonctions jusqu'en 1964, assurant ainsi la transition entre la Quatrième et la Cinquième République. Par la suite, la plupart des secrétaires généraux ont occupé leurs fonctions durant de longues périodes, sous des gouvernements et des présidents de la République successifs, et souvent très différents, en particulier Jean Donnedieu de Vabres (1964-1974), Marceau Long (1974-1982), Renaud Denoix de Saint Marc (1986-1995),

12. CE, 7 février 1936, *Jamart*.
13. CE, 30 juin 1950, *Quéralt*.

Jean-Marc Sauvé (1995-2006) et Serge Lasvignes (2006-2015). Succédant en juillet 2020 à Marc Guillaume, Claire Landais est la première femme secrétaire général du gouvernement.

b) Les ministères

Les traditions françaises sont celles d'une administration centrale structurée en ministères, que le ministre dirige avec l'aide de son cabinet. L'organisation des ministères est relativement homogène. Ceux-ci sont divisés en directions générales et en directions, elles-mêmes composées, de manière pyramidale, de services, de sous-directions et de bureaux. Nommés en conseil des ministres, les directeurs d'administration centrale occupent des emplois à la discrétion du gouvernement, qui peut à tout moment y mettre fin, pour des motifs dont il est seul juge. La fonction de secrétaire général, qui avait progressivement presque disparu, a été de nouveau instituée dans tous les ministères à partir de 2000. Le secrétaire général est chargé de veiller à la bonne organisation des services, d'assurer les fonctions communes et de mettre en œuvre la politique de modernisation. Un décret du 24 mai 2016 prévoit que les nominations des secrétaires généraux de ministère et des directeurs d'administration centrale sont désormais précédées de l'avis d'un comité, présidé par le secrétaire général du gouvernement, chargé d'entendre les personnes susceptibles d'être choisies.

L'importance du cabinet, qui entoure les ministres, s'est accrue. Simples équipes de quelques collaborateurs personnels au XIXe siècle, les cabinets ont vu leurs effectifs augmenter, leur rôle devenir plus technique et leur autorité se renforcer. La place parfois excessive qu'ils occupent, au détriment des services, est souvent dénoncée. Mais il est difficile de la réduire. Si un décret du 18 mai 2017 avait engagé un mouvement de limitation de leurs effectifs, un décret du 15 janvier 2020 a permis un membre supplémentaire pour assurer le suivi des réformes et surtout un décret du 11 juillet 2020 a revu les effectifs autorisés à la hausse, en les portant à 15 pour un ministre, 13 pour un ministre délégué et 8 pour un secrétaire d'État.

La structuration de l'administration centrale en ministères se retrouve dans les autres pays. Au Royaume-Uni, depuis les réformes entreprises sous le gouvernement de Margaret Thatcher (1979-1990), les ministères, dont un *permanent secretary* assure la direction administrative, se limitent toutefois à concevoir les politiques ; leur exécution est confiée à des agences qui disposent d'une grande autonomie de gestion. La formule n'est pas sans inspirer certaines évolutions en France où davantage de services de l'État sont organisés sous la forme d'agences, qui sont le plus souvent des établissements publics, mais qui peuvent aussi revêtir d'autres formes juridiques[14].

14. Conseil d'État, *Les Agences : une nouvelle gestion publique ?*, Étude annuelle 2012, Paris, La Documentation française, 2012.

Le rôle des cabinets est davantage une *exception française*. Au Royaume-Uni comme en Allemagne, les ministres ne sont entourés que de quelques collaborateurs personnels et ils exercent leurs fonctions en travaillant directement avec les services de leur administration. Même si les cabinets sont plus étoffés en Italie, en Espagne et en Belgique, ils n'ont pas la dimension et l'autorité qui leur sont reconnues en France.

3/ *Les services déconcentrés de l'État*

Sur l'ensemble du territoire, l'État a des représentants locaux, dotés de prérogatives plus ou moins larges selon les pays.

Depuis la création des préfets par la loi du 28 pluviôse an VIII, le préfet assure, en France, une présence locale de l'État plus forte que dans aucun autre pays. « Il faut toujours en revenir à ce point : le gouvernement, dans les départements, c'est le préfet », écrivait Stendhal. Symbole de l'autorité et de l'unité de l'État, il exerce une mission qui a un fondement constitutionnel, puisque l'article 72 de la Constitution dispose que, « dans les collectivités territoriales de la République, le représentant de l'État, représentant de chacun des membres du gouvernement, a la charge des intérêts nationaux, du contrôle administratif et du respect des lois ». Au préfet de département s'est ajouté, en 1964, le préfet de région, qui est le préfet du département chef-lieu de la région. L'autorité du préfet sur les services départementaux de l'État, affirmée dès le décret du 14 mars 1964, a été consolidée par le décret du 10 mai 1982, parallèlement à la décentralisation. Initialement chargé d'une mission « d'animation et de coordination », le préfet « dirige » désormais les services départementaux de l'État et en est l'ordonnateur secondaire. Il est « dépositaire de l'autorité de l'État », selon la formule aujourd'hui reprise à l'article 1er du décret du 29 avril 2004 relatif à ses pouvoirs[15]. Échappent toutefois traditionnellement à ceux-ci les services de l'Éducation nationale, qui relèvent du recteur d'académie, les directions départementales des finances publiques, l'inspection du travail et les services des juridictions. Le décret du 16 février 2010 a pour sa part renforcé les pouvoirs du préfet de région. Celui-ci a autorité sur les préfets de département. Il préside le comité de l'administration régionale (CAR), qui regroupe les préfets de département, le secrétaire général pour les affaires régionales et les chefs des services régionaux de l'État. Avec la réduction à treize du nombre des régions métropolitaines, en 2015, le rôle et l'autorité du préfet des nouvelles grandes régions se trouvent encore renforcés.

Nommés en conseil des ministres, les préfets occupent par excellence des emplois à la discrétion du gouvernement. Ils sont assistés

15. Décret du 29 avril 2004 relatif aux pouvoirs des préfets, à l'organisation et à l'action des services de l'État dans les régions et départements.

de sous-préfets, qui remplissent soit des fonctions de sous-préfet d'arrondissement, soit des fonctions de secrétaire général ou de directeur de cabinet à la préfecture. Des contraintes particulières s'imposent aux préfets et aux sous-préfets, qui sont tenus à un loyalisme politique envers le gouvernement. Leur obligation de réserve est stricte. Par exemple, le gouvernement peut légalement mettre fin aux fonctions d'un sous-préfet d'arrondissement qui publie sous sa signature un article dans lequel il s'exprime sur le mode polémique à l'égard de personnalités françaises ou d'un État étranger[16]. Préfets et sous-préfets n'ont ni le droit de grève ni même le droit syndical. Ils appartiennent toutefois à des corps dans lesquels leur carrière se déroule de manière largement indépendante de l'orientation politique du gouvernement. Sans doute restent-ils moins longtemps dans un même poste que par le passé. Mais si le rythme des mouvements s'est accéléré, le caractère professionnel de l'administration préfectorale s'est renforcé.

Seule l'Italie connaît des préfets, dont le rôle, compte tenu de la forte décentralisation du pays, est moindre qu'en France, où ils sont l'une des incarnations d'une conception de l'État organisé pour définir et servir l'intérêt général.

L'institution préfectorale facilite les politiques de déconcentration, qui visent à transférer à l'échelon local l'exercice de responsabilités de l'État. Ces transferts permettent de rendre l'action de l'État plus proche des citoyens et donc plus efficace, en application de l'adage selon lequel « on peut gouverner de loin, mais on n'administre que de près ». Quelques grandes étapes ont marqué ce mouvement de déconcentration : le décret-loi du 5 novembre 1926 a délégué au préfet le pouvoir de tutelle sur les collectivités territoriales, auparavant exercé par le ministre ; le décret du 13 novembre 1970 a procédé à la déconcentration des crédits d'investissements, c'est-à-dire de nombreuses décisions relatives aux investissements de l'État.

Un nouvel élan a été donné par la loi d'orientation du 6 février 1992 relative à l'administration territoriale de la République, complétée par un décret du 1er juillet 1992 portant Charte de la déconcentration. La déconcentration devient le droit commun : le préfet détient une compétence de principe pour les décisions individuelles de l'État prises au titre des nombreux régimes d'autorisation ; la compétence d'un ministre ou du Premier ministre en matière de décision individuelle est aujourd'hui l'exception.

Une réforme de l'administration territoriale a simplifié et rationalisé les structures locales. À l'organisation antérieure, dans laquelle chaque ministère disposait d'une direction départementale (équipement, agriculture, affaires sanitaires et sociales, etc.), le

16. CE, 23 avril 2009, *Guigue*.

décret du 3 décembre 2009 substitue dans chaque département trois grandes directions départementales : la direction départementale des territoires, la direction départementale de la cohésion sociale et la direction départementale de la protection des populations. Remplaçant le décret du 1er juillet 1992, le décret du 7 mai 2015 poursuit dans la voie d'une déconcentration accrue. Son article 1er affirme : « La déconcentration consiste à confier aux échelons territoriaux des administrations civiles de l'État le pouvoir, les moyens et la capacité d'initiative pour animer, coordonner et mettre en œuvre les politiques publiques définies au niveau national et européen [...]. Elle constitue la règle générale de répartition des attributions et des moyens entre les échelons centraux et territoriaux des administrations civiles de l'État. » Un projet de loi « Décentralisation, différenciation, déconcentration », dénommé « 3 D », est en préparation en 2020 pour poursuivre ce mouvement.

Chapitre 2

Les collectivités territoriales

L'histoire comme le droit des collectivités territoriales sont traversés par la recherche permanente d'un équilibre entre pouvoir central et administrations locales. D'un côté, la France est un État unitaire, qui s'est construit progressivement, d'une façon volontariste, sur des principes forts, constitutifs de la nation française, tels que l'indivisibilité – du Royaume autrefois, de la République aujourd'hui –, la solidarité nationale et l'égalité devant la loi. Mais d'un autre côté, le souci de protéger les libertés locales n'a jamais cessé d'être présent ; la volonté de décentralisation est particulièrement marquée depuis les années 1980. Cette double préoccupation, qui marque le cadre général, irrigue l'ensemble des règles relatives au statut comme au fonctionnement des collectivités territoriales.

I

LE CADRE GÉNÉRAL

Les notions de collectivités territoriales et de décentralisation doivent être précisées. Ces notions permettent de mieux comprendre l'évolution historique et les principes constitutionnels qui gouvernent le droit des collectivités territoriales. Même s'il n'existe pas de modèle unique d'organisation territoriale en Europe, les États européens partagent, dans ce domaine, des principes communs.

A | DEUX NOTIONS FONDAMENTALES

Deux notions sont à la base du droit des institutions locales : celle de collectivité territoriale, d'une part ; celle de décentralisation, d'autre part.

1/ *La notion de collectivité territoriale*

La notion de collectivité territoriale, qui peut se définir en quatre éléments, doit être distinguée de celle d'établissement public.

a) Une définition en quatre éléments

Une collectivité territoriale peut se définir comme une personne morale de droit public dirigée par un conseil élu, exerçant une compétence générale au sein d'un ressort territorial limité.

En premier lieu, la *personnalité morale* dévolue aux collectivités locales permet de les distinguer des services déconcentrés de l'État : à la différence d'une préfecture ou d'une direction départementale des territoires, une commune ou un département possède une personnalité juridique. La confusion est possible, car, à chaque échelon de l'administration locale, une circonscription administrative de l'État, déconcentrée, et une collectivité locale, décentralisée, cohabitent sur un même territoire. Ainsi, le département est à la fois le ressort de nombreux services de l'État, soumis à l'autorité du préfet, et une collectivité territoriale, dirigée par le président du conseil départemental. Seule cette dernière dispose de la personnalité juridique. Une éventuelle suppression du département en tant que collectivité territoriale – parfois envisagée – n'entraînerait pas la disparition du département en tant que circonscription administrative de l'État. La reconnaissance progressive d'une telle personnalité (en 1837 pour les communes, en 1871 pour les départements, en 1972 sous forme alors d'établissement public pour les régions) a permis de consolider les libertés locales.

L'*élection des conseils* délibérants constitue désormais un élément de la définition des collectivités locales, par opposition, par exemple, aux établissements publics ; elle est inscrite à l'article 72 de la Constitution. Pour le département et la région, l'élection des exécutifs, acquise depuis 1884 pour la commune, a été l'un des apports fondamentaux de la décentralisation de 1982. La circonstance que les dirigeants des collectivités locales sont élus par les citoyens, et non pas nommés par l'État, représente bien évidemment une conquête fondamentale de la démocratie locale.

Les collectivités locales se caractérisent ensuite par leur *ressort territorial* limité. À la différence d'un établissement public, dont le ressort peut parfois s'étendre sur l'ensemble du territoire national, elles exercent leurs compétences au sein de limites géographiques restreintes. Cette indication est l'occasion d'apporter une précision purement terminologique : le terme de collectivités « territoriales » est aujourd'hui privilégié par rapport à celui de collectivités « locales », qui est moins adapté au cadre régional ; il est principalement employé par la loi, depuis l'adoption du code général des collectivités territoriales [CGCT] en 1996, et exclusivement utilisé par la Constitution, depuis la révision constitutionnelle du 28 mars 2003. On relèvera toutefois que la direction compétente du ministère de l'intérieur reste dénommée « direction générale des collectivités locales » – ce qui montre qu'il ne faut pas surestimer l'importance de cette question terminologique.

Enfin, une *compétence générale* est normalement dévolue aux collectivités territoriales : en sus d'une liste de compétences précises, la loi prévoyait auparavant qu'elles avaient pour vocation de régler toute affaire qui présente un intérêt local. Cette « clause de compétence générale » constituait traditionnellement un des éléments de définition des collectivités territoriales, en ce qu'elle permettait de les distinguer des établissements publics. Encore aujourd'hui, pour la commune, l'article L. 2121-29 du code général des collectivités territoriales indique que le conseil municipal règle, par ses délibérations, « les affaires de la commune », sans autre précision. Cette compétence générale pour les « affaires locales » a toutefois été regardée comme la source du problème de l'enchevêtrement des compétences. C'est pourquoi la loi du 7 août 2015 portant nouvelle organisation de la République (dite « loi NOTRe ») l'a supprimée pour le département (L. 3211-1 du code général des collectivités territoriales) et pour la région (L. 4221-1). Elle n'est maintenue que pour la commune. Toutefois, si, sur le plan formel, le législateur a supprimé la disposition législative qui conférait une compétence générale à la région et au département, il n'en reste pas moins que ces collectivités disposent des attributions les plus larges sur leur territoire, à la différence, notamment, d'un établissement public. En outre, certains appellent au rétablissement de la clause de compétence générale des départements et des régions, comme l'ont montré les débats parlementaires sur la loi n° 2019-1461 du 27 décembre 2019 relative à l'engagement dans la vie locale et à la proximité de l'action publique, dite « loi Engagement et Proximité »[1].

b) Collectivité locale et établissement public

Ces éléments de définition permettent de distinguer les collectivités locales des établissements publics. Il peut en effet être tentant de rapprocher ces deux catégories de personne morale, notamment

1. Voir également le rapport parlementaire d'évaluation de la loi NOTRe : Bruno Questel et Raphaël Schellenberger, *Rapport d'information n° 2539 du 18 décembre 2019 sur l'évaluation de l'impact de la loi n° 2015-991 du 7 août 2015 relative à la nouvelle organisation territoriale de la République*, Assemblée nationale.

lorsque l'on a affaire à des établissements publics de coopération intercommunale (EPCI), instruments de mise en commun entre plusieurs communes de la gestion d'un service public local. Cependant, si les établissements publics sont également dotés de la personnalité morale, ils se différencient des collectivités territoriales sur les trois autres éléments de leur définition.

Tout d'abord, ils ne disposent pas, en principe, de conseils élus, mais sont la plupart du temps dirigés par un conseil d'administration et soumis au contrôle d'une autre personne publique. En 1986, la transformation des régions, auparavant établissements publics, en véritables collectivités territoriales s'est traduite par l'élection du conseil régional. Aujourd'hui, comme nous le verrons, la légitimité des EPCI se heurte au mode de désignation de leurs organes délibérants : institués par les communes membres, ils ne sont qu'indirectement le fruit de l'élection des conseils municipaux.

Ensuite, les établissements publics ne se caractérisent pas nécessairement par un ressort territorial limité. Si certains d'entre eux ont un ressort local, comme les hôpitaux ou les organismes de coopération intercommunale, d'autres exercent leurs compétences sur l'ensemble du territoire national, comme le Commissariat à l'énergie atomique (CEA), l'École nationale d'administration (ENA) ou encore les caisses nationales de sécurité sociale.

Enfin, à la différence d'une collectivité territoriale, un établissement public ne dispose jamais d'une compétence générale, mais obéit au *principe de spécialité* : ses statuts lui confient une mission précise. Bien souvent, d'ailleurs, un établissement public était initialement un simple service de l'État ou d'une collectivité territoriale auquel on a donné ultérieurement la personnalité juridique : en ce sens, on parle parfois de « personnalisation d'un service ». La suppression de la clause générale de compétence, prévue par la loi NOTRe du 7 août 2015 pour les régions et les départements avait été critiquée sur ce point : d'aucuns se demandaient si le département et la région pouvaient encore mériter la qualification de véritables collectivités territoriales et ne devaient pas être assimilés à de simples établissements publics spécialisés.

D'une manière plus générale, on peut voir dans la distinction entre collectivité territoriale et établissement public une illustration de la classification des personnes morales proposée en 1906 par le professeur Léon Michoud[2]. L'établissement public est normalement une personne morale *fondative* : il est créé par une volonté extérieure et supérieure, qui lui assigne une vocation spéciale. La collectivité territoriale est une personne morale *corporative* : elle représente une communauté humaine, dont elle exprime les intérêts collectifs.

2. Léon Michoud, *La Théorie de la personnalité morale et son application en droit français*, Paris, LGDJ, 1906.

2/ *La notion de décentralisation*

On distingue classiquement les notions de décentralisation, de déconcentration et de délocalisation.

La *déconcentration* se définit comme un transfert de pouvoir à l'intérieur d'une même personne morale, à un niveau territorialement inférieur. Elle consiste, pour l'État, à déléguer des missions de l'échelon national vers ses services périphériques non dotés de la personnalité morale, tels que les préfectures ou les rectorats. Certes, la compétence est exercée à un niveau local, plus proche des administrés, mais elle relève toujours de l'État : selon l'expression fameuse d'Odilon Barrot, c'est « le même marteau qui frappe, mais on en a raccourci le manche ».

La *décentralisation* implique pour sa part un transfert de pouvoir vers une autre personne publique, distincte de l'État : une compétence est confiée à une collectivité territoriale, qui l'exerce de manière autonome. On peut concevoir deux types de décentralisation, territoriale ou fonctionnelle. La décentralisation territoriale vise le transfert de compétence à une collectivité territoriale ; la décentralisation fonctionnelle ou technique porte sur un transfert de compétence à un établissement public : elle consiste à donner la personnalité morale à un service.

La *délocalisation*, enfin, n'implique aucun transfert de pouvoir : il s'agit d'un simple déplacement des locaux. Délocaliser un service, c'est changer son implantation géographique sans toucher à ses compétences administratives. C'est un acte purement *matériel*, qui n'emporte aucune conséquence *juridique*. Pour diverses raisons (aménagement du territoire, économies budgétaires, etc.), certains services ou établissements publics de l'État sont ainsi implantés en province (état civil des Français de l'étranger à Nantes, service des pensions à La Rochelle, ENA à Strasbourg, etc.).

B | UNE LENTE ÉVOLUTION HISTORIQUE

L'histoire institutionnelle française est marquée par un mouvement de balancier, d'allers-retours entre centralisation et décentralisation. À la forte centralisation de la période impériale succède un retour à la décentralisation sous la monarchie de Juillet, qui a vu l'adoption de lois importantes sur les élections locales. Tocqueville affirmait à cet égard : « Les institutions communales sont à la liberté ce que les écoles primaires sont à la science ; elles la mettent à la portée du peuple ; elles lui en font goûter l'usage paisible et l'habituent à s'en servir. Sans institutions communales une nation peut se donner un gouvernement libre, mais elle n'a pas l'esprit de la liberté[3]. »

Après une phase de centralisation sous le Second Empire, la Troisième République consacre les libertés locales par l'adoption de grandes lois entre 1871 (sur le département) et 1884 (sur la commune). Depuis la fin du régime de Vichy, la France connaît une période de décentralisation progressive, qui se prolonge encore aujourd'hui : la reconnaissance des collectivités locales a pour la première fois été inscrite dans la Constitution en 1946 et confirmée dans celle de 1958 ; malgré l'échec de la régionalisation de 1969, le mouvement s'est poursuivi avec une ampleur inédite lors des lois Defferre de 1982-1983 et a été largement approfondi par la révision constitutionnelle de 2003. Si la décentralisation est particulièrement à l'honneur aujourd'hui, il faut donc se souvenir qu'il s'agit d'une thématique évolutive dans l'histoire de l'administration française.

1/ *La naissance des trois niveaux d'administration locale*

Sous l'Ancien Régime, l'organisation territoriale était d'une grande complexité. Fruit de l'histoire, elle reposait sur la superposition d'une grande diversité de circonscriptions territoriales, variant selon les matières et les lieux : parlements en matière judiciaire, diocèses et paroisses pour l'organisation religieuse, « généralités » dans le domaine fiscal, duchés et comtés en matière militaire. Peu avant la Révolution, un double besoin de rationalisation et de démocratisation des structures est apparu. Un édit de 1787 crée des assemblées provinciales, invitées à se subdiviser en départements et dotées de prérogatives administratives et financières qui appartenaient auparavant aux intendants, les représentants du pouvoir royal dans les généralités.

Aujourd'hui, la France connaît trois principaux niveaux d'administration locale : les communes, les départements et les régions. Chacun d'eux est à la fois collectivité territoriale décentralisée et circonscription administrative de l'État déconcentrée. Communes, départements et régions ne sont cependant pas nés aux mêmes époques. À l'heure où la disparition de certaines collectivités locales est en débat, il n'est pas inutile de rappeler brièvement les grandes dates de leur histoire.

Les communes, héritières des paroisses de l'Ancien Régime, constituent la structure locale la plus ancienne, la plus proche des citoyens et, sans doute, la plus solide. Dès avant 1789, le combat pour les libertés locales a été mené à cet échelon, à travers les luttes

3. *De la démocratie en Amérique*, Tome 1, Paris, Pagnerre, 1848, p. 94.

pour les franchises communales. À partir de la période révolutionnaire, plusieurs grandes lois viennent consolider la place de la commune dans le nouveau système administratif du pays : après la loi du 14 décembre 1789, qui reconnaît solennellement l'existence des communes et unifie leur organisation sur l'ensemble du territoire, le principe de l'élection des conseils municipaux et la personnalité juridique des communes sont respectivement consacrés par les lois du 21 mars 1831 et du 18 juillet 1837. La Troisième République prolonge ce mouvement, avec la loi du 5 avril 1884 qui pose le principe de l'élection des maires, auparavant nommés par l'État.

Les départements, ensuite, ont été créés de toutes pièces par la Révolution : la loi des 15 janvier et 16 février 1790 donne naissance à ces nouvelles circonscriptions afin de rationaliser l'organisation administrative du territoire. Elle définit alors leurs limites de telle manière qu'aucun de leurs points géographiques ne se trouve à plus d'une journée de cheval du chef-lieu. Très progressivement, le département devient ainsi une véritable collectivité décentralisée : si l'élection des conseils généraux est acquise dès la loi du 22 juin 1833, sous la monarchie de Juillet, le département n'acquiert la personnalité juridique que sous la Troisième République, avec la loi du 10 août 1871 ; enfin, avec la loi du 2 mars 1982, l'exécutif du département, auparavant exercé par le préfet, est confié à un élu, le président du conseil général.

Quant aux régions, elles sont les collectivités territoriales les plus récentes. Elles existaient dès 1960 sous la forme de simples circonscriptions administratives, le décret du 2 juin 1960 ayant institué 21 « circonscriptions d'action régionale ». Leur transformation en collectivités territoriales s'est faite en plusieurs étapes. En 1972, elles deviennent des établissements publics et sont ainsi dotées de la personnalité juridique : il s'agit alors d'une réforme de substitution, à défaut de pouvoir les ériger en véritables collectivités, puisque cette dernière idée a été rejetée par les Français lors du référendum du 27 avril 1969. Il faut attendre la loi du 2 mars 1982 et l'élection, en 1986, du conseil régional au suffrage universel pour les voir accéder au statut de collectivités décentralisées. La révision constitutionnelle du 28 mars 2003 permet leur consécration constitutionnelle, puisqu'elles figurent désormais dans la liste des collectivités territoriales dont l'existence est expressément prévue par la Constitution. Enfin, la carte régionale évolue avec la loi du 16 janvier 2015 relative à la délimitation des régions, qui a réduit le nombre de régions métropolitaines de 22 à 13.

2/ *Les quatre actes de la décentralisation*

Durant la dernière période, le processus de décentralisation s'est joué en quatre actes : les lois Defferre de 1982-1983, la révision constitutionnelle de 2003, l'ouverture du chantier de la réforme institutionnelle de 2010, puis, depuis 2017, le lancement de nouvelles réformes sous le signe de la différenciation. Avant de développer plus loin le détail de ces réformes, il n'est pas inutile d'en donner d'emblée une vision générale, en rappelant les grandes lignes de ces étapes.

a) L'acte I (1982) : le renforcement des compétences locales

Avec les lois Defferre de 1982-1983, acte I de la décentralisation, trois éléments paraissent définitivement acquis dans l'équilibre institutionnel : le principe de l'élection de l'exécutif des collectivités locales, le transfert de larges compétences accompagné de garanties d'autonomie financière et la juridictionnalisation des contrôles.

En premier lieu, le principe de l'élection de l'exécutif des collectivités locales constitue une évolution récente, qui ne vise le département que depuis 1982 et la région depuis 1986. Mais la libre administration est aujourd'hui comprise comme impliquant que les conseils comme les exécutifs sont tous deux issus d'élections.

En deuxième lieu, les lois Defferre ont procédé à un élargissement progressif des compétences dévolues aux collectivités locales, qui paraît également difficilement réversible aujourd'hui. Deux principes ont guidé la mise en œuvre de ces transferts de compétences. D'une part, le *principe de compensation*, en vertu duquel tout transfert de compétences doit être accompagné des moyens humains et financiers nécessaires à l'exercice de cette compétence : la libre administration suppose en effet que les collectivités locales disposent de l'autonomie financière. D'autre part, le principe de *répartition par bloc de compétences*, qui a guidé le choix des matières transférées : on a privilégié le transfert de larges ensembles cohérents de compétences. Chaque niveau de collectivité locale est ainsi responsable de grands pôles de compétences. La commune est en charge de l'école, ce qui recouvre l'enseignement préélémentaire et élémentaire. Elle dispose d'une compétence affirmée en urbanisme, qu'il s'agisse de l'élaboration de la règle générale, à travers le plan local d'urbanisme (PLU), ou de la délivrance d'autorisations individuelles, avec les permis de construire. Elle est également responsable de plusieurs grands services publics locaux, que ce soit en matière d'adduction et d'assainissement de l'eau, de voirie ou encore de logement. Le département est compétent pour les collèges. Il est chargé de l'action sanitaire et sociale et, notamment, de la gestion de l'ancien revenu minimum d'insertion (RMI), puis de celle du revenu de solidarité active (RSA). Il s'occupe également du logement et de l'équipement rural. La région, enfin, est en charge des lycées. Elle a reçu des compétences importantes en matière de développement économique. Elle gère par ailleurs la formation professionnelle et l'apprentissage, ainsi que les transports régionaux.

En troisième lieu, les collectivités locales sont soumises, depuis la loi du 2 mars 1982, à un contrôle de nature juridictionnelle qui est venu remplacer le contrôle administratif auparavant effectué directement par le préfet. Un déféré préfectoral *a posteriori* s'est substitué au contrôle de tutelle *a priori*, et le contrôle d'opportunité a fait place à un simple contrôle de légalité. Le contrôle de légalité de l'action des collectivités locales relève du tribunal administratif, tandis que le contrôle financier appartient aux chambres régionales des comptes.

b) L'acte II (2003) : l'ancrage constitutionnel

L'acte II de la décentralisation est celui de la maturité du droit des collectivités territoriales : si les lois Defferre de 1982-1983, rompant avec la tradition antérieure, avaient marqué l'entrée dans une phase active de décentralisation, la révision constitutionnelle du 28 mars 2003 a permis la consolidation et l'ancrage au plus haut niveau de la hiérarchie des normes des principes fondamentaux de la décentralisation. Après deux décennies d'expérience de la décentralisation, l'heure est à son approfondissement et à sa consécration constitutionnelle. Le principe même de la décentralisation est ainsi inscrit à l'article 1er de la Constitution, qui précise, à propos de la République, que « son organisation est décentralisée ». La portée de cette nouvelle disposition reste à préciser : au-delà de sa forte valeur symbolique, elle pourrait bien permettre de tirer, par voie jurisprudentielle, toutes les conséquences de cette affirmation et d'en déduire des exigences constitutionnelles précises.

c) L'acte III (2010) : le chantier de la réforme institutionnelle

La réforme engagée depuis 2010 porte sur le volet institutionnel de la décentralisation : il s'agit d'améliorer l'architecture des institutions locales. Sous le mandat du président Nicolas Sarkozy, la loi de réforme des collectivités territoriales du 16 décembre 2010 est issue des propositions du comité pour la réforme des collectivités territoriales, dit « comité Balladur ». Remis au président de la République en mars 2009, son rapport s'intitule, d'une façon significative, *Il est temps de décider*. Deux grands objectifs sont définis : d'une part, la simplification des structures existantes ; d'autre part, la clarification des modalités d'exercice de leurs compétences. Sous la présidence de François Hollande, cette réforme a été prolongée, notamment par l'adoption de trois grandes lois : la loi de modernisation de l'action publique territoriale et d'affirmation des métropoles du 27 janvier 2014, la loi du 16 janvier 2015 relative à la délimitation des régions et la loi du 7 août 2015 portant nouvelle organisation de la République (loi NOTRe). L'ensemble de ces textes poursuit les mêmes objectifs de rationalisation de la carte territoriale et de l'architecture institutionnelle, en particulier à travers le renforcement des métropoles, de l'intercommunalité et de l'échelon régional.

d) Vers l'acte IV (depuis 2017) : vers la différenciation

Sous la présidence d'Emmanuel Macron, ce mouvement de réforme se poursuit, avec, dès 2017, la réforme de la taxe d'habitation (loi de finances pour 2018).

Plus globalement, le président de la République a annoncé, le 25 avril 2019, « un nouvel acte de décentralisation adapté à chaque territoire[4] », avec des transferts de compétences, de financements et de responsabilités dans le cadre des politiques de la vie quotidienne. Cela s'est traduit par la loi n° 2019-1461 du 27 décembre 2019 relative à l'engagement dans la vie locale et à la proximité de l'action publique, qui porte principalement sur les communes. Elle vise notamment à renforcer les pouvoirs des maires, à leur assurer de meilleures indemnités et à améliorer les conditions d'exercice des mandats locaux.

De nouvelles réformes sont annoncées, placées sous le signe de la « différenciation ». Cette notion se réfère à l'idée que l'unité n'est pas synonyme d'uniformité : une certaine souplesse peut être introduite afin de mieux prendre en compte la diversité des besoins locaux. Elle est susceptible de concerner les statuts, les compétences ou les normes locales. Il s'agit finalement de renouveler la conception traditionnelle de l'égalité entre collectivités locales. Ainsi en août 2019, un projet de révision constitutionnelle comportait le droit à la différenciation entre collectivités locales[5]. De même, un avant-projet de loi, dit « 3D » (pour décentralisation, différenciation et déconcentration), était en cours de préparation durant l'année 2020. Il vise à transformer les relations entre l'État et les collectivités territoriales, en partant des besoins et des projets territoriaux plutôt que d'une solution définie depuis la capitale et administrée de manière indifférenciée.

Le Sénat a, pour sa part, pris plusieurs initiatives pour approfondir la décentralisation. D'abord, une proposition de révision constitutionnelle pour le renforcement des libertés locales a été déposée au Sénat le 1er octobre 2019. Cherchant à accroître les marges de manœuvre des collectivités territoriales et à conforter leur place dans la République décentralisée, elle émane de Philippe Bas, président de la commission des lois, et de Bruno Retailleau. Ensuite, dans une résolution « pour une nouvelle ère de la décentralisation »

4. Déclaration de M. Emmanuel Macron, président de la République, sur les défis et priorités de la politique gouvernementale à l'issue du grand débat national, Paris, 25 avril 2019 (www.vie-publique.fr/discours/268532-emmanuel-macron-25042019-grand-debat-national).

5. Projet de loi constitutionnelle pour un renouveau de la vie démocratique, présenté au Conseil des ministres du 28 août 2019. Conformément à l'avis consultatif n° 393651 rendu par le Conseil d'État le 7 décembre 2017, une révision de la Constitution est en effet nécessaire afin de reconnaître la différenciation, et donc un pouvoir de dérogation, aux collectivités locales.

du 26 juin 2020, le Sénat appelle de ses vœux une poursuite des réformes. Il propose un « nouveau cycle de redistribution des compétences de l'État vers les collectivités territoriales », qui attribuerait notamment le service public de l'emploi aux régions et le pilotage des établissements d'hébergement des personnes âgées dépendantes (EHPAD) aux départements et qui renforcerait le rôle des maires et des présidents des conseils départementaux dans la gouvernance hospitalière. Il recommande la mise en place d'une loi de financement des collectivités territoriales en vue d'un cadre financier stable et pluriannuel. Enfin, le 2 juillet 2020, un groupe de travail du Sénat sur la décentralisation a présenté son rapport intitulé *Pour le plein exercice des libertés locales. 50 propositions du Sénat pour une nouvelle génération de la décentralisation*[6]. Les sénateurs proposent notamment la limitation de l'adoption des décrets dans les domaines de compétence des collectivités locales ou encore la réévaluation régulière des compensations financières des transferts de compétences aux collectivités.

Le chantier de la décentralisation reste donc ouvert.

C | LES PRINCIPES CONSTITUTIONNELS

Le droit des collectivités territoriales est traversé par une tension fondamentale entre deux exigences contradictoires qui, toutes deux, se traduisent par des principes constitutionnels : d'une part, l'unité de l'État ; d'autre part, la protection des libertés locales. Cette tension est inscrite dès les premières lignes de la Constitution, puisque son article 1er prévoit que « la France est une République indivisible », avant d'ajouter que « son organisation est décentralisée ». Le régime des collectivités territoriales s'efforce de concilier ces principes antagonistes.

Si la France est un État unitaire, on observera que le même type d'exigence se retrouve, sous une autre forme, dans un État fédéral, où le *principe d'autonomie* a pour corollaire le *principe de participation*. En vertu du premier, les États fédérés ont compétence pour définir leurs propres lois et même leurs principes d'organisation ; en vertu du second, ces mêmes États participent aux compétences fédérales à travers l'une des deux chambres qui les représentent : le Sénat aux États-Unis, dans lequel chaque État dispose de deux sièges (la Chambre des représentants étant composée pour sa part de représentants dont le nombre varie en fonction de la population

6. Ce groupe de travail était présidé par Gérard Larcher, président du Sénat. Le rapporteur général était Philippe Bas et le corapporteur Jean-Marie Bockel.

des États) ; le Bundesrat en Allemagne, composé des représentants du gouvernement de chaque *Land* (l'autre chambre, le Bundestag, rassemblant pour sa part les représentants de la population).

1/ *Les libertés locales et le principe de libre administration*

En France, l'existence même des collectivités territoriales résulte de la Constitution : son article 72 énumère les différentes catégories que sont « les communes, les départements, les régions, les collectivités à statut particulier et les collectivités d'outre-mer » et ajoute que « toute autre collectivité territoriale est créée par la loi ». L'éventuelle suppression d'une *catégorie* de collectivité – comme le département – ne pourrait ainsi résulter que d'une révision constitutionnelle. En revanche, la disparition ou la modification des limites territoriales d'une commune, d'un département ou d'une région spécifique relève normalement de la compétence du pouvoir réglementaire, dans des conditions définies par la loi.

Le principe de libre administration des collectivités locales est protégé à la fois par la Constitution et par la loi. Il revient à deux reprises dans le texte constitutionnel : l'article 34 de la Constitution prévoit que « la loi détermine les principes fondamentaux de la libre administration des collectivités territoriales, de leurs compétences et de leurs ressources », tandis que son article 72 dispose que, « dans les conditions prévues par la loi, ces collectivités s'administrent librement par des conseils élus ». Cette dernière disposition est également reprise, quasiment dans les mêmes termes, à l'article L. 1111-1 du code général des collectivités territoriales.

Le principe de libre administration est entouré de solides garanties juridictionnelles. Le Conseil d'État a jugé que sa violation pouvait faire l'objet d'un référé-liberté, dès lors qu'il constitue une « liberté fondamentale » au sens de l'article L. 521-2 du code de justice administrative[7]. Le Conseil constitutionnel a estimé qu'il entrait dans le champ de la question prioritaire de constitutionnalité, en jugeant que la libre administration des collectivités territoriales est au nombre des droits et libertés garantis par la Constitution[8].

Le principe de libre administration revêt en réalité deux dimensions, l'une de forme, l'autre de fond : s'il fonde la compétence du législateur pour fixer les règles relatives aux collectivités locales, il constitue également une exigence constitutionnelle de fond, qui vient limiter son pouvoir.

La compétence du législateur en matière de collectivités locales constitue une garantie pour ces dernières. Certes, dans un État unitaire, la création et les modalités d'organisation des collectivités territoriales relèvent de la décision du pouvoir central. Toutefois, au

7. CE, 18 janvier 2001, *Commune de Venelles*.
8. CC, décision QPC du 2 juillet 2010, *Commune de Dunkerque*.

sein de ce dernier, il reste à préciser qui, du Parlement ou du gouvernement, est compétent. En France, les règles touchant à la libre administration de ces collectivités relèvent du domaine de la loi. Cette exigence s'inscrit dans une longue tradition républicaine : sous la Troisième République, ce sont les lois de 1871 et de 1884 qui ont défini le statut des départements et des communes. Cette compétence législative implique que *seule* la loi peut venir limiter les libertés des collectivités locales, à l'exclusion du règlement ; *a contrario*, un acte réglementaire qui interviendrait dans cette matière serait entaché d'incompétence. L'adoption en deux temps des textes relatifs aux droits des administrés illustre bien cette compétence exclusive du législateur. Il a fallu une loi pour transposer aux collectivités locales les règles de bonne administration qui avaient été, dans un premier temps pour l'État, prévues par un simple décret, celui du 28 novembre 1983 (exigence d'une procédure contradictoire pour certaines décisions administratives, obligation d'accuser réception de certains documents pour faire courir les délais de recours, etc.) : la loi du 12 avril 2000 relative aux droits des citoyens dans leurs relations avec l'administration, dite « loi DCRA »[9], reprend les mêmes principes pour les étendre aux collectivités locales.

S'agissant du fond, le principe de libre administration se traduit par des exigences constitutionnelles : les textes adoptés par le législateur doivent respecter les libertés locales et font l'objet d'un contrôle du Conseil constitutionnel sur ce point. Le législateur doit ainsi respecter le principe de l'élection des organes délibérants des collectivités locales, exigence expressément formulée par l'article 72 de la Constitution. Le juge constitutionnel a eu l'occasion d'exercer son contrôle sur ce point, considérant, dans une décision n° 85-196 DC du 8 août 1985, *Nouvelle-Calédonie*, qu'« il résulte de l'article 72 que, pour s'administrer librement, le territoire doit, dans les conditions qu'il appartient à la loi de prévoir, disposer d'un conseil élu doté d'attributions effectives ». Cette exigence fonde la nécessité d'élections périodiques, affirmée par le Conseil constitutionnel dans une décision n° 90-280 DC du 6 décembre 1990, *Renouvellement des conseils généraux*, à propos des conditions d'abréviation ou de prorogation de mandats. On observera à cet égard que, si le principe de l'élection est acquis de longue date pour les organes délibérants des collectivités, son application aux exécutifs de la commune et du département est moins affirmée. Alors que l'organe délibérant de la commune résulte de l'élection depuis 1831, le maire n'est un élu du conseil municipal que depuis 1884 ; le transfert du pouvoir exécutif départemental du préfet au président élu du conseil général ne s'est fait pour sa part qu'en 1982.

9. Aujourd'hui codifiée dans le code des relations entre le public et l'administration, entré en vigueur le 1er janvier 2016.

Dans le même esprit, le Conseil constitutionnel veille au respect du principe d'égalité devant le suffrage. Il en résulte qu'une élection doit être organisée « sur des bases essentiellement démographiques[10] ». Dans sa décision n° 2010-618 du 9 décembre 2010 sur la loi de réforme des collectivités territoriales, il estime que la répartition des conseillers territoriaux entre ces collectivités méconnaît ces principes dès lors que, dans plusieurs cas, le nombre de conseillers territoriaux par département « s'écarte de la moyenne régionale dans une mesure qui est manifestement disproportionnée ».

Par ailleurs, le principe de libre administration implique que les collectivités disposent des moyens leur permettant d'exercer pleinement leurs compétences. Moyens budgétaires d'abord : l'autonomie financière des collectivités territoriales est une composante à part entière des libertés locales, sur laquelle nous reviendrons plus loin. Moyens juridiques ensuite : les collectivités locales doivent disposer d'un pouvoir réglementaire[11]. C'est à cette occasion que peut se poser la question de la différenciation des normes entre collectivités locales.

2/ *L'unité de l'État et l'indivisibilité de la République*

Plusieurs dispositions constitutionnelles viennent tempérer le principe de libre administration. L'article 1er de la Constitution évoque dans un même alinéa deux principes très liés entre eux, l'indivisibilité de la République et l'égalité des citoyens devant la loi : « La France est une République indivisible [...]. Elle assure l'égalité devant la loi de tous les citoyens sans distinction d'origine, de race ou de religion. » L'article 2 rappelle ensuite que la langue de la République est le français. L'article 3 dispose quant à lui que la souveraineté nationale appartient au peuple, en précisant qu'« aucune section du peuple ni aucun individu ne peut s'en attribuer l'exercice ». L'article 72 affirme expressément le rôle du représentant de l'État, qui est chargé, dans chaque collectivité décentralisée, des intérêts nationaux, du contrôle administratif et du respect des lois.

L'exigence d'unité de l'État se manifeste également par la participation des collectivités territoriales à la vie nationale : l'article 24 de la Constitution prévoit que le Sénat « assure la représentation des collectivités territoriales ». Cette mission n'est pas sans rappeler le principe de participation mentionné plus haut, à propos des États fédéraux. La révision constitutionnelle de 2003 a renforcé cette mission en prévoyant, à l'article 39 de la Constitution, une priorité au

10. CC, décision n° 85-196 DC du 8 août 1985, *Loi sur l'évolution de la Nouvelle-Calédonie.*

11. Voir à la fin de ce chapitre : 3/ Les moyens juridiques.

Sénat pour l'examen des projets de loi ayant pour principal objet l'organisation des collectivités territoriales.

Le juge constitutionnel a été conduit à préciser la portée de ces dispositions constitutionnelles. Il a ainsi censuré certaines lois qui n'encadraient pas suffisamment la libre administration ou portaient atteinte à l'indivisibilité de la République. Il a déduit des articles 1er et 3 de la Constitution un « principe d'unicité du peuple français », qui s'oppose à la reconnaissance d'un « peuple corse » (décision n° 91-290 DC du 9 mai 1991, *Statut de la Corse*). Ce principe empêche également « que soient reconnus des droits collectifs particuliers à quelque groupe que ce soit, défini par une communauté d'origine, de culture, de langue ou de croyance », comme l'a précisé le juge constitutionnel par une décision n° 99-412 DC du 15 juin 1999, *Charte des langues régionales ou minoritaires*. À la suite de cette décision, un projet de révision constitutionnelle a été déposé en 2015 devant le Parlement, afin de rendre possible la ratification de cette charte. Mais le projet a fait l'objet d'un avis défavorable du Conseil d'État[12], avant de se heurter au refus du Sénat.

L'indivisibilité de la République ne s'oppose pas pour autant à ce qu'un statut spécifique soit donné à une collectivité : la Corse, Paris, la collectivité européenne d'Alsace ou encore la Nouvelle-Calédonie bénéficient ainsi de statuts particuliers. Indivisibilité n'est pas synonyme d'uniformité : de nouveau, on retrouve l'une des illustrations de la faculté de différenciation entre les collectivités – ici appliquée à la question de leur statut.

La langue française étant la seule langue constitutionnellement reconnue sur le territoire français, le juge constitutionnel a été amené à encadrer l'usage des langues régionales dans les services publics et l'enseignement. Il a ainsi considéré, dans une décision n° 96-373 DC, *Polynésie française*, du 6 avril 1996, que l'article 2 de la Constitution imposait l'usage du français dans le fonctionnement des services publics et leurs relations avec les usagers. Par plusieurs décisions, il a également affirmé que l'enseignement des langues régionales n'est possible qu'à la condition qu'il soit facultatif[13].

12. Le 30 juillet 2015, le Conseil d'État a rendu un avis défavorable, ce qui est exceptionnel s'agissant d'un projet de révision de la Constitution. Tout en rappelant qu'il n'existe pas de principes de niveau supra-constitutionnel, il estime que le projet introduirait une insécurité juridique, notamment au regard d'une contradiction entre la déclaration interprétative du gouvernement français et l'objet même de la Charte, qui est de conférer des droits collectifs aux locuteurs de langues régionales.

13. En Allemagne, aux termes de l'article 30 de la Loi fondamentale, « l'exercice des pouvoirs étatiques et l'accomplissement des missions de l'État relèvent des *Länder*, à moins que la présente Loi fondamentale n'en dispose autrement ».

D | LES COLLECTIVITÉS LOCALES EN EUROPE

Il n'existe pas de modèle unique d'administration locale en Europe. Fruit des traditions et des cultures, l'organisation interne des États est d'une grande diversité.

1/ *Diversité et convergences des États européens*

Aux États fédéraux (Allemagne, Autriche, Belgique, Suisse), on oppose classiquement les États unitaires, les plus nombreux (France, Royaume-Uni, les pays scandinaves, la plupart des pays d'Europe du Sud et des nouvelles démocraties d'Europe centrale et orientale). Dans un État fédéral, les États fédérés détiennent l'autonomie la plus large, puisqu'ils ont une compétence de principe : ils disposent de toutes les compétences qui ne sont pas explicitement attribuées par la Constitution à la Fédération[14] ; ainsi, en Allemagne, la définition de l'organisation des collectivités locales relève de la compétence des *Länder*. Un État unitaire se caractérise par l'existence d'un pouvoir étatique unique, disposant seul de la souveraineté et, par suite, de la *compétence de la compétence* ; source de tous les pouvoirs locaux, l'État crée ou supprime les collectivités territoriales et définit l'étendue de leurs compétences. Toutefois, malgré ces différences, les États européens partagent de plus en plus des principes communs d'organisation.

On observe d'abord des convergences entre États fédéraux et États unitaires, qui montrent qu'il ne faut pas surestimer cette distinction. En Allemagne, on assiste de longue date à un renforcement du pouvoir de la Fédération, au point que Konrad Hesse, professeur de droit public, évoquait dès 1962 le concept hybride d'« État fédéral unitaire » (*unitarischer Bundesstaat*). Les cas de compétences concurrentes entre la Fédération et les *Länder* se sont multipliés, tout particulièrement depuis l'introduction dans la Loi fondamentale, en 1969, de la notion de « tâches communes » dans certains domaines. Un *fédéralisme coopératif* apparaît ainsi, qui se caractérise par une coopération permanente entre la Fédération et les *Länder*. Tel a été le cas durant la crise sanitaire liée au coronavirus, les *Länder* ayant, dans un premier temps, réagi par eux-mêmes en ordre dispersé, avant qu'une loi fédérale sur la protection contre les infections, adoptée par le Bundestag le 25 mars 2020, ne vienne introduire une coordination sous l'égide du ministère fédéral de la santé.

Symétriquement, certains États unitaires ont adopté une organisation fortement régionalisée qui les rapproche des États fédéraux.

14. Décisions n° 91-290 DC du 9 mai 1991 ou n° 96-373 DC du 6 avril 1993.

On désigne volontiers aujourd'hui ces pays sous le nom d'« États unitaires régionalisés ». En Espagne et en Italie, les communautés autonomes ou les régions disposent d'une forte autonomie juridique et politique, qui se traduit par un pouvoir normatif étendu. Ainsi l'article 117 de la Constitution italienne organise-t-il un partage de la fonction législative entre l'État et les régions (« Le pouvoir législatif est exercé par l'État et les régions. »). Les compétences des régions à statut spécial sont plus étendues que celles des régions à statut ordinaire. Il n'existe pas de contrôle préventif de l'État sur les projets d'actes législatifs des régions et la Cour constitutionnelle tranche les litiges de compétences entre l'État et les régions. En Espagne, en vertu des articles 148 et 149 de la Constitution, l'étendue du pouvoir législatif des communautés varie pour chacune d'entre elles en fonction de son statut respectif, lequel dépend du résultat des négociations préalables à l'adoption dudit statut d'autonomie. Un domaine législatif est réservé à l'État central. Au Royaume-Uni, l'Écosse et le pays de Galles sont désormais dotés d'un véritable parlement, l'Angleterre n'ayant pour sa part qu'une faible autonomie[15]. La Belgique a été regardée comme un État régionalisé, avant de devenir, en 1993, un État fédéral.

Plus largement, l'autonomie locale constitue aujourd'hui le « patrimoine commun des pays d'Europe[16] ». De nombreux États européens se sont engagés dans un mouvement commun de décentralisation, inspiré par le même esprit de réforme. Partout, la commune apparaît comme la cellule de base de la démocratie locale. Ce n'est pas un hasard si la seule référence faite par les traités européens aux collectivités locales concerne les élections locales, auxquelles tout citoyen européen a le droit de vote (article 22 du traité sur le fonctionnement de l'Union européenne [TFUE] et article 40 de la Charte des droits fondamentaux). Partout, la commune reste le lieu d'implantation des services publics liés à la vie quotidienne : école, état civil, eau, ordures ménagères, transports.

Ces principes communs ont été consacrés dans la Charte européenne de l'autonomie locale, adoptée par le Conseil de l'Europe en 1985 et ratifiée tardivement par la France, en 2006. Cette Charte pose plusieurs exigences qui ne sont pas sans rappeler les principes de la décentralisation en France : les collectivités locales doivent être gérées par des conseils élus au suffrage universel (article 3) ; elles ont droit à des ressources propres suffisantes (article 9) ; le contrôle administratif de leurs actes ne doit normalement viser qu'à

15. Le 27 novembre 2019, l'assemblée nationale du pays de Galles a adopté le *Senedd and Elections (Wales) Bill*, lequel prévoit notamment que l'Assemblée devient « Parlement ». Depuis mai 2020, elle n'est plus désignée sous le nom d'Assemblée nationale du pays de Galles, mais comme le Welsh Parliament (soit le Senedd Cymru en gallois).

16. Alain Delcamp, « Les communes et l'Europe », *Pouvoirs*, 95, 2000, p. 133.

assurer le respect de la légalité (article 8). Le principe de subsidiarité est au nombre de ces exigences qui tendent à se développer en Europe. On peut en voir une des premières affirmations à l'article 4 de la Charte européenne de l'autonomie locale : « L'exercice des responsabilités publiques doit, de façon générale, incomber, de préférence, aux autorités les plus proches des citoyens. » Il est repris dans le droit de l'Union, par le traité de Maastricht de 1992, comme principe de répartition des compétences entre l'Union et les États membres. Il est aujourd'hui inscrit à l'article 5 du traité sur l'Union européenne, aux termes duquel : « En vertu du principe de subsidiarité, dans les domaines qui ne relèvent pas de sa compétence exclusive, l'Union intervient seulement si, et dans la mesure où, les objectifs de l'action envisagée ne peuvent pas être atteints de manière suffisante par les États membres, tant au niveau central qu'au niveau régional et local, mais peuvent l'être mieux, en raison des dimensions ou des effets de l'action envisagée, au niveau de l'Union. » Plusieurs constitutions nationales se sont approprié aujourd'hui le principe de subsidiarité, s'agissant des rapports entre États et collectivités locales, en Allemagne (1992), en Italie (2001) et en France (2003).

2/ *Les collectivités locales, enjeux des institutions européennes*

La dimension locale est prise en compte tant au sein du Conseil de l'Europe que par l'Union européenne. Au sein du Conseil de l'Europe, une assemblée politique représente les collectivités locales et régionales des États membres : le Congrès des pouvoirs locaux et régionaux. Créé en 1994 par transformation de la Conférence permanente des pouvoirs locaux et régionaux de l'Europe, il est composé de deux chambres, la Chambre des pouvoirs locaux et la Chambre des régions. Lieu privilégié de rencontres et d'expression des collectivités locales, il se réunit trois fois par an à Strasbourg. La Charte européenne de l'autonomie locale du 15 octobre 1985, traité international ratifié par la France en 2007, a été élaborée en son sein : il est chargé de veiller à son application et élabore à cette fin des rapports de suivi de la démocratie locale, pays par pays.

L'Union européenne, pour sa part, est neutre au regard de l'organisation interne des États membres. En vertu de l'article 4 du traité sur l'Union européenne, « l'Union respecte l'égalité des États membres devant les traités ainsi que leur identité nationale, inhérente à leurs structures fondamentales politiques et constitutionnelles, y compris en ce qui concerne l'autonomie locale et régionale ». Ainsi, ni les traités ni la Charte des droits fondamentaux, qui ne comportent pas de disposition dans ce domaine, n'imposent aux États une organisation locale déterminée. Le préambule de la Charte évoque d'ailleurs « le respect de la diversité des cultures et des traditions des peuples de l'Europe, ainsi que [...]

de l'organisation de leurs pouvoirs publics au niveau national, régional et local ». Pour le droit de l'Union européenne, toute collectivité régionale ou locale est perçue comme une entité publique rattachée à l'État membre. Tel est le cas, par exemple, en matière de droit de la concurrence, où les concours financiers d'une collectivité locale sont regardés comme une aide d'État.

Toutefois, la dimension territoriale n'est pas absente de l'Union européenne. Elle compte parmi ses institutions un Comité des régions, assemblée représentant les pouvoirs locaux et régionaux. Créé en 1994, il est composé d'environ trois cent cinquante membres nommés pour cinq ans. Son rôle a été renforcé par le traité de Lisbonne. Il est consulté sur certaines décisions des institutions de l'Union européenne et dispose du droit de saisir la Cour de justice pour la sauvegarde de ses prérogatives et du principe de subsidiarité.

Enfin, la construction européenne a créé une dynamique nouvelle de coopération entre les différents échelons d'administration. L'administration européenne utilise volontiers le cadre régional comme niveau de mise en œuvre de ses politiques : tel est le cas du Fonds européen de développement économique et régional (FEDER), un des principaux fonds structurels européens. En France, la gestion des fonds européens, jusqu'alors de la responsabilité de l'État, a été transférée aux régions par la loi du 27 janvier 2014 de modernisation de l'action publique territoriale et d'affirmation des métropoles.

Les occasions de contacts entre les collectivités locales se sont multipliées, en particulier pour régler des questions transfrontalières. Afin de faciliter la coopération transfrontalière directe entre les collectivités locales européennes, un règlement européen du 5 juillet 2006 a institué une nouvelle entité, le groupement européen de coopération transfrontalière (GECT). Doté de la personnalité juridique, un GECT peut être créé à l'initiative d'États membres, de collectivités locales ou régionales, ou d'autres entités publiques. Ses statuts sont fixés par une convention adoptée à l'unanimité de ses membres.

Un dispositif similaire a été mis en place au sein du Conseil de l'Europe, avec les groupements eurorégionaux de coopération (GEC), qui ont été institués par le protocole n° 3 du 16 novembre 2009, signé dans le cadre de la Convention-cadre européenne sur la coopération transfrontalière des collectivités ou autorités territoriales du 21 mai 1980, dite « convention de Madrid ». Ce dispositif permet de développer une coopération interterritoriale avec les États non membres de l'Union européenne.

En France, des dispositions spéciales ont été insérées à cet effet dans les articles L. 1115-5 et suivants du code général des collectivités territoriales. Ces textes ont été rénovés par la loi du 7 juillet 2014 d'orientation et de programmation relative à la politique de développement et de solidarité internationale. La notion de « coopération décentralisée » y est complétée par celle, plus large, d'« action extérieure des collectivités locales ». L'article L. 1115-5 rappelle d'abord le principe selon lequel une collectivité territoriale ne peut conclure une convention avec un État étranger – interdiction qui découle de l'absence de souveraineté. Il introduit toutefois des exceptions, élargies par la loi du 7 juillet 2014, pour les conventions conclues pour les besoins de la coopération régionale, notamment pour la création de groupements de coopération transfrontalière tels que les GECT et les GEC. C'est ainsi qu'ont été créés, à la frontière avec la Belgique, le GECT Eurométropole Lille-Kortrijk-Tournai ou, à la frontière avec l'Espagne, le GECT Pyrénées-Cerdagne.

II

LE STATUT DES COLLECTIVITÉS TERRITORIALES

Fruit de l'histoire, l'organisation territoriale de la France est marquée par un haut degré de complexité. Le statut des élus locaux est un élément important de la démocratie locale.

A | L'ORGANISATION TERRITORIALE

La carte des collectivités locales en France paraît fragmentée à un double titre : le nombre important de niveaux d'administration locale et le nombre de collectivités à chacun de ces niveaux. Ce morcellement a incité le législateur à mettre en place divers mécanismes de coopération et de regroupement entre collectivités. Les collectivités d'outre-mer bénéficient d'un régime particulier.

1/ *La question du nombre de niveaux d'administration locale*

L'existence de trois niveaux de collectivités publiques – communes, départements et régions – est parfois regardée comme étant une source de complexité administrative et de coûts supplémentaires pour les finances publiques. L'idée de la suppression pure et simple de l'un de ces niveaux est émise. Il s'agirait cependant d'une réforme lourde et sensible, ne serait-ce que quant au choix du niveau à supprimer. Les communes ont une histoire ancienne ; les régions ont une dimension européenne – l'Union européenne s'étant d'ailleurs dotée d'un Comité des régions. Le rapport de janvier 2008 de la Commission pour la libération de la croissance française, dit « rapport Attali », proposait pour sa part la disparition du département en dix ans. Sans aller jusque-là, la réforme du 16 décembre 2010 a esquissé un rapprochement entre départements et régions en créant une nouvelle catégorie d'élus, le conseiller territorial, conseiller commun à ces deux catégories de collectivités territoriales. Revenant sur cette réforme, la loi du 17 mai 2013 a supprimé les conseillers territoriaux, avant même qu'ils n'aient été élus.

Au printemps 2014, le Premier ministre Manuel Valls a également proposé la suppression des conseils départementaux, mais cette proposition n'a pas abouti. Il est vrai que la suppression pure et simple des départements ne s'impose pas avec la force de l'évidence. Certains relèvent que le département est un échelon d'administration pertinent pour de nombreux domaines, en particulier pour les questions sociales : le niveau communal est trop étroit, celui de la région trop éloigné des citoyens. Les évolutions récentes de la décentralisation ont d'ailleurs plutôt renforcé les compétences du département. Une variante à la suppression pourrait résider dans la différenciation. Par exemple, on pourrait imaginer que la suppression des départements ne concerne que les seules grandes agglomérations urbaines, dans lesquelles les métropoles se substitueraient aux départements. En revanche, conformément à l'idée d'un traitement différencié des territoires en fonction de leurs besoins, le département resterait maintenu pour les zones rurales. Dans cet esprit, Emmanuel Macron a proposé, durant la campagne électorale présidentielle, la suppression d'un quart des départements, par fusion de l'échelon départemental avec celui des métropoles. De même, à l'instar du précédent de la Communauté européenne d'Alsace, qui fusionne les départements du Bas-Rhin et du Haut-Rhin, la fusion de deux départements dans une autre forme de collectivité peut illustrer une autre forme de différenciation. Cette collectivité particulière constitue alors une forme intermédiaire entre la région, qui paraît parfois, aux yeux des administrés, comme excessivement désincarnée, et la métropole, quelquefois perçue comme autocentrée.

En réalité, la plupart des grands pays européens possèdent une *organisation territoriale à trois niveaux*. L'Allemagne est divisée en 16 *Länder*, environ 400 arrondissements (*Kreise*) et 12 000 communes (*Gemeinden*). L'Espagne est organisée en 17 communautés autonomes, 50 provinces et 8 000 communes (*municipios*). L'Italie compte 20 régions, 110 provinces et 8 000 communes. En Pologne, le système local comporte 16 régions (*voïvodies*), 379 districts et 2 500 communes. Malgré les différences de tradition, ces pays ont finalement une organisation assez comparable à celle de la France : la taille paraît être le principal facteur explicatif. Une organisation à deux niveaux, si elle est fréquente en Europe, concerne en général des pays de plus petite dimension – par exemple, l'Autriche, l'Irlande, les Pays-Bas et le Portugal.

Le Royaume-Uni est pour sa part difficilement classable : son organisation territoriale varie selon les nations. Pour trois des quatre nations (Écosse, pays de Galles, Irlande du Nord), on trouve une organisation à deux niveaux : une assemblée régionale (dénommée « parlement » en Écosse et, depuis 2019, au pays de Galles) et, à l'échelon de base, une autorité locale (dénommée, selon les cas, « district » ou « autorité unitaire » – *district council* ou *unitary authority*). Le cas de l'Angleterre est plus complexe. D'une part, elle ne possède pas d'assemblée régionale, mais elle est divisée en neuf régions (*government office regions*). D'autre part, à l'échelon local, on trouve, selon les lieux, soit une structure à un seul niveau, pour les larges zones urbaines (les *unitaries authorities*), soit une structure à deux niveaux dans les autres contextes (les *district councils* étant regroupés en *county councils*).

2/ Premier niveau : le nombre de communes et la coopération intercommunale

Si une organisation à trois niveaux est assez fréquente dans les grands pays européens, en revanche, avec ses 35 000 communes[17], dont environ 30 000 ont moins de 2 000 habitants, la France se trouve dans une situation singulière en Europe. Les communes françaises représentent à elles seules 40 % des communes de l'Union européenne. Ce chiffre est à comparer avec les 12 000 communes allemandes, 8 000 communes espagnoles ou italiennes. Même si le Royaume-Uni est dans une situation plus spécifique, il compte environ 400 autorités locales de base (districts ou autorités unitaires selon les cas).

Deux grandes réponses sont envisageables pour lutter contre ce morcellement de la carte communale : la fusion de communes et la création de structures intercommunales.

a) Les difficiles fusions de communes

Plusieurs pays européens ont mis en œuvre des politiques volontaristes de réduction du nombre de communes. L'Allemagne de l'Ouest, avant la réunification, est ainsi passée de 24 000 à 8 000 communes au cours des années 1970. En Belgique, avec la loi du 30 décembre 1975 organisant des fusions de communes, leur nombre a été réduit de 2 359 à 596. Depuis 2010, le Royaume-Uni

17. D'après l'Insee, la France comptait 34 968 communes au 1er janvier 2020. Voir également « Les collectivités locales en chiffres » sur www.collectivités-locales.gouv.fr.

a engagé une ambitieuse opération de redécoupage des limites territoriales des structures locales, conduite par la Commission de délimitation des administrations locales (Local Government Boudary Commission)[18]. La Grèce, pour des raisons d'économie budgétaire, a réalisé en 2010 une réduction drastique du nombre de communes (*demos*), qui sont passées de 1 033 à 325.

Un rapport du Sénat français observe qu'une des principales leçons d'une étude comparative tient à la difficulté à mener ces réformes sur la base du volontariat : les expériences réussies reposent souvent sur une décision contraignante, quitte à faire précéder son adoption d'une longue phase de concertation[19].

En France, les fusions de communes reposaient auparavant sur un dispositif issu de la loi Marcellin du 16 juillet 1971. Celui-ci distinguait la *fusion simple*, impliquant la disparition pure et simple des anciennes communes et la *fusion-association*, permettant à ces dernières de conserver leur dénomination, sous le nom de « communes associées ». Le succès de ces dispositions a été relativement limité : de 1971 à 2009, environ 900 fusions ont été prononcées, permettant la suppression de 1 100 communes[20]. La loi du 16 décembre 2010 a prévu la création de *communes nouvelles*, nouvelle incitation à la fusion de communes, remplaçant le dispositif prévu par la loi Marcellin. La commune nouvelle est une collectivité territoriale qui se substitue à plusieurs communes. Ces dernières subsistent toutefois sous le nom de « communes déléguées » et disposent de compétences spécifiques : le « maire-délégué » est ainsi officier d'état civil et officier de police judiciaire. Cette nouvelle collectivité territoriale est mieux articulée avec les EPCI existants, qui peuvent être transformés en communes nouvelles[21]. La création d'une commune nouvelle suppose soit l'accord de tous les conseils municipaux soit, dans le cadre d'un EPCI, l'accord des deux tiers des conseils municipaux des communes membres de l'EPCI, représentant plus des deux tiers de la population concernée. Dans ce dernier cas, en l'absence de délibérations concordantes, la création de

18. Paul Craig, *Administrative Law*, Londres, Sweet and Maxwell, 2008 [6e éd.], p. 150.

19. *Rapport d'étape sur la réorganisation territoriale*, rapport d'information n° 264 de M. Yves Krattinger et Mme Jacqueline Gourault fait au nom de la mission Collectivités territoriales, déposé le 11 mars 2009.

20. Voir *Étude d'impact du projet de réforme des collectivités territoriales*, p. 46, document joint au projet de loi, conformément à l'article 39 alinéa 2 de la Constitution.

21. Lorsqu'un EPCI regroupant un ensemble de communes est transformé en une commune nouvelle, il peut disposer du statut particulier de « commune-communauté ». Ce dispositif permet à la nouvelle commune d'être dispensée de l'obligation d'adhérer à un autre EPCI – exigence qui a moins de sens dans le cas d'une commune qui est elle-même issue d'un EPCI (loi n° 2019-809 du 1er août 2019 visant à adapter l'organisation des communes nouvelles à la diversité des territoires).

la commune nouvelle est soumise à référendum. En dépit des contraintes de cette procédure, un mouvement significatif s'est engagé, qui a fait passer le nombre de communes de plus de 36 000 à moins de 35 000.

b) L'intercommunalité en Europe

En Europe, les mécanismes de coopération entre collectivités sont largement répandus. Des syndicats de communes existent en Espagne et en Allemagne et des communautés intercommunales au Portugal. En Italie, on trouve des unions de communes ainsi que des communautés insulaires, permettant le regroupement des communes d'une même île ou d'un archipel. En Autriche, le droit des communes de se regrouper en syndicats est même consacré par la Constitution.

Par ailleurs, s'agissant des grandes zones urbaines, nos voisins européens ont souvent créé des métropoles à statut particulier, qui cumulent les compétences de plusieurs niveaux d'administration locale. En Allemagne, trois grandes métropoles (Berlin, Hambourg et Brème) ont le statut spécifique de ville-État (*Stadtstaaten*), se substituant à trois niveaux d'administration locale (*Land*, arrondissement et commune) ; 110 villes-arrondissements (*Kreisfreie Städte*) cumulent pour leur part les compétences des communes et des arrondissements.

De même, au Royaume-Uni, le Grand Londres (Greater London) correspond au découpage d'une région et d'une autorité unitaire. Divisé en trente-trois districts métropolitains, dont la cité de Londres, il est devenu une collectivité locale, doté d'une pleine autonomie, avec le *Greater London Authority Act* de 1999, approuvé par le Parlement à la suite d'un référendum. Il est dirigé par l'Autorité du Grand Londres (The Greater London Authority), composée d'une assemblée de vingt-cinq membres et du maire de Londres, lesquels constituent en Angleterre la seule assemblée régionale et le seul maire élus au suffrage universel.

c) Le succès de l'intercommunalité en France

En France, l'intercommunalité est apparue comme une réponse plus souple et plus efficace que la fusion de communes à la question du morcellement territorial. Sans supprimer les structures communales, une intercommunalité permet à plusieurs collectivités territoriales de se regrouper pour exercer en commun des compétences. Alors qu'une collectivité territoriale tient ses compétences de la loi, un établissement public de coopération intercommunale n'a en principe de compétences que sur délégation des collectivités membres. La loi énumère toutefois les compétences qui peuvent ou, parfois, qui doivent être déléguées à un EPCI.

L'intercommunalité progresse rapidement depuis la loi du 12 juillet 1999 relative au renforcement et à la simplification de la coopération intercommunale. Le mouvement s'est accéléré sous l'effet des mesures volontaristes issues de la loi du 16 décembre 2010. Désormais, la quasi-totalité des communes sont membres d'un EPCI. Au 1er janvier 2020, on comptait 1 254 EPCI à fiscalité propre, dont 21 métropoles, 14 communautés urbaines, 222 communautés d'agglomération et 997 communautés de communes. Seules quatre communes de France métropolitaine ne sont pas membres d'un EPCI à fiscalité propre. Il s'agit de quatre communes insulaires, Yeu, Bréhat, Sein et Ouessant[22]. Cette réforme a permis non seulement le regroupement des communes, mais aussi celui des EPCI eux-mêmes, dont le nombre s'est sensiblement réduit et dont la taille s'est accrue[23].

d) Les différentes catégories d'EPCI

Les structures intercommunales se répartissent en deux grandes catégories : les syndicats de communes et les EPCI à fiscalité propre que sont les communautés et les métropoles. Les *syndicats de communes* constituent la forme la plus souple d'intercommunalité. Ces établissements publics sont destinés à organiser la coopération entre communes sur certaines missions d'intérêt intercommunal assez précises, comme l'enlèvement des ordures ménagères ou la distribution de l'eau. Les syndicats peuvent être créés dans un but unique, et ce sont alors des syndicats à vocation unique (SIVU) ; ils peuvent prendre en charge plusieurs tâches et constituer alors des syndicats à vocation multiple (SIVOM). Une de leurs caractéristiques tient à leur mode de financement : sans fiscalité propre, ils sont financés par les subventions des communes qui y prennent part.

Les *communautés* représentent une forme d'intercommunalité renforcée. Ces EPCI ont une fiscalité propre et sont dotés par la loi d'un statut précis, comportant des compétences obligatoires. Les *communautés de communes* sont adaptées pour les plus petites communes, tandis que les *communautés d'agglomérations* rassemblent des villes moyennes pour une population de plus de 50 000 habitants et les *communautés urbaines* des grandes villes pour une population de plus de 500 000 habitants. Les possibilités de transformation de l'une à l'autre de ces structures ont été simplifiées par la loi du 13 août 2004 relative aux libertés et responsabilités locales, afin d'encourager les fusions et regroupements intercommunaux.

Enfin, la *métropole* est la structure de coopération la plus intégrée. Créé par la loi du 16 décembre 2010 et remanié par la loi du

22. Source : www.collectivités-locales.gouv.fr, rubrique « Études et statistiques locales ». Sous l'effet du mouvement de refonte de la carte territoriale, on observe une forte chute du nombre de communautés de communes : par comparaison, celles-ci étaient au nombre de 2 223 en 2013.

23. Voir nos développements au chapitre 23 : La réforme de l'État

27 janvier 2014 de modernisation de l'action publique territoriale et d'affirmation des métropoles, cet EPCI à fiscalité propre a vocation à regrouper les populations de plus de 400 000 habitants. La métropole dispose de larges compétences en matière de développement économique et culturel (création de zones industrielles et commerciales, construction d'équipements culturels), d'aménagement de l'espace (schéma de cohérence territorial, plan local d'urbanisme) ou encore de gestion des services collectifs (assainissement et eau, collecte et élimination des déchets ménagers).

La métropole Nice Côte d'Azur est la seule à avoir été créée sur la base de la loi de 2010. Trois métropoles, dotées d'un statut spécifique, sont directement issues de la loi du 27 janvier 2014. La première, celle de Lyon, qui a vu le jour le 1er janvier 2015 et a remplacé la communauté urbaine de Lyon, est une collectivité territoriale à statut particulier, et non pas un simple EPCI : elle exerce également les compétences du conseil départemental du Rhône. Les deux autres métropoles, instituées le 1er janvier 2016, détiennent quant à elles un statut d'EPCI. Il s'agit, d'une part, de la métropole du Grand Paris, qui regroupe Paris et l'ensemble des communes de la petite couronne ; d'autre part, de la métropole d'Aix-Marseille-Provence, qui comprend les différentes intercommunalités des Bouches-du-Rhône.

À titre d'exemple, la métropole du Grand Paris regroupe 131 communes et représente 7 millions d'habitants. Elle est gérée par un conseil comportant 209 conseillers métropolitains. Il n'est pas toujours aisé pour la métropole de trouver sa place entre les communes et la région, mais elle joue un rôle utile de coordination de l'action des maires.

Par ailleurs, abandonnant le principe du volontariat, la loi du 27 janvier 2014 prévoit la transformation obligatoire en métropoles des EPCI formant un ensemble de plus de 400 000 habitants dans une aire urbaine de plus de 650 000 habitants. Neuf métropoles ont ainsi été créées par décrets, tous entrés en vigueur le 1er janvier 2015 : Bordeaux, Grenoble, Lille, Nantes, Nice, Rennes, Rouen, Strasbourg et Toulouse.

La loi relative au statut de Paris et à l'aménagement métropolitain du 28 février 2017 révise les critères de création des métropoles : elle élargit la possibilité de transformation en métropole, jusque-là réservée aux EPCI de plus de 400 000 habitants, à tous les EPCI qui sont centres d'une zone d'emplois de plus de 400 000 habitants et à tous les EPCI de plus de 250 000 habitants ou comprenant dans leur périmètre, au 31 décembre 2015, le chef-lieu de région, et qui sont centres d'une zone d'emplois de plus de 500 000 habitants. Trois nouvelles métropoles ont été créées à la suite de l'adoption de cette loi : Tours Métropole Val-de-Loire, Dijon Métropole et Orléans Métropole.

La loi du 16 décembre 2010 crée également une structure nouvelle permettant la coopération entre EPCI : le *pôle métropolitain*. L'article L. 5731-2 du CGCT, modifié par la loi du 27 janvier 2014, dispose que les pôles métropolitains peuvent regrouper des EPCI à fiscalité propre sous réserve que la population de l'un d'entre eux soit au moins égale à 100 000 habitants, sans obligation de continuité territoriale. Ils ont pour vocation de mener des actions d'intérêt métropolitain dans de larges domaines, du développement économique aux transports, en passant par la promotion de la recherche et de la culture ou par l'aménagement de l'espace, avec la coordination des schémas de cohérence territoriale (SCOT). À titre d'exemple, le pôle métropolitain Nîmes-Alès, créé en 2012, réunit Nîmes Métropole et la communauté d'agglomérations d'Alès ; Strasbourg-Mulhouse fédère la communauté urbaine de Strasbourg et la communauté d'agglomérations de Mulhouse ; depuis 2015, le pôle métropolitain de Montpellier regroupe 57 intercommunalités et 1 066 communes.

e) Les schémas départementaux de coopération intercommunale

Le développement de l'intercommunalité et la recomposition de la carte intercommunale font désormais l'objet d'une politique volontariste, conduite par les préfets. En vue d'aboutir à l'achèvement progressif de la carte intercommunale sur tout le territoire, la loi de réforme des collectivités territoriales du 16 décembre 2010 prévoit la création de *schémas départementaux de coopération intercommunale* (SDCI). Ceux-ci sont élaborés par les représentants de l'État après une large concertation avec l'ensemble des communes, des EPCI et des syndicats mixtes concernés, dans le cadre de la commission départementale de coopération intercommunale (CDCI). Le SDCI peut proposer la création, la modification de périmètre ou la fusion d'EPCI à fiscalité propre ou de syndicats mixtes. Pour la mise en œuvre des orientations retenues, la loi prévoit un calendrier précis et confie au préfet des pouvoirs de contrainte. Les premiers schémas devaient être adoptés avant le 31 décembre 2011. Après le 1er juin 2013 et une première phase de négociation avec les collectivités concernées, les communes demeurant isolées pouvaient se voir rattachées aux EPCI existants par le préfet, avec l'accord du conseil communautaire d'accueil et de la CDCI. Par une décision QPC (question prioritaire de constitutionnalité) du 25 avril 2014, *Commune de Thonon-les-Bains*, le Conseil constitutionnel a toutefois jugé que les modalités du rattachement d'office d'une commune à un EPCI portaient « à la libre administration des communes une atteinte manifestement disproportionnée ». Il a en conséquence abrogé ces dispositions. La loi « Engagement et Proximité » du 27 décembre 2019 a assoupli le dispositif, en instaurant une procédure simplifiée de retrait pour les communes membres d'une communauté d'agglomération (à l'instar de ce qui existait au niveau des communautés de communes). En outre, une procédure de scission d'une communauté de communes ou d'agglomération est établie. Ce dispositif ne concerne pas le cas particulier de Paris et des trois départements de la première couronne parisienne, qui obéissent à un régime particulier, celui des contrats de développement territorial prévus par la loi du 3 juin 2010 relative au Grand Paris.

Poursuivant ce mouvement, la loi du 7 août 2015 portant nouvelle organisation territoriale de la République (loi NOTRe) prévoit de nouveaux schémas départementaux de coopération intercommunale. Ces schémas permettent d'actualiser les précédents, notamment en tenant compte du relèvement du seuil minimal de population des EPCI à fiscalité propre de 5 000 à 15 000 habitants. Dans le cadre de la mise en œuvre des SDCI, les préfets doivent édicter des arrêtés de périmètre, en concertation avec les collectivités concernées, pour chacun des projets de création, de fusion ou de modification de périmètre d'une intercommunalité.

3/ *Les regroupements de départements et de régions*

Le débat sur le nombre des régions et sur l'avenir du département, notamment autour des métropoles, a été fortement relancé au début de 2014.

La France compte aujourd'hui 101 *départements*, dont cinq sont situés outre-mer. Comme on l'a vu, les départements ont été créés en 1790, sur la base de critères essentiellement géographiques, en tenant compte des distances et de l'hydrographie. Depuis, la carte des départements a connu une grande stabilité, leur nombre ne variant qu'à l'occasion du rattachement des nouveaux territoires (par exemple, rattachement de Nice et de la Savoie à la France en 1860). Les dernières évolutions ont porté sur la réorganisation de la région parisienne, avec la création de sept départements en 1964, sur la division de la Corse en deux départements en 1976 et sur la création du département de Mayotte en 2011. Le découpage des départements devrait pouvoir toutefois être adapté pour tenir compte des évolutions démographiques et technologiques : le critère de la distance parcourue en une journée de cheval, utilisé en 1790, n'est plus tout à fait d'actualité.

Les évolutions se heurtent parfois à des résistances. En avril 2013, le « non » l'a ainsi emporté lors du référendum relatif à la fusion en une seule collectivité des deux départements du Bas-Rhin et du Haut-Rhin et de la région Alsace. Mais la création de la région Grand Est a fait évoluer la donne et les deux départements ont finalement fusionné pour donner naissance à la Collectivité européenne d'Alsace. Créée par la loi du 2 août 2019, cette collectivité particulière, à mi-chemin entre la région et le département, dispose non seulement des compétences départementales, mais également de compétences spécifiques, en matière de coopération transfrontalière ou encore de promotion de la langue et de la culture régionales.

La question du nombre de collectivités a également été posée avec une acuité particulière pour les régions. Jusqu'à la réforme instituée par la loi du 16 janvier 2015, la France était découpée en 22 *régions* – soit plus que la plupart de ses voisins européens – selon une carte pour l'essentiel héritée des 21 circonscriptions d'action régionale instituées par le décret du 2 juin 1960. L'idée d'un redécoupage régional revenait régulièrement dans les débats. En particulier, il paraissait nécessaire de donner aux régions françaises une dimension suffisante pour qu'elles puissent peser dans le dialogue avec leurs homologues européennes et avec les institutions de l'Union européenne, étant précisé que le territoire de référence de nombreuses politiques de l'Union est celui de la région.

Une réforme de la carte des régions et des départements était cependant délicate à mettre en œuvre. Les Français ont développé au fil du temps un sentiment d'attachement à leurs départements, initialement créés sur la base de considérations purement techniques, et le découpage des régions, mieux ancré dans l'histoire, reflète dans certains cas de fortes identités culturelles. C'est pourquoi une première réforme, introduite par la loi du 16 décembre 2010, s'est bornée à faciliter les regroupements entre régions ou départements, sans les imposer : elle repose exclusivement sur le volontariat et sur l'initiative des collectivités intéressées.

Les procédures de regroupement de départements et de régions sont précisées par les articles 12 et 13 de cette loi. À cet égard, l'article 12 vient combler un vide juridique en modifiant l'article L. 3114-1 du code général des collectivités territoriales, le CGCT ne prévoyant jusque-là une telle procédure que pour les seules régions. Le projet de regroupement départemental doit nécessairement reposer sur l'initiative de l'un ou de l'ensemble des conseils généraux intéressés, qui se prononcent par délibérations concordantes. Si le gouvernement estime qu'il y a lieu de poursuivre la procédure, la consultation des électeurs résidant sur le territoire concerné par le projet de regroupement est facultative dans le cas où tous les conseils généraux se sont prononcés en faveur du projet, obligatoire dans le cas contraire. Lorsqu'une consultation est organisée, le regroupement ne peut être prononcé que si le projet a recueilli la majorité absolue des suffrages exprimés correspondant à un nombre de voix au moins égal au quart des électeurs inscrits dans l'ensemble des communes intéressées ; le regroupement est alors décidé par décret en Conseil d'État. L'article 13 assouplit quant à lui la procédure de regroupement de régions, qui devient identique à celle prévue pour le regroupement de départements : aux termes de l'article L. 4123-1 du CGCT, plusieurs régions formant un territoire d'un seul tenant et sans enclave peuvent, par délibérations concordantes de leurs conseils régionaux, demander à être regroupées en une seule région. L'article L. 4122-1-1 prévoit également la possibilité de modifier, dans les mêmes conditions, les limites territoriales d'une région pour y inclure un département limitrophe.

Après que le président de la République François Hollande a annoncé, au printemps 2014, sa volonté de modifier la carte des régions, la loi du 16 janvier 2015 relative à la délimitation des régions a fait passer de 22 à 13 le nombre de régions métropolitaines à compter du 1er janvier 2016, modifiant l'article L. 4111-1 du CGCT. Le nom et le chef-lieu des nouvelles régions sont fixés par des décrets du 28 septembre 2016. Citons quelques exemples : la Normandie, l'Occitanie, les Hauts-de-France et la Nouvelle-Aquitaine. La loi encadre également l'organisation du premier scrutin régional qui s'est tenu les 6 et 13 décembre 2015 au sein des régions redessinées. Les nouvelles régions sont plus fortes, dotées d'une taille européenne (comparable aux communautés autonomes espagnoles ou encore aux *Länder* allemands) et de compétences renforcées.

4/ Les collectivités territoriales d'outre-mer

Le droit de l'outre-mer est marqué par l'histoire. Il est le miroir de notre conception de la République, comme le montrent les débats sur l'héritage colonial ou la commémoration de l'abolition de l'esclavage. Il a atteint, dans la période actuelle, un degré de complexité extrême. Mais celle-ci s'explique, comme le relève Jean-Philippe Thiellay : « Aujourd'hui plus qu'hier, les attentes locales doivent être prises en compte par l'État et le temps n'est plus [...] où l'outre-mer pouvait être régi par un statut unique octroyé depuis Paris[24]. »

Le statut des collectivités d'outre-mer a été profondément réformé par la révision constitutionnelle du 28 mars 2003, qui a modifié les articles 73 et 74 de la Constitution pour instituer un statut plus complexe et évolutif dans le temps. La typologie de ces collectivités a été modifiée : on ne distingue plus les départements et les territoires d'outre-mer (DOM et TOM), mais on parle désormais de « départements et régions d'outre-mer » d'une part, et de « collectivités d'outre-mer », d'autre part. Les départements et régions d'outre-mer (DOM et ROM), régis par l'article 73 de la Constitution, comprennent la Guadeloupe, la Martinique, Mayotte, la Guyane et La Réunion. En outre, en vertu d'une loi du 7 juillet 2011, la Guyane et la Martinique sont dotées, depuis le 18 décembre 2015, du statut de collectivité territoriale unique, c'est-à-dire une

24. Jean-Philippe Thiellay, *Droit des outre-mers*, Paris, Dalloz, coll. « Connaissance du droit », 2007, p. 1.

collectivité qui exerce, sur son territoire, les compétences d'une région et d'un département. Le statut de collectivité d'outre-mer (COM), régi par l'article 74 de la Constitution, concerne Saint-Pierre-et-Miquelon, Wallis-et-Futuna, la Polynésie française et les Terres australes et antarctiques françaises (TAAF). Ces collectivités bénéficient d'un statut plus autonome, qui a été appliqué à la Polynésie française par la loi organique du 27 février 2004. La Nouvelle-Calédonie est soumise pour sa part à un régime particulier, fixé par les articles 76 et 77 de la Constitution.

a) Les départements et régions d'outre-mer

Les départements et les régions d'outre-mer sont soumis au principe dit d'« identité législative » : tout texte législatif et réglementaire leur est applicable de plein droit, comme le précise l'article 73 de la Constitution, c'est-à-dire sans qu'il soit besoin de mention spécifique. Ce même article admet cependant la possibilité d'une adaptation des textes en raison des « caractéristiques et contraintes particulières de ces collectivités ». Le Conseil constitutionnel a eu l'occasion de préciser[25] que ces adaptations ne peuvent avoir « pour effet de conférer [à ces collectivités] une organisation particulière[26] ». Pour sa part, le Conseil d'État, lorsqu'il est saisi de recours contre de tels règlements, vérifie, d'une part, qu'il existe une situation particulière justifiant les adaptations et, d'autre part, que les dispositions édictées « ne vont pas au-delà des mesures d'adaptation autorisées par l'article 73 de la Constitution[27] ». Ainsi l'État peut, par une mention expresse, décider d'exclure ou de différer l'application de certaines dispositions législatives ou réglementaires sur le territoire de ces collectivités, ou encore de la subordonner à l'adoption de mesures d'adaptation obligatoires ou facultatives.

Les collectivités concernées, à l'exception de La Réunion, peuvent par ailleurs bénéficier d'une habilitation législative leur permettant de décider elles-mêmes des adaptations à apporter dans les matières sur lesquelles elles exercent leurs compétences.

b) Les collectivités d'outre-mer

Chaque collectivité d'outre-mer a un statut qui, en vertu de l'article 74 de la Constitution, est fixé par une loi organique. À l'inverse des départements et régions d'outre-mer, elles sont normalement soumises au principe dit « spécialité législative ».

25. L'ancien article 73 prévoyait également, dans des termes proches, une faculté d'adaptation.

26. Décision DC n° 82-147 du 2 décembre 1982, loi portant adaptation de la loi n° 82-213 du 2 mars 1982 relative aux droits et libertés des communes, des départements et des régions à la Guadeloupe, à la Guyane, à la Martinique et à La Réunion.

27. CE, 9 février 1983, *Esdras et autres*, n° 47899.

À titre d'exemple, le statut de la Polynésie française est prévu par la loi organique du 27 février 2004. Ses institutions comprennent un président, un gouvernement et une assemblée. Le titre II du statut est consacré à la question de l'application des lois et règlements en Polynésie française. Conformément au principe de spécialité législative, il prévoit qu'un texte législatif ou réglementaire métropolitain doit, pour y être applicable, comporter une mention spéciale d'applicabilité. Ce principe souffre toutefois trois exceptions. Les textes relatifs à certaines matières énumérées par le statut, telles que le domaine public de l'État, la nationalité ou encore le statut des agents publics de l'État, sont applicables de plein droit. Ensuite, les « lois de souveraineté », définies par le juge constitutionnel comme les « textes qui, en raison de leur objet, sont nécessairement destinés à régir l'ensemble du territoire de la République[28] » sont traditionnellement applicables, même sans mention spéciale. Ont notamment le caractère de loi de souveraineté les textes constitutionnels et organiques, les lois sur l'organisation des juridictions et le statut de la fonction publique, les textes relatifs à la nationalité. Enfin, il existe une troisième exception à caractère général, s'agissant des textes fixant des règles destinées, *en raison de leur objet même*, à ne s'appliquer que dans une ou plusieurs des collectivités d'outre-mer : par nature, ces textes sont toujours soumis au principe d'identité législative, même si la matière traitée n'entre pas dans les deux premières exceptions.

La loi organique du 27 février 2004 prévoit en outre une obligation de consultation : le gouvernement de la Polynésie française est obligatoirement consulté sur les projets de décret à caractère réglementaire introduisant, modifiant ou supprimant des dispositions particulières à la Polynésie française.

c) La Nouvelle-Calédonie

La Nouvelle-Calédonie dispose pour sa part d'un statut constitutionnel *sui generis* : elle est régie par le titre XIII de la Constitution (articles 76 et 77) qui lui est spécifiquement consacré. Échappant ainsi au statut général des collectivités territoriales défini par le titre XII de la Constitution, elle constitue une collectivité d'outremer *à statut particulier*. Le Conseil d'État en a déduit que la Nouvelle-Calédonie ne constitue pas une collectivité territoriale au sens de l'article 72 de la Constitution[29].

Les dispositions relatives à la Nouvelle-Calédonie ont été introduites dans la Constitution par la révision constitutionnelle du

28. CC, décision DC n° 2004-490 du 12 février 2004, *Statut de la Polynésie française*. L'article 7 de la loi organique n° 2004-192 du 27 février 2004, portant statut d'autonomie pour ce territoire, le mentionne expressément : il s'agit des textes dits « lois de souveraineté ».

29. CE, 13 décembre 2006, *M. Genelk*, n° 279323.

23 juillet 1998 en vue de traduire l'accord de Nouméa du 5 mai 1998, qui faisait lui-même suite aux accords de Matignon de 1988. Le statut de cette collectivité est évolutif : l'accord de Nouméa prévoit une phase de souveraineté partagée, au cours de laquelle s'ouvre un partage progressif de compétences entre l'État et la Nouvelle-Calédonie, selon un calendrier défini. L'accord de Nouméa prévoit jusqu'à trois votes en cas de victoire du « non » à l'accession à la pleine souveraineté. Un premier référendum d'autodétermination a été organisé le 4 novembre 2018. Les opposants à l'indépendance ont obtenu 56,7 % des suffrages exprimés, dans le cadre d'un scrutin marqué par une forte participation (plus de 80 % des électeurs inscrits ont participé au vote). Un deuxième référendum a eu lieu le 4 octobre 2020. Le « non » à l'indépendance l'a emporté à nouveau avec 53,26 % des suffrages exprimés, face au « oui » à 46,74 %.

Le statut de la Nouvelle-Calédonie est fixé par la loi organique du 19 mars 1999. Ses institutions comprennent un gouvernement et un congrès, lequel adopte des « lois du pays ». Actes quasi législatifs, les lois du pays, comme les lois nationales, sont précédées d'un avis du Conseil d'État et relèvent du contrôle du Conseil constitutionnel, qui peut notamment être saisi par les membres du congrès. Par comparaison, si la Polynésie française adopte également des lois du pays, celles-ci constituent des actes administratifs relevant du Conseil d'État.

L'article 77 de la Constitution autorise l'émergence d'une citoyenneté calédonienne. Sur ce fondement, l'article 4 de la loi organique prévoit que cette citoyenneté bénéficie aux personnes de nationalité française qui remplissent certaines conditions, en particulier la résidence depuis au moins dix ans en Nouvelle-Calédonie.

Conformément à l'accord de Nouméa, la Nouvelle-Calédonie bénéficie de larges compétences, qui ont été progressivement étendues et qui portent par exemple sur le domaine fiscal, sur le droit du travail ou encore sur le statut civil coutumier. Conformément au principe de spécialité législative, les lois et les règlements de métropole ne sont applicables que sur mention expresse. Par exception, les textes intervenant dans les matières énumérées à l'article 6-2 de la loi organique sont toutefois applicables de plein droit. Par ailleurs, le gouvernement de Nouvelle-Calédonie est consulté sur les projets de décret comportant des dispositions spécifiques à ce territoire (article 133 de la loi organique).

La Nouvelle-Calédonie dispose ainsi d'une autonomie plus large que les autres collectivités. Ses liens avec la métropole sont proches d'un régime fédéral.

B | L'ORGANISATION INTERNE : ÉLUS LOCAUX ET DÉMOCRATIE LOCALE

L'élection des organes des collectivités territoriales est une exigence constitutionnelle. Elle constitue à la fois un élément de leur définition, qui permet de les distinguer des établissements publics, et une garantie de la démocratie locale. Il convient de préciser les modalités de désignation des élus locaux.

1/ *Les communes*

a) Les instances communales

Organe délibérant de la commune, le *conseil municipal* est élu pour six ans. Son effectif est très variable selon la taille de la commune. Il existe deux modes de scrutin différents pour l'élection des conseils municipaux. Dans les communes de plus de 1 000 habitants, les conseillers municipaux sont élus au scrutin de liste à deux tours. Ce seuil, autrefois fixé à 3 500 habitants, a été abaissé par la loi du 17 mai 2013, de manière à augmenter le nombre de communes concernées par le scrutin de liste. Celui-ci présente notamment l'avantage de faciliter la parité : depuis la loi du 6 juin 2000, chaque liste est alternativement composée d'un candidat de chaque sexe. Le mode de scrutin est mixte : il s'agit d'une élection proportionnelle avec prime majoritaire. La liste qui a obtenu la majorité, même relative, obtient au minimum la moitié des sièges à pourvoir ; les autres sièges sont ensuite répartis entre toutes les listes à la représentation proportionnelle. Dans les communes de moins de 1 000 habitants, les conseillers sont élus au scrutin plurinominal majoritaire à deux tours. Ce mode de scrutin est plus simple : il n'est pas nécessaire de déposer une liste complète, et les électeurs ont la possibilité de procéder à un panachage entre les différentes listes.

Le *maire* est l'exécutif de la commune. Il est élu par le conseil municipal, parmi ses membres et pour la durée de son mandat, à la majorité absolue aux deux premiers tours ou à la majorité relative au troisième tour. Il a la possibilité de se faire assister par un ou plusieurs adjoints, dans la limite de 30 % de l'effectif du conseil municipal. Les attributions du maire comportent des pouvoirs propres, comme la gestion du personnel de la commune, la direction des services municipaux, la délivrance des permis de construire et l'exercice des pouvoirs de police générale[30], mais aussi les compétences qui peuvent lui être déléguées par le conseil municipal. S'il

30. Renforcés par la loi de décembre 2019 s'agissant du contrôle du respect des règles de sécurité par les établissements recevant du public, de la fermeture de débits de boissons, de la répression des constructions irrégulières et de comportements troublant la sécurité publique.

est, à titre principal, représentant de la commune, le maire est également, dans certains cas, agent de l'État. Ce dédoublement fonctionnel correspond à la double nature de la commune, à la fois collectivité locale et circonscription administrative de l'État. C'est ainsi que le maire est agent de l'État lorsqu'il agit en tant qu'officier de police judiciaire ou officier d'état civil (par exemple lors de la célébration des mariages). Dans l'exercice de ces attributions, il est alors soumis au pouvoir hiérarchique du préfet, représentant de l'État. Enfin, le maire peut, dans certaines hypothèses limitativement définies, être révoqué par décret en conseil des ministres.

b) Les communes à statut particulier : Paris, Lyon et Marseille

En règle générale, l'organisation territoriale est uniforme sur l'ensemble du territoire : la plupart des communes ont le même statut. Toutefois, trois communes, Paris, Lyon et Marseille, se sont vu reconnaître un statut particulier.

Paris, tout d'abord, a très tôt été soumis à un statut spécial, qui s'explique par des raisons historiques : siège du gouvernement, la capitale a aussi été le lieu de toutes les révoltes et insurrections, de la Révolution de 1789 à Mai 68, en passant par la Commune de 1871. Elle a ainsi été exclue du champ de la grande loi de 1884 sur les communes et largement placée sous la tutelle de l'État, de vastes compétences étant attribuées au préfet de Paris et au préfet de police. Avec la loi du 31 décembre 1975, son statut a été en partie rapproché du droit commun ; son exécutif n'est plus le préfet mais le maire. De nombreuses singularités subsistent cependant : à la fois ville et département, Paris est découpé en arrondissements dotés d'organes consultatifs, les conseils d'arrondissements ; conseillers de Paris et conseillers d'arrondissement sont élus sur une même liste, un tiers des conseillers désignés siégeant au Conseil de Paris et les deux tiers restants, dans les conseils d'arrondissement ; le préfet de police y est maintenu. Par la suite, avec la loi du 28 février 2017, le statut de Paris a été modernisé. Ainsi, depuis 2019, la commune et le département de Paris, qui partageaient déjà une même assemblée délibérante (le Conseil de Paris), ne forment plus qu'une collectivité à statut particulier au sens de l'article 72 de la Constitution, la Ville de Paris. Celle-ci est soumise pour l'essentiel au régime des communes, sauf quelques adaptations prévues par la loi. Par ailleurs, le maire hérite de prérogatives jusqu'alors dévolues au préfet de police en termes de circulation et de stationnement. Les maires d'arrondissements voient eux aussi leurs prérogatives élargies, et les quatre premiers arrondissements parisiens ont fusionné en avril 2020.

Par la loi du 31 décembre 1992, Lyon et Marseille ont été également dotés d'un statut spécifique, reprenant la division en arrondissements. Marseille comprend seize arrondissements et Lyon, neuf.

c) *La démocratisation des EPCI et l'élection des conseillers communautaires*

Le développement de l'intercommunalité soulève la question de la légitimité démocratique des EPCI. Les pouvoirs de ces derniers sont de plus en plus étendus. Or le mode de désignation de leurs dirigeants paraissait opaque : à la différence des élus des communes, ils n'étaient pas élus au suffrage universel direct. L'organe délibérant de chaque EPCI était composé de représentants qui étaient désignés, d'une manière indirecte, par chaque conseil municipal. Ce décalage posait un double problème, de lisibilité de l'action publique et de responsabilité des dirigeants publics devant les citoyens.

Suivant les recommandations du rapport Attali[31], la réforme du 16 décembre 2010 s'est s'engagée dans la voie d'une démocratisation des EPCI à fiscalité propre, en instaurant l'élection au suffrage universel direct de leurs conseillers. La loi du 17 mai 2013[32] l'a complétée, en changeant l'appellation des représentants des communes, devenus « conseillers communautaires » et en modifiant légèrement le mode de scrutin.

Désormais, les élections municipales sont également des élections intercommunales. Pour les communes de plus de 1 000 habitants, le système retenu est celui de la double liste : lors de l'élection municipale, chaque bulletin de vote comporte à la fois la liste des candidats au conseil municipal et celle des candidats aux sièges de conseillers communautaires. Dans les communes de moins de 1 000 habitants, il s'agit d'une liste unique : les conseillers communautaires sont le maire et les conseillers municipaux désignés dans l'ordre du tableau du conseil municipal, établi lors de l'élection et dont l'existence est consacrée par la loi. Ce nouveau mode de scrutin a fait l'objet d'un contentieux fourni, relatif à l'élection des conseillers communautaires après transformation d'un EPCI, au renouvellement d'un conseil municipal ou à des tentatives de remplacement des conseillers communautaires élus par les conseils municipaux. À la suite de l'élection présidentielle de 2017, le gouvernement d'Édouard Philippe avait engagé une réflexion sur l'établissement d'un nouveau mode de scrutin qui n'a pas abouti : les élections municipales de 2020 se sont tenues sur la base du système en vigueur depuis la dernière votation.

2/ *Les départements et les régions*

La loi du 16 décembre 2010 comportait une innovation importante : les organes délibérants des régions et des départements

31. *Rapport de la Commission pour la libération de la croissance française*, janvier 2008.

32. Loi n° 2013-403 du 17 mai 2013 relative à l'élection des conseillers départementaux, des conseillers municipaux et des conseillers communautaires.

devaient être composés par des élus communs, les *conseillers territoriaux*, appelés à remplacer les anciens conseillers régionaux et généraux. Le Conseil constitutionnel avait admis la conformité à la Constitution de ce dispositif de dédoublement fonctionnel, en estimant que l'existence de ces conseillers territoriaux ne portait atteinte « ni à la libre administration des collectivités territoriales, ni à la liberté du vote[33] ». Les élections devaient être organisées en 2014. La loi du 17 mai 2013[34] a toutefois supprimé le conseiller territorial. Elle a modifié les modalités de désignation des conseillers généraux, désormais dénommés « conseillers départementaux » et a reconduit le dispositif existant pour les conseillers régionaux.

a) Les conseillers départementaux

La loi du 17 mai 2013 a rendu d'abord plus lisible pour le citoyen la dénomination de l'organe délibérant du département et celle de ses membres : le conseil général devient le conseil départemental ; les conseillers généraux sont désormais les conseillers départementaux. Les nouvelles dénominations de « conseil départemental » et de « conseiller départemental » sont devenues effectives avec les élections départementales des 22 et 29 mars 2015. La loi a par ailleurs profondément modifié le mode de scrutin. Les anciens conseillers généraux étaient élus pour six ans dans le cadre d'un scrutin uninominal majoritaire à deux tours. Ainsi, chaque canton était représenté par un seul conseiller général. En outre, le conseil général était renouvelé par moitié tous les trois ans, le président du conseil général étant lui-même élu pour trois ans à chaque renouvellement de l'assemblée délibérante. Le nouveau mode de scrutin issu de la loi du 17 mai 2013 est guidé par le souci de parité. Désormais, deux conseillers départementaux sont élus par canton, au scrutin majoritaire à deux tours. Les candidats se présentent devant le suffrage constitués en binôme – une femme et un homme. Si les membres du conseil départemental sont toujours élus pour six ans, le renouvellement est intégral.

Ce nouveau mode de scrutin a exigé un redécoupage des cantons, de manière à diviser par deux leur nombre. Pour chaque département, un décret portant délimitation des cantons a été adopté en février et mars 2014. Le nombre de cantons est ainsi passé de 4 035 à 2 054. Un volumineux contentieux en est résulté, mais il n'a conduit à aucune annulation. Par des décisions de section du 5 novembre 2014, le Conseil d'État a, dans le prolongement de la jurisprudence du Conseil constitutionnel, précisé le cadre juridique du redécoupage cantonal. Il estime que, si ce redécoupage

33. Décision n° 2010-618 du 9 décembre 2010, *Loi de réforme des collectivités territoriales*.

34. Loi n° 2013-403 du 17 mai 2013 relative à l'élection des conseillers départementaux, des conseillers municipaux et des conseillers communautaires.

doit être opéré sur des bases essentiellement démographiques, cette exigence est en principe satisfaite lorsque l'écart de la population de chaque canton à la moyenne n'excède pas plus ou moins 20 %. En outre, des écarts supérieurs sont autorisés par la loi s'ils sont justifiés par des considérations géographiques.

b) Les conseillers régionaux

Les membres du conseil régional sont élus pour cinq ans au scrutin de liste à deux tours, à la représentation proportionnelle. Ce scrutin proportionnel est toutefois corrigé par l'attribution de *primes* qui permettent la constitution de majorités stables. Le président du conseil régional est élu par l'assemblée délibérante pour la durée de son mandat.

La région de Corse dispose d'un statut spécifique qui lui a été attribué par une loi de 13 mai 1991. Comme on l'a vu, l'existence d'un statut propre a été admise par le Conseil constitutionnel[35]. La Corse dispose d'un conseil exécutif, organisme collégial composé de onze membres dont un président, et d'une assemblée délibérante, l'assemblée de Corse. D'une façon originale pour une collectivité territoriale, a été institué un mécanisme de responsabilité politique devant l'assemblée de Corse, puisque cette dernière peut voter une motion de défiance à l'égard du conseil exécutif. Ces instances sont les seules instances locales en Corse depuis le 1er janvier 2018. Conformément à l'article 30 de la loi NOTRe du 7 août 2015, complété par trois ordonnances du 21 novembre 2016, la Corse est en effet devenue à cette date une collectivité territoriale unique issue de la fusion des deux départements de la Corse du Sud et de la Haute-Corse, ainsi que de la région. Qualifiée par la loi NOTRe de « collectivité de Corse » et non plus de « collectivité territoriale », elle est une collectivité à statut particulier, au sens de l'article 72 de la Constitution. Une chambre des territoires est par ailleurs créée, afin de coordonner l'exercice des compétences des collectivités territoriales.

Il faut mentionner l'existence d'un autre organe au niveau régional : le conseil économique, social et environnemental de la région. Composé de représentants des chambres professionnelles, des syndicats, des organisations patronales ou encore des associations, il est obligatoirement consulté sur certaines questions économiques et budgétaires.

3/ *La démocratie locale*

Avec le pouvoir vient la responsabilité. Ainsi, la poursuite de la décentralisation fait inéluctablement surgir la question de la démocratie locale. Les élus locaux disposent en effet de pouvoirs étendus,

35. Décision n° 91-290 DC du 9 mai 1991.

considérablement accrus depuis 1982. Un chiffre en témoigne : près de 60 % des investissements publics sont aujourd'hui réalisés par les collectivités locales[36]. Le renforcement des pouvoirs locaux et leur place accrue dans la vie publique posent inévitablement la question de leur responsabilité politique et de la place des citoyens dans les processus décisionnels locaux.

a) Les avancées déjà réalisées

De nombreux progrès ont été accomplis sur ce point au cours des dernières années, en particulier du fait des réformes de 2002 et 2003. L'approfondissement de la démocratie locale réside d'abord aujourd'hui dans l'exploitation de ces outils, même si certaines améliorations sont encore possibles.

La loi du 27 février 2002 relative à la démocratie de proximité a permis de nombreuses avancées. Elle a créé des conseils de quartiers, obligatoires dans les villes de plus de 80 000 habitants, qui peuvent être consultés par le maire et lui soumettre des propositions sur toute question intéressant le périmètre du quartier. Les droits de l'opposition bénéficient de nouvelles garanties : la loi affirme son droit à disposer, dans les communes de plus de 3 500 habitants, d'un espace d'expression dans le bulletin d'information de la collectivité. La loi renforce également les droits des élus : les conseillers élus des régions, des départements et des communes de plus de 50 000 habitants peuvent demander la création d'une mission d'information et d'évaluation sur toute question d'intérêt local. Elle donne le statut d'autorité administrative indépendante à la Commission nationale du débat public, qui supervise la tenue de consultations locales en matière d'urbanisme et d'environnement. Enfin, elle esquisse un embryon de statut de l'élu local en relevant la durée des congés de formation et en créant une allocation de fin de mandat.

La révision constitutionnelle du 28 mars 2003 a également procédé à un important approfondissement de la démocratie locale, qui se trouve désormais inscrite dans le texte de la Constitution. Son nouvel article 72-1 prévoit ainsi un droit de pétition des citoyens pour demander l'inscription d'une question à l'ordre du jour d'une assemblée délibérante. Il institue un référendum local décisionnel et non plus seulement consultatif, à l'initiative de la collectivité, sur les projets d'actes relevant de sa compétence[37]. Ce

36. Voir le tableau relatif au poids des investissements des administrations publiques locales de 1950 à 2018 établi par l'Insee : www.insee.fr/fr/statistiques/4277812?sommaire=4318291#tableau-figure6. Sans doute fondé sur d'autres méthodes de calcul, le sénateur Jean Puech cite le chiffre de 80 % (*Rapport d'information sur l'émancipation de la démocratie locale*, 7 novembre 2007, au nom de l'Observatoire de la décentralisation du Sénat).

37. Cette procédure n'est pas applicable aux projets relevant de la compétence de l'État. C'est pourquoi la consultation organisée en juin 2016 sur le projet d'aéroport de Notre-Dame-des-Landes ne pouvait être fondée sur l'article 72-1 de la Consti-

nouveau référendum permet de faire vivre à l'échelon local une démocratie directe en complément de la démocratie représentative. En outre, l'article 72-1 crée un référendum local relatif au statut des collectivités dotées d'un statut particulier, qui a été déjà utilisé pour la Corse[38] et qui demeure pour sa part un référendum purement consultatif. Enfin, l'article 72-4 de la Constitution prévoit un référendum local spécifique pour l'outre-mer, déjà mis en œuvre en Guadeloupe[39] : sur proposition du gouvernement ou sur proposition conjointe des deux chambres du Parlement, le président de la République « peut décider de consulter les électeurs d'une collectivité territoriale située outre-mer sur une question relative à son organisation, à ses compétences ou à son régime législatif ».

De nouvelles avancées, déjà mentionnées, ont été réalisées par la loi du 17 mai 2013 quant à la désignation des élus locaux : l'élection au suffrage direct des conseillers communautaires ainsi que la réforme des conseils départementaux ont contribué à l'approfondissement de la démocratie locale.

Enfin, la question de la gouvernance des EPCI est un sujet important pour la démocratie locale. À cet égard, la loi du 27 décembre 2019 « Engagement et Proximité » procède à un renforcement du rôle des communes et des maires dans les intercommunalités, avec la création d'un « pacte de gouvernance » et d'une conférence des maires permettant aux élus locaux de s'accorder sur le fonctionnement quotidien de leur EPCI.

b) Les questions en suspens

Des progrès paraissent encore possibles dans deux grandes directions, comme le relève notamment le sénateur Puech dans un *Rapport d'information sur l'émancipation de la démocratie locale* de 2007[40].

En premier lieu, la question de la *légitimité de l'exécutif* des collectivités territoriales a été posée. Ni le maire ni les présidents du conseil départemental ou régional ne sont élus directement par les électeurs. Ils sont désignés dans un second temps par les conseils issus de l'élection. Pour améliorer le lien de ces exécutifs avec les électeurs, le rapport Puech préconise leur élection au suffrage universel direct, comme c'est déjà le cas en Allemagne ou en Italie. Cette extension pourrait s'opérer par la mise en place d'un système de double bulletin de vote, l'un pour le chef de l'exécutif, l'autre pour les membres du conseil.

tution. Pour pouvoir l'organiser, il a été nécessaire d'édicter un texte spécial, permettant d'organiser une consultation pour les projets locaux relevant de la compétence de l'État (ordonnance du 21 avril 2016 relative à la consultation locale sur les projets susceptibles d'avoir une incidence sur l'environnement).

38. CE, 17 octobre 2003, *Consultation des électeurs de Corse*, n° 258487.

39. CE, 4 décembre 2003, *M. Fêler*, n° 262009.

40. *Rapport d'information sur l'émancipation de la démocratie locale*, *op. cit.*

En second lieu, il paraît souhaitable que soit élaboré un véritable *statut de l'élu local*. Celui-ci n'est pour l'heure qu'esquissé à travers des dispositions ponctuelles. Le rapport Puech et, plus récemment, le rapport d'information n° 642 établi en 2017-2018 par la Délégation sénatoriale aux collectivités territoriales et à la décentralisation proposent plusieurs pistes intéressantes sur ce point. La question du cumul des mandats, qui revient de façon récurrente, a été réglée par la loi organique du 14 février 2014. Celle-ci institue une incompatibilité entre les mandats de député ou de sénateur et des fonctions exécutives locales, telles que celles de maire, de maire adjoint, de président ou de vice-président d'un EPCI, d'un conseil départemental ou d'un conseil régional. Cette incompatibilité s'applique depuis le premier renouvellement de l'assemblée à laquelle appartenait le parlementaire après le 31 mars 2017. La loi du 27 décembre 2019 « Engagement et Proximité » organise le financement de la formation des élus, de manière à garantir le droit individuel à la formation. Elle pose le principe du droit à la protection fonctionnelle des maires (prise en charge des frais de justice), qu'ils soient victimes ou mis en cause, la commune étant tenue de souscrire un contrat d'assurance à cette fin.

Reste le problème de la rémunération des élus locaux, qui ne se fait aujourd'hui que par le biais d'indemnités de fonction. Celles-ci ne visent qu'à indemniser des dépenses : le principe demeure théoriquement – et juridiquement – celui de la gratuité des fonctions[41]. Le rapport Puech suggère de prévoir un régime statutaire commun aux exécutifs, qui réglerait les questions de leur rémunération, mais aussi de leur couverture sociale, de leur formation et de leur reconversion ; il juge également souhaitable d'aller vers une véritable professionnalisation des fonctions de maire de grande ville et de président de conseil régional ou départemental, lorsqu'elles sont exercées à plein-temps. Sur ce point également, la loi « Engagement et Proximité » a permis des améliorations, en prévoyant des revalorisations des indemnités des maires des communes de moins de 3 500 habitants.

III

LE FONCTIONNEMENT DES COLLECTIVITÉS TERRITORIALES

Si la libre administration implique que les collectivités disposent des compétences et des moyens nécessaires à leur action, leurs actes

41. L'article L. 2123-7 du code général des collectivités territoriales dispose en effet que « les fonctions de maire, d'adjoint et de conseiller municipal sont gratuites ».

restent soumis au contrôle de l'État, lequel est une exigence constitutionnelle.

A | LA RÉPARTITION DES COMPÉTENCES

Rares sont les compétences locales qui relèvent exclusivement d'une catégorie de collectivité territoriale : la plupart d'entre elles sont exercées de manière partagée par plusieurs collectivités. Cet enchevêtrement pénalise l'action publique locale, nuit à la lisibilité des choix publics et empêche le citoyen d'identifier clairement les responsabilités ; il rend en outre difficile la maîtrise de la dépense publique locale. C'est pourquoi la clarification des compétences locales apparaît comme une nécessité. Le chantier est cependant complexe, car la situation actuelle résulte de la sédimentation de multiples législations.

L'acte I de la décentralisation a affirmé deux principes importants. Les lois du 7 janvier et du 22 juillet 1983 de répartition des compétences reposent sur le principe du transfert des compétences par matière ou *bloc de compétences,* censé assurer la lisibilité de l'action locale. Ainsi, selon l'article 3 de la loi du 7 janvier 1983, aujourd'hui codifié à l'article L. 1111-4 du code général des collectivités territoriales, « la répartition des compétences entre les collectivités territoriales et l'État s'effectue, dans la mesure du possible [...] de telle sorte que chaque domaine de compétences ainsi que les ressources correspondantes soient affectés en totalité soit à l'État, soit aux communes, soit aux départements, soit aux régions ». Indépendamment de cette répartition, les communes disposent pour leur part d'une clause générale de compétence[42].

La révision constitutionnelle de 2003 a consacré deux évolutions majeures dans le champ de la compétence des collectivités locales. Elle a tout d'abord affirmé, au deuxième alinéa de l'article 72 du texte constitutionnel, un *principe de subsidiarité.* Ce dernier est directement inspiré du droit de l'Union européenne, qui limite la compétence de l'échelon de l'Union aux seules matières dans lesquelles les États membres pourraient agir de manière moins efficace[43]. Selon cet alinéa, « les collectivités territoriales ont vocation à prendre les décisions pour l'ensemble des compétences qui peuvent le mieux être mises en œuvre à leur échelon ». Le principe de subsidiarité complète naturellement celui de l'organisation décentralisée de la République posé à l'article 1er de la Constitution.

42. Voir nos développements au I du présent chapitre.
43. Voir les développements *supra* sur les collectivités locales et l'Europe.

Il fournit un critère constitutionnel à la détermination de la liste des compétences à attribuer aux collectivités territoriales. Le Conseil constitutionnel n'exerce toutefois qu'un contrôle restreint sur sa mise en œuvre, laissant ainsi un large pouvoir d'appréciation au législateur[44].

La révision de 2003 a ensuite reconnu, au cinquième alinéa de l'article 72 de la Constitution, la possibilité de *collectivité chef de file* : sans employer cette expression, cet alinéa indique que, « lorsque l'exercice d'une compétence nécessite le concours de plusieurs collectivités territoriales, la loi peut autoriser l'une d'entre elles ou un de leurs groupements à organiser les modalités de leur action commune », après avoir précisé qu'il ne peut exister de tutelle d'une collectivité sur une autre, les collectivités n'étant pas hiérarchisées. Ainsi, une collectivité peut prendre en charge l'organisation d'une action nécessitant le concours de plusieurs d'entre elles.

Acte III de la décentralisation, la réforme de 2010 a été en grande partie consacrée à l'objectif de clarification des compétences décentralisées. Elle avait d'abord supprimé, pour les régions et les départements, la clause de compétence générale, perçue comme l'une des causes de l'enchevêtrement des compétences locales. Si la loi du 17 janvier 2014 de modernisation de l'action publique territoriale et d'affirmation des métropoles a rétabli cette clause, sa suppression a été consacrée derechef par la loi du 7 août 2015 portant nouvelle organisation de la République (NOTRe). La compétence du département et de la région a ainsi été limitée aux seuls domaines expressément prévus par la loi.

Aujourd'hui, la région a compétence pour « promouvoir le développement économique, social, sanitaire, culturel et scientifique [...], le soutien à l'accès au logement et à l'amélioration de l'habitat, le soutien à la politique de la ville et à la rénovation urbaine et le soutien aux politiques d'éducation et l'aménagement et l'égalité de ses territoires, ainsi que pour assurer la préservation de son identité et la promotion des langues régionales » (article L. 4221-1 du CGCT).

Le département est quant à lui compétent pour « mettre en œuvre toute aide ou action relative à la prévention ou à la prise en charge des situations de fragilité, au développement social, à l'accueil des jeunes enfants et à l'autonomie des personnes. Il est également compétent pour faciliter l'accès aux droits et aux services des publics dont il a la charge » (article L. 3211-1 du CGCT)[45].

44. CC, décision du 7 juillet 2005, *Loi de programme sur la politique énergétique*.

45. Pour un tableau complet et très précis des compétences des collectivités territoriales, on pourra consulter le tableau annexé à l'instruction du ministre de l'intérieur du 22 décembre 2015 relative aux incidences de la suppression de la clause de compétence générale des départements et des régions sur l'exercice des compétences des collectivités territoriales.

La loi du 27 janvier 2014 a mis en place plusieurs mécanismes de coordination de l'action des collectivités territoriales[46]. Elle renforce d'abord le système des collectivités chefs de file. Elle dresse une liste de compétences pour lesquelles la région, le département ou la commune sont désignés, par la loi elle-même, chef de file. L'article L. 1111-9 mentionne ainsi :

– pour la région : l'aménagement et le développement durable du territoire, la protection de la biodiversité, le climat, la qualité de l'air, l'énergie ou encore l'intermodalité entre les modes de transport ;

– pour le département : l'action sociale ou la solidarité des territoires ;

– pour la commune : l'aménagement de l'espace et l'organisation des services publics de proximité.

Chacune de ces collectivités a ainsi vocation à coordonner l'action des collectivités territoriales dans ces domaines.

En outre, la loi de 2014 institue dans chaque région une *conférence territoriale de l'action publique* (CTAP) chargée de « favoriser un exercice concerté des compétences des collectivités territoriales » (article L. 1111-9-1 du CGCT). Présidée par le président du conseil régional, la conférence réunit les présidents des conseils départementaux et les représentants élus des grandes communes et des grands EPCI. Elle peut débattre et donner un avis sur tout sujet relatif à l'exercice de compétences ou à la conduite d'une politique publique nécessitant une coordination ou une délégation entre collectivités territoriales. À cette fin, les collectivités peuvent conclure des *conventions territoriales d'exercice concerté* (CTEC), qui fixent les objectifs de rationalisation et les modalités de l'action commune pour chacune des compétences concernées.

B | LES MOYENS DES COLLECTIVITÉS LOCALES

Pour prendre en charge les compétences qui leur sont ainsi attribuées, les collectivités locales doivent disposer de moyens financiers, humains et juridiques.

46. La loi du 16 décembre 2010 avait elle-même posé de nouveaux principes de répartition des compétences : renforcement de l'exclusivité de l'exercice de certaines compétences, possibilité de délégation de compétences d'une collectivité à une autre, mutualisation de services entre départements et régions par la conclusion de conventions et, enfin, adoption de schémas d'organisation des compétences et de mutualisation des services entre régions et départements. Avant même d'entrer en vigueur, ces dispositions ont été remaniées par la loi du 27 janvier 2014, qui les a remplacées par un dispositif poursuivant la même finalité de clarification de l'action publique territoriale.

1/ *Les finances locales*

L'autonomie financière des collectivités territoriales implique que celles-ci disposent des ressources nécessaires à leur libre administration. Elle est depuis longtemps garantie par la jurisprudence du Conseil constitutionnel, qui a affirmé, dans une décision n° 91-298 DC du 24 juillet 1991, *Loi portant diverses dispositions d'ordre économique et financier*, que les ressources des collectivités locales ne doivent pas être réduites au point d'entraver leur libre administration. La révision du 28 mars 2003 a consacré et renforcé cette exigence en posant dans le texte constitutionnel deux grands principes en matière de finances locales.

Selon le premier de ces principes, énoncé au troisième alinéa de l'article 72-2 de la Constitution, les ressources propres des collectivités doivent représenter « une part déterminante de l'ensemble de leurs ressources ». Cette exigence, que l'on peut qualifier d'« autonomie financière », vise à éviter la dépendance des collectivités vis-à-vis de l'État. Ces ressources propres recouvrent les recettes fiscales, tarifaires et domaniales qui facilitent l'autonomie des collectivités ; elles se distinguent des dotations de l'État (dotation globale de fonctionnement [DGF] et dotation globale d'équipement [DGE]), qui permettent d'assurer une péréquation et, par suite, une certaine solidarité entre les collectivités, dont les disparités de richesse sont parfois très importantes.

Après plusieurs années de baisse des dotations de l'État au profit des collectivités territoriales, la loi du 22 janvier 2018 de programmation pour les finances publiques pour les années 2018 à 2022 a établi une contractualisation entre l'État et les collectivités territoriales sur les modalités de participation des collectivités à l'assainissement des comptes publics. Par le biais de ces contrats négociés localement avec le préfet, il s'agit d'encadrer l'évolution des dépenses de fonctionnement et de la dette, sur la base d'un objectif contraignant. Au total, 229 des 322 collectivités et EPCI concernés ont conclu un tel contrat avec l'État, soit 80 % des communes[47] et EPCI. En revanche, seule la moitié des régions et des départements ont accepté cette contractualisation, parfois accueillie par les intéressés comme le retour d'une forme de tutelle de l'État. Malgré des progrès, le bilan apparaît donc comme mitigé et la Cour des comptes observe, à cet égard, que le principe d'un encadrement de la dépense ne répond qu'en partie à la diversité des situations locales et représente un frein aux politiques partenariales[48].

L'exigence constitutionnelle d'autonomie financière a été prise en compte dans le lancement de la réforme de la fiscalité locale

47. Seules étaient concernées les communes dont les dépenses réelles de fonctionnement étaient supérieures à 60 millions d'euros.

48. Cour des comptes, *Les finances publiques locales 2019*, fasc. 2, p. 48.

engagée à l'initiative du président Emmanuel Macron. La suppression envisagée de la taxe d'habitation – une ressource propre importante pour les communes – ne peut en effet se faire sans compensation, puisqu'il convient de maintenir une part importante de ressources propres parmi les recettes des communes. Dans un premier temps, la loi de finances pour 2018 avait prévu un dégrèvement de la taxe d'habitation pour 80 % des foyers. Le Conseil constitutionnel avait alors admis la constitutionnalité de cette première étape de la réforme, mais en prenant soin de relever qu'il ne s'agissait pas, à ce stade, de la suppression de cette taxe, mais seulement d'un simple dégrèvement, c'est-à-dire une dispense de payer, le manque à gagner pour les communes étant compensé par l'État[49]. Il a, en outre, observé que les communes conservaient leur « pouvoir de taux », à savoir la liberté de fixer le taux de la taxe. Dans un deuxième temps, la loi de finances pour 2020 a achevé la réforme, en prévoyant la suppression intégrale de la taxe d'habitation due au titre de la résidence principale à partir de 2023. Le Conseil constitutionnel a validé cette dernière en adoptant une conception souple du principe d'autonomie financière des collectivités territoriales : « Aucune exigence constitutionnelle n'impose que la suppression ou la réduction d'une recette fiscale perçue par des collectivités territoriales soit compensée par l'allocation d'un montant de recettes comparable. »[50]

La réflexion sur la fiscalité locale se poursuit en 2021, sous l'égide du ministère de la cohésion des territoires avec le Parlement, le Comité des finances locales et les élus locaux, pour aboutir dans le projet de loi de finances pour 2021.

Le second principe, affirmé par l'article 72-2 de la Constitution en son quatrième alinéa, est le principe de compensation : tout transfert de compétences de l'État vers les collectivités doit être accompagné de l'attribution des ressources correspondantes. La jurisprudence du Conseil constitutionnel a précisé la portée de ce principe. À travers deux décisions, n° 2003-487 DC du 18 décembre 2003 et n° 2004-509 DC du 13 janvier 2005, le juge a considéré qu'il ne s'applique qu'aux dépenses obligatoires des collectivités locales, et non aux dépenses relatives à leurs compétences facultatives. Le rapport de la Cour des comptes de 2009, intitulé *La Conduite par l'État de la décentralisation*, se montre très critique au sujet de ce principe. Selon la Cour, le principe de compensation, dont le niveau a été figé en 2003, empêche toute réforme de la fiscalité locale et souffre de l'absence de péréquation, objectif pourtant affirmé par l'article 72-2 de la Constitution.

49. Décision n° 2017-758 DC du 28 décembre 2017, cons. 15.
50. Décision n° 2019-796 DC du 27 décembre 2019.

En Europe, la Charte européenne de l'autonomie locale de 1985 comporte des principes relatifs aux ressources financières des collectivités locales (article 9). S'agissant de leur montant global, elle indique que ces ressources financières « doivent être proportionnées aux compétences ». Quant à la typologie des ressources, elle prévoit que les collectivités locales ont droit à des « ressources propres suffisantes » et que les subventions accordées aux collectivités locales « dans la mesure du possible [...] ne doivent pas être destinées au financement de projets spécifiques ».

Par-delà ces principes, la réalité est diverse en Europe, qu'il s'agisse des recettes ou des dépenses. En France, la part des recettes fiscales est légèrement plus forte que dans les autres pays (53 % en 2017, alors que la moyenne au sein de l'Union européenne s'élève à 47 %) et celle des transferts de l'État plus faible (25 % des dépenses publiques locales en 2017, contre 37 % en moyenne au sein de l'Union européenne). En outre, les subventions de l'État ont en général un caractère forfaitaire en France, alors que, dans les autres pays européens, les crédits sont le plus souvent liés à des politiques particulières. De ce point de vue, les collectivités françaises semblent plutôt plus autonomes. En revanche, la France se singularise par une faible décentralisation des dépenses publiques[51] : seuls 20 % de ces dépenses relèvent des collectivités, contre 31 % en moyenne dans l'Union européenne. Les autres pays décentralisent davantage les dépenses de fonctionnement en matière d'éducation et de santé. Mais les collectivités françaises financent une part importante des investissements publics.

2/ *La fonction publique territoriale*

Les collectivités locales disposent, avec les fonctionnaires publics territoriaux, d'une catégorie de personnels spécifique. Créée en 1984 et rassemblant plus de 1,9 million d'agents dans les collectivités et leurs établissements publics, la fonction publique territoriale est régie par un statut général issu de la loi du 26 janvier 1984. Celui-ci a fait l'objet d'une modernisation par la loi du 19 février 2007, dans la droite ligne de la loi du 2 février 2007 qui concernait la fonction publique d'État. En outre, la loi du 6 août 2019 de transformation de la fonction publique a contribué à rénover le dispositif, en permettant aux collectivités de recruter davantage par voie contractuelle. Ce statut est une parfaite illustration de la conciliation entre le principe de libre administration, qui doit permettre aux collectivités locales de choisir librement leurs personnels, et le principe de protection des fonctionnaires face aux renversements de majorité politique.

51. Sur ce point, voir Sébastien Turban et François Écalle, « Autonomie des collectivités territoriales : une comparaison européenne », *France stratégie – La Note d'analyse*, 80, juillet 2019.

La fonction publique territoriale se distingue de la fonction publique d'État par son organisation en filières, cadres d'emplois et métiers. Elle est gérée par le Centre national de la fonction publique territoriale (CNFPT), établissement public national. Celui-ci organise les concours de recrutement des fonctionnaires territoriaux, pour certains cadres d'emplois de catégorie A, et tient une bourse de l'emploi qui permet d'assurer la publicité des postes vacants au sein des collectivités territoriales. En matière de formation, il fixe de grandes orientations au niveau national et assure la formation initiale de certains fonctionnaires de catégorie A, notamment avec les Instituts nationaux spécialisés d'études territoriales (Inset).

3/ *Les moyens juridiques*

Les collectivités locales peuvent recourir enfin à un large éventail de moyens juridiques qui leur permettent d'exercer efficacement leur action. Elles « disposent d'un pouvoir réglementaire pour l'exercice de leurs compétences », comme le reconnaît désormais explicitement l'article 72 de la Constitution, depuis la révision constitutionnelle de 2003. Elles prennent également, dans leurs domaines de compétence, des décisions individuelles exécutoires.

En outre, la révision de 2003 a prévu la faculté, pour les collectivités territoriales, de procéder à des expérimentations : lorsque, selon le cas, la loi ou le règlement l'a prévu, elles peuvent « déroger, à titre expérimental et pour un objet et une durée limités, aux dispositions législatives ou réglementaires qui régissent l'exercice de leurs compétences » (article 72, alinéa 4). En pratique, les régions et les départements sont un cadre adapté pour la conduite d'expérimentations, tandis que celui des intercommunalités tend à se substituer aux communes. En effet, pour les plus petites d'entre elles, la mobilisation de moyens humains et financiers représente un frein à l'expérimentation[52].

Cette faculté, qui ne va pas de soi, est strictement encadrée. Elle ne s'applique pas lorsque sont en cause les conditions essentielles d'exercice d'une liberté publique ou d'un droit constitutionnellement garanti. Les principes d'indivisibilité de la République, d'égalité devant la loi et de légalité s'opposent en effet normalement à toute dérogation législative, ainsi que l'a rappelé le Conseil constitutionnel à plusieurs reprises. Une décision n° 93-329 DC du 13 janvier 1994, *Aide aux écoles privées*, a censuré, au nom du principe d'égalité, une loi qui laissait trop de latitude aux collectivités locales dans l'attribution de subventions aux écoles privées. Le juge a ainsi rappelé que les « conditions essentielles d'application » d'une loi

52. Conseil d'État, *Les expérimentations : comment innover dans la conduite des politiques publiques*, 3 octobre 2019, p. 30.

relative à la liberté de l'enseignement devaient être les mêmes sur l'ensemble du territoire national et ne pouvaient dès lors dépendre de décisions des collectivités. Un raisonnement analogue a été tenu à propos de ruptures caractérisées d'égalité au regard du onzième alinéa du Préambule de 1946 s'agissant de certaines prestations sociales[53]. Et c'est en ce sens que la jurisprudence constitutionnelle *Loi relative à la Corse* affirmait encore, le 17 janvier 2002, qu'il n'était pas possible d'autoriser une collectivité locale à prendre des mesures du domaine de la loi, même à titre expérimental. Si la faculté d'expérimentation a finalement été reconnue par la Constitution, elle ne constitue donc en aucun cas un pouvoir général d'adaptation des lois : la règle demeure que la loi est la même pour tous sur tout le territoire, les exceptions d'expérimentations ne pouvant être que circonscrites. Pour faciliter néanmoins le recours des collectivités territoriales à l'expérimentation, dans le cadre fixé par la révision de 2003, un projet de loi organique, qui assouplit le régime déterminé par la loi organique du 1er août 2003, a été déposé au Parlement en juillet 2020.

Une révision constitutionnelle est en outre envisagée pour aller plus loin. Un projet de loi constitutionnelle adopté en conseil des ministres le 28 août 2019 vise ainsi à établir « une nouvelle forme de décentralisation, celle de la norme, succédant à celle des compétences ». À cette fin, le droit à la différenciation serait reconnu et mis en œuvre par le biais de la loi, dans des conditions définies par une loi organique. Cette différenciation serait encadrée, puisqu'elle interviendrait « sans que les conditions essentielles d'exercice d'une liberté publique ou d'un droit constitutionnellement garanti puissent être mises en cause ». Le projet de réforme constitutionnelle ouvre aussi la possibilité pour les collectivités territoriales de déroger, lorsque la loi ou le règlement l'ont prévu, aux dispositions législatives ou réglementaires qui régissent l'exercice de leurs compétences.

C | LE CONTRÔLE DE L'ÉTAT

La forme du contrôle a profondément évolué depuis la loi du 2 mars 1982, la tutelle de l'État faisant place à un contrôle plus souple de l'action des collectivités. Toutefois, le principe même d'un contrôle de l'État sur les collectivités territoriales est affirmé : il est

53. On pourra utilement se reporter aux décisions n° 96-387 DC du 21 janvier 1997, n° 2003-467 DC du 18 décembre 2003, à propos du RMI/RMA, ou encore n° 2004-503 DC du 12 août 2004.

inscrit à l'article 72 de la Constitution, selon lequel le représentant de l'État dans les collectivités territoriales, « a la charge des intérêts nationaux, du contrôle administratif et du respect des lois ». Cette exigence, fortement rappelée par la décision n° 82-137 DC du 25 février 1982, permet de garantir le respect de la légalité sur l'ensemble du territoire national et d'assurer la sauvegarde des intérêts nationaux.

Deux principes généraux encadrent l'exercice de ce contrôle. D'une part, en vertu du principe selon lequel il n'y a pas de tutelle sans texte, c'est la loi qui détermine les règles de la tutelle. D'autre part, l'exercice de la tutelle peut toujours être contesté devant une juridiction, comme l'affirme un arrêt ancien du Conseil d'État, *Commune de Néris-les-Bains*, du 18 avril 1902.

Le contrôle exercé sur les collectivités est double : au contrôle de légalité s'ajoute un contrôle budgétaire. Le contrôle de légalité de l'action des collectivités est exercé par le préfet. Comme on l'a vu, depuis la décentralisation de 1982, l'ancien contrôle de tutelle exercé *a priori* par le préfet a laissé place au déféré préfectoral *a posteriori*. Ainsi, alors que les actes des collectivités n'étaient auparavant exécutoires qu'après leur approbation par le préfet, ils le sont désormais de plein droit dès leur transmission au représentant de l'État[54]. Celui-ci peut alors déférer un acte qu'il estime illégal devant le tribunal administratif en vue d'obtenir son annulation. Il peut parallèlement demander la suspension de son exécution. La suspension est accordée si l'un des moyens invoqués par le préfet est susceptible de créer un doute sérieux sur la légalité de la décision contestée. Lorsque l'acte contesté est de nature à compromettre l'exercice d'une liberté publique ou individuelle, la procédure de *déféré-liberté* permet au préfet d'obtenir sa suspension dans un délai de 48 heures. Le changement porte également sur la nature des motifs pouvant être retenus par le préfet : le contrôle d'opportunité précédemment exercé est remplacé par un simple contrôle de légalité.

En vue de renforcer la sécurité juridique des actes des collectivités locales, la loi « Engagement et Proximité » du 27 décembre 2019 a mis en place une procédure préventive de rescrit devant le préfet. Avant même d'adopter un acte, les collectivités ont désormais la faculté de demander au préfet sa position formelle sur la légalité de celui-ci. Si l'acte est pris conformément à la position du préfet, il ne peut plus être déféré par ce dernier au tribunal administratif.

Le contrôle budgétaire des collectivités a quant à lui été modernisé avec l'instauration, par la loi du 2 mars 1982, des chambres régionales des comptes. Leur action prend plusieurs formes. Les

54. À l'exception des actes de gestion courante, des actes de droit privé et des actes pris au nom de l'État.

chambres contrôlent tout d'abord le respect de la procédure budgétaire des collectivités territoriales ; elles peuvent adresser un avis au préfet, notamment en cas de retard ou de déséquilibre dans le vote d'un budget, ou encore en cas de refus d'inscription d'une dépense obligatoire au budget ; elles assurent ensuite un contrôle de gestion et formulent des observations sur les modalités de gestion des services publics locaux ; elles font enfin office de juges des comptes, leurs décisions pouvant être contestées en appel devant la Cour des comptes.

Chapitre 3

Les établissements publics

Avec l'État et les collectivités locales, l'établissement public constitue la troisième grande catégorie de personne morale de droit public[1]. Il se distingue des deux autres par son objet : créé en vue d'une finalité particulière, il a une vocation *spéciale*, et non pas *générale*. Offrant une relative souplesse pour la gestion des services publics, l'établissement public a connu un grand succès. Des établissements publics ont été créés dans des domaines les plus divers : en matière économique (Régie autonome des transports parisiens [RATP] ou Commissariat à l'énergie atomique [CEA]), culturelle (Opéra national de Paris, Bibliothèque nationale de France, la plupart des musées), sociale (caisses nationales de sécurité sociale, hôpitaux) ou encore dans le champ de l'éducation (lycées, universités, Conseil national de la recherche scientifique [CNRS]). La notion d'établissement public se retrouve dans d'autres pays européens comme l'Allemagne, la Belgique, l'Espagne ou l'Italie.

La définition très large de la notion d'établissement public, comme personne publique à vocation spéciale, lui a permis de s'adapter à cette diversité des situations. Toutefois, son régime juridique, marqué par la variété des statuts, n'est pas exempt d'incertitudes. En particulier, les établissements publics industriels et commerciaux, en leur qualité d'entreprises publiques, n'échappent pas à certaines interrogations au regard du droit européen de la concurrence. De fait, « les crises de l'établissement public », pour reprendre l'intitulé de la thèse de Roland Drago publiée en 1950,

1. Se sont également développées les autorités indépendantes, qui sont traitées au chapitre 5.

sont régulièrement dénoncées. Un rapport du Conseil d'État de 2009 formule un certain nombre de propositions pour assurer son avenir.

I

LA NOTION D'ÉTABLISSEMENT PUBLIC

L'établissement public est traditionnellement défini comme une personne morale de droit public à vocation spéciale. De cette définition se dégagent les trois caractères de l'établissement public : la personnalité morale, sa nature publique et la spécialité de sa vocation. Ces éléments peuvent être mis en relation avec trois grands principes qui gouvernent le statut des établissements publics : le principe d'autonomie, le principe de rattachement et le principe de spécialité.

A | UNE PERSONNE MORALE

La personnalité morale est la première caractéristique de l'établissement public. C'est souvent dans le dessein de conférer une autonomie de gestion à un de ses services administratifs que l'État crée un établissement public : ce dernier est alors « un service public personnifié[2] », selon l'expression de Maurice Hauriou. Il est l'un des modes de gestion du service public : il s'agit d'une gestion externalisée, confiée à une personne juridique distincte, par opposition à la formule de la *régie*, gestion directe par un service interne de la collectivité publique. On parle également dans ce cas de décentralisation « technique », ou encore « fonctionnelle », notion que l'on distingue de celle de décentralisation « territoriale », lorsque le bénéficiaire d'un transfert de compétence est une collectivité territoriale.

En Allemagne, dans le même esprit, la notion d'« agence publique » (*Anstalt des öffentlichen Rechts*) repose sur l'idée qu'un patrimoine et des agents sont affectés au service d'une mission publique : au début du XXe siècle, le publiciste allemand Otto Mayer présentait l'agence publique comme « un ensemble de moyens

2. Maurice Hauriou, *Précis de droit administratif et de droit public*, Paris, Sirey, 1933.

matériels et personnels, rattaché à une institution d'administration et destiné à servir durablement un objectif public déterminé[3] ». Toutefois, outre-Rhin, le fait de doter une institution de la personnalité morale n'implique pas nécessairement une forte autonomie. Tout dépend des choix effectués par le législateur ou la collectivité à l'origine de l'agence publique.

En Espagne, les organismes publics (*organismos públicos*) sont régis par la loi du 14 avril 1997 de *Organizacion y functionamiento de la administracion general del estado* (articles 41 et suivants), qui distinguent deux grandes catégories : les organismes autonomes (*organismos autónomos*) et les entreprises publiques (*entidades públicas empresariales*). Dotés de la personnalité morale, ils disposent d'une autonomie administrative et financière.

De la personnalité juridique de l'établissement public se déduit le *principe d'autonomie*. Cette autonomie est à la fois organique et fonctionnelle.

1/ *Autonomie organique et principe de rattachement*

Sur le plan *organique*, comme toute personne morale, l'établissement public est doté de la capacité juridique, d'organes propres et d'un patrimoine distinct de celui de la personne publique à laquelle il est rattaché. À la différence d'une société – personne morale de droit privé – il ne dispose pas d'un capital. Il a toutefois un budget autonome, possède des actifs et retrace ses créances et ses dettes dans une comptabilité spécifique.

Les organes des établissements publics sont définis par les statuts spéciaux de chaque établissement. Ils comprennent en général un conseil d'administration, organe délibérant, et un président ou un directeur général, organe exécutif. La composition du conseil d'administration est variable : parfois composé uniquement de représentants de l'État ou de la collectivité territoriale de rattachement, il peut également comporter des personnalités qualifiées ou encore, comme dans le cas des universités, des représentants des usagers ou du personnel. Les membres de ces organes sont parfois nommés – certaines nominations relevant du décret en conseil des ministres, en particulier pour les présidents et directeurs généraux de certains établissements relevant du secteur public[4] ; d'autres sont élus, comme les membres des chambres de commerce et d'industrie. Pour les établissements les plus importants, tels le CNRS, le CEA, la RATP, la nomination du président par décret en conseil des

3. Otto Mayer, *Deutsches Verwaltungsrecht*, Berlin, Duncker & Humblot, 1924, Tome 2, p. 268.

4. Emplois dont la liste est donnée par un décret du 6 août 1985 relatif aux nominations aux emplois de direction dans certains établissements publics, entreprises publiques et sociétés nationales.

ministres doit être précédée de l'avis des commissions compétentes des deux assemblées, conformément à la procédure introduite à l'article 13 de la Constitution par la révision du 23 juillet 2008.

En vertu du *principe dit « de rattachement »*, un établissement public est normalement rattaché à une autre personne publique : soit l'État, pour les établissements publics nationaux ; soit les collectivités territoriales, pour les établissements publics locaux. Le principe de rattachement doit toutefois être concilié avec le principe d'autonomie. D'une part, les organes de l'établissement public doivent rester distincts de ceux de la personne publique de rattachement : un avis du Conseil d'État a ainsi considéré que la présidence du conseil d'administration ne saurait être confiée à un membre du gouvernement[5]. D'autre part, dans un avis du 16 juin 1992 relatif aux chambres de commerce et d'industrie, le Conseil d'État a estimé que le concept de rattachement « n'implique en lui-même aucune subordination[6] ». Le rattachement est donc de nature organique et non pas fonctionnelle : il n'entraîne pas toujours l'existence d'une tutelle.

2/ *Autonomie fonctionnelle et tutelle*

L'autonomie des établissements publics est également *fonctionnelle* : l'établissement public doit disposer d'une certaine liberté d'appréciation dans la conduite de sa mission, c'est-à-dire dans la prise de ses décisions. C'est pour cette raison que le Conseil d'État, en formation consultative, a estimé qu'il n'était pas possible de renvoyer l'essentiel des pouvoirs de décision d'un établissement public au ministre de tutelle[7].

Certes, cette autonomie doit être mise en balance avec la tutelle de la personne publique de rattachement, à laquelle sont soumis la plupart des établissements publics. Toutefois, en vertu de l'adage traditionnel « pas de tutelle sans texte », la tutelle ne saurait être présumée. Pour connaître l'étendue de la tutelle, il faut donc se reporter, au cas par cas, au texte spécial qui organise, pour chaque établissement, le type de contrôle auquel ses décisions juridiques et financières sont soumises. Selon les cas, l'autorité de tutelle peut disposer de pouvoirs d'autorisation *a priori*, d'approbation *a posteriori* ou encore d'annulation des décisions de l'établissement public.

Là encore, les situations sont d'une grande diversité, pouvant aller de la mise en place d'une tutelle étroite à l'existence d'une

5. CE, avis de l'assemblée générale, 3 juillet 2008, *Agence française de développement*, n° 381667.

6. Avis du 16 juin 1992, *Chambres de commerce et d'industrie*, n° 351654, *EDCE*, 1992, p. 419.

7. CE, avis de la section des finances, 10 avril 2007, *Décret relatif au fonds de prévoyance militaire et de l'aéronautique*, n° 308156, *EDCE*, 2008, p. 104.

grande indépendance. C'est ainsi que, depuis quelques années, certaines autorités administratives indépendantes ont été dotées de la personnalité morale, le législateur utilisant alors volontiers la dénomination d'« autorité publique indépendante[8] ». Ces personnes morales de droit public peuvent être ainsi regardées comme une forme particulière d'établissement public, dépourvu de tout lien de tutelle avec l'État.

B | UN ORGANISME DE DROIT PUBLIC

La notion d'établissement public a été progressivement dégagée par la jurisprudence par opposition aux organismes de droit privé. Plusieurs décisions du Conseil d'État rendues au début du XIXe siècle emploient l'expression, souvent à l'occasion de la question de savoir si les actes d'un organisme relèvent de la compétence des tribunaux judiciaires[9]. De même, la Cour de cassation, dans un arrêt *Caisse d'épargne de Caen* du 5 mars 1856 relatif aux caisses d'épargne, distingue clairement l'établissement public, personne morale de droit public, et « l'établissement d'utilité publique », personne de droit privé.

1/ *La qualification de personne de droit public*

Lorsque la loi ne qualifie pas elle-même un organisme d'établissement public, il appartient à la jurisprudence de déterminer sa nature juridique, publique ou privée. Selon la méthode dite « du faisceau d'indices », le juge se fonde alors sur un ensemble de critères, tenant à l'objet, aux ressources ou encore aux règles de fonctionnement de l'organisme.

Dans certains cas, la frontière entre personnes publiques et privées n'est pas évidente, comme le montre le fameux arrêt du Tribunal des conflits, *Canal de Gignac*, du 9 décembre 1899. Dans cette affaire, une association syndicale de propriétaires était en cause. Ces associations, dont la constitution était obligatoire entre les propriétaires, avaient été prévues par une loi de 1865 ; elles étaient

8. Ces autorités publiques indépendantes, dotées de la personnalité morale, sont apparues pour la première fois avec l'Autorité des marchés financiers, créée par la loi du 1er août 2003. Voir *infra* nos développements dans le chapitre 5 : Les autorités administratives indépendantes.

9. Voir par exemple une ordonnance du 7 août 1810 qui renvoie aux tribunaux ordinaires une question touchant au droit de propriété, malgré le fait que le litige concerne des ouvrages sur un cours d'eau réalisés au bénéfice d'un établissement public (recueil de Jean-Baptiste Sirey, *Jurisprudence du Conseil d'État depuis 1806 jusqu'à 1818*, Paris, 1818, Tome 1, p. 391).

chargées d'assurer des travaux agricoles d'intérêt collectif, tels que des travaux d'irrigation. Le Tribunal des conflits les a qualifiées d'établissements publics et a retenu, par suite, la compétence des juridictions administratives. Le doyen Hauriou, dans une note célèbre sur cet arrêt, s'était élevé contre cette solution qui, selon lui, faisait des entreprises agricoles et industrielles des « membres de l'État », en s'exclamant : « On nous change notre État ! » « Ce qui est grave, disait-il, c'est d'incorporer à l'administration de l'État des entreprises qui ne sont pas d'intérêt public, mais seulement d'intérêt collectif, parce que la confusion du collectif et du public est proprement le fond de la doctrine collectiviste »[10]. À l'époque, la solution de l'arrêt *Canal de Gignac* correspondait à une conception organique du service public, reposant sur une triple identité entre personne publique, service public et droit public.

Toutefois, la jurisprudence a admis ultérieurement que des personnes privées pouvaient être chargées d'une mission de service public et, par suite, être en partie régies par le droit administratif. Dès lors, la question de la nature juridique, publique ou privée, de la personne morale devenait moins déterminante. Cette orientation nouvelle de la jurisprudence a été particulièrement mise en lumière par trois arrêts respectivement rendus, à quelques années d'intervalle, à propos des caisses primaires d'assurance maladie[11], des comités d'organisation, institutions de type corporatif alors chargées d'organiser la production industrielle[12] et des ordres professionnels[13]. Dans les trois cas, il s'agissait d'organismes d'une nature ambiguë, chargés d'intérêts collectifs et dotés de prérogatives de puissance publique. Le Conseil d'État les a regardés comme des personnes de droit privé et non comme des établissements publics, tout en les soumettant au droit public.

2/ *Les conséquences de la qualification de personne de droit public*

Sa qualité d'organisme de droit public confère à l'établissement public des prérogatives exorbitantes du droit commun. Ainsi, les établissements publics disposent de la faculté de procéder à des *expropriations* pour cause d'utilité publique[14]. Ils entrent dans le champ d'application du code général de la propriété des personnes publiques (CGPPP), dont l'article L. 1 précise qu'il s'applique aux biens et aux droits appartenant à l'État, aux collectivités territoriales « ainsi qu'aux établissements publics ». En vertu de l'article

10. Maurice Hauriou, note sous TC, 8 décembre 1899, *Association syndicale du canal de Gignac*, S. 1900.3.49.
11. CE, 13 mai 1938, *Caisse primaire Aide et protection*.
12. CE, 31 juillet 1942, *Monpeurt*.
13. CE, 2 avril 1943, *Bouguen*.
14. CE, 17 mars 1972, *Levesque*.

L. 2111-1 du CGPPP, les établissements publics peuvent se voir affecter un *domaine public* propre. Leurs biens sont insaisissables, comme le précise l'article L. 2311-1 du CGPPP et comme l'avait déjà jugé la Cour de cassation dans son arrêt *BRGM* du 21 décembre 1987[15]. Ce principe de l'*insaisissabilité des biens* profite non seulement aux établissements publics administratifs, mais également aux établissements publics industriels et commerciaux (EPIC), alors même que ces derniers sont normalement régis par le droit privé. Pour cette raison, les procédures de redressement et de liquidation judiciaire, prévues par le code de commerce pour les sociétés commerciales, sont inapplicables aux EPIC.

Les établissements publics ne peuvent pas normalement utiliser la voie de l'*arbitrage*[16] pour régler leurs litiges : l'article 2060 du code civil leur interdit expressément de recourir à la clause compromissoire, en ajoutant toutefois que « des catégories d'établissements publics à caractère industriel et commercial peuvent être autorisées par décret à compromettre ». Enfin, les établissements publics, lorsqu'ils sont dotés d'un comptable public, bénéficient de la *prescription quadriennale* prévue par la loi du 31 décembre 1968 relative à la prescription des créances sur l'État, les départements, les communes et les établissements publics.

C | UNE PERSONNE À VOCATION SPÉCIALE

Les établissements publics sont soumis au *principe de spécialité*, ce qui permet de les distinguer des collectivités locales, qui bénéficient d'une *clause de compétence générale* à l'intérieur de leur ressort territorial. Même si la loi du 7 août 2015 portant nouvelle organisation de la République (dite « loi NOTRe ») a supprimé, sur le plan formel, la disposition législative qui donnait cette compétence générale à la région et au département, il n'en reste pas moins qu'une collectivité locale dispose en principe des attributions les plus larges sur son territoire. L'État détient pour sa part la compétence la plus étendue, traduction de sa souveraineté sur le territoire national : il dispose de « la compétence de sa compétence », ce qui revient à dire qu'il n'a pas de limite *a priori* à son champ d'intervention. Les

15. Cet arrêt a été remarqué en tant qu'il illustre l'utilisation par la Cour de cassation de la technique des principes généraux du droit – en l'espèce, le principe général de l'insaisissabilité des biens des établissements publics (Cass., 1re civ., 21 décembre 1987, *BRGM c/ Société Loya Continental*).

16. *L'Arbitrage des litiges intéressant les personnes publiques*, rapport à la garde des Sceaux, ministre de la justice, établi sous la direction du président Daniel Labetoulle, 13 mars 2007.

établissements publics, en revanche, se caractérisent par leur vocation spéciale : leur champ d'action est limité à un objet précis, défini par avance dans leurs statuts. Par voie de conséquence, il est interdit à un établissement public d'employer ses biens et son patrimoine à d'autres activités que celles prévues par ses statuts[17]. Cette distinction peut être utilement éclairée par la classification des personnes morales proposée par Léon Michoud en 1906, qui sera évoquée dans la dernière partie du présent chapitre : les compétences d'une collectivité territoriale, en tant que personne morale de type *corporatif*, dérivent pour l'essentiel de l'intérêt collectif de la population qu'elle personnifie ; tandis que les compétences d'un établissement public, en tant que personne morale de type *fondatif*, sont le fruit de la volonté du fondateur et sont limitativement définies par l'acte de création.

En réalité, toute personne morale, qu'elle soit publique ou privée, a une spécialité. Mais une société privée, lorsqu'elle a besoin d'élargir son objet, peut aisément changer ses statuts, par simple décision de son assemblée générale. Une telle modification est plus difficile pour un établissement public : elle suppose d'amender le décret ou la loi qui fixe ses règles constitutives. Ainsi, pour permettre à la RATP d'exploiter des réseaux de transport de voyageurs hors de la région parisienne, il a fallu l'intervention de la loi du 14 décembre 2002.

Des assouplissements du principe de spécialité ont toutefois été admis, en particulier pour les établissements intervenant dans le domaine économique. Dans un avis *EDF-GDF* du 7 juillet 1994, le Conseil d'État accepte qu'un établissement public exerce des activités annexes, non prévues par ses statuts, lorsque, d'une part, elles sont « le complément normal de sa mission statutaire principale » et, d'autre part, elles sont « à la fois d'intérêt général et directement utiles à l'établissement public ».

II

LE RÉGIME JURIDIQUE DES ÉTABLISSEMENTS PUBLICS

En France, il n'existe pas de statut général des établissements publics. Les dispositions *générales* qui concernent l'ensemble des établissements publics sont rares. Tel est le cas de l'article 34 de la Constitution, qui évoque brièvement les modalités de création des

17. CE, 4 mars 1938, *Consorts Le Clerc*.

établissements publics. D'autres règles *sectorielles* figurent dans certaines lois régissant une catégorie particulière d'établissements publics, comme la loi du 26 juillet 1983 relative à la démocratisation du secteur public pour certains établissements publics industriels et commerciaux de l'État. Pour connaître les règles applicables à un établissement public, il faut donc, pour l'essentiel, se référer aux dispositions *spéciales* qui le régissent, en particulier à ses statuts. La jurisprudence a également contribué à la définition, par voie prétorienne, des principes généraux applicables aux établissements publics, tels que les principes précités d'autonomie ou de rattachement.

Par comparaison, en Espagne, le régime juridique des établissements publics est en grande partie fixé par la loi. Outre la loi précitée du 14 avril 1997 qui concerne, de façon générale, les *organismos públicos*, on peut mentionner la loi du 18 juillet 2006 de *Agencias estatales para la mejora de los servicios publicos*, qui fixe l'ensemble du régime des agences étatiques (modalités de création et de suppression, organes de gouvernance, personnel, gestion économique et financière).

La création des établissements publics peut relever, selon les cas, de la loi ou du règlement, la répartition des compétences n'étant pas, dans ce domaine, d'une rigueur absolue. L'application d'un régime de droit public ou de droit privé est essentiellement commandée par la distinction entre établissement public administratif et établissement public industriel et commercial.

A | LA CRÉATION DES ÉTABLISSEMENTS PUBLICS

Initialement, seule une loi pouvait créer un établissement public national : la règle avait été posée par la loi de finances du 25 juillet 1925, afin d'éviter la prolifération des établissements publics. En 1958, l'article 34 de la Constitution a entendu assouplir cette exigence, en prévoyant que la loi fixe les règles concernant « la création de catégories d'établissements publics ». Ainsi, il n'est plus nécessaire qu'une loi intervienne pour créer chaque établissement public : la loi se limite à instituer des « catégories », un acte réglementaire étant suffisant pour la création d'un établissement public, pris individuellement.

La notion de catégorie d'établissements publics n'est toutefois pas très claire. La jurisprudence a dû apporter des précisions sur cette expression. Appartiennent ainsi à une même catégorie les établissements « dont l'activité s'exerce territorialement sous une même tutelle administrative » et qui ont une « spécialité analogue », selon la décision du Conseil constitutionnel du 25 juillet 1979,

Agence nationale pour l'emploi[18]. Le Conseil constitutionnel a en outre précisé que la compétence du législateur s'étendait alors non seulement à l'institution de la catégorie, mais également à la fixation de l'ensemble de ses « règles constitutives » : détermination des organes de direction, règles de tutelle ou encore types de ressources des établissements[19].

Dans certains cas, la loi institue une véritable catégorie d'établissement public, au sens strict du terme, laquelle peut ensuite se décliner, par voie réglementaire, en plusieurs centaines, voire milliers d'établissements. Tel est le cas des lycées, des universités, des hôpitaux, des « établissements publics à caractère scientifique et technologique » créés par une loi du 15 juillet 1982 ou encore des « établissements publics fonciers et d'aménagement » institués par une loi du 18 juillet 1985. On peut également citer l'établissement public de coopération culturelle (EPCC), créé par la loi du 4 janvier 2002, ou l'établissement public de coopération environnementale (EPCE), issu de la loi Biodiversité du 8 août 2016.

En pratique, la loi peut créer directement non pas une catégorie, mais un établissement public particulier, notamment lorsque celui-ci constitue l'unique exemplaire d'une catégorie. C'est le cas de la RATP comme c'était le cas, avant qu'elle ne devienne, le 1er janvier 2020, une société, de la SNCF. Cet établissement peut alors être regardé comme l'archétype d'une nouvelle catégorie : par la suite, il sera admis que de nouveaux établissements publics puissent être créés par décret, lorsqu'ils peuvent être rattachés, compte tenu de leur tutelle et de leur spécialité, à la même catégorie qu'un établissement « chef de file » déjà créé par la loi. Cette technique présente toutefois des inconvénients, relevés par le rapport du Conseil d'État sur les établissements publics de 2009. La loi a alors une double nature, mêlant le particulier et le général. Que faire notamment dans le cas de la disparition de l'établissement chef de file, alors que subsistent d'autres établissements de même nature, qui n'avaient été créés que par voie réglementaire ? Dans cette hypothèse, le rapport recommande, parallèlement à la suppression d'un tel établissement public chef de file, de fixer dans la loi les règles générales constitutives de la catégorie d'établissements publics qui n'existait auparavant que par le biais de cet établissement.

En revanche, ne relèvent pas de la loi mais du règlement les règles qui portent non pas sur la création de catégories d'établissements publics, mais sur leurs modalités d'organisation et de fonctionnement. Tel est le cas des dispositions relatives à la

18. Décision par laquelle le Conseil constitutionnel a légèrement amendé la définition antérieure, issue de sa décision du 18 juillet 1961, *Institut des hautes études d'outre-mer*, et exigeant alors l'exercice d'une activité « étroitement comparable ».

19. CC, 17 et 19 mars 1964, *Radio-télévision française*.

dénomination[20] ou au siège[21] d'un établissement public, qui ressortissent à la compétence du pouvoir réglementaire.

B | ÉTABLISSEMENT PUBLIC ADMINISTRATIF ET ÉTABLISSEMENT PUBLIC INDUSTRIEL ET COMMERCIAL

La distinction entre établissements publics administratifs (EPA) et établissements publics industriels et commerciaux (EPIC) est fondamentale, puisqu'elle commande le régime juridique applicable : alors que les premiers sont régis par le droit administratif, les seconds sont pour l'essentiel soumis au droit privé. Elle recouvre la distinction qui a été dégagée par le Tribunal des conflits en 1921, dans le fameux arrêt dit « du bac d'Eloka[22] », entre service public administratif (SPA) et service public industriel et commercial (SPIC). La nature du service dont il est chargé détermine le caractère de l'établissement : un EPA gère normalement un SPA ; un EPIC est un SPIC personnalisé.

La jurisprudence a toutefois admis l'existence d'établissements publics « à double visage », c'est-à-dire d'organismes hybrides, gérant à la fois un service public administratif et un service public industriel et commercial. C'est le cas par exemple de l'Office national des forêts, dont l'activité constitue un SPA, pour la protection et la surveillance des forêts, mais un SPIC pour l'exploitation des ressources forestières. L'établissement est alors, selon la nature de l'activité en cause, soumis au droit public ou au droit privé.

La qualification d'un établissement est parfois expressément précisée par son texte constitutif. Si ce dernier est une loi, le juge se considère comme lié. En revanche, si le texte constitutif est réglementaire, le juge se reconnaît le pouvoir de rectifier cette qualification, lorsqu'il estime qu'elle est entachée d'une erreur. Le juge procède en particulier à cette requalification, exceptionnelle, en présence d'un établissement public « à visage inversé » : il s'agit de l'hypothèse dans laquelle un établissement a été qualifié d'EPIC par un décret, alors qu'il gère en réalité un SPA. Il arrive en effet que l'administration choisisse la qualification d'EPIC, non pas en raison de la nature de l'activité, mais dans le seul but de bénéficier de la

20. Voir par exemple la décision du Conseil constitutionnel n° 2015-252 L du 29 janvier 2015, à propos de la dénomination « assemblée des chambres françaises de commerce et d'industrie ».

21. Voir par exemple la décision du Conseil constitutionnel n° 2015-258 L du 15 octobre 2015, à propos du siège des centres régionaux des œuvres universitaires et scolaires (CROUS).

22. TC, 22 janvier 1921, *Société commerciale de l'Ouest africain.*

souplesse d'un régime de droit privé. Ainsi, le Centre français du commerce extérieur, qualifié d'EPIC par son décret constitutif, a été requalifié d'EPA par le Conseil d'État, qui a, par suite, reconnu à ses agents la qualité d'agents publics[23].

À défaut de précision dans le texte, le juge applique, là encore, la méthode du faisceau d'indices pour déterminer le caractère de l'établissement[24]. Il tient compte principalement de l'objet : un EPIC a une activité d'ordre économique, qui consiste à produire des biens et des services pour les vendre à ses clients, « dans les mêmes conditions qu'un industriel ordinaire », pour reprendre la formule de l'arrêt du bac d'Eloka. D'autres critères peuvent entrer en jeu, telles que les règles d'organisation et de fonctionnement, ainsi que l'origine de ses ressources.

La principale conséquence de cette qualification tient au régime juridique applicable à l'établissement. L'EPA est essentiellement soumis au droit public : son personnel est formé d'agents publics (fonctionnaires ou agents non titulaires, selon les cas), ses décisions constituent des actes administratifs, ses contrats sont administratifs et, par suite, les litiges avec ses usagers relèvent normalement du juge administratif. Inversement, l'EPIC est normalement régi par le droit privé : son personnel est composé d'agents de droit privé, soumis au code du travail, ses contrats sont de droit privé et les relations avec ses clients relèvent du juge judiciaire. De même, le code des marchés publics, s'il concerne l'ensemble des établissements publics locaux, n'est applicable qu'aux établissements publics de l'État autres que ceux ayant un caractère industriel et commercial.

Toutefois, les EPIC sont, d'une façon accessoire, soumis à certaines règles de droit public en raison de leur qualité de personne morale de droit public. Comme indiqué plus haut, il en découle application du CGPPP à leurs biens, faculté d'expropriation pour cause d'utilité publique, prescription quadriennale ou encore exclusion, sauf exception, de l'arbitrage. En outre, leur directeur et leur comptable sont toujours, par principe, des agents de droit public. De même, les relations entre un EPIC et les membres de son conseil d'administration relèvent d'un régime de droit public[25].

23. CE, 4 juillet 1986, *Berger.*
24. CE, 16 novembre 1956, *Union syndicale des industries aéronautiques.*
25. TC, 14 novembre 2016, *M. Masson c/ Office public de l'habitat Moselis.*

III

ÉTABLISSEMENT PUBLIC ET ENTREPRISE PUBLIQUE

Si elles se recoupent partiellement, les notions d'établissement public et d'entreprise publique doivent être distinguées. Exerçant une activité économique, les entreprises publiques sont soumises à un régime juridique particulier, qui a été profondément renouvelé sous l'influence du droit européen.

A | LA NOTION D'ENTREPRISE PUBLIQUE

Une entreprise publique peut prendre deux formes juridiques : celle de l'établissement public industriel et commercial, personne morale de droit public, ou celle de la société commerciale, personne morale de droit privé.

Les EPIC sont toujours, en raison de leur nature même, étroitement liés à la collectivité publique qui les a créés – État ou collectivité territoriale. En revanche, les sociétés ont des liens avec le secteur public qui varient selon les situations : leur capital est détenu, selon les cas, par l'État, par une collectivité territoriale ou par un établissement public, en tout ou en partie, directement ou indirectement, seul ou conjointement avec d'autres personnes publiques. Certaines sont très proches de l'État, qui y détient la totalité du capital. D'autres en sont plus éloignées, les personnes publiques ne détenant qu'une minorité des actions. Elles ont le plus souvent la forme d'une société anonyme de droit commun, régie par le code de commerce, mais certains textes organisent parfois des formes particulières de sociétés anonymes, spécifiquement prévues pour accueillir des capitaux publics.

On observe d'ailleurs le passage de certaines entreprises publiques d'une catégorie à l'autre. En effet, la forme de l'établissement public est parfois une source de rigidités : l'absence de capital ne facilite ni les partenariats ni l'ouverture internationale ; la nature de personne publique entraîne l'application d'un régime juridique dérogatoire de plus en plus perçu comme contraire aux règles de la concurrence. Dès lors, plusieurs établissements publics ont été transformés au cours de ces dernières années en sociétés anonymes : France Télécom (1996), EDF et GDF (2004), Aéroports de Paris (2005), La Poste (2010), la SNCF en 2020, sous forme d'un groupe qui réunit désormais trois sociétés, la SNCF, société mère, SNCF Réseau et SNCF Voyageurs. L'évolution de la SNCF est significative. Créée en 1937 sous forme de société anonyme par le regroupement de plusieurs compagnies de chemins de fer, elle était devenue, en 1983, un établissement public. La loi du 4 août 2014 portant réforme ferroviaire l'avait organisée, de façon originale, en « groupe d'établissements publics », composé de trois EPIC : SNCF (établissement public de tête), SNCF Mobilité (en charge de l'exploitation des trains de marchandises et de voyageurs) et SNCF Réseau (anciennement RFF, propriétaire et gestionnaire du réseau ferroviaire national). La loi pour un nouveau pacte ferroviaire du 27 juin 2018 a adopté un nouveau changement de statut : à compter du 1er janvier 2020, la SNCF est devenue une « société nationale à capitaux publics », dont le capital est « intégralement détenu par l'État » et « incessible » (article L. 2101-1 du code des transports). Elle forme, avec ses filiales (les précédents EPIC, également transformés en sociétés), un « groupe public unifié » dans le domaine du transport ferroviaire et de la mobilité.

Compte tenu de cette diversité, il n'existe pas de définition unique de la notion d'entreprise publique : chaque texte retient sa propre conception, en fonction de ses finalités. L'appartenance d'une entreprise au secteur public peut se mesurer au regard non seulement de la propriété du capital, de la majorité des droits de vote au conseil d'administration, mais aussi, plus largement, en tenant compte de « l'influence » des pouvoirs publics. Ainsi, en droit de l'Union européenne, une directive du 25 juin 1980 définit l'entreprise publique comme « toute entreprise sur laquelle les pouvoirs publics peuvent exercer directement ou indirectement une influence dominante du fait de la propriété, de la participation financière ou des règles qui la régissent[26] ».

En droit français, les divers textes relatifs aux entreprises publiques procèdent plutôt par énumération. Tel est le cas de la loi du 26 juillet 1983 relative à la démocratisation du secteur public, qui dresse, à son article 1er, la liste des catégories d'entreprises entrant dans son champ d'application. Limitée aujourd'hui aux seuls établissements publics, cette liste comportait, avant l'ordonnance du 20 août 2014 (voir ci-après), les EPIC, les sociétés anonymes dans lesquelles l'État détient directement plus de la moitié du capital ou encore, sans que ces termes ne répondent d'ailleurs à une définition juridique très précise, les « entreprises nationales » ou « sociétés nationales ». L'ordonnance du 20 août 2014 s'applique pour sa part aux « sociétés commerciales dans lesquelles l'État ou ses établissements publics détiennent seuls ou conjointement, directement ou indirectement, une participation au capital » (article 1er).

Outre les entreprises publiques nationales, il existe également des entreprises publiques locales. Deux situations doivent être distinguées. Les collectivités territoriales peuvent d'abord créer des

26. Directive du 25 juin 1980 relative à la transparence des relations financières entre les États membres et les entreprises publiques.

sociétés « pour réaliser des opérations d'aménagement, de construction, pour exploiter des services publics à caractère industriel ou commercial, ou pour toute autre activité d'intérêt général[27] ». Tel est le cas des sociétés d'économie mixte locales (article L. 1521-1 du CGCT) ou des sociétés publiques locales (article L. 1531-1). Dans cette hypothèse, il est nécessaire que l'objet social de la société entre dans le champ de compétence de la collectivité locale actionnaire. Cette exigence est interprétée de façon souple lorsque plusieurs collectivités sont actionnaires : dans ce cas, l'objet social doit concourir à l'exercice « d'au moins une compétence de chacune des collectivités territoriales » qui en sont actionnaires (article L. 1522-1)[28].

En revanche, en dehors de leur champ de compétence, le principe est celui de l'interdiction pour les communes (article L. 2253-1 du CGCT) et les départements (article L. 3231-6) de prendre une participation au capital d'une société commerciale. Quant aux régions, elles peuvent participer au capital de certaines sociétés commerciales pour la mise en œuvre du schéma régional de développement économique, d'innovation et d'internationalisation (article L. 4211-1) dans les conditions prévues par le décret n° 2016-807 du 16 juin 2016.

B | LE RÉGIME JURIDIQUE DES ENTREPRISES PUBLIQUES

Un certain nombre de règles commandent la création et la gouvernance des entreprises publiques.

1/ *La création des entreprises publiques : nationalisations et privatisations*

Les entreprises publiques ont des origines diverses. Certaines sont créées *ex nihilo par* l'État, comme le CEA en 1945 ou l'Entreprise de recherche des activités pétrolières (ERAP) en 1965. D'autres entreprises, initialement privées, entrent dans le secteur public à la suite de décisions de nationalisation ; inversement, elles peuvent en sortir du fait d'une privatisation.

Le cadre juridique de ces mouvements – nationalisations et privatisations – est fixé par la Constitution, dont l'article 34 réserve au

27. Article L. 1521-1 du code général des collectivités territoriales.

28. Cette précision a été apportée par la loi du 17 mai 2019 tendant à sécuriser l'actionnariat des entreprises publiques locales, à la suite d'un arrêt du Conseil d'État qui avait adopté pour sa part une position plus restrictive. Ce dernier avait jugé que chaque collectivité actionnaire devait alors exercer « l'ensemble des compétences » sur lesquelles porte l'objet social de la société (CE, 14 novembre 2018, *Syndicat mixte pour l'aménagement et le développement de Combrailles, SMADC*).

seul législateur le soin de fixer les règles concernant « les nationalisations d'entreprises et les transferts de propriété du secteur public au secteur privé ». Le Conseil d'État contrôle les empiétements du gouvernement sur le domaine de la loi, en censurant les actes réglementaires ayant pour objet ou pour effet la privatisation d'une entreprise du secteur public. Au sens de cet article, appartient au secteur public, selon les jurisprudences concordantes du Conseil constitutionnel et du Conseil d'État, l'entreprise dont la majorité du capital est détenue par une personne publique ou par une autre entreprise du secteur public[29].

S'agissant de la procédure, les modalités d'intervention de l'État au capital d'une société sont désormais précisées par l'ordonnance du 20 août 2014 relative à la gouvernance et aux opérations sur le capital des sociétés à participation publique, qui a sur ce point codifié et clarifié des règles fixées auparavant dans des textes épars. Ces modalités sont souples et diversifiées. Il faut garder à l'esprit le fait qu'une acquisition d'actions par l'État n'est pas nécessairement le fruit d'une contrainte : elle peut aussi résulter d'un accord avec les actionnaires ou encore de la mise en jeu d'un droit de préemption. En outre, elle peut ne porter que sur une faible part du capital et donc n'entraîner aucun changement quant à l'appartenance d'une société au secteur public ou privé. En vertu de l'ordonnance de 2014, une acquisition d'actions par l'État est autorisée soit par décret, soit par arrêté du ministre de l'économie, selon qu'elle entraîne ou non le transfert de la majorité du capital d'une société au secteur public. Les cessions, quant à elles, sont autorisées selon les cas par une loi, un décret ou un arrêté, en fonction de la taille de l'entreprise et de la part du capital cédé. Dans de nombreux cas, la Commission des participations et des transferts est obligatoirement consultée sur le prix des cessions, sa mission étant d'éviter que l'État ne cède ses participations à vil prix.

Sur le fond, deux principes constitutionnels d'inspirations contradictoires sont en présence. D'un côté, l'article 17 de la Déclaration de 1789 protège le droit de propriété : « Nul ne peut en être privé, si ce n'est lorsque la nécessité publique, légalement constatée, l'exige évidemment et sous la condition d'une juste et préalable indemnité. » Mais, d'un autre côté, l'alinéa 9 du Préambule de la Constitution du 27 octobre 1946 prévoit que « tout bien, toute entreprise, dont l'exploitation a ou requiert les caractères d'un service public national ou d'un monopole de fait doit devenir la propriété de la nation ». Le Conseil constitutionnel, dans sa décision du 16 janvier 1982, *Loi de nationalisation*, complétée par la décision du 26 juin 1986, *Régime des privatisations*, a jugé qu'il appartient au législateur de procéder à la conciliation de ces exigences. Le juge

29. CE, 24 avril 1978, *Schwartz* ; CC, décision des 19 et 20 juillet 1983.

constitutionnel n'exerce qu'un contrôle restreint : l'appréciation portée par le législateur sur la nécessité d'une nationalisation ne saurait être censurée qu'en cas d'erreur manifeste au regard de l'ampleur des restrictions apportées au champ de la propriété privée ou de la liberté d'entreprendre.

On signalera que, dans un domaine voisin, celui des modalités d'intervention de l'État dans la vie économique, le Conseil constitutionnel se montre également attentif à la protection de la liberté d'entreprendre. Par sa décision du 27 mars 2014, *Loi visant à reconquérir l'économie réelle*, dite « loi Florange », il juge « qu'il est loisible au législateur d'apporter à la liberté d'entreprendre qui découle de l'article 4 de la Déclaration de 1789 des limitations liées à des exigences constitutionnelles ou justifiées par l'intérêt général, à la condition qu'il n'en résulte pas d'atteintes disproportionnées au regard de l'objectif poursuivi ». En l'espèce, il censure une disposition législative imposant à l'entreprise qui envisage de fermer un établissement d'accepter une « offre de reprise sérieuse » : une telle obligation fait « peser sur les choix économiques de l'entreprise [...] des contraintes qui portent tant au droit de propriété qu'à la liberté d'entreprendre une atteinte manifestement disproportionnée ».

Du début du XXe siècle au milieu des années 1980, trois grandes vagues de nationalisations ont contribué à accroître le périmètre du secteur public. Les premières grandes nationalisations ont été réalisées par le Front populaire (1936-1937), avec notamment la création de la SNCF. À la Libération, en 1945, la France connaît une deuxième vague de nationalisations, qui concerne les plus grandes banques et compagnies d'assurances françaises, Renault ou encore les transports aériens : Air France, société d'économie mixte créée en 1933, devient propriété de l'État en 1945. La loi du 8 avril 1946 sur la nationalisation de l'électricité et du gaz crée deux nouveaux EPIC, Électricité de France (EDF) et Gaz de France (GDF), regroupant plusieurs centaines d'entreprises de production, de transport et de distribution d'énergie électrique et de gaz. Enfin, en 1982, de nouvelles nationalisations portent notamment sur des compagnies financières (Paribas, Suez) et de grandes entreprises industrielles (Compagnie générale d'électricité [CGE], Saint-Gobain, Péchiney-Ugine-Kuhlmann, Rhône-Poulenc ou Thomson-Brandt).

À partir du milieu des années 1980, le secteur public connaît un repli avec les privatisations engagées en 1986 (Société générale, Paribas, Suez, TF1). Celles-ci se sont poursuivies à un rythme régulier depuis la loi du 19 juillet 1993 ; elles concernent l'ensemble des secteurs : les banques (BNP en 1993, Crédit Lyonnais en 1999), les assurances (UAP en 1994), l'industrie (Elf Aquitaine en 1994, Péchiney en 1995, Renault en 1996), les transports (Air France en 2004, les sociétés d'autoroute en 2006), les télécoms (France Télécom en 2004) ou l'énergie (GDF, fusionné, en 2008, avec Suez, pour devenir GDF Suez, dénommé Engie depuis 2015). Des évolutions analogues se déroulent dans les autres pays européens. British Telecom, British Airways et British Rail sont privatisés au Royaume-Uni, la sidérurgie, le pétrole et les télécommunications en Italie, la Lufthansa, Deutsche Telekom et la Postbank en Allemagne.

2/ *La gouvernance des entreprises publiques*

Le cadre juridique applicable aux sociétés à participation publique a été rénové par l'ordonnance du 20 août 2014 relative à la gouvernance et aux opérations sur le capital des sociétés à participation publique. Le cadre de la gestion des établissements publics industriels et commerciaux reste pour sa part fixé par la loi du 26 juillet 1983 relative à la démocratisation du secteur public[30].

La gouvernance des entreprises publiques obéit à certains principes communs. S'agissant de leurs organes de direction, le principe a été affirmé, à la Libération, de la composition tripartite des conseils d'administration : actionnaires, salariés et usagers. Ce principe dit « du tripartisme » traduit la volonté de faire des entreprises publiques une « vitrine sociale » et un modèle de démocratie administrative. Il est aujourd'hui repris tant par la loi du 26 juillet 1983 pour les EPIC que par l'ordonnance du 20 août 2014 pour les sociétés à participation publique majoritaire. En vertu de ce principe, les conseils d'administration des entreprises publiques sont composés de représentants de l'État actionnaire, de représentants des salariés et de personnalités qualifiées.

Par ailleurs, plusieurs rapports ont souligné la nécessité de renforcer l'autonomie des entreprises publiques vis-à-vis de l'État. Le rapport Nora, en 1967, a proposé de contractualiser les relations entre État et entreprises publiques. Le rapport Barbier de la Serre de 2003, intitulé *L'État actionnaire et le gouvernement des entreprises publiques*, a insisté sur la distinction entre les rôles de l'État actionnaire et de l'État puissance publique. À la suite de ces propositions, l'Agence des participations de l'État (APE) a été créée par un décret du 9 septembre 2004. Rattachée au ministère de l'économie et des finances, elle assure une représentation unique de l'État et veille à ce que les choix de gestion soient exclusivement commandés par la rationalité économique. Dans le même esprit, dans l'ordonnance du 20 août 2014, la fonction de l'État actionnaire est clairement différenciée de celle de l'État régulateur. D'une part, les *administrateurs* qui représentent l'État au sein du conseil d'administration sont désignés dans des conditions qui se rapprochent de celles en vigueur dans le secteur privé : le nombre de représentants de l'État au sein du conseil est désormais proportionnel à sa détention capitalistique[31]. D'autre part,

30. Avant l'ordonnance du 20 août 2014, la loi du 26 juillet 1983 s'appliquait à l'ensemble des entreprises publiques, y compris les sociétés à participation publique.

31. Alors qu'auparavant, la représentation de l'État était limitée à *un tiers* seulement des membres du conseil dans les sociétés où il possédait plus de 90 % du capital.

un *commissaire du gouvernement* peut être nommé et assister aux séances du conseil d'administration de la société avec voix consultative pour exposer la « politique du gouvernement dans le secteur d'activité de celle-ci ».

C | LE RENOUVELLEMENT DES MODALITÉS D'INTERVENTION DES ENTREPRISES PUBLIQUES SOUS L'EFFET DU DROIT DE L'UNION EUROPÉENNE

Le droit de l'Union européenne constitue une source de renouvellement des modalités de l'intervention publique dans le champ des activités économiques. Posant des exigences accrues en matière de concurrence, il est particulièrement attentif à la neutralité de l'action de l'État.

Certes, dans son principe même, la faculté pour les personnes publiques d'exercer une activité industrielle et commerciale n'est pas remise en cause : l'article 345 du TFUE pose en effet la règle de la neutralité des traités vis-à-vis du régime de la propriété[32]. S'agissant toutefois des modalités de leur action, l'article 106 du TFUE[33] prévoit expressément que « les entreprises publiques et les entreprises auxquelles ils accordent des droits spéciaux ou exclusifs » sont soumises au droit de la concurrence – en particulier aux règles édictées aux articles 101 à 109 dudit traité (interdiction des ententes et des abus de position dominante, prohibition des aides d'État). Si, en vertu du même article 106, des dérogations sont possibles pour les « entreprises chargées de la gestion de services d'intérêt économique général », celles-ci ne peuvent jouer que dans la seule hypothèse où l'application des règles de la concurrence ferait « échec à l'accomplissement en droit ou en fait de la mission particulière qui leur est impartie ».

Dès lors, deux séries de questions se posent, touchant au droit de la commande publique et au droit des aides d'État.

1/ *Entreprises publiques et droit de la commande publique*

Selon les cas, une entreprise publique peut se retrouver soit dans la position de l'acheteur soit dans celle de l'opérateur économique soumissionnant à un marché.

En sa qualité d'acheteur, une entreprise publique est parfois soumise au droit de la commande publique. En effet, le droit européen

32. Aux termes de l'article 345 du TFUE (ex-article 295 du traité instituant la Communauté européenne), « les traités ne préjugent en rien le régime de la propriété dans les États membres ».

33. Ex-article 86 du traité instituant la Communauté européenne.

et français de la commande publique soumet les entreprises publiques à des règles de transparence lorsque leur mission les conduit à bénéficier d'avantages spécifiques, souvent à titre exclusif. Tel est le cas lorsqu'elles exercent une « activité d'opérateurs de réseaux » (article L. 1212-1 du code de la commande publique), par exemple pour des activités de production, de transport ou de distribution de gaz, d'électricité ou d'eau ou encore des activités d'exploitation de réseaux de transport par chemin de fer, tramway ou autobus (article L. 1212-3). Elles portent alors le nom d'« entités adjudicatrices », par opposition aux « pouvoirs adjudicateurs » que sont l'État, les collectivités territoriales, ainsi que leurs établissements publics. Pour mémoire, les pouvoirs adjudicateurs sont, pour leur part, de plein droit soumis au droit de la commande publique et ce, quelle que soit leur activité.

En qualité d'opérateur économique, une entreprise publique peut également être conduite à soumissionner à un appel d'offres. À cet égard, le droit de la commande publique s'applique pleinement aux administrations lorsqu'elles concluent un contrat avec une entreprise publique. Un pouvoir adjudicateur est toujours tenu d'organiser une procédure de mise en concurrence lorsqu'il entend passer un marché avec une entreprise, que celle-ci soit publique ou privée. Le Conseil d'État a d'ailleurs admis qu'un établissement public puisse être candidat à l'attribution d'un marché public ou d'une délégation de service public[34]. La jurisprudence a précisé que la candidature d'une personne publique – établissement public ou collectivité territoriale – à un contrat de commande publique, si elle est admise dans son principe, est soumise à certaines conditions : d'une part, elle doit constituer le prolongement de la mission de service public dont cette personne a la charge ; d'autre part, elle ne doit pas fausser les conditions de la concurrence, notamment au regard du prix proposé, qui doit être déterminé en tenant compte de l'ensemble des coûts directs et indirects concourant à sa formation[35].

Une seule exception à ce principe a été admise par la Cour de justice des communautés européennes (CJCE), dans sa décision *Teckal*, du 18 novembre 1999, reposant sur la notion de contrat dit *in house* : il s'agit de l'hypothèse selon laquelle une entité, bien que pourvue de la personnalité morale, est en réalité un simple démembrement administratif du pouvoir adjudicateur. Deux conditions doivent alors être réunies : d'une part, le contrôle exercé par le pouvoir adjudicateur sur son cocontractant doit être comparable à celui qu'il exerce sur ses propres services ; d'autre part, l'activité du

34. CE, avis du 8 novembre 2000, *Société Jean-Louis Bernard Consultants.*
35. CE, 30 décembre 2014, *Société Armor.*

cocontractant doit être principalement consacrée à ce pouvoir adjudicateur. Dans ce cas, la collectivité publique est dispensée des obligations de mise en concurrence.

La jurisprudence *Teckal* a été à l'origine, en France, de la création des sociétés publiques locales (SPL) par la loi du 28 mai 2010. La totalité de leur capital doit être détenue par les collectivités territoriales et leurs groupements, à la différence des sociétés d'économie mixte locales (SEML), détenues à hauteur d'au moins 15 % par des personnes privées[36]. Il est dès lors possible aux collectivités territoriales de nouer avec les SPL des relations contractuelles sans passer par une procédure de mise en concurrence.

2/ *EPIC et droit des aides d'État*

L'article 107 du traité sur l'Union européenne prohibe les aides accordées par les États aux entreprises, celles-ci risquant de fausser la concurrence. Cette interdiction n'est pas sans incidence sur les entreprises publiques, qui sont susceptibles de bénéficier de diverses formes de concours de l'État : participation au capital, subventions, etc.

Une première série d'interrogations peut donc concerner la détermination du montant des contributions de l'État à l'entreprise concernée et, corrélativement, celle du périmètre du service public dont elle est chargée. Par sa décision *Altmark*, du 24 juillet 2003, la Cour de justice a admis que la compensation financière des obligations de service public ne devait pas être qualifiée d'« aide d'État », dès lors qu'elle constitue la contrepartie des prestations effectuées par les entreprises. Elle subordonne toutefois cette possibilité à de strictes conditions, en particulier au fait que le montant de la subvention publique ne doit pas dépasser ce qui est strictement nécessaire pour couvrir les coûts occasionnés par l'exécution des obligations de service public.

Par ailleurs, la question s'est posée de savoir si le statut d'établissement public, en lui-même, ne constituait pas une aide d'État. En effet, comme on l'a vu, en sa qualité de personne morale de droit public, un EPIC obéit à un régime juridique comportant notamment l'insaisissabilité des biens et donc l'inapplicabilité des procédures de redressement et de liquidation judiciaire. La Commission européenne, par une décision du 16 décembre 2003, avait estimé que de telles prérogatives conféraient un avantage concurrentiel structurel à EDF, contribuant à justifier la transformation en sociétés anonymes des établissements publics EDF et GDF par la loi du 9 août 2004. Cette position a été confirmée par la Cour de justice de l'Union européenne. Dans sa décision *La Poste* du 3 avril 2014,

36. En vertu de l'article L. 1522-2 du code général des collectivités territoriales.

elle a jugé qu'« il existe une présomption simple selon laquelle l'octroi d'une garantie implicite et illimitée de l'État en faveur d'une entreprise qui n'est pas soumise aux procédures ordinaires de redressement et de liquidation a pour conséquence une amélioration de sa position financière par un allégement des charges qui, normalement, grèvent son budget[37] ». Dans une décision du 19 décembre 2018, *IFP Énergies nouvelles (IFPEN)*, la Cour de justice a précisé les contours de cette présomption, en indiquant que celle-ci est « simple et donc réfragable » et qu'ainsi elle peut être renversée lorsqu'« il est démontré que, compte tenu du contexte économique et juridique dans lequel s'insère la garantie rattachée au statut de l'EPIC concerné, ce dernier n'a pas obtenu dans le passé et, selon toute plausibilité, n'obtiendra pas dans l'avenir un quelconque avantage économique réel de cette garantie »[38].

IV

L'AVENIR DE L'ÉTABLISSEMENT PUBLIC

Les crises de l'établissement public sont dénoncées de façon récurrente. Face aux incertitudes persistantes des règles, le Conseil d'État, dans un rapport de 2009, a formulé un certain nombre de propositions.

A | LES CRISES DE L'ÉTABLISSEMENT PUBLIC

De façon schématique, on peut distinguer deux grandes évolutions de la notion d'établissement public, qui ont pu être qualifiées de « crises » : la première, interne, touche à la perte d'homogénéité de la notion ; la seconde, externe et plus nouvelle, vient de ce que l'établissement public est aujourd'hui concurrencé par d'autres catégories d'organismes de droit public.

La première crise, d'ordre interne, tient à *l'extension de la catégorie des établissements publics* et, par voie de conséquence, à son absence d'homogénéité. Elle est déjà ancienne. Dès 1950, Roland

37. CJUE, 3 avril 2014, *République française c/ Commission européenne*, C-559/12 P, paragraphes 98 et 99.

38. CJUE, 19 septembre 2018, *Commission européenne c/ République française*, C-438/16 P.

Drago soutenait une thèse sur *Les Crises de l'établissement public.* En effet, dans la conception traditionnelle, l'établissement public, d'une part, est créé par l'État pour gérer l'un de ses services et, d'autre part, exerce une activité administrative soumise au droit public. L'un et l'autre de ces aspects ont été remis en cause par le développement de deux autres formes d'établissement public tout au long du XXe siècle.

L'apparition de l'*établissement public de type corporatif,* d'abord, fragilise le critère de la création par l'État. Le tournant est pris avec la décision *Canal de Gignac* du 9 décembre 1899, qui reconnaît la qualité de personne publique aux associations syndicales de propriétaires agricoles et que Maurice Hauriou, on l'a vu, avait vivement critiquée. Ce débat peut être utilement éclairé par la classification des personnes morales proposée dès 1906 par Léon Michoud[39]. Celui-ci distingue deux catégories : les personnes morales de type *fondatif,* créées par une volonté extérieure et supérieure, dont la spécialité résulte de leur affectation, par la décision de leur fondateur, à un but déterminé ; les personnes morales de type *corporatif,* qui représentent une population, une collectivité déterminée, et dont le but dérive directement des caractéristiques de cette communauté. L'établissement public, dans la conception traditionnelle, est plutôt un organisme de type fondatif, établi par l'État pour gérer un de ses services. Il repose sur le principe de la délégation et traduit une décentralisation technique. En revanche, les organismes de type corporatif, comme l'association de propriétaires agricoles de l'arrêt *Canal de Gignac,* sont plus rares dans la catégorie des établissements publics. Représentant l'intérêt collectif de leurs membres, ils exercent souvent des missions mixtes, entre le public et le privé. Tel est le cas des ordres professionnels, dont la nature juridique est longtemps restée incertaine, mais qui sont aujourd'hui clairement qualifiés de personnes de droit privé. Tel est également le cas des caisses de sécurité sociale, gérées par les partenaires sociaux : si les caisses *primaires* sont de droit privé, les caisses *nationales* sont des établissements publics.

Le développement de l'*établissement public à caractère industriel et commercial,* ensuite, remet en cause le principe de la soumission au droit public. Bras armé de l'interventionnisme économique de l'État, exerçant des activités d'ordre économique, l'EPIC est principalement soumis au droit privé. La perte de l'unité du régime juridique de l'établissement public a ainsi largement contribué à l'idée d'une crise de la notion.

La seconde évolution, d'ordre externe, est plus récente. L'établissement public est aujourd'hui concurrencé par de nouvelles catégories de personnes publiques spécialisées. En 2003, Fabrice Melleray

39. Léon Michoud, *La Théorie de la personnalité morale et son application en droit français,* Paris, LGDJ, 1906.

y voyait « une nouvelle crise de l'établissement public[40] ». Dans la conception classique, il n'existait que trois catégories de personnes de droit public : l'État, les collectivités territoriales et les établissements publics. Ces derniers étaient alors considérés comme la catégorie résiduelle : toute personne de droit public autre que l'État et les collectivités territoriales était un établissement public[41]. Or on assiste, depuis quelques années, à une diversification des organismes publics, avec l'apparition, en 1982, des groupements d'intérêt public[42], puis, en 2003, des autorités publiques indépendantes[43]. On pourrait aussi mentionner des dénominations qui, sans recouvrir de réalité juridique spécifique, sont parfois utilisées pour désigner certaines catégories d'organismes, telles que les « agences »[44], les « offices publics » ou encore les « opérateurs »[45]. Cette inflation sémantique traduit la même logique d'éclatement de la structure étatique.

B | LES PROPOSITIONS DU CONSEIL D'ÉTAT : UNE NÉCESSAIRE REMISE EN ORDRE

Ces difficultés ont été soulignées par trois rapports du Conseil d'État consacrés aux établissements publics.

En 1971, un premier rapport s'inquiétait de la prolifération des établissements publics et relevait que « la notion a perdu en contenu ce qu'elle a gagné en extension ». En 1985, un deuxième rapport reprenait les mêmes observations, en évoquant le risque de démembrement de l'État, tout en reconnaissant l'impossibilité d'enserrer cette institution dans un statut unique.

Dans le dernier rapport, en 2009, le Conseil d'État a renouvelé le diagnostic. Il salue la vitalité de la notion d'établissement public, en

40. Fabrice Melleray, « Une nouvelle crise de l'établissement public : la reconnaissance d'autres personnes publiques spécialisées », *AJDA*, 14, 14 avril 2003, p. 711.

41. Sous la seule réserve de quelques personnes morales *sui generis* (Banque de France et Caisse des dépôts).

42. Les groupements d'intérêt public ont été initialement institués par la loi d'orientation et de programmation pour la recherche du 15 juillet 1982. Voir *infra* le chapitre 4 : Les autres personnes morales de droit public.

43. La dénomination « autorité publique indépendante » est apparue avec l'Autorité des marchés financiers issue de la loi du 1er août 2003 et s'applique depuis lors le plus souvent à une forme particulière d'autorité administrative indépendante, dotée de la personnalité morale.

44. Voir l'étude annuelle 2012 du Conseil d'État, *Les Agences, une nouvelle gestion publique ?*

45. Concept de nature budgétaire utilisé par la loi organique sur les lois de finances.

observant que ce dernier, loin de disparaître, constitue « une formule toujours plébiscitée ». Il estime qu'il existe quelque 800 établissements publics nationaux, auxquels il faut ajouter les nombreux établissements publics locaux, tels que les 8 000 établissements d'enseignement (collèges et lycées). Il regrette toutefois l'absence de recensement exhaustif : il est difficile de disposer d'une vue d'ensemble des évolutions de la notion. Il recommande dès lors d'établir et de tenir à jour un inventaire systématique des établissements publics. On pourrait d'ailleurs envisager – même si le rapport n'emploie pas ce terme – la création d'un véritable registre des établissements publics, sur le modèle du registre du commerce et des sociétés.

Il préconise par ailleurs, dans un objectif de sécurité juridique, une clarification des règles de création des établissements publics. D'une part, il recommande de recourir plus systématiquement à la loi pour créer de véritables catégories d'établissements publics, conformément à la lettre de la Constitution, et pour y rattacher les établissements publics existants. Il met en lumière les inconvénients de la technique actuelle consistant, pour le législateur, à n'intervenir que pour créer un établissement chef de file, exemplaire unique de sa catégorie. D'autre part, il propose de simplifier la définition de la notion de catégorie d'établissement, dont la création est réservée à la loi. Il s'interroge ainsi sur le critère de la *spécialité analogue* : comme le fait déjà la jurisprudence, il lui paraît préférable de le définir au regard non pas du domaine d'intervention, mais, plus souplement, de la seule nature des activités. Par exemple, une école des officiers de sapeurs-pompiers touche au domaine de la sécurité, mais, du point de vue de ses activités, est analogue à de nombreux autres établissements de formation de fonctionnaires : le Conseil d'État en a déduit qu'elle ne pouvait être regardée comme constituant une nouvelle catégorie[46].

Enfin, s'agissant du régime juridique, le rapport renouvelle le constat d'une grande diversité et de l'hétérogénéité des statuts. Sans aller jusqu'à proposer l'adoption d'un statut général unique des établissements publics, il recommande des mesures plus techniques, visant à assouplir les règles applicables aux établissements publics : rendre les établissements affectataires du domaine public nécessaire à leur activité, leur permettre plus largement de recourir à l'arbitrage, ne confier la tutelle technique d'un établissement qu'à un seul ministre ou encore contractualiser les rapports entre la tutelle et les établissements.

46. Conseil d'État, AG, 2 avril 2002, *Projet de loi relatif à la modernisation de la sécurité civile*, n° 367494, *EDCE*, 2003, p. 65.

Chapitre 4

Les autres personnes morales de droit public

L'État, les collectivités territoriales et les établissements publics sont les trois catégories de personnes morales de droit public. Quelques cas plus particuliers s'ajoutent à celles-ci. D'une part, les groupements d'intérêt public, apparus en 1982, se sont progressivement affirmés, au point de constituer un ensemble qui a ses propres caractéristiques. D'autre part, certaines institutions présentent une originalité qui permet difficilement de les faire entrer dans la catégorie générale des établissements publics : il en va ainsi de la Banque de France, de la Caisse des dépôts et consignations et de l'Institut de France, que l'on peut regarder comme des personnes morales de droit public d'une nature particulière.

I

LES GROUPEMENTS D'INTÉRÊT PUBLIC

La formule du groupement d'intérêt public (GIP) est apparue avec la loi d'orientation et de programmation de la recherche du 15 juillet 1982. Il s'agissait de permettre à des établissements publics ou privés de recherche de se grouper pour mener ensemble des actions scientifiques. L'article 21 prévoit ainsi que des groupements d'intérêt public peuvent être constitués par des organismes publics ou privés de recherche afin d'entreprendre des programmes ou de gérer des équipements. Le GIP est défini comme une personne morale de droit public. Il est constitué pour une durée déterminée. Une convention conclue entre ses membres détermine son organisation. Ses activités ne peuvent donner lieu à la réalisation ou au partage de bénéfices. La formule a connu un grand succès dans le domaine de la recherche, où plus de cinquante groupements d'intérêt public ont été constitués sur le fondement de la loi du 15 juillet 1982.

De nombreuses lois ultérieures ont prévu le recours au groupement d'intérêt public dans des domaines très diversifiés, l'enseignement supérieur, la jeunesse et les sports, la montagne, le travail et la formation dans les prisons, l'action sociale, la santé, l'administration territoriale, le tourisme, les déchets industriels. L'ordonnance du 24 avril 1996 a créé les agences régionales d'hospitalisation sous la forme de groupement d'intérêt public, avant que la loi du 21 juillet 2009 ne mette en place, pour leur succéder, les agences régionales de santé, aux attributions plus étendues et qui ont pris le statut d'établissement public. Les maisons des services publics, créées par la loi du 12 avril 2000 relative aux droits des citoyens dans leurs relations avec les administrations, ont aussi la forme de GIP. Ces différents textes particuliers se réfèrent, en l'absence de dispositions de caractère général applicables à tous les groupements, aux règles de la loi du 15 juillet 1982, parfois avec quelques aménagements.

Un avis du Conseil d'État du 15 octobre 1985, puis un arrêt du Tribunal des conflits[1] ont précisé que les GIP sont des personnes morales de droit public, dont la création obéit aux règles énoncées pour les établissements publics par l'article 34 de la Constitution et qui sont soumises pour le surplus à un régime spécifique. Il restait à définir un statut applicable à l'ensemble des GIP, ainsi que le Conseil d'État l'avait recommandé dès une étude réalisée en 1996, qui soulignait le caractère utile de la formule, tout en souhaitant que son développement soit mieux maîtrisé et son statut juridique clarifié, en particulier par une loi conférant à tous les GIP un régime spécifique parmi les personnes morales de droit public. De telles dispositions ont été introduites par la loi de simplification et d'amélioration de la qualité du droit du 17 mai 2011, dont les articles 98 à 122 déterminent de manière complète le statut des groupements d'intérêt public. Défini comme « une personne morale de droit public dotée de l'autonomie administrative et financière », le GIP est constitué par une convention approuvée par l'État et conclue soit entre plusieurs personnes morales de droit public, soit entre l'une ou plusieurs d'entre elles et une ou plusieurs personnes morales de droit privé, qui exercent ensemble, au sein du groupement, des activités d'intérêt général à but non lucratif, en mettant en commun les moyens nécessaires à leur exercice. Les personnes

1. TC, 14 février 2000, *GIP Habitat et interventions sociales pour les mal-logés et les sans-abri*.

morales de droit public et les personnes morales de droit privé chargées d'une mission de service public doivent détenir ensemble plus de la moitié du capital ou des voix dans les organismes délibératifs du groupement. Un contrôle est exercé par l'État, qui peut désigner un commissaire du gouvernement dans les groupements dont il est membre. Les GIP existants ont disposé d'un délai de deux ans pour mettre leur statut en conformité avec les nouvelles exigences législatives. Le Conseil d'État a précisé que, si la loi du 17 mai 2011 a pour objet de permettre à des personnes morales, dont une partie au moins sont des personnes publiques, de conjuguer leur moyen en vue de l'exercice d'activités d'intérêt général à but non lucratif au sein d'une personne publique, elle ne permet en aucune manière de confier à un GIP le soin de définir une politique publique, prérogative que les articles 20 et 21 de la Constitution réservent au gouvernement et au Premier ministre[2].

Des organismes très variés sont constitués sous forme de GIP, comme l'Institut national du cancer, le SAMU social de Paris ou l'Agence du service civique. Afin d'assurer une bonne coopération entre l'État, les collectivités territoriales et le mouvement sportif, la formule du GIP a également été retenue, pour l'Agence nationale du sport, avec des particularités par rapport à la loi de 2011, qui ont rendu nécessaire l'adoption de la loi du 1er août 2019[3].

II

LES PERSONNES MORALES DE DROIT PUBLIC D'UNE NATURE PARTICULIÈRE

Par leur histoire comme par leurs caractéristiques propres, la Banque de France, la Caisse des dépôts et consignations et l'Institut de France sont des institutions dont les spécificités donnent à chacun une place à part dans la typologie des personnes publiques.

A | LA BANQUE DE FRANCE

Créée par un arrêté des consuls du 28 nivôse an VIII, sous la forme d'une société par actions, la Banque de France a reçu le

2. CE, 8 juillet 2020, *Syndicat national des inspecteurs généraux de la Jeunesse et des Sports*.
3. *Ibid.*

privilège de l'émission de la monnaie d'une loi du 24 germinal an XLI. Sous le Front populaire, la loi du 24 juillet 1936 a renforcé le contrôle de l'État, notamment en substituant au conseil des régents, élus par l'assemblée générale des deux cents actionnaires les plus importants et à l'origine de l'expression des « deux cents familles », un conseil général, représentatif des « intérêts collectifs de la nation ». À la Libération, la Banque de France a été nationalisée par la loi du 2 décembre 1945, tout en conservant le statut d'une société anonyme, dont l'État devenait l'unique actionnaire.

Avec la loi du 3 janvier 1973 qui la qualifie, non sans ambiguïté, d'« institution », la Banque de France commence à évoluer du statut de société anonyme de droit privé vers celui de personne morale de droit public. Une nouvelle évolution est nécessaire après le traité de Maastricht (1992), pour garantir l'indépendance de la Banque de France dans le cadre du système européen des banques centrales. La loi du 4 août 1993, dont les dispositions ont été insérées à l'article L. 142-1 du code monétaire et financier, détermine son nouveau statut et prévoit que « la Banque de France est une institution dont le capital appartient à l'État ».

Le Tribunal des conflits a déduit de ces évolutions législatives que la Banque de France a désormais le caractère de personne publique[4]. Par un avis rendu en assemblée générale le 9 décembre 1999, le Conseil d'État a suivi cette position et précisé que la Banque de France est une personne publique *sui generis*. Cette solution a été reprise au contentieux par le Conseil d'État[5] : « La Banque de France constitue une personne publique chargée par la loi de missions de service public qui, ayant principalement pour objet la mise en œuvre de la politique monétaire, le bon fonctionnement des systèmes de compensation et de paiement et la stabilité du système bancaire, sont pour l'essentiel de nature administrative. » Il précise : « Elle n'a pas le caractère d'un établissement public mais revêt une nature particulière et présente des caractéristiques propres. »

Parmi ces caractéristiques figurent les garanties d'indépendance. La Banque est administrée par son conseil général et dirigée par le gouverneur[6], assisté de deux sous-gouverneurs. Le gouverneur préside le conseil général. Il est, comme les sous-gouverneurs, nommé par décret en conseil des ministres, pour une durée de six ans renouvelable une fois. Le gouverneur est également président de l'Autorité de contrôle prudentiel et de résolution, qui veille au respect par les sociétés de banque et d'assurance des garanties destinées à assurer la stabilité financière. Dans l'exercice des missions

4. TC, 16 juin 1997, *Société La Fontaine de Mars*.

5. CE, 22 mars 2000, *Syndicat national autonome du personnel de la Banque de France*.

6. François Villeroy de Galhau est gouverneur de la Banque de France depuis 2015.

qu'ils accomplissent au titre de la participation de la Banque de France au système européen des banques centrales, le gouverneur et les sous-gouverneurs ne peuvent ni solliciter ni accepter d'instruction de quiconque.

Une autre originalité de la Banque de France, qui remonte au Consulat, tient au statut de son personnel. Les agents de la Banque sont, en effet, des salariés de droit privé, mais le contentieux entre eux et la Banque relève de la juridiction administrative. Le code du travail leur est applicable dans la mesure où ses dispositions ne sont incompatibles ni avec le statut de la Banque ni avec les missions de service public dont elle est chargée[7]. Dans le cas d'une incompatibilité entre le code du travail et les exigences propres à la Banque, il appartient aux autorités de celle-ci de fixer les règles dérogatoires au droit du travail nécessaires au bon exercice des missions de service public dont elle a la charge[8].

B | LA CAISSE DES DÉPÔTS ET CONSIGNATIONS

La Caisse des dépôts et consignations a été créée au début de la Restauration par la loi du 28 avril 1816, qui la qualifie d'« établissement spécial », chargé, afin d'assurer la confiance dans une période financière troublée, de recevoir et de gérer, avec de fortes garanties et une grande indépendance, des fonds privés.

L'originalité de la Caisse est d'avoir été placée dès l'origine sous la surveillance et la garantie de l'autorité législative. La commission de surveillance et le directeur général[9] assurent sa gestion, dans des conditions qui ont été rénovées par la loi du 22 mai 2019 relative à la croissance et à la transformation des entreprises (loi Pacte). Composée de 16 membres, dont 10 parlementaires, la commission reçoit des attributions renforcées. Chargée d'un contrôle permanent de la gestion de la Caisse, elle dispose d'un pouvoir délibératif sur les grandes décisions. Elle remet chaque année un rapport au Parlement. Nommé pour cinq ans par décret en conseil des ministres, le directeur général, qui prête serment devant la commission de surveillance, dispose d'une grande indépendance et la loi Pacte a renforcé ses prérogatives.

Les fonds confiés à la Caisse se sont progressivement élargis, en même temps que ses activités se sont diversifiées. La Caisse reçoit les livrets des caisses d'épargne, les sommes déposées chez les

7. CE, 2 octobre 2002, *Banque de France*.

8. CE, 21 février 2003, *Fédération CFDT des syndicats des banques*.

9. Depuis 2017, Éric Lombard est directeur général de la Caisse des dépôts et consignations.

notaires, la trésorerie des régimes de sécurité sociale. Par elle-même ou par l'intermédiaire des filiales qu'elle crée, la Caisse, qui a pris un essor particulier sous l'impulsion de François Bloch-Lainé, directeur général de 1952 à 1967, prête aux collectivités territoriales, finance le logement social, soutient l'emploi et l'économie sociale, prend des participations dans les entreprises et intervient sur les marchés financiers.

« Groupe public au service de l'intérêt général et du développement économique du pays » selon l'article L. 518-1 du code monétaire et financier, la Caisse des dépôts et ses filiales forment un ensemble original, à la jonction de l'État et de l'entreprise, qui contribue au financement de l'économie, à la réalisation de grands investissements, à la promotion de projets sociaux et au développement à long terme. Dans la logique de ces missions, la Caisse des dépôts est actionnaire à 51 %, aux côtés de l'État, qui détient 49 % du capital, du Fonds stratégique d'investissement, créé en 2008 pour mobiliser les ressources nécessaires au financement des entreprises. En 2012, le Fonds a été inclus dans la Banque publique d'investissement, dont le capital est réparti par moitié entre l'État et la Caisse. En 2015, la Caisse a conclu avec l'Agence française de développement (AFD) une charte d'alliance stratégique pour accompagner au plan international les transitions, en particulier dans les domaines écologique, énergétique et numérique. Personne publique adossée au Parlement, sans ministère de tutelle, elle est à la fois un établissement financier, un opérateur économique et un acteur des politiques publiques. Son originalité institutionnelle répond à la diversité de ses attributions.

C | L'INSTITUT DE FRANCE

L'Institut de France groupe les cinq académies, l'Académie française, l'Académie des sciences, l'Académie des inscriptions et belles lettres, l'Académie des sciences morales et politiques et l'Académie des beaux-arts. Il a, comme chacune des académies, la personnalité morale. Par l'ancienneté de leur histoire, les particularités de leurs missions, les caractéristiques de leur statut, l'Institut et les académies se présentent comme des personnes morales de droit public d'une nature spécifique.

Créée par Richelieu en 1635, l'Académie française est la plus ancienne des académies. Elle est suivie de l'Académie des inscriptions et belles lettres, créée en 1663, et de l'Académie des sciences, en 1666. Suspendu au début de la Révolution, le mouvement académique réapparaît en vertu de l'une des dernières lois de la Convention, la loi du 3 brumaire an IV, qui crée l'Institut de France. Les académies ne renaissent pas encore, mais l'Institut est divisé en plusieurs classes. Ses statuts, fixés par une loi du 15 germinal an IV, ont été refondus, au début de la Restauration, par la loi du 21 mars 1816, qui a réinstauré, à l'intérieur de l'Institut, les différentes académies et les a placées sous la « protection directe et spéciale » du roi. À l'initiative de Guizot, l'Académie des sciences morales et politiques est la dernière à avoir été remise en place, en 1832. Les académies ont été placées en 1816 sous la « protection directe et spéciale » du roi et le président de la République a hérité de cette qualité de protecteur des académies. À ce titre, il lui revient d'approuver les élections des académiciens.

Qu'ils mènent des travaux, réalisent des études, gèrent des bibliothèques et des musées, encouragent les recherches, attribuent des prix, développent du mécénat, l'Institut et les académies remplissent des missions de service public. Ils disposent d'un important patrimoine, que des dons et legs leur ont permis de constituer au cours des siècles. La plus grande autonomie leur est reconnue pour assurer, sous l'autorité du secrétaire perpétuel de chaque académie et du chancelier de l'Institut[10], leur propre administration.

S'il est certain qu'ils ont la qualité de personnes morales de droit public, l'Institut et les académies ne peuvent être assimilés complètement à aucune catégorie. Dans un avis du 25 octobre 1988, le Conseil d'État a relevé qu'ils disposent d'un « statut législatif et réglementaire particulier ». Même s'ils sont regardés comme des établissements publics administratifs de l'État[11], notamment pour l'application des règles relatives à la gestion de leur personnel, ils forment, dans cet ensemble, un cas qui, compte tenu de ses spécificités marquées, doit être classé à part.

10. Depuis 2018, Xavier Darcos est chancelier de l'Institut.

11. CE, 12 décembre 2003, *USPAC-CGT-Syndicat CGT des personnels des affaires culturelles.*

Chapitre 5

Les autorités indépendantes

Reconnaître à certaines autorités administratives, pour l'exercice de leurs missions, une forte indépendance n'est pas une nouveauté. Les jurys d'examen ou de concours sont des autorités administratives dont la mission implique une entière autonomie d'appréciation et de décision. Certaines commissions administratives accomplissent leurs tâches avec une grande indépendance, qu'elles soient locales, comme les commissions départementales de remembrement ou les commissions départementales des impôts, ou nationales, comme les commissions supérieures des monuments historiques ou des sites.

Mais l'apparition, durant les années 1970, des autorités administratives indépendantes puis leur développement correspondent à une évolution d'une autre nature. Celles-ci forment une catégorie d'institutions administratives qui répond à des aspirations nouvelles. Créées par la loi, placées en dehors des structures administratives traditionnelles et dotées de garanties particulières, elles sont chargées, dans un secteur déterminé, d'un pouvoir de régulation et d'intervention. Recherchées pour apporter à la fois compétence technique, pluralisme des points de vue et des sensibilités, souplesse des procédés d'action, elles exercent un magistère d'ordre moral dont l'indépendance est une composante. Le recours toujours plus fréquent à ces autorités s'inscrit dans un mouvement qui cherche à promouvoir, au moins dans certains domaines, de nouvelles façons d'administrer.

Pour l'administration française, la multiplication des autorités administratives indépendantes marque une forme de rupture par rapport à l'organisation hiérarchique et centralisée traditionnelle. Elle s'inspire en partie d'expériences étrangères, anglo-saxonnes notamment. Les autorités indépendantes apparaissent ainsi comme une composante du modèle européen d'administration publique. Même si l'empirisme a présidé à leur développement progressif, elles forment un ensemble qui, au travers de caractéristiques communes, dessine un modèle renouvelé d'intervention administrative. Une distinction s'est progressivement imposée entre les autorités publiques indépendantes, dotées de la personnalité morale, et les autorités administratives indépendantes, qui en sont dépourvues. Issues de propositions de loi, une loi organique et une loi ordinaire du 20 janvier 2017 ont donné aux unes et aux autres – qui constituent la catégorie des autorités indépendantes – un statut général.

I

LES AUTORITÉS INDÉPENDANTES : UN DÉVELOPPEMENT MARQUÉ PAR L'EMPIRISME

La mise en place et l'extension des autorités indépendantes ne résultent pas d'un plan préétabli et délibéré. Ces autorités sont apparues de manière progressive dans deux domaines principaux, la régulation de certains secteurs d'activité, d'une part, la garantie des droits des citoyens, d'autre part.

A | LES AUTORITÉS DE RÉGULATION

Créée, en 1941, à l'époque de l'économie corporatiste prônée par le gouvernement de Vichy, la Commission de contrôle des banques fait figure d'ancêtre des autorités administratives indépendantes. Des préoccupations plus contemporaines de régulation des marchés boursiers ont conduit à créer, par une ordonnance du 28 septembre 1967, la Commission des opérations de Bourse (COB), inspirée de la Securities and Exchange Commission (SEC), mise en place aux États-Unis en 1934. Dotée de pouvoirs renforcés par la loi du 2 août 1989, la COB a fusionné, en vertu de la loi du 1er août 2003, avec le Conseil des marchés financiers, qui était lui-même issu d'une loi du 2 juillet 1996. De cette fusion est née *l'Autorité des marchés financiers* (AMF), forte institution pourvue, sur le modèle de la Financial Services Authority instituée en 2001 au Royaume-Uni, de larges attributions pour assurer la protection de l'épargne et la surveillance de tous les marchés de capitaux. Ses pouvoirs, exercés par un collège de seize membres, sont à la fois de contrôle et de réglementation. Ses attributions disciplinaires relèvent de sa commission des sanctions, qui peut infliger de lourdes pénalités aux entreprises financières et à leurs dirigeants.

Une évolution comparable s'est produite dans le domaine de la concurrence. À la simple Commission des ententes, mise en place en 1953, a succédé, en 1977, la Commission de la concurrence, elle-même supplantée par le Conseil de la concurrence, institué par l'ordonnance du 1er décembre 1986. Ce Conseil a été remplacé, en vertu de la loi de modernisation de l'économie du 4 août 2008, par l'*Autorité de la concurrence*, qui a reçu des compétences élargies et des pouvoirs accrus, afin de veiller au libre jeu de la concurrence et d'apporter « son concours au fonctionnement concurrentiel des marchés aux échelons européen et international ». Elle intervient également en matière de concentrations. L'Autorité comprend un collège de dix-sept membres. Son président est nommé par décret du président de la République, après avis des commissions compétentes de chaque chambre du Parlement. Elle donne des avis, procède à des investigations, peut infliger des sanctions et adresser des injonctions aux entreprises. Chaque année, elle remet au gouvernement et au Parlement un rapport public.

L'Autorité des marchés financiers et l'Autorité de la concurrence sont deux grandes institutions de régulation à vocation générale. S'y ajoutent des autorités indépendantes de régulation plus spécialisées.

Dans le secteur bancaire, l'historique Commission de contrôle des banques a été remplacée en 1984 par la Commission bancaire, chargée de veiller au respect de leurs obligations professionnelles par les établissements de crédit. Sur le même modèle, la Commission des assurances, créée en 1989, est devenue en 2003 l'Autorité de contrôle des assurances, des mutuelles et des institutions de prévoyance. Les deux institutions ont fusionné en 2010 pour constituer l'Autorité de contrôle prudentiel, devenue, en 2013, l'*Autorité du contrôle prudentiel et de résolution*, à laquelle la loi du 20 janvier 2017 a toutefois retiré la qualité d'autorité administrative indépendante.

Pour accompagner l'ouverture à la concurrence, des autorités indépendantes de régulation, dont le champ de compétence s'est progressivement élargi, ont été mises en place :

– dans le domaine de l'énergie, avec la création, par la loi du 10 février 2000, de la Commission de régulation de l'électricité, devenue, lors de la libéralisation du marché du gaz, la *Commission de régulation de l'énergie* (CRE), en vertu de la loi du 3 janvier 2003 ;

– dans le domaine des postes et des télécommunications, avec la création de l'Autorité de régulation des télécommunications par la loi du 26 juillet 1996, transformée, lors de l'ouverture à la concurrence du secteur postal, en Autorité de régulation des communications électroniques et des postes (ARCEP) par la loi du 20 mai 2005 et devenue *Autorité de régulation des communications électroniques, des postes et de de la distribution de la presse* en vertu de la loi du 18 octobre 2019 relative à la modernisation de la distribution de la presse ;

– dans le domaine des transports, avec l'Autorité de régulation des activités ferroviaires (ARAF), prévue par la loi du 8 décembre 2009, devenue l'Autorité de régulation des activités ferroviaires et routières (ARAFER) en vertu de la loi du 6 août 2015, puis l'*Autorité de régulation des transports* en vertu de l'ordonnance du 24 juillet 2019 ;

– dans le domaine des jeux, avec la création de l'Autorité de régulation des jeux en ligne (ARJEL) par la loi du 12 mai 2010, qui est devenue l'*Autorité nationale des jeux* en vertu de l'ordonnance du 20 octobre 2019.

Dans le domaine de la communication, les autorités indépendantes ont permis de renforcer les garanties d'indépendance et de pluralisme. La loi du 19 juillet 1977 a institué la *Commission des sondages*, chargée de contrôler la qualité et la sincérité des sondages d'opinion publiés dans la presse, qui a toutefois perdu la qualité d'autorité administrative indépendante avec la loi du 20 janvier 2017. Un *Médiateur du cinéma* a été mis en place par la loi du 29 juillet 1982. La libéralisation de la communication audiovisuelle a reposé sur la mise en place d'une autorité de régulation. Témoignant des difficultés de trouver un équilibre dans ce domaine sensible, plusieurs institutions se sont succédé, sans toutefois que le principe d'une autorité indépendante soit mis en question : Haute Autorité de l'audiovisuel (loi du 29 juillet 1982), Commission nationale de la communication et des libertés (loi du 30 septembre 1986), *Conseil supérieur de l'audiovisuel* (CSA) enfin (loi du 17 janvier 1989). Composé à l'origine de neuf membres, nommés, à l'instar de ceux du Conseil constitutionnel, à raison de trois par le président de la République, trois par le président de l'Assemblée nationale et trois par le président du Sénat, il ne comprend plus, depuis la loi du 15 novembre 2013, que sept membres, un président nommé par le président de la République et six membres nommés, à raison de trois chacun, par les présidents de l'Assemblée nationale et du Sénat. De larges pouvoirs de recommandation, de réglementation et de sanction sont confiés au CSA. La loi du 15 novembre 2013 lui restitue le pouvoir de nomination des présidents des chaînes publiques de radio et de télévision, qui lui avait été retiré par la loi du 5 mars 2009. Pour veiller à la protection du droit d'auteur et des droits voisins dans la société de l'information, la loi du 12 juin 2009 a créé la *Haute Autorité pour la diffusion des œuvres et la protection des droits sur internet* (Hadopi). Le projet de loi de réforme de l'audiovisuel, présenté au Parlement en 2020, prévoit la transformation du CSA en *Autorité de régulation de la communication audiovisuelle et numérique* (ARCOM), destiné à absorber la Hadopi. Enfin, la loi du 24 décembre 2007, portant loi de finances pour 2008, a créé, sous la forme d'une autorité publique indépendante, le *Haut Conseil du commissariat aux comptes.*

B | LES AUTORITÉS GARANTES DES DROITS DES CITOYENS

La création du Médiateur, par la loi du 3 janvier 1973, sur le modèle de l'*ombudsman* suédois, devenu *Médiateur de la République* en vertu de la loi du 13 janvier 1989, marque une étape importante de l'affirmation des autorités indépendantes dans le domaine de la protection des droits fondamentaux. De 1989 à 2011 et à son remplacement par le Défenseur des droits, le Médiateur est nommé pour six ans par décret en conseil des ministres. Chargé de façon générale de l'examen des réclamations concernant les relations des administrés avec l'ensemble des services publics, il est saisi par l'intermédiaire d'un parlementaire et aidé, sur l'ensemble du territoire, de délégués qu'il désigne. Il formule des recommandations et des propositions et dispose des pouvoirs de suggérer des réformes, d'engager des poursuites disciplinaires et de saisir le juge pénal. Il remet chaque année au président de la République et au Parlement un rapport qui est rendu public.

L'expression d'« autorité administrative indépendante » a été utilisée pour la première fois par la loi du 6 janvier 1978 qui a institué la *Commission nationale de l'informatique et des libertés* (CNIL). La *Commission d'accès aux documents administratifs* (CADA), créée peu après dans le même souci de promouvoir la transparence administrative, a reçu cette qualification de l'ordonnance du 6 juin 2005, qui élargit ses attributions.

De nombreuses autorités, dont la multiplication s'est accompagnée d'une certaine dispersion, sont ensuite apparues dans le domaine des garanties des citoyens. Afin de mettre la législation française en conformité avec les exigences rappelées, en matière d'écoutes téléphoniques, par la Cour européenne des droits de l'homme dans un arrêt, *Kruslin*, du 24 avril 1990, la loi du 11 juillet 1991 a fondé la Commission nationale des interceptions de sécurité, à laquelle a succédé, avec des attributions élargies, la *Commission nationale de contrôle des techniques de renseignement* (CNCTR), créée par la loi sur le renseignement du 15 juillet 2015. La loi du 8 juillet 1998 a établi la Commission consultative du secret de la défense nationale (CCSDN), renommée Commission du secret de la défense nationale (CSDN) depuis 2017, autorité administrative indépendante chargée de donner un avis sur l'application de la classification « secret-défense ». Sont ultérieurement apparus l'*Autorité de contrôle des nuisances aéroportuaires* (ACNUSA) (loi du 11 juillet

1999), le *Défenseur des enfants* (loi du 6 mars 2000), la *Commission nationale de déontologie de la sécurité* (CNDS) (loi du 6 juin 2000), la *Commission nationale du débat public* (CNDP), créée par la loi du 2 février 1995 et qualifiée d'autorité administrative indépendante par la loi du 27 février 2002, la *Commission nationale des comptes de campagne et des financements politiques* (CNCCFP), qui a reçu cette qualification d'une ordonnance du 8 décembre 2003, la *Haute Autorité de santé* (HAS) (loi du 13 août 2004), *l'Autorité de sûreté nucléaire* (ASN) (loi du 13 août 2006) et *l'Agence française de lutte contre le dopage* (AFLD) (ordonnance du 23 mai 2006).

La loi du 30 décembre 2004 a créé la *Haute Autorité de lutte contre les discriminations* (Halde), chargée de combattre tous les types de discriminations, notamment par des médiations, qui peuvent déboucher sur de substantiels dédommagements, et par des actions de sensibilisation.

Le *Contrôleur général des lieux de privation de liberté* a été créé par la loi du 30 octobre 2007. Nommé pour six ans par le président de la République après l'avis des commissions intéressées des deux assemblées, il est compétent pour l'ensemble des lieux de privation de liberté, établissements pénitentiaires, locaux de garde à vue, hôpitaux psychiatriques, centres de rétention des étrangers, zones d'attente des ports et des aéroports, qu'il peut visiter à tout moment. Il formule des constatations et des recommandations qu'il peut rendre publiques et remet chaque année un rapport public au président de la République et au Parlement.

Le rôle des autorités administratives indépendantes en matière de protection des droits des citoyens a reçu une consécration constitutionnelle avec la création, par la révision constitutionnelle du 23 juillet 2008, du *Défenseur des droits.* Selon le nouvel article 71-1 de la Constitution, le Défenseur des droits, nommé par le président de la République, après avis des commissions parlementaires compétentes, pour un mandat de six ans non renouvelable, « veille au respect des droits et libertés par les administrations de l'État, les collectivités territoriales, les établissements publics, ainsi que par tout organisme investi d'une mission de service public, ou à l'égard duquel la loi organique lui attribue des compétences ». Il peut être saisi par toute personne qui s'estime lésée par le fonctionnement des institutions ou organismes placés sous son contrôle et il peut aussi se saisir d'office. Il rend compte de son activité au président de la République et au Parlement. La loi organique du 29 mars 2011 a mis en place effectivement le Défenseur des droits, qui s'est substitué au Médiateur de la République, à la Halde, au Défenseur des enfants et à la Commission nationale de déontologie de la sécurité. Qualifié par la loi d'« autorité constitutionnelle indépendante », le Défenseur des droits est, selon le Conseil constitutionnel[1], une

1. CC, décision du 29 mars 2011.

« autorité administrative dont l'indépendance trouve son fondement dans la Constitution », sans qu'il figure pour autant « au nombre des pouvoirs publics constitutionnels ».

Enfin, la loi du 11 octobre 2013 a donné à la *Haute Autorité pour la transparence de la vie publique* (HATVP), chargée de recevoir et de vérifier les déclarations de patrimoine et les déclarations d'intérêts de certains élus et responsables publics, le statut d'autorité administrative indépendante.

Dans les deux domaines de la régulation économique et de la protection des droits fondamentaux, les autorités indépendantes exercent, selon des procédés renouvelés, des attributions de première importance. D'une grande diversité quant à leurs structures, leurs pouvoirs, leurs modes d'intervention, elles répondent à des aspirations similaires et comportent des caractéristiques communes. Aussi forment-elles un ensemble qui se présente comme un modèle renouvelé d'intervention administrative.

II

LES AUTORITÉS INDÉPENDANTES : UN MODÈLE RENOUVELÉ D'INTERVENTION ADMINISTRATIVE

Même si d'importantes différences existent entre les diverses autorités administratives indépendantes, un modèle commun se dessine, qui permet de définir leur place dans la vie administrative et de les situer dans une évolution qui fait apparaître des convergences à l'échelle européenne.

A | LES AUTORITÉS INDÉPENDANTES : UNITÉ ET DIVERSITÉ

Il n'existe pas de modèle prédéterminé d'autorité administrative indépendante. Des différences marquantes s'observent d'une autorité à l'autre. Si la collégialité est, en général, une caractéristique des autorités administratives indépendantes, certaines, comme le Contrôleur général des lieux de privation de liberté et le Défenseur des droits, se composent d'une seule personne. L'Autorité de la concurrence, l'Autorité des marchés financiers, le Conseil supérieur de l'audiovisuel, la Commission nationale de l'informatique et des libertés ont des attributions étendues, qui leur assurent une forte autorité dans leur secteur d'intervention et qu'elles exercent grâce à des services administratifs structurés. Beaucoup plus légers sont, par comparaison, les moyens de la Commission d'accès aux documents administratifs ou de la Commission nationale des comptes de campagne et des financements politiques.

D'une autorité à l'autre, la nature et l'étendue des pouvoirs varient de manière considérable. Les unes sont investies de pouvoirs de proposition, de sanction, de nomination, parfois même de réglementation. Les autres formulent de simples recommandations ou avis.

En dépit de ces différences, les autorités administratives et publiques indépendantes ont, pour la première fois, reçu de la loi organique et de la loi du 20 janvier 2017 un statut d'ensemble.

Le législateur a d'abord entendu mieux définir les autorités administratives et publiques indépendantes tout en limitant leur nombre. Alors que l'on estimait à une quarantaine le nombre des autorités indépendantes, la loi en retient aujourd'hui seulement vingt-cinq. Huit de ces autorités ont la personnalité morale et donc la qualification d'autorité publique indépendante. Même si elle n'est peut-être pas tout à fait exhaustive, la liste établie par la loi est la suivante :

Dix-sept autorités administratives indépendantes :

1) Autorité de contrôle des nuisances aéroportuaires
2) Autorité de régulation des communications électroniques, des postes et de la distribution de la presse
3) Autorité de la concurrence
4) Autorité nationale des jeux
5) Autorité de sûreté nucléaire
6) Comité d'indemnisation des victimes des essais nucléaires
7) Commission d'accès aux documents administratifs
8) Commission du secret de la Défense nationale
9) Contrôleur général des lieux de privation de liberté
10) Commission nationale des comptes de campagne et des financements politiques
11) Commission nationale de contrôle des techniques de renseignement
12) Commission nationale du débat public
13) Commission nationale de l'informatique et des libertés
14) Commission de régulation de l'énergie
15) Défenseur des droits
16) Haut Conseil de l'évaluation de la recherche et de l'enseignement supérieur
17) Haute Autorité pour la transparence de la vie publique

Huit autorités publiques indépendantes :

1) Autorité de régulation des transports
2) Agence française de lutte contre le dopage
3) Autorité des marchés financiers

4) Conseil supérieur de l'audiovisuel
5) Haute Autorité de santé
6) Haut Conseil du commissariat aux comptes
7) Haute Autorité pour la diffusion des œuvres et la protection des droits sur internet
8) Médiateur national de l'énergie

Des règles communes à l'ensemble des autorités sont fixées. Le mandat de leurs membres est de trois à six ans. Il n'est pas révocable et n'est renouvelable qu'une fois. Nul ne peut être membre de plusieurs autorités. Des exigences de déontologie sont précisées et des incompatibilités édictées. Chaque autorité adresse un rapport annuel d'activité au gouvernement et au Parlement. Ces règles communes viennent consolider la place que les autorités indépendantes occupent dans la vie administrative.

B | LES AUTORITÉS INDÉPENDANTES : UNE PLACE DANS LA VIE ADMINISTRATIVE

La place des autorités indépendantes s'est progressivement précisée du double point de vue juridique et administratif. Sur le plan juridique, leur mise en place et leur développement ont soulevé des débats d'ordre à la fois constitutionnel et juridictionnel.

1/ *Les débats constitutionnels*

Du point de vue constitutionnel, la formule des autorités administratives indépendantes pouvait être discutée dans son principe, au regard de l'article 20 de la Constitution, en vertu duquel « le gouvernement dispose de l'administration ». De cette autorité du gouvernement sur l'administration découle la possibilité, pour le Parlement, de mettre en cause la responsabilité ministérielle sur le fonctionnement des services administratifs. Au regard de ce principe essentiel de la démocratie, l'existence d'un pouvoir administratif autonome ne va pas de soi. Par leur nature même, les autorités administratives indépendantes ne sont-elles pas une entorse à la règle énoncée à l'article 20 de la Constitution et un obstacle au jeu de la responsabilité gouvernementale ?

Telle n'a pas été la position du Conseil constitutionnel qui, à l'occasion notamment des décisions qu'il a rendues au sujet de la Commission nationale de la communication et des libertés (18 septembre 1986), du Conseil de la concurrence (23 janvier 1987), du Conseil supérieur de l'audiovisuel (17 janvier 1989) et de l'Autorité de régulation des télécommunications (23 juillet 1996), a jugé la création de ces différentes autorités conforme à la Constitution. Si seul le Défenseur des droits se trouve inscrit dans la Constitution depuis la révision du 23 juillet 2008, l'insertion des autorités administratives indépendantes dans le cadre constitutionnel ne soulève donc pas d'objection de principe.

Plus délicate était la question de la possibilité constitutionnelle d'attribuer à certaines de ces autorités un *pouvoir réglementaire*. Sur ce point, la difficulté venait de l'article 21 de la Constitution qui, sous réserve des pouvoirs relevant du président de la République, fait du Premier ministre le seul détenteur du pouvoir réglementaire au niveau national. Dans ses décisions des 18 septembre 1986, 17 janvier 1989 et 23 juillet 1996, le Conseil constitutionnel a admis que la loi pouvait charger une autorité administrative indépendante d'édicter des prescriptions réglementaires nécessaires à sa mise en œuvre. Le pouvoir réglementaire ainsi conféré est toutefois limité et encadré. Outre qu'il s'agit d'un pouvoir réglementaire d'application de la loi et, en aucun cas, d'un pouvoir réglementaire autonome, il s'exerce dans le respect des lois et des décrets et ne doit porter que sur « des mesures de portée limitée tant par leur champ d'application que par leur contenu[2] ». Dans ce cadre, celui d'un pouvoir subordonné et spécialisé, la loi a pu attribuer une compétence réglementaire à la Commission nationale de l'informatique et des libertés, au Conseil supérieur de l'audiovisuel, à l'Autorité de régulation des communications électroniques et des postes, à la Commission de régulation de l'énergie et à l'Autorité des marchés financiers. Le Conseil constitutionnel a également admis que le législateur confie à ces autorités un *pouvoir de sanction*. En réalité, l'administration dispose de longue date de la faculté d'infliger des sanctions administratives. Le développement des autorités administratives indépendantes suscitait toutefois des interrogations, dans la mesure où celles-ci cumulent souvent trois pouvoirs : celui d'édicter des normes générales, celui de les appliquer par la délivrance d'autorisations administratives individuelles et celui de les sanctionner. On pouvait ainsi s'interroger sur la conformité d'un tel cumul au principe de séparation des pouvoirs, affirmé par l'article 16 de la Déclaration des droits de l'homme. Le Conseil constitutionnel a toutefois admis la faculté de conférer « à une autorité administrative et non à une autorité juridictionnelle le pouvoir d'infliger une sanction » en jugeant que « la loi peut, sans qu'il soit porté atteinte au principe de séparation des pouvoirs, doter l'autorité indépendante chargée de garantir l'exercice de la liberté de communication audiovisuelle de pouvoirs de sanction dans la limite nécessaire à l'accomplissement de sa mission »[3]. Dans l'exercice de leur pouvoir de sanction, les autorités de régulation, si elles ne sont pas des juridictions,

2. CC, décision du 18 septembre 1986.
3. CC, 17 janvier 1989, *Liberté de communication*.

doivent respecter les garanties d'indépendance et d'impartialité qui s'imposent, comme le rappelle l'article 6 de la Convention européenne des droits de l'homme, à tout « tribunal »[4]. La loi du 20 janvier 2017 prescrit de façon générale qu'« au sein d'une autorité administrative indépendante ou d'une autorité publique indépendante, le mandat de membre du collège est incompatible avec celui de membre d'une commission des sanctions ou de règlement des différends et des sanctions ».

Enfin, c'est en pensant notamment aux présidents des autorités administratives indépendantes que la révision constitutionnelle du 23 juillet 2008 a ajouté à l'article 13 de la Constitution un alinéa selon lequel une loi organique détermine les emplois ou fonctions pour lesquels, en raison de leur importance pour la garantie des droits et libertés ou la vie économique et sociale de la nation, le pouvoir de nomination du président de la République s'exerce après avis public de la commission permanente compétente de chaque assemblée. La liste prévue par la Constitution a été fixée par la loi organique du 23 juillet 2010 et élargie par la loi organique du 20 janvier 2017.

2/ *Le débat juridictionnel*

À ces débats constitutionnels s'est ajouté un débat juridictionnel, qui a porté tant sur le principe du droit au recours que sur la détermination de l'ordre de juridiction compétent.

Les décisions et les activités des autorités administratives indépendantes sont placées sous le contrôle du juge. Le Conseil d'État l'a jugé, à propos du Médiateur, par une décision, *Retail*, du 10 juillet 1981. Par ses décisions du 18 septembre 1986 et du 17 janvier 1989, le Conseil constitutionnel a constaté que le droit au recours contre les actes et les agissements des autorités administratives indépendantes répondait, comme pour toute autorité administrative, à une exigence constitutionnelle. À l'encontre des décisions, de sanction notamment, que ces autorités peuvent prendre, la loi prévoit souvent un recours de pleine juridiction, qui permet au juge non seulement d'annuler, mais, le cas échéant, de réformer les mesures qui lui sont déférées. En matière de responsabilité, les actions intentées envers les autorités dépourvues de personnalité morale sont dirigées contre l'État, tandis que des recours en indemnité peuvent être formés contre les autorités publiques indépendantes qui disposent de cette personnalité. Mais dans tous les cas, un recours en responsabilité est ouvert. Le Conseil constitutionnel l'a rappelé à propos du Défenseur des droits. Si la loi organique a pu instituer une immunité pénale couvrant les opinions qu'il émet

4. Cass., 5 février 1999, *Oury* ; CE, 3 décembre 1999, *Didier et Leriche*.

et les actes qu'il accomplit dans l'exercice de ses fonctions, il ne saurait être exonéré de toute responsabilité civile, quelle que soit la nature ou la gravité de l'acte qui lui est imputé[5].

S'agissant d'autorités administratives, le juge compétent est, en principe, le juge administratif. Pour les autorités de régulation des marchés, la loi a toutefois prévu, eu égard au caractère largement commercial des litiges, une compétence, au moins partielle, du juge judiciaire. Elle a ainsi attribué à la cour d'appel de Paris compétence pour connaître des décisions prises en matière de concurrence par l'Autorité de la concurrence et des sanctions infligées aux non-professionnels du secteur par l'Autorité des marchés financiers. Les règlements de différends par la Commission de régulation de l'énergie et par l'Autorité de régulation des communications électroniques et des postes relèvent également du juge judiciaire. De telles attributions de compétence dérogent au principe de valeur constitutionnelle selon lequel il appartient au seul juge administratif de connaître des décisions prises en vertu de prérogatives de puissance publique. Mais le Conseil constitutionnel les a admises dès lors qu'il s'agissait d'aménagements limités répondant, eu égard à la matière concernée, à des préoccupations de bonne administration de la justice[6].

3/ *L'insertion des autorités indépendantes dans l'appareil administratif*

Dans ce cadre constitutionnel et juridictionnel, les autorités indépendantes se sont bien insérées dans l'ensemble de l'appareil administratif. Les conditions de légalité de leurs interventions ont été précisées par une jurisprudence nourrie de la cour d'appel de Paris et de la Cour de cassation pour le Conseil puis l'Autorité de la concurrence, du Conseil d'État notamment pour la Commission nationale de l'informatique et des libertés, le Conseil supérieur de l'audiovisuel et l'Autorité des marchés financiers. Les décisions de l'Autorité de la concurrence en matière de concentration relèvent du Conseil d'État, qui a eu l'occasion de rendre à leur sujet d'importantes décisions[7]. L'originalité des autorités indépendantes n'a pas été altérée pour autant. Elles contribuent à la définition d'un droit adapté à des domaines nouveaux, facilitent la régulation des conflits et apportent aux administrés de meilleures garanties. Leur intervention est particulièrement adaptée lorsqu'il s'agit de réguler un secteur d'activité ou de protéger des droits. La reconnaissance et le développement du droit souple trouvent leur origine dans leurs

5. CC, décision du 29 mars 2011.
6. CC, décisions du 23 janvier 1987 et du 23 juillet 1996.
7. CE, 21 décembre 2012, *Groupe Canal Plus* ; CE, 23 décembre 2013, *Sociétés TF1 et M6*.

interventions, qui est un terrain privilégié de son affirmation[8]. Pour conserver leur autorité, les autorités indépendantes ne doivent cependant pas être multipliées à l'excès : la formule serait alors victime de son propre succès. Les regroupements opérés dans plusieurs domaines sont, à cet égard, très positifs.

Dans les considérations générales de son rapport public de 2001, le Conseil d'État notait qu'« avec ses forces et ses faiblesses », l'autorité administrative indépendante « constitue, en droit et en fait, un dispositif fiable, particulièrement adapté pour faire face à certaines exigences pesant aujourd'hui sur l'État ». Il ajoutait que « l'existence d'autorités administratives indépendantes est un stimulant indéniable pour l'ensemble de l'appareil d'État » et qu'elle « enrichit la réflexion générale sur la notion de médiation publique au sens large, c'est-à-dire sur les caractéristiques des corps intermédiaires auxquels les représentants de la souveraineté nationale peuvent légitimement déléguer l'usage de procédés de régulation de la société civile ». Ces réflexions traduisent la place prise par les autorités indépendantes. Si elles ne vont pas jusqu'à constituer une nouvelle façon d'administrer, on ne peut plus guère songer, dans les domaines qu'elles couvrent, à administrer sans elles. Cela est d'autant plus vrai qu'elles répondent à une évolution qui se situe également à l'échelle européenne.

C | LES AUTORITÉS INDÉPENDANTES : UNE COMPOSANTE DU MODÈLE EUROPÉEN D'ADMINISTRATION

Avec les autorités indépendantes, l'administration française évolue dans un sens qui la rapproche des autres administrations européennes. Tout d'abord, ces autorités ont souvent été inspirées par des exemples étrangers. Alors que la culture administrative française n'y était pas encline, la création du Médiateur en 1973 s'explique par l'expérience ancienne de l'*ombudsman* en Suède, où il apparaît en 1713 et est inscrit dans la Constitution dès 1809, et par celle, plus récente, du commissaire parlementaire, institué en 1967 en Grande-Bretagne. Lors des débats qui ont précédé l'adoption de la révision constitutionnelle du 23 juillet 2008, le Défenseur du peuple, institué par la Constitution espagnole de 1978, a été invoqué pour convaincre de l'opportunité de mettre en place le Défenseur des droits.

Des filiations analogues existent pour les autorités de régulation. En Grande-Bretagne, le Conseil des gouverneurs de la BBC nomme

8. CE, 21 mars 2016, *Société Fairvesta International* et *Société NC Numericable*.

le directeur général et contrôle, avec une grande indépendance, l'impartialité des programmes. En outre, dès 1954, l'Independant Broadcasting Authority est créée, devenue l'Independant Television Commission, qui veille sur les télévisions privées. Les autorités de régulation de l'audiovisuel qui se sont succédé en France s'en sont pour une large part inspirées. En matière économique, la Securities and Exchange Commission américaine, instituée sous la présidence de Franklin Roosevelt en 1934, a servi de référence lors de la création, en 1967, de la Commission des opérations de bourse, tandis que l'Autorité des marchés financiers a été conçue en pensant à ses homologues britannique, le Financial Services Authority mis en place en 2000, et allemand, Bafin.

Plus généralement, une parenté apparaît entre les autorités administratives indépendantes, telles qu'elles se développent en France, et le modèle, plus anglo-saxon, d'une administration confiée à des agences qui bénéficient d'une grande autonomie de gestion. Par rapport à l'administration française structurée de manière traditionnelle à partir des ministères, l'administration britannique, en particulier, repose davantage sur des organismes indépendants qui assurent soit des missions de régulation, soit des tâches de gestion dans un cadre tracé par le gouvernement. Cette organisation en agences s'est encore développée à partir des réformes menées aussi bien par le gouvernement de Margaret Thatcher que par celui de Tony Blair. Les *quangos* ou *non-departmental public bodies* assurent désormais une large part des activités administratives. Le *new public management* a cherché à développer les *next steps agencies* qui gèrent des services sans dépendre des ministères. Si elles couvrent un champ plus large que les autorités administratives indépendantes, notamment par les activités de prestation de services qui leur sont confiées, les agences n'en participent pas moins d'un mouvement comparable. Cela est particulièrement vrai en matière de régulation des activités économiques. La Monopolies and Mergers Commission est l'équivalent de l'Autorité de la concurrence. Comme en France, des autorités sectorielles se sont multipliées : Office of Water Regulation, Office of Electricity Regulation, Office of Gas Regulation, Office of Telecommunications Regulation.

DEUXIÈME PARTIE

LA HIÉRARCHIE DES NORMES

Chapitre 6

Le système normatif

Avant d'examiner, dans les chapitres suivants (7 à 11), chaque catégorie de normes prise séparément (Constitution, traités internationaux, lois, principes généraux du droit et actes administratifs), il est sans doute utile de donner un aperçu global de certaines questions transversales, communes à l'ensemble du système normatif.

Les normes juridiques, qui forment un ensemble d'une grande diversité, ont connu de profondes mutations. Notre époque est marquée par l'accentuation d'un désordre normatif, qui se manifeste par l'inflation législative ou la dégradation de la qualité des normes. Afin de procéder à une remise en ordre du système normatif, le juriste – et tout particulièrement le juge – dispose d'outils traditionnels tels que la hiérarchie des normes ou les méthodes d'interprétation. Depuis quelques années, une nouvelle exigence est apparue : l'exigence de qualité du droit.

I

LA DIVERSITÉ DES SYSTÈMES NORMATIFS

Si les normes juridiques se sont toujours caractérisées par leur diversité, les mutations récentes ont accentué le désordre normatif.

A | LA NOTION DE NORME

La notion de norme vient du latin *norma*, l'équerre. Les règles sont ainsi des instruments de mesure de la réalité et, notamment, des conduites humaines. Les normes juridiques, qui doivent être distinguées des autres types de normes, sont d'une grande diversité.

1/ *Normes juridiques et normes non juridiques*

Toutes les normes ne sont pas *juridiques*. Il existe une grande variété de normes : normes sociales, morales, religieuses, techniques, professionnelles, déontologiques, etc. Chacune de ces sphères de normativité a sa logique propre, ses modes d'édiction et son système de sanctions. Certaines sont peu formalisées : tel est le cas des normes *sociales*, regroupant l'ensemble des règles de conduite dans une société, qu'il s'agisse des règles de politesse ou de la mode, dont les sanctions sont principalement morales. D'autres normes sont davantage codifiées. Ainsi, les règles *religieuses* sont parfois écrites et peuvent recevoir des sanctions, telles que l'exclusion du groupe. Les normes et standards *techniques*, employés dans les processus de fabrication industrielle, sont souvent publiés par des organismes de normalisation.

La question de la *distinction* des normes juridiques et non juridiques est parfois délicate. Elle a fait l'objet d'études savantes, relevant de la théorie du droit, dont le présent chapitre n'a pas pour objet de rendre compte. Il peut toutefois être utile, en guise d'introduction, de donner quelques points de repère.

« Qu'est-ce qu'une règle de droit ? » La question, posée par Denys de Béchillon[1], n'appelle pas de réponse évidente. Comment distinguer le droit de la morale ou de la religion ? Pour reprendre l'interrogation du juriste autrichien Hans Kelsen, dans la *Théorie pure du droit*[2], quelle est la différence entre l'ordre donné par le chef d'une bande de voleurs aux occupants d'une diligence – « La bourse ou la vie ! » – et l'injonction de payer émanant d'une administration fiscale ?

Dans une première approche, on peut caractériser le droit par la contrainte : les normes *juridiques* sont les normes obligatoires, édictées par les autorités publiques et sanctionnées par les juridictions. Mais lorsque l'on approfondit la réflexion, on mesure les insuffisances de cette approche purement formelle et procédurale.

Ainsi, l'existence d'une sanction n'est pas systématique : il existe des normes juridiques dont la violation n'est pas sanctionnée. Pour donner un exemple, tel a longtemps été le cas de la Constitution. Personne ne niait son caractère juridique et obligatoire, mais la

1. Denys de Béchillon, *Qu'est-ce qu'une règle de droit ?*, Paris, Odile Jacob, 1997.
2. Hans Kelsen, *Théorie pure du droit* (1934).

mise en œuvre d'une sanction se heurtait à une question de compétence juridictionnelle : aucun juge ne se reconnaissait compétent, en Europe[3], pour écarter une loi contraire à la Constitution. Toute l'histoire de l'émergence de la juridiction constitutionnelle en Europe au XXe siècle est d'ailleurs guidée par l'idée que *parce que* les dispositions constitutionnelles sont des règles juridiques, *alors* il est nécessaire de mettre en place une « garantie juridictionnelle de la Constitution[4] ». Tel était également le cas de la violation des traités internationaux par la loi. Avant l'arrêt *Nicolo*[5], en France, il n'avait jamais été contesté que les traités étaient des normes juridiques, ni même qu'ils étaient dotés d'une « autorité supérieure à celle des lois » : cela résultait expressément de la lettre même de l'article 55 de la Constitution. Mais, là encore, la question touchait à la compétence juridictionnelle : le juge ne se reconnaissait pas compétent pour écarter la loi, norme adoptée par la représentation nationale. Encore aujourd'hui, dans de nombreuses hypothèses, les normes internationales ne sont pas invocables devant les juridictions. Une des grandes questions qui se posent au droit international est d'ailleurs son manque d'effectivité, faute de sanction juridictionnelle. Ces différents exemples montrent que la sanction par un juge n'est pas un critère du caractère juridique d'une norme, mais plutôt un attribut possible.

Un autre critère possible de la juridicité d'une norme tient à la qualité de son auteur ou à sa procédure d'adoption : une règle de droit est en principe édictée par une autorité compétente, c'est-à-dire une autorité formellement habilitée par le système juridique aux fins de l'édiction d'une règle. Hans Kelsen propose ce type de raisonnement : la force obligatoire d'une norme réside dans sa *validité*, qui résulte de sa conformité aux normes supérieures et, particulièrement, à celles qui régissent les procédures d'édiction des normes. Pour donner un exemple, la force obligatoire d'un contrat ne vient pas en réalité de la volonté des parties, mais de la loi : en France, elle procède de l'article 1103 du code civil selon lequel « les contrats légalement formés tiennent lieu de loi à ceux qui les ont faits[6] ». La norme juridique se définit alors comme le commandement de l'autorité légitime.

3. À la différence des États-Unis, avec l'arrêt de la Cour suprême *Marbury v. Madison* de 1803. Voir *infra* les développements sur ce point dans le chapitre 27 : Le juge constitutionnel.

4. Hans Kelsen, « La garantie juridictionnelle de la Constitution (la justice constitutionnelle) », *Revue du droit public et de la science politique en France et à l'étranger*, 1928, p. 197-257.

5. Par son arrêt d'assemblée *Nicolo*, du 20 octobre 1989, le Conseil d'État s'est reconnu compétent pour écarter une loi incompatible avec un traité international : voir *infra* le chapitre 8 : Les traités internationaux.

6. Ancien article 1134, avant l'ordonnance du 10 février 2016 portant réforme du droit des contrats.

Toutefois, cette définition purement formelle de la norme juridique est parfois contestée. S'il n'y a pas de norme supérieure à la Constitution, se pose une question à la fois simple et délicate : quel est le fondement de la validité de la Constitution ? Pour le dire autrement, où se trouve la règle qui affirme : « Il faut obéir à la Constitution » ? Quelle est la pierre angulaire de l'édifice juridique ? Kelsen résout cette difficulté en présupposant l'existence d'une « norme fondamentale » (*Grundnorm*)[7], qui constitue la source ultime de la validité de toutes les normes.

À cette conception *positiviste*, on oppose classiquement les écoles du *droit naturel*, selon lesquelles le droit trouve son fondement dans la Nature, la Raison ou, plus généralement, dans des *valeurs* morales et éthiques. On retrouve l'interrogation de saint Augustin, dans *La Cité de Dieu* : « Que sont les royaumes sans la justice, sinon une bande de brigands ? » La question clé est celle de la nature du droit. Pour les positivistes, le droit est toujours l'expression d'une volonté – volonté générale pour la loi, rencontre de volontés individuelles pour un contrat. Pour les jusnaturalistes, le législateur n'a pas un pouvoir discrétionnaire : il doit se fonder sur des règles extérieures et supérieures à lui. Selon la formule de Montesquieu, dans l'*Esprit des lois*, « une chose n'est pas juste parce qu'elle est la loi. Mais elle doit être loi parce qu'elle est juste ». De même, Portalis commence son discours préliminaire sur le projet de code civil par cette affirmation : « Les lois ne sont pas de purs actes de puissance ; ce sont des actes de sagesse, de justice et de raison. Le législateur exerce moins une autorité qu'un sacerdoce. Il ne doit point perdre de vue que les lois sont faites pour les hommes et non les hommes pour les lois. »

À la conception normativiste de Kelsen s'opposent également des écoles plus sociologiques ou sociales, selon lesquelles le fondement de la normativité se trouve, *in fine*, non pas dans une autre norme, mais dans *un fait social ou une pratique sociale*. Dans cet esprit, Léon Duguit affirmait que la règle de droit excède la loi positive. Le droit « existe en dehors de l'État[8] ». En effet, « c'est au moment où la masse des esprits la conçoit, la désire, provoque sa constitution, qu'apparaît la règle de droit ». Ainsi, « ce qui fait la règle de droit, ce n'est pas la décision du législateur positif, c'est la conscience que cette règle doit recevoir des gouvernants une sanction positive et organisée ».

Le britannique Herbert Hart s'inscrit également dans ce courant social. Dans *Le Concept de droit*[9], il s'interroge ainsi sur les relations entre droit et morale, pour montrer les interactions entre les deux

7. Voir également les développements dans le chapitre 7 sur la Constitution.

8. Léon Duguit, *Traité de droit constitutionnel*, Paris, Fontemoing, 1921, Tome 1, p. 33 et suiv.

9. Herbert L. A. Hart, *Le Concept de droit*, Bruxelles, Facultés universitaires Saint-Louis, 2006 [1961].

systèmes de normes, et en particulier avec la morale *positive*, c'est-à-dire la morale prise comme un fait social, en vigueur dans une société déterminée. Pour sa part, le philosophe du droit américain Ronald Dworkin[10] s'attache aux liens entre les règles juridiques et non juridiques. De son point de vue, il n'existe pas de « lacunes » en droit : si un juge ne trouve pas dans le système juridique de réponse à la question posée par un litige, il a alors le devoir de se référer aux principes philosophiques et politiques qui sous-tendent une société. La préoccupation de Dworkin est de limiter le risque d'arbitraire du juge, en lui imposant, en cas de silence des textes, des normes de référence prises dans des principes supérieurs.

Ces diverses réflexions montrent que les frontières entre normes juridiques et normes non juridiques sont parfois poreuses. Si ces analyses peuvent paraître théoriques, elles éclairent d'une manière intéressante certaines questions très concrètes qui se posent au juge administratif. À titre d'exemple, le mode de formation des principes généraux du droit, en droit administratif, n'est pas sans rappeler les thèses de Dworkin. Lorsqu'il reconnaît un principe général du droit, le Conseil d'État vient souvent consacrer un principe déjà sous-jacent à un certain état de civilisation, largement admis par la communauté des juristes. Dans un autre ordre d'idées, le développement du droit souple, dans les systèmes juridiques modernes, a offert l'occasion de nouvelles réflexions sur les limites d'une définition du droit par la seule contrainte. Il montre qu'une norme n'est pas toujours sanctionnée.

Certains auteurs proposent ainsi de compléter le concept de norme par celui de « force normative[11] ». Par opposition à une conception binaire, qui oppose droit et non-droit, ils envisagent le système juridique comme un dégradé de normes, avec une échelle de densité normative variable, selon que la norme est obligatoire, sanctionnée, ou plus ou moins précise.

2/ *Diversité des normes et des systèmes juridiques*

Au sein même de la sphère des normes juridiques, on observe une grande diversité. Le droit écrit se décline en une variété de règles, issues de la Constitution, des lois ou des règlements, ces derniers pouvant être nationaux ou locaux. À côté des règles écrites, existent des normes non écrites. Parmi ces dernières, on distingue la coutume et les principes généraux du droit. La coutume est de l'ordre des faits. Selon la définition traditionnelle, elle résulte de la réunion de deux éléments, matériel et psychologique, que sont, d'une part, un usage constant et, d'autre part, la croyance que cet

10. Ronald Dworkin, *Prendre les droits au sérieux*, Paris, PUF, 1995 [1977].
11. Catherine Thibierge (dir.), *La Force normative. Naissance d'un concept*, Paris, LGDJ, 2009.

usage traduit l'existence d'une règle obligatoire. Les principes généraux du droit, pour leur part, relèvent plutôt de l'ordre des valeurs : ils traduisent les conceptions fondamentales qui sous-tendent un système juridique. Pour mémoire, on trouve également parfois certains usages sociaux, qui, sans être qualifiés de véritables « coutumes », ont un effet quasi normatif. Tel est le cas, au Royaume-Uni, des « conventions de la constitution[12] ».

Aux normes internes s'ajoutent les normes internationales, qui sont elles-mêmes diverses : règles générales coutumières, principes généraux du droit international, traités internationaux – multilatéraux ou bilatéraux –, règles de droit dérivé issues des organisations internationales. Dans cet ensemble, les actes de droit européen, tels que les directives et les règlements, constituent une catégorie spécifique, particulièrement foisonnante.

À la diversité des normes s'ajoute celle des systèmes juridiques. À cet égard, on oppose traditionnellement le système du droit continental à celui de la *common law.* Le premier, pour lequel on parle également de tradition « civiliste » ou encore de tradition « romano-germanique », est le plus répandu dans le monde : il concerne environ cent cinquante pays. La *common law* est implantée principalement dans les pays issus de la colonisation britannique et du *Commonwealth*, comme, au-delà du Royaume-Uni, les États-Unis, l'Inde ou encore l'Australie. Les deux systèmes se distinguent par les sources du droit et par le fonctionnement de la justice.

Les sources du droit, pour les pays de tradition civiliste, sont essentiellement écrites. Le droit écrit y est souvent lié à l'affirmation d'un pouvoir central. Il en découle un mode de raisonnement déductif, reposant sur le syllogisme : la loi détermine au préalable des catégories juridiques et le juge a pour seule mission de vérifier si les faits particuliers d'une affaire entrent dans les prévisions du législateur. Montesquieu affirmait ainsi que les juges ne sont que « la bouche de la loi[13] ». En revanche, dans les systèmes de *common law*, le droit est d'abord lié à l'action en justice. Il s'ensuit un mode de raisonnement inductif : la règle juridique se déduit d'un ensemble de jugements convergents, qui font jurisprudence. Contemporain de Montesquieu, Blackstone qualifie les juges d'« oracles vivants[14] ». En vertu de la règle du précédent, ou règle *stare decisis*[15], le juge est lié par les précédentes décisions. L'une des principales questions qui se posent à lui au cours d'un procès est alors de rechercher dans quelle mesure

12. Voir chapitre 7 : La Constitution.

13. « Les juges de la nation ne sont que la bouche qui prononce les paroles de la loi, des êtres inanimés, qui n'en peuvent modérer la force ni la rigueur », Montesquieu, *De l'esprit des lois* (1748).

14. William Blackstone, *Commentaries on the laws of England*, Oxford, Oxford University Press, p. 1765-1769.

15. En latin, « rester sur la décision ».

l'affaire qui lui est soumise se distingue des précédents invoqués : c'est la méthode du *distinguishing*.

La différence entre tradition civiliste et *common law* se mesure également dans le fonctionnement de la justice. Dans les pays de droit écrit, le statut du juge est proche de celui de tout agent public : il repose sur le recrutement par concours, puis sur le système de la carrière et de l'avancement. Dans les pays de *common law*, les juges sont peu nombreux, parfois élus, et souvent recrutés parmi les anciens avocats. La manière de rendre les jugements obéit à des conventions différentes. Dans les pays de droit écrit, le juge n'a pas le plus souvent d'existence individuelle : la décision, qui se présente comme objective, est rendue par une formation collégiale et anonyme. Sous la *common law*, le juge unique est davantage répandu. Même en cas de collégialité, les opinions dissidentes sont fréquemment admises. Fortement personnalisées, les décisions sont parfois rédigées sous une forme subjective, à la première personne, comme exprimant le point de vue personnel d'un juge nommément désigné.

Si ces différences sont réelles, il ne faut toutefois pas les surestimer. Le droit écrit est bien entendu présent, et de plus en plus, dans les pays de *common law*. La technique de la codification elle-même n'est pas étrangère à ces derniers, comme le montre l'exemple du code de commerce américain – *Uniform Commercial Code*. Symétriquement, la jurisprudence joue un rôle considérable dans les pays de tradition civiliste. En témoigne, en France, le discours préliminaire sur le projet de code civil de Portalis, en 1801. Ce véritable monument de la pensée juridique reste parfaitement d'actualité quant à l'articulation entre la loi et le juge : « Il y avait des juges avant qu'il y eût des lois, et les lois ne peuvent prévoir tous les cas qui peuvent s'offrir aux juges. » Dès lors, observe Portalis, « l'office de la loi est de fixer, par de grandes vues, les maximes générales du droit » et d'établir « des principes féconds », tandis que « la science du magistrat est de mettre ces principes en action, de les ramifier, de les étendre, par une application sage et raisonnée, aux hypothèses privées ; d'étudier l'esprit de la loi quand la lettre tue, et de ne pas s'exposer au risque d'être, tour à tour, esclave et rebelle, et de désobéir par esprit de servitude ».

B | LES MUTATIONS DU SYSTÈME NORMATIF

Si Léon Duguit ou Maurice Hauriou revenaient vivre parmi nous, ils ne reconnaîtraient pas le système juridique. À l'époque de ces éminents professeurs de droit administratif, au début du XXe siècle, le droit administratif trouvait pour l'essentiel sa source dans la jurisprudence. Dans les autres domaines, la loi, qui restait un acte rare, était au cœur des règles de droit. Les traités n'avaient quasiment aucune place dans l'ordre juridique.

Les mutations du système normatif peuvent être illustrées de trois manières : l'évolution de la place respective des différentes normes, la prolifération des normes et le besoin croissant de souplesse du droit.

1/ *Évolution de la place respective des différentes normes*

L'essor considérable du droit international et du droit européen a entraîné un renouvellement des perspectives quant à la place respective des différentes normes.

a) L'internationalisation des sources du droit

Au XIXe siècle, la place des traités internationaux était relativement marginale. Les accords entre États restaient peu nombreux ; ils réglaient surtout les questions de frontières, de paix ou de commerce. Dans cette conception traditionnelle, le droit international était un droit fait par les États, pour les États. Les individus n'étaient pas sujets du droit international.

Deux évolutions ont façonné progressivement le paysage juridique international. La première est quantitative : comme l'ensemble des autres normes juridiques, les règles internationales ont été marquées par un phénomène d'inflation normative. Nous renvoyons sur ce point aux éléments statistiques mentionnés au chapitre 8 relatif aux traités internationaux. La seconde évolution est qualitative : le contenu même des conventions internationales s'est mis à concerner de plus en plus des questions touchant aux individus et, plus largement, aux acteurs non étatiques, qu'il s'agisse des syndicats, des organisations non gouvernementales (ONG), des entreprises ou encore des collectivités territoriales. Ainsi en va-t-il du droit du travail, avec les recommandations de l'Organisation internationale du travail (OIT), fondée en 1919 ; du commerce international, avec l'Organisation mondiale du commerce (OMC), succédant en 1995 au GATT, l'accord général sur les tarifs douaniers et le commerce créé en 1947 ; de la coopération judiciaire, fondée sur des conventions d'entraide judiciaire, qui règlent notamment les questions d'extradition ; ou encore des droits fondamentaux, qui reposent sur de grands traités multilatéraux tels que les deux pactes internationaux de 1966, portant l'un, sur les droits civils et politiques et, l'autre, sur les droits économiques et sociaux, ou encore, en Europe, la Convention européenne des droits de l'homme. Au sortir de la seconde guerre mondiale, des auteurs tels que René Cassin montraient ainsi qu'à côté des États et des organisations internationales, l'homme lui-même était devenu un véritable sujet de droit international[16]. Le droit de l'environnement, qui est de plus en plus au cœur des préoccupations internationales, réserve à son tour une place importante aux acteurs non étatiques.

Ainsi le droit est-il aujourd'hui marqué, tout comme l'économie ou la culture, par un mouvement de globalisation[17], dont l'essor du droit de l'Union européenne est la manifestation la plus évidente. Ce mouvement a deux conséquences principales. Il a d'abord un impact sur la structure des normes : la hiérarchie des normes s'en trouve bouleversée. La loi n'est plus au centre du jeu, les juridictions ayant progressivement accepté d'écarter les lois contraires au droit international. Cette évolution a ensuite un effet sur les concepts juridiques : par l'effet d'un phénomène de circulation des concepts, le droit administratif se renouvelle dans son contenu même. Ainsi a-t-on vu apparaître des catégories juridiques nouvelles : service d'intérêt économique général (SIEG), principe de confiance légitime, pouvoirs adjudicateurs, etc.

b) Un recul de la place de la loi

Plus largement, on observe un recul de la place de la loi dans notre système normatif. La pensée politique française est de *tradition légicentriste*. Inspirés par les philosophes des Lumières qui la sacralisaient à la fois comme condition et limite de la liberté, les révolutionnaires de 1789 ont placé la loi, « expression de la volonté générale » aux termes de l'article 6 de la Déclaration des droits de l'homme et du citoyen, au cœur du système juridique. La loi a dès lors longtemps fait figure de norme incontestable en raison de sa place particulière dans un régime démocratique. La théorie jurisprudentielle de la *loi-écran* en offre une illustration : par une décision, *Arrighi*, du 6 novembre 1936, le juge administratif s'est refusé à censurer un acte administratif pris sur le fondement d'une loi contraire à la Constitution[18]. L'héritage de cette tradition de suprématie législative explique également les difficultés qui ont accompagné l'émergence d'un contrôle de constitutionnalité et la reconnaissance de la primauté du droit de l'Union européenne.

Au regard de cette tradition est intervenue une véritable révolution copernicienne. Concurrencée à la fois par l'affirmation des normes supra-législatives et par la prolifération des normes de niveau infra-législatif, la loi ne fait plus figure de norme suprême et

16. René Cassin, « L'homme, sujet de droit international et la protection des droits de l'homme », dans *Mélanges Georges Scelle. La technique et les principes du droit public*, Paris, LGDJ, 1950, p. 67-91.

17. Voir Jean-Bernard Auby, *La Globalisation, le Droit et l'État*, Paris, LGDJ, 2010.

18. Voir également CE, ass., 20 octobre 1989, *Roujansky* ; CE, ass., 21 décembre 1990, *Confédération nationale des associations familiales catholiques*.

incontestable. La loi, « qui n'exprime la volonté générale que dans le respect de la Constitution[19] », selon la formule du Conseil constitutionnel, doit désormais se soumettre aux obligations constitutionnelles qui priment la hiérarchie des normes internes. Elle doit également se conformer aux exigences du droit de l'Union européenne, pour la transposition desquelles elle tend à servir de simple relais.

Le pouvoir réglementaire, qui relève tant de la compétence du Premier ministre, auquel la Constitution de 1958 a confié un domaine d'intervention particulièrement étendu, que de celle des collectivités territoriales, dont le rôle s'est accru avec la décentralisation, a, dans le même temps, vu son importance considérablement élargie.

c) Le recours banalisé aux ordonnances de l'article 38

La prolifération législative se traduit également par le recours croissant, depuis les années 2000, à cette catégorie hybride de textes que constituent les ordonnances, actes pris par le pouvoir exécutif dans le domaine législatif et acquérant force de loi après leur ratification par le Parlement. Sur le plan quantitatif, tandis que 25 lois d'habilitation et 158 ordonnances avaient été adoptées au cours de l'ensemble de la période allant de 1960 à 1990, 46 lois d'habilitation et 325 ordonnances ont été prises entre 2002 et 2007. Après ce « pic » statistique, le rythme est resté soutenu durant les législatures suivantes[20]. La hausse s'est poursuivie après 2017, sous la quinzième législature, avec 3 lois d'habilitation et 215 ordonnances au 31 août 2020. Des circonstances exceptionnelles ont également contribué à cette augmentation exponentielle du recours aux ordonnances. Ainsi, entre le 25 mars et le 13 mai 2020, 59 ordonnances ont été prises pour faire face à l'épidémie de Covid-19.

Sur le plan qualitatif, cette augmentation du nombre des ordonnances traduit un *renversement complet de perspective* quant à la « doctrine d'usage » de l'article 38 de la Constitution. Initialement, dans l'esprit du constituant de 1958, le recours aux ordonnances devait présenter un caractère exceptionnel et permettre l'exécution, dans une situation d'urgence, d'un programme *politique* prioritaire. Il semble être devenu un *mode normal d'édiction des normes*, justifié par des raisons de pure *technique* juridique. Il s'agit tout d'abord de mettre en œuvre le programme de codification entamé depuis 1989

19. CC, décision nº 85-197 DC du 23 août 1985, *Loi sur l'évolution de la Nouvelle-Calédonie*.

20. On compte 44 lois d'habilitation et 96 ordonnances durant la treizième législature (2007-2012), puis 7 lois d'habilitation et 47 ordonnances sous la quatorzième législature (2012-2017). Voir notamment l'étude de la direction de la séance du Sénat : *Les ordonnances prises sur le fondement l'article 38 de la Constitution*, 2014 (www.senat.fr/role/ordonnances/etude_ordonnances.pdf).

sans ajouter à l'encombrement croissant de l'ordre du jour parlementaire, ensuite d'accélérer la transposition des directives européennes, qui accuse un retard certain.

Mais le recours aux ordonnances semble parfois glisser, en pratique, du simple toilettage technique vers la véritable refondation de pans entiers du droit. La codification du droit de la propriété publique, par exemple, a été opérée à partir de 2003 à droit non constant par voie d'ordonnance. Des chapitres entiers du code civil, comme ceux relatifs à la filiation ou aux sûretés, ont été réécrits par ordonnance. Tel est le cas de la refonte du droit des contrats, réalisée par l'ordonnance du 10 février 2016. Ce mouvement s'est poursuivi sous l'actuelle législature. Ainsi plusieurs grandes réformes annoncées par le programme politique d'Emmanuel Macron ont été conduites par voie d'ordonnance : tel a par exemple été le cas de la réforme du code du travail en 2017[21] ou de celle de la SNCF en 2018[22]. Cette dimension politique paraît renouer avec les débuts de la Cinquième République.

Régulièrement dénoncée, la banalisation des ordonnances n'est pas sans risque[23]. Elle conduit ainsi à un dessaisissement croissant du Parlement au cœur même de sa compétence ; le risque est alors de bouleverser l'équilibre normatif voulu par la Constitution de 1958. Souvent élaborés et adoptés dans l'urgence, ces textes risquent en outre de contenir de nombreuses malfaçons qui mettent à mal la cohérence de notre droit. Par ailleurs, des habilitations deviennent parfois caduques, le gouvernement n'ayant pas pris d'ordonnance dans le délai imparti[24].

2/ *L'accentuation du désordre normatif*

Ces évolutions affectent, tant sur le plan quantitatif, le nombre de normes, que du point de vue qualitatif, leur contenu.

a) *Une prolifération normative : de l'inflation au désordre normatif*

Si, comme l'affirmait Montesquieu dans l'*Esprit des lois*, « les lois inutiles affaiblissent les lois nécessaires », la prolifération des lois et la dégradation de leur clarté ne laissent pas d'inquiéter.

Le phénomène de l'inflation législative concerne non seulement les lois proprement dites, mais aussi l'ensemble des normes, qu'elles

21. Ordonnance n° 2017-1491 du 25 octobre 2017 portant extension et adaptation de la partie législative du code du travail.

22. Ordonnance n° 2019-552 du 3 juin 2019 portant diverses dispositions relatives au groupe SNCF.

23. Voir notamment : Pierre Delvolvé, « L'été des ordonnances », *RFDA*, 5, 2005 ; Yves Gaudemet, « La loi administrative », *RDP*, 1, 2006, p. 65-84.

24. Valérie Létard, *Rapport d'information n° 542 sur le bilan annuel de l'application des lois*, Sénat, 4 juin 2019, p. 20.

soient internes (ordonnances et décrets) ou internationales (traités bilatéraux ou multilatéraux, actes de l'Union européenne).

S'agissant des lois, l'inflation législative se traduit de deux manières. Elle prend tout d'abord la forme d'une augmentation régulière du *nombre* de lois en vigueur. Certes, le nombre de lois adoptées chaque année est à peu près stable : le Parlement adopte en moyenne de 90 à 100 lois par an[25]. Mais ces lois viennent accroître le stock des textes en vigueur. En 2006, dans son rapport sur la sécurité juridique, le Conseil d'État faisait déjà état d'une augmentation, puisqu'on comptait 10 500 lois et 120 000 décrets applicables, contre 7 500 lois et 80 000 décrets en 1991[26]. Les statistiques plus récentes, qui utilisent désormais comme unité de mesure non plus le texte, mais l'article, confirment cette tendance : en 2006, il y avait 58 154 articles législatifs et 174 804 articles réglementaires en vigueur ; en 2019, ces chiffres étaient respectivement de 84 619 (+ 45 %) et 233 048 (+ 33 %)[27]. On constate également une forte augmentation du *volume des textes adoptés*. La loi du 12 juillet 2010 portant engagement national pour l'environnement, dite « loi Grenelle II », comporte 257 articles. La longueur moyenne du *Journal officiel de la République française* est passée de 15 000 à 23 000 pages par an entre les années 1980 et les années 2010. Dans ces conditions, l'adage selon lequel « nul n'est censé ignorer la loi » est, plus que jamais, une fiction juridique. Certes, ce désordre n'est pas tout à fait nouveau. Montaigne écrivait « Nous avons en France plus de lois que le reste du monde et plus qu'il n'en faudrait à régler les mondes d'Épicure[28] » et, dans ses *Mémoires d'outre-tombe*, Chateaubriand évoquait un « brouillard législatif[29] » sous la Restauration. Le phénomène s'est toutefois accentué ces dernières années.

Cette prolifération des normes est à l'origine d'un véritable *désordre législatif* depuis longtemps dénoncé. Dès 1991, le Conseil

25. Le nombre de lois adoptées chaque année s'est stabilisé depuis les années 1990 à un niveau très élevé : il oscille, selon les années, entre 70 et 110 lois par session parlementaire (avec une pointe à 141 lois durant la session 1999-2000 ou, inversement, une chute à 53 lois durant la session 2016-2017, année électorale). Durant la session 2017-2018, 69 textes de loi ont été définitivement adoptés, dont 57 projets de loi. Il y en a eu 72 en 2018-2019. Parmi ces lois, un tiers environ sont toutefois des lois autorisant la ratification de conventions internationales (source : www.assemblee-nationale.fr, statistiques de l'activité parlementaire).

26. Selon les chiffres fournis respectivement dans les rapports publics du Conseil d'État en 1991 (*De la sécurité juridique*, rapport public, Paris, La Documentation française, 1991) et en 2006 (*Sécurité juridique et Complexité du droit*, rapport public, Paris, La Documentation française, 2006).

27. Voir, sur le site de Légifrance, le dossier « Indicateurs de suivi de l'activité normative » : www.legifrance.gouv.fr/contenu/Media/Files/autour-de-la-loi/legislatif-et-reglementaire/statistiques-de-la-norme/indicateurs-de-suivi-de-l-activite-normative-2019-format-pdf-860-ko.pdf.

28. Montaigne, *Les Essais*, 1588.

29. *Mémoires d'outre-tombe*, Paris, Garnier, 1910, Tome 4, p. 150.

d'État, dans son rapport public consacré à la sécurité juridique, relevait : « Quand la loi bavarde, le citoyen ne l'écoute plus que d'une oreille distraite[30]. » Il réitérait ses recommandations quinze ans plus tard, dans son rapport public pour 2006 intitulé *Sécurité juridique et Complexité du droit*, regrettant que les mouvements d'inflation normative et d'empiétement de la loi sur le domaine réglementaire se poursuivent. En 2016, un troisième rapport intitulé *Simplification et Qualité du droit* relève « des efforts indéniables, des résultats insuffisants ».

Il en résulte une *forte instabilité législative*, qui touche particulièrement certaines matières telles que le droit fiscal, le droit social et le droit pénal. Le code monétaire et financier, qui date de 2001, est l'un des codes les plus régulièrement modifiés par le législateur : entre 2001 et 2013, près de 150 lois ou ordonnances ont retouché sa partie législative[31]. Cette instabilité peut être à l'origine d'erreurs matérielles que le législateur peine parfois à éviter. La loi de simplification et de clarification du droit du 12 mai 2009, dite « loi Warsmann », a ainsi supprimé par mégarde, dans le code pénal, la peine de dissolution pour les personnes morales coupables d'escroquerie[32].

Le phénomène d'inflation législative se traduit également par une multiplication des incursions législatives dans le domaine du règlement. Alors que les parlementaires multiplient les amendements déposés en dehors de leur champ de compétence de principe, le gouvernement semble avoir renoncé la plupart du temps à défendre la sienne par l'usage de l'article 41 de la Constitution[33]. Il en résulte, depuis une trentaine d'années, une perte de discipline constitutionnelle et un empiétement permanent de la loi dans le domaine du règlement. Cette évolution nuit tant à la solennité qu'à la pérennité de la norme législative, dont la hauteur de vue supposée a été en fait remplacée par l'adoption de dispositions de plus en plus pointilleuses.

La prolifération des normes est, enfin, d'autant plus dommageable que nombre d'entre elles ne sont pas appliquées ou ne le sont qu'avec retard. L'entrée en vigueur effective d'une loi adoptée par le Parlement est le plus souvent suspendue à l'adoption de textes réglementaires

30. Conseil d'État, *De la sécurité juridique*, rapport public, Paris, La Documentation française, 1991.

31. Très exactement, il avait vu sa partie législative modifiée déjà par 146 lois ou ordonnances au 27 juin 2013, en incluant l'ordonnance n° 2013-544 du 27 juin 2013 relative aux établissements de crédit et aux sociétés de financement.

32. En raison de cette suppression involontaire, un procès alors en cours n'a pu aboutir à la condamnation de l'Église de scientologie, contrairement aux réquisitions du procureur.

33. En réaction à cette désuétude, en 2018, le projet de révision constitutionnelle, dit « pour une démocratie plus représentative, responsable et efficace », prévoyait de rendre plus systématique l'irrecevabilité législative établie par l'article 41 de la Constitution.

d'application visant à définir les modalités précises de sa mise en œuvre. Cependant, alors que le refus de l'administration de prendre les mesures nécessaires à l'application d'une loi est en principe illégal[34], les délais de publication par le gouvernement des décrets d'application des lois sont parfois excessivement longs. Une surveillance attentive du secrétariat général du gouvernement a toutefois permis, au cours des dernières années, des progrès sur ce point.

Le Parlement accuse lui-même un certain retard dans la transposition des directives de l'Union européenne. Pour le résorber, une nouvelle méthode législative est apparue, avec les lois portant diverses dispositions d'adaptation au droit communautaire ou DDAC[35].

b) L'affaiblissement de la portée normative de la loi

La dégradation de la qualité de la loi se manifeste par l'adoption de lois sans portée normative. Elle est d'autant plus préoccupante qu'elle s'inscrit dans un contexte de remise en cause de la place de la loi dans l'ordre juridique.

Si, selon Portalis, « la loi permet, ordonne ou interdit[36] », ces fonctions premières de la législation semblent parfois oubliées par le Parlement lorsque celui-ci multiplie les « neutrons législatifs[37] ».

Dans un contexte d'expansion générale de la *soft law* ou « droit mou », dont les prescriptions ne sont pas assorties de sanctions, la loi n'est pas épargnée par le développement de règles non obligatoires. Trois hypothèses peuvent illustrer cette évolution.

Certaines dispositions législatives sont tout d'abord *dénuées de toute portée normative*. Tel était par exemple le cas de l'article 1er de la loi du 25 juillet 1994 relative à la famille[38], qui disposait : « La famille est une des valeurs essentielles sur lesquelles se fonde la société. C'est sur elle que repose l'avenir de la nation. À ce titre, la politique familiale doit être globale. » Cette dégradation de la force de la loi a été dénoncée à plusieurs reprises par le Conseil d'État, notamment dans son rapport public pour 2006, selon lequel la loi « n'est pas faite pour

34. CE, 27 novembre 1964, *Dame veuve Renard.*

35. À titre d'exemple, trois lois portant DDAC ont été adoptées en 2008 : la loi du 27 mai 2008 portant diverses dispositions d'adaptation au droit communautaire dans le domaine de la lutte contre les discriminations ; la loi du 3 juillet 2008 portant diverses dispositions d'adaptation du droit des sociétés au droit communautaire ; la loi du 1er août 2008 relative à la responsabilité environnementale et à diverses dispositions d'adaptation au droit communautaire dans le domaine de l'environnement.

36. Portalis, « Discours préliminaire sur le projet de code civil », 1801.

37. Selon la formule de Jean Foyer (*Loi d'orientation de la recherche et du développement technologique*, Assemblée nationale, 21 juin 1982, p. 3667). Rappelant cette expression lors de ses vœux au président de la République pour l'année 2005, le président du Conseil constitutionnel, Pierre Mazeaud, affirmait ne pouvoir retenir une « colère sacrée » contre les dispositions non normatives : « La loi n'est pas faite pour affirmer des évidences, émettre des vœux ou dessiner l'état idéal du monde. La loi ne doit pas être un rite incantatoire. Elle est faite pour fixer des obligations et ouvrir des droits. »

38. Loi no 94-629 du 25 juillet 1994 relative à la famille.

bavarder, créer des illusions, nourrir des ambiguïtés et des déceptions ». C'est pourquoi « la loi non normative affaiblit la loi nécessaire en créant un doute sur l'effet réel de ses dispositions ».

La voie législative est parfois privilégiée en vue de soumettre à l'approbation du Parlement des orientations politiques ou pour bénéficier d'un *effet d'annonce*. La loi dite « Grenelle I » du 3 août 2009 évoque, dans son article 1er, « la volonté et l'ambition de répondre au constat partagé et préoccupant d'une urgence écologique », puis annonce plusieurs réformes à venir, en droit de l'urbanisme ou en matière de transports, ainsi que de nombreuses études que l'État s'engage à mener, par exemple en matière de fiscalité environnementale. Une telle loi n'a quasiment aucun caractère normatif : sa constitutionnalité repose sur sa nature de loi de programmation. Ces catégories de lois, prévues depuis la révision constitutionnelle de 2008 par l'article 34 de la Constitution, permettent de fixer des objectifs à l'action de l'État[39] et relèvent à proprement parler davantage du discours politique que de la normativité juridique.

Les *lois mémorielles*, chargées d'une force principalement symbolique, visent quant à elles à consacrer la reconnaissance officielle par l'État d'un événement historique. Relèvent par exemple de cette catégorie la loi du 29 janvier 2001 de reconnaissance du génocide arménien de 1915, la loi du 21 mai 2001 qui reconnaît la traite et l'esclavage en tant que crimes contre l'humanité ou encore la loi du 23 février 2005 portant reconnaissance de la nation et contribution nationale en faveur des Français rapatriés[40]. Si elles traduisent le souci légitime de veiller à la préservation de la mémoire de la nation, ces lois soulèvent la délicate question de la place respective du législateur et de l'historien. C'est pourquoi elles font désormais l'objet d'un contrôle plus strict du Conseil constitutionnel. Celui-ci a considéré, à propos de la loi visant à réprimer la contestation de l'existence des génocides reconnus par la loi, qu'« une disposition législative ayant pour objet de "reconnaître" un crime de génocide ne saurait, en elle-même, être revêtue de la portée normative qui s'attache à la loi[41] ». Le juge constitutionnel a par ailleurs relevé, à propos de la loi du 23 février 2005, que les dispositions selon lesquelles un rôle mémoriel doit être endossé par les programmes scolaires font partie du domaine réglementaire.

Certains textes intervenant dans le champ mémoriel contiennent cependant des dispositions dont le caractère normatif est indiscutable. C'est le cas de la loi Gayssot du 13 juillet 1990, qui fait de la

39. Elles remplacent les lois de programme, dont le champ était limité à l'action de l'État en matière économique et sociale.

40. Cette dernière proclame ainsi : « La nation exprime sa reconnaissance aux femmes et aux hommes qui ont participé à l'œuvre accomplie par la France dans les anciens départements français d'Algérie, au Maroc, en Tunisie et en Indochine, ainsi que dans les territoires placés antérieurement sous la souveraineté française. »

41. CC, décision n° 2012-647 DC du 28 février 2012.

négation de la Shoah un délit, ou de la loi du 7 mars 2012 relative aux formations supplétives des forces armées, qui reconnaît aux associations défendant les intérêts des harkis le droit de se porter partie civile en cas de diffamation ou d'injure envers eux.

3/ *Le besoin de souplesse du droit*

L'exigence de flexibilité du droit n'est pas nouvelle. Aristote, dans l'*Éthique à Nicomaque*, compare ainsi la règle de droit à la règle de plomb utilisée par les architectes de Lesbos : cette dernière, parce qu'elle était flexible, permettait de mesurer les courbes des colonnes[42]. On retrouve la même thématique dans l'ouvrage du doyen Carbonnier *Flexible droit*[43]. Une règle est un instrument de mesure, en géométrie comme en droit. Trop rigide, trop éloignée du réel, elle ne mesure rien. Comme la règle de Lesbos épouse les formes de la pierre, la règle de droit doit être adaptée aux faits qu'elle vise à régir.

Ce besoin de souplesse s'accentue aujourd'hui. Face à la complexité croissante du monde, il devient de plus en plus difficile de gouverner par voie d'autorité avec des règles générales et impersonnelles. Parce que le législateur ne saurait tout prévoir, la loi doit offrir des marges d'adaptation à la diversité des situations, notamment locales. Dans cet esprit, de nouveaux instruments se développent, comme le droit expérimental, le droit dérogatoire ou encore le droit souple. Cette évolution du droit, pour nécessaire qu'elle soit, pose toutefois la question du respect des principes d'égalité devant la loi, de légalité ou encore de sécurité juridique.

a) Le droit expérimental

Des *lois et décrets à caractère expérimental* sont désormais possibles, depuis la révision du 28 mars 2003 (article 37-1 de la Constitution). Autorisant l'adoption de lois ou de décrets à la durée de vie et au champ géographique limités, ce mécanisme semble porter atteinte à la fois au caractère général et permanent de la loi et au principe d'égalité entre les citoyens. Toutefois, une loi ne peut pas être rendue expérimentale par un simple décret : si la loi ne l'a pas elle-même prévu, le pouvoir réglementaire, qui est tenu d'appliquer la loi, ne peut pas décider de son propre chef de procéder à une mise en œuvre de la loi à titre simplement expérimental[44].

42. « Tout n'est pas compris dans la loi [...] car de ce qui est indéterminé, la règle est aussi indéterminée, comme la règle de plomb des architectes de Lesbos qui ne reste pas rigide mais épouse les formes de la pierre » (Aristote, *Éthique à Nicomaque*, livre V, chapitre 14).

43. Jean Carbonnier, *Flexible Droit. Pour une sociologie du droit sans rigueur*, Paris, LGDJ, 2001.

44. CE, 15 mars 2017, *Association Bail à part, tremplin pour le logement*, n° 391654.

En octobre 2019, le Conseil d'État a dressé le bilan de presque deux décennies d'expérimentations par l'État, les collectivités territoriales et leurs opérateurs[45]. Il ressort de cette étude que les personnes publiques y recourent fréquemment : 269 expérimentations ont été menées depuis 2003, dont 85 dans le domaine des politiques sociales, 63 concernant les politiques environnementales et du transport, ainsi que 35 en matière de justice, de sécurité et de défense. Le rapport relève que certains domaines, comme la fiscalité incitative ou la sécurité publique, pourraient donner lieu à davantage d'expérimentations. Le Conseil d'État pointe certaines carences méthodologiques, comme la définition d'objectifs contradictoires, la faible association des acteurs et du public concernés, ou encore la généralisation de la mesure testée avant son évaluation. Ces défauts fragilisent les résultats de l'expérimentation et risquent d'induire en erreur les décideurs. Dans cet esprit, le Conseil d'État a établi un guide des bonnes pratiques de l'expérimentation.

b) Le droit dérogatoire

Le décret n° 2020-412 du 8 avril 2020 donne au préfet le droit de déroger aux « normes arrêtées par l'administration de l'État pour prendre des décisions non réglementaires relevant de sa compétence[46] ». Le pouvoir de dérogation s'exerce uniquement à l'occasion de l'instruction d'une demande individuelle. Il se traduit par la prise d'une décision au cas par cas, qui doit être spécialement motivée : les décisions ainsi prises n'ont pas de valeur réglementaire. Seules certaines matières limitativement prévues sont concernées – même s'il faut relever que la liste est longue, puisqu'elle comporte notamment l'environnement, l'urbanisme, le logement, l'emploi, l'activité économique, les subventions, l'aménagement du territoire, l'agriculture ou la forêt.

Le décret encadre ce nouveau pouvoir du préfet. Ainsi la dérogation doit-elle répondre à un motif d'intérêt général et à l'existence de circonstances locales, tout en ayant pour effet d'alléger les démarches administratives. Elle ne doit pas porter une atteinte disproportionnée aux objectifs poursuivis par les dispositions auxquelles il est dérogé.

Ce dispositif a été contesté en raison de son caractère trop général et du risque d'atteinte au principe d'égalité. Quatre associations ont ainsi déposé un recours devant le Conseil d'État en avril 2020.

45. Conseil d'État, *Les Expérimentations. Comment innover dans la conduite des politiques publiques ?*, Paris, La Documentation française, 2019.

46. Ce dispositif intervient au terme d'une expérimentation de plus de deux ans sur certains territoires, ouverte à la suite du décret n° 2017-1845 du 29 décembre 2017.

c) Le droit souple

Aboutissement ultime du phénomène d'affaiblissement de la force normative des lois mentionné plus haut[47], on observe un développement du droit souple ou *soft law*, c'est-à-dire de textes sans portée juridique contraignante.

Dans son rapport sur le droit souple, en 2013, le Conseil d'État s'intéresse à cette « normativité graduée », qui s'ordonne sur une échelle allant de la simple indication à la norme contraignante. Dans les zones intermédiaires, une place doit être faite au droit souple qui, sans édicter de prescription impérative, vise à influer sur les comportements. Certes, ces actes ont un caractère non obligatoire ; mais ils constituent bien, en pratique, des instruments directifs des conduites humaines. Ces actes prennent des formes diverses : orientations, lignes directrices, recommandations, schémas directeurs, etc. Les autorités de régulation, en particulier, font un grand usage des outils du droit souple dans le but d'influencer les choix des opérateurs économiques. Il est nécessaire de bien distinguer les actes de droit souple des textes véritablement normatifs, au premier rang desquels figure la loi. Pour autant, souligne le Conseil d'État, les juristes ne doivent pas se désintéresser de cette évolution du système normatif.

Le droit souple trouve progressivement sa place dans le paysage juridique français. En témoigne l'ordonnance rendue pendant l'état d'urgence sanitaire par le juge des référés du Conseil d'État le 30 avril 2020, *Fédération française des usagers de la bicyclette*. Était en cause, dans cette affaire, la question de savoir si le décret relatif au confinement devait être interprété comme interdisant la pratique de la bicyclette. Le juge estime que, compte tenu « des contradictions relevées dans la communication des autorités publiques », notamment dans des réponses à des « foires aux questions », « l'absence de diffusion publique de la position gouvernementale » sur cette question constitue une atteinte grave à une liberté fondamentale. Par suite, il enjoint au Premier ministre « de rendre publique sous vingt-quatre heures, par un moyen de communication à large diffusion, la position du gouvernement ». Cette décision montre que, dans certains cas, le droit souple constitue un élément essentiel de la lisibilité et de l'accessibilité du droit.

L'une des questions que soulève aujourd'hui ce phénomène est celle de son contrôle. Traditionnellement, les actes de droit souple ne pouvaient pas faire l'objet d'un recours, dès lors qu'ils étaient regardés comme des décisions ne faisant pas grief. Comme le relevait le rapport du Conseil d'État sur le droit souple, cette situation

47. Catherine Thibierge (dir.), *La Force normative. Naissance d'un concept*, *op. cit*.

n'était pas satisfaisante : « Il n'est pas souhaitable de voir des autorités publiques développer un pouvoir à l'abri de tout contrôle juridictionnel[48]. » C'est pourquoi, dans deux décisions du 21 mars 2016, *Société Fairvesta International* et *Société NC Numericable*, le Conseil d'État procède à un revirement de jurisprudence. Étaient en cause, en l'espèce, un communiqué de presse de l'Autorité des marchés financiers et une prise de position de l'Autorité de la concurrence. Le Conseil d'État admet la recevabilité de recours dirigés contre ce type d'actes, dans la mesure où ils sont « de nature à produire des effets notables, notamment de nature économique, ou ont pour objet d'influer de manière significative sur les comportements des personnes auxquelles ils s'adressent ». Avec la décision *GISTI* du 12 juin 2020[49], le Conseil d'État parachève cette évolution, en admettant la possibilité de recours auprès du juge de l'excès de pouvoir contre les « documents de portée générale » émanant d'autorités publiques, matérialisés ou non, tels que les circulaires, instructions, recommandations, notes, présentations ou interprétations du droit positif[50]. Toutefois, un recours n'est possible que si ces textes sont susceptibles d'avoir des « effets notables sur les droits ou la situation » des tiers (« d'autres personnes que les agents chargés de les mettre en œuvre », selon l'arrêt *GISTI*). Tel est le cas, précise la décision, de ceux de ces documents qui ont un caractère impératif ou présentent le caractère de lignes directrices.

II

LA RECHERCHE D'UN ORDRE

Le paysage juridique se caractérise ainsi par un foisonnement de règles et de principes d'origines diverses. Loin de se présenter d'une façon bien ordonnée, tel un jardin à la française, il ressemble davantage, pour filer la métaphore, à un parc à l'anglaise. De cette diversité fondamentale naît un besoin de remise en ordre. L'une des tâches du juriste est d'agencer les normes les unes par rapport aux autres et d'en définir la portée. Le raisonnement juridique passe ainsi successivement par deux questions : il convient de déterminer d'abord quel est le texte applicable, puis quel est le sens de ce texte.

48. *EDCE*, 2013, p. 15.
49. CE, Sect., 12 juin 2020, *GISTI*, n° 418142.
50. Pour davantage de détails, voir *infra*, chapitre 26 : Les recours devant le juge administratif.

Ces diverses interrogations n'appellent jamais de réponses évidentes. Ce travail d'agencement et d'interprétation des normes place le juge au centre du système normatif. Il utilise à cette fin des outils tels que la notion de hiérarchie des normes ou les méthodes d'interprétation, qui sont au juge ce que l'équerre et le marteau sont au menuisier. On observera d'ailleurs que ces outils ne sont eux-mêmes que très rarement prévus par les textes : le juge crée lui-même ses propres outils. Pour donner un exemple, rares sont les dispositions expresses qui fixent des règles d'interprétation. Le juriste britannique Herbert Hart distinguait ainsi les règles primaires et les règles secondaires : les premières s'adressent directement aux individus et déterminent les actions qu'ils peuvent ou doivent accomplir ; les secondes se rapportent aux règles primaires elles-mêmes et fixent la manière de reconnaître, d'interpréter ou de faire évoluer une règle de droit[51]. Or, si les règles primaires sont en général expressément fixées par le droit, les règles secondaires – celles qui permettent de mettre en œuvre le système normatif – sont souvent créées par le juge lui-même. Le juge n'est pas seulement le gardien du temple, il en est aussi l'architecte.

A | LA RECHERCHE DU TEXTE APPLICABLE : L'AGENCEMENT DES NORMES

La première opération, dans la remise en ordre du droit, consiste à déterminer quel est le texte applicable – ce qui suppose de préciser son champ d'application. Dans un deuxième temps, le juriste est parfois conduit à se demander si ce texte est valide, au regard de sa conformité aux normes supérieures.

1/ *Le champ d'application et l'applicabilité du texte*

La délimitation du champ d'application d'un texte est une première manière d'agencer les normes juridiques, par exemple en vue de résoudre un conflit de normes. Selon le triptyque traditionnel, le périmètre du champ d'application peut se définir dans le temps (*ratione temporis*), par matière (*ratione materiae*) ou dans l'espace (*ratione loci*). On s'intéressera surtout ici aux deux premières hypothèses.

a) L'articulation des normes dans le temps et la primauté de la lex posterior

En cas de conflit de normes, une première possibilité consiste à faire primer la loi nouvelle sur la loi ancienne : c'est le principe de

51. Herbert L. A. Hart, *Le Concept de droit*, *op. cit.*

primauté de la *lex posterior*. Ce dernier peut conduire le juge, dans certains cas, à faire jouer la théorie de l'abrogation implicite. Une loi nouvelle, lorsqu'elle est bien rédigée, comporte des dispositions finales qui procèdent à *l'abrogation expresse* des dispositions antérieures contraires. Mais tel n'est pas toujours le cas. Dès lors, lorsqu'il est confronté à une loi nouvelle radicalement incompatible avec une loi ancienne, le juge considère que cette dernière a été implicitement, mais nécessairement abrogée par la loi postérieure. Cette théorie de *l'abrogation implicite* est d'ailleurs également applicable lorsque la loi nouvelle est une loi constitutionnelle. Le Conseil d'État accepte ainsi de considérer qu'une loi antérieure à la Constitution est implicitement abrogée lorsqu'elle est inconciliable avec cette dernière[52].

b) L'articulation des normes par matière et le choix de la lex specialis

Un conflit de normes peut également trouver une solution dans la délimitation des champs d'application respectifs, *ratione materiae*, des textes en cause. À titre d'exemple, en vertu d'un adage latin, la loi *spéciale* déroge à la loi *générale* (*lex specialis derogat legi generali*). Sur ce fondement, il est fréquent que le juge procède à la conciliation entre des dispositions générales, posant une règle donnée, et des dispositions spéciales, consacrant une règle contraire. À titre d'exemple, si une loi générale impose la motivation des décisions administratives individuelles défavorables, mais qu'une autre loi prévoit pour sa part que certaines de ces décisions ne sont pas motivées – par exemple lorsqu'elles touchent au secret médical –, on ne considérera pas que la seconde loi méconnaît la première, mais simplement qu'elle y apporte une dérogation, dans un cas spécial.

Dans un domaine qui, en apparence, peut paraître éloigné, c'est en réalité à ce mode de raisonnement que se rattache le principe dit « de l'indépendance des législations ». En vertu de ce dernier, il n'est pas possible d'invoquer à l'encontre d'une autorisation administrative un moyen tiré de la violation d'un texte qui relève d'une autre législation. L'exemple classique est tiré du recours contre un permis de construire : le requérant peut seulement invoquer la violation de la législation d'urbanisme, mais pas celle du code de l'environnement ou encore des règles de l'aménagement commercial (qui régissent les modalités d'implantation des grandes surfaces) : le moyen tiré de ces législations est inopérant. Chacune de ces législations a son champ d'application propre et régit une matière déterminée. Une autorisation de construire n'a pas pour objet de

52. CE, 16 décembre 2005, *Syndicat national des huissiers de justice*. En l'espèce, le Conseil d'État estime qu'un texte de 1945 limitant la liberté syndicale des huissiers de justice a été implicitement abrogé par les dispositions du Préambule de 1946 protégeant la liberté syndicale.

sanctionner le respect des autres législations. Le principe de l'indépendance des législations est ainsi un exemple d'articulation des normes en fonction de leur champ d'application respectif.

2/ La hiérarchie des normes et la validité du texte

En cas de conflits de normes, une autre manière de régler la question consiste à se référer à la hiérarchie des normes : la norme inférieure doit normalement être écartée au profit de la norme supérieure. La primauté de la norme supérieure peut même conduire, dans le cas d'un recours contre la norme inférieure, à l'annulation de cette dernière. Pour reprendre la terminologie de Hans Kelsen, la norme inférieure qui méconnaît la norme supérieure n'est pas valide.

La théorie de la hiérarchie des normes a été systématisée par Kelsen en 1934, dans sa *Théorie pure du droit*. Il décrit l'édifice juridique à travers l'image d'une pyramide, dont les étages successifs seraient la Constitution, les lois, puis les actes réglementaires. Cet agencement des normes constitue, chez Kelsen, l'une des conditions nécessaires à l'émergence d'un véritable État de droit : ce dernier suppose l'existence, d'une part, de normes juridiques précisément hiérarchisées, d'autre part, de contrôles juridictionnels permettant de faire respecter cette hiérarchie.

Le paradigme de la pyramide commande ainsi, depuis un siècle, le raisonnement des juristes. Il n'est cependant pas le seul modèle aujourd'hui proposé pour l'analyse de la diversité des règles juridiques. Face à l'internationalisation croissante du droit, qui se traduit tant par l'enchevêtrement de règles parfois contradictoires que par une pluralité de juridictions, nationales, européennes et internationales, le principe hiérarchique pyramidal ne semble plus suffire à expliquer la réalité toujours plus complexe du paysage juridique. Le défi étant ainsi posé au juriste d'adapter son paradigme à l'agencement nouveau de l'ordre juridique, François Ost et Michel Van de Kerchove se demandent par exemple si l'image du réseau de normes, auquel répond un réseau de juges, n'est pas désormais plus pertinente que celle de la pyramide pour rendre compte de la complexité du droit[53]. Mireille Delmas-Marty a conduit pour sa part des réflexions sur les interactions entre ordres juridiques. Soucieuse du respect de la diversité, elle prône l'aménagement d'un « pluralisme ordonné[54] ».

L'existence d'une hiérarchie des normes reste toutefois très importante, en pratique, pour les juristes. Reste alors à définir la

53. François Ost et Michel Van de Kerchove, *De la pyramide au réseau. Pour une théorie dialectique du droit*, Bruxelles, Facultés universitaires Saint-Louis, 2002.

54. Mirelle Delmas-Marty, *Le Pluralisme ordonné. Les forces imaginantes du droit (II)*, Paris, Seuil, 2006.

méthode qui permet de l'établir. Comme souvent en droit, cette hiérarchisation peut reposer sur deux critères, l'un formel, l'autre matériel.

a) Le critère formel de la hiérarchie des normes

La hiérarchie des normes peut d'abord se fonder sur la qualité de l'auteur de la norme. La hiérarchie des normes correspond alors à la hiérarchie des autorités. Ce premier critère, purement formel, permet d'établir un classement relativement simple et objectif des normes, que l'on peut résumer à grands traits comme suit. Au sommet de la pyramide figure la Constitution, en tant qu'elle émane de l'autorité souveraine du peuple. Viennent ensuite les lois, en leur qualité d'actes du Parlement, expression de la volonté nationale. Se trouvent enfin les actes édictés par le pouvoir exécutif, eux-mêmes classés selon le rang de leur auteur : décrets du président de la République ou du Premier ministre, puis arrêtés ministériels.

Ce critère n'est toutefois pas toujours suffisant. Ainsi, il ne permet pas à lui seul de régler l'épineuse question, sur laquelle nous reviendrons plus longuement, de la place des traités internationaux dans la hiérarchie des normes. Si l'on sait qu'il s'agit de contrats passés entre États, qui en sont donc les auteurs, la qualité de leurs auteurs ne nous renseigne pas directement sur leur position dans la pyramide des normes.

b) Le critère matériel de la hiérarchie des normes

Le second critère envisageable repose sur la prise en considération du contenu de la norme : ce dernier, dans certains cas, peut permettre de dégager une hiérarchie matérielle entre les règles juridiques. Intuitivement, on perçoit bien que les droits fondamentaux ont une valeur plus importante que les simples règles de procédure administrative et ce, indépendamment du point de savoir quel est l'auteur de ces normes.

Certes, le critère matériel présente l'inconvénient de laisser une large place à une appréciation subjective de la valeur intrinsèque de chaque norme et, partant, à des discussions infinies sur le poids respectif de chaque catégorie de règles. En outre, le caractère plus ou moins fondamental d'une norme est susceptible d'évoluer avec le temps. Ainsi, pour reprendre l'exemple précédent, certaines règles de procédure administrative se sont-elles vues hissées au rang de principes fondamentaux par la Charte des droits fondamentaux de l'Union européenne, qui consacre le principe de *bonne administration*. Aussi, à titre principal, le juriste se tournera-t-il plus volontiers vers une hiérarchisation formelle, qui permet une approche plus objective de l'ordonnancement juridique.

À titre subsidiaire, une hiérarchie matérielle conserve toutefois une utilité. Elle permet notamment de distinguer entre eux les actes émanant d'une même autorité. On peut illustrer cette idée à travers deux exemples. D'une part, les ordonnances sont *formellement* un acte de l'exécutif, mais *matériellement*, un acte de nature législative. C'est bien leur contenu qui les place au-dessus de ces autres actes de l'exécutif que sont les décrets. D'autre part, au sein des décrets, il existe une hiérarchie qui tient à l'objet de l'acte. Par exemple, même lorsqu'il émane d'une même autorité, un acte réglementaire est supérieur à un acte individuel ; pour le dire autrement, une même autorité ne peut pas, à l'occasion d'une décision individuelle, déroger à une règle qu'elle a posée antérieurement dans un acte réglementaire, quand bien même elle se prévaudrait de la circonstance qu'elle est l'auteur de ce dernier. Ainsi, le seul critère de l'auteur de l'acte ne suffit pas toujours pour établir une hiérarchie entre les normes : la prise en compte de son contenu est parfois nécessaire.

B | LA RECHERCHE DU SENS DU TEXTE : L'INTERPRÉTATION DES NORMES

À titre préliminaire, il convient de distinguer le texte et la norme. Il existe des *normes sans texte* – par exemple, les principes généraux du droit. Ou des *textes sans normes* – telles les dispositions proclamatoires, sans portée normative, qui figurent dans certaines lois et que l'on appelle parfois des « neutrons législatifs ». Une norme est immatérielle et relève du monde des idées. Un texte n'est donc que le support matériel d'une norme. Mais il existe d'autres types de support pour les normes : un feu rouge ou un panneau d'interdiction sont les symboles graphiques d'une règle de droit. Un texte, pour sa part, exprime la norme par le biais d'un *énoncé*, reposant sur le langage, avec toutes les limites inhérentes à ce dernier. Le sens des mots est éminemment variable, selon les époques ou leur contexte. Une formulation recouvre toujours une part plus ou moins grande d'implicite. C'est pourquoi, selon la formule de Hart, empruntée aux linguistes, le droit a une « texture ouverte ». En outre, la portée d'une phrase peut varier selon la qualité de son auteur. L'affirmation selon laquelle « l'emblème national est le drapeau tricolore, bleu, blanc, rouge » a une portée purement *descriptive* si elle figure dans un manuel de droit public. La même phrase devient cependant *prescriptive* lorsqu'elle est énoncée, comme c'est le cas aujourd'hui, à l'article 2 de la Constitution de 1958[55]. L'application d'un texte suppose donc le plus souvent un travail d'interprétation.

55. Voir sur ces questions la théorie des actes de langage du philosophe anglais John L. Austin dans son ouvrage, *Quand dire, c'est faire* (1962), reprise par l'Américain John R. Searle dans *Les Actes de langage* (1969).

Avant d'interpréter un texte, une étape indispensable consiste à vérifier la nécessité d'une interprétation : selon la formule latine *interpretatio cessat in claris*, il n'y a pas matière à interprétation si le texte est clair. C'est seulement dans le cas contraire, si le texte est obscur, que le juge a le droit d'interpréter un texte. Il s'agit même d'un devoir, puisqu'il ne peut laisser un litige sans réponse. Selon la formule fameuse de l'article 4 du code civil : « Le juge qui refusera de juger, sous prétexte du silence, de l'obscurité ou de l'insuffisance de la loi, pourra être poursuivi comme coupable de déni de justice. »

Les juristes font habituellement appel à différentes méthodes d'interprétation. On peut les classer, d'une façon schématique, en deux catégories : les méthodes subjectives et les méthodes objectives.

La *méthode subjective d'interprétation* repose sur la recherche de l'intention de l'auteur du texte. Elle est très cohérente avec une vision subjective de la nature du droit, regardé comme le fruit de la volonté. Si une règle est un acte de volonté, il est naturel de rechercher en priorité quelle était cette volonté. Concrètement, cette méthode conduit à se référer aux travaux préparatoires, pour cerner l'intention des auteurs, leurs motifs ou encore l'objectif poursuivi par la disposition en cause. Si elle est largement utilisée par le juge, elle peut toutefois se heurter à certaines limites. Par exemple, la « volonté » de l'auteur est parfois une fiction juridique. Tel est le cas des textes qui sont une œuvre collective : qu'est-ce que la volonté du Parlement, réunissant deux assemblées, regroupant elles-mêmes plusieurs centaines d'individus ? Une telle volonté est-elle réellement étayée par telles déclarations ponctuelles d'un ou deux parlementaires à l'occasion des débats ? En outre, elle est parfois datée historiquement : la volonté des auteurs de la Déclaration de 1789 doit-elle être la seule manière d'interpréter ce texte ancien, deux siècles plus tard, dans un contexte marqué par de profondes évolutions sociales ou scientifiques ?

C'est pourquoi il est parfois nécessaire de compléter cette approche par les *méthodes objectives d'interprétation*. Celles-ci consistent à se référer au contexte du texte – ou plutôt à ses divers contextes, au pluriel. Il s'agit d'abord du *contexte juridique*. On rapportera un alinéa aux autres dispositions d'un article ; on replacera un article dans son chapitre ; on interprétera un texte à la lumière de l'ensemble du système juridique. Ces méthodes sont guidées par le souci de cohérence du système juridique. Le principe de « l'interprétation stricte des exceptions » s'inscrit dans cette logique : lorsqu'une disposition déroge à un principe plus général, il est naturel, en cas de doute, de faire primer le principe. Tel est également le cas du principe de « l'interprétation conforme » : lorsqu'une disposition est susceptible de plusieurs interprétations, on doit toujours choisir l'interprétation la plus conforme aux normes supérieures, le législateur étant présumé, dans le doute, avoir entendu respecter la Constitution. Un arrêt de principe de la Cour constitutionnelle allemande du 23 octobre 1951 illustre bien cette recherche du contexte juridique, en jugeant qu'« une disposition constitutionnelle seule ne peut être examinée de manière isolée et interprétée par elle-même. Elle est dans un système sémantique avec les autres dispositions de la Constitution qui forme une unité interne. De l'ensemble de la Constitution résultent certains principes et décisions fondamentales auxquels les dispositions constitutionnelles particulières sont soumises[56] ».

Il est également parfois utile de prendre en considération le *contexte historique, économique et social* d'une disposition, qui a pu évoluer. Typiquement, compte tenu de son ancienneté, la Déclaration de 1789 se prête bien à une « lecture actualisée » : elle doit être interprétée à la lumière des exigences contemporaines. Lorsque ses auteurs ont rédigé l'article 16, en vertu duquel « toute société dans laquelle la garantie des droits n'est pas assurée n'a point de constitution », ils n'avaient sans doute pas présent à l'esprit « l'objectif d'intelligibilité et d'accessibilité » de la loi qu'en a déduit le Conseil constitutionnel dans sa décision du 16 décembre 1999, *Codification par ordonnance.*

En Allemagne, la Cour constitutionnelle fédérale, qui s'est toujours montrée particulièrement audacieuse, a précisé, dans la décision *Soraya* du 14 février 1973, la façon dont elle envisage le rôle du juge en matière de *Rechtsfortbildung*, c'est-à-dire de « développement du droit » : « Selon la Loi fondamentale, le juge n'est pas réduit à appliquer au cas qui lui est soumis les directives du législateur dans la limite du sens des mots qu'il a employés. Une telle conception supposerait que l'ordre juridique de l'État ne comporte aucune lacune, ce qui est certes défendable comme postulat du principe de sécurité juridique, mais qui est pratiquement inaccessible. L'activité du juge ne consiste pas seulement à connaître et à exprimer les décisions du législateur. En particulier, la tâche de la jurisprudence peut exiger que les valeurs qui sont immanentes à l'ordre constitutionnel, mais qui n'ont pas été, du moins pas entièrement, exprimées dans les textes, soient mises en lumière par un acte qui les reconnaisse et ne soit pas dépourvu de tout exercice de volonté et qu'elles soient mises en œuvre dans les décisions de justice. Ce faisant, le juge doit s'abstenir de tout arbitraire ; sa décision doit être fondée sur des arguments rationnels[57]. »

56. BVerfGE 1, 14 du 23 octobre 1951, § IV des *Leitsätze*.
57. BVerfGE 34, 269 du 14 février 1973, § 39.

III

L'EXIGENCE DE QUALITÉ DU DROIT

En réponse à cette situation, l'exigence de qualité de la loi a été mieux prise en compte par la jurisprudence et a fait l'objet d'améliorations du processus normatif.

A | L'EXIGENCE DE QUALITÉ DE LA LOI DANS LA JURISPRUDENCE

Les exigences constitutionnelles ont été progressivement renforcées dans ce domaine, tout particulièrement en ce qui concerne la clarté et la précision de la loi. S'inspirant du droit européen, le Conseil d'État et le Conseil constitutionnel ont consacré des exigences relevant des principes de sécurité juridique et de confiance légitime.

1/ *L'objectif d'intelligibilité et d'accessibilité de la loi*

C'est d'abord dans le domaine pénal que le besoin de précision de la loi est apparu. Comme le relevait Portalis, « en matière criminelle, où il n'y a qu'un texte formel et préexistant qui puisse fonder l'action du juge, il faut des lois précises et point de jurisprudence[58] ». Le principe de légalité des crimes et des délits, consacré par l'article 8 de la Déclaration des droits de l'homme de 1789, implique ainsi l'obligation, pour le législateur, de définir « les éléments constitutifs de l'infraction en des termes clairs et précis[59] ».

D'une façon plus générale, un objectif de valeur constitutionnelle d'intelligibilité et d'accessibilité de la loi a été consacré par le Conseil constitutionnel dans sa décision du 16 décembre 1999, *Codification par ordonnance*, qui le rattache à la nécessité d'une « garantie des droits » posée par l'article 16 de la Déclaration de 1789. Sur le fondement de l'article 34 de la Constitution, un principe de clarté de la loi a ensuite été dégagé par sa décision du 12 janvier 2002, *Loi de modernisation sociale*[60]. Il en découle deux séries

58. Portalis, « Discours préliminaire sur le projet de code civil », *op. cit.*

59. CC, 18 janvier 1985, *Loi relative au redressement et à la liquidation judiciaires des entreprises.*

60. Dès 1998, le principe de clarté de la loi avait été évoqué par les requérants, mais sans que le Conseil constitutionnel ne se l'approprie (CC, décision n° 98-401 DC du 10 juin 1998, *Loi d'orientation et d'incitation relative à la réduction du temps de travail*). C'est la décision n° 2001-455 DC du 12 janvier 2002, *Loi de modernisation*

d'obligations pour le législateur. Celui-ci doit tout d'abord veiller à adopter dans les textes qu'il vote « des dispositions suffisamment précises et des formules non équivoques afin de prémunir les sujets de droit contre une interprétation contraire à la Constitution ou contre le risque d'arbitraire[61] ». Une disposition fiscale comprenant de très nombreux renvois a ainsi été censurée au motif qu'elle paraissait « d'un niveau de complexité tel qu'elle en [devenait] inintelligible pour le citoyen[62] », alors qu'une telle complication n'était en rien commandée par des considérations d'intérêt général. Le législateur doit également s'assurer d'épuiser sa compétence « sans reporter sur des autorités administratives ou juridictionnelles le soin de fixer des règles dont la détermination n'a été confiée par la Constitution qu'à la loi[63] ».

Le Conseil d'État fait application de ces principes aux actes réglementaires : l'assemblée du contentieux, dans son arrêt *Société KPMG* du 24 mars – essentiellement connu pour la consécration du principe de sécurité juridique –, a confirmé que le moyen tiré de la violation de l'objectif de valeur constitutionnelle de clarté et d'intelligibilité de la norme pouvait être invoqué à l'encontre d'un décret.

2/ *L'exigence de portée normative de la loi*

Cette attention accrue portée par le juge constitutionnel à la qualité de la norme législative se traduit également par le fait qu'il n'hésite pas à censurer les dispositions législatives sans portée normative (les neutrons législatifs). Ainsi, par sa décision du 21 avril 2005, *Loi d'orientation et de programme pour l'avenir de l'école*, le juge constitutionnel a censuré comme dépourvue de caractère normatif la disposition qui affirmait que « l'objectif de l'école est la réussite de tous les élèves[64] ». Selon lui, il résulte de l'article 6 de la Déclaration de 1789, en vertu duquel « la loi est l'expression de la volonté générale », que « la loi a pour vocation d'énoncer des règles et doit par suite être revêtue d'une portée normative ». Certains ont pu regretter la sévérité de cette jurisprudence, qui abandonne « la ligne pragmatique qui avait prévalu depuis la décision nº 82-142 DC

sociale, qui l'a consacré officiellement, comme découlant de l'article 34 de la Constitution. Voir également, s'agissant de l'exigence de clarté de la loi en matière pénale, CC, décision nº 2004-482 DC du 2 mars 2004, *Loi portant adaptation de la justice aux évolutions de la criminalité.*

61. CC, décision nº 2005-514 DC du 28 avril 2005, *Loi relative à la création d'un registre international français*, cons. 14.

62. CC, nº 2005-531 DC du 29 décembre 2005, *Loi de finances pour 2006.*

63. CC, décision nº 2005-514 DC du 28 avril 2005, *Loi relative à la création d'un registre international français*, cons. 14.

64. CC, décision nº 2005-512 DC du 21 avril 2005, *Loi d'orientation pour l'avenir de l'école.*

du 27 juillet 1982[65] », dans laquelle, à propos des dispositions d'une loi dépourvues de tout effet juridique, le Conseil constitutionnel décidait qu'« en raison même de leur caractère inopérant, il n'y a pas lieu d'en faire l'objet d'une déclaration de non-conformité à la Constitution ».

Le Conseil constitutionnel a en revanche refusé de consacrer une exigence constitutionnelle d'unité d'objet de la loi, relevant, face aux objections présentées à l'encontre du caractère hétéroclite d'un texte, qu'« aucune exigence constitutionnelle n'impose que les dispositions d'un projet ou d'une proposition de loi présentent un objet analogue[66] ».

3/ *Le principe de sécurité juridique*

Apparu en Allemagne, le principe de sécurité juridique s'est d'abord développé en droit européen avant d'être introduit en droit interne.

a) La sécurité juridique dans les jurisprudences européennes

Le souci de qualité de la loi se traduit également à travers les principes généraux de sécurité juridique et de confiance légitime qui irriguent depuis longtemps le droit des pays européens. Tel est particulièrement le cas en Allemagne, où la Cour constitutionnelle reconnaît de longue date ces principes comme des éléments fondamentaux de l'État de droit.

Trouvant sa source d'inspiration dans le droit allemand, la Cour de justice des Communautés européennes a consacré ces exigences en tant que principes généraux du droit communautaire : le principe de sécurité juridique a été affirmé dans son arrêt *Bosch* du 6 avril 1962 et le principe de confiance légitime par une décision, *Commission c/ Conseil*, du 5 juin 1973.

Le principe de sécurité juridique implique deux grandes séries de conséquences dans la jurisprudence de la Cour de justice, comme l'ont montré Jean-Pierre Puissochet et Hubert Legal[67] : d'une part, la clarté et la publicité des normes, pour que chacun en connaisse avec certitude les effets juridiques ; d'autre part, des modalités d'application dans le temps qui respectent la stabilité des

65. Voir en ce sens les interrogations de Jacques Arrighi de Casanova, « Pouvoir normatif du Conseil constitutionnel et stabilité de la norme », *Cahiers du Conseil constitutionnel*, 24, dossier « Le pouvoir normatif du juge constitutionnel », juillet 2008.

66. CC, n° 2011-629-DC du 12 mai 2011, *Loi de simplification et d'amélioration de la qualité du droit*.

67. Jean-Pierre Puissochet et Hubert Legal, « Le principe de sécurité juridique dans la jurisprudence de la Cour de justice des Communautés européennes », *Cahiers du Conseil constitutionnel*, 11, dossier « Le principe de sécurité juridique », décembre 2001.

situations juridiques, ce qui inclut, sauf exception, l'absence de rétroactivité. Ce principe suppose que « les citoyens soient, sans que cela appelle de leur part des efforts insurmontables, en mesure de déterminer ce qui est permis et ce qui est défendu par le droit applicable », selon la formule du Conseil d'État dans son rapport annuel pour 2006.

Le principe de confiance légitime est la traduction subjective du même principe, du point de vue des particuliers. Il renvoie à la confiance que chaque citoyen est en droit d'avoir dans les autorités publiques quant à la stabilité des règles juridiques. Il s'applique en particulier en matière économique, où les réglementations ne sauraient être modifiées de manière excessivement fréquente ou imprévisible. Les particuliers doivent toutefois démontrer qu'ils peuvent avoir des « espérances fondées[68] » dans la stabilité de la norme et que sa modification n'est pas prévisible.

La Cour européenne des droits de l'homme a également consacré le principe de sécurité juridique[69] et le principe de confiance légitime[70]. Elle fonde en particulier son raisonnement sur la protection du droit de propriété par l'article 1er du premier protocole additionnel, dont elle déduit la protection de la *perspective* de propriété. Dès lors, en matière de créance, une loi rétroactive, parce qu'elle porte atteinte à « l'espérance légitime » d'obtenir la jouissance d'un droit de propriété, méconnaît la Convention européenne des droits de l'homme.

b) Les principes de sécurité juridique et de confiance légitime en droit interne

Les notions de sécurité juridique et de confiance légitime n'ont été introduites que progressivement en France. Traditionnellement, le droit français se montre en effet sensible à la nécessité d'adaptation des règles juridiques, afin de prendre en compte les évolutions du contexte dans lequel elles s'inscrivent. S'agissant des actes administratifs, « nul n'a droit au maintien d'une réglementation », selon le principe traditionnel. Dans la lignée de l'arrêt *Blanco*, qui évoquait dès le 8 février 1873 les « règles spéciales qui varient suivant les besoins du service », l'arrêt *Jaffray* du 4 mai 1960 juge qu'« il appartient au gouvernement de modifier à tout moment, suivant les besoins du service, les règlements en vigueur ». S'agissant des lois, le Conseil constitutionnel a toujours estimé que le principe de non-rétroactivité des lois, même s'il est consacré par l'article 2 du code civil[71], n'a pas de valeur constitutionnelle en dehors de la matière pénale.

68. CJCE, 19 mai 1983, *Mavridis c/ Parlement.*
69. CEDH, 13 juin 1979, *Marche c/ Belgique.*
70. CEDH, 15 juin 2006, *Lykourezos c/ Grèce.*
71. Aux termes de l'article 2 du code civil : « La loi ne dispose que pour l'avenir ; elle n'a point d'effet rétroactif. »

Toutefois, l'exigence de sécurité juridique inspire depuis longtemps la jurisprudence du Conseil d'État. Elle se traduit par exemple par le principe de non-rétroactivité des actes administratifs ou par l'interdiction du retrait des actes créateurs de droit. La notion de confiance légitime apparaît également en filigrane dans la jurisprudence sur les promesses non tenues : une promesse, même illégale, engage la responsabilité de l'administration, dès lors qu'elle est suffisamment précise et qu'elle a entraîné un préjudice direct[72]. De même, le Conseil constitutionnel encadre très strictement la rétroactivité de la loi : sans aller jusqu'à l'interdire totalement, il la subordonne à l'existence d'un « motif d'intérêt général suffisant[73] ». La prise en considération de la sécurité juridique le conduit également à admettre la possibilité des validations législatives : dans la balance des impératifs en présence, l'exigence de stabilité des situations peut parfois justifier l'atteinte à la séparation des pouvoirs que constitue la validation par le législateur des effets des actes annulés par le juge[74].

Approfondissant leur propre jurisprudence, dans le cadre d'un dialogue avec les cours européennes, les deux juridictions consacrent progressivement les principes de sécurité juridique et de confiance légitime. Ces principes sont d'abord applicables en tant que principes *européens*. Ils constituent en effet des principes généraux du droit de l'Union européenne, qui sont partie intégrante de l'ordre juridique de l'Union. Dès lors, ils doivent être respectés par les actes nationaux – lois ou règlements – à chaque fois que la situation interne est régie par le droit de l'Union européenne, comme l'a jugé le Conseil d'État dans son arrêt *Freymuth* du 9 mai 2001. En revanche, selon le même arrêt, en dehors du champ du droit communautaire, le principe de confiance légitime ne s'applique pas.

De même, la notion d'espérance légitime, en tant que principe issu de la Convention européenne des droits de l'homme, a été appliquée par le Conseil d'État, en particulier en matière fiscale. Dans un arrêt, *Société EPI*, du 9 mai 2012, après avoir cité l'article 1er du premier protocole additionnel, il juge « qu'à défaut de créance certaine, l'espérance légitime d'obtenir une somme d'argent doit être regardée comme un bien au sens de ces stipulations[75] ».

Surtout, avec l'arrêt *Société KPMG* du 24 mars 2006 déjà évoqué, le Conseil d'État a solennellement consacré le principe de sécurité juridique en tant que principe général de *droit interne*[76]. Il en déduit

72. CE, 24 avril 1964, *Société des Huileries de Chauny.*

73. Décision n° 98-404 DC du 18 décembre 1998, *Loi de financement de la sécurité sociale pour 1999*, cons. 5.

74. L'adoption d'une loi de validation doit toutefois être justifiée par un impérieux motif d'intérêt général : CC, décision n° 80-119 DC du 22 juillet 1980 ; CEDH, 28 octobre 1999, *Zielinski et Pradal c/ France.*

75. Requête n° 308996.

76. CE, 24 mars 2006, *Société KPMG et autres.*

en particulier l'obligation, pour le pouvoir réglementaire, de prévoir des dispositions transitoires lors du changement de certaines réglementations. Tel est le cas lorsque des règles nouvelles portent atteinte à des contrats en cours : dans l'affaire *KPMG*, un décret prévoyait des sanctions pour la violation de ses dispositions, mais entrait en vigueur dès le lendemain de sa publication, sans laisser aux destinataires un temps suffisant pour se conformer à la nouvelle réglementation.

S'il n'a pas consacré explicitement le principe de sécurité juridique, le Conseil constitutionnel a toutefois affirmé une exigence directement inspirée du principe de confiance légitime. Dans sa décision *Loi de financement de la sécurité sociale pour 2014*, du 19 décembre 2013[77], il commence par réaffirmer sa position constante, selon laquelle « il est à tout moment loisible au législateur, statuant dans le domaine de sa compétence, de modifier des textes antérieurs ou d'abroger ceux-ci en leur substituant, le cas échéant, d'autres dispositions ». Il ajoute toutefois une nouvelle précision, en approfondissant sa jurisprudence sur la notion de garantie des droits, en affirmant que le législateur « ne saurait, sans motif d'intérêt général suffisant, ni porter atteinte aux situations légalement acquises ni remettre en cause les effets qui peuvent légitimement être attendus de telles situations ». En l'espèce, il retient une réserve d'interprétation pour écarter une modification des taux de prélèvements sociaux portant, d'une façon rétroactive, sur des produits de contrats d'assurance vie déjà acquis et qui devaient, au regard du droit antérieur, bénéficier d'un régime favorable d'imposition.

B | DES AMÉLIORATIONS DU PROCESSUS NORMATIF

Plusieurs mécanismes ont été introduits durant ces dernières années afin de mieux prendre en compte l'exigence de qualité de la loi dans le processus même d'élaboration des textes. La place du droit souple est en même temps mieux reconnue.

1/ *Un effort de codification et de simplification*

Des efforts ont été entrepris dans deux directions pour améliorer la présentation et la lisibilité des normes législatives existantes. Un effort important de codification, qui permet à la fois d'améliorer l'accessibilité du droit, sa cohérence et sa mise à jour, a été entrepris à partir de 1989, avec la création de la Commission supérieure de

77. Décision n° 2013-682 DC du 19 décembre 2013.

codification. Placée sous la présidence du Premier ministre, elle est animée par son vice-président, qui est un président de section au Conseil d'État, en activité ou honoraire, Guy Braibant jusqu'en 2005, puis Daniel Labetoulle. Son rôle dans l'amélioration de la qualité de la loi a été reconnu par le Conseil constitutionnel, qui a considéré que « la codification répond à l'objectif de valeur constitutionnelle d'intelligibilité et d'accessibilité de la loi[78] ». Intervenant en principe à droit constant, c'est-à-dire sans modification de fond des textes en vigueur, la codification constitue, en raison de sa grande technicité, un cas privilégié de recours aux ordonnances de l'article 38 de la Constitution. Des codes anciens tels que le code de commerce, le code rural et le code du travail ont ainsi été refondus et ont vu leur lisibilité améliorée, tandis qu'ont été adoptés de nouveaux codes, comme le code général des collectivités territoriales, le code de justice administrative, le code de l'environnement ou encore le code monétaire et financier. On peut également citer le code des relations entre le public et l'administration, issu d'une ordonnance du 23 octobre 2015[79], qui regroupe dans un texte clair et accessible l'ensemble des règles relatives à la procédure administrative non contentieuse.

Plusieurs lois dites « de simplification », visant à simplifier et à améliorer la qualité du droit[80], ont par ailleurs été adoptées par le Parlement au cours de ces dernières années, notamment sous l'impulsion de Jean-Luc Warsmann, alors président de la commission des lois de l'Assemblée nationale. Elles ont permis d'abroger des textes devenus inutiles ou inadaptés, de clarifier certains pans de la législation, de corriger des malfaçons législatives et de simplifier certaines démarches administratives. Certaines ont une portée *générale*. Ainsi, la loi du 17 mai 2011, qui compte deux cents articles modifiant de très nombreux codes, vise notamment à améliorer les relations des citoyens avec les administrations et intervient dans des domaines aussi variés que le droit de la construction, le traitement des eaux usées, le droit social, les groupements d'intérêt public ou encore le droit pénal. D'autres sont des lois de simplification *sectorielles*, concernant par exemple la vie des entreprises[81] ou la justice[82]. Le processus continue. Ainsi le Sénat a créé un bureau

78. CC, n° 2007-561 DC du 17 janvier 2008, *Code du travail*.

79. L'ordonnance, codifiant sa partie législative, est complétée par un décret du même jour pour sa partie réglementaire.

80. Loi du 20 décembre 2007 relative à la simplification du droit ; loi du 12 mai 2009 de simplification et de clarification du droit et d'allégement des procédures ; loi du 17 mai 2011 de simplification et d'amélioration de la qualité du droit ; loi du 22 mars 2012 relative à la simplification du droit et à l'allégement des démarches administratives.

81. Loi du 20 décembre 2014 relative à la simplification de la vie des entreprises.

82. Loi du 20 février 2015 relative à la modernisation et à la simplification du droit et des procédures dans les domaines de la justice et des affaires intérieures.

d'abrogation des lois anciennes et inutiles (bureau BALAI). Ses travaux, qui se poursuivent, ont conduit à l'adoption de la loi du 11 décembre 2019, qui abroge 44 lois adoptées entre 1819 et 1940.

2/ *Le renforcement du rôle du Conseil d'État en amont de l'adoption des textes*

La révision constitutionnelle du 23 juillet 2008 a ouvert la possibilité, pour les présidents des assemblées parlementaires, de saisir le Conseil d'État pour avis sur une proposition de loi (article 39 de la Constitution). Cette faculté, dont les modalités d'application ont été précisées par la loi organique du 15 juin 2009, établit un parallèle entre la procédure applicable à l'adoption des projets de loi et celle définie pour les propositions de loi.

Le Conseil d'État se voit encore davantage associé à la fonction normative de l'État, pour laquelle il disposait déjà de larges compétences, sa consultation étant obligatoire pour les projets de loi ou d'ordonnance, pour certains projets de décret ou encore pour les projets ou propositions de loi de pays de la Nouvelle-Calédonie[83]. Le Conseil d'État examine alors non seulement le fond des textes – leur conformité aux normes supérieures –, mais également leur forme, c'est-à-dire la qualité de leur rédaction. Il joue ainsi, au sein des institutions, le rôle de gardien de la qualité des textes, pour laquelle il a développé un savoir-faire particulier. À ce titre, en 2004, il a élaboré, conjointement avec le secrétariat général du gouvernement, un *Guide de légistique*, publié et mis à jour en ligne sur le site de Légifrance, qui comprend de nombreuses préconisations quant à la forme et à la procédure d'élaboration des normes et qui constitue une référence majeure pour tous les rédacteurs de texte juridique en France.

3/ *L'obligation de réaliser des études d'impact*

La réalisation d'une étude d'impact a été rendue obligatoire pour les projets de loi par l'article 39 de la Constitution, dans sa rédaction issue de la révision constitutionnelle du 23 juillet 2008, complétée par la loi organique du 15 avril 2009. Sont concernés les projets de loi autres que ceux portant sur les lois constitutionnelles, les lois de finances et de financement de la protection sociale, les lois de programmation pluriannuelle, les lois prorogeant les états de crise ou autorisant la ratification des traités. Cette étude permet fondamentalement de s'interroger sur la nécessité du texte envisagé. Elle doit comporter plusieurs rubriques permettant d'évaluer les modalités d'inscription du texte proposé dans le droit existant, son articulation avec le droit de l'Union européenne, ses conditions d'application

83. Voir sur ce point nos développements sur le Conseil d'État dans le chapitre 25 : La justice administrative.

outre-mer, ses conséquences économiques, sociales et environnementales, ses éventuelles conséquences sur l'emploi public et le nombre de textes d'application nécessaires. Les formations consultatives du Conseil d'État ont donné leur pleine portée à cette obligation, en veillant à la qualité des études d'impact qui accompagnent les projets de loi qui leur sont soumis.

À la condition que ces études d'impact ne constituent pas de simples coquilles vides permettant au gouvernement de satisfaire à l'obligation de présentation de ses textes qui lui est imposée par l'article 39 et dans la mesure où le Parlement en tire les conséquences nécessaires, elles constituent un outil intéressant pour garantir la qualité des textes et contenir l'inflation de textes inutiles. La méthode a d'ailleurs été saluée par le Conseil d'État dans son rapport public pour 2011, qui recommande de l'étendre à d'autres textes, comme les projets de décret d'application des lois.

Il pourrait être utile de renforcer le caractère objectif et indépendant des études d'impact : « L'évaluateur ne peut être l'auteur ou l'inspirateur d'une réforme[84]. » Un rapport de la mission d'information sur la simplification législative de l'Assemblée nationale, en octobre 2014, tout en soulignant l'intérêt de l'évaluation *ex ante* de la norme, formulait plusieurs propositions pour « améliorer la fabrique de la loi ». En particulier, il suggérait de confier cette évaluation à une autorité indépendante, s'inspirant des modèles britannique et allemand, composée de représentants de la société civile. Un tel organe serait chargé d'émettre un avis public sur l'impact du projet. Dans cet esprit, en France, le Conseil national d'évaluation des normes (CNEN), rattaché au comité des finances locales, est consulté sur l'impact financier et technique des projets de textes applicables aux collectivités locales.

4/ *Un meilleur suivi de l'application des lois*

L'édiction de décrets d'application des lois dans un « délai raisonnable » constitue une obligation juridique pour le gouvernement, sanctionné le cas échéant par la mise en cause de la responsabilité de l'État[85]. Le Conseil d'État retient une conception rigoureuse du délai raisonnable : tout en tenant compte des circonstances particulières de chaque situation, il sanctionne parfois un délai inférieur à un an[86].

Dès lors, plusieurs instruments ont été mis en place pour assurer un meilleur suivi des décrets d'application des lois. L'article 67 de

84. Jean-Marc Sauvé, audition par la mission d'information sur la simplification législative, 22 mai 2014.

85. CE, 27 novembre 1964, *Dame veuve Renard*.

86. À titre d'illustration, CE, 27 juillet 2005, *Association Bretagne Ateliers*, n° 261694.

la loi du 9 décembre 2004 de simplification du droit prévoit qu'« à l'issue d'un délai de six mois suivant la date d'entrée en vigueur d'une loi, le gouvernement présente au Parlement un rapport sur la mise en application de cette loi ». Pour assurer le respect de cette obligation, dès l'adoption définitive de la loi par le Parlement, le secrétaire général du gouvernement établit un tableau de programmation des mesures d'application, diffusé sur le site de Légifrance.

À l'Assemblée nationale, depuis 1990, la Commission des finances assure le suivi des dispositions fiscales et rédige des rapports d'information. En 2004, cette pratique s'est cristallisée dans le règlement de l'Assemblée et a été généralisée aux autres commissions. Six mois après l'entrée en vigueur d'une loi, deux députés doivent présenter un rapport relatif à son application, l'un d'eux étant membre d'un groupe d'opposition. De même, au Sénat, des rapports sur l'application des lois sont présentés devant les diverses commissions permanentes. Une commission spécialisée, la Commission de contrôle de l'application des lois, avait même été mise en place en 2011, avant d'être supprimée en 2014.

La situation semble s'améliorer. Ainsi un rapport sénatorial relevait qu'au 31 mars 2019, sur les 41 lois adoptées lors de la session 2017-2018, 28 nécessitaient des mesures d'application. Or, parmi ces dernières, le « taux d'application » était de 76 %[87] : 453 mesures sur 589 avaient été prises en un an. Il s'agit là du plus haut niveau atteint depuis que le Parlement s'enquiert de l'application des lois, puisqu'en 2018, le taux s'élevait à 73 % et, en 2014, à 65 %.

5/ Une tendance observée dans l'ensemble de l'Europe

Des efforts analogues sont accomplis dans les autres pays européens. Des exigences sont posées en matière d'évaluation de la loi avant son adoption et des programmes d'abrogation des lois inutiles sont lancés.

En Allemagne, les analyses d'impact de la réglementation sont contrôlées par le Conseil national pour le contrôle des normes (*Nationaler Normenkontrollrat*), mis en place en 2006. Les membres de cet organisme, qui bénéficient d'une indépendance par rapport au gouvernement fédéral, sont choisis en fonction de leurs compétences complémentaires dans les domaines économique, juridique, administratif et politique.

En Espagne, l'article 26 de la *ley del Gobierno* prévoit la réalisation d'une évaluation préalable pour toutes les initiatives législatives et réglementaires gouvernementales.

En Belgique, une loi du 25 avril 2007 a établi un Comité parlementaire chargé du suivi législatif au sein du Parlement fédéral,

87. Valérie Létard, *Rapport d'information n° 542 (2018-2019)*, Sénat, 12 juin 2019, p. 2.

dont la vocation consiste à évaluer la législation fédérale et à en améliorer la qualité. Dans cet esprit, en 2008, le Conseil d'État belge a établi un guide sur les *Principes de technique législative*.

Au Royaume-Uni, deux instances indépendantes placées auprès du Premier ministre, Better Regulation Task Force et Better Regulation Executive, ont pour mission de veiller à la cohérence, à l'utilité et à la qualité des textes.

En Suisse, l'exigence d'étude d'impact a été constitutionnalisée : « L'Assemblée fédérale veille à ce que l'efficacité des mesures prises par la Confédération fasse l'objet d'une évaluation. » (Article 170 de la Constitution du 18 avril 1999). La disposition est explicitée par l'article 141 de la loi du 13 décembre 2002 sur l'Assemblée fédérale, qui impose au Conseil fédéral d'accompagner ses projets d'actes législatifs d'un document dénommé « message », dans lequel leur impact est évalué.

Au niveau de l'Union européenne, le Comité d'examen de la réglementation (autrefois appelé Comité d'analyse d'impact) dispose d'attributions analogues. Il vérifie tous les projets d'analyse d'impact de la Commission, ainsi que les évaluations de la législation en vigueur, et émet des avis et des recommandations à leur sujet. Il conseille également le secrétariat général de la Commission sur la politique d'amélioration de la réglementation.

Chapitre 7

La Constitution

Norme suprême, la Constitution régit le fonctionnement des pouvoirs publics et consacre des principes fondamentaux qui irriguent l'ensemble des branches du droit, public comme privé. Aussi, en droit administratif, les sources constitutionnelles jouent-elles un rôle particulièrement éminent[1]. Dotée d'un contenu d'une grande richesse, la Constitution du 4 octobre 1958 est placée au sommet de la hiérarchie des normes. Son étude appelle des précisions liminaires sur la notion de constitution.

I

LA NOTION DE CONSTITUTION

La notion de constitution est intrinsèquement liée à la démocratie et à l'État de droit. Dans son acception moderne, elle reflète l'idée, qui s'est développée progressivement au Siècle des lumières, que le pouvoir politique doit être régi par des règles juridiques : le pouvoir est « constitué » par le droit. S'inspirant de cette philosophie, la Constitution des États-Unis d'Amérique est adoptée en 1787 par la convention de Philadelphie, puis ratifiée par les États fédérés. Cette conception sera reprise en France avec la Révolution française, en particulier sous l'influence de l'abbé Sieyès. En témoigne l'article 16 de la Déclaration

1. Bernard Stirn, *Les Sources constitutionnelles du droit administratif*, Paris, LGDJ, 2019 [10e éd.].

de 1789, en vertu duquel « toute société dans laquelle la garantie des droits n'est pas assurée, ni la séparation des pouvoirs déterminée, n'a point de constitution ». Fruits de l'histoire et des traditions, le contenu et la forme de la constitution sont très variables d'un État à l'autre. Comme pour la notion de hiérarchie des normes, on peut croiser deux approches, matérielle et formelle : la constitution peut être définie comme l'ensemble des règles et principes constitutifs d'un État, adoptés par le pouvoir constituant.

A | LA DÉFINITION MATÉRIELLE DE LA CONSTITUTION

Une définition matérielle de la constitution conduit, en s'intéressant au contenu de la norme, à observer que celle-ci contient les règles et principes constitutifs d'un État. De ce point de vue, l'objet des constitutions a évolué. Initialement, au XIXe siècle, la notion de constitution visait essentiellement la question de l'organisation des pouvoirs publics. Napoléon affirmait, dans une formule restée célèbre : « Il faut qu'une constitution soit courte et obscure. » Aujourd'hui, le champ du droit constitutionnel est plus ambitieux : définissant l'ensemble des principes gouvernant la vie civile, sociale et économique du pays, la constitution est devenue le socle du système juridique tout entier. Ce n'est plus seulement le pouvoir, c'est toute la vie en société qui est constituée par le droit.

Les constitutions modernes comportent en général deux grands ensembles de normes : d'une part, des règles formelles, relatives à l'organisation de l'État (forme unitaire ou fédérale, organisation territoriale, compétence des différents pouvoirs publics, procédure d'adoption des actes) ; d'autre part, des règles de fond, composées des principes fondamentaux, concernant pour l'essentiel les droits et libertés protégés par la constitution. On pourrait ainsi esquisser le plan type d'une constitution moderne. Celle-ci comporterait, en schématisant, deux grandes parties. La première, consacrée à l'organisation des pouvoirs publics, traiterait successivement des différents pouvoirs organisés à l'échelon national, exécutif, législatif et judiciaire. Sur le plan infra-étatique, les collectivités territoriales et les collectivités d'outre-mer feraient l'objet de règles spécifiques. Enfin, les rapports avec les normes et institutions supra-étatiques pourraient également être abordés, avec des dispositions consacrées aux traités internationaux (article 54 de la Constitution française) ou aux organisations supranationales, telles que l'Union européenne (titre XV de la Constitution française). La seconde partie de notre constitution type porterait sur la question des droits fondamentaux, que le texte constitutionnel pourrait subdiviser en diverses catégories. Une *summa divisio* traditionnelle distingue les droits civils et politiques des droits économiques et sociaux, à la manière des deux pactes internationaux des Nations unies du 16 décembre 1966 ; depuis les années 1970 et 1980 s'y sont ajoutés les droits dits « de troisième génération », notion large, qui recouvre tant les droits de l'administré ou ceux du consommateur que, plus récemment, les principes liés à la protection de l'environnement.

C'est ainsi que l'on pourrait penser que certaines matières, en raison de leur nature, relèvent normalement de la constitution ou, au contraire, n'y ont pas leur place. La première hypothèse est illustrée par l'arrêt *M. Attenbach* du 27 octobre 2015 : le Conseil d'État estime que la supériorité des traités sur la loi ne s'étend pas aux règles de procédure législative, en se fondant sur l'idée que ces dernières sont entièrement déterminées par la Constitution. La seconde se retrouve dans un intéressant débat sur les « fonctions de la constitution » auquel a donné lieu, en 2016, une tentative de révision constitutionnelle sur la déchéance de nationalité. Certains faisaient valoir qu'une telle mesure relevait seulement du domaine législatif et ne devait donc pas figurer dans une constitution, puisque de telles dispositions doivent pouvoir « continuer de varier selon l'alternance des majorités et les changements de contextes[2] ».

Cette définition matérielle permet d'estimer que tout État dispose d'une constitution, même lorsque, sur le plan purement formel, aucun texte n'a cette dénomination. Ainsi, en France, la Constitution de la Troisième République était en réalité composée des trois lois de 1875 relatives à l'organisation des pouvoirs publics[3]. Sur le plan formel, elles étaient de simples lois ; c'est l'approche matérielle qui permet de les qualifier de lois « constitutionnelles ».

De même, si le Royaume-Uni ne s'est pas doté, au sens formel du terme, d'une véritable constitution, il n'en dispose pas moins de règles, écrites et non écrites, régissant le fonctionnement des institutions politiques. L'absence de constitution écrite n'empêche pas le développement d'un droit constitutionnel britannique, comme l'illustre l'ouvrage d'Albert Venn Dicey, publié en 1885, *An Introduction to the Study of the Law of the Constitution*. Ainsi certains principes possèdent-ils une valeur constitutionnelle. Selon Dicey, le principe premier du droit public britannique est la souveraineté du Parlement (*parliamentary sovereignty*)[4]. Le principe de « prééminence du droit » (*rule of law*) joue également un rôle fondamental outre-Manche, puisqu'il englobe les

2. « La Constitution n'est pas destinée à être le réceptacle de mesures de circonstances, et c'est se tromper sur les fonctions d'une Constitution que de vouloir constitutionnaliser la déchéance », extrait de « Parlementaires, rejetez ce texte au nom de nos libertés », lettre ouverte collective, cosignée notamment par Pierre Mazeaud, ancien président du Conseil constitutionnel, et Mireille Delmas-Marty, professeur émérite au Collège de France, parue dans *Le Monde*, 1er février 2016.

3. Loi du 24 février 1875 relative à l'organisation du Sénat ; loi du 25 février 1875 relative à l'organisation des pouvoirs publics ; loi du 16 juillet 1875 sur les rapports des pouvoirs publics.

4. Albert Venn Dicey, *An Introduction to the Study of the Law of the Constitution*, Londres, MacMillan, 1959 [10e éd.], p. 39.

principes d'égalité, de légalité et de protection juridictionnelle des droits[5]. À titre d'exemple, dans sa décision du 24 septembre 2019, la Cour suprême a invalidé la suspension de la Chambre des communes demandée par Boris Johnson en vue du Brexit, au motif qu'elle allait à l'encontre des principes de souveraineté du Parlement et de responsabilité politique du gouvernement devant la Chambre des communes. « The United Kingdom has no written constitution, but we have a number of constitutional instruments », écrivent Lord Neuberger et Lord Mance dans leur opinion au soutien de la décision de la Cour suprême britannique *HS2* du 22 janvier 2014[6]. Parmi ces textes de nature constitutionnelle sont mentionnés la Grande Charte de 1215, le *Bill of Rights* de 1689, les *Parliament Acts* de 1911 et 1949, le *Human Rights Act* de 1998, le *Constitutional Reform Act* de 2005.

Les « conventions de la constitution » méritent une mention particulière. Ces dernières sont des pratiques qui, sans constituer de véritables règles juridiques, sont reconnues comme obligatoires par les institutions politiques. C'est sur ce fondement que le monarque britannique nomme Premier ministre le chef du parti majoritaire à la Chambre des communes. Dicey évoquait à leur égard la « moralité constitutionnelle » s'imposant aux acteurs politiques suprêmes sans fondement juridique textuel.

Cette approche de la constitution par son contenu n'est toutefois pas suffisante. Les débats autour du projet de traité établissant une constitution pour l'Europe en témoignent. Ce traité qui, comme on le sait, n'est finalement jamais entré en vigueur, n'établissait pas, en réalité, une véritable constitution, au sens strict du terme. Certes, du point de vue de son contenu, il comportait bien l'ensemble des règles et principes qui figurent habituellement dans un texte constitutionnel : sa première partie posait les bases de l'édifice institutionnel de l'Union et sa deuxième partie consacrait la Charte des droits fondamentaux. Néanmoins, le Conseil constitutionnel a jugé que ce traité « conserve le caractère d'un traité international souscrit par les États signataires », eu égard notamment à ses modalités d'entrée en vigueur, après ratification par les États, et de révision, et à la possibilité de le dénoncer[7]. C'est d'ailleurs ce qui lui avait permis d'admettre la constitutionnalité de l'appellation de « constitution », en relevant que « cette dénomination est sans incidence sur l'existence de la Constitution française et sa place au sommet de l'ordre juridique interne ».

5. *Ibid.*, p. 184 et suiv.

6. Cour suprême, 22 janvier 2014, *HS2 Case (Buckinghamshire CC) v. Secretary of State for Transport.*

7. CC, 19 novembre 2004, *Traité établissant une constitution pour l'Europe.*

B | LA DÉFINITION FORMELLE DE LA CONSTITUTION

Une définition formelle de la constitution, qui se réfère à la qualité de son auteur, est donc nécessaire pour compléter l'approche matérielle. Elle fait de la constitution l'acte adopté par le pouvoir constituant, que l'on peut définir comme le pouvoir suprême et souverain. Cette définition formelle soulève l'une des questions les plus épineuses de la théorie du droit : quel est le fondement du pouvoir constituant ? À cet égard, on distingue classiquement le pouvoir constituant *originaire*, qui adopte initialement la constitution, du pouvoir constituant *dérivé*, qui est institué par la constitution elle-même en vue de sa révision ultérieure. La nature du second n'est guère mystérieuse : le pouvoir constituant dérivé est au nombre des pouvoirs constitués par le droit, au même titre que le Parlement ou le gouvernement. En revanche, le pouvoir constituant originaire a un fondement plus trouble. L'histoire constitutionnelle enseigne que chaque État connaît un moment fondateur où la force des faits s'impose au droit. Si bien qu'en remontant la chaîne des causalités par une forme de régression à l'infini, la pierre angulaire du système juridique est bien souvent un acte de violence, qu'il s'agisse d'une révolution, d'un coup d'État ou d'une guerre d'indépendance. C'est pourquoi, selon la jolie formule du professeur Jean Rivero, « le droit constitutionnel sent la poudre ».

Selon que la révision constitutionnelle est plus ou moins facile à mettre en œuvre, on parle de constitution « souple » ou « rigide ». En France, la faculté de révision de la Constitution, prévue par son article 89, appartient concurremment au peuple, qui se prononce par référendum, et aux assemblées parlementaires réunies en Congrès. Rappelons qu'un débat s'était noué en 1962 sur la possibilité d'utiliser l'article 11 de la Constitution pour procéder à cette révision directement par référendum, sans examen préalable par le Parlement ; mais le Conseil d'État a clairement exclu cette possibilité, en distinguant le référendum constitutionnel de l'article 89 du référendum législatif de l'article 11[8].

C | LA DIVERSITÉ DES CONSTITUTIONS

Si l'on s'en tient à cette définition formelle, le contenu de la constitution résulte d'un choix politique, purement conjoncturel : sont constitutionnelles les normes qui, à un moment donné, sont

8. CE, ass., 30 octobre 1998, *Sarran et Levacher* ; sur la loi référendaire, voir chapitre 9 : La loi.

regardées comme essentielles et paraissent requérir une consécration et une protection spécifiques, au niveau le plus élevé de la hiérarchie des normes. Le critère formel de la constitution met ainsi en évidence la relativité de la notion : ce qui est jugé fondamental est infiniment variable dans l'espace, d'un État à l'autre, comme dans le temps, d'une époque à l'autre.

Ainsi, en Allemagne, marquée par la crise de 1929 et par la montée du nazisme, la Loi fondamentale prévoit en son article 21 que la Cour constitutionnelle peut contrôler le respect par les partis politiques de « l'ordre constitutionnel libéral et démocratique ». Son article 109, consacré à la politique budgétaire de la Fédération et des *Länder*, pose différentes règles relatives à l'organisation des finances de l'État, telles que la règle de l'équilibre budgétaire : on parle ainsi parfois de la « Constitution économique » allemande. En France, la Constitution se veut neutre au regard des choix de politique économique, mais il a été envisagé d'y inscrire, comme en Allemagne, une « règle d'or » en matière d'équilibre des finances publiques.

Dans le domaine religieux, la Constitution française consacre le principe de laïcité. Pour sa part, la Loi fondamentale allemande dispose, d'une façon assez voisine, qu'« il n'y a pas d'Église d'État » (article 137). Elle ajoute toutefois : « Les sociétés religieuses qui sont des collectivités de droit public ont le droit de lever des impôts, sur la base des rôles civils d'impôts. » Quant à la Constitution grecque du 9 juin 1975, elle prévoit dans son article 3 que « la religion dominante en Grèce est celle de l'Église orthodoxe orientale du Christ. L'Église orthodoxe de Grèce, reconnaissant pour chef Notre Seigneur Jésus-Christ, est indissolublement unie, quant au dogme, à la Grande Église de Constantinople et à toute autre Église chrétienne du même dogme, observant immuablement, comme celles-ci, les saints canons apostoliques et synodiques ainsi que les saintes traditions ». Cette disposition, si elle s'explique au regard des traditions grecques, serait difficilement concevable dans le contexte laïc français.

II

LA RICHESSE DE LA CONSTITUTION DU 4 OCTOBRE 1958

Rappelons d'abord que la France a connu une histoire constitutionnelle agitée. Pas moins de quatorze Constitutions se sont succédé depuis la Révolution, chacune se substituant à la précédente au terme d'une grave crise nationale ; il suffit, pour s'en convaincre, de songer à la chute du Second Empire après la défaite de 1870, à celle de la Troisième République avec la débâcle de 1940, ou encore à celle de la Quatrième République lors de la guerre d'Algérie. La crise institutionnelle de 1958 a provoqué la naissance de la Cinquième République, au terme d'un accouchement constitutionnel difficile, mais relativement rapide : de l'investiture du général de Gaulle en qualité de président du Conseil, le 1er juin 1958, au référendum du 28 septembre 1958, un été aura suffi à préparer et à adopter la nouvelle Constitution. Dans ce processus, qui se présentait juridiquement comme une simple révision de la Constitution de 1946, trois temps forts méritent d'être relevés : d'abord, l'adoption de la loi constitutionnelle du 3 juin 1958 habilitant le gouvernement à préparer un projet de constitution, qui posait les principes essentiels que devrait respecter la nouvelle Constitution (suffrage universel, séparation des pouvoirs ou encore responsabilité du gouvernement devant le Parlement) ; ensuite, la soumission du projet pour avis à un Comité consultatif constitutionnel, composé essentiellement de parlementaires, ainsi qu'au Conseil d'État ; enfin l'adoption du texte par référendum. C'est cette Constitution, approuvée par référendum le 28 septembre et promulguée le 4 octobre 1958, qui régit encore aujourd'hui la France.

Les grandes thématiques évoquées ci-dessus dans l'approche matérielle de la notion de constitution se retrouvent dans les différentes composantes de la Constitution de 1958. Le texte même de la Constitution traite essentiellement des règles relatives à l'organisation des pouvoirs publics. Les droits fondamentaux sont consacrés dans les trois textes auxquels renvoie le préambule, triptyque qui n'est pas sans rappeler la distinction précédente entre les différentes catégories de droits : la Déclaration des droits de l'homme et du citoyen de 1789 protège les droits civils et politiques, tandis que les droits économiques et sociaux font l'objet du Préambule de 1946 ; la Charte de l'environnement de 2004 aborde pour sa part des droits dits « de troisième génération ». En revanche, en dehors de ces textes, on ne trouve guère de sources constitutionnelles non écrites.

A | LES ARTICLES DE LA CONSTITUTION

Si on l'examine à travers le contenu de ses articles, la Constitution de 1958 apparaît comme un texte évolutif portant essentiellement sur l'organisation des pouvoirs publics.

1/ *Un texte évolutif*

Le texte constitutionnel, qui comprend aujourd'hui une centaine d'articles, a largement évolué depuis 1958. La révision de 2008 mérite un examen particulier. Depuis 2008, les tentatives de révision se sont toutefois heurtées à des résistances.

a) Les principales révisions de la Constitution jusqu'en 2008

Deux titres, respectivement consacrés à l'ancienne Communauté française et aux dispositions transitoires, ont disparu de la Constitution, abrogés en 1995 ; sont apparus dans le même temps trois nouveaux titres portant sur la responsabilité pénale des membres du gouvernement, sur l'Union européenne et sur la Nouvelle-Calédonie. Le texte actuel est l'aboutissement de vingt-quatre révisions constitutionnelles successives, qui se sont accélérées au cours des quinze dernières années : seules cinq de ces révisions ont été opérées entre 1958 et 1972, tandis que dix-neuf d'entre elles ont été menées depuis 1992.

En outre, depuis 1958, plusieurs tentatives de révision n'ont pas abouti. Peuvent ainsi être mentionnées : en 1969, la régionalisation et la transformation du Sénat ; en 1990, l'exception d'inconstitutionnalité.

On peut regrouper les révisions adoptées à partir de 1992 autour de trois grands thèmes : l'adaptation des institutions, l'incidence des traités internationaux – tout particulièrement européens – et la consécration de droits fondamentaux. L'encadré 1 donne un aperçu des dix-neuf révisions récentes.

Encadré 1. *Les révisions constitutionnelles de 1992 à 2008*

Adaptation des institutions	• *27 juillet 1993* : responsabilité pénale des membres du gouvernement. • *4 août 1995* : session parlementaire unique ; extension du champ du référendum ; toilettage de la Constitution (abrogation des titres consacrés à la Communauté française et aux dispositions transitoires) • *22 février 1996* : loi de financement de la sécurité sociale • *20 juillet 1998* : évolution du statut de la Nouvelle-Calédonie • *2 octobre 2000* : mandat présidentiel de cinq ans • *28 mars 2003* : acte II de la décentralisation • *23 février 2007* : statut pénal du chef de l'État • *23 février 2007* : corps électoral de Nouvelle-Calédonie
Incidence des traités internationaux	• *25 juin 1992* : traité de Maastricht • *25 janvier 1999* : traité d'Amsterdam • *8 juillet 1999* : traité instituant la Cour pénale internationale • *25 mars 2003* : mandat d'arrêt européen • *1er mars 2005* : traité établissant une constitution pour l'Europe (révision non appliquée) • *4 février 2008* : traité de Lisbonne
Consécration de droits fondamentaux	• *27 juillet 1993* : indépendance de la justice • *25 novembre 1993* : droit d'asile • *8 juillet 1999* : parité hommes-femmes • *1er mars 2005* : Charte de l'environnement • *23 février 2007* : abolition de la peine de mort

b) La révision constitutionnelle de 2008

La plus importante des révisions de la Constitution, tant par le nombre d'articles modifiés que par l'ampleur des sujets abordés, résulte de la loi constitutionnelle du 23 juillet 2008 de modernisation des institutions de la Cinquième République. Issue des propositions de réforme du rapport d'octobre 2007 du Comité de réflexion et de proposition sur la modernisation et le rééquilibrage des institutions de la Cinquième République, plus connu sous le nom de comité Balladur, cette révision s'est attelée principalement à la modernisation des institutions et à l'évolution des dispositions consacrées aux droits fondamentaux et à la justice.

La modernisation des institutions n'a en définitive que peu concerné le statut du président de la République, qui a seulement vu la durée de ses fonctions limitée à deux mandats consécutifs (article 6) et son pouvoir de nomination encadré, pour certains emplois déterminés, par les avis de commissions parlementaires (article 13) ; lui a été par ailleurs accordée la possibilité de prendre la parole devant le Parlement réuni en Congrès (article 18). Bien plus importante est l'évolution des dispositions consacrées aux assemblées parlementaires, qui se trouvent doublement renforcées par cette révision. Tout d'abord, leur pouvoir est accru dans le cadre de la procédure législative : elles reçoivent la maîtrise de la moitié de l'ordre du jour des séances parlementaires, auparavant presque exclusivement détenue par le gouvernement (article 48) ; elles bénéficient de la possibilité de saisir le Conseil d'État de propositions de loi, pour un avis qui ne les lie pas, mais doit permettre d'améliorer la qualité du travail législatif (article 39) ; la discussion en séance porte désormais sur le texte adopté par les commissions parlementaires et non plus sur le texte du gouvernement (article 42). Leurs prérogatives sont également étendues dans d'autres domaines, et notamment celui du contrôle de l'activité gouvernementale. Outre la consécration de leur mission d'évaluation des politiques publiques (article 34), la possibilité qui leur est accordées d'adopter des résolutions (article 34-1) et la nécessité de recueillir leur autorisation pour toute intervention militaire au-delà de quatre mois (article 35), les droits de l'opposition sont considérablement renforcés : une séance parlementaire par mois doit être consacrée aux propositions des groupes d'opposition, ainsi que des groupes minoritaires (article 48), et les règlements des deux assemblées doivent désormais prévoir des droits spécifiques pour les groupes d'opposition (article 51-1).

La révision de 2008 s'est en outre attachée à faire évoluer les dispositions constitutionnelles portant sur les droits fondamentaux et la justice. Le mécanisme de la question prioritaire de constitutionnalité (QPC) a d'abord été consacré par l'article 61-1 de la Constitution, donnant au citoyen la possibilité de contester la constitutionnalité de la loi devant le juge ordinaire par le biais d'un renvoi au Conseil constitutionnel. Un Défenseur des droits a ensuite été créé par l'article 71-1. Sa fonction est de veiller au respect des libertés par les administrations ainsi que, dans certains cas, par les personnes privées ; en vertu de la loi organique du 29 mars 2011, il reprend les attributions du Médiateur de la République, du Défenseur des enfants et de la Commission nationale de déontologie de la sécurité, ainsi que de la Haute Autorité de lutte contre les discriminations. Un référendum d'initiative populaire a également été prévu par l'article 11. On peut enfin citer au nombre des nouveautés apportées par la loi constitutionnelle de 2008 la consécration du pluralisme d'expression des opinions (article 4), la reconnaissance des langues régionales dont l'appartenance au patrimoine de la France est affirmée (article 75-1), la mise en place d'un contrôle par le Conseil constitutionnel du respect des dispositions de l'article 16 lorsque celui-ci est mis en œuvre au-delà de trente jours, la consécration de l'égalité des sexes et de son corollaire, la nécessité de favoriser l'accès des femmes aux responsabilités professionnelles (article 1er).

L'organisation de la justice est quant à elle touchée par cette révision à travers l'évolution du statut du Conseil supérieur de la magistrature (CSM), prévu par l'article 65 de la Constitution, complétée par la loi organique du 22 juillet 2010. En premier lieu, la composition de l'institution est profondément modifiée : sa présidence est désormais assurée soit par le premier président de la Cour de cassation, soit par le procureur général près la Cour de cassation, selon la formation en jeu, et non plus par le président de la République ; un nouvel équilibre de ses membres est en outre défini, qui donne aux magistrats une position minoritaire au sein du Conseil (sur les quinze membres du CSM, sept sont des magistrats judiciaires et huit des personnalités qualifiées). En deuxième lieu, son domaine de compétence est élargi, puisqu'il s'étend désormais globalement aux questions relatives au fonctionnement de la justice et non plus seulement au déroulement de la carrière des magistrats. Enfin, les modalités de sa saisine sont modifiées, l'institution pouvant dorénavant être saisie par un justiciable. Il faut par ailleurs noter que cette révision de l'article 65 permet une première consécration indirecte de la juridiction administrative dans le texte constitutionnel ; celui-ci prévoit en effet que les six personnalités qualifiées, désignées par le président de la République, par le président de l'Assemblée nationale et par le président du Sénat, n'appartiennent « ni à l'ordre judiciaire, ni à l'ordre administratif ».

Par ailleurs, la loi constitutionnelle de 2008 apporte quelques modifications aux dispositions touchant à la sphère communautaire et internationale. On en retiendra qu'un recours devant la Cour de justice de l'Union européenne peut être formé contre un acte législatif pour violation du principe de subsidiarité à l'initiative des assemblées parlementaires (article 88-6), que celles-ci ont la possibilité d'adopter des « résolutions européennes » (article 88-4) et que la francophonie fait l'objet d'une consécration par l'article 87. Il faut enfin signaler la création d'une Commission indépendante pour le découpage électoral (article 25) et la transformation du Conseil économique et social en un Conseil économique, social et environnemental (CESE).

Le texte constitutionnel a donc connu de profondes évolutions depuis un demi-siècle, témoignant de la place éminente du droit public, et singulièrement du droit constitutionnel, au cœur des grands enjeux de société.

c) Les tentatives de révision constitutionnelle depuis 2008

Depuis 2008, plusieurs tentatives de révision constitutionnelle se sont heurtées à des difficultés politiques. En 2016, l'introduction de la déchéance de nationalité dans la Constitution, envisagée par le président Hollande, n'a pas été menée à son terme. Le 28 août 2019, un projet de loi constitutionnelle « pour un renouveau de la vie démocratique » a été présenté en conseil des ministres. Reprenant un précédent projet de 2018, il visait à renforcer la participation citoyenne, la décentralisation et l'indépendance de la justice, ainsi qu'à inscrire la lutte contre le réchauffement climatique à l'article 1er de la Constitution.

Cette période de revers constitutionnels contraste avec la phase de quasi-inflation des révisions observée entre 1992 et 2008. Elle s'explique notamment par l'exigence d'accord des deux chambres, Assemblée nationale et Sénat, sur un texte identique, puis de majorité qualifiée des trois cinquièmes requise par l'article 89 de la Constitution en cas de réunion du Parlement en Congrès. Cette règle confère aux minorités parlementaires un pouvoir de blocage qui n'est pas toujours en phase avec la nécessaire respiration dont a besoin un texte constitutionnel pour s'adapter aux évolutions de la société.

2/ *Un texte essentiellement consacré à l'organisation des pouvoirs publics*

Il suffit de survoler le plan de la Constitution pour se convaincre que ses articles concernent essentiellement l'organisation des pouvoirs publics, qu'il s'agisse des modalités de leur désignation, de leurs attributions ou des rapports qu'ils entretiennent entre eux. À un titre premier traitant de la souveraineté, c'est-à-dire des fondations de la République, succèdent quatre titres consacrés aux pouvoirs exécutif et législatif ; viennent ensuite, après les dispositions concernant les traités internationaux, quatre titres portant sur la justice : Conseil constitutionnel, autorité judiciaire, Haute Cour et responsabilité pénale des membres du gouvernement. Enfin, et sans être exhaustif, les derniers titres portent principalement sur les collectivités territoriales et l'Union européenne. On peut identifier quatre grandes séries de thèmes traités par les articles de la Constitution.

La première série de règles concerne tout d'abord les caractéristiques essentielles de la République. Il s'agit, en vertu de l'article 1er, de l'indivisibilité de la République, de sa forme démocratique ainsi que des principes d'égalité et de laïcité. L'article 2 y ajoute la langue française, ce qui n'est pas sans conséquences sur la forme des actes administratifs et l'organisation de l'enseignement ; ainsi, le juge des référés du Conseil d'État a pu, sur cette base, suspendre un accord passé entre le ministre de l'Éducation nationale et les écoles Diwan, dont l'enseignement est dispensé en langue bretonne[9]. Vient ensuite la souveraineté nationale, c'est-à-dire l'origine du pouvoir, qui, selon l'article 3, « appartient au peuple qui l'exerce par ses représentants ou par la voie du référendum ». Cet article apporte également des précisions sur le droit de suffrage qui est « égal, universel et secret ». Enfin, on peut mentionner l'article 5 : à travers la question des prérogatives du chef de l'État, il consacre les principes de la continuité de l'État, de l'indépendance nationale et de l'intégrité du territoire – dont le président de la République est le garant.

Une deuxième catégorie d'articles est relative à l'organisation générale de l'État. La répartition des compétences entre le législateur et le pouvoir réglementaire est opérée par les articles 34 et 37, le régime des habilitations par ordonnance étant fixé par l'article 38. La répartition des pouvoirs au sein de l'exécutif, entre le président de la République et le Premier ministre, résulte des articles 13 et 21, tandis que l'article 20 place l'administration à la disposition du gouvernement. Les missions respectives du Conseil d'État, consulté pour avis sur les projets de loi et, depuis 2008, sur des propositions de loi, et de la Cour des comptes, qui exerce un rôle d'assistance auprès du Parlement et du gouvernement s'agissant de l'exécution des lois de finances et de financement de la sécurité sociale, sont quant à elles définies par les articles 39 et 49-2.

En troisième lieu, certains articles apportent des précisions sur l'ordonnancement des normes. Le régime des lois, règlements ou ordonnances est défini, comme on vient de le voir, aux articles 34, 37 et 38 : organiser les autorités, c'est aussi organiser les normes édictées par ces autorités. La place des traités est réglée par les articles 54 et 55, respectivement au regard de la Constitution (un traité contraire à la Constitution ne peut être ratifié qu'après modification de celle-ci) et de la loi (les traités ont une autorité supérieure à celle des lois). Parce qu'elle fonde ainsi la force et la valeur des conventions internationales dans l'ordre juridique, la Constitution, sous l'angle du droit interne, est bien une norme supérieure aux traités.

9. Juge des référés du CE, 30 octobre 2011, *Syndicat national des enseignements de second degré.*

Plus largement, parce qu'elle est la norme qui définit la valeur des autres normes, la Constitution occupe une place unique dans le paysage du droit, non seulement celle de norme suprême, mais aussi, plus fondamentalement, celle de matrice de l'ordre juridique.

Un quatrième ensemble d'articles porte enfin sur l'organisation territoriale de la République. L'article 72, après avoir énuméré les différentes catégories de collectivités territoriales, consacre le principe de libre administration de ces collectivités par des conseils élus et définit le rôle du représentant de l'État dans ces territoires ; celui-ci y a la charge des intérêts nationaux, du contrôle administratif et du respect des lois. Il résulte par ailleurs de l'article 34 que la compétence quant à la libre administration des collectivités territoriales revient au législateur.

On pourrait ainsi affirmer, en grossissant le trait, que la Constitution, si elle se limitait à ses seuls articles, ne serait qu'un texte à la portée strictement institutionnelle et procédurale. Certes, quelques articles, au nombre desquels l'article 1er, posent des règles de fond ; mais c'est pour l'essentiel le préambule du texte constitutionnel qui permet de consacrer les droits fondamentaux.

B | LE PRÉAMBULE DE LA CONSTITUTION

Bien qu'il frappe par sa concision, le préambule de la Constitution de 1958 n'en revêt pas moins une portée capitale : c'est son premier alinéa, simple phrase faisant référence à la Déclaration des droits de l'homme et du citoyen de 1789 et au Préambule de la Constitution de 1946, qui a permis la naissance du « bloc de constitutionnalité », selon la formule du doyen Louis Favoreu[10].

La fameuse décision du Conseil constitutionnel du 16 juillet 1971, *Liberté d'association*, a en effet affirmé la valeur juridique du préambule, mettant ainsi fin au débat nourri qui existait alors sur ce point. Certains juristes estimaient que, simple introduction, cet alinéa ne revêtait qu'une valeur symbolique, n'évoquant des textes historiques qu'à titre de rappel. La décision de 1971 tranche, d'une façon discrète mais nette, en comportant dans ses visas la mention « Vu la Constitution, *et notamment son préambule* ». Le champ de la constitutionnalité comprend par conséquent non seulement les articles du corps de la Constitution, mais également son préambule

10. Formule empruntée au droit administratif général qui, avec la notion de « bloc de légalité », désigne l'idée que les actes administratifs sont soumis à l'ensemble hétérogène des normes qui leur sont supérieures : Constitution, loi, principes généraux du droit ou encore règlements pour les actes individuels.

et donc, par le jeu des renvois, la Déclaration de 1789 et le Préambule de 1946, ainsi que, depuis 2005, la Charte de l'environnement de 2004.

Cette décision de 1971 peut être lue comme un acte fondateur pour le Conseil constitutionnel, qui a ainsi lui-même réformé sa propre mission. Consacrer la valeur juridique du préambule, c'était en même temps enrichir considérablement le contrôle de constitutionnalité et, par-là, transformer la nature même du rôle dévolu aux juges de la rue Montpensier : le simple contrôle de forme qui prévalait jusqu'alors, puisqu'il portait uniquement sur les articles qui définissent des règles de compétence et de procédure, devient, en 1971, un contrôle de fond en s'étendant aux droits fondamentaux.

La Constitution de 1958 se caractérise dès lors par sa grande richesse. Le rapport remis au président de la République en décembre 2008 par le Comité de réflexion sur le préambule de la Constitution, dit « comité Simone Veil », a réaffirmé cette idée avec force en louant la « richesse de l'héritage constitutionnel français ». À la question qui lui était posée de la nécessité de compléter le préambule par la consécration de nouveaux principes constitutionnels, le Comité a répondu par la négative : le bloc de constitutionnalité lui paraît en effet suffisamment large et fertile, grâce à l'extension que lui a donnée la décision de 1971 comme aux potentialités de l'interprétation du juge constitutionnel. Le Comité souligne les vertus de la méthode jurisprudentielle en matière de droits fondamentaux : plutôt que de rigidifier les normes en codifiant la jurisprudence, il estime préférable de privilégier la voie prétorienne, qui permet de dégager, d'adapter et de préciser peu à peu les principes constitutionnels au regard des besoins de la société.

Afin de prendre la mesure du champ constitutionnel ainsi défini, nous nous proposons d'étudier successivement les trois textes auxquels renvoie le préambule de 1958.

1/ *La Déclaration des droits de l'homme et du citoyen de 1789*

Le Conseil d'État s'est toujours inspiré de la Déclaration de 1789, plus ou moins explicitement, pour interpréter les règles du droit public et dégager de nouveaux principes, en particulier à travers la technique des principes généraux du droit. Dès 1917, le commissaire du gouvernement Corneille relevait : « Il faut se rappeler que la Déclaration des droits de l'homme est, implicitement ou explicitement, au frontispice des constitutions républicaines[11]. » Ainsi, le principe de proportionnalité consacré par l'arrêt *Benjamin* du 19 mai 1933, qui subordonne les limitations des libertés par le pouvoir de police à la

11. CE, conclusions sur la décision *Baldy* du 17 août 1917.

justification d'une stricte nécessité pour l'ordre public, est directement inspiré du souci de protéger les droits fondamentaux qui parcourt la Déclaration. De même, lorsque le Conseil d'État se réfère au principe de l'égalité d'accès de tous les Français aux emplois et fonctions publics dans son arrêt *Barel* du 28 mai 1954, il se fonde implicitement sur l'article 6 de la Déclaration, ainsi qu'en témoignent les conclusions du commissaire du gouvernement Letourneur.

La consécration, en 1971, de la valeur juridique du préambule a permis de revivifier la Déclaration de 1789, en ouvrant la voie, à travers son application directe, à une lecture actualisée de ce texte ancien. Courte, puisqu'elle ne comprend que dix-sept articles, elle n'en comporte pas moins de larges potentialités. La jurisprudence en a peu à peu révélé toute la richesse.

On peut illustrer ce propos par l'interprétation qui a été faite par le juge constitutionnel de l'article 16 de la Déclaration en vertu duquel : « Toute société dans laquelle la garantie des droits n'est pas assurée, ni la séparation des pouvoirs déterminée, n'a point de constitution. » Cette brève disposition sert de fondement à une grande diversité de principes. Certains, tels que celui de la séparation des pouvoirs, résultent de sa lettre même. Ce constat n'épuise d'ailleurs pas la nécessité d'un travail d'interprétation. Le Conseil constitutionnel en a déduit tous les prolongements, en encadrant par exemple très strictement les lois de validation : le législateur ne peut valider les conséquences d'un acte administratif annulé par le juge que sous de strictes conditions, qui découlent de l'article 16 de la Déclaration[12]. Cette méthode déductive a permis au juge constitutionnel de dégager d'autres principes qui, pourtant, en première lecture, ne semblent pas figurer explicitement dans l'article 16. Ainsi, de l'exigence d'une garantie des droits, le juge a-t-il d'abord déduit la nécessité d'un texte, clair et précis : il s'est fondé sur l'article 16 pour consacrer l'objectif à valeur constitutionnelle « d'intelligibilité et d'accessibilité de la loi[13] ». Il a ensuite décliné cette exigence dans le domaine de la *garantie juridictionnelle* des droits : il a reconnu le droit au recours[14], puis le droit à un procès équitable et, par voie de conséquence, les droits de la défense[15].

12. Ces conditions sont synthétisées dans la décision DC n° 99-425 du 29 décembre 1999 : la validation doit être justifiée par un but d'intérêt général ; elle ne peut pas méconnaître l'autorité de la chose jugée, ce qui interdit de valider directement l'acte administratif lui-même lorsqu'il a été annulé ; elle doit respecter le principe de non-rétroactivité des peines et des sanctions.

13. CC, 16 décembre 1999, *Codification par ordonnance*.

14. CC, décision du 9 avril 1996 n° 96-373 DC, *Autonomie de la Polynésie française*.

15. CC, décision du 22 juillet 2005 n° 2005-520 DC et, surtout, décision du 27 juillet 2006 n° 2006-540 DC, *Loi relative au droit d'auteur* : après avoir cité l'article 16, cette décision relève « que sont garantis par cette disposition le droit des personnes intéressées à exercer un recours juridictionnel effectif, le droit à un procès équitable, ainsi que les droits de la défense lorsqu'est en cause une sanction ayant le caractère d'une punition ».

Cette lecture du texte de 1789 à la lumière des exigences contemporaines illustre toute la richesse du pouvoir d'interprétation du juge, qui découvre ainsi des principes supposés déjà contenus dans le texte, même si les rédacteurs de 1789 n'ont sans doute pas eu conscience de les consacrer.

2/ *Le Préambule de 1946*

Ce texte gigogne de dix-huit alinéas, rédigé par l'Assemblée constituante de 1946, détermine un second niveau de renvois au sein du bloc de constitutionnalité. Il fait référence à deux catégories de principes, les « principes fondamentaux reconnus par les lois de la République », d'une part, et les principes politiques, économiques et sociaux considérés comme « particulièrement nécessaires à notre temps », d'autre part.

a) Les principes fondamentaux reconnus par les lois de la République

Le contenu des principes fondamentaux reconnus par les lois de la République (PFRLR) n'est pas directement déterminé par le Préambule, qui se contente d'énoncer un label dont il reviendra ensuite au juge de déterminer la substance ; le juge se voit en quelque sorte habilité par la Constitution à identifier ces principes fondamentaux. Il n'a d'ailleurs pas attendu 1971 pour entamer ce mouvement : dans sa décision du 11 juillet 1956, *Amicale des Annamites de Paris*, le Conseil d'État se fonde déjà sur le Préambule de 1946 pour consacrer la liberté d'association au rang des PFRLR, précédant ainsi la décision du juge constitutionnel du 16 juillet 1971. Dans le même esprit, dans un arrêt du 10 juillet 1996, *Koné*, le Conseil d'État consacre le PFRLR de l'interdiction de l'extradition lorsqu'elle intervient pour un motif politique.

Le Conseil constitutionnel a livré une méthode d'identification de ces PFRLR[16]. Ceux-ci doivent répondre à trois critères : principes écrits, ils doivent figurer dans un texte de la législation républicaine antérieur à l'entrée en vigueur de la Constitution de 1946 et avoir été d'application constante. En d'autres termes, aucun texte républicain ne doit y avoir dérogé, l'histoire législative devenant ainsi source de droit constitutionnel.

Divers PFRLR ont ainsi été consacrés par le Conseil constitutionnel, parmi lesquels on peut citer : la liberté d'association[17], la liberté d'enseignement[18], la liberté de conscience[19], l'indépendance du juge

16. CC, décisions du 20 juillet 1988, *Loi d'amnistie*, et du 4 juillet 1989, *Privatisations*.
17. CC, décision n° 71-44 DC du 16 juillet 1971.
18. CC, décision n° 77-87 DC du 23 novembre 1977.
19. CC, décision n° 77-87 DC du 23 novembre 1977.

administratif[20], l'indépendance des professeurs d'université[21] ou encore, plus récemment, l'existence d'une adaptation de la législation pénale pour les mineurs[22] et le maintien dans les trois départements du Haut-Rhin, du Bas-Rhin et de la Moselle, après leur retour à la France, d'une législation spécifique tant qu'elle n'a pas été remplacée par les dispositions du droit commun ou harmonisée avec elles[23].

b) Les principes particulièrement nécessaires à notre temps

Les principes particulièrement nécessaires à notre temps (PPNANT) sont directement déterminés par le Préambule de 1946, qui les énumère dans ses alinéas 3 à 18. Ce sont, pour l'essentiel, des principes économiques et sociaux, tels que le droit syndical, le droit de grève, le droit à l'emploi et à la négociation collective, le droit à la santé, le droit à l'instruction, le principe d'égalité entre hommes et femmes, ou encore le principe de la nationalisation des services publics et des monopoles de fait. Les PPNANT comprennent également le droit d'asile, ainsi que des principes politiques qui concernent le champ du droit international et des rapports avec les populations d'outre-mer. Ces PPNANT ont eux aussi été appliqués par le Conseil d'État dès avant 1971 : un arrêt d'assemblée du 7 juillet 1950, *Dehaene*, déduit en effet du septième alinéa du Préambule de 1946 la valeur constitutionnelle du droit de grève.

La portée effective de ces principes, lorsqu'ils sont invoqués devant le juge, dépend non seulement de leur degré de précision, mais aussi de la nature de la demande. Ainsi, quand des requérants, rapatriés d'Algérie, se fondent sur le principe de solidarité nationale[24] pour demander à l'État l'indemnisation de leur préjudice, le Conseil d'État juge que ce principe ne peut à lui seul, et « en l'absence d'une disposition législative précise en assurant l'application, servir de base à une action contentieuse en indemnité[25] ». En revanche, lorsque le même principe de solidarité nationale est invoqué à l'encontre d'un acte réglementaire, dans le cadre d'un recours pour excès de pouvoir, le juge administratif accepte de contrôler le point de savoir si l'acte attaqué respecte le principe énoncé par le Préambule de 1946[26].

20. CC, décision n° 80-119 DC du 22 juillet 1980.
21. CC, décision n° 83-165 DC du 20 janvier 1984.
22. CC, décision n° 2002-461 DC du 29 août 2002.
23. CC, décisions QPC des 5 août 2011 et 21 février 2013.
24. Principe résultant du douzième alinéa du Préambule de 1946, en vertu duquel : « La nation proclame la solidarité et l'égalité de tous les Français devant les charges résultant des calamités nationales. »
25. CE, 29 novembre 1968, *Tallagrand*.
26. CE, 5 juillet 2000, *Association nationale de défense des rapatriés* : le requérant soutenait qu'un décret relatif au désendettement des rapatriés était insuffisant au regard du principe de solidarité nationale.

3/ *La Charte de l'environnement de 2004*

Troisième volet du triptyque, la Charte de l'environnement de 2004 a été adoptée par la loi constitutionnelle du 1er mars 2005[27]. La révision a également modifié le préambule de la Constitution pour y ajouter un renvoi à la Charte. Texte majeur en matière de protection de l'environnement, elle se compose elle-même d'un préambule, suivi de dix articles. Si certains de ces articles comportent des affirmations générales n'ayant guère, sauf hypothèses particulières, de portée pratique[28], d'autres, en revanche, reconnaissent plus précisément certains droits et devoirs. Le droit à un environnement sain est ainsi consacré par l'article 1er de la Charte, le droit à l'information et à la participation du public aux décisions ayant une incidence sur l'environnement par son article 7. Le texte énonce en outre des devoirs : devoir de prévention des atteintes à l'environnement (article 3) et devoir de réparation des dommages causés à l'environnement (article 4). Le principe de précaution est consacré par l'article 5 de la Charte. Enfin, s'adressant tout particulièrement aux pouvoirs publics, l'article 6 affirme une exigence d'intégration et de conciliation entre les différentes politiques publiques, en prévoyant que « les politiques publiques doivent promouvoir un développement durable. À cet effet, elles concilient la protection et la mise en valeur de l'environnement, le développement économique et le progrès social ».

L'originalité de ce texte doit être soulignée. Certes, la Charte ne constitue pas une véritable nouveauté quant à son contenu, puisqu'une bonne partie des droits qu'elle consacre avait déjà été reconnue par le droit international et communautaire[29], ainsi que par le droit interne[30]. Il n'y a pas davantage de spécificité française, avec la Charte, quant au niveau de la norme : la constitutionnalisation du droit de l'environnement a déjà été lancée par plusieurs

27. L'année attribuée à la Charte (2004) est celle au cours de laquelle elle a été rédigée, alors que la loi l'introduisant dans la Constitution n'a été adoptée qu'en 2005.

28. On pense surtout aux articles 8 à 10. Certains ont toutefois relevé que même un article aussi imprécis que l'article 10 (« La présente charte inspire l'action européenne et internationale de la France. ») n'était pas totalement dépourvu d'effet juridique : par exemple, il interdirait sans doute aux pouvoirs publics de décider du retrait de la France de tous les traités internationaux en matière environnementale. Comme le relevait le commissaire du gouvernement Dondoux, « la proclamation d'un principe [...] a au moins un effet de droit : celui d'interdire aux pouvoirs publics de le méconnaître » (conclusions sur l'arrêt d'assemblée *GISTI* du 8 décembre 1978).

29. Par exemple, s'agissant du droit à l'information et à la participation du public, par la convention d'Aarhus des 23-25 juin 1998 sur l'accès à l'information, la participation du public au processus décisionnel et l'accès à la justice en matière d'environnement.

30. Et tout particulièrement par l'article L. 110-1 du code de l'environnement qui, dès 1995, constituait à lui seul une sorte de « mini-charte » de l'environnement.

constitutions récentes, au nombre desquelles les Constitutions grecque et espagnole, ainsi que par certaines Constitutions d'Europe de l'Est (Bulgarie, Roumanie ou Slovaquie) et d'Amérique latine. Y puisant leur inspiration, certaines cours constitutionnelles, et notamment les cours italienne et allemande, ont interprété des textes constitutionnels classiques à la lumière des préoccupations environnementales ; de même, la Cour européenne des droits de l'homme a tiré du droit au respect de la vie privée et familiale, protégé par l'article 8 de la Convention européenne des droits de l'homme, le droit à un environnement sain, dans un arrêt, *Lopez Ostra c/ Espagne*, du 9 décembre 1994.

La véritable innovation de la Charte de l'environnement réside surtout dans sa forme : la consécration en un texte unique et autonome d'un ensemble de principes constitutionnels en matière environnementale est, à notre connaissance, sans précédent. Si de nombreuses Constitutions étrangères évoquent la question environnementale, elles se limitent le plus souvent à l'énoncé d'un seul principe : le droit à un environnement sain. En ce sens, la Charte, à n'en pas douter, fera date dans l'histoire du droit de l'environnement. Au-delà de cet aspect formel purement symbolique[31], la Charte de 2004, parce qu'elle offre au juge un véritable « catalogue » cohérent de droits et devoirs fondamentaux dans le domaine de l'environnement, pourrait créer sa propre dynamique et constituer une source d'inspiration féconde pour la jurisprudence.

La question de la portée juridique de la Charte a parfois été débattue, au regard du caractère général de certains de ses principes. Mais ce texte constitutionnel a très exactement la même valeur que les autres composantes de la Constitution : il est une partie intégrante de la Constitution – laquelle comporte souvent, par ailleurs, des principes ayant un haut degré de généralité. Comme le relevait le doyen Georges Vedel, « l'imprécision de la prescription n'en supprime pas le caractère normatif[32] ». De fait, le Conseil constitutionnel a très rapidement imposé au législateur le respect de la Charte : quelques jours après la révision du 1er mars 2005, dans sa décision n° 2005-514 DC du 28 avril 2005, *Loi relative à la création du registre international français*, il a déduit de l'article 6 de la Charte un principe de *conciliation*, dont la mise en œuvre incombe au législateur.

De façon très explicite, la valeur constitutionnelle de la Charte a été affirmée par le Conseil constitutionnel, dans sa décision du

31. Dans le même registre du symbolique, on relèvera que le terme de « charte » n'a aucune portée juridique ; il ne renvoie pas à une catégorie d'actes particulière : sur le plan juridique, la Charte de 2004 est tout simplement une loi constitutionnelle.

32. « La place de la Déclaration de 1789 dans le "bloc de constitutionnalité" », dans *Colloque du bicentenaire : la Déclaration des droits de l'homme et du citoyen et la jurisprudence*, Paris, PUF, 1989, p. 55.

19 juin 2008, *Loi relative aux organismes génétiquement modifiés*, puis, quelques mois plus tard, et quasiment dans les mêmes termes, par le Conseil d'État, dans son arrêt du 3 octobre 2008, *Commune d'Annecy*. À propos de l'article 7 de la Charte qui pose le principe de la participation du public, la décision *Commune d'Annecy* juge « que ces dernières dispositions, comme l'ensemble des droits et devoirs définis dans la Charte de l'environnement, et à l'instar de toutes celles qui procèdent du préambule de la Constitution, ont valeur constitutionnelle ; qu'elles s'imposent aux pouvoirs publics et aux autorités administratives dans leurs domaines de compétence respectifs ».

Dans sa décision n° 2019-823 QPC du 31 janvier 2020, *Union des industries de la protection des plantes*, le Conseil constitutionnel a consacré un objectif de valeur constitutionnelle de « protection de l'environnement, patrimoine commun des êtres humains ». Par-delà la reconnaissance de cet objectif, la démarche du Conseil constitutionnel mérite d'être soulignée, puisque celui-ci s'est fondé non pas sur les articles de la Charte de l'environnement, mais sur son Préambule. Cette méthode illustre à nouveau la richesse du bloc de constitutionnalité.

C | LES AUTRES SOURCES CONSTITUTIONNELLES

On peut se demander s'il existe, en dehors du texte de la Constitution et des renvois opérés par son préambule, d'autres sources de normes constitutionnelles. À la différence du juge administratif, le Conseil constitutionnel évite de consacrer des principes non écrits. Toutefois, il se réfère à une notion spécifique, les objectifs de valeur constitutionnelle.

1/ *L'absence de principes non écrits*

Il n'existe pas de principe constitutionnel non écrit. Alors que le Conseil d'État a souvent eu recours à la technique des principes généraux du droit, « applicables même sans texte », selon la formule consacrée par la jurisprudence administrative, le Conseil constitutionnel, pour sa part, a préféré s'en tenir aux seuls principes énoncés par la Constitution ou par les textes auxquels elle renvoie. On cite parfois, à titre de contre-exemple, le cas du principe de continuité du service public, mentionné sans référence à un texte par la décision n° 79-105 DC du 25 juillet 1979. Mais cette décision, isolée, aurait facilement pu trouver un texte de rattachement en l'article 5 de la Constitution, qui évoque, à propos du rôle du président de la République, le principe de continuité de l'État. De même, le Conseil constitutionnel n'a jamais reconnu la coutume comme étant par elle-même une source du droit constitutionnel. Pour consacrer, par sa décision du 6 juillet 2018, la valeur constitutionnelle du principe de fraternité, le Conseil constitutionnel prend soin de rappeler que la devise de la République, « Liberté, Égalité, Fraternité », est énoncée à l'article 2 de la Constitution, que le Préambule s'y réfère également et que l'article 72-3 mentionne l'« idéal commun de liberté, d'égalité et de fraternité ».

Cette différence des sources s'explique sans doute par la différence de situation. Le Conseil constitutionnel ne se trouve pas, vis-à-vis du Parlement, émanation directe du peuple, dans la même position que le Conseil d'État vis-à-vis de l'administration : il serait difficilement acceptable que le juge puisse censurer le législateur sans se prévaloir d'une norme supérieure écrite. Le Conseil constitutionnel, sous l'influence notable du doyen Georges Vedel lorsqu'il en était membre, s'est toujours efforcé de fonder chaque principe constitutionnel sur un texte. La décision du 20 juillet 1988, *Loi d'amnistie*, illustre cette volonté en écartant l'invocabilité de la simple « tradition républicaine », au motif que celle-ci « ne saurait être utilement invoquée contre une loi qu'autant que cette tradition aurait donné naissance à un principe fondamental reconnu par les lois de la République ».

2/ *Les objectifs de valeur constitutionnelle*

Le juge constitutionnel reconnaît cependant des objectifs de valeur constitutionnelle (OVC). Cette notion originale est apparue dans la jurisprudence à l'occasion de la décision n° 82-141 DC du 27 juillet 1982, *Loi sur la communication audiovisuelle*, qui a consacré le pluralisme des courants d'opinion en tant qu'objectif à valeur constitutionnelle. Il s'agissait alors de justifier une limite que le législateur fixait au principe de liberté d'expression : les quotas imposés par la loi en cause dans le domaine audiovisuel portaient clairement atteinte à cette liberté garantie par l'article 11 de la Déclaration des droits de l'homme. Pour autant, ils n'ont pas été déclarés inconstitutionnels, dans la mesure où ils permettaient également de garantir un objectif qui, lui aussi, avait une valeur constitutionnelle, « la préservation du caractère pluraliste des courants d'expression socioculturels ». Depuis, le Conseil constitutionnel a consacré de nombreux objectifs à valeur constitutionnelle, tels que la sauvegarde de l'ordre public, le pluralisme des courants d'expression socioculturels, la possibilité pour toute personne de disposer d'un logement décent, l'accessibilité et l'intelligibilité de la loi, l'équilibre financier de la sécurité sociale, la bonne administration de la justice, la lutte contre la fraude fiscale ou la protection de l'environnement.

La force normative des OVC n'est pas exempte d'incertitudes. À l'origine, un objectif de valeur constitutionnelle était avant tout un outil juridique permettant de justifier une atteinte limitée à un droit constitutionnel, lorsque celle-ci est nécessaire pour concilier ce droit avec un tel objectif. Les OVC étaient destinés à permettre d'éviter la censure des dispositions législatives, en autorisant des dérogations aux principes constitutionnels, dans le cadre d'un exercice de conciliation. Mais ils ont aujourd'hui acquis une valeur autonome, le juge pouvant parfois censurer directement la loi ou un acte administratif qui méconnaîtrait un OVC. Tel est le cas, pour ne citer qu'un seul exemple, de l'objectif d'accessibilité et d'intelligibilité de la loi, dégagé par la décision du Conseil constitutionnel, *Codification par ordonnance*, du 16 décembre 1999 et dont le Conseil d'État, dans la décision d'assemblée *KPMG* du 24 mars 2006, vérifie le respect par l'administration. Aussi certains se demandent-ils aujourd'hui s'il existe une réelle distinction entre ces objectifs et les principes classiques de valeur constitutionnelle.

Initialement, à la différence des principes constitutionnels, les objectifs de valeur constitutionnelle ne reposaient pas toujours sur un texte. Aujourd'hui toutefois, le Conseil constitutionnel s'efforce le plus souvent de mentionner le texte auquel il rattache, indirectement, un objectif de valeur constitutionnelle : ce dernier constitue souvent la *condition d'effectivité* d'un principe écrit. Ainsi, le pluralisme est une condition d'effectivité de la liberté d'expression, elle-même consacrée par la Déclaration de 1789. L'objectif d'accessibilité et d'intelligibilité de la loi n'est certes pas expressément évoqué sous cette forme par le texte de la Constitution. Mais « l'égalité devant la loi énoncée par l'article 6 de la Déclaration des droits de l'homme et du citoyen et "la garantie des droits" requise par son article 16 pourraient ne pas être effectives si les citoyens ne disposaient pas d'une connaissance suffisante des normes qui leur sont applicables[33] ». La différence entre un « objectif » et un « principe » constitutionnel n'est plus aujourd'hui d'une clarté absolue. C'est ainsi qu'à propos de la protection de la santé publique, les deux termes sont employés indifféremment par le Conseil constitutionnel. Dans le même esprit, si la décision précitée n° 2019-823 QPC du 31 janvier 2020, *Union des industries de la protection des plantes*, consacre un objectif de valeur constitutionnelle de « protection de l'environnement », on peut se demander si ce dernier ne constitue pas, également, un principe constitutionnel.

Le contenu du texte constitutionnel désormais défini, il est à présent nécessaire de se pencher sur la question de la place de ses dispositions dans l'ordonnancement juridique.

33. CC, décision du 16 décembre 1999, *Codification par ordonnance*.

III

LA CONSTITUTION ET LA HIÉRARCHIE DES NORMES

La Constitution est placée au sommet de la hiérarchie des normes. Cette assertion peut se décliner de trois manières : la Constitution est en principe supérieure à toute autre norme ; il n'existe pas de normes « supra-constitutionnelles » ; enfin, il n'y a pas de hiérarchie au sein des normes constitutionnelles.

A | LA SUPÉRIORITÉ DE LA CONSTITUTION SUR LES AUTRES NORMES JURIDIQUES

La Constitution est en principe supérieure à toutes les autres normes juridiques. Cette affirmation possède un solide fondement théorique : non seulement la Constitution est la norme suprême, mais, en outre, elle a une fonction particulière qui en fait la *matrice* même de l'ordre juridique. Elle est l'acte fondateur du système juridique, celui qui réglemente l'ensemble des autres normes et qui en « fonde la validité », pour reprendre une expression de Hans Kelsen. De nombreux articles de la Constitution de 1958 sont relatifs au droit des actes, définissant les grandes catégories d'actes juridiques de notre système et précisant leur nature et leur champ. La loi et le règlement sont circonscrits par ses articles 34 et 37, de même que les ordonnances par l'article 38, les décrets par les articles 13 et 21, et les traités par les articles 54 et 55. Puisque c'est de la Constitution que résulte la valeur juridique – et jusqu'à l'existence même de ces actes –, il paraît logique qu'elle soit considérée comme la norme suprême du système juridique.

De cette suprématie de la Constitution découle un phénomène dit de « constitutionnalisation des branches du droit ». La Constitution étant située au sommet de la hiérarchie des normes, elle énonce des principes essentiels de la vie en société, auxquels le droit civil, le droit pénal, le droit social ou encore le droit commercial, par exemple, ne peuvent déroger et qui forment dès lors le socle de toutes les branches du droit. On trouve ainsi aujourd'hui des sources constitutionnelles dans chacun des domaines du droit privé[34] comme du droit public. Sous la Quatrième République, le doyen Georges Vedel évoquait déjà les « bases constitutionnelles du

34. Nicolas Molfessis, *Le Conseil constitutionnel et le Droit privé*, thèse, Paris, LDGJ, 1997.

droit administratif[35] ». Ce mouvement n'a cessé de s'approfondir sous la Cinquième République, qui a vu se développer le rôle du Conseil constitutionnel et, partant, la place des principes constitutionnels[36].

Si cette prééminence ne soulève aucune difficulté par rapport à la *loi* et au *règlement*, l'affirmation de la suprématie de la Constitution sur les *traités* et sur les *actes dérivés* du droit de l'Union européenne nourrit en revanche certains débats.

Comme on le verra au prochain chapitre, consacré aux traités internationaux, la réponse à la question de la place respective de la Constitution et des traités est en réalité affaire de point de vue. En droit interne, la supériorité de la Constitution sur les traités est affirmée par la jurisprudence concordante du juge constitutionnel[37], du juge administratif[38] et du juge judiciaire[39]. De solides raisons justifient cette position, à commencer par l'article 54 de la Constitution, qui interdit de ratifier un traité qui serait contraire aux normes constitutionnelles. On retrouve l'argument logique précédemment évoqué : si la Constitution fonde la valeur des traités, alors elle est, implicitement mais nécessairement, supérieure à eux. L'argument contient toutefois sa propre limite : puisque c'est la Constitution qui fonde cette supériorité, cette dernière ne vaut que dans le seul champ d'application de la Constitution, c'est-à-dire à l'égard de ceux à qui s'adresse la norme constitutionnelle, pour les habitants et sur le territoire de l'État régi par cette loi fondamentale. Mais, en dehors de ce champ, la question se pose différemment.

Sur le plan de l'ordre juridique international, le droit international prime : un État ne peut pas, après avoir régulièrement conclu un traité, invoquer l'excuse de ses règles internes, fussent-elles constitutionnelles, pour ne pas respecter ses engagements internationaux. Cette exigence est posée par l'article 27 de la convention de Vienne de 1969 sur le droit des traités : « Une partie ne peut invoquer les dispositions de son droit interne comme justifiant la non-exécution d'un traité. » La question même de savoir si une règle nationale, interne à un État, a une valeur constitutionnelle, législative ou réglementaire n'a en réalité guère de sens au regard du droit international, qui ne connaît pas ces distinctions – distinctions que l'on ne retrouve d'ailleurs pas dans tous les pays (à titre d'exemple, comme on l'a vu, le Royaume-Uni n'a pas, au sens formel du terme,

35. Voir le fameux article du doyen Georges Vedel, « Les bases constitutionnelles du droit administratif », *EDCE*, 1954.

36. Bernard Stirn, *Les Sources constitutionnelles du droit administratif*, *op. cit.*

37. CC, décision du 15 juin 1999, *Charte des langues régionales et minoritaires*, réaffirmée dans la décision 2004-505 DC du 19 novembre 2004, *Traité établissant une constitution pour l'Europe.*

38. CE, 30 octobre 1998, *Sarran et Levacher.*

39. Cass., 2 juin 2000, *Fraisse.*

de constitution). De même, si l'on se place du point de vue du droit de l'Union européenne, on est conduit à affirmer le principe de primauté du droit communautaire, comme l'a fait la Cour de justice dans ses arrêts *Costa c/ Enel* du 15 juillet 1964 et *Simmenthal* du 9 mars 1978 : ce sont les normes européennes qui priment sur l'ordre juridique interne de chacun des États membres de l'Union européenne et, donc, également sur leurs Constitutions respectives.

Par ailleurs, il ne faut pas confondre la question de l'existence d'une hiérarchie des normes et celle de la sanction juridictionnelle de cette hiérarchie. Cette dernière soulève une interrogation distincte, qui touche à la *compétence* du juge : le juge n'est pas toujours habilité par le système juridique à sanctionner, à chacun des étages de la pyramide des normes, la méconnaissance de la hiérarchie des normes. Pendant longtemps en France, la supériorité de la Constitution sur la loi n'était pas sanctionnée, postérieurement à la promulgation de la loi, en raison de l'absence d'un mécanisme d'exception d'inconstitutionnalité. Cette lacune est aujourd'hui comblée, depuis l'introduction, par la révision constitutionnelle du 23 juillet 2008, de la question prioritaire de constitutionnalité. Mais le mécanisme de la QPC n'autorise pas la censure de l'ensemble des cas d'inconstitutionnalité : seules les normes constitutionnelles de fond, portant sur les droits et libertés, sont concernées. Une loi méconnaissant une règle constitutionnelle de pure procédure ne sera donc pas, en principe, sanctionnée par le juge après sa promulgation. Les traités pour leur part, plus encore que les lois, bénéficient d'une forme d'immunité juridictionnelle : le Conseil d'État, s'il accepte de vérifier la régularité de la procédure interne de ratification[40], refuse en revanche de contrôler, sur le fond, la constitutionnalité des stipulations d'un traité international[41]. Ainsi, même si, en théorie, l'ordre juridique interne affirme la supériorité de la Constitution sur les normes internationales, en pratique, celle-ci n'est, le plus souvent, pas sanctionnée par le juge interne.

Enfin, la question de l'articulation entre la Constitution et les actes dérivés du droit de l'Union européenne – tels que les directives et règlements européens – est également épineuse. Quel contrôle de constitutionnalité pour de tels actes ? Pour bien comprendre les données du problème, il faut avoir présent à l'esprit trois considérations générales qui commandent l'articulation entre l'ordre juridique national et l'ordre juridique européen.

En premier lieu, le droit dérivé de l'Union européenne a un juge naturel : la Cour de justice de l'Union européenne (CJUE). C'est elle qui est en principe compétente pour juger de la validité des directives et règlements européens. De ce point de vue, la question ne se

40. CE, 18 décembre 1998, *SARL Parc d'activités de Blotzheim.*
41. CE, 9 juillet 2010, *Fédération nationale de la libre pensée.*

pose donc pas dans les mêmes termes que pour les traités internationaux – qui, pour leur part, ne sont soumis au contrôle d'aucune juridiction. Ici, un contrôle juridictionnel est bien prévu, ce qui soulève dès lors un problème de compétence pour le juge national : comment articuler sa propre compétence avec celle du juge européen ?

En deuxième lieu, la configuration contentieuse dans laquelle le juge national est confronté à ce type de question n'est pas rare : il s'agit de l'hypothèse où se voit critiqué un *acte national d'application du droit de l'Union européenne* assurant par exemple la transposition d'une directive ou la mise en œuvre d'un règlement européen. Lorsqu'une loi ou un décret se borne à reprendre à l'identique un acte européen, alors critiquer cette loi ou ce décret revient à critiquer l'acte européen.

En troisième lieu, il faut rappeler que le droit de l'Union européenne, longtemps limité à la matière économique, ne comportait initialement aucune disposition protégeant les droits fondamentaux. Il en résultait une certaine inquiétude des juges nationaux : que faire si un acte européen méconnaissait les droits fondamentaux ? Cette lacune de l'ordre juridique européen avait incité la Cour constitutionnelle allemande, durant les années 1970, à exercer un contrôle de constitutionnalité des actes dérivés[42]. Toutefois elle a été progressivement comblée, d'abord par voie prétorienne avec la reconnaissance par la Cour de justice de principes généraux du droit de l'Union européenne, qui s'inspirent, selon la formule standard, des « traditions constitutionnelles communes aux États membres[43] » et de la Convention européenne des droits de l'homme, puis par l'adoption de la Charte des droits fondamentaux de l'Union européenne. C'est pourquoi, désormais, les différentes juridictions nationales en Europe adoptent des solutions d'inspiration voisine, qui seront présentées plus longuement dans le chapitre 14 consacré au droit européen. En principe, elles s'abstiennent de contrôler la constitutionnalité des actes de l'Union européenne ; à titre d'exception, elles réservent la possibilité d'un contrôle national : selon la jurisprudence dite « *So lange* », la Cour constitutionnelle allemande ne s'abstient qu'« aussi longtemps que » l'Union européenne assure une protection effective des droits fondamentaux[44]. En France, le Conseil constitutionnel se réserve la possibilité de vérifier que les

42. Cour constitutionnelle allemande, 29 mai 1974, *So lange I* : aussi longtemps qu'au niveau européen il n'existe pas de protection effective des droits fondamentaux, les tribunaux nationaux peuvent contrôler les actes de la Communauté européenne au regard des droits fondamentaux nationalement protégés.

43. Formule jurisprudentielle aujourd'hui reprise à l'article 6 du traité sur l'Union européenne.

44. Décision du 22 octobre 1986, *So lange II*, confirmée par la décision du 7 juin 2000, *So lange III*.

actes de l'Union ne mettent pas en cause « une règle ou un principe inhérent à l'identité constitutionnelle de la France[45] ». Ce « contrôle de constitutionnalité restreint » concerne tant les lois de transposition des directives que les lois portant adaptation du droit interne aux règlements de l'Union européenne[46]. Le Conseil d'État peut être confronté à la même question lorsqu'il contrôle un acte administratif de mise en œuvre du droit de l'Union européenne. Il recherche d'abord si le droit de l'Union européenne assure une protection effective du principe invoqué : il s'abstient alors de contrôler la constitutionnalité de l'acte administratif ; c'est seulement s'il n'existe pas de principe général du droit de l'Union européenne équivalent qu'il s'autorise à exercer ce contrôle[47]. Ainsi, s'agissant des actes européens, grâce à un dialogue entre les juges, la primauté de la Constitution est conciliée avec la primauté du droit de l'Union européenne.

Mais ce dialogue n'est pas toujours exempt de frictions. Ainsi, dans un arrêt du 5 mai 2020, la Cour constitutionnelle allemande a rendu une décision que certains ont pu regarder comme la manifestation d'un « nationalisme constitutionnel ». Elle a d'abord émis des doutes sur la légalité d'une opération de la Banque centrale européenne (BCE), un programme d'achats de titres publics sur les marchés. Surtout, la Cour de Karlsruhe a mis en cause le caractère insuffisant du contrôle exercé par la CJUE. Dès lors, selon elle, ce sont les institutions allemandes, gouvernement fédéral et Bundestag, qui doivent prendre les mesures nécessaires pour s'assurer que la BCE procède à un réexamen de ce programme d'achats de titres au regard du principe de proportionnalité. Les organes constitutionnels allemands seraient ainsi soumis à une obligation de contrôle d'une institution de l'Union, sur le fondement d'un principe de « responsabilité d'intégration » (*Integrationsverantwortung*). Il s'agit de garantir une intégration européenne dans le respect du traité consenti par le peuple allemand.

45. CC, décision n° 2004-496 DC du 10 juin 2004, *Économie numérique*, précisée par CC, décision n° 2006-540 DC du 27 juillet 2006, *Loi relative au droit d'auteur*.

46. CC, décision n° 2018-765 DC du 12 juin 2018, *Loi relative à la protection des données personnelles*.

47. CE, 8 février 2007, *Société Arcelor Atlantique et Lorraine*. Voir les développements du chapitre 14 : Le droit européen.

B | L'ABSENCE DE NORMES SUPÉRIEURES À LA CONSTITUTION

Un débat s'est tenu en France, durant les années 1990, autour du thème de la supra-constitutionnalité. Ces réflexions ont notamment été alimentées par une décision, *Maastricht II*, rendue le 2 septembre 1992 par le Conseil constitutionnel. Affirmant clairement la souveraineté du pouvoir constituant, le juge constitutionnel semblait cependant poser en même temps des conditions à cette souveraineté, en rappelant expressément les limites des possibilités de révision de la Constitution prévues par l'article 89 de la Constitution quant au moment (une révision ne peut intervenir lorsqu'il est porté atteinte à l'intégrité du territoire) et à l'objet (interdiction de mettre en cause la forme républicaine du gouvernement) de la révision.

L'idée a alors été avancée que de tels principes, puisqu'ils s'imposent au pouvoir constituant, auraient une valeur supra-constitutionnelle.

Poursuivant cette logique, on a pu également se demander s'il n'existait pas d'autres principes supérieurs à la Constitution, tels que le principe de souveraineté nationale ou ceux consacrés par la Déclaration de 1789, auxquels le constituant ne saurait déroger. Enfin, aboutissement du raisonnement, certains ont pu soutenir que cette hiérarchie méritait une sanction juridictionnelle et que le Conseil constitutionnel avait compétence pour veiller à leur respect par les lois portant révision de la Constitution.

Mais les objections à la thèse de la supra-constitutionnalité étaient nombreuses. Le doyen Georges Vedel, en particulier, en relevait deux. En premier lieu, une objection *juridique* : il est en réalité aisé de contourner l'obstacle de l'article 89. Il suffit de procéder à une *double révision* constitutionnelle : d'abord, une révision préalable de l'article 89 lui-même, pour supprimer les limites à l'objet des révisions ; ensuite, la révision de fond souhaitée – par exemple, la réintroduction de la monarchie en France. En second lieu, et surtout, une objection *politique* : le pouvoir constituant est l'expression suprême de la souveraineté ; il doit donc avoir le dernier mot. Le juge constitutionnel ne saurait le contrôler. Cette possibilité du dernier mot est un contrepoids indispensable face au pouvoir du juge constitutionnel de censurer la loi : lorsque le Conseil constitutionnel déclare une loi contraire à la Constitution, il n'interdit pas d'une façon définitive la réforme voulue par le législateur ; il se borne à indiquer la voie à suivre, laquelle passe, le cas échéant, par une révision de la Constitution. On retrouve la « théorie de l'aiguilleur » de Kelsen, reprise par son disciple français Charles Eisenmann : le juge est moins un censeur qu'un aiguilleur. On peut illustrer cette idée par l'exemple des quotas en faveur des femmes : le Conseil constitutionnel, par une décision n° 82-146 DC du 18 novembre 1982, avait estimé ces quotas inconstitutionnels, car contraires au principe d'égalité. La révision constitutionnelle du 8 juillet 1999 a alors surmonté cette difficulté en introduisant à l'article 3 de la Constitution une disposition selon laquelle « la loi favorise l'égal accès des femmes et des hommes aux mandats électoraux et fonctions électives », permettant ainsi au législateur de prévoir ensuite de tels quotas. Elle a été prolongée par la révision du 23 juillet 2008, qui étend son champ dans l'ensemble des « responsabilités professionnelles et sociales ». Ainsi, dans une optique démocratique, une censure du Conseil constitutionnel doit toujours pouvoir être surmontée par une révision de la Constitution. Dans le même ordre d'idées, on doit mentionner l'article 28 de la Déclaration des droits de l'homme et du citoyen de 1793 : « Un peuple a toujours le droit de revoir, de réformer et de changer sa Constitution. Une génération ne peut assujettir à ses lois les générations futures. »

Ce débat sur la supra-constitutionnalité peut aujourd'hui être regardé comme clos, au regard de la jurisprudence du Conseil constitutionnel. En effet, par une décision n° 2003-469 DC du 26 mars 2003, *Révision constitutionnelle relative à l'organisation décentralisée de la République*, le juge constitutionnel a décliné sa compétence pour connaître d'une loi constitutionnelle, en considérant qu'il ne dispose que d'une compétence d'attribution et qu'aucun texte ne prévoit qu'il puisse être saisi d'une telle question. En tout état de cause, en France, la méconnaissance de l'article 89 et, plus largement, de toute norme juridique susceptible de s'imposer au pouvoir constituant ne connaît aucune sanction.

Ainsi, comme le rappelle le Conseil d'État dans son avis du 30 juillet 2015 sur le projet de révision de la Constitution visant à permettre la ratification de la Charte européenne des langues régionales ou minoritaires, « il n'existe pas de principes de niveau supraconstitutionnel au regard desquels pourrait être appréciée une révision de la Constitution ». Le pouvoir constituant est souverain. Si, en l'occurrence, l'avis est défavorable, ce n'est donc pas au motif que le projet méconnaîtrait des normes supérieures, mais parce que le Conseil d'État estime qu'en raison d'incohérences et d'incertitudes, « le projet qui lui est soumis ne permet pas d'atteindre l'objectif que le gouvernement s'est fixé ».

De telles limites au pouvoir de révision constitutionnelle ne sont pas propres à la France. L'article 112 de la Constitution du royaume de Norvège dispose qu'une révision constitutionnelle « ne doit toutefois jamais contrevenir aux principes de la présente Constitution, mais seulement apporter à certaines dispositions des modifications qui ne changent pas l'esprit de ladite Constitution ». Peu précise, cette disposition est toutefois difficile à sanctionner.

L'Allemagne offre néanmoins un exemple de contrôle du pouvoir constituant. La « clause d'éternité » (*Ewigkeitsklausel*) prévue à l'article 79 de la Loi fondamentale prohibe toute modification constitutionnelle affectant les principes des articles 1er (dignité de l'être humain et respect obligatoire des droits fondamentaux par la puissance publique) et 20 (fondements de l'ordre étatique et droit de résistance), ainsi que toute atteinte au principe de l'organisation fédérale du pays. Ces exigences sont sanctionnées devant la Cour constitutionnelle allemande, qui exerce un contrôle de constitutionnalité sur les dispositions révisées. Dans une décision du 23 avril 1991, la Cour constitutionnelle a d'ailleurs écarté la possibilité d'une « double révision » telle que l'évoquait le doyen Vedel, en jugeant que « le législateur habilité à réviser la Constitution n'aurait pas compétence pour se libérer lui-même des limitations à la révision constitutionnelle qui sont fixées par la Loi fondamentale ». Ainsi le juge constitutionnel allemand paraît-il admettre une forme de supra-constitutionnalité, du moins le caractère intangible de la clause d'éternité. Sans doute faut-il y voir la conséquence de la distinction entre le pouvoir constituant *originaire*, qui est par essence totalement souverain, et le pouvoir constituant *dérivé*, dont les pouvoirs sont nécessairement encadrés par la Constitution.

C | L'ABSENCE DE HIÉRARCHIE AU SEIN DES NORMES CONSTITUTIONNELLES

La question s'est également posée de savoir s'il existait une hiérarchie, à l'intérieur de la Constitution, entre les normes constitutionnelles. Cette interrogation, qui prolonge d'une certaine manière le débat sur la supra-constitutionnalité, est née de la richesse, voire de l'hétérogénéité, du bloc de constitutionnalité, qui comporte des règles de procédure comme des principes de fond et qui consacre des principes issus de diverses traditions et de différentes époques de l'histoire constitutionnelle française. Comment en assurer la cohérence ? Une telle question s'est notamment posée lors de la vague de nationalisations de 1981, qui a vu s'affronter les deux visions constitutionnelles du droit à la propriété, celle issue de la Déclaration de 1789, selon laquelle « la propriété est un droit inviolable et sacré », et celle résultant du Préambule de 1946, en vertu duquel « tout bien, toute entreprise, dont l'exploitation a ou acquiert les caractères d'un service public national ou d'un monopole de fait, doit devenir la propriété de la collectivité ». Comment départager ces deux principes ? Fallait-il consacrer une hiérarchie et, si oui, laquelle ? Fallait-il faire primer le texte de 1789, au motif qu'il consacrerait un droit ayant un caractère plus fondamental, ou bien, au contraire, assurer la primauté de la disposition la plus récente, celle de 1946 ?

La réponse du Conseil constitutionnel peut se décliner en deux affirmations. D'abord, tous les principes figurant dans le bloc de constitutionnalité ont une valeur constitutionnelle, depuis les articles de la Constitution jusqu'à la Charte de l'environnement. Ensuite, ils ont tous la *même* valeur constitutionnelle. En d'autres termes, au regard de la hiérarchie des normes, tous ces principes se situent au même niveau sans qu'aucun d'entre eux ne soit subordonné à un autre : si la Déclaration de 1789 possède indéniablement une valeur symbolique particulière, elle n'est pas pour autant supérieure aux autres principes constitutionnels. Cette absence de hiérarchie doit être nuancée : en pratique, si ces principes ont tous la même valeur, ils n'ont pas toujours la même portée effective. Leur force normative dépend de leur contenu et de leur formulation : tandis que certains d'entre eux énoncent des règles claires et précises, comme l'article 66 de la Constitution aux termes duquel « nul ne peut être arbitrairement détenu », et sont donc facilement opposables à la loi, d'autres ont un contenu plus vague et doivent être précisés par le législateur. Les droits sociaux énumérés par le Préambule de 1946, tels que le droit à la santé ou le droit à l'emploi notamment, apparaissent surtout comme des objectifs davantage susceptibles de justifier l'intervention du législateur que de la limiter.

L'absence de hiérarchie entre les normes constitutionnelles ouvre la voie à la méthode de la conciliation. En effet, il n'est pas rare que des principes soient en concurrence, voire en conflit : droit de grève et continuité du service public ; liberté d'entreprendre et droit à l'emploi ou droit syndical, etc. Dès lors, quand survient une contradiction, celle-ci doit être résolue, non pas en vertu d'un principe hiérarchique, mais sur le terrain de la conciliation. Dans cet exercice, le Parlement dispose d'une grande marge d'appréciation, car, comme le rappellent de nombreuses décisions du Conseil constitutionnel, « il appartient au législateur d'assurer la conciliation » entre les diverses exigences constitutionnelles.

Chapitre 8

Les traités internationaux

Dénommé, au XVIIIe siècle, « droit des gens » par Montesquieu, *law of nations* par Blackstone, le droit international régissait à l'origine les rapports entre les États, dans une sphère distincte de celle du droit interne relevant de la seule souveraineté nationale. Les deux univers se sont ensuite progressivement rapprochés. Pour l'essentiel, le droit international s'exprime par des traités qui se définissent comme « un accord de volontés entre des sujets de droit international, destiné à produire des effets juridiques et régi par le droit international[1] ». Reflet du développement des échanges internationaux, le nombre des traités s'est accru. De 4 par an entre 1881 et 1918, il est passé à 14 entre 1919 et 1939, à 80 entre 1950 et 1959, à 145 entre 1960 et 1979, à 175 entre 1980 et 1989. Après avoir atteint le chiffre record de 182 en 2010, le nombre de traités ou accords internationaux publiés chaque année a légèrement décru, tout en restant à des niveaux élevés :150 en 2015, 123 en 2016, 74 en 2017, 79 en 2018.

À côté des traités que concluent entre elles les personnes morales de droit international, États et organisations internationales, une part du droit international résulte également de la coutume qui régit les relations internationales. Si la Constitution allemande mentionne expressément la coutume, le Préambule de la Constitution de 1946 s'y réfère de manière plus discrète, en indiquant de manière générale que « la République française, fidèle à ses traditions, se conforme aux règles du droit public international ». Le

1. Ronny Abraham, *Droit international, droit communautaire et droit français*, Paris, Hachette, 1989.

Conseil d'État n'en a pas moins reconnu que la coutume internationale pouvait produire des effets dans l'ordre juridique interne[2]. De même, le Conseil constitutionnel s'est référé à plusieurs reprises au principe *pacta sunt servanda*[3], tout comme il a fait état d'autres normes non écrites du droit international, tels le droit des peuples à disposer d'eux-mêmes[4] ou certaines règles du droit de la mer[5]. Ces références à la coutume sont l'une des manifestations de la présence croissante du droit international.

En dehors du cadre spécifique de l'Union européenne, les organisations internationales développent leurs propres règles, qui peuvent avoir des effets au-delà de leur enceinte. Sources secondaires du droit international, ces actes unilatéraux ne sont le plus souvent que des recommandations, sans portée juridique contraignante. Certaines décisions peuvent toutefois avoir une valeur obligatoire. Tel est le cas, en particulier, de certaines résolutions du Conseil de sécurité des Nations unies.

Dans un monde davantage ouvert aux échanges de toute nature, droit international et droit interne ne peuvent plus se tenir dans deux sphères distinctes, étanches l'une par rapport à l'autre. À l'heure de la mondialisation, le droit international affirme son autorité, les traités s'imposent aux lois nationales, les juridictions internationales développent leur jurisprudence. « Aujourd'hui, c'est tous les jours que des juges de droit interne contrôlent la mise en œuvre de règles internationales ou qu'ils appliquent des règles de droit international à des litiges dont ils sont saisis », écrit Elisabeth Zoller[6]. Aussi la conception *dualiste*, qui consacre une séparation hermétique entre les deux ensembles du droit international et du droit interne, cède-t-elle de plus en plus la place à une conception *moniste*, qui les rapproche et les réunit. Un ordre juridique se construit en conséquence, dans lequel les traités internationaux ont des effets non seulement à l'échelle internationale, mais aussi en droit interne. Introduits en droit national d'une manière qui fait davantage référence au monisme, les traités y occupent, dans la hiérarchie des normes, une place, au-dessus de la loi et en dessous de la Constitution, qui s'est définie de manière progressive et largement consensuelle.

2. CE, 23 octobre 1987, *Société Nachfolger Navigation Company* ; CE, 6 juin 1997, *Aquarone* ; CE, 14 octobre 2011, *Mme Saleh.*

3. « Les conventions doivent être respectées » ; CC, 9 avril et 22 septembre 1992 ; CC, 20 juillet 1993 ; CC, 22 janvier 1999 ; CC, 2 août 2012.

4. CC, 30 décembre 1975.

5. CC, 28 avril 1985.

6. Élisabeth Zoller, « Comment le droit des gens cessa d'être un droit politique : le droit international de John Marshall », dans *Mélanges offerts à Charles Leben. Droit international et culture juridique*, Paris, Pedone, 2015.

I

L'INTRODUCTION DES TRAITÉS EN DROIT INTERNE : DU DUALISME AU MONISME

L'évolution, consacrée par la Constitution de 1958, qui a conduit la France du dualisme au monisme s'inscrit dans un cadre européen qui connaît une certaine diversité. Des questions nouvelles d'articulation entre les traités internationaux se présentent dans ce contexte.

A | LES ÉTAPES DE L'ÉVOLUTION

Les traités apparaissent dans l'ordre constitutionnel dès la Constitution du 3 septembre 1791, qui prévoit qu'il « appartient au roi d'arrêter et de signer avec toutes les puissances étrangères tous les traités de paix, d'alliance et de commerce, et autres conventions qu'il jugera nécessaires au bien de l'État, sauf la ratification du Corps législatif ». Il s'agit de définir les compétences respectives du chef de l'État et des assemblées pour engager l'État envers d'autres pays : les règles nationales déterminent les pouvoirs des différentes autorités de l'État pour adopter les traités, sans donner à ceux-ci de force en droit interne. Cette conception est encore celle qui inspire l'article 8 de la loi constitutionnelle du 16 juillet 1875 sur les rapports des pouvoirs publics, qui dispose : « Le président de la République négocie et ratifie les traités. Il en donne connaissance aux chambres aussitôt que l'intérêt et la sûreté de l'État le permettent. Les traités de paix, de commerce, les traités qui engagent les finances de l'État, ceux qui sont relatifs à l'état des personnes et au droit de propriété des Français à l'étranger ne sont définitifs qu'après avoir été votés par les deux chambres. Nulle cession, nul échange, nulle adjonction de territoire ne peut avoir lieu qu'en vertu d'une loi. »

Au lendemain de la victoire sur le nazisme, le souci de renforcer les garanties de maintien de la paix et de protection des droits fondamentaux au niveau international s'exprime dans la Charte des Nations unies du 26 juin 1945. Réunie au palais de Chaillot à Paris, l'Assemblée de la nouvelle organisation adopte, le 10 décembre 1948, la Déclaration universelle des droits de l'homme, à la rédaction de laquelle René Cassin a largement contribué. Son préambule proclame que « la reconnaissance de la dignité inhérente à tous les membres de la famille humaine et de leurs droits égaux et inaliénables constitue le fondement de la liberté, de la justice et de la paix dans le monde ». Promulguée entre ces deux textes, la Constitution du 27 octobre 1946 s'inspire du même esprit. Son Préambule affirme que « la République française, fidèle à ses traditions, se conforme aux règles du droit public international » et que, « sous réserve de réciprocité, la France consent aux limitations de souveraineté nécessaires à l'organisation et à la défense de la paix ».

La voie du monisme est ouverte par son article 26 : « Les traités diplomatiques régulièrement ratifiés et publiés ont force de loi dans le cas même où ils seraient contraires à des lois françaises, sans qu'il soit besoin pour en assurer l'application d'autres dispositions législatives que celles qui auraient été nécessaires pour assurer leur ratification. » L'article 27 dresse la liste des traités qui ne peuvent être ratifiés qu'en vertu d'une loi. L'article 28 précise : « Les traités diplomatiques régulièrement ratifiés et publiés ayant une autorité supérieure à celle des lois internes, leurs dispositions ne peuvent être abrogées, modifiées ou suspendues qu'à la suite d'une dénonciation régulière, notifiée par voie diplomatique. »

B | LA CONSTITUTION DE 1958 ET LES TRAITÉS INTERNATIONAUX

Se référant au Préambule de 1946, la Constitution du 4 octobre 1958 en reprend l'ensemble des principes, notamment ceux qui concernent le droit international. Son titre VI, consacré aux traités et accords internationaux, poursuit, avec davantage de précision, dans la voie du monisme. Il comprend quatre articles, les articles 52 à 55, consacrés respectivement aux pouvoirs du président de la République, aux compétences du Parlement, au rôle du Conseil constitutionnel et à l'autorité juridique des traités et accords internationaux.

Reprenant des formules voisines de celles des lois constitutionnelles de 1875, l'article 52 prévoit que le président de la République « négocie et ratifie les traités » et qu'« il est informé de toute négociation tendant à la conclusion d'un accord international non soumis à ratification ». La Constitution consacre ainsi une distinction établie, sur des critères purement procéduraux, par le droit international entre :

– le traité : négocié par le chef de l'État ou, en son nom, par un diplomate, qualifié de plénipotentiaire, muni par lui d'une lettre de *pleins pouvoirs*, qui le signe, il est ensuite soumis à la procédure solennelle de ratification et n'engage le pays qu'après celle-ci ;

– l'accord : élaboré et signé sans lettre de pleins pouvoirs par les autorités diplomatiques, il est soumis à l'approbation du seul ministre des Affaires étrangères et, dans le cas des accords dits « en forme simplifiée », entre même en vigueur dès sa signature.

De nombreux traités ou accords ne peuvent, selon l'article 53, être ratifiés par le président de la République ou approuvés par le ministre des Affaires étrangères qu'après une autorisation législative : il s'agit des traités de paix, des traités de commerce, des traités ou accords relatifs à l'organisation internationale, de ceux qui engagent les finances de l'État, qui modifient des dispositions de nature législative, qui sont relatifs à l'état des personnes ou qui, avec le consentement des populations intéressées, comportent cession, échange ou adjonction de territoire.

L'article 54 prévoit que le Conseil constitutionnel peut être saisi d'un engagement international avant sa ratification ou son approbation, afin de vérifier si cet engagement ne comporte pas de clause contraire à la Constitution. À l'origine, cette voie de saisine était limitée au président de la République, aux présidents de l'Assemblée nationale et du Sénat et au Premier ministre. Après la révision de 1974 qui a permis à soixante députés ou soixante sénateurs de lui déférer une loi avant sa promulgation, le Conseil constitutionnel a jugé[7] qu'à l'occasion d'un recours dirigé contre une loi autorisant la ratification ou l'approbation d'un traité ou d'un accord, il vérifiait que l'engagement international concerné ne méconnaissait pas les impératifs constitutionnels. Puis la révision du 25 juin 1992 préalable à la ratification du traité de Maastricht a directement ouvert à soixante députés ou soixante sénateurs la possibilité de déférer au Conseil constitutionnel un engagement international avant sa ratification ou son approbation.

Le caractère moniste du cadre constitutionnel résulte de l'article 55 aux termes duquel « les traités ou accords régulièrement ratifiés ou approuvés ont, dès leur publication, une autorité supérieure à celle des lois, sous réserve, pour chaque accord ou traité, de son application par l'autre partie ». Pour s'imposer dans l'ordre juridique interne, un engagement international doit ainsi satisfaire à trois conditions :

- ratification ou approbation ;
- publication au *Journal officiel de la République française* ;
- réciprocité.

Formalités solennelles d'adoption définitive, la ratification ou l'approbation sont nécessaires à la force juridique d'un engagement international. Elles distinguent le traité ou l'accord des textes seulement déclaratoires qui, si importants soient-ils d'un point de vue symbolique, n'ont pas d'effet juridique contraignant. Ainsi, la Déclaration universelle des droits de l'homme du 10 décembre 1948 n'a été ni ratifiée ni publiée, et elle n'avait pas à l'être, puisqu'elle constitue une résolution de l'Assemblée générale des Nations unies et non

7. CC, décision du 17 juillet 1980.

pas un traité. Bien qu'elle ait été publiée au *Journal officiel de la République française*, elle n'a donc pas de portée contraignante en droit interne[8].

Comme les lois et les décrets, un traité international n'a d'effet en droit interne que s'il est publié[9]. Le *Journal officiel* est le seul procédé de publication admis, et le juge administratif vérifie de longue date la régularité de la publication[10].

La condition de réciprocité prévue par l'article 55 de la Constitution s'explique par le caractère contractuel du traité : comme pour tout engagement synallagmatique, si l'une des parties manque à ses obligations, l'autre s'en trouve déliée. Elle revêt toutefois une portée moins générale que les termes de l'article 55 de la Constitution pourraient le laisser penser. Adaptée aux traités bilatéraux, la réciprocité ne peut, en effet, être exigée de la même manière pour les traités multilatéraux. Le droit international exclut, en particulier, l'application de la condition de réciprocité pour les traités garantissant les droits fondamentaux. Ainsi, l'article 60 de la convention de Vienne du 23 mai 1969 sur le droit des traités stipule qu'un État ne peut se prévaloir du comportement d'un autre État pour s'affranchir des « dispositions relatives à la protection de la personne humaine contenues dans les traités de caractère humanitaire ». L'avis consultatif rendu à propos de la Namibie le 21 juin 1971 par la Cour internationale de justice va dans le même sens.

Le Conseil constitutionnel a fait application de ces règles générales. La nature du droit communautaire l'a d'abord conduit à écarter la condition de réciprocité en ce qui le concerne par des décisions du 9 avril 1992 et du 20 mai 1998. Pour le droit international général, il a pris une position très ferme dans sa décision du 22 janvier 1999 relative au traité portant statut de la Cour pénale internationale (CPI). Rappelant que le Préambule de la Constitution de 1946 prévoit que la République française « se conforme aux règles du droit public international », il en a déduit que la condition de réciprocité n'avait pas lieu de s'appliquer pour des traités conclus « en vue de favoriser la paix et la sécurité du monde et d'assurer le respect des principes généraux du droit international ». Sa décision précise qu'eu égard à leur objet, « les obligations nées de tels engagements s'imposent à chacun des États parties indépendamment des conditions de leur exécution par les autres États parties ». De même, la Cour européenne des droits de l'homme juge que le mécanisme de garantie collective institué par la Convention européenne des droits de l'homme crée pour les États des obligations objectives,

8. CE, 18 avril 1951, *Élections de Nolay* ; CE, 23 novembre 1984, *Roujansky.*

9. CE, 11 décembre 1959, *Commissaire du gouvernement près la Commission de répartition de l'indemnité des nationalisations tchécoslovaques* ; CE, 13 juillet 1961, *Société indochinoise d'électricité.*

10. CE, 18 juin 1965, *Consorts Châtelain.*

qui s'apprécient indépendamment de toute condition de réciprocité[11].

La Constitution ne dit rien de la dénonciation des traités. Si le cadre en est fixé par le droit international, le droit interne laisse ouverte la question de savoir s'il s'agit d'une prérogative de l'exécutif, dans la conduite des relations internationales, ou si l'intervention du Parlement s'impose lorsqu'une autorisation législative a été nécessaire à la ratification ou à l'approbation.

À la distinction entre monisme et dualisme s'ajoute la question de *l'effet direct des traités*. Un traité international peut se contenter de régir les relations entre les États signataires, sans entendre produire des effets dans leur droit interne. Tout est largement affaire d'espèce, au regard de l'objet et du contenu du traité. Certaines stipulations d'un traité peuvent être d'effet direct, d'autres non. Par une décision, *GISTI*, du 11 avril 2012, le Conseil d'État a précisé que la stipulation d'un traité avait un effet direct « lorsque, eu égard à l'intention exprimée des parties et à l'économie générale du traité invoqué, ainsi qu'à son contenu et à ses termes, elle n'a pas pour objet exclusif de régir les relations entre États et ne requiert l'intervention d'aucun acte complémentaire pour produire des effets à l'égard des particuliers ». Ces règles sont similaires à celles que la Cour de justice applique aux traités conclus par l'Union européenne, dont elle est seule compétente pour apprécier l'effet direct[12]. Conformément aux règles générales applicables aux questions préjudicielles, il n'y a toutefois lieu, pour un juge national, de la saisir de la question de savoir si un traité conclu par l'Union produit un effet direct qu'en cas de difficulté sérieuse[13].

C | MONISME ET DUALISME EN EUROPE

Comme la France, la plupart des pays européens ont évolué vers le monisme, même si toute trace de dualisme n'a pas disparu dans le droit public européen.

La Constitution italienne de 1948 demeure dans un cadre dualiste : les traités doivent être « reçus » par une loi nationale pour produire des effets en droit interne. Cette exigence d'une loi d'introduction dans l'ordre interne n'a pas été effacée par une révision constitutionnelle de 2001, entrée en vigueur en 2006, qui fait obligation à la loi de respecter les engagements internationaux. Une place

11. CEDH, 18 janvier 1978, *Irlande c/ Royaume-Uni* ; CEDH, 7 juillet 1989, *Soering c/ Royaume-Uni.*

12. CJUE, 28 mars 2011.

13. CE, 6 décembre 2012, *Société Air Algérie.*

à part est toutefois faite à la Convention européenne des droits de l'homme. Rendue applicable en Italie par une loi du 4 août 1955, elle est qualifiée par la Cour constitutionnelle de norme intermédiaire – *interposta* – entre la Constitution et le droit international : une loi peut être écartée pour méconnaissance de la Convention, mais seulement par la Cour constitutionnelle, à laquelle les autres juridictions doivent renvoyer la question, car le sujet touche aux droits protégés dans l'ordre constitutionnel[14]. Cette jurisprudence est toutefois contestée par le Conseil d'État d'Italie, le Consiglio di Stato, qui, assimilant la Convention au droit de l'Union, estime que le juge ordinaire a compétence pour écarter une loi qui n'est pas compatible avec elle[15].

Plus nettement encore, le Royaume-Uni conserve un système juridique dualiste, selon lequel les traités ne produisent d'effet en droit interne que si, et dans la mesure où, une loi votée par le Parlement le prévoit. Avant le Brexit, l'autorité du droit communautaire découlait ainsi du *European Communities Act* de 1972. Alors que le Royaume-Uni a été, le 8 mars 1951, le premier pays à ratifier la Convention européenne de sauvegarde des droits de l'homme et des libertés fondamentales, qui avait été signée le 4 novembre 1950, et qu'elle a accepté, dès 1966, le droit de recours individuel à la Cour européenne des droits de l'homme, il a fallu attendre l'adoption du *Human Rights Act*, en 1998, au début du gouvernement de Tony Blair, pour que la Convention produise des effets directs en droit britannique.

D | CONTRARIÉTÉ ET CONCILIATION ENTRE LES TRAITÉS

Avec la présence accrue des traités en droit interne, le risque augmente que différents traités se révèlent difficiles à concilier, voire contradictoires. En droit international, il n'y a ni hiérarchie entre les traités ni règle communément admise permettant de déterminer, en cas de conflit, quel est le traité applicable. Confronté à une contrariété alléguée entre la Convention européenne des droits de l'homme et l'accord entre la France et la Russie sur l'indemnisation des porteurs de titres d'emprunts russes, le Conseil d'État a indiqué[16] qu'il appartient au juge national de chercher à concilier les traités, au besoin en les interprétant « au regard des règles et principes à valeur constitutionnelle et des principes d'ordre

14. Cour constitutionnelle italienne, décision des 24 et 31 octobre 2007.
15. Conseil d'État d'Italie, décision du 2 mars 2010.
16. CE, 23 décembre 2011, *Kandyrine de Brito Païva.*

public ». Dans l'hypothèse, appelée à demeurer très exceptionnelle, où un tel effort de conciliation et d'interprétation ne permettrait pas de dissiper toute contrariété, il reviendrait au juge, conformément à la nature du droit international, d'appliquer le traité sur le terrain duquel l'État, quitte à engager par ailleurs sa responsabilité internationale, a entendu se placer. Le Conseil d'État a précisé que ces règles ne s'appliquent toutefois pas lorsqu'est en cause « l'ordre juridique intégré que constitue l'Union européenne ».

Quelles que soient les modalités de son introduction en droit interne, le droit international y est de plus en plus présent, à une place que les pays européens ont définie à partir d'une même conception de la hiérarchie des normes.

II

TRAITÉS INTERNATIONAUX ET HIÉRARCHIE DES NORMES : PLEINE SUPÉRIORITÉ SUR LA LOI, PRIMAUTÉ DE LA CONSTITUTION DANS L'ORDRE JURIDIQUE INTERNE

Pleinement supérieurs à la loi, les traités viennent, dans l'ordre juridique interne, après la Constitution.

A | LA SUPÉRIORITÉ DES TRAITÉS SUR LES LOIS

Aisément reconnue vis-à-vis des lois antérieures, la supériorité des traités sur les lois s'est imposée même à l'égard des lois postérieures.

1/ *Les lois antérieures au traité*

Affirmé par l'article 55 de la Constitution, le principe de supériorité des traités sur les lois n'a pas soulevé de difficulté d'application pour ce qui concerne les lois antérieures à un nouvel engagement international. L'approbation ou la ratification d'un traité a pour effet d'abroger les lois antérieures incompatibles avec celui-ci. Cela est d'autant plus logique qu'en vertu de l'article 53 de la Constitution, les traités ou accords qui « modifient des dispositions de nature législative [...] ne peuvent être ratifiés ou approuvés qu'en vertu d'une loi ». L'autorisation donnée par le Parlement de le ratifier vaut abrogation des lois antérieures. La formule de l'article 53 est au demeurant interprétée de manière large : tout traité dont les stipulations touchent au domaine de la loi est regardé, même en l'absence de loi sur ces points, comme modifiant des dispositions de nature législative.

2/ Les lois postérieures au traité

Plus délicate est la question des lois postérieures à un traité. Écarter une telle loi comme incompatible avec un traité précédemment conclu pouvait, en effet, heurter les traditions de souveraineté parlementaire et de respect de la loi. Aussi, plusieurs étapes, marquées par un intense dialogue entre le Conseil constitutionnel, le Conseil d'État et la Cour de cassation, ont-elles été nécessaires pour que la pleine supériorité des traités sur les lois, telle qu'elle est énoncée par l'article 55 de la Constitution, trouve une sanction juridictionnelle.

Saisi de la loi relative à l'interruption volontaire de grossesse, le Conseil constitutionnel a, par sa décision du 15 janvier 1975, refusé d'exercer lui-même, comme juge constitutionnel, le contrôle du respect des traités par les lois. Après avoir constaté que la loi inspirée et courageusement défendue par Simone Veil, au cours de difficiles débats parlementaires, ne méconnaissait aucun principe énoncé par la Constitution elle-même, le Conseil constitutionnel a jugé qu'il ne lui appartenait pas de se prononcer sur la conformité de la loi aux stipulations de la Convention européenne des droits de l'homme. Il a relevé qu'« une loi contraire à un traité ne serait pas pour autant contraire à la Constitution ». Cette affirmation est explicitée par le constat que la supériorité des traités sur les lois revêt « un caractère relatif et contingent ». Relatif, dans la mesure où elle ne vaut qu'à l'égard des États parties au traité. Contingent, puisqu'elle est subordonnée à une condition de réciprocité qui peut à tout moment cesser d'être remplie. Elle se distingue, par-là, de la supériorité, générale et absolue, de la Constitution sur la loi. Aussi, la mission du juge constitutionnel, telle qu'elle est définie depuis cette décision, ne s'étend-elle pas à la vérification du respect des traités par les lois. Après l'introduction de la question prioritaire de constitutionnalité, le Conseil constitutionnel a constamment et fermement rappelé la distinction qu'il avait introduite en 1975 entre « le contrôle de conformité des lois à la Constitution, qui incombe au Conseil constitutionnel, et le contrôle de leur compatibilité avec les engagements internationaux ou européens de la France, qui incombe aux juridictions administratives et judiciaires[17] ».

Prenant rapidement acte de la position du juge constitutionnel, la Cour de cassation a jugé, par son arrêt du 24 mai 1975, *Administration des douanes et Société des Cafés Jacques Vabre*, rendu conformément aux conclusions du procureur général Touffait, qu'il

17. CC, décision du 12 mai 2010, *Jeux en ligne*, et CC, décisions QPC du 3 février 2012 et DC du 9 août 2012.

appartenait aux juridictions judiciaires d'écarter l'application des lois, même plus récentes, incompatibles avec les stipulations d'un traité international. Dès lors qu'il ne relève pas du contrôle de constitutionnalité, le respect de la hiérarchie des normes, définie par l'article 55, incombe au juge ordinaire. Le procureur général soulignait le lien entre la décision du Conseil constitutionnel et la position qu'il proposait à la Cour de cassation d'adopter, en indiquant que, dès lors que le juge constitutionnel n'intervient pas lui-même pour assurer le respect de l'article 55, il appartient aux juridictions « auxquelles ce problème est posé [...], sous peine de déni de justice, d'y répondre ».

La même conclusion n'a pas été immédiatement tirée par le Conseil d'État. Avant même la décision du Conseil constitutionnel du 15 janvier 1975, le Conseil d'État avait posé en principe, par sa décision du 1er mars 1968, *Syndicat des fabricants de semoules de France*, que le juge administratif ne pouvait en aucun cas écarter l'application d'une loi postérieure à un traité au motif qu'elle était incompatible avec celui-ci : la loi nouvelle formait un écran entre le traité et la décision administrative soumise au contrôle du juge administratif. Cette jurisprudence a encore été appliquée, après les décisions du Conseil constitutionnel et de la Cour de cassation de 1975, par des arrêts du 22 octobre 1979, *Union démocratique du travail* et, en dernier lieu, du 13 mai 1983, *Société anonyme René Moline*.

La position du Conseil d'État ne procédait pas d'un étroit nationalisme juridique. Dès sa décision du 30 mai 1952, *Dame Kirkwood*, il avait tiré les conséquences du monisme introduit par la Constitution de 1946 en contrôlant la légalité d'un décret d'extradition au regard des stipulations d'une convention internationale. Dans ses formations consultatives, il veillait à ce que les projets de loi préparés par le gouvernement respectent les exigences de l'article 55 et il jouait ainsi un rôle préventif très utile à l'application effective de la supériorité des traités sur les lois. Mais, dans l'exercice de ses fonctions juridictionnelles, il se trouvait, au-delà de la question d'un conflit de normes, devant une interrogation d'ordre constitutionnel : était-il possible au juge des actes du pouvoir exécutif d'affranchir, au nom de la supériorité des traités, le gouvernement et l'administration de leur devoir fondamental d'appliquer la loi votée par le Parlement ?

Plusieurs évolutions étaient nécessaires pour qu'une réponse positive pût être donnée à cette question. Elles sont venues du Conseil constitutionnel, des autres juridictions européennes et, au total, d'une compréhension plus générale de la place des traités internationaux dans l'ordre juridique interne.

Deux décisions du Conseil constitutionnel ont exercé, après celle du 15 janvier 1975, une influence décisive sur le Conseil d'État. Manifestant son souhait de voir l'article 55 pleinement appliqué, le

Conseil constitutionnel a indiqué, dans une décision du 3 septembre 1986, qu'il « appartient aux divers organes de l'État de veiller à l'application des conventions internationales dans le cadre de leurs compétences respectives ». Sans avoir le caractère d'une injonction, cette phrase, qui vaut pour toutes les institutions, gouvernement, Parlement, juridictions, résonne comme un rappel non dépourvu d'insistance.

Plus encore, statuant comme juge électoral, le Conseil constitutionnel, dans une décision du 21 octobre 1988, *Élections dans la cinquième circonscription du Val d'Oise*, a accepté d'examiner, pour l'écarter au fond, un moyen tiré de l'incompatibilité des dispositions de la loi électorale française relatives aux conditions pour être présent au second tour de scrutin avec les exigences de la Convention européenne des droits de l'homme. Dès lors qu'il ne s'agit pas d'une question de constitutionnalité mais d'un conflit de normes, il revient au juge électoral, juge ordinaire, d'examiner si la loi qu'il applique respecte les stipulations d'un traité. Dans cette mission, et en parfaite cohérence avec la jurisprudence qui est la sienne lorsqu'il se prononce comme juge constitutionnel, le Conseil constitutionnel a raisonné comme la Cour de cassation dans l'affaire des *Cafés Jacques Vabre*.

Le Conseil d'État se trouvait dès lors très isolé dans l'ordre juridique interne. Il l'était tout autant au regard des autres cours suprêmes européennes qui, en quelques années, avaient reconnu la primauté du droit international sur la loi nationale, en particulier la Cour de cassation de Belgique (27 mai 1971), suivie de près, pour les règles générales du droit international, par la Cour allemande de Karlsruhe (9 juin 1971) et la Cour constitutionnelle italienne (30 octobre 1975 pour le droit européen, 8 juin 1984 pour le droit international dans son ensemble).

Ces différentes décisions étaient les composantes d'une prise de conscience devenue de plus en plus générale de la pleine intégration des traités internationaux dans les ordres juridiques internes. En 1980 encore, l'Assemblée nationale avait réagi à la décision *Jacques Vabre* de la Cour de cassation en adoptant un amendement qui interdisait aux juges, à peine de forfaiture, d'« empêcher ou [de] suspendre l'exécution des lois régulièrement promulguées, pour quelque cause que ce soit ». Même si ce texte n'a pas été inscrit à l'ordre du jour du Sénat et n'a donc pas été adopté par le Parlement, il était révélateur de conceptions politiques qui allaient s'effacer en une dizaine d'années devant l'interpénétration croissante et de plus en plus largement acceptée du droit international et du droit interne.

Il y avait d'autant moins de raison pour le Conseil d'État de maintenir la jurisprudence dite « des *Semoules* » qu'elle pouvait entraîner, dans l'ordre interne, désordre et insécurité, puisque des lois pouvaient être écartées, au profit de conventions internationales, devant le Conseil constitutionnel, juge électoral, ou devant le juge judiciaire, mais appliquées devant le juge administratif, sous réserve toutefois des prolongements possibles devant les deux juridictions européennes, la Cour de justice des Communautés européennes et la Cour européenne des droits de l'homme. Dans l'intérêt même de la loi, c'est en définitive aux juges nationaux qu'il revient d'apprécier en premier lieu si des dispositions législatives respectent les exigences conventionnelles, de manière à éviter la multiplication des instances devant les cours européennes et à permettre en tout cas à celles-ci de disposer, si elles sont saisies, de la position des juges nationaux, qui est un élément important de leur appréciation.

Aussi le moment était-il venu du revirement de jurisprudence marqué, le 20 octobre 1989, par l'arrêt *Nicolo*. Désormais le juge administratif vérifie, lui aussi, avant de l'appliquer, si une loi est compatible avec les stipulations d'un traité : la pleine suprématie des traités sur les lois est acquise dans toutes les branches du droit français.

Deux précisions ultérieures ont apporté quelques limites à cette évolution majeure. En termes de procédure, le juge administratif ne soulève pas d'office la question de la conformité d'une loi à un traité, mais exige qu'un moyen lui soit présenté sur ce point[18]. Par ailleurs, la supériorité que la Constitution confère aux traités sur les lois ne s'étend pas à la coutume internationale, qui n'a pas une valeur supérieure à la loi[19].

Mais l'essentiel est la reconnaissance de la supériorité des traités sur les lois. Sur ce point, les droits des différents pays européens convergent.

Ces positions sont toutefois plus nuancées au Royaume-Uni et en Allemagne qu'en France. Au Royaume-Uni, le *Human Rights Act* prévoit que le juge, s'il ne peut concilier une loi avec la Convention européenne des droits de l'homme, invite le Parlement à la modifier. C'est ce qu'a fait la Chambre des lords, dans le rôle qui lui revenait alors de juridiction suprême, lorsqu'elle a constaté, par une décision du 16 décembre 2004, l'incompatibilité de certaines dispositions de la loi antiterroriste adoptée en 2001, après les attentats du 11-Septembre, avec les stipulations de la Convention européenne des droits de l'homme. En Allemagne, la Cour de Karlsruhe déduit de l'article 25 de la Loi fondamentale la supériorité des règles générales du droit international sur la loi fédérale. Elle range la coutume internationale au nombre de ces règles. En revanche, de simples stipulations d'une convention internationale ont seulement force de loi et ne priment donc pas sur la loi fédérale plus récente[20]. Il n'en

18. CE, 11 janvier 1991, *Société Morgane*.
19. CE, 6 juin 1997, *Aquarone* ; CE, 28 juillet 2000, *Paulin*.
20. Cour de Karlsruhe, 15 décembre 2015, 2 BvL 1/12.

va différemment que pour le droit de l'Union européenne, auquel l'article 23 de la Loi fondamentale confère une autorité supérieure à celle des lois. En France même, on peut noter que la supériorité des traités sur la loi ne s'étend pas aux règles de procédure législative, qui sont entièrement déterminées par la Constitution. Aussi ne peut-il être utilement soutenu que la nouvelle délimitation des régions aurait été adoptée en méconnaissance de la Charte européenne de l'autonomie locale, convention conclue dans le cadre du Conseil de l'Europe, qui aurait imposé la consultation préalable des collectivités concernées[21].

3/ *Le contrôle de conventionnalité*

Un nouveau pouvoir se trouve de la sorte conféré aux juges nationaux. Au-delà de son importance pour la hiérarchie des normes, la reconnaissance de la supériorité des traités sur les lois modifie profondément les rapports du juge et de la loi. La loi cesse d'être une norme incontestable. Vérifiant sa compatibilité avec les traités internationaux, singulièrement avec les conventions qui ont pour objet, comme la Convention européenne des droits de l'homme, de garantir les droits fondamentaux, le juge reçoit des pouvoirs élargis : au travers de ce qui a été baptisé « contrôle de conventionnalité », il devient le juge de la loi.

a) Le contrôle de la loi

En France, après l'arrêt *Nicolo*, le Conseil d'État a été conduit à juger compatibles avec la Convention européenne des droits de l'homme la législation française sur l'objection de conscience[22], puis la loi sur l'interruption volontaire de grossesse[23]. Le contrôle de conventionnalité a permis, de la sorte, d'apporter une réponse à la question que le Conseil constitutionnel avait laissée en suspens le 15 janvier 1975.

Confrontant pour sa part la loi du 19 juillet 1977 sur les sondages durant les périodes électorales aux exigences de la liberté de communication, telles qu'elles découlent de la Convention européenne de droits de l'homme, la Cour de cassation a jugé excessive l'interdiction de publication de tout sondage durant la semaine précédant le scrutin[24], conduisant le législateur à ramener, par la loi du 19 février 2002, ce délai à quarante-huit heures.

Pour les deux ordres de juridiction, le contrôle de conventionnalité est devenu une pratique courante. En particulier, il fait peser

21. CE, 27 octobre 2015, *Allenbach et autres*.
22. CE, 8 juin 1990, *Chardonneau*.
23. CE, 21 décembre 1990, *Confédération nationale des associations familiales catholiques*.
24. Cass., crim., 4 septembre 2001.

des contraintes très strictes sur les lois de validation qui, conformément à la jurisprudence de la Cour européenne des droits de l'homme[25], ne peuvent effacer rétroactivement les effets d'une illégalité commise par l'administration que pour d'impérieux motifs d'intérêt général[26]. Le Conseil constitutionnel a aligné le contrôle de constitutionnalité des lois de validation sur ce critère conventionnel[27]. Parmi les moyens le plus souvent invoqués pour contester l'applicabilité d'une loi figurent notamment le principe de non-discrimination, le respect de la vie privée et familiale, la protection des biens, qui découle de l'article 1er du premier protocole additionnel à la Convention européenne des droits de l'homme. Par la nature des questions soulevées, le contrôle de conventionnalité s'apparente à un contrôle de constitutionnalité par voie d'exception. D'une certaine manière, il a ouvert la voie à la question prioritaire de constitutionnalité, introduite par la révision constitutionnelle du 23 juillet 2008.

L'insertion effective des traités dans l'ordre juridique interne a entraîné deux évolutions complémentaires de jurisprudence, qui ont conduit à doter le juge de pouvoirs accrus pour lui permettre, d'une part, de contrôler la régularité de la ratification des traités, d'autre part, d'interpréter lui-même les stipulations d'une convention internationale.

b) Le contrôle de la régularité de la ratification des traités

Ratification et approbation ont longtemps été, au titre des décisions relevant des rapports de la France avec les États étrangers, un des exemples les plus caractéristiques des actes de gouvernement[28] sur lesquels aucun contrôle du juge ne s'exerce. Cette jurisprudence a été abandonnée à la suite de la reconnaissance de la pleine autorité des traités en droit interne. Les conséquences de la ratification ou de l'approbation sont telles, notamment à l'égard de la loi, qu'il était nécessaire que leur régularité pût faire l'objet d'un contrôle juridictionnel. Tel est le cas depuis la décision du Conseil d'État du 18 décembre 1998, *SARL du Parc d'activités de Blotzheim*. Saisi d'un décret qui prononce la ratification d'un traité, le Conseil d'État vérifie notamment que, lorsqu'elle est nécessaire, l'autorisation du Parlement a bien été recueillie. Une éventuelle irrégularité sur ce point peut être invoquée, non seulement à l'appui d'un recours pour excès

25. CEDH, 28 octobre 1999, *Zielinski*.

26. Cass., 24 avril 2001, *Association Être enfant au Chesnay* ; CE, 23 juin 2004, *Société Laboratoires Genévrier*.

27. CC, décision QPC du 14 février 2014.

28. CE, 5 février 1926, *Dame Caraco* ; Cass., 11 mars 1953, *Recueil Dalloz*, 1953, p. 297 ; CE, 16 novembre 1956, *Villa* ; CE, 3 mars 1961, *André et Société des Tissages Nicolas-Gaimant* ; Cass., 1re civ., 16 mai 1961, Bull. I, no 249, p. 186.

de pouvoir contre le décret qui prononce la ratification, mais également par voie d'exception, à l'occasion de l'application du traité[29]. En revanche, le contrôle de la légalité d'un décret de ratification ne peut conduire le juge administratif à s'interroger sur la conformité du traité ratifié avec les exigences constitutionnelles ou avec les stipulations d'autres conventions internationales : ces questions ne relèvent pas de sa compétence[30].

c) L'interprétation des traités internationaux

Traditionnellement, les difficultés d'interprétation d'un traité donnaient lieu, pour le juge administratif comme pour le juge judiciaire, à un renvoi pour interprétation au ministre des affaires étrangères, regardé comme l'autorité la plus qualifiée pour éclairer le sens des stipulations dont il avait assuré la négociation. Cette jurisprudence a été abandonnée aussi bien par le Conseil d'État[31] que par la Cour de cassation[32]. Désormais, le juge administratif et le juge judiciaire interprètent eux-mêmes les traités internationaux. Nécessaire pour satisfaire les exigences du procès équitable[33], au moins lorsque l'État est partie au litige, cette évolution est aussi révélatrice d'une certaine banalisation des traités, vis-à-vis desquels le juge se comporte comme à l'égard des autres normes dont il assure l'application.

Seule l'appréciation de la condition de réciprocité continuait de donner lieu à une question préjudicielle posée au ministre des affaires étrangères[34]. Mais cette jurisprudence, jugée contraire au droit à un tribunal indépendant et impartial par la Cour européenne des droits de l'homme[35], a été abandonnée[36]. Désormais, tout comme pour l'interprétation, le juge demande au ministre des affaires étrangères les éléments d'information nécessaires, soumet ceux-ci au débat contradictoire, puis tranche lui-même la question, après s'être formé sa propre conviction au regard des indications apportées par le ministre et des observations faites à leur sujet par les autres parties.

Il arrive que la ratification d'un traité soit accompagnée de réserves, par lesquelles un État, tout en acceptant d'être lié par le traité, exclut ou modifie l'effet juridique de certaines de ses stipulations à son égard. Le Conseil d'État a précisé qu'il incombe au juge administratif de faire application du traité en tenant compte de

29. CE, 5 mars 2003, *Aggoun*.
30. CE, 8 juillet 2002, *Commune de Porta*.
31. CE, 29 juin 1990, *GISTI*.
32. Cass., 19 décembre 1995, *Banque africaine de développement*.
33. CEDH, 24 novembre 1994, *Consorts Beaumartin*.
34. CE, 29 mai 1981, *Rekhou* ; CE, 9 avril 1999, *Mme Chevrol-Benkeddach*.
35. CEDH, 13 février 2003, *Chevrol*.
36. CE, 9 juillet 2010, *Mme Cheriet-Benseghir*.

telles réserves, qui définissent la portée de l'engagement international souscrit par l'État dès lors qu'elles ont été elles-mêmes publiées. En revanche, il n'appartient pas au juge de se prononcer sur la validité des réserves, qui ne sont pas détachables de la conduite des relations internationales[37].

B | LA PRIMAUTÉ DE LA CONSTITUTION DANS L'ORDRE JURIDIQUE INTERNE

Dans l'ordre juridique international, un État ne peut se prévaloir de sa propre Constitution pour échapper aux obligations qui découlent des traités qu'il a conclus. Mais, dans l'ordre juridique interne, la Constitution demeure la norme suprême. Cette suprématie procède, en France, du texte même de la Constitution.

Si l'intégration croissante du droit national dans le droit européen et international entraîne de fréquentes modifications des dispositions constitutionnelles, la primauté de la Constitution dans l'ordre juridique interne n'est pas pour autant mise en cause ; elle est au contraire l'un des points communs de la hiérarchie des normes en Europe.

1/ *Constitution et souveraineté nationale*

Norme suprême, la Constitution est regardée dans un État souverain comme le fondement même du système juridique, d'où dérivent l'existence et la valeur de toute autre norme juridique. Ainsi, la supériorité de la Constitution sur les traités, dans l'ordre juridique interne, découle d'abord du fait qu'elle définit la place des traités dans cet ordre. Plus encore, la Constitution de 1958 organise une procédure permettant de vérifier, avant leur ratification ou leur approbation, la conformité des traités aux règles et aux principes constitutionnels. Nous l'avons vu, l'article 54 prévoit que le Conseil constitutionnel peut être saisi d'un engagement international, avant sa ratification ou son approbation, par le président de la République, le Premier ministre, les présidents de l'Assemblée nationale ou du Sénat, ainsi que, depuis la révision du 25 juin 1992, par soixante députés ou soixante sénateurs. Avant cette révision, soixante députés ou sénateurs pouvaient déjà saisir le Conseil constitutionnel d'un traité par l'intermédiaire de la loi autorisant sa ratification[38]. L'article 54 précise que, si le Conseil constitutionnel déclare que l'engagement qui lui est déféré comporte une clause

37. CE, 12 octobre 2018, *SARL Super Coiffeur.*
38. CC, décision du 17 juillet 1980.

contraire à la Constitution, l'autorisation de le ratifier ou de l'approuver « ne peut intervenir qu'après la révision de la Constitution ». La formule est, certes, prévenante pour les traités, mais elle montre bien que, sauf à être modifiées, ce qui n'est jamais une obligation, les règles constitutionnelles peuvent faire obstacle à leur adoption définitive et priment donc sur eux.

Les contours exacts de cette supériorité de la Constitution sur les traités ont été précisés par la jurisprudence du Conseil constitutionnel. Non seulement un traité ne doit pas être directement contraire à une règle ou à un principe de valeur constitutionnelle, mais il doit aussi respecter les exigences constitutionnelles en matière de souveraineté nationale. Sur ce dernier point, le Conseil constitutionnel avait d'abord estimé que la Constitution autorisait les limitations mais non les transferts de souveraineté[39]. Il a ensuite renoncé à cette distinction, il est vrai parfois difficile à cerner, et assoupli en même temps sa jurisprudence, en jugeant qu'un traité international ne doit pas porter atteinte « aux conditions essentielles d'exercice de la souveraineté nationale[40] ».

En dehors de la procédure de l'article 54 de la Constitution, les traités disposent toutefois, après leur ratification, d'une complète immunité constitutionnelle. En vertu du principe *pacta sunt servanda*, les autorités de l'État doivent s'y conformer[41]. Le juge administratif n'exerce aucun contrôle sur la conformité des traités à la Constitution[42].

2/ *Traités internationaux et révisions de la Constitution*

Dans le cadre ainsi tracé, la Constitution a été modifiée à sept reprises, de 1992 à 2008, pour permettre l'adoption ou l'application de traités européens ou internationaux (voir encadré 1, chapitre 7 : La Constitution). Six de ces modifications concernent la construction européenne. Cinq sont relatives aux traités européens eux-mêmes : elles ont permis la ratification du traité de Maastricht (révision du 25 juin 1992), la pleine application de l'accord de Schengen (révision du 25 novembre 1993), la ratification du traité d'Amsterdam (révision du 25 janvier 1999), autorisé la ratification, finalement écartée par le référendum négatif du 29 mai 2005, du traité établissant une constitution pour l'Europe (révision du 1er mars 2005), enfin ouvert la voie à la ratification du traité de Lisbonne (révision du 4 février 2008, qui a introduit des règles elles-mêmes modifiées par la révision du 23 juillet 2008). Une révision (25 mars 2003) a été nécessaire pour appliquer des dispositions de droit dérivé : un avis du

39. CC, décisions du 12 juin 1970 et des 29 et 30 décembre 1976.
40. CC, décision du 22 mai 1985.
41. CC, décision du 9 avril 1992, *Maastricht I.*
42. CE, 8 juillet 2002, *Commune de Porta.*

Conseil d'État du 26 septembre 2002 avait constaté que la décision-cadre du Conseil de l'Union européenne sur le mandat d'arrêt européen touchait aux conditions essentielles d'exercice de la souveraineté.

En dehors de l'Europe, l'adoption du traité instituant la Cour pénale internationale a nécessité la révision du 8 juillet 1999. Par sa décision du 22 janvier précédent, le Conseil constitutionnel avait en effet constaté que ce traité, d'une part, contenait des stipulations qui venaient compléter les règles constitutionnelles relatives à la responsabilité pénale du chef de l'État et des membres du gouvernement, et, d'autre part, portait atteinte aux conditions essentielles d'exercice de la souveraineté en interdisant la prescription et l'amnistie des crimes visés par le traité et en permettant au procureur près la Cour pénale internationale de mener des investigations sur le territoire d'un État sans aucune intervention des autorités judiciaires nationales.

La fréquence, depuis 1992, et la portée de ces révisions constitutionnelles traduisent la place et l'autorité accrues du droit européen et international. Du point de vue de la hiérarchie des normes, elles ne mettent toutefois pas en cause la suprématie de la Constitution. Si celle-ci n'est pas révisée, un traité qui y contrevient ne peut être adopté. Un exemple en a été donné par la Charte européenne des langues régionales et minoritaires, adoptée dans le cadre du Conseil de l'Europe. Après la décision du Conseil constitutionnel du 15 juin 1999 qui l'a déclarée contraire à la Constitution, une révision de la Constitution aurait été nécessaire pour la ratifier. Lorsque le gouvernement a envisagé une telle révision, le Conseil d'État, par deux avis, du 7 mars 2013 puis du 30 juillet 2015, tout en rappelant qu'il n'existait pas de principes de valeur supra-constitutionnelle qui pourraient faire obstacle à une révision de la Constitution, s'est prononcé négativement. Il s'est fondé sur l'insécurité juridique qui résulterait de la contradiction entre certaines stipulations de la Charte et les principes généraux par lesquels la Constitution proclame l'unicité du peuple français et affirme que le français est la langue de la République. Il a également relevé que la portée des réserves envisagées par la France demeurait incertaine. En définitive, aucun projet de révision n'a abouti et la Charte ne peut donc être ratifiée.

3/ *Convergences européennes*

La supériorité, dans l'ordre juridique interne, de la Constitution sur les traités a été affirmée en termes presque identiques par le Conseil d'État[43] et par la Cour de cassation[44]. Ces jurisprudences

43. CE, 30 octobre 1998, *Sarran et Levacher.*
44. Cass., 2 juin 2000, *Pauline Fraisse.*

ont été consacrées par la décision du Conseil constitutionnel du 19 novembre 2004 relative au traité établissant une constitution pour l'Europe, qui affirme que la Constitution française a sa place « au sommet de l'ordre juridique interne ».

Les autres cours suprêmes européennes partagent la même inspiration. En Allemagne, la Cour de Karlsruhe veille au respect tant des droits fondamentaux garantis par la Constitution de 1949 que des prérogatives du Bundestag[45]. En l'absence même de constitution écrite, la Cour suprême britannique garantit la suprématie dans l'ordre interne des « instruments constitutionnels » que sont la Grande Charte de 1215, l'*Habeas corpus* de 1679, le *Bill of Rights* de 1689 et les grandes lois de portée constitutionnelle, comme les lois de dévolution ou celles qui définissent les pouvoirs du Parlement[46].

La Cour constitutionnelle italienne place au sommet de la hiérarchie des normes « les principes suprêmes de l'ordre constitutionnel italien[47] » et s'assure de la conformité à la Constitution italienne de toute norme internationale[48]. Le Tribunal constitutionnel espagnol a une jurisprudence identique[49]. Le Tribunal constitutionnel de Pologne affirme de même que la Constitution est « la source suprême du droit de la république de Pologne[50] ». En 2015, une révision de la Constitution russe est allée jusqu'à autoriser la Russie à ne pas mettre en œuvre une décision d'un organisme international qui serait contraire aux règles constitutionnelles du pays. Sur ce fondement, la Cour constitutionnelle de Russie a décidé[51] que l'arrêt de la Cour européenne des droits de l'homme qui condamnait la Russie à indemniser les anciens actionnaires du groupe Ioukos ne serait pas appliqué.

Une commune hiérarchie des normes, qui reconnaît la suprématie de la Constitution dans l'ordre juridique interne et la pleine supériorité des traités sur les lois nationales, apparaît ainsi, en définitive, comme un des points forts du droit public en Europe.

45. Cour de Karlsruhe, décisions du 12 octobre 1993 sur le traité de Maastricht et du 30 juin 2009 sur le traité de Lisbonne.

46. Cour suprême du Royaume-Uni, 22 janvier 2014, *HS2*.

47. Cour constitutionnelle italienne, 13 avril 1989, *Société Fragd*.

48. Cour constitutionnelle italienne, 24 octobre 2007.

49. Tribunal constitutionnel espagnol, décisions du 13 décembre 2004 sur le traité établissant une constitution pour l'Europe et du 9 juin 2005 sur des traités relatifs au Fonds monétaire international.

50. Tribunal constitutionnel de Pologne, 19 décembre 2006 et 16 novembre 2011.

51. Cour constitutionnelle de Russie, 19 janvier 2017.

Chapitre 9

La loi

Longtemps sacralisée, expression traditionnelle du souverain, la loi semble aujourd'hui contestée au sein de notre système normatif. La Constitution de 1958 a contribué à cette évolution à travers deux innovations majeures : d'une part, le processus d'adoption de la loi a été strictement encadré par la mise en place du parlementarisme rationalisé ; d'autre part, le domaine de la loi a été cantonné à des matières limitativement énumérées, le règlement devenant la norme de droit commun. Ces deux mouvements paraissent toutefois avoir trouvé des limites : le rôle du Parlement dans la procédure législative a été restauré par la révision constitutionnelle du 23 juillet 2008 ; la jurisprudence et la pratique ont largement atténué la portée de la révolution du domaine de la loi annoncée en 1958.

I

L'ADOPTION DE LA LOI : LES ÉVOLUTIONS DU PARLEMENTARISME RATIONALISÉ

La Constitution de 1958, qui prévoit l'existence de différentes catégories de lois, organise avec soin la procédure législative.

A | LA DIVERSITÉ DES ACTES LÉGISLATIFS

L'article 24 de la Constitution, dans son alinéa 1er, dispose : « Le Parlement vote la loi. » Sans constituer une véritable définition, cette disposition exprime une conception à la fois organique et procédurale de la notion de loi : la loi est l'acte adopté par le Parlement, selon une procédure précisée par la Constitution.

Cette conception formelle est la plus répandue dans les pays européens : la loi y est définie comme l'acte du Parlement, les règlements étant pour leur part conçus comme les actes adoptés par le pouvoir exécutif pour l'application de la loi. Le traité de Lisbonne, en introduisant la notion d'acte législatif dans le droit de l'Union européenne, retient également une approche formelle, qui combine la procédure suivie et la nature de l'organe auteur de la loi ; l'article 289 du TFUE, après avoir défini *la procédure législative ordinaire* comme l'adoption d'une décision conjointe par le Parlement européen et le Conseil, se borne à indiquer : « Les actes juridiques adoptés par procédure législative constituent des actes législatifs[1]. »

L'apparente simplicité de cette définition organique recouvre en réalité *une grande diversité d'actes législatifs*. La Constitution de 1958 envisage en effet plusieurs types de lois, qui n'émanent pas toutes du Parlement, n'ont pas la même place dans la hiérarchie des normes ni la même autorité et ne sont pas adoptées selon la même procédure.

Les *lois référendaires* sont directement adoptées par le peuple. Celui-ci, ainsi que le prévoit l'article 3 de la Constitution, exerce alors sa souveraineté par la voie du référendum et non par le biais de ses représentants. Ces lois échappent au contrôle du Conseil constitutionnel, puisqu'elles constituent « l'expression directe de la souveraineté nationale[2] ». La Constitution prévoit deux grandes catégories : le référendum législatif et le référendum constitutionnel[3]. Le président de la République a tout d'abord la faculté de soumettre à référendum un projet de loi portant sur les matières énumérées à l'article 11 de la Constitution. Le référendum législatif a vu son domaine substantiellement élargi : à l'origine, il ne pouvait porter que sur l'organisation des pouvoirs publics ou sur la ratification d'un traité qui, sans être contraire à la Constitution, aurait des

1. Les actes législatifs sont à distinguer des deux autres catégories d'actes introduites par le traité de Lisbonne : les actes délégués et les actes d'exécution.

2. Comme l'a jugé le Conseil constitutionnel dans sa décision n° 62-20 DC du 6 novembre 1962, rendue dans le cadre du contrôle de constitutionnalité *a priori*, sur saisine du président du Sénat, et confirmée, s'agissant d'une QPC dirigée contre une loi référendaire, par la décision n° 2014-392 QPC du 25 avril 2014, *Province Sud de Nouvelle-Calédonie*.

3. Pour mémoire, elle prévoit également une catégorie spécifique, en matière européenne : un référendum peut être organisé, en application de l'article 88-5 de la Constitution, pour tout projet de loi autorisant la ratification d'un traité relatif à l'adhésion d'un État à l'Union européenne.

incidences sur le fonctionnement des institutions. La révision constitutionnelle du 4 août 1995, complétée par celle du 23 juillet 2008, y a ajouté, dans une formule très large, « les réformes relatives à la politique économique, sociale ou environnementale[4] de la nation et aux services publics qui y concourent ».

Par ailleurs, la procédure de révision de la Constitution, définie par son article 89, prévoit que les *lois constitutionnelles*, après avoir été votées en termes identiques par les assemblées, peuvent être soumises à l'approbation du peuple. Dans cette hypothèse, la procédure référendaire n'est toutefois qu'une faculté : elle peut, lorsque l'initiative de la révision a été prise par le gouvernement, être remplacée par un vote du Parlement réuni en Congrès, à la majorité des trois cinquièmes des suffrages exprimés. Comme on le sait, en 1962, une polémique est née autour du choix du général de Gaulle d'employer le référendum de l'article 11 pour réviser la Constitution, en vue de surmonter l'opposition du Parlement à l'introduction de l'élection du président de la République au suffrage universel. Certains ont pu soutenir que l'approbation de cette révision par le peuple français avait consacré un usage permettant de valider une forme de « coutume constitutionnelle ». Toutefois, d'autres ont fait observer qu'une véritable coutume ne pouvait pas naître à l'issue d'un seul précédent. D'ailleurs, l'Assemblée du contentieux du Conseil d'État, dans une incidente de l'arrêt *Sarran* du 30 octobre 1998, a confirmé la position traditionnelle des formations administratives, selon laquelle l'article 11 ne peut être utilisé en vue de modifier la Constitution.

La diversité n'est pas moins grande parmi les lois qui ressortent de la compétence exclusive du Parlement. La *loi organique*, loi d'application de la Constitution, fait l'objet d'une procédure parlementaire particulière prévue par l'article 46 de la Constitution[5].

Dans la hiérarchie des normes, elle s'impose[6] à la *loi ordinaire*, dont la procédure d'adoption est prévue par les articles 39 à 45 de la Constitution. Les *lois de finances*[7] et les *lois de financement de la sécurité sociale* obéissent à certaines conditions particulières de

4. La matière environnementale a été ajoutée par la révision constitutionnelle du 23 juillet 2008.

5. En particulier, le texte n'est soumis à l'examen de l'assemblée saisie qu'au moins six semaines après son dépôt, sauf si la procédure accélérée est utilisée. Les lois organiques, qui précisent certaines dispositions constitutionnelles, ne peuvent intervenir que lorsque la Constitution le prévoit (CC, n° 87-234 DC, 7 janvier 1988). Le juge constitutionnel procède au déclassement des dispositions d'une loi organique qui relèvent de la matière de la loi ordinaire.

6. Une loi ordinaire ne peut méconnaître les dispositions d'une loi organique (CC, décision n° 60-8 DC du 11 août I960, *Loi de finances rectificative pour 1960*).

7. Aux termes de l'article 1er de la loi organique relative aux lois de finances (LOLF) du 1er août 2001, ont le caractère de lois de finances : la loi de finances de l'année et les lois de finances rectificatives, la loi de règlement, ainsi que les lois prévues à l'article 45 qui visent à remédier à l'absence de loi de finances initiale votée dans les délais prévus à l'article 47 de la Constitution.

délai et de vote[8] et se sont vu consacrer par la jurisprudence du juge constitutionnel un domaine exclusif, partagé et interdit[9]. D'autres textes législatifs constituent des *lois d'autorisation*, telles que les lois autorisant la ratification d'un traité de l'article 53 ou autorisant la prorogation de l'état de siège et de l'état d'urgence. Les *lois de programmation*, introduites à l'article 34 de la Constitution par la révision de 2008, succèdent aux anciennes lois de programme, limitées au domaine économique et social, et déterminent les objectifs de l'action de l'État sans revêtir une portée obligatoire. Les *lois d'expérimentation*, prévues par l'article 37-1 de la Constitution depuis la révision du 28 mars 2003, permettent d'adopter, pour un objet et une durée limités, des dispositions à caractère expérimental : il s'agit de tester un nouveau dispositif dans un cadre géographiquement limité[10], avant de procéder à son extension si l'expérience s'avère positive. Enfin, les *lois d'habilitation* de l'article 38 donnent au gouvernement l'autorisation d'adopter une série de mesures par voie d'ordonnance, pour un délai, une matière et une finalité qu'elles fixent.

On peut également mentionner les *lois de validation*[11], par lesquelles le Parlement intervient pour neutraliser les effets d'une annulation juridictionnelle, le plus souvent lorsqu'une telle annulation serait susceptible de nuire à la sécurité juridique. Ces lois sont autorisées par la jurisprudence du Conseil constitutionnel et de la Cour européenne des droits de l'homme (CEDH) sous de très strictes conditions[12], qui s'expliquent par la menace que de tels textes sont susceptibles de représenter pour la séparation des pouvoirs. Enfin, *tous les actes adoptés par le Parlement ne sont pas des lois*. Celui-ci peut également adopter des *résolutions*, textes dépourvus de valeur normative par lesquels l'Assemblée nationale ou le Sénat expriment sa position sur une question d'ordre général (article 34-1 de la Constitution) ou sur un projet d'acte européen (article 88-4). Chacune des deux chambres adopte en outre un *règlement intérieur*, lequel fait l'objet d'un contrôle systématique du Conseil constitutionnel.

8. Articles 47 et 47-1 de la Constitution. Les lois de finances sont d'abord soumises à l'examen de l'Assemblée nationale, qui bénéficie d'une priorité en matière financière, et doivent être adoptées dans un délai de soixante-dix jours.

9. Le Conseil constitutionnel procède d'office à l'examen et à la censure des cavaliers budgétaires, dispositions insérées dans la loi de finances pour bénéficier d'une adoption rapide, mais qui n'ont pas de lien avec l'objet de la loi. Voir par exemple CC, décision n° 2002-464 DC du 27 décembre 2002.

10. Par dérogation, notamment, au principe d'égalité, qui conduit à ce que la loi soit la même pour tous sur l'ensemble du territoire de la République.

11. La dénomination « loi de validation » ne se réfère qu'au contenu du texte et n'a pas de portée juridique : du point de vue de leur forme, les lois de validation ne constituent que de simples lois ordinaires.

12. Voir *infra* les développements sur la sécurité juridique.

Il est à noter que cette diversité n'est pas l'apanage du seul ordre juridique français. En Allemagne, on distingue trois types de lois fédérales selon la procédure suivie pour leur adoption. Les *Zustimmungsgesetze*[13] ne peuvent entrer en vigueur qu'avec l'accord du Bundesrat, chambre représentant les *Länder*, tandis que les *Einspruchsgesetze* relèvent de la compétence du seul Bundestag[14], chambre basse représentant le peuple. Les lois relatives au budget ne peuvent quant à elles entrer en vigueur sans l'accord du gouvernement fédéral.

Une définition organique de la loi ne suffit donc pas à rendre compte de la multiplicité des actes législatifs qui existent aujourd'hui dans notre ordre juridique. Il faut également saisir la loi à travers sa procédure d'adoption.

B | LA PROCÉDURE LÉGISLATIVE

Si la Constitution pose en principe que « le Parlement vote la loi » (article 24), le gouvernement, qui « détermine et conduit la politique de la nation » (article 20), doit également avoir les moyens de faire adopter les textes qu'il estime nécessaires à l'accomplissement de son action. De cette double exigence résulte une procédure d'adoption des lois à la physionomie singulière. Le souvenir de l'instabilité et des excès du régime parlementaire sous la Quatrième République a conduit le constituant de 1958 à cantonner strictement les prérogatives de l'Assemblée nationale et du Sénat, définissant un *parlementarisme rationalisé* dans lequel l'exécutif dispose d'une forte emprise sur l'élaboration de la législation.

Les révisions constitutionnelles successives ainsi que le développement de la jurisprudence constitutionnelle ont cependant permis de revaloriser progressivement le rôle du Parlement dans la procédure législative. En 1974, l'extension de la faculté de saisine du Conseil constitutionnel à soixante députés ou soixante sénateurs renforce les droits de l'opposition parlementaire. En 1995, l'instauration de la session parlementaire unique de neuf mois améliore l'organisation du travail des élus, en même temps que la mise en place d'une séance par mois réservée à l'examen des propositions

13. Il s'agit en particulier des lois constitutionnelles, des lois devant être exécutées par l'administration des *Länder* sans possibilité d'aménagement, des lois créant des prestations à la charge des *Länder* et des lois modifiant les impôts perçus par les *Länder* ou les communes.

14. Le Bundesrat peut cependant élever une objection et convoquer une commission de conciliation qui rassemble des membres des chambres du Parlement ; en cas d'échec, le Bundestag peut adopter son texte à la majorité absolue de ses membres.

de loi des parlementaires affermit leur droit d'initiative. Enfin, un véritable droit de regard sur les projets d'acte communautaire est reconnu aux assemblées par les révisions constitutionnelles de 1992 et de 1999 : systématiquement consultés sur les projets qui relèvent du domaine législatif, l'Assemblée nationale et le Sénat peuvent adopter des résolutions pour faire valoir leur point de vue lors des négociations européennes (article 88-4 de la Constitution).

La révision du 23 juillet 2008 a opéré une réforme plus profonde de la procédure législative. Si le rôle du Parlement dans la formation de la loi a incontestablement été renforcé, l'exécutif dispose toujours des instruments du parlementarisme rationalisé. Il en résulte un nouvel équilibre des relations entre le gouvernement et le Parlement dans l'élaboration et l'adoption de la loi, qui peut être constaté au stade de l'initiative de la loi comme à celui de l'examen et du vote des textes.

1/ *L'initiative de la loi*

En application de la Constitution, le pouvoir d'initiative en matière législative se traduit à la fois par la faculté de déposer des textes qui pourront ensuite être examinés et votés par le Parlement (article 39) et par l'exercice du droit d'amendement (article 44).

a) Les projets et propositions de loi

Ainsi que le prévoit l'article 39 de la Constitution, *le pouvoir d'initiative législative est partagé entre le Parlement et le gouvernement*. Les textes déposés sur le bureau des assemblées par le gouvernement portent le nom de « projets » de loi, tandis que les parlementaires sont à l'origine de « propositions » de loi. La révision constitutionnelle du 23 juillet 2008 a ici renforcé le rôle d'impulsion du Parlement en réservant une semaine par mois à l'examen des initiatives parlementaires[15]. Le nombre de textes d'origine parlementaire s'en est trouvé renforcé : ils représentaient un tiers des lois adoptées par le Parlement en 2019[16]. Toutefois, conformément à la logique du parlementarisme majoritaire, ceux-ci sont généralement le fait des élus de la majorité et non de l'opposition parlementaire.

Si les projets de loi obéissent à une procédure strictement définie, les contraintes conditionnant la recevabilité des propositions

15. Article 48 de la Constitution. La révision constitutionnelle du 4 août 1995 avait auparavant réservé prioritairement un jour de séance par mois à l'initiative parlementaire (la « niche parlementaire »).

16. Seules 14 % des lois adoptées par le Parlement étaient d'initiative parlementaire (10 lois sur 71) avant la révision de 2008, lors de la session 2006-2007, contre 20 % pour la session 2012-2013 (17 lois sur 87), près de 30 % pour la session 2015-2016 (26 sur 90) et près de 35 % en 2018-2019 (25 lois sur 74). Voir « Statistiques de l'activité parlementaire » (www.assemblee-nationale.fr).

de loi sont plus marquées, dans le cadre du parlementarisme rationalisé.

Les projets de loi, préparés par les ministères compétents et suivis tout au long de la procédure par le secrétariat général du gouvernement, doivent être soumis au Conseil d'État. Celui-ci rend un avis au gouvernement sur la conformité du texte aux normes supérieures, ainsi que sur la qualité de sa rédaction et sa bonne insertion dans l'ordre juridique. Si la consultation du Conseil d'État, qui agit ici en tant que conseiller du gouvernement, est obligatoire, puisqu'elle est prévue par l'article 39 de la Constitution, son avis n'a cependant pas valeur contraignante. Depuis 2015, cet avis est rendu public et transmis au Parlement[17]. Le texte peut également être soumis à la consultation d'institutions diverses ainsi qu'à celle du Conseil économique, social et environnemental (article 70) ou à celle des assemblées délibérantes des collectivités d'outre-mer (article 74), ces consultations devant intervenir avant celle du Conseil d'État. Après délibération en conseil des ministres, le projet de loi est enfin déposé sur le bureau de l'une ou l'autre des assemblées, le Premier ministre choisissant en principe librement la chambre à laquelle sera soumis en premier lieu un projet de loi. Par exception, les projets de loi de finances et de financement de la sécurité sociale doivent obligatoirement être déposés en premier lieu sur le bureau de l'Assemblée nationale, qui dispose d'une priorité en matière financière[18], tandis que les projets de loi ayant pour principal objet l'organisation des collectivités territoriales sont d'abord examinés par le Sénat[19] qui, en vertu de l'article 24 de la Constitution, représente les collectivités territoriales de la République au sein du Parlement.

Les propositions de loi peuvent, depuis la révision du 23 juillet 2008, être soumises, avec l'accord de leur auteur, par les présidents de l'Assemblée nationale ou du Sénat à l'avis du Conseil d'État[20]. Cette faculté est régulièrement utilisée par les deux assemblées. Les propositions de loi sont encadrées quant à leur contenu. Certains domaines leur sont interdits : les lois de finances et de financement de la sécurité sociale sont toujours d'initiative gouvernementale[21] ; il en va de même, en pratique, pour les lois autorisant la ratification de traités internationaux, bien qu'aucune disposition constitutionnelle ne le prévoie expressément. Surtout, les propositions de loi sont

17. Voir sur ce point nos développements sur la fonction consultative du Conseil d'État dans le chapitre 25 : La justice administrative.

18. Articles 47 et 47-1 de la Constitution.

19. Article 39 de la Constitution.

20. Voir également nos développements dans le chapitre 25 : La justice administrative.

21. Les articles 47 et 47-1 de la Constitution font référence aux « projets de loi de finances » et aux « projets de loi de financement de la sécurité sociale ».

soumises à une condition rigoureuse de recevabilité financière : aux termes de l'article 40 de la Constitution, les dispositions législatives d'origine parlementaire ne sont pas recevables lorsqu'elles entraînent soit une diminution des ressources publiques, soit la création ou l'aggravation d'une charge publique. Enfin, en vertu de l'article 41, elles peuvent se voir opposer une irrecevabilité législative lorsqu'elles n'interviennent pas dans le domaine de la loi, même si cette procédure n'est guère utilisée[22]. En 2018, le projet de révision constitutionnelle dit « pour une démocratie plus représentative, responsable et efficace » prévoyait de rendre plus systématique cette irrecevabilité[23].

b) Le droit d'amendement

« Corollaire de l'initiative législative[24] », le droit d'amendement permet aux parlementaires comme au gouvernement de modifier un texte en cours d'examen. Les restrictions apportées au droit d'initiative visent à s'assurer que les propositions de modification viennent enrichir le débat démocratique sans devenir un instrument de contournement de la procédure législative, voire d'obstruction, aux mains du gouvernement ou de l'opposition parlementaire.

Les mêmes limitations que celles évoquées pour les propositions de loi s'appliquent d'abord aux amendements d'origine parlementaire[25]. S'y ajoute l'absence de possibilité d'amendement des lois autorisant la ratification de conventions internationales, puisqu'une modification des clauses d'un traité impliquerait de rouvrir les négociations conduites par l'exécutif. En la matière, le Parlement ne dispose donc que d'un pouvoir d'acceptation ou de rejet du projet de loi autorisant la ratification.

D'autres limitations ont été définies progressivement par le juge constitutionnel. Une synthèse de ce cadre jurisprudentiel est présentée dans la décision du 16 mars 2006, *Égalité salariale entre les hommes et les femmes*[26]. Le Conseil constitutionnel y pose d'abord un principe constitutionnel nouveau : « L'exigence constitutionnelle de clarté et de sincérité du débat parlementaire. » Il rappelle ensuite

22. Voir les développements ci-après sur les mécanismes de sanction des empiètements législatifs.

23. Le premier alinéa de l'article 41 de la Constitution aurait été remplacé par les dispositions suivantes : « Les propositions de loi ou les amendements qui ne sont pas du domaine de la loi ou qui, hors le cas des lois de programmation, sont dépourvus de portée normative, et les amendements qui sont sans lien direct avec le texte déposé ou transmis en première lecture ne sont pas recevables. » Toutefois, cette révision constitutionnelle n'a pas été adoptée. Quant à lui, le projet de réforme constitutionnelle du 28 août 2019 dit « pour un renouveau de la vie démocratique » a abandonné cette idée.

24. Selon la formule du Conseil constitutionnel, dans sa décision n° 90-274 DC du 29 mai 1990, *Loi visant à la mise en œuvre du droit au logement*.

25. Irrecevabilités des articles 40 et 41.

26. CC, décision n° 2006-533 DC du 16 mars 2006.

une limite traditionnelle du droit d'amendement, visant à censurer les *cavaliers législatifs* : un amendement ne doit « pas être dépourvu de tout lien » avec le texte en discussion[27].

Cet état jurisprudentiel a été repris dans la nouvelle rédaction de l'article 45, alinéa 1er, issue de la révision du 23 juillet 2008, qui prévoit expressément : « Tout amendement est recevable en première lecture dès lors qu'il présente un lien, même indirect, avec le texte. » Par ailleurs, le Conseil constitutionnel consacre, dans sa décision de 2006, l'encadrement du droit d'amendement par la technique de *l'entonnoir*, déjà prévue par les règlements des assemblées : au cours de la navette parlementaire, aucune modification ne peut intervenir sur les dispositions pour lesquelles un accord a déjà été trouvé entre les deux assemblées. Dès lors, après la première lecture, les amendements « doivent être en relation directe avec une disposition restant en discussion ».

2/ *L'examen et le vote de la loi*

L'adoption d'une loi passe par trois étapes : l'examen en commission, le vote en séance publique, puis la promulgation.

a) L'examen préparatoire de la loi : le rôle des commissions parlementaires

Chacune des deux assemblées qui composent le Parlement abrite en son sein des *commissions permanentes*[28], organes constitués d'un nombre limité de parlementaires, spécialisés dans un domaine et chargés de l'examen au fond des projets ou propositions de loi avant leur discussion en séance publique.

Très puissantes sous la Troisième et la Quatrième République, au point que les ministres les considéraient comme des « instruments de torture[29] », les commissions parlementaires ont vu leur

27. Selon la formule issue de la décision n° 85-191 DC du 10 juillet 1985, *Loi portant diverses dispositions d'ordre économique et financier*, et reprise par la décision n° 85-199 DC du 28 décembre 1985, *Loi portant amélioration de la concurrence*. Par une décision ultérieure, le Conseil constitutionnel s'était montré encore plus exigeant, en estimant que les amendements ne pouvaient « dépasser par leur objet et leur portée les limites inhérentes à l'exercice du droit d'amendement » (CC, décision n° 86-225 DC du 23 janvier 1987, *Loi portant diverses mesures d'ordre social*). Mais la jurisprudence, dite « de l'amendement Seguin », est aujourd'hui abandonnée. Chateaubriand affirmait que « vouloir fixer des bornes au droit d'amendement, trouver le point mathématique où l'amendement finit, où la proposition commence, savoir exactement quand cet amendement empiète, quand il n'empiète pas sur la prérogative, c'est se perdre dans une métaphysique politique sans rivage et sans fond » (*De la monarchie selon la Charte*, Le Normant, 1816, p. 19).

28. L'Assemblée nationale compte huit commissions, le Sénat sept depuis la création, en 2011, d'une commission du développement durable.

29. Joseph Barthélemy, *Essai sur le travail parlementaire et le système de commissions*, Paris, Delagrave, 1934, p. 60.

rôle et leur autonomie fortement réduits par la Constitution de 1958. Il s'agissait de rompre avec le « parlementarisme absolu[30] ». Selon Michel Debré, la mise en œuvre d'un parlementarisme efficace passait notamment par la réduction des pouvoirs de ces commissions, dont certaines exerçaient une forte influence sur l'action gouvernementale[31].

La révision constitutionnelle de juillet 2008, dans son objectif de revalorisation de la place du Parlement au sein des institutions, a cependant renforcé de manière significative le rôle des commissions dans le processus législatif. L'article 43 de la Constitution prévoit d'abord que le nombre des commissions permanentes est porté à huit au maximum par assemblée, contre six auparavant. Surtout, plusieurs mécanismes, inspirés de la technique des « petites lois » (*leggine*) adoptées par les commissions du Parlement italien, visent à rendre plus rapide l'adoption des textes de loi. Conformément aux recommandations du comité Balladur[32], un délai minimal d'examen d'un texte avant son vote en séance a également été défini à l'article 42 de la Constitution, ce qui permet aux rapporteurs des commissions de travailler de manière approfondie. Le droit d'amendement s'exerce essentiellement en commission : après l'ouverture du débat en séance, le gouvernement peut s'opposer à l'examen de tout amendement qui n'a pas été antérieurement soumis à la commission. La conférence des présidents peut décider de rendre cette procédure systématique pour tout amendement, la séance publique se limitant alors aux explications de vote. Enfin, la discussion en séance porte sur le texte préalablement examiné et amendé par la commission[33], et non sur le texte initialement présenté par le gouvernement, ce qui bénéficie tant à l'organisation du calendrier législatif qu'à l'amélioration de la qualité de la norme.

b) La discussion et le vote de la loi en séance publique

La révision constitutionnelle du 23 juillet 2008 a également apporté de substantielles modifications au stade de la discussion et du vote de la loi en séance publique. Bien que le gouvernement

30. Raymond Carré de Malberg, *La loi, expression de la volonté générale*, Paris, Sirey, 1931, p. 196.

31. Selon la formule de Michel Debré, « trop de commissions et des commissions trop puissantes, voilà deux phénomènes incompatibles avec le régime parlementaire » (« Trois caractéristiques du régime parlementaire français », *Revue française de science politique*, 5 [1], 1955, p. 21).

32. Rapport du Comité de réflexion et de proposition sur la modernisation des institutions, présidé par Édouard Balladur, publié au *Journal officiel de la République française* du 30 octobre 2007.

33. Articles 42 et 44, alinéa 2 et ce, à l'exception de certains textes (projets de loi de finances et de financement de la sécurité sociale, projets de révision constitutionnelle).

dispose toujours de redoutables armes qui lui permettent d'encadrer et d'orienter efficacement le vote des textes, le Parlement y a gagné de nouvelles garanties.

Innovation majeure, les assemblées disposent aujourd'hui d'une *plus grande maîtrise de leur temps.* L'ordre du jour, dont la répartition est prévue par l'article 48 de la Constitution, est désormais « partagé » : entre le gouvernement et le Parlement d'une part, celui-ci disposant de deux semaines sur quatre pour exercer son rôle d'initiative et de contrôle, et entre la majorité et l'opposition, d'autre part, un jour de séance par mois étant réservé aux initiatives des groupes d'opposition ou minoritaires. Toutefois, le principe selon lequel « l'ordre du jour est fixé par chaque assemblée » connaît des limites juridiques et pratiques, afin de permettre à l'exécutif de mettre en œuvre sa politique. Ainsi, certains textes demeurent inscrits par priorité à l'ordre du jour, textes auxquels s'applique de droit une procédure accélérée, comme les projets de loi de finances et de financement de la sécurité sociale ou les projets de loi relatifs aux états de crise. Par ailleurs, en pratique, il reste toujours possible au groupe majoritaire d'inscrire à l'ordre du jour des textes d'origine gouvernementale, même à l'occasion des semaines d'initiative parlementaire.

Plusieurs des mécanismes du parlementarisme rationalisé institués en 1958, toujours en vigueur, assurent au gouvernement la maîtrise de la procédure législative. En application des principes de l'article 45, le texte examiné est successivement discuté par les deux assemblées jusqu'à ce qu'un accord soit trouvé sur l'ensemble de ses dispositions. Cette *navette parlementaire* peut être interrompue, après deux lectures dans chaque assemblée, par la réunion d'une commission mixte paritaire réunissant sept députés et sept sénateurs et dont la composition politique reflète celle de chaque chambre. En cas d'échec de la procédure de conciliation, le dernier mot peut être donné par le gouvernement à l'Assemblée nationale ; cette prérogative particulière de la chambre basse est le principal trait de notre bicamérisme inégalitaire.

L'exécutif dispose de trois armes pour interrompre ou écourter le déroulement ordinaire de la procédure législative. Il peut tout d'abord décider d'engager la *procédure législative accélérée,* ce qui lui permet de s'affranchir des délais encadrant l'examen d'un texte et de provoquer la réunion d'une commission mixte paritaire au terme d'une seule lecture dans chacune des deux chambres (article 45, alinéa 2). Il est à noter que l'examen de certains textes, comme les lois de finances ou de financement de la sécurité sociale, s'effectue de droit selon ces modalités. Le gouvernement peut également mettre en œuvre la procédure du *vote bloqué* (article 44, alinéa 3), en demandant aux parlementaires de se prononcer par un vote unique sur tout ou partie des dispositions restant en discussion assorties des seuls amendements qu'il a lui-même déposés ou acceptés, ce qui bénéficie à la cohérence du texte. Enfin, l'alinéa 3 de l'article 49 lui permet d'interrompre la discussion parlementaire et d'*engager sa responsabilité devant l'Assemblée nationale* sur le vote d'un texte[34]. À moins de voter une motion de censure, ce qui aboutirait au renversement de l'exécutif, les députés sont alors indirectement contraints d'entériner le texte en l'état. L'efficacité redoutable de ce dispositif, dont l'usage parfois abusif a pu être dénoncé, peut conduire à transformer le Parlement en une simple chambre d'enregistrement. C'est pourquoi son emploi a été limité à un seul texte par session lors de la révision de 2008.

3/ *La promulgation de la loi*

En application de l'article 10 de la Constitution, la loi ainsi adoptée par le Parlement est ensuite promulguée par le président de la République, dans un délai de quinze jours. Il faut distinguer la promulgation de la loi, acte juridique par lequel le chef de l'État atteste l'existence de la loi et ordonne aux autorités publiques de l'observer[35], et sa publication, acte matériel qui conditionne son entrée en vigueur[36].

Cette intervention du président de la République dans la procédure législative a parfois pu susciter des interrogations doctrinales. Ainsi, Maurice Hauriou estimait que seule la promulgation permet de donner à une loi sa pleine existence juridique : une loi non promulguée n'est qu'une aspiration sans force exécutoire[37]. Mais Raymond Carré de Malberg considérait pour sa part qu'une loi qui n'aurait pas encore été promulguée existe déjà, son adoption ayant à elle seule exprimé la volonté générale[38].

Ce point final de la procédure législative est susceptible d'être différé ou empêché dans deux cas. Tout d'abord, la saisine du Conseil constitutionnel dans le cadre prévu par l'article 61 suspend la promulgation de la loi jusqu'à ce que celui-ci ait rendu sa décision ; les dispositions déclarées inconstitutionnelles ne peuvent alors entrer en vigueur. Le président de la République peut en outre renvoyer le texte de loi au Parlement pour une nouvelle délibération. Cette faculté, qui peut permettre de répondre à une déclaration d'inconstitutionnalité, mais qui peut également être exercée pour

34. Ce mécanisme est parfois appelé « de l'article 49-3 », avec un tiret : cette appellation est impropre et source de confusion, cette forme de numérotation étant en principe réservé aux articles et non aux alinéas.

35. La formule de promulgation, qui varie selon le type de loi, s'achève toujours par ces mots : « La présente loi sera exécutée comme loi de l'État. » Voir le décret nº 59-635 du 19 mai 1959 relatif aux formes de promulgation des lois par le président de la République.

36. En vertu de l'article 1er du code civil, les lois entrent en principe en vigueur le lendemain de leur publication au *Journal officiel de la République française*.

37. Maurice Hauriou, *Principes de droit public*, Paris, Larose, 1916, p. 719.

38. Raymond Carré de Malberg, *La loi, expression de la volonté générale*, *op. cit.*

des raisons purement politiques, n'est cependant que très rarement mise en œuvre[39].

Au Royaume-Uni, aucun monarque n'a refusé de promulguer une loi depuis deux siècles. En revanche, en Allemagne, le rôle du chef de l'État est plus substantiel. La compétence du président pour signer les lois a été interprétée largement, comme l'habilitant à vérifier la régularité de la procédure législative et même la conformité sur le fond à la Constitution. Selon la doctrine, il n'est pas tenu pour un simple « notaire public » (*Staatsnotar*)[40]. Ainsi le président fédéral peut-il refuser de promulguer une loi, même s'il se limite en pratique aux erreurs d'appréciation les plus évidentes. Cela ne s'est produit qu'à sept reprises. Une telle décision est susceptible d'être déférée à la Cour constitutionnelle au titre des litiges inter-organes.

II

LE DOMAINE DE LA LOI : UNE RÉVOLUTION AVORTÉE

Dans la tradition légicentriste, la compétence du législateur n'était aucunement bornée. Il était en effet admis que, la loi étant l'expression de la volonté générale, son champ d'intervention ne pouvait être limité en aucune matière. La nécessité de circonscrire le domaine de la loi est cependant progressivement apparue, aboutissant à un complet renversement de perspective dans la Constitution de 1958 : celle-ci assigne à la loi et au règlement des champs d'intervention dont l'étendue est strictement définie et dont le respect est garanti par des mécanismes de sanction. Ce cantonnement de principe de la loi a cependant été ultérieurement atténué par la jurisprudence ; selon la formule fameuse du professeur Rivero, « la révolution était possible, la révolution n'a pas eu lieu[41] ».

39. Elle n'a été utilisée qu'à trois reprises depuis 1958 (en 1983, en 1985 et en 2003).

40. *Manuel de données sur l'histoire du Parlement fédéral allemand* (*Datenhandbuch zur Geschichte des Deutschen Bundestages*), publié par les services du Bundestag, chapitre 10.7, p. 1.

41. Jean Rivero, en clôture du colloque d'Aix-en-Provence des 2 et 3 décembre 1977 consacré au domaine de la loi et du règlement, Aix-en-Provence, Presses universitaires Aix-Marseille, 1978.

A | LA NAISSANCE D'UNE FRONTIÈRE ENTRE LA LOI ET LE RÈGLEMENT DÈS AVANT 1958

Sous la Troisième et la Quatrième République, la notion même de *domaine de la loi* n'existait pas. Le Parlement étant souverain, il pouvait par définition s'exprimer sur tous sujets. Pourtant, des jalons furent posés sur le chemin qui allait conduire à la délimitation d'un domaine de la loi et du règlement.

1/ *La définition de matières relevant par nature de la loi sous la Troisième République*

Sous la Troisième République déjà, et malgré l'absence de règles écrites sur les domaines respectifs de la loi et du règlement, des principes de répartition de compétence ont été dégagés par le juge, annonçant le système mis en place par les articles 34 et 37 de notre Constitution.

Le débat est apparu à propos de l'étendue du domaine du règlement, tout particulièrement en l'absence de loi. Comme il est habituel, le pouvoir exécutif était chargé, par les lois constitutionnelles de 1875, de l'exécution des lois[42]. Le président de la République disposait pour ce faire des règlements d'administration publique, préfiguration des décrets d'application des lois, par lesquels il prenait des mesures complémentaires précises permettant l'application concrète et effective des textes législatifs. Cependant, la question s'est posée de savoir si le pouvoir exécutif avait la possibilité d'édicter des règlements, même dans le silence de la loi. Le Conseil d'État a alors admis cette faculté par un arrêt *Babin*, du 4 mai 1906, rendu à propos des agents publics : un pouvoir réglementaire autonome a été reconnu pour les sujets non traités par le législateur. Dans ses conclusions, le commissaire du gouvernement Romieu estime ainsi qu'« en l'absence de disposition législative contraire, le gouvernement a pu par décret déterminer le régime disciplinaire de certains agents publics[43] ». Tout aussitôt après avoir reconnu cette possibilité, il pose une limite, en ajoutant qu'il existe cependant des matières réservées « par leur nature » au pouvoir législatif, dans lesquelles le pouvoir réglementaire ne saurait intervenir de façon autonome. Il s'agit, selon lui, de « toutes les questions relatives directement ou indirectement aux obligations imposées aux citoyens par voie d'autorité sans aucun lien contractuel ». Il cite, à titre d'exemples, « tout ce qui concerne le droit de commander et de contraindre, l'organisation de la force publique et des juridictions, la prise de possession de la propriété privée, le vote des

42. Article 3 de la loi du 25 février 1875.
43. CE, 4 mai 1906, *Babin*.

impôts et des dépenses publiques », augurant des matières aujourd'hui énumérées par l'article 34 de la Constitution de 1958.

Symétriquement, certaines matières semblent par nature ouvertes au pouvoir réglementaire autonome, qui intervient alors à titre principal et non pour préciser les dispositions d'une loi. L'arrêt *Labonne* du 8 août 1919 consacre ainsi un pouvoir réglementaire général de police du chef de l'État, tandis que la décision *Jamart* du 7 février 1936 reconnaît à tout chef de service un pouvoir d'organisation de ce service. C'est bien un tel pouvoir réglementaire autonome qui est aujourd'hui reconnu au gouvernement par l'article 37 de la Constitution.

2/ *Une tentative d'interdiction des délégations législatives sous la Quatrième République*

Bien que la Constitution de 1946 demeure, elle aussi, silencieuse sur la répartition des compétences entre la loi et le règlement, la pratique du pouvoir annonce dès la Quatrième République le dispositif des ordonnances prévu par l'actuel article 38 du texte constitutionnel.

À cette époque apparaissent les délégations législatives, elles-mêmes héritées des *décrets-lois* de la Troisième République. Par des lois dites « de pleins pouvoirs », le Parlement déléguait au gouvernement le soin de légiférer à sa place ; celui-ci recevait ainsi le pouvoir d'édicter les mesures rendues nécessaires par les circonstances comme celui de modifier les dispositions législatives existantes. Ce système des décrets-lois, qui avait vu le jour durant la première guerre mondiale, s'était fortement développé sous les présidences du Conseil de Raymond Poincaré et d'Édouard Daladier, à la faveur notamment de la crise des années 1930. Habilité par une loi du 8 juin 1935 lui confiant « des pouvoirs exceptionnels pour assurer la défense du franc et la lutte contre l'inflation », le président du Conseil Pierre Laval a édicté plus de quatre cents décrets-lois en quatre mois, durant l'été, en dehors de tout contrôle démocratique. En raison du recours abusif à ce procédé, qui aboutissait à affaiblir un Parlement dépossédé de ses prérogatives législatives sans pour autant permettre d'enrayer une instabilité ministérielle devenue chronique, le constituant de 1946 a clairement manifesté sa volonté d'exclure le retour d'une telle pratique du pouvoir. Le texte de la Constitution disposait ainsi, en son article 13 : « L'Assemblée nationale vote seule la loi. Elle ne peut déléguer ce droit. »

La République nouvelle n'est cependant pas parvenue à empêcher la persistance d'une extension régulière du pouvoir réglementaire aux matières législatives. L'interdit strictement formulé par la Constitution de 1946 s'est en effet vu nuancé par l'interprétation souple qu'en avait donné un avis du Conseil d'État du 6 février 1953. Ce dernier reposait sur une distinction entre la *délégation* d'un véritable pouvoir législatif au gouvernement, seule prohibée, et la simple *extension* temporaire des compétences du pouvoir réglementaire en matière législative, qui, elle, restait possible. Le Conseil d'État a estimé que, si l'article 13 interdisait la pratique des décrets-lois pris en vertu des lois de pleins pouvoirs, « le législateur [pouvoir] en principe déterminer souverainement la compétence du pouvoir réglementaire », à l'exception toutefois des matières réservées à la loi en vertu de la tradition républicaine constitutionnelle. Le législateur a dès lors régulièrement pu laisser le gouvernement agir par décret en certaines matières. Une loi du 17 août 1948, adoptée à l'initiative de Paul Reynaud sous le gouvernement d'André Marie, a ainsi habilité le gouvernement à prendre des mesures « tendant au redressement économique et financier » selon ce procédé. Des lois-cadres pouvaient en outre être adoptées, qui se contentaient d'énoncer des principes en renvoyant à des décrets pour leur mise en œuvre ; ceux-ci pouvaient intervenir dans le domaine législatif sans limitation de durée. La loi-cadre sur l'outre-mer du 3 juin 1956, inspirée par Gaston Defferre, en est un exemple caractéristique.

B | LE CANTONNEMENT DE LA LOI PAR LA CONSTITUTION DE 1958

C'est en 1958 que l'idée d'une répartition des matières entre la loi et le règlement a trouvé une consécration au plus haut niveau de la hiérarchie des normes. Alors présentée comme une « révolution juridique », cette rupture avec la tradition constitutionnelle française s'inscrivait dans le cadre plus large du rééquilibrage des pouvoirs initié par le parlementarisme rationalisé.

1/ *La limitation du domaine de la loi dans la Constitution : une compétence législative d'attribution*

Innovation fondamentale de la Constitution de 1958, un domaine de la loi est désormais défini de manière limitative, selon un critère matériel qui vient s'ajouter aux traditionnels critères organique et procédural dans la définition de l'acte législatif.

L'article 34 de la Constitution établit une liste des matières qui relèvent de la compétence du législateur, en distinguant deux catégories : celles dans lesquelles la loi détient le pouvoir de *fixer les règles* et celles pour lesquelles elle ne détermine que *les principes fondamentaux*. Le législateur reçoit ainsi la compétence de définir les règles applicables pour les garanties fondamentales accordées aux citoyens pour l'exercice des libertés publiques, la détermination des crimes et des délits, la procédure pénale, la création de nouveaux ordres de juridiction, l'assiette et le taux des impositions, le régime électoral des assemblées parlementaires et des assemblées locales, la création de catégories d'établissements publics, les garanties fondamentales accordées aux fonctionnaires, les transferts de propriété d'entreprise entre les secteurs public et privé. Il détermine les principes fondamentaux s'agissant notamment de la libre administration des collectivités territoriales, de leurs compétences et de leurs ressources, de l'enseignement, du droit du travail, de la sécurité sociale ou de la préservation de l'environnement.

L'article 34 de la Constitution détermine, par ailleurs, trois matières spécifiques dans lesquelles interviennent les lois particulières que sont les lois de finances, les lois de financement de la sécurité sociale et les lois de programmation.

L'ensemble des autres matières relève de la compétence du pouvoir réglementaire. En effet, selon l'article 37 de la Constitution, « les matières autres que celles qui sont du domaine de la loi ont un caractère réglementaire ». Cette innovation représente, en 1958, un bouleversement des conceptions traditionnelles : le pouvoir réglementaire dispose désormais d'une compétence de principe ou de droit commun, tandis que le législateur ne reçoit qu'une compétence d'attribution dans les matières énumérées par la Constitution.

Le pouvoir réglementaire se décline dès lors en deux formes : un pouvoir réglementaire d'exécution des lois dans les matières visées par l'article 34 et un pouvoir réglementaire autonome dans l'ensemble des autres domaines. La procédure civile et la procédure administrative, qui ne sont pas mentionnées par l'article 34, relèvent ainsi du seul pouvoir réglementaire.

2/ *Les mécanismes de sanction des empiétements législatifs*

Trois armes sont prévues par la Constitution pour sanctionner, dans le cadre du parlementarisme rationalisé, les empiétements de la loi hors de son domaine d'attribution à chacune des étapes de la procédure législative. Toutefois, la pratique a conduit à détourner ces mécanismes de leur finalité initiale de sanction des intrusions du législateur dans le domaine réglementaire.

Au cours de la discussion parlementaire tout d'abord, en application de l'article 41 de la Constitution, le gouvernement peut opposer *l'irrecevabilité* d'une proposition de loi ou d'un amendement parlementaire qui ne relève pas du domaine de la loi. Le pouvoir exécutif dispose ainsi d'un premier outil pour prévenir les incursions législatives dans son domaine de compétence normative. Il s'agit donc d'une irrecevabilité relative, et non pas absolue, au sens où le gouvernement décide s'il y a lieu d'opposer l'irrecevabilité. En pratique, cela intervient généralement dans le cadre des séances de la conférence des présidents. Cette faculté a été étendue par la révision constitutionnelle du 23 juillet 2008 au président de l'assemblée concernée, qui peut opposer une irrecevabilité tirée du caractère réglementaire d'un amendement présenté par un parlementaire comme par le gouvernement. L'article 41 est ainsi devenu davantage un instrument de garantie de la qualité de la loi que de protection du domaine réglementaire. Dans les deux cas, les désaccords qui pourraient survenir au cours de cette procédure entre le gouvernement et le président de l'assemblée intéressée sont tranchés par le Conseil constitutionnel. Toutefois, cette possibilité n'a été que rarement utilisée depuis 1958, la cohérence des majorités gouvernementale et parlementaire suffisant le plus souvent à régler d'éventuels problèmes sans qu'il soit besoin d'y recourir[44].

Entre le vote et la promulgation de la loi, le Conseil constitutionnel peut être saisi, en application de l'article 61 de la Constitution, pour *contrôler* a priori *la conformité de ses dispositions à celles du texte constitutionnel.* Initialement, en 1958, ce mécanisme semblait avoir été mis en place principalement dans l'intention de veiller au respect de l'article 34 de la Constitution et de censurer les incursions de la loi hors de son domaine d'attribution. Sa première saisine sur le fondement de l'article 61 avait ainsi conduit le Conseil constitutionnel à censurer, en 1960, les dispositions d'une loi ordinaire qui empiétaient sur le domaine d'une loi organique[45]. Aujourd'hui, l'article 61 est surtout utilisé aux fins de garantir la protection constitutionnelle des droits fondamentaux et non le respect des règles de répartition des compétences.

Enfin, après l'entrée en vigueur d'une loi, une procédure de *délégalisation* est organisée par l'article 37, alinéa 2, de la Constitution. Lorsque le Conseil constitutionnel, saisi par le gouvernement, déclare que certaines des dispositions d'un texte de loi relèvent du domaine réglementaire, le pouvoir exécutif peut procéder à leur modification par décret. Grâce à cet outil de déclassement, le gouvernement peut s'affranchir d'une intervention *a priori* dans le cadre de l'article 41 de la Constitution.

3/ *Une frontière perméable : les dérogations des articles 38 et 16 de la Constitution*

Dans deux hypothèses, la Constitution de 1958 a prévu des possibilités de dérogation à la compétence du législateur : les ordonnances de l'article 38 et les pouvoirs exceptionnels de l'article 16.

44. Cette procédure n'est cependant pas totalement tombée en désuétude : elle a été utilisée en 2005 pour les quelque 14 587 et 101 amendements déposés respectivement en première et en deuxième lectures du projet de loi relatif aux activités postales.

45. CC, décision n° 60-8 DC du 11 août 1960, *Redevance radio-télévision.* L'article 34 de la Constitution prévoyant le vote d'une loi organique pour définir le régime applicable aux lois de finances, une loi ordinaire ne peut intervenir en cette matière.

a) L'habilitation du gouvernement à intervenir dans le domaine législatif : les ordonnances de l'article 38

Comme on l'a vu, la pratique de la législation déléguée, qui consiste pour le Parlement à autoriser le gouvernement à intervenir dans les matières législatives, a fait l'objet de critiques récurrentes. Après les excès des habilitations législatives de la Troisième République, les réticences du constituant de 1946 traduisent la volonté de réaffirmer l'importance symbolique de la loi. Cette tentative d'extinction n'a cependant pas suffi à faire disparaître une pratique qui permet d'offrir au gouvernement un outil efficace pour l'exécution de son programme. Tirant les leçons des dérives nées, sous la Quatrième République, d'une délimitation trop stricte de la compétence législative, la Constitution de 1958 entérine cette pratique tout en l'encadrant. L'article 38 prévoit expressément la possibilité pour le gouvernement d'intervenir dans le domaine de loi. Il organise par un acte particulier, *l'ordonnance*, une extension temporaire et encadrée de la compétence du pouvoir exécutif sur habilitation du Parlement. Le processus normatif repose alors sur la combinaison de trois actes successifs : la loi d'habilitation, l'ordonnance, puis la loi de ratification.

Par le vote d'une loi d'habilitation, le Parlement peut ainsi accorder au gouvernement, lorsque celui-ci en fait la demande, l'autorisation de prendre par ordonnance, pendant un délai limité et dans un domaine déterminé, des mesures qui relèvent normalement de sa compétence. Adoptées en conseil des ministres après avis du Conseil d'État, les ordonnances doivent ensuite être soumises à la ratification du Parlement dans un délai prévu par cette loi. Si la jurisprudence admettait auparavant que ces textes pouvaient faire l'objet d'une simple ratification implicite par la seule modification ou mention de dispositions figurant dans une ordonnance dans une loi votée au Parlement[46], leur ratification ne peut désormais être qu'expresse, depuis la révision constitutionnelle du 23 juillet 2008. Le gouvernement doit ainsi déposer devant les assemblées, avant l'expiration du délai déterminé par la loi d'habilitation, un projet de loi de ratification des ordonnances qu'il a adoptées. Lorsque ce projet de loi n'est pas déposé à temps, l'ordonnance se trouve frappée de caducité. Mais il suffit que le projet de loi autorisant la ratification soit déposé. Il n'est pas nécessaire qu'il soit discuté ni adopté.

De la nature hybride des ordonnances résulte un *régime particulier de contrôle*. Bien qu'intervenant dans le domaine législatif, les ordonnances sont formellement adoptées par le pouvoir exécutif ; tant qu'elles n'ont pas été ratifiées, elles constituent donc des actes

46. Voir par exemple CE, 10 juillet 1972, *Compagnie Air Inter* ; CC, décision n° 86-224 DC du 23 janvier 1987, *Conseil de la concurrence.*

administratifs, ce qui ouvre la possibilité d'un recours, par voie d'action comme par voie d'exception, devant le juge administratif[47]. Le célèbre arrêt *Canal*[48], qui a été à l'origine de fortes tensions entre le général de Gaulle et le Conseil d'État, a appliqué cette solution aux ordonnances prises sur la base d'une loi d'habilitation référendaire. Après leur ratification, les ordonnances acquièrent valeur législative : elles ne peuvent plus être contestées devant le juge administratif. Mais la loi de ratification peut être déférée au Conseil constitutionnel, qui s'assure alors de la conformité de l'ordonnance à la Constitution. En outre, comme toute disposition législative, les ordonnances ratifiées peuvent faire l'objet d'une QPC devant le Conseil constitutionnel si elles sont contestées par voie d'exception à l'occasion d'un litige portant sur un acte d'application. Le Conseil constitutionnel a ajouté qu'après l'expiration du délai d'habilitation, et même en l'absence de ratification, une ordonnance, qui ne peut plus alors être modifiée que par la loi, doit être regardée comme une disposition législative au sens et pour l'application de l'article 61-1 de la Constitution. Par conséquent, une QPC peut être introduite à son encontre dès l'expiration du délai d'habilitation, alors même que, sur les questions autres que les droits et libertés garantis par la Constitution, la légalité de l'ordonnance est, en l'absence de ratification, encore susceptible d'être discutée devant le juge administratif[49].

b) La confusion des pouvoirs au bénéfice du président de la République : les pouvoirs exceptionnels de l'article 16

Dans l'hypothèse où « les institutions de la République, l'indépendance de la nation, l'intégrité de son territoire ou l'exécution de ses engagements internationaux sont menacées d'une manière grave et immédiate et que le fonctionnement régulier des pouvoirs publics constitutionnels est interrompu », l'article 16 permet au président de la République de prendre, après une simple consultation du Premier ministre, des présidents des assemblées et du Conseil

47. CE, 24 novembre 1961, *Fédération nationale des syndicats de police.*

48. CE, 19 octobre 1962, *Canal, Robin et Godot.* La loi soumise au référendum du 8 avril 1962, par lequel le peuple souverain approuva massivement les accords d'Évian qui mettaient fin à la guerre d'Algérie, autorisait également le président de la République à prendre, par ordonnance ou par décret en conseil des ministres, « toutes mesures législatives ou réglementaires relatives à l'application » de ces accords. Sur le fondement de cette habilitation, le général de Gaulle prit, le 1er juin 1962, une ordonnance qui instituait une cour militaire de justice. Condamnés à mort par cette cour, MM. Canal, Robin et Godot contestèrent la légalité de l'ordonnance l'ayant instituée. Le Conseil d'État annula l'ordonnance au motif qu'elle ne prévoyait aucun recours contre les décisions de la cour, méconnaissant ainsi un principe général du droit, le droit au recours contre les décisions juridictionnelles.

49. CC, décisions QPC n° 2020-843 du 28 mai 2020 et n° 2020-851/852 du 3 juillet 2020. Voir également *infra*, nos développements au chapitre 26 : Les recours devant le juge administratif.

constitutionnel, « les mesures exigées par les circonstances », dont il informe la nation par un message. Les mesures ainsi adoptées échappent temporairement à la répartition des compétences entre la loi et le règlement et peuvent donc être prises dans le domaine législatif.

Les contours du contrôle exercé par le juge sur les actes pris en application de l'article 16 ont été tracés par l'arrêt *Rubin de Servens* du 2 mars 1962. Le Conseil d'État distingue trois catégories de décisions, auxquelles correspondent des modalités de contrôle différentes. D'abord, la décision initiale de recourir aux pouvoirs exceptionnels ainsi que le choix de leur durée sont qualifiés d'actes de gouvernement : ils échappent à ce titre à la compétence du juge administratif. De même, les décisions prises par le président de la République sur le fondement de l'article 16 intervenues dans le domaine législatif sont exclues du contrôle du juge administratif : l'arrêt *Rubin de Servens*, qui précède de quelques mois la décision *Canal*, peut paraître sur ce point en retrait par rapport au large contrôle exercé sur les ordonnances. Les situations sont toutefois différentes, les mesures de l'article 16 intervenant dans l'hypothèse d'une crise exceptionnelle. Enfin, les actes du chef de l'État pris en matière réglementaire peuvent, pour leur part et plus classiquement, faire l'objet d'un recours pour excès de pouvoir.

Tout contrôle de la décision initiale de mise en œuvre de l'article 16 n'est cependant pas exclu : depuis la révision constitutionnelle du 23 juillet 2008, l'article 16 prévoit en son dernier alinéa que le Conseil constitutionnel peut être saisi après trente jours d'exercice des pouvoirs exceptionnels par soixante députés ou soixante sénateurs aux fins d'examiner si les conditions de leur mise en œuvre demeurent réunies. Cette intervention du Conseil constitutionnel devient obligatoire après soixante jours.

C | UNE RIGUEUR ATTÉNUÉE PAR LA JURISPRUDENCE

Bien que la lettre de la Constitution encadre strictement la compétence législative et prévoie de nombreux mécanismes visant à sanctionner ses éventuels débordements, la jurisprudence a tempéré ces contraintes et reconnu à la loi un domaine plus vaste que celui qui avait été imaginé en 1958. En outre, par la technique de l'*incompétence négative*, le Conseil constitutionnel protège le domaine de la loi en interdisant au législateur de déléguer sa compétence au pouvoir exécutif. Ces évolutions rapprochent la situation française de celle de ses voisins européens.

1/ *Une interprétation extensive du domaine de la loi*

Cette évolution résulte d'un double mouvement : d'une part, une large interprétation de l'article 34 lui-même, d'autre part, l'existence d'un domaine de la loi hors l'article 34.

a) Une large interprétation des termes de l'article 34

La jurisprudence a interprété les dispositions de l'article 34 d'une manière doublement favorable à la compétence législative.

D'une part, si la lettre de l'article 34 de la Constitution distingue deux catégories de matières, selon que la loi définit « les règles » ou « les principes fondamentaux », la jurisprudence du Conseil constitutionnel comme celle du Conseil d'État n'ont pas réellement tiré de conséquences de cette distinction. En pratique, un même degré de précision du législateur est accepté par le juge pour l'ensemble des matières visées par l'article 34. Symétriquement, quelle que soit la matière, le pouvoir réglementaire peut édicter des normes pour permettre l'exécution des lois.

D'autre part, la jurisprudence interprète largement les contours de chacune des matières énumérées par l'article 34. Deux décisions du même jour, le 18 juillet 1961, illustrent cette politique jurisprudentielle. Le Conseil constitutionnel a d'abord considéré que la création de nouveaux *ordres de juridiction* visait en réalité celle de toute catégorie de juridictions, le pouvoir réglementaire n'étant compétent que pour la détermination de leur nombre, de leur siège et de leur ressort[50] ; une interprétation plus stricte aurait conduit à limiter la compétence du législateur à la seule création d'un hypothétique troisième ordre de juridiction, aux côtés des juridictions administratives et judiciaires. De la même manière, il a retenu une large compétence du législateur pour la *création de catégories d'établissements publics*. Le Conseil constitutionnel a retenu un juste équilibre entre une interprétation stricte, qui n'exigerait une loi que pour un éventuel ajout aux deux catégories traditionnelles d'établissements publics que constituent les EPA et les EPIC, et une conception trop large, qui requerrait une loi pour la création de tout établissement public. Dans une formule intermédiaire, le Conseil a considéré que devaient être regardés comme entrant dans une même catégorie les seuls établissements publics présentant une « spécialité étroitement comparable » à celle d'un établissement existant. La compétence législative s'étend donc à tout autre établissement[51].

De même, le Conseil d'État a retenu une conception large du domaine de la loi. Pour citer un exemple, l'arrêt *GISTI*, du

50. CC, décision n° 61-14 L du 18 juillet 1961, *Organisation judiciaire*.

51. CC, décision n° 61-15 L du 18 juillet 1961, *Institut des hautes études d'outremer (IHEOM)*. Voir nos développements sur ce point au chapitre 3 : Les établissements publics.

22 octobre 2003, estime que « l'article 34 de la Constitution, en réservant à la loi la détermination des principes fondamentaux de la sécurité sociale, a entendu englober dans ces termes l'ensemble des systèmes de protection sociale[52] ».

b) La consécration d'un domaine de la loi hors l'article 34

Il est rapidement apparu que l'article 34 ne pouvait suffire à lui seul à définir la compétence du législateur : celle-ci résulte de plusieurs autres sources constitutionnelles.

Elle est d'abord issue d'autres articles de la Constitution. Une loi est nécessaire pour autoriser la déclaration de guerre (article 35), la prorogation de l'état de siège (article 36) et la ratification ou l'approbation de certains traités ou accords internationaux (article 53). L'article 66 confie au législateur une compétence exclusive en matière de liberté individuelle. En application de l'article 72, il peut seul organiser la libre administration des collectivités territoriales et créer d'autres catégories de collectivités territoriales que celles énumérées par cet article.

Ensuite, d'autres textes du bloc de constitutionnalité emportent une compétence législative. L'article 4 de la Déclaration des droits de l'homme et du citoyen prévoit ainsi que seule la loi peut apporter des limitations à l'exercice des libertés. De la Charte de l'environnement découlent de nouvelles compétences pour le législateur. Celle-ci renvoie en effet, dans plusieurs de ses articles, aux « conditions définies par la loi » pour préciser les modalités d'application des principes qu'elle pose ; il en résulte, selon l'interprétation faite de cette formule par le Conseil constitutionnel[53] et par le Conseil d'État[54], un élargissement du domaine de la loi.

Enfin, seule une loi peut entrer en contradiction avec les principes généraux du droit, dès lors qu'ils n'ont pas valeur constitutionnelle, dans la mesure où ceux-ci ont, dans la hiérarchie des normes, une valeur juridique supérieure à celle des règlements. Un simple décret ne peut en aucun cas y déroger ; en revanche, le juge est normalement incompétent pour apprécier la conformité de la loi à un principe général du droit[55]. Dès lors, en pratique, seule une loi

52. CE, 22 octobre 2003, *Groupe d'information et de soutien des immigrés et Ligue des droits de l'homme.*

53. CC, n° 2008-564 DC du 19 juin 2008, *Loi relative aux organismes génétique ment modifiés.*

54. CE, 3 octobre 2008, *Commune d'Annecy.* Le Conseil d'État annule pour incompétence un décret intervenu en matière législative. Il juge que, dans la mesure où l'article 7 de la Charte de l'environnement prévoit que le droit du public de participer aux décisions ayant une incidence sur l'environnement s'exerce « dans les conditions et limites fixées par la loi », un décret ne peut intervenir dans ce domaine désormais réservé au législateur.

55. Cette incompétence traditionnelle tend toutefois à disparaître lorsque le principe général du droit correspond, par ailleurs, à un principe constitutionnel ou

peut définir les conditions ou restreindre la portée d'un principe général du droit.

2/ *Une sanction limitée à l'incompétence négative*

L'intervention du législateur dans des matières censées relever de la compétence réglementaire est rapidement devenue courante. L'étanchéité de la séparation des domaines respectifs de la loi et du règlement a en effet disparu sous l'effet de *l'asymétrie des sanctions* qui frappent les incursions de l'un dans l'autre.

En principe, les décrets qui empiètent sur le domaine de la loi sont censurés par le Conseil d'État[56]. L'incompétence de l'auteur d'un acte réglementaire constitue même un vice majeur : il s'agit d'un moyen d'ordre public, que le juge doit soulever d'office. En sens inverse, les empiétements du législateur sur le domaine réglementaire n'exposent pas les textes qu'il adopte à la censure. Par sa décision, *Blocage des prix et revenus*, du 30 juillet 1982, le Conseil constitutionnel a en effet considéré que « la Constitution n'a pas entendu frapper d'inconstitutionnalité une disposition de nature réglementaire dans une loi[57] ». Plusieurs arguments permettent d'expliquer cette solution. D'un point de vue juridique tout d'abord, le recours aux mécanismes prévus par la Constitution pour faire respecter la frontière entre les domaines législatif et réglementaire constitue une simple faculté et non une obligation constitutionnelle. En pratique ensuite, il est souvent difficile de tracer une ligne de partage rigoureuse entre les dispositions législatives et réglementaires figurant au sein d'une même loi ; une censure partielle de ces dispositions pourrait rendre le texte difficilement lisible. Sur un plan politique enfin, dans la mesure où, dans un régime parlementaire, l'élaboration de la loi implique la collaboration des pouvoirs, on peut admettre une certaine tolérance vis-à-vis des incursions législatives dans les matières réglementaires.

Plus encore, une loi qui n'épuise pas sa compétence sur une matière déterminée ou renvoie trop largement au règlement est entachée d'« incompétence négative », comme le juge le Conseil constitutionnel dans sa décision *TDF* du 13 décembre 1985[58]. La compétence confiée de manière exclusive au législateur par la

à une norme internationale, ce qui ouvre alors la voie au contrôle de constitutionnalité (QPC) ou de conventionnalité de la loi ; mais il s'agit alors d'une autre forme de contrôle.

56. Voir par exemple la décision d'assemblée du 9 juillet 1971, *Conseil national de l'ordre des pharmaciens* (n° 76922), par laquelle le Conseil d'État juge qu'en « l'absence de toute disposition législative l'y autorisant, le gouvernement ne pouvait apporter par décret une dérogation aux dispositions de nature législative [...] du code de la santé publique ».

57. CC, n° 82-143 DC, 30 juillet 1982, *Blocage des prix et revenus*.

58. CC, n° 85-198 DC du 13 décembre 1985, *Télédiffusion de France (TDF)*.

Constitution doit en effet être complètement exercée et ne saurait être déléguée : si celui-ci peut laisser au pouvoir réglementaire le soin de préciser les modalités d'exécution de la loi, il doit régler entièrement ce qui relève de sa seule compétence. L'incompétence négative peut dès lors être caractérisée soit lorsque la loi prévoit expressément l'intervention d'un décret dans une manière réservée à la loi par la Constitution, soit simplement en cas de silence de la loi – l'insuffisance de celle-ci appelant, implicitement mais nécessairement, l'intervention d'un règlement. Des textes dont les dispositions portaient atteinte à une liberté sans prévoir les garanties nécessaires ou renvoyaient la fixation de ces garanties à un décret ont ainsi été censurés sur ce fondement par le juge constitutionnel. Ainsi, non seulement la loi qui empiète sur le domaine du règlement n'est pas inconstitutionnelle, mais elle peut encore être sanctionnée lorsqu'elle renvoie excessivement au règlement. Il faut dès lors considérer, selon la formule de Michel Debré, que « la Constitution de 1958, après avoir défini le domaine du législateur, a implicitement reconnu au Parlement le droit de statuer en dehors de son domaine[59] ».

3/ *En Europe : des situations diverses mais convergentes*

En Europe, une grande diversité de situations se rencontre sur la question du domaine de la loi. Au Royaume-Uni, pays par excellence de la souveraineté parlementaire, la loi peut intervenir en toute matière, son domaine est illimité. Selon une formule fameuse, le Parlement anglais « peut tout faire sauf changer une femme en homme ou un homme en femme[60] ». Dans la plupart des pays, le règlement n'a pas de domaine propre : il est l'acte pris par l'exécutif en application et, le plus souvent, sur délégation explicite de la loi. Malgré cette diversité, on retrouve des convergences : même tendance du législateur à déléguer des compétences au pouvoir exécutif, pour répondre à un objectif d'efficacité, face à l'encombrement du Parlement et compte tenu de la complexité technique croissante des règles de droit ; et, en réaction, même souci de protection des compétences du Parlement, seul véritable représentant de la volonté générale.

En Allemagne, le concept de *réserve de loi* (*Gesetzesvorbehalt*) a été développé dès le XIXe siècle[61]. Dans la monarchie constitutionnelle allemande, le roi et son administration disposaient d'une large compétence autonome pour la réalisation de l'intérêt général. Le Parlement a vu ses compétences se développer progressivement, en

59. M. Debré, *JO*, Assemblée nationale, débat du 2 juin 1972, p. 2916.

60. Formule attribuée à Jean-Louis de Lolme, juriste de Genève du XVIIIe siècle, disciple de Jean-Jacques Rousseau et admirateur du système britannique.

61. Voir la thèse du professeur Jérôme Trémeau, *La Réserve de loi*, Aix-en-Provence et Paris, Presses universitaires Aix-Marseille et Economica, 1997.

particulier pour les questions touchant aux droits subjectifs des particuliers : dans certains domaines, une loi était nécessaire pour fournir une base légale aux actes de l'administration. On opposait alors au monarque la réserve de loi, notion qui a permis peu à peu de réduire l'espace de réglementation autonome dont il disposait. Aujourd'hui, la situation a totalement changé en Allemagne : l'administration ne peut édicter un règlement que sur le fondement d'une habilitation législative précise. L'article 80 de la Loi fondamentale prévoit même, sur le plan formel, ceci : « Le règlement doit mentionner son fondement juridique. » Toutefois, la notion de réserve de loi demeure : par un retournement de situation, elle est devenue opposable au législateur. Alors qu'elle justifiait la compétence du législateur au XIXe siècle, elle lui interdit, aujourd'hui, de se déposséder de sa compétence par des délégations trop larges au pouvoir exécutif. La Cour constitutionnelle a régulièrement affirmé que la Loi fondamentale ne saurait « permettre au Bundestag de se soustraire à sa responsabilité » en déléguant l'exercice de ses attributions au gouvernement fédéral[62]. Si on fait abstraction du fédéralisme, le domaine de la loi est illimité.

En Italie, le pouvoir réglementaire, consacré par l'article 87, alinéa 5, de la Constitution, est organisé par un texte fondateur, la loi n° 400 du 23 août 1988 relative aux règles sur l'activité du gouvernement et l'organisation de la présidence du conseil des ministres (*disciplina dell'attività di governo e ordinamento della presidenza del consiglio dei ministri*). Cette loi rassemble l'ensemble des règles applicables à l'édiction des différentes catégories de règlements. Il en résulte un équilibre qui n'est pas très éloigné du système français : d'un côté, le Parlement décide discrétionnairement des extensions et restrictions du champ des normes réglementaires ; mais d'un autre côté, le gouvernement est habilité à intervenir dans des matières qui ne sont pas encore encadrées par la loi, si ces dernières ne font pas déjà l'objet d'une réserve prévue par la Constitution, comme en matière de liberté d'expression (article 21) ou dans le domaine pénal (article 25). Par ce biais, il ne s'agit pas de sanctuariser un domaine propre au règlement, comme c'est le cas en France avec l'article 37 de la Constitution, mais de ménager « des capacités d'intervention en cas de vide législatif[63] ». Du reste, le périmètre de ce pouvoir réglementaire « autonome » est bien plus restreint que celui du pouvoir réglementaire « délégué », qui concerne des actes réglementaires pris dans un domaine relevant de la loi.

62. Voir la décision 34, 52 du 10 octobre 1972, ainsi que les décisions 2, 307 du 10 juin 1953 et 41, 251 du 27 janvier 1976.

63. Jérôme Trémeau, *La Réserve de loi*, *op. cit.*, p. 187.

On observera qu'aux États-Unis, bien que la Constitution soit muette sur les pouvoirs administratifs, la Cour suprême veille également à la protection du Congrès avec la doctrine de la non-délégation (*non-delegation doctrine*). En principe, le Congrès ne peut pas déléguer le pouvoir législatif, qui lui est tout entier conféré par l'article 1er de la Constitution[64]. La Cour suprême a cependant admis, notamment pour lutter contre la Grande Dépression pendant les années 1930, que le Congrès puisse consentir une délégation de pouvoir à l'exécutif, et notamment aux nombreuses *agencies*, sous la condition que la loi encadre leur pouvoir discrétionnaire par des directives suffisamment précises : la loi doit comporter un principe intelligible (*intelligible principle*) pour guider l'action du délégataire.

Autrefois revêtue de la majesté et de l'autorité qui s'attache à l'expression directe du souverain, la loi paraît aujourd'hui en crise. La situation est pour le moins paradoxale : alors que les lois n'ont jamais été aussi nombreuses, elles n'ont jamais été aussi faibles ni aussi décriées. Cependant, si de nombreux efforts doivent être entrepris afin de préserver sa place dans notre système de normes, c'est que *la loi demeure encore et toujours indispensable à l'effectivité de la démocratie et à la garantie des libertés.* De toutes les normes juridiques, la loi est celle qui reste la plus conforme aux exigences de la démocratie. Elle est la seule norme qui soit élaborée publiquement, selon une procédure transparente, au sein d'une institution représentant la nation. Elle continue ainsi pleinement d'exprimer la volonté générale, conformément aux principes de l'article 6 de la Déclaration de 1789. Moyen privilégié de l'expression du peuple souverain, la loi conserve sa fonction de protectrice des libertés : il faut toujours considérer, avec Henri Lacordaire, qu'« entre le fort et le faible, entre le riche et le pauvre, entre le maître et le serviteur, c'est la liberté qui opprime, c'est la loi qui affranchit[65] ».

64. La section I de l'article 1er de la Constitution américaine précise ainsi que « tous les pouvoirs législatifs accordés par la présente Constitution seront attribués à un Congrès des États-Unis, qui se composera d'un Sénat et d'une Chambre des représentants ».

65. Henri Lacordaire, prêtre et dominicain français (1802-1861), *Quarante-Cinquième Conférence de Notre-Dame*, 1848.

Chapitre 10

Le droit non écrit

Même si le droit français s'inscrit dans un système de droit écrit, les sources non écrites jouent un rôle essentiel en droit administratif, qu'il s'agisse de la jurisprudence en général ou des principes généraux du droit en particulier.

I

LA JURISPRUDENCE

La jurisprudence est au cœur de la formation du droit administratif. Ce rôle du droit jurisprudentiel soulève un certain nombre de questions.

A | LA PLACE ESSENTIELLE DE LA JURISPRUDENCE EN DROIT ADMINISTRATIF

Dans toutes les branches du droit, la jurisprudence tient un rôle important. Elle est, selon la formule de Portalis, « le vrai supplément de la législation[1] ». En droit privé, la Cour de cassation a forgé des

1. Portalis, « Discours préliminaire sur le projet de code civil », *op. cit.* : « L'office de la loi est de fixer, par de grandes vues, les maximes générales du droit ; d'établir des principes féconds en conséquences, et non de descendre dans le détail des questions qui peuvent naître sur chaque matière. C'est au magistrat et au jurisconsulte, pénétrés de l'esprit géné-

notions fondamentales et a parfois dégagé des règles par voie jurisprudentielle, comme l'illustre la consécration de la théorie du trouble anormal de voisinage par un arrêt du 27 novembre 1844 ou encore la « découverte », dans le premier alinéa de l'article 1 384 du code civil, d'un principe général de responsabilité du fait des choses par l'arrêt *Jand'heur* du 13 février 1930. En droit constitutionnel également, le Conseil constitutionnel n'hésite pas à dégager des principes au prix d'une interprétation constructive de textes souvent anciens et à portée générale. En témoignent les décisions du Conseil constitutionnel déduisant de l'article 16 de la Déclaration de 1789 un objectif à valeur constitutionnelle d'intelligibilité et d'accessibilité de la loi[2] ou encore affirmant une exigence constitutionnelle de transposition des directives sur la base de l'article 88-1 de la Constitution[3]. Plus récemment, dans sa décision n° 2018-717/718 QPC du 6 juillet 2018, *M. Cédric H.*, le Conseil constitutionnel a jugé que la fraternité est un principe à valeur constitutionnelle, en se fondant principalement sur la devise de la République énoncée à l'article 2 de la Constitution : « Liberté, Égalité, Fraternité ».

Mais en droit administratif, la jurisprudence occupe une place singulière. Elle constitue la source première des concepts, axiomes et principes fondamentaux de la matière. En effet, comme l'écrivait Laferrière en 1887, elle a « pour base, lorsque les textes font défaut, des principes traditionnels, écrits ou non écrits, qui sont en quelque sorte inhérents à notre droit public et administratif[4] ».

Première décision mentionnée aux *Grands Arrêts de la jurisprudence administrative*[5], l'arrêt *Blanco* du 3 février 1873 constitue à cet égard un acte fondateur. Écartant la possibilité de faire application du code civil à l'État – en l'occurrence, en matière de responsabilité –, le Tribunal des conflits ouvre implicitement la voie à la jurisprudence pour définir, sans texte, les *règles spéciales* applicables à l'administration. Mieux, il donne une ligne de conduite à la jurisprudence, en ajoutant que ces règles spéciales « varient suivant les besoins du service et la nécessité de concilier les droits de l'État avec les droits privés[6] ». L'arrêt *Blanco* assigne ainsi au droit

ral des lois, à en diriger l'application. De là, chez toutes les nations policées, on voit toujours se former, à côté du sanctuaire des lois, et sous la surveillance du législateur, un dépôt de maximes, de décisions et de doctrine qui s'épure journellement par la pratique et par le choc des débats judiciaires, qui s'accroît sans cesse de toutes les connaissances acquises, et qui a constamment été regardé comme le vrai supplément de la législation. »

2. CC, 16 décembre 1999, *Codification par ordonnance*.

3. CC, 10 juin 2004, *Économie numérique*.

4. Édouard Laferrière, *Traité de la juridiction administrative et des recours contentieux*, Paris, Berger-Levrault et Cie, 1887, Tome 1, p. IX.

5. Guy Braibant, Prosper Weil, Bruno Genevois, Marceau Long et Pierre Delvolvé, *Les Grands Arrêts de la jurisprudence administrative*, Paris, Dalloz, 2013 [22e éd.].

6. Les « droits privés » ou, pour employer une terminologie plus contemporaine, les « droits fondamentaux ».

administratif une finalité qui va profondément inspirer l'œuvre jurisprudentielle du Conseil d'État et qui continue, aujourd'hui encore, de guider ce dernier dans chacune de ses décisions : la recherche d'un juste équilibre entre les exigences de l'action publique et la protection des droits des particuliers.

Dès lors, le Conseil d'État va jeter les bases du droit administratif, au cours d'une période souvent qualifiée d'« âge d'or de la jurisprudence administrative », qui va de l'arrêt *Blanco* aux années 1930. Éclairée par les conclusions des commissaires du gouvernement et en tenant compte des circonstances particulières de chaque affaire, la haute juridiction dégage par voie prétorienne les règles applicables dans les grands domaines du droit administratif : responsabilité de l'administration, droit des contrats, police administrative, fonctionnement des services publics, compétences des autorités publiques ou encore régime des recours juridictionnels. L'arrêt *Cames* illustre la capacité d'innovation du Conseil d'État : dès 1895, il pose, pour les agents publics, le principe de la responsabilité sans faute de l'employeur à raison des risques professionnels, que le législateur reconnaîtra, s'agissant des salariés de droit privé, trois ans plus tard, par la loi du 9 avril 1898 sur les accidents du travail.

L'œuvre créatrice du Conseil d'État se poursuit après la seconde guerre mondiale, notamment avec le renouvellement de la définition des grandes notions du droit administratif (contrat administratif, travaux publics ou domaine public) ou encore avec la théorie des principes généraux du droit.

Pendant les années 1970, un certain déclin du droit jurisprudentiel a pu être observé, sans doute lié au développement des textes applicables à l'administration[7]. Un autre facteur explicatif peut être trouvé dans l'augmentation du contentieux durant cette période : l'encombrement du prétoire est peu propice à la créativité jurisprudentielle. Ainsi le doyen Georges Vedel s'interrogeait-il en 1980 dans la revue *Études et documents du Conseil d'État* : « Le droit administratif peut-il être indéfiniment jurisprudentiel[8] ? » Vingt-cinq ans plus tard, en 2005, Fabrice Melleray faisait écho à cette interrogation en se demandant cette fois : « Le droit administratif doit-il redevenir jurisprudentiel[9] ? » Il observait en effet que, malgré le développement du droit écrit, le droit administratif restait un droit fondamentalement jurisprudentiel.

7. Par exemple, la loi du 17 juillet 1978 sur l'accès aux documents administratifs, la loi du 11 juillet 1979 relative à la motivation des actes administratifs ou encore le décret du 28 novembre 1983 concernant les relations entre l'administration et les usagers.

8. Georges Vedel, « Le droit administratif peut-il être indéfiniment jurisprudentiel ? », *EDCE*, 31, 1979-1980, p. 31.

9. Fabrice Melleray, « Le droit administratif doit-il redevenir jurisprudentiel ? », *AJDA*, 12, 28 mars 2005, p. 637.

Un regain de vitalité dans la jurisprudence a pu être observé à la faveur, notamment, de l'influence du droit européen. À cet égard, les arrêts *Compagnie Alitalia* du 3 février 1989 et surtout *Nicolo* du 20 octobre 1989 constituent un tournant. En témoigne une statistique tirée de la lecture des *Grands Arrêts de la jurisprudence administrative* : si l'on compare deux périodes de vingt ans, on ne compte que 7 décisions pour les vingt ans qui précèdent l'arrêt *Nicolo*, de 1968 à 1988, contre 28 grands arrêts pour les vingt ans qui le suivent, de 1989 à 2009. Aujourd'hui, le dynamisme jurisprudentiel concerne en particulier trois grands secteurs du droit administratif[10] : l'insertion des normes européennes et internationales en droit interne[11], la modernisation de l'office du juge[12] et, d'une façon plus substantielle, les questions touchant aux principes fondamentaux et aux libertés publiques[13].

L'adoption, en 2015, du code des relations entre le public et l'administration (CRPA) illustre, certes, un mouvement de codification du droit administratif. Mais dans le même temps, il montre l'influence de la jurisprudence sur les textes. Ce code reprend en effet plusieurs règles qui ont été dégagées par voie jurisprudentielle, telles que l'obligation d'abroger un acte réglementaire illégal (décision *Alitalia* du 3 février 1989, reprise à l'article L. 243-2), les modalités de retrait des décisions individuelles créatrices de droit (arrêt *Ternon* du 26 octobre 2001, repris à l'article L. 242-1) ou encore l'obligation d'édicter, dans certains cas, des mesures transitoires, conformément au principe de sécurité juridique (arrêt *Société KPMG* du 24 mars 2006, repris à l'article L. 221-5).

Si des textes sont souvent nécessaires pour l'édiction de règles techniques, en particulier en droit administratif spécial, la jurisprudence continue d'être une source essentielle pour la définition des grands principes du droit administratif. En témoigne, par exemple, l'arrêt *Commune de Douai* du 21 décembre 2012 : avant de statuer sur le litige, le Conseil d'État prend soin de présenter, dans un souci didactique, l'état du droit jurisprudentiel dans sept considérants

10. Bernard Stirn, « La justice administrative en mouvement », *Droit administratif*, octobre 2008.

11. Ce sont notamment les arrêts *Arcelor* du 8 février 2007, *Gardedieu* du 8 février 2007, *Mme Perreux* du 30 octobre 2009 et *GISTI* du 11 avril 2012.

12. On peut citer les arrêts *Ternon* du 26 octobre 2001, *Association AC !* du 11 mai 2004, *Société Tropic Travaux Signalisation* du 16 juillet 2007, les deux décisions *Commune de Béziers I* et *II* des 28 décembre 2009 et 21 mars 2011, suivies de l'arrêt *Département de Tarn-et-Garonne* du 4 avril 2014, ou encore l'arrêt *Danthony* du 23 décembre 2011.

13. Voir, par exemple, la consécration du principe de sécurité juridique par la décision *KPMG* du 24 mars 2006, le contrôle accru sur les mesures touchant aux droits des prisonniers, notamment avec les arrêts *Boussouar* et *Planchenault* du 14 décembre 2007, ou encore l'affirmation de la valeur juridique de la Charte de l'environnement par la décision *Commune d'Annecy* du 3 octobre 2008.

regroupés sous un sous-titre intitulé « sur les règles applicables aux biens de la concession ».

Dans les pays européens, la jurisprudence occupe rarement une telle place, à l'exception des pays de *common law*, qui ont, de ce point de vue, un système juridique spécifique : en vertu de la règle du précédent, une décision jurisprudentielle s'y impose avec la force d'une règle de droit et fait, à ce titre, partie intégrante de l'*ordinary law*. La jurisprudence y constitue donc une véritable source formelle de droit. Mais, dans la plupart des autres pays, les grands principes du droit administratif relèvent normalement du droit écrit. À titre d'exemple, en Allemagne, la procédure administrative non contentieuse a été codifiée dans la loi sur la procédure administrative (*Verwaltungsverfahrensgesetz*) du 25 mai 1976.

En Espagne, la Constitution fixe elle-même des principes en matière administrative, en renvoyant à la loi le soin de les préciser. L'article 105 précise ainsi que la loi réglementera le droit des citoyens d'être entendus au cours du processus d'élaboration des décisions administratives qui les concernent, l'accès des citoyens aux registres administratifs et la procédure d'élaboration des actes administratifs. Ces règles procédurales sont précisées par la loi du 26 novembre 1992 sur le régime juridique des administrations publiques et sur la procédure administrative générale (*ley de régimen juridico de las administraciones públicas y del procedimiento administrativo común*). Le droit des contrats, pour sa part, est régi par la loi sur les contrats du secteur public du 30 octobre 2007 (*ley de contratos del sector público*), dite LCSP.

B | LES QUESTIONS LIÉES AU CARACTÈRE JURISPRUDENTIEL DU DROIT ADMINISTRATIF

La France est un pays de droit écrit, dans lequel l'existence même d'un droit jurisprudentiel ne va pas de soi. Le juge ne dispose pas normalement d'un *pouvoir normatif* de la même nature que celui du législateur : la portée de sa décision est relative, elle ne vaut que pour le cas particulier qui lui est soumis. L'article 5 du code civil interdit expressément aux juges d'édicter des règles générales[14]. Toutefois, l'article 4 du même code tempère cette interdiction, en faisant obligation de juger malgré le silence ou l'obscurité de la loi[15]. L'idée d'une habilitation du juge à intervenir en cas de

14. Article 5 du code civil : « Il est défendu aux juges de prononcer par voie de disposition générale et réglementaire sur les causes qui leur sont soumises. »

15. Article 4 du code civil : « Le juge qui refusera de juger, sous prétexte du silence, de l'obscurité ou de l'insuffisance de la loi, pourra être poursuivi comme coupable de déni de justice. »

lacune du droit, sous-jacente à cet article, est particulièrement éclairante pour le cas du droit administratif.

C'est ainsi que le Conseil d'État a pu être qualifié de « la plus britannique des institutions françaises[16] ». Certes, à la différence des pays de *common law*, une décision jurisprudentielle n'est pas formellement une source de droit. Toutefois, les juridictions administratives sont très attachées au respect des précédents et à la prévisibilité de la jurisprudence, dans un double souci d'égalité devant la loi et de sécurité juridique. Cela n'interdit pas les revirements de jurisprudence : tout l'intérêt d'un droit jurisprudentiel réside dans sa souplesse et sa capacité d'adaptation à la diversité des circonstances de fait. Mais ces évolutions se font d'une façon prudente et ordonnée.

Un revirement de jurisprudence soulève la délicate *question de sa rétroactivité* : par principe, une nouvelle règle jurisprudentielle a une portée rétroactive, puisqu'elle s'applique à une situation préexistante ; par définition, au moment des faits, le justiciable n'en avait pas connaissance. C'est pourquoi la possibilité de moduler dans le temps les effets d'un revirement de jurisprudence a été admise, tant par la Cour de cassation, dans une décision *Société La Provence*, du 21 décembre 2006, que par le Conseil d'État, dans son arrêt *Société Tropic Travaux*, du 16 juillet 2007. Dans les deux cas, le changement de jurisprudence entraînait, pour les requérants non avertis, la perte d'un droit au recours ; les hautes juridictions ont admis la possibilité de reporter dans le temps les effets de la nouvelle règle, afin qu'elle ne puisse s'appliquer qu'aux seuls requérants dûment avertis. Comme la doctrine l'a relevé, ces solutions sont audacieuses, puisqu'elles reviennent, implicitement, à admettre l'existence d'un pouvoir normatif du juge[17].

Dans le même esprit, la Cour européenne des droits de l'homme exige une motivation spéciale en cas de revirement de jurisprudence : dans un arrêt du 14 janvier 2010, *Atanasovski*, elle condamne l'État défendeur pour les conditions dans lesquelles une cour suprême a opéré un revirement.

Enfin, la *question de la clarté et de l'accessibilité de la règle jurisprudentielle* se pose. Dès lors que la jurisprudence se forme au gré des affaires et résulte d'une collection de décisions, sa connaissance peut s'avérer parfois un exercice difficile. Certes, il est vain de vouloir supprimer totalement cette difficulté. Comme le relevait déjà

16. Bernard Stirn, « *Common law* et droit écrit, convergences et divergences », dans *France et Grande-Bretagne, mythes et préjugés. Actes du colloque*, Paris, L'Harmattan, 2007, p. 88 ; Bernard Stirn, « Le Conseil d'État, so British ? », dans Mad Andenas (ed.), *Tom Bingham and the Transformation of the Law. A Liber Amicorum*, Oxford, Oxford University Press, 2009.

17. Voir par exemple Bertrand Seiller, « Le juge administratif officialise enfin son propre pouvoir normatif », *JCP G*, 2007, II, 10160.

Portalis en 1801, « on fait à ceux qui professent la jurisprudence le reproche d'avoir multiplié les subtilités, les compilations et les commentaires ». Mais, ajoutait-il, « si la prévoyance du législateur est limitée, la nature est infinie ; elle s'applique à tout ce qui peut intéresser les hommes. Tout cela suppose des compilations, des recueils, des traités, de nombreux volumes de recherches et de dissertations »[18]. Des efforts de rédaction sont toutefois possibles pour que le justiciable puisse mieux comprendre la décision qui lui est destinée.

Ainsi, la Cour européenne des droits de l'homme se montre vigilante quant à l'exigence de motivation des décisions de justice. Elle estime en effet que les tribunaux doivent examiner avec rigueur les moyens dont ils sont saisis ayant trait aux droits et libertés garantis par la Convention[19]. Dans plusieurs décisions relatives à la Cour de cassation française, la Cour de Strasbourg a expressément sollicité « une motivation plus développée [en vue] de mieux prendre en considération le raisonnement de la Cour de cassation[20] ».

Le Conseil d'État se montre toutefois de plus en plus attentif à la lisibilité de ses décisions. Dans la rédaction d'un arrêt, une règle générale n'est parfois consacrée que d'une manière implicite : le juge se borne à en faire application au cas d'espèce, sans la mentionner au préalable. Par exemple, l'arrêt *Cames* précité ne pose pas explicitement un principe de responsabilité pour risque de l'État : après avoir présenté les faits, il passe directement à la conclusion, en se limitant à dire que « dans les circonstances où l'accident s'est produit, le ministre [...] n'est pas fondé à soutenir que l'État n'a encouru aucune responsabilité ». La décision doit nécessairement se lire avec les conclusions du commissaire du gouvernement pour en comprendre la portée. Aujourd'hui, dans un dessein pédagogique, les arrêts ayant une portée jurisprudentielle développent davantage la majeure du syllogisme, l'exposé de la règle de droit :

18. Sur l'inévitable complexité de la jurisprudence, et la sagesse qui en résulte, on ne peut à nouveau que renvoyer aux analyses lumineuses de Portalis : « On fait à ceux qui professent la jurisprudence le reproche d'avoir multiplié les subtilités, les compilations et les commentaires [...]. Il serait sans doute désirable que toutes les matières pussent être réglées par des lois. Mais à défaut de texte précis sur chaque matière, un usage ancien, constant et bien établi, une suite non interrompue de décisions semblables, une opinion ou une maxime reçue, tiennent lieu de la loi. [...] Car si la prévoyance du législateur est limitée, la nature est infinie ; elle s'applique à tout ce qui peut intéresser les hommes. Tout cela suppose des compilations, des recueils, des traités, de nombreux volumes de recherches et de dissertations. Le peuple, dit-on, ne peut dans ce dédale démêler ce qu'il doit éviter ou ce qu'il doit faire pour avoir la sûreté de ses possessions et de ses droits. Mais le code même le plus simple serait-il à la portée de toutes les classes de la société ? » ; Portalis, « Discours préliminaire sur le projet de code civil », *op. cit.*

19. CEDH, *Fabris c/ France*, 7 février 2013, point 72.

20. CEDH, *Quilichini c/ France*, 14 mars 2019, point 44.

ils comportent le plus souvent un *considérant de principe*, c'est-à-dire un paragraphe qui analyse d'abord, dans toute sa généralité, la règle applicable et l'interprétation retenue par le juge, avant d'en faire application au cas particulier qui est soumis au juge.

Animé par la même préoccupation de clarté, le Conseil d'État a engagé une réflexion sur la rédaction de ses décisions. Un groupe de travail présidé par le président Philippe Martin a remis, en avril 2012, un rapport formulant des préconisations. Il suggère d'enrichir la motivation, en expliquant de manière plus complète le raisonnement suivi. Sur le plan du style, il propose l'abandon de la phrase unique, entrecoupée de « considérants », au profit du style direct, reposant sur des phrases courtes, ponctuées de points et regroupées en paragraphes numérotés. Tout en préservant la rigueur du raisonnement, il s'agit à la fois de simplifier l'expression, dans un souci de meilleure lisibilité des décisions, et de développer la motivation, afin d'expliciter davantage le raisonnement suivi. Après une phase d'expérimentation, les nouvelles rédactions sont pratiquées par l'ensemble des juridictions administratives depuis le 1er janvier 2019. Un vade-mecum a été publié.

Ce mouvement est commun à l'ensemble des juridictions françaises. En 2016, le Conseil constitutionnel a décidé d'abandonner la rédaction par « considérants » pour ses propres décisions. De même, depuis 2019, la Cour de cassation a opté pour des décisions rédigées dans un style plus clair et intelligible pour le citoyen. Une motivation enrichie est également prévue pour les arrêts les plus importants.

II

LES PRINCIPES GÉNÉRAUX DU DROIT

La notion de principes généraux du droit se retrouve en droit international et européen. L'article 38 du statut de la Cour internationale de justice mentionne « les principes généraux du droit reconnus par les nations civilisées[21] » parmi les sources du droit international. L'existence de « principes généraux du droit de l'Union européenne » a été dégagée de façon prétorienne par la Cour de justice de l'Union européenne[22], en s'inspirant d'ailleurs

21. Cette formule, historiquement située, reprend celle du statut de la Cour permanente de justice internationale de 1920.

22. Dans sa décision *Stauder* du 12 novembre 1969, la Cour évoque « les droits fondamentaux de la personne compris dans les principes généraux du droit communautaire, dont la Cour assure le respect ». Puis, dans sa décision du 17 décembre 1970, dite *Internationale Handelsgesellschaft*, le juge européen a

de la jurisprudence du Conseil d'État français. Elle est aujourd'hui consacrée par l'article 6 du traité sur l'Union européenne.

Toutefois, dans l'ordre interne, l'usage de cette catégorie de normes est plutôt rare. En droit privé, dans un système de droit codifié, les principes généraux du droit, en tant que source non écrite de droit, n'ont guère de place[23]. Il en va de même en droit constitutionnel : dans le souci de consolider la légitimité du juge à censurer les actes du Parlement, le Conseil constitutionnel rattache le plus souvent les principes constitutionnels à un texte.

Pour comprendre le rôle de cette catégorie de norme en droit administratif[24], il est nécessaire de se placer dans une perspective historique, en évoquant d'abord la naissance, puis le développement des principes généraux du droit dans la jurisprudence. On précisera ensuite la notion de principe général du droit et les débats qu'elle a suscités.

A | NAISSANCE ET DÉVELOPPEMENT DES PRINCIPES GÉNÉRAUX DU DROIT DANS LA JURISPRUDENCE

Catégorie de normes créée par le Conseil d'État au lendemain de la seconde guerre mondiale, les principes généraux du droit sont d'une grande diversité.

1/ *L'émergence des principes généraux du droit*

Dès la fin du XIXe siècle, l'existence de principes généraux était implicite dans la jurisprudence administrative. À vrai dire, elle a même été – ponctuellement – explicite, puisqu'un arrêt du Tribunal des conflits, rendu le même jour que l'arrêt *Blanco*, s'y réfère expressément : l'arrêt du 8 février 1873, *Dugave et Bransiet*, évoque la nécessité d'interpréter et d'appliquer les lois et règlements relatifs à la distribution des pouvoirs et à l'organisation des services « en les conciliant avec les principes généraux du droit ». Par la suite, dans son entreprise de création prétorienne du droit administratif, le juge administratif s'est souvent inspiré de ces principes. Ainsi, dès

reconnu l'existence de principes généraux du droit communautaire, dégagés à partir des traditions constitutionnelles communes aux États membres.

23. Voir en ce sens la thèse de Marielle de Béchillon, *La Notion de principe général en droit privé*, Aix-en-Provence, Presses universitaires Aix-Marseille, 1998. Voir également la thèse de Patrick Morvan, *Le Principe en droit privé*, Paris, Panthéon-Assas, 1999.

24. Pour une étude générale du sujet, Bruno Genevois « Principes généraux du droit », dans Denys de Béchillon (dir.), *Répertoire de contentieux administratif*, Paris, Dalloz, 1980.

1887, Édouard Laferrière indiquait, dans son *Traité de la juridiction administrative*, que les « déductions juridiques qui motivent ses décisions [...] ont pour base, lorsque les textes font défaut, des principes traditionnels, écrits ou non écrits, qui sont en quelque sorte inhérents à notre droit public et administratif[25] ». Les conclusions du commissaire du gouvernement Romieu sur l'arrêt *Cames* du 21 juin 1895 justifient le principe d'une responsabilité sans faute de l'État pour les accidents de service des fonctionnaires en ces termes : « En résumé, la solution que nous vous proposons [...] nous paraît [...] découler des principes généraux de notre droit, en même temps qu'elle se trouve conforme aux règles de l'équité et de l'humanité. »

Cependant, avant 1945, les principes non écrits restaient plutôt discrets en jurisprudence. À titre d'exemple, on peut citer le principe de proportionnalité : la décision *Benjamin* du 19 mai 1933 en applique l'esprit, en conciliant les mesures qu'exige le maintien de l'ordre avec le respect des libertés publiques, mais sans employer le mot. C'est dans l'arrêt *Aramu* du 26 octobre 1945 que le Conseil d'État se réfère directement pour la première fois aux « principes généraux du droit applicables même en l'absence de texte ». Il consacre dans cette affaire le respect des droits de la défense par l'administration en cas de sanction disciplinaire – en l'espèce, la révocation d'un commissaire de police par une commission d'épuration. La même exigence avait d'ailleurs été affirmée, un an plus tôt, par l'arrêt *Dame veuve Trompier-Gravier* du 5 mai 1944, à propos d'une sanction infligée à un administré, mais sans être qualifiée de « principe ».

L'introduction formelle d'une nouvelle catégorie de normes, les principes généraux du droit, dans les sources de la légalité administrative date donc d'après la Libération. La période n'est pas anodine. La France sort d'une époque marquée par des violations des libertés publiques par l'administration et par des persécutions organisées par l'État contre certains de ses propres citoyens. Le Conseil d'État y a assisté, impuissant, faute de trouver en droit positif les instruments juridiques lui permettant de s'y opposer[26]. À l'époque, la Déclaration de 1789 n'a pas encore la valeur juridique qu'allaient lui reconnaître, sous la Cinquième République, la décision du Conseil d'État, *Société Eky*, du 12 février 1960, puis la décision du Conseil constitutionnel, *Liberté d'association*, du 16 juillet 1971. La France ne dispose pas d'un catalogue de droits fondamentaux ayant force de droit.

25. *Traité de la juridiction administrative*, « Introduction », p. XIII, 1887, cité par Bruno Genevois, « Principes généraux du droit », art. cité.

26. En témoigne, parmi d'autres arrêts, la décision d'assemblée *Bloch Favier*, du 24 avril 1942, dans laquelle le Conseil d'État rejette le recours de l'intéressé, révoqué de son poste de professeur au seul motif qu'il était de religion juive, en application de la loi du 3 octobre 1940.

Le Conseil d'État s'est alors employé à combler cette lacune. En 1951, René Cassin, vice-président du Conseil d'État de 1944 à 1960 et, par ailleurs, principal auteur de la Déclaration universelle des droits de l'homme de 1948, écrit : « On peut affirmer que la mission du Conseil d'État de veiller au respect des principes fondamentaux de la Révolution française de 1789 est loin d'être terminée[27]. »

Symbole de la réaffirmation de la soumission de l'administration au droit au lendemain de la seconde guerre mondiale, la théorie des principes généraux du droit met ainsi à la disposition du juge un nouvel outil de protection des droits des citoyens. Les conclusions du commissaire du gouvernement Letourneur sur l'arrêt *Société du Journal l'Aurore*, du 25 juin 1948, invitent le Conseil d'État à affirmer le principe de non-rétroactivité des actes administratifs « comme un acte de foi dans la suprématie du droit ». Les conclusions du même commissaire du gouvernement, sur la décision *Société des concerts du conservatoire*, du 9 mars 1951, témoignent du rôle complémentaire de ces principes, dans un système juridique alors lacunaire : « À côté des lois écrites existent de grands principes dont la reconnaissance comme règles de droit est indispensable pour compléter le cadre juridique dans lequel doit évoluer la nation, étant donné les institutions politiques et économiques qui sont les siennes. »

L'affirmation de principes généraux du droit correspond donc à la volonté du Conseil d'État de dépasser le formalisme juridique pour replacer les règles dans la perspective de leurs finalités premières. Il s'agit alors de répondre à une période d'oubli des valeurs qui fondent notre ordre juridique « par l'affirmation des droits fondamentaux, source vive devant prémunir nos sociétés du risque de dessèchement et de déshumanisation du droit[28] ».

2/ *La diversité des principes généraux du droit*

Les principes ainsi consacrés par la jurisprudence sont d'une grande diversité. Les arrêts n'emploient d'ailleurs pas systématiquement la dénomination « principe général du droit ». Le principe d'égalité est mentionné par de nombreuses décisions, à l'instar de l'arrêt *Société des concerts du conservatoire*, du 9 mars 1951, sans être qualifié de « principe général du droit ». Pour consacrer le principe de non-rétroactivité des actes administratifs, la décision *Société du Journal l'Aurore*, du 25 juin 1948, se borne à évoquer le « principe

27. René Cassin, « Le Conseil d'État gardien des principes de la Révolution française », *Revue internationale d'histoire politique et constitutionnelle*, 1951, fasc. 1, p. 61.

28. Jean-Marc Sauvé, « Allocution d'ouverture », colloque « Faire des choix ? Les fonctionnaires dans l'Europe des dictatures, 1933-1948 », Paris, La Sorbonne, 21 février 2013, www.conseil-etat.fr.

en vertu duquel les règlements ne disposent que pour l'avenir ». Plus récemment, la décision *Société KPMG*, du 24 mars 2006, affirme le principe de sécurité juridique sans préciser, là encore, qu'il s'agit d'un principe général du droit. Mais peu importe la terminologie : dans tous les cas, même si le mot n'est pas employé, ces arrêts consacrent des principes généraux du droit, au sens de principes applicables même en l'absence de texte, qui s'imposent à l'administration.

On peut regrouper les principes généraux du droit, par souci de clarté, autour de trois grandes catégories, même si celles-ci ne sont pas étanches : les principes civils et politiques, les principes économiques et sociaux et les principes d'organisation administrative et de procédure.

En premier lieu, certains *principes sont d'ordre civil et politique*, dans la filiation des droits issus de la Déclaration de 1789. Au premier rang d'entre eux figure le principe d'égalité, le plus fréquemment invoqué par les justiciables. Le Conseil d'État l'a consacré dans ses diverses déclinaisons : égalité devant le service public[29], égalité d'accès aux emplois publics[30] ou encore égalité des citoyens devant la justice[31]. La liberté est également un droit que le Conseil d'État protège, sans nécessairement se référer à un texte et sans d'ailleurs toujours utiliser le mot de « principe » : tel est le cas de la liberté d'aller et venir, qualifiée parfois de « liberté individuelle[32] », de la liberté du commerce et de l'industrie[33] ou encore du principe de libre choix du médecin par le malade[34].

En deuxième lieu, des *principes économiques et sociaux* ont été dégagés par le Conseil d'État. Tel est cas du droit à une vie familiale normale, qui vaut aussi bien pour les nationaux que pour les étrangers[35]. De même, afin de protéger les agents publics non titulaires, le Conseil d'État a affirmé à plusieurs reprises des principes qui s'inspiraient, expressément ou implicitement, du code du travail. Ces agents ne bénéficient en effet ni du statut des fonctionnaires (étant des agents contractuels) ni du code du travail (n'étant pas salariés de droit privé). C'est ainsi que la jurisprudence a consacré l'interdiction de licencier une salariée en état de grossesse[36], le principe selon lequel un salarié a droit à une rémunération minimale égale au SMIC[37] ou encore l'obligation pour l'administration de proposer un reclassement à un agent contractuel recruté par

29. CE, 9 mars 1951, *Société des concerts du conservatoire.*
30. CE, 28 mai 1954, *Barel.*
31. CE, 12 octobre 1979, *Rassemblement des nouveaux avocats de France.*
32. CE, 20 mai 1955, *Société Lucien.*
33. CE, 13 mai 1994, *Président de l'Assemblée territoriale de la Polynésie française.*
34. CE, 27 avril 1998, *Syndicat des médecins libéraux.*
35. CE, 8 décembre 1978, *GISTI.*
36. CE, 8 juin 1973, *Mme Peynet.*
37. CE, 23 avril 1982, *Ville de Toulouse c/ Mme Aragnou.*

contrat à durée indéterminée avant de pouvoir prononcer son licenciement[38].

En troisième et dernier lieu, ont été consacrés des *principes d'organisation administrative et de procédure*, qui relèvent de la « technique juridique[39] » et du droit des actes. Le principe de non-rétroactivité des actes administratifs[40], le principe des droits de la défense[41], le principe de continuité du service public[42], le principe du recours en cassation[43], le droit au recours pour excès de pouvoir contre tout acte administratif[44] et, enfin, le principe de sécurité juridique[45] peuvent être ainsi classés dans cette catégorie.

B | NOTION DE PRINCIPE GÉNÉRAL DU DROIT

Si leur définition est aujourd'hui assez claire, la nature et la valeur juridique des principes généraux du droit continuent de faire l'objet de débats doctrinaux en droit français comme dans le cadre du droit européen.

1/ *La définition des principes généraux du droit*

Les principes généraux du droit peuvent être définis comme des principes de droit non écrits, qui correspondent à un certain état de civilisation.

Ce sont d'abord des *principes*. Ils ont une portée plus générale que les *règles* jurisprudentielles. Le Conseil d'État a en effet dégagé de nombreuses règles de droit qui concernent des secteurs précis du droit administratif : régime des contrats, responsabilité de l'administration, etc. Mais, en toute rigueur, il convient de distinguer principes et règles. Alors qu'une règle édicte une obligation, une autorisation ou une interdiction spécifique, un principe donne une direction, une finalité – par exemple l'égalité ou la sécurité juridique. Selon la formule éclairante du juge Sir Gerald Fiztmaurice, « une règle répond à la question "quoi" alors qu'un principe répond

38. CE, avis contentieux, 25 septembre 2013, *Mme Sadlon*, n° 365139.
39. Pour reprendre la catégorie utilisée tant par le président Odent (*Contentieux administratif*, fasc. 5, *Les Cours de droit*, 1987) que par le président Genevois (« Principes généraux du droit », art. cité).
40. CE, 25 juin 1948, *Société du Journal l'Aurore*.
41. CE, 5 mai 1944, *Dame veuve Trompier-Gravier* ; CE, 26 octobre 1945, *Aramu*.
42. CE, 7 juillet 1950, *Dehaene*.
43. CE, 7 février 1947, *D'Aillières*.
44. CE, 17 février 1950, *Dame Lamotte*.
45. CE, 24 mars 2006, *Société KPMG*.

à la question "pourquoi"[46] ». Les principes généraux du droit ont un caractère plus transversal que les règles : dotés d'un champ d'application indéterminé, ils sont *a priori* susceptibles d'être invoqués contre n'importe quel acte de l'administration.

Ce sont ensuite des principes *de droit*, qui s'imposent à l'administration : ils se distinguent en cela des principes de philosophie politique ou des normes morales ou religieuses, qui n'ont pas par eux-mêmes force obligatoire. Les principes généraux du droit font partie du bloc de légalité : leur violation constitue une illégalité sanctionnée par l'annulation de l'acte administratif litigieux ou, le cas échéant, par l'engagement de la responsabilité de la puissance publique[47].

Ce sont en outre des principes *non écrits* : ils s'appliquent « même en l'absence de texte », selon la formule consacrée par la jurisprudence. Ils diffèrent ainsi des principes constitutionnels auxquels se réfère le Conseil constitutionnel, qui sont normalement rattachés à un texte. En particulier, il ne faut pas les confondre avec les principes fondamentaux reconnus par les lois de la République (PFRLR) mentionnés par le Préambule de 1946 : les deux notions sont proches et sont d'ailleurs apparues à la même période. Mais les PFRLR sont des principes écrits, puisqu'ils résultent nécessairement de textes législatifs.

Enfin, les principes généraux du droit correspondent à un *certain état de civilisation*. Le juge les déduit de l'état de la société et du droit positif à un moment donné. Alors que l'identification d'une coutume, catégorie distincte de norme non écrite, résulte de l'observation des pratiques, c'est-à-dire des *faits*[48], celle d'un principe général du droit résulte de l'observation des *valeurs* qui sous-tendent le système juridique. Mais derrière ce dernier élément de définition se trouve la question, souvent débattue, de savoir si le juge se borne à découvrir des principes qui seraient préexistants ou bien s'il les crée *ex nihilo*.

2/ Le débat sur la nature des principes généraux du droit

La théorie de la création pure et simple des principes généraux par le juge est parfois défendue par une école dite « réaliste », selon laquelle ce dernier disposerait d'un véritable pouvoir normatif. Elle se heurte toutefois à l'absence de légitimité du juge[49], celui-ci

46. « A rule answers the question "what" whereas a principle answers the question "why" » ; Sir Gerald Fiztmaurice, *The General Principles of International Law. Collected Courses of the Hague Academy of International Law*, 92, 1957, p. 7. Sur la distinction entre principes et règles, voir également Ronald Dworkin, *Prendre les droits au sérieux*, *op. cit*.

47. CE, 9 mars 1951, *Société des concerts du conservatoire*.

48. La coutume se définit comme « une pratique générale acceptée comme étant le droit », selon l'article 38 du statut de la Cour internationale de justice.

49. À tout le moins de légitimité résultant de l'élection.

n'étant pas élu. Il serait difficilement admissible, dans notre système politique, que le juge crée de toutes pièces des principes généraux qu'il imposerait à la nation. À l'inverse, la thèse de la simple constatation, de la « découverte » de principes préexistants, explique mal le rôle éminent du juge dans l'apparition ou la disparition d'un principe général du droit[50], ni les divergences de jurisprudence quant à l'existence de tel ou tel principe[51].

La vérité se trouve probablement dans le juste milieu. Sans aucun doute, les principes généraux du droit sont « une œuvre constructive de la jurisprudence », pour reprendre l'expression du président Bouffandeau[52]. Ils le sont d'abord quant à leur existence même, puisque c'est par voie purement prétorienne que le Conseil d'État a dégagé cette nouvelle source de droit : celle-ci n'est pas mentionnée par un texte[53], à la différence des principes généraux du droit international, de ceux du droit de l'Union européenne ou encore des principes fondamentaux reconnus par les lois de la République, catégories de normes dont l'existence est consacrée par des dispositions écrites[54]. Ils le sont ensuite quant à leur contenu, puisqu'à supposer même que de nombreux principes préexistent dans l'ordre moral ou politique, le Conseil d'État reste maître de leur consécration, à un moment donné, *en tant que principe général du droit*.

Toutefois, les principes généraux du droit sont une œuvre raisonnée et encadrée. Ils ne sont pas créés de manière arbitraire par le juge : ils sont déduits de l'état général de la société et de l'esprit de la législation. Si les principes généraux du droit sont applicables « même sans texte », le Conseil d'État puise souvent son inspiration dans les grands textes fondamentaux. Le principe de non-rétroactivité des actes administratifs, affirmé par la décision *Société du Journal l'Aurore* du

50. Ainsi, un principe du double degré de juridiction a pu être ponctuellement affirmé par un arrêt du 4 février 1944, *Vernon*, qui n'a pas connu de suites.

51. Voir la fameuse divergence – l'une des rares – entre le Conseil constitutionnel et le Conseil d'État sur le point de savoir si la règle selon laquelle le silence de l'administration vaut rejet constitue un principe général du droit auquel seule la loi peut déroger (c'est la position du Conseil constitutionnel : CC, 26 juin 1969, *Protection des sites*) ou bien une simple règle de procédure à laquelle un décret peut déroger (solution retenue par le Conseil d'État : CE, 27 février 1970, *Commune de Bozas*).

52. « En réalité, il s'agit d'une œuvre constructive de la jurisprudence, réalisée pour des motifs supérieurs d'équité, afin d'assurer la sauvegarde des droits individuels des citoyens » ; cité dans Maxime Letourneur « Les principes généraux du droit dans la jurisprudence du Conseil d'État », *EDCE*, 1951.

53. Postérieurement à l'arrêt *Aramu*, certains textes sectoriels ont toutefois fait mention des principes généraux du droit (article 31 de la loi du 13 juillet 1983 portant droits et obligations des fonctionnaires, à propos des litiges individuels des agents titulaires des services des assemblées parlementaires ; article L. 551-4 du code rural).

54. Respectivement, par le statut de la Cour internationale de justice, par le traité sur l'Union européenne et par le Préambule de 1946.

25 juin 1948, peut se déduire du principe de non-rétroactivité des lois, posé par l'article 2 du code civil. Certains arrêts mentionnent expressément le texte dont un principe « résulte », qu'il s'agisse du préambule de la Constitution de 1958[55], du Préambule de 1946[56] ou encore de la convention de Genève de 1951 sur les réfugiés[57].

Le juge tient également le plus grand compte des opinions communément partagées dans la communauté des juristes. Ainsi, lorsqu'en 2006, l'arrêt *KPMG* a consacré le principe de sécurité juridique, celui-ci faisait déjà l'objet en France, depuis une vingtaine d'années, de nombreux articles, colloques et autres thèses. Il avait en outre été consacré par la Cour de justice des Communautés européennes en tant que principe général du droit de l'Union européenne, dans sa décision *Bosch* du 6 avril 1962. Les principes généraux du droit permettent de se référer à une communauté de valeurs qui dépasse le cadre des frontières nationales : ils constituent aussi un instrument de dialogue entre les juridictions européennes.

3/ *Le débat sur la valeur juridique des principes généraux du droit*

La Constitution de 1958 a renouvelé le débat sur la place des principes généraux du droit dans la hiérarchie des normes. L'institution d'un contrôle de constitutionnalité des lois et la faculté pour le pouvoir réglementaire d'édicter des actes dans le domaine de la loi, notamment les ordonnances, ont conduit à se demander si les principes généraux du droit avaient une valeur législative ou constitutionnelle. Le débat s'est noué à l'occasion de l'arrêt *Syndicat général des ingénieurs-conseils*, du 26 juin 1959 : statuant sur un acte du « législateur colonial », c'est-à-dire un décret intervenu, pour l'outre-mer, dans le domaine de la loi, le Conseil d'État juge que celui-ci devait respecter « les principes généraux du droit qui, résultant notamment du préambule de la Constitution, s'imposent à toute autorité réglementaire ». La solution a ensuite été étendue aux règlements autonomes de l'article 37[58] et aux ordonnances de l'article 38[59], y compris lorsqu'elles sont prises sur le fondement d'une loi d'habilitation adoptée par référendum[60]. La soumission

55. L'arrêt *Syndicat général des ingénieurs-conseils*, du 26 juin 1959, évoque les principes généraux du droit « résultant notamment du préambule de la Constitution ».

56. L'arrêt *Laboulaye*, du 28 octobre 1960, se réfère aux principes généraux du droit « garantis notamment par le Préambule de la Constitution du 27 octobre 1946 ».

57. La décision *Bereciartua-Echarri*, du 1er avril 1988, évoque les « principes généraux du droit applicables aux réfugiés, résultant notamment [...] de la convention de Genève » du 28 juillet 1951 relative au statut des réfugiés.

58. CE, 28 octobre 1960, *Laboulaye*.

59. CE, 24 novembre 1961, *Fédération nationale des syndicats de police de France*.

60. CE, 19 octobre 1962, *Canal*.

aux principes généraux du droit de ces actes de forme réglementaire mais de contenu législatif n'est apparue possible que si l'on admettait la valeur constitutionnelle, et à tout le moins supra-législative, de ces principes.

Dès lors, une controverse doctrinale s'est développée, qui peut paraître dépassée aujourd'hui. La première thèse, antérieure à la Constitution de 1958, était celle de la valeur législative des principes généraux du droit. Initialement en effet, comme l'indiquait le président Bouffandeau, il était couramment admis que les principes généraux du droit étaient « des règles de droit non écrites, ayant valeur législative et qui, par suite, s'imposent au pouvoir réglementaire et à l'autorité administrative, tant qu'elles n'ont pas été contredites par une disposition de loi positive[61] ». Une seconde thèse a été soutenue par le professeur Chapus dans un article remarqué en 1966, celle de la « valeur infralégislative et supradécrétale[62] » des principes généraux du droit. Se fondant sur le critère de l'auteur de la norme, il relevait que le juge avait un rang inférieur à celui du pouvoir législatif, mais supérieur à celui de l'autorité réglementaire, qu'il contrôle, pour en déduire que les normes jurisprudentielles ont une autorité supérieure à celle des actes administratifs. Aujourd'hui, la plupart des auteurs s'accordent à reconnaître que les principes généraux du droit sont une catégorie d'une grande hétérogénéité, dont la portée juridique – réglementaire, législative ou constitutionnelle – varie selon les cas.

Certaines normes non écrites n'ont qu'une *valeur réglementaire.* Déjà, le commissaire du gouvernement Fournier, dans ses conclusions sur l'arrêt du 26 juin 1959, *Syndicat général des ingénieurs-conseils*, proposait de différencier les simples règles de procédure et les véritables principes de fond. Les règles ont un caractère réglementaire et sont simplement supplétives ou interprétatives : elles s'inclinent devant un règlement contraire. Tel est le cas notamment des règles générales de procédure applicables même sans texte devant les juridictions administratives. Seuls les seconds, qui sont à proprement parler les principes généraux du droit, ont une valeur supérieure aux règlements.

Certains principes n'ont qu'une *valeur législative* et peuvent être écartés par une loi. C'est en ce sens que la notion de principe général du droit a été employée par le Conseil constitutionnel, non pas en tant que principe constitutionnel, mais en tant que principe à valeur législative. Dans sa décision *Protection des sites*, du 26 juin 1969, il juge que seule une loi peut déroger au principe selon lequel le silence de l'administration vaut rejet. La reconnaissance de la

61. Cité dans Maxime Letourneur, « Les principes généraux du droit dans la jurisprudence du Conseil d'État », art. cité.

62. « De la valeur des principes généraux du droit et les autres règles jurisprudentielles du droit administratif », *Recueil Dalloz*, 1966, Chron. 99.

valeur législative de certains principes a d'ailleurs pour conséquence d'étendre la compétence du législateur au-delà de ce que prévoit l'article 34 de la Constitution.

Enfin, la *valeur constitutionnelle* d'autres principes – sans doute les plus nombreux – est évidente. Tel est le cas des principes dont le Conseil d'État indique explicitement qu'ils découlent du préambule de la Constitution ; ou encore de l'hypothèse où un même principe est reconnu à la fois par le Conseil d'État, comme principe général du droit, et par le Conseil constitutionnel, comme principe écrit de valeur constitutionnelle. Ainsi, le principe d'égalité est appliqué par le Conseil d'État sans référence expresse à un texte, alors qu'il est mentionné, sous ses diverses variantes, dans de nombreux textes constitutionnels[63]. Le droit au recours pour excès de pouvoir contre tout acte administratif a été affirmé par le Conseil d'État dans l'arrêt *Dame Lamotte*, du 17 février 1950, tandis que le Conseil constitutionnel, dans sa décision *Statut de la Polynésie française*, a déduit le droit au recours, d'une façon plus générale, de l'article 16 de la Déclaration de 1789.

4/ *Coexistence et convergence des principes*

Cette coexistence entre diverses sources, jurisprudentielle et constitutionnelle, pour des principes de même contenu a conduit une partie de la doctrine à inviter à une « jonction entre le droit administratif et le droit constitutionnel[64] », voire à s'interroger sur l'utilité du maintien de la théorie des principes généraux du droit, dans un contexte juridique désormais marqué par l'existence d'un catalogue de droits constitutionnels.

De fait, le Conseil d'État n'hésite pas à faire directement application aux actes administratifs de principes constitutionnels écrits, se déduisant de la Constitution et des textes auxquels renvoie son préambule, ou encore des principes fondamentaux reconnus par les lois de la République. Il peut même parfois accorder une certaine priorité aux principes écrits, plutôt que de consacrer un nouveau principe jurisprudentiel. Toutefois, les principes généraux du droit conservent leur autonomie et leur raison d'être à plusieurs titres. Certains d'entre eux, tel le principe d'égalité, ont un champ d'application plus général que leur déclinaison dans les textes constitutionnels. D'autres n'ont pas d'équivalent sur le plan constitutionnel. Le cas du principe de sécurité juridique est à cet égard révélateur : invocable contre un acte administratif, il ne l'est pas contre une loi

63. Le principe d'égalité est notamment mentionné aux articles 1er, 6 et 13 de la Déclaration de 1789, aux alinéas 1er, 3 et 12 du Préambule de 1946 et dans les trois premiers articles de la Constitution de 1958.

64. René Chapus, *Droit administratif général*, Paris, Montchrestien, 2001 [15e éd.], 1.1, n°146.

dans le cadre d'une question prioritaire de constitutionnalité, n'ayant pas encore été reconnu par le Conseil constitutionnel comme un principe à valeur constitutionnelle[65] ; en revanche, en tant qu'il constitue un principe général du droit de l'Union européenne, il est opposable à une loi lorsque celle-ci entre dans le champ du droit de l'Union européenne[66].

Ce dernier exemple montre d'abord que la diversité des sources des principes – jurisprudentielle, constitutionnelle, européenne – est sans doute inéluctable. Il témoigne en outre de l'influence croissante du droit européen et des « principes directeurs partagés[67] » en Europe. Les États membres ont affirmé de longue date de grands principes, que la Cour de justice de l'Union européenne reprend à son tour en tant que principes généraux du droit de l'Union européenne. En vertu de l'article 6 du traité sur l'Union européenne lui-même, les « traditions constitutionnelles communes aux États membres » sont, avec la Convention européenne des droits de l'homme, au nombre des sources matérielles de référence pour la création de ces principes[68].

Le principe de sécurité juridique illustre bien cette circulation des principes en Europe et cette convergence vers des valeurs communes : trouvant son origine dans le droit allemand et plus précisément dans la notion de *Rechtsstaat* (État de droit) mentionnée aux articles 20 et 28 de la Loi fondamentale, il a été érigé par la Cour de justice en principe général du droit de l'Union européenne[69], avant d'être consacré par le Conseil d'État dans l'ordre national avec l'arrêt *KPMG*. Le droit anglais a pour sa part développé la notion d'« attentes légitimes » (*legitimate expectations*), davantage liée à la loyauté (*fairness*) qu'à la sécurité juridique. La jurisprudence italienne réserve une place considérable à ce principe d'attente légitime (*leggitimo affidamento*), tenu pour une application du principe de bonne foi objective. Le principe de proportionnalité

65. Dans une décision du 11 février 2011, n° 2010-102 QPC, le Conseil constitutionnel n'a pas érigé le principe de sécurité juridique au rang de principe constitutionnel, comme les requérants l'invitaient à le faire sur le fondement de l'article 16 de la Déclaration des droits de l'homme.

66. Dans son arrêt *Syndicat national de l'industrie pharmaceutique (SNIP)*, du 3 septembre 2001, le Conseil d'État a jugé que les principes généraux du droit de l'Union européenne avaient, à l'instar de toute norme de l'Union européenne, une autorité supérieure à celle des lois.

67. Bernard Stirn, *Vers un droit public européen*, Paris, Montchrestien, coll. « Clefs », 2012, p. 91.

68. Selon le point 3 de l'article 6 du traité sur l'Union européenne, « les droits fondamentaux, tels qu'ils sont garantis par la Convention européenne de sauvegarde des droits de l'homme et des libertés fondamentales et tels qu'ils résultent des traditions constitutionnelles communes aux États membres, font partie du droit de l'Union en tant que principes généraux ».

69. CJCE, 6 avril 1962, *Bosch*.

apparaît de même dans la jurisprudence allemande[70], avant d'inspirer la jurisprudence du Conseil d'État sur le contrôle des mesures de police, puis d'être consacré tant par le droit de l'Union européenne que par la Convention européenne des droits de l'homme.

Ainsi, à l'heure de la construction d'un droit public européen, voire d'un droit public global[71], la catégorie des principes généraux du droit se révèle un outil particulièrement bien adapté, par sa souplesse, à la réception de nouveaux principes en droit interne, dans le cadre d'échanges et d'influences réciproques entre les droits des pays européens. C'est pourquoi le juge administratif reste attaché à une construction juridique qu'il a lui-même forgée et qui constitue plus que jamais un instrument utile de contrôle des actes administratifs.

70. Voir un arrêt de la Cour suprême de Prusse du 14 juin 1882, *Kreuzberg*. Dans un premier temps, ce principe a surtout été repris dans les pays de langue germanique, comme les Pays-Bas, la Suisse et l'Autriche, avant que ce soit le cas dans les pays de l'Europe latine.

71. « La globalisation du droit administratif », *RFDA*, 5 et 6, 2019.

Chapitre 11

Les actes administratifs unilatéraux

Pour exercer ses missions d'intérêt général, l'administration détient le pouvoir d'agir unilatéralement, c'est-à-dire de prendre des décisions qui s'imposent par sa seule volonté. L'édiction d'actes administratifs unilatéraux constitue, avec le recours au contrat, les deux moyens d'action juridique de l'administration. Ces instruments n'ont pas toutefois la même nature ni les mêmes effets. En premier lieu, à la différence du contrat, l'acte administratif unilatéral créé des obligations juridiques à la charge de son destinataire, sans qu'il soit besoin de recueillir préalablement son consentement. En second lieu, les décisions administratives ont un caractère immédiatement exécutoire. En effet, alors qu'un particulier doit en principe saisir le juge pour obtenir un acte exécutoire, c'est-à-dire un ordre contraignant susceptible de forcer une personne privée à respecter ses obligations, l'administration dispose du *privilège du préalable.* Ses décisions, qui sont présumées légales, s'appliquent à leurs destinataires préalablement à toute intervention du juge et sans qu'il y ait lieu pour l'administration de la provoquer.

Principale manifestation du pouvoir exorbitant du droit commun qui caractérise la puissance publique, l'acte administratif peut revêtir des formes très diverses. Le pouvoir de l'administration de prendre des actes unilatéraux est néanmoins encadré. La volonté de protection des droits des citoyens se traduit d'une façon croissante dans le régime des actes administratifs, qu'il s'agisse des règles de compétence, de procédure, ou de leur application dans le temps. La force exécutoire des actes administratifs est garantie par des sanctions qui peuvent être de nature pénale ou administrative.

I

LA DIVERSITÉ DES ACTES ADMINISTRATIFS

Sous une apparence d'uniformité rassurante, la notion d'acte administratif unilatéral recouvre des réalités très diverses. Les actes de l'administration émanent de multiples auteurs et ont des appellations, des formes ou des objets variés. Plusieurs classifications juridiques permettent néanmoins d'ordonner cette diversité.

A | UNE RÉALITÉ DIVERSE

Les actes administratifs présentent une grande variété d'appellations, de formes ou d'objets. Il est vrai qu'en France, la conception de l'acte administratif est plus large que dans d'autres pays européens.

1/ *La variété des appellations*

Certaines dénominations renvoient à des catégories juridiques précises. Tel est le cas des *ordonnances*, qui sont édictées par le seul président de la République, ou des *décrets*, qui n'émanent que de ce dernier ou du Premier ministre. Dans ces hypothèses, l'appellation de l'acte implique l'application d'un régime juridique prédéfini, comportant des règles de compétence, de procédure ou de forme spécifiques. Ainsi, les décrets du président de la République, en vertu de l'article 19 de la Constitution, doivent être contresignés par le Premier ministre et par le cercle restreint des ministres responsables. Les décrets du Premier ministre sont contresignés par les ministres chargés de leur exécution.

Les *arrêtés* sont une dénomination plus communément répandue, qui est employée par la plupart des autorités administratives (ministres, préfets, maires, présidents des conseils départementaux ou régionaux). Lorsque l'autorité est collégiale, on parle de *délibération* : c'est par ce terme que l'on nomme, par exemple, les décisions prises par les conseils municipaux, les collèges des autorités administratives indépendantes ou les conseils d'administration des établissements publics.

Au-delà de ces appellations classiques, les actes administratifs peuvent porter des noms très divers : règlement, décision, directive, circulaire, instruction, charte, schéma, plan ou document d'objectif. Une décision administrative peut même être contenue dans des supports moins habituels ou dépourvus de nom, à l'image d'une lettre, d'un télex, d'un communiqué de presse, d'un avis ou d'une attestation. Il est même admis qu'un contrat puisse contenir des clauses réglementaires. Pour le juge administratif, le nom de l'enveloppe de l'acte importe peu, celui-ci s'attachant davantage aux effets qu'il produit sur l'ordonnancement juridique.

2/ *La variété des formes*

Les formes de l'acte administratif unilatéral sont également caractérisées par une grande variété. La plupart des actes de l'administration prennent la forme de décisions explicites écrites. Certaines d'entre elles répondent à des conventions précises de rédaction. Ainsi, les décrets ou les arrêtés comportent en général trois parties : les visas, qui mentionnent les textes qui en constituent la base juridique et les consultations préalables ; les motifs, qui ne sont pas obligatoires pour les actes réglementaires, mais qui, pour de nombreux actes individuels, précisent la motivation de la décision ; puis le dispositif, qui contient les dispositions proprement dites, réparties en articles.

Néanmoins, rien n'oblige à ce qu'un acte administratif soit pris sous une forme écrite. Afin de faciliter l'accès à la justice, le Conseil d'État se montre peu exigeant sur la forme des actes administratifs susceptibles de recours. Il convient en réalité de distinguer la décision elle-même, qui a un contenu immatériel, et son support formel, qui en matérialise l'existence et peut revêtir les formes les plus diverses.

a) *Les décisions révélées : l'absence de formalisme du juge administratif*

Tel est le cas, d'abord, des *décisions révélées* : il s'agit de l'hypothèse de décisions *explicites*, effectivement prises par l'administration, mais qui sont seulement verbales ou qui résultent d'un comportement.

À titre d'exemple, la décision du ministre de la Culture d'implanter dans la cour d'honneur du Palais-Royal les colonnes de Buren[1] a été déduite de l'exécution matérielle des travaux. De même, le Conseil d'État a assimilé à un acte susceptible de recours pour excès de pouvoir la décision de sensibiliser les mineurs à la contraception dans les collèges et les lycées, annoncée lors d'une conférence de presse ministérielle, puis révélée par le lancement d'une campagne d'information sur le sujet[2] ou encore celle par laquelle le président de la République a ordonné chaque année, entre 1986 et 1992, de faire fleurir la tombe du maréchal Pétain[3] à l'occasion de la commémoration du 11-Novembre. L'absence de formalisme du juge administratif s'explique par son souci constant de garantir aux citoyens

1. CE, 12 mars 1986, *Mme Cusenier.*
2. CE, 6 octobre 2000, *Association Promouvoir.*
3. CE, 27 novembre 2000, *Comité Tous Frères.*

le droit de le saisir, même lorsque aucune décision administrative formalisée ne leur a été adressée.

b) Les décisions implicites : la lutte contre l'inertie de l'administration

Les actes administratifs peuvent ensuite prendre la forme de *décisions implicites*. Leur existence est ancienne dans la jurisprudence et a été consacrée par la loi du 12 avril 2000 sur les droits des citoyens dans leurs relations avec les administrations. Jusqu'à une date très récente, l'article 21 de cette loi rappelait le principe traditionnel selon lequel, lorsque l'administration était saisie d'une demande et n'y répondait pas dans un délai de deux mois, le silence qu'elle gardait sur cette demande était assimilé à une décision implicite de *rejet*. Sans nécessairement attendre une réponse expresse de l'administration, l'administré pouvait alors déférer cette décision au juge de l'excès de pouvoir et en obtenir l'annulation. Le délai de deux mois qui permettait la naissance de la décision était un délai de principe. Certains textes spéciaux pouvaient prévoir des délais plus longs ou plus courts, à l'instar de celui applicable aux demandes de communication d'un document administratif.

Dans certains cas exceptionnels prévus par les textes, le silence gardé pendant deux mois par l'administration sur une demande pouvait cependant valoir décision d'*acceptation*. Tel est le cas, même s'il connaît des exceptions, de la demande de permis de construire, qui est considérée comme acceptée si l'administration ne répond pas à l'issue du délai d'instruction.

Cette exception est devenue la règle depuis l'adoption de la loi du 12 novembre 2013 habilitant le gouvernement à simplifier les relations entre l'administration et les citoyens. Le nouveau principe, aujourd'hui codifié à l'article L. 231-1 du code des relations entre le public et l'administration, énonce solennellement : « Le silence gardé pendant deux mois par l'autorité administrative sur une demande vaut décision d'acceptation. » La loi réserve l'application de lois particulières qui exigent une décision expresse.

Ce nouveau principe connaît néanmoins deux séries d'exceptions. Certaines exceptions sont d'abord prévues par la loi elle-même. L'article L. 231-4 prévoit qu'elle n'est pas applicable dans cinq cas : pour les décisions non individuelles[4] et en particulier, donc, pour les actes réglementaires ; quand la demande ne s'inscrit pas dans une procédure prévue par un texte législatif ou réglementaire ou présente le caractère d'une réclamation ou d'un recours administratif ; si elle présente un caractère financier ; lorsque

4. Ou, pour reprendre la formule exacte de l'article L. 231-4, « lorsque la demande ne tend pas à l'adoption d'une décision présentant le caractère d'une décision individuelle ».

l'acceptation implicite ne serait pas compatible avec le respect des engagements internationaux et européens de la France, la protection de la sécurité nationale, la protection des libertés et des principes à valeur constitutionnelle et la sauvegarde de l'ordre public ; enfin, dans les relations entre les autorités administratives et leurs agents. En outre, le législateur reconnaît au pouvoir réglementaire la faculté d'ajouter d'autres exceptions, par décret en Conseil d'État et en conseil des ministres, « eu égard à l'objet de la décision ou pour des motifs de bonne administration » (L. 231-5). Plus d'une quarantaine de décrets ont été pris pour prévoir de telles exceptions.

Le dispositif n'est donc pas généralisé. Des exceptions demeurent. Il n'est pas aisé pour le citoyen de savoir, lorsqu'il fait une demande, de quel régime il relève. C'est pourquoi, dans un objectif de lisibilité, il est prévu que la liste des procédures pour lesquelles le silence gardé sur une demande vaut décision d'acceptation est publiée sur un site internet relevant du Premier ministre (D. 231-2).

Les exceptions sont même aujourd'hui plus nombreuses que les cas d'application du principe. On compte aujourd'hui environ 1 200 procédures qui obéissent au principe « silence vaut acceptation », contre 2 400 pour lesquelles le principe « silence vaut rejet » continue de s'appliquer[5]. Toutefois, au total, et en dépit de ses limites, la réforme a entraîné un mouvement d'extension des hypothèses dans lesquelles le silence vaut acceptation et a contribué à une révision utile, par les services, des procédures administratives dont ils ont la charge.

3/ *La variété des objets*

En France, le vocable d'« acte administratif » désigne une grande diversité d'actes émanant de l'administration. Dès lors, les actes administratifs unilatéraux sont susceptibles d'avoir des objets très divers. Ils peuvent fixer des normes générales, dans le cas des actes réglementaires, ou se limiter à un objet particulier, dans celui des décisions individuelles. Une décision administrative individuelle peut avoir pour objet d'octroyer ou de refuser une autorisation (un permis de construire, une autorisation d'équipement commercial, un permis de conduire, etc.), d'accorder un avantage (une subvention publique), de sanctionner un comportement répréhensible, de nommer, de promouvoir ou de révoquer un fonctionnaire, de prélever des impôts ou d'émettre des titres de perception pour recouvrer des créances.

5. Rapport de juillet 2015 des sénateurs Hugues Portelli et Jean-Pierre Sueur sur le bilan d'application de la loi du 12 novembre 2013.

4/ *La diversité des conceptions de l'acte administratif en Europe*

Cette conception française, très large, de l'acte administratif ne se retrouve pas partout en Europe. Dans de nombreux pays, la notion d'acte administratif se limite aux seules décisions individuelles et n'inclut pas les actes à caractère normatif. En outre, parmi les divers actes de l'administration, tous ne sont pas qualifiés d'actes « administratifs » : encore faut-il qu'ils traduisent l'exercice de prérogatives de puissance publique.

En Allemagne, l'acte administratif (*Verwaltungsakt*) fait l'objet d'une définition légale précise. Il est « mesure de puissance publique prise par une autorité administrative pour régler un cas d'espèce dans le domaine du droit public et destinée à produire directement des effets de droit à l'extérieur de l'administration » (article 35 de la loi sur la procédure administrative non contentieuse, dite VwVfG). Il s'agit de l'acte par lequel l'administration modifie les droits subjectifs des particuliers. Le règlement (*Rechtsverordnung*), pour sa part, n'est pas un acte administratif : il est défini comme une règle de droit, édictée par l'exécutif, pris en application et sur habilitation de la loi ; il constitue une norme à caractère général et abstrait. La doctrine allemande relève toutefois des « difficultés à opérer cette distinction », dès lors que le règlement « est édicté également par une autorité administrative », en raison « de l'existence d'actes juridiques qui ne peuvent pas s'insérer aisément dans le schéma opposant acte administratif et règle de droit »[6].

De même, en Italie, la notion de mesure administrative (*provvedimento amministrativo*) se définit comme un acte d'autorité, manifestation de la puissance publique, qui modifie une situation subjective. À cet égard, différentes théories s'opposent quant au critère de l'acte administratif, les unes s'attachant à la forme ou à l'auteur de l'acte, les autres s'intéressant davantage à son contenu[7]. Par ailleurs, on observera que la doctrine transalpine distingue habituellement le pouvoir discrétionnaire administratif et le pouvoir technique : dans le premier cas, l'administration peut choisir entre divers comportements juridiques licites, ce qui permet une

6. Hartmut Maurer, *Droit administratif allemand*, trad. fr. de Michel Fromont, Paris, LDGJ, 1994, p. 191.

7. On peut distinguer quatre grandes théories. Selon la théorie « formelle », la mesure administrative est un acte émanant de l'administration dans l'exercice d'une fonction publique. La théorie « procédurale » insiste sur la déclaration de volonté liée à l'exercice d'un pouvoir administratif et en vue de produire des effets auprès de tiers. La théorie de la « fonctionnalisation » de l'action administrative tient le *provvedimento* pour un acte administratif affectant les situations juridiques subjectives des individus. La théorie dite « négociale » y voit un acte édicté dans une finalité d'intérêt général et manifestant une volonté discrétionnaire de l'administration (cf. Karine Abderemane, Antoine Claeys, Élise Langelier, Yseult Marique et Thomas Perroud, *Manuel de droit comparé des administrations européennes*, Bruxelles, Bruylant, 2019, p. 126).

certaine incursion dans le domaine de l'opportunité, tandis que, dans le second cas, l'administration se fonde sur un examen de la situation à partir des connaissances techniques et scientifiques.

En Espagne la question de la définition de l'acte administratif se pose non pas d'une manière générale, mais plutôt à l'occasion de l'examen de la recevabilité des recours. Le principal critère est alors celui de son caractère décisoire. Ainsi, les mesures préparatoires peuvent, par exception, faire l'objet d'un recours lorsqu'elles apportent une résolution au problème posé, mettent fin à la procédure ou entraînent un dommage irréparable à des droits légitimes (article 107 de la loi n° 30/1992 du 26 novembre 1992 relative au *régimen jurídico de las administraciones públicas y del procedimiento administrativo común*).

Au Royaume-Uni, il n'existe pas formellement de définition générale de l'acte administratif. Ce dernier se détermine au cas par cas, à l'occasion des recours. L'acte administratif peut être défini comme la décision qui peut être annulée lors d'un recours en *judicial review* par le prononcé d'un *certiotari*, soit l'équivalent du recours pour excès de pouvoir. Le critère principal est d'ordre matériel : un acte administratif ne peut être contesté devant le juge que s'il manifeste l'exercice de pouvoirs trouvant leur origine dans la loi ou la *prerogative*, c'est-à-dire le pouvoir réglementaire autonome de l'exécutif. Toutefois, ce critère n'est pas exclusif : les actes d'une personne privée peuvent dans certains cas faire l'objet d'un *judicial review*. C'est ce qu'a jugé la Court of Appeal dans une importante décision du 5 décembre 1986, *R v. Panel on Take-overs and Mergers* : elle accepte le recours contre la décision d'un organisme de droit privé, le *Panel on Take-overs and Mergers*, mécanisme d'autorégulation de la City de Londres portant sur les fusions et acquisitions.

Ces différences nationales de conception quant à l'acte administratif s'expliquent en partie par celles qui touchent au contentieux administratif. En Allemagne, la première définition légale de l'acte administratif figure d'ailleurs dans un règlement de 1948 relatif aux tribunaux administratifs[8]. En France, c'est souvent à propos de la recevabilité du recours que se pose la question de la définition de la notion d'acte administratif. En Allemagne, le procès administratif vise à rétablir un particulier dans ses droits subjectifs. Il s'agit de protéger les droits de l'administré par rapport à l'administration. En France, le recours pour excès de pouvoir, « procès fait un acte » selon l'expression de Laferrière, a pour but de soumettre l'administration au droit objectif, en application du principe de légalité. « C'est pourquoi la conception française de l'acte administratif est

8. Plus précisément, dans le paragraphe 25-1 du règlement du gouvernement militaire n° 165 de 1948. Voir Hartmut Maurer, *Droit administratif allemand*, *op. cit.*, p. 185.

fondamentalement plus large qu'en droit allemand », observe le professeur allemand Albert Bleckmann[9].

Enfin, pour compléter ce rapide tableau des actes administratifs en Europe, il faut mentionner l'apparition d'une nouvelle catégorie, « l'acte administratif transnational[10] ». Au point de départ, on trouve le principe de reconnaissance mutuelle affirmé par la fameuse jurisprudence de la Cour de justice, dite « des *Cassis de Dijon* », du 20 février 1979. Pour favoriser la libre circulation, il s'agit d'utiliser non pas la voie, longue et complexe, de l'harmonisation des normes des différentes États, mais celle de la reconnaissance réciproque des normes nationales, le niveau de protection étant jugé équivalent dans chaque État membre. Ce principe entraîne une conséquence importante : les actes administratifs nationaux ont une portée juridique qui dépasse le cadre territorial d'un État. Traditionnellement, l'acte administratif est l'émanation de la souveraineté des États : il est difficilement concevable qu'il puisse avoir des effets en dehors de son territoire. Avec le principe de reconnaissance mutuelle, un acte administratif délivré par un État membre – en particulier les diverses autorisations de mise sur le marché, d'exploitation ou encore de commercialisation – a normalement un effet juridique sur le territoire des autres États membres. Le développement de ce type d'actes administratifs, à portée extraterritoriale, pourrait alors poser la question de leur contrôle juridictionnel : si un litige naît du fait de leur application sur le territoire d'un autre État que l'État d'émission de l'acte, faut-il reconnaître la compétence du juge administratif de l'État du lieu d'application pour examiner la légalité de ces actes ? C'est dans cette voie que s'est engagée une décision du Conseil d'État du 9 juin 1999, *Forabosco* : statuant sur un refus de visa opposé par le consul de France à Bucarest, qui était fondé sur le signalement de l'intéressé au fichier du système d'information Schengen (SIS), le juge a accepté de vérifier, par voie d'exception, la légalité de la décision d'inscription de l'étranger au SIS, qui avait pourtant été prise par un autre État membre, en l'espèce l'Allemagne. La mutualisation des actes administratifs pourrait ainsi aboutir à celle des contrôles juridictionnels. Si cette problématique reste encore exceptionnelle, elle témoigne de l'influence du droit européen sur le droit des actes administratifs.

9. Albert Bleckmann, « Les transformations du droit administratif général en Allemagne sous l'influence du droit européen », dans Gérard Marcou (dir.), *Les Mutations du droit de l'administration en Europe. Pluralisme et convergences*, Paris, L'Harmattan, 1995, p. 249.

10. Marie Gautier, « Acte administratif transnational et droit communautaire », dans Jean-Bernard Auby et Jacqueline Dutheil de la Rochère (dir.), *Droit administratif européen*, Bruxelles, Bruylant, 2014 [2e éd.], p. 1303.

B | LES CLASSIFICATIONS JURIDIQUES

Trois grandes distinctions peuvent être faites, selon que l'acte administratif est décisoire ou non décisoire, réglementaire ou individuel, créateur ou non créateur de droits.

1/ *Acte décisoire et acte non décisoire*

L'acte administratif unilatéral a un caractère décisoire en ce qu'il manifeste la volonté de l'administration d'édicter une norme destinée à modifier l'ordonnancement juridique. Mais tous les actes de l'administration ne présentent pas nécessairement un tel caractère. C'est le cas des avis, des vœux, des recommandations, des propositions, des simples renseignements ou encore des mises en demeure[11] de l'administration. Ces actes peuvent avoir pour but de préciser le comportement que pourrait suivre l'administration ou que les citoyens sont incités à adopter. Poursuivant sa construction jurisprudentielle sur le droit souple, le Conseil d'État, dans son arrêt *GISTI*, du 12 juin 2020, a dégagé une notion plus englobante, celle de « documents de portée générale », qui regroupe les circulaires, instructions, recommandations, notes, présentations et autres interprétations du droit positif[12]. Leur caractéristique commune consiste à ne pas comporter de caractère décisoire. Pour cette raison, ils ne sont normalement pas susceptibles de recours, sauf, selon l'arrêt *GISTI*, « lorsqu'ils sont susceptibles d'avoir des effets notables sur les droits ou la situation » des tiers[13].

Parmi les actes unilatéraux non décisoires, les circulaires et les lignes directrices méritent un développement particulier.

Les *circulaires* sont une déclinaison du pouvoir hiérarchique. Elles désignent l'ensemble des actes par lesquels les chefs de service, et notamment les ministres, adressent leurs instructions, recommandations et explications aux personnels dont ils dirigent l'action. Le plus souvent, elles expliquent la manière dont les textes doivent être appliqués. S'agissant des ministres, elles trouvent un solide fondement constitutionnel dans l'article 20 de la Constitution, aux termes duquel « le gouvernement dispose de l'administration ». En principe, les circulaires sont des actes purement internes à l'administration et, par suite, ne sont pas susceptibles de faire l'objet d'un recours pour excès de pouvoir.

11. Les mises en demeure de l'administration ne sont pas constitutives de décisions lorsqu'elles se présentent comme de simples invitations. Il en va différemment quand elles sont assorties d'une menace de sanction ou fixent un délai dans lequel l'intéressé devra se conformer à ce qui lui est demandé (CE, 25 janvier 1991, *Confédération nationale des associations familiales catholiques*).

12. CE, 12 juin 2020, *GISTI*, n° 418142.

13. Voir *infra*, chapitre 26 : Les recours devant le juge administratif.

Toutefois, dans la pratique, ces actes ont souvent des effets directs ou indirects sur les tiers, ce qui pose trois questions juridiques délicates : celle de leur publicité, celle de leur opposabilité aux tiers et, enfin, celle de la recevabilité des recours qui peuvent être exercés contre eux. Cette dernière question sera examinée dans le chapitre relatif aux recours devant le juge administratif (chapitre 26). Les deux premières – publicité et opposabilité des circulaires – sont souvent liées.

Ainsi, en matière fiscale, une disposition spéciale prévoit de longue date que le contribuable peut se prévaloir de la doctrine de l'administration : aux termes de l'article L. 80A du livre des procédures fiscales, « lorsque le redevable a appliqué un texte fiscal selon l'interprétation que l'administration avait fait connaître par ses instructions ou circulaires publiées », il ne peut alors faire l'objet d'un rehaussement d'impôt.

La définition d'un régime général des circulaires est plus récente. L'exercice est délicat, puisqu'il s'agit de trouver un équilibre entre sécurité juridique et légalité. En vertu du premier principe, il faut encourager à la fois la publicité des circulaires, pour les rendre accessibles, et leur invocabilité, puisque les citoyens doivent pouvoir de bonne foi se fier aux positions officielles de l'administration. Mais en vertu du second, l'administration ne saurait, dans un texte informel de droit souple, édicter une véritable règle juridique – sauf à outrepasser ses compétences – et encore moins méconnaître les règles de droit supérieures.

L'obligation de publication est inscrite à l'article L. 312-2 du CRPA : « Font l'objet d'une publication les instructions, les circulaires ainsi que les notes et réponses ministérielles qui comportent une interprétation du droit positif ou une description des procédures administratives. » Celle-ci s'effectue dans des recueils de documents, comme les bulletins officiels pour les circulaires des administrations centrales ou encore le recueil des actes administratifs du département pour les circulaires des autorités déconcentrées. Le support est aujourd'hui de plus en plus souvent dématérialisé. L'absence de publication est sanctionnée : « Les instructions et circulaires sont réputées abrogées si elles n'ont pas été publiées » dans les quatre mois de leur signature[14]. Toutefois, certains ont pu relever le paradoxe qu'il y a à utiliser la sanction de l'abrogation pour un document qui, théoriquement, est supposé

14. Cette sanction a été insérée dans le CRPA par la loi du 10 août 2018 pour un État au service d'une société de confiance, dite « loi ESSOC », reprenant sur ce point un décret de 2008. Le décret du 8 décembre 2008 relatif aux conditions de publication des instructions et circulaires avait en effet déjà posé la règle selon laquelle, à défaut de publication sur un site internet rattaché au Premier ministre, les instructions et circulaires étaient réputées abrogées. Toutefois, en pratique, cette obligation de publication était peu respectée.

n'avoir aucune portée juridique. En outre, elle peut limiter les possibilités de recours contre les circulaires illégales puisque, en toute rigueur, un document abrogé ne peut plus faire l'objet d'un recours devant le juge. La jurisprudence va progressivement préciser ce régime de publication. Le Conseil d'État a ainsi délimité son champ d'application, en estimant, à propos d'une instruction du ministère de l'intérieur non publiée sur l'usage du lanceur de balles de défense (LBD) qu'elle « ne comporte pas [de] description des procédures administratives ni d'interprétation du droit positif au sens et pour l'application de ces dispositions. Elle ne peut donc être regardée comme abrogée en raison de son absence de publication sur un des supports légalement prévus à cette fin[15] ».

L'invocabilité des circulaires a été renforcée par la loi du 10 août 2018 pour un État au service d'une société de confiance, dite « loi ESSOC ». Désormais, en vertu de l'article L. 312-3 du CRPA, lorsque la publication est intervenue « toute personne peut se prévaloir » de ces documents administratifs, y compris « de l'interprétation d'une règle, même erronée ». La loi prévoit toutefois des garde-fous : d'une part, une interprétation erronée ne peut être invoquée que dans le cas d'une « situation qui n'affecte pas des tiers » ; d'autre part, la circulaire ne saurait faire obstacle à l'application « des dispositions législatives ou réglementaires préservant directement la santé publique, la sécurité des personnes et des biens ou l'environnement ».

La notion de *lignes directrices* est, pour sa part, issue de la décision *Crédit foncier de France*, du 11 décembre 1970[16]. Initialement dénommées « directives », elles sont appelées « lignes » directrices depuis un arrêt du Conseil d'État du 19 septembre 2014, afin d'éviter toute confusion avec les directives européennes[17]. Si elle sont beaucoup moins présentes dans la jurisprudence que les circulaires, elles y font toutefois des apparitions périodiques. Les lignes directrices sont des actes par lesquels l'administration se fixe à elle-même, par avance, des orientations au vu desquelles elle prendra des décisions individuelles, dans le cadre de l'application d'un régime juridique général. Il s'agit pour elle d'encadrer son propre pouvoir discrétionnaire – par exemple pour la délivrance d'autorisations administratives ou de subventions. Dans son étude de 2013 sur le droit souple, le Conseil d'État a souligné l'intérêt des lignes directrices pour une bonne administration.

La jurisprudence a précisé leur régime juridique en tentant de concilier deux éléments : d'un côté, elles pourraient être regardées

15. CE, 24 juillet 2019, *Ligue des droits de l'homme, Confédération générale du travail et autres*, n° 427638.

16. Voir sur ce point nos développements dans le chapitre 26 : Les recours devant le juge administratif.

17. Conformément à une recommandation du rapport du Conseil d'État de 2013 sur le droit souple.

comme illégales si elles ajoutaient des règles de droit que l'administration n'a pas compétence pour édicter ; mais, d'un autre côté, elles ont une utilité certaine, dans la mesure où elles permettent d'assurer la cohérence de l'action administrative et de garantir le respect de l'égalité entre les citoyens.

C'est pourquoi le Conseil d'État en a admis la légalité, mais en subordonnant celle-ci au fait que les lignes directrices, à la différence des règlements, se bornent à donner de simples orientations. En d'autres termes, l'administration ne doit pas s'estimer liée par elles, elle doit rester libre de s'en écarter pour un motif d'intérêt général ou en considération de la situation particulière de chaque affaire[18]. En outre, dans la mesure où elles n'ont aucun caractère réglementaire et « ne modifient pas, par elles-mêmes, la situation juridique des administrés[19] », les lignes directrices n'étaient pas autrefois susceptibles de faire directement l'objet d'un recours pour excès de pouvoir[20], à la différence des circulaires impératives. Leur légalité pouvait seulement être contestée par voie d'exception, à l'occasion des recours formés contre les décisions individuelles qui en faisaient application. Cette jurisprudence a toutefois évolué : les lignes directrices sont au nombre des « documents de portée générale » qui peuvent désormais, en vertu de l'arrêt *GISTI* du 12 juin 2020 précité, faire l'objet d'un recours lorsqu'ils sont susceptibles d'avoir des effets notables sur les tiers. Enfin, elles sont opposables aux administrés comme à l'administration. Autrement dit, l'administration peut légalement s'en prévaloir pour justifier les décisions qu'elle prend ; en contrepartie, il en va de même pour les administrés, lorsque les décisions prises par l'administration ne sont pas justifiées au regard de la ligne directrice dont elles procèdent.

2/ Acte réglementaire et décision individuelle

En fonction de son contenu, l'acte administratif peut revêtir deux natures différentes : celle d'un règlement ou celle d'une décision individuelle. Cette distinction est fondamentale, car elle commande une partie du régime juridique des actes administratifs et l'application de règles contentieuses différentes. Il n'est toutefois pas toujours aisé de faire la différence : certains actes administratifs appartiennent à une catégorie intermédiaire, celle des *décisions d'espèce*.

L'acte réglementaire a un caractère normatif : il fixe une règle générale, impersonnelle et permanente ; il s'impose à tous. Son champ d'application *ratione personae* est défini par référence à une catégorie juridique abstraite de personnes, et non pas en visant des

18. CE, 24 juillet 1987, *Zimmermann*.
19. CE, 29 juin 1973, *Société Géa*.
20. CE, 3 mai 2004, *Comité anti-amiante Jussieu*.

personnes nommément désignées. Les actes réglementaires sont très divers, à l'image des autorités investies du pouvoir réglementaire. Ils émanent d'autorités centrales (président de la République, Premier ministre, ministres), déconcentrées (préfets) ou décentralisées (maires), d'autorités administratives indépendantes, d'établissements publics ou encore de personnes privées chargées d'une mission de service public.

La décision individuelle est un acte administratif qui s'applique à un destinataire nominativement désigné. Présentent un tel caractère les décisions qui, par exemple, refusent ou accordent une autorisation à la suite d'une demande (permis de construire, autorisation d'utiliser les ondes hertziennes, agrément pour exercer une profession réglementée), infligent une sanction ou édictent des mesures de police (fermeture d'un débit de boissons, obligation de quitter le territoire français). Les décisions individuelles peuvent s'adresser à plusieurs personnes : les décisions dites « collectives » constituent un ensemble de décisions individuelles, dès lors que les destinataires sont désignés de façon nominative. Tel est le cas du tableau d'avancement d'un corps de fonctionnaires[21], de la nomination par un seul acte des membres d'un organisme collégial ou de la délibération d'un jury fixant la liste des candidats admis à un concours.

Enfin, certains actes ne sont ni individuels, ni réglementaires. Ces actes, qui forment une catégorie hétéroclite, sont souvent désignés par la doctrine sous des vocables divers : « décisions d'espèce » ou « actes-condition ». Ils n'ont pas de destinataires directs et se rapportent plutôt à un bien, à un territoire ou à une opération juridique. Ils se situent généralement en aval d'un acte réglementaire, s'insèrent dans le cadre d'une procédure ou précèdent l'édiction de décisions individuelles, dont ils sont la condition. On y trouve, par exemple, la déclaration d'utilité publique préalable à une expropriation, l'acte de classement d'un site ou d'une espèce protégée ou encore les arrêtés de reconnaissance de l'état de catastrophe naturelle.

3/ *Acte créateur de droits et acte non créateur de droits*

Au sein des décisions individuelles, une distinction supplémentaire doit être faite entre les décisions qui créent des droits et celles qui n'en créent pas. Cette distinction permet essentiellement de

21. Selon la jurisprudence administrative, un tableau d'avancement n'est pas un acte réglementaire, mais un « acte collectif composé de plusieurs décisions à caractère individuel » (CE, ord. du 21 mars 2001, *Syndicat de lutte pénitentiaire de l'union régionale Antilles-Guyane*).

déterminer les conditions dans lesquelles l'administration peut retirer ou abroger les décisions qu'elle édicte. En revanche, elle n'intéresse ni les actes réglementaires[22] ni les décisions d'espèce[23] qui, pour la jurisprudence administrative, ne sont pas des actes créateurs de droits et, par suite, peuvent à tout moment être abrogées ou modifiées.

Les décisions individuelles créatrices de droits sont celles qui accordent à leurs destinataires un avantage. On y trouve, par exemple, des décisions telles que les nominations ou promotions dans la fonction publique, les autorisations (permis de construire, autorisation d'exploiter une installation classée pour la protection de l'environnement, autorisation de se présenter à un concours), les permis de conduire ou les décisions octroyant un avantage financier. La jurisprudence interprète au cas par cas la notion d'acte créateur de droit. Dans certains cas, elle se montre assez stricte : la mesure qui se borne à procéder à la liquidation de la créance née d'une décision prise antérieurement[24] ne constitue pas une décision accordant un avantage financier. Dans d'autres hypothèses, elle est plus souple : les décisions défavorables, telles que les refus ou les sanctions, ne créent pas de droits, à l'évidence, au profit de leurs destinataires. Toutefois, certaines d'entre elles peuvent conférer des droits aux tiers. Tel est le cas des refus de permis de construire, qui créent des droits au profit des tiers intéressés tels que les voisins, ou du refus de nommer un fonctionnaire, qui est susceptible de créer des droits au profit des autres membres du corps, qui pourraient tirer un bénéfice indirect de cette mesure.

De nombreuses décisions individuelles ne sont pas susceptibles de créer des droits. C'est le cas des autorisations précaires et révocables, à l'instar des autorisations d'occupation du domaine public ou des autorisations de police, des décisions recognitives, c'est-à-dire celles qui se bornent à tirer les conséquences juridiques d'une situation déterminée sans que l'administration ait disposé d'une quelconque marge d'appréciation, ou encore des décisions inexistantes ou obtenues par fraude.

22. En effet, selon une jurisprudence constante, « nul n'a de droit acquis au maintien d'une disposition réglementaire » (CE, 5 mai 1972, *Mlle Noyer*).

23. Par exemple, les déclarations d'utilité publique sont considérées comme n'étant pas créatrices de droits, ni au profit des propriétaires dont les biens sont visés par le projet d'expropriation (CE, 22 février 1974, *Adam*), ni au profit des collectivités expropriantes (CE, 10 mai 1968, *Commune de Broves*).

24. CE, 6 novembre 2002, *Soulier*.

II

LE RÉGIME JURIDIQUE DES ACTES ADMINISTRATIFS

Le pouvoir de l'administration d'édicter un acte exécutoire n'est pas illimité. Il est d'abord soumis au principe de légalité, c'est-à-dire à l'obligation de respecter les normes qui sont supérieures à l'acte concerné. Les conditions relatives à la compétence de son auteur, à son élaboration, ainsi qu'à son application dans le temps sont aussi strictement encadrées.

A | LES RÈGLES DE COMPÉTENCE

Pour prendre un acte dans un sens déterminé, une autorité administrative, qu'elle soit individuelle ou collégiale, doit être investie de la compétence nécessaire et ne pas empiéter sur celle d'une autre. La répartition du pouvoir réglementaire obéit ainsi à des règles précises.

1/ *Les détenteurs du pouvoir réglementaire*

Les actes administratifs, qu'ils présentent un caractère individuel ou réglementaire, émanent d'auteurs très nombreux. Il en va ainsi, tout particulièrement, des autorités investies du pouvoir réglementaire.

a) Le pouvoir réglementaire national

Le pouvoir réglementaire au niveau national est partagé entre le président de la République et le Premier ministre. Les articles 13 et 21 de la Constitution fixent la répartition de leurs compétences respectives. En vertu de l'article 21, le Premier ministre « assure l'exécution des lois » et, sous réserve des dispositions de l'article 13, « exerce le pouvoir réglementaire ». Ces dispositions font du Premier ministre le détenteur de droit commun du pouvoir réglementaire national, qu'il s'agisse du pouvoir réglementaire d'exécution des lois ou du pouvoir réglementaire autonome. L'article 13 confie au président de la République une compétence d'attribution qui porte sur les « décrets délibérés en conseil des ministres », ainsi que sur les ordonnances. Cette compétence s'étend, en outre, aux décisions de l'article 16 que le président de la République peut être amené à prendre en cas d'usage des pouvoirs prévus par cet article.

La répartition de l'exercice du pouvoir réglementaire entre le président de la République et le Premier ministre obéit cependant à une réalité plus complexe que la jurisprudence administrative a prise en considération. Initiée par le général de Gaulle dès le début de la Cinquième République, la pratique a d'abord été celle du développement des *décrets présidentiels simples*, c'est-à-dire des décrets pris par le président de la République sans délibération du conseil des ministres. Par une décision, *Sicard*, du 27 avril 1962, le Conseil d'État a admis leur légalité, à la condition toutefois qu'ils comportent, sous forme de contreseing, la signature du Premier ministre qui, d'après la règle constitutionnelle de compétence, aurait dû normalement y figurer, ainsi que celle des ministres chargés de l'exécution du décret.

La question s'est ensuite posée du critère de répartition de compétence entre le président de la République et le Premier ministre. Aussi étrange que cela puisse paraître, la Constitution est muette sur ce sujet : elle ne fixe pas, par exemple, une liste de matières qui relèveraient du domaine présidentiel. La compétence du président de la République résulte parfois d'un texte, lorsque la loi elle-même prévoit l'intervention d'un décret « en conseil des ministres » – cette expression renvoyant alors obligatoirement à un décret présidentiel. Toutefois, la pratique de l'exercice du pouvoir réglementaire se caractérise par l'existence de décrets pris en conseil des ministres sans fondement juridique exprès. Dans un arrêt, *Meyet*, du 10 septembre 1992, le Conseil d'État a jugé que le président de la République pouvait évoquer un décret et le signer en conseil des ministres, alors même qu'aucun texte ne l'imposait ; en outre, par une sorte d'effet « cliquet », il considère que ce décret ne peut alors plus être modifié, pour l'avenir, que par un autre décret en conseil des ministres, sauf à ce qu'il prévoie lui-même la dispense de cette formalité[25]. Ainsi, la répartition du pouvoir réglementaire entre les deux plus hautes autorités du pouvoir exécutif obéit à un critère non pas matériel, mais purement formel. Le président de la République dispose de « la compétence de sa compétence » : en fixant l'ordre du jour du conseil des ministres, il peut décider de faire entrer un texte dans son domaine de compétence.

En revanche, contrairement à une idée répandue, les ministres ne disposent normalement pas de pouvoir réglementaire sans texte. Ce principe constant est régulièrement rappelé par le juge administratif[26]. Pour qu'il soit effectivement respecté, le Conseil d'État a reconnu très tôt aux tiers la faculté de saisir le juge de l'excès de pouvoir contre les circulaires ministérielles contenant des dispositions réglementaires[27]. Le principe d'absence du pouvoir réglementaire des ministres connaît néanmoins trois tempéraments. Le

25. CE, 9 septembre 1996, *Ministre de la Défense c/ Collas*.

26. CE, 8 février 2010, *Ministre de la Défense* : jugeant que le ministre de la défense ne tient d'aucune disposition législative ou réglementaire compétence pour fixer par instruction les conditions d'accès au cycle de formation des aspirants.

27. CE, 29 janvier 1954, *Notre-Dame du Kreisker*. Voir *infra* le chapitre 26 : Les recours devant le juge administratif.

premier tient à l'association des ministres à l'exercice du pouvoir réglementaire par le contreseing. Le deuxième résulte de la jurisprudence administrative : dans un arrêt, *Jamart*, du 7 février 1936, le Conseil d'État a reconnu à chaque ministre le pouvoir de prendre des mesures réglementaires pour l'organisation de ses propres services. Le dernier tient à la possibilité, pour les ministres, de recevoir délégation du pouvoir réglementaire. Cette délégation peut leur être donnée directement par la loi ou, plus généralement, par la voie du décret. La plupart des décrets renvoient ainsi, sur tel ou tel point, à des arrêtés ministériels pour préciser les conditions de leur application.

b) La diffusion du pouvoir réglementaire

L'exercice du pouvoir réglementaire n'est pas l'apanage du président de la République, du Premier ministre et, dans une moindre mesure, des ministres. D'autres personnes en sont détentrices, comme les collectivités territoriales, les autorités administratives indépendantes et certains organismes privés chargés d'un service public.

S'agissant des collectivités territoriales, de nombreuses lois leur ont attribué le pouvoir de prendre des actes réglementaires pour exercer leurs compétences. Ce pouvoir réglementaire, cantonné à l'application de la loi et au territoire de chaque collectivité, est même consacré à l'article 72 de la Constitution depuis la révision du 28 mars 2003. Le troisième alinéa de cet article énonce ainsi : « Dans les conditions prévues par la loi, ces collectivités s'administrent librement par des conseils élus et disposent d'un pouvoir réglementaire pour l'exercice de leurs compétences. » Ce même article permet en outre à la loi et au règlement d'autoriser les collectivités territoriales à déroger à titre expérimental aux lois et règlements nationaux : « Dans les conditions prévues par la loi organique, et sauf lorsque sont en cause les conditions essentielles d'exercice d'une liberté publique ou d'un droit constitutionnellement garanti, les collectivités territoriales ou leurs groupements peuvent, lorsque, selon le cas, la loi ou le règlement l'a prévu, déroger, à titre expérimental et pour un objet et une durée limités, aux dispositions législatives ou réglementaires qui régissent l'exercice de leurs compétences. » Ces dispositions ont été définies dans la loi organique du 1er août 2003 relative à l'expérimentation par les collectivités territoriales, dont un projet de loi organique présenté au Parlement à l'été 2020 assouplit les conditions.

Les autorités administratives indépendantes peuvent également disposer d'un pouvoir réglementaire spécial. Dans sa décision *Loi relative à la liberté de communication* du 18 septembre 1986, le Conseil constitutionnel en a admis le principe, en relevant que les dispositions de l'article 21 de la Constitution « confèrent au Premier ministre, sous réserve des pouvoirs reconnus au président de la République, l'exercice du pouvoir réglementaire à l'échelon national ; qu'elles ne font cependant pas obstacle à ce que le législateur confie à une autorité de l'État autre que le Premier ministre le soin de fixer, dans un domaine déterminé et dans le cadre défini par les lois et règlements, des normes permettant de mettre en œuvre une loi ». Cette compétence réglementaire est cependant limitée et encadrée. Le Conseil constitutionnel a précisé, dans sa décision du 17 janvier 1989, *Liberté de communication*, qu'elle s'exerce dans le respect des lois et des décrets et ne doit porter que sur « des mesures de portée limitée tant par leur champ d'application que par leur contenu ».

Dans le même esprit, certains établissements publics disposent d'un pouvoir réglementaire : tel est le cas des agences de l'eau, notamment pour déterminer les conditions générales d'attribution des concours financiers qu'elles peuvent apporter[28].

Enfin, la jurisprudence administrative a reconnu l'existence d'un pouvoir réglementaire des organismes de droit privé chargés d'un service public. C'est ainsi que les actes touchant à l'organisation du service public édictés par les comités d'organisation chargés d'assurer la bonne marche de la production industrielle pendant la seconde guerre mondiale[29], les ordres professionnels[30], les entreprises chargées d'un service public industriel et commercial[31] ou les fédérations sportives[32] ont été regardés comme des actes réglementaires dont il appartenait au seul juge administratif de connaître. À titre d'exemple, le Conseil national des barreaux dispose d'un pouvoir réglementaire qui lui est confié en vue d'unifier les règles déontologiques de la profession d'avocat. À cette fin, il édicte un « règlement intérieur unifié des barreaux de France », qui peut faire l'objet d'un recours pour excès de pouvoir devant le Conseil d'État[33].

2/ *Le régime applicable aux règles de compétence*

La compétence de l'auteur de l'acte est particulièrement importante. Lorsque le juge de l'excès de pouvoir examine la légalité d'un acte administratif, elle est la première question, dans l'ordre d'examen des moyens. Elle constitue même un moyen dit « d'ordre public » : alors que le juge ne doit normalement statuer qu'au regard des moyens invoqués par les parties, il est tenu de relever d'office

28. CE, 11 mars 2020, *Syndicat des industries et entreprises françaises de l'assainissement autonome c/ Agence de l'eau Loire-Bretagne*, n° 426366.
29. CE, 31 juillet 1942, *Monpeurt.*
30. CE, 2 avril 1943, *Bouguen.*
31. TC, 15 janvier 1968, *Compagnie Air France c/ Époux Barbier.*
32. CE, 22 novembre 1974, *Fédération des industries françaises d'articles de sport.*
33. CE, 17 novembre 2004, *Société Landwell.*

l'incompétence de l'auteur d'un acte administratif, même si aucune partie ne soulève ce moyen.

La compétence peut se définir de diverses manières – par exemple à raison de la matière ou *ratione materiae* (lorsqu'il prend un décret, le Premier ministre ne peut empiéter sur le domaine de la loi) ou encore à raison du lieu ou *ratione loci* (un maire ne peut exercer son pouvoir de police que sur le territoire de sa seule commune). Capitales, les règles de compétence trouvent leur source dans de nombreux textes et la jurisprudence. Elles ne privent pas leurs bénéficiaires de la possibilité de les déléguer.

a) Les sources des règles de compétence

Les règles de compétence peuvent d'abord trouver leur source dans la Constitution. Les articles 13 et 21 fixent, comme on l'a vu, la répartition des compétences entre le président de la République et le Premier ministre en matière d'exercice du pouvoir réglementaire. Elles peuvent ensuite être prévues et organisées par la loi ou le règlement. Illustrant la première hypothèse, les articles L. 2212-1 et L. 2212-2 du code général des collectivités territoriales confient au maire la charge de la police municipale et la tâche d'assurer dans sa commune le bon ordre, la sûreté, la sécurité et la salubrité publiques. À titre d'exemple de la seconde hypothèse, l'article 15 du décret du 29 avril 2004 relatif aux pouvoirs des préfets leur donne compétence pour prendre toutes « les décisions dans les matières relevant des attributions des services déconcentrés des administrations civiles de l'État dans la région ou dans le département ». Les ministres reçoivent délégation du pouvoir réglementaire soit de la loi soit du décret.

Mais les règles de compétence sont aussi parfois déterminées par la jurisprudence administrative. Le pouvoir du Premier ministre d'arrêter les mesures de police applicables sur l'ensemble du territoire national[34] ou le pouvoir reconnu au chef de service de prendre les mesures réglementaires pour assurer le bon fonctionnement du service[35] a été reconnu par la voie jurisprudentielle. La jurisprudence a joué également un rôle important dans l'extension du pouvoir réglementaire du président de la République, en admettant sa compétence pour signer et pour modifier tout décret délibéré en conseil des ministres, sans restriction quant à la matière concernée[36]. Le Conseil d'État a enfin posé la règle du parallélisme des compétences : l'autorité compétente pour modifier, abroger ou retirer un acte administratif est normalement, sauf texte contraire, « celle qui, à la date de la modification, de l'abrogation ou [du] retrait, est compétente pour prendre cet acte[37] ».

34. CE, 8 août 1919, *Labonne*.
35. CE, 7 février 1936, *Jamart*.
36. CE, 10 septembre 1992, *Meyet*.
37. CE, 30 septembre 2005, *Ilouane*.

b) Les délégations

Les autorités administratives ne sont pas toujours en mesure d'exercer elles-mêmes et pleinement l'ensemble de leurs compétences.

Pour des raisons d'efficacité et afin de rapprocher l'administration des administrés, elles peuvent décider de déléguer une partie de leurs compétences, selon deux modalités différentes : la délégation de signature ou la délégation de pouvoir. Dans les deux cas, ces délégations doivent être autorisées par un texte adéquat, être explicites, préciser l'identité du délégataire et des compétences déléguées et ne pas être totales.

La délégation de signature est personnelle et consentie à des personnes nommément désignées. Elle ne modifie pas la répartition normale des compétences : l'autorité réputée être l'auteur de l'acte reste le délégant. En principe, elle disparaît en cas de changement de la personne du délégataire ou du délégant. Par exception à ce principe, dans un souci de simplification, une délégation automatique et permanente de signature des ministres aux principaux cadres des administrations centrales a été instituée par le décret du 27 juillet 2005 relatif aux délégations de signature des membres du gouvernement.

La délégation de pouvoir est, quant à elle, consentie à une autorité et non de personne à personne. Dans le cadre d'une délégation de pouvoir, le délégataire devient l'auteur de l'acte et le délégant ne peut plus exercer sa compétence initiale.

B | LES RÈGLES DE PROCÉDURE ET DE FORME

S'il doit émaner d'une autorité compétente, l'acte administratif unilatéral est aussi subordonné au respect de règles de procédure et de forme de plus en plus nombreuses. La procédure administrative non contentieuse est ainsi gouvernée par des principes forts, dont la valeur a été progressivement rehaussée.

1/ Le rehaussement des sources de la procédure administrative

Exclues des matières réservées au législateur par l'article 34 de la Constitution, les règles relatives à la forme des actes administratifs et à leur procédure d'élaboration relèvent traditionnellement du domaine réglementaire. Cette solution est gouvernée par l'idée selon laquelle la procédure administrative non contentieuse est liée à l'organisation et au fonctionnement interne de l'administration. Elle a conduit le Conseil d'État à admettre, par exemple, la compétence du Premier ministre pour constituer une commission consultative chargée de l'éclairer sur le bon fonctionnement du service public de la justice et d'autres services publics dont le gouvernement a la charge[38]. De son côté, le Conseil constitutionnel a déjà été amené à juger que relevaient du domaine réglementaire les dispositions d'une loi relatives à la procédure administrative précontentieuse applicable en matière de communication des documents administratifs détenus par l'État[39].

La compétence du pouvoir réglementaire cède néanmoins devant celle du législateur, dès que les règles de forme et de procédure touchent aux garanties, aux droits et aux libertés des administrés. C'est ainsi que l'obligation de motiver les notifications de redressement et les réponses par lesquelles l'administration rejette les observations du contribuable, en tant qu'elle « constitue une garantie accordée aux contribuables en matière d'assiette et de recouvrement des impositions », relève exclusivement de la compétence du législateur[40]. La loi du 17 juillet 1978 touche pour sa part aux garanties fondamentales accordées aux citoyens pour l'exercice des libertés publiques lorsqu'elle définit l'étendue du droit d'accès aux documents administratifs[41]. De la même manière, lorsqu'un organisme consultatif doit rendre un avis dans une procédure administrative conduisant à une décision qui, par ses effets, met en cause une règle ou un principe fondamental placé dans le domaine de la loi par l'article 34 de la Constitution, le caractère obligatoire de cet avis, l'institution de cet organisme et sa composition sont déterminés par la loi[42].

Au-delà de cette répartition traditionnelle des compétences entre le législateur et le pouvoir réglementaire, les sources de la procédure administrative ont fait l'objet d'un rehaussement progressif, sous l'impulsion première du législateur. Trois grandes lois ont ainsi été adoptées durant les années 1970, visant à renforcer la transparence de l'action administrative et les droits des administrés : la *loi du 6 janvier 1978* relative à l'informatique, aux fichiers et aux libertés, qui définit des modalités transparentes de traitement des données à caractère personnel ; la *loi du 17 juillet 1978* qui garantit l'accès du public aux documents administratifs sous le contrôle d'une autorité administrative indépendante, la CADA ; et la *loi du 11 juillet 1979* relative à la motivation des actes administratifs et à l'amélioration des relations entre l'administration et le public.

38. CE, 25 février 2005, *Syndicat de la magistrature.*

39. CC, 10 mars 1988, *Nature juridique de diverses mesures d'amélioration des relations entre l'administration et le public.*

40. CC, 2 décembre 1980, *Nature juridique de diverses dispositions figurant au code général des impôts relatives à la procédure contentieuse en matière fiscale.*

41. CE, 29 avril 2002, *Ullmann.*

42. CC, 5 mai 1998, *Nature juridique des dispositions de la loi du 2 mai 1930 relative à la protection des monuments naturels et des sites.*

Ce mouvement trouve son couronnement dans l'adoption de la *loi du 12 avril 2000* relative aux droits des citoyens dans leurs relations avec les administrations (loi DCRA). Ce texte général relatif à la procédure administrative non contentieuse fixe les conditions du dialogue entre le citoyen – et non plus l'administré – et l'administration. Il se substitue au décret du 28 novembre 1983 concernant les relations entre l'administration et les usagers, qui posait des règles similaires (transmission des demandes mal dirigées à l'autorité administrative compétente, obligation de recueillir les observations de l'intéressé avant l'édiction d'une décision défavorable, obligation de mentionner dans les décisions administratives les délais et voies de recours), mais uniquement pour ce qui concerne l'administration de l'État.

L'ensemble de ces règles a été codifié dans le *code des relations entre le public et l'administration*, édicté par une ordonnance du 23 décembre 2015[43], pour sa partie législative, et par un décret du même jour, pour sa partie réglementaire. Ce code regroupe l'ensemble des règles de la procédure administrative non contentieuse, qui étaient auparavant d'accès difficile en raison de leur dispersion entre divers textes ou de leur nature jurisprudentielle. Si la codification s'est faite pour partie à droit constant, la loi d'habilitation autorisait également la mise en œuvre par ordonnance de diverses mesures de simplification. Sont ainsi codifiés des principes jurisprudentiels issus de grands arrêts tels que *Société KPMG*, du 24 mars 2006, sur la nécessité des dispositions transitoires, en vertu du principe de sécurité juridique (L. 221-5), *Alitalia*, du 3 février 1989, sur l'obligation d'abroger un acte réglementaire illégal (L. 243-2) ou encore *Ternon*, du 26 octobre 2001, relatif aux modalités de retrait des décisions individuelles créatrices de droit (L. 242-1).

Désormais, certaines règles applicables à l'élaboration des actes administratifs ont acquis une *valeur constitutionnelle*. Tel est le cas du droit d'accès à l'information environnementale détenue par les autorités publiques ainsi que du principe de participation du public aux décisions ayant une incidence sur l'environnement, tous deux prévus à l'article 7 de la Charte de l'environnement. Le Conseil constitutionnel[44] et le Conseil d'État[45] ont déduit de cet article qu'il incombe au législateur et, dans le cadre défini par la loi, aux autorités administratives de déterminer les modalités de mise en œuvre du principe de participation du public. Dans une décision du 14 octobre 2011, le juge constitutionnel a fait application de cette règle pour censurer l'article L. 511-2 du code de l'environnement relatif au régime d'élaboration du décret de nomenclature des

43. Ordonnance fondée sur la loi du 12 novembre 2013 habilitant le gouvernement à simplifier les relations de l'administration avec les citoyens.

44. CC, 19 juin 2008, *Loi relative aux organismes génétiquement modifiés (OGM)*.

45. CE, 3 octobre 2008, *Commune d'Annecy*.

installations classées pour la protection de l'environnement, celui-ci s'étant abstenu de prévoir un mécanisme de participation du public[46].

Enfin, le *droit de l'Union européenne* contribue également au processus de rehaussement des sources de la procédure administrative française : le droit à une bonne administration est affirmé à l'article 41 de la Charte des droits fondamentaux de l'Union européenne. Il comporte notamment le droit de toute personne d'être entendue avant qu'une mesure individuelle qui l'affecterait défavorablement ne soit prise à son encontre, le droit d'accès au dossier qui la concerne, ainsi que l'obligation pour l'administration de motiver ses décisions. Ce principe, comme l'ensemble de la Charte, s'applique non seulement aux institutions de l'Union, mais également aux États membres « lorsqu'ils mettent en œuvre le droit de l'Union » (article 51 de la Charte des droits fondamentaux).

2/ La procédure d'édiction des actes administratifs

Garanties de la transparence de l'action administrative, les règles de procédure tendent de plus en plus à favoriser l'association des citoyens à l'élaboration des décisions publiques et à préserver les droits des administrés.

a) La procédure contradictoire

L'édiction de certaines décisions administratives doit, sous peine d'illégalité, être précédée de l'organisation d'une procédure contradictoire. Cette exigence ne revêt pas un caractère général : elle s'applique pour l'essentiel aux décisions individuelles défavorables. Le champ d'application du principe du contradictoire est défini par l'article L. 122-1 du code des relations entre le public et l'administration[47], par référence au champ de l'obligation de motivation : il s'applique aux décisions mentionnées à l'article L. 211-2, qui donne la liste des décisions individuelles qui doivent être motivées – c'est-à-dire, en substance, les décisions individuelles défavorables[48].

Cette obligation procédurale découle du principe des droits de la défense, qui a été érigé très tôt par le Conseil d'État comme un principe général du droit[49] et par le Conseil constitutionnel comme un principe fondamental reconnu par les lois de la République[50]. En vertu de la jurisprudence, elle s'applique, même sans texte, à

46. CC, 14 octobre 2011, QPC, *Association France Nature Environnement.*

47. Auparavant, article 24 de la loi DCRA du 12 avril 2000.

48. Champ défini auparavant par les articles 1er et 2 de la loi du 11 juillet 1979 relative à la motivation des actes administratifs.

49. CE, 5 mai 1944, *Dame veuve Trompier-Gravier.*

50. CC, 28 juillet 1989, *Loi relative à la sécurité et à la transparence du marché financier.*

toute décision ayant le caractère de sanction et portant atteinte à une situation individuelle. Tel est le cas des décisions de retrait de l'autorisation de tenir un kiosque à journaux sur la voie publique pour faute de son titulaire[51], d'interdiction d'exercer la profession d'agent d'affaires[52], de déclassement d'un vin à appellation contrôlée[53], de retrait de la reconnaissance d'utilité publique dont bénéficiait une association[54] ou de révocation d'un agent titulaire d'un emploi à la discrétion du gouvernement[55].

En pratique, le respect du contradictoire implique que l'administration informe l'intéressé des motifs de la décision envisagée et lui donne le temps nécessaire pour y répondre utilement. L'article L. 122-1 du CRPA précise que les décisions en cause « n'interviennent qu'après que la personne intéressée a été mise à même de présenter des observations écrites et, le cas échéant, sur sa demande, des observations orales. Cette personne peut se faire assister par un conseil ou représenter par un mandataire de son choix ».

b) Les procédures consultatives

Avant d'édicter une décision, l'administration peut ou doit recueillir l'avis d'organismes consultatifs. La pratique des consultations est ancienne. La création du Conseil d'État par Bonaparte et la Constitution de l'an VIII (13 décembre 1799) illustre bien la permanence de l'administration consultative en France. Elle connaît un regain d'actualité avec le développement des procédures de participation du public. On peut ainsi distinguer deux grandes catégories de procédures consultatives : les consultations institutionnelles, qui visent un organisme précis, et les consultations ouvertes, qui concernent plus largement le public intéressé.

Les consultations institutionnelles

La consultation peut être obligatoire ou facultative et l'avis rendu simple ou conforme. Lorsque la consultation est facultative, l'administration apprécie librement si elle doit y procéder, mais demeure, en ce cas, tenue de l'effectuer dans des conditions régulières. En revanche, elle n'est jamais liée par l'avis émis. Le Conseil d'État juge, à cet égard, que l'administration conserve la faculté d'apporter ultérieurement à son projet « toutes les modifications qui lui paraissent utiles, quelle qu'en soit l'importance, sans être dans l'obligation de saisir à nouveau » l'organisme consulté[56]. La règle est

51. CE, 5 mai 1944, *Dame veuve Trompier-Gravier.*
52. CE, 8 janvier 1960, *Rohmer.*
53. CE, 9 mai 1980, *Société des Établissements Cruse.*
54. CE, 31 octobre 1952, *Ligue pour la protection des mères abandonnées.*
55. CE, 20 janvier 1956, *Nègre.*
56. CE, 4 juin 2012, *Société BT France.*

inversée en cas de consultation obligatoire. L'organisme doit être à même d'exprimer son avis sur l'ensemble des questions soulevées par la décision. Ainsi, dans le cas où, après avoir recueilli son avis, elle apporte à son projet « des modifications qui posent des questions nouvelles », l'administration doit le consulter à nouveau avant de prendre sa décision[57]. Elle n'est pas tenue en revanche de suivre son avis, sauf s'il s'agit d'un avis conforme. Dans ce dernier cas, l'administration est enfermée dans une alternative : décider conformément à l'avis ou bien renoncer à prendre la décision envisagée[58].

Si la pratique des consultations permet de recueillir l'avis de personnes éclairées et qualifiées ou de représentants d'intérêts légitimes et de faire mieux accepter les décisions de l'administration, elle peut néanmoins comporter certains inconvénients. Le Conseil d'État s'en est fait l'écho dans son rapport public de 2011, intitulé *Consulter autrement, participer effectivement*. On reproche d'abord au système consultatif sa lourdeur, son impact sur l'allongement des délais d'adoption des textes et la complexité de ses règles de fonctionnement. En 2004, on recensait près de 4 700 commissions administratives à caractère consultatif. Le nombre de ces commissions a toutefois drastiquement diminué depuis l'intervention de deux décrets en date des 7 et 8 juin 2006. Le premier a fusionné et supprimé de nombreuses commissions administratives déconcentrées. Le second a rationalisé les règles de création et de fonctionnement des commissions au niveau tant central que déconcentrée. Ces règles sont aujourd'hui codifiées aux articles R. 133-3 et suivants du CRPA. Toute création doit ainsi être précédée d'une étude qui vérifie que la mission impartie à la commission répond à une nécessité et n'est pas susceptible d'être assurée par un organisme existant. La durée de vie de la commission est, en outre, limitée à cinq ans, « sauf lorsque son existence est prévue par la loi, une commission est créée par décret pour une durée maximale de cinq ans » (R. 133-2 du CRPA). Les règles de présidence, de suppléance, de remplacement des membres, de convocation, de mandat, de quorum et de procès-verbal sont simplifiées. En outre, les commissions créées avant le 8 juin 2006 devaient être confirmées dans un délai de trois ans sous peine d'être automatiquement supprimées. Ces mesures ont contribué à réduire le nombre des commissions administratives rattachées au Premier ministre, ce nombre passant de 799 au 1er janvier 2009 à 697 au 1er janvier 2011. Le mouvement se poursuit[59] : au 15 septembre 2019, il n'en existait plus que 394[60].

57. CE, 23 octobre 1998, *Union des fédérations CFDT des fonctions publiques et assimilés (UFFA-CFDT)*.
58. CE, 22 février 1957, *Société coopérative de reconstruction de Rouen*.
59. Un décret du 23 mai 2013 a ainsi supprimé 64 commissions.
60. Source : documents annexés au projet de loi de finances pour 2020.

Le second reproche susceptible d'être fait au système consultatif est l'incertitude qu'il fait peser sur la légalité des décisions administratives. Alors que la complexité des procédures multiplie les risques d'erreurs, l'irrégularité d'une consultation peut fragiliser la décision administrative prise à son issue. Cette question suppose de concilier deux impératifs contradictoires : celui de ne pas entraver l'action de l'administration par un formalisme excessif et celui de protéger les droits des administrés, ou encore le principe de sécurité juridique et le principe de légalité. Le législateur comme le juge administratif ont cherché à les concilier en circonscrivant les conséquences contentieuses des manquements commis par l'administration lors de l'élaboration de ses décisions.

Le domaine de l'urbanisme en constitue une bonne illustration. L'article L. 600-1 du code de l'urbanisme prévoit que l'illégalité pour vice de forme ou de procédure d'un schéma directeur, d'un schéma de cohérence territoriale, d'un plan local d'urbanisme ou d'une carte communale ne peut plus être invoquée par voie d'exception, après l'expiration d'un délai de six mois à compter de la prise d'effet du document en cause.

D'une façon plus générale, l'absence de caractère automatique de la sanction des irrégularités commises lors de la consultation d'un organisme a été affirmée par le législateur à l'article 70 de la loi du 17 mai 2011 de simplification et d'amélioration de la qualité du droit. Cet article, s'inspirant de la théorie des vices substantiels dégagée par la jurisprudence administrative, prévoit désormais que « lorsque l'autorité administrative, avant de prendre une décision, procède à la consultation d'un organisme, seules les irrégularités susceptibles d'avoir exercé une influence sur le sens de la décision prise au vu de l'avis rendu peuvent, le cas échéant, être invoquées à l'encontre de la décision ». La solution retenue par le législateur a été étendue par le Conseil d'État à l'ensemble des vices de procédure par un arrêt, *Danthony*, du 23 décembre 2011. Cet arrêt réintroduit également, comme facteur d'illégalité, l'hypothèse jurisprudentielle de privation d'une garantie. Dorénavant, un vice affectant le déroulement d'une procédure administrative, suivie à titre obligatoire ou facultatif, n'est de nature à entacher d'illégalité la décision prise qu'à la condition qu'il ait été susceptible d'exercer, en l'espèce, une influence sur le sens de la décision prise ou qu'il ait privé les intéressés d'une garantie. La jurisprudence *Danthony* prévoit néanmoins une exception concernant le défaut de saisine du Conseil d'État pour les projets d'acte administratif devant lui être obligatoirement soumis. En effet, alors même que ce manquement se rattache à la procédure[61], le Conseil d'État a jugé qu'il constituait une question d'ordre public, que le juge doit soulever d'office et qu'il entraînait

61. CE, 28 décembre 2009, *Syndicat de la magistrature.*

nécessairement l'illégalité de l'acte concerné[62]. Il convient de noter que ni l'article 70 de la loi du 17 mai 2011 ni la jurisprudence *Danthony* n'ont été codifiés au sein du CRPA, probablement parce qu'ils concernent des questions touchant au contentieux, alors que le CRPA porte sur la procédure non contentieuse.

Les consultations ouvertes

Au-delà de la consultation des commissions administratives, le processus d'élaboration des actes administratifs s'est tourné vers le public, avec le développement de procédures de consultation plus ouvertes.

L'*enquête publique*, d'abord, constitue une forme ancienne et traditionnelle en France de consultation du public. Créée dès le XIXe siècle à propos des expropriations pour cause d'utilité publique, cette procédure trouvait alors sa première justification dans la volonté de protection du droit de propriété. Désormais codifiée à l'article L. 11-1 du code de l'expropriation pour cause d'utilité publique, cette première forme d'enquête publique vise à procéder « contradictoirement à la détermination des parcelles à exproprier ainsi qu'à la recherche des propriétaires ».

Aujourd'hui, c'est une nouvelle justification qui explique le développement des procédures consultatives : le besoin de transparence administrative et de démocratie participative. Le domaine de l'environnement est emblématique du renouvellement de ces formes de concertation. La loi du 12 juillet 1983 relative à la démocratisation des enquêtes publiques et à la protection de l'environnement, dite « loi Bouchardeau », a ainsi rendu obligatoire le recours à une enquête publique pour la mise en œuvre d'un projet ayant une incidence sur l'environnement. Elle prévoit que le commissaire enquêteur, responsable de l'organisation de la consultation, est nommé par le président du tribunal administratif – et non pas par le préfet, comme dans le cas des enquêtes publiques traditionnelles – de manière à renforcer son indépendance et son impartialité.

Ces deux régimes *spéciaux* d'enquête publique, prévus respectivement par le code de l'expropriation et par le code de l'environnement, ont un champ spécifique, puisqu'ils concernent soit une déclaration d'utilité publique pour le premier, soit un projet ayant une incidence sur l'environnement pour le second. Il existe désormais un *régime général d'enquête publique*, prévu aux articles L. 134-1 et suivants du code des relations entre le public et l'administration. Auparavant, les enquêtes relevant d'autres domaines étaient souvent organisées par simple renvoi aux dispositions du code de l'expropriation ou du code de l'environnement. Désormais, elles disposent d'un régime de droit commun, prévu au CRPA. Ce dernier a repris des dispositions largement identiques à celles du code de

62. CE, 17 juillet 2013, *Syndicat national des professionnels de santé au travail.*

l'expropriation, s'agissant du déroulement de l'enquête. Le commissaire enquêteur est toutefois désigné par le préfet et non pas par le président du tribunal administratif.

À côté de l'enquête publique, diverses formes de consultation du public sont organisées par les textes. Ainsi, une procédure de *débat public* a été instituée par la loi du 2 février 1995 relative à la protection de l'environnement, dite « loi Barnier », pour ce qui concerne les grandes opérations d'aménagement d'intérêt national présentant un enjeu socio-économique élevé ou ayant un impact notable sur l'environnement. L'organisation de ces débats publics est confiée à une autorité indépendante : la Commission nationale du débat public. Un débat public est une opération plus lourde qu'une enquête publique : il se déroule en principe durant quatre mois et peut comporter de nombreuses réunions publiques, sous la supervision d'une commission particulière du débat public, instituée pour chaque opération.

Plus récemment, la loi du 27 décembre 2012 a défini les conditions de mise en œuvre du *principe de participation du public* prévu à l'article 7 de la Charte de l'environnement pour l'ensemble des décisions administratives ayant une incidence sur l'environnement, y compris – et c'est là une innovation majeure – les actes réglementaires. Cette loi, codifiée aux articles L. 120-1 et suivants du code de l'environnement, organise une procédure de participation de droit commun, qui s'applique par défaut, lorsque aucune autre procédure particulière de consultation du public n'est prévue. Elle impose que le projet de décision soit mis à disposition du public, notamment par voie électronique. Il doit être accompagné d'une note de présentation précisant le contexte et les objectifs du projet. Le public a le droit de déposer ses observations par voie électronique ou postale, dans un délai qui ne peut être inférieur à vingt et un jours à compter de la mise à disposition. Le projet de décision ne peut être définitivement adopté avant l'expiration d'un délai permettant la prise en considération des observations déposées par le public et la rédaction d'une synthèse de ces observations. Enfin, l'administration doit rendre publics, avant la publication de sa décision, la synthèse des observations du public ainsi que, dans un document séparé, les motifs de la décision.

Ce dispositif a été complété avec l'insertion dans le code de l'environnement, par une ordonnance du 21 avril 2016, d'un chapitre intitulé « Consultation locale sur les projets susceptibles d'avoir une incidence sur l'environnement ». Ces dispositions sont venues combler une lacune : le référendum local prévu par l'article 72-1 de la Constitution ne peut porter que sur des projets qui relèvent des compétences des collectivités territoriales[63]. Il s'agissait

63. Voir *supra* chapitre 2 : Les collectivités territoriales.

donc de permettre d'organiser une consultation pour les projets locaux relevant de la compétence de l'État. C'est sur la base de ces dispositions qu'a été organisée, en juin 2016, une consultation sur le projet d'aéroport de Notre-Dame-des-Landes.

Le droit de l'environnement, qui a souvent été à l'avant-garde des avancées en matière de participation du public, innove ici en ce que cette procédure concerne les actes réglementaires. Traditionnellement, les procédures consultatives ou contradictoires ne concernent que des actes individuels (décisions défavorables) ou des décisions d'espèce (déclaration d'utilité publique), se rapportant à une personne ou à un lieu particulier. Les actes réglementaires, en revanche, sont élaborés dans le secret des bureaux ministériels. Si, en pratique, des concertations sont souvent organisées par l'administration avec les personnes intéressées par le projet de réglementation, elles ne résultent pas d'une obligation juridique. Avec l'article 7 de la Charte de l'environnement, les actes réglementaires, lorsqu'ils ont une incidence environnementale, sont désormais concernés par le principe de participation du public.

Le code des relations entre le public et l'administration comporte un titre spécialement consacré à « l'association du public aux décisions prises par l'administration ». Pour l'essentiel, il s'agit d'une codification à droit constant de dispositions existantes. Il comporte toutefois quelques innovations. Par exemple, ce titre débute par un chapitre consacré aux « principes généraux », qui s'appliquent à titre supplétif dans l'hypothèse où l'administration décide spontanément d'engager une procédure de concertation, sans texte. L'article L. 131-1 prévoit ainsi que « lorsque l'administration décide, en dehors des cas régis par des dispositions législatives ou réglementaires, d'associer le public à la conception d'une réforme ou à l'élaboration d'un projet ou d'un acte, elle rend publiques les modalités de cette procédure, met à disposition des personnes concernées les informations utiles, leur assure un délai raisonnable pour y participer et veille à ce que les résultats ou les suites envisagées soient, au moment approprié, rendus publics ». Cette disposition permet de donner un cadre juridique aux procédures spontanément organisées par l'administration pour associer le public à l'action administrative. Par un arrêt *Association citoyenne « Pour Occitanie Pays Catalan »*, du 19 juillet 2017, le Conseil d'État a précisé les modalités d'application de ce dispositif[64]. D'une part, il a estimé qu'une telle consultation facultative doit s'opérer « dans le respect des principes d'égalité et d'impartialité, dont il découle que la consultation doit être sincère ». L'information mise à disposition des personnes concernées doit être « claire et suffisante sur l'objet de la consultation et ses modalités afin de leur permettre de donner utilement

64. CE, ass., 19 juillet 2017, *Association citoyenne « Pour Occitanie Pays Catalan » et autres*, n° 403928.

leur opinion », ce qui implique de laisser un délai de réflexion raisonnable au public. D'autre part, le Conseil d'État a jugé que, s'il y a eu irrégularité, alors il lui appartient, avant d'en tirer les conséquences sur la légalité de l'acte pris à l'issue de la procédure comportant cette consultation, d'apprécier si elle a privé les intéressés d'une garantie ou a été susceptible d'exercer une influence sur l'acte attaqué.

Dans cet esprit, le Conseil d'État, dans son rapport de 2011 précité, a proposé certains principes directeurs de la prise de décision publique, afin d'encourager et de sécuriser les consultations ouvertes au public. L'effectivité du droit de participer des citoyens suppose de garantir l'accessibilité des informations nécessaires, d'organiser le dépôt des observations et de laisser aux intéressés un délai raisonnable leur permettant de s'exprimer. Le rapport propose également que l'impartialité et la loyauté de la concertation soient assurées par le recours, autant que possible, à un tiers garant, ainsi que par un équilibre dans la représentativité des personnes consultées, notamment par la participation d'organismes minoritaires. Enfin, il encourage l'administration à donner des informations sur les suites projetées et ce, dans un délai proportionné à l'importance de la réforme.

Lancée en 2019, la Convention citoyenne pour le climat constitue une forme originale de démocratie participative. Composée de 150 citoyens tirés au sort et représentatifs de la population française dans sa diversité, cette instance a été pilotée par un comité de gouvernance. Au printemps 2020, elle a formulé 149 mesures concrètes et ambitieuses touchant au changement climatique et à la protection de l'environnement. Elle a par exemple suggéré de créer le crime d'écocide, de conditionner les aides publiques aux entreprises à l'évolution positive de leur bilan de gaz à effet de serre ou encore de réduire la TVA sur les billets de train de 10 à 5,5 %. Le président de la République a annoncé qu'il reprendrait 146 de ces mesures, certaines d'entre elles pouvant être soumises au référendum.

Les procédures de participation du public paraissent davantage développées dans certains pays étrangers. Aux États-Unis, dès 1946, l'*Administrative Procedure Act* (APA) a consacré un droit de participation des citoyens à l'élaboration des actes réglementaires. Il institue des règles extrêmement précises s'appliquant à l'ensemble des actes des agences fédérales, qu'il s'agisse de normes réglementaires d'exécution (procédure du *rulemaking*) ou de décisions individuelles (procédure contradictoire dite « d'adjudication »). Pour les actes réglementaires, la procédure du *notice and comment rulemaking* comporte deux volets : l'obligation d'informer (*notice*) et l'obligation de recueillir des commentaires (*comment*).

Au sein de l'Union européenne, la Commission a développé ce type de procédure participative pour l'élaboration des réformes, en diffusant souvent un Livre vert, qui vise à lancer un débat, suivi d'un

Livre blanc, qui formule des propositions. Les agences de l'Union européenne (Agence pour la sécurité des aliments, Agence européenne pour l'évaluation des médicaments, Agence européenne de sécurité aérienne) ont également institué des règles de participation des personnes intéressées par leurs décisions, en s'inspirant souvent du modèle des agences fédérales américaines.

3/ *Les règles de forme*

L'élaboration des actes administratifs unilatéraux doit également répondre à des règles de forme. Parmi celles-ci figure principalement l'obligation pour l'administration de motiver certaines des décisions qu'elle édicte. Cette obligation est importante à un double titre : d'une part, elle permet à l'intéressé de connaître les motifs sur lesquels se fonde l'administration et de mieux apprécier l'opportunité de faire un recours amiable ou contentieux ; d'autre part, elle contraint l'administration à examiner, de manière approfondie, chaque situation et la dissuade de décider en vertu de prises de position préétablies. Il ne s'agit pas toutefois d'une obligation générale, le juge administratif estimant que les décisions des autorités administratives n'ont à être motivées que si un texte le prévoit[65].

Précisément, plusieurs textes sont intervenus pour exiger une motivation obligatoire. Le plus important d'entre eux est la loi du 11 juillet 1979 relative à la motivation des actes administratifs et à l'amélioration des relations entre l'administration et le public. Cette loi est aujourd'hui codifiée aux articles L. 211-1 et suivants du CRPA. L'article L. 211-2 affirme de manière solennelle : « Les personnes physiques ou morales ont le droit d'être informées sans délai des motifs des décisions administratives individuelles défavorables qui les concernent. » Cette obligation implique, selon l'article L. 211-5, de faire connaître à l'intéressé, par écrit, les « considérations de droit et de fait qui constituent le fondement de la décision ». Le code donne une liste – limitative, mais relativement large – des décisions administratives individuelles défavorables qui sont soumises à cette obligation, parmi lesquelles figurent celles qui refusent une autorisation, restreignent l'exercice des libertés publiques, constituent une mesure de police, infligent une sanction, retirent une décision créatrice de droit, ou encore « refusent un avantage dont l'attribution constitue un droit pour les personnes qui remplissent les conditions légales pour l'obtenir ». Elle règle enfin le sort des décisions implicites relevant de son champ d'application. Ces décisions ne sont pas illégales du seul fait qu'elles ne sont pas motivées. Néanmoins, si l'intéressé en formule la demande dans le délai de recours contentieux, l'auteur de la décision doit

65. CE, 30 avril 1980, *Harouel et Morin*.

lui en communiquer les motifs ; à défaut, la décision implicite est regardée comme illégale, car non motivée[66].

D'autres règles de forme relatives aux mentions devant obligatoirement figurer sur les actes administratifs unilatéraux s'imposent à l'administration. Certes, l'état du droit se caractérise en la matière par l'absence de formalisme. Le juge administratif considère en ce sens qu'un acte ne comportant ni date ni visas n'est pas pour ce seul motif illégal[67]. Cependant, de nombreux textes subordonnent la légalité de certains actes au respect de règles de forme. Les articles 19 et 22 de la Constitution imposent par exemple au président de la République et au Premier ministre de faire contresigner leurs décrets respectivement par les ministres responsables et les ministres chargés de leur exécution. La distinction entre ministres responsables et ministres chargés de l'exécution a surtout une signification politique : les actes du président de la République sont contresignés par les ministres qui en assument, notamment vis-à-vis du Parlement, la responsabilité politique, ceux du Premier ministre le sont, pour répondre à un objectif de bonne administration, par les ministres qui devront assurer leur exécution. Le contreseing ne touche pas à la compétence : le seul auteur du décret est le président de la République ou le Premier ministre. Il constitue un vice de forme : son absence entache d'illégalité la mesure prise.

De même, l'article L. 212-1 du CRPA[68] exige que chaque décision administrative comporte, outre la signature de son auteur, la mention du prénom, du nom et de la qualité de celui-ci. Cette dernière obligation a non seulement pour but de permettre à l'intéressé de connaître immédiatement et facilement l'auteur de la décision, mais aussi d'authentifier l'acte. Afin d'éviter tout formalisme excessif, le juge administratif apprécie néanmoins avec souplesse la portée de l'obligation d'identification de l'auteur de l'acte. Il considère que cette obligation est satisfaite lorsque l'identification peut se déduire d'autres mentions que les prénom et nom et découle, par exemple, d'une signature manuscrite lisible ou de toute autre mention de l'acte qui indiquerait le nom du signataire[69]. Si l'auteur n'est pas identifié, il doit à tout le moins être identifiable.

66. Règle issue de la jurisprudence (CE, 29 mars 1985, *Testa*), aujourd'hui codifiée à l'article L. 232-4 du CRPA.

67. CE, 6 mai 1991, *Syndicat des administrateurs et des inspecteurs généraux de l'Insee*.

68. Codifiant l'article 4 de la loi du 12 avril 2000 sur les droits des citoyens dans leurs relations avec les administrations.

69. CE, 11 mars 2009, *Commune d'Auvers-sur-Oise*.

C | L'APPLICATION DANS LE TEMPS DES ACTES ADMINISTRATIFS

Les règles relatives à l'application dans le temps des actes administratifs sont essentielles pour la protection des droits des citoyens. Il s'agit d'éviter que l'administration n'édicte des mesures rétroactives, qu'elle revienne sur des décisions créatrices de droits ou encore qu'elle fasse une application trop abrupte d'une règle nouvelle. L'ensemble de ces exigences est aujourd'hui consacré par le principe de sécurité juridique.

1/ *L'entrée en vigueur des actes administratifs*

Un acte administratif ne peut être opposable que lorsque certaines mesures de publicité sont respectées. Sa date d'entrée en vigueur varie selon les situations.

a) Les règles de publicité

Pour qu'un acte administratif produise ses effets juridiques, certaines formalités doivent être respectées. D'une part, pour exister, l'acte doit avoir été signé par la personne compétente. Il s'agit d'une formalité importante : en cas de recours pour excès de pouvoir, c'est à la date de cette signature que la légalité de l'acte s'apprécie. D'autre part, pour entrer en vigueur, c'est-à-dire pour être *opposable* tant à l'administration qu'aux administrés, l'acte doit faire l'objet d'une mesure de publicité. À défaut, il est dépourvu de toute force obligatoire.

L'entrée en vigueur des actes réglementaires est subordonnée, selon les cas, à leur publication ou à leur affichage (L. 221-2 du CRPA). Les décrets doivent ainsi être publiés au *Journal officiel de la République française*. Les arrêtés font l'objet, selon leur auteur, d'une publication dans les bulletins officiels des ministères ou les recueils des actes administratifs des préfectures et des collectivités territoriales[70]. Les circulaires et instructions adressées par les ministres aux services et établissements de l'État doivent, quant à elles, être mises à disposition du public sur un site internet rattaché au Premier ministre (www.circulaires.gouv.fr). En dehors de la publication dans un journal ou un recueil et de l'affichage, d'autres formes de publication existent : ainsi en va-t-il de la signalisation routière qui, en vertu de l'article R. 411-25 du code de la route, constitue le mode de publicité obligatoire des dispositions réglementaires prises en application de ce code.

70. En vertu des articles L. 2121-24 et L. 2122-29 du code général des collectivités territoriales, les communes de plus de 3 500 habitants sont tenues de publier leurs arrêtés dans un recueil des actes administratifs.

L'entrée en vigueur des décisions individuelles obéit à des règles plus complexes. En principe, celle des décisions individuelles favorables, à l'instar des décisions de nomination ou des décrets de promotion dans l'ordre de la Légion d'honneur[71], a lieu dès leur signature. En revanche, celle des décisions individuelles défavorables est subordonnée à leur notification régulière aux personnes qu'elles visent. En outre, il convient de distinguer la question de l'entrée en vigueur de celle du point de départ du délai de recours : d'une manière générale, s'agissant des décisions individuelles, seule la notification fait courir le délai de recours. Le mode de notification est libre, sauf si un texte en impose un. Certaines décisions individuelles, dont l'importance ou les effets dépassent les seules personnes concernées, doivent non seulement être notifiées, mais également affichées. C'est le cas des permis de construire qui, conformément à l'article R. 424-15 du code de l'urbanisme, doivent être affichés en mairie et sur le terrain pour permettre l'information et le recours des tiers.

b) La date d'entrée en vigueur

En principe, un acte réglementaire entre en vigueur le lendemain du jour de l'accomplissement des formalités de publicité, sauf s'il fixe lui-même une autre date d'entrée en vigueur (L. 221-2 du CRPA). S'agissant des actes publiés au *Journal officiel de la République française*, l'article 1er du code civil énonce : « Les lois et, lorsqu'ils sont publiés au *Journal officiel de la République française*, les actes administratifs entrent en vigueur à la date qu'ils fixent ou, à défaut, le lendemain de leur publication. » Cet article réserve deux exceptions à cette règle. D'une part, il donne la faculté au gouvernement d'ordonner, par une disposition spéciale, en cas d'urgence, l'entrée en vigueur immédiate d'un acte administratif. Cette faculté a été mise en œuvre, par exemple, pour le décret du 8 novembre 2005 déclarant l'état d'urgence en raison de violences urbaines[72], ainsi qu'en 2020, pour nombre des mesures prises pour lutter contre l'épidémie de Covid-19. D'autre part, il précise que l'entrée en vigueur d'actes réglementaires nouveaux peut nécessiter des mesures complémentaires pour la rendre effective : « L'entrée en vigueur de celles de leurs dispositions dont l'exécution nécessite des mesures d'application est reportée à la date d'entrée en vigueur de ces mesures. »

Le principe est donc celui de l'entrée en vigueur *immédiate* des actes administratifs, qui est le pendant du principe selon lequel nul n'a droit au maintien d'un règlement. En vertu de ces principes, un acte réglementaire peut être modifié ou abrogé à toute époque,

71. CE, 24 février 1967, *De Maistre*.
72. CE, 24 mars 2006, *Rolin et Boisvert*.

même s'il avait initialement prévu son application pendant un certain temps[73]. La règle de l'application immédiate est néanmoins bornée par deux principes importants.

Le premier est le *principe de non-rétroactivité* des actes administratifs. Érigé par le Conseil d'État en principe général du droit dans son arrêt *Société du Journal l'Aurore*, du 25 juin 1948, il interdit à l'administration de fixer l'entrée en vigueur de ses décisions, réglementaires ou non, à une date antérieure à celle de leur publication ou de leur notification. Celle-ci peut toutefois y déroger si elle y est autorisée expressément par une loi pour des raisons d'ordre public.

Le principe de non-rétroactivité est parfois d'une application délicate. Il existe en réalité deux formes de rétroactivité[74] : la première directe, et relativement rare, consiste à fixer d'emblée une date d'entrée en vigueur antérieure ; la seconde, plus indirecte et plus complexe, peut résulter de l'application d'une nouvelle règle aux *situations en cours*. Dans ce dernier cas, il n'y a pas normalement de rétroactivité : l'application d'une nouvelle disposition aux situations en cours n'est que la conséquence du principe de l'application immédiate des textes, et la règle ne s'appliquera que pour le futur. Toutefois, tout dépend du type de situations concernées : certaines d'entre elles, constituées antérieurement, sont considérées comme figées à la date de leur constitution. Typiquement, un contrat reste en principe régi par les textes en vigueur à la date de sa signature, en vertu du principe dit « de survie de la loi ancienne ». C'est pourquoi l'article L. 221-4 du CRPA prévoit qu'« une nouvelle réglementation ne s'applique pas aux situations juridiques définitivement constituées avant son entrée en vigueur ou aux contrats formés avant cette date ».

Le second principe qui tempère la règle de l'application immédiate est le *principe de sécurité juridique*, consacré par la décision d'assemblée *Société KPMG*, du 24 mars 2006. En l'espèce, le Conseil d'État déduit la nécessité de prévoir, dans certains cas, des dispositions transitoires. Cette exigence a été codifiée à l'article L. 221-5 du CRPA, aux termes duquel « l'autorité administrative investie du pouvoir réglementaire est tenue, dans la limite de ses compétences, d'édicter des mesures transitoires [...] lorsque l'application immédiate d'une nouvelle réglementation est impossible ou qu'elle entraîne, au regard de l'objet et des effets de ses dispositions, une atteinte excessive aux intérêts publics ou privés en cause ». Cette exigence s'applique, en particulier, lorsque les règles nouvelles sont susceptibles de porter une atteinte excessive à des situations contractuelles en cours légalement nouées ou à des situations régulièrement constituées sous l'empire des anciennes règles[75]. Ainsi, le

73. CE, 25 juin 1954, *Syndicat national de la meunerie à seigle*.

74. Sur la notion, complexe, de rétroactivité, voir la thèse de Paul Roubier, *Le Droit transitoire*, Paris, Sirey, 1929.

75. CE, 13 décembre 2006, *Mme Lacroix*.

principe de sécurité juridique peut parfois commander à l'administration d'échelonner ou de différer dans le temps les mesures réglementaires qu'elle édicte. À titre d'exemple, un arrêté qui modifie le contenu des épreuves d'un concours administratif doit notamment reporter son entrée en vigueur d'une année « afin de permettre aux candidats de disposer d'un délai raisonnable pour s'y adapter[76] ».

De fait, la date de son entrée en vigueur est souvent précisée par l'acte administratif lui-même. Une circulaire du Premier ministre du 23 mai 2011 relative aux dates communes d'entrée en vigueur des normes concernant les entreprises a été adoptée, pour permettre en particulier aux acteurs économiques d'être mieux informés des changements réglementaires en rapport avec leur activité et de procéder plus facilement aux adaptations nécessaires. Pour l'ensemble des décrets et arrêtés concernant les entreprises, elle prévoit, d'une part, que chaque texte comporte un différé d'entrée en vigueur, d'une durée adaptée à l'objet du texte, mais qui ne doit pas être inférieure à deux mois à compter de sa publication au *Journal officiel de la République française*, et, d'autre part, que cette entrée en vigueur se fait désormais à un nombre limité d'échéances prédéterminées dans l'année, au 1er janvier ou au 1er juillet de chaque année. Des dérogations sont possibles lorsqu'elles sont dûment justifiées, par exemple dans le cas d'un texte favorable aux entreprises ou dont la date d'entrée en vigueur est commandée par une règle supérieure. La liste des textes réglementaires publiés dont l'entrée en vigueur est ainsi programmée est facilement accessible sur le site Légifrance (rubrique « Autour de la loi/Entreprises/Tableaux et chronologie des dates communes d'entrée en vigueur »).

2/ *La sortie de vigueur des actes administratifs*

Un acte administratif cesse d'être en vigueur lorsqu'il est retiré ou abrogé par l'administration. À ces deux hypothèses, résultant de la volonté de l'administration, s'ajoutent deux cas particuliers : l'annulation d'un acte pour excès de pouvoir par le juge administratif, qui est en principe rétroactive, et l'hypothèse, plus rare, de la caducité d'un acte.

Le régime juridique du retrait et de l'abrogation des actes administratifs s'efforce de trouver un juste équilibre entre deux impératifs parfois contradictoires : d'un côté, le respect du *principe de légalité*, qui incite à faire disparaître de l'ordonnancement juridique un acte illégal ; d'un autre côté, le *principe de sécurité juridique*, qui peut conduire à fermer toute possibilité de remise en cause après l'expiration des délais de recours. Le *principe de mutabilité* des actes administratifs est également à prendre en considération : il invite

76. CE, 25 juin 2007, *Syndicat CFDT du ministère des affaires étrangères*.

à autoriser les évolutions nécessaires des règlements, qui « varient suivants les besoins du service », pour reprendre l'ancienne formule de l'arrêt *Blanco*, du 8 février 1873.

Le code des relations entre le public et l'administration est venu simplifier et unifier les règles de retrait et d'abrogation des actes administratifs, conformément au mandat qui lui était donné par la loi d'habilitation du 12 novembre 2013. Ces règles, élaborées progressivement par voie jurisprudentielle, étaient devenues relativement complexes. Comme le relevait le président Labetoulle, « la jurisprudence n'est pas à l'abri de la sophistication, soit par une sorte de mouvement propre – auquel elle succombe parfois – soit qu'elle y soit entraînée par la diversification des situations auxquelles elle s'applique[77] ». Pour la clarté du propos, les développements qui suivent s'en tiennent d'ailleurs avant tout aux règles nouvelles, sans entrer dans le détail des règles anciennes.

Le CRPA comporte un titre dédié à « la sortie de vigueur des actes administratifs ». Celui-ci s'ouvre par un article L. 240-1 qui comporte deux définitions : *l'abrogation* d'un acte est « sa disparition juridique pour l'avenir », tandis que son *retrait* est « sa disparition juridique pour l'avenir comme pour le passé »[78].

Pour présenter ce régime juridique, deux critères doivent être combinés. Le premier tient à l'étendue de la modification : abrogation ou retrait. Le second concerne la nature de l'acte : il faut distinguer le cas de l'acte créateur de droit de celui des actes non créateurs de droit, et notamment des actes réglementaires. Cette seconde distinction est déterminante pour le régime applicable.

a) Les décisions créatrices de droits

L'abrogation et le retrait des décisions créatrices de droits sont soumis aux mêmes règles, sans qu'il soit distingué entre les deux dans le code des relations entre le public et l'administration.

Ces règles codifient pour l'essentiel la jurisprudence *Ternon*, du 26 octobre 2001. Le Conseil d'État a en effet reconnu très tôt à l'administration le droit de retirer, dans l'intérêt de la légalité, une décision illégale[79]. Avec l'arrêt *Ternon*, revenant sur une jurisprudence ancienne, *Dame Cachet*[80], le Conseil d'État a simplifié les

77. Daniel Labetoulle, « Le code des relations entre le public et l'administration : avant-propos », *RFDA*, 2016, p. 1.

78. Moyen mnémotechnique : le *retrait* est rétroactif. Cette terminologie n'est toutefois pas toujours pleinement respectée : il arrive que l'on parle du retrait d'une autorisation à propos de son abrogation pour l'avenir.

79. CE, 16 février 1912, *Abbé Blanc*.

80. Pendant longtemps, le délai de retrait était fixé selon les règles issues de l'arrêt *Dame Cachet*, du 3 novembre 1922. L'administration pouvait prononcer d'office le retrait d'un acte créateur de droits illégal avant l'expiration des délais du recours contentieux ou, si un recours contentieux avait été formé, tant que le juge n'avait pas statué. Le lien entre délai de retrait et délai de recours contentieux entraînait toutefois certains inconvénients. En particulier, le délai de recours contre une décision individuelle commence rarement à courir à l'égard des tiers, ce type de

règles du retrait, en dissociant délai de retrait et délai de recours contentieux. Il en résulte que l'administration ne peut retirer une décision individuelle expresse créatrice de droits que dans le délai de quatre mois suivant la prise de cette décision. L'avantage de cette nouvelle règle jurisprudentielle réside dans sa simplicité : tant la durée du délai de retrait (quatre mois) que son point de départ (la date d'édiction de la décision) sont fixes. En outre, conformément à la jurisprudence ancienne, le retrait ne peut intervenir que pour un motif d'illégalité – et non d'opportunité.

Pour les décisions créatrices de droits, il est délicat de distinguer entre le retrait et l'abrogation. Lorsqu'une décision individuelle a créé des droits intangibles, c'est-à-dire définitivement acquis, elle est en principe à l'abri de toute remise en cause pour le présent comme pour le futur : dans ce cas, l'abrogation équivaut à un retrait. Dans une décision, *Coulibaly,* du 6 mars 2009, le Conseil d'État a ainsi considéré que la décision d'inscription d'un médecin étranger au tableau de l'ordre des chirurgiens-dentistes ne pouvait être remise en cause, quand bien même le conseil départemental de l'ordre estimerait, après réexamen du dossier, que l'intéressé ne détenait pas le diplôme requis et ce, même s'il ne s'agissait que d'une abrogation ne valant que pour le futur. Ainsi, la règle des quatre mois vaut tant pour le retrait que pour l'abrogation.

L'article L. 242-1 du CRPA reprend cette règle prétorienne : « L'administration ne peut abroger ou retirer une décision créatrice de droits de sa propre initiative ou sur la demande d'un tiers que si elle est illégale et si l'abrogation ou le retrait intervient dans le délai de quatre mois suivant la prise de cette décision. »

En outre, le code innove : il étend le champ de la règle des quatre mois aux décisions *implicites.* Celles-ci, lorsqu'elles étaient créatrices de droits, étaient auparavant soumises à un régime complexe de retrait, qui variait selon le sens de la décision (décision implicite de rejet ou d'acceptation)[81]. Désormais, toutes les décisions créatrices de droits sont soumises au même régime, qu'elles soient expresses ou implicites.

décision ne faisant en général l'objet ni de mesure de publicité ni de notification aux tiers.

81. La jurisprudence *Ternon* ne réglait pas le cas du retrait des décisions implicites : nées du silence de l'administration, elles étaient soumises à des règles spécifiques, accordant plus souplement à l'administration un droit de repentir. Pour les décisions implicites de *rejet*, les règles de retrait demeuraient fixées par l'arrêt *Dame Cachet* : l'administration n'avait le droit de les retirer qu'en raison de leur illégalité et aussi longtemps qu'elles étaient susceptibles d'annulation par le juge (CE, 26 janvier 2007, *SAS Kaefer Wanner*). Pour les décisions implicites *d'acceptation*, les conditions de leur retrait étaient fixées par l'article 23 de la loi du 12 avril 2000 relative aux droits des citoyens dans leurs relations avec les administrations. Si elles avaient fait l'objet d'un recours contentieux, elles pouvaient être retirées pendant toute la durée de l'instance. Celles qui avaient fait l'objet d'une mesure d'information des tiers et qui n'auraient pas été attaquées devant le juge administratif pouvaient uni-

La règle des quatre mois comporte toutefois quelques tempéraments. Un acte administratif unilatéral obtenu *par fraude* peut être à tout moment abrogé ou retiré (L. 241-2 du CRPA)[82]. En outre, l'administration peut, sans condition de délai, abroger une décision créatrice de droits dont le maintien est subordonné à une condition qui n'est plus remplie[83]. Il s'agit là du cas des *décisions conditionnelles*, c'est-à-dire celles dont les effets ne se prolongent qu'à la condition que les critères conduisant à leur édiction initiale continuent d'être remplis. Tel est le cas des décisions par lesquelles l'administration accorde la « protection fonctionnelle »[84] à un agent poursuivi par des tiers pour des faits survenus à l'occasion de l'exercice de ses fonctions[85]. L'administration peut, à toute époque, y mettre fin pour l'avenir, si les conditions au vu desquelles ces décisions ont été initialement édictées ne sont plus réunies. De même, la règle des quatre mois connaît un traitement particulier si le retrait ou l'abrogation fait suite à une *demande du bénéficiaire* de la décision créatrice de droits (L. 242-3)[86]. Enfin, le délai de quatre mois est prolongé lorsqu'un *recours administratif préalable obligatoire* a été formé : jusqu'à l'expiration de ce délai, l'auteur de la décision initiale, qui n'est pas dessaisi, peut encore retirer ou abroger sa décision.

On mentionnera également une exception particulière : l'administration ne peut jamais retirer la mesure de nomination d'un magistrat, en raison des garanties particulières qui s'attachent à la qualité de magistrat de l'ordre judiciaire[87].

b) Les actes réglementaires et les actes non réglementaires non créateurs de droit

Dans un objectif de simplification, le CRPA unifie le régime juridique de ces deux types d'actes : d'une part, les actes réglementaires,

quement être retirées tant que le délai du recours contentieux n'avait pas expiré. Celles, enfin, qui n'avaient fait l'objet ni d'une publicité ni d'un recours contentieux étaient susceptibles d'être retirées dans un délai de deux mois à compter de leur intervention.

82. Voir, pour illustrer cette solution traditionnelle, CE, 29 novembre 2002, *Assistance publique-Hôpitaux de Marseille*.

83. Exception prévue à l'article L. 242-2, lequel ajoute que l'administration peut également, sans condition de délai, retirer une décision attribuant une subvention lorsque les conditions mises à son octroi n'ont pas été respectées.

84. En pratique, la protection fonctionnelle consiste surtout, pour l'administration, à prendre en charge les frais d'avocat d'un agent public tenu de se défendre face à un tiers qui le poursuit en justice pour des actes commis dans l'exercice de ses fonctions.

85. CE, 14 mars 2008, *Portalis*. Voir également CE, 6 novembre 2002, *Soulier*, pour l'hypothèse de la décision par laquelle l'administration octroie à un agent public certains éléments de rémunération.

86. À l'intérieur du délai de quatre mois, l'administration *est tenue* de retirer ou d'abroger la décision si le bénéficiaire en fait la demande ; après ce délai, elle *peut* le faire, si certaines conditions sont remplies.

87. CE, 1er octobre 2010, *Mme Tacite*.

de l'autre, les actes « non réglementaires non créateurs de droit », vaste catégorie qui comporte notamment des décisions d'espèce, ou certaines décisions individuelles, lorsqu'elles ne sont pas créatrices de droit. À la différence du point précédent, le code distingue ici l'abrogation et le retrait.

L'abrogation

S'agissant de l'abrogation, le CRPA codifie des règles jurisprudentielles. Selon les cas, l'administration a la *faculté* ou *l'obligation* d'abroger.

D'une part, l'administration a toujours la faculté d'abroger un règlement pour l'avenir. Cette règle traditionnelle est aujourd'hui codifiée : « Un acte réglementaire ou un acte non réglementaire non créateur de droits peut, pour tout motif et sans condition de délai, être modifié ou abrogé » (L. 243-1 du CRPA[88]). Selon la formule classique, « nul n'a droit au maintien des règlements ». Dans sa décision *Mme Lacroix*, du 13 décembre 2006, le Conseil d'État a ainsi jugé, de manière pédagogique, que « l'exercice du pouvoir réglementaire implique pour son détenteur la possibilité de modifier à tout moment les normes qu'il définit sans que les personnes auxquelles sont, le cas échéant, imposées de nouvelles contraintes puissent invoquer un droit au maintien de la réglementation existante ». Commandée par le *principe de mutabilité des actes administratifs*, cette faculté reconnue à l'administration l'a été aussi au législateur. Le Conseil constitutionnel juge, en effet, qu'il est toujours libre, dans le domaine de sa compétence, d'adopter des dispositions nouvelles dont il lui appartient d'apprécier l'opportunité et de modifier des textes antérieurs ou de les abroger en leur substituant, le cas échéant, d'autres dispositions[89].

D'autre part, « l'administration est tenue d'abroger expressément un acte réglementaire illégal », comme l'affirme aujourd'hui l'article L. 243-2 du CRPA. Saisie d'une demande d'abrogation, l'autorité compétente est donc tenue d'y déférer. Cette obligation s'impose quelle que soit la date de l'illégalité, autrement dit « que cette situation existe depuis son édiction ou qu'elle résulte de circonstances de droit ou de fait postérieures ». Sont ici codifiées les deux hypothèses prévues respectivement par les jurisprudences *Alitalia*[90] et *Despujol*[91]. S'agissant des actes non réglementaires non créateurs de droit, l'article L. 243-2 pose une règle légèrement différente : l'obligation

88. Cette règle avait déjà été codifiée par l'article 16-1 de la loi DCRA du 12 avril 2000, que reprend l'article L. 243-1.

89. CC, 9 août 2012, *Loi de finances rectificative pour 2012.*

90. CE, 3 février 1989, *Compagnie Alitalia* : hypothèse du règlement illégal dès la date de sa signature.

91. CE, 10 janvier 1930, *Despujol* : hypothèse de l'illégalité résultant d'un changement de circonstances de droit ou de fait postérieur à la date d'édiction de l'acte.

d'abrogation ne vaut que pour l'hypothèse de l'acte devenu illégal à la suite d'un changement de circonstances de fait ou de droit[92].

La demande d'abrogation n'est enserrée dans aucune condition de délai et peut être présentée par toute personne intéressée. Le refus de l'administration d'y faire droit peut être contesté devant le juge de l'excès de pouvoir et, le cas échéant, être annulé. Cette voie de droit présente un intérêt non négligeable pour les administrés, car elle leur permet de contester la légalité d'un acte réglementaire, alors même que ce dernier n'a pas été attaqué dans le délai de recours. L'annulation par le juge du refus d'abroger un règlement illégal n'est pas non plus dépourvue de tout effet. D'une part, elle est de nature à permettre d'engager la responsabilité pour faute de l'administration et à ouvrir droit aux personnes intéressées à des dommages-intérêts. D'autre part, le juge de l'excès de pouvoir peut enjoindre à l'administration de procéder, dans un certain délai, à l'abrogation expresse du règlement litigieux, le cas échéant sous astreinte[93].

Le retrait

Le retrait se heurte frontalement au principe de non-rétroactivité, qui interdit d'annuler une décision administrative pour le passé. C'est pourquoi, avant l'intervention du CRPA, la jurisprudence était très restrictive quant au retrait des actes réglementaires : le retrait rétroactif était normalement impossible. Pour mémoire, la jurisprudence réservait une exception, dans un cas tout à fait particulier : s'il n'avait reçu aucune application effective, un règlement pouvait être retiré à toute époque et pour tout motif, même d'opportunité[94]. Les actes individuels non créateurs de droits, pour leur part, pouvaient être retirés à tout moment et pour tout motif[95].

Sur ce point, le code des relations entre le public et l'administration comporte une innovation importante : il étend le champ de la règle des quatre mois, initialement posée par l'arrêt *Ternon* pour les seules décisions individuelles créatrices de droits. Son article L. 243-3 prévoit que « l'administration ne peut retirer un acte réglementaire ou un acte non réglementaire non créateur de droits que s'il est illégal et si le retrait intervient dans le délai de quatre mois suivant son édiction ». C'est ici une source importante de simplification du régime du retrait des actes administratifs, désormais tous soumis à la même règle des quatre mois.

Enfin, une exception à cette règle est prévue par le code pour l'hypothèse particulière des sanctions : une sanction infligée par l'administration peut toujours être retirée (L. 243-4).

92. Voir également CE, 30 novembre 1990, *Association Les Verts*. Cette jurisprudence avait étendu l'obligation d'abrogation aux décisions d'espèce non réglementaires, telles que les actes relatifs au découpage des cantons.

93. CE, 20 mars 2000, *GISTI*.

94. CE, 21 octobre 1966, *Société Graciet*.

95. CE, 30 juin 1950, *Quéralt*.

c) L'annulation des actes administratifs par le juge

La sortie de vigueur d'un acte administratif peut enfin résulter de son annulation par le juge administratif. Cette annulation contentieuse emporte disparition rétroactive de l'acte attaqué. Selon la formule retenue par le Conseil d'État dans son arrêt *Rodière,* du 26 décembre 1925, « les actes annulés pour excès de pouvoir sont réputés n'être jamais intervenus ». La portée rétroactive que le juge donne à sa décision se comprend par la double intention de sanctionner une illégalité qui entache l'acte depuis son édiction et d'effacer de l'ordonnancement juridique les décisions illégales. Dans le cadre du recours pour excès de pouvoir, le juge fait ainsi prévaloir le principe de légalité sur l'impératif de sécurité juridique. Ce dernier est toutefois pris en compte par la faculté donnée au juge administratif, depuis l'arrêt du Conseil d'État *Association AC ! et autres,* du 11 mai 2004, de moduler dans le temps les effets de l'annulation contentieuse. Relevons, enfin, que l'annulation d'un acte administratif met parfois à la charge de l'administration des devoirs et obligations, comme ceux de reconstituer la carrière d'un agent public illégalement évincé[96].

d) Un cas particulier : la caducité des actes administratifs

La fin de l'application d'un acte administratif peut également être la conséquence de sa caducité. Un acte peut cesser d'être applicable à compter d'une date déterminée ou en conséquence de certains événements, quand la loi ou le règlement le dispose par avance. Toutefois, la caducité des décisions administratives demeure l'exception et leur pérennité, la règle. En effet, d'une façon générale, un acte administratif s'applique sans aucune limite de temps et aussi longtemps qu'il n'a pas été retiré, abrogé ou annulé par le juge. Ni la circonstance qu'il n'ait jamais reçu application ni celle qu'il soit tombé en désuétude n'ont d'effet sur son maintien en vigueur. Selon la formule de Raymond Odent, « une législation ou une réglementation ne tombe pas en désuétude ni par défaut d'exécution ni par tolérance d'usages contraires[97] ». En principe, il n'y a pas de caducité sans texte. Toutefois, un règlement qui n'est plus susceptible de recevoir aucune application en raison de la disparition des situations qu'il entendait régir est regardé comme caduc[98].

Certains textes prévoient expressément un mécanisme de péremption. Fréquent en matière d'autorisation administrative, ce procédé a généralement pour but d'inciter son titulaire à en exécuter les prescriptions ou à faire usage des droits qui en découlent. À titre d'exemple, l'autorisation d'émettre délivrée par le Conseil

96. CE, 26 décembre 1925, *Rodière.*

97. Raymond Odent, *Contentieux administratif,* Paris, Dalloz, 2007 [2e éd.], 1.1, p. 333.

98. CE, 12 mars 2014, *Comité harkis et vérité.*

supérieur de l'audiovisuel devient caduque si la fréquence n'est pas utilisée dans le délai fixé[99]. De la même manière, en matière d'expropriation, la déclaration d'utilité publique est périmée si, dans le délai qu'elle précise, l'opération d'expropriation n'est pas réalisée[100] ; c'est également le cas des arrêtés de cessibilité, lorsqu'ils ne sont pas transmis au juge de l'expropriation dans un délai de six mois[101]. Dans la même logique, le permis de construire est frappé de péremption, si les travaux de construction ne sont pas entrepris au cours du délai de deux ans ou bien s'ils sont interrompus pendant plus d'un an[102]. Enfin, un arrêté d'autorisation d'une installation classée pour la protection de l'environnement cesse de produire ses effets lorsque l'installation n'a pas été mise en service dans le délai de trois ans ou lorsque l'exploitation a été interrompue pendant plus de deux années consécutives[103].

III

LA SANCTION DES ACTES ADMINISTRATIFS

Les décisions administratives produisent leurs effets dès leur entrée en vigueur : elles sont immédiatement exécutoires. Leur caractère exécutoire est même, selon la formule consacrée avec une certaine solennité par la décision *Huglo*, du 2 juillet 1982, « la règle fondamentale du droit public ». Cette règle emporte plusieurs conséquences. Elle implique d'abord le devoir, pour les administrés, de se conformer aux obligations contenues dans les actes administratifs unilatéraux. Elle confère ensuite à ces actes une présomption de légalité ou, selon l'expression de Maurice Hauriou, « l'autorité de la chose décidée ». Autrement dit, l'administration a le pouvoir de prendre des actes qui sont réputés légaux dès leur édiction et qui s'imposent immédiatement à leurs destinataires, sans qu'il soit besoin de recourir au juge. Les administrés ont, quant à eux, le devoir de s'y conformer tant qu'ils n'ont pas été annulés par le juge ou tant que leur exécution n'a pas été suspendue par l'exercice d'un recours suspensif ou par une mesure ordonnée par le juge des référés. Les pouvoirs publics disposent de plusieurs moyens pour

99. Article 25 de la loi n° 86-1067 du 30 septembre 1986 relative à la liberté de communication.

100. Article L. 11-5 du code de l'expropriation pour cause d'utilité publique.

101. Articles R. 12-1 et 12-3 du code de l'expropriation pour cause d'utilité publique.

102. Article R. 424-17 du code de l'urbanisme.

103. Article R. 512-74 du code de l'environnement.

contraindre les administrés à exécuter les actes qu'ils édictent. Ils peuvent exercer des poursuites pénales, prononcer des sanctions administratives ou recourir à l'exécution forcée.

A | LES SANCTIONS PÉNALES

En cas de refus d'exécution, les administrés s'exposent d'abord à des poursuites pénales. De nombreux textes organisent la répression pénale des manquements aux actes administratifs unilatéraux. Une disposition générale, l'article R. 610-5 du code pénal, punit ainsi de l'amende prévue pour les contraventions de la première classe « la violation des interdictions ou le manquement aux obligations édictées par les décrets et arrêtés de police ». D'autres textes spéciaux sanctionnent, par exemple, le fait d'exécuter des travaux sans l'autorisation de construire requise ou en méconnaissance des prescriptions imposées par cette autorisation[104], le fait pour un étranger de se soustraire à l'exécution d'un arrêté d'expulsion, d'une mesure de reconduite à la frontière ou d'une obligation de quitter le territoire français[105], le fait d'exploiter une installation classée pour la protection de l'environnement sans le titre nécessaire[106] ou le fait de ne pas se conformer à une mesure de fermeture d'un débit de boissons[107].

Les infractions sont recherchées et constatées par des agents habilités de l'administration. Ces agents transmettent leurs procès-verbaux au procureur de la République, qui peut décider de poursuivre ou bien de classer la procédure sans suite. Lorsqu'il est amené à prononcer une sanction, le juge répressif est compétent pour interpréter et apprécier la légalité de l'acte administratif dont l'inexécution est en cause, par dérogation à la répartition des compétences entre les deux ordres de juridiction[108]. Statuant, par exemple, sur la légalité des poursuites engagées contre un planchiste ayant bravé un arrêté municipal interdisant la pratique de la planche à roulettes en dehors d'un espace spécialement aménagé à cet effet, le juge pénal recherche, dans la lignée du contrôle exercé par le juge administratif, si l'interdiction prescrite par l'arrêté ne présente pas un caractère général et absolu et si elle est nécessaire

104. Article L. 480-4 du code de l'urbanisme.

105. Article L. 624-1 du code de l'entrée et du séjour des étrangers et du droit d'asile.

106. Article L. 514-9 du code de l'environnement.

107. Article 3352-6 du code de la santé publique.

108. Article 111-5 du code pénal.

pour assurer le bon ordre, ainsi que la sécurité et la sûreté publiques[109].

Pendant longtemps, les sanctions pénales ont constitué « le mode d'exécution habituel et normal des actes de la puissance publique[110] ». Cependant, ces sanctions ne paraissent pas toujours adaptées, pour deux séries de raisons. D'une part, les manquements qu'elles répriment consistent, le plus souvent, en la méconnaissance de règles techniques avec lesquelles le juge pénal est peu familiarisé, qu'il s'agisse d'en établir la réalité ou d'en apprécier la gravité. D'autre part, l'encombrement des juridictions répressives et la lourdeur de la procédure pénale, conjugués à l'impuissance des parquets à poursuivre toutes les infractions et à la difficulté des juges d'établir la matérialité des délits, ont contribué à réduire leur efficacité. Ces contraintes et limites de la sanction pénale expliquent, en grande partie, le développement récent des sanctions administratives[111].

B | LES SANCTIONS ADMINISTRATIVES

Si elles constituent un mode de répression ancien, les sanctions administratives ont connu des développements importants au cours de la période récente. Leur essor tient d'abord aux avantages qu'elles offrent en termes de simplicité, d'efficacité, d'acceptabilité, de prévention et d'adaptation. En effet, d'un point de vue pratique, la sanction administrative est immédiatement exécutoire, ne requiert pas la saisine préalable d'un juge et permet de traiter efficacement des contentieux de masse. En matière fiscale par exemple, près de 10 milliards d'euros de redressements et pénalités ont été infligés en 2019 aux contribuables à la suite de 54 000 contrôles, alors que, même si leur nombre s'est accru à la suite de la loi du 23 octobre 2018 relative à la lutte contre la fraude fiscale, seules 1 678 procédures pénales ont été engagées par l'administration fiscale. La sanction administrative est aussi davantage acceptée, car plus discrète et moins stigmatisante que la sanction pénale. Enfin, elle paraît plus adaptée dans les matières disciplinaires, techniques ou économiques où l'autorité administrative est réputée avoir une

109. Cass., crim., 18 novembre 2003, *M. Noël.*

110. Selon la formule utilisée par le commissaire du gouvernement Romieu dans ses conclusions rendues dans l'arrêt *Société immobilière de Saint-Just* du Tribunal des conflits du 2 décembre 1902.

111. Jean-Marc Sauvé, « Les sanctions administratives en droit public français : état des lieux, problèmes et perspectives », *AJDA*, 57, 2001, p. 16 ; Renaud Denoix de Saint Marc, « Les sanctions administratives », *AJDA*, 57, 2001, p. 148 ; Mattias Guyomar, *Les Sanctions administratives*, Paris, LGDJ, coll. « Systèmes », 2014.

bonne connaissance des enjeux de ses décisions. Mais, au-delà des avantages qu'elles présentent, le développement des sanctions administratives résulte surtout de la multiplication des autorités administratives indépendantes habilitées par le législateur à prononcer des sanctions.

1/ *L'identification des sanctions administratives*

La sanction administrative se définit traditionnellement comme une décision unilatérale prise par une autorité administrative agissant dans le cadre de prérogatives de puissance publique, qui punit l'auteur d'un manquement aux lois et aux règlements[112].

Ces sanctions prennent des formes très diverses. Elles peuvent consister en un avertissement ou en un blâme en matière disciplinaire, en une amende, en une mesure privative de droits (suspension ou retrait d'un avantage, d'un agrément ou d'une autorisation, fermeture ou suppression d'un établissement ou d'une installation, interdiction temporaire ou définitive d'exercer certaines professions) ou encore en une mesure de publicité. Par exemple, lorsqu'un opérateur de radio ne respecte pas ses obligations en matière de diffusion de chansons d'expression française, le Conseil supérieur de l'audiovisuel peut lui infliger plusieurs types de sanctions, allant de la lecture à l'antenne de la station d'un communiqué officiel au prononcé d'une amende, d'une suspension du programme pour une durée variant d'une heure à un mois, d'une réduction de la durée de l'autorisation d'émettre ou encore – mesure extrême – au retrait de cette autorisation.

L'identification d'une sanction administrative peut parfois s'avérer délicate compte tenu de sa proximité avec des notions juridiques voisines. Les retraits d'autorisation par l'administration illustrent les difficultés de cet exercice de qualification. En effet, alors même qu'ils ont des effets juridiques identiques, certains retraits peuvent poursuivre une finalité autre que répressive et ne pas être assimilées à des sanctions administratives. Tel est le cas lorsque l'administration retire une autorisation pour l'avenir, au motif que son titulaire cesse de remplir les conditions au vu desquelles elle a été délivrée[113], ou lorsque le retrait est décidé à titre purement préventif, pour maintenir l'ordre et la sécurité publique[114]. La distinction entre ces différents types de décisions est importante, car elle détermine une partie de leur régime juridique. À la différence des mesures de police, les sanctions administratives sont en effet entourées de garanties de procédure et de fond

112. Conseil d'État, *Les Pouvoirs de l'administration dans le domaine des sanctions*, Paris, La Documentation française, 1995, p. 35.

113. CE, 22 mars 1999, *SA NRJ*.

114. CE, 22 avril 1955, *Association franco-russe*.

plus importantes. Alors que les mesures de police ont une finalité préventive, une mesure de sanction a une finalité punitive : infliger une peine, c'est-à-dire punir afin de réprimer un comportement passé.

2/ *Le régime des sanctions administratives*

Si le principe même d'un pouvoir de sanction administrative est admis, son exercice est encadré par des principes de fond et procéduraux, et il fait l'objet d'un contrôle étroit du juge administratif.

a) Le principe même d'un pouvoir de sanction administrative

Le principe même de l'attribution d'un pouvoir de sanction à l'administration en lieu et place du juge n'est pas contraire à la Constitution. Par sa décision du 17 janvier 1989, *Liberté de communication*, statuant sur la constitutionnalité de dispositions législatives instituant des sanctions administratives, le Conseil constitutionnel a en effet jugé que ni le principe de la séparation des pouvoirs ni aucun autre principe ou règle de valeur constitutionnelle ne fait obstacle à ce que le législateur investisse une autorité administrative, agissant dans le cadre de prérogatives de puissance publique, d'un pouvoir de sanction. Il a admis l'existence d'un tel pouvoir sous la condition qu'il soit nécessaire à l'accomplissement de sa mission par l'autorité administrative. L'exercice de ce pouvoir est néanmoins strictement encadré par le juge constitutionnel. Il est subordonné au respect de deux conditions, précisées par la décision du 28 juillet 1989 relative à la Commission des opérations de Bourse, devenue Autorités des marchés financiers[115] : d'une part, « la sanction susceptible d'être infligée est exclusive de toute peine de privation de liberté » ; d'autre part, l'exercice du pouvoir de sanction doit être « assorti par la loi de mesures destinées à sauvegarder les droits et libertés constitutionnellement garantis ».

La première condition touche à la *nature de la sanction* susceptible d'être infligée par l'administration. Cette exigence découle de l'article 66 de la Constitution, qui fait du seul juge judiciaire le gardien de la liberté individuelle. Le Conseil constitutionnel a adopté une conception stricte de cette exigence : il a censuré les dispositions législatives confiant à une autorité administrative[116] les pouvoirs de sanction consistant à suspendre l'accès d'une personne au réseau internet. Il a considéré que ces pouvoirs restreignaient le droit de toute personne de « s'exprimer et de communiquer librement, notamment depuis son domicile » et que, dans ces conditions, « le législateur ne pouvait, quelles que soient les garanties

115. CC, 28 juillet 1989, *Sécurité et transparence du marché financier*.

116. La Haute Autorité pour la diffusion et la protection des droits sur internet (Hadopi), et plus précisément sa commission de protection des droits.

encadrant le prononcé des sanctions, confier de tels pouvoirs à une autorité administrative dans le but de protéger les droits des titulaires du droit d'auteur et de droits voisins »[117]. Seule une juridiction pouvait être habilitée à prendre des mesures portant une atteinte de cette nature à la liberté d'expression et de communication.

Par ailleurs, l'exercice du pouvoir de sanction doit être assorti par la loi de « mesures destinées à sauvegarder les droits et libertés constitutionnellement garantis ». Ces mesures comprennent des règles de fond comme des principes procéduraux.

b) Les règles de fond

La plupart des règles de fond applicables à la répression pénale le sont aussi aux sanctions administratives. Parmi celles-ci, on peut mentionner le principe de non-rétroactivité de la loi pénale plus sévère et son corollaire, le principe de l'application immédiate de la loi pénale plus douce[118], le principe de proportionnalité des peines, le principe d'individualisation des peines ou de personnalité des peines ou encore le principe d'égalité devant la loi pénale.

Le principe de légalité des délits et des peines a fait l'objet de précisions jurisprudentielles. Ce principe exige traditionnellement que le législateur définisse les crimes et délits en termes suffisamment clairs et précis pour exclure l'arbitraire dans le prononcé des peines et éviter une rigueur non nécessaire lors de la recherche des auteurs d'une infraction[119]. Il s'applique non seulement en matière pénale, mais également aux sanctions administratives. Le Conseil constitutionnel et le Conseil d'État admettent toutefois que, lorsqu'il est appliqué en matière administrative, ce principe ne fasse pas obstacle à ce que les infractions soient définies d'une façon plus souple, par la seule référence aux obligations auxquelles est soumise une personne en raison de l'activité qu'elle exerce, de la profession à laquelle elle appartient ou de l'institution dont elle relève[120]. Le principe de légalité des délits et des peines interdit en revanche à l'administration d'infliger une sanction non prévue par un texte : l'obligation en cause comme la sanction de sa méconnaissance doivent résulter de dispositions écrites, claires et précises.

Le principe *non bis in idem* interdit de poursuivre plusieurs fois une même personne pour des mêmes faits. La question s'est posée de savoir s'il faisait obstacle au cumul de sanctions administratives

117. CC, 10 juin 2009, *Diffusion et protection de la création sur internet*, dite « décision *Hadopi* ».

118. CC, 30 décembre 1982, *Loi de finances rectificative pour 1982* ; CE, avis section, 5 avril 1996, *Houdmond*.

119. CC, 27 juillet 2006, *Droit d'auteur et droits voisins dans la société de l'information*.

120. CC, 17 janvier 1989, *Liberté de communication* ; CE, 7 juillet 2004, *Ministre de l'intérieur, de la sécurité intérieure et des libertés locales c/ M. Benkerrou*.

et pénales. Dans un avis du 29 avril 2004, le Conseil d'État en formation consultative avait adopté une position souple, en estimant que les deux procédures étaient indépendantes et qu'ainsi, rien ne s'opposait à ce que les mêmes faits fassent l'objet à la fois d'une sanction administrative et d'une sanction pénale, « dès lors que l'institution de chacun de ces types de sanctions repose sur un objet différent et tend à assurer la sauvegarde de valeurs ou d'intérêts qui ne se confondent pas[121] ». La Cour européenne des droits de l'homme a, pour sa part, dans un premier temps, adopté une conception plus stricte : son arrêt *Grande Stevens*, du 4 mars 2014, condamnait l'Italie pour avoir poursuivi pénalement une personne déjà sanctionnée par l'Autorité de régulation des marchés financiers, équivalente à l'AMF française[122]. Cette jurisprudence exigeante a surpris de nombreux pays européens qui, pour les raisons d'efficacité précitées, ont institué des sanctions administratives qui se combinent souvent aux sanctions pénales. Elle a conduit, en France, à l'adoption de la loi du 21 juin 2016, qui vise à mieux articuler les procédures administratives et pénales en matière de marchés financiers : ce texte institue un mécanisme d'aiguillage en confiant le soin au procureur général d'orienter un dossier, selon les cas, vers des poursuites pénales ou administratives.

La jurisprudence semble s'orienter vers une solution équilibrée. Statuant en matière fiscale, le Conseil constitutionnel a eu l'occasion de confirmer et de préciser sa jurisprudence par une décision du 24 juin 2016[123] : s'il admet, dans son principe même, le cumul des sanctions administratives et pénales, c'est sous réserve que soient respectées certaines conditions. D'une part, conformément au principe de proportionnalité des peines, le montant *global* des sanctions éventuellement prononcées ne peut dépasser le montant le plus élevé de l'une des sanctions encourues. D'autre part, le principe de nécessité des peines impose que les sanctions pénales ne s'appliquent qu'aux cas les plus graves de dissimulation frauduleuse de sommes soumises à l'impôt. Dans le même esprit, la Cour européenne des droits de l'homme a finalement fait évoluer sa jurisprudence *Grande Stevens*. Par un arrêt, *A. B. c/ Norvège*, du 15 novembre 2016, statuant également dans un cas de fraude fiscale, elle admet un cumul des sanctions administratives et pénales lorsqu'il s'analyse comme le résultat d'un système intégré dans lequel les procédures sont clairement articulées. Elle relève ainsi que les procédures ont été conduites en parallèle, que les faits établis dans le cadre de l'une de ces procédures ont été pris en compte dans l'autre et que, en ce qui concerne la proportionnalité de la peine globale, la sanction pénale a tenu compte de la peine fiscale

121. CE, avis, Section de l'intérieur, 29 avril 2004, n° 370136.
122. CEDH, 4 mars 2014, *Grande Stevens*, n° 18640/10.
123. CC, décision n° 2016-546 QPC du 24 juin 2016, *M. Alec Wildenstein et autres*.

(la majoration d'impôt). Ainsi, la conduite de procédures mixtes, administratives et pénales, est possible lorsqu'il existe entre celles-ci un lien matériel et temporel suffisamment étroit pour les considérer comme s'inscrivant dans un mécanisme global de sanction.

c) Les principes procéduraux

Le prononcé des sanctions administratives est également subordonné au respect de règles de procédure. Tel est le cas du principe d'impartialité, en vertu notamment de l'article 6 paragraphe 1 de la Convention européenne de sauvegarde des droits de l'homme et des libertés fondamentales. En effet, alors même que les autorités administratives ne sont pas des tribunaux en droit interne, elles doivent respecter le principe d'impartialité dès lors qu'elles infligent des sanctions pouvant être considérées comme des « accusations en matière pénale » ou relatives « à des droits et obligations à caractère civil », au sens de la Convention, et que, par leur composition et leurs attributions, elles se rapprochent de juridictions[124]. Le respect du principe d'impartialité interdit par exemple au rapporteur de prendre part au délibéré lorsqu'il prend des initiatives dans l'identification des griefs et la détermination des poursuites.

Le Conseil constitutionnel a également intégré le principe d'impartialité dans le corpus des règles constitutionnelles applicables à la répression administrative. Dans sa décision du 12 octobre 2012 sur le pouvoir de l'Autorité de la concurrence à l'occasion du contrôle des opérations de concentration, il a ainsi jugé que les principes d'indépendance et d'impartialité découlant de l'article 16 de la Déclaration de 1789 sont applicables aux sanctions prononcées par des autorités mêmes non juridictionnelles et impliquent notamment de séparer les fonctions de poursuite et d'instruction et les pouvoirs de sanction[125].

De même, l'administration doit être respectueuse des droits de la défense. Cette exigence, érigée par le Conseil d'État en principe général du droit[126] et par le Conseil constitutionnel en principe fondamental reconnu par les lois de la République[127], avant d'être rattaché à la garantie des droits issue de l'article 16 de la Déclaration des droits de l'homme[128], implique la mise en œuvre d'une procédure contradictoire préalablement au prononcé de la sanction. Examinant la conformité à la Constitution des sanctions susceptibles

124. S'agissant de la Commission des opérations de bourse : Cass., ass. plén., 5 février 1999, *COB c/ Oury et autres* ; du Conseil de la concurrence : Cass., com., 5 octobre 1999, *SNS Campenon-Bernard SGE* ; du Conseil des marchés financiers : CE, ass., 3 décembre 1999, *Didier* ; ou du Conseil supérieur de l'audiovisuel : CE, 29 juillet 2002, *Association Radio Deux Couleurs*.

125. CC, 12 octobre 2012, QPC, *Société Groupe Canal Plus et autres*.

126. CE, 5 mai 1944, *Dame veuve Trompier-Gravier*.

127. CC, 2 décembre 1976, *Développement de la prévention des accidents du travail*.

128. CC, 30 mars 2006.

d'être prises par le CSA à l'encontre des titulaires d'autorisation pour l'exploitation d'un service de communication audiovisuelle, le Conseil constitutionnel a ainsi précisé qu'« aucune sanction ne peut être infligée sans que le titulaire de l'autorisation ait été mis à même tant de présenter ses observations orales sur les faits qui lui sont reprochés que d'avoir accès au dossier le concernant[129] ». L'exigence d'une procédure contradictoire figure aujourd'hui, d'une manière plus générale, au code des relations entre le public et l'administration, qui y consacre un titre spécifique : « Le droit de présenter des observations avant l'intervention de certaines décisions[130] », aux articles L. 120-1 et suivants. Ces dispositions générales sont applicables par défaut, sauf textes spéciaux, à l'ensemble des décisions individuelles défavorables.

Enfin, outre le respect des droits de la défense, les sanctions administratives entrent dans le champ d'application de l'obligation de motivation, qui s'applique plus généralement à toutes les décisions individuelles défavorables. Autrefois imposée par la loi du 11 juillet 1979 relative à la motivation des actes administratifs et à l'amélioration des relations entre l'administration et le public, elle résulte aujourd'hui de l'article L. 211-2 du CRPA.

d) Un contrôle accru du juge administratif

Les sanctions administratives sont, à l'instar de toute décision administrative, immédiatement exécutoires. Cependant, les intéressés disposent toujours de la possibilité de former, dans des conditions de droit commun, un recours gracieux ou hiérarchique, avec la garantie que la sanction infligée ne pourra pas être alourdie à l'occasion de ce recours, en vertu d'un principe général du droit[131], ou un recours contentieux.

Le contentieux des sanctions administratives relève pour l'essentiel du juge administratif. L'importance des garanties apportées aux administrés varie selon que le recours contentieux est un recours pour excès de pouvoir ou un recours de pleine juridiction. En effet, alors que le premier ne peut déboucher que sur l'annulation de la sanction, le second permet au juge de substituer son appréciation à celle de l'administration et de réformer la sanction. À la différence du juge de l'excès de pouvoir, le juge du plein contentieux applique, en outre, les règles en vigueur à la date à laquelle il se prononce, ce qui le conduit nécessairement à faire bénéficier le requérant de règles nouvelles qui adoucissent le régime de sanctions en cause, à condition toutefois qu'elles soient entrées en vigueur[132].

129. CC, 17 janvier 1989, *Liberté de communication*.
130. Codifiant ainsi l'article 24 de la loi du 12 avril 2000 relative aux droits des citoyens dans leurs relations avec les administrations.
131. CE, 16 mars 1984, *Moreteau*.
132. CE, 26 décembre 2008, *M. Gonzales-Castrillo*.

Depuis quelques années, le contrôle du juge administratif s'est renforcé avec la reconnaissance de plus en plus fréquente, par le législateur ou par la jurisprudence, de l'existence d'un recours de pleine juridiction en matière de sanction. Illustrant la première hypothèse, l'article L. 232-24 du code du sport prévoit ainsi que les parties intéressées peuvent former un recours de pleine juridiction contre les décisions de sanction prises par l'Agence française de lutte contre le dopage. Illustrant la seconde, le Conseil d'État a, par un arrêt d'assemblée, *Société Atom*, du 16 novembre 2009, fait basculer dans le plein contentieux l'ensemble des recours formés contre les sanctions infligées par l'administration aux administrés. Cette jurisprudence a un caractère général : elle concerne, par exemple, les mesures de retrait de la carte de résident pour avoir employé des travailleurs clandestins[133] ou de points du permis de conduire[134], ainsi que les sanctions prises à l'égard des bénéficiaires du revenu de remplacement qui ne recherchent pas activement un emploi[135].

La jurisprudence *Société Atom* ne s'applique toutefois qu'aux sanctions *administratives* au sens strict, c'est-à-dire aux sanctions infligées par une autorité administrative à des administrés. Les sanctions *professionnelles* continuent de relever de l'excès de pouvoir. Néanmoins, dans le but de protéger le droit de ces personnes, le juge administratif accepte désormais d'exercer un contrôle normal sur ces sanctions, en vérifiant, y compris en cassation, qu'elles ne sont pas disproportionnées par rapport à la gravité des faits reprochés[136]. Il en va de même des sanctions *disciplinaires*, qui relèvent toujours d'un recours pour excès de pouvoir : le juge administratif exerce un contrôle normal sur la proportionnalité de la sanction infligée à un détenu par l'administration pénitentiaire[137].

C | L'EXÉCUTION FORCÉE DES DÉCISIONS ADMINISTRATIVES

L'exécution forcée ou d'office désigne le procédé pratique par lequel l'administration parvient par la contrainte à obtenir l'exécution d'une décision administrative. Elle ne doit pas être confondue

133. CE, 10 juin 2009, *Mme Zheng*.

134. CE, avis, 9 juillet 2010, *Berthaud*.

135. CE, 23 février 2011, *M. C.*

136. CE, 22 juin 2007, *Arfi*. Pour la même évolution jurisprudentielle, s'agissant des sanctions disciplinaires infligées par l'administration aux agents publics, voir CE, 13 novembre 2013, *M. Dahan*.

137. CE, 1^{er}juin 2015, *M. B. A*, n° 380449.

avec le principe du caractère exécutoire de la décision : alors que ce dernier vise l'existence d'une obligation juridique pour l'administré, celle d'exécuter la décision, l'exécution forcée touche aux modalités matérielles de mise en œuvre de ce titre exécutoire. Elle se distingue également des sanctions pénales et administratives : les mesures d'exécution forcée n'ont pas pour but de punir ou de dissuader, mais d'assurer le respect effectif des actes administratifs. Ce pouvoir a été reconnu à l'administration par l'arrêt *Société immobilière de Saint-Just*, rendu le 2 décembre 1902 par le Tribunal des conflits et resté célèbre pour les conclusions du commissaire du gouvernement Romieu, qui constituent, selon la formule de René Chapus, un véritable « code de l'exécution forcée[138] ».

Le pouvoir d'action d'office de l'administration est toutefois strictement encadré. Il ne présente qu'un caractère subsidiaire et n'est reconnu que dans trois hypothèses.

1/ *L'existence d'un pouvoir d'exécution prévu par la loi*

L'exécution d'office est licite lorsque la loi l'autorise expressément. De nombreux textes habilitent l'administration à procéder d'office à l'exécution des actes qu'elle édicte. L'article L. 2221-10 du code de la défense prévoit ainsi qu'en cas de refus des habitants de consentir aux réquisitions ordonnées par l'autorité militaire, « le recouvrement des prestations est assuré au besoin par la force ». De la même manière, en vertu de l'article L. 581-29 du code de l'environnement, le maire ou le préfet peut, dès constatation d'une publicité irrégulière, « faire procéder d'office à la suppression immédiate de cette publicité » et mettre à la charge de la personne qui l'a apposée ou fait apposer les frais de l'exécution d'office. Le code de l'entrée et du séjour des étrangers et du droit d'asile comporte aussi plusieurs dispositions autorisant l'administration à exécuter d'office ses décisions de refus d'entrée en France ou les mesures d'éloignement et d'expulsion du territoire français des étrangers en situation irrégulière. L'octroi par le législateur à l'administration d'un pouvoir d'exécution d'office de ses décisions n'est pas contraire en lui-même à la Constitution, le Conseil constitutionnel affirmant sur ce point que « les décisions prises dans le cadre d'un régime de police administrative sont susceptibles d'être exécutées d'office[139] ».

2/ *L'existence d'une situation d'urgence*

En l'absence de texte, le recours à l'exécution d'office est régulier lorsqu'il y a urgence. Selon la formule de Romieu, « il est de

138. René Chapus, *Droit administratif général*, *op. cit.*, n° 1358, p. 1179.

139. CC, 13 août 1993, *Maîtrise de l'immigration et conditions d'entrée, d'accueil et de séjour des étrangers en France*.

l'essence même du rôle de l'administration d'agir immédiatement et d'employer la force publique sans délai ni procédure, lorsque l'intérêt immédiat de la conservation publique l'exige ; quand la maison brûle, on ne va pas demander au juge l'autorisation d'y envoyer les pompiers ». L'urgence suffit à elle seule à rendre légale la mesure d'exécution d'office. À titre d'exemple, le juge administratif a admis que les autorités administratives maritimes puissent régulièrement ordonner la destruction en haute mer d'une épave chargée d'explosifs, afin de parer au danger grave et immédiat que celle-ci constitue pour la sécurité des côtes et des eaux territoriales françaises[140]. À l'inverse, un maire, en l'absence d'urgence née d'un péril imminent, ne peut légalement faire procéder d'office à la démolition du socle en béton d'une grue, édifié sur le trottoir d'une route nationale dans la traversée de l'agglomération[141].

3/ *L'hypothèse de l'exécution forcée en l'absence d'un texte ou d'urgence*

Il existe théoriquement une troisième voie permettant de fonder l'exécution forcée. Les conclusions de Romieu dans l'arrêt *Société immobilière de Saint-Just* évoquaient la possibilité d'exécution forcée en l'absence de texte ou d'urgence. Il subordonnait dans ce cas l'exécution d'office à de strictes conditions, en particulier au fait que l'exécution se heurte à la résistance de l'administré (« il faut qu'il y ait lieu à exécution ») et qu'il n'existe pas de sanction pénale permettant de sanctionner le comportement de l'administré. En l'espèce, c'est parce que la loi du 1er juillet 1901 supprimant les congrégations religieuses ne comportait aucune sanction pénale que l'emploi de la contrainte fut jugé licite par le Tribunal des conflits. Toutefois, on observera que cette dernière voie ne comporte quasiment aucune illustration dans la jurisprudence récente, si bien que certains s'interrogent sur son maintien. En tout état de cause, en matière de police administrative, les décrets et arrêtés de police ne sont pas susceptibles d'exécution forcée, dès lors que le refus d'y obéir est sanctionné pénalement par l'article R. 610-5 du code pénal – ce qui limite la portée pratique de cette voie d'exécution forcée.

Dans les trois cas, les mesures d'exécution forcée doivent être strictement nécessaires pour assurer l'obéissance à la loi. À défaut, l'administration peut engager sa responsabilité et même se rendre coupable d'une voie de fait[142].

140. CE, 23 octobre 1987, *Société Nachfolger Navigation Compagny Ltd.*
141. CE, 20 juin 1980, *Commune d'Ax-les-Thermes.*
142. TC, 8 avril 1935, *Action française.*

TROISIÈME PARTIE

LE CADRE EUROPÉEN

Chapitre 12

L'Union européenne

Figure mythologique aux traits incertains, Europe, emportée en mer par Zeus, a donné son nom à un continent dans des conditions qui demeurent entourées de mystère. « Le plus curieux, c'est que la Tyrienne Europe était de naissance asiatique et n'est jamais venue sur cette terre que les Grecs appellent maintenant Europe », écrivait Hérodote au Ve siècle av. J.-C. Par la géographie et, plus encore, par l'histoire, l'art et la culture, une identité européenne s'est construite au cours du temps. La Renaissance aux XVe et XVIe siècles, les Lumières au XVIIIe siècle, l'affirmation des nationalités au XIXe siècle sont des mouvements communs à l'ensemble de l'Europe.

Un projet politique commence à apparaître au XIXe siècle. « Un jour viendra où l'on verra ces deux groupes immenses, les États-Unis d'Amérique, les États-Unis d'Europe, se tendant la main par-dessus les mers », écrit Victor Hugo dès 1850. Il reprend l'idée, au lendemain de la guerre de 1870, dans le message qu'il envoie, depuis Guernesey, le 20 septembre 1872, aux délégués du congrès de la Paix, réuni à Lugano : « Nous aurons ces grands États-Unis d'Europe, qui couronneront le vieux monde comme les États-Unis d'Amérique couronnent le nouveau. »

Les deux guerres mondiales auraient pu briser à jamais ces perspectives d'unité. Dans *Le Monde d'hier*, Stefan Zweig, qui était, avant 1914, l'image même d'un Européen pour qui le continent n'avait pas de frontière, exprime le déchirement qu'a représenté la première. Ayant, avec la seconde, le sentiment de l'effondrement des valeurs qui avaient donné un sens à sa vie, il met fin à ses jours au Brésil en 1942.

C'est pourtant à partir des horreurs et des ruines laissées par le nazisme que la construction européenne a trouvé la force de s'affirmer. Dans un discours prononcé à Zurich le 19 septembre 1946, Winston Churchill évoque à son tour les États-Unis d'Europe, en déclarant : « We must build a kind of United States of Europe. » Les premières étapes d'une organisation européenne ont suivi et, en un demi-siècle, le rêve de Victor Hugo a commencé à devenir réalité.

Groupant, après le Brexit, vingt-sept États, qui comptent 447 millions d'habitants, l'Union européenne est régie par le traité de Lisbonne. Signé le 13 décembre 2007 et entré en vigueur le 1er décembre 2009, ce traité groupe trois instruments, le traité sur l'Union européenne (TUE), qui exprime les principes sur lesquels l'Union repose, le traité sur le fonctionnement de l'Union européenne (TFUE), qui précise les modalités de son organisation, et la Charte des droits fondamentaux de l'Union européenne. Modèle politique original, entre la confédération et la fédération, elle s'est construite au travers d'étapes successives qui ont dessiné l'actuel système institutionnel. Après le Brexit et à l'heure de la montée des populismes, notamment en Hongrie et en Pologne, des interrogations s'expriment sur les orientations à rechercher pour son avenir.

I

LES ÉTAPES DE LA CONSTRUCTION EUROPÉENNE

À partir des fondements reçus au lendemain de la seconde guerre mondiale, la construction européenne a connu une évolution continue. Son espace s'est élargi au fil des nouvelles adhésions avant de se réduire avec le Brexit. Ses institutions ont parallèlement évolué.

A | LES FONDEMENTS

L'Europe a commencé à se mettre en place sous l'impulsion résolue de quelques hommes regardés, par référence aux *founding fathers* des États-Unis d'Amérique[1], comme ses pères fondateurs. De premières organisations sont apparues. Les traités institutifs ont été

1. John Adams, Benjamin Franklin, Alexander Hamilton, John Jay, Thomas Jefferson, James Madison et George Washington.

adoptés : traité de Paris du 18 avril 1951 pour la Communauté européenne du charbon et de l'acier ; traités de Rome du 25 mars 1957, relatifs l'un à la Communauté économique européenne, l'autre à la Communauté européenne de l'énergie atomique.

1/ *Les pères fondateurs*

L'idée européenne est exprimée avec force, dans plusieurs pays, par des personnalités convaincues dont les efforts conjugués ont permis de poser les premières pierres de l'édifice, le chancelier allemand Konrad Adenauer, le président du conseil italien Alcide De Gasperi, le Premier ministre belge Paul-Henri Spaak, les Français Jean Monnet et Robert Schuman.

Ils suivent une démarche empirique et progressive, reposant sur des projets concrets. La « déclaration Schuman » du 9 mai 1950 traduit leur pensée : « L'Europe ne se fera pas d'un coup ni dans une construction d'ensemble : elle se fera par des réalisations concrètes créant d'abord une solidarité de fait. »

2/ *Les premières organisations européennes*

Trois institutions ont vu le jour en 1948 et 1949, pour répondre à des objectifs d'ordre respectivement militaire, économique et politique.

Dans le domaine militaire, le traité de Bruxelles du 17 mars 1948 crée l'Union occidentale, qui réunit la France, le Royaume-Uni, la Belgique, les Pays-Bas et le Luxembourg. Après l'échec du projet de la Communauté européenne de défense (CED), cette Union accueille l'Allemagne et l'Italie et prend le nom d'Union de l'Europe occidentale (UEO). L'UEO, qui avait perdu peu à peu toute substance propre, a été dissoute en 2011 et ses compétences ont été reprises par l'Union européenne.

Afin d'assurer l'application du plan Marshall, lancé en 1947 par les États-Unis pour aider l'Europe à se reconstruire, l'Organisation européenne de coopération économique (OECE), devenue en 1961 l'Organisation de coopération et de développement économiques (OCDE), est instituée le 16 avril 1948. Elle a pour mission d'aider, par des réflexions et des recommandations, les États membres, dont le nombre est passé de 18 à 36, à réaliser une croissance économique durable. Son influence intellectuelle s'est notamment exercée sur des sujets comme la gestion de la dette, la protection de l'environnement, la lutte contre les paradis fiscaux ou encore l'aide au développement. Son siège est à Paris.

Le traité de Londres du 5 mai 1949 donne naissance au Conseil de l'Europe, qui réunit à l'origine dix États[2]. Il comprend une

2. La France, le Royaume-Uni, la Belgique, les Pays-Bas, le Luxembourg (membres, depuis l'année précédente, de l'Union occidentale), ainsi que le Danemark, l'Irlande, l'Italie, la Norvège et la Suède.

assemblée parlementaire, un comité des ministres et un secrétariat permanent, installé à Strasbourg. La Convention européenne de sauvegarde des droits de l'homme et des libertés fondamentales est signée en son sein, à Rome, le 4 novembre 1950.

3/ *Les traités institutifs*

La marche vers l'Union européenne commence par le traité de Paris du 18 avril 1951, qui institue la première communauté, la Communauté européenne du charbon et de l'acier (CECA). Elle comprend une Haute Autorité, dont la présidence est confiée à Jean Monnet et apparaît comme l'ancêtre de la Commission européenne. Un conseil des ministres, une Assemblée parlementaire, une Cour de justice sont également créés. Même limité au charbon et à l'acier, l'ensemble préfigure dans une large mesure le futur édifice communautaire.

Le pas décisif est franchi six ans plus tard, avec l'adoption, le 25 mars 1957, des deux traités de Rome, qui mettent en place les deux autres Communautés, la Communauté économique européenne (CEE) et la Communauté européenne de l'énergie atomique (Euratom).

Ces trois communautés groupent les six mêmes États, l'Allemagne, la Belgique, la France, l'Italie, le Luxembourg et les Pays-Bas. Elles ont pour objet, selon le préambule du traité relatif à la Communauté économique européenne, d'« établir les fondements d'une union sans cesse plus étroite entre les peuples européens ». Les grandes institutions, Commission, conseil des ministres, Assemblée parlementaire, Cour de justice, prennent leur configuration. Les principes essentiels, union douanière avec tarif extérieur commun, libre circulation, garantie de la libre concurrence, sont affirmés. La politique agricole commune est prévue. Sur le plan juridique, le droit dérivé apparaît, avec les règlements et les directives.

Entrés en vigueur le 1er janvier 1958, les deux traités de Rome ne sont en rien remis en cause par le général de Gaulle lors de son retour au pouvoir. Une première crise intervient certes en 1965, à propos du recours à la majorité qualifiée en matière de politique agricole commune. Elle conduit la France à pratiquer, durant quelques mois, la politique de la chaise vide, jusqu'à l'adoption, en janvier 1966, du « compromis de Luxembourg », selon lequel un État peut exiger l'unanimité s'il estime que des intérêts essentiels pour lui sont en cause.

Par étapes successives, marquées par des difficultés dont de nouveaux progrès sont finalement issus, la démarche engagée par les six pays fondateurs a transformé, en un demi-siècle, les Communautés d'origine en une Union européenne à la dimension et aux ambitions beaucoup plus vastes.

B | LES ÉLARGISSEMENTS

La question de l'adhésion du Royaume-Uni à la construction communautaire s'est posée dès les premières années. Sceptique quant à la pertinence du projet, le gouvernement britannique s'oriente d'abord vers la création, en Europe, d'une vaste zone de libre-échange, qui se traduit par la constitution, en 1960, de l'Association européenne de libre-échange (AELE). Lorsque le gouvernement britannique finit par envisager d'adhérer aux Communautés, le général de Gaulle s'y oppose, en 1961, puis de nouveau en 1967. Aussi faut-il attendre l'élection, en 1969, de Georges Pompidou à la présidence de la République et l'arrivée au pouvoir du gouvernement conservateur d'Edward Heath pour que le pas soit franchi.

Signé en 1972, le premier traité d'élargissement concerne le Royaume-Uni, l'Irlande, le Danemark et la Norvège. Après un référendum négatif, ce dernier pays demeure en dehors de l'édifice, qui passe ainsi de six à neuf membres.

Le retour des pays d'Europe méditerranéenne à la démocratie permet l'adhésion de la Grèce (1981), puis de l'Espagne et du Portugal (1986). En 1995, l'Autriche, la Suède et la Finlande rejoignent l'Union, qui prend une dimension nouvelle avec l'entrée de dix nouveaux États le 1er mai 2004 : la Pologne, la Hongrie, la République tchèque, la Slovaquie, la Slovénie, la Lituanie, la Lettonie, l'Estonie, Chypre et Malte. La Bulgarie et la Roumanie adhèrent le 1er janvier 2007, puis la Croatie le 1er juillet 2013.

De futurs élargissements demeurent incertains. L'Islande a retiré sa candidature en 2015. Les négociations engagées avec la Turquie, qui, s'agissant d'un pays dont seule une partie du territoire est située sur le continent européen, posent de toute façon la question de la cohérence des frontières de l'Union avec les limites géographiques, se heurtent à l'évolution autoritaire du régime du président Erdogan. Des négociations en vue d'une adhésion se sont engagées en 2020 avec la République de Macédoine du Nord et l'Albanie. Elles ouvrent un processus de longue durée et dont l'issue n'est pas garantie. Plus hypothétiques encore sont les perspectives qui concernent le Monténégro et la Serbie, officiellement candidats, la Bosnie-Herzégovine et le Kosovo, candidats potentiels, voire des pays comme l'Ukraine, la Géorgie et la Moldavie.

Les élargissements successifs conduisent la plupart des pays de l'Association européenne de libre-échange à rejoindre l'Union. L'AELE continue néanmoins de grouper quatre pays non membres de l'Union, l'Islande, le Liechtenstein, la Norvège et la Suisse. Les trois premiers ont rejoint en 1992 l'Espace économique européen (EEE), auquel la Suisse a, en revanche, refusé d'adhérer, à la suite d'un référendum négatif. Au travers de l'EEE, la libre circulation des personnes, des services, des marchandises et des capitaux est assurée entre l'Union européenne, l'Islande, le Liechtenstein et la Norvège. Des accords bilatéraux sectoriels ont été conclus entre l'Union et la Suisse.

C | LE BREXIT

Depuis l'origine, les Communautés puis l'Union européenne n'avaient connu que des élargissements. Si le droit international ouvrait à un État, en théorie, la possibilité de se retirer des traités, une telle éventualité n'était pas expressément mentionnée avant le traité de Lisbonne. Dans le souci exprimé par certains pays, le Royaume-Uni notamment, de souligner que l'Union n'est pas assimilable à un État fédéral, dont les membres ne peuvent en principe faire sécession, l'article 50 du traité de Lisbonne a en effet organisé une procédure de retrait. Après le référendum du 23 juin 2016, la sortie du Royaume-Uni a été décidée dans ce cadre.

L'article 50 du traité de Lisbonne prévoit que « tout État membre peut décider, conformément à ses règles constitutionnelles, de se retirer de l'Union ». La procédure est définie avec précision. L'État membre qui décide de se retirer notifie son intention au Conseil européen. À la lumière des orientations du Conseil européen, l'Union négocie et conclut avec cet État un accord fixant les modalités de son retrait, en tenant compte du cadre de ses relations futures avec l'Union. Cet accord est conclu, au nom de l'Union, par le Conseil statuant à la majorité qualifiée, après approbation du Parlement européen.

Des délais sont déterminés. Le retrait prend effet à la date fixée par l'accord et, à défaut d'accord, deux ans après la notification au Conseil européen de la décision de retrait. Le Conseil européen peut toutefois, en accord avec l'État concerné, décider à l'unanimité de proroger ce délai.

L'éventualité d'un retour est même envisagée. Un État qui s'est retiré de l'Union peut demander à y adhérer à nouveau. Dans ce cas, la procédure de droit commun d'adhésion à l'Union s'applique.

Lors du référendum organisé, conformément aux engagements pris durant la campagne des élections législatives de 2015, le 23 juin 2016 par le gouvernement de David Cameron, 51,9 % des suffrages se sont exprimés en faveur du Brexit, avec toutefois une majorité de voix en faveur du maintien dans l'Union en Irlande du Nord (55,8 %) et en Écosse (62 %). Une longue négociation s'est alors engagée. Le délai de deux ans prévu par l'article 50 du traité de Lisbonne a été prorogé à trois reprises. Deux élections générales de la Chambre des communes ont été organisées, en juin 2017 puis en en décembre 2019. Trois Premiers ministres se sont succédé : David Cameron a démissionné au lendemain du référendum. Theresa May n'a pas réussi à mener le processus à terme et c'est Boris Johnson, devenu Premier ministre en juillet 2019, qui a finalement conclu un accord en janvier 2020 avec l'Union européenne.

D'importantes décisions de la Cour suprême du Royaume-Uni ont précisé le cadre constitutionnel dans lequel la procédure s'inscrivait. Par sa décision *Miller v. Secretary of State for exiting the European Union*, du 24 janvier 2017, la Cour suprême a jugé que le retrait de l'Union européenne était subordonné, compte tenu notamment des conséquences qu'il entraîne sur les droits des citoyens britanniques, à un vote du Parlement de Westminster. En revanche, l'accord préalable des assemblées locales d'Écosse, d'Irlande du Nord et du pays de Galles n'était pas nécessaire. Commentant cet arrêt, qui souligne la primauté du Parlement dans le système constitutionnel britannique, John Bell, professeur à Cambridge, a écrit que « l'arrêt Miller est le plus important que la Cour suprême ait rendu depuis son institution en 2009 et, probablement c'est l'arrêt le plus important depuis le XVIIe siècle[3] ». Par un arrêt du 24 septembre 2019, la Cour suprême a, dans le même esprit, jugé que le gouvernement, qui avait souhaité pouvoir disposer d'une plus grande marge de liberté dans les négociations avec l'Union européenne, avait méconnu les équilibres de la tradition parlementaire britannique en demandant à la Reine de suspendre durant cinq semaines les travaux du Parlement.

Conclu finalement au début de 2020, l'accord de sortie a conduit le Royaume-Uni à quitter les institutions de l'Union le 31 janvier 2020. Une période de transition d'une année, durant laquelle les règles de libre circulation continuent de s'appliquer, s'est alors ouverte. Elle peut éventuellement être prolongée de deux ans au maximum. De nouvelles négociations se déroulent en vue d'un accord au terme de la période de transition. Plusieurs points importants sont en discussion. Ils concernent la situation des 3,5 millions de ressortissants de l'Union européenne qui vivent au Royaume-Uni et celle du million de Britanniques installés dans des pays de l'Union européenne. Du point de vue commercial, de nombreuses questions sont en débat, qui concernent en particulier l'éventuel rétablissement de droits de douane et de quotas d'importation, le respect des normes techniques, les contrôles aux frontières pour assurer la sécurité sanitaire et la protection des consommateurs. Des précisions restent à apporter sur le règlement financier final et sur la situation de l'Irlande du Nord. Revient enfin le sujet de l'indépendance de l'Écosse. Certes, lors du référendum du 18 septembre 2014, 55,4 % des Écossais ont choisi de demeurer dans le

3. John Bell, « La Cour suprême du Royaume-Uni et le Brexit », *RFDA*, 2, mars-avril 2017.

Royaume-Uni, dont ils font partie depuis l'*Union Act* de 1707. Mais le contexte était alors celui du Royaume-Uni membre de l'Union européenne. Avec le Brexit, le problème se pose dans des termes nouveaux.

D | L'ÉVOLUTION INSTITUTIONNELLE

À mesure qu'elle s'élargit, l'Union connaît une constante évolution de son système institutionnel. Les premières modifications des traités ont des objets ponctuels. En 1965, les exécutifs des trois Communautés fusionnent. En 1970, des ressources propres sont allouées à la CEE.

Une évolution d'une autre portée découle de la constitution, en 1974, du Conseil européen, décidée, sans que les traités ne soient modifiés, sous l'impulsion conjuguée du président Valéry Giscard d'Estaing et du chancelier Helmut Schmidt. Ce Conseil consiste en la réunion régulière, au moins deux fois par an, des chefs d'État ou de gouvernement des pays membres, auxquels se joint le président de la Commission. Il détermine les grandes orientations politiques que le conseil des ministres et la Commission mettent ensuite en œuvre.

Une nouvelle institution, la Cour des comptes européenne, est créée en 1975, en même temps que les pouvoirs budgétaires du Parlement européen sont accrus. En 1976, l'élection du Parlement européen au suffrage universel est décidée, avec des modes de scrutin définis par chacun des États. La première élection a lieu en juin 1979. Simone Veil devient alors présidente du nouveau Parlement.

L'approfondissement de la construction européenne rend nécessaires des traités destinés à rénover l'ensemble du système institutionnel. En 1986, *l'Acte unique* crée le grand marché intérieur, étend le vote à la majorité qualifiée et donne au Conseil européen une consécration institutionnelle. Il prélude au *traité de Maastricht* (1992), qui transforme la Communauté économique européenne en Communauté européenne, crée l'Union européenne, au sein de laquelle il dessine une citoyenneté européenne, et fait apparaître, aux côtés de la Communauté, deux nouveaux piliers, de nature intergouvernementale, qui concernent l'un la politique extérieure et de sécurité commune, l'autre la justice et les affaires intérieures. Il est prolongé par le *traité d'Amsterdam* (1997), qui élargit, au profit du Parlement européen, la procédure de codécision et instaure un « espace de liberté, de sécurité et de justice ». Il permet à certains États de s'engager dans des coopérations renforcées s'ils souhaitent mener ensemble des actions auxquelles l'ensemble des États membres ne sont pas prêts à adhérer. En 2001, sont adoptés la

Charte des droits fondamentaux de l'Union européenne et le *traité de Nice*, qui renforce l'Union et commence à en rénover les institutions.

Le *traité établissant une constitution pour l'Europe* avait pour objet de dessiner une nouvelle architecture d'ensemble. Les référendums négatifs du printemps 2005 en France et aux Pays-Bas entraînent son abandon et conduisent à une refonte de l'ensemble des traités par le *traité de Lisbonne*, qui donne à l'Union européenne son cadre institutionnel actuel.

II

L'UNION EUROPÉENNE APRÈS LE TRAITÉ DE LISBONNE

Du traité de Lisbonne sont issus le traité sur l'Union européenne et le traité sur le fonctionnement de l'Union européenne. Les trois piliers – pilier communautaire, politique extérieure et de sécurité commune, justice et affaires intérieures – fusionnent. La Charte des droits fondamentaux reçoit valeur de traité. L'Union européenne succède à la Communauté européenne. Les valeurs et principes fondamentaux sur lesquels repose l'Union sont ainsi affirmés, en même temps qu'est adoptée une organisation institutionnelle profondément renouvelée.

A | LES PRINCIPES ET LES VALEURS DE L'UNION EUROPÉENNE

Le traité sur l'Union européenne est précédé d'un préambule qui commence par indiquer qu'il a été conclu en « s'inspirant des héritages culturels, religieux et humanistes de l'Europe, à partir desquels se sont développées les valeurs universelles que constituent les droits inviolables et inaliénables de la personne humaine, ainsi que la liberté, la démocratie, l'égalité et l'État de droit ».

Soigneusement pesée pour affirmer un héritage spirituel tout en respectant la neutralité à l'égard des religions ainsi que les exigences de la laïcité, cette phrase introductive énonce des valeurs que l'article 2 du traité précise en termes plus juridiques : « L'Union est fondée sur les valeurs de respect de la dignité humaine, de liberté, de démocratie, d'égalité, de l'État de droit, ainsi que du respect des droits de l'homme, y compris des droits des personnes appartenant à des minorités. Ces valeurs sont communes aux États membres dans une société caractérisée par le pluralisme, la non-discrimination, la tolérance, la justice, la solidarité et l'égalité entre les femmes et les hommes. »

Avant d'être une entente économique, monétaire, douanière et de former un grand marché, fondé sur la libre circulation et ouvert à la concurrence, l'Union européenne s'affirme, dès le début du traité, comme un espace démocratique, qui repose sur des valeurs politiques. Elle consacre des droits fondamentaux, précisés par l'article 6 du traité, et se constitue en démocratie organisée, dans des conditions explicitées par l'article 10.

L'article 6 du traité indique que l'Union reconnaît « les droits et les principes énoncés dans la Charte des droits fondamentaux du 7 décembre 2000, telle qu'adaptée le 12 décembre 2007 à Strasbourg », et confère à la Charte « la même valeur juridique que les traités ». Il prévoit l'adhésion, qui reste à organiser, de l'Union à la Convention européenne des droits de l'homme. Consolidant la jurisprudence de la Cour de justice, l'article 6 énonce enfin : « Les droits fondamentaux, tels qu'ils sont garantis par la Convention européenne de sauvegarde des droits de l'homme et des libertés fondamentales et tels qu'ils résultent des traditions constitutionnelles communes aux États membres, font partie du droit de l'Union en tant que principes généraux. »

Selon l'article 10, « le fonctionnement de l'Union est fondé sur la démocratie représentative ». Cette représentation est organisée d'une double manière : directe, au travers de l'élection du Parlement européen par les citoyens ; indirecte, par la présence au Conseil européen des chefs d'État et de gouvernement et, au Conseil, des membres des gouvernements nationaux, « eux-mêmes démocratiquement responsables, soit devant leurs parlements nationaux, soit devant leurs citoyens ». Tout citoyen reçoit « le droit de participer à la vie démocratique de l'Union ». Les partis politiques sont consacrés à l'échelle de l'Union, au sein de laquelle ils « contribuent à la formation de la conscience politique européenne et à l'expression de la volonté des citoyens ».

La Charte des droits fondamentaux de l'Union européenne exprime les valeurs partagées de l'Union. En six chapitres – dignité, libertés, égalité, solidarité, citoyenneté, justice – elle reprend les droits et les principes énoncés par la Convention européenne des droits de l'homme et affirme des droits nouveaux, comme ceux liés à la bioéthique, à l'informatique, à l'environnement, à une bonne administration, à la protection des consommateurs. Elle consacre en outre, à côté des droits civils et politiques, des droits économiques et sociaux (droit à l'information et à la consultation des travailleurs au sein de l'entreprise, droit de négociation et d'actions collectives, y compris la grève, protection en cas de licenciement injustifié, conditions de travail justes et équitables, protection de la santé, droits des personnes âgées et intégration des personnes handicapées).

Ses prescriptions s'imposent aux institutions européennes ainsi qu'aux États membres lorsqu'ils mettent en œuvre le droit de l'Union. Le Royaume-Uni, la Pologne et la République tchèque ont toutefois obtenu de ne pas être concernés par cette obligation.

B | L'ORGANISATION INSTITUTIONNELLE

Tout en conservant les caractéristiques du système institutionnel tel qu'il s'était progressivement constitué autour du Conseil européen, du Conseil, de la Commission, du Parlement européen et de la Cour de justice, le traité de Lisbonne renouvelle profondément les règles qui déterminent la configuration et les compétences de ces grands piliers sur lesquels l'Union repose.

Il détermine aussi les compétences d'institutions ou d'instances qui, sans avoir la même place dans la vie de l'Union, y jouent un rôle complémentaire. L'édifice comprend enfin, aux côtés de l'Union et en liens étroits avec elle, la zone euro et l'espace Schengen.

1/ *Le Conseil européen*

Réunion des chefs d'État ou de gouvernement, le Conseil européen, apparu dans la pratique en 1974, n'a été mentionné dans les traités qu'à partir de l'Acte unique et du traité de Maastricht.

Le traité de Lisbonne prévoit que le Conseil élit son président, pour un mandat de deux ans et demi, renouvelable une fois. Se sont succédé dans ces fonctions l'ancien Premier ministre belge, Herman van Rompuy (2009-2014), l'ancien chef du gouvernement polonais, Donald Tusk (2014-2019) et, depuis 2019, de nouveau un ancien chef du gouvernement belge, Charles Michel.

En sus des chefs d'État ou de gouvernement des États membres, le Conseil européen est composé de son président et du président de la Commission. Le haut représentant de l'Union pour les affaires étrangères et la politique de sécurité, fonction également consacrée par le traité de Lisbonne et confiée depuis 2019 à l'espagnol Joseph Borrell, participe à ses travaux. Le haut représentant est en même temps vice-président de la Commission.

Réuni au moins quatre fois par an, le Conseil européen « donne à l'Union les impulsions nécessaires à son développement et en définit les orientations et les priorités politiques générales[4] ». Il se prononce par consensus.

4. Article 15 du TUE.

2/ *Le Conseil*

Instance de décision, qui exerce ses attributions dans le cadre fixé par le Conseil européen, le Conseil est composé d'un représentant de chaque État, de niveau ministériel. Sa composition varie en fonction de son ordre du jour : il groupe, selon les sujets, les ministres des affaires étrangères, les ministres des finances, les ministres de l'agriculture, etc. Le traité de Lisbonne mentionne spécialement sa composition comme Conseil des affaires générales, auquel il revient d'assurer la cohérence de ses différentes formations ainsi que de préparer les réunions du Conseil européen et d'en assurer le suivi, en liaison avec le président du Conseil européen et la Commission.

La présidence du Conseil est confiée au ministre de l'un des États, selon le mécanisme de la présidence tournante, tous les six mois. Le Conseil des affaires générales, qui réunit les ministres des affaires étrangères, est toutefois présidé par le haut représentant de l'Union pour les affaires étrangères et la politique de sécurité. Les travaux du Conseil sont préparés par le comité des représentants permanents, qui sont les ambassadeurs de chacun des États membres auprès de l'Union.

Le Conseil se prononce en principe à la majorité qualifiée de 55 % des États (15 sur 27) représentant 65 % de la population. Une minorité de blocage de 4 États représentant 35 % de la population peut s'opposer à une décision. L'unanimité est requise pour certains sujets : la politique étrangère, la fiscalité, la protection sociale et le budget de l'Union.

3/ *La Commission*

Institution originale, la Commission a été dès l'origine conçue comme un organe collégial, chargé d'incarner et de défendre, au-delà des particularismes nationaux, l'intérêt général consacré par les traités. Elle a joué un rôle important dans l'évolution de la construction européenne, en particulier sous les présidences de Walter Hallstein (1958-1967), de Jacques Delors (1985-1995), de Romano Prodi (1999-2004). Elle est présidée, depuis 2019, par Ursula von der Leyen, ancienne ministre allemande de la défense.

L'article 17 du TUE définit sa mission dans la continuité de son histoire : « La Commission promeut l'intérêt général de l'Union et prend les initiatives appropriées à cette fin. Elle veille à l'application des traités [...] La Commission exerce ses responsabilités en pleine indépendance. »

Le mandat de la Commission est de cinq ans. Son président est élu par le Parlement européen, à la majorité des membres qui le composent, sur une proposition faite par le Conseil européen, à la majorité qualifiée et « en tenant compte des élections au Parlement européen[5] ». Le président ainsi désigné et le Conseil déterminent ensemble la liste des commissaires, choisis, après des suggestions faites par les États membres, « en raison de leur compétence générale et de leur engagement européen et parmi des personnalités offrant toutes garanties d'indépendance[6] ». Le collège est ensuite présenté à l'approbation du Parlement, puis nommé par le Conseil européen à la majorité qualifiée.

La Commission est responsable devant le Parlement européen, qui peut mettre fin à ses fonctions par le vote d'une motion de censure. Une telle motion n'a jamais été votée, mais, en 1999, la Commission présidée par le Luxembourgeois Jacques Santer a démissionné devant le risque que le Parlement en adopte une à son encontre.

Le TUE maintient la règle selon laquelle la Commission comprend un commissaire par État membre. Mais il prévoit qu'à partir de 2014, elle pourra être, sauf décision contraire du Conseil, composée d'un nombre de membres correspondant aux deux tiers du nombre d'États membres. Une rotation sera organisée, selon un système « permettant de refléter l'éventail démographique et géographique de l'ensemble des États membres[7] » qu'il appartient au Conseil d'arrêter à l'unanimité. Cette possibilité de réduction du nombre des commissaires n'a toutefois pas encore été mise en œuvre.

La Commission exerce un triple pouvoir, d'initiative, d'exécution et de sanction. Sauf dérogation prévue par les traités, elle dispose d'un monopole de l'initiative pour l'adoption des règlements et des directives. Sur habilitation du Conseil, elle prend les mesures nécessaires à l'application du droit dérivé, le plus souvent après avis d'un comité spécialement compétent sur la matière traitée, selon les règles dites « de comitologie ». Veillant à l'application des traités, elle a un pouvoir de sanction à l'égard des entreprises qui ne respectent pas les impératifs de la concurrence et peut engager des procédures à l'encontre des États membres, à la suite de plaintes qu'elle reçoit ou de sa propre initiative. Elle émet un avis motivé sur les recours en manquement ou en carence dont la Cour de justice est saisie.

Pour l'exercice de ses attributions, la Commission dispose d'importants services administratifs, organisés en directions générales. En 2020, elle emploie 33 000 fonctionnaires européens.

4/ *Le Parlement européen*

Élu pour cinq ans, au suffrage universel direct depuis 1979, le Parlement européen comprend, après le Brexit, 705 députés. Un

5. Article 17 du TUE.
6. *Ibid.*
7. *Ibid.*

État ne peut y détenir plus de 96 sièges (Allemagne) ni moins de 6 (Chypre, Luxembourg, Malte). La France élit 79 députés, l'Italie, 76, l'Espagne, 59, et la Pologne, 52.

Les compétences du Parlement européen ont été progressivement élargies pour aboutir, avec le traité de Lisbonne, à la généralisation de la codécision, qualifiée désormais de « procédure législative ordinaire », avec le Conseil, en matière budgétaire comme en matière législative. Avec l'élection du président de la Commission et la responsabilité de celle-ci devant lui, le Parlement européen dispose en outre des prérogatives de contrôle politique qui le rapprochent des parlements nationaux.

5/ *La Cour de justice de l'Union européenne*

Un véritable ordre de juridiction s'est progressivement constitué, qui groupe, sous la dénomination de Cour de justice de l'Union européenne, la Cour de justice et le Tribunal de l'Union européenne.

La *Cour de justice* est composée d'un juge par État membre et de onze avocats généraux, désignés pour un mandat de six ans renouvelable. Juges et avocats généraux sont nommés d'un commun accord par les gouvernements des États membres, « parmi des personnalités offrant toutes garanties d'indépendance et qui réunissent les conditions requises, pour l'exercice, dans leurs pays respectifs, des plus hautes fonctions juridictionnelles ou qui sont des jurisconsultes possédant des compétences notoires[8] ». Les juges élisent parmi eux leur président. Depuis 2015, la Cour est présidée par Koen Lenaerts, de nationalité belge. Juges et avocats généraux sont assistés de trois référendaires, choisis par eux. La CJUE emploie 2 256 fonctionnaires, dont 600 juristes linguistes et 71 interprètes. Le français est la langue de délibéré, mais les 24 langues de l'Union sont langues de procédure.

L'avocat général joue un rôle comparable à celui du rapporteur public devant la juridiction administrative : selon l'article 252 du TFUE, il « a pour rôle de présenter publiquement, en toute impartialité et en toute indépendance, des conclusions motivées sur les affaires ». Parmi les avocats généraux, l'usage veut que l'Allemagne, la France, l'Italie, l'Espagne et la Pologne soient toujours représentés.

L'article 255 du TFUE a institué un comité de sept membres, composé d'anciens membres de la Cour de justice et du Tribunal, de membres des juridictions nationales suprêmes et de juristes possédant des compétences notoires, pour « donner un avis sur l'adéquation des candidats à l'exercice des fonctions de juge et d'avocat général de la Cour de justice et du Tribunal ». Le vice-président du

8. Article 19 du TUE.

Conseil d'État français, Jean-Marc Sauvé, en a été le premier président.

La Cour de justice statue en chambres de trois ou cinq juges ou en grande chambre de quinze juges. Elle se prononce directement sur deux catégories d'affaires. En premier lieu, elle est saisie par les juridictions des États membres de toute question préjudicielle relative, d'une part, à l'interprétation des traités et, d'autre part, à l'interprétation ou à l'appréciation de la validité d'un acte de droit dérivé. Selon l'article 267 du TFUE, de telles questions peuvent lui être renvoyées par toute juridiction d'un État membre. Pour les juridictions suprêmes de ces États, le renvoi est une obligation. La Cour peut examiner certaines questions préjudicielles selon une procédure d'urgence. En second lieu, la Cour de justice connaît directement de certains recours en annulation, en carence ou en manquement formés par un État membre ou une institution de l'Union à l'encontre d'une institution ou d'un État. Si elle constate qu'un État a manqué à son obligation de transposer une directive communautaire, elle peut le condamner à une amende forfaitaire ou à une astreinte. En dehors de ces compétences de premier ressort, la Cour de justice connaît de recours contre les décisions du Tribunal.

Grâce à la création du Tribunal de l'Union européenne, les délais de jugement de la Cour se sont réduits. La Cour, qui connaît, du fait principalement des élargissements, d'un contentieux croissant, demeure chargée, en dépit de la création du Tribunal. En 2019, elle a été saisie de 966 affaires, dont la grande majorité concerne des questions préjudicielles posées par les juridictions des États membres, et en a jugé 865. Son délai moyen de jugement est de 14,4 mois. La Cour a pour objectif de le ramener à une année.

Le *Tribunal de l'Union européenne* a été créé en 1988, sous le nom de « tribunal de première instance », pour décharger la Cour, en particulier dans les contentieux de la concurrence, des aides d'État et de la propriété intellectuelle. Avec le traité de Lisbonne, qui lui a donné son nom actuel, il est devenu le juge de premier ressort de droit commun de l'Union. Il a absorbé en 2016 le Tribunal de la fonction publique, qui connaissait depuis 2004 du contentieux de la fonction publique communautaire.

La fusion avec le Tribunal de la fonction publique s'accompagne d'un doublement du nombre des juges, qui est passé progressivement d'un à deux par État. Le Tribunal ne comporte pas d'avocats généraux. Ses décisions peuvent faire l'objet d'un pourvoi devant la Cour de justice, limité aux questions de droit.

Le Tribunal connaît, outre le contentieux de la fonction publique qui lui revient désormais directement, des recours en annulation, en carence ou en manquement qui ne sont pas réservés à la Cour, ainsi que des actions en responsabilité intentées contre l'Union. Il intervient principalement en matière de concurrence, d'aides d'État et de propriété intellectuelle (brevets, marques, dessin et modèles). En 2019, il a enregistré 939 affaires et rendu 874 décisions. Son délai moyen de jugement est de 16,9 mois. L'augmentation du nombre de juges et des simplifications procédurales devraient lui permettre de le réduire, pour revenir à environ une année.

6/ *Les institutions et organes complémentaires*

La Banque centrale européenne et la Cour des comptes figurent au nombre des institutions de l'Union. Le traité de Lisbonne ajoute que le Parlement, le Conseil et la Commission sont « assistés d'un Comité économique et social et d'un Comité des régions exerçant des fonctions consultatives ». Il confirme enfin l'existence d'un Médiateur européen.

Créée à la suite du traité de Maastricht, la *Banque centrale européenne* (BCE), qui a son siège à Francfort, a acquis, avec le traité de Lisbonne, la qualité d'institution de l'Union. Autour d'elle sont constitués le système européen de banques centrales, qui réunit les banques centrales des vingt-sept États membres, et l'eurosystème, qui groupe les pays membres de la zone euro. Elle a la responsabilité de la politique monétaire, qui est, pour les pays ayant adopté l'euro, une compétence exclusive de l'Union. Elle est dirigée par le conseil des gouverneurs des banques centrales et par un directoire de six membres nommés, y compris le président, pour un mandat de huit ans non renouvelable par le Conseil européen à la majorité qualifiée, sur recommandation du Conseil et après consultation du Parlement européen et du conseil des gouverneurs. Le directoire est présidé depuis 2019 par Christine Lagarde. Avec une indépendance et une autorité particulièrement affirmées, la BCE s'approche d'une institution de nature fédérale.

Issue du traité du 22 juillet 1975, qui renforçait les pouvoirs budgétaires du Parlement européen, la *Cour des comptes européenne* est devenue une institution de l'Union avec le traité de Maastricht. Elle est composée d'un membre par État, proposé par celui-ci et nommé pour six ans renouvelables par le Conseil à la majorité qualifiée, après consultation du Parlement européen. Les membres de la Cour élisent leur président pour trois ans renouvelables. La Cour contrôle l'ensemble des comptes de l'Union et s'assure de la bonne gestion financière. Ses pouvoirs d'investigation sont étendus et elle peut, de manière large, rédiger des rapports et des avis. Elle établit chaque année un rapport public. Même si elle ne dispose pas de pouvoirs de sanction, elle joue ainsi un rôle utile à la bonne gestion des fonds de l'Union.

Le *Comité économique et social* et le *Comité des régions* sont deux organes purement consultatifs. Institué par les deux traités de Rome de 1957, le Comité économique et social comprend au maximum 350 membres, nommés pour cinq ans par le Conseil, à partir de propositions faites par les États, en fonction d'une clé de répartition entre eux. Il a pour vocation de représenter les acteurs économiques et sociaux et la société civile. Des règles voisines de désignation s'appliquent pour le Comité des régions, créé par le traité de Maastricht et composé, lui aussi, de 350 membres au maximum, qui représentent les régions et les autres collectivités territoriales.

Instauré par le traité de Maastricht comme l'un des éléments de la citoyenneté européenne, le *Médiateur européen* est désigné pour cinq ans renouvelables par le Parlement européen. De sa propre initiative ou à la suite d'une plainte, il enquête sur tous les cas de mauvaise administration des institutions de l'Union, à l'exclusion de la Cour de justice dans l'exercice de ses attributions juridictionnelles. Il formule des recommandations et remet chaque année un rapport au Parlement européen.

7/ *La zone euro*

Le 1er janvier 2002, l'euro s'est substitué aux monnaies nationales des onze pays qui l'avaient adopté en 1999. Huit autres États les ont rejoints : l'euro est la monnaie commune de dix-neuf des vingt-sept États membres de l'Union[9].

Les États membres de la zone euro sont liés entre eux par le pacte de stabilité et de croissance, qui a fait l'objet de deux règlements du Conseil du 7 juillet 1997. Pour réagir à la crise financière, ils en ont assoupli temporairement les exigences de déficit public limité à 3 % du produit intérieur brut (PIB) et de dette publique inférieure à 60 % du PIB. Puis ils ont mis en place, en 2010, le Fonds européen de stabilité financière, auquel a succédé, en 2012, le *Mécanisme européen de stabilité*. Institution financière internationale qui a son siège à Luxembourg, il est doté d'un capital de 700 milliards d'euros et peut accorder jusqu'à 500 milliards de prêts aux États. En septembre 2012, Mario Draghi a indiqué que la BCE acceptait de manière illimitée de refinancer la dette des États membres de la zone euro. La crise sanitaire provoquée en 2020 par la Covid-19 appelle à la fois un desserrement des contraintes et la mobilisation de moyens communs.

À vingt-cinq cette fois, après le refus du Royaume-Uni et de la République tchèque de s'y associer, les États membres de l'Union ont adopté, le 2 mars 2012, le traité sur la stabilité, la coordination et la gouvernance au sein de l'Union économique et monétaire, couramment appelé « pacte budgétaire européen ». Ce traité tend à une plus grande coordination des politiques économiques et à une

9. Allemagne, Autriche, Belgique, Chypre, Espagne, Estonie, Finlande, France, Grèce, Irlande, Italie, Lettonie, Lituanie, Luxembourg, Malte, Pays-Bas, Portugal, Slovaquie, Slovénie.

meilleure gouvernance de la zone euro. Il comporte une *règle d'or*, selon laquelle les États introduiront, dans leur Constitution ou au travers de dispositions qui, telle la loi organique en France, s'imposent « tout au long des processus budgétaires nationaux », des mesures permettant de limiter les déficits structurels supérieurs à 0,5 % du PIB. Il confère à la Cour de justice le pouvoir d'infliger des amendes pouvant aller jusqu'à 0,1 % du PIB à un État qui méconnaîtrait ses obligations. Tant le Conseil constitutionnel (décision du 9 août 2012) que la Cour de Karlsruhe (décision du 12 septembre 2012) ont reconnu la conformité de ce traité aux exigences constitutionnelles de leur pays. Un *pacte de croissance*, inclus dans le relevé de conclusions du Conseil européen et permettant de mobiliser 120 milliards d'euros, a complété le dispositif en juin 2012.

8/ *L'espace Schengen*

Signés au départ par cinq États – la France, l'Allemagne, la Belgique, les Pays-Bas et le Luxembourg –, les accords de Schengen du 14 juin 1985 se sont progressivement étendus, cherchant à supprimer les contrôles aux frontières intérieures entre pays de l'Union et à renforcer la coopération policière en matière d'immigration. La Convention d'application des accords de Schengen du 19 juin 1990 a précisé le dispositif : les visas de court séjour, d'une durée maximale de trois mois, ouvrent accès à tout l'espace Schengen ; un fichier d'information et de signalement commun, le SIS, est institué ; des impératifs d'ordre public et de sécurité nationale peuvent conduire à un rétablissement temporaire des contrôles ; les décisions en matière d'asile sont communes à tous les partenaires des accords.

Après avoir jugé, le 25 juillet 1991, que la Convention d'application des accords de Schengen ne mettait pas en cause les conditions essentielles d'exercice de la souveraineté nationale et pouvait donc être ratifiée sans révision de la Constitution, le Conseil constitutionnel a décidé, le 13 août 1993, que sa pleine application en matière d'asile n'était pas compatible avec la protection constitutionnelle que le Préambule de 1946 accorde au droit d'asile. Sans modifier le Préambule, la révision du 25 novembre 1993 a, en conséquence, ajouté à la Constitution un article 53-1. Le premier alinéa de cet article permet à la République de « conclure avec les États européens qui sont liés par des engagements identiques aux siens en matière de protection des droits de l'homme et des libertés fondamentales des accords déterminant leurs compétences respectives pour l'examen des demandes d'asile qui leur sont présentées ». Un traitement commun des demandes d'asile dans un cadre européen, tel celui dessiné dans le cadre de Schengen, est ainsi autorisé. Le second alinéa de l'article 53-1 réserve toutefois la compétence nationale pour donner asile, quelle qu'ait été la position d'un autre État partenaire, « à tout étranger persécuté en raison de son action en faveur de la liberté ou qui sollicite la protection de la France pour un autre motif ».

Le système de Schengen s'est progressivement intégré aux mécanismes de l'Union sans s'y insérer totalement. La plupart des pays de l'Union ont en effet rejoint le dispositif. En 1997, un protocole annexe au traité d'Amsterdam s'est substitué aux accords de Schengen, ainsi intégrés au droit de l'Union. Les règlements dits « Dublin II », du 18 février 2003, puis « Dublin III », du 26 juin 2013, ont déterminé, en particulier, l'État responsable de l'examen des demandes d'asile.

Mais des raisons à la fois géographiques et politiques réduisent, au moins temporairement, la portée du système Schengen.

D'un point de vue géographique, l'espace Schengen demeure en partie distinct du territoire de l'Union. D'une part, quatre pays de l'Union – la Bulgarie, la Roumanie, Chypre et la Croatie – ne l'ont pas rejoint, au moins pour l'instant. D'autre part, l'Irlande, comme le Royaume-Uni avant le Brexit, bénéficie d'une clause d'*opting out* qui lui permet de n'appliquer que certaines dispositions de l'accord. Enfin, et à l'inverse, quatre pays extérieurs à l'Union, la Norvège, l'Islande, la Suisse et le Liechtenstein, ont adhéré au système Schengen.

Sur le plan politique, la crise des migrants et les exigences de la lutte contre le terrorisme ont conduit les États à décider le rétablissement des contrôles aux frontières, pour une durée de six mois renouvelable en 2012, puis pour une durée indéterminée en 2015. La crise sanitaire de 2020 a conduit à des contrôles renforcés aux frontières. Le système Schengen se trouve de la sorte en partie suspendu.

Comme la zone euro, l'espace Schengen montre que, dans certaines matières, les États membres de l'Union, ou une partie d'entre eux, peuvent mener des politiques communes sans nécessairement que celles-ci soient conçues dans le cadre de l'Union et impliquent de la même manière tous ses partenaires. Des accords intergouvernementaux peuvent alors compléter le droit de l'Union, comme le traité sur la stabilité, la coordination et la gouvernance au sein de l'Union économique et monétaire, et parfois, tels les accords de Schengen, le préfigurer. Dans cette même logique, l'article 20 du TUE permet à neuf États membres d'instaurer entre eux, avec l'autorisation du Conseil, une *coopération renforcée*, en s'appuyant sur les institutions de l'Union. Ouvertes à tous les États de l'Union, ces coopérations renforcées visent à favoriser la réalisation de ses objectifs, à préserver ses intérêts et à renforcer son processus d'intégration. Elles ont été utilisées en matière de droit de la famille, notamment en cas de divorce, de coopération policière et de brevets. Le projet de coopération renforcée concernant une taxe sur les transactions financières n'a, en revanche, pas abouti. L'Union européenne peut ainsi se construire à des rythmes variables et à partir d'initiatives prises par certains de ses membres. Des perspectives pour son avenir se dessinent sans doute à partir d'une telle flexibilité.

III

L'UNION EUROPÉENNE À L'ÉPREUVE DES POPULISMES

Dans un contexte de montée des populismes, qui entretient un climat de scepticisme, voire d'hostilité, à l'égard de la construction européenne et qui entraîne des États membres de l'Union, la Hongrie et la Pologne en particulier, sur des chemins s'éloignant de manière préoccupante du respect de l'État de droit et des valeurs démocratiques, l'Union européenne doit chercher des orientations pour son avenir.

A | LA MONTÉE DES POPULISMES

Sous des formes variées, des mouvements populistes progressent en Europe et au-delà. Au sein de l'Union européenne, leur présence, même si elle est contenue, est réelle dans le débat politique de nombreux pays, où ils inspirent des partis extrêmes de droite et parfois aussi de gauche. Ils se sont approchés du pouvoir au Danemark et aux Pays-Bas. Ils y ont même été un temps associés, avant d'en être éloignés, en Autriche, en Finlande et en Italie.

Ces mouvements se nourrissent de la crainte de l'immigration, de la défiance envers les élites, de la peur du changement. Ils prônent la fermeture des frontières et la lutte contre l'immigration, développent des thèses souverainistes et affichent une défiance envers l'Europe. Le groupe de Visegrad, qui réunit la Pologne, la Hongrie, la République tchèque et la Slovaquie, exprime de telles inquiétudes. Les évolutions de la Pologne et de la Hongrie suscitent des inquiétudes particulières quant au respect des valeurs démocratiques sur lesquelles l'Union européenne repose.

Dirigée par Viktor Orban, qui prône une démocratie non libérale, l'Union civique hongroise est au pouvoir depuis 2010. Une révision constitutionnelle adoptée en 2011 a conduit à l'intervention de mesures préoccupantes en ce qui concerne le statut des magistrats, la liberté de la presse, l'indépendance de la Banque centrale et le contrôle des données personnelles. L'abaissement brutal, de 70 à

62 ans, de l'âge de départ à la retraite des magistrats, qui visait directement le président de la Cour suprême, Andras Baka, a été condamné tant par la Cour de justice de l'Union européenne[10] que par la Cour européenne des droits de l'homme[11]. D'autres projets inquiètent. Pour dissuader les migrants, la Hongrie a instauré à ses frontières des zones de transit clôturées, et elle pratique la mise en rétention des demandeurs d'asile. La crise sanitaire a conduit à doter, de mars à juin 2020, le gouvernement de pouvoirs exceptionnels, dont la portée n'était pas limitée à la lutte contre l'épidémie.

En Pologne, après l'élection d'Andrzej Duda à la présidence de la République en 2015, son parti, Droit et Justice, dirigé par Jaroslaw Kacynski, a remporté les élections législatives. Toutes les élections ultérieures l'ont conforté et le président Duda a été élu pour un second mandat en 2020. Une grave crise est née dès les débuts avec le Tribunal constitutionnel, dont le nouveau gouvernement a paralysé l'action et renouvelé largement les membres. Depuis la nomination d'un nouveau président en 2016, le Tribunal constitutionnel, qui avait joué un rôle important dans l'affirmation de la démocratie en Pologne, a une composition en harmonie avec le gouvernement. À partir de 2017, une réforme d'ensemble du système judiciaire a suscité de vives réactions dans le pays et en Europe.

De telles évolutions soulèvent de graves interrogations pour l'Union européenne. Respecter les droits et les principes fondamentaux affirmés par le traité et par la Charte est une condition nécessaire pour y adhérer. Une procédure particulière est prévue à l'article 7 du TUE pour le cas où un État viendrait à les méconnaître. Sur proposition motivée d'un tiers des États membres, du Parlement européen ou de la Commission, et après approbation du Parlement européen, le Conseil peut constater, à la majorité des quatre cinquièmes de ses membres, « qu'il existe un risque clair de violation grave par un État membre des valeurs » proclamées par l'article 2. Sur proposition d'un tiers des États membres ou de la Commission, et après approbation du Parlement européen, l'existence d'une violation grave et persistante de ces valeurs peut en outre être constatée par le Conseil européen statuant à l'unanimité. Elle peut déboucher sur la suspension, par le Conseil statuant à la majorité qualifiée, des droits que l'État membre en question tient du traité. L'exclusion n'est toutefois pas prévue. À cette procédure, subordonnée à de telles conditions que son aboutissement est presque impossible, s'ajoute l'action en manquement devant la Cour de justice, qui est plus facile à mener.

La Commission européenne a engagé la procédure prévue à l'article 7 du traité envers la Pologne lors du conflit avec le Tribunal

10. CJUE, 6 novembre 2012, *Commission c/ Hongrie.*
11. CEDH, 23 juin 2016, *Baka c/ Hongrie.*

constitutionnel, après avoir publié, le 1er juin 2016, un avis sur l'État de droit en Pologne. L'adoption d'une nouvelle loi sur le Tribunal constitutionnel a mis fin à la procédure.

La procédure de droit commun d'action en manquement, ouverte à l'égard de la Hongrie après la révision constitutionnelle de 2011, s'est close par un compromis avec le gouvernement de Viktor Orban. À l'égard de la Pologne, l'action en manquement a été utilisée à plusieurs reprises du fait des réformes de la justice. Plusieurs décisions importantes ont été rendues dans ce cadre par la Cour de justice. Après avoir rappelé que les États membres ont l'obligation de garantir l'indépendance des juridictions[12], la Cour de justice a ordonné la suspension de la réforme qui, abaissant brutalement l'âge de la retraite, conduisait à mettre à l'écart un tiers des membres de la Cour suprême[13]. La Pologne ayant alors engagé une réforme différente, la Cour de justice a jugé qu'il appartiendrait à la Cour suprême de vérifier que les nouvelles dispositions assurent l'indépendance de la justice[14]. Constatant enfin que la nouvelle chambre disciplinaire de la Cour suprême ne présentait pas les garanties d'indépendance requises, elle a fait injonction à la Pologne de suspendre les mesures qui donnaient à cette chambre de larges pouvoirs disciplinaires sur tous les juges[15]. De nouvelles inquiétudes sont apparues avec la décision du Tribunal constitutionnel du 22 octobre 2020, qui vient presque complètement fermer les possibilités, déjà très restreintes, d'interruption volontaire de grossesse en Pologne.

Au travers de ces multiples épisodes, ni la Hongrie ni la Pologne ne sont allées jusqu'à un point de rupture avec l'Union. Les difficultés récurrentes, centrées sur l'indépendance des juridictions, témoignent toutefois de fortes tensions entre les conceptions de la démocratie « illibérale » et les valeurs fondamentales de l'Union. Elles sont aussi des appels à des réflexions pour l'avenir.

B | LES ORIENTATIONS POUR L'AVENIR

Le chemin parcouru, qui a mené des lendemains de la seconde guerre mondiale à l'Union européenne d'aujourd'hui, est impressionnant. Il a permis de garantir la paix, de construire un vaste espace démocratique, d'accroître les échanges et de favoriser le développement économique. La citoyenneté européenne devient une réalité, le sentiment d'appartenance à une culture partagée se

12. CJUE, 27 février 2018.
13. CJUE, 22 octobre et 17 décembre 2018.
14. CJUE, 19 novembre 2019.
15. CJUE, 8 avril 2020.

renforce. Même si sa négociation a été difficile, le plan de relance adopté en juillet 2020 par le Conseil européen pour faire face à la crise économique provoquée par l'épidémie de Covid-19 témoigne de la volonté d'agir ensemble avec force. Un malaise n'en existe pas moins. Éloignées des citoyens, les institutions sont souvent mal comprises. L'Union donne le sentiment de peiner à faire face de manière efficace aux grands défis du monde d'aujourd'hui. Des fragilités affectent les garanties de l'État de droit. Des tensions avec les États l'affaiblissent et des forces centrifuges se manifestent. À la croisée des chemins, l'Union européenne a besoin d'un renouveau, qui est à chercher tant dans ses relations avec les États membres que dans ses rapports avec les citoyens.

Ni fédération ni confédération, l'Union européenne entretient avec les États des relations qui reposent sur un modèle inédit, dont l'originalité doit être assumée.

La distinction entre fédération et confédération a été théorisée à la fin du XIXe siècle par Louis Le Fur[16]. Une fédération réunit des États qui, comme les États-Unis, le Canada, l'Allemagne ou la Suisse, abandonnent leur souveraineté et leur personnalité internationale pour former un seul État fédéral. Elle repose sur une constitution. Une confédération est une association d'États qui, tout en conservant leur souveraineté et leur personnalité internationale, décident d'exercer en commun certaines de leurs compétences, y compris de souveraineté, comme la défense ou la diplomatie. Une confédération repose sur un traité international. L'histoire en connaît peu d'exemples durables : les États-Unis ont été une confédération de 1781 à 1787, la Confédération du Rhin a groupé, du traité de Vienne de 1815 à la victoire en 1866 de la Prusse sur l'Autriche à Sadowa, 34 États et 4 villes libres d'Allemagne.

L'Union européenne n'est pas une fédération. Elle découle de traités et non d'une constitution, et l'échec du traité établissant une constitution pour l'Europe est venu souligner la différence entre les deux sources. Il existe, pour reprendre une expression du professeur Alain Pellet, une « irréductible souveraineté » des États qui la composent. Certaines de ses caractéristiques se rapprochent néanmoins du domaine fédéral, l'autorité des règlements et des directives, l'euro pour les États qui ont adopté la monnaie commune, la Banque centrale européenne. Elle n'est pas non plus une confédération, se situant tantôt en deçà, par le caractère limité de ses compétences en matière de défense et de diplomatie, tantôt au-delà par ses aspects d'ordre fédéral, notamment le caractère intégré de son ordre juridique.

« Fédération d'États nations » pour Jacques Delors, « nouvelle constellation politique succédant aux États nations » selon Jürgen

16. Louis Le Fur, *État fédéral et confédération d'États*, thèse, Paris, 1896.

Habermas, l'Union européenne est un modèle original. L'article 88-1 de la Constitution française en exprime bien la nature en indiquant qu'elle est « constituée d'États qui ont choisi librement d'exercer en commun certaines de leurs compétences ».

Assumant cette profonde originalité, l'Union européenne peut chercher à mieux définir ses rapports avec les États en suivant les trois axes de la subsidiarité, de la flexibilité et de la loyauté.

Affirmée par le traité de Maastricht, la subsidiarité répond au souci d'exercer au niveau de l'Union les seules compétences qu'il est utile, dans l'intérêt commun, de traiter à cet échelon. Lorsque l'intervention de l'Union n'est pas nécessaire, il revient aux États d'agir, dans le respect de leurs différences, avec une marge nationale d'appréciation et une large autonomie procédurale. Avec un droit dérivé foisonnant et souvent trop détaillé, la pratique de l'Union n'a pas toujours été conforme à ces principes, dont le respect est pourtant une condition de son efficacité comme de son acceptation. Depuis les efforts engagés en 2014 par la Commission, à l'initiative de Jean-Claude Juncker qui la présidait alors, une pratique plus maîtrisée et retenue du droit dérivé s'est engagée. Continuer dans ce sens est nécessaire.

Tous les États ne sont pas prêts à s'engager au même degré sur tous les sujets. Ce constat conduit déjà à une grande souplesse. L'euro est la monnaie de dix-neuf des vingt-sept États membres. L'espace Schengen ne correspond pas au territoire de l'Union. Ni le Royaume-Uni ni la République tchèque n'ont signé en 2012 le traité budgétaire européen. Le Royaume-Uni et la Pologne n'ont pas accepté que la Charte des droits fondamentaux produise des effets dans leur droit interne. Neuf États peuvent décider d'une coopération renforcée sur certains sujets. Ces exemples ouvrent des voies vers une flexibilité accrue, de manière à permettre aux États qui le souhaitent d'avancer sur des chemins qui ne font pas nécessairement l'objet de l'accord de tous.

Vis-à-vis de l'Union, les États et leurs administrations ont une obligation de coopération loyale. Réciproquement, une présomption de leur loyauté à l'égard de l'Union doit être reconnue. Parfois trop de soupçons sont entretenus, dont les avis motivés, voire les actions en manquement sont une traduction dans bien des cas exagérément tracassière. Adoptée en septembre 2016 par le Conseil européen, la « feuille de route » de Bratislava affirme la volonté « d'assurer une coopération et une communication loyales entre les États membres et les institutions ». Le thème est repris dans la déclaration de Rome, par laquelle les chefs d'État et de gouvernement se sont engagés, à l'occasion du soixantième anniversaire du traité de Rome, le 25 mars 2017, à travailler « dans un esprit de confiance et de coopération loyale, à la fois entre États membres et entre ceux-ci et les institutions de l'Union, dans le respect du principe de subsidiarité ». Nul doute que la Commission et les administrations nationales gagneraient à coopérer davantage pour mieux se comprendre dans une attitude de loyauté partagée.

De telles évolutions dans les liens de l'Union avec les États sont de nature à raffermir ceux qu'elle entretient avec les citoyens.

Aux premières élections au Parlement européen, en 1979, le taux d'abstention était de 39 %. De scrutin en scrutin, il a augmenté pour atteindre 57,46 % en 2014. La courbe s'est heureusement inversée aux élections de 2019, auxquelles la participation, de l'ordre de 51 %, est redevenue majoritaire pour la première fois depuis vingt ans. Il est toutefois préoccupant que la participation demeure faible dans certains pays qui ont récemment adhéré à l'Union : 29 % en Croatie, 28 % en République tchèque et en Slovénie, 22 % en Slovaquie.

Ces chiffres traduisent un manque d'intérêt des citoyens d'Europe, qui se sentent loin des préoccupations et des institutions de l'Union. Rapprocher l'Europe des citoyens est un impératif pour que le projet retrouve le soutien sans lequel il ne peut progresser.

La tâche n'est pas aisée. Mais plusieurs pistes peuvent se combiner pour avancer dans la bonne direction. Éducation et formation ont un rôle déterminant. Des échanges comme ceux que permet depuis 1987 le programme Erasmus, qui offre chaque année à près de 300 000 étudiants la possibilité d'accomplir un séjour d'étude dans un autre pays de l'Union, jouent pour l'avenir un rôle déterminant. Rapprocher les projets de l'Union des préoccupations quotidiennes est un autre axe à rechercher. Rendre le processus de décision européen plus ouvert et transparent s'impose pour mieux assurer sa légitimité démocratique. Les liens avec les enceintes politiques nationales sont à renforcer, au travers, en particulier, d'une meilleure place de l'Europe dans les débats électoraux et d'une association plus étroite des parlements nationaux à la définition des choix et à l'adoption des normes de l'Union. L'enjeu est de convaincre les citoyens de l'importance et de la pertinence du projet européen et de vivifier celui-ci par l'écoute des aspirations qui s'expriment dans les différents pays. L'Union européenne repose sur de solides acquis juridiques et économiques. Elle trouve dans la culture partagée par les pays et les peuples européens un socle dont la valeur est profondément assurée. Il lui reste à convaincre qu'elle est l'échelon pertinent pour que les États européens puissent répondre ensemble aux enjeux migratoires, sécuritaires, environnementaux, numériques, sanitaires qui se présentent à eux. Son avenir dépend de l'adhésion des citoyens.

Chapitre 13

Le Conseil de l'Europe et la Convention européenne des droits de l'homme

Créé le 5 mai 1949 par les dix États signataires du traité de Londres[1], le Conseil de l'Europe s'est progressivement élargi, y compris, après la chute du mur de Berlin, aux pays d'Europe de l'Est. La Russie y a adhéré en 1996. Seule la Biélorussie, qui ne satisfait pas aux exigences démocratiques requises, n'a pu, en dépit de sa candidature, le rejoindre. Couvrant à cette exception près l'intégralité de la « grande Europe », y compris la Turquie, il réunit 47 États, qui comptent 830 millions d'habitants.

Système institutionnel original, il se déploie à partir de conventions internationales conclues dans son cadre et d'actions diversifiées qu'il entreprend. Son importance tient principalement à la Convention européenne de sauvegarde des droits de l'homme et des libertés fondamentales, couramment appelée Convention européenne des droits de l'homme, signée en 1950, et aux activités de la Cour européenne des droits de l'homme, qui en est issue.

1. Belgique, Danemark, France, Irlande, Italie, Luxembourg, Norvège, Pays-Bas, Royaume-Uni, Suède.

I

LES INSTITUTIONS DU CONSEIL DE L'EUROPE

Installé à Strasbourg, le Conseil de l'Europe comprend une Assemblée parlementaire, un Comité des ministres et un secrétaire général.

A | L'ASSEMBLÉE PARLEMENTAIRE

Première assemblée instituée à l'échelle européenne, l'Assemblée parlementaire du Conseil de l'Europe se compose de 318 membres, élus ou désignés par les parlements nationaux. Le nombre de représentants varie, en fonction de la démographie, de 2 à 18 par État.

Siégeant durant quatre sessions annuelles d'une semaine chacune, l'Assemblée discute des grandes questions d'actualité et adresse des recommandations au Comité des ministres. Des commissions préparent ses délibérations.

B | LE COMITÉ DES MINISTRES

Principale instance de décision, le Comité des ministres réunit les ministres des affaires étrangères des pays membres. La présidence est exercée à tour de rôle, durant six mois, par le ministre de chaque État, suivant une rotation alphabétique. Le Comité arrête le budget du Conseil de l'Europe. Il veille au respect des engagements contractés par les États dans le cadre de l'organisation, ainsi qu'à la bonne exécution des arrêts rendus par la Cour européenne des droits de l'homme. Il se prononce à l'unanimité. Dans l'intervalle de ses sessions, les ambassadeurs, représentants des États auprès du Conseil de l'Europe, se réunissent chaque semaine.

C | LE SECRÉTAIRE GÉNÉRAL

Élu par l'assemblée parlementaire pour un mandat renouvelable de cinq ans, le secrétaire général assure l'administration de l'institution. Il prépare et exécute son budget. Depuis 2019, le poste est occupé par Mme Marija Pejcinovic Buric, de nationalité croate.

II

LES ACTIVITÉS DU CONSEIL DE L'EUROPE

Si la Convention européenne des droits de l'homme est la principale réalisation et la Cour européenne des droits de l'homme le pôle central d'activité du Conseil de l'Europe, l'institution mène d'autres actions, au travers, en particulier, de différentes conventions internationales, du Commissaire aux droits de l'homme et de divers autres organismes.

A | LES CONVENTIONS DU CONSEIL DE L'EUROPE

Actif sur la scène diplomatique, le Conseil de l'Europe est à l'origine d'un nombre important de conventions, qui ont pour dénominateur commun l'objectif de promouvoir l'exercice des droits fondamentaux et de lutter, à l'échelle européenne, contre certaines dérives. Adoptées par le Comité des ministres et l'Assemblée parlementaire, ces conventions n'ont pas, par elles-mêmes, de valeur obligatoire. Elles ne deviennent contraignantes qu'à l'égard des États qui les ratifient.

Plusieurs d'entre elles ont pris le nom de « charte », qui correspond à leur vocation d'énoncer des garanties essentielles, tout en laissant aux États une large marge pour les mettre en œuvre.

Une des plus importantes est la *Charte sociale européenne*, adoptée en 1961 et révisée en 1996. Elle proclame l'ensemble des droits sociaux, prévoit que chaque État partie établit tous les ans un rapport sur les conditions dans lesquelles il les met en œuvre et institue, pour veiller à la bonne application des orientations qu'elle définit, le *Comité européen des droits sociaux*, composé de quinze membres élus par le Comité des ministres pour un mandat de six ans, renouvelable une fois. Sa ratification par la France, autorisée par la loi du 10 mars 1999, a été faite par un décret du 4 février 2000.

Par un décret du 3 mai 2007, la France a également ratifié la *Charte européenne de l'autonomie locale*, qui avait été adoptée en 1985. Celle-ci a donné naissance à un *Congrès des pouvoirs locaux et régionaux*, assemblée consultative qui réunit 636 élus locaux (318 titulaires, 318 suppléants) représentant plus de 200 000 collectivités territoriales des 47 États membres. Le Congrès évalue la situation de la démocratie locale et adopte des résolutions pour la renforcer.

En revanche, la France n'a pas adhéré à la *Charte européenne des langues régionales et minoritaires*. Par sa décision du 15 juin 1999, le Conseil constitutionnel a jugé, en effet, qu'elle était contraire aux exigences constitutionnelles d'indivisibilité de la République, d'égalité devant la loi et d'unicité du peuple français, et qu'en autorisant à utiliser une langue régionale non seulement dans la vie privée, mais aussi dans les rapports avec l'administration, elle méconnaissait en outre l'article 2 de la Constitution, qui énonce : « La langue de la République est le français. » Le Conseil d'État s'est prononcé dans le même sens par deux avis du 7 mars 2013 et du 30 juillet 2015. Une révision constitutionnelle serait dans ces conditions nécessaire pour ratifier la Charte. Mais aucune procédure engagée à cette fin n'a abouti.

Plus de deux cents conventions ont été adoptées dans le cadre du Conseil de l'Europe. Parmi elles, peuvent notamment être mentionnées la Convention européenne d'extradition (1957), la Convention européenne pour la répression du terrorisme (1977), la Convention pour la protection des personnes à l'égard du traitement automatisé des données à caractère personnel (1981), la Convention européenne pour la prévention de la torture et des peines ou traitements inhumains ou dégradants (1987), la Convention sur les droits de l'homme et la biomédecine (1997), la Convention sur la cybercriminalité (2001), la Convention sur la lutte contre la traite des êtres humains (2005), la Convention relative au blanchiment, au dépistage, à la saisie et à la confiscation des produits du crime (2005), la Convention européenne pour la protection des enfants contre l'exploitation et les abus sexuels (2007), la Convention sur la prévention et la lutte contre la violence à l'égard des femmes et la violence domestique (2011), la Convention contre le trafic d'organes humains (2015), la Convention européenne du paysage (2016) et la Convention sur les infractions visant les biens culturels (2017).

B | LE COMMISSAIRE AUX DROITS DE L'HOMME

Institué en 1999, le Commissaire aux droits de l'homme est élu pour un mandat de six ans non renouvelable par l'Assemblée parlementaire. Au travers de recommandations aux États membres et de rapports au Comité des ministres et à l'Assemblée parlementaire, il a pour vocation de sensibiliser aux droits de l'homme et de promouvoir leur respect. Depuis 2018, la fonction est exercée par Mme Dunja Mijatovic, ressortissante de la Bosnie-Herzégovine.

C | DES ACTIONS DIVERSIFIÉES

Le Conseil de l'Europe entreprend de nombreuses actions visant à consolider la démocratie. Il dispose d'une Banque de développement, dont le siège est à Paris. Il a constitué la Commission européenne pour la démocratie par le droit, dite « commission de Venise », organe consultatif qui propose ses services aux États en transition démocratique, en particulier pour élaborer une constitution et organiser des élections libres. Le Conseil de l'Europe a enfin le statut d'observateur auprès des Nations unies.

III

LA CONVENTION ET LA COUR EUROPÉENNE DES DROITS DE L'HOMME

La Convention européenne de sauvegarde des droits de l'homme et des libertés fondamentales, ou Convention européenne des droits de l'homme, a été signée à Rome, le 4 novembre 1950.

Alors même que le texte de la Convention devait beaucoup à René Cassin, la France a tardé à la ratifier. Plusieurs raisons se sont conjuguées pour expliquer cette réserve. Les unes tenaient à des craintes que l'attitude de la France dans les conflits liés à la décolonisation, en Indochine puis en Algérie, fût mise en cause. D'autres venaient d'une réticence de principe à l'égard d'un mécanisme international de protection des droits de l'homme, dont le pays de la Déclaration des droits de l'homme et du citoyen pensait n'avoir nul besoin. En vain, René Cassin – qui fut juge puis, en 1965, président de la Cour, alors que la France n'avait pas encore ratifié la Convention – rappelait-il que l'adhésion à ce traité était « le prix à payer pour donner l'exemple ».

Autorisée par une loi du 31 décembre 1973, la ratification par la France a été prononcée par un décret du 3 mai 1974, signé par le président Alain Poher, alors qu'il assurait l'intérim de la présidence de la République après le décès du président Pompidou. Encore la France n'a-t-elle accepté le droit de recours individuel de ses ressortissants devant la Cour, qui était alors facultatif, que le 2 octobre 1981.

Complétée par seize protocoles additionnels, la Convention donne aux pays européens un cadre d'autant plus exigeant en matière de protection des droits fondamentaux qu'il est doté d'un mécanisme juridictionnel spécifique, la Cour européenne des droits de l'homme, qui exerce elle-même ses attributions avec rigueur et dynamisme. Le système de la Convention exerce en conséquence une grande influence sur les droits nationaux. Pour les pays membres de l'Union européenne, il se conjugue avec les principes propres au droit de celle-ci.

A | LE CADRE JURIDIQUE DE LA CONVENTION

Adoptée dans le contexte historique de la victoire sur le nazisme, la Convention proclame l'ensemble des droits fondamentaux. Elle commence par des droits regardés comme absolus : droit à la vie, interdiction de la torture et des traitements inhumains ou dégradants (article 3), interdiction de l'esclavage et du travail forcé. Elle précise que les autres droits et libertés qu'elle proclame ne peuvent connaître d'autres restrictions que celles qui, prévues par la loi, constituent des mesures nécessaires à la vie en commun dans une société démocratique. Il en va ainsi, en particulier, des droits à la liberté et à la sûreté (article 4), à un procès équitable (article 6), au respect de la vie privée et familiale (article 8), des libertés de pensée, de conscience et de religion (article 9), d'expression (article 10), de réunion et d'association (article 11), du droit à un recours effectif (article 13).

Parmi les seize protocoles additionnels, ont une importance particulière le protocole n° 1, qui concerne notamment la protection de la propriété, les protocoles n° 6 et n° 13, relatifs à l'abolition de la peine de mort, les protocoles n° 11 et n° 14, qui ont profondément rénové les modalités d'intervention de la Cour européenne des droits de l'homme. Encore en cours de ratification, le protocole n° 15 inscrit expressément dans le préambule de la Convention le principe de subsidiarité et la doctrine de la Cour sur la marge d'appréciation des États, tout en apportant quelques aménagements aux règles de fonctionnement de la Cour. Entré en vigueur, après sa ratification par dix États, dont la France, en 2018, le protocole n° 16 ouvre aux juridictions suprêmes des États qui acceptent ce mécanisme la possibilité de saisir à titre préjudiciel la Cour européenne des droits de l'homme d'une question de principe relative à l'interprétation ou à l'application de la Convention. La première question a été posée par la Cour de cassation française, qui a interrogé la Cour sur la situation, au regard de l'article 8 de la Convention, de la « mère d'intention », en cas de gestation pour autrui, indépendamment de toute réalité biologique[2]. La Cour européenne des

2. Cass., 5 octobre 2018.

droits de l'homme a répondu que le droit interne doit garantir, selon des modalités qui relèvent de la marge nationale d'appréciation, la reconnaissance d'un lien de filiation entre l'enfant et la mère d'intention[3].

Au regard du droit français, ont eu des conséquences particulièrement fortes l'article 6 de la Convention, qui garantit le droit à un procès équitable, devant un tribunal indépendant et impartial, qui statue en audience publique et dans un délai raisonnable, son article 8, selon lequel chacun a droit au respect de sa vie privée et familiale, ainsi que l'article 1er du premier protocole additionnel, qui proclame le droit de toute personne au respect de ses biens.

B | LA COUR EUROPÉENNE DES DROITS DE L'HOMME

L'une des originalités et des forces de la Convention européenne des droits de l'homme a été la création d'une juridiction, la Cour européenne des droits de l'homme (CEDH), composée de quarante-sept juges, un par État. Les juges sont élus par l'Assemblée parlementaire du Conseil de l'Europe sur une liste de trois noms proposés par chaque État. Selon une procédure inspirée de l'article 255 du traité de Lisbonne (TFUE), un « panel » composé de sept personnes, anciens juges de la Cour ou membres des cours suprêmes nationales, donne avant le vote de l'Assemblée un avis sur les propositions faites par les États. En cas de doute, le panel engage avec l'État concerné un dialogue qui peut conduire celui-ci à formuler de nouvelles propositions.

Les juges élisent parmi eux leur président pour un mandat renouvelable de trois ans. Deux Français ont présidé la Cour, René Cassin de 1965 à 1968 et Jean-Paul Costa de 2007 à 2011. En 2020, l'Islandais Robert Spano a été élu président, succédant au Grec Linos-Alexandre Sicilianos.

Après épuisement des voies de recours interne, la Cour peut être saisie de toute méconnaissance de la Convention. Un État peut également lui soumettre, dans le cadre d'un contentieux interétatique, un manquement aux obligations de la Convention qu'il estime imputable à un autre État. À la demande du Comité des ministres du Conseil de l'Europe, elle peut, enfin, donner des avis consultatifs sur des questions juridiques concernant l'interprétation de la Convention et de ses protocoles.

En 1998, avec le protocole n° 11, la Cour, qui ne tenait auparavant que quelques sessions dans l'année, a pris un caractère permanent, tandis que le droit de recours individuel, jusque-là

3. CEDH, 10 avril 2019.

subordonné à une déclaration facultative d'acceptation, est devenu obligatoire. Le nombre de recours a considérablement augmenté, passant de 5 200 en 1990 à 35 000 en 2002. Il a atteint le chiffre record de 65 800 en 2013, avant de redescendre quelque peu par la suite. 44 500 requêtes ont été introduites devant la Cour en 2019.

Entré en vigueur le 1er juin 2010, le protocole n° 14 a donné à la Cour les moyens procéduraux nécessaires pour faire face à ses tâches. Un juge unique peut déclarer une requête irrecevable, tandis que l'absence de préjudice important pour le requérant devient un critère de recevabilité. Des arrêts pilotes dégagent une solution, qui est ensuite appliquée dans les affaires comparables.

Les requêtes qui franchissent le filtre de la recevabilité sont jugées en *comité de trois juges* lorsqu'il s'agit de faire application d'une jurisprudence établie ou en *chambre de sept juges*. Une *grande chambre*, composée de dix-sept juges, tranche les affaires les plus délicates. La Cour se réunit en *assemblée plénière* pour élire son président, ses vice-présidents et les présidents de chambre, ainsi que pour prendre des décisions d'administration générale relatives à son fonctionnement.

Les réformes issues du protocole n° 14 ont permis à la Cour de réduire de manière importante le stock de dossiers en instance qui, après avoir atteint 161 000 dossiers à la fin de 2011, n'en comptabilisait plus que 59 800 au 1er janvier 2020. 68 % des requêtes concernent quatre pays, la Russie (25 %), la Turquie (15 %), l'Ukraine (15 %) et la Roumanie (13 %). En 2019, la Cour a statué sur 40 667 dossiers. Parmi ses décisions, 33 288 ont constaté l'irrecevabilité de la requête. Quels que soient les progrès accomplis, la Cour doit demeurer très vigilante pour continuer à réduire ses délais.

Au travers de la Cour européenne des droits de l'homme, la Convention a pris le « caractère spécifique de traité de garantie collective des droits de l'homme et des libertés fondamentales[4] ». Cette caractéristique est d'autant plus forte que la Cour applique de manière ferme et constructive les principes de la Convention, qu'elle regarde comme un « instrument constitutionnel de l'ordre public européen[5] ». Désireuse de donner son plein effet à la Convention, elle interprète ses stipulations « de manière ouverte, dynamique, souple et évolutive, [...] relativement distanciée par rapport aux États signataires de la Convention[6] ».

4. CEDH, 18 janvier 1978, *Irlande c/ Royaume-Uni* ; CEDH, 7 juillet 1989, *Soering c/ Royaume-Uni*.

5. Franck Moderne, *La Convention européenne des droits de l'homme*, Paris, Armand Colin-Dalloz, 2005.

6. CEDH, 23 mars 1995, *Loizidou c/ Turquie*.

La Cour tient compte des traditions nationales. Ainsi a-t-elle jugé que n'étaient contraires aux principes de la Convention ni l'exclusion des extrémistes de la fonction publique allemande[7], ni l'interdiction du divorce en Irlande[8], ni la dissolution de partis espagnols liés à l'organisation terroriste ETA[9], ni la présence de crucifix dans les écoles publiques italiennes[10]. Elle a jugé compatibles avec la Convention la loi française[11] et la loi belge[12] qui interdisent la dissimulation du visage dans l'espace public. Elle a pris en compte les exigences constitutionnelles de laïcité en France pour juger qu'un hôpital public pouvait refuser le renouvellement du contrat d'une assistante sociale qui refusait d'enlever son voile au travail[13]. Dans d'autres hypothèses, des tensions peuvent apparaître avec les cours suprêmes comme avec les parlements nationaux. Vives avec la Cour de Karlsruhe sur la conciliation entre droit à l'information et respect de la vie privée, elles se sont apaisées grâce à une écoute réciproque, qualifiée par la Cour d'« interaction juridictionnelle[14] ». Elles demeurent fortes avec le Parlement britannique qui, en dépit d'une jurisprudence de la Cour appelant à des solutions plus nuancées[15], se refuse à modifier de manière substantielle la législation privant de manière systématique tous les détenus du droit de vote.

La Cour impose un strict respect de la liberté individuelle comme de l'ensemble des droits garantis par la Convention. Elle se montre particulièrement vigilante à l'égard des personnes les plus vulnérables, malades, étrangers, migrants, détenus. Elle est attentive à l'effectivité du droit de recours et à l'équité du procès. Sa jurisprudence révèle certaines lacunes des législations nationales, y compris de celles de pays, comme le Royaume-Uni et la France, dont le rôle a été pionnier dans la protection des droits de l'homme. Ses arrêts sont ainsi directement à l'origine de la dépénalisation de l'homosexualité en Irlande, de l'instauration de la gratuité du recours à un interprète lors des procédures pénales en Allemagne et en France, de l'abolition des châtiments corporels dans les écoles britanniques, de la reconnaissance en France et au Royaume-Uni des droits des transsexuels à un état civil, de l'adoption par la France d'une législation qui encadre les écoutes téléphoniques, de l'admission des femmes dans l'armée allemande. En outre, la Cour

7. CEDH, 28 août 1986, *Glasenopp.*
8. CEDH, 18 décembre 1986, *Johnston.*
9. CEDH, 30 juin 2009, *Batasuna.*
10. CEDH, 18 mars 2011, *Lautsi c/ Italie.*
11. CEDH, 1er juillet 2014, *SAS c/ France.*
12. CEDH, 11 juillet 2017, *Belacem et Oussar c/ Belgique.*
13. CEDH, 26 novembre 2015, *Mme Ebrahimian c/ France.*
14. CEDH, 24 juin 2004 et 7 février 2012, *Von Hannover c/ Allemagne.*
15. CEDH, 6 octobre 2005, *Hirst c/ Royaume-Uni* ; CEDH, 23 novembre 2010, *Greens c/ Royaume-Uni* ; CEDH, 18 janvier 2011, *Scoppola c/ Italie* ; CEDH, 10 février 2015, *McHugh et autres c/ Royaume-Uni.*

peut prendre, en vertu de l'article 39 de son règlement intérieur, des mesures provisoires qui sont destinées à préserver l'effectivité du droit de recours et dont le respect s'impose aux États[16]. Elle exerce ainsi une grande influence sur l'ensemble des droits nationaux.

Les arrêts de la Cour qui constatent un manquement peuvent mettre à la charge de l'État une somme à verser au requérant à titre de satisfaction équitable. Leur portée est à la fois obligatoire et déclaratoire. Obligatoire, car il incombe à l'État de réparer les conséquences de la violation constatée et de prendre les mesures nécessaires pour assurer la disparition de la source de cette violation[17]. Déclaratoire, car ils laissent à l'État, qui dispose sur ce point d'une importante marge d'appréciation, le choix des moyens à utiliser pour se conformer à la décision de la Cour[18]. Il revient au Comité des ministres de veiller à la bonne exécution des arrêts de la Cour. S'il constate un manquement persistant, il peut décider, après une mise en demeure et à la majorité des deux tiers, de saisir la Cour de la difficulté. Mais cette procédure n'a été mise en œuvre qu'une fois, en 2017, à l'égard de l'Azerbaïdjan. De caractère international, l'obligation des États parties relève principalement de l'enceinte diplomatique que constitue le Comité des ministres.

Dans un contexte de montée des nationalismes et de dérives autoritaires dans certains pays européens, l'apport de la Cour est à la fois important et délicat. Sa crédibilité même peut se trouver atteinte par les évolutions préoccupantes constatées dans plusieurs États membres du Conseil de l'Europe, comme la Turquie, la Russie et l'Ukraine, et même de l'Union européenne, tels la Pologne et la Hongrie. Pour réagir à une décision de la Cour relative à l'indemnisation des actionnaires du conglomérat Ioukos[19], le Parlement russe a adopté, en décembre 2015, une révision constitutionnelle qui permet à la Russie de s'affranchir des décisions de la Cour qui seraient jugées contraires aux règles constitutionnelles russes. Même dans les démocraties les mieux établies, des réactions se manifestent. La Cour suprême du Royaume-Uni affirme que, s'il appartient au juge britannique de tenir compte de la jurisprudence de la Cour, il n'est pas tenu de la suivre[20]. En France, les décisions de la Cour relatives à la situation d'enfants nés de gestation pour autrui[21] ont été appliquées par le Conseil d'État[22] et par la Cour de

16. Juge des référés du CE, 30 juin 2009, *Ministre de l'intérieur, de l'outre-mer et des collectivités territoriales c/ M.*

17. CE, 4 octobre 2012, *Baumet*.

18. CEDH, 13 juin 1979, *Marckx*.

19. CEDH, 25 juillet 2014, *Khodorkovski et Lebedev c/ Russie*.

20. Cour suprême du Royaume-Uni, 16 octobre 2013, *Chester*.

21. CEDH, 26 juin 2014, *Mennesson et Labassée c/ France* ; CEDH, 21 juillet 2016, *Foulon et Bouvet c/ France*.

22. CE, 12 décembre 2014, *Association juristes pour l'enfance et autres*.

cassation[23], mais elles ont suscité de vifs débats politiques. Il revient à la Cour européenne des droits de l'homme de trouver le juste équilibre entre, d'un côté, la prise en compte des traditions constitutionnelles des différents États et le respect de la marge nationale d'appréciation, de l'autre côté, l'attachement sans faille aux principes de l'État de droit et l'affirmation forte des valeurs démocratiques. La voie à suivre est étroite et le chemin semé d'embûches.

23. Cass., arrêt du 3 juillet 2015.

Chapitre 14

Le droit européen

À la frontière du droit interne et du droit international, le droit européen occupe une place à part. Constitué d'abord du droit communautaire, devenu droit de l'Union européenne, qui influe profondément sur les droits nationaux, il comprend aussi le droit de la Convention européenne des droits de l'homme qui, sous l'égide de la Cour européenne des droits de l'homme, se combine avec les différents droits nationaux et avec le droit de l'Union.

I

LE DROIT DE L'UNION EUROPÉENNE

Conclus selon une procédure classique par les États membres, les traités institutifs forment le *droit d'origine* de l'Union européenne. Ils ont, de façon originale, donné naissance à un *droit dérivé,* constitué de normes adoptées par les instances européennes. L'ensemble forme l'*ordre juridique de l'Union,* dont les caractéristiques propres sont *de plus en plus affirmées.*

A | LE DROIT DÉRIVÉ : RÈGLEMENTS ET DIRECTIVES

L'une des grandes originalités de la construction européenne est d'avoir donné naissance à un droit dérivé, qui découle des compétences normatives confiées aux institutions communes. Reprenant pour l'essentiel des règles qui figuraient au départ à l'article 189 du traité de Rome, l'article 288 du TFUE, relatif aux actes juridiques de l'Union, définit les *règlements*, les *directives* et les *décisions*. Le règlement a une portée générale. Il est obligatoire dans tous ses éléments et il est directement applicable dans tout État membre. La directive lie tout État membre destinataire quant au but à atteindre, tout en laissant la compétence nationale définir la forme et les moyens. De portée individuelle, la décision est obligatoire dans tous ses éléments pour les destinataires qu'elle désigne.

Le droit dérivé est arrêté par les seules institutions de l'Union. Pour les règlements et les directives, il s'agit le plus souvent, selon la procédure qualifiée de procédure législative ordinaire par le traité de Lisbonne, d'une décision conjointe du Conseil, sur proposition de la Commission, et du Parlement. Il produit ses effets dès sa publication au *Journal officiel de l'Union européenne*. Comme les traités, les règlements[1] et les directives[2] ont une autorité supérieure à celle des lois.

L'Union peut en outre conclure, avec des États tiers et avec d'autres organisations internationales, des accords internationaux, qui lient les États membres. Selon les matières, elle a en ce domaine soit une compétence exclusive, soit une compétence partagée avec les États.

L'importance du droit dérivé est considérable : 8 400 règlements et près de 2 000 directives sont en vigueur, qui couvrent des sujets de plus en plus variés. Le flux annuel s'est toutefois sensiblement réduit à partir des efforts entrepris en ce sens par la Commission sous la présidence, de 2014 à 2019, de Jean-Claude Juncker. L'Union européenne est, en outre, liée par 3 000 conventions internationales, les unes conclues par elle seule, les autres de façon conjointe par elle et par les États membres. S'y ajoutent avis et recommandations, prévus par le TFUE mais dépourvus de force contraignante, ainsi que des actes plus informels : communications, résolutions et rapports. Pour tous les États membres de l'Union, le droit national s'inscrit de plus en plus dans ce cadre.

1. CE, 24 septembre 1990, *Boisdet*.
2. CE, 28 février 1992, *Sociétés Rothmans International et Philip Morris*.

B | L'ORDRE JURIDIQUE DE L'UNION

Le droit de l'Union constitue un ordre juridique propre. Son articulation avec le droit national a donné lieu à deux débats qui ont progressivement été réglés, relatifs l'un aux questions préjudicielles, l'autre à l'autorité des directives. Il s'affirme, avec une originalité croissante, comme un ordre juridique intégré, à la charnière du droit national et du droit international. Les ajustements les plus délicats portent sur ses rapports avec les normes constitutionnelles.

1/ *Les premiers débats : questions préjudicielles et directives*

Chargée de veiller à l'unité et à la bonne application du droit de l'Union, la Cour de justice a le monopole de l'interprétation de ce droit, d'origine ou dérivé, et de l'appréciation de la validité des normes de droit dérivé. Reprenant les règles issues de l'article 177 du traité de Rome, l'article 267 du TFUE prévoit que les juridictions nationales peuvent, et que les juridictions suprêmes doivent, la saisir à titre préjudiciel, lorsqu'elles sont confrontées à une question d'interprétation du droit de l'Union ou de validité d'une norme de droit dérivé. Après avoir donné lieu à un débat de principe, l'application de ces règles est surtout affaire de pratique.

Sur le principe, le Conseil d'État a jugé que l'obligation de saisine prévue pour les juridictions suprêmes ne trouvait à s'appliquer, comme pour toute question préjudicielle, qu'en cas de difficulté sérieuse[3]. Cette position a été admise par la Cour de justice qui, s'inspirant de la formule de Laferrière selon laquelle la question préjudicielle est celle qui est susceptible de faire naître un doute dans un esprit éclairé, a jugé qu'il n'y a pas lieu à renvoi, même pour une juridiction souveraine, d'une part, lorsqu'elle s'est elle-même déjà prononcée sur une question, d'autre part, lorsque « l'application correcte du droit communautaire s'impose avec une telle évidence qu'elle ne laisse place à aucun doute raisonnable[4] ».

Tout est ensuite affaire de pratique. Après avoir, jusqu'au milieu des années 1980, témoigné de quelques réticences à saisir la Cour, le Conseil d'État recourt désormais à la question préjudicielle sans aucune hésitation. Le rythme de ses renvois est comparable à celui des autres cours suprêmes européennes[5]. Les questions portent souvent sur des sujets de grande portée : commercialisation du maïs transgénique[6], rémunération des comptes bancaires[7], calcul du

3. CE, 19 juin 1964, *Société des pétroles Shell-Berre*.
4. CJCE, 6 octobre 1982, *CILFIT*.
5. Le Conseil d'État a saisi la Cour de justice de 13 questions préjudicielles en 2018, 11 en 2019.
6. CE, 11 décembre 1998, *Association Greenpeace France et autres*.
7. CE, 6 novembre 2002, *Société Caixa banque*.

temps de travail[8], portée du principe d'égalité[9], réglementation des paris et des jeux de hasard[10], portée du principe de précaution[11], étendue du droit à déréférencement sur internet[12]. Des questions procédurales d'envergure donnent lieu à des questions préjudicielles, comme la possibilité pour le juge national de moduler dans le temps les effets d'une annulation lorsque celle-ci résulte d'une méconnaissance du droit de l'Union[13] ou l'articulation entre question prioritaire de constitutionnalité et renvoi préjudiciel à la Cour de justice[14]. Si, dans une affaire, qui avait déjà donné lieu à une question préjudicielle, la Cour de justice a regardé comme un manquement l'absence d'une seconde question, compte tenu d'une évolution de sa propre jurisprudence sur le complexe sujet fiscal en cause[15], cette difficulté ponctuelle n'affecte en rien le dialogue nourri et confiant qui caractérise aujourd'hui les rapports entre le Conseil d'État et la Cour de Luxembourg.

La distinction faite par la lettre du traité de Rome entre règlements et directives avait conduit à penser qu'une directive ne produisait d'effet dans le droit interne d'un État membre qu'après que celui-ci avait pris les mesures de transposition nécessaires. Néanmoins, la Cour de justice a adopté une jurisprudence selon laquelle, même non transposée, une directive suffisamment précise est directement applicable dans les États membres[16]. Cette position s'explique à la fois par l'intention d'inciter les États à transposer les directives et par le constat que, bien souvent, les directives sont rédigées d'une manière telle qu'elles laissent peu de marge aux autorités nationales pour déterminer les modalités de leur application.

Le Conseil d'État a été saisi de la question à l'occasion de la contestation par Daniel Cohn-Bendit, au regard de la directive du 25 février 1964 relative aux restrictions à la libre circulation autorisées pour des motifs d'ordre public, du refus d'abroger l'arrêté d'expulsion dont il avait été l'objet après les événements de Mai 68. Le commissaire du gouvernement, Bruno Genevois, proposait de confirmer la question préjudicielle posée à la Cour de justice par le tribunal administratif de Paris, de manière à l'inviter à réexaminer, le cas échéant, sa jurisprudence, compte tenu de la lettre du traité. Il déclarait : « À l'échelon de la Communauté européenne, il ne doit y avoir ni gouvernement des juges, ni guerre des juges. Il doit y avoir place pour le dialogue des juges. » La formule a marqué, mais

8. CE, 3 décembre 2003, *Delias*.
9. CE, 8 février 2007, *Société Arcelor*.
10. CE, 9 mai 2008, *Société ZETURF Ltd*.
11. CE, 3 octobre 2016, *Confédération paysanne*.
12. CE, 24 février 2017, *Mme Chupin et autres* ; CE, 19 juillet 2017, *Google inc*.
13. CE, 26 juin 2015, *Association France Nature Environnement*.
14. CE, 31 mai 2016, *M. Jacob*.
15. CJUE, 4 octobre 2018, *Commission c/ France*.
16. CJCE, 17 décembre 1970, *Société SACE* ; CJCE, 4 décembre 1974, *Van Duyn*.

les conclusions n'ont pas été suivies. S'en tenant à la lettre du traité, le Conseil d'État a jugé qu'il était clair qu'une directive non transposée ne produisait pas d'effet à l'égard des décisions individuelles et qu'il n'y avait donc pas lieu à question préjudicielle[17]. Un conflit très vif en est résulté, qui s'est progressivement apaisé, avant de disparaître totalement.

L'apaisement est venu d'évolutions tant de la Cour de justice que du Conseil d'État. Montrant que son objectif était d'abord d'engager les États à transposer les directives, la Cour de justice a apporté deux précisions à sa jurisprudence. D'une part, une directive ne produit d'effet direct qu'après l'expiration du délai imparti pour en assurer la transposition[18]. D'autre part, l'effet direct est limité aux rapports des citoyens avec l'État : en l'absence d'une mesure de transposition, une directive ne produit pas d'« effet horizontal » entre les citoyens, mais peut seulement être invoquée à l'encontre de l'État qui a manqué à son obligation de transposition[19]. Son effet « vertical », entre l'État et les citoyens, est seulement « ascendant » : un État qui aurait omis de transposer une directive ne saurait, par un effet « descendant », l'appliquer à ses ressortissants.

De son côté, le Conseil d'État a donné aux directives une autorité croissante en droit interne. Il a d'abord jugé qu'un acte réglementaire devait se conformer aux orientations fixées par une directive, même s'il n'intervenait pas pour en assurer la transposition[20]. Poursuivant dans cette voie, il a décidé que non seulement une directive interdisait de prendre un règlement contraire à ses objectifs, mais encore qu'elle constituait une circonstance de droit nouvelle, qui oblige à modifier ou à abroger les textes réglementaires antérieurs dont les prescriptions ne sont pas compatibles avec elle[21]. Enfin, le Conseil d'État a fait obligation de cesser d'appliquer, à l'expiration du délai de transposition, tant les règles écrites que les principes non écrits de droit interne incompatibles avec les orientations d'une directive, que celle-ci ait ou non été transposée[22]. La jurisprudence *Ministre de l'intérieur c/ Cohn-Bendit* n'avait dès lors plus guère de portée.

Tout conflit a disparu avec la décision du 30 octobre 2009, *Mme Perreux*. Dans cet arrêt, le Conseil d'État rappelle et synthétise sa jurisprudence selon laquelle les autorités nationales ne doivent ni laisser subsister ni faire application de dispositions réglementaires

17. CE, 22 décembre 1978, *Ministre de l'intérieur c/ Cohn-Bendit.*

18. CJCE, 5 avril 1979, *Ministère public c/ Ratti.*

19. CJCE, 26 février 1986, *Marshall* ; CJCE, 12 mai 1987, *Ministère public c/ Traen.*

20. CE, 7 décembre 1984, *Fédération française des sociétés de protection de la nature.*

21. CE, 3 février 1989, *Compagnie Alitalia.*

22. CE, 6 février 1998, *Tête* ; CE, 20 mai 1998, *Communauté de communes du Piémont de Barr.*

incompatibles avec une directive dont le délai de transposition est expiré. Se fondant tant sur l'obligation constitutionnelle de transposition des directives, telle que le Conseil constitutionnel l'a déduite des termes de l'article 88-1 de la Constitution[23], que sur les exigences qui découlent du droit de l'Union, il abandonne par ailleurs ce qui demeurait de la jurisprudence *Cohn-Bendit* et rejoint complètement la jurisprudence de la Cour de justice, en jugeant que tout justiciable peut se prévaloir, à l'appui d'un recours dirigé contre une décision administrative non réglementaire, des dispositions d'une directive, même non transposée, dès lors que les délais de transposition sont expirés et que les dispositions invoquées sont précises et inconditionnelles.

Sur ce dernier point, le rapporteur public, Mattias Guyomar, rappelait que la plupart des cours suprêmes avaient déjà rejoint le point de vue de la Cour de justice : la Cour de Karlsruhe[24], la Chambre des lords[25], le Tribunal constitutionnel espagnol[26] et la Cour de cassation de Belgique[27]. En France, la Cour de cassation l'avait également adopté[28]. Il invitait fortement le Conseil d'État à ne plus faire exception, en déclarant : « Il est des isolements splendides ; d'autres sont pathétiques. Le vôtre [...] échappe à ces deux qualificatifs. Mais il est pour le moins préoccupant. » Le dialogue des juges l'a en définitive pleinement emporté.

2/ *Le droit de l'Union, ordre juridique intégré, à la charnière du droit international et du droit national*

Pour une part, le droit de l'Union obéit, dans ses rapports avec le droit interne, aux règles générales qui définissent l'autorité du droit international. Pour une autre part, croissante, il relève d'un régime qui lui est propre. Les principes de primauté[29] et d'effet direct[30] lui assurent une autorité particulière. Sa méconnaissance, même par la loi, engage la responsabilité de l'État[31]. Il occupe en conséquence une place originale, à la charnière du droit international et du droit interne. Affirmée par la jurisprudence, cette spécificité se trouve renforcée par l'existence, depuis 1992, de dispositions constitutionnelles particulières à l'Union européenne.

23. CC, 10 juin 2004 et 27 juillet 2006.
24. Cour de Karlsruhe, 8 avril 1987.
25. Chambre des lords, 18 avril 1991.
26. Tribunal constitutionnel espagnol, 13 juillet 1991.
27. Cour de cassation de Belgique, 5 décembre 1994.
28. Cass., 23 novembre 2004.
29. CJCE, 15 juillet 1964, *Costa c/ Enel.*
30. CJCE, 5 février 1963, *Van Gend et Loos.*
31. CJCE, 19 novembre 1991, *Francovich* ; CJCE, 5 mars 1996, *Brasserie du Pêcheur* ; CE, 28 février 1992, *Société Arizona Tobacco Products et SA Philip Morris France* ; CE, 8 février 2007, *Gardedieu.*

Sur plusieurs points, la jurisprudence a dégagé des solutions qui donnent au droit de l'Union une place à part. La première particularité a été affirmée par le Conseil d'État, à propos de l'usage, par le Premier ministre, des pouvoirs que lui confère le deuxième alinéa de l'article 37 de la Constitution pour modifier des dispositions de forme législative qui empiètent sur le domaine réglementaire. L'usage de cette faculté est largement discrétionnaire. Le Conseil d'État a toutefois jugé qu'« eu égard aux exigences inhérentes à la hiérarchie des normes ainsi qu'à l'obligation pour les autorités nationales d'assurer l'application du droit communautaire », dans le cas où les dispositions législatives qui sont intervenues en matière réglementaire méconnaissent le droit de l'Union, le Premier ministre a l'obligation, sous le contrôle du juge, de faire usage, dans un délai raisonnable, des pouvoirs qu'il tient de la Constitution pour mettre le droit national en harmonie avec les impératifs européens[32].

Une autre jurisprudence propre au droit de l'Union a été dégagée à propos de la responsabilité de l'État du fait des décisions de justice. Admise dans son principe, elle est normalement exclue lorsqu'une décision juridictionnelle définitive est en cause, comme un arrêt d'une juridiction suprême[33]. Il en va différemment en matière de droit de l'Union. Conformément à la jurisprudence de la Cour de justice[34], le Conseil d'État juge que la responsabilité de l'État serait engagée dans le cas où une décision de justice, même définitive, ferait apparaître une méconnaissance manifeste du droit de l'Union[35].

Les règles de conciliation des traités internationaux entre eux, telles que le Conseil d'État les a dégagées par sa décision du 23 décembre 2011, *Kandyrine de Brito Païva*, ne s'appliquent pas à *l'ordre juridique intégré* que constitue l'Union européenne.

Dans son rôle d'arbitre des compétences entre le juge judiciaire et le juge administratif, le Tribunal des conflits a, lui aussi, reconnu la spécificité du droit de l'Union. Par une décision du 17 octobre 2011, *Préfet de la région Bretagne et SCEA du Chéneau*, il a, de manière générale, assoupli les règles applicables aux questions préjudicielles entre les deux ordres de juridiction, telles qu'elles avaient été posées par sa décision *Septfonds*, du 16 juin 1923. Il juge désormais qu'une question préjudicielle n'est pas nécessaire « lorsqu'il apparaît manifestement, au vu d'une jurisprudence établie, que la contestation peut être accueillie par le juge saisi au principal ». Mais il va beaucoup plus loin dans le « cas particulier du droit de

32. CE, 3 décembre 1999, *Association ornithologique et mammalogique de Saône-et-Loire.*

33. CE, 29 décembre 1978, *Darmont.*

34. CJCE, 30 septembre 2003, *Kobler.*

35. CE, 18 juin 2008, *Gestas.*

l'Union européenne ». Constatant que le respect de ce droit « constitue une obligation, tant en vertu du traité sur l'Union européenne et du traité sur le fonctionnement de l'Union européenne qu'en application de l'article 88-1 de la Constitution », il rappelle que le principe d'effectivité impose « au juge national chargé d'appliquer le droit de l'Union l'obligation d'en assurer le plein effet, en laissant inappliquée, de sa propre autorité, toute décision contraire ». Il en déduit que les juges de chacun des deux ordres de juridiction disposent d'une plénitude de juridiction pour appliquer le droit de l'Union, en saisissant si besoin la Cour de justice, mais sans avoir à interroger les juges de l'autre ordre. Le juge judiciaire peut ainsi constater lui-même la méconnaissance du droit de l'Union par un acte administratif et le juge administratif se prononcer sur la validité au regard de ce droit d'un acte de droit privé. Les principes affirmés par le Tribunal des conflits ont été appliqués tant par le Conseil d'État[36] que par la Cour de cassation[37].

Parfois, une solution d'abord propre au droit de l'Union européenne est ensuite retenue de manière plus générale. Le droit de l'Union apparaît alors comme un laboratoire, propice à des innovations dont le champ peut ensuite s'étendre. Ainsi, en matière de référés, le juge, compte tenu de son office, et en particulier du bref délai dans lequel il doit statuer, s'est, dans un premier temps, refusé à exercer un contrôle de conventionnalité des lois[38]. Mais une solution différente a été retenue pour le droit de l'Union européenne : le juge des référés peut écarter une loi qui contreviendrait de manière manifeste à ce droit[39]. Cette solution a ensuite été généralisée à toutes les hypothèses de dispositions législatives manifestement incompatibles avec les engagements européens ou internationaux de la France[40].

Ces jurisprudences sont autant d'illustrations de la règle générale, expressément formulée par le Conseil d'État, selon laquelle il incombe au juge national, *juge de droit commun de l'application du droit de l'Union*, d'en assurer l'effectivité par tous les moyens dont il dispose[41].

Les particularités du droit de l'Union découlent non seulement des exigences des traités, mais aussi des règles constitutionnelles qui consacrent sa spécificité. La Constitution ne contenait pas de disposition particulière à la construction européenne avant la révision du 25 juin 1992, préalable à la ratification du traité de

36. CE, 23 mars 2012, *Fédération Sud Santé*.

37. Cass., 1re civ., 24 avril 2013, *Syndicat mixte du Parc des Grivelles*.

38. CE, 30 décembre 2002, *Ministre de l'aménagement du territoire et de l'environnement c/ Carminati*.

39. Juge des référés du CE, 16 juin 2010, *Diakite*.

40. CE, 31 mai 2016, *Mme Gonzalez Gomez*.

41. CE, 30 octobre 2009, *Mme Perreux* ; CE, 14 mai 2010, *Diakite*.

Maastricht. Avec cette révision, l'Europe est entrée dans la Constitution, qui lui consacre un titre particulier, dont les dispositions ont été modifiées par les révisions du 25 janvier 1999 et du 4 février 2008 préalables aux ratifications des traités d'Amsterdam et de Lisbonne, ainsi que par la révision du 23 juillet 2008. Intitulé « De l'Union européenne », le titre XV de la Constitution comprend sept articles, 88-1 à 88-7.

Selon l'article 88-1, qui introduit l'ensemble, « la République participe à l'Union européenne constituée d'États qui ont choisi librement d'exercer en commun certaines de leurs compétences en vertu du traité sur l'Union européenne et du traité sur le fonctionnement de l'Union européenne, tels qu'ils résultent du traité signé à Lisbonne le 13 décembre 2007 ». De ces dispositions de caractère général, le Conseil constitutionnel a déduit une « obligation constitutionnelle de transposition des directives[42] », dont il a tiré deux conséquences, qui confèrent au droit de l'Union une place singulière.

En premier lieu, le Conseil constitutionnel s'assure qu'une loi de transposition d'une directive ne contient pas de disposition « manifestement incompatible avec la directive qu'elle a pour objet de transposer ». Alors qu'en règle générale, le Conseil constitutionnel ne pratique aucun contrôle de conventionnalité des lois, dont l'exercice est réservé aux juridictions administratives et judiciaires, un contrôle de ce type, sous la forme atténuée de l'incompatibilité manifeste, existe ainsi, compte tenu de l'obligation constitutionnelle de transposition des directives, à l'égard des lois qui assurent une telle transposition.

En second lieu, le caractère constitutionnel de l'exigence de transposition conduit le Conseil constitutionnel à estimer qu'il ne lui appartient pas de se prononcer sur la conformité à la Constitution d'une loi qui se borne « à tirer les conséquences nécessaires des dispositions inconditionnelles et précises » d'une directive. Il juge que seule la Cour de justice a compétence pour contrôler le respect par une directive des droits fondamentaux garantis par les traités. La directive fait en quelque sorte écran au contrôle du juge constitutionnel national, avec toutefois une réserve, selon laquelle « la transposition d'une directive ne saurait aller à l'encontre d'une règle ou d'un principe inhérent à l'identité constitutionnelle de la France[43] ». À l'égard d'une loi de transposition, la compétence du Conseil constitutionnel ne trouverait donc à s'exercer qu'en cas d'atteinte à cette identité.

Le même raisonnement est suivi pour les questions prioritaires de constitutionnalité (QPC). Pas plus qu'en contrôle *a priori*, le Conseil constitutionnel ne contrôle à l'occasion d'une QPC une loi

42. CC, décisions des 10 juin 2004, 1er juillet 2004 et 27 juillet 2006.
43. CC, décision du 27 juillet 2006.

de transposition d'une directive en l'absence d'atteinte à l'identité constitutionnelle de la France[44].

Le régime propre des directives, tel qu'il découle de l'article 88-1 de la Constitution, aboutit ainsi à ce qu'à l'égard des lois de transposition, le Conseil constitutionnel exerce un certain contrôle de conventionnalité, mais restreint son contrôle de constitutionnalité.

Soulignant l'importance de l'exigence constitutionnelle de transposition des directives, le Conseil constitutionnel a donné, de manière prétorienne, un effet différé à une censure de dispositions législatives dont une déclaration immédiate d'inconstitutionnalité aurait été de nature à compromettre cette exigence. En repoussant de quelques mois la date d'effet de l'inconstitutionnalité qu'il constatait, il a laissé au législateur un délai lui permettant de remplacer par de nouvelles dispositions de transposition celles qu'il jugeait contraires à la Constitution[45].

À l'occasion de la décision qu'il a rendue sur l'accord économique et commercial global entre le Canada, d'une part, et l'Union européenne et ses États membres, d'autre part[46], le Conseil constitutionnel a poursuivi, en matière de contrôle de la conformité d'un traité à la Constitution, sur la voie qu'il avait ouverte pour le contrôle des lois. Il distingue selon que les stipulations de l'accord qui lui est déféré sur le fondement de l'article 54 de la Constitution relèvent d'une compétence exclusive de l'Union européenne, d'une compétence partagée entre l'Union et les États membres ou de la seule compétence des États membres. Il exerce pleinement son contrôle de constitutionnalité dans les deux dernières hypothèses. En revanche, à l'égard des stipulations de l'accord qui relèvent d'une compétence exclusive de l'Union, il se limite à s'assurer qu'elles ne mettent pas en cause une règle ou un principe inhérent à l'identité constitutionnelle de la France. Il précise qu'« en l'absence d'une telle mise en cause, il n'appartient qu'au juge de l'Union européenne de contrôler la compatibilité de l'accord avec le droit de l'Union européenne ».

Saisi de questions comparables à l'occasion de recours dirigés contre des dispositions réglementaires de transposition d'une directive, le Conseil d'État a retenu des solutions inspirées des mêmes principes[47]. Après avoir fait sienne l'obligation constitutionnelle de transposition des directives, le Conseil d'État juge que, pour se prononcer sur un moyen tiré de ce qu'un décret qui assure la transposition d'une directive précise et inconditionnelle méconnaît un principe de valeur constitutionnelle, le juge administratif doit d'abord rechercher si le droit de l'Union assure une protection effective de ce principe. Le cas échéant, il lui revient d'écarter tout

44. CC, 17 décembre 2010, *Kamel D.*
45. CC, décision du 19 juin 2008.
46. CC, décision du 31 juillet 2017.
47. CE, 8 février 2007, *Société Arcelor Atlantique et Lorraine.*

moyen qui ne soulève pas de difficulté sérieuse. En revanche, si une telle difficulté apparaît, une question préjudicielle doit être posée à la Cour de justice, seule compétente pour déclarer invalide un acte de droit dérivé[48]. L'arrêt *Société Arcelor* interroge ainsi la Cour de justice sur le respect du principe d'égalité par la directive relative à la réduction des émissions de gaz à effet de serre. C'est seulement en l'absence de protection effective par le droit de l'Union du principe constitutionnel invoqué que le juge national peut apprécier la conformité du décret attaqué à ce principe.

Un raisonnement comparable a été adopté par le Conseil d'État à l'occasion de la mise en cause de la conformité d'une directive avec la Convention européenne des droits de l'homme[49]. Un tel moyen est opérant, puisque la Cour de justice juge que, dans l'ordre juridique communautaire, les droits fondamentaux garantis par la Convention sont protégés en tant que principes généraux du droit communautaire[50]. En cas de difficulté sérieuse, le juge national doit saisir la Cour de justice, seule compétente pour apprécier la validité des normes de droit dérivé, d'une question préjudicielle. Aucune réserve ne vient ici limiter l'obligation de renvoi, puisque les normes constitutionnelles ne sont pas en cause.

Ces jurisprudences font apparaître le caractère délicat de l'articulation entre les règles constitutionnelles nationales et le droit de l'Union.

3/ *Constitutions nationales et droit de l'Union*

Suprématie de la Constitution et primauté de l'ordre juridique de l'Union pourraient sembler se contredire. Les principes constitutionnels nationaux ne sont toutefois guère différents, quant à leur contenu, des règles sur lesquelles repose l'ordre juridique européen. Aussi la nécessaire conciliation entre les deux primautés est-elle possible.

La primauté de l'ordre juridique communautaire a été affirmée très tôt par la Cour de justice[51]. Elle est l'un des fondements de l'ordre juridique de l'Union, que les États doivent respecter, sans qu'ils puissent invoquer les dispositions de leur Constitution nationale pour s'affranchir de cette obligation. Même en matière de droits fondamentaux, des standards nationaux ne peuvent tenir en échec le droit de l'Union, par exemple l'exécution d'un mandat d'arrêt européen[52]. De telles affirmations pourraient sembler

48. CJCE, 22 octobre 1987, *Foto Frost*.
49. CE, 10 avril 2008, *Conseil national des barreaux*.
50. CJCE, 15 octobre 2002, *Limburgse Vinyl Maatschappig*.
51. CJCE, 15 juillet 1964, *Costa c/ Enel* ; 9 mars 1978, *Simmenthal*.
52. CJUE, 26 février 2013, *Melloni*.

s'opposer à la suprématie de la Constitution qui, dans l'ordre juridique interne, a été consacrée en des termes voisins par le Conseil d'État[53], la Cour de cassation[54] et le Conseil constitutionnel[55].

La même inspiration se retrouve dans la jurisprudence des autres cours suprêmes européennes. La Cour constitutionnelle italienne veille au respect des principes de l'ordre constitutionnel italien[56], le Tribunal constitutionnel espagnol adopte une position comparable[57]. Le Tribunal constitutionnel de Pologne affirme que la Constitution « est la source suprême du droit de la république de Pologne[58] ». Pour la Cour suprême du Royaume-Uni, avant le Brexit, en cas de conflit, les principes constitutionnels britanniques l'emportaient sur le droit de l'Union[59]. Dans sa décision du 30 juin 2009 relative au traité de Lisbonne, la Cour de Karlsruhe, tout en jugeant que l'Allemagne pouvait ratifier le traité, a très fortement rappelé les exigences de la démocratie et de la protection des droits fondamentaux qui découlent de la Loi fondamentale de 1949. Sa jurisprudence est marquée à la fois par la force de ces exigences et par la volonté de ne pas entraver la mise en œuvre, à l'échelle européenne, des mesures nécessaires pour assurer la stabilité monétaire. Elle a ainsi accepté tant la création du Fonds de stabilité budgétaire[60] que l'adoption du traité sur la stabilité, la coordination et la gouvernance au sein de l'Union économique et monétaire[61], tout en rappelant les prérogatives du Parlement national, qui doit conserver la maîtrise des « décisions fondamentales de politique budgétaire ». Après avoir, pour la première fois, posé une question préjudicielle à la Cour de justice[62], elle a, compte tenu de la réponse de cette dernière[63], jugé compatible avec les impératifs constitutionnels allemands le rachat illimité par la Banque centrale européenne de titres sur le marché secondaire des dettes publiques[64]. Mais elle demeure d'une grande vigilance, comme elle l'a montré en exigeant de la Banque centrale européenne qu'elle justifie, par une analyse compréhensible et détaillée, de la proportionnalité des rachats de dette publique auxquels elle procède[65].

53. CE, 30 octobre 1998, *Sarran et Levacher.*
54. Cass., 2 juin 2000, *Pauline Fraisse.*
55. CC, décision du 19 novembre 2004.
56. Cour constitutionnelle italienne, 13 avril 1989, *Société Fragd.*
57. Tribunal constitutionnel espagnol, décisions du 13 décembre 2004 et du 9 juin 2005.
58. Tribunal constitutionnel polonais, décisions du 19 décembre 2006 et du 16 novembre 2011.
59. Cour suprême du Royaume-Uni, 22 janvier 2014, *HS2.*
60. Cour de Karlsruhe, 7 septembre 2011.
61. Cour de Karlsruhe, 12 septembre 2012.
62. Cour de Karlsruhe, 14 janvier 2014.
63. CJUE, 16 juin 2015, *Gauleiter.*
64. Cour de Karlsruhe, 21 juin 2016.
65. Cour de Karlsruhe, 5 mai 2020.

Si des tensions peuvent apparaître en termes de souveraineté, rendant alors nécessaire une révision de la Constitution pour poursuivre la construction européenne, les droits fondamentaux protégés par les Constitutions nationales et par les traités se recoupent, en revanche, très largement. L'identité est d'autant plus grande que la Cour de justice dégage les principes généraux du droit de l'Union à partir des « traditions constitutionnelles communes aux États membres[66] ». Sans attendre que l'Union adhère, comme le traité de Lisbonne en ouvre la possibilité, à la Convention européenne des droits de l'homme, elle a en outre jugé, on l'a vu, que les droits fondamentaux garantis par la Convention sont protégés en tant que principes généraux du droit communautaire. La Charte des droits fondamentaux de l'Union européenne renforce ce socle de principes partagés. Comme l'indiquait l'avocat général Pedro Cruz Villalon dans des conclusions sur l'affaire *Gauweiler*[67], il existe, au sein de l'Union, « une communauté de culture constitutionnelle », au sein de laquelle « l'identité constitutionnelle de chaque État membre, qui est bien sûr spécifique autant que nécessaire, ne devrait pas se voir situer à une distance astronomique de ladite culture constitutionnelle ».

Aussi la conciliation entre les exigences constitutionnelles et les principes du droit de l'Union ne soulève-t-elle guère de difficulté qu'un dialogue attentif des juges ne puisse surmonter. Ce dialogue existe entre les cours suprêmes nationales. Pour rendre la décision *Société Arcelor* du 8 février 2007, le Conseil d'État français a été attentif, en particulier, à la jurisprudence dite « *So lange* », exprimée en trois étapes par la Cour de Karlsruhe[68]. Il aboutit à une solution comparable : le juge national s'en remet au juge communautaire dans toute la mesure où – la Cour de Karlsruhe avait dit « aussi longtemps que » – les droits fondamentaux invoqués sont effectivement protégés par le droit de l'Union.

De son côté, la Cour de justice veille à respecter l'autorité des normes constitutionnelles nationales. Elle a ainsi jugé que le principe de dignité de la personne humaine, consacré tant par la Constitution allemande que par les principes généraux du droit communautaire, permettait à l'Allemagne d'interdire l'exploitation de jeux de simulation d'homicides sans méconnaître les exigences de la libre prestation de services[69]. Elle a également estimé que le droit communautaire ne faisait pas obstacle à ce que le Royaume-Uni permît aux ressortissants du Commonwealth qui résident à

66. CJCE, 17 décembre 1970, *Internationale Handelgesellschaft.*
67. CJUE, 16 juin 2015, affaire C-62/14, *Gauweiler.*
68. Cour de Karlsruhe : 29 mai 1974, *So lange I* ; 22 octobre 1986, *So lange II* ; 7 juin 2000, *So lange III.*
69. CJCE, 14 octobre 2004, *OMEGA.*

Gibraltar de voter aux élections pour le Parlement européen[70]. Sensible à l'attachement de la Cour constitutionnelle italienne aux règles de prescription des infractions pénales, elle a nuancé la position qu'elle avait prise dans un arrêt *Taricco* du 8 septembre 2015, en précisant qu'en l'absence d'harmonisation sur ce point, un État ne méconnaît pas le droit de l'Union en rattachant, sur le fondement de ses exigences constitutionnelles, la prescription au principe de légalité des délits et des peines et en imposant en conséquence de manière stricte son respect, y compris lorsqu'il s'agit d'appliquer la prescription à des infractions fiscales qui portent atteinte aux intérêts financiers de l'Union[71]. Ces décisions traduisent une forte prise en considération par la Cour de justice des principes constitutionnels nationaux.

La même logique de conciliation apparaît lorsqu'il s'agit de confronter aux impératifs du droit de l'Union les procédures qui donnent un caractère prioritaire au contrôle de conformité des lois à la Constitution exercé par voie d'exception par le juge constitutionnel. Selon les principes posés par la Cour de justice dans son arrêt, *Simmenthal*, du 9 mars 1978 et constamment appliqués depuis, tout juge national doit pouvoir faire immédiatement application du droit de l'Union, sans qu'aucun mécanisme de droit interne ne retarde son intervention en ce sens. Cette règle a conduit la Cour de cassation à saisir, par deux arrêts du 16 avril 2010, *Abdeli* et *Melki*, la Cour de justice d'une question préjudicielle relative à la compatibilité du caractère prioritaire de la question de constitutionnalité, tel qu'il est défini par la loi organique du 10 décembre 2009, avec les exigences du droit de l'Union.

Cette affaire a été l'occasion pour le Conseil constitutionnel de préciser, par sa décision du 12 mai 2010 sur la loi relative à l'ouverture à la concurrence et à la régulation du secteur des jeux d'argent et de hasard en ligne, les modalités d'articulation de la procédure d'examen des QPC avec les exigences du droit de l'Union. Il a indiqué que le juge saisi d'une question prioritaire de constitutionnalité peut prendre toutes les mesures provisoires ou conservatoires nécessaires afin de suspendre, dans l'attente de la réponse à la question de constitutionnalité, les effets de la loi qu'il estimerait incompatibles avec le droit de l'Union. S'il est prévu qu'il doit statuer en urgence ou dans un délai déterminé, il peut même appliquer le droit de l'Union et statuer sans attendre la décision relative à la question de constitutionnalité. Deux jours plus tard, le Conseil d'État a suivi une démarche comparable, en affirmant, dans sa décision *Rujovic* du 14 mai 2010, qu'il appartient au juge administratif, juge de droit commun de l'application du droit de l'Union européenne, d'en assurer l'effectivité, y compris en

70. CJCE, 18 novembre 2006, *Espagne c/ Royaume-Uni*.
71. CJUE, 5 décembre 2017, *MAS, MB*.

prenant, à tout moment de l'examen d'une question prioritaire de constitutionnalité, les mesures nécessaires pour faire cesser, lorsque l'urgence le commande, tout effet éventuel de la loi contraire au droit de l'Union et de poser, dès qu'il y a lieu de procéder à un tel renvoi, une question préjudicielle à la Cour de justice.

Par son arrêt du 22 juin 2010, rendu au terme d'une procédure accélérée, la Cour de justice a estimé que, dès lors que l'interprétation faite dans ces deux décisions du 12 et du 14 mai 2010 par le Conseil constitutionnel et le Conseil d'État pouvait être retenue, la loi organique du 10 décembre 2009 ne méconnaissait pas les exigences du droit de l'Union. La question que cette loi pouvait soulever au regard du droit européen s'est ainsi trouvée rapidement tranchée, dans le sens de la compatibilité.

Après l'apaisement des tensions sur le principe de la question prioritaire de constitutionnalité, celle-ci est apparue de nature à resserrer les liens entre la Cour de justice et le Conseil constitutionnel. Ce dernier a saisi pour la première fois la Cour de justice d'une question préjudicielle à l'occasion d'une QPC relative à la loi mettant en œuvre le mandat européen[72], dont il a censuré les dispositions qui excluaient tout recours contre la décision de la chambre de l'instruction[73], compte tenu de la réponse rendue en urgence par la Cour selon laquelle le droit de l'Union, s'il impliquait des procédures rapides, n'imposait pas une telle absence de recours[74].

De telles articulations, nécessaires entre les normes constitutionnelles nationales et le droit de l'Union, ne répondent pas à la conception d'une pyramide hiérarchique des normes, telle que Hans Kelsen l'a développée. Selon l'image dessinée, dans un discours prononcé lors de la rentrée de la Cour européenne des droits de l'homme en 2014, par Andreas Vosskuhle, alors président de la Cour constitutionnelle allemande de Karlsruhe, elles évoquent davantage un mobile de Calder, dont les divers éléments trouvent leur équilibre dans un mouvement permanent d'interférences réciproques. Deux ordres juridiques, l'ordre national, dont la Constitution est la norme suprême, l'ordre de l'Union, qui a ses propres exigences, coexistent, se recoupent largement, mais ne coïncident pas entièrement. Un réseau complexe relie l'ensemble des droits nationaux des États membres et le droit de l'Union. Leurs exigences respectives se concilient au travers de constructions jurisprudentielles qui donnent au dialogue des juges tout son sens.

72. CC, 4 avril 2013, *Jeremy F.*
73. CC, décision du 14 juin 2013.
74. CJUE, décision du 30 mai 2013.

II

LES APPORTS DE LA CONVENTION EUROPÉENNE DES DROITS DE L'HOMME

Sans constituer un ordre juridique aussi intégré que le droit de l'Union européenne, la Convention européenne des droits de l'homme, à laquelle la jurisprudence dynamique de la Cour européenne des droits de l'homme confère toute sa portée, est de plus en plus présente au regard tant des droits nationaux que du droit de l'Union.

A | LA CONVENTION EUROPÉENNE DES DROITS DE L'HOMME ET LE DROIT NATIONAL

Pour tous les États membres du Conseil de l'Europe, la Convention incite à des évolutions qui vont dans le sens d'une plus grande homogénéité. Si le Royaume-Uni a été le premier pays à ratifier la Convention, le 8 mars 1951, une étape décisive du droit britannique a été franchie avec l'adoption, en 1998, du *Human Rights Act*, entré en vigueur le 2 octobre 2000, qui incorpore la Convention en droit interne et prévoit que les juges interpréteront la loi nationale dans le sens de la compatibilité avec elle.

Dans son opinion sur une affaire jugée par la Chambre des lords[75], Lord Bingham éclaire bien le rôle de la Convention en écrivant que, s'il n'y a pas lieu d'aller au-delà des exigences du droit conventionnel, il n'est pas possible de rester en deçà – *no more but certainly no less*. Vis-à-vis des droits et des juges nationaux, la Convention exerce ses effets dans le sens à la fois d'une meilleure garantie des libertés fondamentales et d'une définition de standards de procédure communs devant les juridictions.

1/ *La garantie des droits fondamentaux*

Au travers de la jurisprudence de la Cour, la Convention exerce son influence, dans le sens d'une protection accrue des droits fondamentaux, à la fois sur les législations et sur les jurisprudences nationales.

Certes des résistances et des tensions peuvent se manifester. La Cour suprême du Royaume-Uni affirme que le juge britannique

75. Chambre des lords, *Ullah v. Secretary of State for the Home Department*, 2004.

tient compte de la jurisprudence de la Cour européenne des droits de l'homme mais qu'elle n'a pas l'obligation de la suivre[76] et, dans son opinion sur un arrêt rendu quelques jours auparavant[77], Lord Reed avait écrit : « The convention cannot be treated as if it was Moses and the prophets. » En dépit de plusieurs condamnations par la Cour européenne des droits de l'homme[78], la législation britannique qui interdit de manière générale le droit de vote des prisonniers n'a été modifiée qu'à la marge.

Dans bien des cas néanmoins, la législation est adaptée pour tirer les conséquences des condamnations prononcées par la Cour. En France, la loi du 10 juillet 1991 sur les interceptions de sécurité a fait rapidement suite au constat par la Cour de l'insuffisance de l'encadrement des écoutes téléphoniques[79]. De même, la législation sur la chasse a été revue pour tenir compte des exigences formulées par la Cour en matière de respect du droit de propriété[80], tandis qu'un recours suspensif en cas de refus d'entrée sur le territoire au titre de l'asile a été institué par la loi immédiatement après que la Cour avait déploré son absence[81]. Le code civil a été modifié pour que les droits des enfants adultérins soient reconnus, ainsi que la Cour l'avait demandé[82]. Peu après que la Cour européenne des droits de l'homme a jugé excessive l'interdiction de toute forme de syndicat dans les armées[83], un droit d'association professionnelle a été reconnu aux militaires par la loi du 28 juin 2015. De son côté, le Parlement britannique a tiré les conséquences de la censure, par la Chambre des lords[84] au regard de la Convention, puis par la Cour elle-même[85], de la possibilité d'internement préventif pour une durée illimitée des étrangers soupçonnés de participation à des activités terroristes. Même en l'absence de condamnation de la Cour, les débats parlementaires se déroulent davantage en fonction des exigences de la Convention, dont l'influence s'exerce de la sorte à titre préventif. Le fait que le régime particulier des associations étrangères a été abrogé par une loi du 2 octobre 1981, promulguée le jour même de l'acceptation par la France du droit de recours individuel, n'est sans doute pas une coïncidence. Après l'abrogation par le Conseil constitutionnel de la législation sur la garde à vue

76. Cour suprême du Royaume-Uni, 16 octobre 2013, *Chester.*
77. Cour suprême du Royaume-Uni, 9 octobre 2013, *Osborne.*
78. CEDH, 6 octobre 2015, *Hirst c/ Royaume-Uni* ; CEDH, 23 novembre 2010, *Greens et MT c/ Royaume-Uni* ; CEDH, 10 février 2015, *McHugh et autres c/ Royaume-Uni.*
79. CEDH, 24 avril 1990, *Kruslin.*
80. CEDH, 29 avril 1999, *Chassagnou.*
81. CEDH, 26 avril 2007, *Gebremehdin.*
82. CEDH, 1er février 2000, *Mazurek.*
83. CEDH, 2 octobre 2014, *Matelly c/ France.*
84. Chambre des lords, 16 décembre 2004.
85. CEDH, 19 février 2009, A. *c/ Royaume-Uni.*

(abrogation pour partie au moins inspirée par la jurisprudence de la Cour européenne des droits de l'homme[86]), la nouvelle loi du 14 avril 2011 a été conçue et discutée au regard des impératifs conventionnels.

Le dialogue des juges en Europe s'intensifie sur le fondement de la Convention. Même en dehors des cas où elle s'impose avec la force de la chose jugée, la jurisprudence de la Cour a, sur l'ensemble des juridictions nationales, une *autorité persuasive* d'une grande efficacité. La portée que la Cour a donnée au droit au respect de la vie privée et familiale garanti par l'article 8 de la Convention inspire les jurisprudences de l'ensemble des cours européennes en matière d'éloignement forcé des étrangers. En France, la Cour de cassation comme le Conseil d'État ont fait évoluer parallèlement leurs jurisprudences pour tenir compte des impératifs de la Convention sur des questions de nature très différentes, comme l'exigence d'impérieux motifs d'intérêt général pour qu'une loi de validation puisse intervenir[87] ou la reconnaissance de la responsabilité de l'État en cas de délai excessif de jugement[88]. Là encore, l'influence de la Convention peut être préventive. Elle n'est pas étrangère aux évolutions de jurisprudence qui ont conduit à donner au juge le pouvoir d'interpréter les traités internationaux[89] et d'apprécier le respect de la condition de réciprocité[90], à ouvrir le recours pour excès de pouvoir à l'égard des punitions infligées aux prisonniers et aux militaires[91], puis à renforcer les droits des détenus[92], à permettre l'indemnisation dans certains cas des servitudes d'urbanisme[93]. Le Conseil constitutionnel a aligné son contrôle des lois de validation sur celui de la Cour européenne des droits de l'homme, en jugeant qu'elles doivent être justifiées non plus seulement par un intérêt général, mais par des exigences impérieuses d'intérêt général[94]. Après que la Cour européenne des droits de l'homme a renforcé ses exigences dans l'application du principe *non bis in idem*, qui interdit d'infliger deux sanctions à raison des mêmes faits[95], un dialogue

86. CC, décision QPC du 30 juillet 2010.

87. CEDH, 28 octobre 1999, *Zielinski* ; Cass., 24 avril 2001, *Association Être enfant au Chesnay* ; CE, 23 juin 2004, *Société Laboratoires Genévrier.*

88. CE, 28 juin 2002, *Garde des Sceaux c/ Magiera.*

89. CE, 29 juin 2010, *GISTI* ; CEDH, 24 novembre 1994, *Consorts Beaumartin* ; Cass., 19 décembre 1995, *Banque africaine de développement.*

90. CE, 9 juillet 2010, *Mme Cheriet-Benseghir.*

91. CE, 17 février 1995, *Marie et Hardouin.*

92. CE, 14 décembre 2007, *Garde des Sceaux c/ Boussouar,* n° 290730, *c/ Planchenault,* n° 290420, *c/ Payet,* n° 306432 ; CE, 17 décembre 2008, *Section française de l'Observatoire international des prisons* ; Juge des référés du CE, 22 décembre 2012 et 30 juillet 2015, *Section française de l'Observatoire international des prisons.*

93. CE, 3 juillet 1998, *Bitouzet.*

94. CC, décision QPC du 14 février 2014.

95. CEDH, 4 mars 2014, *Grande Stevens c/ Italie* ; CEDH, 15 novembre 2016, *A. et B. c/ Norvège.*

s'est noué avec les autres cours nationales, en particulier avec le Conseil constitutionnel[96], pour préciser la portée de ce principe.

2/ *Les standards de procédure*

À partir du droit à un juge indépendant et impartial, proclamé par l'article 6, et du droit au recours effectif, garanti par l'article 13, une jurisprudence nourrie de la Cour a dégagé des principes exigeants qui tendent à assurer l'équité du procès. La *théorie des apparences* conduit à formaliser les règles de manière à éviter de donner prise à une quelconque interrogation sur l'impartialité des juges, conformément à la formule du Lord chief justice Gordon Hewart en 1924 : « Justice must not only be done ; it must also be seen to be done. » Dans les différents pays, les systèmes judiciaires et les procédures juridictionnelles ont connu en conséquence différentes adaptations.

Certaines réformes ont été réalisées indépendamment de toute condamnation. Ainsi, en vertu du *Constitutional Reform Act* de 2005, la Cour suprême du Royaume-Uni a succédé en 2009 au comité judiciaire de la Chambre des lords, qui assurait traditionnellement le rôle de juridiction britannique suprême, dans l'objectif de mettre fin à une organisation séculaire, mais susceptible d'être discutée, qui faisait d'une commission de l'une des chambres du Parlement la juridiction de dernier ressort. En France, mettant fin au dernier vestige de la justice retenue, la loi du 16 février 2015 a retiré au garde des Sceaux la présidence du Tribunal des conflits, désormais assurée par l'un de ses membres. C'est en revanche à la suite d'une condamnation de la Cour[97] que le bailli de l'île anglo-normande de Guernesey, autorité administrative, a cessé de siéger à la Royal Court de l'île.

La *double fonction, consultative et contentieuse*, des conseils d'État, telle qu'elle existe en Belgique, en France, en Italie, en Grèce, aux Pays-Bas, est admise dans son principe, à condition que des précautions suffisantes soient prises pour que les mêmes personnes ne participent pas à l'examen d'une même question comme conseiller puis comme juge. Cette exigence n'avait pas été respectée par le Conseil d'État du Luxembourg, quatre des cinq membres de la formation de jugement ayant participé à l'avis rendu sur la décision jugée ensuite au contentieux[98]. Compte tenu des effectifs réduits de son Conseil d'État, qui ne permettent guère de satisfaire aux impératifs posés par la Cour, le Luxembourg a préféré que ses activités soient réparties entre deux institutions distinctes, un

96. CC, décisions QPC du 18 mars 2015, *John L.*, et du 24 juin 2016, *Alec W. et Jérôme C.*

97. CEDH, 8 février 2000, *McGonnell c/ Royaume-Uni*.

98. CEDH, 28 septembre 1995, *Procola*.

Conseil d'État purement consultatif et une cour administrative, aux compétences exclusivement juridictionnelles. En revanche, lorsque la taille de l'institution permet qu'aucun de ses membres ne participe sur un même dossier aux deux missions, la dualité fonctionnelle a été parfaitement admise, qu'il s'agisse du Conseil d'État des Pays-Bas[99] ou du Conseil d'État français[100]. Pour bien garantir le respect de ces principes, un décret du 6 mars 2008 a organisé une meilleure séparation entre les formations contentieuses et les formations consultatives du Conseil d'État, et inscrit dans le code de justice administrative la règle suivante : « Les membres du Conseil d'État ne peuvent participer au jugement des recours dirigés contre les actes pris après avis du Conseil d'État, s'ils ont pris part à la délibération de cet avis. » Une disposition comparable figurait dans la loi du 24 mai 1872, mais elle avait été suspendue, lors de l'entrée en guerre, par un décret du 4 octobre 1939, puis abrogée, sous le gouvernement de Vichy, par un décret du 18 décembre 1940, et n'avait pas été reprise dans les textes depuis lors. La Cour européenne des droits de l'homme a pu constater que la double activité du Conseil d'État était ainsi organisée dans le plein respect des exigences conventionnelles[101].

À l'égard de la juridiction administrative française, une autre évolution a concerné le *commissaire du gouvernement*. Membre indépendant de la juridiction, chargé d'éclairer la formation de jugement par son analyse de l'affaire, qu'il opère selon sa seule conscience et qu'il présente en public lors de l'audience, il contribue tant à l'approfondissement du débat contradictoire qu'à la qualité de justice. Des incertitudes sur la compatibilité des modalités de son intervention avec les exigences conventionnelles sont toutefois apparues, en particulier à la suite des décisions de la Cour européenne des droits de l'homme relatives aux conditions d'exercice de leurs fonctions par les avocats généraux devant la Cour de cassation de Belgique, que ce soit au pénal[102] ou au civil[103]. La même jurisprudence a été adoptée à l'égard du parquet général de la Cour de cassation française[104]. La Cour européenne des droits de l'homme a jugé que, si l'indépendance et l'impartialité du commissaire du gouvernement ne pouvaient être mises en doute, il était important que les parties puissent déposer, après avoir entendu ses conclusions, une note en délibéré et qu'il ne devait pas participer au délibéré[105]. Les adaptations nécessaires ont été apportées au code de

99. CEDH, 6 mai 2003, *Kleyn*.
100. CEDH, 9 novembre 2006, *Sacilor Lormines*.
101. CEDH, 30 juin 2009, *UFC Que choisir ? Côte d'Or* ; CEDH, 8 mars 2011, *Escoffier c/ France*.
102. CEDH, 30 octobre 1991, *Borgers*.
103. CEDH, 20 février 1996, *Vermeulen*.
104. CEDH, 31 mars 1998, *Slimane-Kaïd*.
105. CEDH, 7 juin 2001, *Kress*.

justice administrative par le décret du 7 janvier 2009. Afin de dissiper toute ambiguïté, le commissaire du gouvernement a reçu la dénomination nouvelle de *rapporteur public*, qui traduit mieux son rôle de magistrat indépendant, qui donne son avis en public. Le code précise que les parties sont informées du sens des conclusions avant l'audience et qu'elles peuvent déposer une note en délibéré. En outre, elles reçoivent la possibilité de présenter des observations orales après les conclusions. Devant les tribunaux et les cours, le rapporteur public n'assiste plus au délibéré. Au Conseil d'État, il est présent, sauf si l'une des parties demande qu'il se retire.

La Cour européenne des droits de l'homme a jugé que ces règles répondaient aux exigences conventionnelles[106]. Elle a souligné que le rapporteur public devant le Conseil d'État « est un membre du Conseil d'État, auquel il accède selon les mêmes modalités que ses collègues siégeant dans les formations de jugement, dont ne le distinguent que les fonctions particulières qui lui sont confiées de façon temporaire ». Elle en a conclu qu'il pouvait avoir connaissance du projet de décision préparé par le rapporteur et elle a jugé que la « particularité procédurale » que constitue son intervention, « qui permet aux justiciables de saisir la réflexion de la juridiction pendant qu'elle s'élabore et de faire connaître leurs dernières observations avant que la décision ne soit prise, ne porte pas atteinte au caractère équitable du procès »[107]. Au regard de la Convention, l'ensemble du procès administratif ne présente donc plus aucune difficulté.

D'autres évolutions de procédure ont été accomplies par les juridictions françaises au regard des impératifs conventionnels. Même en l'absence de texte de droit interne la prévoyant, la publicité des audiences s'impose à toutes les juridictions administratives[108]. Le principe d'impartialité conduit à des exigences accrues en ce qui concerne la composition des juridictions, qu'il s'agisse de la Cour des comptes[109] ou des juridictions administratives spécialisées[110]. Les mêmes préoccupations sont exprimées par le Conseil constitutionnel[111]. Un dialogue attentif a conduit la Cour européenne des droits de l'homme, le Conseil d'État et la Cour de cassation à préciser de concert que le rapporteur peut participer au délibéré des instances qui disposent d'un pouvoir répressif s'il ne participe pas à la formulation des griefs et se borne à mener des investigations,

106. CEDH, 15 septembre 2009, *Mme Étienne*.
107. CEDH, 4 juin 2013, *Marc-Antoine c/ France*.
108. CE, 14 février 1996, *Maubleu*.
109. CE, 23 février 2000, *Société Labor Metal*.
110. CE, 6 décembre 2002, *Trognon*.
111. CC, décisions QPC du 2 juillet 2010 sur le tribunal maritime commercial, du 25 mars 2011 sur les juridictions d'aide sociale et du 20 mars 2015 sur la juridiction disciplinaire des pharmaciens.

sans disposer de pouvoirs de contrainte, pour éclairer au mieux la formation à laquelle il appartient[112]. Le Conseil constitutionnel fait application des mêmes règles[113].

En matière pénale, la réforme de la garde à vue a été accomplie au regard d'exigences tant constitutionnelles[114] que conventionnelles[115]. Le statut du parquet laisse encore place à des interrogations. Pour le Conseil constitutionnel, l'autorité judiciaire, telle qu'elle est conçue par la Constitution, « comprend à la fois les magistrats du siège et ceux du parquet[116] ». La Cour de justice de l'Union européenne estime, dans le même sens, que le parquet français répond, comme ses homologues belge et suédois, aux exigences d'indépendance requises pour émettre un mandat d'arrêt européen[117]. Sans prendre une position contraire, la Cour européenne des droits de l'homme est plus circonspecte. Elle juge que le magistrat du parquet ne présente pas, eu égard à son statut, les garanties d'indépendance nécessaires pour constituer, au-delà d'un bref délai, la garantie que requiert une privation de liberté[118]. La Cour de cassation retient une position comparable en exigeant que les procédures de géolocalisation soient placées sous le contrôle d'un magistrat du siège[119]. Nul doute qu'un renforcement des garanties statutaires des magistrats du parquet, au travers d'une révision constitutionnelle qui rapprocherait leur situation de celle des magistrats du siège, serait de nature à mieux assurer la place du parquet « à la française » dans l'espace européen.

B | LA CONVENTION EUROPÉENNE DES DROITS DE L'HOMME ET LE DROIT DE L'UNION EUROPÉENNE

Conçus à l'origine de manière séparée, au travers de deux organisations européennes différentes, la Convention européenne des droits de l'homme et le droit de l'Union européenne se sont progressivement rejoints.

112. Cass., 5 février 1999, *Oury*, et 23 mai 2000, *Pasqualini* ; CE, 3 décembre 1999, *Didier et Leriche* ; CEDH, 27 août 2002, *Didier*.

113. CC, décisions QPC du 2 décembre 2011, *Banque populaire Côte d'Azur*, du 12 octobre 2012, *Société Groupe Canal Plus*, et du 9 mars 2017, *Société Barnes et autres*.

114. CC, décisions QPC du 30 juillet 2010 et du 18 novembre 2011.

115. CEDH, 27 novembre 2008, *Salduz c/ Turquie* ; CDEH, 13 octobre 2009, *Dayanan c/ Turquie*.

116. CC, décisions des 11 août 1993, 22 avril 1997 et 30 juillet 2010.

117. CJUE, 12 décembre 2019.

118. CEDH, 29 mars 2010, *Medvedyev c/ France* ; CDEH, 25 novembre 2010, *Moulin c/ France* ; CDEH, 27 juin 2013, *Vassis c/ France*.

119. Cass., crim., arrêts du 22 octobre 2013.

1/ *La convergence des deux branches du droit européen*

À travers sa jurisprudence, la Cour de justice de Luxembourg a inclus les droits fondamentaux dans les principes généraux du droit communautaire[120]. Puis, constatant que tous les États membres adhéraient à la Convention[121], elle a incorporé le droit de la Convention au droit communautaire, en jugeant : « Dans l'ordre juridique communautaire, les droits fondamentaux garantis par la Convention européenne des droits de l'homme sont protégés en tant que principes généraux du droit communautaire[122]. » Cette jurisprudence a été consacrée par les traités, à partir du traité de Maastricht qui énonce : « L'Union respecte les droits fondamentaux, tels qu'ils sont garantis par la Convention européenne de sauvegarde des droits de l'homme et des libertés fondamentales [...] et tels qu'ils résultent des traditions constitutionnelles communes aux États membres, en tant que principes généraux du droit communautaire. ». Avoir ratifié la Convention est une condition nécessaire pour adhérer à l'Union.

La Cour de justice prend soin d'interpréter la Convention à la lumière de la jurisprudence de la Cour européenne des droits de l'homme. Elle attache aux droits fondamentaux une importance croissante. La protection de la liberté de manifestation est ainsi un motif légitime qui justifie, dès lors qu'elles sont proportionnées, des atteintes à la libre circulation[123]. Un règlement pris pour appliquer une résolution du Conseil de sécurité sur les avoirs des personnes liées aux réseaux terroristes n'est pas pour autant affranchi de l'obligation de respecter, sous le contrôle de la Cour, les droits fondamentaux, pour la définition desquels la Convention européenne des droits de l'homme revêt « une signification particulière[124] ».

Réciproquement, la Cour européenne des droits de l'homme juge que le droit dérivé est réputé respecter les droits protégés par la Convention[125]. En cas d'hésitation sur sa portée, la Cour de Strasbourg se conforme à l'interprétation de la Cour de justice de l'Union européenne, mais n'est en revanche pas tenue par celle donnée par une juridiction nationale[126]. Il arrive que les exigences conventionnelles fassent obstacle à l'application de certaines dispositions du droit de l'Union. Pour la Cour européenne des droits de

120. CJCE, 12 novembre 1969, *Stauder* ; CJCE, 17 décembre 1970, *Internationale Handelsgesellschaft*.

121. CJCE, 28 octobre 1975, *Rutili*.

122. CJCE, 15 octobre 2002, *Limburgse Vinyl Maatschappij*.

123. CJCE, 12 juin 2003, *Schmidberger*.

124. CJCE, 3 septembre 2008, *Kadi* et CJUE, 18 juillet 2013, *Kadi*.

125. CEDH, 30 juin 2005, *Bosphorus Airways c/ Irlande* ; CEDH, 23 mai 2016, *Avotins c/ Lettonie*.

126. CEDH, 6 décembre 2012, *Michaud c/ France*.

l'homme[127] comme pour la Cour de justice de l'Union européenne[128], les difficultés rencontrées par la Grèce dans la mise en œuvre du droit d'asile font ainsi obstacle à la réadmission vers ce pays des demandeurs d'asile dans les conditions prévues par le règlement Dublin II du 18 février 2003.

2/ *Les apports du traité de Lisbonne*

Trois étapes vers un rapprochement plus étroit encore ont été franchies avec le traité de Lisbonne. En premier lieu et de manière générale, l'article 2 du traité sur l'Union européenne dispose : « L'Union est fondée sur les valeurs de respect de la dignité humaine, de liberté, de démocratie, d'égalité, de l'État de droit, ainsi que de respect des droits de l'homme, y compris des personnes appartenant à des minorités. Ces valeurs sont communes aux États membres dans une société caractérisée par le pluralisme, la non-discrimination, la tolérance, la justice, la solidarité et l'égalité entre les femmes et les hommes. » Cette proclamation a d'autant plus de force qu'un mécanisme de sanction est prévu, par l'article 7 du traité, à l'encontre d'un État en cas de violation grave et persistante de ces valeurs.

Le traité de Lisbonne confère, en deuxième lieu, la même valeur que les traités à la *Charte des droits fondamentaux de l'Union européenne*, adoptée le 7 décembre 2000. Même si elle a un contenu plus large, elle reprend, souvent en termes identiques, les garanties proclamées par la Convention. Le rapprochement matériel entre le droit de l'Union et le droit de la Convention se trouve donc renforcé.

En troisième lieu, sur le plan institutionnel, le traité de Lisbonne autorise l'adhésion de l'Union à la Convention européenne des droits de l'homme. Alors que, selon un avis de la Cour de justice[129], la Communauté n'avait pas vocation à rejoindre la Convention, il est désormais prévu que l'Union européenne en devienne un partenaire à part entière. Réciproquement, le protocole n° 14 de la Convention européenne des droits de l'homme indique que l'Union européenne « peut adhérer » à celle-ci. Un accord d'adhésion de l'Union européenne à la Convention est toutefois difficile à mettre au point. Par un avis du 18 décembre 2014, dont la portée est contraignante en vertu de l'article 218, paragraphe 11, du TFUE, la Cour de justice a estimé que le projet qui avait été négocié par la Commission européenne n'était pas compatible avec le droit de l'Union. En particulier, il ne respectait pas le monopole de la Cour de justice pour interpréter le droit de l'Union, notamment la Charte des droits fondamentaux. À la suite du rejet de ce projet, aucune

127. CEDH, 21 janvier 2011, *Belgique c/ Grèce*.
128. CJUE, 21 décembre 2011, *N. S. et M. E.*
129. CJCE, avis du 28 mars 1996.

perspective d'adhésion n'est envisageable à court terme. Aussi est-ce d'abord au travers d'un dialogue de plus en plus soutenu entre la Cour de justice et la Cour européenne des droits de l'homme – parfois empreint d'une certaine compétition entre les deux cours quant à la garantie des droits fondamentaux – que les deux sources des droits de l'homme en Europe continuent de converger.

QUATRIÈME PARTIE

LES MOYENS DE L'ADMINISTRATION

Chapitre 15

Les fonctionnaires et les agents publics

Volontiers regardés comme tatillons et routiniers, les fonctionnaires n'ont pas une réputation flatteuse. Des *Employés* de Balzac à *Messieurs les ronds-de-cuir* de Courteline, la littérature véhicule les aspects négatifs d'une image que l'opinion retient souvent. Pourtant, la fonction publique a joué un rôle structurant à l'égard de la société française. Les régimes successifs ont trouvé dans les grands serviteurs de l'État l'un de leurs meilleurs appuis. La fonction publique française a longtemps été regardée comme un modèle dans de nombreux pays étrangers. Si elle suscite la critique et parfois l'ironie, elle éveille aussi le respect, voire l'admiration.

Sans doute est-il difficile d'en prendre une vue d'ensemble. La fonction publique groupe 5,4 millions d'actifs, dont 2,4 millions pour l'État, 1,9 million pour les collectivités territoriales et 1,1 million pour les hôpitaux. S'y ajoutent plus de 3 millions de retraités. La diversité des métiers, l'ampleur de l'échelle hiérarchique, la variété des responsabilités rendent hasardeux tout jugement d'ordre général. Des points forts comme des faiblesses peuvent se dégager. Parmi les points forts, la qualité du recrutement, assuré de manière objective par concours, le dévouement au service public tout au long de la carrière, le respect de la légalité et le souci de l'égalité entre les administrés ressortent en particulier. Un manque d'initiative, un faible esprit de réforme, une insuffisante attention aux citoyens, un certain sentiment de supériorité comptent parmi les faiblesses qui peuvent susciter incompréhension et mécontentement.

Dans ce contexte, l'évolution des règles qui gouvernent la fonction publique doit tendre à remédier aux faiblesses et à valoriser les atouts. Le droit de la fonction publique a ses propres lourdeurs, mais il peut aussi donner de la souplesse dans le respect de principes fondamentaux. Ceux-ci sont de nature constitutionnelle. Dès 1789, la Déclaration des droits de l'homme consacre à l'administration plusieurs articles. Elle exprime de la sorte une conception de la fonction publique qui est une des composantes de l'ordre politique qu'elle entend promouvoir. Proclamant que la souveraineté « réside essentiellement dans la nation », son article 3 en déduit : « Nul corps, nul individu ne peut exercer d'autorité qui n'en émane expressément. » L'administration doit donc être subordonnée au politique. La règle se retrouve à l'article 20 de la Constitution du 4 octobre 1958, aux termes duquel le gouvernement « dispose de l'administration et de la force armée ». L'article 6 de la Déclaration des droits de l'homme affirme que tous les citoyens sont « également admissibles à toutes dignités, places et emplois publics, sans autre distinction que celle de leurs vertus et de leurs talents ». L'égalité d'accès à la fonction publique est ainsi exigée. Selon l'article 12, la force publique est instituée « pour l'avantage de tous et non pour l'utilité particulière de ceux auxquels elle est confiée ». Une contribution commune, également répartie entre tous les citoyens en raison de leurs facultés, est prévue par l'article 13 « pour l'entretien de la force publique et pour les dépenses d'administration ». Dans l'intérêt général, la société met donc des moyens au service de l'action collective. Des contrôles du bon emploi de ces moyens s'imposent : l'article 15 énonce que « la société a le droit de demander compte à tout agent public de son administration ».

Le droit de la fonction publique met en œuvre ces règles fondamentales, tout en assurant les évolutions nécessaires. À l'heure où tous les États ont à cœur de réduire le coût de leur administration, ces évolutions comme celles de la gestion de l'administration sont un des grands enjeux de la modernisation. Les comparaisons et les échanges entre les fonctions publiques sont au nombre des grands débats européens. Le modèle français de fonction publique, tel qu'il s'est progressivement construit, est à appréhender dans ce cadre, afin de prendre la mesure des interrogations sur la place de la fonction publique en France et en Europe.

I

LE MODÈLE FRANÇAIS DE FONCTION PUBLIQUE

Tel qu'il existe aujourd'hui, le statut du fonctionnaire est le fruit d'une histoire au cours de laquelle la conception française s'est progressivement constituée. Aucun texte d'ensemble sur la fonction publique n'avait été adopté avant la Libération. Seules quelques garanties d'ordre général avaient été apportées par le législateur, comme le droit à la communication du dossier avant toute sanction, consacré par l'article 65 de la loi du 22 avril 1905, ou l'établissement pour les fonctionnaires de l'État de tableaux d'avancement, prévu par une loi de 1912. Jusqu'en 1945, la source principale du droit de la fonction publique était la jurisprudence du Conseil d'État, qui posait les fondements du droit des concours, des règles d'avancement et du régime disciplinaire.

Aussi la loi du 19 octobre 1946 marque-t-elle une étape décisive. Pour la première fois, elle édicte un statut général de la fonction publique de l'État. Elle affirme le caractère statutaire et réglementaire du droit de la fonction publique, entièrement distinct du droit du travail. La loi détermine, pour les fonctionnaires, un équilibre particulier de droits et d'obligations. Recruté par concours, le fonctionnaire appartient à un corps où il poursuit sa carrière. La distinction du grade et de l'emploi est l'une des clés de voûte de l'édifice, qu'une grille indiciaire unique des traitements correspondant aux différents corps et grades complète en 1948. Un nouveau statut est adopté, au début de la Cinquième République, par l'ordonnance du 4 février 1959 qui ne concerne, comme la loi du 19 octobre 1946, que les fonctionnaires de l'État.

Vient enfin la « cathédrale statutaire », qui vise à couvrir l'ensemble de la fonction publique, de l'État, des collectivités territoriales et des hôpitaux. Elle se compose de quatre lois. La loi du 13 juillet 1983 fixe, de manière générale, les droits et obligations de tous les fonctionnaires. Suivent les trois lois propres à chacune des trois fonctions publiques, fonction publique de l'État (loi du 11 janvier 1984), fonction publique territoriale (loi du 26 janvier 1984) et fonction publique hospitalière (loi du 9 janvier 1986). Un statut général des militaires est parallèlement adopté par la loi du 13 juillet 1972, puis celle du 24 mars 2005. Des modifications importantes ont été à plusieurs reprises apportées à ces lois statutaires, en particulier, dans la période récente, par les lois du 20 avril 2016 relative à la déontologie et aux droits et obligations des fonctionnaires et du 6 août 2019 de transformation de la fonction publique. Un code de la fonction publique, qui grouperait l'ensemble de ces dispositions, est en préparation. De ces différents textes découlent les règles générales qui s'appliquent en ce qui concerne le recrutement, le déroulement de la carrière ainsi que les droits et obligations des fonctionnaires.

A | LE RECRUTEMENT DES FONCTIONNAIRES

Exigence fondamentale de la démocratie, l'égal accès des citoyens à la fonction publique, proclamé par l'article 6 de la Déclaration des droits de l'homme et du citoyen, n'exclut pas que la qualité de fonctionnaire soit subordonnée au respect de certaines conditions, mais il implique de mettre en œuvre des modalités de recrutement, en particulier par concours, propres à en garantir le respect.

1/ *Le principe d'égal accès à la fonction publique*

L'égalité d'accès à la fonction publique a été affirmée au regard, en particulier, des opinions ou du sexe. Elle impose, de manière générale, le refus de toute discrimination.

Par sa décision *Barel*, du 28 mai 1954, le Conseil d'État a, de la manière la plus forte, rappelé l'interdiction de prendre en compte les opinions politiques d'un candidat pour lui interdire l'accès à la fonction publique. Dans le contexte de la guerre froide, le secrétaire d'État chargé de la fonction publique avait refusé de délivrer l'autorisation de se présenter au concours de l'École nationale d'administration (ENA) à M. Barel et à quatre autres personnes supposées appartenir au Parti communiste. Ce refus d'admission à concourir a été annulé pour avoir méconnu « le principe de l'égalité de l'accès de tous les Français aux emplois et fonctions publics ». Cette décision est d'autant plus marquante qu'à cette époque, l'Allemagne fédérale interdisait l'accès des communistes à sa propre fonction publique et qu'il a fallu attendre l'arrêt *Vogt c/ Allemagne*, rendu le 26 septembre 1995 par la Cour européenne des droits de l'homme, pour qu'une telle pratique fût regardée comme contraire à la liberté d'opinion.

La jurisprudence issue de l'arrêt *Barel* vaut pour l'ensemble des opinions et des croyances. Seule leur manifestation peut empêcher d'accéder à la fonction publique si elle va à l'encontre de principes fondamentaux, comme le principe de laïcité. Ainsi, le Conseil d'État a jugé légal, par sa décision *Abbé Bouteyre*, du 10 mai 1912, le refus opposé à un ecclésiastique de se présenter au concours de l'agrégation de philosophie, organisé pour le recrutement de fonctionnaires de l'enseignement secondaire : l'habit religieux, par l'influence qu'il pourrait exercer, est incompatible avec le métier d'enseignant à l'école publique. Ces principes demeurent applicables et ils concernent toutes les manifestations de croyances religieuses. En aucun cas, un enseignant ne peut porter, durant le service, un signe qui, tel le foulard islamique, traduirait une appartenance religieuse[1]. La Cour européenne des droits de l'homme s'est prononcée

1. CE, 3 mai 2000, *Melle Marteaux*.

dans le même sens, dans le cas d'une enseignante suisse[2]. Dans toute la mesure du possible, ces règles sont toutefois à concilier avec la liberté d'opinion. Dans un avis du 21 septembre 1972, le Conseil d'État a ainsi estimé qu'un enseignant qui devient prêtre n'a pas nécessairement à être exclu du service et qu'il incombe à l'administration de chercher d'abord à lui confier des fonctions qui, comme des tâches administratives ou de l'enseignement à distance, n'impliquent pas de contact avec les élèves et peuvent en conséquence être compatibles avec son nouvel état. Dans le même esprit, le Conseil d'État a jugé qu'un ministre du culte peut devenir président d'une université, dès lors qu'il ne manifeste pas ses opinions religieuses dans l'exercice de ses fonctions et qu'il respecte le devoir de réserve[3].

Une première étape vers l'égal accès des hommes et des femmes à la fonction publique a été franchie avec la décision du Conseil d'État du 3 juillet 1936, *Demoiselle Bobard*, qui affirme que « les femmes ont l'aptitude légale aux emplois dépendant des administrations centrales des ministères ». Le Conseil d'État reconnaît toutefois au gouvernement la possibilité de décider « si des raisons de service nécessitent, dans un ministère, des restrictions à l'admission et à l'avancement du personnel féminin ». En l'espèce, il admet la légalité d'une réglementation qui, au ministère de la guerre, réservait aux hommes les emplois de rédacteur.

Les principes ainsi affirmés ont été renforcés à la Libération. Dans la ligne du Préambule de la Constitution du 27 octobre 1946, selon lequel « la loi garantit à la femme, dans tous les domaines, des droits égaux à ceux de l'homme », l'article 7 de la loi statutaire du 19 octobre 1946 affirme qu'« aucune distinction, pour l'application du présent statut, n'est faite entre les deux sexes, sous réserve des dispositions spéciales qu'il prévoit ». Sur le fondement de ces dispositions, le Conseil d'État a jugé que l'accès des femmes à la fonction publique ne pouvait être limité que dans le cas où la nature des fonctions ou les conditions de leur exercice l'imposaient[4].

Sous l'influence du droit de l'Union européenne, les exigences en matière d'égalité des hommes et des femmes dans la fonction publique ont été fortement accrues. Transposant une directive du 9 février 1976, la loi du 7 mai 1982 a introduit une règle, reprise dans les lois statutaires de 1983 et de 1984, en vertu de laquelle « aucune distinction n'est faite entre les hommes et les femmes », sous la seule réserve de l'organisation de recrutements distincts lorsque « l'appartenance à l'un ou l'autre sexe constitue une condition déterminante pour l'exercice des fonctions ». La Cour de justice

2. CEDH, 15 février 2001, *Mme Dahlab c/ Suisse*.
3. CE, 27 juin 2018, *Syndicat national de l'enseignement supérieur*.
4. CE, 6 janvier 1956, *Syndicat national autonome du cadre d'administration générale des colonies*.

de l'Union européenne applique strictement les obligations qui découlent de ces règles : elle a ainsi jugé que des recrutements distincts d'hommes et de femmes dans l'ensemble des corps de la police nationale n'étaient pas compatibles avec les objectifs de la directive du 9 février 1976[5]. Les concours distincts d'hommes et de femmes ont donc progressivement été réduits à quelques cas très particuliers, comme les surveillants de prison ou les agents des maisons d'éducation de la Légion d'honneur. Dans le même esprit, le Conseil d'État a jugé illégale la limitation, par un système de quotas, du recrutement des femmes dans le corps du commissariat de l'armée de terre[6].

Les règles constitutionnelles elles-mêmes ont témoigné d'une volonté accrue de mieux assurer l'égalité des hommes et des femmes. La révision du 8 juillet 1999, qui a introduit à l'article 3 de la Constitution la règle selon laquelle « la loi favorise l'égal accès des femmes et des hommes aux mandats électoraux et fonctions électives », ne concernait certes que les élections politiques et ne s'appliquait donc ni en droit du travail ni en droit de la fonction publique[7]. La révision du 23 juillet 2008 a élargi la portée de l'habilitation donnée à la loi, à laquelle il appartient désormais de favoriser l'égal accès des femmes et des hommes, non seulement aux mandats électoraux et aux fonctions électives, mais à l'ensemble des « responsabilités professionnelles et sociales ». Cet élargissement concerne la fonction publique. Seule la loi est toutefois habilitée par la Constitution à poser le principe de mesures destinées à donner aux femmes une place accrue, le pouvoir réglementaire ne pouvant intervenir que pour prendre les dispositions d'application de ces mesures[8]. Le nouveau cadre constitutionnel ne paraît pas de nature à modifier l'interprétation que la jurisprudence a donnée des dispositions issues de la loi du 9 mai 2001, selon laquelle l'administration doit composer les jurys de concours de manière à assurer « une représentation équilibrée entre les femmes et les hommes » : eu égard à la règle fondamentale, posée par la Déclaration des droits de l'homme, selon laquelle l'accès aux emplois publics se fait sans autre distinction que celle des vertus et des talents, ces dispositions fixent un objectif à prendre en compte, mais n'imposent pas une proportion déterminée d'hommes et de femmes dans les jurys de concours[9].

Au-delà du recrutement, l'égalité des hommes et des femmes concerne le déroulement de la carrière et l'ensemble des droits des fonctionnaires. À cet égard, ce sont surtout des avantages que la loi réservait aux femmes qui tendent à disparaître. À l'exception du

5. CJCE, 30 juin 1988, *Commission c/ France*.
6. CE, 11 mai 1998, *Mlle Aldige*.
7. CC, décisions du 19 juin 2001 et du 12 janvier 2002.
8. CE, 7 mai 2013, *Fédération CFTC de l'agriculture*.
9. CE, 22 juin 2007, *Lesourd*.

congé de maternité, les autres différences doivent s'effacer. Il en va ainsi en matière de pensions, où la Cour de justice a exigé que les mêmes bonifications soient accordées à chacun des parents au titre de l'éducation des enfants, dès lors que les deux justifient y avoir contribué[10]. Un accord relatif à l'égalité professionnelle entre les hommes et les femmes dans la fonction publique a été conclu le 30 novembre 2018.

Outre l'égalité en droit, il reste la question de l'égalité en fait, notamment pour l'accès aux emplois supérieurs. Si d'incontestables progrès ont été accomplis, il demeure, dans l'administration comme dans l'entreprise, des marges pour que, dans les fonctions de direction, les femmes soient présentes à l'égal des hommes. Alors qu'elles représentent plus de la moitié des effectifs, les femmes n'occupent que 39 % des emplois d'encadrement supérieur et de direction dans la fonction publique de l'État. En 2019, on ne comptait que 36 % de femmes parmi les élèves admis à l'ENA. La loi du 12 mars 2012 a fixé pour objectif de parvenir à 40 % au moins de nominations de personnes de chaque sexe dans les emplois de direction en 2018. Cet objectif est ambitieux sans être irréaliste. En 2017, le taux de 30 % a été atteint et des pénalités ont été infligées aux administrations restées en deçà de la référence, en particulier les Finances et les Affaires étrangères. Les progrès continuent : après le vaste mouvement préfectoral de l'été 2020, le nombre de femmes occupant un poste territorial de préfet s'élève à 38.

L'interdiction de toute discrimination dans l'accès aux emplois publics s'affirme de manière générale. Le concours de recrutement d'un secrétaire de mairie est ainsi entaché d'illégalité lorsque le maire, qui préside le jury, a publiquement fait connaître qu'il ne pourrait admettre qu'une femme occupe cet emploi[11]. Le Conseil d'État a prononcé l'annulation d'un concours interne d'officier de la police nationale au motif que le jury avait interrogé un candidat sur son origine et sur ses pratiques confessionnelles, ainsi que sur celles de son épouse[12].

Des exigences particulières découlent en la matière de la directive du 27 novembre 2000 portant création d'un cadre général en faveur de l'égalité de traitement en matière d'emploi et de travail. Par sa décision du 30 octobre 2009, *Mme Perreux*, le Conseil d'État a précisé qu'il revient au juge, saisi d'un moyen tiré de ce qu'une mesure serait empreinte de discrimination, de se déterminer sur ce point, au vu des échanges contradictoires entre les parties, le cas échéant après avoir ordonné les mesures complémentaires d'instruction utiles.

10. CJCE, 29 novembre 2001, *Griesmar* ; CE, 29 juillet 2002, *Griesmar.*
11. CE, 9 novembre 1966, *Commune de Clohars-Carnoët.*
12. CE, 10 avril 2009, *M. E. H.*

2/ *Les conditions d'accès à la fonction publique*

Nul ne peut devenir fonctionnaire s'il ne jouit pas de ses *droits civiques*. Après l'entrée en fonctions, une condamnation pénale n'implique l'exclusion du service que si la déchéance des droits civiques est prononcée par le juge pénal à titre de peine complémentaire[13]. Même si elle fait perdre le droit de vote et l'éligibilité, la mise sous tutelle ne justifie pas, en revanche, la radiation des cadres[14].

L'entrée dans la fonction publique est subordonnée à *l'aptitude physique* à occuper l'emploi pour lequel un fonctionnaire est recruté. Pour les personnes atteintes d'un handicap, cette aptitude s'apprécie compte tenu des mesures appropriées de compensation du handicap que l'administration est tenue de prendre, sous la seule réserve qu'il n'en résulte pas des charges disproportionnées.

Afin d'éviter toute disposition de nature discriminatoire, les règles qui imposaient des limites d'âge, maximales et parfois minimales, pour l'accès à certaines fonctions disparaissent progressivement. Toute condition d'âge a ainsi disparu parmi les exigences requises pour se présenter au concours d'entrée à l'ENA.

La condition de *nationalité française*, longtemps exigée pour devenir fonctionnaire, s'est estompée sous l'effet du droit de l'Union. Certes, à l'origine, l'article 48 du traité de Rome, selon lequel les dispositions relatives à la libre circulation « ne sont pas applicables aux emplois dans l'administration publique », paraissait laisser la fonction publique à l'écart des obligations impliquées par le Marché commun. Mais la Cour de justice des Communautés européennes a jugé que cet article n'autorisait un État à réserver à ses nationaux que les emplois « qui comportent une participation directe ou indirecte à l'exercice de la puissance publique » ou « qui ont pour objet la sauvegarde des intérêts généraux de l'État ou des autres collectivités publiques »[15].

Pour tenir compte de cette jurisprudence, la loi du 26 juillet 1991, jugée conforme à la Constitution par une décision du Conseil constitutionnel du 23 juillet 1991, a prévu que les ressortissants de l'Union européenne pourraient accéder aux corps et emplois, figurant sur une liste établie par décret, dont les titulaires ne participent pas à l'exercice de la souveraineté. À cette approche par décret a succédé l'ouverture générale de la fonction publique, à l'exception des emplois de souveraineté : la loi du 26 juillet 2005 a mis le droit national pleinement en harmonie avec le droit communautaire en prévoyant que les ressortissants des États membres de l'Union européenne ont désormais accès à l'ensemble des corps, cadres d'emplois et emplois des trois fonctions publiques. Sont seuls réservés aux Français les « emplois dont les attributions soit ne sont pas

13. CE, 11 décembre 2006, *Mme N.*
14. CE, 22 février 2002, *Mutualité de Meurthe-et-Moselle.*
15. CJCE, 17 décembre 1980, *Commission c/ Belgique.*

séparables de l'exercice de la souveraineté, soit comportent une participation directe ou indirecte à l'exercice de prérogatives de puissance publique ».

La grande majorité des emplois publics se trouvent ainsi accessibles à l'ensemble des ressortissants de l'Union, dès lors qu'ils sont en mesure de réussir aux concours de recrutement. De manière symbolique, un décret du 29 mars 2004 a même ouvert le concours de l'ENA aux ressortissants non français de l'Union européenne – qui ne pourront toutefois occuper que des emplois de gestion, à l'exclusion des emplois, auxquels prépare l'École, qui comportent des prérogatives de souveraineté, comme ceux du corps préfectoral, du corps diplomatique ou des juridictions. Au-delà des concours, des procédures doivent être organisées afin de rendre effective l'équivalence des diplômes exigés pour accéder à certaines professions. C'est ce qu'a jugé la Cour de justice des Communautés européennes[16], dont le Conseil d'État a suivi la jurisprudence[17], pour l'emploi de directeur d'hôpital : un tel emploi doit être ouvert à un ressortissant de l'Union européenne qui est titulaire dans son pays d'un diplôme équivalent à celui que délivre, en France, l'École nationale de la santé publique de Rennes.

3/ *Les modalités d'accès à la fonction publique*

Pour le recrutement des fonctionnaires, le principe est le concours. D'autres modalités sont cependant possibles, dans la mesure où elles permettent d'assurer que, conformément aux exigences constitutionnelles, le recrutement se fait en fonction des vertus, capacités et talents des intéressés pour accéder à la fonction publique[18].

Garant de l'égal accès à la fonction publique, le concours constitue une garantie fondamentale des fonctionnaires[19]. Opération complexe, il se déroule en plusieurs étapes. Il fait l'objet d'une réglementation générale, qui décrit la nature et le programme des épreuves, prescrit les conditions à remplir pour être candidat, fixe le déroulement des opérations et détermine la composition du jury. Dans ce cadre, l'administration doit ensuite ouvrir le concours, en arrêtant le nombre de places offertes, et nommer les membres du jury. Les candidats qui se présentent sont admis à concourir après qu'il a été vérifié qu'ils remplissent les conditions requises. Les épreuves doivent se conformer à la réglementation du concours et

16. CJCE, 9 septembre 2003, *Mme Burbaud.*

17. CE, 16 mars 2005, *Ministre de la santé et de la protection sociale c/ Mme Burbaud.*

18. CC, décision du 24 octobre 2012 sur la loi portant création des emplois d'avenir ; CE, 8 mars 2013, *Syndicat des cadres de la fonction publique.*

19. CC, décision du 19 février 1963.

être organisées de manière à assurer le respect de l'égalité entre les candidats. Souverain pour apprécier les mérites des intéressés, le jury proclame les résultats, en dressant une liste suivant un ordre de mérite qui s'impose à l'administration : si elle peut renoncer à pourvoir les emplois vacants, elle ne peut s'écarter, lorsqu'elle prononce les nominations, de l'ordre fixé par le jury.

Des concours externes, ouverts aux candidats titulaires de certains diplômes, se combinent avec des concours internes, réservés à des fonctionnaires et agents publics qui justifient d'une certaine ancienneté de service. Des concours particuliers peuvent en outre être prévus pour les personnes qui ont acquis une expérience professionnelle – les « troisièmes concours » – ou qui sont titulaires de certains diplômes. À l'entrée de l'ENA, un troisième concours et un concours réservé aux titulaires d'un doctorat s'ajoutent ainsi au concours externe et au concours interne.

Une jurisprudence abondante a formé le droit des concours, en précisant, en particulier, les obligations et les pouvoirs du jury. La composition du jury doit garantir l'impartialité : un proche parent d'un candidat ne saurait y figurer[20]. Pour un concours de chef d'orchestre de la Musique de l'air, l'égalité entre les candidats est rompue si l'orchestre que les candidats doivent diriger devant le jury est celui que l'un d'eux a eu l'habitude de conduire[21]. En revanche, l'appréciation que le jury porte, à l'écrit comme à l'oral, sur les mérites des candidats n'est susceptible d'aucune discussion devant le juge[22].

Divers procédés de recrutement sans concours ont été prévus de longue date par la loi.

Ainsi, des *emplois réservés*, de catégories B et C, sont attribués, dans les administrations civiles, à d'anciens militaires ainsi qu'aux victimes de guerre.

Pour les *emplois de catégorie C*, les statuts particuliers peuvent déterminer des modes de recrutement sans concours. Il s'agit d'éviter que ces emplois n'attirent des personnes surqualifiées, qui réussiraient un concours mais n'auraient pas nécessairement le meilleur profil pour les occuper et n'y trouveraient pas une activité correspondant à leur niveau de formation.

Plus innovant est le *parcours d'accès aux carrières territoriales, hospitalières et de l'État* (PACTE), institué par une ordonnance du 2 août 2005 pour les jeunes âgés de 16 à 25 ans en situation d'échec scolaire. Après un stage d'une année sous l'autorité d'un tuteur, les intéressés peuvent être titularisés dans un corps de catégorie C de l'une des trois fonctions publiques.

20. CE, 17 juin 1955, *Bernard*.
21. CE, 19 octobre 1960, *Beaufort*.
22. CE, 20 mars 1997, *Gambus* ; CE, 21 janvier 1991, *Mlle Stickel*.

Le *tour extérieur* permet d'accéder directement à certains corps de catégorie A. Dans certains cas, il ouvre à des fonctionnaires la voie de promotion vers un corps supérieur, après une procédure de sélection : les attachés d'administration centrale ou les fonctionnaires appartenant à des corps de niveau comparable peuvent accéder au corps des administrateurs civils. Plus discrétionnaire, le tour extérieur ouvre aussi la possibilité, y compris à des personnes extérieures à l'administration, d'entrer dans des corps comme le Conseil d'État, la Cour des comptes, l'Inspection générale des finances et les corps d'inspection à caractère ministériel. Depuis la loi du 28 juin 1994, ces nominations au tour extérieur sont précédées d'un avis du chef de corps, dont le sens est publié au *Journal officiel de la République française* en même temps que l'acte de nomination. Le juge exerce un contrôle de l'erreur manifeste d'appréciation sur la qualification des personnes nommées par cette voie[23]. De telles erreurs ont été censurées par le Conseil d'État à l'occasion de nominations au tour extérieur dans le corps du contrôle général économique et financier[24].

Enfin, certains emplois supérieurs, dont les titulaires sont associés de manière étroite à la mise en œuvre de la politique du gouvernement, sont *à la discrétion du gouvernement* : il peut y nommer librement des fonctionnaires ou des non-fonctionnaires. Essentiellement révocables, les titulaires de ces emplois à la décision du gouvernement ne sont, du fait de leur nomination, titularisés dans aucun corps de fonctionnaires et ils peuvent à tout moment être remplacés dans leurs fonctions. Les préfets, les ambassadeurs, les recteurs d'académie, les secrétaires généraux des ministères et les directeurs d'administration centrale occupent de tels emplois. La marge laissée au gouvernement, qui doit exercer son pouvoir « en prenant en considération les capacités requises pour l'exercice des attributions afférentes à l'emploi », ne méconnaît aucune exigence constitutionnelle[25]. La qualification d'emploi à la discrétion du gouvernement, ne peut toutefois être exagérément étendue et le Conseil d'État est vigilant à cet égard. S'il a reconnu que le consul de France à Jérusalem pouvait, « eu égard notamment aux spécificités du contexte local et au rôle qu'il est conduit à jouer dans les relations entre l'État français et l'Autorité palestinienne », être regardé comme titulaire d'un tel emploi, il a, en revanche, annulé un décret qui retenait cette qualification pour une liste d'autres emplois de consul général, sans que soient établis des éléments, « tenant à un contexte local particulier ou des difficultés et enjeux spécifiques de

23. CE, 16 décembre 1988, *Association générale des administrateurs civils c/ Dupavillon* ; *Bleton et autres c/ Sarazin*.

24. CE, 23 décembre 2011 et 3 juillet 2013, *Syndicat parisien des administrations centrales économiques et financières*.

25. CC, décision QPC du 28 janvier 2011, *Casanovas*.

nature à justifier » que les titulaires de ces emplois soient nommés à la seule décision du gouvernement et qu'ils puissent être librement révoqués à tout moment[26].

À ces exceptions limitées, la loi du 6 août 2019 de transformation de la fonction publique a ajouté de larges possibilités de recrutement par contrat. Elle prévoit, de façon générale, que le recrutement d'agents contractuels pour pourvoir des emplois permanents est possible, « à l'issue d'une procédure permettant de garantir l'égal accès aux emplois publics », selon des modalités précisées par décret en Conseil d'État. Elle autorise aussi le recrutement par contrat des titulaires d'emplois supérieurs des trois fonctions publiques. Elle prévoit enfin que des contrats à durée déterminée, d'une durée de 1 à 6 ans, peuvent être conclus en vue d'un projet ou d'une opération. Même si le principe demeure le recrutement des fonctionnaires par concours, le recrutement par contrat reçoit ainsi une importante extension.

B | LE DÉROULEMENT DE LA CARRIÈRE

Une fois recruté, le fonctionnaire est, parfois après une période de stage, titularisé dans un grade. Commence alors sa carrière, au cours de laquelle il reçoit différentes affectations, bénéficie d'avancements et peut passer d'une position à une autre. La carrière prend fin lors de la radiation des cadres.

1/ *Les affectations*

Chaque fonctionnaire reçoit une affectation dans un emploi qui lui est donnée par l'autorité hiérarchique. Trois règles sont à cet égard à souligner.

La première est le principe de *distinction du grade et de l'emploi*. S'il est titulaire de son grade, le fonctionnaire a vocation à occuper, en fonction des besoins du service, tout emploi correspondant à ce grade. L'administration dispose d'une grande marge d'appréciation pour affecter ses agents à tel ou tel emploi. Dans le déroulement de la carrière, *l'affectation*, qui détermine le travail quotidien, revêt une importance concrète d'une grande importance.

Donner une affectation à ses agents est pour l'administration une obligation. « Tout fonctionnaire en activité tient de son statut le droit de recevoir, dans un délai raisonnable, une affectation correspondant à son grade[27] ». Maintenir pendant une période prolongée un fonctionnaire sans affectation – le « placardiser » en langage

26. CE, 27 mars 2019, *Syndicat CFDT Affaires étrangères et autres*.
27. CE, 6 novembre 2002, *Guisset*.

courant – constitue en conséquence une illégalité fautive qui engage la responsabilité de l'administration, à qui il revient, le cas échéant, si elle estime l'intéressé inapte à toute fonction correspondant à son grade, d'engager une procédure de licenciement pour insuffisance professionnelle.

Si une nouvelle affectation s'accompagne d'un changement de résidence ou entraîne une modification de la situation de l'intéressé, elle prend le caractère d'une *mutation*, qui requiert en principe l'accord de l'agent. Souvent, la mutation intervient sur demande de l'agent : depuis une loi du 30 décembre 1921, dite « loi Roustan », une priorité – qui a été étendue aux agents liés par un pacte civil de solidarité – est donnée au fonctionnaire qui désire se rapprocher de son conjoint. À l'inverse, la mutation peut être prononcée d'office dans l'intérêt du service : dans ce cas, l'agent concerné a droit à la communication de son dossier.

2/ *L'avancement*

La carrière est ponctuée d'avancements, qui combinent l'*ancienneté* et le *mérite*. À l'intérieur d'un grade existent plusieurs échelons. L'*avancement d'échelon* se fait principalement à l'ancienneté, avec toutefois un rythme accéléré pour les agents les plus méritants. En revanche, l'*avancement de grade* se décide au choix, compte tenu des capacités et des mérites. Plusieurs procédés se combinent : le tableau d'avancement annuel, l'examen professionnel, parfois même le concours professionnel.

L'avancement est lié à l'*évaluation* des fonctionnaires. Des efforts ont été accomplis pour remplacer, dans l'intérêt de l'agent comme dans celui de l'administration, la notation, trop scolaire et rédigée de manière souvent codée, par une véritable procédure d'évaluation. Après une période d'expérimentation, la notation a disparu à compter du 1er janvier 2012 au profit d'une évaluation professionnelle, établie sur la base d'un entretien annuel avec le supérieur hiérarchique. Cet entretien donne lieu à un compte rendu. Comme naguère la notation, l'évaluation peut être contestée devant le juge par les fonctionnaires[28] comme par les militaires[29].

3/ *Les positions*

Le fonctionnaire est le plus souvent en *position d'activité* dans son corps : il occupe alors, dans ce corps, un emploi correspondant à son grade. Mais il peut aussi se trouver dans quatre autres positions principales : la mise à disposition, le détachement, la position hors cadres, la disponibilité.

28. CE, 23 novembre 1962, *Camara*.
29. CE, 22 avril 1977, *Pierron*.

Le fonctionnaire peut être mis par son administration *à la disposition* d'une autre administration ou d'un organisme, public ou privé, d'intérêt général. Il demeure dans son corps d'origine, continue à percevoir la rémunération correspondante, mais exerce ses fonctions auprès de l'institution qui l'accueille. Longtemps pratiquée de manière informelle, la mise à disposition est davantage encadrée. Elle donne lieu à une convention entre l'administration d'origine et l'organisme d'accueil.

Le *détachement* permet à un fonctionnaire d'occuper un emploi dans un autre corps que le sien, tout en continuant à bénéficier, dans son corps d'origine, de ses droits à l'avancement et à la retraite. L'intéressé est soumis aux règles qui régissent l'emploi dans lequel il est détaché. À l'expiration du détachement, il est réintégré dans son corps d'origine ou, éventuellement, intégré dans son corps de détachement.

Moins fréquemment utilisée, la position *hors cadres* est prévue pour servir auprès d'une administration, d'une entreprise publique ou d'une organisation internationale qui ne conduit pas à une pension du régime général de retraite des fonctionnaires. Elle suppose d'avoir déjà accompli au moins quinze ans de service. Le fonctionnaire hors cadres cesse de bénéficier de ses droits à l'avancement et à la retraite dans son corps d'origine. Il est soumis au régime statutaire et de retraite qui régit la fonction exercée dans cette position.

La *disponibilité* est prévue pour exercer toute activité, notamment dans l'entreprise privée. Sa durée est au maximum de dix ans. Le fonctionnaire en disponibilité perd ses droits à l'avancement et à la retraite dans son corps d'origine. Un départ, dans cette position, vers le secteur privé est subordonné au respect de règles de déontologie, qui interdisent à un fonctionnaire d'occuper un emploi dans une entreprise sur laquelle il a été chargé, au cours des trois années antérieures, d'exercer une surveillance ou un contrôle.

4/ *La radiation des cadres*

La limite d'âge est le cas le plus fréquent de cessation des services. Mais il peut aussi arriver qu'un fonctionnaire quitte l'administration de sa propre initiative, par démission, ou se trouve contraint de le faire du fait d'un licenciement ou d'une révocation.

La *limite d'âge* de droit commun est fixée pour les fonctionnaires à 67 ans depuis la loi du 9 novembre 2010 portant réforme des retraites, qui a relevé de deux ans, avec des étapes, la limite antérieurement fixée à 65 ans. Des limites particulières existent pour certains corps. Elle est de 60 ans pour certains emplois dits « actifs » qui comportent des sujétions ou entraînent des fatigues particulières. Un âge de départ à la retraite de 57 ans, porté ensuite à 59 ans, a été jugé légal, compte tenu des exigences particulières de leurs fonctions, pour les contrôleurs de la navigation aérienne[30]. Pour certains corps, le Conseil d'État, la Cour des comptes, l'Inspection générale des finances, les professeurs des universités, les membres de la Cour de cassation, elle est, à l'inverse, de 68 ans.

Le fonctionnaire peut demander son admission à la retraite avant d'avoir atteint la limite d'âge, à partir de 60 ans en général et même de 55 ans pour les emplois actifs. En revanche, dans la fonction publique, la limite d'âge agit comme un couperet. Aussi le maintien en activité d'un fonctionnaire au-delà de la limite d'âge est-il une décision non seulement illégale mais même inexistante[31]. En vertu toutefois de la jurisprudence dite « du fonctionnaire de fait », un agent irrégulièrement maintenu au-delà de la limite d'âge est réputé légalement investi de ses fonctions tant que le juge n'a pas constaté l'illégalité de sa situation. Aussi les décisions qu'il prend avant une telle constatation ne sont-elles pas entachées d'illégalité[32]. La situation du fonctionnaire est à cet égard très différente de celle du salarié du secteur privé qui ne peut être contraint de demander son admission à la retraite avant d'avoir atteint l'âge de 70 ans.

Le fonctionnaire peut présenter sa *démission*. Mais, eu égard au caractère statutaire et réglementaire de sa situation, sa démission ne prend effet qu'après avoir été acceptée par l'autorité hiérarchique. Un *licenciement* peut être prononcé si le fonctionnaire se trouve atteint, pour des motifs médicaux dûment constatés, d'inaptitude physique ou se révèle atteint d'une insuffisance professionnelle, qui le rend inapte à tout emploi. De telles mesures, qui ne peuvent être prises qu'en l'absence de possibilité de reclassement, sont exceptionnelles. La *révocation* est la plus élevée des sanctions disciplinaires. Elle suppose une faute d'une particulière gravité.

C | LES DROITS ET OBLIGATIONS DES FONCTIONNAIRES

Les fonctionnaires ont un régime qui se caractérise par un équilibre particulier de droits et d'obligations.

1/ *Les droits des fonctionnaires*

Le fonctionnaire a des droits comme salarié et comme citoyen. De ces deux points de vue, il se trouve dans une situation qui ressemble à celle de toutes les autres personnes qui occupent un

30. CE, 4 avril 2014, *Ministère de l'écologie, du développement durable et de l'énergie.*

31. CE, 3 février 1956, *De Fontbonne.*

32. CE, 16 mai 2001, *Préfet de police c/ Ihsen Mitmet.*

emploi, d'autant que les singularités attachées au statut de fonctionnaire tendent fortement à se réduire.

Comme salarié, le fonctionnaire a droit à un traitement, à une retraite, à une protection, ainsi qu'à des institutions représentatives. Le *traitement* est déterminé en fonction d'une grille indiciaire, commune à l'ensemble des fonctionnaires, militaires et magistrats. À chaque échelon d'un grade correspond un indice, sur une échelle de qui va de 100 à 1 015, avec, en plus, pour les emplois supérieurs, dits « hors échelle », une classification en lettres, de A à G, les lettres A à E étant elles-mêmes divisées en chevrons. Le traitement est majoré de l'indemnité de résidence, d'un supplément familial et de diverses primes et indemnités, qui doivent être prévues par un texte réglementaire publié. Une bonification indiciaire est accordée à certains emplois qui comportent une responsabilité ou demandent une technicité particulières. Une part croissante des indemnités est liée aux résultats obtenus par l'agent. Pour les emplois supérieurs de direction, une indemnité de performance, déterminée en fonction d'objectifs fixés aux intéressés, a été instituée par un décret du 11 août 2006.

Le traitement n'est dû *qu'après service fait*. Deux conséquences en découlent. En premier lieu, selon des principes fixés par la décision du Conseil d'État *Deberles*, du 7 avril 1933, qui a nuancé à cet égard le caractère en principe rétroactif des annulations pour excès de pouvoir, un fonctionnaire illégalement évincé ne retrouve pas, en cas d'annulation de la mesure qui l'a éloigné du service, le droit de percevoir le traitement correspondant à la période d'éviction illégale, puisqu'il n'a pas accompli son service durant cette période. Il n'a droit qu'à une indemnité réparant le préjudice effectivement subi, au regard de l'ensemble des circonstances de l'espèce, et en particulier des revenus qu'il a pu tirer d'activités exercées durant la période d'éviction[33]. Le montant de l'indemnité tient compte également de la nature de l'illégalité relevée et de la gravité des fautes constatées : l'annulation pour un simple vice de forme d'une révocation justifiée par des fautes graves peut ne créer qu'un préjudice très limité, voire inexistant. En second lieu, la grève entraîne la suspension du traitement, avec une retenue qui est pratiquée, en vertu des règles de la comptabilité publique, selon la méthode du trentième indivisible : toute action de grève, même si elle dure moins d'une journée, s'accompagne d'une retenue égale, pour chaque journée durant laquelle le fonctionnaire n'a pas intégralement rempli son service, à un trentième de la rémunération mensuelle.

Après la cessation d'activité, le fonctionnaire a droit à une *pension de retraite*. Apparue dans l'administration avant d'être généralisée à l'ensemble des salariés, la retraite a longtemps été regardée

33. Pour une application récente et la réaffirmation des principes, voir CE, 6 décembre 2013, *Commune d'Ajaccio*.

comme un avantage de la fonction publique, au point que Maurice Hauriou a pu écrire, dans son *Précis de droit administratif et de droit public* : « Le régime des pensions est le grand mobile qui détermine le fonctionnaire à s'attacher à l'administration pour toute sa carrière. » Au fil du temps, cet avantage comparatif s'est toutefois beaucoup réduit, d'autant que la retraite du fonctionnaire est calculée sur le traitement, primes et indemnités non comprises, et qu'il n'existe pas de régime de retraite complémentaire dans la fonction publique. Les lois du 21 août 2003 et du 9 novembre 2010 portant réforme des retraites ont rapproché le régime de retraite des fonctionnaires de celui applicable aux salariés de droit privé, en particulier pour ce qui concerne la durée de cotisation. Les particularités s'estomperont davantage encore si le projet de création d'un régime universel de retraite est adopté.

Le fonctionnaire a également droit à une *protection* de l'administration contre les attaques de toute nature dont il peut être victime à l'occasion de l'exercice de ses fonctions. Cette protection constitue une obligation pour l'administration[34], qui ne s'en trouve affranchie qu'en cas de faute personnelle de l'agent concerné. Créatrice de droits, la décision d'accorder la protection ne peut être retirée que pour illégalité et dans un délai de quatre mois ; si, au regard notamment d'une instruction pénale, une faute personnelle paraît constituée après qu'elle a été accordée, elle peut seulement être abrogée pour l'avenir[35]. La protection revêt des formes variées, mesures de nature à faire cesser les attaques, manifestation de soutien, prise en charge d'honoraires d'avocat. Au fur et à mesure que se développent les mises en cause de fonctionnaires, devant le juge pénal en particulier, elle est de plus en plus fréquemment sollicitée et accordée.

Si le principe de participation s'entend différemment dans l'entreprise et dans l'administration, des *institutions représentatives* existent dans la fonction publique depuis 1946. La loi du 6 août 2019 les a fortement rénovées, dans le sens d'un rapprochement avec les instances représentatives du personnel dans les entreprises. En droit du travail, l'ordonnance du 22 septembre 2017 a réuni en un comité social et économique les comités d'entreprises, les comités d'hygiène, de sécurité et des conditions de travail et les délégués du personnel. Sur le même modèle, la loi du 6 août 2019 crée dans les trois fonctions publiques un *comité social*, d'administration, territorial ou hospitalier, qui se substitue aux comités techniques et aux comités d'hygiène, de sécurité et des conditions de travail. La loi redéfinit par ailleurs le rôle des *commissions administratives paritaires*, spécifiques à l'administration et composées à égalité de représentants de la hiérarchie et d'élus des fonctionnaires. Les

34. CE, 24 juin 1977, *Dame Deleuze* ; CE, 16 décembre 1977, *Vincent*.
35. CE, 14 mars 2008, *Portalis*.

mesures individuelles de mutation et d'avancement ne sont plus soumises à leur avis et leur rôle est recentré sur une réflexion plus générale sur les évolutions du corps et les perspectives de carrière, à partir de lignes directrices de gestion élaborées par l'autorité hiérarchique. Chacune des trois fonctions publiques dispose, enfin, d'un *Conseil supérieur,* qui donne un avis sur les textes et les réformes de portée générale et joue également un rôle de recours sur certaines questions individuelles, disciplinaires notamment.

Comme citoyen, le fonctionnaire dispose d'une liberté d'opinion, mais sa liberté d'expression est tempérée par l'obligation de réserve. Le droit syndical puis le droit de grève lui ont été progressivement reconnus. Comme l'arrêt *Barel* l'a souligné, la *liberté d'opinion* du fonctionnaire est entière. Sa conscience est libre, il peut adhérer à tout mouvement, association ou parti politique, il a le droit d'être candidat à toute élection. Il lui incombe, en revanche, de faire preuve de neutralité dans l'exercice de ses fonctions. Surtout, son expression trouve une limite dans l'*obligation de réserve,* notion qui a été créée et définie par le juge. Le manquement à l'obligation de réserve s'apprécie au cas pas cas, compte tenu des fonctions exercées, du contenu des propos tenus, de la publicité qui leur a été donnée. Plus le fonctionnaire occupe un emploi élevé dans la hiérarchie, plus son obligation de réserve est stricte. Un sous-préfet méconnaît l'obligation de réserve en publiant sur un site internet un article dans lequel il s'exprime de manière vivement polémique à l'égard de personnalités françaises et étrangères[36]. Un officier de gendarmerie manque de même à cette obligation en critiquant dans les médias la politique de sécurité du gouvernement[37]. L'obligation est atténuée pour les représentants syndicaux.

Consacré en droit du travail par la loi du 21 mars 1884, le *droit syndical* n'a été expressément reconnu aux fonctionnaires qu'en 1946. Seules les associations de fonctionnaires avaient auparavant une existence légale, même si, dans les faits, à partir du début du XXe siècle, des syndicats existaient, en particulier dans les postes, pour les instituteurs et pour les agents des services fiscaux. Sur le plan des principes, le droit syndical est longtemps apparu comme difficilement compatible avec la nature de l'État, qui n'est pas un patron comme un autre, mais l'expression de la légitimité démocratique. Les exigences du pouvoir hiérarchique, la situation statutaire et réglementaire des fonctionnaires pouvaient également sembler s'accommoder difficilement de l'appartenance de fonctionnaires à des syndicats. Aussi l'affirmation du droit syndical dans la fonction publique ne date-t-elle que du statut général issu de la loi du 19 octobre 1946, publiée quelques jours avant que le Préambule de

36. CE, 23 avril 2009, *Guigue*.
37. CE, 12 janvier 2011, *Matelly*.

la Constitution du 27 octobre 1946 ne proclame, sans restriction, que « tout homme peut défendre ses droits et ses intérêts par l'action syndicale et adhérer au syndicat de son choix ».

De portée générale, le droit syndical concerne aussi, même si aucun texte ne l'a expressément indiqué, les magistrats[38]. Les lois statutaires successives relatives aux militaires avaient exclu la possibilité pour eux d'adhérer à un syndicat et le Conseil d'État avait admis que cette restriction était justifiée par les exigences découlant de la discipline militaire et des contraintes inhérentes à l'exercice des fonctions au sein des forces armées[39]. Mais la Cour européenne des droits de l'homme a en définitive jugé excessive l'interdiction absolue de toute forme d'association professionnelle dans les armées[40]. Pour répondre aux impératifs conventionnels, la France a rapidement modifié sa législation, en ouvrant, par la loi du 28 juillet 2015, la possibilité de constituer des associations professionnelles de militaires. Préfets et sous-préfets demeurent, en revanche, privés du droit syndical, en vertu des statuts particuliers de leurs corps.

Le droit syndical des fonctionnaires s'exerce largement dans les conditions du droit commun. Une instruction du Premier ministre, Jacques Chaban-Delmas, du 14 septembre 1970, puis les dispositions réglementaires issues d'un décret du 28 mai 1982 se sont en outre inspirées des règles du droit du travail pour définir les moyens matériels accordés aux syndicats de fonctionnaires, en termes notamment de locaux, de panneaux d'affichage et de décharges de service.

Plus encore que le droit syndical, le *droit de grève* a longtemps paru incompatible avec les exigences qu'impose le service de l'intérêt général. La grève était interdite aux fonctionnaires. Elle était même regardée comme un abandon de poste : l'agent en grève s'excluait lui-même du service et l'administration pouvait le constater, sans que l'intéressé bénéficie des garanties de la procédure disciplinaire, selon les principes issus de la décision du Conseil d'État *Winkell*, du 7 août 1909. Concluant sur cette affaire, le commissaire du gouvernement Tardieu déclarait que « la grève [était] un moyen révolutionnaire » auquel il était interdit aux fonctionnaires de recourir. Le rappel des cheminots pour une période militaire était regardé comme légal, alors même qu'il avait en réalité pour objet de briser une grève[41].

Sans prendre expressément parti sur le droit de grève des agents publics, le Préambule de la Constitution de 1946 affirme que « le

38. CE, 1er décembre 1972, *Dlle Obrego*.

39. CE, 11 décembre 2008, *Association de défense des droits des militaires (Adefromil)*.

40. CEDH, 2 octobre 2014, *Matelly et Adefromil*.

41. CE, 18 juillet 1913, *Syndicat national des chemins de fer de France et des colonies*.

droit de grève s'exerce dans le cadre des lois qui le réglementent ». La formule est générale par sa portée, mais peut laisser entendre qu'une loi précisera les modalités de la grève dans les services publics. Sans attendre une telle loi, la décision du Conseil d'État *Dehaene*, du 7 juillet 1950, a reconnu le droit de grève dans la fonction publique, tout en permettant à l'autorité hiérarchique d'y apporter les restrictions nécessaires à la continuité du service public. Cette décision repose sur la conciliation entre deux exigences de valeur constitutionnelle : le droit de grève, que le préambule de la Constitution fait figurer au nombre des principes particulièrement nécessaires à notre temps, et la continuité du service public, principe général du droit qui découle des exigences fondamentales de notre système juridique et politique. La Constitution ne permet plus de refuser aux fonctionnaires le droit de grève. Mais, comme le déclarait le commissaire du gouvernement Gazier dans ses conclusions sur l'arrêt *Dehaene*, ce droit ne peut être sans limites, car « admettre sans restriction la grève des fonctionnaires, ce serait ouvrir des parenthèses dans la vie constitutionnelle et, comme on l'a dit, consacrer officiellement la notion d'un État à éclipses ». La jurisprudence du Conseil constitutionnel a fait sienne une telle conciliation entre ces deux exigences de même valeur constitutionnelle que sont le droit de grève et la continuité du service public[42]. Il appartient, en principe, à la loi de réglementer le droit de grève dans les services publics. Dans le silence de la loi, le pouvoir réglementaire peut prendre les dispositions nécessaires.

Certains agents dont l'activité est indispensable à la continuité de la vie de la nation peuvent être privés du droit de grève. Tel est le cas, en vertu de la loi, des militaires et des magistrats et, par application des décrets statuaires de leurs corps, des préfets et des sous-préfets, des fonctionnaires de police, des agents des services déconcentrés de l'administration pénitentiaire et des agents des services de transmission du ministère de l'intérieur. Plus souvent, un service minimum est organisé. Des lois sont intervenues en ce sens pour la sécurité de la navigation aérienne, la radio et la télévision, les transports terrestres de voyageurs[43] et l'accueil des élèves à l'école[44]. Sous un strict contrôle du juge, qui vérifie que les restrictions au droit de grève sont proportionnées aux nécessités de la continuité indispensable du service public, des mesures réglementaires définissent, en l'absence de loi, les obligations de service qui doivent être en toute hypothèse assurées. Cette jurisprudence

42. CC, décision du 25 juillet 1979 relative au droit de grève à la radio et à la télévision.

43. Loi du 21 août 2007 sur le dialogue social et la continuité du service public dans les transports terrestres réguliers de voyageurs.

44. Loi du 20 août 2008 instituant un droit d'accueil pour les élèves dans les écoles maternelles et élémentaires pendant le temps scolaire.

s'étend aux entreprises privées chargées d'un service public, dont les organes dirigeants peuvent apporter des limitations au droit de grève. Il appartient ainsi aux responsables d'EDF, même si cette dernière est devenue une société, de réglementer le droit de grève dans les centrales nucléaires[45]. Certaines modalités de la grève dans l'ensemble des services publics sont enfin régies par la loi du 31 juillet 1963, qui interdit les grèves perlées ou tournantes et qui impose avant toute grève un préavis de cinq jours francs, durant lequel des négociations doivent s'ouvrir afin de tenter d'éviter la grève. Aucune loi d'ordre général n'encadre toutefois la grève de l'ensemble des fonctionnaires.

2/ *Les obligations des fonctionnaires*

Les fonctionnaires ont des obligations qui découlent des textes statutaires et d'obligations déontologiques qui se sont progressivement dégagées, à partir notamment de la jurisprudence.

L'ensemble des règles a été reformulé et précisé par la loi du 20 avril 2016 relative à la déontologie et aux droits et obligations des fonctionnaires. Au regard notamment des débats d'aujourd'hui sur la neutralité et la laïcité dans le service public et sur les conflits d'intérêts, la loi a réécrit les dispositions du statut général qui définissent les devoirs du fonctionnaire : « Le fonctionnaire exerce ses fonctions avec dignité, impartialité, intégrité et probité. Dans l'exercice de ses fonctions, il est tenu à l'obligation de neutralité. Le fonctionnaire exerce ses fonctions dans le respect du principe de laïcité. À ce titre, il s'abstient notamment de manifester, dans l'exercice de ses fonctions, ses opinions religieuses. Le fonctionnaire traite de façon égale toutes les personnes et respecte leur liberté de conscience et leur dignité. » La loi impose au fonctionnaire de faire cesser immédiatement et de prévenir les situations de conflit d'intérêts. Elle institue des déclarations d'intérêts auprès de l'autorité hiérarchique. Le Conseil constitutionnel a en revanche censuré, en tant que contraire au principe d'égalité, l'obligation de déclaration de patrimoine adressée à la Haute Autorité pour la transparence de la vie publique que la loi organique avait imposée à certains magistrats[46]. Le même raisonnement a conduit à regarder comme contraires à la Constitution, et donc à laisser inappliquées, les dispositions de la loi du 20 avril 2016 qui prévoyaient pour certains fonctionnaires une déclaration de patrimoine. Des dispositions spécifiques, fixées par des ordonnances du 13 octobre 2016, s'appliquent aux membres des juridictions administratives et financières. Dans chaque administration, un déontologue ou un collège de déontologie est institué pour veiller au respect

45. CE, 12 avril 2013, *Fédération Force ouvrière énergie et mines.*
46. CC, décision du 28 juillet 2016.

des principes posés par la loi et éclairer de ses avis tant l'administration que les fonctionnaires. En cas de doute, la Haute Autorité pour la transparence de la vie publique peut être saisie.

Le fonctionnaire doit se consacrer pleinement aux tâches qui lui sont confiées. Réglementé de manière stricte par un décret du 29 octobre 1936, le *régime des cumuls* d'activités a été assoupli, en dernier lieu par la loi du 6 août 2019. La production d'œuvres scientifiques, littéraires ou artistiques est entièrement libre. Des activités accessoires publiques ou privées peuvent être autorisées, dès lors que leur exercice ne porte pas atteinte au fonctionnement normal du service, à son indépendance ou à sa neutralité, et que les exigences déontologiques sont respectées.

Le fonctionnaire a un devoir d'*obéissance*, qui ne cède que devant un ordre « manifestement illégal et de nature à compromettre gravement un intérêt public », selon une formule dégagée par la jurisprudence[47] puis reprise par l'article 28 de la loi du 13 juillet 1983. Le fonctionnaire dispose en outre, comme tout salarié, d'un *droit de retrait* s'il a un motif raisonnable de penser qu'il se trouve exposé à un danger grave et imminent pour sa vie ou sa santé.

Le fonctionnaire est tenu au *secret professionnel*, dans les conditions définies par le code pénal, dont l'article 226-13 réprime, de manière générale, « la révélation d'une information à caractère secret par une personne qui en est dépositaire, soit par état ou par profession, soit en raison d'une fonction ou d'une mission temporaire ». S'impose également à lui une obligation, d'ordre davantage déontologique, de *discrétion professionnelle.*

Une triple responsabilité, pécuniaire, disciplinaire et pénale pèse sur le fonctionnaire qui manquerait à cet ensemble d'obligations. Selon les règles générales de la responsabilité de la puissance publique, le fonctionnaire peut voir sa *responsabilité pécuniaire* engagée vis-à-vis de l'administration comme à l'égard d'un tiers, en cas de faute personnelle. Il s'expose aussi, le cas échéant, à une action récursoire de l'administration, condamnée à indemniser la victime d'une faute personnelle non dépourvue de tout lien avec le service[48]. La responsabilité pécuniaire peut aussi être mise en cause devant les juridictions financières : chambres régionales des comptes et Cour des comptes pour les comptables, Cour de discipline budgétaire et financière pour les ordonnateurs. Les comptables sont personnellement responsables, sur leurs deniers propres, des débets prononcés par le juge des comptes et ils contractent une assurance professionnelle pour être au moins en partie couverts d'éventuelles condamnations. La Cour de discipline

47. CE, 10 novembre 1944, *Sieur Langneur.*
48. CE, 28 juillet 1951, *Laruelle et Delville.*

budgétaire et financière peut infliger des amendes aux ordonnateurs qui ont engagé des dépenses dans des conditions irrégulières, dans la limite du double de leur traitement annuel.

Toute méconnaissance par un fonctionnaire des obligations de sa charge l'expose à une *sanction disciplinaire.* S'il découle du pouvoir hiérarchique et appartient donc en principe à l'autorité qui a nommé le fonctionnaire, le pouvoir disciplinaire revêt aussi une connotation pénale qui entraîne l'application de garanties particulières. La non-rétroactivité de la loi répressive et l'application immédiate de la loi plus douce, l'interdiction de cumuler deux peines pour une même infraction s'imposent ainsi en matière disciplinaire comme en droit pénal. Le *principe de légalité des délits et des peines*, principe fondamental du droit pénal en vertu duquel les infractions et les sanctions doivent être déterminées par un texte avec une précision suffisante, s'applique de manière atténuée en matière disciplinaire. Les infractions, en effet, ne sont pas énumérées par le statut : le fonctionnaire commet une faute dès lors qu'il manque à l'une de ses obligations, telles qu'elles sont définies, de manière générale, par le statut et par la jurisprudence. Les sanctions, en revanche, sont limitativement énoncées par le statut, qui fixe leur échelle en quatre groupes qui sont, pour les fonctionnaires de l'État, par ordre de gravité croissant :

– premier groupe : avertissement, blâme ;

– deuxième groupe : radiation du tableau d'avancement, abaissement d'échelon, exclusion temporaire de fonctions pour quinze jours maximum, déplacement d'office ;

– troisième groupe : rétrogradation, exclusion temporaire pour une durée de trois mois à deux ans ;

– quatrième groupe : mise à la retraite d'office, révocation.

Les sanctions doivent être motivées en la forme. Du point de vue de la procédure, elles ne peuvent intervenir que dans le *respect des droits de la défense.* Depuis l'article 65 de la loi du 22 avril 1905, il incombe à cette fin à l'administration qui envisage d'infliger une sanction de mettre le fonctionnaire concerné à même de demander la communication de son dossier : l'administration doit informer l'intéressé de l'éventualité d'une sanction, lui donner, s'il le demande, accès à son dossier complet et lui laisser le temps suffisant pour préparer sa défense. Au-delà du droit disciplinaire, toute mesure prise en considération de la personne, même à l'égard des titulaires d'emplois à la discrétion du gouvernement[49], ne peut intervenir qu'après exercice des droits de la défense. En plus de la communication du dossier, la procédure disciplinaire comprend, sauf pour l'avertissement et le blâme, la consultation de la commission administrative paritaire siégeant alors comme conseil de discipline.

49. CE, 24 juin 1949, *Nègre.*

Toute sanction peut être contestée devant le juge de l'excès de pouvoir, qui vérifie la régularité de la procédure et l'existence d'une faute de nature à justifier une sanction. L'autorité hiérarchique peut apporter la preuve des fautes commises par ses agents par tout moyen, sous réserve de respecter son obligation de loyauté à l'égard des intéressés[50]. Après avoir introduit, au travers de l'erreur manifeste d'appréciation, un contrôle de l'absence de disproportion entre la gravité de la faute et celle de la sanction[51], la jurisprudence est passée à un entier contrôle de la proportionnalité de la sanction par rapport à la gravité de la faute commise[52]. Pour certains corps, l'exercice du pouvoir de sanction est confié, non pas à l'autorité hiérarchique, mais à une instance juridictionnelle : Conseil supérieur de l'éducation nationale pour les enseignants, Conseil supérieur de la magistrature pour les magistrats du siège, Conseil supérieur des tribunaux administratifs et des cours administratives d'appel pour les magistrats de ces juridictions. Les décisions rendues par ces juridictions disciplinaires relèvent du contrôle de cassation du Conseil d'État[53]. Prolongeant l'évolution du contrôle de la gravité de la sanction effectuée par le juge de l'excès de pouvoir, le juge de cassation s'assure désormais que la sanction prononcée par les juges du fond n'est pas hors de proportion avec la faute commise[54].

À la responsabilité disciplinaire peut s'ajouter une *responsabilité pénale*, lorsque des infractions pénales sont commises par un agent public dans l'exercice ou à l'occasion de l'exercice de ses fonctions. Responsabilité pénale et responsabilité disciplinaire sont indépendantes l'une de l'autre. Il en résulte deux séries de conséquences. D'une part, l'action pénale et l'action disciplinaire se déroulent chacune de manière autonome, sans que l'une n'ait jamais à attendre l'issue de l'autre, et, à raison des mêmes faits, sanction pénale et sanction disciplinaire peuvent se cumuler. D'autre part, une faute personnelle n'est pas nécessairement une infraction pénale[55] et, réciproquement, une faute de service peut s'accompagner de délits commis par les fonctionnaires qui en sont à l'origine. Le juge pénal apprécie donc la responsabilité pénale d'un agent public sans avoir à s'interroger sur l'existence ou non d'une faute personnelle. En revanche, il n'est compétent sur l'action civile que si une telle faute a été commise[56], et il appartient au seul juge administratif de connaître de l'action récursoire formée contre l'administration par

50. CE, 16 juillet 2014, *M. G.*
51. CE, 9 juin 1978, *Lebon.*
52. CE, 13 novembre 2013, *Dahan.*
53. CE, 20 juin 1913, *Téry* ; CE, 12 juillet 1969, *L'Étang.*
54. CE, 30 décembre 2014, *Bonnemaison.*
55. TC, 14 janvier 1935, *Thépaz.*
56. TC, 9 juillet 1953, *Delaître c/ Bouquet.*

un agent public condamné, outre une sanction pénale, à des dommages-intérêts civils[57].

Avec le nouveau code pénal de 1993, les liens entre juge pénal et administration se sont trouvés resserrés pour trois raisons principales. En premier lieu, les juridictions pénales disposent désormais, en vertu de l'article 111-5 du code pénal, d'une entière compétence pour interpréter tous les actes administratifs, réglementaires ou individuels, et pour apprécier leur légalité, dès lors que « de cet examen, dépend la solution du procès pénal qui leur est soumis ». Ensuite, à l'exclusion de l'État, les personnes morales sont pénalement responsables. Cette règle, qui vaut pour les personnes morales de droit public comme pour les personnes morales de droit privé, a entraîné une multiplication des poursuites de collectivités territoriales ou d'établissements publics devant le juge répressif. Sur le plan individuel, enfin, une protection particulière dont bénéficiaient certains agents publics a disparu : membres du Conseil d'État ou de la Cour des comptes, magistrats judiciaires, préfets et sous-préfets, élus municipaux ne pouvaient auparavant être mis en cause pénalement, pour des faits se rattachant à l'exercice de leurs fonctions, qu'après une décision de la chambre criminelle de la Cour de cassation. Depuis la suppression de ce *privilège de juridiction*, l'ensemble de la législation pénale s'applique sans dérogation à tous les élus et fonctionnaires.

Dans un contexte marqué, indépendamment même de ces modifications législatives, par un recours accru au juge en général et au juge pénal en particulier, la responsabilité des fonctionnaires, comme celle de l'ensemble des décideurs et agents publics, est de plus en plus souvent mise en cause. Certaines affaires découlent d'accidents de portée limitée. D'autres concernent des drames à grand retentissement, comme l'incendie du dancing Le Cinq-Sept à Saint-Laurent-du-Pont en 1970, les incendies du collège Édouard Pailleron à Paris en 1973 et des thermes de Barbotan en 1991, l'écrasement d'un airbus au mont Sainte-Odile en 1992, l'effondrement d'une tribune du stade Furiani à Bastia en 1992 ou, la même année, les inondations de Vaison-la-Romaine.

Dans le but d'éviter des mises en cause excessives d'agents publics qui ont accompli leur devoir de leur mieux, le code pénal a été modifié par une loi du 10 juillet 2000, de manière à préciser le champ des délits non intentionnels. Un tel délit n'est constitué, selon l'article 121-3 du code pénal dans la rédaction que cette loi a lui a donnée, qu'en cas « de faute d'imprudence, de négligence ou de manquement à une obligation de prudence ou de sécurité prévue par la loi ou le règlement, s'il est établi que l'auteur des faits n'a pas accompli les diligences normales compte tenu, le cas échéant, de la

57. CE, 12 avril 2002, *Papon*.

nature de ses missions ou de ses fonctions, de ses compétences, ainsi que des moyens dont il disposait ». Dans l'arrêt qu'elle a rendu à propos de l'accident dont avaient été victimes des enfants, lors d'une sortie scolaire, du fait du débordement de la rivière Le Drac, la Cour de cassation a montré qu'elle entendait tirer toutes les conséquences de ce plus strict encadrement législatif[58]. De manière significative, la loi du 11 mai 2020 a rendu l'article 121-3 du code pénal applicable à l'ensemble de ceux qui ont à prendre des mesures durant l'état d'urgence sanitaire, qu'il s'agisse d'autorités locales ou d'employeurs privés : leur éventuelle responsabilité pénale est appréciée en tenant compte de leurs compétences, de leurs pouvoirs et de leurs moyens, ainsi que de la nature de leurs missions et fonctions.

II

LA PLACE DE LA FONCTION PUBLIQUE EN FRANCE ET EN EUROPE

En France comme dans les autres pays européens, la place de la fonction publique est source de nombreuses interrogations. Les préoccupations d'économie budgétaire ont conduit à rechercher des réductions d'effectifs. Des efforts sont entrepris pour adapter le statut aux conditions d'une meilleure gestion. Un modèle européen de fonction publique commence, enfin, à se dessiner.

A | LES EFFECTIFS : Y A-T-IL TROP DE FONCTIONNAIRES ?

Aux données nationales s'ajoutent, pour apprécier le nombre de fonctionnaires, des comparaisons européennes.

1/ *Données nationales*

Les effectifs d'agents titulaires ont fortement augmenté en France depuis le début des années 1980. L'accroissement concerne les trois fonctions publiques, de l'État, des collectivités territoriales et des hôpitaux. Si, pour l'État, un mouvement de réduction suivi d'une stabilisation a été entrepris, l'accroissement est particulièrement marqué pour la fonction publique territoriale et la fonction

58. Cass., 12 décembre 2000, *Mme R.*

publique hospitalière, comme le tableau ci-après permet de le constater.

Tableau 1. Les *agents titulaires des trois fonctions publiques*

	FPE	FPT	FPH	Total	Population
1980	2 173 169	1 021 000	670 791	3 864 960	53 731 000
1990	2 307 876	1 166 364	783 473	4 257 713	56 577 000
2000	2 472 102	1 371928	855 660	4 699 690	58 858 000
2018	2 450 000	1 902 000	1 173 000	5 449 000	66 992 000

Aux fonctionnaires qui relèvent des trois statuts s'ajoutent 309 000 militaires, régis par le statut général des militaires, 8 200 magistrats judiciaires, régis par l'ordonnance organique du 22 décembre 1958, et 3 500 agents de la direction générale de la sécurité extérieure, régis par la loi du 3 février 1953.

Aux agents titulaires s'ajoutent enfin les non-titulaires, dont les effectifs se sont fortement accrus.

Tableau 2. *Les agents contractuels des trois fonctions publiques*

	FPE	FPT	FPH	Total
1996	294 316	271 455	70 318	636 089
2018	416 242	376 131	225 120	1 017 493

Un agent public sur cinq est aujourd'hui un contractuel. Outre les actifs, les fonctions publiques comptent plus de trois millions de retraités. Pour l'État seul, traitements et retraites représentent 43 % du budget et 5,7 % du PIB.

D'abord symbolique, le mouvement de réduction des effectifs amorcé dans la fonction publique de l'État à partir de 2003 s'est accéléré, avec, de 2009 à 2012, l'application effective de la règle du non-remplacement d'un fonctionnaire sur deux partant à la retraite. Les réductions ont ainsi porté sur 993 postes en 2003, 4 500 en 2004, 7 300 en 2005, 5 300 en 2006, 11 000 en 2007, 23 000 en 2008, 30 600 en 2009, 33 000 en 2010, 34 000 en 2011, 59 000 en 2012. Les effectifs se sont ensuite stabilisés, tandis que la hausse s'est poursuivie dans les fonctions publiques territoriale et hospitalière. Pour l'État, l'augmentation du nombre de fonctionnaires a repris à partir de 2015, selon un rythme qui s'est accéléré à la suite du mouvement des gilets jaunes de l'automne 2018. Éducation, justice et police sont les trois secteurs les plus concernés. La crise sanitaire provoquée par la Covid-19 en 2020 fait apparaître des besoins supplémentaires. Aussi les perspectives sont-elles à tout le moins celles d'une stabilisation, voire d'une augmentation.

2/ *Comparaisons européennes*

Les comparaisons internationales sont difficiles en raison de la grande diversité des régimes. La définition des fonctionnaires varie en effet d'un pays à l'autre. Ainsi, au Royaume-Uni, le Civil Service, qui compte environ 550 000 agents, ne groupe que des fonctionnaires de niveau élevé de responsabilité appartenant à l'administration centrale.

La part respective de l'État et des collectivités territoriales est également très différente selon les États. Les enseignants représentent en France plus d'un million des agents de l'État, alors qu'ils relèvent des *Länder* en Allemagne. En Espagne, les effectifs de la fonction publique de l'État ont diminué pour s'établir à 524 000 agents, mais les communautés autonomes emploient plus de deux fois plus de personnes (1,2 million). Une des difficultés de la France vient de ce que la décentralisation a entraîné une augmentation considérable de la fonction publique territoriale, alors que, dans le même temps, la fonction publique de l'État continuait de voir ses effectifs s'accroître. De manière générale, les effectifs d'agents de l'État hors enseignants ne font toutefois pas apparaître de différences marquées entre les grands pays européens. L'augmentation des effectifs de 1980 à 2000, suivie d'un effort de réduction puis d'une stabilisation, traduit des tendances largement partagées.

3/ *Mobilité et redéploiement*

Si le nombre total d'agents publics est sans doute proche d'un maximum, les besoins varient d'un secteur à l'autre. En France, la police, la justice, l'administration pénitentiaire, les hôpitaux connaissent des manques, tandis que des services d'administration plus classique comptent sans doute trop d'agents. S'adaptant aux besoins, les effectifs des agents de l'État ont en particulier baissé ces dernières années au ministère de l'économie et des finances, tandis qu'ils se sont accrus dans l'enseignement et dans la justice. Plus qu'en chiffres globaux, les améliorations sont sans doute à rechercher au travers de redéploiements et d'une plus grande mobilité. Pour des besoins temporaires ou des carrières courtes, des recrutements par contrat, sans engagement pour l'ensemble d'une carrière, sont sans doute aussi à développer.

B | LA GESTION : VERS DAVANTAGE DE SOUPLESSE

Un double mouvement donne à la fonction publique une plus grande souplesse, nécessaire à une meilleure gestion. D'une part, le droit de la fonction publique se rapproche sur bien des points du droit du travail. D'autre part, il connaît des évolutions propres qui adaptent ses caractéristiques aux besoins actuels.

1/ *Vers un droit public du travail*

De plus en plus, le fonctionnaire est un salarié comme les autres. En matière de droits sociaux, les particularités de la fonction publique se sont estompées, avec la reconnaissance du droit syndical, du droit de grève et du principe de participation, au travers des comités sociaux, des commissions administratives paritaires et des conseils supérieurs. L'ensemble de la législation sociale devient commune au secteur public et au secteur privé. Les évolutions qui concernent le temps de travail et les retraites sont particulièrement marquantes à cet égard. La législation sur les trente-cinq heures a été étendue à la fonction publique par un décret du 20 août 2000, qui introduit pour les fonctionnaires des RTT et des comptes épargne-temps. Tout en laissant subsister des particularités, les lois sur les retraites du 20 août 2003 et du 9 novembre 2010 tendent à rapprocher les règles fondamentales qui régissent les pensions de la fonction publique de celles qui s'appliquent aux autres salariés et le projet de régime universel de retraite franchit un pas de plus en ce sens. Une ordonnance du 19 janvier 2017 a étendu aux fonctionnaires le compte personnel d'activité.

La jurisprudence contribue à ce rapprochement, en appliquant des règles du droit du travail aux fonctionnaires, par le relais des principes généraux du droit. L'interdiction, sauf faute d'une particulière gravité, de licencier une salariée pendant la grossesse, qui est inscrite dans le code du travail, mais ne fait pas partie des règles écrites du droit de la fonction publique, a ainsi été regardée comme s'inspirant d'un principe général du droit qui vaut, par définition, pour tous[59]. Un raisonnement analogue a été tenu pour combler certains manques du droit de la fonction publique au regard des règles du droit du travail : des principes généraux du droit ont été vus derrière les dispositions du code du travail qui imposent un salaire minimum et fixent son montant[60], interdisent à l'employeur d'infliger à ses salariés des sanctions pécuniaires[61], prévoient qu'un accord de travail ne peut qu'être plus favorable aux salariés que les prescriptions qui découlent des lois et règlements[62], interdisent les discriminations liées au sexe ou à la situation de famille[63], obligent

59. CE, 8 juin 1973, *Mme Peynet*.
60. CE, 23 avril 1982, *Ville de Toulouse*.
61. CE, 1er juillet 1988, *Billard et Volle c/ SNCF*.
62. CE, 8 juillet 1994, *CGT*.
63. CE, 27 mars 2000, *Mme Brodbeck*.

à rechercher les possibilités de reclassement d'un agent devenu inapte à ses fonctions avant de le licencier[64].

Un droit public du travail, distinct du droit du travail mais de moins en moins différent de lui, se dessine de la sorte. Ce mouvement, parfois qualifié de « privatisation » ou de « travaillisation » du droit de la fonction publique, se retrouve dans les autres pays européens, en particulier en Allemagne, en Italie et en Espagne.

2/ Davantage de souplesse et de flexibilité

Dans le même temps, les caractéristiques du droit de la fonction publique évoluent vers davantage de souplesse, en matière, notamment, de recrutement, de carrière et de rémunération.

Pour le *recrutement*, le procédé contractuel se développe et se consolide. Répondant à des exigences communautaires, la loi du 26 juillet 2005 prévoit que les contrats à durée déterminée ne peuvent excéder une durée de trois ans renouvelable une fois et qu'au terme de ces six années maximum, ils se transforment en contrats à durée indéterminée. La jurisprudence a qualifié de créatrice de droits la décision de recruter un agent contractuel[65]. L'administration a l'obligation de chercher à reclasser un agent contractuel titulaire d'un contrat à durée indéterminée lorsque l'emploi qu'il occupe est confié à un agent titulaire[66]. Devenu en Italie le mode principal de recrutement des agents publics, le contrat est facilité en France par la loi du 6 août 2019.

Dans le déroulement de la *carrière*, plus de diversité, davantage de mobilité, une meilleure organisation des parcours individuels sont recherchés. Vont dans ce sens la reconnaissance d'un droit individuel à la formation, la validation des acquis de l'expérience, l'assouplissement des règles de cumul, la possibilité d'accomplir sa mobilité dans le secteur privé, la place faite aux accords collectifs de travail. La politique délibérée de réduction du nombre de corps dans la fonction publique de l'État participe de ce mouvement de gestion à la fois plus souple et plus volontariste des carrières : de 1 300 corps en 2000, le nombre a été ramené à moins de 300 et continue d'être réduit.

Au-delà des correspondances établies par la grille indiciaire, la *rémunération* devient plus personnalisée, de manière à mieux récompenser le mérite et les performances. À partir de la loi du 18 janvier 1991, la nouvelle bonification indiciaire a permis de valoriser les emplois qui comportent « une responsabilité ou une technicité particulières ». Les résultats individuels sont davantage pris en

64. CE, 2 octobre 2002, *Chambre de commerce et d'industrie de Meurthe-et-Moselle.*

65. CE, 31 décembre 2008, *Cavallo.*

66. CE, 25 septembre 2013, *Mme Sadlon.*

compte dans la détermination des rémunérations. Traditionnelle dans la juridiction administrative, au Conseil d'État en particulier, une prime de rendement a été instituée pour les magistrats de l'ordre judiciaire par un décret du 26 décembre 2003. Un décret du 11 août 2006 a mis en place une indemnité de performance pour les directeurs d'administration centrale et les fonctionnaires investis de responsabilités comparables. En moyenne, la part des primes représente plus de 28 % des rémunérations dans la fonction publique de l'État. Avec plus de 1 700 régimes indemnitaires différents, le système est devenu trop complexe et souvent opaque. Une évolution vers davantage de simplicité est à encourager, avec une orientation qui distinguerait trois étages dans la rémunération : un *étage statutaire*, dépendant du grade et de l'échelon ; un *étage fonctionnel*, lié à l'emploi occupé ; un *étage individuel*, fonction des résultats obtenus.

Sur ces différents points, les fonctions publiques des pays européens se trouvent engagées vers des évolutions analogues.

C | LE CADRE EUROPÉEN : VERS UN MODÈLE EUROPÉEN DE FONCTION PUBLIQUE ?

La construction européenne a d'importantes conséquences sur la fonction publique. L'Union européenne a sa propre fonction publique. Des principes communs s'affirment. Le cadre européen est enfin un important facteur de réforme.

1/ *La fonction publique de l'Union européenne*

Composée de 58 000 fonctionnaires environ[67], la fonction publique de l'Union a ses propres caractéristiques. Il s'agit d'une fonction publique de carrière, régie par un statut unique qui résulte d'un règlement du Parlement et du Conseil. Les fonctionnaires de l'Union sont au service de l'intérêt général européen. Prévu en 2001 par le traité de Nice et effectivement mis en place en 2005, le Tribunal de la fonction publique de l'Union européenne a été intégré en 2016 au Tribunal de l'Union européenne, à l'occasion de la réforme de celui-ci, qui fait passer progressivement le nombre de ses juges à 54.

2/ *Des principes communs*

Des principes communs découlent tant du droit de l'Union européenne que de la Convention européenne des droits de l'homme.

67. Parmi eux 33 000 fonctionnaires européens travaillent pour la Commission, 7 600 pour le Parlement, 3 500 pour le Conseil, 2 256 pour la Cour de justice.

Indépendamment des questions liées à l'ouverture des fonctions publiques à l'ensemble des citoyens de l'Union et à la reconnaissance mutuelle des diplômes et des qualifications, le droit de l'Union impose des exigences accrues en matière de non-discrimination, en particulier entre les hommes et les femmes.

Après avoir jugé, dans un premier temps, que le droit au procès équitable garanti par l'article 6 de la Convention ne concernait pas les fonctionnaires qui participent aux prérogatives de puissance publique[68], la Cour européenne des droits de l'homme a décidé de l'appliquer désormais à tous les « conflits ordinaires du travail », tout en affirmant l'existence d'un « lien spécial de confiance et de loyauté » entre les fonctionnaires et l'administration[69]. Sa jurisprudence est par ailleurs nourrie sur la liberté d'expression des fonctionnaires. Elle a conduit à ouvrir aux militaires le droit d'adhérer à des associations professionnelles[70]. Elle reconnaît par ailleurs le devoir de neutralité et l'obligation de réserve et exerce un contrôle de proportionnalité sur les restrictions qu'ils impliquent. La révocation, en Allemagne, d'une enseignante en raison de ses activités militantes au Parti communiste a ainsi été jugée excessive[71]. 3 / *Les évolutions de la fonction publique dans le cadre européen*

L'Europe est à la fois un cadre et un moteur pour les évolutions de la fonction publique. La grande majorité des pays de l'Union européenne ont, comme la France, une fonction publique de carrière qui agit dans un cadre statutaire. Plusieurs d'entre eux, confrontés aux mêmes besoins d'évolution que ceux ressentis en France, ont entrepris des réformes de grande envergure.

Sous le gouvernement de Margaret Thatcher (1979-1990), une politique délibérée de réduction du nombre des fonctionnaires, accompagnée d'une meilleure rémunération de ceux dont les emplois étaient maintenus, a été menée au Royaume-Uni. Nombre d'activités sont passées d'une gestion par l'État à l'intervention d'agences. Tout en redonnant davantage de place aux services publics, en matière notamment de transports, d'éducation et de santé, les gouvernements travaillistes de Tony Blair puis de Gordon Brown n'ont pas remis en cause cette orientation. Ils ont en outre accéléré la décentralisation. Depuis le retour au pouvoir du parti conservateur, les gouvernements britanniques poursuivent dans cette voie.

En Allemagne, la majorité de la fonction publique et, notamment, tous les enseignants, relèvent des *Länder*. Pour l'État fédéral, 40 % des agents publics sont des *Beamten*, fonctionnaires de carrière ; les autres sont régis par le droit du travail. Les promotions et les rémunérations tiennent de plus en plus compte des mérites.

68. CEDH, 8 décembre 1999, *Pellegrin*.
69. CEDH, 19 avril 2007, *Vilho Eskelinen*.
70. CEDH, 2 octobre 2014, *Matelly et Adefromil*.
71. CEDH, 26 septembre 1995, *Vogt c/ Allemagne*.

Dans les pays qui ont une tradition de fonction publique plus proche de la nôtre, les changements sont peut-être plus significatifs encore. Au point que, dans son Livre blanc sur l'avenir de la fonction publique en France, publié en 2008, Jean-Ludovic Silicani écrivait : « Des quatre pays disposant d'une fonction publique de carrière, à savoir l'Espagne, l'Italie, le Portugal et la France, notre pays est le seul à ne pas avoir entrepris de réforme d'ampleur de sa fonction publique depuis vingt ans. »

En Italie, les lois de 1997 et de 1999, inspirées par le ministre de la fonction publique, Franco Bassanini, ont prévu le recrutement de la plupart des fonctionnaires par des contrats de droit public. Pour les emplois de direction, les nominations se font au vu d'une liste d'aptitudes et pour une durée déterminée. Une part significative de la rémunération est attribuée au mérite. Les effectifs ont parallèlement été réduits de manière importante : en 2008, seulement deux fonctionnaires sur dix partant à la retraite ont été remplacés.

Des évolutions comparables ont été enregistrées en Espagne, avec, en particulier, une rénovation du statut par la loi du 12 avril 2007. Les catégories ont été simplifiées, le recrutement de contractuels a été facilité, l'évaluation et la rémunération au mérite occupent une place accrue, la mobilité est encouragée.

Quelles que soient les différences d'un pays à l'autre, des idées communes se dégagent de ces évolutions. Les activités proprement régaliennes se distinguent de plus en plus nettement des autres services publics. Le contrat peut être davantage utilisé, en particulier pour les emplois étrangers à l'exercice des prérogatives de puissance publique. Une gestion plus active des ressources humaines s'impose pour mieux dessiner les parcours professionnels. Elle s'accompagne de mobilité, d'évaluation, de modulation des rémunérations en fonction des résultats. Des évolutions partagées apparaissent en ce qui concerne les préoccupations de déontologie, la prévention des conflits d'intérêts, la protection des lanceurs d'alerte.

Sans bouleverser les conceptions propres à chaque État, des orientations convergentes commencent ainsi à dessiner un modèle européen de fonction publique.

Chapitre 16

Les biens de l'administration

Les collectivités publiques sont de grands propriétaires. Au fil du temps, elles ont acquis, de diverses manières, des terrains, des immeubles, des collections de livres ou de tableaux. Elles disposent, par ailleurs, des biens nécessaires à l'exercice de leurs missions. Leur patrimoine est aussi constitué de ce qui appartient en commun à l'ensemble des citoyens, sans pouvoir faire l'objet d'une appropriation personnelle, qu'il s'agisse d'éléments naturels – l'air, les cours d'eau, les rivages de la mer – ou de constructions de l'homme – les voies publiques, les musées et monuments nationaux.

Ces biens publics doivent être gérés de manière à exploiter au mieux la richesse collective qu'ils représentent. Des travaux sont nécessaires à leur entretien et à leur bonne utilisation. Des acquisitions comme des cessions sont à réaliser. Le patrimoine public n'est pas constitué de *biens dormants*. Il est le support de l'action administrative et de nombreux services publics. Aussi incombe-t-il aux collectivités publiques de le valoriser dans l'intérêt de tous. Les préoccupations de bonne gestion domaniale ont d'autant plus de portée qu'elles s'appliquent à des biens étendus : grands propriétaires, les administrations cherchent à être de bons propriétaires.

I

LES COLLECTIVITÉS PUBLIQUES SONT DE GRANDS PROPRIÉTAIRES

Selon une distinction traditionnelle du droit de la propriété publique, qui trouve des échos dans le droit de nombreux pays étrangers, les personnes publiques disposent à la fois d'un domaine public et d'un domaine privé. Le domaine public fait en outre l'objet d'une forte protection. Les règles relatives au domaine sont désormais regroupées dans le code général de la propriété des personnes publiques, adoptées par une ordonnance du 21 avril 2006.

A | DOMAINE PUBLIC ET DOMAINE PRIVÉ

La distinction entre le domaine public et le domaine privé est ancienne. Ses origines remontent au droit de l'Ancien Régime. Le principe de l'inaliénabilité découle d'une « loi fondamentale du Royaume » consacrée, sous le règne de Charles IX, par l'édit de Moulins de février 1566. Un édit royal d'août 1667, inspiré par Colbert, ajoute le principe d'imprescriptibilité.

Une distinction comparable se retrouve en droit belge comme en droit espagnol. Même en droit anglais, où elle n'existe pas, un régime particulier s'attache aux biens de la Couronne.

Dans le droit français, le domaine public se compose d'un domaine public naturel, qui relève de l'État, et d'un domaine public artificiel, qui est réparti entre toutes les collectivités publiques, y compris les établissements publics.

1/ *Le domaine public naturel*

Le domaine public naturel est maritime, fluvial et aérien.

Le *domaine public maritime* est la composante la plus traditionnelle du domaine public naturel. Dès l'ordonnance de Colbert sur la Marine de 1681, l'appartenance au domaine public de l'État des rivages de la mer se trouve consacrée dans les termes suivants : « Sera réputé bord et rivage de la mer tout ce qu'elle découvre pendant les nouvelles et pleines lunes et jusques où le plus grand flot de mars peut s'étendre sur les grèves. » Par une décision, *Kreitmann*, du 12 octobre 1973, le Conseil d'État s'est situé dans le cadre de cette ordonnance, regardée comme toujours en vigueur, tout en simplifiant et en adaptant la règle qu'elle édicte. Tout d'abord, il a décidé d'appliquer une règle unique aux rivages de la Méditerranée, non couverts par l'ordonnance de Colbert, et aux autres rivages.

Ensuite, renonçant au plus haut flot de mars, il a jugé que les rivages de la mer, inclus dans le domaine public de l'État, trouvent leur limite « au point jusqu'où les plus hautes mers peuvent s'étendre, en l'absence de perturbations météorologiques exceptionnelles ».

Outre les rivages de la mer ainsi définis, le domaine public maritime comprend la mer territoriale qui, conformément à la convention de Montego Bay de 1982, s'étend jusqu'à 12 milles marins des côtes. Une loi du 28 novembre 1963 précise que le sol et le sous-sol de la mer territoriale font partie du domaine public. Elle inclut dans celui-ci les lais et relais futurs de la mer, c'est-à-dire les terrains couverts par les flots, mais dont la mer pourrait se retirer dans l'avenir.

Le *domaine public fluvial* comprend l'ensemble des cours d'eau « navigables ou flottables », qui s'étendent sur environ 17 500 kilomètres. Sa gestion est assurée par Voies navigables de France, établissement public de l'État, d'abord à caractère industriel et commercial, puis transformé en établissement public administratif par la loi du 24 janvier 2012.

Plus difficile sans doute à cerner, le *domaine public aérien* se compose de l'espace atmosphérique et de l'espace hertzien. Aussi revient-il à l'État de répartir les fréquences radioélectriques, dont l'utilisation constitue un mode d'occupation de son domaine public.

2/ *Le domaine public artificiel*

Le domaine public artificiel a été défini par la jurisprudence qui a dégagé des critères repris, avec un léger infléchissement, par le code général de la propriété des personnes publiques. Ces critères s'appliquent sous réserve de dispositions spéciales édictées par la loi.

Esquissée par une décision *Marécar*, du 28 juin 1935, la définition que la jurisprudence du Conseil d'État a donnée du domaine public artificiel a été expressément consacrée, conformément aux conclusions du commissaire du gouvernement Marceau Long, par la décision du 19 octobre 1956, *Société Le Béton*. Selon cette définition, appartiennent au domaine public les biens des collectivités publiques qui sont soit ouverts à l'usage du public, soit affectés à un service public et spécialement aménagés à cet effet. Cette définition a été largement reprise par le code général de la propriété des personnes publiques, dont l'article L. 2111-1 dispose : « Le domaine public d'une personne publique est constitué des biens lui appartenant qui sont soit affectés à l'usage direct du public, soit affectés à un service public pourvu qu'en ce cas ils fassent l'objet d'un aménagement indispensable à l'exécution des missions de ce service public. » À l'aménagement spécial succède le critère, légèrement plus restrictif, de l'aménagement indispensable. L'infléchissement apporté par le code ne devrait modifier qu'à la marge les solutions, d'inspiration large, précédemment dégagées par la jurisprudence à partir de la définition donnée par l'arrêt *Société Le Béton*. Il a ainsi été jugé que l'allée des Alyscamps d'Arles, affectée à un service public culturel et touristique en vue duquel elle avait fait l'objet d'« aménagements spéciaux », appartenait au domaine public de la commune[1]. Une promenade publique aménagée[2] et même une plage entretenue « dans des conditions telles qu'elle doit être regardée comme bénéficiant d'un aménagement spécial à cet effet[3] » relèvent également du domaine public. Il en va de même du stade municipal de Toulouse[4], du dépôt d'autobus de Saint-Ouen[5] ou du parc de stationnement souterrain aménagé à proximité immédiate de la gare de Lyon-Perrache pour être utilisé par les usagers du service public ferroviaire[6]. Des pistes de ski alpin aménagées sur des terrains appartenant à la commune appartiennent au domaine public de celle-ci[7]. La domanialité publique ne s'étend toutefois pas au droit à l'image. Les collectivités publiques ne disposent pas d'un droit exclusif sur l'image des biens qui leur appartiennent ; l'image d'un bien du domaine public ne constitue pas une dépendance de ce domaine. Le code du patrimoine autorise cependant les gestionnaires de certains domaines nationaux à soumettre à autorisation l'utilisation commerciale de l'image des immeubles qui composent ces domaines[8].

Des dispositions législatives spéciales peuvent ainsi prévoir certains régimes particuliers. Tel est le cas notamment, pour les édifices affectés au culte, de la loi du 9 décembre 1905 de séparation des Églises et de l'État. Les églises réalisées antérieurement à cette loi ont été incorporées au domaine public communal, tandis que les cathédrales ont été classées dans le domaine de l'État : comme Notre-Dame de Paris, la cathédrale de Chartres relève donc du domaine public de l'État[9]. Tous les édifices destinés à un culte construits postérieurement à la loi de 1905 sont la propriété des associations cultuelles prévues par cette loi. Si l'un de ces édifices vient à être cédé à la commune, il appartient alors à son domaine privé.

3/ *La domanialité publique, attribut de toutes les personnes publiques*

Toutes les collectivités publiques peuvent être propriétaires de biens du domaine public. Si la propriété de l'État et des collectivités

1. CE, 11 mai 1959, *Dauphin*.
2. CE, 22 avril 1960, *Berthier*.
3. CE, 30 mai 1975, *Dame Gozzoli*.
4. CE, 13 juillet 1961, *Ville de Toulouse*.
5. CE, 6 mars 1963, *Ville de Saint-Ouen*.
6. CE, 5 février 1965, *Société lyonnaise des transports*.
7. CE, 28 avril 2014, *Commune de Val-d'Isère*.
8. CE, 13 avril 25018, *Établissement public du domaine national de Chambord*.
9. CE, 18 novembre 1949, *Carlier*.

territoriales sur leur domaine public n'a jamais fait de doute, la question était plus débattue pour les établissements publics. Elle a été tranchée par les décisions du Conseil d'État qui ont jugé que la dalle centrale du quartier de la Défense, qui relève du domaine public, était la propriété de l'Établissement public pour l'aménagement de la Défense[10], devenu Paris La Défense, tout comme le Muséum national d'histoire naturelle est propriétaire de ses collections[11].

B | LA PROTECTION DU DOMAINE PUBLIC

Plusieurs séries de règles se conjuguent pour assurer au domaine public une forte protection : le domaine public est inaliénable et imprescriptible, les autorisations qui peuvent être délivrées en vue de son occupation ont un caractère précaire et révocable, les atteintes qui lui sont portées sont réprimées selon la procédure particulière de la contravention de grande voirie, l'occupant sans titre du domaine public peut en être expulsé.

1/ *L'inaliénabilité et l'imprescriptibilité*

Le domaine public est inaliénable et imprescriptible. Il en résulte qu'aucune prescription ne peut frapper les biens du domaine public. Pour aliéner un bien qui relève du domaine public, il est en conséquence nécessaire, si cela est possible, de l'en faire sortir au préalable. Un bien affecté au service public et aménagé à cet effet peut ainsi être déclassé afin d'être ensuite cédé.

En outre, des lois particulières peuvent intervenir pour prévoir la cession de certains biens. Sous la Révolution, les « biens nationaux » ont été vendus en vertu de lois qui ont ouvert cette faculté à l'égard des biens du clergé (lois des 19 et 21 décembre 1789), de la Couronne (loi du 1er décembre 1790) et des émigrés (lois des 12 février et 8 avril 1792). Les interventions du législateur peuvent toutefois se heurter aujourd'hui à des contraintes d'ordre constitutionnel. Certes, le Conseil constitutionnel a rappelé la règle d'inaliénabilité sans prendre parti sur sa valeur constitutionnelle, en jugeant que, « sans qu'il soit besoin de rechercher si le principe d'inaliénabilité a valeur constitutionnelle [...] ce principe s'oppose seulement à ce que des biens du domaine public soient aliénés sans qu'ils aient été au préalable déclassés[12] ». Il a toutefois encadré les

10. CE, 21 mars 1984, *Mansuy*.
11. CE, 23 juin 1986, *Thomas*.
12. CC, décision du 18 septembre 1986.

possibilités de cession après déclassement d'une double manière. D'une part, il a jugé[13] que la protection de la propriété qui résulte de l'article 17 de la Déclaration des droits de l'homme concerne aussi bien la propriété publique que la propriété privée. Il en découle notamment que toute vente doit se faire à un juste prix. D'autre part, des impératifs liés au service public organisé sur le domaine sont à prendre en compte. La loi doit en conséquence veiller à ne pas priver de garanties légales les exigences constitutionnelles qui résultent de l'existence et de la continuité des services publics auxquels le domaine est affecté[14].

2/ L'autorisation et la concession d'occupation du domaine

La collectivité propriétaire du domaine peut autoriser son occupation, soit de manière unilatérale, par un permis de stationnement ou une permission de voirie, soit de manière contractuelle, par une concession de voirie. *Le permis de stationnement*, qui relève du pouvoir de police, autorise l'occupation du domaine sans le modifier : les terrasses de café sur le trottoir, le stationnement des taxis sur des emplacements réservés relèvent de ce régime. *La permission de voirie*, qui est un acte de gestion domaniale, est nécessaire pour exécuter des travaux qui touchent à l'emprise du domaine, par exemple ouvrir une station-service pour la vente de carburants. À ces autorisations de caractère unilatéral s'ajoutent des *concessions de voirie*, actes contractuels de gestion domaniale, qui organisent une occupation et permettent des travaux d'une certaine importance pendant une période définie. L'aménagement de plages ou l'exploitation de parcs de stationnement sont ainsi autorisés par des concessions de voirie. Les contrats de mobilier urbain, qui associent la vente d'espaces publicitaires à la réalisation sur le domaine d'équipements d'intérêt général, sont également passés dans ce cadre.

Quel que soit le régime retenu, l'occupation domaniale obéit à des règles communes qui visent à protéger le domaine. Elle implique le versement d'une redevance. Elle ne doit pas compromettre l'utilisation normale du domaine occupé. Surtout, elle a un *caractère précaire et révocable*. L'autorité gestionnaire du domaine n'est jamais tenue de délivrer ni de renouveler une autorisation d'occupation. Que celle-ci soit unilatérale ou contractuelle, elle peut même y mettre fin à tout moment, dès lors que les intérêts de la bonne gestion du domaine le justifient. Lorsque l'administration y met fin avant son terme, l'occupant peut prétendre à une indemnité. Aucune indemnité n'est toutefois due si la résiliation de l'autorisation est prononcée afin d'exécuter des travaux publics dans l'intérêt

13. CC, décisions des 25 et 26 juin 1986 et du 21 juillet 1994.
14. CC, décisions du 21 juillet 1994 et du 14 avril 2005.

du domaine occupé[15]. L'intérêt domanial prime alors toute autre considération.

3/ *Les contraventions de grande voirie*

Le régime particulier de la contravention de grande voirie s'applique lorsque le domaine public est occupé indûment ou lorsqu'une atteinte est portée à une de ses dépendances. Compétent pour connaître de cette contravention, le juge administratif exerce alors un office de nature pénale : il lui revient d'infliger au contrevenant une amende et, le cas échéant, de lui enjoindre de réaliser à ses frais les travaux de remise en état nécessaires. Parce qu'elles touchent à la procédure pénale, les règles de procédure relatives aux contraventions de grande voirie sont intégralement de nature législative : elles font l'objet des articles L. 774-1 à L. 774-13 du code de justice administrative. Toutes les atteintes au domaine relèvent de ce régime, à l'exception, depuis une loi du 28 décembre 1926, de celles qui sont portées à la voirie routière, dont le juge judiciaire est compétent pour connaître dans les conditions de droit commun de la procédure pénale. Les contraventions de grande voirie sont jugées, devant le tribunal administratif, par un magistrat seul. Ses décisions sont susceptibles d'appel.

La contravention de grande voirie est orientée vers la réparation. Elle a certes pour objet d'infliger une sanction, sous forme d'amende, mais son objectif premier est de rétablir l'intégrité du domaine. Ces préoccupations expliquent que, par dérogation à la règle générale d'opportunité des poursuites, qui vaut en matière pénale comme en matière disciplinaire, l'administration a l'obligation, en la matière, d'engager les poursuites. Cette obligation ne trouve sa limite que dans « les autres intérêts généraux dont elle a la charge et, notamment, dans les nécessités de l'ordre public ». Des « raisons de simple convenance administrative » ne permettent pas, en revanche, de s'y soustraire[16].

4/ *L'expulsion de l'occupant sans titre*

Outre une contravention de grande voirie, l'occupant sans titre du domaine public s'expose à une mesure d'expulsion. En principe, l'administration ne peut pas procéder d'office à l'expulsion forcée d'un occupant sans titre du domaine public. Mais, de même qu'elle a l'obligation d'engager des poursuites pour contravention de grande voirie, elle est tenue, sauf motif d'intérêt général de nature

15. CE, 14 décembre 1957, *Dlle Boulay* ; CE, 6 décembre 1985, *EDF-GDF.*

16. CE, 23 février 1979, *Association des amis des chemins de ronde* ; CE, 6 février 1981, *Comité de défense du site de la forêt de Fouesnant* ; CE, 21 novembre 2011, *Commune de Plonéour-Lanvern.*

à justifier son abstention, de saisir le juge administratif pour qu'il ordonne une telle expulsion.

Afin d'assurer la protection du domaine, le juge dispose à cet égard, même en l'absence de texte, d'un pouvoir d'injonction à l'égard de l'occupant irrégulier[17]. Avant même la réforme des référés issue de la loi du 30 juin 2000, la jurisprudence avait admis qu'en cas d'urgence, l'expulsion pouvait être demandée au juge des référés[18]. Depuis l'entrée en vigueur de cette loi, une telle compétence revient à ce juge au titre des mesures utiles.

Alors même qu'elle peut émettre à l'encontre de l'occupant un titre exécutoire pour demander le versement des redevances qui lui sont dues, l'administration peut aussi saisir le juge à cette fin[19]. La volonté d'assurer la meilleure protection du domaine explique cette dérogation à la règle[20] selon laquelle l'administration ne peut demander au juge d'ordonner ce qu'elle a la possibilité de faire elle-même.

II

LES COLLECTIVITÉS PUBLIQUES CHERCHENT À ÊTRE DE BONS PROPRIÉTAIRES

Pour satisfaire aux exigences d'une bonne utilisation de leur domaine, les collectivités publiques doivent répondre à deux types de préoccupations, qui concernent l'étendue de leur patrimoine et les moyens de le valoriser.

A | L'ÉTENDUE DU PATRIMOINE PUBLIC

Comme tout propriétaire, les collectivités publiques ont à procéder à des arbitrages qui les conduisent à acquérir certains biens, à en céder d'autres. Afin que leurs décisions soient aussi pertinentes que possible, les procédures qui leur permettent de réaliser des acquisitions forcées sont davantage encadrées, tandis qu'elles sont

17. CE, 25 mai 1960, *Dame Barbey* ; CE, 13 juillet 1961, *Compagnie fermière du casino municipal de Constantine.*

18. CE, 22 juin 1977, *Abadie.*

19. CE, 13 février 1991, *Thomas.*

20. CE, 30 mai 1913, *Préfet de l'Eure.*

incitées à céder les biens qu'il ne paraît plus justifié de conserver dans leur patrimoine.

1/ *L'expropriation pour cause d'utilité publique*

Acquérir des biens de manière autoritaire est inhérent à l'exercice de l'autorité publique[21]. Le droit romain prévoyait déjà des procédures d'acquisition forcée. L'Ancien Régime reconnaissait au roi la possibilité de se rendre maître, moyennant indemnisation, de terrains nécessaires aux grands projets publics. L'édit de Turgot de 1776 sur l'abolition de la corvée rappelait que la « nécessité du service public » pouvait contraindre les particuliers à céder leur propriété, mais qu'« il [était] juste qu'ils n'en souffrent aucun dommage et qu'ils reçoivent le prix de la portion de leur propriété qu'ils [étaient] obligés de céder ».

Cet héritage historique inspire l'article 17 de la Déclaration des droits de l'homme de 1789, qui, après avoir qualifié la propriété de « droit inviolable et sacré », ajoute que « nul ne peut en être privé si ce n'est lorsque la nécessité publique, légalement constatée, l'exige évidemment, et sous la condition d'une juste et préalable indemnité ». L'article 545 du code civil énonce une règle analogue : « Nul ne peut être contraint de céder sa propriété, si ce n'est pour cause d'utilité publique, et moyennant une juste et préalable indemnité. »

La loi du 8 mars 1810 est le premier texte d'ensemble qui définit la procédure d'expropriation mise en œuvre sur ces fondements. L'actuel code de l'expropriation pour cause d'utilité publique continue de reposer sur les principes qu'elle a fixés, qui distinguent une phase administrative et une phase judiciaire.

Quelle que soit la collectivité publique qui envisage de recourir à l'expropriation, la *phase administrative* est menée sous l'autorité et par les services de l'État. Elle commence par une *enquête publique*, conduite par un commissaire enquêteur ou, dans quelques cas, par une commission d'enquête, qui permet de recueillir les observations du public sur le projet en vue duquel l'expropriation est envisagée. La loi du 10 juillet 1976 relative à la protection de la nature exige la présence, dans le dossier d'enquête, d'une étude d'impact qui analyse les conséquences du projet sur l'environnement. En vertu des lois du 12 juillet 1983 et du 27 février 2002, le commissaire enquêteur ou le président de la commission d'enquête sont désignés non plus par le préfet, mais, afin de mieux souligner leur indépendance, par le président du tribunal administratif. Au vu des résultats de l'enquête, le projet fait l'objet d'une *déclaration d'utilité publique*, prononcée par arrêté préfectoral ou par arrêté ministériel et, pour

21. Sur l'histoire de l'expropriation, voir Jacqueline Morand-Deviller, Pierre Bourdon et Florian Poulet, *Droit administratif des biens*, Paris, LGDJ, coll. « Cours », 2020 [11e éd.], deuxième partie.

les travaux les plus importants – centrales nucléaires, autoroutes, canaux de navigation notamment – par décret en Conseil d'État. L'identification précise des parcelles expropriées fait ensuite l'objet, après une enquête parcellaire, d'un *arrêté de cessibilité* pris par le préfet, qui clôture la phase administrative.

La *phase judiciaire* est relative à la fixation de l'indemnité d'expropriation. À défaut d'accord amiable, il revient à l'autorité judiciaire, gardienne de la propriété privée, de déterminer son montant[22]. En première instance, un magistrat du siège du tribunal judiciaire statue seul comme *juge de l'expropriation*. En l'absence de cession amiable, il opère le transfert de propriété par une *ordonnance d'expropriation*, qui n'est susceptible que d'un recours en cassation. Ses décisions relatives au montant des indemnités peuvent être contestées devant la cour d'appel, puis, le cas échéant, la Cour de cassation.

Avec la décision *Ville Nouvelle Est* du 28 mai 1971, rendue conformément aux conclusions du commissaire du gouvernement Guy Braibant, le Conseil d'État a renforcé le contrôle du juge administratif sur les déclarations d'utilité publique, en décidant de pratiquer en cette matière un bilan coûts-avantages. Pour qu'une déclaration publique soit légale, il ne suffit pas que le projet concerné réponde à un intérêt général. Encore faut-il que ses inconvénients ne l'emportent pas sur ses avantages. Selon la formule de principe issue de l'arrêt *Ville Nouvelle Est* et complétée l'année suivante, en ce qui concerne l'atteinte à d'autres intérêts publics, par la décision du 20 octobre 1972, *Société civile Sainte-Marie-de-l'Assomption*, « une opération ne peut légalement être déclarée publique que si les atteintes à la propriété privée, le coût financier et éventuellement les inconvénients d'ordre social ou l'atteinte à d'autres intérêts publics qu'elle comporte ne sont pas excessifs eu égard à l'intérêt qu'elle présente ».

Dans l'affaire *Sainte-Marie-de-l'Assomption*, un bilan déséquilibré a entraîné l'annulation de la déclaration d'utilité publique d'une bretelle de raccordement à une autoroute qui entraînait la destruction de bâtiments d'un hôpital psychiatrique et amputait son parc. Ont également été censurés des projets de faible intérêt par rapport à leurs inconvénients, comme l'aménagement d'un aérodrome dans une petite commune[23] ou l'acquisition d'un hôtel particulier pour donner davantage d'espace à l'École nationale des ponts et chaussées[24]. De même, le coût financier exorbitant d'un tronçon d'autoroute en montagne[25] ou l'atteinte grave à l'environnement qui aurait

22. CC, décision du 25 juillet 1989.
23. CE, 26 octobre 1973, *Grassin*.
24. CE, 27 juillet 1979, *Dlle Drexel-Dahlgren*.
25. CE, 28 mars 1997, *Association contre le projet de l'autoroute transchablaisienne*.

résulté de la construction d'une ligne électrique traversant le site classé des gorges du Verdon[26] ont conduit à juger que le bilan de l'opération projetée était négatif. A également été annulée la déclaration d'utilité publique de la ligne LGV Poitiers-Limoges, d'un coût exorbitant au regard de son intérêt et dont le financement n'était en outre pas assuré[27].

Le nombre relativement limité des annulations contentieuses ne doit pas conduire à sous-estimer l'importance pratique du contrôle du bilan. Conformément à son objectif, il est, en effet, anticipé par l'administration, qui sait qu'elle doit faire elle-même le bilan de son projet avant d'envisager sa déclaration d'utilité publique : par le contrôle renforcé du juge qu'elle introduit, la théorie du bilan invite l'administration à ne faire usage de son pouvoir d'expropriation qu'après une attention suffisante à toutes les conséquences de l'opération envisagée. Aussi ses effets sont-ils principalement préventifs. Au contrôle du bilan peuvent s'ajouter les obligations qui découlent du principe de précaution. À la suite de l'adoption de la Charte de l'environnement, le Conseil d'État a en effet jugé qu'une opération qui méconnaîtrait le principe de précaution ne peut être légalement déclarée d'utilité publique[28].

2/ *La préemption*

Outre l'expropriation, l'administration tient aussi de la loi la possibilité de recourir à la préemption dans différentes hypothèses. En particulier, les communes disposent d'un droit de préemption urbain, les départements peuvent préempter des terrains dans les espaces naturels sensibles, l'État dispose du droit de préemption à l'égard des œuvres d'art.

La préemption, qui existe aussi dans certains rapports de droit privé, est beaucoup moins contraignante pour le propriétaire que l'expropriation. Elle ne le contraint pas à vendre, mais peut l'obliger à ne pas céder son bien à l'acquéreur de son choix. Avant de vendre, il est tenu, si son bien entre dans le champ d'un droit de préemption, de transmettre à l'administration une déclaration d'intention d'aliéner. Si l'administration fait jouer son droit de préemption, le prix est fixé, en l'absence d'accord, par le juge de l'expropriation.

3/ *Les cessions de biens domaniaux*

De même qu'elles ont à faire preuve de discernement dans l'usage de leurs pouvoirs d'acquisition forcée, les collectivités

26. CE, 10 juillet 2006, *Association interdépartementale et intercommunale pour la protection du lac de Sainte-Croix, des lacs et sites du Verdon*.

27. CE, 15 avril 2016, *Fédération nationale des usagers des transports*.

28. CE, 12 avril 2013, *Association coordination interrégionale STOP THT*.

publiques doivent savoir céder les biens qu'il ne leur est plus utile de conserver dans leur domaine. Une ordonnance du 19 août 2004 a classé dans le domaine privé les immeubles de bureaux de l'État et de ses établissements publics, afin de rendre possible leur vente et d'encourager ainsi une politique immobilière mieux réfléchie, notamment quant au choix des emplacements retenus et quant à la comparaison entre la propriété et la location. Des cessions de biens sont ainsi décidées. Une fois les principales opérations réalisées, elles tendent toutefois à diminuer : après avoir représenté 821 millions d'euros en 2007, les cessions de biens immobiliers de l'État ont régulièrement décru, pour se situer en moyenne à un peu plus de 400 millions d'euros par an entre 2015 et 2019. Cette politique de cession s'inscrit dans une réflexion plus vaste sur la valorisation du domaine.

B | LA VALORISATION DU DOMAINE PUBLIC

Les principes selon lesquels il incombe à l'administration de valoriser au mieux la richesse collective que constitue le domaine public ont été fixés de longue date par la jurisprudence. Entreprendre des travaux publics est l'un des moyens d'atteindre cet objectif. Avec le renforcement des contraintes budgétaires, les préoccupations de meilleure gestion du domaine se renouvellent et prennent davantage d'acuité.

Avec l'arrêt du Conseil d'État du 29 janvier 1932, *Société des autobus antibois*, la jurisprudence élargit les pouvoirs de la collectivité propriétaire du domaine. Regardées jusque-là comme des mesures de police, prises dans un but d'ordre public, ses décisions peuvent désormais s'inspirer aussi de considérations liées à la meilleure utilisation du domaine. La décision du 5 mai 1944, *Compagnie maritime de l'Afrique orientale*, consacre cette évolution, conformément aux conclusions du commissaire du gouvernement Bernard Chenot qui expliquait : « Le domaine public n'est plus seulement un objet de la police administrative, c'est l'assiette d'un nombre toujours croissant de services d'intérêt général, et c'est un bien dont l'administration doit assurer, dans un intérêt collectif, la meilleure exploitation. » Les décisions relatives à la gestion du domaine peuvent donc reposer sur tout motif d'intérêt général inspiré par l'objectif d'assurer sa meilleure utilisation.

Pour mener une politique plus dynamique de gestion du patrimoine de l'État et mieux définir une stratégie immobilière, le service à compétence nationale, France Domaine, créé en 2007, est devenu en 2016 la Direction de l'immobilier de l'État, rattachée à la Direction générale des finances publiques. Sa compétence s'étend à l'ensemble du patrimoine immobilier de l'État, composé de 191 000 immeubles, qui couvrent 99 millions de mètres carrés et sont estimés à 66 milliards d'euros. La Direction a pour mission de mieux connaître ce patrimoine, de veiller à son entretien et de professionnaliser sa gestion. Elle mène des expertises et définit, en lien avec les différentes administrations, des schémas stratégiques, qui incluent une dimension de meilleure performance énergétique. Sous son impulsion, de nombreuses et anciennes cités administratives sont ainsi en cours de rénovation.

Lorsque des activités économiques s'exercent sur le domaine, l'autorité administrative doit veiller à ce que ses décisions de gestion respectent les exigences du droit de la concurrence[29]. En l'absence de prescription en ce sens, tant dans le droit national que dans le droit de l'Union européenne, elle n'était pas, en revanche, tenue de suivre une procédure de publicité et d'appel à la concurrence avant de délivrer une autorisation d'occupation domaniale[30]. Le droit a sur ce point évolué. Par un arrêt du 14 juillet 2016, *Promoimpresa*, la Cour de justice de l'Union européenne a jugé nécessaire qu'une procédure de sélection transparente et non discriminatoire soit suivie avant la délivrance de titres d'occupation du domaine public qui ont pour objet de permettre l'exercice d'une activité économique. Les aménagements nécessaires du droit interne ont été apportés par l'ordonnance du 19 avril 2017 relative à la propriété des personnes publiques. La formule retenue est souple. Avant la délivrance d'un titre qui permet à son titulaire d'occuper ou d'utiliser le domaine public en vue d'une exploitation économique, l'autorité compétente « organise librement une procédure de sélection préalable présentant toutes les garanties d'impartialité et de transparence, et comportant des mesures de publicité permettant aux candidats potentiels de se manifester ».

29. CE, 26 mars 1999, *Société EDA*.
30. CE, 3 décembre 2010, *Ville de Paris et Association Paris Jean Bouin*.

Chapitre 17

Le pouvoir de police

Avec la mission de rendre la justice, l'exercice du pouvoir de police est l'un des premiers attributs de l'autorité publique. Inhérent à la vie collective organisée, le pouvoir de police existe sans texte. Destiné à garantir la vie paisible des citoyens, il comprend de multiples facettes. Le droit public l'a progressivement défini, en particulier en distinguant police administrative et police judiciaire et en reconnaissant, à côté de la police générale de l'ordre public, des polices spéciales, propres à des matières déterminées. Le droit détermine l'étendue des pouvoirs de police et, compte tenu des risques qu'ils peuvent présenter pour les libertés, il les soumet à un contrôle exigeant de proportionnalité. De graves événements appellent des mesures exceptionnelles, qui élargissent les pouvoirs de police. Ainsi, les nécessités de la lutte contre le terrorisme ont conduit à la mise en œuvre de l'état d'urgence, de novembre 2015 à novembre 2017. La crise sanitaire provoquée par la Covid-19 a entraîné, de mars à juillet puis de nouveau à partir d'octobre 2020, l'instauration d'un état d'urgence sanitaire. Dans les deux cas, des pouvoirs renforcés de police se sont inscrits, avec des modalités particulières, dans le cadre de l'État de droit.

I

LA POLICE ADMINISTRATIVE : DÉFINITIONS

Trois éléments concourent à cerner les contours de la police administrative : la distinction entre police administrative et police judiciaire ; la combinaison de la police générale et des polices spéciales ; l'identification des détenteurs du pouvoir de police.

A | POLICE ADMINISTRATIVE ET POLICE JUDICIAIRE

La police administrative se définit par son objet, qui est de maintenir l'ordre public. Elle se distingue par-là de la police judiciaire, chargée, lorsqu'une infraction a été commise, de rechercher ses auteurs afin de les traduire devant la justice pénale. Selon l'article 14 du code de procédure pénale, la police judiciaire a ainsi pour mission de « constater les infractions à la loi pénale, d'en rassembler les preuves et d'en rechercher les auteurs ». La police administrative a un but *préventif*. La police judiciaire obéit à une finalité *répressive*.

Même si elle n'a pas besoin d'un texte pour exister, la police administrative répond à la définition qu'a donnée à la police municipale l'article 97 de la loi du 5 avril 1884, dont les termes ont été repris inchangés à l'article L. 2212-2 du code général des collectivités territoriales : « La police municipale a pour objet d'assurer le bon ordre, la sûreté, la sécurité et la salubrité publiques. » Ces dispositions donnent une définition générale de la police administrative, en énumérant les grandes rubriques caractéristiques de *l'ordre public*. La sûreté et la sécurité concernent la liberté et la tranquillité individuelles, la salubrité couvre des intérêts plus collectifs, liés à l'hygiène, à la santé, aujourd'hui à l'environnement. Plus englobant, le « bon ordre » inclut dans l'ordre public des composantes variées, qui couvrent les grands objectifs de la vie sociale organisée.

Des éléments de moralité publique entrent dans le bon ordre. Certes, le temps n'est plus celui de l'« ordre moral » du maréchal de Mac-Mahon. Mais les autorités de police peuvent prendre des mesures inspirées par l'objectif de lutter contre certaines pratiques de la prostitution[1] ou tendant à assurer le maintien de la décence sur les bords de la mer[2]. Le caractère immoral d'un film est l'un des éléments qui justifient des mesures d'interdiction ou de restriction à certains publics[3].

Cette conception large de l'ordre public a inspiré la jurisprudence relative aux arrêtés municipaux qui interdisaient la tenue dans la commune de spectacles dits de « lancer de nain ». Le Conseil d'État a reconnu la légalité de ces arrêtés, en jugeant que « le respect

1. CE, 11 décembre 1946, *Dames Hubert et Crépelle*.
2. CE, 30 mai 1930, *Beaugé*.
3. CE, 14 octobre 1960, *Société Les films Marceau* ; CE, 30 juin 2000, *Association Promouvoir*.

de la dignité de la personne humaine est une des composantes de l'ordre public[4] ». Se fondant sur cette jurisprudence, le juge des référés du Conseil d'État a reconnu que l'atteinte à la dignité de la personne humaine qui résulte de propos à caractère raciste ou antisémite constituait un motif légal d'interdiction d'un spectacle[5]. Un spectacle du même auteur qui ne contient pas de tels propos ne saurait en revanche être interdit[6].

La mobilisation de la dignité de la personne humaine comme fondement des pouvoirs de police n'est toutefois pas sans limites. Elle joue lorsque, dans l'exercice d'un pouvoir dont elle dispose, l'autorité de police fait face à une atteinte caractérisée à la dignité. Durant l'été 2016, le juge des référés du Conseil d'État a ainsi constaté l'illégalité d'arrêtés municipaux pris pour interdire le port sur les plages du « burkini ». Il rappelle que « les mesures de police que le maire d'une commune du littoral édicte en vue de réglementer l'accès à la plage et la pratique de la baignade doivent être adaptées, nécessaires et proportionnées au regard des seules nécessités de l'ordre public, telles qu'elles découlent des circonstances de temps et de lieu, et compte tenu des exigences qu'impliquent le bon accès au rivage, la sécurité de la baignade ainsi que l'hygiène et la décence sur la plage », qu'« il n'appartient pas au maire de se fonder sur d'autres considérations » et que « les restrictions qu'il apporte aux libertés doivent être justifiées par des risques avérés d'atteinte à l'ordre public »[7].

L'inclusion, dans certaines hypothèses, de la dignité de la personne humaine dans l'ordre public trouve de fortes résonances en droit européen. L'article 1er de la Constitution allemande ouvre l'énoncé des droits fondamentaux qu'elle consacre par la dignité, en affirmant : « La dignité de l'être humain est intangible. Tous les pouvoirs publics ont l'obligation de la respecter et de la protéger. » Par sa décision du 2 juillet 1994, relative aux lois de bioéthique, le Conseil constitutionnel a qualifié la sauvegarde de la dignité de la personne humaine de principe de valeur constitutionnelle. Cette jurisprudence est en harmonie avec celle des cours européennes. La Cour européenne des droits de l'homme regarde le respect de la dignité de la personne humaine comme relevant de « l'essence même de la Convention », au regard en particulier de son article 3 qui interdit les traitements inhumains ou dégradants[8]. Elle juge que des messages d'incitation à la haine raciale méconnaissent la dignité de la personne humaine et ne peuvent en conséquence se

4. CE, 27 octobre 1995, *Commune de Morsang-sur-Orge.*

5. Juge des référés du CE, 9 janvier 2014, *Ministre de l'intérieur c/ Société Les productions de la Plume et M. Dieudonné M'Bala M'Bala.*

6. Juge des référés du CE, 6 février 2015, *Commune de Cournon d'Auvergne.*

7. Juge des référés du CE, 26 août 2016, *Ligue des droits de l'homme et autres.*

8. CEDH, 22 novembre 1995, *SW c/ Royaume-Uni.*

prévaloir de la liberté d'expression garantie par la Convention[9]. La Cour de justice de l'Union européenne juge de son côté que « l'ordre juridique communautaire tend indéniablement à assurer le respect de la dignité humaine en tant que principe général du droit[10] ». Consacrant cette jurisprudence, la Charte des droits fondamentaux de l'Union européenne proclame à son article 1er : « La dignité humaine est inviolable. »

Les autorités de police disposent en conséquence de vastes pouvoirs pour assurer le respect d'intérêts largement entendus. Les mesures qu'elles arrêtent cherchent à éviter toute atteinte à ces intérêts. Si, en dépit et en méconnaissance des précautions ainsi prises, des comportements de nature à troubler l'ordre public se manifestent néanmoins, la police administrative laisse la place à la police judiciaire. C'est alors à celle-ci qu'il revient d'agir pour que les auteurs de troubles à l'ordre public soient traduits devant les juridictions pénales compétentes pour leur infliger des sanctions à raison des infractions qu'ils ont commises. Souvent police administrative et police judiciaire se succèdent sans solution de continuité. Le policier qui règle la circulation à un carrefour accomplit une mission préventive de police administrative. S'il constate qu'un automobiliste commet une infraction, il agit en qualité d'agent de police judiciaire lorsqu'il l'interpelle en vue d'en dresser procès-verbal.

La police judiciaire exerce ses attributions sous le contrôle de l'autorité judiciaire, la police administrative sous celui du juge administratif. Pour éviter trop de complexité dans la répartition des compétences en cas de contentieux, le Tribunal des conflits a jugé que, pour déterminer l'ordre de juridiction compétent, il convenait de rechercher si l'opération en cause se rattachait « essentiellement » à la police administrative ou à la police judiciaire[11].

B | POLICE GÉNÉRALE ET POLICES SPÉCIALES

La police générale permet de prendre les mesures de toute nature nécessaires au maintien de l'ordre public, sans qu'il soit nécessaire qu'un texte l'ait expressément prévu. Toutefois, dans de nombreux domaines, des lois particulières organisent, pour un objectif déterminé, un régime spécial de police. Ces polices spéciales s'appliquent dans le domaine et selon les conditions fixées par la loi qui les a instituées.

9. CEDH, 17 décembre 2013, *Perinçek c/ Suisse* ; CEDH, 10 novembre 2015, *Dieudonné M'Bala M'Bala c/ France.*

10. CJCE, 14 octobre 2004, *Omega.*

11. TC, 12 juin 1978, *Société Le Profil.*

Les polices spéciales concernent des activités soumises à un contrôle particulier de la puissance publique, comme la chasse, la pêche, les débits de boissons. Une police spéciale du cinéma est confiée au ministre chargé de la culture, qui délivre les visas d'exploitation des films. Le ministre chargé de la santé peut prendre des mesures d'urgence en cas de menace sanitaire grave, notamment de risque d'épidémie. Certaines polices visent davantage des catégories de personnes. Après, le cas échéant, des mesures provisoires prises par le maire, le préfet peut prescrire l'hospitalisation d'office d'une personne atteinte de troubles mentaux susceptibles de la rendre dangereuse pour elle-même ou pour autrui. La police de l'entrée et du séjour des étrangers en France est confiée au préfet, qui délivre les titres de séjour et peut prendre des mesures d'éloignement forcé à l'encontre d'étrangers qui sont en situation irrégulière ou dont la présence en France crée un risque grave pour l'ordre public.

Dans le champ couvert par une police spéciale, seules peuvent intervenir les décisions prévues par ce régime particulier, qui détermine notamment l'autorité compétente, la procédure à suivre, la nature des pouvoirs conférés à l'autorité de police. Une place peut néanmoins subsister pour des mesures de police générale, lorsque des circonstances locales particulières font apparaître, indépendamment des intérêts protégés par la police spéciale, des dangers pour l'ordre public. Ainsi, la police du cinéma exercée par le ministre de la culture ne fait pas obstacle à ce que le maire édicte, dans sa commune, des restrictions particulières si la diffusion d'un film, autorisée au plan national, risque d'entraîner au plan local des troubles particuliers[12]. Les pouvoirs d'urgence confiés au ministre de la santé pour répondre à une menace sanitaire grave ne s'opposent pas au fait que le Premier ministre édicte, sur le fondement de son pouvoir de police générale, les mesures nécessaires pour protéger l'ensemble de la population des conséquences d'une épidémie avérée[13]. Par leur nature ou par l'effet des dispositions qui les ont instituées, certaines polices spéciales sont toutefois exclusives de toute intervention des autorités locales. Il en va ainsi des polices confiées aux autorités de l'État en matière de navigation aérienne, de réglementation de l'implantation des antennes relais de téléphonie mobile[14], de dissémination des organismes génétiquement modifiés[15] ou de gestion des réseaux de distribution d'électricité[16].

12. CE, 18 décembre 1959, *Société Les films Lutétia*.

13. Juge des référés du CE, 22 mars 2020, *Syndicat des jeunes médecins*.

14. CE, 26 octobre 2011, *Commune de Saint-Denis*.

15. CE, 30 décembre 2009, *Département du Gers* ; CE, 24 septembre 2012, *Commune de Valence*.

16. CE, 11 juillet 2019, *Commune de Cast*.

C | AUTORITÉS ET FORCES DE POLICE

Les autorités titulaires du pouvoir de police générale sont peu nombreuses : la police générale est confiée au maire dans la commune, au préfet dans le département et, au niveau national, au Premier ministre, le cas échéant au président de la République, si elle s'exprime par des décrets en conseil des ministres.

Au niveau local, le maire prend, au nom de la commune, les mesures de police générale nécessaires au maintien dans celle-ci de l'ordre public. Le préfet intervient pour édicter des mesures applicables soit à l'ensemble du département, soit à deux ou plusieurs communes. Il peut également, en cas de carence du maire et après mise en demeure demeurée infructueuse, se substituer à lui pour édicter des dispositions propres à une seule commune.

Au niveau national, le pouvoir de police est un attribut du pouvoir réglementaire. Aussi appartient-il au détenteur de ce pouvoir, aujourd'hui le Premier ministre, sous réserve des décrets délibérés en conseil des ministres, qui sont signés par le président de la République. Les principes ont été posés par l'arrêt du Conseil d'État *Labonne*, du 8 avril 1919. Sous l'empire des lois constitutionnelles de 1875, le pouvoir réglementaire appartenait, en droit, au président de la République. Le Conseil d'État en a déduit qu'« il appartient au chef de l'État, en dehors de toute délégation législative et en vertu de ses pouvoirs propres, de déterminer celles des mesures de police qui doivent être appliquées sur l'ensemble du territoire ». Aussi a-t-il admis la légalité du décret du 10 mars 1899 par lequel le président de la République avait, pour des motifs de sécurité, institué un « certificat de capacité pour la conduite des véhicules automobiles », ancêtre du permis de conduire. En confiant à la loi le soin de fixer les règles concernant les garanties fondamentales accordées aux citoyens pour l'exercice des libertés publiques, l'article 34 de la Constitution n'a pas réduit le champ d'intervention du pouvoir réglementaire pour édicter les mesures de police applicables à l'ensemble du territoire et justifiées par les nécessités de l'ordre public : le Premier ministre peut légalement, par décret, imposer, pour des motifs de sécurité, le port de la ceinture de sécurité aux automobilistes[17] et interdire, en raison des impératifs de santé publique, de fumer dans les lieux publics[18].

Les règles locales et les règles nationales se combinent selon les principes posés par l'arrêt du Conseil d'État du 7 juin 1902, *Commune de Néris-les-Bains*. Cette décision juge que, s'il appartient au préfet de « faire des règlements de police municipale pour toutes

17. CE, 22 janvier 1982, *Association Auto-défense*.
18. CE, 19 mars 2007, *Le Gac*.

les communes du département ou pour plusieurs d'entre elles, aucune disposition n'interdit au maire d'une commune de prendre sur le même objet et pour sa commune, par des motifs propres à cette localité, des mesures plus rigoureuses ». En vertu de cette jurisprudence, l'autorité locale doit respecter la réglementation nationale. Elle ne peut en assouplir les prescriptions. Elle peut, en revanche, les aggraver, si les particularités des circonstances locales le justifient.

À l'occasion de la crise sanitaire provoquée par la Covid-19, la jurisprudence a précisé que la police générale du gouvernement et la police du maire dans la commune se combinent de manière particulière dans une telle hypothèse. S'il confère au gouvernement des pouvoirs de police élargis, l'état d'urgence sanitaire n'exclut pas pour autant toute intervention de la police municipale. Mais, la stratégie d'ensemble revenant alors à l'État, le champ laissé au maire pour prendre des mesures complémentaires de celles édictées par le Premier ministre est plus étroit que dans le droit commun. D'une part, le maire ne peut agir que pour des « raisons impérieuses liées à des circonstances locales ». D'autre part, les décisions qu'il prend ne doivent en rien « compromettre la cohérence et l'efficacité des mesures prises par les autorités de l'État »[19].

Autant les pouvoirs de police générale sont concentrés, sans texte exprès, entre les mains du maire, du préfet et, à l'échelle nationale, du Premier ministre ou du président de la République, autant de nombreux pouvoirs de police particuliers résultent des lois qui les ont institués. La loi de décentralisation du 2 mars 1982 a confié au président du conseil général la police de la circulation sur les voies départementales en dehors des agglomérations. Les différentes polices spéciales sont exercées le plus souvent par le préfet, parfois par un ministre. Le pouvoir de police judiciaire appartient au procureur de la République, sous l'autorité duquel agissent l'ensemble des agents et officiers de police judiciaire.

Les autorités de police, administrative ou judiciaire, qui prennent les décisions, doivent être bien distinguées des forces de police, qui les exécutent. Les forces de police sont principalement des agents de l'État, qui relèvent soit de la police nationale, soit de la gendarmerie. Après une période de réduction, un renforcement des effectifs a été mis en œuvre à partir de 2012 et accéléré après les attentats terroristes de 2015. Son rythme s'est encore accru depuis 2017. En 2020, les effectifs atteignent 153 000 fonctionnaires pour la police nationale, 97 000 agents, de statut militaire pour la plupart, pour la gendarmerie. Policiers et gendarmes sont sous l'autorité hiérarchique du ministre de l'intérieur. Pour l'application des mesures de police municipale, la commune peut recruter des

19. Juge des référés du CE, 17 avril 2020, *Commune de Sceaux*.

agents de police municipale, qui sont placés sous l'autorité du maire, après agrément du préfet et du procureur de la République ; leur nombre s'est accru, pour atteindre 225 780 en 2020, en même temps que leurs moyens se sont renforcés, en matière notamment de port d'armes.

Dans sa mission de contrôle de la police administrative, le juge a construit une jurisprudence exigeante à l'égard de toutes les mesures et décisions qui s'y rattachent.

II

LA POLICE ADMINISTRATIVE : L'EXIGENCE DE PROPORTIONNALITÉ

Qu'elles soient générales ou individuelles, les mesures de police doivent répondre à une exigence de proportionnalité qui s'exprime, dans des termes voisins, en droit administratif, en droit constitutionnel et en droit européen.

A | LA JURISPRUDENCE ADMINISTRATIVE

Dès le début du XIXe siècle, la jurisprudence du Conseil d'État, sans recourir encore au terme de proportionnalité, s'est orientée vers un contrôle approfondi du juge administratif sur l'adéquation des mesures de police avec les nécessités de l'ordre public. Par une décision du 19 février 1909, *Abbé Olivier,* le Conseil d'État annule un arrêté municipal qui interdisait les manifestations religieuses sur les voies publiques à l'occasion des enterrements, en relevant que la loi du 9 décembre 1905 relative à la séparation des Églises et de l'État avait entendu à cet égard « respecter autant que possible les habitudes et les traditions locales et [...] n'y porter atteinte que dans la mesure strictement nécessaire au maintien de l'ordre ». Dans ses conclusions sur cette affaire, le commissaire du gouvernement Chardenet explicite l'esprit dans lequel il invitait le Conseil d'État à exercer son contrôle : « Vous qui êtes appelés à jouer un peu le rôle de supérieur hiérarchique des autorités administratives, vous devez examiner quelle est la limite des devoirs du maire et rechercher si les arrêtés de police ont été pris dans l'intérêt du maintien de l'ordre public. » Les conclusions du commissaire du gouvernement Corneille sur l'arrêt *Baldy,* rendu le 17 août 1917, prolongent cette analyse : « Pour déterminer l'étendue du pouvoir de police dans un cas déterminé, il faut tout de suite se rappeler que les pouvoirs de police sont toujours des restrictions aux libertés des particuliers, que le point de départ de notre public est dans l'ensemble les libertés des citoyens, que la Déclaration des droits de l'homme est, implicitement ou explicitement, au frontispice des constitutions républicaines, et que toute controverse de droit public doit, pour se calquer sur les principes généraux, partir de ce point de vue que la liberté est la règle et la restriction de police l'exception. »

La décision *Benjamin* du 19 mai 1933 consacre ces principes en annulant un arrêté du maire de Nevers qui avait interdit à René Benjamin, critique littéraire proche des milieux d'extrême droite, de prononcer dans cette ville une conférence sur « deux auteurs comiques : Courteline et Sacha Guitry ». Sur un plan général, l'arrêt relève que « s'il incombe au maire [...] de prendre les mesures qu'exige le maintien de l'ordre, il doit concilier l'exercice de ses pouvoirs avec le respect de la liberté de réunion ». Dans les circonstances de l'espèce, le Conseil d'État estime que « l'éventualité de troubles, alléguée par le maire de Nevers, ne présentait pas un degré de gravité tel qu'il n'ait pu, sans interdire la conférence, maintenir l'ordre en édictant les mesures de police qu'il lui appartenait de prendre ». Il incombe d'abord à l'autorité de police de garantir l'exercice des libertés, notamment d'une liberté fondamentale comme la liberté de réunion. C'est seulement dans la mesure où les moyens dont elle dispose ne lui permettent pas de faire face aux risques pour l'ordre public qu'elle peut envisager une mesure restrictive.

Les mesures de police ne sont légales que si elles sont nécessaires. Cela suppose une vérification de leur adéquation aux circonstances de temps et de lieu. Les interdictions générales et absolues ne répondent pas à une telle exigence de proportionnalité. En confrontant, dans chaque cas particulier, la portée des limitations aux libertés avec les impératifs de l'ordre public, l'autorité de police puis, le cas échéant, le juge administratif déterminent quelles sont les restrictions légalement admissibles. Ainsi, le Conseil d'État a examiné à partir de quelle heure et dans quels lieux un maire pouvait, en fonction des caractéristiques de la vie locale, interdire à des mineurs, par des arrêtés dits de « couvre-feu des enfants », de sortir sur la voie publique sans être accompagnés[20].

B | LES EXIGENCES CONSTITUTIONNELLES

Les principes sur lesquels la jurisprudence administrative s'est construite ont été transposés au niveau constitutionnel à l'occasion

20. CE, 2 août 2001, *Préfet de Vaucluse* ; CE, 10 août 2001, *Commune d'Yerres*.

de l'examen par le Conseil constitutionnel de la conformité à la Constitution des lois qui restreignent l'exercice des libertés publiques.

La décision du Conseil constitutionnel du 12 janvier 1977 relative à la loi sur la fouille des véhicules marque le point de départ d'une jurisprudence dont il résulte que, pour la loi elle-même, la liberté est la règle, la restriction, l'exception. Le Conseil constitutionnel a fait application de ces principes dans ses décisions successives sur les contrôles d'identité[21] comme dans sa décision du 18 janvier 1995 sur la vidéosurveillance.

Comme à l'autorité de police, il incombe au législateur une obligation de conciliation entre des principes qui ont la même valeur constitutionnelle, d'un côté, la protection des libertés, qui ont le caractère de droits constitutionnels, de l'autre côté, la sauvegarde de l'ordre public, qualifiée d'objectif de valeur constitutionnelle. Selon une formule que l'on trouve dans plusieurs décisions du Conseil constitutionnel, « il appartient au législateur d'assurer la conciliation entre, d'une part, la prévention des atteintes à l'ordre public et la recherche des auteurs d'infractions, toutes deux nécessaires à la sauvegarde de droits et de principes de valeur constitutionnelle, et, d'autre part, l'exercice des libertés constitutionnellement garanties, au nombre desquelles figurent la liberté d'aller et venir et le respect de la vie privée ainsi que la liberté individuelle[22] ». Cette conciliation passe, dans chaque cas, par la définition d'une juste adéquation : elle se traduit par le « triple test » selon lequel les restrictions aux libertés doivent être adaptées, nécessaires et proportionnées. Le Conseil d'État a repris ces trois adjectifs pour l'exercice de son contrôle des mesures de police[23].

C | LA PROPORTIONNALITÉ, PRINCIPE DU DROIT EUROPÉEN

Le principe de proportionnalité est un principe partagé du droit européen. Son origine et sa dénomination même sont allemandes. Sa première affirmation remonte à un arrêt de la Cour suprême de Prusse du 14 juin 1882, *Kreuzberg*. Pour l'expliquer, le juriste allemand Fleiner recourait, en 1912, à une formule qui pourrait aussi éclairer le droit français : « La police ne doit pas tirer sur les moineaux à coups de canon. » La Cour de justice des Communautés

21. CC, décisions des 20 janvier 1981, 26 août 1986 et 5 août 1993.
22. CC, décisions du 13 mars 2003, *Loi sur la sécurité intérieure*, et du 19 janvier 2006, *Loi relative à la lutte contre le terrorisme*.
23. CE, 26 octobre 2011, *Association pour la promotion de l'image*.

européennes n'a eu aucune difficulté à qualifier, à partir de sa décision du 17 décembre 1970, *Internationale Handelsgesellschaft*, le principe de proportionnalité de « principe général du droit communautaire ». L'avocat général Alain Dutheillet de Lamothe invitait la Cour, dans ses conclusions sur cette affaire, à le consacrer à partir du « droit fondamental [...] pour l'individu de ne voir limiter sa liberté d'agir que dans la mesure nécessaire à l'intérêt général ». Il est devenu un des principes majeurs du droit de l'Union : « Le principe de proportionnalité est un principe fondamental du droit communautaire dont la Cour doit assurer le respect[24]. »

Cette reconnaissance par le droit de l'Union européenne d'un principe né en Allemagne et illustré en France a contribué à sa diffusion dans l'ensemble des droits nationaux. À son tour, le Conseil d'État italien l'a qualifié de principe général au même titre que le principe d'égalité[25]. Même un droit aussi réfractaire aux principes généraux que le droit britannique l'a adopté. Selon Lord Diplock : « The principle of proportionality prohibits the use of a steam hammer to crack a nut if a nutcracker would do it[26]. » Comme naguère la Chambre des lords[27], la Cour suprême s'y réfère[28].

La Convention et la Cour européenne des droits de l'homme font également de la proportionnalité l'un des fondements du cadre qu'elles définissent pour assurer le respect des libertés fondamentales. Si le droit à la vie, l'interdiction de la torture et de l'esclavage et la prohibition des traitements inhumains et dégradants ont un caractère absolu, les autres droits garantis par la Convention peuvent connaître les restrictions « prévues par la loi, qui constituent des mesures nécessaires, dans une société démocratique », au regard notamment des impératifs de la sécurité nationale, de la sûreté publique, de l'ordre et de la prévention des infractions, de la protection de la santé ou de la morale ou de la protection des droits et libertés d'autrui. Les États ont, à cet égard, une marge nationale d'appréciation dont il leur appartient de faire usage de manière proportionnée, sous le contrôle attentif de la Cour. « Le principe de proportionnalité, qui traduit une exigence d'adéquation entre un objectif légitime et les moyens utilisés pour l'atteindre, se situe [...] au cœur du contrôle de la marge nationale d'appréciation », écrit le professeur Frédéric Sudre[29].

L'approche en termes de proportionnalité se retrouve dans les élargissements des pouvoirs de police en cas d'urgence.

24. CJCE, 26 novembre 1985, *Miro*.
25. Conseil d'État italien, décisions du 21 mars 1972 et du 23 avril 1974.
26. Opinion sur *R. c/ Goldsmith*, 1983.
27. Chambre des lords, 21 mars 2002, *Regina c/ Shayler.*
28. Cour suprême du Royaume-Uni, 12 octobre 2011.
29. Frédéric Sudre *et al.*, *Les Grands Arrêts de la Cour européenne des droits de l'homme*, Paris, PUF, coll. « Thémis », 2019 [9e éd.].

III

LA POLICE ADMINISTRATIVE : LES IMPÉRATIFS DE L'URGENCE

Les circonstances peuvent faire apparaître des impératifs d'urgence, qui appellent des aménagements de la légalité, au travers de marges supplémentaires ou de régimes particuliers. Pour exercer un contrôle effectif sur des mesures qui touchent aux libertés, il appartient aussi au juge de statuer en urgence dans certains cas et selon des procédures spécifiques. L'urgence s'inscrit de la sorte dans le cadre de l'État de droit.

A | FAIRE FACE À L'URGENCE : MARGES NÉCESSAIRES ET RÉGIMES PARTICULIERS

Par la nature même de leurs attributions, les autorités de police peuvent être amenées à intervenir en urgence. Afin que leur action puisse répondre aux besoins, la jurisprudence relative à l'urgence et aux circonstances exceptionnelles a assoupli, dans la mesure nécessaire, les conditions d'appréciation de la légalité de leurs décisions. Avec l'article 16 et l'état de siège, la Constitution prévoit elle-même deux régimes en cas de circonstances particulièrement troublées ou difficiles. Des régimes particuliers d'état d'urgence et d'état d'urgence sanitaire ont également été définis par le législateur.

1/ *Les règles jurisprudentielles : urgence et circonstances exceptionnelles*

Deux constructions jurisprudentielles, l'urgence et, en cas de troubles graves, les circonstances exceptionnelles, permettent d'aménager les règles habituelles pour permettre à l'autorité administrative de faire face à une situation qui lui impose d'agir, avec des contraintes spécifiques, à bref délai.

a) L'urgence

Dans ses conclusions sur la décision du Tribunal des conflits du 2 décembre 1902, relative à l'exécution forcée des décisions administratives, *Société immobilière de Saint-Just*, le commissaire du gouvernement Romieu exposait, en termes imagés, les fondements de la jurisprudence sur l'urgence : « Il est de l'essence même de l'administration d'agir immédiatement et d'employer la force publique sans délai ni procédure : quand la maison brûle, on ne va pas demander au juge l'autorisation d'y envoyer les pompiers. »

Dans la mesure rendue nécessaire par l'urgence, l'administration, et notamment l'autorité de police, peut prendre les dispositions qui s'imposent, en s'affranchissant notamment des règles de procédure et même de compétence qui s'appliquent en temps normal.

b) Les circonstances exceptionnelles

Plus large encore dans ses conséquences est la jurisprudence sur les circonstances exceptionnelles, qui a pris naissance durant la première guerre mondiale. Par la décision *Heyriès*, du 28 juin 1918, le Conseil d'État rappelle qu'il incombe au président de la République « de veiller à ce qu'à toute époque, les services publics institués par les lois et règlements soient en état de fonctionner, et à ce que les difficultés résultant de la guerre n'en paralysent pas la marche ». Il en déduit que le chef de l'État peut, le cas échéant, suspendre l'application des lois et il juge, en l'espèce, qu'un décret a pu légalement prévoir que des sanctions disciplinaires seraient prises, durant les hostilités, sans respecter l'article 65 de la loi du 22 avril 1905 relatif au droit du fonctionnaire à la communication de son dossier avant toute mesure disciplinaire.

Cette jurisprudence a été appliquée aux mesures de police par l'arrêt *Dames Dol et Laurent* du 28 février 1919, dont la motivation est très explicite : « Les limites des pouvoirs de police dont l'administration dispose pour le maintien de l'ordre et de la sécurité [...] ne sauraient être les mêmes dans le temps de paix et pendant la période de guerre où les intérêts de la défense nationale donnent au principe de l'ordre public une extension plus grande et exigent pour la sécurité publique des mesures plus rigoureuses. » Le Conseil d'État admet dans ce cadre la légalité d'un arrêté du préfet maritime de Toulon qui, en temps normal, n'aurait eu aucune compétence en la matière, interdisant aux propriétaires de débits de boissons de recevoir des « filles galantes » dans leur établissement. Sa décision repose sur le principe de proportionnalité qui, appréhendé au regard des circonstances exceptionnelles, conduit le juge à « tenir compte, dans son appréciation, des nécessités provenant de l'état de guerre, selon les circonstances de temps et de lieu, la catégorie des individus visés et la nature des périls qu'il importe de prévenir ». Les mesures prises par le préfet maritime sont ainsi jugées comme s'imposant « pour sauvegarder d'une manière efficace tout à la fois la troupe et l'intérêt national ».

Un contrôle étroit s'exerce sur l'existence des circonstances exceptionnelles, que le juge ne reconnaît qu'au regard d'événements graves, devant lesquels le respect de la légalité ordinaire empêcherait l'administration d'agir avec efficacité. En 1976, devant le risque d'explosion du volcan de la Soufrière et « eu égard aux circonstances exceptionnelles de temps et de lieu », le préfet de la Guadeloupe a pu légalement ordonner l'évacuation d'une partie de l'île[30]. L'épidémie de Covid-19 caractérise des circonstances exceptionnelles qui justifient qu'une loi de pays de la Polynésie française destinée à la prévenir ou à la limiter sur le territoire soit promulguée sans attendre les délais qui s'imposent normalement[31]. En revanche, les événements de Mai 1968, qualifiés de « circonstances particulières », et non exceptionnelles, ont pu dispenser l'administration de certaines obligations de procédure, mais ne l'ont pas autorisée à déroger aux règles de compétence[32]. Là encore, tout est affaire de proportionnalité.

2/ *Les règles constitutionnelles : état de siège et article 16 de la Constitution*

Issu de la loi du 9 août 1849, l'état de siège est mentionné à l'article 36 de la Constitution, en vertu duquel il est, comme l'état d'urgence, décrété en conseil des ministres et prorogé, le cas échéant, au-delà de douze jours, par la loi. Il a pour effet de transférer l'exercice du pouvoir de police à l'autorité militaire. L'état de siège a été utilisé en 1849, lors de la Commune, de 1871 à 1874, et au cours des deux guerres mondiales.

Aux termes de l'article 16 de la Constitution, « lorsque les institutions de la République, l'indépendance de la nation, l'intégrité de son territoire ou l'exécution de ses engagements internationaux sont menacées d'une manière grave et immédiate et que le fonctionnement régulier des pouvoirs publics constitutionnels est interrompu », il appartient au président de la République, après consultation du Premier ministre, des présidents des assemblées ainsi que du Conseil constitutionnel, de « prendre les mesures exigées par ces circonstances ». Ces mesures, qui sont soumises à l'avis du Conseil constitutionnel, « doivent être inspirées par la volonté d'assurer aux pouvoirs publics constitutionnels, dans les moindres délais, les moyens d'accomplir leur mission ».

Depuis la révision constitutionnelle du 23 juillet 2008, le Conseil constitutionnel peut être saisi, après trente jours d'exercice des pouvoirs exceptionnels, par le président de l'Assemblée nationale, le président du Sénat, soixante députés ou soixante sénateurs, afin d'examiner si les conditions de recours à l'article 16 demeurent réunies. Après soixante jours, il peut se saisir lui-même de cette question à tout moment.

Lorsqu'il décide de mettre en application l'article 16, le chef de l'État exerce la totalité des pouvoirs, exécutif et législatif. Ce régime de crise n'a été utilisé qu'une fois, du 23 avril au 29 septembre 1961, à la suite du *putsch* des généraux en Algérie. Par une décision du

30. CE, 18 mai 1983, *Rodes*.
31. CE, 22 juillet 2020, *Théron*.
32. CE, 12 juillet 1969, *Chambre de commerce et d'industrie de Saint-Étienne*.

2 mars 1962, *Rubin de Servens*, le Conseil d'État a jugé que la décision de recourir à l'article 16 était un acte de gouvernement et que les mesures prises en vertu de cet article dans le domaine de la loi échappaient à son contrôle : dès lors que le président de la République exerce le pouvoir législatif, il s'agit de dispositions de nature législative. C'est donc, dans ce contexte de crise exceptionnelle, un pouvoir largement sans contrôle que la Constitution confie au chef de l'État en vue du rétablissement, le plus vite possible, de la légalité républicaine. L'article 16 se distingue, par là aussi, de l'ensemble des autres pouvoirs liés à l'urgence.

3/ Les régimes législatifs : état d'urgence et état d'urgence sanitaire

a) La loi du 3 avril 1955 et le régime de l'état d'urgence

Institué, dans le contexte de la guerre d'Algérie, par la loi du 3 avril 1955, l'état d'urgence est déclaré par un décret du président de la République délibéré en conseil des ministres, « soit en cas de péril imminent résultant d'atteintes graves à l'ordre public, soit en cas d'événements présentant, par leur nature et leur gravité, le caractère de calamité publique ». Sa prorogation au-delà de douze jours ne peut être autorisée que par la loi. Il peut y être mis fin à tout moment par décret en conseil des ministres avant l'expiration du délai fixé par la loi.

Appliqué de 1955 à 1962, l'état d'urgence a ensuite été oublié pendant près d'un demi-siècle. À la différence de l'état de siège, il n'est pas mentionné par la Constitution de 1958. Son utilisation, en 1985 en Nouvelle-Calédonie, a été l'occasion, pour le Conseil constitutionnel, de constater que la loi de 1955 demeurait applicable[33]. Il a été ensuite de nouveau appliqué outre-mer, à Wallis-et-Futuna en 1986 puis en Polynésie en 1987. Lors des violences urbaines de l'automne 2005, il a été décrété le 8 novembre, puis prolongé pour trois mois par la loi du 18 novembre. Passé les fêtes de fin d'année, le gouvernement y a mis fin avant ce terme, par décret du 3 janvier 2006.

Dans la nuit qui a suivi les attentats du 13 novembre 2015 à Paris et à Saint-Denis, le gouvernement l'a de nouveau mis en application. Il a ensuite été prorogé à six reprises, jusqu'au 1er novembre 2017 par la loi du 11 juillet 2017.

L'état d'urgence étend les pouvoirs de police du ministre de l'intérieur et des préfets. La loi fixe le cadre général dans lequel ces pouvoirs élargis s'exercent. Chaque loi de prorogation peut en outre édicter des dispositions particulières.

Prorogeant pour une première fois l'état d'urgence, la loi du 20 novembre 2015 a largement réécrit le cadre général tracé par la

33. CC, décision du 25 janvier 1985.

loi du 3 avril 1955 pour l'adapter au contexte d'aujourd'hui et pour répondre aux exigences constitutionnelles et conventionnelles qui se sont affirmées depuis lors, en termes de garanties des droits fondamentaux et, pour les aspects constitutionnels, d'incompétence négative du législateur. D'autres modifications, plus limitées, ont été apportées à l'occasion des prorogations successives.

Les principaux pouvoirs conférés aux autorités de police administrative concernent les assignations à résidence, les perquisitions, les interdictions de réunions ou de manifestations, les fermetures des salles de spectacle, des débits de boissons et autres lieux de réunion et les dissolutions d'association. La loi du 20 novembre 2015 a, en revanche, fait disparaître les mesures restrictives de la liberté de la presse.

b) La loi du 23 mars 2020 et l'état d'urgence sanitaire

La grave crise sanitaire provoquée par la Covid-19 a conduit à l'introduction, par la loi du 23 mars 2020, de dispositions nouvelles dans le code de la santé publique, qui instituent un état d'urgence sanitaire, « en cas de catastrophe sanitaire mettant en péril, par sa nature et sa gravité, la santé de la population ». Son déclenchement obéit à des règles inspirées de celles de l'état d'urgence. L'état d'urgence sanitaire est déclaré par décret en conseil des ministres. Sa prorogation au-delà d'un mois doit être autorisée par la loi. Un décret en conseil des ministres peut y mettre fin à tout moment. La loi du 23 mars 2020 a toutefois proclamé elle-même, pour deux mois, l'état d'urgence sanitaire, qui a ensuite été prolongé par la loi jusqu'au 10 juillet, avant d'être remis en vigueur pour un mois par un décret du 14 octobre 2020, puis prolongé par la loi jusqu'au 16 février 2021.

L'état d'urgence sanitaire confère au Premier ministre de larges pouvoirs, lui permettant de limiter de nombreuses libertés fondamentales : restriction ou interdiction de déplacement, interdiction de sortie du domicile, mise en quarantaine, fermeture d'établissements recevant du public, interdiction de réunions ou de rassemblements, réquisition, contrôle des prix.

Un comité scientifique, dont le président est nommé par le président de la République, est institué. L'Assemblée nationale et le Séant sont informés de l'ensemble des mesures prises.

B | JUGER EN URGENCE : UN CONTRÔLE EFFECTIF DES MESURES DE POLICE

Les procédures selon lesquelles le juge administratif statue en urgence ont un champ général, qui dépasse de beaucoup la police administrative. Toutefois, le souci d'assurer une protection effective des libertés a conduit à prévoir des cas d'intervention du juge en urgence, tout spécialement à l'égard des mesures de police : le déféré-liberté du préfet ; les décisions relatives aux mesures qui enjoignent aux étrangers en situation irrégulière de quitter le territoire français ; enfin, de manière plus générale, dans le cadre de la réforme du référé, le référé-liberté.

1/ *Le déféré-liberté du préfet*

En retirant au préfet le pouvoir d'annuler lui-même les actes illégaux des collectivités territoriales, la loi de décentralisation du 2 mars 1982 lui a ouvert la voie du déféré devant le tribunal administratif, qui lui permet de demander au juge l'annulation et, avec un régime particulier, plus souple que le droit commun, la suspension de ces actes. Au sein de ce régime spécifique de suspension, des dispositions particulières concernent les décisions d'une collectivité territoriale « de nature à compromettre l'exercice d'une liberté publique ou individuelle ». Il s'agit principalement de mesures de police, notamment de police municipale. Le préfet peut demander la suspension de ces décisions au président du tribunal administratif, qui se prononce seul, dans un délai de quarante-huit heures. Appel de sa décision peut être interjeté devant le président de la section du contentieux, qui se prononce également dans les quarante-huit heures. Ce dispositif – juge unique, délai de quarante-huit heures en première instance comme en appel – permet une intervention très rapide du juge. Il a inspiré le référé-liberté de droit commun institué par la loi du 30 juin 2000.

2/ *Les mesures d'éloignement des étrangers en situation irrégulière*

Les mesures qui portent obligation de quitter le territoire français peuvent faire l'objet d'un recours suspensif, enserré dans des délais réduits, devant le tribunal administratif. Le délai imparti au tribunal administratif pour statuer est de soixante-douze heures lorsque l'étranger se trouve en rétention, de six semaines lorsque l'étranger se trouve en liberté, mais est en situation irrégulière sans avoir sollicité de titre de séjour ou lorsqu'il s'est vu opposer un refus définitif d'accès au statut de réfugié, de trois mois dans les autres cas. Les deux premières catégories d'hypothèse relèvent d'un juge unique, la dernière d'une formation collégiale. L'appel – qui n'est plus suspensif – est formé devant la cour administrative d'appel, dont le président dispose de la possibilité de rejeter par ordonnance les requêtes manifestement infondées.

3/ *Le référé-liberté*

Après ces procédures particulières, qui concernent les unes les décisions des collectivités territoriales, les autres les étrangers en situation irrégulière, et grâce, pour partie, à l'expérience qu'elles avaient permis de constituer, la loi du 30 juin 2000 a procédé à une réforme d'ensemble des procédures de référé. Le référé-suspension, qui permet d'obtenir la suspension de toute décision administrative en cas d'urgence et s'il existe un doute sérieux sur la légalité de cette décision, peut naturellement s'appliquer à une mesure de police. Mais le référé-liberté concerne plus directement le pouvoir de police : le juge des référés peut ordonner toute mesure nécessaire à la sauvegarde d'une liberté fondamentale à laquelle une autorité administrative aurait porté une atteinte grave et manifestement illégale. Il statue dans les quarante-huit heures, par une ordonnance qui peut être déférée en appel au juge des référés du Conseil d'État.

Par sa rapidité, le référé-liberté contribue à une protection effective des libertés. Par exemple, par une ordonnance du 19 août 2002, *Front national*, le juge des référés du Conseil d'État, saisi en appel selon la procédure de référé-liberté, a enjoint au maire d'Annecy de ne pas faire obstacle à l'organisation, dans sa ville, de l'université d'été que le Front national projetait d'y tenir à la fin du mois. Les principes appliqués sont ceux de l'arrêt *Benjamin*. Mais, s'il a certes une grande portée jurisprudentielle, ce dernier, rendu plusieurs années après l'interdiction illégale, n'a pas eu de conséquence concrète, si ce n'est la condamnation, en 1938, de la ville de Nevers à verser une indemnité à René Benjamin. En 2002, l'ordonnance du juge des référés a permis à l'université d'été qui avait été illégalement interdite d'avoir lieu.

Le référé-liberté est largement utilisé. En 2019, 6 975 référés-liberté ont été traités par les juges des référés des tribunaux administratifs, 352 par les juges des référés du Conseil d'État. Cette procédure a notamment permis de rendre en temps utile des décisions relatives à des mesures d'interdiction de spectacles diffusant des propos racistes et antisémites[34]. Des affaires bioéthiques délicates ont été examinées au travers du référé-liberté, notamment la question de l'arrêt de traitement de Vincent Lambert[35]. Dans le contexte de l'état d'urgence comme dans celui de l'état d'urgence sanitaire, le référé-liberté s'est trouvé particulièrement adapté pour assurer un contrôle effectif des mesures prises par les autorités de police dans le cadre de leurs pouvoirs élargis. Il a contribué à inscrire l'urgence dans l'État de droit.

34. Juge des référés du CE, 10 et 11 janvier 2014, *Ministre de l'intérieur c/ M. M'Bala M'Bala*.

35. CE, 14 février et 24 juin 2014, *Mme Lambert*.

C | ÉTAT D'URGENCE ET ÉTAT DE DROIT

Avec les attentats du 11 septembre 2001, les démocraties ont subi le choc d'attaques terroristes de dimension sans précédent. Elles ont dû rechercher les moyens de faire face à ces nouveaux dangers, en accroissant les moyens des services de police et de renseignement et en adaptant leur législation.

Dès la fin de 2001, le *Patriot Act* a été adopté aux États-Unis, l'*Antiterrorism, Crime and Security Act* voté au Royaume-Uni. En France, la législation pénale et les dispositions relatives à la police administrative ont été à plusieurs reprises modifiées. Dans la nuit des attentats du 13 novembre 2015 à Paris, l'état d'urgence a été décrété, puis prorogé à six reprises jusqu'au 1er novembre 2017 par le législateur.

En 2020, la grave crise sanitaire provoquée par la Covid-19 a conduit l'ensemble des pays à mettre en œuvre des mesures exceptionnelles qui, afin de protéger la vie et la santé, ont temporairement limité les libertés fondamentales.

Nul doute qu'un équilibre doit être défini entre les nécessités d'une action efficace contre le terrorisme ou les épidémies et le respect des garanties fondamentales de l'État de droit. La recherche d'un tel équilibre se retrouve dans la législation sur le renseignement comme dans les mesures de police à caractère permanent prises pour lutter contre le terrorisme. Elle inspire également le contrôle juridictionnel qui s'exerce dans le cadre de l'état d'urgence et de l'état d'urgence sanitaire.

1/ La loi du 24 juillet 2015 relative au renseignement

La loi du 24 juillet 2015 encadre pour la première fois l'activité des services de renseignement. Elle institue une nouvelle autorité indépendante pour veiller à la mise en œuvre de ses dispositions et confie au Conseil d'État le soin d'exercer, dans des conditions spécifiques et originales, un contrôle juridictionnel.

Au regard des techniques d'aujourd'hui, la loi indique les moyens auxquels les services peuvent avoir recours, accès aux données de connexion, géolocalisation, interceptions de sécurité, sonorisation de lieux et de véhicules, captation d'images et de données informatiques.

Remplaçant, avec des attributions élargies, la Commission nationale des interceptions de sécurité, la Commission nationale de contrôle des techniques de renseignement comprend neuf membres, deux députés, deux sénateurs, deux membres du Conseil d'État, deux magistrats de la Cour de cassation et une personnalité qualifiée. Son président est nommé par le président de la République parmi les membres du Conseil d'État ou de la Cour de cassation. La Commission veille à la régularité de l'utilisation des divers procédés dont les services de renseignement disposent, et elle peut formuler toute observation ou recommandation qu'elle estime utile.

La loi confie au Conseil d'État le contentieux du renseignement. Il peut être saisi, en premier et dernier ressort, par toute personne souhaitant vérifier qu'aucune technique de renseignement n'est irrégulièrement mise en œuvre à son égard. La Commission nationale des techniques de renseignement, son président ou trois de ses membres peuvent également le saisir. Une procédure originale, qui assure la pleine information du juge tout en préservant le secret de la défense nationale, est prévue. Le Conseil d'État statue dans une formation spécialisée, dont les trois membres et le rapporteur public sont habilités ès qualités au secret-défense. Tous les documents sont communiqués à cette formation, qui ne verse au débat contradictoire que les pièces non couvertes par le secret-défense. Si une affaire est renvoyée devant une formation supérieure, section ou assemblée, celle-ci siège, dans les mêmes conditions, en formation restreinte. Elle examine toutefois, en formation ordinaire, les questions de droit qui lui seraient renvoyées par la formation spécialisée. Le président de la formation de jugement peut ordonner le huis clos si le secret de la défense nationale l'impose. Cette procédure inédite de contradictoire asymétrique est étendue par la loi aux fichiers intéressant la sûreté de l'État, dont le contentieux est également attribué au Conseil d'État en premier et dernier ressort.

La formation spécialisée vérifie si des techniques de renseignement ont été mises en œuvre et, dans l'affirmative, s'assure de leur légalité. Elle connaît également des contestations relatives aux fichiers intéressant la sûreté de l'État. Dans quelques hypothèses, elle a été ainsi conduite à ordonner la suppression d'une mention dont elle avait constaté qu'elle avait été inscrite à tort dans un fichier couvert par le secret-défense.

2/ Les mesures de police administrative à caractère permanent

Plusieurs mesures spécifiques de police administrative, à vocation permanente, ont été prévues par le législateur.

La loi du 13 novembre 2014 institue une interdiction de sortie du territoire, qui peut être mise en œuvre à l'égard de tout Français lorsqu'il existe de sérieuses raisons de penser qu'il projette des déplacements à l'étranger qui ont pour objet la participation à des activités terroristes ou qui se déroulent sur un théâtre d'opérations de groupements terroristes. Réciproquement, elle crée un dispositif d'interdiction administrative du territoire, qui concerne tout étranger qui ne réside pas habituellement en France et dont la présence sur le territoire national constitue une menace grave pour l'ordre et la sécurité publics.

La loi du 3 juin 2016 permet une retenue pour vérification d'identité durant quatre heures au maximum d'une personne soupçonnée d'être liée à des activités présentant un caractère terroriste.

Elle organise un contrôle administratif des personnes qui reviennent en France après un déplacement dont il existe des raisons sérieuses de penser qu'il a eu pour but de rejoindre un théâtre d'opérations de groupements terroristes.

Lors de la sortie de l'état d'urgence, la loi du 30 octobre 2017 renforçant la sécurité intérieure et la lutte contre le terrorisme (loi SILT) a prévu diverses mesures de police administrative, moins contraignantes que celles applicables durant l'état d'urgence et qui ne peuvent être prises qu'en vue de prévenir des actes de terrorisme : définition de périmètres de protection, mesures individuelles de contrôle administratif et de surveillance, fermeture de lieux de culte. Dans le même objectif de prévention du terrorisme, elle institue des visites domiciliaires et des saisies, placées sous le contrôle préalable de l'autorité judiciaire : ces mesures doivent être autorisées par le juge des libertés et de la détention du tribunal judiciaire de Paris. La loi prévoit qu'elle s'applique jusqu'au 31 décembre 2020. Un projet de loi qui en prolonge l'application est en cours d'examen au Parlement.

3/ État d'urgence et état d'urgence sanitaire : le contrôle du juge

L'état d'urgence prévu par la loi du 3 avril 1955 comme l'état d'urgence sanitaire appliqué en 2020 ont donné lieu à différents contrôles dont la portée s'est pleinement affirmée.

Sur le plan international, un contrôle est exercé par le Conseil de l'Europe. Lors de la mise en œuvre, en novembre 2015, de l'état d'urgence, le gouvernement français a déclaré faire usage des possibilités ouvertes par l'article 15 de la Convention européenne des droits de l'homme, qui permet à un État de déroger aux obligations prévues par celle-ci « en cas de guerre ou en cas d'autre danger public menaçant la vie de la nation ». Les mesures prises doivent être proportionnées aux exigences de la situation. Les institutions du Conseil de l'Europe y veillent, et la Cour européenne des droits de l'homme exerce le cas échéant son contrôle sur ce point[36]. Le gouvernement n'a, en revanche, pas fait usage de l'article 15 de la Convention en 2020, à l'occasion de l'état d'urgence sanitaire. La plupart des grandes démocraties occidentales se sont de même abstenues de recourir à cet article en raison de la crise sanitaire.

Sur le plan interne, la loi du 20 novembre 2015 comme, pour l'état d'urgence sanitaire, celle du 23 mars 2020 ont prévu que l'Assemblée nationale et le Sénat sont informés sans délai des mesures prises par le gouvernement pendant l'état d'urgence et que les assemblées peuvent en outre requérir toute information complémentaire dans le cadre du contrôle et de l'évaluation de ces mesures.

36. CEDH, 18 janvier 1978, *Irlande c/ Royaume-Uni* ; CEDH, 18 décembre 1996, *Aksov c/ Turquie* ; CEDH, 19 février 2009, *A. et autres c/ Royaume-Uni.*

Ni les lois mettant en œuvre ou prorogeant l'état d'urgence sur le fondement de la loi du 3 avril 1955 ni la loi du 23 mars 2020 créant l'état d'urgence sanitaire n'ont été déférées au Conseil constitutionnel. La loi organisant la sortie de l'état d'urgence sanitaire lui a, en revanche, été soumise. Plusieurs questions prioritaires de constitutionnalité lui ont en outre permis de préciser les exigences constitutionnelles.

Par une décision du 22 décembre 2015, le Conseil constitutionnel a jugé conformes à la Constitution les dispositions de la loi du 3 avril 1955, telles que modifiées par la loi du 20 novembre 2015, relative aux assignations à résidence. Il a, en particulier, relevé que la plage horaire maximale de l'astreinte à domicile étant fixée à douze heures par jour, l'assignation à résidence ne pouvait être regardée comme privative de liberté. Mesure seulement restrictive de liberté, elle pouvait en conséquence être confiée à l'autorité de police, sous le contrôle du juge administratif, à qui il revient de s'assurer, au travers du triple test de proportionnalité, qu'elle est « adaptée, nécessaire et proportionnée ». Dans le même esprit, le Conseil constitutionnel a précisé que les mesures individuelles de mise en quarantaine, de placement et de maintien en isolement prévues dans le cadre de l'état d'urgence sanitaire, qui répondent à l'objectif de valeur constitutionnelle de protection de la santé, acquièrent le caractère de mesures privatives de liberté et doivent être soumises au contrôle de l'autorité judiciaire, si elles imposent à l'intéressé de demeurer dans son lieu d'hébergement plus de douze heures par jour[37]. Le juge judiciaire doit également intervenir dans le plus court délai possible pour autoriser, durant l'état d'urgence sanitaire, la prolongation d'une détention provisoire[38]. Dans sa décision du 9 juillet 2020 relative à la sortie de l'état d'urgence sanitaire, le Conseil constitutionnel a, au prix de quelques réserves d'interprétation, estimé équilibrée la conciliation opérée par le législateur entre l'objectif de valeur constitutionnelle de protection de la santé et le respect des droits et libertés garantis par la Constitution. Il a rappelé que les mesures réglementaires de police que le gouvernement peut prendre en vertu de cette loi ont le caractère de décisions administratives, sur lesquelles le juge administratif exerce un entier contrôle de proportionnalité. À la différence des mesures individuelles qui, au-delà d'un certain seuil, peuvent être privatives de liberté, les prescriptions réglementaires de police n'entrent pas, en effet, dans le champ de l'article 66 de la Constitution. Cette analyse est également celle du Conseil d'État[39].

Juge des mesures de police administrative, la juridiction administrative a vu le champ de son contrôle s'élargir à proportion des

37. CC, décision QPC du 11 mai 2020.
38. CC, décision QPC du 3 juillet 2020, *M. Sofiane et autres*.
39. CE, 22 juillet 2020, *M. Cassia et autres*.

compétences accrues que l'état d'urgence attribue aux autorités de police. Les questions soulevées étaient largement nouvelles. Peu de contentieux avaient en effet été engagés lors des précédentes périodes de mise en œuvre de l'état d'urgence.

En 2005, en particulier, seul le principe de l'état d'urgence avait été discuté. Le Conseil d'État a ainsi eu l'occasion de juger que la décision du président de la République de décréter l'état d'urgence comme celle de ne pas y mettre un terme avant le délai fixé par le Parlement étaient susceptibles de recours devant le juge administratif. Il a rappelé que, dans un État de droit, un régime de pouvoirs exceptionnels a des effets qui « sont par nature limités dans le temps et dans l'espace ». Mais il a reconnu au président de la République un large pouvoir d'appréciation pour mettre fin ou non à l'état d'urgence[40]. Mais en 2005, le nombre de mesures individuelles était demeuré modeste et le juge n'en a guère été saisi.

De 2015 à 2017, en revanche, de nombreuses mesures d'assignation à résidence, de perquisition, d'interdiction de manifestation et de fermeture de lieux de réunion au public ont été prises, et la juridiction administrative en a été largement saisie. La jurisprudence s'est en conséquence construite, en particulier en ce qui concerne les assignations à résidence et les perquisitions.

Par des décisions rendues en section le 11 décembre 2015, *Cédric Domenjoud et autres*, le Conseil d'État a fixé le cadre dans lequel les assignations à résidence peuvent être prononcées et défini l'étendue du contrôle du juge administratif. Anticipant sur la décision du Conseil constitutionnel du 22 décembre, il a décidé que le juge administratif exercerait désormais un entier contrôle de proportionnalité sur ces mesures. Sur ce point, il s'agit d'une évolution notable, puisque les quelques décisions antérieures ne retenaient, du fait du caractère exceptionnel des circonstances, qu'un contrôle restreint[41], où seule l'erreur manifeste d'appréciation avait trouvé sa place[42]. Les décisions du 11 décembre précisent en outre qu'en référé, une assignation à résidence laisse présumer l'urgence particulière requise dans le cadre du référé-liberté et qu'en conséquence le juge des référés, saisi de la contestation d'une assignation, doit en principe tenir une audience pour déterminer si une illégalité grave et manifeste apparaît.

Sur le fondement de ces décisions de section, un peu plus du quart des assignations prononcées ont fait l'objet d'un référé-liberté. Cette voie de recours a permis que le juge se prononce dans des délais très brefs sur la validité de mesures qui apportent de fortes restrictions à la liberté individuelle. Des échanges contradictoires

40. Juge des référés du CE, 9 décembre 2015, *Mme Allouache*.
41. CE, ass., 16 décembre 1955, *Dame Bourokba*.
42. CE, 25 juillet 1985, *Mme Dagostini*.

approfondis se sont déroulés au cours de l'audience orale. À de nombreuses reprises, les débats ont conduit le juge des référés à ordonner des suppléments d'instruction et parfois à tenir une seconde audience.

L'assignation à résidence peut être décidée à l'égard d'une personne dont il existe des raisons sérieuses de penser que son comportement peut constituer une menace pour l'ordre et la sécurité publics, même si la menace est différente du péril qui a justifié le déclenchement de l'état d'urgence. Des éléments objectifs et précis sont nécessaires. Le cas échéant, ils peuvent résulter des indications figurant sur une « note blanche » des services de renseignement, à condition d'être suffisamment circonstanciés et de ne pas être démentis par le débat contradictoire.

Dans ce cadre, un tiers environ des assignations contestées a été suspendu en totalité ou en partie à l'issue des procédures de référé-liberté, dans la moitié des cas à l'initiative de l'administration elle-même, dans l'autre moitié par la décision du juge des référés, qui a pu utiliser la vaste gamme de pouvoirs d'injonction dont il dispose, y compris pour ordonner un assouplissement des conditions d'exécution d'une assignation, jugée légale dans son principe mais excessivement contraignante dans ses modalités.

Particulièrement adapté au contrôle des assignations, le référé ne peut en revanche être utilisé en matière de perquisition, le juge ne pouvant, en effet, être saisi qu'après l'achèvement d'une opération, sans qu'une quelconque suspension puisse lui être utilement demandée. Aussi est-ce au juge du fond qu'il appartient d'exercer un contrôle sur ces mesures. Le sujet est d'importance : plusieurs milliers de perquisitions administratives ont été menées durant l'état d'urgence et une sur six environ a donné lieu à l'ouverture d'une procédure judiciaire. Par deux avis contentieux rendus en assemblée le 6 juillet 2016, *Napol* et *Thomas*, le Conseil d'État a déterminé les conditions de légalité des perquisitions administratives ainsi que les conditions d'engagement de la responsabilité de l'État à la suite de perquisitions.

En la forme, les ordres de perquisition doivent être motivés. Sur le fond, ils doivent reposer sur des raisons sérieuses de penser que les lieux qui font l'objet de la perquisition sont fréquentés par au moins une personne dont le comportement constitue une menace pour l'ordre et la sécurité publics. Le juge administratif exerce sur ce point un plein contrôle de proportionnalité, en s'assurant que la mesure ordonnée était adaptée, nécessaire et proportionnée compte tenu des informations dont disposait l'autorité qui l'a décidée, sans que des faits postérieurs, notamment les résultats de la perquisition aient à cet égard une incidence.

Vis-à-vis des personnes concernées par la perquisition, la responsabilité de l'État ne peut être engagée que sur le terrain de la faute. Un droit à réparation est ouvert pour les préjudices de toute nature qui résulteraient d'une manière directe et certaine de l'illégalité de la décision de perquisition. Tel ne serait pas le cas d'une simple irrégularité formelle ou procédurale alors qu'il apparaîtrait qu'un ordre de perquisition aurait pu légalement être pris au vu des éléments dont l'autorité administrative disposait. Une faute commise dans les conditions matérielles d'exécution de la perquisition est également susceptible d'engager la responsabilité de l'État. Le Conseil d'État a ainsi pu formuler des recommandations destinées à encadrer l'action des services de police. En particulier, la perquisition d'un domicile de nuit doit être justifiée par l'urgence ou par l'impossibilité de l'effectuer de jour. L'ouverture volontaire du lieu faisant l'objet de la perquisition doit être recherchée, et il ne peut être fait usage de la force que s'il existe des raisons sérieuses de penser que les occupants sont susceptibles de réagir par un comportement dangereux ou de détruire ou de dissimuler des éléments matériels. Lors de la perquisition, il importe de veiller au respect de la dignité des personnes et de prêter une attention particulière à la situation des enfants mineurs qui seraient présents. Les mesures de contrainte et les atteintes aux biens doivent être strictement proportionnées aux finalités de l'opération.

À l'égard des tiers qui seraient victimes de dommages directement causés par une perquisition administrative, la responsabilité de l'État peut être engagée sans faute, sur le fondement de l'égalité des citoyens devant les charges publiques. Ont notamment le caractère de tiers les occupants ou propriétaires d'un local distinct de celui visé par l'ordre de perquisition, mais perquisitionné par erreur, ainsi que le propriétaire du lieu visé par l'ordre de perquisition, dans le cas où il n'a pas d'autre lien avec la personne dont le comportement a justifié la perquisition que le bail concernant le lieu perquisitionné.

L'état d'urgence sanitaire a également fortement mobilisé le juge administratif. Avant même l'entrée en vigueur de la loi qui l'a instauré, le juge des référés du Conseil d'État a jugé que les mesures de police générale édictées par le Premier ministre afin de prévenir ou de limiter les effets de l'épidémie étaient susceptibles d'affecter « l'exercice des droits et libertés fondamentaux, comme la liberté d'aller et venir, la liberté de réunion ou encore la liberté d'exercice d'une profession » et devaient, en conséquence, « être nécessaires, adaptées et proportionnées à l'objectif de sauvegarde de la santé publique qu'elles poursuiv[ai]ent ». Comme dans le cadre de l'état d'urgence, un pan entier de contrôle de proportionnalité est ainsi exercé par le juge administratif. Le nombre de requêtes présentées devant lui au titre de l'état d'urgence sanitaire a atteint des niveaux inégalés, avec, en particulier, plus de 200 référés soumis, de mars à juin 2020, au juge des référés du Conseil d'État. Bien souvent, les mesures contestées ont été jugées proportionnées aux risques encourus du fait de l'épidémie. Mais, au fur et à mesure que le contrôle de celle-ci s'est renforcé, le niveau de contraintes admissibles s'est réduit. Plusieurs décisions sont particulièrement caractéristiques à cet égard. L'absence d'enregistrement des demandes d'asile en Île-de-France, faute d'application de mesures précédemment annoncées, a été jugé comme portant une atteinte disproportionnée au droit d'asile et le juge des référés du Conseil d'État a, en conséquence, enjoint à l'administration de reprendre cet enregistrement dans les cinq jours[43]. Le juge des référés a également enjoint à l'État de mettre fin à une surveillance par drones, organisée dans des conditions qui n'assuraient pas le respect des règles de protection des données personnelles[44]. Il a jugé excessifs le maintien, après le début du déconfinement, de l'interdiction de toute réunion dans les lieux de culte[45] comme la prolongation de l'interdiction de toute manifestation sur la voie publique[46]. Au début de la deuxième vague de l'épidémie, il a, en revanche, jugé légale l'instauration d'un couvre-feu[47].

Des décisions juridictionnelles comparables ont été rendues dans les autres pays européens, en particulier en Allemagne et en Espagne. Après l'état d'urgence, l'état d'urgence sanitaire s'est de la sorte pleinement inscrit dans le cadre de l'État de droit, dont il complète, durant une période temporaire, le dispositif.

43. Juge des référés du CE, 30 avril 2020, *Ministre de l'intérieur et Office français de l'immigration et de l'intégration*.

44. Juge des référés du CE, 18 mai 2020, *Association la Quadrature du net*.

45. Juge des référés du CE, 18 mai 2020, *Association cultuelle Fraternité sacerdotale Saint-Pierre et autres*.

46. Juge des référés du CE, 13 juin 2020, *Ligue des droits de l'homme*.

47. Juge des référés du CE, 23 octobre 2020, *M. Cassia et autres*.

Chapitre 18

Les contrats de l'administration

Si l'acte unilatéral est le propre de la puissance publique, l'administration emploie également, de longue date, le procédé contractuel. Aujourd'hui, les contrats passés par l'administration sont d'une grande diversité. Leur régime juridique, fondé sur des principes posés par la jurisprudence dès le début du XXe siècle, est largement irrigué par le droit européen, en particulier dans le domaine de la commande publique. Le contentieux contractuel est marqué par un profond renouvellement de l'office du juge du contrat.

I

LA DIVERSITÉ DES CONTRATS DE L'ADMINISTRATION

L'administration peut passer des contrats de droit privé dans les mêmes conditions que les particuliers ou conclure des contrats à caractère administratif. Elle emploie des techniques contractuelles évolutives, depuis les contrats de concession de l'Ancien Régime jusqu'aux récents contrats de partenariat. D'une manière plus générale, le procédé contractuel est de plus en plus utilisé comme outil de l'action publique.

A | CONTRATS DE DROIT PRIVÉ ET CONTRATS ADMINISTRATIFS

L'enjeu de la distinction est important : les contrats administratifs sont soumis à un régime de droit public et relèvent du juge administratif ; les contrats de droit privé obéissent aux règles du droit civil et relèvent des juridictions judiciaires. Dans les autres pays européens, si la distinction entre contrats administratifs et contrats de droit privé est souvent moins marquée qu'en France, on retrouve toutefois fréquemment l'idée que certains des contrats passés par la puissance publique sont soumis à des règles spéciales, en particulier quant à leurs modalités de conclusion.

1/ *La qualification de contrat administratif*

La qualification de contrat administratif peut d'abord résulter de la loi elle-même. Sont ainsi des contrats administratifs par détermination de la loi les marchés relatifs à des travaux publics (loi du 28 pluviôse an VIII), les contrats d'occupation du domaine public (décret-loi du 17 juin 1938 aujourd'hui codifié à l'article L. 2331-1 du code général de la propriété des personnes publiques), ainsi que les marchés publics[1] ou les concessions lorsqu'ils sont passés par des personnes morales de droit public (en vertu de l'article L. 6 du code de la commande publique).

En l'absence de texte, c'est le juge qui procédera à la qualification du contrat, sans être tenu par celle que lui ont donnée les parties. En vertu de la jurisprudence, est administratif le contrat qui répond à un double critère : un critère organique touchant à la qualité des parties – le contrat doit être conclu par au moins une personne publique – et un critère matériel, relatif au contenu du contrat, qui est alternatif – le contrat doit être lié au service public ou bien comporter une clause exorbitante du droit commun.

Ces deux conditions, qui sont cumulatives, ont évolué au fil des années.

a) Le critère organique

La présence d'une personne publique parmi les parties au contrat est une condition nécessaire, même si elle n'est pas suffisante, pour qu'un contrat soit qualifié d'administratif. Alors que la possibilité est admise, pour une personne privée, de prendre des

1. Les marchés publics étaient déjà qualifiés de contrats administratifs en vertu de la loi du 11 décembre 2001 portant mesures urgentes de réformes à caractère économique et financier, dite « loi Murcef », mettant fin sur ce point à une incertitude jurisprudentielle, et les contrats de partenariat l'étaient en vertu de l'article L. 1414-1 du code général des collectivités territoriales.

actes administratifs[2], un contrat conclu entre deux personnes privées est, en principe, un contrat de droit privé et ce, même s'il a pour objet l'exécution d'un service public administratif[3].

Les exceptions à ce principe, déjà très rares, ont été revues d'une façon restrictive par deux décisions du Tribunal des conflits du 9 mars 2015, *Mme Rispal*, d'une part, et *Société des Autoroutes du Sud de la France (ASF)*, d'autre part.

La première exception tenait à l'objet même du contrat : le Tribunal des conflits, par sa décision, *Société Entreprise Peyrot*, du 8 juillet 1963, avait jugé que la construction des routes appartenait « par nature », à l'État. Il est vrai que la réalisation d'une route suppose la mise en œuvre de prérogatives de puissance publique, telles que l'expropriation, et aboutit à un ouvrage appartenant au domaine public. Cette dérogation exceptionnelle a été abandonnée par la décision *Mme Rispal* : le contrat passé par une société concessionnaire d'autoroute ayant pour objet la construction, l'exploitation ou l'entretien de l'autoroute n'est pas regardé *par nature* comme un contrat administratif.

La jurisprudence l'a toutefois prolongée sous une forme légèrement différente. Une seconde exception est fondée sur la théorie du mandat : si l'une des personnes privées signataires est mandataire d'une personne publique, le contrat est réputé administratif. Cette exception n'en est pas vraiment une : en cas de mandat, la personne privée est transparente, elle agit au nom de la personne publique. C'est l'application de la théorie générale des mandats, définie aux articles 1984 et suivants du code civil. Mais l'originalité de la solution réside ici dans le fait que, même en l'absence de mandat *exprès*, la jurisprudence a également admis l'existence d'un mandat *implicite*, lorsque, au regard d'un ensemble de circonstances, une personne privée pouvait être *regardée comme* agissant « pour le compte » d'une personne publique[4]. Si cette seconde exception est maintenue, l'arrêt précité, *Société des Autoroutes du Sud de la France (ASF)* du 9 mars 2015, a toutefois procédé à un resserrement de la notion de mandat implicite. Auparavant, l'existence d'un tel mandat pouvait se déduire d'un simple faisceau d'indices, révélateurs de l'influence de la personne publique. Ainsi, la décision *Société d'équipement de la région montpelliéraine* reconnaissait un caractère administratif à un contrat de travaux passé entre un entrepreneur et une société d'économie mixte d'aménagement, personne de droit privé, dès lors que cette dernière, d'une part, recevait à cette fin des subventions publiques et, d'autre part, devait remettre les voies et ouvrages construits dès leur achèvement à la collectivité

2. CE, 31 juillet 1942, *Monpeurt* ; TC, 15 janvier 1968, *Époux Barbier*.
3. TC, 3 mars 1969, *Société Interlait*.
4. CE, 13 mai 1975, *Société d'équipement de la région montpelliéraine*.

publique. Dans la même logique, le Tribunal des conflits avait estimé qu'une société filiale de l'établissement public EDF devait être regardée comme agissant pour le compte d'EDF dans le cas d'un contrat passé pour la construction d'une centrale nucléaire[5]. Plus récemment, un contrat passé par Aéroports de Paris et une société privée de sécurité pour la surveillance des aéroports avait été reconnu comme administratif : la mission d'inspection et de filtrage des passagers exécutée par le cocontractant de l'exploitant de l'aéroport est réalisée pour le compte de l'État et sous son autorité, dans le cadre de son activité de police administrative des aérodromes[6].

L'arrêt *Société ASF* du 9 mars 2015 se montre plus exigeant. Le Tribunal des conflits accorde une attention particulière à l'économie du contrat et vérifie s'il manifeste un contrôle spécifique de l'État sur l'activité qui fait l'objet du contrat. Dans cette affaire, une société concessionnaire d'autoroute avait passé un contrat avec une entreprise de dépannage. Selon le Tribunal des conflits, pour que cette société puisse être regardée comme ayant agi pour le compte de l'État en signant ce contrat, il aurait fallu que l'État exerce sur l'activité de dépannage un *contrôle spécifique*, c'est-à-dire un contrôle qui excède « le pouvoir que conserve le propriétaire d'un ouvrage public afin d'assurer le respect de sa destination par son cocontractant ». Tel n'était pas le cas, en l'espèce : le contrat n'est donc pas de nature administrative.

En dehors de ces exceptions, la présence d'une personne publique au contrat constitue une condition nécessaire. Lorsque le contrat est conclu entre deux personnes publiques, la décision du Tribunal des conflits *UAP*, du 21 mars 1983, a même institué une présomption de caractère administratif : la qualité des parties devient alors, à elle seule, une condition suffisante. Comme l'indiquait dans ses conclusions le président Labetoulle, un tel contrat « doit être présumé administratif, car il est normalement à la rencontre de deux gestions publiques ». Toutefois, cette présomption n'est pas irréfragable : elle cède lorsque le contrat, eu égard à son objet, ne fait naître entre les parties que des rapports de droit privé. Tel est le cas d'un contrat de prêt[7] ou d'un contrat portant sur la fourniture de véhicules[8] : bien que conclus entre deux personnes publiques, ces contrats revêtent un caractère de droit privé.

b) Le critère matériel

Pour qu'un contrat soit administratif, la seule présence d'une personne publique ne suffit pas : le juge examine également le

5. TC, 10 mai 1993, *Société NERSA*.
6. CE, 3 juin 2009, *Aéroports de Paris*.
7. CE, 1er mars 2000, *Commune de Morestel*.
8. CE, 3 novembre 2003, *Union des groupements d'achats publics*.

contenu du contrat : c'est le critère matériel. La jurisprudence a évolué, hésitant entre deux conceptions : pour la première, extensive, tout contrat lié au service public est administratif ; la seconde, plus restrictive, exige la présence d'une clause exorbitante du droit commun. Aujourd'hui, ces critères sont considérés comme étant alternatifs.

Le *critère du service public* avait initialement été retenu par les arrêts *Terrier* (9 février 1903) et surtout *Thérond* (4 mars 1910). Dans ces affaires, les contrats consistaient à confier à des particuliers, dans la première décision, la destruction des vipères, dans la deuxième, la capture et la mise en fourrière de chiens errants. La compétence du juge administratif était reconnue, ces contrats ayant pour « but d'assurer un service public », selon la formule de l'arrêt *Thérond*.

Le *critère de la clause exorbitante du droit privé* a toutefois été privilégié par la décision du 31 juillet 1912, *Société des granits porphyroïdes des Vosges*. En l'espèce, le Conseil d'État a estimé qu'un marché ayant pour objet unique des fournitures à livrer « selon les règles et conditions des contrats intervenus entre particuliers » ne constituait pas un contrat administratif. Cette jurisprudence marque une inflexion : l'administration peut ainsi contracter « dans les mêmes conditions qu'un simple particulier et se trouver soumise aux mêmes règles comme aux mêmes juridictions », même lorsqu'elle agit dans l'intérêt du service public, comme le relève Léon Blum dans ses conclusions. Pour le commissaire du gouvernement, « il faut rechercher, non pas en vue de quel objet ce contrat est passé, mais ce qu'est ce contrat de par sa nature même ». L'indice révélateur de cette nature spécifique tient à la présence d'une clause dite « exorbitante du droit privé », c'est-à-dire d'une clause non usuelle, donnant par exemple à l'administration un pouvoir de résiliation unilatérale[9] ou un pouvoir de direction et de contrôle[10]. On notera toutefois que les marchés publics de fournitures, tels que ceux de l'affaire *Société des granits porphyroïdes des Vosges*, constituent désormais des contrats administratifs par détermination de la loi, même sans clause exorbitante.

Sans doute le critère de la clause exorbitante n'est-il pas toujours d'application aisée. Cette clause n'est en réalité que la manifestation, et non pas la cause, de la nature du contrat. Il ne saurait en être autrement, sauf à confier aux parties la liberté de fixer elles-mêmes, à travers le choix des clauses, le caractère public ou privé du contrat, pouvoir dont elles ne disposent pas. Ainsi, « quelles que soient les clauses insérées par le service », les contrats passés par les services publics industriels et commerciaux avec leurs usagers

9. TC, 16 janvier 1967, *Société du vélodrome du Parc des princes*.
10. CE, 10 mai 1963, *Société coopérative agricole La Prospérité fermière*.

sont-ils par nature de droit privé[11]. Le critère de la clause exorbitante du droit commun reste cependant utile pour déterminer le caractère administratif des contrats des services publics administratifs. C'est pourquoi il est conservé par la jurisprudence.

Ce critère a toutefois fait l'objet d'une redéfinition, dans un sens plus restrictif, par la décision du Tribunal des conflits du 13 octobre 2014, *Société Axa France IARD*. Auparavant, une clause était considérée comme exorbitante dès lors qu'elle créait des droits et obligations « étrangers par leur nature à ceux qui sont susceptibles d'être consentis par quiconque dans le cadre des lois civiles ou commerciales[12] », ce qui donnait à penser qu'un contrat pouvait être qualifié d'administratif au seul motif qu'il comportait une clause inhabituelle, voire illégale. Désormais, la clause exorbitante du droit commun est définie comme « la clause qui, notamment par les prérogatives reconnues à la personne publique contractante dans l'exécution du contrat, implique, dans l'intérêt général, qu'il relève du régime exorbitant des contrats administratifs ». Ainsi, l'exorbitance ne se définit plus, négativement, par rapport au droit commun, mais, positivement, par le fait qu'elle révèle la nécessité, dans l'intérêt général, de soumettre le contrat au droit des contrats administratifs,

Le critère du service public a été à nouveau mis à l'honneur par deux décisions rendues le même jour, le 20 avril 1956, *Époux Bertin* et *Consorts Grimouard*. Les faits de la première affaire, liés à la guerre, montrent la diversité de forme comme de contenu des contrats administratifs : les époux Bertin, par un contrat verbal passé avec l'administration, s'étaient engagés à héberger et à nourrir, en 1944, des ressortissants soviétiques dans l'attente de leur rapatriement en Russie. Le Conseil d'État juge qu'est administratif le contrat qui a pour objet de confier au cocontractant « l'exécution même du service public » (*Époux Bertin*) ou encore le contrat qui constitue lui-même « l'une des modalités de l'exécution même de ce service » (*Consorts Grimouard*) et ce, « quelle que puisse être la nature des stipulations incluses dans ces contrats ». Ces décisions règlent le conflit qui existait entre les arrêts *Thérond* et *Société des granits porphyroïdes des Vosges*. Certes, elles ne reviennent pas à une conception aussi large que celle de l'arrêt *Thérond* : un simple but de service public n'est pas suffisant. Il faut un lien plus étroit, tel que l'association directe du cocontractant à l'exécution du service public. Toutefois, même sans clause exorbitante, ce lien étroit suffit, à lui seul, à caractériser un contrat administratif. Désormais, la jurisprudence retient donc deux critères alternatifs, celui du service public et celui de la clause exorbitante.

11. CE, 13 octobre 1961, *Établissements Campanon-Rey*.
12. TC, 15 novembre 1999, *Commune de Bourisp*.

Le cas des agents contractuels de l'administration relève toutefois d'une solution particulière. Le critère de la participation directe à l'exécution du service public avait, pour ce qui les concerne, fait naître des difficultés d'application. Ainsi la décision *Dame veuve Mazerand* du Tribunal des conflits du 25 novembre 1963 était-elle allée jusqu'à distinguer, pour une même personne, employée d'une école communale, deux catégories de missions : pour la première, le nettoyage de l'école, elle relevait de la juridiction prud'homale, mais pour la seconde, la surveillance de l'enfant, l'associant au service public, elle dépendait du juge administratif. Dans un souci de simplification, la décision *Berkani* du Tribunal des conflits du 25 mars 1996 juge que les agents d'un service public administratif sont, par principe, « des agents contractuels de droit public, quel que soit leur emploi ».

Au total, le critère matériel tient donc, de façon alternative, soit aux stipulations du contrat – la présence de clause exorbitante – soit à son objet – la participation directe à l'exécution du service public.

2/ *Les contrats publics en Europe et aux États-Unis*

La présentation du droit des contrats publics dans les pays européens est délicate[13]. Comme souvent dans les comparaisons internationales, la réponse dépend de la manière de poser la question. On peut distinguer trois séries de questions : la notion de contrat administratif, leur régime juridique et leur contentieux. Un bref examen de la situation des États-Unis n'est pas sans intérêt dans ce domaine.

a) La notion de contrat administratif en Europe

La notion de contrat administratif ne se retrouve pas dans tous les pays européens. Le Royaume-Uni l'ignore totalement. À l'autre extrême, le Conseil d'État français a construit une véritable théorie générale des contrats publics, dans laquelle ces derniers forment un ensemble cohérent : la catégorie des contrats administratifs fait l'objet d'une définition générale et regroupe en pratique la plupart des contrats de l'administration ; elle obéit à un régime juridique global et son contentieux relève du juge administratif. L'Espagne s'est inspirée des principes français, d'abord à travers la jurisprudence du Tribunal suprême, puis par l'adoption d'une loi en 1995, refondue dans la loi sur les contrats du secteur public du 30 octobre 2007 (*ley de contratos del sector pûblico*, dite LCSP). Celle-ci consacre la catégorie de contrat administratif (*contratos administratives*), en donne les

13. Sur ce sujet, voir Rozen Noguellou et Ulrich Stelkens (dir.), *Droit comparé des contrats publics*, Bruxelles, Bruylant, 2010.

critères d'identification et fixe les règles applicables[14]. L'Italie et la Belgique donnent du contrat administratif des définitions proches de celles que retient le droit de l'Union européenne pour les marchés publics, en distinguant classiquement trois grands types de contrats : travaux, services et fournitures.

D'autres pays européens ont un système intermédiaire : la notion de contrat administratif existe, mais elle est conçue de manière restrictive ; en principe, les contrats conclus par l'administration relèvent du droit privé. En Allemagne, la notion de contrat de droit public (*öffentlich-rechtlicher Vertrag*) n'a été consacrée qu'avec la loi sur la procédure administrative (*Verwaltungsverfahrensgesetz*, dite VwVfG) du 25 mai 1976. Si le droit allemand a longtemps été rétif à l'idée de contrat administratif, c'est en raison de la préférence donnée à l'acte unilatéral dans les relations entre l'État et les citoyens. La doctrine admettait aisément les contrats conclus entre organismes publics, placés sur un pied d'égalité (dits « contrats de coordination ») ; elle se montrait plus critique sur l'usage du contrat dans les rapports inégalitaires entre l'administration et les particuliers (dits « contrats de subordination »). Au début du XXe siècle, le professeur Otto Mayer estimait « impossibles » les contrats administratifs, au motif que le contrat suppose la mise sur le même plan des sujets de droit, alors que le droit public se caractérise par la suprématie de l'État[15]. Pour le dire autrement, lorsque l'administration agit en qualité d'autorité publique, elle devrait normalement procéder par voie d'acte administratif unilatéral ; si l'administration fait usage du contrat, c'est normalement qu'il s'agit d'un acte de gestion relevant du droit privé. Il en résulte une définition assez stricte du contrat public. La loi sur la procédure administrative consacre son existence, mais elle n'en admet la licéité que comme une forme d'exception, en indiquant qu'« un rapport de droit relevant du domaine du droit public peut être créé [...] par contrat » – sous-entendu, par dérogation au principe selon lequel un tel rapport doit normalement se fonder sur un acte administratif (paragraphe 54). La loi précise d'ailleurs que « l'autorité administrative peut, au lieu d'édicter un acte administratif, conclure un contrat de droit public ». Ainsi conçu, le contrat administratif (*Verwaltungsvertrag*) est celui qui concerne l'exercice du pouvoir, celui dans lequel l'administration agit en qualité de puissance publique, dans un domaine pour lequel elle aurait pu édicter un acte administratif (*Verwaltungsakt*). Au regard de cette définition, les marchés publics sont des contrats de droit privé, ce qui élimine en pratique une

14. Voir Michel Fromont, *Droit administratif des États européens*, Paris, PUF, coll. « Thémis », 2006. S'agissant des contrats administratifs, l'auteur classe la France, l'Espagne, le Portugal et la Grèce dans le « groupe français ».

15. Otto Mayer, *Le Droit administratif allemand*, Paris, Giard et Brière, 1903-1906, cité par Hartmut Maurer, *Droit administratif allemand*, *op. cit.*, p. 376.

grande partie des contrats de l'administration : étant de simples actes de gestion, ils ne relèvent pas du juge administratif. En revanche, celui dans lequel l'obligation souscrite présente, par sa nature, un caractère de droit public constitue un contrat public. Tel est le cas du contrat d'expropriation, prévu par la loi fédérale sur l'urbanisme, ou encore d'un contrat relatif à la délivrance d'un permis de construire.

Enfin, on observera que la plupart des pays reconnaissent une spécificité des contrats conclus entre les personnes publiques. À commencer par les contrats conclus entre les États. Certes, il ne s'agit pas à proprement parler de contrat « administratif ». Mais les conventions internationales ont bien une nature contractuelle et ne sont évidemment pas soumises au droit privé : en prenant un peu de recul, elles sont la première illustration de l'idée que les contrats signés par un État ne sont pas des contrats comme les autres. D'ailleurs, la frontière avec les contrats administratifs est parfois ténue si l'on songe à l'exemple des conventions conclues, dans un État fédéral comme l'Allemagne, entre la Fédération et les *Länder* ou entre les *Länder* eux-mêmes.

b) Le régime juridique des contrats publics en Europe

S'agissant du régime juridique, l'existence de règles spéciales se retrouve dans la plupart des pays européens. Il faut toutefois distinguer ici deux types de règles. Les règles relatives à la conclusion des contrats publics relèvent aujourd'hui pour l'essentiel du droit de l'Union européenne lui-même, qui a ainsi contribué à la diffusion d'un droit spécial des contrats de l'administration dans les États membres. Plusieurs directives organisent la procédure de passation des marchés publics, au-delà d'un certain seuil. Dès lors, tous les pays de l'Union européenne ont édicté des règles transposant ces directives dans leur ordre interne. Cette exigence de transparence des grands contrats publics se retrouve d'ailleurs à l'échelon international, avec l'accord sur les marchés publics (AMP) conclu en 1994 dans le cadre de l'Organisation mondiale du commerce (OMC). La nécessité d'adopter des règles spéciales quant à la conclusion des contrats de l'administration – règles qui n'existent pas pour les contrats conclus entre particuliers – fait donc l'objet d'un large consensus. La justification est ici surtout d'ordre économique : la commande publique représente de l'ordre de 17 % du PIB de l'Union européenne et de 10 % du PIB français (en incluant marchés publics, délégations de service public et contrats de partenariat). Dans un double souci de bonne gestion des deniers publics et d'égalité entre les entreprises, il s'agit d'organiser le libre accès de ces dernières à la commande publique.

En revanche, les règles relatives à l'exécution des contrats publics restent largement nationales et, par suite, sont d'une grande diversité. Toutefois, à travers des raisonnements différents, on observe une certaine convergence quant aux solutions, comme le montre le professeur britannique Paul Craig[16]. En France, la jurisprudence soumet les contrats administratifs à un ensemble de règles spéciales : l'administration y dispose de prérogatives particulières – telles que le pouvoir de modification unilatérale, dans un objectif d'adaptabilité du contrat aux besoins du service public ; en contrepartie, le cocontractant a droit au respect de l'équilibre financier du contrat, ce qui lui permet par exemple de bénéficier de la théorie de l'imprévision. Les mêmes principes sont repris dans la loi en Espagne ou au Portugal. L'Italie reconnaît également, de façon partielle, le *ius variandi* (droit de modifier le contrat), pour les contrats de longue durée[17]. Même au Royaume-Uni, on peut retrouver, par des voies détournées, des formes de pouvoirs unilatéraux. Certes, le point de départ est que les contrats publics sont soumis aux mêmes principes que les contrats ordinaires. Mais, comme le relève Paul Craig, les clauses du contrat peuvent elles-mêmes accorder à l'autorité publique le pouvoir de modifier ou de résilier le contrat. Cette faculté, théorique, est amplifiée en pratique par les modèles de contrat qui reprennent ce type de clauses[18].

c) Le contentieux des contrats publics en Europe

Le contentieux des contrats publics est partagé entre les juridictions selon des critères qui varient d'un pays à l'autre. Un enjeu particulier s'attache ici aux recours en matière de marchés publics qui doivent, conformément au droit de l'Union européenne, permettre de saisir le juge de façon préventive, avant la signature du contrat, de manière à assurer le respect des procédures de passation. En Italie et en Belgique, le contentieux de la formation des contrats administratifs relève du juge administratif, tandis que celui de l'exécution est confié au juge ordinaire. En Allemagne, si les contrats de droit public relèvent du juge administratif, leur nombre est assez limité ; les marchés publics, quant à eux, sont regardés comme des contrats de droit privé et, par suite, relèvent du juge ordinaire. Toutefois, certaines juridictions administratives ont admis leur compétence pour les recours liés à la phase préparatoire, en se fondant sur la « théorie des deux étapes » (*Zwei-Stufen-Lehre*),

16. Paul Craig, « Specific Powers of Public Contractors », dans Rozen Noguellou et Ulrich Stelkens (dir.), *Droit comparé des contrats publics*, *op. cit.*

17. Ces comparaisons internationales permettent d'ailleurs de relever que la problématique d'un équilibre entre la mutabilité et la force obligatoire du contrat existe aussi en droit privé. Le *ius variandi* trouve surtout à s'appliquer en droit du travail, où il désigne la faculté de l'employeur de modifier unilatéralement les conditions non essentielles du contrat de travail : comme dans les contrats publics, on observe ici un lien entre pouvoir de modification unilatérale et rapports de subordination.

18. Tel est le cas de la clause F3 du *Model Terms and Conditions of Contracts of Goods.*

voisine de la notion d'actes détachables du droit français, dans le souci de contrôler les procédures de passation des marchés publics.

d) Les contrats publics aux États-Unis

Aux États-Unis, le régime juridique des marchés publics présente d'étonnantes similitudes avec le droit français. La *Federal Acquisition Regulation* (FAR) réglemente le droit applicable aux marchés des administrations fédérales. La passation des contrats est soumise à des mesures de publicité et de mise en concurrence, telles que l'appel d'offres avec soumission cachetée (*sealed bidding*). S'agissant de l'exécution des contrats, la FAR confère à l'administration des pouvoirs exorbitants du droit privé. En particulier, le droit américain lui reconnaît un pouvoir de modifier unilatéralement le contrat, tout en lui assignant des limites : seules sont autorisées les prestations supplémentaires qui entrent dans le champ du contrat (*scope of contract*) et qui constituent un ajustement équitable (*equitable adjustment*), alors qu'un changement radical (*cardinal change*) est interdit. Enfin, s'agissant du contentieux, les entreprises peuvent former un recours devant des juridictions de nature administrative, les *boards of contract appeals* (BCA).

B | LES PRINCIPAUX CONTRATS ADMINISTRATIFS

Après avoir donné un aperçu général des contrats administratifs, on s'attardera plus particulièrement sur deux grands types de contrat : les marchés publics et les concessions. Les marchés de partenariat, initialement regardés comme une catégorie distincte, sont aujourd'hui qualifiés de « marchés publics ».

1/ *Tableau général*

Les contrats administratifs sont d'une grande diversité. Certains relèvent de catégories préexistantes et définies par les textes ; d'autres sont librement créés par les parties. On retrouve la distinction utilisée en droit civil entre contrats *nommés*, dont le régime est prévu par la loi, et contrats *innommés*, qui sont d'une variété infinie compte tenu du principe de liberté contractuelle.

L'*occupation du domaine public* fait l'objet de nombreux contrats administratifs. Comme on l'a indiqué, l'administration peut autoriser cette occupation, selon les cas, soit de manière unilatérale, par un permis de stationnement ou par une permission de voirie, soit de manière contractuelle, par une concession de voirie. Cette concession, qui constitue une convention d'occupation du domaine public, ne doit évidemment pas être confondue avec les concessions de travaux publics ou de service, examinées plus loin. Parmi les contrats liés à la gestion des biens des personnes publiques, on peut également mentionner le bail emphytéotique administratif (BEA), qui est un contrat nommé puisque son régime est prévu au code général des collectivités territoriales (L. 1311-2). Ce dernier autorise une collectivité territoriale propriétaire d'un bien immobilier, y compris si ce bien constitue une dépendance du domaine public, à le louer à un tiers dans les conditions du bail emphytéotique de droit commun, c'est-à-dire pour une durée de 18 à 99 ans[19]. L'intérêt de ce type de bail de longue durée est de conférer au preneur un droit réel, susceptible d'hypothèque. Cette faculté est toutefois strictement encadrée : le bail ne peut être conclu qu'en vue de la réalisation d'une opération d'intérêt général relevant de la compétence de la collectivité territoriale ou en vue de l'affectation à une association cultuelle d'un édifice du culte ouvert au public.

La *commande publique* constitue le second grand domaine propice à la conclusion de contrats administratifs. Le droit des contrats de commande publique est aujourd'hui profondément influencé par le droit de l'Union européenne, tout particulièrement pour les procédures de passation de ces contrats. La typologie de ces contrats, rénovée en 2014, distingue clairement deux grandes catégories de contrats : les marchés publics et les concessions.

Trois nouvelles directives, en date du 26 février 2014 ont en effet été adoptées à la suite des propositions de la Commission, énoncées en 2011 dans le *Livre vert sur la modernisation de la politique de l'Union européenne en matière de marchés publics*. Les deux premières régissent les marchés publics[20] : une directive *générale*, la directive 2014/24, pour les secteurs dits « classiques » (marchés publics de travaux, de fournitures et de services)[21] et une directive *sectorielle*, la directive 2014/25, pour les activités économiques en réseau, dits « secteurs spéciaux » (eau, énergie, transports et services postaux)[22]. Elles imposent, au-delà de certains seuils, des obligations de publicité et de mise en concurrence. La troisième directive, comblant un vide juridique, concerne les concessions : la directive 2014/23 sur l'attribution des contrats de concession[23].

19. Il s'agit d'un emprunt aux baux ruraux : l'article L. 1311-2 renvoie à l'article L. 451-1 du code rural et de la pêche maritime.

20. Qui se substituent aux directives 2004/18/CE et 2004/17/C du 31 mars 2004, lesquelles remplaçaient diverses directives du 18 juin 1992 et du 14 juin 1993.

21. Directive 2014/24 du Parlement européen et du Conseil du 26 février 2014 sur la passation des marchés publics, abrogeant la directive 2004/18/CE.

22. Directive 2014/25 du Parlement européen et du Conseil européen du 26 février 2014 relative à la passation de marchés par des entités opérant dans les secteurs de l'eau, de l'énergie, des transports et des services postaux et abrogeant la directive 2004/17/CE.

23. Directive 2014/23 du Parlement européen et du Conseil du 26 février 2014 sur l'attribution de contrats de concession.

Deux directives dites « recours » complètent l'édifice, afin de garantir l'efficacité des recours juridictionnels en matière de marchés publics : la directive 89/665/CEE du 21 décembre 1989, pour les secteurs classiques, et la directive 92/13/CEE du 25 février 1992, pour les secteurs spéciaux (ces directives ayant été modifiées à plusieurs reprises, et en particulier par une directive du 11 décembre 2007).

En droit interne, les trois directives de 2014 ont été transposées par deux ordonnances : l'ordonnance du 23 juillet 2015 relative aux marchés publics et l'ordonnance du 29 janvier 2016 relative aux contrats de concession. Ces deux ordonnances ont procédé à une rationalisation et à une simplification de l'architecture du droit interne des contrats de commande publique. Celui-ci est désormais articulé, comme le droit de l'Union européenne, autour de deux grands types de contrats : les marchés publics et les concessions.

Afin d'achever la rationalisation du droit de la commande publique, le gouvernement a été autorisé sur le fondement de l'article 38 de la loi du 9 décembre 2016 relative à la transparence, à la lutte contre la corruption et à la modernisation de la vie économique, à adopter par voie d'ordonnance la partie législative du code de la commande publique. A suivi un important travail de codification qui a duré deux ans et regroupé de manière collégiale l'ensemble des acteurs de la commande publique. À la suite de ces travaux ont été adoptés, d'une part, l'ordonnance du 26 novembre 2018 relative à la partie législative du code de la commande publique et, d'autre part, le décret du 3 décembre 2018 relatif à sa partie réglementaire.

Entré en vigueur le 1er avril 2019, le code de la commande publique rassemble désormais l'ensemble des dispositions applicables aux contrats de la commande publique, dont les deux grandes ordonnances « marchés publics » du 23 juillet 2015 et « concessions » du 29 janvier 2016, mais aussi divers textes régissant le droit de la commande publique, dont la loi du 31 décembre 1975 relative à la sous-traitance et la loi du 12 juillet 1985 relative à la maîtrise d'ouvrage publique (dite « loi MOP »).

Dans un titre préliminaire, le code pose les principales définitions, en indiquant que les acheteurs et les autorités concédantes choisissent librement, pour répondre à leurs besoins, d'utiliser leurs propres moyens ou d'avoir recours à un contrat de la commande publique (article L. 1 du code de la commande publique). Il codifie les principes fondamentaux de la commande publique que sont les principes d'égalité de traitement des candidats, de liberté d'accès et de transparence des procédures (article L. 3). Par ailleurs, les rédacteurs du code ont saisi cette occasion pour codifier des règles d'origine jurisprudentielle applicables aux contrats publics. Ainsi, le pouvoir de contrôle de l'administration ou encore le principe de continuité du service public sont désormais consacrés à l'article L. 6 du code de la commande publique.

On notera que, s'agissant pour l'essentiel d'une codification « à droit constant », la plupart des articles du code cités dans le présent chapitre trouvent leur correspondance dans les dispositions des textes précédents.

2/ *Les marchés publics*

Avant le code de la commande publique, l'ordonnance du 23 juillet 2015 relative aux marchés publics, complétée par son décret d'application du 25 mars 2016, avait déjà permis d'unifier divers régimes juridiques. Elle regroupe en effet un ensemble de contrats qui étaient régis auparavant par trois textes :

– le code des marchés publics, dont le champ était limité, pour l'essentiel, aux personnes publiques, qui avait été modifié à de nombreuses reprises et dont la dernière version datait de 2006[24] ;

– l'ordonnance du 6 juin 2005 relative aux marchés passés par certaines personnes publiques ou privées non soumises au code des marchés publics, qui permettait de réglementer, de façon résiduelle, les contrats entrant dans le champ de la législation européenne mais non soumis au code ;

– l'ordonnance du 17 juin 2004 sur les contrats de partenariat, rebaptisés désormais « marchés » de partenariat.

Un marché public est défini comme un « contrat conclu par un ou plusieurs acheteurs [...] avec un ou plusieurs opérateurs économiques, pour répondre à leurs besoins en matière de travaux, de fournitures ou de services, en contrepartie d'un prix ou de tout équivalent » (article L. 1111-1 du code de la commande publique, ex-article 4 de l'ordonnance de 2015)

La notion de marché public et, par suite, l'application des règles qui régissent ce type de contrat reposent ainsi sur un double critère, organique et matériel.

D'une part, l'une des parties contractantes doit être l'un des « acheteurs soumis à la présente ordonnance », c'est-à-dire soit un *pouvoir adjudicateur*, soit une *entité adjudicatrice*. Ces deux notions ont été forgées par le droit de l'Union européenne pour déterminer le champ d'application *ratione personae* respectivement de la directive générale et de la directive « secteur exclus ». La notion de *pouvoir adjudicateur* recouvre non seulement les personnes morales de droit public, mais aussi les personnes de droit privé « créées spécifiquement pour satisfaire des besoins d'intérêt général, ayant un caractère autre qu'industriel et commercial » et soumis à un contrôle effectif de l'autorité publique (article L. 1211-1 du code de

24. Le droit des marchés publics a connu une histoire mouvementée, liée à la nécessité d'adapter le droit français aux exigences européennes : le code des marchés publics de 1964, qui se substituait à un décret-loi du 12 novembre 1938, a été maintes fois modifié, notamment par les décrets du 7 mars 2001, du 7 janvier 2004, puis du 1er août 2006.

la commande publique). Une *entité adjudicatrice*, pour sa part, est un organisme qui exerce une des activités d'opérateurs de réseaux (transport ou distribution de gaz, d'électricité, d'eau), qu'il soit un pouvoir adjudicateur, une entreprise publique ou encore un organisme de droit privé bénéficiant de droit spéciaux et exclusifs (article L. 1212-1 du code de la commande publique).

D'autre part, s'agissant de son objet, un marché public est avant tout un *acte d'achat*, le cocontractant fournissant à l'administration un bien ou une prestation moyennant le versement d'un prix. Ce deuxième critère permet de différencier le marché public de la concession ou de la délégation de service public, lesquelles portent sur une prestation plus complexe et reposent sur une rémunération liée aux résultats de l'exploitation : les contrats de mobilier urbain ont ainsi été qualifiés de marchés publics[25].

On peut classer les marchés publics selon leur objet et distinguer ainsi marchés de travaux, de fournitures, de transports ou encore de services.

Il convient d'ajouter, enfin, que les marchés publics peuvent aussi bien être passés par des personnes publiques que par des personnes privées, dès lors que celles-ci répondent à la qualité de pouvoir adjudicateur ou d'entité adjudicatrice. Ces marchés sont des contrats administratifs lorsqu'ils sont conclus par des personnes morales de droit public (article L. 6 du code de la commande publique) et des contrats de droit privé lorsqu'ils sont conclus par des personnes de droit privé. Leur contentieux relève du juge administratif dans le premier cas et du juge judiciaire dans le second

3/ *Concession et délégation de service public*

La notion de concession recouvre des techniques contractuelles anciennes, dont l'origine remonte à l'Ancien Régime. À partir du XVe siècle, se développent des contrats par lesquels la puissance publique confie à des personnes privées la réalisation de travaux portant sur la navigabilité des rivières, la construction de canaux ou de ponts, la distribution de l'eau ou l'enlèvement des ordures. La rémunération des entrepreneurs est assurée par une taxe perçue sur les usagers, à la différence de simples marchés où l'entrepreneur perçoit un prix payé par l'administration : c'est la *concession*, acte consistant pour l'État à accorder un droit à une personne privée en échange de la construction d'un ouvrage et de son exploitation. Variante de la concession, le contrat d'*affermage* est celui par lequel un ouvrage déjà existant est confié à un tiers, dit « fermier », qui est chargé de son entretien et de son exploitation. La technique de la concession est aujourd'hui employée pour l'exploitation de nombreux ouvrages et services publics : autoroutes, éclairage, parcs de

25. CE, 4 novembre 2005, *Société Jean-Claude Decaux*.

stationnement, transports urbains, ports et aéroports, cantines scolaires, réseau d'eau, élimination des déchets, remontées mécaniques, et même pour le réseau routier local (le boulevard périphérique nord à Lyon ou le tunnel du Prado-Carénage à Marseille) ou des ponts (Tancarville, pont de Normandie au Havre).

Au début du XXe siècle, les contrats de concession de service public ont été au cœur de la construction jurisprudentielle du droit administratif des contrats, comme en témoignent nombre de grands arrêts de la jurisprudence administrative : *Compagnie générale des tramways* (21 mars 1910), *Compagnie des tramways de Cherbourg* (9 décembre 1932) ou encore *Compagnie générale d'éclairage de Bordeaux* (30 mars 1916). Le régime des concessions reste, encore aujourd'hui, en grande partie jurisprudentiel.

Les procédures de passation de ces contrats ont toutefois fait l'objet de différents textes. Si les marchés publics étaient de longue date soumis à des procédures d'appel d'offres, les contrats de concession, pour leur part, ont longtemps été attribués sans formalité particulière. On considérait en effet que l'administration devait pouvoir choisir en toute liberté son cocontractant, s'agissant d'un contrat *intuitu personae*, par lequel elle confiait à ce dernier la responsabilité de l'exploitation d'un service public. Cette souplesse pouvait toutefois donner lieu à des dérives. C'est pourquoi la loi du 29 janvier 1993, relative à la prévention de la corruption et à la transparence de la vie économique et des procédures publiques, dite « loi Sapin », dans un objectif de transparence, a encadré plus strictement la procédure d'attribution des contrats de concession en imposant des obligations de publicité et de mise en concurrence. La loi Sapin ne concernait toutefois que les concessions par lesquelles l'administration confiait la gestion d'un *service public* à son cocontractant, contrats qu'elle a désignés sous une nouvelle appellation : les *délégations de service public*.

Les *concessions de travaux*, quant à elles, étaient régies par l'ordonnance du 15 juillet 2009 relative aux contrats de concession de travaux publics. Celle-ci visait à transposer la directive 2004/18 du 31 mars 2004 qui, bien que relative essentiellement aux marchés publics, comportait quelques dispositions concernant les concessions de travaux. Typiquement, la concession d'une autoroute constitue une concession de travaux, alors qu'un contrat relatif au transport urbain par autobus est une délégation de service public.

Cette dualité de régime a désormais disparu. Le droit des concessions a été unifié par l'ordonnance du 29 janvier 2016 relative aux contrats de concession, complétée par son décret d'application du 1er février 2016. Transposant la directive relative aux contrats de concession du 26 février 2014, celle-ci se substitue à la loi Sapin du 29 janvier 1993 et à l'ordonnance du 15 juillet 2009.

Cette unification a été confirmée par le code de la commande publique et notamment par son article L. 1121-1 qui donne une définition très large des contrats de concession. Est considéré comme tel tout « contrat par lequel une ou plusieurs autorités concédantes soumises au présent code confient l'exécution de travaux ou la gestion d'un service à un ou plusieurs opérateurs économiques, à qui est transféré un risque lié à l'exploitation de l'ouvrage ou du service, en contrepartie soit du droit d'exploiter l'ouvrage ou le service qui fait l'objet du contrat, soit de ce droit assorti d'un prix ».

On retrouve ici pour l'essentiel la définition traditionnelle de la concession ou de la délégation de service public. S'agissant du critère organique, la notion d'autorités concédantes est largement entendue : comme pour les marchés publics, ce sont des pouvoirs adjudicateurs et des entités adjudicatrices au sens du droit de l'Union européenne (articles L. 1211-1 et L. 1212-1 du code de la commande publique). L'objet du contrat de concession est également vaste : il peut porter sur l'exécution de travaux ou sur la gestion d'un service, ce dernier n'étant pas nécessairement un service *public*. Dorénavant, la délégation de service public doit être considérée comme une concession de service ayant pour objet particulier la gestion d'un service *public* (articles L. 1121-3 du code de la commande publique et L. 1411-1 du code général des collectivités territoriales). Elle n'apparaît plus que comme une variante de la concession de service.

Enfin, un élément clé de la concession réside dans la nature de la *contrepartie* retirée par le contractant. Le code de la commande publique retient ici deux critères complémentaires : le mode de rémunération et le risque. Ces critères permettent de distinguer clairement la concession du marché public. D'une part, à la différence d'un marché public, la rémunération du concessionnaire ne consiste pas en un prix, mais essentiellement « dans le droit d'exploiter le service ou l'ouvrage » ou éventuellement dans « ce droit assorti d'un prix ». On retrouve ici un critère traditionnel de la concession, déjà retenu par plusieurs textes. D'autre part, transposant la directive du 26 février 2014, le code de la commande publique va plus loin en consacrant pleinement, dans son article L. 1121-1, le critère du transfert du risque[26]. Ce critère était présent en filigrane dans la jurisprudence de la Cour de justice, comme dans celle du Conseil d'État[27], qui exigeait que la rémunération du cocontractant soit « substantiellement liée aux résultats d'exploitation du

26. De même, la directive 2014/23 du 26 février 2014 sur l'attribution des contrats de concession précisait que « l'attribution d'une concession de travaux ou d'une concession de services implique le transfert au concessionnaire d'un risque d'exploitation lié à l'exploitation de ces travaux ou services, comprenant le risque lié à la demande, le risque lié à l'offre ou les deux ».

27. CE, 15 avril 1996, *Préfet des Bouches-du-Rhône*.

service[28] ». Désormais, il est expressément formulé par les textes. L'article L. 1121-1 du code de la commande publique précise, dans son deuxième alinéa, la notion de risque : « La part de risque transférée au concessionnaire implique une réelle exposition aux aléas du marché. » Il ajoute que le concessionnaire assume le risque d'exploitation « lorsque, dans des conditions d'exploitation normales, il n'est pas assuré d'amortir les investissements ou les coûts, liés à l'exploitation de l'ouvrage ou du service, qu'il a supportés ».

Par ailleurs, la durée de la concession doit être limitée (article L. 3114-7 du code de la commande publique). Déjà, en 1993, la loi Sapin avait limité la durée maximum pour laquelle pouvait être accordée une délégation de service public : celle-ci ne devait pas dépasser la durée normale d'amortissement des investissements réalisés par le délégataire. Cette dernière disposition a d'ailleurs donné lieu à un important arrêt du Conseil d'État quant aux modalités d'application d'une loi nouvelle aux contrats en cours : l'arrêt *Commune d'Olivet* du 8 avril 2009 juge que cette disposition de la loi Sapin est applicable aux contrats en cours dès lors qu'elle répond « à un impératif d'ordre public qui est de garantir, par une remise en concurrence périodique, la liberté d'accès des opérateurs économiques aux contrats de délégation de service public et la transparence des procédures de passation ». L'arrêt précise que, pour les contrats en cours, la durée maximale se décompte à partir de l'entrée en vigueur de la loi. Dans le même esprit, la directive 2014/23 précitée limite la durée des contrats de concession : celle-ci ne doit pas normalement dépasser « le temps raisonnablement escompté par le concessionnaire pour qu'il recouvre les investissements réalisés pour l'exploitation des ouvrages ou services avec un retour sur les capitaux investis » (article 18). L'article L. 3114-7 du code de la commande publique indique que cette durée est déterminée « en fonction de la nature et du montant des prestations ou des investissements demandés au concessionnaire ».

Les biens de la concession, pour leur part, sont soumis à un régime qui a été défini, pour l'essentiel, par voie jurisprudentielle. Par un arrêt d'Assemblée, *Commune de Douai*, du 21 décembre 2012, prolongé par une décision du 29 juin 2018, *Ministre de l'intérieur c/ communauté de communes de la vallée de l'Udaye*, le Conseil d'État a précisé et présenté d'une façon pédagogique cet ensemble de règles. Lorsque le contrat met à la charge du cocontractant les investissements correspondant à la création ou à l'acquisition des biens nécessaires au fonctionnement du service public, l'ensemble de ces biens, meubles ou immeubles, appartient, dans le silence de la convention, à la personne publique dès leur réalisation ou leur acquisition. En

28. Article L. 1411-1 du code général des collectivités territoriales, dans sa rédaction issue de la loi Murcef du 11 décembre 2001.

revanche, les biens qui ne sont pas indispensables au fonctionnement du service public sont la propriété du cocontractant. À l'expiration de la concession, les biens de la première catégorie, dits « biens de retour », reviennent à la collectivité concédante, en principe gratuitement lorsqu'ils ont été amortis au cours de l'exécution du contrat – ce qui est normalement le cas puisque la durée du contrat est définie par référence à la durée d'amortissement des investissements. Cela n'exclut pas, dans certains cas, une indemnisation correspondant à la part non amortie, en particulier en cas de cessation anticipée du contrat. Les biens de la seconde catégorie, dits « biens de reprise », peuvent faire l'objet d'une reprise par l'autorité concédante, moyennant un prix librement déterminé par les parties.

4/ *Des contrats de partenariat aux marchés de partenariat*

Créé par une ordonnance du 17 juin 2004, modifiée par une loi du 28 juillet 2008, le contrat de partenariat était alors un instrument juridique nouveau. Destiné à répondre aux besoins de financement des équipements publics dans le cadre *d'un partenariat public-privé* (PPP), il s'inspirait des *private finance initiatives* (PFI) britanniques. Cette ordonnance avait été précédée de lois sectorielles autorisant la conclusion de contrats complexes, notamment pour la construction de prisons (loi du 9 septembre 2002) ou d'hôpitaux (loi du 3 juillet 2003).

Sur le plan juridique, le contrat de partenariat constituait une forme originale de contrat public, intermédiaire entre le marché public et la concession. Comme dans un marché public, la rémunération du contractant correspondait au prix de la prestation fournie, payé par l'autorité publique (et non une redevance perçue sur les usagers), cette rémunération étant souvent étalée sur la durée du contrat. Mais, à l'instar de la concession, le contrat de partenariat permettait de confier au cocontractant de la personne publique une prestation globale, incluant non seulement la réalisation de travaux, mais aussi le *financement* d'un équipement public (par dérogation au droit des marchés publics, qui interdit le paiement différé[29]) et la *maîtrise d'ouvrage* des travaux à réaliser (par dérogation à la loi MOP du 12 juillet 1985 relative à la maîtrise d'ouvrage public). De ce fait, il n'était pas soumis aux règles de passation du code des marchés publics, mais à une procédure spécifique.

Le régime de ce type de contrats a été profondément modifié par l'ordonnance du 23 juillet 2015 relative aux marchés publics. Cette dernière a, d'une part, abrogé l'ordonnance du 17 juin 2004, d'autre part, qualifié ces contrats de marchés publics et les a en conséquence rebaptisés « marchés de partenariat ». Le code de la commande publique a repris l'ensemble des dispositions de l'ordonnance du 23 juillet 2015 régissant ces contrats.

29. Interdiction aujourd'hui posée par l'article 60 de l'ordonnance de 2015.

Le marché de partenariat est défini par l'article L. 1112-1 du code de la commande publique comme le marché public qui permet de confier à un opérateur économique une *mission globale* ayant obligatoirement un double objet : premièrement, la construction ou la transformation d'ouvrages ou d'équipements nécessaires au service public ou à l'exercice d'une mission d'intérêt général ; deuxièmement, tout ou partie de leur financement. En outre, la mission peut avoir également pour objet la conception des ouvrages ou des équipements, leur entretien, maintenance, gestion ou exploitation, ou encore la gestion d'une mission de service public.

La rémunération du contractant par l'acheteur est étalée pendant « toute la durée du contrat » (article L. 2213-8 du code de la commande publique). Elle est liée « à des objectifs de performance assignés au titulaire pour chaque phase du contrat ».

Ce type de contrat n'est pas exempt de risques : il emporte la prise d'engagements financiers hors budget. En réalité, parce qu'il assume le financement d'un équipement public, l'entrepreneur contracte lui-même la dette, au lieu et place de l'administration. Ainsi le Conseil constitutionnel, saisi de la loi d'habilitation du 3 juillet 2003 sur la base de laquelle a été prise l'ordonnance du 17 juin 2004, a estimé : « La généralisation de telles dérogations au droit commun de la commande publique ou de la domanialité publique serait susceptible de priver de garanties légales les exigences constitutionnelles inhérentes à l'égalité devant la commande publique, à la protection des propriétés publiques et au bon usage des deniers publics[30]. » Le recours aux contrats de partenariat doit dès lors demeurer exceptionnel : le juge constitutionnel a jugé qu'ils devaient être réservés à des situations répondant à des motifs d'intérêt général tels que l'urgence ou la complexité.

C'est pourquoi la faculté de recourir au marché de partenariat est très strictement encadrée. Elle n'est possible qu'à titre d'exception, sur le fondement du critère du « bilan favorable ». L'article L. 2211-6 du code de la commande publique prévoit ainsi que le marché de partenariat ne peut être passé que « si l'acheteur démontre que, compte tenu des caractéristiques du projet envisagé, des exigences de service public ou de la mission d'intérêt général dont l'acheteur est chargé, ou des insuffisances et difficultés observées dans la réalisation de projets comparables, le recours à un tel contrat présente un bilan plus favorable, notamment sur le plan financier, que celui des autres modes de réalisation du projet[31] ».

30. CC, décision du 26 juin 2003, *Contrats de partenariat*.

31. Pour mémoire, ni le code de la commande publique ni l'ordonnance avant lui ne reprennent deux autres exceptions, qui permettaient auparavant le recours au contrat de partenariat dans l'ordonnance du 17 juin 2004 : le critère d'urgence et celui de la complexité. Ces deux critères étaient peu utilisés ou pouvaient être considérés comme englobés par la troisième hypothèse, ajoutée par la loi du 28 juillet

Tout contrat de partenariat doit être précédé d'une évaluation préalable, réalisée avec le concours d'un organisme expert, permettant de justifier les motifs de caractère économique, financier, juridique et administratif qui fondent le choix de cette formule. L'évaluation doit permettre de comparer les différents modes envisageables de réalisation du projet.

Une *mission d'appui à la réalisation des contrats de partenariat* a été instituée, sous forme de service à compétence nationale, auprès du ministère de l'économie et des finances, par un décret du 19 octobre 2004. Saisi par des avocats, le Conseil d'État a admis que la création de cet organisme ne portait pas atteinte au libre jeu de la concurrence, dès lors que le décret s'était « borné à mettre en œuvre la mission d'intérêt général, qui relève de l'État, de veiller au respect, par les personnes publiques et les personnes privées chargées d'une mission de service public, du principe de légalité[32] ». Un décret du 27 avril 2016 l'a transformé en *mission d'appui au financement des infrastructures* (Fin Infra), en élargissant sa fonction de conseil et d'appui, au-delà des marchés de partenariat, à l'ensemble des projets concernant les équipements et ouvrages de bâtiments publics, d'infrastructures de réseaux, dans les secteurs des transports, de l'énergie ou encore des communications.

La formule du contrat de partenariat a été utilisée pour quelques opérations emblématiques, telles que la rénovation de l'Institut national des sports à Vincennes, la construction du stade de Lille, la réalisation des nouveaux locaux du ministère de la défense (le « Pentagone à la française ») ou celle du nouveau Palais de justice de Paris dans le quartier des Batignolles, et se diffuse dans certains domaines (construction de prisons et d'hôpitaux, éclairages publics, lignes TGV). Elle n'a toutefois pas encore connu un développement à grande échelle et, après avoir culminé en 2011 et 2012, elle est en constant recul depuis 2013. Fin 2018, on comptait 172 marchés de partenariat en cours, dont 63 passés par l'État. Dans un rapport de 2014, le Sénat observe qu'il s'agit d'« une formule *a priori* séduisante mais souvent fallacieuse pour la puissance publique ».

Enfin, l'ordonnance du 23 juillet 2015 a aussi permis de clarifier les rôles respectifs du marché de partenariat, d'un côté, et du *bail emphytéotique administratif* (BEA) et de l'*autorisation d'occupation temporaire* (AOT), de l'autre côté. Initialement, le BEA et l'AOT avaient surtout été conçus comme des outils pour sécuriser la situation précaire des occupants du domaine public, en permettant la

2008, celle où « le recours à un tel contrat présente un bilan entre les avantages et les inconvénients plus favorable que ceux d'autres contrats de la commande publique ». Le Conseil constitutionnel a admis la constitutionnalité de cette extension, qui est faite « dans l'intérêt du bon emploi des deniers publics, exigence de valeur constitutionnelle » (CC, décision du 24 juillet 2008, *Loi relative aux contrats de partenariat*).

32. CE, 31 mai 2006, *Ordre des avocats au barreau de Paris.*

constitution à leur profit de droits réels. Mais, au bénéfice d'une ingénierie contractuelle créative, certaines collectivités publiques les avaient utilisés comme des formules de PPP : sous couvert de l'occupation du domaine public, le cocontractant se voyait surtout confier la mission de réaliser un ouvrage public et d'en assurer le préfinancement, à charge pour lui de le louer ultérieurement à la collectivité publique. L'ordonnance du 23 juillet 2015 a mis fin à ces montages dits « aller-retour » : elle interdit expressément d'utiliser une AOT pour l'exécution de travaux pour le compte d'un acheteur soumis au droit des marchés publics (article L. 2122-6 du code général de la propriété des personnes publiques). Désormais, le BEA et l'AOT sont cantonnés à leur vocation originelle : l'occupation du domaine public. Si l'objet du contrat est la réalisation de travaux, il est alors nécessaire de passer un marché public et, en cas de préfinancement par le partenaire privé, un marché de partenariat. Cette nouvelle logique n'a pas été remise en cause par le code de la commande publique qui a codifié à droit constant les dispositions de l'ordonnance du 23 juillet 2015.

C | LE DÉVELOPPEMENT DU PROCÉDÉ CONTRACTUEL

Dans ses fonctions traditionnelles, le contrat permet aux personnes publiques d'acheter des biens et des services (marchés publics), de déléguer la gestion du service public (concessions, délégations de service public) ou encore de fournir des prestations à des particuliers, ces derniers contrats relevant alors, selon les cas, du droit public (convention d'occupation du domaine public, contrat avec les usagers d'un service public administratif) ou du droit privé (contrat avec les usagers d'un service public industriel et commercial). Mais des fonctions nouvelles sont apparues : le contrat est aujourd'hui devenu un « mode d'action publique et de production de normes », pour reprendre le titre du rapport 2008 du Conseil d'État[33]. La technique de la contractualisation s'applique notamment dans deux nouveaux domaines : la définition du contenu même des politiques publiques et les relations entre collectivités publiques. Ce phénomène aboutit à la multiplication d'instruments négociés, dont la nature juridique n'est pas toujours très claire.

1/ *Les nouvelles formes de contrats publics*

Pour tenter de mettre un peu d'ordre dans une réalité foisonnante, on peut distinguer trois catégories de contrats.

33. Conseil d'État, « Le contrat, mode d'action publique et de production de normes », *EDCE*, 59, 2008.

Certains d'entre eux, d'abord, sont purement informels et n'ont en réalité aucune valeur juridique. Tel est le cas des *protocoles d'accord* parfois conclus entre les organisations syndicales de la fonction publique et le ministre compétent, afin de relever les points d'accord au terme d'une négociation. Tel est également le cas des *contrats d'objectifs et de moyens* passés entre une administration centrale et ses services déconcentrés : conclus au sein de la même personne morale, ils ne sauraient comporter de véritables engagements juridiques. Ces différents outils ont une utilité pratique incontestable, ainsi qu'une force politique et morale indéniable. Toutefois, malgré leur appellation de « contrat », ils n'ont, en réalité, aucune portée juridique directe.

D'autres contrats sont couplés à un acte unilatéral et forment avec lui un ensemble juridique « à deux têtes ». Il ressort de la pratique de l'administration que deux hypothèses principales peuvent être distinguées.

Dans certains cas, des contrats sont le préalable à l'édiction d'un acte unilatéral. Leur existence est bien prévue par un texte, qui organise leur procédure d'élaboration et désigne les personnes habilitées à signer, mais il s'agit de contrats « imparfaits ». Ainsi, certains nécessitent une approbation réglementaire pour produire leurs effets. Cette approbation par un acte réglementaire va venir parfaire le contrat, de manière à lui faire produire des effets *erga omnes*, à l'égard de tous. On peut citer l'exemple des conventions médicales : négociées entre les organisations représentatives des professions médicales concernées et l'Union nationale des caisses d'assurance maladie, elles ne sont obligatoires qu'après approbation par arrêté ministériel (L. 162-5 du code de la sécurité sociale). On peut également mentionner, en droit du travail, la procédure d'extension des conventions collectives par arrêté ministériel. D'une manière plus générale, la politique sociale est le champ de prédilection de ce type d'accords, qui permet d'associer les partenaires sociaux à l'élaboration d'une norme. L'accord peut même être prolongé par la loi. L'article L. 1 du code du travail, issu d'une loi du 31 janvier 2007, prévoit que tout projet de réforme envisagé par le gouvernement qui porte sur les relations individuelles et collectives du travail, l'emploi et la formation professionnelle fait l'objet d'une concertation préalable avec les syndicats en vue de l'ouverture éventuelle d'une négociation. Lorsque celle-ci débouche sur un accord, la loi prend le relais pour le généraliser. Tel a été le cas de la loi du 14 juin 2013 sur la sécurisation de l'emploi à la suite de l'accord national interprofessionnel conclu le 11 janvier précédent. Ce type de procédure est à rapprocher de l'exigence de participation du public à l'élaboration des actes administratifs : autre manifestation de la démocratie administrative, elle permet d'associer encore plus étroitement les intéressés à la définition du contenu de la règle, leur accord étant le préalable à l'édiction d'un acte réglementaire. C'est, en quelque sorte, de « l'unilatéral négocié ».

Dans d'autres cas, les contrats viennent compléter un acte unilatéral, par exemple pour en préciser les modalités d'application. Tel est notamment le cas en matière de subvention. En effet, même si l'octroi d'une subvention implique souvent la conclusion d'une convention, seule la décision unilatérale d'attribution de la subvention constitue un acte susceptible de faire l'objet d'un recours pour excès de pouvoir[34]. De la même manière, en matière audiovisuelle, la délivrance par le Conseil supérieur de l'audiovisuel de l'autorisation administrative de diffusion d'une chaîne de télévision hertzienne est accompagnée par la conclusion d'une convention avec l'opérateur pour préciser les obligations de ce dernier.

Ces deux hypothèses démontrent qu'au-delà de la distinction théorique entre un acte unilatéral et un contrat, la réalité de la vie administrative produit des hypothèses hybrides qui posent sans cesse de nouvelles questions aux juges.

Enfin, la troisième et dernière catégorie est celle des véritables contrats, utilisés comme outil de l'action publique. Prévus par un texte, ils ont une pleine valeur juridique, même si, en pratique, leur portée varie selon la teneur plus ou moins contraignante, ou plus ou moins précise, des engagements qui sont réciproquement souscrits. Le recours au contrat s'est ainsi développé dans les relations entre l'État et les collectivités territoriales : la loi de décentralisation du 2 mars 1982 prévoyait que les collectivités locales pouvaient faire appel aux services de l'État dans le cadre de *conventions de mise à disposition*, conclues avec l'État (mécanisme aujourd'hui codifié, pour les départements, à l'article L. 3141-1 du code général des collectivités territoriales). On peut aussi mentionner l'exemple des contrats de plan État-régions qui ont été regardés comme de véritables contrats par le Conseil d'État, dans sa décision *Communauté urbaine de Strasbourg* du 8 janvier 1988. Cet arrêt précise toutefois que, comme tout contrat, leur portée est limitée aux parties, en vertu de l'effet relatif des contrats : il n'est donc pas possible d'invoquer leur violation à l'appui d'un recours pour excès de pouvoir dirigé contre un acte administratif. Autre exemple, les relations entre le ministère de l'enseignement supérieur et les universités font également l'objet d'une politique de contractualisation : la conclusion d'un *contrat pluriannuel d'établissement* permet d'organiser une tutelle souple, plus respectueuse de l'autonomie des universités (article L. 712-9 du code de l'éducation nationale).

La contractualisation s'est aussi accentuée dans la fonction publique. En effet, même si le principe demeure toujours le recrutement d'agents sous statut, l'État comme les collectivités locales ont souvent recours aux services d'agents contractuels pour compléter

34. CE, 29 mai 2019, *Société par actions simplifiée Royal Cinéma*.

leurs effectifs[35]. La loi du 6 août 2019 de transformation de la fonction publique a confirmé cette tendance en élargissant sensiblement le champ des dérogations en vertu desquelles les administrations peuvent recruter des agents contractuels.

2/ *Raisons et limites de l'utilisation du contrat dans l'exercice de la puissance publique*

Les raisons de ce recours accru au contrat sont connues. Elles s'inscrivent dans le cadre d'une évolution plus générale de nos sociétés, également visible dans le monde du travail ou le milieu familial : recul de l'autorité, recherche croissante de l'adhésion. Dans les relations entre l'État et les citoyens, ce mouvement se traduit, d'une part, par la multiplication des procédures participatives lors de l'édiction des actes administratifs, d'autre part, par le recours accru au contrat, au détriment de l'acte unilatéral, symbole du pouvoir de contrainte de la puissance publique.

Dans la plupart des pays européens, on observe une extension de l'activité contractuelle des administrations publiques. Le Royaume-Uni connaît ainsi une véritable *contractual revolution*, fondée sur « une culture contractuelle » (*contract culture*) dans laquelle « le contrat et la régulation sont les piliers jumeaux de la nouvelle architecture de la gouvernance[36] ». Les politiques libérales y ont encouragé depuis plusieurs années le *contracting out*, dans lequel l'administration confie au secteur privé la gestion de certaines missions.

L'outil contractuel présente plusieurs avantages : celui de la souplesse, puisqu'il permet à l'administration de s'adapter aux situations particulières plus facilement qu'avec l'édiction d'une règle générale ; celui de l'efficacité, les destinataires d'une mesure étant supposés l'appliquer plus volontiers lorsqu'ils y ont préalablement consenti. Il ne faut toutefois pas méconnaître les risques qui s'attachent à l'utilisation du procédé contractuel comme moyen de l'action publique : difficultés à identifier des partenaires suffisamment légitimes (c'est par exemple la question de la représentativité des organisations syndicales) ; atteinte au principe d'égalité par la multiplication des dérogations à la règle générale ; prise en compte excessive des intérêts particuliers au détriment de l'intérêt général ; risque d'inertie, un contrat étant plus difficile à faire évoluer qu'un acte unilatéral (le principe de mutabilité du service public n'est pas

35. Voir Fabrice Melleray : « Vers un élargissement du recours au contrat dans la fonction publique », *AJDA*, 14 janvier 2019, p. 25. Voir nos développements dans le chapitre sur la fonction publique (chapitre 15).

36. « Contract and regulation are twin pillars of the new architecture of governance » ; Carol Harlow et Richard Rawlings, *Law and Administration*, Cambridge, Cambridge University Press, 2009, p. 339.

facile à concilier avec celui de l'intangibilité des contrats) ; protection juridictionnelle des particuliers souvent moins efficace que celle existant pour les bénéficiaires d'un acte administratif. Le même constat est partagé ailleurs en Europe : ainsi, au Royaume-Uni, malgré le développement des politiques contractuelles, des auteurs observent que « contractual governance is no panacea[37] ». La prise en compte de ces inconvénients doit aboutir non pas à une limitation, mais à un usage raisonné du contrat dans les politiques publiques. Le rapport 2008 du Conseil d'État fait ainsi un certain nombre de propositions visant à s'assurer que le contrat public est utilisé à bon escient.

II

LE RÉGIME DES CONTRATS ADMINISTRATIFS

En droit privé, le contrat naît de la rencontre entre deux volontés libres et juridiquement égales. Le contrat administratif, pour sa part, est régi par des règles spécifiques, destinées à faire prévaloir l'intérêt général. La liberté de l'administration est encadrée, tout particulièrement dans la formation des contrats administratifs. L'exécution des contrats est marquée par une inégalité des cocontractants, l'administration bénéficiant de certaines prérogatives.

A | LES CONDITIONS DE VALIDITÉ DU CONTRAT ADMINISTRATIF

Outre les conditions tenant à la procédure de passation, qui font l'objet de développements spécifiques (voir *infra*), la validité des contrats administratifs peut être appréciée sous l'angle du consentement des parties, de leur forme ou de leur contenu.

1/ *La nécessité d'un accord des volontés*

La formation des contrats résulte, en droit public comme en droit privé, de la rencontre de volontés libres. Dès lors, la théorie

37. *Ibid.*, p. 341. Voir également Simone Torricelli, « Les limites à l'utilisation des instruments contractuels dans l'activité administrative », dans Rozen Noguellou et Ulrich Stelkens (dir.), *Droit comparé des contrats publics*, *op. cit.*, p. 126.

des vices du consentement, issue de l'article 1128 du code civil[38], est susceptible, le cas échéant, de s'appliquer : un contrat administratif est frappé de nullité en cas de dol ou d'erreur. De même, la capacité de contracter constitue une condition de validité des contrats administratifs, comme elle l'est pour les contrats civils en vertu du même article 1128. Les textes fixent pour chaque personne publique l'autorité compétente pour signer et pour autoriser la signature des contrats. Ainsi, dans une commune, le conseil municipal est normalement compétent pour approuver le choix du titulaire du marché[39]. Il peut toutefois déléguer au maire les décisions concernant la passation et l'exécution des marchés publics (article L. 2122-22 du code général des collectivités territoriales).

2/ *La forme des contrats administratifs*

Sauf disposition spéciale, la forme du contrat est libre : un contrat administratif peut parfois être verbal, comme le montre l'affaire *Époux Bertin*, du 20 avril 1956. Toutefois, les contrats sont le plus souvent écrits et obéissent à des règles de forme particulières. Ainsi, les marchés publics comportent, à côté de l'acte contractuel proprement dit, un cahier des charges, divisé en principe en deux grandes catégories de documents contractuels, prévues par le code des marchés publics. D'une part, les documents *particuliers* (cahiers des clauses administratives particulières [CCAP] et cahiers des clauses techniques particulières [CCTP]) fixent les stipulations contractuelles spécifiques au contrat en cause. D'autre part, les documents *généraux* (cahiers des clauses administratives générales [CCAG] et cahiers des clauses techniques générales [CCTG]) concernent tous les marchés d'un même type (marchés de travaux, marchés de fournitures, etc.). Approuvés au niveau national, parfois par arrêté ministériel, ils ne constituent que de simples modèles auxquels les parties sont libres de se référer ou non.

3/ *Liberté contractuelle et légalité du contenu du contrat administratif*

La liberté contractuelle se décline en plusieurs branches : elle implique la liberté de contracter ou de ne pas contracter, la liberté de choisir la forme du contrat ou la personne du cocontractant, ou encore celle de définir le contenu du contrat. Le principe de liberté contractuelle a été consacré au niveau constitutionnel par le Conseil constitutionnel dans sa décision du 19 janvier 2000 (*Loi relative à la réduction négociée du temps de travail*) : une loi ne peut modifier

38. Ancien article 1108 du code civil, avant la numérotation issue de l'ordonnance du 10 février 2016 portant réforme du droit des contrats.

39. CE, 13 octobre 2004, *Commune de Montélimar.*

le contenu d'une convention en cours que pour un motif d'intérêt général suffisant, sauf à porter atteinte à la liberté contractuelle. Le juge constitutionnel a précisé dans une décision du 19 décembre 2000 (*Loi de financement de la sécurité sociale pour 2001*) que ce principe « découle » de l'article 4 de la Déclaration des droits de l'homme et du citoyen de 1789, lequel consacre, plus généralement, la liberté de faire tout ce qui ne nuit pas à autrui.

La liberté contractuelle vaut aussi pour l'administration. Le Conseil d'État l'a expressément jugé dans une décision, *Société Borg Warner*, du 28 janvier 1998, en estimant que les dérogations « au principe de liberté contractuelle doivent être interprétées strictement » : si l'article L. 2131-10 du code général des collectivités territoriales interdit aux collectivités territoriales d'insérer dans leurs contrats des clauses par lesquelles elles renoncent à exercer toute action en responsabilité, cette disposition ne peut être interprétée comme interdisant les simples clauses de limitation de responsabilité du cocontractant. La décision *Commune d'Olivet*, du 8 avril 2009, consacre également cette liberté contractuelle, à propos de l'application d'une loi nouvelle aux contrats en cours, dans l'esprit de la jurisprudence du Conseil constitutionnel : une telle application n'est possible que si un motif d'intérêt général lié à un impératif d'ordre public suffisant le justifie et « s'il n'est dès lors pas porté une atteinte excessive à la liberté contractuelle ».

La liberté contractuelle des personnes publiques leur permet de contracter tant avec des personnes privées[40] qu'avec des personnes publiques[41]. Dans ce dernier cas, elles peuvent être conduites à soumissionner à un contrat de la commande publique. Le Conseil d'État a confirmé cette faculté offerte aux personnes publiques, tout en l'encadrant[42]. Ainsi, la candidature de la personne publique à un marché doit tout d'abord répondre à un intérêt public. Elle doit par exemple permettre d'amortir ses équipements ou encore d'assurer l'équilibre financier du service public dont elle a la charge. Ensuite, cette candidature ne doit pas fausser les conditions de la concurrence. En particulier, le prix proposé par la personne publique doit être déterminé en tenant en compte de l'ensemble des coûts directs et indirects qu'elle supporte. Par conséquent, les ressources et les moyens qui lui sont attribués au titre de ses autres missions de service public ne doivent pas fausser la détermination du prix. Cette exigence soulève diverses problématiques qui se retrouvent dans les contentieux, s'agissant notamment du calcul de l'amortissement des équipements utilisés pour répondre au marché public.

Par ailleurs, la liberté contractuelle des personnes publiques rencontre des limites. D'abord, comme en droit privé, les contrats

40. CE, 5 septembre 2001, *Guiavarc'h*.

41. CE, 8 novembre 2000, *Jean-Louis Bernard Consultants*.

42. CE, 8 novembre 2000, *Société Jean-Louis Bernard consultants* ; 30 décembre 2014, *Société Armor SNC* ; 14 juin 2019, *Société Vinci construction maritime et fluvial*.

administratifs ne peuvent méconnaître les dispositions législatives dites « d'ordre public », par opposition à celles qui ont simplement un caractère supplétif. Ainsi, l'arrêt *Commune d'Olivet* juge que la loi Sapin du 29 janvier 1993 répond à un « impératif d'ordre public », en particulier son article 40, codifié à l'article L. 1411-2 du code général des collectivités territoriales, qui limite la durée des délégations de service public. En outre, à la différence d'une personne privée, l'administration qui passe un contrat exerce une compétence qui lui est confiée par des textes précis et qui est au service d'une finalité d'intérêt général. Dès lors, le contenu même du contrat est plus étroitement encadré qu'en droit privé. Une administration n'est pas toujours libre de choisir l'outil contractuel. Certaines matières ne peuvent pas être régies par un contrat. Tel est traditionnellement le cas de la police administrative[43]. Ainsi, un arrêt *Commune d'Ostricourt*, du 29 décembre 2007, juge que la mission de surveillance de la voie publique ne peut pas être confiée par voie contractuelle à une société privée de gardiennage. Dans le même ordre d'idées, un centre hospitalier ne peut pas légalement s'obliger par contrat à garantir à un chirurgien de l'hôpital le maintien d'avantages qui relèvent du statut réglementaire ni s'interdire de modifier l'organisation du service de chirurgie de l'hôpital sans l'accord de ce chirurgien[44]. Sur le plan constitutionnel, le Conseil constitutionnel a précisé que la loi ne peut pas autoriser l'administration à conclure des contrats de délégation portant sur « les tâches inhérentes à l'exercice par l'État de ses missions de souveraineté[45] ».

B | LA PROCÉDURE DE PASSATION DES CONTRATS ADMINISTRATIFS

Dans le domaine de la commande publique, la liberté contractuelle est encadrée par des procédures visant à assurer la transparence du choix du cocontractant de l'administration. Ces règles s'inscrivent aujourd'hui dans un cadre essentiellement défini à l'échelle de l'Union européenne.

1/ *Les exigences constitutionnelles et européennes*

En droit interne, les principes fondamentaux de la commande publique ont été progressivement dégagés par la jurisprudence :

43. CE, 17 juin 1932, *Ville de Castelnaudary*.
44. CE, 11 janvier 1961, *Barbaro*.
45. CC, 29 décembre 2002, *Loi d'orientation et de programmation pour la justice* ; 10 mars 2011, *Loi LOPSI* ; 22 mars 2012, *Loi relative à l'exécution des peines*.

transparence, libre accès à la commande publique et égalité de traitement des candidats ou encore bonne gestion des deniers publics. Plusieurs principes constitutionnels sont en cause : le Conseil constitutionnel a ainsi affirmé les « exigences constitutionnelles inhérentes à l'égalité devant la commande publique, à la protection des propriétés publiques et au bon usage des deniers publics[46] ». Dans le même esprit, le Conseil d'État s'est référé aux « exigences de l'égal accès à la commande publique[47] » ou encore au « principe d'impartialité », qui est « au nombre des principes généraux du droit qui s'imposent au pouvoir adjudicateur comme à toute autorité administrative » et « dont la méconnaissance est constitutive d'un manquement aux obligations de publicité et de mise en concurrence »[48]. Ces exigences sont désormais reprises à l'article L. 3 du code de la commande publique, selon lequel : « Les acheteurs et les autorités concédantes respectent le principe d'égalité de traitement des candidats à l'attribution d'un contrat de la commande publique. Ils mettent en œuvre les principes de liberté d'accès et de transparence des procédures [...]. Ces principes permettent d'assurer l'efficacité de la commande publique et la bonne utilisation des deniers publics ».

Au niveau européen, la Cour de justice a également consacré des principes généraux applicables à la commande publique. Par son importante décision *Telaustria* du 7 décembre 2000, elle a jugé que, même en dehors du champ d'application des directives, il convenait d'appliquer les « règles fondamentales du traité en général et le principe de non-discrimination en raison de la nationalité en particulier ». Elle déduit de ce principe une « obligation de transparence » qui consiste, pour le pouvoir adjudicateur, « à garantir, en faveur de tout soumissionnaire potentiel, un degré de publicité adéquat permettant une ouverture du marché des services à la concurrence ainsi que le contrôle de l'impartialité des procédures d'adjudication ». En vertu de cette jurisprudence, une procédure minimale de publicité doit toujours être mise en œuvre, y compris pour les marchés d'un montant plus faible que les seuils fixés par les directives 2004/17 et 2004/18 ou pour les contrats non régis par celles-ci. Tel était le cas, avant la directive du 26 février 2014, des contrats de concession de service, qui n'étaient pas régis par une directive, mais dont la passation était soumise à des règles minimales de publicité en vertu du principe général de transparence déduit du traité par la Cour de justice.

Aujourd'hui, le cadre européen du droit des contrats de commande publique est principalement composé des trois directives du

46. CC, 26 juin 2003, *Contrats de partenariat*.
47. CE, 27 juillet 2001, *CAMIF*.
48. CE, 14 octobre 2015, *SA Applicam*, n° 390968.

26 février 2014 mentionnées ci-dessus, relatives, d'une part, aux marchés publics, d'autre part, aux contrats de concession.

La Cour de justice a apporté progressivement des précisions sur les modalités d'application de ces règles européennes. Elle a ainsi estimé que les exigences de la libre concurrence ne s'opposent pas à l'insertion de clauses environnementales et sociales. Elle a admis la faculté d'introduire un critère *environnemental* pour apprécier l'offre la plus avantageuse[49]. Il en va de même du critère *social*, le choix du « mieux-disant social » pouvant servir l'intérêt général (à propos de l'obligation faite à l'entrepreneur d'employer des chômeurs de longue durée[50]).

L'arrêt *Teckal*, du 18 novembre 1999, a accepté l'exception des contrats dits *in house* : les marchés conclus entre une collectivité publique et l'un de ses démembrements échappent à l'obligation de mise en concurrence. Le cocontractant doit alors être une personne sur laquelle la collectivité exerce « un contrôle analogue à celui qu'elle exerce sur ses propres services[51] ». La Cour de justice a jugé que cette exception ne pouvait pas bénéficier à une société d'économie mixte locale dès lors qu'un de ses actionnaires, même minoritaire, est une personne privée[52]. Cette jurisprudence est codifiée désormais par les directives du 26 février 2014 et, à leur suite, par le code de la commande publique, sous l'appellation de « quasi-régie[53] ». Est exclu de l'obligation de mise en concurrence le contrat conclu avec une personne morale qui répond à trois conditions : le pouvoir adjudicateur exerce sur cette personne « un contrôle analogue à celui qu'il exerce sur ses propres services » ; cette personne exerce plus de 80 % de ses activités pour le compte du pouvoir adjudicateur ; elle ne comporte pas de participation directe de capitaux privés. Cette dernière exigence comporte toutefois une exception : sont acceptées les participations de capitaux privés sans capacité de contrôle ou de blocage « qui ne permettent pas d'exercer une influence décisive sur la personne morale ».

Dans cet esprit, le législateur français a créé différents outils juridiques pour permettre aux collectivités publiques de bénéficier de cette exemption de procédure de mise en concurrence. Ainsi, la loi du 28 mai 2010 a créé les *sociétés publiques locales* (SPL), dont la totalité du capital doit être détenue par les collectivités et leurs groupements.

La décision de la Cour de justice *Acoset*, du 15 octobre 2009, a permis de fonder une catégorie voisine d'exceptions. La Cour de

49. CJCE, 17 septembre 2002, *Concordia bus Finland*.
50. CJCE, 20 septembre 1988, *Beentjes*.
51. CJCE, 18 novembre 1999, *Teckal*.
52. CJCE, 11 janvier 2005, *Stadt Halle*.
53. Articles L. 2511-1 à L. 2511-5 du code de la commande publique pour les marchés publics ; ; articles L. 3211-1 à L. 3211-5 du même code s'agissant des contrats de concession.

justice admet qu'une collectivité publique passe sans formalité un contrat avec une société d'économie mixte dans une hypothèse particulière : un appel d'offres a été organisé antérieurement, pour la sélection de l'entreprise, en sa qualité d'actionnaire privé minoritaire de la société. Tout se passe comme si l'exigence de mise en concurrence était déplacée : elle se déroule en amont, au stade de la création de la société cocontractante, et n'est donc plus nécessaire au moment de la conclusion du contrat. En France, la loi du 1er juillet 2014 a créé la *société d'économie mixte à opération unique* (SEMOP) dans le but de permettre aux collectivités d'utiliser cette possibilité. Cette société est constituée à titre exclusif en vue de la conclusion d'un contrat avec la collectivité publique, qui est son objet unique. Une procédure de publicité et de mise en concurrence doit être organisée pour la sélection de l'opérateur économique actionnaire privé de la SEMOP. Le contrat peut ensuite être conclu avec la collectivité sans mise en concurrence. Cette forme de coopération entre le public et le privé, plus institutionnelle qu'un simple contrat puisqu'elle suppose la création d'une structure commune, est parfois appelée « partenariat public-privé institutionalisé » (PPPI).

L'exigence de transparence a été étendue par la Cour de justice, par un arrêt du 14 juillet 2016, *Société Promoimpresa*, à certains titres d'occupation du domaine public lorsqu'ils permettent l'exercice d'activités économiques. Cette solution, que le Conseil d'État n'avait pas estimé pouvoir consacrer par voie jurisprudentielle[54], a été reprise en France par l'ordonnance du 19 avril 2017 relative à la propriété des personnes publiques, qui institue une procédure de sélection préalable impartiale et transparente pour les candidats à l'occupation du domaine public en vue d'une exploitation économique (L. 2122-1-1 du code général de la propriété des personnes publiques)[55].

Enfin, au niveau international, dans le cadre de l'OMC, un processus d'ouverture progressive des marchés publics à la concurrence internationale est en cours : en 1994, à l'issue des négociations du cycle d'Uruguay (*Uruguay round*), un accord sur les marchés publics (AMP) a été conclu par vingt-huit membres, dont les États-Unis, le Japon, et l'Union européenne pour le compte de ses États membres. Une nouvelle version de l'AMP, adoptée en 2012, est entrée en vigueur le 6 avril 2014.

2/ *Les règles de passation des marchés publics*

Depuis l'ordonnance du 23 juillet 2015 relative aux marchés publics, dont les dispositions sont aujourd'hui codifiées au sein du

54. CE, 3 décembre 2010, *Association Paris Jean Bouin*.
55. Voir les développements sur ce point dans le chapitre 16 : Les biens de l'administration.

code de la commande publique, l'acheteur qui passe un marché public, qu'il soit une personne publique ou une personne privée, est en toute hypothèse soumis aux règles de la commande publique.

La procédure applicable varie en fonction du montant du marché public. Trois situations sont possibles : procédure formalisée, procédure adaptée ou dispense de formalités.

La *procédure formalisée* est obligatoire pour les marchés supérieurs aux seuils européens, prévus par les directives « marchés » du 26 février 2014 et réévalués tous les deux ans par la Commission afin de tenir compte de la fluctuation des cours monétaires. En 2020, ces seuils s'élèvent, pour les marchés de travaux, à 5 350 000 euros et, pour les marchés de fournitures et de services, à 139 000 euros pour l'État, 210 000 euros pour les collectivités territoriales et 428 000 euros pour les entités adjudicatrices[56]. Ces marchés doivent faire l'objet d'un avis de marché publié non seulement au plan national (au *Bulletin officiel des annonces des marchés publics* ou *BOAMP*), mais aussi au niveau européen (au *Journal officiel de l'Union européenne*). La procédure formalisée de droit commun est celle dite de « l'appel d'offres », dans laquelle l'acheteur public choisit l'attributaire au vu de son offre, sans phase de négociation, sur la base de critères objectifs préalablement portés à la connaissance des candidats (articles L. 2124-2 et R. 2161-2 à R. 2161-11). L'appel d'offres peut être soit ouvert (toute personne peut remettre une offre) soit restreint (seules les personnes préalablement sélectionnées peuvent déposer une offre), le choix entre ces deux formes d'appel d'offres étant libre. Les propositions sont examinées par l'acheteur public, qui retient l'offre la plus économiquement avantageuse. Des critères sociaux et environnementaux, admis, comme on l'a vu, par la jurisprudence européenne, peuvent également être pris en compte.

D'autres types de procédures formalisées sont prévus, à côté de l'appel d'offres, pour répondre à des situations spécifiques :

— la procédure avec négociation, « par laquelle un acheteur négocie les conditions du marché avec un ou plusieurs opérateurs économiques » (articles L. 2124-3 et R. 2161-12 à R. 2161-23) ;

— la procédure de « dialogue compétitif » (articles L. 2124-4 et R. 2161-24 à R. 2161-31), qui permet à l'administration d'engager des négociations avec des candidats, avant la remise des offres, en vue de définir la solution la plus adaptée à ses besoins.

56. Règlement délégué (UE) 2019/1828 de la Commission du 30 octobre 2019 modifiant la directive 2014/24/UE du Parlement européen et du Conseil en ce qui concerne les seuils pour les marchés publics de fourniture, de services et de travaux et pour les concours ; règlement délégué (UE) 2019/1829 de la Commission du 30 octobre 2019 modifiant la directive 2014/25/UE du Parlement européen et du Conseil en ce qui concerne les seuils pour les marchés de fourniture, de services et de travaux et pour les concours.

Les entités adjudicatrices peuvent choisir librement de recourir à l'une de ses procédures formalisées, plutôt qu'à la procédure d'appel d'offres (articles R. 2124-4 et R. 2124-6). En revanche, les pouvoirs adjudicateurs ne peuvent choisir de les mettre en œuvre que dans certaines hypothèses, limitativement énumérées à l'article R. 2124-3 (urgence, complexité, besoin consistant en une solution « innovante », hypothèse dans laquelle seules des offres irrégulières ou inacceptables ont été présentées, etc.).

La *procédure adaptée* est applicable lorsque les marchés sont inférieurs à ces seuils, mais supérieurs à 40 000 euros (l'ancien seuil de 25 000 euros, prévu par l'article R. 2122-8, ayant été relevé par un décret du 12 décembre 2019). Ces « marchés à procédure adaptée » (MAPA) constituent en pratique la catégorie de marchés publics la plus nombreuse. Les règles sont alors plus souples : les modalités de mise en concurrence sont librement fixées par la personne publique selon les caractéristiques du marché (nature du besoin à satisfaire, nombre d'opérateurs susceptibles d'y répondre). Quant aux modalités de publicité de ces marchés, il faut distinguer deux sous-catégories de MAPA, en fonction d'un seuil intermédiaire, fixé à 90 000 euros (article R. 2131-12) : les marchés d'un montant supérieur, compris entre 90 000 euros et les seuils de procédure formalisée, sont soumis à une publicité obligatoire au niveau national (publication au *BOAMP* ou dans un journal habilité à recevoir des annonces judiciaires et légales) ; les marchés d'un montant inférieur, compris entre 40 000 et 90 000 euros, obéissent à des mesures de publicité adaptées, librement choisies par l'acheteur public en fonction des caractéristiques du marché.

Enfin, les marchés inférieurs à 40 000 euros sont *dispensés de formalités* : ils peuvent être passés « sans publicité ni mise en concurrence préalables » (article R. 2122-8). Toutefois, le pouvoir adjudicateur doit malgré tout respecter les principes fondamentaux de la commande publique et, en particulier, le principe de non-discrimination, conformément à la jurisprudence précitée, *Telaustria*, de la Cour de justice. Ces principes sont repris, par l'article L. 3 du code de la commande publique et peuvent aussi se traduire par trois règles de bonne gestion : « Choisir une offre répondant de manière pertinente au besoin », « faire une bonne utilisation des deniers publics » et « ne pas contracter systématiquement avec un même prestataire lorsqu'il existe une pluralité d'offres potentielles susceptibles de répondre au besoin »[57].

57. C'est parce qu'il ne comportait pas de telles règles de bonne gestion que le décret du 19 décembre 2008, qui avait précédemment relevé de 4 000 à 20 000 euros ce seuil, avait été annulé par le Conseil d'État : un tel relèvement général, sans aucune autre précision, méconnaissait « les principes d'égalité d'accès à la commande publique, d'égalité de traitement des candidats et de transparence des procédures » (CE, 10 février 2010, *Perez*).

Enfin, il convient de noter que les marchés de partenariat sont désormais qualifiés par les textes de « marchés publics ». À la différence des contrats de partenariat, qui existaient jusqu'en 2016, il ne s'agit donc plus d'une catégorie autonome de contrats mais de marchés publics spéciaux, régis pour partie par le droit commun des marchés publics et pour partie par des dispositions spéciales, prévues aux articles L. 2200-1 et suivants et R. 2200-1 et suivants. S'agissant de leur attribution, ils sont soumis aux mêmes règles que les marchés publics de droit commun (article L. 2200-1).

3/ *Les règles de passation des contrats de concession*

Les délégations de service public sont également soumises aux principes fondamentaux de la commande publique que sont la liberté d'accès, l'égalité des candidats et la transparence des procédures. Les contrats de concession avaient longtemps échappé à toute procédure de passation. Comme on l'a vu, ce principe traditionnel du droit des contrats administratifs reposait sur l'idée que les concessions sont des contrats *intuitu personae*, c'est-à-dire conclus à raison de la personne. On en déduisait que le choix du concessionnaire, auquel était confiée la gestion du service public, devait être totalement libre. La remise en cause de ce principe trouve son origine tant dans le droit interne que dans le droit européen.

En droit national, la loi Sapin du 29 janvier 1993 est venue organiser des mesures de publicité et de mise en concurrence pour les délégations de service public. Cette procédure est toutefois plus souple que celle prévue en matière de marchés publics. Elle veille à préserver, pour la personne publique, une certaine liberté de négociation puis de choix du délégataire.

En droit de l'Union européenne, la directive 2004/18 du 31 mars 2004, qui réglemente principalement les marchés publics, édicte également des règles de publicité et de mise en concurrence applicables à la concession de *travaux publics*. Ce régime spécial a été transposé, en droit français, par l'ordonnance du 15 juillet 2009 relative aux contrats de concession de travaux publics. Un tel dispositif soumet à des mesures de publicité non seulement le contrat de concession, mais également les marchés de travaux conclus par le concessionnaire de travaux publics avec les tiers, sous-traitants, pour les besoins de l'exécution du contrat de concession.

Si elles n'ont longtemps fait l'objet d'aucun texte européen, les concessions de service sont désormais visées par la directive 2014/23 du 26 février 2014 sur l'attribution de contrats de concession. En France, cette directive a été transposée par l'ordonnance n° 2016-65 du 29 janvier 2016 relative aux contrats de concession et par son décret d'application n° 2016-86 du 1er février 2016, dont les dispositions sont désormais dans leur ensemble reprises à droit constant par le code de la commande publique.

Si l'ordonnance du 29 janvier 2016 et désormais le code de la commande publique ont rapproché, sur certains points, les règles applicables aux marchés publics et aux contrats de concession, ces derniers bénéficient toutefois de règles de passation beaucoup plus souples, qui reprennent largement les exigences prévues jusqu'alors par la loi Sapin et par l'ordonnance du 15 juillet 2009. Aux termes de l'article L. 3121-1, l'autorité concédante organise « librement » la procédure qui conduit au choix du concessionnaire, « dans le respect des dispositions des chapitres I à V du présent titre et des règles de procédure fixées par décret en Conseil d'État ». Cette souplesse n'empêche pas l'obligation de *publicité* de jouer pleinement : en vertu des articles L. 3122-1 et R. 3122-1 et suivants, l'autorité concédante demeure ainsi tenue de publier un avis de concession conforme au modèle fixé, selon le montant estimé de la concession, par la Commission ou par le ministre chargé de l'économie.

C | L'EXÉCUTION DES CONTRATS ADMINISTRATIFS

La jurisprudence a progressivement dégagé un ensemble de règles générales applicables, même sans texte, aux contrats administratifs. Dans certains cas, ces règles n'ont qu'un caractère supplétif : elles ne s'appliquent que dans le silence du contrat et à défaut de clauses contraires. Dans d'autres hypothèses, il s'agit de règles d'ordre public, auxquelles le contrat ne saurait déroger : elles s'imposent aux cocontractants, nonobstant la présence de clauses contraires, lesquelles sont réputées nulles et non avenues. Aujourd'hui, ces principes jurisprudentiels sont bien souvent repris et détaillés dans les stipulations des contrats administratifs. Certains de ces principes sont d'ailleurs désormais codifiés à l'article L. 6 du code de la commande publique. En outre, les parties de ce même code relatives aux marchés publics et aux contrats de concession comportent l'une et l'autre un titre dédié à la question de l'exécution de ces contrats. Ces parties établissent des règles claires quant au régime financier de ces contrats, à la possibilité de sous-traitance, aux règles de transparence ou encore à la possibilité de modifier ces contrats en cours d'exécution. À cet égard, la faculté de faire évoluer les contrats administratifs en cours d'exécution doit être conciliée avec les exigences de la mise en concurrence.

1/ *Les prérogatives de l'administration*

Alors qu'en droit privé, les cocontractants sont en position d'égalité, dans un contrat administratif, la primauté de l'intérêt général sur les intérêts particuliers se traduit par des pouvoirs particuliers appartenant à l'administration. Le procédé unilatéral, marque de la puissance publique, resurgit au sein même du contrat. Sur le plan européen, dans le même esprit, la Cour européenne des droits de l'homme, dans un arrêt, *Raffineries grecques Stran et Stratis Andreadis*, du 9 décembre 1994, a relevé que « la jurisprudence internationale, juridictionnelle ou arbitrale reconnaît d'ailleurs à tout État un pouvoir souverain pour modifier, voire résilier, moyennant compensation, un contrat conclu avec des particuliers (sentence arbitrale *Shufeldt* du 24 juillet 1930, *Recueil des sentences arbitrales*, Société des Nations, vol. II, p. 1095) ; ainsi le veulent la prééminence des intérêts supérieurs de l'État sur les obligations contractuelles et la nécessité de sauvegarder l'équilibre du contrat ».

Le Conseil d'État a reconnu à la personne publique contractante quatre grandes prérogatives.

a) Direction, contrôle et information

La personne publique contractante dispose d'abord d'un pouvoir de contrôle et de direction. Comme le prévoit expressément l'article L. 6 du code de la commande publique, l'autorité contractante « exerce un pouvoir de contrôle sur l'exécution du contrat ». Elle peut ainsi préciser les modalités d'exécution du contrat, déterminer l'ordre des opérations ou exiger la transmission d'informations relatives au contrat.

Dans cet esprit, le titre du code de la commande publique relatif à l'exécution des contrats de concession comporte un chapitre dédié à la « transparence [et au] rapport d'information de l'autorité concédante ». Le concessionnaire doit produire chaque année un rapport d'activité comprenant notamment les comptes, l'analyse de la qualité des ouvrages ou encore les conditions d'exécution du service public (article L. 3131-5 du code de la commande publique). Il en résulte une obligation complémentaire, cette fois à la charge de l'autorité concédante, celle de rendre accessible les « données essentielles » du contrat de concession (article L. 3131-1 du code de la commande publique).

b) Modification unilatérale

L'administration bénéficie d'un pouvoir de modification unilatérale du contrat, dans l'intérêt du service. La différence est ici importante avec les contrats privés, régis par la règle posée à l'article 1103 du code civil (ancien article 1134)[58], selon lequel « les contrats légalement formés tiennent lieu de loi à ceux qui les ont faits ». Par opposition au principe de droit privé de l'intangibilité des contrats, l'arrêt d'Assemblée précité du 8 avril 2009, *Commune d'Olivet*, a explicitement consacré un véritable « principe de mutabilité » des

58. Numérotation issue de l'ordonnance du 10 février 2016 portant réforme du droit des contrats.

contrats administratifs, qui constitue l'une des déclinaisons du principe, plus général, de mutabilité du service public. Ainsi l'administration peut-elle modifier, pour un motif d'intérêt général, le contenu même des obligations contractuelles. Cette faculté a été affirmée dès le début du XXe siècle à propos des concessions de service public : les concessionnaires d'éclairage au gaz ont dû s'adapter à la découverte de l'électricité[59] ; des concessionnaires de tramways ont pu se voir imposer des modifications des horaires et du nombre des lignes, dans l'intérêt du public[60].

Le pouvoir de modification unilatérale fait partie des « règles générales applicables aux contrats administratifs », selon la formule de l'arrêt *Union des transports publics urbains et régionaux*, du 2 février 1983. Cette prérogative est désormais ancrée dans la loi. L'article L. 6 du code de la commande publique dispose que l'autorité contractante « peut modifier unilatéralement le contrat dans les conditions prévues par le présent code, sans en bouleverser l'équilibre » et qu'en pareille hypothèse, « le cocontractant a droit à une indemnisation, sous réserve des stipulations du contrat ». Toutefois, l'usage de ce pouvoir par la personne publique ne doit pas aboutir à un bouleversement de l'équilibre du contrat et ne peut être mis en œuvre que dans un nombre limité d'hypothèses (voir *infra*)[61].

Ce pouvoir se justifie, tout particulièrement dans les contrats de délégation de service public, par la responsabilité qui incombe à la personne publique s'agissant de l'organisation du service public. Comme le relevait Léon Blum dans ses conclusions sur l'affaire *Compagnie générale des tramways*, « l'État ne peut pas se désintéresser du service public de transports une fois concédé. Il est concédé, sans doute, mais il n'en demeure pas moins un service public. La concession représente une délégation, c'est-à-dire qu'elle constitue un mode de gestion indirecte, elle n'équivaut pas à un abandon, à un délaissement ». Le professeur Gaston Jèze observait à son tour, en commentant ce dernier arrêt, que « le droit de la puissance publique d'apprécier les besoins du public et d'en assurer la satisfaction est de l'essence du contrat de concession[62] ». Ce pouvoir est toutefois encadré. La modification doit d'abord être justifiée par un motif d'intérêt général, sous le contrôle du juge. Elle ne porte normalement que sur les prestations fournies par le cocontractant et non pas sur les conditions financières qui, pour leur part, restent normalement intangibles. La contrepartie de ce pouvoir de modification réside alors dans la faculté ouverte au cocontractant de

59. CE, 10 janvier 1902, *Gaz de Déville-lès-Rouen*.
60. CE, 21 mars 1910, *Compagnie générale des tramways*.
61. Articles L. 2194-1 et suivants du code de la commande publique pour les marchés publics ; articles L. 3135-1 à L. 3135-2 du code de la commande publique s'agissant des contrats de concession.
62. *RDP*, 1910.270, note Jèze, p. 273.

demander au juge du contrat, en vertu du principe de l'équilibre financier, une indemnité en réparation du préjudice causé par l'aggravation de ses charges d'exploitation.

c) Résiliation unilatérale

Dans le prolongement du droit de modifier le contrat, l'administration dispose d'un pouvoir de résiliation unilatérale dans l'intérêt du service, en vertu « des règles applicables aux contrats administratifs[63] ». Cette faculté initialement prévue par la jurisprudence est aujourd'hui codifiée à l'article L. 6 du code de la commande publique en ces termes : « L'autorité contractante peut résilier unilatéralement le contrat [...] » La personne publique peut ainsi, même en l'absence de toute faute du contractant, prononcer la résiliation d'un contrat administratif pour un motif d'intérêt général.

En cas de résiliation, le cocontractant a bien entendu droit à une indemnisation. L'article L. 6 en rappelle le principe : « [...] lorsque la résiliation intervient pour un motif d'intérêt général, le cocontractant a droit à une indemnisation, sous réserve des stipulations du contrat. » Lorsque l'indemnité est organisée par avance par le contrat, elle ne doit pas être d'un montant prohibitif. Dans un avis du 26 avril 2018 relatif à la résiliation du contrat de l'aéroport de Notre-Dame-des-Landes, le Conseil d'État rappelle que les stipulations d'un contrat administratif encadrant les modalités d'une indemnisation de résiliation ne doivent pas faire obstacle à l'exercice du pouvoir de résiliation unilatérale reconnu à la personne publique[64].

Dans le cas particulier d'un contrat conclu entre deux personnes publiques, le Conseil d'État adopte une conception plus restrictive du motif permettant la résiliation unilatérale, puisque l'intérêt général est présent du côté des deux parties : dans l'arrêt *Commune de Béziers*, du 27 février 2015, dit « *Béziers III* »[65], il juge que, si un « bouleversement de l'équilibre de la convention » peut constituer un tel motif d'intérêt général, en revanche, un simple « déséquilibre dans les relations entre les parties » n'est pas de nature à justifier la résiliation unilatérale. Ce pouvoir existe même si aucune clause ne l'a expressément prévu[66] ; toute clause contraire est réputée non écrite[67]. Le cocontractant a alors droit à compensation financière, comme en cas de modification, en vue de réparer le préjudice subi du fait de la résiliation du contrat.

63. CE, 2 mai 1958, *Distillerie de Magnac-Laval.*

64. CE, 26 avril 2018, *Avis relatif à diverses questions de droit des concessions dans le contexte résultant de l'annonce, le 17 janvier 2018, par le Premier ministre de la décision du gouvernement de renoncer au projet d'aéroport de Notre-Dame-des-Landes et de procéder à un réaménagement de l'aéroport de Nantes-Atlantique.*

65. Par référence aux arrêts *Béziers I* du 28 décembre 2009 et *Béziers II* du 21 mars 2011, évoqués plus loin à propos du contentieux contractuel.

66. CE, 2 février 1987, *Société TV6.*

67. CE, 6 mai 1985, *Association Eurolat.*

d) Sanction

Un pouvoir de sanction est reconnu à l'administration en cas de faute du cocontractant, même dans le silence du contrat[68]. Les sanctions peuvent être pécuniaires (pénalités de retard par exemple) ou coercitives (mise en régie permettant l'exécution contrainte du contrat par substitution de l'administration ou d'un tiers au contractant défaillant, à ses frais). La résiliation pour faute constitue la sanction la plus grave[69] ; à la différence de la résiliation pour motif d'intérêt général, avec laquelle elle ne doit pas être confondue, elle ne donne pas droit, pour le contractant fautif, à indemnité. La personne publique peut en principe infliger elle-même à son cocontractant ces sanctions, à l'exception de la déchéance d'une concession de service public, laquelle, compte tenu de sa gravité, ne peut être prononcée que par le juge, saisi à cette fin par l'administration[70].

2/ *La protection du cocontractant : le principe de l'équilibre financier*

Aux prérogatives de l'administration répondent des règles protectrices du cocontractant, qui reposent sur un même fondement : le principe de l'équilibre financier du contrat. À nouveau, la différence est grande avec le droit civil, selon lequel, le contrat étant la loi intangible des parties, les modalités de rémunération sont définitivement fixées par ses stipulations. Ce principe est illustré par différentes hypothèses : les premières donnent lieu à une indemnisation intégrale du cocontractant, la dernière conduit à un partage de la charge financière entre l'administration et le cocontractant. La résiliation du contrat peut parfois ouvrir droit à indemnisation.

a) Les cas ouvrant droit à indemnisation intégrale

Ce droit peut d'abord résulter de la *théorie du fait du prince.* Celle-ci a été dégagée par la jurisprudence lorsqu'un surcoût résulte d'une modification de la réglementation générale. Une décision prise par l'administration cocontractante en sa qualité de puissance publique, et non de partie au contrat, peut en effet accroître les charges d'exploitation. Tel est le cas de la modification par le maire du plan de circulation de la commune, en vertu de ses pouvoirs de police, qui a pour conséquence d'aggraver les conditions d'exécution du contrat de concession des transports en commun conclu entre la commune et un concessionnaire. Lorsque l'administration

68. CE, 31 mai 1907, *Deplanque.*

69. Cette sanction est prévue par l'article L. 2195-3 du code de la commande publique pour les marchés publics et l'article L. 3136-3 du code de la commande publique pour les contrats de concession.

70. CE, 20 janvier 1905, *Compagnie départementale des eaux.*

édicte une mesure ayant une répercussion directe sur un contrat auquel elle est elle-même partie, le cocontractant a alors droit à une indemnité compensatrice correspondant à l'intégralité du préjudice subi. Il s'agit d'une forme de responsabilité sans faute : la décision de l'administration n'est pas fautive, mais un droit à réparation résulte du principe de l'équilibre financier.

Dans le même esprit, l'obligation d'indemniser le cocontractant est également la contrepartie du *pouvoir de modification unilatérale* de l'administration : si des prestations supplémentaires lui sont imposées dans un but d'intérêt général, le concessionnaire a droit à une indemnisation. L'idée d'une « équation financière » avait d'ailleurs été développée par Léon Blum, dans ses conclusions sur l'arrêt précité, *Compagnie générale des tramways*, du 11 mars 1910, à propos, précisément, de la modification unilatérale du contrat. Ce cas de figure, s'il est assez proche du fait du prince, doit toutefois en être distingué : alors que le fait du prince concerne la modification de la réglementation en général, il s'agit ici, pour l'essentiel, d'une modification de la réglementation du service public qui a été confié au cocontractant. Le premier cas se rattache à l'exercice de la souveraineté par la puissance publique ; le second se rapporte à l'objet même du contrat.

Enfin, le principe de l'équilibre financier trouve à s'appliquer pour des faits qui ne sont pas imputables à l'administration : la *théorie des sujétions imprévues*, qui concerne essentiellement le domaine des travaux publics, permet à un entrepreneur d'obtenir une indemnité pour couvrir les surcoûts nés de difficultés matérielles d'exécution. Cette hypothèse vise les événements anormaux, extérieurs à la volonté des parties et imprévisibles – typiquement, les aléas liés aux caractéristiques géologiques du sol. L'entrepreneur doit poursuivre l'exécution des travaux, mais il a alors droit à être indemnisé des frais supplémentaires qu'il aura engagés.

b) La théorie de l'imprévision et le partage de la charge extracontractuelle

La *théorie de l'imprévision* porte sur des aléas d'une plus grande ampleur et n'émanant pas de l'administration. Elle a été dégagée, durant la première guerre mondiale, par l'arrêt du 30 mars 1916, *Compagnie générale d'éclairage de Bordeaux* : le concessionnaire était ici confronté à une hausse exceptionnelle du prix du charbon liée à la guerre. Ainsi, certains événements affectent profondément l'équilibre financier du contrat, sans aller jusqu'à rendre son exécution impossible (auquel cas, il y aurait force majeure, ce qui libère le cocontractant de ses obligations). Dans cette hypothèse, le droit privé refuse en principe toute indemnisation, en vertu du principe de l'intangibilité du contrat. Le juge administratif accepte de reconnaître un droit à indemnité[71], inspiré notamment par l'objectif de

71. CE, 9 décembre 1932, *Compagnie des tramways de Cherbourg*.

favoriser la continuité du service public. Cette jurisprudence a été codifiée à l'article L. 6 dans ces termes : « Lorsque survient un événement extérieur aux parties, imprévisible et bouleversant temporairement l'équilibre du contrat, le cocontractant, qui en poursuit l'exécution, a droit à une indemnité ».

Trois conditions doivent ainsi être réunies : l'événement doit être imprévisible, extérieur aux parties (à la différence du fait du prince) et entraîner un véritable bouleversement de l'économie du contrat. Ce bouleversement doit être temporaire : s'il est définitif, la situation est assimilée à un cas de force majeure justifiant la résiliation du contrat.

L'imprévision peut trouver sa source dans une grande diversité d'événements (guerre, crise économique, cataclysme naturel). À la différence de la théorie des sujétions imprévues ou de celle du fait du prince, l'indemnité ne couvre toutefois pas l'intégralité du surcoût, qualifié de « charge extracontractuelle » : une part d'aléa normal, représentant 5 à 10 % du surcoût, est laissée à la charge du cocontractant. S'agissant des contrats de droit privé, la Cour de cassation a apporté un tempérament au refus de la théorie de l'imprévision : elle a reconnu que le refus des parties de renégocier un contrat pour prendre en compte une « modification imprévue des circonstances économiques » était contraire à leur « obligation de loyauté et de bonne foi »[72].

c) L'indemnisation en cas de résiliation du contrat

Cette possibilité d'indemnisation est encadrée par le code de la commande publique, tant pour les contrats de concession[73] que pour les marchés de partenariat[74]. En cas d'annulation, de résolution ou de résiliation du contrat par un juge, à la suite du recours d'un tiers, le cocontractant peut se voir indemniser des « dépenses utiles », engagées conformément au contrat, y compris les frais liés au financement, et résultant de la fin anticipée du contrat.

En outre, il est expressément prévu qu'une clause fixant, dans un contrat, les modalités d'indemnisation du cocontractant dans l'hypothèse d'une annulation, résolution ou résiliation du contrat, est réputée divisible des autres stipulations du contrat. Autrement dit, l'annulation du contrat ne rejaillit pas, fort heureusement, sur ce type de clause.

Dans le même esprit, on notera que le Conseil d'État a admis la légalité de la technique de l'« accord autonome », contrat accessoire à un contrat de partenariat, conclu par les parties dans le but de régler par anticipation les conséquences d'une éventuelle annulation ou d'une résiliation pour motif d'intérêt général du contrat de

72. Cass., 1re civ., 16 mars 2004, *Société des repas parisiens*.
73. Article L. 3136-7 du code de la commande publique.
74. Article L. 2235-1 du code de la commande publique.

partenariat[75]. Toutefois, en raison de l'interdiction faite aux personnes publiques de consentir des libéralités, il ne doit pas en résulter de disproportion manifeste entre l'indemnité ainsi fixée et le montant du préjudice subi par le cocontractant.

3/ *Mutabilité du contrat et exigence de mise en concurrence*

Consacré, le principe de mutabilité du contrat administratif doit toutefois être concilié avec l'exigence de mise en concurrence pour la passation des contrats. Si des adaptations mineures sont admises, en revanche, il n'est pas possible de procéder à une modification substantielle d'un élément essentiel du contrat. Dans ce cas, l'avenant apportant cette modification est regardé comme constituant un nouveau contrat et, par suite, suppose l'organisation d'une nouvelle procédure de mise en concurrence.

Le Conseil d'État retient une approche relativement souple de ces principes. Dans un avis du 8 juin 2000, il a estimé que la cession du contrat de concession à une autre entreprise ne constitue pas par elle-même une modification substantielle. Elle peut dès lors être réalisée sans mise en concurrence préalable, sur la base d'un agrément de la personne publique, sous réserve toutefois qu'elle ne s'accompagne pas, par ailleurs, de modifications substantielles d'un élément essentiel du contrat comme le prix, la durée ou la nature des prestations[76]. En règle générale, la jurisprudence tient compte de deux critères pour considérer qu'une modification est substantielle : lorsque, au regard de la nature des prestations, elle conduit à substituer un objet nouveau à celui initialement convenu ; lorsqu'en raison de son importance, elle entraîne un bouleversement de l'économie du contrat. Appliquant ces critères, l'arrêt du 11 juillet 2008, *Ville de Paris*, considère qu'il est possible d'étendre par voie d'avenant le système des vélos en libre-service, dits Vélib', aux communes limitrophes de Paris, au motif, d'une part, que la prestation supplémentaire est de même nature que la prestation initiale et, d'autre part, que l'extension a une portée limitée.

La Cour de justice, dans ses arrêts *Pressetext*, du 19 juin 2008 (pour les marchés publics), et *Wall AG*, du 13 avril 2010 (pour les contrats de concession) adopte une grille de lecture comparable. Elle estime qu'une modification du contrat doit être regardée comme substantielle « lorsqu'elle introduit des conditions qui, si elles avaient figuré dans la procédure d'attribution initiale, auraient permis […] de retenir une offre autre que celle initialement retenue », « lorsqu'elle étend le marché, dans une mesure importante, à des services non initialement prévus » ou encore « lorsqu'elle

75. CE, 11 mai 2016, *M. Rouveyre*, n° 383768.
76. CE, avis du 8 juin 2000, n° 364803, *EDCE*, 52, 2001, p. 230.

change l'équilibre économique du contrat ». Toutefois, elle se montre relativement exigeante en estimant qu'en règle générale, la substitution d'un nouveau cocontractant au titulaire initial du marché doit être considérée comme constituant un changement de l'un des termes essentiels du contrat. En revanche, la Cour admet l'absence de mise en concurrence préalable lorsque la possibilité de modification était déjà prévue dans les stipulations du contrat initial.

Les nouvelles directives du 26 février 2014 codifient cette jurisprudence. Elles exigent l'organisation d'une nouvelle mise en concurrence lorsque des modifications substantielles sont apportées au contrat initial, qu'il s'agisse d'un marché public ou d'une concession. Elles préservent toutefois le caractère évolutif des contrats publics, en prévoyant un certain nombre d'hypothèses dans lesquelles des évolutions sont possibles sans remise en concurrence : tel est le cas lorsque la modification était prévue par le contrat initial, par exemple sous forme de clause de réexamen, ou encore lorsqu'elle est « rendue nécessaire par des circonstances qu'un pouvoir adjudicateur diligent ne pouvait pas prévoir ». Ces règles sont reprises en droit interne par le code de la commande publique aux articles L. 2194-1 à L. 2194-3 et L. 3135-1 à L. 3135-2 s'agissant des contrats de concession.

À titre d'illustration, dans l'affaire de l'aéroport Notre-Dame-des-Landes, la concession passée avec la société Aéroports du Grand Ouest avait été modifiée par avenant afin de retirer de son périmètre la construction de ce nouvel aéroport, tout en confiant à cette société des missions supplémentaires sur l'aéroport existant, de Nantes-Atlantique, dont elle assurait déjà l'exploitation. Dans son avis du 23 novembre 2018, le Conseil d'État considère qu'une telle modification est de nature à « changer la nature globale du contrat de concession » et constitue *a fortiori* une modification substantielle du contrat[77].

4/ L'exécution des contrats administratifs durant la crise sanitaire liée à la Covid-19

La rigueur de ces règles n'interdit pas, dans certains cas, des adaptations liées à des circonstances exceptionnelles.

Ainsi, au printemps 2020, les conditions d'exécution des contrats publics ont été considérablement affectées par l'épidémie de Covid-19. Le 25 mars 2020, afin de faire face à ces difficultés, le gouvernement a adopté une ordonnance ayant précisément pour

77. CE, 26 avril 2018, *Avis relatif à diverses questions de droit des concessions dans le contexte résultant de l'annonce, le 17 janvier 2018, par le Premier ministre de la décision du gouvernement de renoncer au projet d'aéroport de Notre-Dame-des-Landes et de procéder à un réaménagement de l'aéroport de Nantes-Atlantique*.

objet d'adapter certaines règles d'exécution des contrats publics et de passation, prise sur le fondement de la loi du 23 mars 2020 d'urgence sanitaire pour faire face à l'épidémie de Covid-19[78]. L'ordonnance a prévu de nombreuses mesures, parmi lesquelles la prolongation de certains délais d'exécution ou l'inapplication des sanctions contractuelles dans le cas où le cocontractant est dans l'impossibilité d'exécuter ses obligations contractuelles. Ces mesures exceptionnelles étaient applicables sur une période limitée courant du 12 mars 2020 au 23 juillet 2020 inclus. Par ailleurs, l'ensemble des règles jurisprudentielles susmentionnées ont également trouvé une application toute particulière dans le contexte de l'épidémie de Covid-19.

III

LE CONTENTIEUX DES CONTRATS ADMINISTRATIFS

Le contentieux des contrats de l'administration est un des plus anciens contentieux relevant du juge administratif : la loi du 28 pluviôse an VIII confiait déjà aux conseils de préfecture le soin de trancher les litiges en matière de marchés de travaux publics. Toutefois, ces dernières années, il a connu un profond mouvement de rénovation, à travers une succession de décisions redéfinissant l'office du juge du contrat. Ces évolutions ont concerné tant les litiges entre les parties au contrat, avec les deux décisions *Commune de Béziers*, des 28 décembre 2009 et 21 mars 2011, que les recours ouverts aux tiers, avec les arrêts *Tropic Travaux*, du 16 juillet 2007, *SMIRGEOMES*, du 3 octobre 2008, puis *Département de Tarn-et-Garonne*, du 4 avril 2014.

A | LES LITIGES ENTRE PARTIES AU CONTRAT

Le contentieux des contrats administratifs est avant tout un contentieux entre les parties. Conformément au principe de l'effet

78. Pour donner son titre exact – un peu long – il s'agit de l'ordonnance n° 2020-319 du 25 mars 2020 « portant diverses mesures d'adaptation des règles de passation, de procédure ou d'exécution des contrats soumis au code de la commande publique et des contrats publics qui n'en relèvent pas pendant la crise sanitaire née de l'épidémie de Covid-19 ». Celle-ci a été modifiée par une ordonnance n° 2020-460 du 22 avril 2020.

relatif des contrats, énoncé à l'article 1199 du code civil[79], le contrat crée entre elles un « réseau de relations juridiques autonomes », qui constitue un véritable « monde clos »[80].

Le premier type de litige peut se nouer à propos de l'exécution du contrat : une des parties saisit le juge d'une action en responsabilité contractuelle, sollicitant des indemnités en raison du manquement supposé de l'autre partie à ses obligations contractuelles. Une autre catégorie de litige met en cause l'existence même du contrat, soit lorsqu'une des parties demande au juge d'en prononcer l'annulation, soit, à l'inverse, lorsque le contractant, à la suite de la résiliation prononcée par l'administration, saisit le juge d'une action en reprise des relations contractuelles. Enfin, à titre subsidiaire, si la nullité du contrat a été reconnue par le juge, un litige indemnitaire entre les parties reste possible, mais sur un terrain non contractuel, dans le cadre d'une action dite « en enrichissement sans cause ».

1/ *L'action en responsabilité contractuelle : un contentieux essentiellement indemnitaire*

En matière de contrat administratif, le litige le plus fréquent reste, aujourd'hui encore, l'action en responsabilité contractuelle : ce recours constitue le modèle même du contentieux contractuel.

a) L'objet de la demande : une indemnité

Il s'agit, pour l'un des contractants, de demander au juge réparation d'un préjudice, sous forme d'octroi d'une indemnité. La demande est habituellement fondée sur le manquement de l'autre partie à une obligation prévue par les clauses contractuelles. Tel est le cas d'une commune qui réduit la subvention, pourtant prévue par le contrat, due à son cocontractant[81]. À côté de cette action classique en responsabilité fondée sur une faute contractuelle, il faut également mentionner l'existence de droits à indemnisation, propres au droit administratif, tels que le fait du prince, les sujétions imprévues ou la théorie de l'imprévision : la demande du cocontractant ne repose pas alors sur la faute de l'administration, mais sur un principe général d'équilibre financier du contrat.

En principe, le cocontractant peut seulement solliciter le versement d'une indemnité. En effet, la jurisprudence a toujours refusé

79. Aux termes duquel « le contrat ne crée d'obligation qu'entre les parties ». Avant l'ordonnance du 10 février 2016 portant réforme du droit des contrats, l'article 1165 du code civil disposait que « les conventions n'ont d'effet qu'entre les parties contractantes ; elles ne nuisent point au tiers, elles ne lui profitent que dans le cas prévu à l'article 1121 ». L'article 1121 pour sa part réglait le cas particulier de la stipulation pour autrui (aujourd'hui régie par l'article 1205).

80. Philippe Terneyre, « Responsabilité contractuelle », dans *Encyclopédie Dalloz, Responsabilité de la puissance publique*, n° 101.

81. CE, 18 janvier 1985, *Ville d'Aix-en-Provence*.

de donner au juge du contrat un pouvoir d'*annulation* des « mesures d'exécution » des contrats – cette large notion incluant toutes sortes de décisions que l'administration est susceptible de prendre, au quotidien, vis-à-vis de son cocontractant. Selon la formule de l'arrêt du 26 novembre 1971, *Société industrielle et agricole de fertilisants humides (SIMA)*, « le juge des contestations relatives aux marchés de travaux publics n'a pas, en principe, le pouvoir de prononcer l'annulation des mesures prises par le maître de l'ouvrage à l'encontre de son cocontractant » et « il lui appartient seulement de rechercher si ces mesures sont intervenues dans des conditions de nature à ouvrir à celui-ci un droit à indemnité ».

Certes, il existe une exception à cette règle pour ce qui concerne les *mesures de résiliation du contrat*, que l'on range traditionnellement dans la catégorie des mesures d'exécution du contrat[82], qui peuvent faire l'objet d'un contentieux : l'arrêt *Commune de Béziers II*, examiné plus loin, admet le recours du cocontractant contre la décision de l'administration de résilier le contrat. Mais, pour les autres mesures d'exécution, telles que celles prises par l'administration dans le cadre de son pouvoir de direction ou de modification du contrat, la jurisprudence *SIMA* reste en vigueur : une faute éventuelle de l'administration ne peut se résoudre qu'en dommages et intérêts couvrant le préjudice subi.

b) L'auteur de la demande d'indemnité

L'action en responsabilité contractuelle est le plus souvent dirigée par un *particulier* contre l'administration. Toutefois, elle peut se présenter dans la configuration inverse. Le contentieux contractuel illustre ici l'une des rares hypothèses de procès administratif dans lesquelles le juge administratif est saisi en première instance d'un recours formé par l'*administration* contre un particulier.

Tel est notamment le cas de la *responsabilité du constructeur* d'un ouvrage public, qui obéit à un régime spécial reposant sur la distinction de deux périodes. Avant la réception de l'ouvrage, l'entrepreneur est tenu par la responsabilité contractuelle. Il est alors pleinement responsable de tous les dommages affectant l'ouvrage, soit en cas de faute, soit même sur le terrain du risque, puisqu'il en a la garde[83]. Après la réception définitive, qui clôture l'exécution du contrat,

82. Une telle qualification peut surprendre s'agissant de la fin du contrat, mais elle s'explique par le fait que la résiliation (qui ne vaut que pour l'avenir) reste une mesure qui s'inscrit dans le cadre contractuel : tel est le cas de la résiliation pour faute, qui fait application des clauses du contrat prévoyant les sanctions pour manquement aux obligations contractuelles. Elle se distingue de la question de la validité du contrat qui, elle, touche à la question de sa formation, et non de son exécution.

83. En application du principe *res perit domino*, les risques sont à la charge de la personne qui se trouve propriétaire du bien transféré au moment où il a disparu, même par cas fortuit ou force majeure : CE, 25 juin 1971, *Société Établissements Marius Sériès*.

l'entrepreneur est débiteur d'une forme particulière de responsabilité : la garantie décennale des constructeurs. Celle-ci est appliquée sans texte par le juge administratif, en se fondant, selon la formule habituelle, sur les « principes dont s'inspirent les articles 1792 et 2270 du code civil ». Par transposition des règles applicables en droit civil de la construction, le constructeur est ainsi responsable, pendant un délai de dix ans, des vices de l'ouvrage qui compromettent sa solidité ou qui le rendent impropre à sa destination.

Dans une configuration très particulière, la question s'est posée de savoir si les *tiers* pouvaient se prévaloir de la violation d'un contrat par l'administration, à l'appui d'une action classique en responsabilité non contractuelle. Dans un arrêt, *Mme Gilles*, du 11 juillet 2011, le Conseil d'État y a apporté une réponse négative, en application du principe de l'effet relatif des contrats. Il estime que « les tiers à un contrat administratif, hormis les clauses réglementaires, ne peuvent en principe se prévaloir des stipulations de ce contrat » et que, dès lors, la qualité de tiers au contrat d'un requérant fait obstacle à ce que ce dernier invoque une faute *contractuelle* à l'appui d'une action en responsabilité *quasi délictuelle*[84]. Il faut noter que la Cour de cassation a une appréciation divergente sur ce point puisque, par un arrêt d'assemblée plénière du 6 octobre 2006, elle a considéré que « le tiers à un contrat peut invoquer, sur le fondement de la responsabilité délictuelle, un manquement contractuel, dès lors que ce manquement lui a causé un dommage[85] ».

2/ Les litiges portant sur l'existence du contrat : l'exigence de stabilité des relations contractuelles

Deux arrêts *Commune de Béziers* sont venus élargir les pouvoirs du juge du contrat. Ils concernent respectivement deux types d'action mettant en cause la pérennité du contrat : d'une part, *l'action contestant la validité du contrat*, visant à obtenir son annulation (*Commune de Béziers I*, 28 décembre 2009) ; d'autre part, et presque symétriquement, *l'action en reprise des relations contractuelles*, c'est-à-dire le recours du cocontractant contre la décision de l'administration de résilier le contrat et visant à obtenir du juge le maintien de ce dernier (*Commune de Béziers II*, 21 mars 2011). Inspirés par un même objectif de stabilité des relations contractuelles, ils rénovent profondément l'office du juge du contrat, en lui donnant la faculté de choisir parmi une grande diversité de solutions, la remise en cause du contrat étant réservée aux cas les plus graves. Pour mémoire, on rappellera qu'il existe un troisième arrêt, *Commune de Béziers III*, du 27 février 2015, mentionné précédemment : celui-ci concerne une autre question, celle de la nature du

84. Voir, pour une application récente : CE, 21 octobre 2019, *Société CMEG*.
85. Cass., ass. plén., 6 octobre 2006, n° 05-13255, *Bull. 2006*, ass. plén., n° 9, p. 23.

motif d'intérêt général susceptible de justifier la résiliation unilatérale d'un contrat, lorsque celui-ci est passé entre deux personnes publiques.

a) La contestation de la validité du contrat : l'arrêt Commune de Béziers I

La validité du contrat est susceptible d'être contestée par un contractant devant le juge dans deux configurations contentieuses :

— soit par voie d'*action*, lorsque l'objet même de l'action est d'obtenir l'annulation du contrat par le juge ;

— soit par voie d'*exception*, lorsque, à l'occasion d'un contentieux de l'exécution du contrat – typiquement, une action en responsabilité –, celui qui se voit reprocher un manquement à ses obligations contractuelles soulève, en défense, une objection tirée de la nullité du contrat.

L'arrêt *Commune de Béziers I*, du 28 décembre 2009, porte sur la seconde hypothèse, mais la solution adoptée a une portée générale. Dans cette affaire, la commune de Béziers a apporté son appui à la création d'une zone industrielle sur le territoire d'une commune voisine, Villeneuve-lès-Béziers. En contrepartie, les deux communes ont conclu une convention par laquelle la seconde s'engageait à partager avec la première les fruits de la taxe professionnelle recueillie sur la zone. Dix ans plus tard, la commune de Villeneuve-lès-Béziers décide de ne plus procéder à ce partage. La commune de Béziers engage alors un recours devant le juge administratif en vue d'obtenir la condamnation de la commune de Villeneuve-lès-Béziers à lui verser des dommages et intérêts pour manquement à ses engagements contractuels. Mais en défense, celle-ci invoque la nullité du contrat. Elle se prévaut d'une irrégularité purement formelle : le contrat a été signé par le maire, dix ans auparavant, avant la transmission à la préfecture des délibérations autorisant sa signature.

Avant l'arrêt *Commune de Béziers*, dans un tel cas de figure, la nullité du contrat aurait été inévitablement reconnue par le juge : traditionnellement, *toute irrégularité* entraînait automatiquement la nullité du contrat. Et les causes d'irrégularités sont nombreuses, qu'elles tiennent soit à la violation de la légalité objective (par exemple, la conclusion d'une convention dans une matière dans laquelle l'administration n'a pas le droit de contracter, telle que la police administrative), soit à un vice du consentement subjectif (tel que l'erreur ou le dol). Ainsi, dans un avis, *Préfet de la Côte-d'Or*, du 10 juin 1996, le Conseil d'État a jugé que la signature du contrat par un maire avant que la délibération l'autorisant à le faire ait été transmise au préfet affectait la validité même du contrat. Ce caractère mécanique était d'autant plus gênant que la jurisprudence lui attachait une conséquence radicale : la nullité pure et simple, *ab initio*, du contrat, que le juge se bornait à constater. Le juge se trouvait ainsi confronté à un choix binaire : soit la disparition totale et rétroactive du contrat, soit l'absence de sanction de l'irrégularité.

La décision *Commune de Béziers* a souhaité conférer au juge du contrat de plus grands pouvoirs, tant dans l'appréciation de la gravité de l'irrégularité que dans la définition des conséquences à en tirer. L'assemblée du contentieux a entendu ainsi renouer, selon la formule d'Emmanuel Glaser dans ses conclusions, « aussi bien avec le caractère contractuel du contrat administratif, qu'avec son caractère administratif », deux aspects qui militent pour une conception plus large de l'office du juge.

En premier lieu, s'agissant des motifs de sa décision, le juge du contrat doit désormais mettre en balance divers éléments. Il lui appartient de tenir compte de deux principes expressément affirmés par l'arrêt *Commune de Béziers I* : « L'exigence de loyauté des relations contractuelles » et « la stabilité des relations contractuelles ». Le premier, proche du principe de bonne foi dans l'exécution des contrats consacré par l'article 1104 du code civil[86], interdirait par exemple qu'un cocontractant invoque soudainement, après plusieurs années d'application du contrat, un vice qu'il connaissait dès l'origine. Le second doit conduire le juge à apprécier l'importance de l'irrégularité alléguée, pour la mettre en balance avec l'intérêt général, qui peut plaider pour le maintien du contrat. En effet, comme le relève Emmanuel Glaser, « le contrat administratif n'est pas un contrat comme les autres. Il est certes la chose de parties, mais l'une de ces parties est une personne publique agissant dans le cadre de l'intérêt général ».

En second lieu, s'agissant de ses pouvoirs, le juge du contrat dispose désormais d'une large palette de solutions pour tirer les conséquences d'une irrégularité. Trois possibilités s'offrent à lui, précise l'arrêt : soit « la poursuite de l'exécution du contrat », éventuellement sous réserve de mesures de régularisation (par exemple, l'adoption, par le conseil municipal, de la délibération autorisant la signature du contrat) ; soit la résiliation pour l'avenir du contrat, « le cas échéant avec un effet différé » et ce, « après avoir vérifié que sa décision ne portera pas une atteinte excessive à l'intérêt général » ; soit, enfin, l'annulation rétroactive du contrat ou, lorsque la validité du contrat est contestée par voie d'exception dans un litige relatif à son exécution, sa mise à l'écart par le juge. Mais cette ultime sanction ne peut être prononcée que dans deux cas : « Le caractère illicite du contenu du contrat ou […] un vice d'une particulière gravité relatif notamment aux conditions dans lesquelles les parties ont donné leur consentement. » L'annulation du contrat devient ainsi l'exception, la sanction ultime des vices les plus graves. En l'espèce, dans l'affaire *Commune de Béziers I*, le retard de la transmission à la sous-préfecture de la délibération du conseil

86. Ex-article 1134, antérieurement à l'entrée en vigueur de l'ordonnance du 10 février 2016 portant réforme du droit des contrats.

municipal de la commune autorisant le maire à signer le contrat est un vice qui, « au regard de l'exigence de loyauté des relations contractuelles », n'est pas « d'une gravité telle que le juge doive écarter le contrat », contrairement à ce qui avait été précédemment jugé dans l'affaire *Préfet de la Côte-d'Or.* Il convient enfin d'ajouter que cette action des parties à un contrat administratif en contestation de la validité de celui-ci est ouverte « pendant toute la durée d'exécution de celui-ci[87] ».

b) Le contentieux de la résiliation du contrat : l'arrêt Commune de Béziers II

Le contentieux de la résiliation du contrat devant le juge administratif peut prendre deux formes, selon que la volonté de résilier est le fait du cocontractant ou de l'administration. D'une part, le cocontractant peut demander au juge la *résiliation du contrat aux torts de l'administration,* lorsque l'administration a commis une faute d'une particulière gravité. La jurisprudence lui reconnaît ce droit de longue date. Il convient de préciser que, si l'administration détient directement un pouvoir de résiliation, le titulaire du contrat doit normalement, pour sa part, demander au juge de prononcer une telle mesure. Cette règle ne joue toutefois que par défaut, dans le silence du contrat : une clause du contrat peut expressément prévoir que le cocontractant est autorisé à résilier lorsque l'administration méconnaît ses obligations contractuelles[88].

D'autre part, et presque symétriquement, lorsque l'administration résilie le contrat, l'arrêt *Commune de Béziers II* reconnaît au cocontractant le droit de saisir le juge d'un recours contre cette décision de résiliation, dans le cadre d'une *action en reprise des relations contractuelles.* Rendu le 21 mars 2011, soit deux ans après la décision *Commune de Béziers I,* l'arrêt *Commune de Béziers II* constitue un prolongement de la même affaire, la commune de Béziers formant un recours contre la décision de la commune de Villeneuve-lès-Béziers de résilier la convention relative au partage de la taxe professionnelle sur la zone industrielle.

Jusqu'à cet arrêt, lorsque l'administration résiliait un contrat, son cocontractant pouvait seulement obtenir une indemnisation. Le juge ne se reconnaissait pas le pouvoir d'annuler la décision de l'administration de résilier le contrat, qui bénéficiait d'une forme d'immunité juridictionnelle. Cette jurisprudence traditionnelle était d'ailleurs valable pour les recours contre l'ensemble des mesures d'exécution des contrats, catégorie générale qui recouvre les

87. CE, 1er juillet 2019, *Association pour le musée des Îles Saint-Pierre et Miquelon.*

88. Cette faculté n'est toutefois ouverte que pour les contrats qui n'ont pas pour objet l'exécution même du service public : CE, 8 octobre 2014, *Société Grenke location.*

mesures d'application, de modification et de résiliation des contrats. Elle valait quel que soit le motif de la résiliation, étant rappelé que l'administration a le pouvoir de résilier un contrat administratif dans deux hypothèses, soit pour un motif d'intérêt général, soit à titre de sanction, en cas de faute du cocontractant. Elle ne connaissait qu'une exception limitée, pour la résiliation de certains types de contrats administratifs de longue durée, telles que les concessions de service public[89] et, plus largement, pour les contrats « nécessitant des investissements importants dont l'amortissement doit être effectué pendant toute la durée de l'exploitation[90] ».

Avec l'arrêt *Commune de Béziers II*, le Conseil d'État ouvre, pour l'ensemble des contrats administratifs, la possibilité pour une partie au contrat de former un recours de plein contentieux contre une mesure de résiliation. Comme dans l'arrêt *Commune de Béziers I*, l'office du juge est largement entendu. Celui-ci doit mettre en balance la nature de l'irrégularité invoquée avec l'ensemble des intérêts en présence : l'intérêt général, bien sûr, mais aussi l'intérêt du nouveau titulaire du contrat qui aurait été désigné après la résiliation. Pour éviter la création de situations difficilement réversibles, l'arrêt admet d'ailleurs que le recours puisse être accompagné d'une demande de référé-suspension de l'article L. 521-1 du code de justice administrative, en vue de suspendre l'exécution de la résiliation dans l'attente du jugement au fond[91]. En cas d'irrégularité, le juge du contrat détient le pouvoir non pas d'annuler la résiliation, mais d'ordonner la reprise des relations contractuelles ou, à défaut, d'allouer une indemnité. En revanche, s'agissant des mesures d'exécution autres que la résiliation, le Conseil d'État réaffirme sa jurisprudence traditionnelle, en jugeant que « le juge du contrat, saisi par une partie d'un litige relatif à une mesure d'exécution d'un contrat, peut seulement, en principe, rechercher si cette mesure est intervenue dans des conditions de nature à ouvrir droit à indemnité ».

3/ *Une action indemnitaire résiduelle ayant un fondement non contractuel*

À titre résiduel, une demande d'indemnité peut être formée par une partie au contrat sur un terrain non contractuel, dans l'hypothèse où le contrat n'est pas valable. Une telle demande peut survenir dans différentes situations. Un marché public peut avoir été annulé par le juge, saisi par un tiers, alors que le contrat a déjà été en partie exécuté et que des travaux ont été réalisés par l'entrepreneur : ce dernier ne peut plus alors se prévaloir du contrat pour être

89. CE, 20 janvier 1905, *Compagnie départementale des eaux*.

90. CE, 26 novembre 1971, *Société SIMA*.

91. Cette faculté théorique est toutefois assez peu mise en œuvre en pratique. Pour un exemple rare de suspension, voir : CE, 25 janvier 2019, *Société Uniparc Cannes*.

indemnisé. Comme dans l'affaire *Commune de Béziers I*, l'administration peut, pour se défendre face une action en responsabilité contractuelle, invoquer la nullité du contrat : dans ce cas, lorsque les vices affectant le contrat sont d'une certaine gravité, le juge « doit écarter le contrat et ne peut régler le litige sur le terrain contractuel[92] ».

Dans ces différentes hypothèses, le cocontractant peut être indemnisé en se plaçant sur un autre terrain juridique que le contrat. Il existe principalement deux autres fondements alternatifs qui, tous deux, sont plus restrictifs que l'action contractuelle. Le premier terrain, quasi contractuel, est celui de l'*enrichissement sans cause*, inspiré de l'action *de in rem verso* du droit civil : le cocontractant n'a alors droit qu'au remboursement des « dépenses utiles[93] ». Le second consiste à se fonder sur le terrain de la *responsabilité administrative* classique, en invoquant la *faute quasi délictuelle* commise par l'administration en concluant un contrat irrégulier ; mais la responsabilité est alors souvent partagée, en raison de la faute du cocontractant, qui ne pouvait ignorer cette irrégularité.

B | L'OUVERTURE PROGRESSIVE DES RECOURS AUX TIERS

En droit privé, en application du principe de l'effet relatif des conventions, seules les parties signataires du contrat peuvent normalement saisir le juge. Toutefois, les contrats passés par les personnes publiques présentent, de ce point de vue, une nature particulière. Parce qu'il concerne, directement ou indirectement, l'organisation et la gestion du service public, un contrat administratif est susceptible d'intéresser de nombreuses personnes : au premier chef, les usagers du service, mais aussi les contribuables, ou encore les candidats évincés de sa procédure de passation. C'est pourquoi la problématique de la place du tiers dans le contentieux des contrats est apparue très tôt dans la jurisprudence administrative. Elle a été profondément renouvelée, d'abord par l'introduction des référés précontractuels et contractuels, ouverts aux candidats évincés, puis par la jurisprudence, et en particulier par l'arrêt *Département de Tarn-et-Garonne*, du 4 avril 2014, qui a institué un nouveau recours au profit des tiers.

1/ *L'approche traditionnelle des recours ouverts aux tiers au contrat*

L'arrêt *Département de Tarn-et-Garonne* revient sur l'approche traditionnelle issue de la décision *Martin*, selon laquelle les tiers

92. CE, 28 décembre 2009, *Commune de Béziers I*.
93. CE, 10 avril 2008, *Société Decaux*.

ne pouvaient contester que les actes détachables du contrat. Dans certains cas spécifiques, la jurisprudence avait déjà reconnu des possibilités de recours directs des tiers contre le contrat.

a) L'arrêt Martin *: le recours contre les actes détachables du contrat*

Dès l'arrêt *Martin*, du 4 août 1905, le Conseil d'État a admis que les tiers puissent contester, par la voie du recours pour excès de pouvoir, les actes « détachables » du contrat. Il s'agit des décisions administratives qui interviennent dans la formation comme dans l'exécution du contrat. Tel est le cas de la délibération du conseil général approuvant une concession de service public, comme dans l'arrêt *Martin*, ou encore de la décision de signer le contrat, qui s'en détache intellectuellement, même si elle n'est pas matérialisée autrement que par la signature de ce dernier[94]. Toute personne ayant un intérêt à agir peut former un recours contre ces actes détachables : les membres d'une assemblée délibérante (hypothèse de l'arrêt *Martin*), les contribuables ou encore les usagers du service.

Toutefois, l'annulation d'un acte détachable n'entraînait pas systématiquement, par voie de conséquence, celle du contrat. Elle n'a longtemps eu qu'un caractère « platonique », selon la formule du président Romieu dans ses conclusions sur l'affaire *Martin*. Pour aboutir à la remise en cause, il était nécessaire de faire intervenir plusieurs juges : l'annulation de l'acte détachable était d'abord prononcée par le *juge de l'excès de pouvoir*, saisi par les tiers ; mais celle du contrat lui-même relevait du *juge du contrat*, qui ne pouvait être saisi que par les parties ; le trait d'union entre les deux juges était réalisé par l'intervention d'un troisième juge, le *juge de l'exécution*. Les tiers bénéficiaires d'un jugement d'annulation d'un acte détachable pouvaient demander au juge de l'exécution d'ordonner aux parties contractantes, sur le fondement du pouvoir d'injonction instauré par la loi du 8 février 1995, de saisir le juge du contrat en vue de constater la nullité du contrat. Cette injonction n'avait toutefois rien de mécanique : l'arrêt du 10 décembre 2003, *Institut de recherche pour le développement*, a en effet précisé que le juge de l'exécution devait « prendre en compte la nature de l'acte annulé ainsi que le vice dont il est affecté » et « vérifier que la nullité du contrat ne portera pas, si elle est constatée, une atteinte excessive à l'intérêt général ». Ce cadre d'analyse a profondément inspiré les évolutions ultérieures de la jurisprudence, en ce qu'il met clairement *en balance* la gravité du vice avec l'intérêt qui s'attache au maintien du contrat. C'est ce pouvoir d'appréciation, affirmé en 2003 pour le juge de l'exécution, qui a par la suite été reconnu au juge du contrat par les arrêts *Tropic travaux*, en 2007, puis

94. CE, 9 novembre 1934, *Chambre de commerce de Tamatave*.

Commune de Béziers I en 2009. Par un effet en retour, la décision du Conseil d'État du 21 février 2011, *Société Ophrys*, a transposé au cas du juge de l'exécution les principes issus de la jurisprudence *Commune de Béziers I*[95].

Cette construction jurisprudentielle n'a plus aujourd'hui, pour l'essentiel, qu'un intérêt rétrospectif, du fait de la reconnaissance d'un recours direct des tiers contre le contrat par l'arrêt *Département de Tarn-et-Garonne*. Ce dernier ferme expressément la voie du recours contre les actes détachables pour les tiers, en jugeant que « la légalité du choix du cocontractant, de la délibération autorisant la conclusion du contrat et de la décision de le signer, ne peut être contestée qu'à l'occasion » de la nouvelle voie de recours. L'arrêt *Martin* peut toutefois conserver une utilité dans certains cas résiduels. Par exemple, un recours pour excès de pouvoir peut encore être intenté contre des actes détachables liés à des contrats de droit privé passés par l'administration. S'agissant des contrats administratifs, un tel recours peut également être formé, par des tiers soit contre des actes d'approbation du contrat tels qu'un décret approuvant un contrat de partenariat[96], soit à l'encontre de certains actes *postérieurs* qui concernent l'exécution du contrat, sous réserve, dans les deux cas, que ces actes soient bien détachables du contrat[97].

b) Des hypothèses spécifiques de recours ouverts aux tiers

Avant les arrêts *Tropic Travaux* et *Département de Tarn-et-Garonne*, trois catégories de recours des tiers ont été reconnues par la jurisprudence. En premier lieu, le recours des tiers peut porter sur les clauses *réglementaires*, présentes dans certains contrats administratifs. Tel est le cas, dans les contrats de délégation de service public, des stipulations qui définissent l'organisation du service

95. La décision *Société Ophrys* reprend, à propos des pouvoirs du juge de l'exécution, le considérant de principe de l'arrêt *Commune de Béziers I*, en relevant qu'il appartient au juge de l'exécution, « après avoir pris en considération la nature de l'illégalité commise », de choisir entre trois solutions : soit décider la poursuite de l'exécution du contrat, éventuellement sous réserve de mesures de régularisation ; soit ordonner à la personne publique de résilier le contrat, immédiatement ou avec un effet différé ; soit, enfin, lorsque l'illégalité est particulièrement grave, « inviter les parties à résoudre leurs relations contractuelles ou, à défaut d'entente sur cette résolution, à saisir le juge du contrat afin qu'il en règle les modalités s'il estime que la résolution peut être une solution appropriée ».

96. Dans ce cas, le tiers ne peut soulever que des moyens tirés des vices propres à l'acte d'approbation et non pas des moyens relatifs au contrat lui-même : CE, 23 décembre 2016, *Association Études et consommation CFDT du Languedoc-Roussillon*.

97. À cet égard, le cocontractant n'est pour sa part pas recevable à former un recours pour excès de pouvoir contre les mesures d'exécution du contrat, puisqu'il peut former, contre ces dernières, un recours de plein contentieux (même si ce dernier ne se résout que sur le plan indemnitaire). En l'état de la jurisprudence, le tiers ne dispose pas, quant à lui, d'autre recours contre ces mesures que le recours pour excès de pouvoir.

public ou portent sur les tarifs. Le caractère réglementaire de ces clauses a d'abord justifié que, par dérogation à l'effet relatif des contrats, leur méconnaissance puisse être invoquée à l'appui d'un recours pour excès de pouvoir dirigé contre les décisions unilatérales de l'administration[98]. Il a ensuite permis aux usagers de former directement un recours pour excès de pouvoir pour demander l'annulation de ces clauses[99]. Le préfet, dans le cadre du contrôle de légalité institué par les lois de décentralisation, peut également déférer au juge un contrat conclu par une collectivité territoriale. Ce déféré préfectoral a été qualifié de recours de pleine juridiction par une décision du 23 décembre 2011, *Ministre de l'intérieur, de l'outre-mer, des collectivités territoriales et de l'immigration c/ SIDEN*[100]. Cette solution permet d'élargir la palette des pouvoirs du juge : dans le prolongement des arrêts *Tropic Travaux* et *Commune de Béziers*, l'arrêt *SIDEN* confère au juge une diversité de pouvoirs, lui permettant de moduler la solution en fonction de la gravité de l'illégalité. Enfin, les contrats de recrutement des agents non titulaires de droit public peuvent faire l'objet d'un recours pour excès de pouvoir formé par les tiers ayant un intérêt suffisant[101]. Cette solution particulière, s'agissant des agents *contractuels*, s'explique par un désir d'analogie avec la faculté, déjà existante, d'attaquer les actes unilatéraux de recrutement des *fonctionnaires*.

2/ Les référés ouverts aux candidats évincés

Le droit de l'Union européenne a exercé une influence dans ce domaine, en instituant successivement deux types de référés, le référé précontractuel, puis le référé contractuel. Ces recours sont toutefois doublement limités : ils ne concernent qu'une catégorie particulière de tiers (les candidats évincés lors de la passation d'un contrat public) et visent au respect d'un ensemble spécifique de règles juridiques (les obligations de publicité et de mise en concurrence).

a) Le référé précontractuel

Ce recours original est issu du droit communautaire : introduit en droit français par la loi du 4 janvier 1992 en vue de transposer les directives dites « recours » de 1989 et de 1992 visant à améliorer l'efficacité des recours en matière de passation de marchés publics[102], il est aujourd'hui codifié aux articles L. 551-1 et suivants

98. CE, 21 décembre 1906, *Croix-de-Seguey-Tivoli.*

99. CE, 10 juillet 1996, *Cayzeele.*

100. Alors qu'il était initialement assimilé à un recours pour excès de pouvoir (CE, 26 juillet 1991, *Commune de Sainte-Marie*).

101. CE, 30 octobre 1998, *Ville de Lisieux.*

102. Directive du 21 décembre 1989 pour les marchés des secteurs traditionnels et directive du 25 février 1992 pour les secteurs dits « exclus » (eau, énergie, transports, télécommunications).

du code de justice administrative. Il permet de garantir le respect de la procédure de passation des contrats publics, en sanctionnant les manquements aux obligations de publicité et de mise en concurrence. Son domaine d'application a été progressivement étendu à la plupart des contrats administratifs, des marchés publics aux contrats de concession, en passant par les marchés de partenariat.

L'efficacité du référé précontractuel vient, comme son nom l'indique, du moment de son intervention : avant même la signature du contrat, le juge peut être saisi par toute personne ayant intérêt à conclure le contrat – pour l'essentiel, les candidats évincés ou les candidats potentiels. Le recours est jugé par un juge unique, qui statue « en la forme de référés », dans un délai très bref de vingt jours, et qui dispose de pouvoirs étendus : il peut suspendre la procédure de passation du contrat, ordonner à l'auteur du manquement de se conformer à ses obligations, annuler les décisions irrégulières ou encore supprimer les clauses ou prescriptions destinées à figurer dans le contrat et qui méconnaissent lesdites obligations. Dans un souci de célérité, ses décisions ne sont pas susceptibles d'appel, mais seulement d'un pourvoi en cassation devant le Conseil d'État.

Victime de son succès, le référé précontractuel a suscité de nombreux contentieux engagés par les candidats malheureux, aboutissant à des annulations pour des vices de pure forme. Traditionnellement, les entreprises candidates pouvaient en effet invoquer *tout manquement* aux obligations de publicité et de mise en concurrence. Afin de renforcer la sécurité juridique, le Conseil d'État a adopté une approche plus restrictive : par la décision *SMIR-GEOMES* du 3 octobre 2008, il juge que le requérant ne peut soulever que les seuls manquements qui « sont susceptibles de l'avoir lésé ou qui risquent de le léser, fût-ce de façon indirecte en avantageant une entreprise concurrente ». Cette approche *subjective* des moyens pouvant être soulevés devant le juge est profondément originale dans le cadre du contentieux administratif français, qui reconnaît traditionnellement au requérant le droit de soulever tout type d'illégalité. Elle n'est pas sans rappeler le droit allemand, dans lequel, pour obtenir l'annulation d'un acte administratif, le requérant doit démontrer que la violation des règles de droit lèse effectivement ses droits subjectifs.

Par ailleurs, des difficultés étaient apparues lorsque la signature du contrat survenait en cours de procédure : celle-ci aboutissait à dessaisir le juge, que la conclusion du contrat intervienne avant la saisine du juge (le référé précontractuel était irrecevable[103]) ou en cours d'instance (le référé était alors frappé de non-lieu[104]). Ces solutions risquaient d'inciter les parties à précipiter la signature du

103. CE, 3 novembre 1995, *CCI de Tarbes et des Hautes-Pyrénées*.
104. CE, 3 novembre 1995, *Société Stentofon Communication*.

contrat afin de rendre irréversible la décision d'attribution. Pour y remédier, une nouvelle directive « recours » du 11 décembre 2007, transposée en France par une ordonnance du 7 mai 2009, a perfectionné la procédure du référé en posant deux règles : d'une part, elle a rendu obligatoire un délai d'attente, dit « délai de *standstill* », entre la date de la décision d'attribution du contrat et la date de sa signature, ce qui permet, le cas échéant, aux candidats évincés de former un recours en temps utile[105] ; d'autre part, elle a conféré au recours lui-même un caractère suspensif : à compter de la saisine, le contrat ne peut plus être signé.

b) Le référé contractuel

Ces limites du référé précontractuel face à la survenance de la signature du contrat ont en outre conduit la directive du 11 décembre 2007, transposée par l'ordonnance du 7 mai 2009, à créer un nouveau recours : le référé contractuel. Ce référé est un instrument *postcontractuel*, complémentaire au référé précontractuel : s'appliquant aux mêmes contrats que ce dernier et ayant le même objet – le respect des obligations de publicité et de mise en concurrence –, il constitue une voie de recours postérieure à la signature du contrat. Il est ainsi ouvert lorsque le contrat a été signé en violation du délai de *standstill*, délai d'attente précité entre la décision d'attribution du contrat et sa conclusion, ou encore lorsqu'il a été conclu sans aucune publicité préalable ni mise en concurrence. Il permet ainsi de sanctionner les contractants qui se hâteraient de signer le contrat ou qui se dispenseraient purement et simplement de toute publicité préalable.

Comme le référé précontractuel, le référé contractuel est ouvert à toute personne ayant intérêt à conclure le contrat. Toutefois, si le requérant a déjà fait usage du référé précontractuel, il n'est plus recevable à exercer un référé contractuel : cela équivaudrait à lui donner une voie détournée d'appel. Le référé contractuel peut être exercé dans un délai de trente jours après la publication de la conclusion du contrat ou, en l'absence de publicité, dans un délai de six mois. Le juge a d'abord la faculté de suspendre l'exécution du contrat pour la durée de l'instance. Puis, selon la nature du manquement, il peut le résilier pour l'avenir, en réduire la durée ou, dans les cas les plus graves, en prononcer la nullité, sauf s'il existe une « raison impérieuse d'intérêt général » (article L. 551-19 du code de justice administrative). En revanche, le référé contractuel ne peut pas comporter une demande de dommages et intérêts.

105. Ce délai de suspension, qui varie selon les types de marché, s'élève, pour les marchés à procédure formalisée, à seize jours à compter de la lettre notifiant le rejet de la candidature (réduits à onze jours en cas d'envoi électronique).

3/ *La création jurisprudentielle d'un recours ouvert aux tiers*

L'arrêt *Tropic Travaux* a fait le premier pas, en ouvrant au profit des candidats évincés une possibilité de contestation directe du contrat devant le juge. La décision *Département de Tarn-et-Garonne* a parachevé l'édifice en élargissant cette nouvelle voie de recours à tous les tiers y ayant intérêt.

a) L'arrêt Tropic Travaux : *un recours ouvert aux concurrents évincés*

L'arrêt du 16 juillet 2007, *Société Tropic Travaux Signalisation*, a été le premier à ouvrir à certains tiers un recours direct contre le contrat. Comme le référé précontractuel, ce recours, dit « Tropic Travaux », n'était ouvert qu'à une catégorie de tiers : les concurrents évincés. Notamment inspirée par les référés issus du droit de l'Union européenne, cette solution permettait de mettre fin à l'excessive complexité de la procédure du recours contre les actes détachables.

L'arrêt définit avec précision, de façon purement prétorienne, les conditions d'exercice de ce nouveau recours. Il en fixe le délai : deux mois à compter de la publicité du contrat. Il précise les pouvoirs du juge, lorsqu'il constate une illégalité. Antérieurement, dans le cadre de la jurisprudence *Martin*, le juge de l'excès de pouvoir saisi d'un recours contre un acte détachable était enfermé dans une solution binaire : annulation ou rejet. Le choix de faire du recours *Tropic Travaux* un recours de plein contentieux permet au juge de ne pas prononcer automatiquement la nullité du contrat : il peut moduler les effets de sa décision selon la gravité de l'illégalité commise et en tenant compte de l'intérêt général qui peut s'attacher au maintien de l'exécution d'un contrat administratif. Cette conception élargie de l'office du juge du contrat constitue un des apports essentiels de la jurisprudence *Tropic Travaux*, qui influencera ultérieurement l'arrêt *Commune de Béziers I*. On retrouve, dans ces décisions, la même inspiration que dans la jurisprudence *Association AC !*, du 11 mai 2004, qui permet au juge de l'excès de pouvoir de moduler dans le temps les effets d'une annulation.

La jurisprudence *Tropic Travaux* est également connue pour une autre innovation, qui ne concerne pas le droit des contrats, mais la technique contentieuse : *la modulation dans le temps des revirements de jurisprudence*. En effet, la création de ce nouveau recours au profit des candidats évincés a pour conséquence de rendre irrecevables leurs recours pour excès de pouvoir contre des actes détachables. Le Conseil d'État décide donc de ne pas opposer cette irrecevabilité à l'encontre des requêtes déjà formées avant l'intervention de l'arrêt *Tropic Travaux*, afin d'éviter de priver les intéressés de leurs droits de façon rétroactive. La nouvelle règle jurisprudentielle ainsi édictée par le juge ne s'appliquera qu'à l'avenir. Cette solution, respectueuse de la sécurité juridique, est audacieuse, puisqu'elle revient à admettre implicitement une forme de pouvoir normatif du juge, en lui donnant la faculté de fixer les dates d'application de nouveaux principes jurisprudentiels.

L'arrêt *Tropic Travaux* a été rendu le 16 juillet 2007, alors que la directive du 11 décembre 2007 était en cours de préparation. La création par cette dernière du référé contractuel n'a pas rendu pour autant inutile le recours *Tropic Travaux*. En effet, celui-ci a un domaine d'application plus large que le référé contractuel, puisqu'il s'applique à tout contrat administratif et que les requérants peuvent invoquer devant le juge des illégalités touchant au contenu du contrat, et non pas uniquement la violation des règles de publicité ou de mise en concurrence, comme c'est le cas pour le référé contractuel. En outre, s'agissant d'un recours de plein contentieux, les pouvoirs du juge sont plus étendus : le requérant peut notamment présenter une demande de dommages et intérêts, ce qui n'est pas possible dans le cadre du référé contractuel.

b) L'arrêt Département de Tarn-et-Garonne : *l'ouverture aux tiers d'un recours en contestation de la validité du contrat*

Avec l'arrêt *Département de Tarn-et-Garonne*, du 4 avril 2014, le Conseil d'État parachève cette évolution, en élargissant à tous les tiers y ayant intérêt le recours de pleine juridiction contre le contrat que l'arrêt *Tropic Travaux* avait initialement réservé aux seuls concurrents évincés. Peut former un tel recours le tiers qui est « susceptible d'être lésé dans ses intérêts de façon suffisamment directe et certaine par sa passation ou ses clauses ». Sont ainsi recevables les contribuables locaux, lorsqu'ils démontrent que la convention dont ils contestent la validité est susceptible d'emporter des conséquences significatives sur les finances ou le patrimoine de la collectivité[106]. L'action est également ouverte aux membres de l'organe délibérant de la collectivité territoriale, ainsi qu'au représentant de l'État dans le département dans l'exercice du contrôle de légalité. La demande peut viser une annulation totale du contrat ou seulement de certaines de ses clauses, lorsqu'elles en sont divisibles. Les requérants peuvent en outre assortir leur recours d'une demande de suspension de l'exécution du contrat fondée sur l'article L. 521-1 du code de justice administrative. Le Conseil d'État n'a toutefois suspendu l'exécution du contrat en cause qu'en de rares occasions[107]. Les candidats évincés peuvent aussi adosser à ce recours des conclusions indemnitaires ou encore introduire un recours

106. CE, 27 mars 2020, *M. L... et autres*.

107. Voir à titre d'exemple de contrat dont la suspension a été prononcée par le juge des référés : CE, 10 octobre 2018, *Communauté intercommunale Réunion Est (CIREST)*.

indemnitaire indépendamment de celui-ci, afin d'obtenir la réparation du préjudice éventuellement subi en raison des irrégularités procédurales. Dans les deux cas, ils devront démontrer que l'irrégularité ayant affecté la procédure de passation a été la cause directe de leur éviction[108].

Le recours *Tarn-et-Garonne* s'exerce, comme celui de l'arrêt *Tropic Travaux*, dans un délai de deux mois « à compter de l'accomplissement des mesures de publicité appropriées, notamment au moyen d'un avis mentionnant à la fois la conclusion du contrat et les modalités de sa consultation dans le respect des secrets protégés par la loi ».

S'agissant des pouvoirs du juge, le nouveau recours s'inscrit également dans la lignée des arrêts *Tropic Travaux* et, surtout, *Commune de Béziers I* dont il reprend, à quelques ajustements près, le considérant de principe. Ainsi, l'annulation n'est pas systématique : le juge doit apprécier l'importance et les conséquences de vices entachant la validité du contrat. Plusieurs solutions s'offrent à lui : il peut décider que la poursuite de l'exécution du contrat est possible, inviter les parties à prendre des mesures de régularisation dans un délai qu'il fixe ou encore prononcer la résiliation du contrat – laquelle ne vaut que pour l'avenir. Enfin, dernière solution, « si le contrat a un contenu illicite ou s'il se trouve affecté d'un vice de consentement ou de tout autre vice d'une particulière gravité que le juge doit ainsi relever d'office », le juge peut prononcer « l'annulation totale ou partielle de celui-ci ».

L'arrêt *Département de Tarn-et-Garonne* comporte toutefois une innovation quant aux moyens que les requérants peuvent soulever : si le préfet et les membres de l'organe délibérant de la collectivité territoriale peuvent invoquer tout moyen à l'appui de leur recours, les autres tiers, en revanche, ne peuvent soulever que « des vices en rapport direct avec l'intérêt lésé dont ils se prévalent ou ceux d'une gravité telle que le juge devrait les relever d'office ». Cette limitation est nouvelle : tant dans le cadre du recours pour excès de pouvoir contre un acte détachable que dans celui du recours *Tropic Travaux*, tout manquement à la légalité était susceptible d'être invoqué par les requérants. Elle rejoint la logique de l'arrêt *SMIR-GEOMES*, en matière de référé précontractuel, qui tend à la subjectivisation des recours en matière contractuelle.

Enfin, pour assurer la sécurité juridique et selon la méthode inaugurée par l'arrêt *Tropic Travaux*, le Conseil d'État module dans le temps les effets de ce revirement de jurisprudence : le nouveau recours ne pourra être exercé qu'à l'encontre des contrats signés postérieurement à l'arrêt *Département de Tarn-et-Garonne* ; en revanche, l'introduction de cette nouvelle voie de recours ne prive

108. CE, 10 février 2017, *Société Bancel*.

pas d'objet les recours pour excès de pouvoir contre les actes détachables de contrats signés avant la date de cet arrêt.

La jurisprudence *Martin* a été très utile pour renforcer les exigences de respect du droit par les cocontractants. D'application sans doute trop complexe après la progression des préoccupations d'effectivité qui avaient conduit à ouvrir des voies devant le juge du contrat et le juge de l'exécution, elle devenait un facteur d'insécurité juridique et, par-là, de renchérissement, voire de paralysie, de certains grands projets. Dans le contexte actuel, après le premier pas opéré par l'arrêt *Tropic travaux*, la décision *Département de Tarn-et-Garonne* traduit le souci du Conseil d'État de trouver un équilibre plus adapté entre le respect des impératifs juridiques, l'efficacité des recours et la sécurité juridique.

Enfin, on notera qu'à côté de ces recours *en contestation de la validité du contrat* dont disposent les tiers, le Conseil d'État a consacré, par l'arrêt *SMPAT* du 30 juin 2017, un recours de pleine juridiction *tendant à ce qu'il soit mis fin à l'exécution du contrat*[109]. Complétant l'arrêt *Tarn-et-Garonne*, cette nouvelle voie de recours concerne non pas la conclusion, mais l'exécution d'un contrat. Elle permet à des tiers de contester devant le juge du contrat la décision par laquelle la personne publique a refusé de faire droit à leur demande de résiliation de ce contrat. Cette décision marque ainsi l'abandon de la jurisprudence ancienne en vertu de laquelle les tiers pouvaient seulement former un recours pour excès de pouvoir à l'encontre de tels actes détachables du contrat et confirme l'harmonisation du contentieux contractuel autour du recours de pleine juridiction.

109. CE, 30 juin 2017, *Syndicat mixte de promotion de l'activité transmanche (SMPAT)*.

CINQUIÈME PARTIE

L'ACTION ADMINISTRATIVE

Chapitre 19

Le service public

Notion juridique, le service public a joué un rôle structurant dans la construction du droit public français. Notion également politique, il traduit une certaine conception de l'étendue et des modalités de l'intervention de la puissance publique. Aussi les débats juridiques et politiques sur la place du service public sont-ils vifs en France depuis plus d'un siècle.

Fondement du droit administratif français, source de polémiques dans la vie politique et sociale, le service public apparaît parfois comme une composante de l'exception française. Le terme est d'ailleurs difficile à traduire dans les autres langues, notamment en anglais. Les discussions auxquelles il donne lieu ont toutefois leur écho dans les autres pays européens, et le service public trouve, sous des formes renouvelées, notamment celle du service d'intérêt général, d'importants prolongements en droit de l'Union européenne.

Fruit d'une riche histoire juridique, le service public demeure en conséquence au centre de l'actualité dans le droit public français et européen.

I

LE SERVICE PUBLIC : UNE RICHE HISTOIRE JURIDIQUE

Trois étapes, qui montrent à quel point la notion juridique est inséparable du contexte politique et social, jalonnent l'histoire du service public en droit public français. De la fin du XIXe siècle à la guerre de 1914-1918, le service public est la pierre angulaire du droit administratif alors en construction. L'entre-deux-guerres est l'époque de la crise du service public. Puis, après la seconde guerre mondiale, le service public renaît de ses cendres. S'il ne peut prétendre à être la seule clef explicative du droit public, il en est, en dépit de certaines hésitations, une notion centrale : au déclin succède la renaissance du service public.

A | LE SERVICE PUBLIC, PIERRE ANGULAIRE DU DROIT ADMINISTRATIF

Illustrations jurisprudentielles et controverses doctrinales se conjuguent pour placer le service public au cœur du droit administratif dont le Conseil d'État et le Tribunal des conflits posent les fondements. Jusqu'en 1918, ce droit repose pour l'essentiel sur le service public.

1/ *Fondements jurisprudentiels*

Dès l'arrêt *Blanco* du 8 février 1873, le Tribunal des conflits se fonde sur le service public pour décider que la responsabilité de la puissance publique relève d'un régime qui lui est propre, en affirmant : « La responsabilité, qui peut incomber à l'État, pour les dommages causés aux particuliers par le fait des personnes qu'il emploie dans le service public, ne peut être régie par les principes qui sont établis dans le code civil, pour les rapports de particulier à particulier. » La jurisprudence définit le champ du service public et, par-là, celui de l'application du droit public et de la compétence du juge administratif. Par sa décision *Terrier* du 6 février 1903, le Conseil d'État juge qu'un département remplit une mission de service public lorsqu'il se préoccupe, dans un but de salubrité publique, de la destruction des vipères. Les conclusions du commissaire du gouvernement Romieu sur cette affaire sont éclairantes de la manière dont le service public est placé au centre des constructions qui commencent à s'édifier : « Tout ce qui concerne l'organisation et le fonctionnement des services publics [...] constitue une opération administrative, qui est, par sa nature, du domaine de la juridiction administrative [...] Toutes les actions entre les personnes publiques et les tiers ou entre ces personnes publiques elles-mêmes, et fondées sur l'exécution, l'inexécution ou la mauvaise exécution d'un service public sont de la compétence administrative. » Quelques années plus tard, le Conseil d'État juge de même, dans son arrêt *Thérond* du 4 mars 1910, conformément aux conclusions du commissaire du gouvernement Pichat, qu'en passant un marché en vue de la capture et de la mise en fourrière des chiens errants, la ville de Montpellier « a agi en vue de l'hygiène et de la sécurité de la population et a eu, dès lors, pour but d'assurer un service public ». Il en conclut que « les difficultés pouvant résulter de l'inexécution ou de la mauvaise exécution de ce service » relèvent de la compétence du juge administratif.

2/ *Controverses doctrinales*

La doctrine commente avec passion ces constructions jurisprudentielles. Débats et controverses, dominés par les polémiques qui opposent Léon Duguit (1859-1928), doyen de la faculté de droit de Bordeaux, et Maurice Hauriou (1856-1929), doyen de la faculté de droit de Toulouse, portent à la fois sur la place et sur l'étendue du service public. L'« école de Bordeaux », qui a Léon Duguit pour maître, est l'« école du service public ». Dans son traité de droit constitutionnel, Duguit définit l'État comme « une coopération de services publics organisés et contrôlés par des gouvernants ». Professeur à la faculté de droit de Paris, Gaston Jèze poursuit dans cette voie, notamment dans un article intitulé « Le service public », publié en 1926 dans la *Revue roumaine de droit public*. Maurice Hauriou conteste une telle conception, qui refuse en définitive à l'État sa qualité de puissance souveraine pour n'y voir qu'un ensemble de services publics. Dans la préface de son *Précis de droit administratif*, il écrit que les doctrines inspirées du seul service public « planent dans les généralités », peuvent « séduire par leur apparente simplicité et leur envolée », mais qu'il est « dangereux de les faire atterrir ». Pour Hauriou, elles ont négligé les prérogatives de puissance publique, dans lesquelles il voit le facteur véritablement explicatif du droit administratif.

Ces controverses théoriques, dont Maurice Hauriou, aussi brillant polémiste que grand juriste, a écrit qu'elles « n'ont pas moins bouleversé le monde du droit que les schismes religieux n'ont bouleversé la chrétienté », se doublent de débats sur l'étendue du service public. Même s'il couvre, au-delà des activités régaliennes, la salubrité et l'hygiène, au travers des arrêts *Terrier* et *Thérond*, le service public conserve, avant 1918, un champ restreint : par un arrêt du 7 avril 1916, *Astruc*, le Conseil d'État juge que la ville de Paris n'assure pas un service public lorsqu'elle exploite le théâtre des Champs-Élysées. Cette conception restrictive du champ du service public est chaudement approuvée par Maurice Hauriou dans le commentaire – qui paraît d'un autre temps – qu'il fait de cet arrêt : « Le théâtre représente l'inconvénient majeur d'exalter l'imagination, d'habituer les esprits à une vie factice et fictive et d'exalter les passions de l'amour, qui sont aussi dangereuses que celles du jeu et de l'intempérance. » Aussi le doyen Hauriou se félicite-t-il que le Conseil d'État « condamne la conception qui consisterait à ériger en service public, comme à la période de la décadence romaine, les jeux du cirque ». Le service public, s'il forme alors la pierre angulaire du droit administratif, a une assise encore restreinte.

3/ *Personne publique, service public, droit public : l'identité parfaite*

Dans ce cadre, une identité complète existe entre trois notions qui se recouvrent entièrement : les personnes publiques, le service public, le droit public. Le service public est assuré par des personnes publiques sous un régime de droit administratif. Si l'une de ces notions est présente, les deux autres le sont également. En ce sens, le service public est bien la pierre angulaire du droit administratif : coïncidant avec lui, il en explique l'étendue et en justifie l'application. La crise, qui va dissocier ces trois notions, n'en sera que plus forte.

B | LA CRISE DU SERVICE PUBLIC

Résultant de deux processus juridiques distincts, la crise du service public découle, durant l'entre-deux-guerres, d'une même évolution politique, marquée par l'extension des interventions des collectivités publiques, en particulier en matière économique et sociale.

1/ *Le service public industriel et commercial*

Par sa décision du 22 janvier 1921, *Société commerciale de l'Ouest africain*, le Tribunal des conflits donne naissance à une nouvelle catégorie de services publics, le service public industriel et commercial. Il constate que la personne publique qu'était alors la colonie de Côte d'Ivoire exploitait un bac, le bac d'Eloka, qui transportait, moyennant rémunération, piétons et voitures d'une rive à l'autre de la lagune, « dans les mêmes conditions qu'un industriel ordinaire ». Il en déduit que les litiges auxquels peut donner lieu cette activité relèvent du droit privé et donc des tribunaux judiciaires.

Dès lors, une distinction est établie entre deux catégories de services publics. Dans ses conclusions sur l'affaire du bac d'Eloka, le commissaire du gouvernement Matter l'explique ainsi : « Certains services sont de la nature, de l'essence même de l'État ou de l'administration publique. D'autres services, au contraire, sont de nature privée et, s'ils sont entrepris par l'État, ce n'est qu'accessoirement, accidentellement. » La dualité des services publics est instituée, avec, d'un côté, le *service public administratif*, de l'autre, le *service public industriel et commercial*. Le Conseil d'État adhère très rapidement à cette jurisprudence en se référant aux « services publics industriels[1] ». La frontière entre les deux catégories est déterminée à partir d'un faisceau d'indices, qui tient compte de l'objet du service, de son organisation et de son financement[2]. La qualification donnée par le législateur s'impose au juge[3]. En revanche, une qualification donnée à tort par un texte réglementaire peut être écartée par le juge[4].

De nombreux services publics ont un caractère industriel et commercial, en particulier dans les domaines de la poste et des télécommunications, du transport public, de l'alimentation en eau, du ramassage et du traitement des ordures ménagères. Certains services publics culturels peuvent avoir ce caractère : la Comédie-Française et l'Opéra national de Paris sont chargés d'un service industriel et commercial, qu'ils gèrent dans des conditions voisines de l'exploitation d'un théâtre privé et qui est financé pour une large part par les recettes des spectacles. Un service public industriel et commercial est souvent géré par un établissement public, alors qualifié d'établissement public industriel et commercial : la RATP ou l'Opéra national de Paris, par exemple, ont ce caractère, comme l'avaient, avant leur transformation en sociétés, EDF, GDF ou La Poste. Le 1er janvier 2020, la SNCF, qui avait jusque-là conservé le statut d'établissement public industriel et commercial, est également devenue une société, avec une société mère, SNCF, et les autres sociétés du groupe, en particulier SNCF Réseau et SNCF Voyageurs.

Le service public industriel et commercial est principalement régi par le droit privé. Ses relations avec ses usagers en relèvent entièrement. À l'exclusion du directeur et, s'il a la qualité de comptable public, de son agent comptable[5], son personnel est constitué d'agents de droit privé[6]. Le droit public n'est toutefois pas entièrement absent, notamment dans les relations avec les tiers : le service public industriel et commercial peut passer des contrats administratifs ou provoquer des dommages de travaux publics. Les règles générales d'organisation du service ont en outre un caractère administratif[7].

1. CE, 23 décembre 1921, *Société générale d'armements*.
2. CE, 16 novembre 1956, *Union syndicale des industries aéronautiques*.
3. TC, 29 décembre 2004, *Époux Blanckeman c/ Voies navigables de France* ; TC, 16 octobre 2006, *Caisse centrale de réassurance c/ Mutuelle des architectes français*.
4. TC, 24 juin 1968, *Société d'approvisionnements alimentaires*.
5. CE, 26 janvier 1923, *Robert Lafreygère* ; CE, 8 mars 1957, *Jalenques de Labeau*.
6. CE, 15 décembre 1967, *Level* ; TC, 15 mars 1999, *Faulcon*.
7. TC, 15 janvier 1968, *Compagnie Air France c/ Époux Barbier*.

2/ Les personnes privées chargées de la gestion d'un service public

Une deuxième évolution jurisprudentielle consacre, quelques années après la jurisprudence du bac d'Eloka, la gestion de services publics par des personnes privées mais sous un régime de droit public. Elle trouve son origine dans la création des premières caisses d'assurances sociales. Par sa décision du 20 décembre 1935, *Établissements Vézia*, qui concernait les sociétés indigènes de prévoyance créées dans les colonies d'Afrique noire puis, de manière plus générale, par l'arrêt du 13 mai 1938, *Caisse primaire Aide et protection*, relatif aux caisses d'assurances sociales, le Conseil d'État juge que les organismes privés chargés par la loi d'une mission de service public relèvent, dans l'exercice de leur activité d'intérêt général, d'un régime de droit public. Dans ses conclusions sur l'arrêt *Caisse primaire Aide et protection*, le commissaire du gouvernement Roger Latournerie éclaire le contexte dans lequel cette évolution trouve sa place : « L'aspect que notre droit offre à présent [...] n'est pas celui d'une séparation absolue et tranchée entre le domaine du droit public et celui du droit privé, mais celui d'une gradation, d'une hiérarchie des services, où, d'échelon en échelon, les deux droits se combinent et s'interpénètrent. » Cette jurisprudence n'a plus de portée pour la sécurité sociale qui a été placée, lors de sa création en 1945, sous un régime de droit privé. Elle a connu, en revanche, de nombreuses autres ramifications.

Durant la seconde guerre mondiale, le recours aux personnes privées gérant un service public s'est étendu, sous le double effet de l'économie dirigée et de l'État corporatiste : les comités d'organisation[8] et les ordres professionnels[9] en sont l'illustration. La formule s'est largement propagée par la suite, dans des domaines variés. Les interventions économiques[10] et la régulation des activités agricoles[11], avec notamment les sociétés d'aménagement foncier et d'établissement rural créées par la loi d'orientation agricole du 5 août 1960[12], sont des champs privilégiés. Elle est utilisée pour des activités aussi variées que la lutte contre le cancer[13] ou l'organisation de la chasse par les fédérations départementales de chasseurs[14]. Le droit du sport repose sur ce régime : les fédérations sportives sont des personnes privées chargées d'une mission de service public[15]. Avec la transformation d'établissements publics en

8. CE, 31 juillet 1942, *Monpeurt*.

9. CE, 2 avril 1943, *Bouguen*.

10. CE, 13 janvier 1961, *Magnier*, à propos de l'Institut français du pétrole.

11. CE, 30 mars 1962, *Association nationale de la meunerie*.

12. CE, 13 juillet 1968, *Capus* ; TC, 8 décembre 1969, *Arcival*.

13. TC, 20 novembre 1961, *Centre régional de lutte contre le cancer Eugène Marquis*.

14. CE, 4 avril 1962, *Chevassier*.

15. CE, 22 novembre 1974, *Fédération des industries françaises d'articles de sport* ; CE, 22 novembre 1976, *Fédération française de cyclisme* ; CE, 15 mai 1991, *Association Girondins de Bordeaux football club*.

sociétés anonymes, le champ des personnes privées gérant un service public prend une nouvelle dimension : France Télécom, EDF, GDF, La Poste ou la SNCF demeurent investis, sous leur nouveau statut, de missions de service public. Les personnes privées qui gèrent un service public relèvent du droit public dans l'exercice de leur mission de service public, en particulier lorsqu'elles font usage des prérogatives de puissance publique qui leur sont confiées pour la remplir. Si leur vie interne continue d'être régie par le droit privé, les décisions unilatérales qu'elles ont reçu compétence pour prendre ont le caractère d'actes administratifs. Lorsqu'elle est mise en cause à l'occasion de l'exercice de leurs prérogatives de puissance publique, leur responsabilité obéit aux règles de la responsabilité administrative et ressortit donc à la compétence du juge administratif[16].

3/ *Personne publique, service public, droit public : l'éclatement*

Par rapport à l'unité de départ entre service public, personne publique et droit public, les deux évolutions que constituent, d'une part, le service public industriel et commercial, et, d'autre part, la gestion du service public par des personnes privées, ont des conséquences différentes. Le service public industriel et commercial conserve le service public et souvent la personne publique, mais voit disparaître le droit public, qui s'efface, dans la plupart des cas, au profit du droit privé. Avec les personnes privées chargées d'un service public, sont conservés le service public et le droit public, tandis que l'aspect organique se retire : la personne publique laisse la place à une personne privée. Tout en empruntant des chemins différents, ces jurisprudences conduisent à une même définition du service public, conçu comme une activité d'intérêt général, exercée par l'administration ou, au moins, sous son contrôle, avec des prérogatives de puissance publique[17]. Les causes profondes de ces constructions jurisprudentielles se rejoignent également.

Qu'il s'agisse du service public industriel et commercial ou de la gestion du service public par une personne privée, l'éclatement du cadre qui faisait du service public, au travers de l'identité parfaite entre service public, personne publique et droit public, la pierre angulaire du droit administratif, tient aux mêmes raisons. Après la première guerre mondiale et, plus encore, après la crise économique qui commence en 1929, la puissance publique est conduite à intervenir dans un nombre croissant de domaines, très au-delà des missions régaliennes de l'État et même du champ, largement entendu, de l'ordre public, qui couvre notamment la sécurité, la

16. CE, 13 octobre 1978, *Association départementale pour l'aménagement des structures agricoles du Rhône.*

17. CE, 28 juin 1963, *Narcy.*

santé, l'hygiène et la salubrité. Des actions publiques se développent dans tous les secteurs de la vie collective, économique, sociale, éducative et culturelle.

Encore marquée par une inspiration libérale, la jurisprudence s'en inquiète parfois. En réaction au « socialisme municipal », le Conseil d'État rappelle, dans l'arrêt du 30 mai 1930, *Chambre syndicale du commerce en détail de Nevers*, « que les entreprises ayant un caractère commercial restent, en règle générale, réservées à l'initiative privée et que les conseils municipaux ne peuvent ériger des entreprises de cette nature en services publics communaux que si, en raison de circonstances particulières de temps et de lieu, un intérêt public justifie leur intervention en cette matière ». En dépit de ces restrictions, le champ d'action des collectivités publiques devient trop vaste pour que le service public soit, dans tous les cas, assuré par une personne publique et qu'il relève en toute hypothèse du droit public. Le service public perd en conséquence sa valeur explicative. Il n'est plus la clef qui introduit aux autres portes du droit public. La notion risque de se diluer à mesure de son élargissement : elle est bien *en crise*.

C | LA RENAISSANCE DU SERVICE PUBLIC

Deux évolutions parallèles vont replacer le service public au cœur du droit public. La première est prétorienne : par un courant jurisprudentiel d'autant plus marqué qu'il est très circonscrit dans le temps, puisqu'il se manifeste entre 1954 et 1956, le Tribunal des conflits et le Conseil d'État, à défaut de donner au service public le pouvoir d'expliquer tout le droit administratif, vont en faire un élément important de la définition d'autres notions centrales de ce droit. La seconde est politique et sociale : après la Libération, le champ du service public couvre un vaste domaine dont l'étendue est désormais largement admise.

1/ 1954-1956 : la renaissance jurisprudentielle

Dans un article publié en 1960 dans la revue *Études et documents du Conseil d'État*, le président Latournerie a pu qualifier le service public de « Lazare juridique », capable de renaître de ses cendres. En deux ans, en effet, le service public est placé par la jurisprudence au cœur de la définition de quatre grandes notions du droit public, l'agent public, les travaux publics, les contrats administratifs et le domaine public. Initiant cette renaissance, le Conseil d'État définit, par ses décisions *Affortit* et *Vingtain*, du 4 juin 1954, l'agent public comme celui qui *participe directement au service public administratif*. Un an plus tard, le Tribunal des conflits prend le relais, en donnant, à propos des travaux de reconstruction qui avaient suivi la guerre, une nouvelle définition des travaux publics. Depuis l'arrêt du Conseil d'État du 10 juin 1921, *Commune de Monségur*, les travaux publics sont des travaux immobiliers exécutés pour une personne publique dans un but d'intérêt général. Cette définition demeure. Mais le Tribunal des conflits y ajoute, par sa décision du 28 mars 1955, *Effimieff*, une autre hypothèse : sont également des travaux publics les travaux qui, s'ils ne sont pas exécutés sur des immeubles destinés à revenir à une personne publique, sont néanmoins, tels les travaux de reconstruction, entrepris par *une personne publique dans un but de service public*. Une alternative comparable est ouverte pour les contrats administratifs par deux décisions du Conseil d'État du 20 avril 1956, *Époux Bertin* et *Ministre de l'agriculture c/ Consorts Grimouard*. Sont administratifs, depuis l'arrêt du 31 juillet 1912, *Société des granits porphyroïdes des Vosges*, les contrats qui comportent des clauses exorbitantes du droit commun. Un nouveau cas s'ajoute à celui-ci : quelles que soient ses stipulations, revêt un caractère administratif *le contrat qui associe directement le cocontractant de l'administration à l'exécution du service public*. Par une décision du 19 octobre 1956, *Société Le Béton*, le Conseil d'État achève le mouvement, en définissant le domaine public comme les biens des collectivités publiques ouverts au public ou *affectés à un service public et spécialement aménagés à cet effet*. Le commissaire du gouvernement Marceau Long, qui avait déjà conclu sur les arrêts du 20 avril 1956, explique dans ses conclusions la signification d'ensemble du mouvement de jurisprudence marqué par ces arrêts, en disant que la notion de service public, « dénominateur commun des critères des contrats, des travaux et du domaine public [...], sans suffire à rendre compte aujourd'hui du champ d'application du droit administratif, [...] est la seule à pouvoir produire des effets déterminants sur le fond des litiges et à justifier l'application d'un régime de droit public ».

Les solutions apportées par ces arrêts demeurent pleinement applicables. Elles n'ont fait l'objet, depuis plus d'un demi-siècle, que de deux ajustements. Par sa décision *Berkani* du 25 mars 1996, le Tribunal des conflits a étendu et simplifié la jurisprudence *Affortit* et *Vingtain*, en qualifiant d'agent public tout agent qui participe, même indirectement, au service public administratif. Par ailleurs, le code général de la propriété des personnes publiques, issu de l'ordonnance du 21 avril 2006, a légèrement infléchi la jurisprudence *Société Le Béton* en substituant au critère de l'aménagement spécial celui de l'aménagement indispensable : aux termes de son article L. 211-1, « le domaine public d'une personne publique est constitué des biens lui appartenant qui sont soit affectés à l'usage direct du public, soit affectés à un service public pourvu qu'en ce cas ils fassent l'objet d'un aménagement indispensable à l'exécution des missions de ce service public ». Le socle qui, en jurisprudence, a redonné sa place à la notion de service public est donc particulièrement solide et stable.

2/ *L'élargissement du champ du service public*

Ces solutions jurisprudentielles ne sont pas dissociables d'évolutions politiques et sociales qui ont consacré le large champ couvert par le service public. Avec le Préambule de la Constitution du 27 octobre 1946, le service public est pour la première fois mentionné dans la Constitution, au travers de dispositions qui, dans l'esprit qui prévaut à la Libération, concernent au premier chef le secteur public : « Tout bien, toute entreprise, dont l'exploitation a ou acquiert les caractères d'un service public national ou d'un monopole de fait, doit devenir la propriété de la collectivité. » Une seconde mention du service public a été insérée dans la Constitution par les révisions constitutionnelles du 4 août 1995 et du 23 juillet 2008, qui ont élargi le champ du référendum aux « réformes relatives à la politique économique, sociale ou environnementale de la nation et aux services publics qui y concourent ».

Outre cette assise constitutionnelle, le service public voit son champ s'étendre de manière largement consensuelle. Il en va ainsi dans le domaine social : l'ouverture d'un cabinet dentaire municipal répond à une mission de service public[18]. En matière culturelle, l'évolution est remarquable. Après avoir qualifié de service public l'organisation de « représentations théâtrales de qualité[19] », le Conseil d'État juge que le théâtre, même « de simple distraction », peut constituer un service public[20] : la jurisprudence *Astruc* n'est plus qu'un vestige de l'histoire. La même évolution se manifeste en matière de tourisme et de loisirs. Sont qualifiés de service public l'exploitation d'une plage[21] et la création d'un terrain de camping[22] dans une station balnéaire, la gestion d'un remonte-pente dans une commune de montagne[23], la construction et l'entretien d'un casino municipal[24], l'organisation d'un festival de bandes dessinées[25].

De même, la réalisation d'une piscine municipale[26] et, de manière générale, l'organisation et le développement des activités

18. CE, 20 novembre 1964, *Ville de Nanterre*.
19. CE, 21 janvier 1944, *Léoni*.
20. CE, 12 juin 1959, *Syndicat des exploitants de cinématographe de l'Oranie*.
21. CE, 18 décembre 1936, *Prade*.
22. CE, 17 avril 1964, *Commune de Merceville-Franceville*.
23. CE, 23 janvier 1959, *Commune d'Huez*.
24. CE, 25 mars 1966, *Ville de Royan*, et avis de la section de l'intérieur du 4 avril 1995.
25. CE, 25 mars 1988, *Commune d'Hyères*.
26. CE, 23 juin 1972, *Société La Plage de la forêt*.

sportives[27] ont le caractère de service public. L'extension du champ du service public n'est toutefois pas sans limites. Alors que la Loterie nationale avait été regardée comme un service public[28], il n'en va pas de même des jeux de hasard organisés par la Française des jeux[29] : peut-être la pensée de Maurice Hauriou retrouve-t-elle là un écho partiel.

Au-delà de la jurisprudence, la société éprouve le besoin de service public. Les services régaliens, en particulier la défense et la sécurité, sont plus sollicités que jamais. Les grands services publics de réseau, pour l'eau, l'énergie, le transport, les télécommunications, prennent de nouvelles dimensions. Les aspirations d'aujourd'hui appellent des services publics, en matière notamment d'éducation et de culture, de santé et de solidarité, d'environnement et de développement durable. D'une nature et d'une ampleur inédites, la crise sanitaire provoquée en 2020 par la Covid-19 a souligné l'importance décisive pour l'ensemble de la collectivité du service public de la santé et, en particulier, du service public hospitalier. Ayant retrouvé sa force et sa place, le service public se trouve au cœur de nombreux débats d'aujourd'hui.

II

LE SERVICE PUBLIC : AU CŒUR DE DÉBATS D'AUJOURD'HUI

Trois groupes de débats autour du service public sont de grande actualité. Ils portent sur ses valeurs, sur son périmètre et sur les conditions de sa gestion, enfin sur son intégration dans l'ensemble européen.

A | LES VALEURS DU SERVICE PUBLIC

Durant les années 1930, le professeur Louis Rolland a dégagé les *lois du service public*, dites parfois « lois de Rolland », qui sont aussi des valeurs : l'égalité, la continuité, l'adaptation, la neutralité. Elles expriment l'originalité du service public et expliquent l'attachement à son égard. Ces principes traditionnels conservent toute leur portée

27. CE, 22 novembre 1974, *Fédération des industries françaises d'articles de sport.*
28. CE, 17 décembre 1948, *Angrand.*
29. CE, 27 octobre 1999, *Rolin.*

mais connaissent des évolutions significatives. Des valeurs nouvelles, en matière notamment de déontologie, de respect des citoyens, de participation à l'effort d'intégration, apparaissent dans le même temps.

1/ *Égalité*

Le principe d'égalité « régit le fonctionnement des services publics », affirme l'arrêt du Conseil d'État du 9 mars 1951, *Société des concerts du conservatoire*. Il en touche tous les aspects : égalité d'accès au service public et à la fonction publique, égalité devant les impôts et les charges publiques. Ce principe fondamental connaît des évolutions qui permettent certaines pratiques de « discrimination positive ». Des tarifs différents peuvent, de longue date, être pratiqués par les services publics sociaux, dont l'une des finalités mêmes est d'aider les plus démunis : les tarifs d'une crèche peuvent ainsi varier en fonction des ressources des familles[30]. Une telle distinction n'était, en revanche, pas admise pour les services publics culturels avant l'évolution de jurisprudence marquée par la décision du Conseil d'État du 29 décembre 1997, *Commune de Gennevilliers*, qui précise qu'« eu égard à l'intérêt général qui s'attache à ce que le conservatoire de musique puisse être fréquenté par les élèves qui le souhaitent, sans distinction selon leurs possibilités financières, le conseil municipal a pu, sans méconnaître le principe d'égalité entre les usagers du service public, fixer des droits d'inscription différents selon les ressources des familles ».

De même, le Conseil constitutionnel juge qu'eu égard à « l'exigence constitutionnelle d'égal accès à l'instruction », la loi a pu, sans enfreindre le principe constitutionnel d'égalité, autoriser l'Institut d'études politiques de Paris à ouvrir une voie d'accès particulière aux élèves des établissements situés dans une zone d'éducation prioritaire, dès lors que la procédure repose sur des critères objectifs de sélection, tenant au niveau et aux capacités des candidats[31]. Si le principe d'égalité conserve toute sa portée, l'intérêt général qui s'attache au caractère effectif de l'égalité permet de l'appliquer de manière à autoriser des pratiques différenciées destinées à rétablir celle-ci. Le cas échéant, la Constitution elle-même apporte les appuis nécessaires. La révision du 8 juillet 1999 sur la parité a permis à la loi de prendre des mesures destinées à favoriser une meilleure participation des femmes à la vie politique. Mais cette règle, limitée aux mandats politiques et aux fonctions électives, ne s'appliquait ni à la fonction publique[32] ni au droit du travail[33]. Sa

30. CE, 20 janvier 1989, *Centre communal d'action sociale de La Rochelle*.
31. CC, décision du 11 juillet 2001.
32. CC, décisions du 19 juin 2001 et du 12 janvier 2002 ; CE, 22 juin 2007, *Lesourd*.
33. CC, décision du 16 mars 2006.

portée a été étendue à l'ensemble des « responsabilités professionnelles et sociales » par la révision du 23 juillet 2008. Le Conseil d'État a précisé que sa mise en œuvre ne peut être assurée que par la loi[34].

2/ *Continuité*

Le service public doit être assuré avec continuité. Aussi, même s'il n'est pas, comme le principe d'égalité, expressément inscrit dans la Constitution ou son préambule, le principe général du droit de continuité du service public, affirmé par l'arrêt du Conseil d'État *Dehaene* du 7 juillet 1950, s'est-il vu reconnaître valeur constitutionnelle par la décision du Conseil constitutionnel du 25 juillet 1979. Le droit de grève, auquel le Préambule de 1946 a donné la qualité de droit constitutionnel en le mentionnant parmi les principes particulièrement nécessaires à notre temps, peut donc recevoir des limitations, dans toute la mesure, et seulement dans la mesure, où l'exige le principe, d'égale valeur constitutionnelle, de continuité du service public. Les principes d'égalité et de continuité ont été qualifiés de principes « inhérents au service public » par la décision du Conseil constitutionnel du 5 août 2004 relative au service public de l'électricité et du gaz.

Une attention croissante est portée au principe de continuité du service public. Ainsi, la loi du 21 août 2007 sur le dialogue social et la continuité du service public dans les transports terrestres de voyageurs a encadré davantage le droit de grève dans les sociétés de transport. Un service minimum d'accueil a de même été institué à l'école, en cas de grève, par la loi du 20 août 2008. Parce qu'EDF, devenue société, conserve des responsabilités de service public, ses dirigeants peuvent réglementer le droit de grève dans les centrales nucléaires, en application des principes issus de l'arrêt Dehaene[35].

3/ *Adaptation*

Le service public obéit à des exigences particulières en matière d'adaptation, de mutabilité. Lorsque les circonstances changent, l'intérêt général exige que le service public évolue. Le droit des contrats administratifs, des concessions de service public en particulier, en a de longue date tiré toutes les conséquences[36]. La révision générale des politiques publiques, la modernisation de l'action publique, puis le programme Action publique 2022 ont donné une nouvelle actualité à l'adaptation du service public.

34. CE, 7 mai 2013, *Fédération CFTC de l'agriculture et autres.*

35. CE, 12 avril 2013, *Fédération Force ouvrière Énergie et Mines.*

36. CE, 10 janvier 1902, *Compagnie nouvelle du gaz de Déville-lès-Rouen* ; CE, 11 mars 1910, *Compagnie générale française des tramways.*

4/ *Neutralité*

Neutralité et laïcité sont des valeurs essentielles du service public. Ces principes traditionnels ont une valeur constitutionnelle. Dans sa décision du 18 septembre 1986, le Conseil constitutionnel juge que les cahiers des charges des sociétés de télévision « doivent se conformer aux principes fondamentaux du service public et notamment au principe d'égalité et à son corollaire, la neutralité du service ».

Des comportements inspirés de certains fondamentalismes religieux donnent plus de portée encore à ces principes. Tel est notamment le cas à l'école, où l'avis du Conseil d'État du 27 novembre 1989 puis la loi du 15 mars 2004 sont venus rappeler comment concilier le respect de la liberté de conscience, et en particulier de la liberté religieuse, avec les exigences de la neutralité et de la laïcité du service public de l'éducation. Pour les élèves, la loi interdit le port de signes ou de tenues par lesquels ils « manifestent ostensiblement une appartenance religieuse ». Le Conseil d'État en a déduit que « si les élèves des écoles, collèges et lycées publics peuvent porter des signes religieux discrets, sont, en revanche, interdits, d'une part, les signes ou tenues, tels notamment un voile ou un foulard islamique, une kippa ou une grande croix, d'autre part, ceux dont le port ne manifeste ostensiblement une appartenance religieuse qu'en raison du comportement de l'élève[37] ». Ainsi définies, les obligations que le principe de laïcité impose aux élèves ont été approuvées par la Cour européenne des droits de l'homme[38]. Pour les agents du service, les enseignants en particulier, les exigences qui découlent de la jurisprudence sont plus strictes : « Le principe de laïcité fait obstacle à ce qu'ils disposent, dans le cadre du service public, du droit de manifester leurs croyances religieuses[39]. » Cette position est partagée par la Cour européenne des droits de l'homme, qui juge qu'une institutrice du canton de Genève peut se voir interdire le port du voile[40] et qu'en France, un établissement public de santé peut refuser de renouveler le contrat de travail d'une assistante sociale qui refuse d'enlever son voile au travail[41]. Un éclairage d'ensemble de la question a été donné par l'avis rendu fin 2013 par le Conseil d'État au Défenseur des droits, qui lui avait demandé une étude sur les liens entre le service public et la liberté d'expression religieuse.

Par deux arrêts du 19 mars 2013, la Cour de cassation avait fait du service public le critère déterminant des obligations qui

37. CE, 5 décembre 2007, *M. et Mme Ghazal.*

38. CEDH, 4 décembre 2008, *Dogru et Kervanci c/ France* ; CE, 17 juillet 2009, *Aktas, Bayrak, Gamaleddyn, Ghazal et Singh c/ France.*

39. CE, 3 mai 2000, *Mlle Marteaux.*

40. CEDH, 15 février 2001, *Dahlab c/ Suisse.*

41. CEDH, 26 novembre 2015, *Ebrahimian c/ France.*

découlent, pour des salariés, de l'exigence de neutralité, en jugeant que le port du foulard islamique ne peut être interdit à la directrice adjointe d'une crèche halte-garderie[42], qui n'est pas un service public, mais peut l'être aux agents d'une caisse d'assurance maladie, organisme chargé d'une mission de service public[43]. Mais par un arrêt du 27 novembre 2013, la cour d'appel de Paris a refusé de suivre la position de la Cour de cassation dans l'affaire de la crèche Baby Loup. La Cour de cassation s'est en définitive rangée à cette position, en décidant que l'interdiction du foulard à la responsable de la crèche était justifiée, même en l'absence de service public, par la nature des tâches accomplies et proportionnée au but recherché[44]. La question des signes religieux au travail fait ainsi débat au-delà du service public. Un premier éclairage a été donné par la Cour de justice de l'Union européenne (CJUE), qui avait été saisie de deux questions préjudicielles posées, au regard des directives qui prohibent les discriminations, par les cours de cassation de France et de Belgique à propos de salariées d'entreprises privées. Par deux arrêts du 14 mars 2017[45], la CJUE juge que le règlement intérieur d'une entreprise peut, sans constituer une discrimination, interdire le port visible de tout signe politique, philosophique ou religieux sur le lieu de travail. Mais elle encadre strictement une telle possibilité qui ne doit pas, sous une apparence neutre, entraîner un désavantage particulier pour les personnes adhérant à une religion ou à des convictions données et qui doit être objectivement justifiée par un objectif légitime, tel que la poursuite, par l'employeur, dans ses relations avec ses clients d'une politique de neutralité, et proportionnée à cet objectif.

5/ *Nouvelles valeurs, nouvelles exigences*

De nouvelles valeurs s'affirment comme des exigences supplémentaires pour le service public. Davantage de *transparence* est demandée depuis les lois, fondatrices en la matière, des 6 janvier 1978 sur l'informatique, les fichiers et les libertés, 17 juillet 1978 sur l'accès aux documents administratifs et 11 juillet 1979 sur la motivation des décisions administratives. Le *bon accueil* et le *respect* des citoyens sont perçus comme des impératifs, que symbolise la Charte Marianne, adoptée en 2002 et rendue obligatoire pour tous les services de l'État en 2007. Au-delà du strict respect des obligations professionnelles, *engagement* et *déontologie* sont attendus des agents publics. De nombreux services se dotent de codes de déontologie ou, de façon plus souple, de chartes. Le code de déontologie

42. Cass., 13 mai 2013, *Association Baby Loup*.
43. Cass., 13 mai 2013, *Mme X*.
44. Cass., ass. plén., 25 juin 2014.
45. CJUE, *Mme Samira Achbita* et *M. Bougnaoui*.

de la police nationale, approuvé par un décret du 18 mars 1986, en a été le pionnier. Il a été suivi des codes de déontologie de la police municipale (décret du 1er août 2003) et de l'administration pénitentiaire (décret du 30 décembre 2010). Des chartes de déontologie ont été adoptées pour la direction générale du Trésor (2006) et pour la direction générale des finances publiques (2008). Des chartes avaient été introduites pour les juridictions financières (2008) et pour la juridiction administrative (2011). La loi du 20 avril 2016 relative à la déontologie et aux droits et obligations des fonctionnaires leur a donné une base législative. Dans ce cadre, des autorités et des collèges sont mis en place dans toutes les administrations pour éclairer le comportement quotidien des agents.

Ces différentes valeurs colorent le service public, auquel elles donnent une force particulière. Elles s'accompagnent d'une réflexion sur son périmètre et sa bonne gestion.

B | PÉRIMÈTRE ET GESTION DU SERVICE PUBLIC

Le champ couvert par le service public n'a jamais connu de frontières figées. Les débats sur le sujet se sont renouvelés par la triple confrontation du service public avec la réduction du secteur public, les obligations découlant du droit de la concurrence et, dans un contexte de tension budgétaire, les impératifs d'une bonne gestion.

1/ *Service public et secteur public*

Si elles se recouvrent en partie, les deux notions n'ont jamais coïncidé. À l'époque de l'extension maximale du service public, de nombreuses entreprises du secteur public, comme les banques nationalisées ou la Régie Renault, n'étaient pas chargées d'une mission de service public. À l'inverse, une bonne part du service public est assurée, en dehors du secteur public, par des personnes privées chargées d'une mission de service public.

Participant, comme les autres pays européens, au mouvement de privatisation, la France a connu une interrogation particulière, liée, compte tenu des termes du Préambule de 1946, à la possibilité même de certaines privatisations. De manière générale, deux évolutions sont apparues, qui valent pour la France comme pour les autres pays. D'un côté, le secteur public se recentre sur le service public. D'un autre côté, davantage d'obligations de service public sont imposées à des entreprises privées.

En exigeant que les entreprises qui ont « les caractères d'un service public » soient propriété de la collectivité, le Préambule de 1946 pose une certaine limite aux privatisations. Dans sa décision des 25 et 26 juin 1986, relative à la première loi de privatisation, le Conseil constitutionnel a ainsi constaté que « la nécessité de certains services publics nationaux découle de principes ou de règles de valeur constitutionnelle ». Toutefois, les évolutions ultérieures ont montré que le législateur disposait d'une marge d'appréciation étendue. Certes, des services directement liés aux activités régaliennes, comme le service public pénitentiaire, sont des services publics nationaux qui ne peuvent être assurés que par l'État. En revanche, le législateur peut retirer à une activité de nature industrielle et commerciale le caractère de service public qu'il lui avait précédemment conféré et autoriser en conséquence sa privatisation. Le cas de GDF a été particulièrement éclairant à cet égard. Dans sa décision du 30 novembre 2006 sur la loi relative au secteur de l'énergie, le Conseil constitutionnel juge que « le fait qu'une activité ait été érigée en service public national sans que la Constitution l'ait exigé ne fait pas obstacle au transfert au secteur privé de l'entreprise qui en est chargée », mais précise que « ce transfert suppose que le législateur prive ladite entreprise des caractéristiques qui en faisaient un service public national ». Il en déduit que GDF peut être privatisé, mais seulement à compter du 1er juillet 2007, date d'entrée en vigueur des dispositions législatives qui, mettant fin à l'exclusivité dont l'entreprise bénéficiait et à l'application des tarifs réglementés du gaz, lui font perdre son statut de service public national. Le Conseil constitutionnel a de même jugé conforme à la Constitution la privatisation, prévue par la loi du 22 mai 2019 relative à la croissance et à la transformation des entreprises (loi Pacte), de la Française des jeux et d'Aéroports de Paris : ces entreprises n'ont le caractère ni d'un monopole de fait ni d'un service public national[46].

La plupart des entreprises du secteur concurrentiel ont été, en France comme dans les autres pays européens, privatisées. En France, le mouvement s'est déroulé par vagues successives, à partir de 1986, puis de 1993, enfin de manière continue depuis 2000. Il s'inscrit dans un contexte européen. Le parallèle est frappant entre les privatisations de British Telecom, de British Airways et de British Rail au Royaume-Uni, celles de la sidérurgie, du pétrole et des télécommunications en Italie, de la Lufthansa, de Deutsche Telecom et de la Postbank en Allemagne. Le secteur public se trouve donc beaucoup plus concentré que dans le passé sur le service public, même si une crise économique, qui conduit quelquefois l'État à prendre, au moins temporairement, comme aux États-Unis ou au Royaume-Uni, le contrôle de banques ou même d'entreprises industrielles, peut conduire à des évolutions en sens différent. Des

46. CC, décision du 16 mai 2019.

perspectives de nationalisation sont de même évoquées pour assurer la survie d'entreprises, notamment de transport aérien, menacées par la crise sanitaire provoquée par la Covid-19. En France, la SNCF, la RATP, le Commissariat à l'énergie atomique, EDF, dont l'État détient 83 % du capital, relèvent du secteur public et ont une forte connotation de service public. Dans le secteur concurrentiel, les participations minoritaires de l'État demeurent significatives, notamment pour Thalès (25 %) Engie (23,6 %), la Française des jeux (21 %), Renault (15 %), Air France (14 %), Safran (11 %), Orange (13 %). Géré par l'Agence des participations de l'État, le portefeuille boursier de l'État comprend des actions de 88 sociétés et s'élève au total à 75 milliards d'euros en 2019[47]. Il a permis à l'État de recevoir 2,5 milliards d'euros de dividendes en 2018.

Parallèlement, des obligations de service public sont imposées à un nombre croissant d'entreprises privées pour deux raisons qui se conjuguent. En premier lieu, les entreprises privatisées qui remplissaient des missions de service public continuent d'avoir des contraintes à cet égard. Tel est le cas pour les radios et les chaînes privées de télévision, Air France, les sociétés d'autoroutes.

En second lieu, pour des motifs notamment d'efficacité de gestion, la délégation de service public se développe : l'alimentation en eau, la gestion des déchets ménagers, les transports urbains sont assurés par des délégataires auxquels le fait même de confier une mission de service public implique de leur part des devoirs particuliers.

2/ *Service public et concurrence*

Le droit de la concurrence, qu'il soit national ou européen, s'impose à tous, y compris aux acteurs publics[48]. Si les personnes publiques peuvent largement intervenir sur les marchés, dans le cadre des compétences qui sont les leurs, elles doivent respecter les impératifs d'une égale concurrence. Une personne publique peut ainsi se porter candidate à l'attribution d'un marché public ou d'une délégation de service public qui entre dans le champ de ses compétences, mais les exigences de l'égale concurrence lui imposent de ne pas tirer avantage, au soutien de sa candidature, « des ressources ou des moyens qui lui sont attribués au titre de sa mission de service public[49] ». Par une décision du 31 mai 2006, *Ordre des avocats au barreau de Paris*, le Conseil d'État a tracé le cadre d'ensemble des liens entre service public et concurrence. Cet arrêt rappelle que les activités nécessaires à l'accomplissement, par les personnes publiques, de leurs missions de service public échappent, par

47. La crise sanitaire a fait perdre à ce portefeuille 22 % de sa valeur en 2020.
48. TC, 6 juin 1989, *Ville de Pamiers* ; CE, 3 novembre 1997, *Million et Marais*.
49. CE, 8 novembre 2000, *Société Jean-Louis Bernard consultants*.

nature, à l'application des règles du marché : l'État, auquel il incombe de veiller au respect du principe de légalité, peut ainsi apporter aux personnes publiques qui le lui demandent un appui dans la préparation, la négociation et le suivi des marchés de partenariat. Assurant une telle mission, qui relève du service public dont il a la charge, il n'intervient pas sur le marché des services de conseil juridique. Pour agir, en revanche, sur un marché, les personnes publiques doivent le faire dans les limites de leurs compétences et justifier d'un intérêt public. « Une fois admise dans son principe », leur intervention doit respecter les impératifs qui découlent du droit de la concurrence.

3/ *La bonne gestion des services publics : service public et modernisation de l'État*

Par ses traditions, qui ont leurs pesanteurs, le service public apparaît parfois comme un frein aux réformes nécessaires à une meilleure efficacité de l'action publique. En réalité, à condition de savoir lui-même évoluer, le service public est en mesure d'apporter une contribution décisive à la modernisation de l'État. Il est même une clef du succès de l'entreprise, comme l'attestent les résultats déjà obtenus pour définir son champ et adapter ses méthodes de gestion.

Une réflexion d'ensemble sur le sujet a été menée à partir d'une circulaire du Premier ministre, Michel Rocard, en date du 23 février 1989, sur « le renouveau du service public ». En 1994, l'analyse a été prolongée dans les considérations générales du rapport annuel du Conseil d'État consacré au thème : « Service public, services publics, déclin ou renouveau ? ». En 1996, le vice-président du Conseil d'État, Renaud Denoix de Saint Marc, a remis au Premier ministre, Alain Juppé, à sa demande, un rapport sur le service public. Toutes ces études parviennent à une même conclusion : si les missions de service public conservent toute leur valeur, certaines caractéristiques du *service public à la française* doivent être modifiées, en particulier les monopoles des grands établissements publics nationaux et les particularités du statut de leurs agents. Dans le *Livre blanc sur l'avenir de la fonction publique* qu'il a remis au gouvernement en avril 2008, Jean-Ludovic Silicani constate, dans le même sens, que « les services publics constituent en France un pilier fondamental du pacte national », ce qui n'empêche pas de concevoir des évolutions du statut des agents qui y contribuent.

Dans ce cadre, régulation et délégation sont devenues deux lignes fortes d'adaptation. Moins d'activités économiques sont gérées comme des services publics, mais il appartient à l'autorité publique d'assurer une régulation effective des marchés. Davantage de services publics sont délégués à des opérateurs privés. La jurisprudence accompagne ce mouvement, en introduisant plus de souplesse dans la définition du service public. Elle cesse de faire de l'exercice de prérogatives de puissance publique une condition nécessaire à la reconnaissance de la gestion d'un service public par une personne privée, en jugeant[50] qu'une personne privée qui assure une mission d'intérêt général sous le contrôle de l'administration est chargée d'une mission de service public, même en l'absence de prérogatives de puissance publique, lorsque, « eu égard à l'intérêt général de son activité, aux conditions de sa création, de son organisation ou de son fonctionnement, aux obligations qui lui sont imposées ainsi qu'aux mesures prises pour vérifier que les objectifs qui lui sont assignés sont atteints, il apparaît que l'administration a entendu lui confier une telle mission ». Les associations qui interviennent en matière médico-sociale, en particulier pour l'aide aux personnes handicapées, sont en conséquence regardées, malgré l'absence de prérogatives de puissance publique, comme investies d'une mission de service public. Une personne privée peut se trouver à l'origine, par ses initiatives, de la création d'un service public, « alors même qu'elle n'a fait l'objet d'aucun contrat de délégation de service public procédant à sa dévolution, si une personne publique, en raison de l'intérêt général qui s'y attache et de l'importance qu'elle revêt à ses yeux, exerce un droit de regard sur son organisation et, le cas échéant, lui accorde, dès lors qu'aucune règle ni aucun principe n'y font obstacle, des financements » : tel est le cas pour le festival d'art lyrique d'Aix-en-Provence[51].

Un champ d'intervention large, une gestion adaptée, confiée sans difficulté à des personnes privées : le service public évolue en fonction des impératifs d'une meilleure administration. Il trouve par là plus facilement sa place dans le contexte européen.

C | EUROPE ET SERVICE PUBLIC

Dans ses premières étapes, la construction européenne ne s'est guère préoccupée du service public. D'une part, le traité de Rome du 25 mars 1957 instituant la Communauté économique européenne ne paraissait pas concerner la gestion par chaque État de ses administrations. D'autre part, et plus fondamentalement, la recherche de la prospérité par la concurrence, dans un espace ouvert aux échanges, qui inspirait les orientations de la Communauté, pouvait sembler réfractaire, pour ne pas dire hostile, à l'existence de grands services publics nationaux conçus sur le modèle

50. CE, 22 février 2007, *Association du personnel relevant des établissements pour inadaptés (APREI).*

51. CE, 6 avril 2007, *Commune d'Aix-en-Provence.*

français. L'Europe communautaire a toutefois très vite rencontré le service public, qu'elle n'avait en vérité jamais ignoré. Il en est résulté un mouvement qui a entraîné à la fois l'affirmation du service public en Europe et une évolution des conceptions nationales du service public.

1/ *L'affirmation du service public en Europe*

Le service public s'est affirmé dans l'Union européenne sous l'effet conjugué des traités eux-mêmes et de leur évolution, de la jurisprudence de la Cour de justice et de l'action de la Commission européenne.

a) Les traités

Dès le traité de Rome, la question des services publics est présente, au travers des règles de concurrence. Ses articles 85 et 86 interdisent les ententes, pratiques concertées et abus de position dominante. Son article 90-2 précise que ces règles générales s'appliquent aux « entreprises chargées de la gestion de services d'intérêt économique général », mais dans la mesure seulement où elles ne contrarient pas « l'accomplissement, en droit ou en fait, de la mission particulière qui leur est impartie ». Le traité de Rome s'intéresse ainsi moins au service public dans son ensemble qu'aux services publics de nature industrielle et commerciale, qui correspondent largement aux services d'intérêt économique général. Le soin d'organiser les services publics administratifs demeure de la seule compétence des États, qu'il s'agisse des services régaliens, défense, sécurité, justice, diplomatie, ou des services qui, tels que l'éducation, la santé, la solidarité, la culture, ne se traduisent pas par des interventions sur un marché. Pour les services industriels et commerciaux, le droit communautaire affirme dès l'origine à la fois le principe de libre concurrence et la prise en compte des particularités de leur mission.

Deux éléments complémentaires apparaissent en 1992 avec le traité de Maastricht, qui met en valeur les grands services en réseau et affirme des objectifs de cohésion économique et sociale de l'Union européenne. Selon l'article 129B du traité, « la Communauté contribue à l'établissement et au développement de réseaux transeuropéens dans les secteurs des infrastructures du transport, des télécommunications et de l'énergie » et son action vise à favoriser « l'interconnexion et l'interopérabilité des réseaux nationaux ». Une attention particulière est ainsi portée aux grands réseaux, indispensables aux échanges. L'article 130A du traité indique pour sa part que la Communauté doit poursuivre « son action tendant au renforcement de la cohésion économique et sociale ».

Un pas de plus est franchi avec le traité d'Amsterdam, dont l'article 7D stipule qu'« eu égard à la place qu'occupent les services d'intérêt général parmi les valeurs communes de l'Union ainsi qu'au rôle qu'ils jouent dans la cohésion sociale et territoriale de l'Union, la Communauté et ses États membres [...] veillent à ce que ces services fonctionnent sur la base de principes et dans des conditions qui leur permettent d'accomplir leur mission ». Ces stipulations ont été reprises à l'article 14 du TFUE et précisées par le Protocole 26 annexé à ce traité. Le droit de l'Union consacre de la sorte le service d'intérêt général comme « valeur commune » et insiste sur l'importance d'une bonne exécution de sa mission.

Proclamée au sommet européen de Nice le 7 décembre 2000, la Charte des droits fondamentaux de l'Union européenne confirme ce mouvement à son article 36, intitulé « Accès aux services d'intérêt économique général », aux termes duquel « l'Union reconnaît et respecte l'accès aux services d'intérêt économique général tel qu'il est prévu par les législations et pratiques nationales, conformément au traité instituant la Communauté européenne, afin de promouvoir la cohésion sociale et territoriale de l'Union ». Le traité de Lisbonne a donné valeur de droit positif à ces stipulations et conforté ainsi le fondement juridique du service d'intérêt économique général en droit de l'Union. Il comporte en outre une annexe IX consacrée aux services d'intérêt général.

b) La jurisprudence de la Cour de justice

À partir de ses décisions du 19 mai 1993 et du 27 avril 1994 (relatives, respectivement, à la poste belge et à l'électricité aux Pays-Bas), la Cour de justice a donné toute leur portée aux dispositions du traité de Rome qui permettent aux services d'intérêt général de déroger aux règles de concurrence dans la mesure nécessaire à l'accomplissement de leur mission. Des compensations sont possibles entre activités rentables et activités non rentables de façon à assurer la couverture de l'ensemble du territoire[52]. Des restrictions à la concurrence, comme des approvisionnements garantis, sont admises si elles sont « nécessaires pour permettre à une entreprise investie d'une mission d'intérêt général d'accomplir celle-ci[53] ». Le même raisonnement a été tenu par la Cour pour admettre le monopole d'importation alors reconnu à EDF et à GDF dans un arrêt du 23 octobre 1997. Par un arrêt, *Altmark*, du 24 juillet 2003, la Cour a également jugé que la compensation financière des obligations de service public n'a pas le caractère d'une aide d'État. Elle laisse aux autorités nationales une grande liberté d'appréciation pour définir le champ et les modalités de gestion de leurs services publics[54] et juge que les pouvoirs adjudicateurs n'ont pas besoin de recourir à

52. CJCE, 19 mai 1993, *Corbeau*.
53. CJCE, 27 avril 1994, *Commune d'Almelo*.
54. CJCE, 10 décembre 1991, *Port de Gênes* ; CJCE, 12 février 1998, *Silvano Rosa*.

des marchés soumis à l'obligation de concurrence lorsqu'ils organisent eux-mêmes une activité au travers de leurs propres services ou d'organismes qu'ils contrôlent entièrement[55]. Enfin, elle veille, dans des conditions qui ne sont pas sans rappeler l'application en droit français du principe d'égalité devant le service public, à l'existence d'un droit d'accès sans discrimination aux services d'intérêt général.

c) Les travaux et réflexions de la Commission européenne

Par ses travaux et ses réflexions, qui prennent la forme de communications, de Livres verts, qui ouvrent la réflexion, et de Livres blancs, qui formulent des propositions, la Commission européenne dessine des perspectives complémentaires qui, au-delà du service d'intérêt économique général, concernent tous les services d'intérêt général. Elle a publié d'abord des communications, en 1996 et en 2000, puis un Livre vert le 21 mai 2003 et un Livre blanc le 12 mai 2004 sur les services d'intérêt général en Europe. De nouvelles communications, du 20 novembre 2007 et du 11 janvier 2012, traitent respectivement des services sociaux d'intérêt général et des aides d'État versées en compensation de prestations des services d'intérêt économique général. La Commission définit les services d'intérêt général dans leur ensemble comme « des activités de service, marchand ou non, considérées d'intérêt général par les autorités publiques et soumises comme telles à des obligations de service public ». Enfin, elle est à l'origine de la notion de service universel, « service de base offert à tous dans l'ensemble de la Communauté à des conditions tarifaires abordables et avec un niveau de qualité standard ».

Les préoccupations de service public sont ainsi de plus en plus présentes dans l'édifice communautaire. Les conceptions nationales du service public évoluent parallèlement.

2/ *L'évolution des conceptions nationales du service public*

Dans les différents pays de l'Union européenne, deux facteurs se combinent pour adapter le service public. Le premier, d'origine européenne, tient à la transposition dans les droits nationaux des exigences issues du droit européen, en particulier des directives. Le second, davantage national, est lié à la dynamique, variable selon les États mais partout présente, dont le besoin de service public est à l'origine.

a) Un remodelage des services publics nationaux issu de la transposition du droit de l'Union

Le mouvement est particulièrement marqué dans les pays qui ont, comme la France, une tradition ancienne de service public. En

55. CJCE, 18 novembre 1999, *Teckal*.

quelques années, les télécommunications, l'électricité et le gaz, la poste ont connu de profondes transformations, qui ont à la fois mis fin aux monopoles, ouvert les marchés à la concurrence et réaffirmé les obligations de service public. Le législateur est intervenu à de multiples reprises pour adopter des textes de grande portée et, grâce à l'effet européen, largement consensuels. Pour les télécommunications, la loi du 26 juillet 1996 a organisé le service universel et la loi du 31 décembre 2003 a défini les obligations de service public dans ce secteur. Pour l'énergie, les lois suivantes, aux titres révélateurs, ont été votées : loi du 10 février 2000 relative à la modernisation et au développement du service public de l'électricité, loi du 3 janvier 2003 relative aux marchés du gaz et de l'électricité et au service public de l'énergie et loi du 9 août 2004 relative au service public de l'électricité et du gaz. Transposant la directive du 20 février 2008, la loi du 9 février 2010 a transformé La Poste en société commerciale du secteur public, tout en affirmant, à son article 1er, que « cette transformation ne peut avoir pour conséquence de remettre en cause le caractère de service public national de La Poste ». Selon la loi du 27 juin 2018 pour un nouveau pacte ferroviaire, le groupe SNCF, désormais composé de sociétés anonymes, « remplit des missions de service public dans le domaine du transport ferroviaire et de la mobilité ».

b) La dynamique des services publics nationaux

À l'égard des services publics, chaque pays a sa propre histoire et ses besoins particuliers. L'Europe a connu sur ce point de grandes différences. Au lendemain de la guerre de 1870, une opposition était volontiers soulignée entre l'État de droit allemand, fondé sur la loi plus que sur l'action publique, et les valeurs républicaines alors émergentes du service public en France. Aujourd'hui une conception anglo-saxonne réputée plus libérale se compare aux habitudes d'interventionnisme plus grand des pays latins. Au-delà de ces différences, et même si, d'un pays à l'autre, les attentes de service public ne sont pas les mêmes, le besoin de services publics apparaît toutefois comme une réalité partagée en Europe.

Des attentes renforcées envers les grands services régaliens se manifestent : en particulier, le besoin de sécurité et la demande de justice sont partout croissants. La cohésion sociale passe souvent par davantage de services publics. Par exemple, le gouvernement travailliste de Tony Blair a mené une politique qui a entraîné, au Royaume-Uni, entre 1997 et 2003, une augmentation des dépenses publiques de 69 % dans les transports, de 99 % dans l'éducation et de 140 % dans le domaine de la santé. La crise économique et financière se traduit partout par un besoin grandissant de régulation et parfois d'intervention de l'État. Il en va de même des craintes que suscitent les grands risques sanitaires et dont la crise provoquée en 2020 par la Covid-19 a montré les dangers. Les enjeux à long terme de la protection de l'environnement et du développement durable appellent des politiques publiques.

Pour répondre à ces différents besoins, des services publics sont nécessaires. Leur gestion revêt certes des formes variables. L'efficacité, la souplesse, l'association des personnes privées sont à cet égard partout recherchées. Les expériences s'échangent : *le private finance initiative* britannique a directement inspiré le contrat, devenu marché, de partenariat, plus connu sous le nom de partenariat public privé français. L'échelle européenne est souvent le seul niveau d'intervention pertinent pour définir les grandes politiques publiques et concevoir les services en mesure de les mettre en œuvre, qu'il s'agisse de la maîtrise des flux migratoires dans le respect du droit d'asile, du développement durable, de la lutte contre le réchauffement climatique et de la préservation de la biodiversité, ou encore de la régulation de l'internet et des réseaux numériques. Si l'Europe fait évoluer le service public, elle lui ouvre aussi, au total, un champ, une dimension, des perspectives renouvelés et élargis.

Chapitre 20

Les droits fondamentaux

L'affirmation des droits et libertés s'est faite par générations successives. La première correspond aux droits civils et politiques. Inspirés du *Traité du gouvernement civil* de Locke (1690) et par l'*Esprit des lois* de Montesquieu (1748), ceux-ci s'expriment en Angleterre au travers de l'*Habeas corpus* de 1679 et du *Bill of Rights* de 1689, aux États-Unis par la Déclaration des droits de Virginie (12 juin 1776) et la Déclaration d'indépendance (4 juillet 1776), en France par la Déclaration des droits de l'homme et du citoyen du 26 août 1789[1]. Une deuxième génération est celle des droits économiques et sociaux, progressivement reconnus tout au long du XIXe siècle et durant la première moitié du XXe. Au lendemain de la seconde guerre mondiale, ils sont proclamés, comme principes économiques et sociaux particulièrement nécessaires à notre temps par le Préambule de la Constitution du 27 octobre 1946. Suit une génération plus contemporaine, qui traduit des préoccupations d'aujourd'hui, : principes de bioéthique visant à protéger l'identité de la personne face aux progrès de la médecine et de la biologie, nécessité de préserver l'environnement et d'assurer un développement durable, garanties de la vie privée devant les réseaux internet et la communication numérique.

Le vocabulaire juridique a évolué en même temps. La liberté individuelle, entendue comme la protection de l'individu contre tout arbitraire, a été la première préoccupation, symbolisée par la disparition des « lettres de cachet », qui pouvaient conduire à un emprisonnement sur seule décision du monarque. Le droit s'est ensuite

1. Voir Edmond Dziembowski, *Le Siècle des révolutions, 1660-1789*, Paris, Perrin, 2019.

centré sur les libertés publiques, reconnues, organisées et protégées par l'autorité publique : liberté de la presse, liberté de réunion, liberté d'association en particulier. Puis les droits de l'homme, prérogatives que la nature humaine confère à l'individu face à tout pouvoir, ont pris les devants. Par une forme de synthèse, on parle aujourd'hui davantage de *droits fondamentaux*, entendus comme des droits d'importance majeure, protégés au niveau le plus élevé de l'ordonnancement juridique et qui s'imposent à tous, même au législateur. Ils comprennent les libertés publiques de premier rang, liberté d'opinion, liberté religieuse, liberté d'aller et de venir, et des droits essentiels, comme le droit d'asile, le droit au respect de la vie privée et familiale, la dignité de la personne humaine.

Les droits fondamentaux sont de plus en plus présents dans la vie publique et l'action administrative. De nombreux textes, nationaux et internationaux, les consacrent. Le développement des juridictions constitutionnelles s'explique notamment par le souci d'assurer leur respect, auquel veillent également les cours européennes et l'ensemble des juges nationaux. Reposant sur des valeurs universelles et des textes internationaux, ils sont un élément de rapprochement des différents droits nationaux. Il revient aux autorités publiques tout à la fois de les respecter et de les garantir. Proclamés par des textes de valeur supérieure, constitutions, traités internationaux, engagements européens, ils font l'objet d'une protection qui assure leur effectivité.

I

LA PROCLAMATION DES DROITS FONDAMENTAUX

Au-delà de l'organisation des pouvoirs publics, qui est leur objet premier, un nombre croissant de textes constitutionnels traitent des droits fondamentaux. Le droit international, qui les a longtemps ignorés, s'en préoccupe également. Cela est particulièrement vrai dans l'espace européen.

A | CONSTITUTION ET DROITS FONDAMENTAUX

1/ *La tradition française*

À l'époque révolutionnaire, les premières constitutions s'accompagnent de proclamations de droits. La Déclaration des droits de l'homme et du citoyen du 26 août 1789 est placée en tête de la Constitution du 3 septembre 1791. La Constitution montagnarde du 24 juin 1793 s'ouvre par une nouvelle déclaration, d'inspiration plus radicale, qui expose que « l'oubli et le mépris des droits naturels de l'homme sont les seules causes des malheurs du monde » et affirme à son article 1er que « le but de la société est le bonheur commun ». La Constitution du Directoire du 22 août 1795 comprend une déclaration « des droits et des devoirs de l'homme et du citoyen ».

Avec la Constitution consulaire du 25 décembre 1799 débute une succession de constitutions qui se consacrent aux seules institutions. Il est vrai que le Premier Consul aurait affirmé qu'« une constitution doit être courte et obscure ». Les textes constitutionnels de l'Empire et les deux chartes de 1814 et de 1830 se situent dans cette ligne. Un préambule réapparaît avec la Constitution de la Deuxième République du 4 novembre 1848. Empreint de l'idéalisme de l'époque, il indique que la République française « reconnaît des droits et des devoirs antérieurs et supérieurs aux lois positives ». Mais la Constitution impériale du 14 janvier 1852 revient à la sobriété des textes du Premier Empire, et les trois lois constitutionnelles des 24 et 25 février et du 16 juillet 1875, qui fondent la Troisième République, se bornent à fixer les règles d'organisation des pouvoirs publics en se gardant de toute déclaration générale.

Un préambule réapparaît avec la Constitution du 27 octobre 1946. Il « réaffirme solennellement les droits et les libertés de l'homme et du citoyen consacrés par la Déclaration des droits de 1789 et les principes fondamentaux reconnus par les lois de la République ». La Déclaration de 1789, qui, tout en demeurant une référence de principe, avait disparu du droit positif en 1793, reprend ainsi sa place au niveau constitutionnel. Elle y est rejointe par les principes fondamentaux reconnus par les lois de la République, que le Préambule ne précise pas davantage. À ces références au passé, le Préambule de 1946 ajoute les éléments novateurs, dans l'esprit de la Résistance, que sont, comme « principes particulièrement nécessaires à notre temps », des principes politiques, économiques et sociaux dont il dresse la liste : égalité des hommes et des femmes, droit d'asile, droits économiques et sociaux.

Le Préambule de 1946 est incorporé à la Constitution du 4 octobre 1958 au travers du préambule de celle-ci selon lequel « le peuple français proclame solennellement son attachement aux Droits de l'homme et aux principes de la souveraineté nationale tels qu'ils ont été définis par la Déclaration de 1789, confirmée et complétée par le Préambule de la Constitution de 1946 ». La Déclaration des droits de l'homme de 1789, les principes fondamentaux reconnus par les lois de la République et les principes politiques, économiques et sociaux particulièrement nécessaires à notre temps énoncés par le Préambule de 1946 forment ainsi un ensemble développé de principes de valeur constitutionnelle. Avec la révision du

1er mars 2005, le préambule est complété par la Charte de l'environnement qui confère, en un exposé des motifs suivi de dix articles, valeur constitutionnelle aux règles essentielles de la préservation de l'environnement. Elle proclame que « chacun a le droit de vivre dans un environnement équilibré et respectueux de la santé », énonce les principes de prévention, de précaution et de réparation et garantit le droit d'accéder aux informations relatives à l'environnement et de participer à l'élaboration des décisions publiques ayant une incidence sur l'environnement.

2/ *Les autres traditions européennes*

Le Préambule de 1946, repris en 1958, s'inscrit dans une évolution partagée par les constitutions adoptées par d'autres pays européens après la seconde guerre mondiale.

Particulièrement caractéristique est la Loi fondamentale allemande du 23 mai 1949. Marquant, après la barbarie nazie, la volonté de retour à la démocratie, elle commence par énoncer, en dix-neuf articles, les « droits fondamentaux ». Le premier d'entre eux est la dignité, affirmée par l'article 1er de la Loi fondamentale, qui dispose : « La dignité de l'être humain est intangible. Tous les pouvoirs publics ont l'obligation de la respecter et de la protéger. » Sont notamment proclamés le droit à la vie, la liberté de la personne, les libertés de croyance et de conscience, la liberté d'opinion, le droit au mariage et le respect de la famille, les libertés de réunion et d'association, l'inviolabilité du domicile, le droit de propriété, le droit d'asile. Si des limitations peuvent être apportées à ces droits par la loi, « il ne doit en aucun cas être porté atteinte à la substance d'un droit fondamental ». La Cour constitutionnelle de Karlsruhe est instituée pour garantir le respect de ces principes.

Une inspiration comparable avait déjà marqué la Constitution italienne du 27 décembre 1947, dont les onze premiers articles affirment des « principes fondamentaux ». On la retrouve, un peu plus tard, lors du retour à la démocratie des pays de l'Europe méditerranéenne, dans les nouvelles constitutions de la Grèce (15 juin 1975), du Portugal (2 avril 1976) et de l'Espagne (27 décembre 1978). En des termes souvent voisins, les droits fondamentaux trouvent leur assise dans un nombre croissant de textes constitutionnels.

Même sans constitution écrite, le Royaume-Uni est attaché à des textes qui garantissent des droits fondamentaux. En 1215, la *Magna Carta* de Jean sans Terre est le premier grand texte qui formule de tels droits, affirmant l'interdiction de la détention arbitraire, la garantie de la propriété, le respect des libertés et coutumes de Londres et des autres cités, bourgs et villages, la proportionnalité des amendes au délit, le droit d'accès au juge. Viennent ensuite l'*Habeas corpus* de 1679, le *Bill of Rights* de 1689, l'Acte d'établissement de 1701. Les institutions britanniques trouvent leur fondement dans les lois électorales successives et dans de grandes lois, les *Parliament Acts* de 1911 et 1949, le *Constitutional Reform Act* de 2005. En matière de droits fondamentaux, le *Human Rights Act* de 1998, qui incorpore la Convention européenne des droits de l'homme en droit interne, apporte une nouvelle contribution. Dans le contexte plus eurosceptique d'aujourd'hui, la perspective d'un *British Bill of Rights* est évoquée. Dans leur opinion commune sur la décision de la Cour suprême du 22 janvier 2014 (*HS2*), Lord Neuberger et Lord Mance constatent la réalité de cette constitution matérielle : « The United Kingdom has no written constitution, but we have a number of constitutionnel instruments. » Parmi les textes britanniques de nature et de portée constitutionnelles, ceux qui proclament les droits fondamentaux occupent de longue date une place particulière.

B | DROIT INTERNATIONAL ET DROITS FONDAMENTAUX

Consacré à la guerre et à la paix, ainsi qu'au commerce entre les nations, le droit international classique n'entretenait que de lointains rapports avec les droits fondamentaux, dont la définition et la protection relevaient de la souveraineté des États. Une évolution majeure s'est dessinée après la seconde guerre mondiale.

Réunie au Palais de Chaillot à Paris, l'Assemblée générale des Nations unies a adopté le 10 décembre 1948 la Déclaration universelle des droits de l'homme. Ce texte, à la rédaction duquel le président Cassin a apporté une importante contribution, entend affirmer, après la victoire sur le nazisme, des valeurs universelles que l'ensemble des États s'accordent à promouvoir et à protéger. Son préambule affirme que « la reconnaissance de la dignité inhérente à tous les membres de la famille humaine et de leurs droits égaux et inaliénables constitue le fondement de la liberté, de la justice et de la paix dans le monde » et que « la méconnaissance et le mépris des droits de l'homme ont conduit à des actes de barbarie qui révoltent la conscience de l'humanité ». Trente articles déclinent ensuite les droits fondamentaux proclamés par les Nations unies. Simple proclamation, cette déclaration, qui n'a pas la force juridique d'un traité international[2], n'en revêt pas moins une forte valeur symbolique.

Elle a été suivie de l'adoption de véritables conventions internationales, de portée contraignante. Tel est le cas notamment de la convention de Genève du 28 juillet 1951 sur les réfugiés et les apatrides. Les Nations unies ont adopté en 1966 deux pactes, que la France a ratifiés en 1980, sur les droits civils et politiques et sur les

2. CE, 18 avril 1951, *Élections de Nolay*.

droits économiques et sociaux. Elles ont aussi servi de cadre à la conclusion de conventions portant sur l'élimination de toutes les formes de discrimination raciale (1965), sur la prohibition de la torture et des autres peines ou traitements cruels, inhumains ou dégradants (1984) ou sur la protection de l'enfant (1990). Une dimension pénale apparaît avec la convention de Rome du 18 juillet 1998, qui crée la Cour pénale internationale (CPI), pour connaître des crimes les plus graves, génocides, crimes contre l'humanité, crimes de guerre,

À ce droit conventionnel s'ajoutent des principes non écrits, qualifiés par la Cour internationale de justice de La Haye de « normes impératives de droit international général ». Ce *jus cogens* comprend des règles comme l'interdiction de la torture, de l'esclavage, la prohibition de la discrimination raciale et du génocide, l'égalité des peuples, le respect des droits fondamentaux de la personne humaine. La convention de Vienne du 23 mai 1969 sur le droit des traités reconnaît son autorité. La France, si elle n'a pas ratifié cette convention, a déclaré en appliquer les principes.

L'inscription des droits fondamentaux au-delà des frontières est particulièrement marquée dans l'espace européen.

C | EUROPE ET DROITS FONDAMENTAUX

Institué en 1949 par dix pays fondateurs[3] afin d'assurer la prééminence du droit et le respect des droits fondamentaux, le Conseil de l'Europe réunit les quarante-sept États de la « grande Europe », y compris, aux marges du continent, la Russie et la Turquie. De nombreuses conventions destinées à garantir les droits fondamentaux ont été conclues en son sein et d'abord la Convention de sauvegarde des droits de l'homme et des libertés fondamentales, couramment appelée Convention européenne des droits de l'homme, signée à Rome le 4 novembre 1950. S'inscrivant dans le prolongement de la Déclaration universelle des droits de l'homme, elle indique qu'elle « tend à assurer la reconnaissance et l'application universelles et effectives des droits qui y sont énoncés ». Selon la Cour européenne des droits de l'homme, qui veille avec dynamisme à son autorité, elle a « le caractère spécifique de traité de garantie collective des droits de l'homme et des libertés fondamentales[4] » et forme un « instrument constitutionnel de l'ordre public européen[5]. »

3. Belgique, Danemark, France, Irlande, Italie, Luxembourg, Norvège, Pays-Bas, Royaume-Uni, Suède.
4. CEDH, 18 janvier 1978, *Irlande c/ Royaume-Uni.*
5. CEDH, 23 mars 1995, *Loizidou c/ Turquie.*

Centrée d'abord sur les questions commerciales, agricoles et douanières, l'Europe communautaire s'est rapidement préoccupée, elle aussi, des droits fondamentaux, qui tiennent aujourd'hui une place importante dans l'Union européenne.

Par sa jurisprudence, la Cour de justice de Luxembourg a incorporé les droits fondamentaux dans le droit communautaire[6] et qualifié de principes généraux de ce droit les droits fondamentaux garantis par la Convention européenne des droits de l'homme[7]. Les traités de Maastricht (1992), d'Amsterdam (1997) et de Lisbonne (2007) ont consacré cette jurisprudence. Le préambule du traité de Lisbonne proclame ainsi que l'Union européenne s'inspire « des héritages culturels, religieux et humanistes de l'Europe, à partir desquels se sont développées les valeurs universelles que constituent les droits inviolables et inaliénables de la personne humaine, ainsi que la liberté, la démocratie, l'égalité et l'État de droit ». Son article 2 ajoute que « l'Union est fondée sur les valeurs de respect de la dignité humaine, de liberté, de démocratie, d'égalité, de l'État de droit, ainsi que de respect des droits de l'homme, y compris des droits des personnes appartenant à des minorités ».

Avec la Charte des droits fondamentaux, l'Union européenne s'est dotée de son propre instrument de garantie des droits. Adoptée en 2000, la Charte est entrée en droit positif par l'effet de son incorporation au traité de Lisbonne. En six chapitres – dignité, libertés, égalité, solidarité, citoyenneté, justice – elle exprime les valeurs partagées de l'Union. Elle reprend largement les stipulations de la Convention européenne des droits de l'homme, avec des compléments de deux ordres. D'une part, elle comporte un volet social qui ne figure pas dans la Convention. D'autre part, plus récente, elle traite de questions qui étaient encore extérieures aux droits fondamentaux en 1950, comme la bioéthique, la protection des données personnelles et l'environnement.

Les deux branches du droit européen des droits de l'homme se renforcent mutuellement. Le droit dérivé est apprécié à la lumière de la jurisprudence de la Cour européenne des droits de l'homme. Même un règlement pris pour appliquer une résolution du Conseil de sécurité des Nations unies n'est pas affranchi de l'obligation de respecter les droits fondamentaux, pour la définition desquels la Convention européenne des droits de l'homme revêt une « signification particulière[8] ». Réciproquement le droit de l'Union est présumé respecter les droits garantis par la Convention[9]. La présomption n'est toutefois pas irréfragable. Ainsi, les insuffisances structurelles de la Grèce pour

6. CJCE, 17 décembre 1970, *Internationale Handelsgesellschaft*.
7. CJCE, 15 octobre 2002, *Limburgse Vinyl Maatschappij*.
8. CJCE, 3 septembre 2008, *Kadi* et CJUE, 18 juillet 2013, *Kadi*.
9. CEDH, 30 juin 2005, *Bosphorus Airways c/ Irlande* ; CEDH, 23 mai 2016, *Avotins c/ Lettonie*.

assurer le respect des droits fondamentaux des demandeurs d'asile conduisent, pour les deux cours européennes, à écarter le renvoi vers ce pays des demandeurs d'asile qui devraient normalement en relever par application du règlement de Dublin[10]. Prévue par le traité de Lisbonne, l'adhésion de l'Union européenne à la Convention européenne des droits de l'homme devrait encore resserrer les liens entre droit de l'Union et droit de la Convention. Mais les modalités concrètes de l'adhésion demeurent difficiles à déterminer, comme l'a montré l'avis négatif rendu le 18 décembre 2014 par la Cour de justice de l'Union européenne sur le projet d'accord d'adhésion.

D'autres régions du monde se sont orientées vers une protection collective des droits fondamentaux. Signée en 1969, la Convention interaméricaine des droits de l'homme a été complétée en 1979 par l'installation à San José, au Costa Rica, de la Cour interaméricaine des droits de l'homme. Adoptée en 1981, la Charte africaine des droits de l'homme et des peuples a donné lieu à la création, en 2006, de la Cour africaine de justice et des droits de l'homme, qui siège à Arusha, en Tanzanie. Mais le modèle européen, avec ses deux branches, du Conseil de l'Europe et de l'Union européenne, est de loin celui qui offre les garanties les plus étendues.

II

LA PROTECTION DES DROITS FONDAMENTAUX

Proclamés par les textes constitutionnels et le droit international, les droits fondamentaux se trouvent placés sous la protection des différentes juridictions. De la conjugaison de leurs jurisprudences se dégage une conception d'ensemble des droits fondamentaux.

A | LES JUGES ET LES DROITS FONDAMENTAUX

1/ Le *droit au recours effectif*

Le droit au recours effectif devant un juge indépendant et impartial s'affirme comme l'un des premiers droits fondamentaux.

De longue date, la jurisprudence du Conseil d'État a qualifié de principe général du droit l'ouverture du recours pour excès de

10. CEDH, 21 janvier 2011, *Belgique c/ Grèce* ; CJUE, 21 décembre 2011, *NS et ME.*

pouvoir à l'encontre de toute décision administrative[11] et du recours en cassation à l'encontre de toute décision juridictionnelle[12]. Pour le Conseil constitutionnel, le droit au recours est un principe de valeur constitutionnelle[13].

Ces principes trouvent leur écho en droit européen.

L'article 6 de la Convention européenne des droits de l'homme affirme que « toute personne a droit à ce que sa cause soit entendue équitablement, publiquement et dans un délai raisonnable, par un tribunal indépendant et impartial, établi par la loi, qui décidera soit des contestations sur ses droits et obligations de caractère civil, soit du bien-fondé de toute accusation en matière pénale dirigée contre elle ». Les deux rubriques, pénale et civile, mentionnées par cet article sont entendues de manière très large par la Cour européenne des droits de l'homme comme par les juridictions nationales. L'article 13 ajoute que la méconnaissance des droits et libertés reconnus par la Convention doit pouvoir faire l'objet « d'un recours effectif devant une instance nationale ». Ces deux articles sont appliqués avec rigueur par la Cour[14], qui affirme que le droit à un procès équitable « consacre la prééminence du droit dans une société démocratique »[15].

En droit de l'Union, la Cour de justice a qualifié le droit au recours juridictionnel effectif de principe général du droit communautaire[16]. L'article 47 de la Charte des droits fondamentaux affirme que « toute personne dont les droits et libertés garantis par le droit de l'Union ont été violés a droit à un recours effectif devant un tribunal ». Il précise que chacun a le droit de se faire conseiller, défendre et représenter devant un juge et qu'une aide juridictionnelle est accordée à ceux qui ne disposent pas de ressources suffisantes pour que leur accès à la justice soit effectif.

Dans les différents pays, l'accès aux juridictions est garanti tandis que l'indépendance et l'impartialité des juges sont renforcées, y compris en termes d'apparence, conformément à l'adage exprimé en 1924 par le juge britannique Gordon Stewart : « Justice must not only be done ; it must also be seen to be done. »

Des évolutions parallèles s'observent dans ce cadre. Dans les pays où, comme en France, en Italie, aux Pays-Bas, en Belgique, en Grèce, un conseil d'État exerce à la fois des compétences consultatives et des fonctions juridictionnelles, davantage de précautions sont prises pour qu'une même personne n'intervienne pas, sur une

11. CE, 17 février 1950, *Ministre de l'agriculture c/ Dame Lamotte.*
12. CE, 7 février 1947, *D'Aillières.*
13. CC, décisions du 18 septembre 1986 et du 17 janvier 1989.
14. CEDH, 21 février 1975, *Golder c/ Royaume-Uni* ; CEDH, 26 octobre 2000, *Kudla c/ Pologne.*
15. CEDH, 26 avril 1979, *Sunday Times.*
16. CJCE, 15 mai 1986, *Marguerite Johnston.*

même question, aux deux titres. La création de la Cour suprême du Royaume-Uni, qui a repris en 2009 le rôle de juridiction suprême traditionnellement confié à la Chambre des lords, s'inspire de préoccupations d'impartialité. De manière plus anecdotique, le bailli de Guernesey a dû cesser de siéger à la cour royale de cette île[17].

2/ *Le bon fonctionnement des juridictions*

Pour demeurer effectif, le droit au recours doit se préoccuper aussi du bon fonctionnement des juridictions.

Il convient, en particulier, de veiller à ce que les juridictions suprêmes, dont la mission est de trancher les questions délicates et d'assurer l'évolution du droit, ne soient pas excessivement encombrées d'affaires qui ne justifient pas leur intervention. Traditionnelles au Royaume-Uni, des procédures d'autorisation de pourvoi ou d'admission des requêtes ont été introduites dans cet esprit en Allemagne, en Belgique, en Espagne. Le resserrement dans ce dernier pays du recours à l'*amparo*[18] devant le Tribunal constitutionnel a été jugé par la Cour européenne des droits de l'homme compatible avec le droit d'accès au juge[19]. En France, une procédure d'admission des pourvois en cassation a été introduite devant le Conseil d'État comme devant la Cour de cassation. Ces deux juridictions suprêmes exercent en outre un rôle de filtrage des questions prioritaires de constitutionnalité. En Italie, si une procédure de filtrage appelée *rilevanza* existe devant la Cour constitutionnelle, l'accès très ouvert au Conseil d'État et à la Cour de cassation se traduit, en revanche, par un encombrement préoccupant de ces deux juridictions.

3/ *La protection des droits fondamentaux*

Dans la mission qu'ils exercent, les juges sont davantage sollicités en matière de droits fondamentaux.

Pour une large part, le développement des cours constitutionnelles s'explique par le souci de mieux garantir les droits fondamentaux. Le Conseil constitutionnel a lui-même pris place parmi les cours constitutionnelles à partir de sa décision fondatrice du 16 juillet 1971, qui a marqué le début de son contrôle des lois par rapport aux principes du Préambule. Introduite par la révision du 23 juillet 2008, la question prioritaire de constitutionnalité (QPC) parachève le dispositif en ouvrant la possibilité d'invoquer une méconnaissance des « droits et libertés que la Constitution garantit » à l'encontre des lois promulguées.

17. CEDH, 8 février 2000, *McGonnell c/ Royaume-Uni.*
18. Voir *infra* le chapitre 27 : Le juge constitutionnel.
19. CEDH, 20 janvier 2015, *Arribas Anton c/ Espagne.*

Objet même de la Cour européenne des droits de l'homme, la protection des droits fondamentaux occupe une place importante dans le contrôle de la Cour de justice de l'Union européenne. À l'échelle internationale, la Cour pénale internationale contribue à l'affirmation universelle de principes fondamentaux.

Par le contrôle de conventionnalité qu'implique la supériorité des traités sur les lois, les juges ordinaires se trouvent investis de la tâche d'assurer le respect des droits fondamentaux par les lois de leur pays. Partout, le renforcement du contrôle juridictionnel de l'administration se traduit par une soumission accrue des autorités publiques à ces droits. Des procédures spécifiques apparaissent, comme, en France, le référé-liberté, qui permet au juge administratif d'adresser aux autorités administratives toute injonction nécessaire pour faire cesser une atteinte grave et manifestement illégale à une liberté fondamentale. Par sa rapidité comme par l'étendue des pouvoirs qu'il confère au juge, le référé-liberté s'est imposé comme un instrument efficace de garantie des libertés fondamentales. Fréquemment utilisé, parfois dans des affaires à forte résonance médiatique, il a donné au juge administratif les moyens d'assurer pleinement sa mission de protection des droits fondamentaux en même temps qu'il lui conférait une visibilité accrue.

B | LES DROITS FONDAMENTAUX : UNE CONCEPTION D'ENSEMBLE

Des convergences découlent des textes nationaux, européens et internationaux qui garantissent les droits fondamentaux ainsi que des décisions rendues par les différentes juridictions en charge de la garantie des droits fondamentaux. Elles permettent de dégager, sinon une liste exhaustive, en tout cas un catalogue ordonné de ces droits et de définir les grandes lignes d'un régime commun.

1/ *Les différentes catégories de droits fondamentaux*

Les droits fondamentaux peuvent se grouper en quatre rubriques : la liberté de la personne ; les libertés publiques ; les droits garantis ; les valeurs fondamentales.

La liberté de la personne est la première composante des droits fondamentaux. Elle commence par le droit à la vie, se prolonge par l'interdiction de la torture et la prohibition du travail forcé. Elle inclut l'absence de détention arbitraire, le respect de la vie privée, l'inviolabilité du domicile et des correspondances. La liberté de conscience, d'opinion, de croyance et de religion s'y rattache.

Les grandes libertés publiques constituent des droits fondamentaux : liberté d'association et de réunion, liberté syndicale, liberté de la presse et de l'information. Il en va de même des principaux droits garantis par l'autorité publique : droit de propriété, droit d'asile, droit de grève, droit à une vie familiale normale.

Des valeurs essentielles ont également le caractère de droits fondamentaux : le respect de la dignité de la personne humaine, la présomption d'innocence, la préservation de l'environnement.

2/ *Constitutionnalité et conventionnalité*

Les droits fondamentaux s'imposent à tous, y compris au législateur. Leur affirmation marque la fin d'une confiance absolue dans la loi pour définir les droits et les libertés. Elle est à l'origine des contrôles de constitutionnalité et de conventionnalité.

Au sein des droits fondamentaux, sans qu'il soit possible d'établir une hiérarchie, des différences existent, en particulier entre les droits intangibles, qui ne peuvent faire l'objet d'aucune dérogation ou restriction, et les droits que la loi peut limiter et encadrer, à condition de le faire de manière adaptée et proportionnée. Dans le premier groupe figurent le droit à la vie, l'interdiction de la torture, le respect de la dignité de la personne humaine.

La plupart des autres droits fondamentaux relèvent de la seconde catégorie. Souvent, ils doivent alors être conciliés les uns avec les autres, la liberté de l'information avec le respect de la vie privée, la sécurité avec la liberté, le droit de grève avec la continuité du service public. Des limitations peuvent être portées à l'un dans la mesure et seulement dans la mesure nécessaire pour ne pas compromettre l'autre. Tout est alors affaire d'équilibre et de proportionnalité.

Pour toutes les juridictions, l'interprétation des textes se fait au regard des droits fondamentaux, dans le souci d'assurer, autant que possible, la conformité des lois nationales aux principes constitutionnels et conventionnels. Dans la plupart des cas, au prix, le cas échéant, d'un effort constructif du juge, une interprétation conforme peut être dégagée. Il en résulte à la fois plus de sécurité juridique et davantage de concordance entre les différentes normes applicables.

3/ *Urgence et circonstances exceptionnelles*

Des circonstances exceptionnelles, liées à des troubles particuliers ou à une situation d'urgence, accroissent la marge du législateur.

Confrontées en particulier à la nécessité de lutter contre le terrorisme, les différentes démocraties ont toutes renforcé les moyens des services de renseignement et accru la sévérité de la répression en ce domaine. Adopté peu après les attentats du 11-Septembre, le *Patriot Act* américain a été reconduit, avec quelques adaptations, en

2006, en 2011 et en 2015. Au Royaume-Uni, l'*Antiterrorism, Crim and Security Act*, adopté également en 2001, repose sur une inspiration comparable. Une loi de 2008 étend en Allemagne les possibilités d'investigation de la police criminelle (BKA) à l'égard des infractions terroristes. Après les attentats de janvier et novembre 2015, en France, la plupart des pays ont pris de nouvelles mesures législatives destinées à accroître les moyens antiterroristes. Une directive permettant, à l'échelle de l'Union européenne, un partage des données entre les compagnies aériennes, selon le système dit PNR (*passenger name record*), a été adoptée, après des années d'hésitations, le 27 avril 2016.

En France, la procédure pénale a été aménagée à de multiples reprises. La loi du 24 juillet 2015 a donné aux services de renseignement un cadre qui élargit leurs moyens et précise aussi les contrôles qui s'exercent sur eux. Après les attentats du 13 novembre 2015, l'état d'urgence prévu par la loi du 3 avril 1955 a été instauré et prolongé par la loi à six reprises, jusqu'au 1er novembre 2017. Son régime a été en même temps adapté pour mieux répondre aux impératifs constitutionnels et conventionnels d'aujourd'hui. Il élargit, sous le contrôle du juge administratif, les pouvoirs des autorités de police administrative, en matière, en particulier, d'assignation à résidence, de perquisition administrative, d'interdiction de rassemblements et de fermeture de lieux de réunion. Sa mise en œuvre a conduit la France à faire usage de la possibilité ouverte par la Convention européenne des droits de l'homme de déroger, « en cas de guerre ou en cas d'autre danger public menaçant la vie de la nation », dans la mesure où cela est nécessaire, aux garanties prévues par la Convention. La sortie de l'état d'urgence s'est accompagnée de la loi du 30 octobre 2017, qui institue des mesures de police administrative destinées à lutter contre le terrorisme.

Dans leur principe, les lois destinées à mieux lutter contre le terrorisme ont été admises par les cours constitutionnelles et les cours suprêmes. À plusieurs reprises toutefois, leur jurisprudence a exigé un meilleur encadrement des mesures prévues et des garanties supplémentaires dans leur mise en œuvre. En 2004, la Chambre des lords a jugé excessives, au regard des exigences de la Convention européenne des droits de l'homme, les possibilités de détention illimitée des étrangers soupçonnés d'appartenir à une organisation terroriste et a demandé au Parlement de mieux les définir, ce qui a été fait dès 2005. La Cour suprême des États-Unis a rappelé que, même lorsqu'il s'agit de lutter contre le terrorisme, les garanties de l'*Habeas corpus* doivent être respectées[20]. La Cour de Karlsruhe a jugé le 20 avril 2016 que les atteintes à la vie privée qui résultent de la loi du 2008 devaient être mieux justifiées et contrôlées, et elle a

20. Cour suprême des États-Unis, 12 juin 2008, *Boumediene v. Bush*.

demandé au Parlement d'adapter la loi en ce sens avant juin 2018. Par plusieurs décisions rendues en QPC, le Conseil constitutionnel a précisé les contours des pouvoirs de police en état d'urgence. Il a en particulier souligné que, conformément à la jurisprudence que le Conseil d'État venait d'adopter[21], le juge administratif exerçait un entier contrôle de proportionnalité sur les mesures prises, qui doivent être nécessaires, adaptées et proportionnées[22]. Il a censuré une insuffisance de garanties dans l'exploitation des données informatiques à la suite d'une saisie d'ordinateurs ou de téléphones portables lors d'une perquisition administrative[23], ce qui a conduit le législateur à prévoir une autorisation d'exploitation donnée par le juge du référé-liberté. Affirmant que le terrorisme « trouble gravement l'ordre public par l'intimidation ou la terreur », le Conseil constitutionnel n'en a pas moins pas regardé comme excessives les mesures de sûreté édictées par la loi à l'encontre des auteurs d'infractions terroristes à l'issue de leur peine[24].

Devant la crise provoquée en 2020 par la Covid-19, un état d'urgence sanitaire a été introduit par la loi du 23 mars 2020 dans le code de la santé publique, s'inspirant de la loi du 3 avril 1955. Saisi de nombreuses contestations relatives à sa mise en œuvre, le juge du référé-liberté du Conseil d'État a concilié les impératifs de la lutte contre l'épidémie avec le respect des libertés fondamentales, en veillant au caractère proportionné des mesures prises. Plusieurs questions prioritaires de constitutionnalité, transmises au Conseil constitutionnel par le Conseil d'État et par la Cour de cassation, ont permis de préciser les exigences constitutionnelles en la matière[25].

4/ *Débats de société*

Nombre de débats de société font l'objet de jurisprudences croisées des cours suprêmes nationales, des cours constitutionnelles et des cours européennes qui définissent ensemble les garanties qui doivent être aujourd'hui assurées en ce qui concerne aussi bien la protection de l'intimité de la vie individuelle que le ciment de la vie en commun.

Des droits fondamentaux s'affirment dans les choix de vie les plus personnels, qu'ils concernent la naissance, l'orientation sexuelle, le mariage ou la mort.

Dans la plupart des pays, le législateur a reconnu le droit à l'interruption volontaire de grossesse et encadré sa pratique. Sur ce sujet, les cours constitutionnelles et les cours suprêmes nationales

21. CE, 11 décembre 2015, *Cédric Domenjoud et autres.*
22. CC, décision QPC du 22 décembre 2015.
23. CC, décision QPC du 19 février 2016.
24. CC, décision du 7 août 2020.
25. Voir chapitre 17 : Le pouvoir de police.

ont adopté des positions comparables, à l'image de la Cour suprême des États-Unis, qui a fixé sa jurisprudence avec l'arrêt du 21 janvier 1973, *Roe c/ Wade*. La Cour européenne des droits de l'homme reconnaît la conformité à la Convention des législations qui autorisent l'interruption volontaire de grossesse, tout en laissant en ce domaine une large marge d'appréciation, aux États[26].

Davantage de différences s'observent dans les législations relatives à la procréation médicalement assistée. Mais, dans tous les cas, l'intérêt de l'enfant doit être sauvegardé et, lorsque sa filiation est établie, la nationalité des parents ne saurait lui être déniée. La Cour européenne des droits de l'homme l'a rappelé dès sa décision du 26 juin 2014, *Mennesson et Labassée c/ France*. Le Conseil d'État[27] et la Cour de cassation[28] se sont ensuite prononcés dans le même sens.

Les législations nationales diffèrent aussi sur la question particulière de l'insémination *post mortem*. La loi française l'interdit absolument. D'autres pays, comme le Royaume-Uni ou l'Espagne, ont adopté des règles plus souples. Ainsi la loi espagnole autorise l'insémination *post mortem* dans l'année qui suit le décès du mari, dès lors qu'un projet parental certain a été établi de son vivant. Une douloureuse affaire a, dans ce contexte, été soumise au Conseil d'État. Un couple avait décidé de recourir à la procréation assistée, mais le mari, atteint d'un mal incurable, était décédé avant l'aboutissement du processus. L'épouse, de nationalité espagnole, était alors rentrée dans son pays et avait demandé à l'hôpital français qui les détenait l'envoi des gamètes de son mari pour poursuivre le projet, comme la loi espagnole l'autorisait. Le Conseil d'État a estimé que, par elle-même, la loi française n'était pas incompatible avec les droits fondamentaux garantis par la Convention européenne des droits de l'homme. Mais il a jugé que, dans le cas particulier, son application automatique portait une atteinte excessive au droit au respect de la vie privée et familiale de l'intéressée, et il a en conséquence enjoint à l'hôpital d'accéder à sa demande d'exportation des gamètes[29]. Même si une loi respecte, *in abstracto*, les droits fondamentaux, son application, *in concreto*, dans un cas particulier peut ainsi révéler une atteinte excessive à ces droits.

Comme les lois et les juges nationaux, les deux cours européennes veillent à l'absence de toute discrimination selon l'orientation sexuelle[30]. Un nombre croissant de pays ont institué un

26. CEDH, 8 juillet 2004, *Vo c/ France* ; CEDH, 16 décembre 2010, *A*, B *et* C *c/ Irlande*.

27. CE, 12 décembre 2014, *Association Juristes pour l'enfance et autres*.

28. Cass., arrêts du 3 juillet 2015.

29. CE, 31 mai 2016, *Mme Gonzalez Gomez*.

30. CEDH, 27 septembre 1999, *Smith et Grady c/ Royaume-Uni* ; CEDH, 24 juillet 203, *Karner c/ Autriche* ; CJUE, 29 avril 2015.

partenariat d'union civile entre personnes de même sexe, qui apparaît aujourd'hui comme un minimum. Ainsi la Cour européenne des droits de l'homme a jugé que l'absence en Italie de toute forme d'union civile entre personnes de même sexe portait atteinte aux « besoins essentiels relatifs à un couple engagé dans une relation stable[31] ». La Cour de justice de l'Union européenne veille de son côté à ce que les mêmes droits soient reconnus aux couples hétérosexuels et aux couples homosexuels unis par un contrat d'union civile[32]. Le droit au mariage entre personnes de même sexe relève de l'appréciation de chaque État, « le mariage ayant des connotations sociales et culturelles profondément ancrées, qui diffèrent largement d'une société à l'autre[33] ». Mais de nombreux pays ont ouvert le « mariage pour tous », les Pays-Bas en 2000, la Belgique en 2003, l'Espagne et le Canada en 2005, l'Afrique du Sud en 2006, la Norvège et la Suède en 2009, le Portugal, l'Islande et l'Argentine en 2010, le Danemark en 2012, la France, le Royaume-Uni et la Nouvelle-Zélande en 2013, le Luxembourg en 2014, l'Irlande, à la suite d'un référendum, en 2015, l'Australie en 2017, l'Autriche en 2019. La loi française du 17 mai 2013 a été jugée conforme à la Constitution par une décision du même jour du Conseil constitutionnel, dans la ligne d'une précédente décision QPC du 28 janvier 2011. Elle relève désormais de l'ordre public français et conduit en conséquence à reconnaître la validité d'un mariage entre un Français et un Marocain, sans que puissent y faire obstacle les stipulations d'une convention franco-marocaine qui interdirait un tel mariage[34]. Aux États-Unis, où la question relève de chaque État, le mariage pour tous est largement autorisé. La Cour suprême américaine a reconnu la conformité à la Constitution fédérale des lois des États sur ce point[35], et elle impose même à tous les États de reconnaître un mariage entre personnes de même sexe célébré dans un autre État[36]. Elle affirme en outre qu'un employeur ne saurait licencier un salarié en raison de son orientation sexuelle[37]

Une large marge nationale d'appréciation se retrouve sur la fin de vie. Les lois nationales sont très diverses, de la reconnaissance à l'interdiction de toute forme d'euthanasie active ou passive, avec des modalités variables d'accompagnement de la fin de vie et de sédation jusqu'au décès. Aussi la Cour européenne des droits de l'homme qualifie-t-elle de « considérable » la marge d'appréciation

31. CEDH, 21 juillet 2015, *Oliari c/ Italie.*

32. CJUE, 12 décembre 2013, *Frédéric Hay c/ Crédit agricole mutuel de Charente-Maritime et des Deux-Sèvres.*

33. CEDH, 24 juin 2010, *Schalk et Kopf c/ Autriche.*

34. Cass., 28 janvier 2015.

35. Cour suprême des États-Unis, 28 juin 2013 et 6 octobre 2014.

36. Cour suprême des États-Unis, 26 juin 2015.

37. Cour suprême des États-Unis, 18 juin 2020, *Bostock v. Clayton County.*

des États[38]. Quelles que soient les précisions apportées par le législateur, les cas les plus douloureux relèvent de délicates décisions des juges, comme celles que le Conseil d'État a rendues les 14 février et 24 juin 2014 dans l'affaire Vincent Lambert et qui ont été pleinement confirmées par la Cour européenne des droits de l'homme[39].

Fondements de la vie personnelle, les droits fondamentaux apparaissent aussi comme le ciment de la vie en commun.

Sur ce terrain également, droit national et droit européen se conjuguent, dans le respect d'une large marge d'appréciation des États. La Cour européenne des droits de l'homme a ainsi admis, en l'absence de consensus européen sur la question, l'installation de crucifix dans les écoles publiques italiennes, dès lors que toute forme d'endoctrinement est écartée[40]. Elle a jugé compatibles avec la Convention les lois françaises du 15 mars 2004 sur les signes religieux à l'école[41] et du 11 octobre 2010 sur la dissimulation du visage dans l'espace public[42]. Par des arrêts du 14 mars 2017, la Cour de justice de l'Union, répondant à des questions préjudicielles posées par les cours de cassation de France et de Belgique, a donné un premier éclairage à la question délicate des signes religieux au travail. Elle a jugé que la discrimination indirecte susceptible de résulter de leur interdiction peut être justifiée par un objectif légitime, tel que la poursuite par l'employeur d'un souci de neutralité politique, philosophique ou religieuse dans ses rapports avec la clientèle, mais que les moyens retenus pour atteindre cet objectif doivent être, dans chaque cas, nécessaires et proportionnés.

L'entrée et le séjour des étrangers, l'accueil des migrants, la mise en œuvre du droit d'asile sont appréhendés par les autorités et les juridictions nationales dans un cadre dont les grandes lignes sont tracées par les conventions internationales, le droit de l'Union et la Convention européenne des droits de l'homme.

La protection de l'environnement et du développement durable a pris place parmi les droits fondamentaux. En témoigne en France l'insertion, par la révision du 1er mars 2005, de la Charte de l'environnement dans le préambule de la Constitution. Par leur nature même, ces questions s'inscrivent dans un cadre européen et international. Les conventions de Rio de 1992, relatives l'une à la diversité biologique, l'autre aux changements climatiques, le protocole de Kyoto de 1997 sur la limitation des gaz à effet de serre, la convention d'Aarhus du 25 juin 2008 sur un terrain davantage procédural en témoignent. Avec l'Accord de Paris sur le climat, adopté le 12 décembre 2015, une étape d'une grande portée a été franchie,

38. CEDH, 20 janvier 2011, *Haas c/ Suisse.*
39. CEDH, 5 juin 2015.
40. CEDH, 18 mars 2011, *Lautsi c/ Italie.*
41. CEDH, 30 juin 2009, *Aktas et autres c/ France.*
42. CEDH, 1er juillet 2014, *SAS c/ France.*

même si les États-Unis ont décidé de s'en retirer en novembre 2019. S'inscrivant dans cette dynamique, un projet de Pacte mondial pour l'environnement est élaboré dans le cadre des Nations unies, tandis que la Commission européenne présidée par Ursula von der Leyen fait du *green deal* une de ses priorités.

Certes, des doutes se développent quant à la légitimité d'une définition internationale des droits fondamentaux. Des incertitudes affectent la capacité d'une garantie européenne de ces droits. Un retour des affirmations souverainistes accompagne le rétablissement des contrôles aux frontières. Les juges sont souvent les premières cibles des gouvernements qui s'engagent dans des voies autoritaires. Les réformes de la justice en Hongrie, qui ont conduit à une éviction du président de la Cour suprême de ce pays, ont été condamnées par les deux cours européennes[43]. En Pologne, le Tribunal constitutionnel s'est trouvé paralysé en 2015, avant d'être profondément remanié. Une réforme de l'ensemble de la justice, qui aurait entraîné la mise à la retraite du tiers des juges de la Cour suprême, dont sa présidente, a été suspendue par deux décisions de la CJUE[44]. La Pologne a revu en conséquence sa réforme et la CJUE a estimé qu'il revenait désormais à la Cour suprême de ce pays de s'assurer que sa mise en œuvre se ferait en respectant les exigences d'indépendance de la justice[45]. Les inquiétudes qui résultent de telles évolutions ne peuvent être dissimulées. Elles se trouvent avivées par la conception extrêmement restrictive du droit à l'interruption volontaire de grossesse retenue par le Tribunal constitutionnel de Pologne dans son arrêt du 22 octobre 2020. « La démocratie libérale, ce mélange unique de liberté individuelle et de souveraineté populaire, qui a longtemps caractérisé la plupart des gouvernements d'Amérique du Nord et d'Europe occidentale, craque aux entournures. À sa place, ce à quoi nous assistons est la naissance de démocraties antilibérales, ou démocraties sans liberté, et d'un libéralisme antidémocratique, ou libertés sans démocratie » écrit Yascha Mounk[46]. Si de telles réflexions invitent à rechercher les voies pour réconcilier démocratie et liberté, elles ne sauraient ni occulter le renforcement d'ensemble de la garantie des droits fondamentaux tant au niveau national qu'à l'échelle européenne et internationale, ni faire oublier les échanges de plus en plus serrés et efficaces entre les différents niveaux de protection de ces droits.

43. CJUE, 6 novembre 2012, *Commission c/ Hongrie* ; CEDH, 23 juin 2016, *Baka c/ Hongrie*.

44. CJUE, 2 octobre et 17 décembre 2018.

45. CJUE, 19 novembre 2019.

46. Yascha Mounk, *Le Peuple contre la démocratie*, Paris, L'Observatoire, 2018.

Chapitre 21

La responsabilité de la puissance publique

Il existe de nombreuses formes de responsabilité. Toutes ne sont pas d'ordre *juridique* : la responsabilité peut être *morale* ou *sociale* ; s'agissant de la puissance publique, la responsabilité *politique* joue un rôle particulièrement important. Dans le domaine juridique, on distingue traditionnellement deux grands types de responsabilités : d'une part, celles qui visent à punir, parmi lesquelles figurent au premier chef la responsabilité *pénale*, mais aussi les diverses responsabilités *disciplinaires* (responsabilité des employés vis-à-vis de leur employeur, responsabilité des professions réglementées dans le cadre des ordres professionnels) ; d'autre part, celles qui visent à réparer un dommage, telles que la responsabilité *civile* et la responsabilité *administrative*.

Les responsabilités ayant une finalité réparatrice se subdivisent elles-mêmes en deux grandes catégories : la responsabilité contractuelle, qui repose sur un manquement à une obligation prévue dans un contrat, et la responsabilité extracontractuelle, qui ne trouve pas son fondement dans un contrat, mais dans les règles générales de la responsabilité. Cette distinction constitue la *summa divisio* du droit civil des obligations, réparties entre obligations contractuelles et obligations « qui se forment sans convention », selon les termes du code civil. La responsabilité contractuelle, pour sa part, est examinée au chapitre sur les contrats administratifs. Le présent chapitre ne traite que de la responsabilité extracontractuelle des autorités publiques, laquelle est en général la seule visée par le terme de « responsabilité administrative ».

La reconnaissance de la responsabilité de l'État s'est longtemps heurtée à un obstacle de principe : la souveraineté de la puissance publique. Au XIXe siècle, dans la plupart des États européens, le point de départ était celui de l'irresponsabilité de la puissance publique. Au Royaume-Uni, jusqu'à une loi de 1947, prévalait le principe de l'immunité de la Couronne (*crown immunity*), que traduit l'adage « le roi ne peut mal faire » (*the king can do no wrong*). En France, la jurisprudence a jeté très tôt les bases de la responsabilité administrative avec le célèbre arrêt *Blanco* du 8 février 1873 du Tribunal des conflits. Auparavant, certaines décisions des juridictions judiciaires avaient tenté de faire application à l'État des règles de la responsabilité civile, tandis que d'autres réaffirmaient le principe d'irresponsabilité de l'État. L'arrêt *Blanco* censure ces tentatives en affirmant que la responsabilité de l'État « ne peut être régie par les principes qui sont établis dans le code civil pour les rapports de particulier à particulier. Cette responsabilité n'est ni générale ni absolue. Elle a ses règles spéciales qui varient selon les besoins du service et la nécessité de concilier les droits de l'État avec les droits privés ». D'emblée, il crée un lien très fort entre la compétence et le fond : d'une part, il écarte l'application des règles du droit civil et, par suite, la compétence des juridictions judiciaires ; mais d'autre part, il affirme le principe, nouveau, de la responsabilité de l'État.

C'est par voie jurisprudentielle que le Conseil d'État a défini les principes généraux de la responsabilité administrative. Traditionnellement, l'engagement de la responsabilité est subordonné à la réunion de trois conditions : un fait générateur, un préjudice et un lien de causalité entre les deux. La jurisprudence s'est d'abord attachée à préciser les fondements de la responsabilité de la puissance publique. Elle a admis que le fait générateur pouvait être fautif ou non. Elle a ensuite précisé les règles relatives aux modalités de réparation du dommage, qu'il s'agisse du type de préjudice indemnisable ou des exigences quant au lien de causalité. La France est certainement l'un des pays européens qui retient la conception la plus étendue de la responsabilité de l'État.

I

LE FONDEMENT DE LA RESPONSABILITÉ DE LA PUISSANCE PUBLIQUE

L'arrêt *Blanco*, tout en posant le principe de la responsabilité de l'État, en a dans le même temps limité la portée, en précisant que celle-ci n'est « ni générale ni absolue ». Toutefois, la jurisprudence a progressivement étendu le champ de la responsabilité : la responsabilité pour faute s'est généralisée à la quasi-totalité des actes de l'administration ; la responsabilité sans faute, consacrée dès 1895, s'est considérablement étendue. Les deux grands fondements concevables de la responsabilité extracontractuelle, selon la nature, fautive ou non, du fait générateur, se retrouvent ainsi en droit de la responsabilité administrative.

A | LA GÉNÉRALISATION DU PRINCIPE DE RESPONSABILITÉ POUR FAUTE

La responsabilité extracontractuelle pour faute est également appelée responsabilité « délictuelle » ou, en cas de simple négligence, « quasi délictuelle ». C'est une forme de responsabilité subjective qui suppose l'établissement d'un comportement fautif. Elle repose sur l'idée, pour reprendre la formule fameuse de l'article 1382 – devenu 1240 – du code civil, que « tout fait quelconque de l'homme, qui cause à autrui un dommage, oblige celui par la faute duquel il est arrivé à le réparer ». À bien des égards, cette définition civiliste ne va pas de soi s'agissant de l'État. Peut-on parler de « faute », peut-on caractériser un élément intentionnel, à propos de cette personne morale très particulière qu'est l'État ? Dans un autre domaine, c'est cette difficulté qui a longtemps expliqué l'absence de responsabilité *pénale* des personnes morales, que celles-ci soient publiques ou privées. Deux questions ont été successivement réglées par la jurisprudence. Elle a d'abord dû faire la part entre le fait personnel de l'agent public, auteur d'un comportement fautif, et celui l'administration. Elle a ensuite précisé quel type de faute est de nature à engager la responsabilité. Sous l'influence du droit européen, s'agissant de la responsabilité du législateur ou de celle du juge, la jurisprudence récente s'abstient d'ailleurs d'employer la notion de faute, qui paraît ici inadaptée, et se borne à rechercher l'existence d'une *méconnaissance* ou d'une *violation* des règles de droit supérieures.

1/ *L'identification de la personne responsable : responsabilité des agents publics ou de l'administration ?*

À côté de la question de la souveraineté, un autre obstacle, d'ordre conceptuel, explique la difficulté à reconnaître la responsabilité de l'État : celui de l'imputabilité de la faute, à une personne publique ou à ses agents. En Italie, jusqu'à une loi du 21 juillet 2000, ou en Allemagne, encore aujourd'hui, elle constitue un facteur de limitation de l'étendue de la responsabilité administrative, qui est d'abord tournée vers la recherche d'une faute des agents publics et relève, par suite, de la compétence des juridictions civiles, devant lesquelles l'État est simplement appelé à garantir les dommages causés par ses agents.

a) *La distinction entre faute personnelle et faute de service*

Cette distinction est essentielle tant pour déterminer le régime de responsabilité applicable que pour identifier la juridiction compétente. La faute personnelle, imputable à l'agent, n'engage en principe que sa propre responsabilité devant les juridictions judiciaires. La faute de service, imputable à la personne morale, engage la responsabilité de l'administration devant le juge administratif.

Une première hypothèse est relativement simple, celle de la faute anonyme ou collective : cette faute, qui n'est imputable à aucun agent en particulier, est dite faute *du* service. Il n'y a alors aucune difficulté à admettre qu'elle est imputable à l'ensemble d'un service, et, par suite, qu'elle engage la responsabilité de l'administration. La question est plus délicate lorsque l'acte fautif émane d'un agent clairement identifié. Dans ce cas, le Tribunal des conflits a posé dans son arrêt *Pelletier,* du 30 juillet 1873, quelque mois après l'arrêt *Blanco*, la distinction entre faute personnelle et faute de service. Le décret-loi du 19 septembre 1870 venait de supprimer le système de la *garantie des fonctionnaires*, qui subordonnait l'engagement de la responsabilité d'un fonctionnaire devant les juridictions civiles à une autorisation du Conseil d'État. Avec l'arrêt *Pelletier,* on retrouve une forme de protection des fonctionnaires : la responsabilité de l'agent ne pourra être engagée devant les tribunaux judiciaires que pour les actes qualifiés de faute « personnelle ». En revanche, l'acte qu'il accomplit pour le compte du service et dans l'exercice des fonctions n'entraîne qu'une faute dite « de service », qui engage seulement la responsabilité de l'administration devant la juridiction administrative.

La notion de faute personnelle a dû être précisée. Selon la définition du commissaire du gouvernement Laferrière, c'est la faute qui révèle « l'homme, avec ses passions, ses faiblesses, ses imprudences[1] ». La jurisprudence a rencontré une grande diversité d'hypothèses. Le plus souvent, l'acte commis en dehors du temps ou du lieu du service n'entraîne qu'une faute personnelle : tel est le cas du crime passionnel commis par un gendarme, quand bien même il a été réalisé avec l'arme de service[2]. Mais l'accident causé par une arme de service, même en dehors du cadre du service, provient pour sa part d'une faute de service, de nature à engager la responsabilité de l'administration[3].

b) *Le cumul des responsabilités*

Le Conseil d'État a admis la possibilité de cumuler les deux catégories de fautes et, partant, d'engager simultanément les deux types

1. Conclusions TC, 5 mai 1877, *Laumonnier-Carriol.*
2. CE, 12 mars 1975, *Pothier.*
3. CE, 26 octobre 1973, *Sadoudi.*

de responsabilités. Ce cumul a d'abord été reconnu par la décision *Anguet* du 3 février 1911, en présence de deux faits distincts, constitutifs d'une faute du service (le bureau de poste avait été fermé avant l'heure réglementaire) et d'une faute personnelle de l'agent (la brutalité d'un postier blessant un usager en l'expulsant). Allant plus loin, l'arrêt *Lemonnier* du 26 juillet 1918 admet qu'un fait unique puisse recevoir les deux qualifications. Était en cause en l'espèce la carence d'un maire à prévenir les dangers liés à des tirs lors d'une fête communale. Dans une formule fameuse, le commissaire du gouvernement Léon Blum relève, dans ses conclusions : « La faute se détache peut-être du service ; c'est l'affaire des tribunaux d'en décider ; mais le service ne se détache pas de la faute. » Cette jurisprudence s'explique par le souci d'indemnisation des victimes : l'administration est toujours un débiteur solvable. C'est ainsi que le Conseil d'État tend à admettre assez souplement la qualification de faute de service : tel doit être le cas d'une faute personnelle dès lors qu'elle n'est pas « dépourvue de tout lien avec le service[4] ».

Un exemple récent met en lumière l'hypothèse d'un cumul de responsabilités dans des circonstances dramatiques : l'affaire Papon montre qu'une faute personnelle, alors même qu'elle est constitutive d'un crime contre l'humanité, n'est pas exclusive de la reconnaissance d'une faute de service. En l'espèce, le Conseil d'État relève que les agissements de l'administration française, qui ne résultaient pas directement d'une contrainte de l'occupant, constituent une faute de service de nature à engager la responsabilité de l'État[5].

Le cumul ouvre à la victime la possibilité d'agir tant contre l'agent que contre l'administration. Le partage final de responsabilités se règle ultérieurement, par le jeu de l'action récursoire, exercée soit par l'administration contre l'agent, soit, en sens inverse, par l'agent contre l'administration : deux décisions du 28 juillet 1951, *Laruelle* et *Delville*, illustrent respectivement ces deux hypothèses.

2/ *La quasi-disparition des cas d'irresponsabilité*

L'arrêt *Blanco* l'a précisé : la responsabilité de l'État n'est pas « générale ». Son champ d'application ne s'étend pas à l'ensemble des actes de l'administration. Certaines situations restent régies par l'ancien principe d'irresponsabilité de l'État. Toutefois, la jurisprudence a peu à peu fait disparaître ces derniers « îlots » d'irresponsabilité.

Tel a été le cas, de façon symbolique, des activités matérielles de la police. Alors que la police est au cœur des fonctions régaliennes de l'État, dès 1905, avec l'arrêt *Tomaso Grecco*, le Conseil d'État met

4. CE, 18 novembre 1949, *Demoiselle Mimeur.*
5. CE, 12 avril 2002, *Papon.*

fin au régime d'irresponsabilité dont elle bénéficiait. Désormais, la responsabilité de l'État peut être engagée pour les activités des services de police ayant été à l'origine d'un dommage : en l'espèce, une personne avait été blessée par une balle perdue issue d'un tir de gendarme. Toutefois, le Conseil d'État tient compte de la difficulté particulière de cette mission en exigeant une faute *lourde* : une faute *simple* ne suffit pas à engager la responsabilité de l'État dans ses activités de police. Ultérieurement, la jurisprudence a encore assoupli le régime de responsabilité de l'État en matière de police, puisqu'elle a admis l'application d'une responsabilité sans faute, précisément à propos des balles perdues, en se fondant sur le risque que fait courir aux tiers l'utilisation des armes à feu par les forces de l'ordre[6].

Aujourd'hui, les cas d'irresponsabilité totale de l'État ont quasiment disparu. Il en existe tout de même quelques-uns, à titre très résiduel. Ainsi, le Conseil d'État, par une décision, *Société Touax*, du 23 juillet 2010, a eu l'occasion de rappeler que « les opérations militaires ne sont, par nature, pas susceptibles d'engager la responsabilité de l'État ». En l'occurrence, une société spécialisée dans le transport fluvial de marchandises avait subi un préjudice du fait de l'immobilisation de sa flotte durant les opérations militaires conduites en 1999 par l'OTAN dans l'ex-Yougoslavie. La question des opérations militaires n'est pas sans rappeler celle des activités matérielles de la police. On y retrouve la même idée que l'action de l'administration se heurte à des difficultés pratiques. Surtout, dans les deux cas, il s'agit d'une fonction de souveraineté, au cœur de la puissance publique. De ce point de vue, la survivance, très exceptionnelle, des cas d'irresponsabilité n'est pas sans lien, dans son inspiration, avec la théorie des actes de gouvernement. Elle s'en distingue toutefois, puisque, lorsqu'un acte de gouvernement est mis en cause devant le juge, celui-ci, de façon plus radicale, se déclare purement et simplement incompétent : il s'agit donc davantage d'un cas d'immunité juridictionnelle que d'une question d'irresponsabilité.

On pourrait également citer, dans cette rubrique, le cas des dommages causés par le contenu même d'une décision juridictionnelle. Un jugement devenu définitif ne saurait donner lieu à une action en responsabilité de l'État, même en cas d'erreur : cela reviendrait à mettre en cause l'autorité de la chose jugée. Toutefois, ce cas d'irresponsabilité connaît désormais une exception en cas de violation manifeste du droit de l'Union européenne[7].

Des exigences constitutionnelles et européennes incitent aujourd'hui à réduire les hypothèses d'absence totale d'indemnisation

6. CE, 24 juin 1949, *Consorts Lecomte.*
7. CJCE, 30 septembre 2003, *Kobler* ; CE, 18 juin 2008, *Gestas.*

pour un dommage causé à un particulier par l'administration. Qu'il s'agisse de l'irresponsabilité de l'État ou du cas, assez voisin, du dommage exclu de la réparation en raison de sa nature, ces limitations se heurtent en particulier à la protection du droit de propriété qui résulte à la fois de l'article 1er du premier protocole additionnel à la Convention européenne des droits de l'homme et de l'article 17 de la Déclaration de 1789.

Ces considérations ont conduit à nuancer la portée du principe dit de « non-indemnisation des servitudes d'urbanisme » posé par une loi de 1943 aujourd'hui reprise à l'article L. 160-5 du code de l'urbanisme. Ce texte exclut toute réparation d'un dommage causé par une servitude instituée par le code de l'urbanisme – typiquement, l'interdiction de construire. Dans son arrêt *Bitouzet* du 3 juillet 1998, le Conseil d'État en admit la compatibilité avec la Convention européenne des droits de l'homme, mais au prix d'une interprétation constructive, en estimant que cet article ne faisait pas obstacle à ce que le propriétaire puisse être indemnisé dans le cas exceptionnel où il supporte « une charge spéciale et exorbitante, hors de proportion avec l'objectif d'intérêt général poursuivi ». La même solution a été retenue par le Conseil d'État, dans un arrêt du 16 juillet 2010, *SCIE La Saulaie*, pour admettre la conformité de ce texte à la Déclaration de 1789 et, par suite, écarter une question prioritaire de constitutionnalité comme dépourvue de caractère sérieux.

3/ *La réduction des cas soumis à l'exigence d'une faute lourde*

Pour certaines activités particulièrement complexes et délicates, la jurisprudence exige que la faute soit caractérisée : seule une faute lourde est de nature à engager la responsabilité de l'administration. Toute faute n'est pas susceptible d'entraîner la responsabilité : encore faut-il qu'elle soit d'une gravité particulière. Le Conseil d'État a toutefois peu à peu limité le champ de cette exigence. Aujourd'hui, il ne reste quasiment que trois grands domaines concernés par l'exigence de faute lourde : la police, les activités de tutelle et la justice. Le premier cas est celui, déjà évoqué, des activités matérielles de la police[8]. Le deuxième concerne quelques hypothèses particulières : la mise en cause des services préfectoraux pour carence dans le contrôle de légalité des actes des collectivités locales ou encore celle de la Commission bancaire pour carence dans son activité de contrôle des banques[9]. Pour le troisième, la même règle vaut tant pour les juridictions judiciaires (elle est alors posée par la loi, à l'article L. 141-1 du code de l'organisation judiciaire) que pour les juridictions administratives[10] : si l'État est tenu

8. CE, 10 février 1905, *Tomaso Greco*.
9. CE, 30 novembre 2001, *Kechichian*.
10. CE, 29 décembre 1978, *Darmont*.

de réparer les dommages causés par le fonctionnement défectueux de la justice, sa responsabilité ne peut être engagée que pour faute lourde.

En dehors de ces hypothèses, décrire les évolutions de la jurisprudence revient pour l'essentiel à égrener les noms des arrêts ayant, domaine après domaine, consacré le passage de la faute lourde à la faute simple. Tel est le cas de la responsabilité hospitalière[11] ou de la responsabilité des services fiscaux : l'arrêt *Krupa* du 21 mars 2011 élargit l'évolution engagée, pour les services de recouvrement de l'impôt, par la décision du 27 juillet 1990, *Bourgeois*. En matière pénitentiaire, la surveillance des détenus était initialement soumise à l'exigence de faute lourde[12], par opposition à l'organisation du service, régie par la faute simple[13]. Désormais, la faute simple suffit, qu'il s'agisse des atteintes aux personnes[14] ou aux biens[15]. Dans cet esprit, la cour administrative d'appel de Douai a retenu la responsabilité de l'État pour des conditions de détention ne respectant pas la dignité humaine[16].

À l'intérieur même des domaines encore régis par la faute lourde, le juge introduit des distinctions plus fines, en identifiant certains types d'actes qui sont d'un degré de difficulté moindre et qui, par suite, relèvent d'un régime de faute simple. Ainsi, en matière de police, si les activités *matérielles* de police (telles que les opérations de maintien de l'ordre) restent soumises à un régime de faute lourde, les actes *juridiques* (tels qu'un arrêté de police administrative) sont, sauf difficulté particulière[17], régis par la responsabilité pour faute simple. S'agissant de la justice, plusieurs hypothèses permettent d'engager la responsabilité de l'État sans démontrer l'existence d'une faute lourde.

4/ *La généralisation de la responsabilité pour faute simple dans les activités administratives*

Aujourd'hui, le principe est celui de l'exigence d'une faute simple : toute faute, quelle que soit sa gravité, est de nature à engager la responsabilité de l'administration. Elle concerne tout type de comportements de l'administration, qu'il s'agisse des actes matériels ou juridiques. Des agissements matériels de l'administration peuvent être regardés comme fautifs. Tel est le cas, nous l'avons dit, des activités de maintien de l'ordre des forces de police. Dans un

11. CE, 10 avril 1992, *Époux V.*
12. CE, 3 octobre 1958, *Rakotoarinovy.*
13. CE, 10 février 1956, *Volmerange.*
14. CE, 23 mai 2003, *Mme Chabba*, pour le cas du suicide d'un détenu.
15. CE, 9 juillet 2008, *Boussouar.*
16. CAA Douai, 12 novembre 2009, *Garde des Sceaux c/ M. T.*
17. CE, 20 octobre 1972, *Ville de Paris c/ Marabout.*

autre domaine, s'agissant d'une période sombre de l'histoire administrative française, la décision du Conseil d'État du 16 février 2009, *Hoffman-Gïemane*, reconnaissant la responsabilité de l'État du fait des agissements du régime de Vichy, évoque « les arrestations, internements et convoiements à destination des camps de transit et qui, ne résultant pas d'une contrainte directe de l'occupant, ont permis ou facilité la déportation à partir de la France de personnes victimes de persécutions antisémites ». C'est l'un des intérêts de l'action en responsabilité par rapport au recours pour excès de pouvoir : alors que ce dernier, traditionnellement conçu comme « un procès fait à un acte », selon la formule de Laferrière, ne permet de saisir les activités administratives qu'à travers le prisme d'un acte juridique, la première a un champ beaucoup plus large, incluant les activités purement matérielles.

La faute peut également résulter de l'édiction d'un acte administratif illégal. En vertu de la jurisprudence *Driancourt*, du 26 janvier 1973, une illégalité est toujours fautive – y compris un simple vice de forme ou de procédure. On relèvera que le droit français retient ici une conception très large. Dans tous les pays européens, la question du lien entre acte illégal et faute s'est posée. Les réponses apportées sont variables. Sur la compétence d'abord, plusieurs pays ont choisi de dissocier les juridictions compétentes : juridictions administratives pour l'annulation de l'acte pour illégalité ; juridictions civiles pour la responsabilité de l'État du fait de cette illégalité. Cette division des contentieux ne va d'ailleurs pas sans soulever certaines difficultés en Allemagne, en Italie ou en Belgique. Sur le fond ensuite, au Royaume-Uni, en Allemagne ou encore pour la responsabilité de l'Union européenne à raison de ses actes juridiques, seules certaines illégalités, d'une gravité particulière ou marquées par un élément intentionnel, sont considérées comme fautives. En général, en Europe, une distinction est faite entre les actes administratifs individuels, pour lesquels il est plus simple d'identifier une faute, et les actes normatifs à portée générale, fondés sur un large pouvoir discrétionnaire de l'auteur qui fait souvent obstacle à la reconnaissance d'une faute.

En France, la faute est largement entendue, y compris lorsque l'État est pris en sa qualité d'autorité normative. Elle peut d'ailleurs résulter tant d'une action que d'une abstention dans l'édiction d'un acte administratif. Ainsi la *carence* dans l'exercice du pouvoir de police ou du pouvoir réglementaire est parfois fautive. Dans l'affaire de l'amiante, le Conseil d'État a condamné l'État pour n'avoir pas pris de réglementation dès 1977, pour prévenir les risques, pourtant déjà connus, que l'inhalation des poussières d'amiante faisait courir aux travailleurs[18]. Par analogie, le code civil procède à la même

18. CE, 3 mars 2004, *Ministre de l'emploi et de la solidarité.*

distinction : l'article 1240, qui consacre la responsabilité pour faute (responsabilité délictuelle)[19], est complété par l'article 1241, qui traite de la responsabilité pour négligence ou imprudence (responsabilité quasi délictuelle)[20]. Dans le même esprit, dans l'affaire du *Mediator*, le Conseil d'État examine la responsabilité des autorités chargées de la police sanitaire relative aux médicaments : il juge que l'État a commis une faute en ne prenant pas, à partir de 1999, des mesures de suspension ou de retrait de l'autorisation de mise sur le marché de ce médicament, compte tenu de ses effets indésirables[21].

5/ *La responsabilité du législateur et du juge : l'influence du droit européen*

Le droit européen, résultant de l'Union européenne comme de la Convention européenne des droits de l'homme, a conduit à renforcer les hypothèses de responsabilité du législateur ou du juge. Dans les deux cas toutefois, la jurisprudence s'est abstenue d'employer la notion de faute, qui paraissait inadaptée.

a) La responsabilité de l'État du fait des lois

La question s'est d'abord posée de la responsabilité de l'État du fait des lois contraires au droit de l'Union européenne (à distinguer de l'hypothèse, examinée plus loin, de la responsabilité sans faute du fait des lois pour rupture d'égalité devant les charges publiques). En effet, selon la Cour de justice, tout manquement au droit de l'Union engage la responsabilité de l'État, qu'il émane du législateur ou du pouvoir réglementaire : « Le principe de la responsabilité de l'État pour des dommages causés aux particuliers par des violations du droit communautaire qui lui sont imputables est inhérent au système du traité[22]. »

Dès 1992, le Conseil d'État a fait application de ce principe à l'hypothèse dans laquelle la violation du droit de l'Union provient d'un acte administratif et ce, même dans l'hypothèse où celui-ci se serait borné à faire application d'une loi[23]. Certes, la violation première émane de la loi : il a souvent été relevé que l'arrêt *Société Rothmans* procède à un transfert de responsabilité du législateur vers le pouvoir réglementaire. Mais cette solution est fondée sur l'idée que l'administration commet elle-même une faute en faisant application d'une loi contraire au droit de l'Union.

En 2007, le juge administratif a franchi un pas supplémentaire, en admettant la responsabilité de l'État du fait d'une loi contraire

19. Ex-article 1382.
20. Ex-article 1383.
21. CE, 9 novembre 2016, *Mme K. et autres*.
22. CJCE, 19 novembre 1991, *Francovich*.
23. CE, 28 février 1992, *Sociétés Rothmans International et Philip Morris*.

au droit européen et, plus largement, au droit international[24]. Avec la décision *Gardedieu* du 8 février 2007, c'est la première fois que le Conseil d'État reconnaît l'existence d'une responsabilité du législateur dans une hypothèse autre que celle de la responsabilité objective pour rupture d'égalité devant les charges publiques. Toutefois, le juge évite de fonder cette responsabilité sur la notion de faute, terme qui peut paraître impropre pour qualifier l'activité du législateur. Le Conseil d'État estime simplement que la responsabilité de l'État est engagée pour réparer les préjudices qui résultent de l'intervention d'une loi « adoptée en méconnaissance des engagements internationaux de la France ». On s'est d'ailleurs interrogé sur la nature juridique de cette responsabilité, certains auteurs estimant qu'elle devait être rangée dans la catégorie de la responsabilité sans faute. Si elle semble constituer une catégorie *sui generis*, elle repose bien toutefois sur un manquement à une obligation. Certes, elle présente un caractère objectif en ce sens qu'elle ne suppose pas la recherche d'un élément intentionnel ; mais un tel élément n'a jamais été réellement exigé, en droit administratif français, dans la notion de faute de nature à engager la responsabilité de l'État. Dans le cadre de la jurisprudence *Gardedieu*, la responsabilité de l'État peut être engagée du fait de la violation de l'ensemble des engagements internationaux de la France, y compris des principes généraux du droit de l'Union européenne, tels que les principes de sécurité juridique et de confiance légitime[25].

Par sa décision *Société Paris Clichy* du 24 décembre 2019, le Conseil d'État a poursuivi dans cette voie, en admettant le principe de la responsabilité de l'État du fait des lois inconstitutionnelles[26]. Cette avancée jurisprudentielle est le fruit de la rencontre de deux évolutions juridiques : d'une part, la jurisprudence *Gardedieu* reconnaissant la responsabilité du fait des lois méconnaissant les normes internationales ; d'autre part, l'introduction de la question prioritaire de constitutionnalité. Avec cette dernière s'est inévitablement posée la question de la responsabilité de l'État à raison de préjudices causés par des lois dont le Conseil constitutionnel constate la contrariété à la Constitution. Le Conseil d'État a ainsi étendu la jurisprudence *Gardedieu* aux lois contraires à la Constitution « en raison des exigences inhérentes à la hiérarchie des normes ». Cette responsabilité ne peut être engagée qu'à deux conditions : d'une part, le Conseil constitutionnel doit avoir expressément déclaré inconstitutionnelle la disposition en cause ; d'autre part, il ne doit pas avoir écarté toute demande d'indemnisation sur ce fondement – sachant que celui-ci règle parfois lui-même les effets

24. CE, 8 février 2007, *Gardedieu*.

25. CE, 23 juillet 2014, *Société d'éditions et de protection route*.

26. CE, ass., 24 décembre 2019, *Société Paris Clichy* ; voir également *infra*, chapitre 27 : Le juge constitutionnel.

(y compris pécuniaires) des déclarations d'inconstitutionnalité qu'il prononce.

Par comparaison, une telle responsabilité du fait des lois inconstitutionnelles est reconnue dans d'autres pays. Ainsi en est-il en Espagne, où le contrôle de constitutionnalité *a posteriori* est pratiqué depuis la Constitution de 1978[27]. Tel est également le cas en Pologne, au Portugal ou en Belgique.

b) La responsabilité de l'État du fait de la justice

La responsabilité de l'État du fait des activités de la justice a également connu des évolutions sous l'effet du droit européen. Plusieurs tempéraments à l'exigence de faute lourde ont été apportés par la jurisprudence, sous l'influence du droit européen. D'une part, dans le prolongement de l'arrêt *Frankovich*, la Cour de justice a jugé que les juridictions n'échappaient pas au principe de responsabilité de l'État en cas de violation du droit de l'Union[28]. Reprenant la terminologie de la Cour de justice, le Conseil d'État a dès lors admis la responsabilité de l'État à raison du contenu d'une décision juridictionnelle, en cas de violation manifeste d'une disposition du droit de l'Union européenne ayant pour objet de conférer des droits aux particuliers[29]. Cette solution exceptionnelle est audacieuse, car, en principe, le contenu même d'une décision de justice ne peut jamais engager la responsabilité de la puissance publique, y compris pour faute lourde : cela reviendrait à remettre en cause l'autorité de la chose jugée.

D'autre part, avec l'arrêt *Magiera* du 28 avril 2002, le Conseil d'État a jugé que la responsabilité de l'État était engagée lorsqu'une décision de justice était rendue dans un délai excessif, sans même, là encore, évoquer la notion de faute. Cette solution est conforme à la jurisprudence de la Cour de Strasbourg, qui s'est fondée sur le droit à un procès équitable consacré par l'article 6 de la Convention européenne des droits de l'homme pour en déduire l'exigence d'un « délai raisonnable » de jugement. Cette solution a été consacrée par le législateur dans un cas particulier : le Tribunal des conflits est seul compétent pour les actions en responsabilité du fait d'une durée totale excessive d'une procédure ayant été conduite devant les deux ordres de juridiction (article 16 de la loi du 24 mai 1872 relative au Tribunal des conflits, dans sa version issue de la loi du 15 février 2015)[30].

27. Tribunal suprême espagnol, décisions des 19 novembre 1975, 15 juillet 1987 et 11 octobre 2011.

28. CJCE, 30 septembre 2003, *Kobler.*

29. CE, 18 juin 2008, *Gestas.*

30. Voir par exemple : TC, 9 décembre 2019, n° 4160, qui condamne pour la première fois l'État pour une durée excessive des procédures devant les deux ordres de juridiction.

Enfin, s'agissant de la justice, on notera que la jurisprudence a apporté des précisions sur l'identité de la personne tenue de réparer le dommage : dans tous les cas, c'est l'État qui est responsable du dysfonctionnement d'une juridiction, y compris lorsque la décision juridictionnelle est rendue par un organe relevant d'une autre personne morale (par exemple la section disciplinaire d'une université ou d'un ordre professionnel), en application du principe selon lequel la justice est rendue de manière indivisible au nom de l'État[31].

6/ *Faute simple et faute lourde*

En règle générale, un manquement ou une faute *simple* suffit à fonder la responsabilité administrative. Dans la réalité, il ne faut pas surestimer l'importance de la distinction entre faute simple et faute lourde. Certes, elle constitue un instrument utile pour guider le juge dans l'opération de qualification juridique des faits. Elle est toutefois trop binaire pour rendre compte de la richesse et de la diversité de la jurisprudence.

Il faut prendre pour point de départ la célèbre définition de la notion de faute donnée par Planiol, juriste civiliste : la faute est un « manquement à une obligation préexistante ». Dès lors, retenir l'existence d'une faute revient simplement, en creux, à délimiter *l'étendue des obligations* qui pèsent sur la personne fautive. Davantage que de déterminer si la faute est « grave » ou « simple », il s'agit pour le juge de définir les obligations qu'il est raisonnable de faire supporter à une personne publique dans un contexte donné, en fonction du degré de difficulté des activités administratives en cause. L'ajout d'un adjectif qualificatif est dès lors inutile : les décisions du juge administratif se bornent aujourd'hui à rechercher s'il existe une faute « de nature à » engager la responsabilité de l'administration. Cette définition montre d'ailleurs que les notions de faute et de violation d'une obligation se recoupent très largement.

Concrètement, lors de l'examen d'une affaire de responsabilité, le juge procède souvent en deux étapes. Dans un premier temps, il commence par définir l'étendue des obligations qui pesaient sur l'administration. Dans un second temps, il évalue le comportement effectivement adopté par cette dernière, à l'aune de la norme préalablement définie. L'arrêt rendu le 17 décembre 2014 par le Conseil d'État dans l'affaire AZF offre une belle illustration de ce mode de raisonnement[32]. Des victimes de l'explosion qui s'était produite le 21 septembre 2001 dans l'usine AZF de Toulouse entendaient mettre en cause la responsabilité de l'administration pour

31. CE, 27 février 2004, *Mme Popin*.

32. CE, 17 décembre 2014, *Ministre de l'écologie, du développement durable et de l'énergie*.

carence fautive dans le contrôle de l'exploitant. La décision précise d'abord la nature des obligations pesant sur l'État dans l'exercice de ses pouvoirs de police en matière d'installations classées, en distinguant deux séries de questions : d'une part, l'État doit assortir l'autorisation délivrée à l'exploitant de prescriptions « qui soient de nature à prévenir les risques susceptibles de survenir » ; d'autre part, « il lui appartient, ensuite, d'exercer sa mission de contrôle sur cette installation en veillant au respect des prescriptions imposées à l'exploitant », étant précisé que le service en charge de ce contrôle doit « adapter la fréquence et la nature de ses visites à la nature, à la dangerosité et à la taille de ces installations ». Puis le Conseil d'État, examinant les faits, estime qu'en l'espèce aucune faute ne peut être reprochée à l'État, ni dans la délivrance de l'autorisation d'exploitation, qui était assortie de prescriptions pertinentes, ni dans l'exercice de ses pouvoirs de contrôle, les visites du site ayant été fréquentes et dirigées vers les bâtiments adéquats. On reconnaît ici les deux hypothèses de faute évoquées précédemment : d'une part, dans l'édiction d'un acte administratif illégal ; d'autre part, dans des agissements matériels de l'administration. De la même manière, pour préciser les conditions d'engagement de la responsabilité de l'État à raison des perquisitions administratives réalisées, de 2015 à 2017, durant la période d'état d'urgence, le Conseil d'État a tout à la fois défini à quelles conditions les autorités de police pouvaient procéder à ces perquisitions et édicté une véritable guide de bonne pratique de celles-ci[33].

Les conclusions de Romieu prononcées en 1905 dans l'affaire *Tomaso Grecco*, toujours d'actualité, résument bien cette conception de la faute : « Il appartient au juge de déterminer, dans chaque espèce, s'il y a faute caractérisée du service de nature à engager sa responsabilité, et de tenir compte, à cet effet, tout à la fois de la nature de ce service, des aléas et des difficultés qu'il comporte, de la part d'initiative et de liberté dont il a besoin, en même temps que de la nature des droits individuels intéressés, de leur importance, du degré de gêne qu'ils sont tenus de supporter, de la protection plus ou moins grande qu'ils méritent, et de la gravité de l'atteinte dont ils sont l'objet[34]. »

B | L'EXTENSION DE LA RESPONSABILITÉ SANS FAUTE

La responsabilité sans faute – dite encore responsabilité objective – s'est facilement développée en droit public, plus encore qu'en

33. CE, 6 juillet 2016, *Napol et Thomas*.
34. S. 1905, III, p. 113.

droit civil. Sans doute a-t-elle trouvé un terreau favorable, dans la mesure où elle permet de dépasser l'objection fondée sur l'inadaptation de la notion de faute à la souveraineté, tout en répondant à l'exigence de justice, et donc de réparation des dommages causés par l'activité de la puissance publique. Alors que ce deuxième fondement de la responsabilité de la puissance publique est très peu développé chez nos voisins européens, il a pris, en France, une grande importance.

Une règle de procédure marque d'ailleurs une forme de priorité accordée par le juge à ce régime de responsabilité : la responsabilité sans faute constitue un moyen d'ordre public. Ainsi, le juge peut le soulever d'office : même si le requérant n'a, pour sa part, invoqué que le terrain de la responsabilité pour faute, le juge détient le pouvoir de substituer d'office le risque à la faute comme fondement de la responsabilité de la puissance publique[35]. Également, la responsabilité sans faute peut être soulevée par le requérant pour la première fois en appel et même en cassation.

Il existe aujourd'hui une grande diversité de régimes de responsabilité sans faute, si bien qu'on peut parler, au pluriel, *des* responsabilités sans faute, comme le fait le professeur René Chapus. Par souci de clarté, on regroupe traditionnellement ces différents régimes en deux grandes catégories, selon la philosophie qui les inspire : les premiers sont fondés sur le risque créé par l'activité de la puissance publique ; les seconds sur la nécessité de réparer une rupture d'égalité devant les charges publiques. La réparation des dommages causés par les travaux et ouvrages publics illustre ces différents cas de figure. On retrouve la même inspiration dans le développement des régimes de réparation fondés sur la solidarité nationale.

1/ Le risque

Certaines activités de l'administration font courir un risque aux tiers : il n'est pas équitable de laisser les dommages qui en résultent à la charge des victimes.

a) Les collaborateurs du service public

C'est à propos des collaborateurs du service public que le Conseil d'État, avec sa décision *Cames* du 21 juin 1895, a posé les premiers jalons de cette responsabilité sans faute : un ouvrier de l'État, blessé dans son travail, pourra obtenir réparation, même sans faute de l'administration. Cette jurisprudence est d'autant plus remarquable qu'elle intervient dès 1895, instituant, pour les accidents de service des agents publics, un régime équivalent à celui créé trois ans plus

35. CE, 21 mai 1920, *Colas* ; CE, 30 novembre 1923, *Couitéas*.

tard par la grande loi de 1898, pour les accidents du travail des employés du secteur privé. Elle constitue l'une des plus belles illustrations du pouvoir de création prétorienne du juge administratif – comme l'est d'ailleurs l'ensemble du droit de la responsabilité administrative. Les conclusions du commissaire du gouvernement Jean Romieu révèlent le fondement de ce nouveau régime de responsabilité : « La justice veut que l'État soit responsable vis-à-vis de l'ouvrier des dangers que lui fait courir sa coopération au service public [...] En résumé, la solution que nous vous proposons [...] nous paraît [...] découler des principes généraux de notre droit, en même temps qu'elle se trouve conforme aux règles de l'équité et de l'humanité. » C'est donc avant tout un argument de pure équité qui justifie la solution.

Aujourd'hui, la jurisprudence *Cames* n'a plus d'intérêt pour les agents publics, désormais couverts par un autre régime spécial de responsabilité. Mais elle permet encore de couvrir les dommages subis par les collaborateurs *occasionnels* du service public : un passant qui porte secours pour sauver quelqu'un de la noyade ; des parents qui jouent ponctuellement le rôle d'accompagnateurs lors d'une sortie scolaire ; ou encore l'expert, désigné par les tribunaux, qui ne peut obtenir réparation des parties, faute de solvabilité[36].

b) Les choses et les activités dangereuses

Le Conseil d'État a également admis la responsabilité sans faute de la puissance publique lorsque, plus largement, celle-ci utilise des choses dangereuses, créant ainsi un risque particulier. Inaugurée au sortir de la première guerre mondiale avec la décision du 29 mars 1919, *Regnault-Desroziers*, à propos des dommages causés par un dépôt d'explosifs, cette jurisprudence a trouvé à s'appliquer à propos des balles perdues : l'utilisation des armes à feu par les forces de l'ordre fait courir un risque aux tiers[37]. Elle a été étendue à l'hypothèse de l'emploi de méthodes dangereuses : il en va ainsi des méthodes libérales employées par les institutions d'éducation surveillée, en milieu semi-ouvert, qui créent un risque spécial pour le voisinage : en cas de vol ou d'agression, c'est l'État qui sera tenu pour responsable[38]. Toutefois, la jurisprudence *Thouzellier*, fondée sur le risque, n'était applicable qu'aux dommages causés par les mineurs *délinquants*, relevant de l'ordonnance du 2 février 1945, et non par les mineurs *en danger*, bénéficiant d'une mesure d'assistance éducative sur le fondement du code civil – situation qui n'était guère satisfaisante compte tenu de l'imbrication pratique des deux types de régime. La décision du Conseil d'État du 11 février 2005,

36. CE, 26 février 1971, *Aragon*.
37. CE, 24 juin 1949, *Consorts Lecomte*.
38. CE, 3 février 1956, *Thouzellier*.

GIE Axa courtage, a alors admis, pour les mineurs en danger, un nouveau terrain de responsabilité sans faute, celui de la garde. Cette solution transpose aux personnes publiques accueillant des mineurs le régime civiliste de la responsabilité du fait des personnes dont on doit répondre, issu de l'ancien article 1384 du code civil, habituellement appliqué aux établissements privés d'éducation surveillée. Elle a été étendue au cas des mineurs délinquants, sans pour autant se substituer à la responsabilité pour risque spécial, les deux types de responsabilités pouvant alors se cumuler[39].

Dans le prolongement de ce courant jurisprudentiel, le Conseil d'État a réglé, par sa décision *Bianchi* du 9 avril 1993, la question du risque médical. L'usager du service public hospitalier peut parfois être victime d'un grave préjudice, du fait de l'emploi d'une méthode dangereuse, alors même qu'aucune faute ne peut être prouvée. L'arrêt *Bianchi* a admis la responsabilité sans faute, quand l'acte médical « présente un risque dont l'existence est connue mais dont la réalisation est exceptionnelle ». Aujourd'hui, « l'aléa thérapeutique » est régi par la loi du 4 mars 2002, inspirée par la jurisprudence *Bianchi*, comme d'ailleurs par le rapport du Conseil d'État de 1997, *Réflexions sur le droit de la santé*. Reposant davantage sur la solidarité nationale que sur le risque, le nouveau dispositif s'applique au droit, public comme privé, de la responsabilité médicale. Il repose sur l'intervention d'un établissement public, l'Office national d'indemnisation des accidents médicaux (Oniam), chargé de l'indemnisation des victimes.

2/ *La rupture d'égalité devant les charges publiques*

Le principe d'égalité est en réalité au cœur de l'ensemble du droit de la responsabilité administrative : « Le fondement de la responsabilité en droit public réside [...] dans l'anormalité de l'atteinte à l'égalité devant les charges publiques[40]. » Mais elle a donné naissance à un régime spécifique de responsabilité sans faute, qui vise fondamentalement à rétablir l'égalité devant les charges publiques.

Sur ce terrain, tout préjudice n'entraîne pas droit à réparation. La responsabilité pour rupture d'égalité – à la différence des autres hypothèses de responsabilité objective – est subordonnée à une condition tenant au préjudice : la victime doit démontrer qu'elle a subi un préjudice anormal. Pour être anormal, celui-ci doit présenter deux caractères cumulatifs : il doit être grave et spécial. Le préjudice est grave lorsqu'il excède les inconvénients normaux de la vie collective ; il est spécial lorsqu'il ne touche qu'un nombre limité de victimes – ces indications ayant été précisées et nuancées par une abondante jurisprudence.

39. CE, 1er février 2006, *Garde des Sceaux c/ MAIF*.

40. Michel Rougevin-Baville, Renaud Denoix de Saint Marc et Daniel Labetoulle, *Leçons de droit administratif*, Paris, Hachette, 1989, p. 423.

Cette jurisprudence a vu le jour à propos des décisions individuelles. L'arrêt du 30 novembre 1923, *Couitéas*, illustre le cas du refus d'apporter à un propriétaire le concours de la force publique pour l'expulsion des occupants illégaux de sa propriété privée. Le refus de l'État peut être justifié par crainte de troubles à l'ordre public : il n'est donc pas illégal ni, par suite, fautif. Toutefois, même en l'absence de faute, le propriétaire a droit à réparation, puisqu'il subit un préjudice anormal et spécial.

Ce régime de responsabilité a été par la suite étendu à l'activité normative de la puissance publique : non seulement aux règlements[41], mais aussi aux lois, lorsque le législateur n'a pas exclu toute possibilité d'indemnisation[42], ainsi qu'aux conventions internationales[43]. Lorsqu'un particulier subit un préjudice grave et spécial du fait de l'édiction d'un tel acte, l'État est tenu de le réparer. Si, en pratique, cette hypothèse reste rare, la responsabilité du fait des lois a connu une illustration significative en matière de protection de l'environnement, avec la jurisprudence dite « des cormorans » : l'État a été reconnu responsable du préjudice grave et spécial causé à des exploitations agricoles et piscicoles par la prolifération des cormorans, espèce protégée du fait de la loi[44]. Quelques hypothèses de responsabilité de l'État à raison des conventions internationales ont également été retenues[45].

3/ *Les dommages de travaux publics*

On prendra ici l'exemple des dommages causés par des travaux publics ou des ouvrages publics en vue d'illustrer, sous forme de récapitulatif, les différents régimes de responsabilité sans faute. Bien que parfois contestée, la distinction entre dommages accidentels et dommages permanents permet de mieux rendre compte de la jurisprudence.

a) Les dommages permanents

Le dommage permanent est celui qui est créé par l'existence même de l'ouvrage ou des travaux – indépendamment de tout accident. Peut ainsi donner lieu à réparation sur ce terrain le préjudice commercial subi par des commerces du fait de la baisse de fréquentation durant la période de réalisation de travaux publics[46].

41. CE, 22 février 1963, *Commune de Gavarnie*.

42. CE, 14 janvier 1938, *SA des produits laitiers La Fleurette*.

43. CE, 30 mars 1966, *Compagnie générale d'énergie radioélectrique*.

44. CE, 30 juillet 2003, *Association pour le développement de l'aquaculture en région Centre*.

45. CE, 29 octobre 1976, *Ministre des affaires étrangères c/ consorts Burgat* ; 14 octobre 2011, *Mme Saleh*.

46. CE, 8 novembre 1957, *Société algérienne des automobiles Renault*.

De même, les riverains d'un aéroport peuvent prétendre à indemnisation lorsqu'ils subissent un préjudice anormal en raison des nuisances sonores[47]. Cette première branche de la responsabilité pour dommages permanents, liée à l'existence même d'un ouvrage, se rattache à la *responsabilité pour rupture d'égalité devant les charges publiques*. C'est pourquoi, conformément aux règles régissant cette dernière, la réparation est subordonnée à la condition de préjudice anormal. Ce régime n'est d'ailleurs pas sans lien avec la théorie civiliste des troubles anormaux de voisinage.

b) Les dommages accidentels

Il en va différemment des dommages ayant un caractère accidentel. Cette fois, le fondement de la responsabilité n'est plus la rupture d'égalité, mais le *risque*. Dès lors, la condition de préjudice anormal n'est plus exigée : tout dommage entraîne droit à réparation. Il convient de distinguer ici selon que la victime est un tiers, un usager ou un agent public.

Les tiers bénéficient d'un régime classique de *responsabilité sans faute*. L'affaire de la rupture du barrage de Malpasset illustre cette hypothèse[48]. Plus classiquement, c'est à ce régime qu'obéit l'indemnisation du passant qui reçoit une tuile tombée d'un ouvrage public. Cette catégorie de responsabilité est proche de la responsabilité civiliste du fait des choses que l'on a sous sa garde.

Les usagers relèvent de la *responsabilité pour défaut d'entretien normal* de l'ouvrage public. Lorsque l'usager est victime d'un dommage accidentel – typiquement, l'ornière de la chaussée – la responsabilité de l'administration est en principe engagée. Toutefois, cette dernière a la possibilité de s'en exonérer, si elle démontre qu'elle a procédé à un entretien normal de l'ouvrage. Ainsi, les usagers, qui tirent un avantage de l'utilisation de l'ouvrage, sont soumis à un régime plus strict que les tiers, puisqu'il s'agit ici d'une responsabilité pour faute présumée. Si la présomption facilite l'établissement de la preuve de la faute, elle n'est pas irréfragable : elle cède devant la preuve de l'entretien normal. Dans certains cas, les usagers peuvent bénéficier également de la responsabilité pour risque : tel est le cas lorsque l'ouvrage présente en lui-même un caractère « exceptionnellement dangereux », hypothèse illustrée notamment par l'affaire d'une route nationale, à La Réunion, sujette à des éboulements constants[49].

Enfin doit être réservé le cas des participants à l'opération de travail public, c'est-à-dire principalement les entrepreneurs et leur

47. CE, 20 novembre 1992, *Commune de Saint-Victoret*.
48. CE, 28 mai 1971, *Département du Var*.
49. CE, 6 juillet 1973, *Dalleau*.

personnel, qui relèvent du régime de droit commun, celui de la *responsabilité pour faute*[50].

4/ *Le développement des mécanismes de solidarité nationale*

Comme le relevait le Conseil d'État, dans son rapport public de 2005, *Responsabilité et socialisation du risque*, notre société est marquée par une exigence croissante de sécurité et de réparation des dommages. Cette évolution favorise le recours à des régimes hybrides, parfois assimilés à des hypothèses de responsabilité sans faute, mais reposant en réalité davantage sur la notion de solidarité. L'État n'est pas pris ici en tant qu'auteur du fait générateur d'un dommage, mais en sa qualité d'institution personnifiant la solidarité nationale.

Le principe de solidarité nationale a pleine valeur constitutionnelle et peut, en tant que tel, être invoqué devant le juge, par exemple à l'appui d'un recours contre un acte réglementaire[51]. Toutefois, son énonciation dans le Préambule de 1946 reste trop imprécise pour servir directement de base juridique à une action indemnitaire : le Conseil d'État a ainsi écarté, faute d'intervention du législateur, les demandes d'indemnisation présentées par des rapatriés d'Algérie sur le seul fondement du principe de solidarité nationale[52].

Plusieurs lois sont venues donner corps à ce principe. On citera ainsi la loi du 3 janvier 1977, qui traite de l'indemnisation des victimes d'infractions pénales (article 760-3 du code de procédure pénale) : à défaut d'indemnisation par l'auteur de l'infraction, un fonds de garantie créé par l'État indemnise la victime ayant subi un trouble grave dans ses conditions d'existence. La loi du 9 septembre 1986 a institué le même système de garantie pour les victimes d'actes de terrorisme. La loi du 7 janvier 1983, qui prolonge, en le modifiant, un régime issu de la loi du 10 vendémiaire an IV sur la responsabilité des communes en cas d'émeutes, porte sur la responsabilité à raison des attroupements, auparavant assumée par les communes, et d'ailleurs jugée par les juridictions judiciaires : désormais, il s'agit d'une responsabilité de l'État, confiée au juge administratif – étant précisé que l'État peut exercer une action récursoire contre la commune qui n'aurait pas pris les mesures de police nécessaires. Autre exemple : la loi du 31 décembre 1991 sur l'indemnisation des victimes de la contamination par le virus VIH. Intervenue au lendemain de la tragédie de la contamination de personnes transfusées, modifiée par les lois du 4 mars 2002 et du 9 août 2004,

50. CE, 1er décembre 1937, *Société des Établissements Jean François*.
51. CE, 5 juillet 2000, *Association nationale de défense des rapatriés*.
52. CE, 10 décembre 1962, *Société indochinoise de constructions électriques et mécaniques* ; CE, 29 novembre 1968, *Sieur Tallagrand*.

elle confie à un fonds – aujourd'hui l'Oniam – le soin d'indemniser les victimes de ces contaminations.

II

LA RÉPARATION

La responsabilité administrative a pour finalité principale la réparation d'un dommage. Cette fonction réparatrice permet de la classer dans la catégorie des responsabilités patrimoniales, à l'instar de la responsabilité civile, et de la distinguer des responsabilités ayant une fonction sanctionnatrice – comme les responsabilités pénale ou disciplinaire.

L'engagement de la responsabilité est subordonné, nous l'avons dit, à la réunion de trois conditions : un fait générateur, un préjudice et un lien de causalité entre les deux. Le fait générateur, comme nous venons de le voir, peut-être ou non fautif, selon le régime de responsabilité applicable. Il reste à examiner le préjudice et le lien de causalité, avant d'évoquer les modalités de réparation.

A | LE PRÉJUDICE

On distingue parfois la notion de dommage de celle de préjudice. Alors que la première est de l'ordre des faits (la blessure corporelle, la maison écroulée), la seconde relève du droit : le préjudice est le dommage qui, présentant certains caractères, est appréhendé par le droit et devient réparable.

Tout type de dommage est en principe réparable : le dommage corporel ou matériel, le préjudice esthétique ou encore le *trouble dans les conditions d'existence* (notion générale désignant la perte de qualité de vie, la gêne dans la vie quotidienne). La jurisprudence a longtemps hésité à indemniser le préjudice moral, en vertu de l'adage : « Les larmes ne se monnayent pas. » Dans sa décision, *Letisserand*, du 29 novembre 1961, le Conseil d'État a finalement accepté de prendre en compte ce préjudice, comme le faisait la Cour de cassation. On observera que, dans plusieurs pays européens, comme en Allemagne ou en Italie, les conditions d'indemnisation du dommage moral sont très restrictives. Dans l'affaire du *Mediator*, après avoir reconnu la responsabilité de l'État, chargé de la police sanitaire relative aux médicaments, le Conseil d'État admet que le préjudice moral que constitue la crainte de développer une pathologie grave (dit « préjudice d'anxiété ») puisse être indemnisé, à condition de présenter un caractère direct et certain[53]. La Cour de cassation s'est engagée dans la même voie, en reconnaissant un droit des salariés exposés à l'amiante à la réparation d'un préjudice d'anxiété[54].

Le dommage doit toutefois correspondre à un *intérêt légitime* ou à une *situation juridiquement protégée*. Ainsi, la jurisprudence accepte aujourd'hui le droit à indemnisation du concubin, lorsque l'union est stable[55]. En revanche, la situation irrégulière de la victime ne lui permet pas d'être indemnisée. Par exemple, une entreprise exploitant une pisciculture sans autorisation régulière ne peut pas obtenir réparation du préjudice subi du fait de la pollution accidentelle de la rivière par une usine de traitement des eaux[56]. La naissance d'un enfant ne constitue pas, en elle-même, un préjudice indemnisable, même si elle est consécutive à l'échec d'une interruption volontaire de grossesse[57]. Dans le même esprit, un enfant n'a pas droit à réparation du seul fait d'être né trisomique, même si sa naissance est liée à une erreur de diagnostic prénatal n'ayant pas détecté son handicap à l'échographie : seuls les parents peuvent être indemnisés des charges d'entretien[58]. La Cour de cassation avait, pour sa part, admis l'indemnisation de l'enfant lui-même, pour la réparation du préjudice résultant de son handicap[59]. Le législateur est intervenu pour poser le principe selon lequel : « Nul ne peut se prévaloir d'un préjudice du seul fait de sa naissance[60]. »

Le dommage doit être, selon la formule traditionnelle, « direct et certain ». Le caractère direct du préjudice renvoie assez largement à la question du lien de causalité. Le caractère certain n'empêche pas l'indemnisation du préjudice futur : ainsi des pertes à venir peuvent être indemnisées, qu'il s'agisse de pertes de revenus ou de bénéfices escomptés (*lucrum cessans*). Le préjudice peut être seulement éventuel : par exemple, un candidat qui s'est vu illégalement refuser l'accès à un concours peut être indemnisé de la perte de chance de réussir ; il en va de même pour la perte de chance de guérison à la suite d'une erreur de diagnostic médical[61].

La réparation du préjudice écologique pose des questions voisines. Dans certains cas, un dommage est causé à l'environnement sans qu'aucune personne, physique ou morale, ne soit directement

53. CE, 9 novembre 2016, *Mme K. et autres.*
54. Cass., ass. plén., 5 avril 2019.
55. CE, 3 mars 1978, *Dame Muësser.*
56. CE, 30 juillet 2007, *SA Geffroy.*
57. CE, 2 juillet 1982, *Mlle R.*
58. CE, 14 février 1997, *CHR de Nice c/ Époux Quarez.*
59. Cass., 17 novembre 2000, *Perruche.*
60. Article 1er de la loi du 4 mars 2002.
61. CE, 21 décembre 2007, *Centre hospitalier de Vienne.*

victime. Tel est le cas pour la disparition d'oiseaux, de poissons ou d'abeilles causée par un accident industriel ou le naufrage d'un pétrolier. L'absence de victimes directes a pu conduire certains juges à hésiter à condamner le responsable à réparer les atteintes à l'environnement. Les incertitudes ont été levées par l'arrêt rendu par la Cour de cassation le 25 septembre 2012 dans l'affaire du pétrolier *Erika*[62], puis par la loi « biodiversité » du 8 août 2016[63]. Désormais, l'obligation est inscrite à l'article 1246 du code civil : « Toute personne responsable d'un préjudice écologique est tenue de le réparer. » Même si le Conseil d'État n'a pas encore eu l'occasion de se prononcer, on peut penser que le principe dont s'inspire l'article 1246 du code civil oblige également les personnes publiques à réparer les dommages écologiques dont elles sont responsables.

B | LE LIEN DE CAUSALITÉ

Pour que la responsabilité soit engagée, encore faut-il qu'existe un lien de cause à effet entre le fait générateur et le préjudice. Pour apprécier l'existence d'un lien de causalité, trois méthodes sont concevables. La première est celle de la *cause immédiate* : n'est pris en compte que le dernier événement à l'origine du dommage, sans rechercher l'enchaînement des causes. À l'autre extrême se trouve la méthode de l'*équivalence des conditions*, qui répute causes du dommage l'ensemble des événements ayant contribué à sa survenance. Le juge administratif retient plutôt une conception intermédiaire, celle de la *causalité adéquate*, qui consiste à procéder à un choix parmi toutes les conditions nécessaires et à ne retenir comme causes que celles qui paraissent liées au dommage par un rapport privilégié. Selon la formule d'Yves Galmot, « il faut ne retenir comme cause d'un dommage que l'événement qui, au moment où il s'est produit, portait normalement en lui le dommage », de façon prévisible[64].

L'administration peut toutefois échapper à sa responsabilité lorsque le préjudice a, au moins en partie, une cause étrangère. On recense ainsi diverses causes exonératoires : la faute de la victime, le fait d'un tiers, la force majeure (circonstance exceptionnelle qui est à la fois extérieure, imprévisible et irrésistible) et, très proche de cette dernière, le cas fortuit (événement qui présente les mêmes

62. Cass., crim., 25 sept. 2012, n° 10-82938.

63. Cette loi reprend sur ce point les propositions du rapport *Mieux réparer le dommage environnemental* de la Commission environnement du Club des juristes (janvier 2012), consultable en ligne : https://www.leclubdesjuristes.com/les-commissions/inscrire-la-responsabilite-environnementale-dans-le-code-civil/.

64. Conclusions sur CE, 14 octobre 1966, *Marais*.

caractéristiques que la force majeure, mais dont l'origine – externe ou interne à l'administration – reste inconnue). L'exonération peut être totale ou partielle, selon la part de responsabilité imputable à chacune des causes. Toutefois, par exception, en matière de responsabilité sans faute (et, par extension, en cas de dommages de travaux publics), le fait du tiers a des conséquences plus limitées : l'administration sera tenue pour entièrement responsable du dommage et devra indemniser intégralement la victime, quitte à exercer ensuite une action récursoire contre le tiers.

C | LES MODALITÉS DE RÉPARATION

En vertu de la règle de la prescription quadriennale, la créance est prescrite si la victime n'a pas sollicité réparation du préjudice dans les quatre années suivant le dommage (loi du 31 décembre 1968 relative à la prescription des créances sur l'État, les départements, les communes et les établissements publics). Il ne s'agit pas d'un délai de recevabilité de l'action, mais d'une question de fond, touchant à l'existence même de la créance. Même lorsque l'action est recevable, le juge constatera que la créance s'est éteinte si un délai de plus de quatre ans s'est écoulé.

Conformément au principe de réparation intégrale, l'indemnité versée doit réparer la totalité du dommage, dès lors que son existence est certaine. Elle ne doit pas cependant aller au-delà.

Les dommages-intérêts « punitifs », qui, dépassant le seul montant du préjudice subi, visent à punir l'auteur du fait dommageable, sont inconnus en droit français.

Le juge dispose d'une grande liberté pour définir la nature des mesures de réparation. Certes, le plus souvent, la réparation prend la forme du versement d'une indemnité, en application de la technique de réparation *par équivalent*, qui se distingue de la réparation *en nature*. Cette méthode trouve toutefois ses limites face à certains préjudices difficilement évaluables en argent. Comment réparer par exemple le préjudice d'une gravité extrême résultant de la Shoah ? Dans sa décision, *Hoffman-Glemane*, du 16 février 2009, le Conseil d'État a tenu compte de diverses mesures de réparation, en jugeant que « la réparation des souffrances endurées par les personnes victimes des persécutions antisémites ne pouvait se borner à des mesures d'ordre financier » et a tenu compte des actes posés par l'État manifestant « la reconnaissance solennelle du préjudice collectivement subi par ces personnes, du rôle joué par l'État dans leur déportation ainsi que du souvenir que doivent à jamais laisser, dans la mémoire de la nation, leurs souffrances et celles de leurs familles ». Une forme de préjudice mémoriel, réparé par des actes symboliques, comme le discours du Vel d'Hiv prononcé le 16 juillet 1995 par le président Chirac, est ainsi reconnu.

Des intérêts moratoires peuvent s'ajouter à l'indemnité, pour compenser le retard dans le versement de cette dernière : le juge administratif se réfère ici aux articles 1153 et 1154 – devenus 1231-6 et 1343-2 – du code civil. La capitalisation des intérêts, qui peut être demandée à tout moment, permet en outre d'obtenir les « intérêts des intérêts[65] ».

L'action en réparation est en principe tournée vers le passé : il s'agit d'effacer les traces d'une action révolue. Toutefois, dans certains cas, en vertu de ses pouvoirs de pleine juridiction, le juge administratif peut être amené à statuer pour l'avenir. Ainsi, lorsqu'il constate que le comportement fautif de l'administration et le préjudice perdurent à la date à laquelle il se prononce, il peut enjoindre à la personne publique de mettre fin à ce comportement ou d'en pallier les effets[66]. En matière de dommages de travaux publics, le Conseil d'État a précisé les modalités d'exercice du pouvoir d'injonction du juge en cas de persistance du dommage à la date à laquelle il statue. En cas de faute, le juge peut enjoindre à l'administration de prendre les mesures nécessaires pour mettre fin au dommage, lorsque celui-ci se trouve dans l'exécution défectueuse des travaux ou dans un fonctionnement anormal de l'ouvrage[67]. Dans l'hypothèse d'une responsabilité sans faute, le juge ne peut faire droit à une demande d'injonction, mais il peut décider que l'administration aura le choix entre le versement d'une indemnité dont il fixe le montant et la réalisation de mesures dont il définit la nature et les délais d'exécution.

On observera que le Tribunal de première instance de l'Union européenne, avec l'arrêt *Galileo* du 10 mai 2006, a admis que le juge adresse des injonctions à l'institution européenne en cause pour que celle-ci fasse cesser le préjudice[68]. Dans le même ordre d'idées, en droit civil, la théorie du trouble anormal de voisinage, consacrée par la Cour de cassation dans un arrêt du 27 novembre 1844, permet au juge judiciaire d'ordonner à l'auteur du trouble de prendre toute mesure pour faire cesser, à l'avenir, le trouble anormal.

65. CE, 13 décembre 2002, *Compagnie d'assurances Les Lloyd's de Londres*.
66. CE, 27 juillet 2015, n° 367484.
67. CE, Sect., 6 décembre 2019, requête n° 417167.
68. TPICE, 10 mai 2006, *Galileo c/ Commission*, aff. T-279/03.

III

LA RESPONSABILITÉ DES AUTORITÉS PUBLIQUES EN EUROPE

La question de la responsabilité des autorités publiques se pose tant dans les pays européens que vis-à-vis des institutions de l'Union européenne[69].

A | LA RESPONSABILITÉ DE LA PUISSANCE PUBLIQUE DANS LES ÉTATS EUROPÉENS

À la différence de la France, plusieurs pays européens confient le contentieux de la responsabilité de l'administration aux juridictions civiles. En outre, les conditions d'engagement de cette responsabilité y sont en général plus strictes qu'en France. Il y a sans doute une relation assez forte entre ces deux observations. Le principe de liaison de la compétence et du fond trouve une résonance particulière en droit de la responsabilité : dès lors qu'il s'agit d'une matière largement jurisprudentielle, le choix du juge compétent affecte particulièrement les règles de fond.

1/ *Les régimes voisins du droit français : une responsabilité pleinement reconnue, relevant du juge administratif*

L'Espagne, le Portugal et la Grèce ont des systèmes voisins du droit français. Le contentieux de la responsabilité y relève du juge administratif. En Espagne, la responsabilité de l'administration relève des juridictions administratives de première instance et de la chambre administrative du Tribunal suprême. La Grèce a procédé à une réforme dans ce domaine : le contentieux de la responsabilité administrative, qui relevait autrefois des juridictions civiles, a été transféré aux tribunaux administratifs par la Constitution du 9 juin 1975.

Dans ces différents pays, les règles de fond sont très voisines de celles qui prévalent en France, en tout cas en matière de responsabilité pour faute. En outre, un régime de responsabilité sans faute est reconnu dans plusieurs pays. Tel est le cas en Espagne où, dans le prolongement de l'article 106-2 de la Constitution[70], la loi du

69. Avec une telle acuité que la Société de législation comparée y a consacré un colloque et une publication en 2015.

70. Article 106-2 de la Constitution : « Les particuliers, dans les termes établis par la loi, ont le droit d'être indemnisés pour tout dommage subi dans leurs biens et dans leurs droits, sauf en cas de force majeure, et à condition que le dommage soit la conséquence du fonctionnement des services publics. »

26 novembre 1992 sur le régime juridique des administrations publiques et sur la procédure administrative générale (*ley de régimen juridico de las administraciones publicas y del procedimiento administrativo común*) indique, d'une manière très générale : « Les particuliers ont droit à être indemnisés par les administrations publiques pour tout dommage subi chaque fois que le dommage est la conséquence du fonctionnement *normal ou anormal* des services publics[71]. »

2/ *Les systèmes intermédiaires : une compétence partagée entre juridictions civiles et administratives*

En Italie et en Belgique, la compétence des juridictions civiles, qui a souvent conduit à une conception restrictive de la responsabilité de l'État, coexiste avec celle des juridictions administratives.

a) Italie

En Italie, le contentieux de la responsabilité est partagé entre les juridictions civiles et administratives. Une évolution importante a eu lieu à cet égard. Au point de départ, seules les juridictions civiles étaient compétentes en la matière, dans la mesure où la responsabilité de l'État est d'abord prise à travers la responsabilité personnelle des fonctionnaires, comme dans le système allemand. L'article 28 de la Constitution italienne, après avoir indiqué que les fonctionnaires sont responsables des actes accomplis en violation des droits, précise : « Dans ces cas, la responsabilité civile s'étend à l'État et aux organismes publics. » La compétence des juridictions civiles a toutefois entraîné une conception restrictive du droit à réparation. En effet, en Italie, la répartition des compétences entres juridictions administratives et judiciaires repose sur un critère particulier, tenant à la nature des intérêts en cause : le juge civil protège les droits subjectifs, alors que le juge administratif est compétent, plus largement, pour la garantie des « intérêts légitimes[72] ». Il en est longtemps résulté une limitation du droit à réparation : les juridictions administratives pouvaient annuler un acte administratif, mais étaient incompétentes pour le volet indemnitaire ; les juridictions civiles ne pouvaient condamner l'État que si le justiciable démontrait l'atteinte à un droit subjectif, notion strictement interprétée par la jurisprudence. Les dommages causés par des actes portant simplement atteinte à un intérêt légitime – angle mort du système – n'étaient pas réparés. Une telle situation méconnaissait le droit européen, qui exige une pleine réparation des dommages causés par la méconnaissance du droit de l'Union. La solution a d'abord été

71. Article 139. C'est nous qui soulignons.

72. L'article 103 de la Constitution italienne prévoit que le Conseil d'État est compétent pour « sauvegarder les intérêts légitimes ».

jurisprudentielle : la Cour de cassation a procédé à un revirement, par un arrêt du 22 juillet 1999, pour reconnaître que le juge civil pouvait réparer les dommages causés non seulement à des droits subjectifs mais aussi à de simples intérêts légitimes. Surtout, la loi du 21 juillet 2000, prolongeant un décret législatif du 31 mars 1998 dans ses « dispositions sur la justice administrative », a rénové le droit de la responsabilité administrative : d'une part, elle consacre pleinement le principe de la responsabilité des administrations publiques vis-à-vis des citoyens, en conférant une portée générale au principe de réparation des intérêts légitimes ; d'autre part, elle donne compétence en ce domaine aux tribunaux administratifs. Depuis 2000, la justice administrative est ainsi pleinement compétente en Italie pour connaître des demandes en réparation des dommages causés par l'administration, dès lors que celles-ci entrent dans son domaine de compétence. Tel est le cas lorsque la demande d'indemnisation est liée à l'annulation d'un acte administratif par le juge administratif.

b) Belgique

En Belgique, avant 2014, le contentieux de la responsabilité de l'administration relevait principalement des juridictions civiles. La justification de cette compétence était différente de celle qui prévaut en Allemagne ou en Italie ; elle ne tenait pas au fait qu'il s'agirait de juger des fonctionnaires, mais à la nature du préjudice subi : le juge civil est normalement seul compétent pour « les contestations qui ont pour objet [d]es droits civils » des particuliers, (article 144 de la Constitution belge), la notion de « droits civils » visant les atteintes au patrimoine. Comme en Allemagne ou en Italie, il en est résulté une conception restrictive des cas d'ouverture de la responsabilité. La Cour de cassation a d'abord considéré que la séparation des pouvoirs interdisait l'indemnisation par un juge des dommages causés par un acte administratif. L'arrêt *La Flandria*, du 5 novembre 1920, a finalement procédé à un revirement de la jurisprudence, en affirmant la compétence du pouvoir judiciaire, même au cas où l'auteur du dommage est l'administration. Toutefois, la Cour de cassation marquait une nouvelle distinction : refusant de contrôler l'existence d'une faute dans la décision elle-même, elle limitait la compétence du juge civil aux seules fautes commises au stade de l'exécution. C'est par un arrêt du 7 mars 1963 que la Cour de cassation a accepté de censurer les fautes résultant d'une décision administrative. Sur ces bases, les juridictions civiles ont des pouvoirs étendus en matière de responsabilité. Elles ont ainsi accepté une forme de responsabilité sans faute inspirée de la théorie des troubles de voisinage. Prolongeant l'arrêt *La Flandria* sur la responsabilité de l'État administrateur, la Cour de cassation s'est prononcée, dans un arrêt *Ferrara Jung* du 28 septembre 2006, sur la responsabilité de l'État législateur. Elle a admis que le juge puisse réparer les dommages causés par les lois, au motif que « le principe de la séparation des pouvoirs, qui tend à réaliser un équilibre entre les différents pouvoirs de l'État, n'implique pas que celui-ci serait, de manière générale, soustrait à l'obligation de réparer le dommage causé à autrui par sa faute ou celle de ses organes dans l'exercice de la fonction législative ».

Depuis une loi du 20 janvier 2014, le Conseil d'État dispose d'une compétence en matière de responsabilité[73]. Désormais, une partie qui demande au Conseil d'État l'annulation d'un acte illégal peut également lui demander de condamner l'autorité administrative au paiement de dommages-intérêts en réparation du préjudice subi du fait de la décision illégale. La loi prévoit que l'indemnité réparatrice est attribuée « en tenant compte des intérêts publics et privés en présence ». Cette réforme était commandée par une volonté d'efficacité et de cohérence : le juge de l'annulation est également le juge de l'indemnisation. On notera que les Pays-Bas ont un système juridictionnel assez similaire à celui de la Belgique.

3/ *Les systèmes donnant compétence aux juridictions ordinaires*

En Allemagne et au Royaume-Uni, seules les juridictions civiles sont compétentes pour mettre en cause la responsabilité de l'État. Dans les deux cas, celle-ci obéit à des règles à la fois complexes et restrictives. Cet état du droit, naturel au Royaume-Uni qui connaît l'unité de juridiction, est contesté en Allemagne où des auteurs plaident pour une « publicisation » du droit de la responsabilité administrative.

a) Allemagne

En Allemagne, comme en Italie, la responsabilité de l'État n'est saisie pour l'essentiel qu'à travers le prisme de celle de ses agents. L'article 34 de la Loi fondamentale prévoit : « Lorsqu'une personne, dans l'exercice d'une fonction publique dont elle est investie, viole ses obligations de fonction envers un tiers, la responsabilité incombe par principe à l'État ou à la collectivité au service de laquelle elle se trouve. » L'action se déroule devant les juridictions civiles et se fonde sur l'article 839 du code civil, qui énonce : « Lorsqu'un fonctionnaire viole une obligation de service lui incombant

73. Cette loi a été prise sur le fondement de l'article 144 de la Constitution, en vertu duquel « la loi peut, selon les modalités qu'elle détermine, habiliter le Conseil d'État ou les juridictions administratives fédérales à statuer sur les effets civils de leurs décisions ». Une loi du 23 avril 1946 avait déjà donné une compétence résiduelle au Conseil d'État pour réparer les « dommages exceptionnels » causés par l'administration. Dans ce cadre, le Conseil d'État « se prononce en équité », ce qui permet de fonder un régime de responsabilité sans faute assez voisin du régime français de responsabilité pour rupture d'égalité devant les charges publiques. Cette faculté ne joue toutefois que « dans le cas où il n'existe pas d'autre juridiction compétente ». En pratique, elle est rarement appliquée.

envers un tiers intentionnellement ou par négligence, il lui faut réparer le dommage que le tiers a subi. » L'État est en quelque sorte appelé en garantie pour couvrir la responsabilité de ses agents. Mais encore faut-il démontrer que ces derniers ont violé une « obligation de fonction envers un tiers », ce qui limite le champ des fautes pouvant être invoquées. La jurisprudence exige en effet que la règle juridique qui a été violée serve la protection des particuliers. Tel est le cas de la méconnaissance par un fonctionnaire de son obligation de fournir des renseignements exacts. En réalité, il ne s'agit pas d'une véritable responsabilité administrative, mais d'une responsabilité du fait d'autrui, une « responsabilité de l'État du fait des actes des fonctionnaires » – proche de celle qui existe en France pour la responsabilité des employeurs du fait de leurs employés (ancien article 1384 du code civil). La responsabilité personnelle du fonctionnaire est simplement transférée à l'État. D'ailleurs, les manuels de droit administratif allemands ne comportent pas toujours de chapitre sur la responsabilité de l'État[74].

Pour contourner les limites de la responsabilité fondée sur l'article 34 de la Loi fondamentale, la Cour fédérale de justice (*Bundesgerichtshof*), correspondant à notre Cour de cassation, a dégagé, par voie jurisprudentielle, d'autres cas de responsabilité de l'État, relevant de la responsabilité sans faute : d'une part, elle a développé la notion de quasi-expropriation, de manière à indemniser certaines formes d'atteinte à la propriété privée ; d'autre part, elle a reconnu un droit à réparation en cas de « sacrifice spécial fait par un particulier dans un intérêt public », concernant essentiellement le dommage corporel (pour donner un exemple, il s'agira d'indemniser le passant blessé par un malfaiteur à la poursuite duquel il s'était spontanément lancé). Ces hypothèses de responsabilité restent toutefois assez étroitement délimitées.

Par ailleurs, s'agissant des modalités de réparation des effets d'une action illicite de l'administration, le droit allemand prévoit la possibilité d'ordonner la remise en l'état d'un bien ou d'une situation née d'une atteinte aux droits subjectifs de la victime, ce qui est proche d'une réparation en nature.

Ainsi, en Allemagne, le droit de la responsabilité de l'État repose sur un ensemble hétéroclite de règles. La doctrine se montre critique et appelle de ses vœux une réforme. Le professeur Fritz Ossenbühl, dans son ouvrage *Staatshaftungsrecht* (« Droit de la responsabilité de l'État »), évoque « les contradictions, les dissensions, voire les grotesques absurdités[75] ». Un auteur allemand évoque « la nécessaire

74. Voir par exemple Hartmut Maurer, *Droit administratif allemand*, *op. cit.*

75. Fritz Ossenbühl, *Staatshaftungsrecht*, Munich, Beck, 1998 [5e éd.], p. 438, cité par Ulrich Stelkens, « Le développement de la responsabilité administrative en droit allemand », dans son intervention du 13 novembre 2009 au séminaire « Droit comparé de la responsabilité administrative », organisé par la chaire de Sciences Po « Mutations de l'action publique et du droit public » (www.sciencespo.fr).

"publicisation" du droit de la responsabilité administrative[76] ». Une réforme avait été tentée par une loi fédérale en 1981, mais celle-ci a été déclarée inconstitutionnelle par la Cour constitutionnelle fédérale, la Fédération n'ayant à l'époque aucune compétence législative dans ce domaine. Une révision constitutionnelle de 1994 l'a prévue, mais aucune réforme n'est intervenue depuis. Des propositions de loi du parti libéral (FDP) ont été déposées en 2004 et 2008, mais le gouvernement fédéral s'y est opposé à chaque fois. L'accord de coalition conclu entre la CDU/CSU et le FDP durant la 17e législature (2009-2013) prévoyait à nouveau une telle réforme[77], mais elle n'est finalement pas advenue. Ainsi le droit allemand paraît-il toujours en quête d'une remise en ordre du droit de la responsabilité administrative liée à la puissance publique.

b) Royaume-Uni

En Angleterre, le principe de l'immunité de la Couronne a longtemps prévalu. C'est une loi de 1947, le *Crown Proceedings Act*, qui y a mis fin, en soumettant les autorités publiques au même droit de la responsabilité délictuelle (*law of torts*) que celui des personnes privées. Dans la tradition de *common law*, la responsabilité délictuelle comprend une liste limitative de délits (*torts*) qui permettent d'engager la responsabilité de leur auteur. Tel est le cas, s'agissant des autorités publiques, du délit de négligence (*tort of negligence*) et de celui de faute dans l'exercice d'une fonction publique (*misfeasance in public office*). Le premier est celui qui, en pratique, est le plus souvent invoqué. Il consiste en un manquement à l'obligation de prendre des précautions raisonnables pour éviter des pertes raisonnablement prévisibles (*breach of a duty of care*)[78].

La jurisprudence, casuistique et donc complexe, repose sur une conception relativement stricte des conditions d'engagement de la responsabilité de l'État[79]. Ainsi, la question du lien entre illégalité et faute a été discutée. La jurisprudence estime que la responsabilité est autonome par rapport à la légalité. En conséquence, une décision illégale n'entraîne pas nécessairement l'engagement de la responsabilité : encore faut-il que les conditions, assez strictes, du délit de négligence soient réunies. Dans ce contexte, la responsabilité pour carence dans l'exercice du pouvoir réglementaire est difficilement concevable. De même, la responsabilité sans faute n'existe

76. Ulrich Stelkens, « Le développement de la responsabilité administrative en droit allemand », art. cité.

77. *Wachstum. Bildung. Zusammenhalt. Der Koalitionsvertrag zwischen CDU, CSU und FDP*, 2009, p. 112.

78. Ou, selon une formule plus développée, « a breach of a duty to take reasonable care to avoid reasonably foreseeable loss ».

79. Voir Duncan Fairgrieve, « Current Trends in the English Law on Administrative Tortious Liability », intervention du 13 novembre 2009 au séminaire « Droit comparé de la responsabilité administrative », organisé par la chaire de Sciences Po « Mutations de l'action publique et du droit public » (www.sciencespo.fr).

pas : le principe est clairement que chacun doit supporter les inconvénients normaux de l'action administrative. C'est pourquoi les pouvoirs publics recourent plutôt aux fonds d'indemnisation en vue de compenser les *torts* que leur action pourrait susciter. Toutefois, l'influence du droit de l'Union européenne et de la Convention européenne des droits de l'homme se fait sentir et invite à des évolutions du droit de la responsabilité de l'État au Royaume-Uni[80], même si le Brexit pourrait, à terme, réduire cette tendance.

B | LA RESPONSABILITÉ DE L'UNION EUROPÉENNE

Le droit de l'Union européenne consacre le principe de la responsabilité des institutions de l'Union. Le traité est relativement concis, puisqu'il se borne à prévoir : « En matière de responsabilité non contractuelle, l'Union doit réparer, conformément aux principes généraux communs aux droits des États membres, les dommages causés par ses institutions ou par ses agents dans l'exercice de leurs fonctions[81]. » C'est essentiellement la Cour de justice et le Tribunal de l'Union européenne qui ont élaboré, par voie prétorienne, le régime des actions en responsabilité pour les préjudices causés par les actes des institutions de l'Union. Le caractère jurisprudentiel de ce droit a d'ailleurs facilité un jeu d'influences réciproques. Dans un premier temps, la Cour a puisé son inspiration, comme l'y invitait le traité, dans les principes généraux des droits des États membres. Puis, dans un second temps, les jurisprudences nationales se sont nourries des exigences dégagées par la Cour de justice, en particulier quant à la responsabilité des États pour violation du droit de l'Union. En effet, si les actions en responsabilité dirigées contre un État membre relèvent de la seule compétence des juridictions nationales, les principes qui gouvernent la responsabilité d'un État en cas de violation du droit de l'Union sont commandés par le droit de l'Union dès lors que, comme l'a jugé la Cour, « les conditions de mise en œuvre de la responsabilité de l'État pour des dommages causés aux particuliers en raison d'une violation du droit communautaire ne doivent pas, en l'absence de justification particulière, différer de celles régissant la responsabilité de la Communauté dans des circonstances comparables », dans la mesure où « la protection que les particuliers tirent du droit communautaire ne saurait varier en fonction de la nature nationale ou communautaire de l'autorité à l'origine du dommage »[82].

80. Plusieurs arrêts de la Cour européenne des droits de l'homme, comme l'affaire *Osman c/ Royaume-Uni* du 28 octobre 1998, ont concerné le Royaume-Uni.

81. Article 340 du TFUE.

82. CJCE, 5 mars 1996, *Brasserie du pêcheur* et *Factortame*.

La Cour de justice a d'abord distingué les responsabilités respectives des institutions et de ses agents en posant le principe selon lequel : « La Communauté n'est responsable que de ceux des actes de ses agents qui, en vertu d'un rapport interne et direct, constituent le prolongement nécessaire des missions confiées aux institutions[83]. » On reconnaît ici une problématique proche de celle de la distinction entre la faute personnelle et la faute de service. Elle a ensuite admis la possibilité d'engager la responsabilité de l'Union du fait d'un acte illégal – hypothèse que l'on peut qualifier de responsabilité pour faute. Celle-ci est toutefois subordonnée à des conditions plus restrictives qu'en droit français : la Cour de justice exige une « violation suffisamment caractérisée » d'une règle de droit « ayant pour objet de conférer des droits aux particuliers »[84]. Ainsi, toute illégalité ne suffit pas à engager la responsabilité. En pratique, le juge de l'Union semble adapter son contrôle à la nature de l'acte : l'exigence de violation « caractérisée » est particulièrement marquée pour les actes normatifs, qui impliquent des choix de politique économique, dans le souci de respecter le large pouvoir d'appréciation dont dispose le législateur ; elle est moins forte pour les simples actes administratifs.

En revanche, la responsabilité du fait d'un acte licite – ou responsabilité sans faute – n'a pas encore été clairement reconnue par la Cour de justice. Un arrêt, *Dorsch Consult*, du 15 juin 2000, avait été interprété comme consacrant ce nouveau fondement de responsabilité. Mais, dans sa décision *FIAMM* rendue en grande chambre le 9 septembre 2008, la Cour a écarté cette possibilité « en l'état actuel du droit communautaire ». Il est intéressant d'observer qu'elle fonde sa solution sur l'analyse des droits nationaux : « Si l'examen comparatif des ordres juridiques des États membres a permis à la Cour de procéder très tôt au constat rappelé au point 170 du présent arrêt en ce qui concerne une convergence de ces ordres juridiques dans la consécration d'un principe de responsabilité en présence d'une action ou d'une omission illégale de l'autorité, y compris d'ordre normatif, il n'en va nullement de même en ce qui concerne l'existence éventuelle d'un principe de responsabilité en présence d'un acte ou d'une omission licite de l'autorité publique, en particulier lorsque ceux-ci sont d'ordre normatif[85]. » Le Conseil de l'Union, dans ses observations, avait en effet relevé que « la moitié à peine des ordres juridiques des États membres » reconnaît une telle faculté[86].

S'agissant de la responsabilité de la Cour de justice de l'Union européenne et du Tribunal eux-mêmes, la question a été posée par

83. CJCE, 10 juillet 1969, *Sayag*.
84. CJCE, 4 juillet 2000, *Bergaderm*.
85. CJCE, 9 septembre 2008, *FIAMM*, point 175.
86. *Ibid.*, point 141.

l'avocat général de savoir devant quel organe celle-ci pourrait être le cas échéant engagée[87]. La question de l'impartialité et du procès équitable sous-tend cette interrogation. La CJUE a précisé que la responsabilité pour durée excessive de procédure imputable au Tribunal devait certes être engagée devant lui, mais devant une autre formation de jugement[88].

Ainsi, dans le creuset du droit européen et dans le cadre d'influences réciproques entre les jurisprudences, se forme le droit de la responsabilité administrative.

87. Conclusions de Philippe Léger, 3 février 1998, C-185/95 P.

88. CJUE, 26 novembre 2013, *Groupe Gascogne*, *Gascogne Sack Deutschland* et *Kendrion*, aff. C-58/12 P, C-40/12 P et C-50/12 P.

Chapitre 22

Les contrôles de l'administration

« La société a le droit de demander compte à tout agent public de son administration », proclame l'article 15 de la Déclaration des droits de l'homme. Ces dispositions soulignent l'importance du contrôle de l'administration, en même temps qu'elles en font une exigence constitutionnelle. Plusieurs types de contrôle s'exercent sur l'administration. Indépendamment du contrôle juridictionnel, l'administration se contrôle elle-même, par des procédures internes. Elle connaît également différents contrôles externes, assurés par des institutions indépendantes, par les autorités politiques et, plus largement, par le corps social. Des lanceurs d'alerte sont aujourd'hui appelés à s'exprimer. Dans tous les cas, en France comme à l'échelle européenne, une attention est portée à la plus grande efficacité et à la meilleure pertinence des instruments de contrôle.

I

LES PROCÉDURES DE CONTRÔLE INTERNES À L'ADMINISTRATION

À l'intérieur de chaque administration, des procédures et des règles mettent en œuvre des formes d'autocontrôle. Des services administratifs ont en outre pour vocation de vérifier les conditions dans lesquelles d'autres administrations remplissent leurs tâches. Un contrôle juridictionnel est enfin exercé par la Cour des comptes et la Cour de discipline budgétaire et financière.

A | LE POUVOIR HIÉRARCHIQUE ET LE POUVOIR DE TUTELLE

Le pouvoir hiérarchique et le pouvoir de tutelle permettent aux administrations de se contrôler elles-mêmes.

1/ *Le recours hiérarchique*

L'autorité hiérarchique implique une mission de contrôle. À tous les échelons, il appartient à chaque détenteur d'une responsabilité de veiller aux conditions dans lesquelles ses subordonnés remplissent leurs fonctions. Le supérieur hiérarchique peut être saisi par les administrés d'un *recours hiérarchique*, qui tend au réexamen d'une décision prise à un échelon inférieur. Garantie des citoyens et moyen de bonne gestion de l'administration, la possibilité de former ce type de recours découle d'un principe général du droit et existe donc sans texte[1]. Faculté offerte avant une éventuelle saisine du juge, il suspend le délai de recours contentieux.

Des textes peuvent subordonner la présentation d'une requête au juge à un recours administratif qui permet un premier réexamen soit par l'autorité hiérarchique elle-même, soit par une commission disposant d'un certain recul par rapport à l'action des services. De tels *recours administratifs préalables obligatoires* (RAPO) facilitent le règlement des différends. Ils permettent de trouver, de manière moins formalisée et souvent plus rapide que le recours contentieux, des solutions qui reposent sur la correcte application du droit, mais aussi sur des considérations d'équité. En matière fiscale, où de tels recours sont organisés de longue date devant le directeur départemental ou devant la commission départementale des impôts, ils permettent de limiter le recours au juge dans des proportions considérables. Un refus d'accès aux documents administratifs ne peut être contesté devant le juge qu'après une réclamation auprès de la Commission d'accès aux documents administratifs[2]. Des RAPO ont été instaurés en matière de fonction publique militaire, de refus de délivrance de visa d'entrée en France ou de contentieux du revenu de solidarité active. Dans une étude publiée en 2008[3], le Conseil d'État recommande d'y recourir davantage et préconise des mesures visant à assurer leur meilleure efficacité. Dans le même esprit, la médiation est encouragée avant la saisine du juge ou, sur décision de celui-ci, en cours de procédure. La loi de modernisation de la justice du XXIe siècle du 18 novembre 2016 prévoit ainsi qu'engager une médiation interrompt les délais de prescription et de

1. CE, 30 juin 1950, *Quéralt.*
2. CE, 19 février 1982, *Mme Commaret.*
3. Conseil d'État, *Les Recours préalables obligatoires*, étude, Paris, La Documentation française, 2008.

recours. Avant comme après la saisine du juge, la médiation se développe. Un décret du 16 février 2018 a en outre engagé une expérimentation de médiation obligatoire pour certains litiges de fonction publique ou d'allocations et d'aides sociales.

2/ *La tutelle*

À la différence du pouvoir hiérarchique, le pouvoir de tutelle n'existe que si un texte l'a organisé. La tutelle « ne se présume pas ». Elle s'exerce dans les limites fixées par les lois et règlements[4]. À partir de la loi du mars 1982 relative aux droits et libertés des communes, des départements et des régions, qui est le texte fondateur de la décentralisation, la tutelle de l'État sur les collectivités territoriales a été supprimée et remplacée par l'exercice, par le préfet, de recours devant le tribunal administratif pour ce qui concerne le contrôle de légalité et devant la chambre régionale des comptes en matière budgétaire. En revanche, les établissements publics sont soumis à la tutelle de la collectivité dont ils relèvent.

Cette tutelle, définie par les statuts de chaque établissement, prend diverses formes. Elle s'exerce *sur les personnes* : les dirigeants de l'établissement sont nommés et peuvent parfois être écartés de leurs fonctions par une décision de l'autorité de tutelle. Elle s'exerce aussi *sur les actes*, avec différents pouvoirs d'autorisation, d'approbation ou d'annulation des décisions, en particulier d'ordre budgétaire. Elle peut comporter un pouvoir de substitution, en cas de défaillance de l'organisme sous tutelle.

B | LES INSPECTIONS GÉNÉRALES ET LE CONTRÔLE FINANCIER

Les inspections générales et le contrôle financier sont les deux voies principales de contrôle des administrations par des services qui, tout en relevant de l'appareil de l'État, leur sont en partie extérieurs.

1/ *Les corps d'inspection*

Chaque administration dispose d'un corps d'inspection, placé sous l'autorité directe du ministre, qui peut être chargé de toute mission de contrôle et d'évaluation des services qui relèvent de sa responsabilité. Parmi les plus importants figurent l'Inspection générale des affaires sociales et le Contrôle général des armées. L'Inspection générale de l'administration est compétente pour l'ensemble

4. CE, 17 janvier 1913, *Congrégation des sœurs de Saint-Régis*.

des services du ministère de l'intérieur, même s'il existe aussi l'Inspection générale de la police nationale.

Pour renforcer l'efficacité des corps d'inspection, des regroupements sont assurés, qui permettent de constituer un corps d'inspection unique, compétent pour l'ensemble d'un ministère. Ainsi, un décret du 5 février 2016 a créé l'Inspection générale de la justice, qui fusionne plusieurs inspections existant précédemment au sein du ministère. Le Conseil d'État a jugé légale, dans son principe, la création de cette Inspection, dès lors qu'eu égard à sa composition et au statut de ses membres, elle intervient dans des conditions qui garantissent l'indépendance de l'autorité judiciaire. Il a, en revanche, annulé le décret du 5 février 2016 en tant qu'il pouvait s'appliquer à la Cour de cassation : juridiction suprême de l'ordre judiciaire, la Cour de cassation ne pouvait pas être incluse dans le champ de la nouvelle inspection sans « garanties supplémentaires relatives, notamment, aux conditions dans lesquelles sont diligentées les inspections et enquêtes portant sur cette juridiction ou l'un de ses membres[5] ». À l'Éducation nationale, un décret du 30 septembre 2019 a de même réuni en une Inspection générale de l'éducation, du sport et de la recherche les différentes inspections qui existaient antérieurement et qui distinguaient les questions pédagogiques et les aspects administratifs

Trois corps d'inspection, l'Inspection générale des finances, l'Inspection générale des affaires sociales et l'Inspection générale de l'administration recrutent, en tout cas avant d'éventuelles réformes qui pourraient subordonner l'entrée dans ces corps à une première expérience sur le terrain, dès le début de la carrière, à la sortie de l'ENA. L'entrée dans les autres se fait après un premier parcours dans l'administration.

Outre leurs missions traditionnelles de contrôle sur place et sur pièces, les inspections générales contribuent à une réflexion d'ensemble sur l'organisation des services, la définition de leurs responsabilités et l'évaluation de leurs résultats. Il leur revient de préconiser des réformes, de contribuer à les définir et de veiller à leur application.

Une place à part revient à l'Inspection générale des finances. Créée en 1831, elle est le corps d'inspection du ministère chargé de l'économie et des finances, mais elle a aussi une vocation interministérielle. Par la qualité de son recrutement et son autorité particulière, elle est, avec le Conseil d'État et la Cour des comptes, l'un des grands corps de l'État. Nombre de ses membres occupent des fonctions de direction dans l'administration ainsi que dans le secteur privé.

5. CE, 23 mars 2018, *Syndicat Force ouvrière Magistrats et autres*.

2/ *Le contrôle financier*

Le contrôle financier s'exerce dans les ministères, au niveau déconcentré et dans les organismes contrôlés par l'État. La loi du 10 août 1922, relative à l'organisation du contrôle des dépenses engagées, plaçait un *contrôleur financier* auprès de chaque ministère. Nommé par le ministre chargé du Budget, il ne dépendait que de lui. Depuis un décret du 18 novembre 2005, le contrôle financier est exercé par le *contrôleur budgétaire et comptable ministériel*, qui a également la qualité de comptable public. Son contrôle s'exerce principalement *a posteriori*, mais il ne peut être passé outre à un refus de sa part que sur avis conforme du ministre chargé du budget. Un *contrôle financier local* s'applique aux services déconcentrés. Allégé par un décret du 13 novembre 1970, il consiste en un avis, auquel l'ordonnateur peut passer outre, sauf s'il est fondé sur l'absence de crédits disponibles. L'avis est en outre donné *a posteriori* pour les dépenses modiques ou automatiques. Naguère exercé par le trésorier-payeur général, le contrôle financier local est désormais confié au directeur départemental des finances publiques. Le *contrôle général économique et financier* s'exerce sur plus de 400 établissements et organismes dans lesquels l'État a des intérêts majoritaires. Le décret du 7 avril 2017 précise qu'il s'agit d'un service placé sous l'autorité directe du ministre chargé de l'économie et des finances, qui exerce des fonctions de contrôle, d'audit et de conseil ainsi que toute mission que le ministre lui confie dans le domaine économique et financier. Organisé en dix-sept missions de contrôle, il joue un rôle d'observatoire en matière de maîtrise des risques financiers, budgétaires et comptables, ainsi que d'amélioration du contrôle interne de performance et de gouvernance. Combinant audit, expertise et réflexion stratégique, il contribue à l'amélioration de la gestion publique et à la modernisation de l'État.

C I LA COUR DES COMPTES ET LA COUR DE DISCIPLINE BUDGÉTAIRE ET FINANCIÈRE

La Cour des comptes et la Cour de discipline budgétaire et financière exercent un contrôle juridictionnel, la première sur les comptables, la seconde sur les ordonnateurs.

1/ *La Cour des comptes*

Les origines de la Cour des comptes remontent à la Chambre des comptes créée par des ordonnances de Philippe le Bel (1308) et de son fils, Philippe V le Long (1320). Instituée sous sa forme moderne par la loi du 16 septembre 1807, elle exerce une mission consacrée par la Constitution. Selon l'article 47-2 de celle-ci, tel qu'il est issu de la révision du 23 juillet 2008, « la Cour des comptes assiste le Parlement dans le contrôle de l'action du gouvernement. Elle assiste le Parlement et le gouvernement dans le contrôle de l'exécution des lois de finances et de l'application des lois de financement de la sécurité sociale ainsi que dans l'évaluation des politiques publiques. Par ses rapports publics, elle contribue à l'information des citoyens ».

Les missions de la Cour des comptes sont à la fois juridictionnelles et administratives.

Comme juge, elle se prononce par des arrêts sur les comptes des comptables publics, qui engagent leur responsabilité personnelle en assurant le paiement des dépenses. La Cour des comptes peut mettre en débet un comptable public comme un gestionnaire de fait qui a payé des dépenses sans avoir la qualité pour le faire. Dans cette activité, la Cour des comptes est une juridiction administrative, dont les décisions relèvent du Conseil d'État par la voie du recours en cassation[6]. La loi du 28 octobre 2008 a réformé les règles de procédure suivies par le juge des comptes, afin d'assurer, par la publicité des audiences et le renforcement de la procédure contradictoire, le plein respect des exigences qui découlent de la Convention européenne des droits de l'homme et qui sont applicables aux juridictions financières[7].

La Cour des comptes exerce aussi des attributions administratives en veillant à la bonne gestion des fonds publics. Elle remet un rapport annuel, public depuis 1832, au président de la République et au Parlement. Elle publie en outre, chaque année, de nombreux rapports thématiques. Depuis la loi organique sur les lois de finances du 1er août 2001, elle est chargée d'établir chaque année un rapport sur la situation des finances publiques et sur les résultats de la gestion budgétaire. Elle certifie les comptes de l'État.

Créé par la loi organique du 17 décembre 2012 relative à la programmation et à la gouvernance des finances publiques, le Haut Conseil des finances publiques est placé auprès de la Cour des comptes et présidé par son premier président. Organisme indépendant, il est chargé d'apprécier, en particulier lors de la préparation des lois de finances et des lois de financement de la sécurité sociale, le réalisme des prévisions macroéconomiques du gouvernement et de vérifier la cohérence de ces lois avec les orientations pluriannuelles de programmation des finances publiques.

Avec la loi de décentralisation du 2 mars 1982, des chambres régionales des comptes et, dans les collectivités d'outre-mer, des

6. CE, 8 juillet 1904, *Botta*.

7. CE, 30 octobre 19988, *Lorenzi* ; CE, 23 février 2000, *Société Labor Metal* ; CE, 4 juillet 2003, *Dubreuil*.

chambres territoriales des comptes ont été mises en place pour juger en premier ressort, et sous réserve d'appel devant la Cour des comptes, les comptes des collectivités territoriales. Depuis 2016, il existe treize chambres régionales, dont le ressort correspond à celui des nouvelles régions, et cinq chambres territoriales des comptes.

2/ La Cour de discipline budgétaire et financière

Créée par une loi du 25 septembre 1948, la Cour de discipline budgétaire et financière, présidée par le premier président de la Cour des comptes et composée à parité de conseillers d'État et de conseillers maîtres à la Cour des comptes, juge de la responsabilité des ordonnateurs. Elle n'est toutefois compétente ni à l'égard des ministres ni à celui des élus locaux. Les sanctions qu'elle inflige consistent en des amendes, dans la limite du traitement annuel de l'intéressé. Ses arrêts sont, comme ceux de la Cour, soumis au contrôle de cassation du Conseil d'État.

À ces contrôles internes à l'administration s'ajoutent des contrôles exercés par des institutions extérieures.

II

LES CONTRÔLES EXTERNES DE L'ADMINISTRATION

Certaines autorités administratives indépendantes, le pouvoir politique et, plus largement, le corps social exercent des contrôles sur l'administration.

A | LE CONTRÔLE EXERCÉ PAR LES AUTORITÉS ADMINISTRATIVES INDÉPENDANTES[8]

Plusieurs autorités administratives indépendantes sont chargées d'une mission de contrôle de l'administration, en particulier dans ses relations avec les usagers. Tel est le cas, au premier chef, du Défenseur des droits, qui a succédé, en vertu de la révision constitutionnelle du 23 juillet 2008, au Médiateur, créé, sur le modèle de l'*ombudsman* suédois, par la loi du 3 janvier 1973 et qui était devenu Médiateur de la République en vertu de la loi du 13 janvier

8. Voir *supra* le chapitre 5 : Les autorités indépendantes.

1989. Selon l'article 71-1 de la Constitution, le Défenseur des droits « veille au respect des droits et libertés par les administrations de l'État, les collectivités territoriales, les établissements publics, ainsi que tout organisme investi d'une mission de service public, ou à l'égard duquel la loi organique lui attribue des compétences ». En vertu de la loi organique du 29 mars 2011, qui l'a mis effectivement en place et qui le qualifie d'« autorité constitutionnelle indépendante », il s'est substitué au Médiateur de la République, à la Halde, au Défenseur des enfants et à la Commission nationale de déontologie de la sécurité. Dominique Baudis a été le premier titulaire de ces fonctions. Jacques Toubon puis, en 2020, Claire Hédon lui ont succédé. Étant, comme le Médiateur, une autorité administrative, le Défenseur des droits relève de la juridiction administrative[9]. Ce contrôle de légalité n'a toutefois guère l'occasion de s'exercer puisqu'il prend peu de véritables décisions.

L'activité du Défenseur des droits connaît une croissance régulière. En 2019, 103 066 dossiers (+ 7,5 %) lui ont été soumis et il s'est saisi d'office, comme il peut le faire, dans 11 cas. Pour les examiner, il dispose de 226 collaborateurs à son siège, ainsi que de 510 délégués présents dans 874 points d'accueil sur l'ensemble du territoire. Il peut mener des enquêtes et demander des études au Conseil d'État et à la Cour des comptes : le Conseil d'État a effectué, à sa demande, en 2013, une étude sur les obligations de neutralité et de laïcité qui s'imposent aux personnes chargées d'un service public ou d'une mission d'intérêt général[10]. Il peut également formuler, le cas échéant indépendamment de toute réclamation, des recommandations de portée générale et proposer des modifications de la loi ou de la réglementation : en 2019, il a recommandé 180 réformes législatives ou réglementaires. Il est ainsi un acteur de la réforme administrative. Il agit principalement par la persuasion, en formulant des avis et des propositions. Il peut aussi adresser des injonctions, saisir le parquet comme les autorités disciplinaires et intervenir devant les différentes juridictions. Des considérations d'équité jouent un rôle important dans les solutions qu'il préconise. Aussi complète-t-il très utilement, sur un registre en partie différent, l'action des juridictions, devant lesquelles il peut présenter des observations, ce qu'il a fait à 141 reprises en 2019. Chaque année, il remet au président de la République et au Parlement un rapport, qui est rendu public.

D'autres autorités administratives indépendantes contribuent au contrôle de l'administration, dans le domaine de leurs compétences. Le droit d'accès aux documents administratifs est largement le fruit

9. CE, 10 juillet 1981, *Retail*.

10. Conseil d'État, étude demandée par le Défenseur des droits, adoptée le 19 décembre 2013.

de la jurisprudence de la Commission d'accès aux documents administratifs. Sont communicables, en vertu de la loi du 17 juillet 1978 modifiée par la loi du 12 avril 2000, dont les dispositions figurent désormais dans le code des relations entre le public et l'administration, les documents administratifs de toute nature détenus par l'État, les collectivités territoriales, les autres personnes morales de droit public et les personnes privées chargées d'une mission de service public. Le droit à communication continue de s'exercer après que le document a été archivé. Il est ouvert à tout moment et à toute personne qui le demande, sans que celle-ci ait à justifier d'un intérêt à obtenir la consultation demandée. Le Conseil d'État a regardé le droit d'accès aux documents administratifs comme une garantie fondamentale accordée aux citoyens pour l'exercice des libertés publiques, qui relève à ce titre du domaine de la loi en vertu de l'article 34 de la Constitution[11]. Obligatoirement saisie avant tout recours contentieux[12], la CADA a une conception large du droit à communication. La plupart de ses avis sont suivis par l'administration.

La loi précise qu'échappent à son champ d'application les avis du Conseil d'État et des autres juridictions administratives, les actes des assemblées parlementaires, les documents détenus par la Cour des comptes dans le cadre de son activité juridictionnelle et les dossiers d'instruction des réclamations adressées au Défenseur des droits. La jurisprudence a précisé que n'ont pas le caractère de documents administratifs les documents détenus par les juridictions dans le cadre de l'exercice de leur activité juridictionnelle[13].

Compétente pour tous les fichiers informatiques, la Commission nationale de l'informatique et des libertés (CNIL), créée par la loi du 6 janvier 1978, exerce ses attributions dans un cadre profondément rénové par la loi du 20 juin 2018 et l'ordonnance du 12 décembre 2018, qui ont tiré les conséquences en droit français des nouvelles règles du droit de l'Union, issues du règlement général sur la protection des données personnelles (RGPD) du 27 avril 2016 ainsi que de la directive du même jour relative aux traitements relatifs à la prévention et à la répression des infractions. La CNIL est l'autorité nationale de contrôle chargée d'assurer, par le conseil, le contrôle et, le cas échéant, la sanction, le respect des prescriptions relatives à la protection des données personnelles. Il incombe à chaque responsable du traitement, public ou privé, de mettre en œuvre les garanties requises, au travers notamment d'un délégué à la protection des données. Un décret en Conseil d'État, pris après avis motivé et publié de la Commission, est toutefois nécessaire

11. CE, 29 avril 2002, *Ullmann*.
12. CE, 19 février 1982, *Mme Commaret*.
13. CE, 27 juillet 1984, *Association SOS Défense* ; CE, 7 mai 2010, *Bertin*.

pour autoriser les traitements qui comportent des données génétiques ou biométriques.

Dans leurs domaines de compétence respectifs, d'autres autorités administratives indépendantes contribuent au contrôle de l'administration. Tel est le cas en particulier de la Commission de contrôle des techniques de renseignement et du Contrôleur général des lieux de privation de liberté. Créée par la loi du 11 octobre 2013, la Haute Autorité pour la transparence de la vie publique veille pour sa part au respect par certains élus et responsables publics de leurs obligations en matière de déclaration de patrimoine et de déclaration d'intérêts.

B | L'ADMINISTRATION ET LE POUVOIR POLITIQUE

Sous l'autorité du gouvernement, l'administration est aussi contrôlée par le Parlement.

1/ *Le gouvernement dispose de l'administration*

Selon l'article 20 de la Constitution, « le gouvernement dispose de l'administration et de la force armée ». Sur ce fondement, il revient aux ministres, qui sont les chefs hiérarchiques de leur administration, de veiller au bon fonctionnement des services placés sous leur autorité. Une responsabilité particulière incombe au Premier ministre, qui dirige l'ensemble de l'appareil gouvernemental et administratif et à qui il revient, à ce titre, d'adresser aux membres du gouvernement des instructions par voie de circulaire, leur prescrivant d'agir dans un sens déterminé ou d'adopter telle interprétation des lois et règlements en vigueur[14]. Le président de la République, chef de l'État, est également investi d'une responsabilité particulière.

2/ *Le contrôle exercé par le Parlement*

Le contrôle de l'administration est une partie du contrôle de l'action du gouvernement qu'il appartient au Parlement d'exercer. Les questions écrites ou orales comme, chaque semaine, les questions au gouvernement portent souvent sur le fonctionnement de l'administration. Les huit commissions permanentes de chaque chambre entretiennent des liens réguliers avec les administrations qui relèvent de leur champ de compétence. Les deux chambres ont institué conjointement l'Office parlementaire d'évaluation des choix

14. CE, 26 décembre 2012, *Association Libére, les Mademoiselles.*

scientifiques et technologiques. Le rôle du Parlement dans le contrôle de l'administration a été accru par la révision du 23 juillet 2008, qui a complété l'énoncé de ses missions, en ajoutant à l'article 24 de la Constitution qu'il « évalue les politiques publiques ».

Les assemblées peuvent constituer des *commissions d'enquête* pour recueillir des éléments d'information sur des faits déterminés ou sur la gestion des services publics. Ces commissions, dont les travaux peuvent durer six mois, ont d'importants pouvoirs d'investigation. Leurs rapporteurs exercent leur mission sur pièces et sur place. Sous réserve des secrets protégés par la loi, ils ont accès à toutes les informations nécessaires. Toute personne convoquée par une commission d'enquête est tenue de déférer à la convocation qui lui est faite. Les commissions d'enquête peuvent rendre publics leurs auditions et leurs rapports. Les deux chambres du Parlement utilisent davantage ce moyen d'investigation, notamment sur des sujets sensibles comme la situation dans les prisons (2000), les difficultés de fonctionnement de la justice révélées par l'affaire d'Outreau (2005), les moyens mis en œuvre par l'État pour lutter contre le terrorisme (2015), la radicalisation (2019) ou la crise sanitaire (2020).

C | LE REGARD DU CORPS SOCIAL

Au-delà des institutions politiques, la société exerce un contrôle diffus mais réel sur l'administration. Les *enquêtes publiques* constituent l'élément le plus organisé de cette association des citoyens au processus de décision de l'administration. Procédés utilisés dès l'Ancien Régime, elles ont reçu leur premier cadre d'ensemble avec la loi du 8 mars 1810 sur les expropriations pour cause d'utilité publique. Au-delà de l'expropriation, l'enquête est devenue nécessaire pour de nombreuses décisions qui ont un impact sur l'environnement. La loi du 12 juillet 1983 a unifié le régime des enquêtes et renforcé leur efficacité. Pour les projets les plus importants, un *débat public* peut être ouvert, depuis la loi du 2 février 1995, par la Commission nationale du débat public, qui est une autorité administrative indépendante.

Plus encore qu'au travers de ces procédures formalisées, l'administration est en permanence sous le contrôle de l'opinion, relayée par la presse et par les médias audiovisuels, par les syndicats, par les associations. Une émission de radio ou de télévision, la campagne d'une association de consommateurs, des critiques reprises par les sondages peuvent avoir des répercussions sur le processus de décision, sur l'organisation d'un service et même sur la conception d'une politique publique.

Dans un contexte marqué à l'échelle internationale par diverses révélations qui ont eu de grands retentissements, notamment celles de Julian Assange et d'Edward Snowden, la loi du 9 décembre 2016 a défini le cadre dans lequel des lanceurs d'alerte peuvent effectuer un signalement lorsqu'ils constatent un crime ou un délit ou voient apparaître ce qu'ils regardent comme une menace ou un préjudice grave pour l'intérêt général. Une protection leur est accordée, dès lors qu'ils agissent de manière désintéressée et de bonne foi. Les administrations doivent désigner un référent alerte et organiser, sous son autorité, des procédures de recueil des signalements. Des législations comparables ont été adoptées dans la majorité des pays de l'Union européenne. À l'échelle européenne, une directive du 23 octobre 2019 assure la protection des lanceurs d'alerte qui signalent une violation du droit de l'Union européenne.

Certes, la distance paraît parfois trop grande entre les rouages complexes des institutions administratives et la vie quotidienne de chacun. Il reste des progrès à réaliser vers la démocratie administrative. Toutefois, l'administration vit moins que jamais coupée de la cité. Le temps paraît heureusement lointain où Balzac faisait dire à son médecin de campagne : « Moi seul connais la distance du bourg à la préfecture d'où rien ne sort et de la préfecture au Conseil d'État où rien n'entre. »

III

LES CONTRÔLES DE L'ADMINISTRATION EN FRANCE ET EN EUROPE : LA RECHERCHE DE L'EFFICACITÉ ET DE LA PERTINENCE

Bien contrôler l'administration est une préoccupation partagée en Europe. Elle s'exprime tant au travers des institutions et des règles de l'Union européenne que dans les différents États.

A | DROIT DE L'UNION EUROPÉENNE ET BONNE ADMINISTRATION

Consacré par l'article 41 de la Charte des droits fondamentaux de l'Union européenne, le *droit à une bonne administration* fait partie des principes généraux du droit communautaire issus de la jurisprudence de la Cour de justice[15]. La transparence est une composante du droit à une bonne administration. Depuis le traité de Maastricht, le droit de l'Union reconnaît ainsi le droit d'accès aux « documents des institutions, organismes et organes de l'Union, quel que soit leur support ». Le règlement 1049/2001 a déterminé les modalités de son exercice. Ce droit est réaffirmé à l'article 15 du traité sur le fonctionnement de l'Union européenne qui proclame : « Afin de promouvoir une bonne gouvernance [...] les institutions, organes et organismes de l'Union œuvrent dans le plus grand respect possible du principe d'ouverture. »

La bonne administration implique des contrôles. Deux institutions, la *Cour des comptes européenne* et le *Médiateur européen*, ont été créées à cette fin par les traités. Instituée par le traité de Bruxelles du 22 juillet 1975, la Cour des comptes européenne est devenue une institution de l'Union en vertu du traité de Maastricht. À la différence de la Cour des comptes française, elle n'exerce pas d'attributions juridictionnelles, mais une activité de contrôle, qui porte sur l'ensemble des comptes, des recettes, des dépenses et de la gestion financière de toutes les institutions et organismes de l'Union. Elle fournit au Parlement européen et au Conseil une déclaration d'assurance concernant la fiabilité des comptes, ainsi que la légalité et la régularité des opérations qu'ils retracent. La Cour donne des avis à la demande d'autres institutions, présente des observations au travers de rapports spéciaux et établit chaque année un rapport annuel qui est publié au *Journal officiel de l'Union européenne*.

Le Médiateur européen a été institué par le traité de Maastricht. Élu par le Parlement européen pour un mandat de cinq ans renouvelable, il est compétent pour connaître de plaintes « relatives à des cas de mauvaise administration dans l'action des institutions, organes ou organismes de l'Union, à l'exclusion de la Cour de justice dans l'exercice de ses fonctions juridictionnelles[16] ». Il est saisi par l'intermédiaire d'un membre du Parlement européen ou directement par tout citoyen de l'Union, toute personne résidant dans l'Union et toute personne morale y ayant son siège. Il exerce une action de médiation et de conciliation pour résoudre les litiges à l'amiable et adresse des recommandations et des propositions aux différentes institutions de l'Union.

15. CJCE, 15 octobre 1987, *Heylens* ; CJCE, 21 novembre 1991, *Technische Universität München* ; CJCE, 31 mars 1992, *Burban*.

16. Article 228 du TFUE.

B | AMÉLIORER LES CONTRÔLES ET MIEUX ÉVALUER L'ACTION PUBLIQUE : DES EXIGENCES PARTAGÉES

Pour la France comme pour les autres pays européens, le besoin d'un contrôle de l'administration qui soit efficace sans être paralysant est de plus en plus ressenti. Des conséquences communes en découlent, qui concernent à la fois les organes, les méthodes et les objectifs du contrôle.

En ce qui concerne les organes, la nécessité d'instances objectives, connaissant l'administration, mais conservant quelque distance par rapport à elle, est largement partagée. Elle a inspiré notamment la création au Royaume-Uni, en 1983, du National Audit Office (NAO), compétent pour apprécier la gestion de l'ensemble des services gouvernementaux et des agences, qu'elles soient rattachées à un ministère (*executive agencies*) ou non (*non departmental public bodies*). Le National Audit Office britannique développe une conception managériale de la gestion publique. Il rappelle le General Accounting Office américain, créé dès 1921, qui a pris en 2004 le nom de Government Accountability Office (GAO). Parmi les instances de contrôle fondées sur les réclamations des citoyens et qui constituent pour eux une garantie, la formule de l'*ombudsman* a connu un succès particulier. Apparu en Suède dès 1809, l'*ombudsman*, d'abord adopté par les autres pays nordiques, Finlande (1919), Danemark (1950) et Norvège (1962), a été, sous des formes diverses, commissaire parlementaire au Royaume-Uni (1967) ou Médiateur (1973) puis Défenseur des droits (2008) en France, progressivement généralisé dans la plupart des États : le Portugal (1975), l'Autriche (1977), l'Espagne et les Pays-Bas (1981), la Grèce (1998), pour ne citer que des États européens. En Italie, s'il n'y a pas *d'ombudsman* national, l'institution existe au niveau des régions et des provinces. L'institution a pris place dans le monde entier : elle existe dans environ 120 pays.

Du point de vue des méthodes, derrière la diversité des procédures, des tendances communes se manifestent également, en particulier l'accroissement des pouvoirs des instances de contrôle et l'utilisation de procédés qui peuvent être proches de ceux retenus pour mener des tâches d'audit et d'évaluation dans l'entreprise. Le contrôle *a priori*, qui pèse trop lourdement sur la décision et sur l'action de l'administration, recule au bénéfice de contrôles *a posteriori*. Quant à ses finalités, enfin, le contrôle s'oriente de moins à moins vers la recherche de manquements ponctuels ou de défaillances individuelles en vue d'infliger des sanctions. Même si le contrôle ne peut se départir d'aspects répressifs, il se conçoit et s'exerce dans la perspective plus large d'une évaluation d'ensemble, qui permet de tirer les conclusions des observations faites et d'améliorer les conditions d'exercice de leurs missions par les services et organismes contrôlés. Dans son étude annuelle de 2020, consacrée à l'évaluation des politiques publiques, le Conseil d'État souligne ainsi l'importance des évaluations aussi bien *ex ante*, avant la mise en œuvre d'un projet, qu'*ex post*, pour en mesurer les résultats. Il appelle à des progrès pour mieux recueillir l'ensemble des données, de manière transparente, indépendante et fiable, et il recommande de rechercher des approches complémentaires, qui diversifient les points de vue et assurent une large participation de tous les intéressés.

Chapitre 23

La réforme de l'État

Pour les gouvernements, réformer l'administration est, à toute époque, une ambition, un programme, une déception souvent. Président du Conseil en 1929-1930 puis de nouveau en 1932, dans des moments où la crise économique et les difficultés institutionnelles appelaient des réformes de l'ensemble de l'appareil de l'État, André Tardieu déclarait, non sans découragement : « Lorsqu'un président du Conseil veut se faire applaudir, il lui suffit d'annoncer la réforme administrative, car personne ne sait ce que cela veut dire. »

Préoccupation permanente et source constante d'insatisfaction, la réforme de l'État est plus que jamais à l'ordre du jour. Au regard des évolutions de la société, l'administration paraît suivre un rythme d'adaptation trop lent. Alors que les déficits publics se creusent, les contraintes budgétaires se font davantage sentir. Le sentiment de devoir faire davantage pour moderniser les services publics est particulièrement fort en France, au regard des mouvements d'envergure observés chez plusieurs de nos voisins, Royaume-Uni, Italie, Espagne en particulier, sans parler des vastes programmes de réforme de l'État entrepris, plus loin de nous, au Canada ou en Nouvelle-Zélande. De nouveaux défis, migratoires, environnementaux, sanitaires, numériques, qui appellent à inventer les politiques publiques de demain, sont à surmonter.

Dans ce contexte, quelques enseignements de la longue histoire de la réforme de l'État dans notre pays sont nécessaires pour mieux discerner ce qui peut être envisagé aujourd'hui.

I

LES LEÇONS DE L'HISTOIRE : RÉFORMES RÉUSSIES ET OCCASIONS MANQUÉES

Plus qu'aucun autre pays, la France s'est construite autour de son État. Au-delà des régimes politiques, le rôle de la puissance publique s'est imposé avec une force particulière, qu'il s'agisse d'assurer l'unité nationale, de définir des projets communs, d'inscrire dans la durée les efforts collectifs. Tocqueville a montré qu'à cet égard, la Révolution a prolongé les traditions de l'Ancien Régime. La période contemporaine ne dément pas cet héritage de l'histoire.

Constant par l'importance de son rôle, l'État s'est en permanence adapté à des situations nouvelles. Il n'aurait d'ailleurs pu préserver son autorité s'il n'avait su évoluer. Certes, des occasions ont été manquées, en particulier à la fin de l'Ancien Régime, dans les dernières années du Second Empire ou entre les deux guerres mondiales. La Révolution, la défaite de 1870, l'effondrement de 1940 résultent au moins en partie de cette incapacité de l'État à se renouveler, tandis que les grands bâtisseurs de l'État ont été de grands réformateurs : Philippe le Bel, Richelieu, Louis XIV, Bonaparte, le général de Gaulle ont remodelé l'État en même temps qu'ils l'ont consolidé.

L'histoire fait ainsi ressortir les liens qui existent entre la force de l'État et sa réforme. Les réformes manquées coïncident avec des périodes de faiblesse qui débouchent sur des déchirements de la société. À l'inverse, l'État a été construit par une succession de réformes qui lui ont donné la capacité de tenir son rôle. Loin de se contredire, autorité de l'État et réforme de l'État vont de pair. L'État a besoin de se réformer pour être fort et d'être fort pour se réformer.

A | LES OCCASIONS MANQUÉES

Des occasions ont été manquées à de nombreuses périodes de l'histoire, en particulier avant la Révolution française, à la fin du Second Empire et dans les dernières années de la Troisième République.

1/ *Fin de l'Ancien Régime et crise de l'État*

Grand Siècle, le XVIIe siècle est, pour l'État, un âge d'or. Autour de Colbert, la monarchie administrative parvient à un degré d'organisation et d'efficacité qu'aucun autre pays n'avait atteint. Avec les manufactures royales, l'État devient producteur. Mécène, il aide le vieux Corneille comme le jeune Racine et crée des institutions qui marquent encore la vie culturelle, l'Opéra de Lully (1669), la Comédie-Française de Molière (1680). Il se fait architecte avec Mansart et jardinier avec Le Nôtre.

Mais, dès le milieu du siècle suivant, l'État est en crise. Crise financière : une fiscalité injuste ne peut alimenter des caisses aux besoins croissants. Crise morale : les privilèges et les abus minent la confiance. Crise politique : la monarchie absolue a mis fin aux institutions féodales en affaiblissant les grands seigneurs, mais, faute de reconnaître véritablement l'éclosion de la bourgeoisie, elle se retrouve sans valeurs à incarner et sans appuis pour la soutenir. Certains ont tenté d'entreprendre les réformes nécessaires. Mais Louis XV cède aux parlements plutôt que d'écouter Maupeou et Terray. Louis XVI prononce la disgrâce de Turgot[1], puis le renvoi de Necker. Il est trop tard lorsqu'il le rappelle, le 16 juillet 1789, après la prise de la Bastille.

2/ *De l'Empire libéral à la défaite de Sedan*

Les occasions manquées ne se retrouveront pas davantage pour Napoléon III. À partir de 1860, le virage est pris vers l'Empire libéral. La presse retrouve plus de liberté, le suffrage est moins contrôlé, le libre-échange s'affirme, la liberté syndicale est reconnue en 1864. Mais les pesanteurs de l'Empire autoritaire demeurent. Nommé chef du gouvernement en janvier 1870, Émile Ollivier reçoit trop tard la confiance de l'empereur pour que les progrès accomplis en matière économique trouvent leur traduction politique.

3/ *Forces et faiblesses de la Troisième République*

De la conquête de la République par les républicains en 1884 jusqu'à la première guerre mondiale, la Troisième République accomplit en trente ans une œuvre considérable. Adoptée en 1875, avec les arrière-pensées d'une majorité de l'Assemblée nationale divisée entre légitimistes, orléanistes et bonapartistes, la République s'implante solidement. Elle consacre les grandes libertés publiques : réunion (loi du 30 juin 1881), presse (loi du 29 juillet 1881), association (loi du 1er juillet 1901). Elle réorganise l'administration communale et départementale. Avec les lois du 16 juin 1881 et du 28 mars 1882, inspirées par Jules Ferry, l'enseignement public gratuit et obligatoire devient un pilier de la société. La laïcité est proclamée et, sous l'impulsion d'Aristide Briand, la loi du 9 décembre 1905 assure la séparation des Églises et de l'État.

Mais après la première guerre mondiale et, plus encore, après la crise des années 1930, le régime ne répond plus aux besoins de la

1. Edgar Faure, *La Disgrâce de Turgot*, Paris, Gallimard, 1961.

société. L'instabilité gouvernementale devient chronique. Les majorités du moment dépendent moins de la volonté des électeurs que de fragiles coalitions parlementaires. Tout-puissant, le Parlement représente en conséquence imparfaitement le pays. En son sein, le Sénat, qui a des pouvoirs égaux à ceux de la Chambre des députés, joue un rôle particulièrement conservateur. Par exemple, il s'oppose avec constance au vote des femmes, regardées par des tenants de la laïcité républicaine comme trop influencées par l'Église catholique. Alors que des décisions rapides, et parfois impopulaires, s'imposent en matière économique et sociale, il manque au Parlement la volonté et au gouvernement l'autorité pour les prendre. S'appuyant sur des délégations de plus en plus larges accordées au pouvoir exécutif, les décrets-lois ne sont qu'un palliatif ; ils traduisent un profond malaise du régime parlementaire. La loi du 10 juillet 1940, qui confie tous les pouvoirs, y compris le pouvoir constituant, au gouvernement du maréchal Pétain est l'aboutissement fatal de ce déséquilibre.

Aucun des efforts entrepris pour réformer des institutions épuisées ne put aboutir. En 1924, Alexandre Millerand dut démissionner lorsqu'il tenta de redonner à la présidence de la République un poids politique. Rappelé au gouvernement après les émeutes du 6 février 1934, l'ancien président Gaston Doumergue n'était pas l'homme du renouveau. Des projets furent certes conçus. Édouard Daladier, Étienne Flandin, Joseph Paul-Boncour, Georges Mandel, Jean Zay proposèrent des modifications des institutions. Mais les idées de ces « Jeunes-Turcs » paraissaient au mieux comme de rêveuses cogitations. La seule innovation durable a été, à partir de 1934, l'installation du président du Conseil à l'hôtel Matignon. Le chef du gouvernement n'était plus nécessairement titulaire d'un département ministériel, comme les affaires étrangères, l'intérieur ou les finances ; il pouvait, avec l'aide d'un secrétariat général, se consacrer exclusivement à sa mission de direction du gouvernement.

Deux gouvernements purent néanmoins mener de vraies actions de réforme : le gouvernement Poincaré qui, de 1926 à 1929, mit en œuvre le redressement économique et financier ; le gouvernement de Léon Blum, porté par la vague du Front populaire de 1936, qui, en une année, de juin 1936 à juin 1937, donna un nouveau cadre aux relations sociales.

L'expérience du gouvernement Poincaré est riche d'enseignements. Pour faire les économies qu'impose la crise financière, le président du Conseil supprime le tiers des sous-préfectures et des juridictions de première instance. Les conseils de préfecture qui, depuis l'an VIII, existaient dans chaque département, deviennent interdépartementaux. Leur indépendance est en même temps mieux assurée : leur présidence n'est plus exercée par le préfet. La carte administrative et judiciaire du pays est encore largement l'héritière de ces réformes qui ont eu une ampleur jusqu'ici inégalée. En revanche, les institutions nationales ne sont pas modifiées, même si les lois constitutionnelles de 1875 connaissent leur première révision depuis 1884. Mais il s'agit seulement, afin de rassurer les épargnants, d'inscrire dans ces lois la Caisse d'amortissement, qui se trouve ainsi dotée d'un statut constitutionnel.

En une année, le gouvernement de Léon Blum donne au pays comme une nouvelle constitution sociale. La réforme du statut de la Banque de France, la nationalisation des chemins de fer, les réformes décisives du droit du travail – semaine de quarante heures, congés payés, délégués du personnel – témoignent des résultats qui peuvent découler d'une forte volonté appuyée sur un vote clair du pays. Le système institutionnel ne peut, en revanche, évoluer. Respectueux des traditions républicaines, Léon Blum démissionne lorsque son gouvernement est mis en minorité au Sénat. Et il y a quelque tristesse à rappeler que la loi du 10 juillet 1940 a été votée par la Chambre du Front populaire.

Dans ces différents moments de l'histoire, faute d'avoir pu se réformer, l'État a entraîné le pays vers de redoutables difficultés. Mais l'histoire permet un autre constat, plus positif : l'État a été construit par de grands réformateurs.

B | CES RÉFORMATEURS QUI ONT CONSTRUIT L'ÉTAT

La force de l'État ne s'est pas imposée d'elle-même. Elle découle d'impulsions successives données de manière décisive par de grands réformateurs.

1/ *Philippe le Bel : la naissance de la monarchie administrative*

Philippe le Bel, roi de France de 1285 à 1314[2], et ses légistes, Enguerrand de Marigny, Guillaume de Nogaret, sont parmi les premiers grands réformateurs de l'État. Avec eux, la monarchie administrative s'affranchit à la fois de la féodalité et de la papauté. Le Conseil du roi, où siègent déjà maîtres des requêtes et conseillers d'État, incarne le pouvoir central. Ancêtre de la Cour des comptes, la Chambre des aides voit le jour.

2. Voir : Jean Favier, *Philippe le Bel*, Paris, Fayard, 1978 ; Georges Minois, *Philippe le Bel*, Paris, Perrin, 2014.

2/ *De Richelieu à Louis XIV : le Grand Siècle et la force de l'État*

De son entrée au Conseil du roi, en 1624, à sa mort, qui précède de peu celle de Louis XIII, en 1642, le cardinal de Richelieu entreprend une œuvre de réforme qui touche tous les domaines de l'administration intérieure, les finances, la législation, avec l'adoption du « code Michau », l'armée. Encourageant les manufactures royales et créant les premières compagnies à monopole, il développe les interventions de l'État en matière économique. Son action touche aux beaux-arts et à la culture : le Palais-Cardinal, qui devient, à sa mort, le Palais-Royal, en est l'incarnation ; l'Académie française, fondée en 1635, la réalisation la plus durable. Au Canada, au Sénégal, à Madagascar, les premières colonies apparaissent.

Poursuivie par Mazarin, la politique commencée par Richelieu forme le socle à partir duquel Louis XIV, qui règne de 1643 à 1715, donne à l'État toute sa puissance[3]. Sous l'impulsion de Colbert, une administration centralisée et compétente s'affirme comme le ressort du Royaume. Après l'arrestation de Fouquet en 1664, l'administration des finances gagne en honnêteté comme en efficacité. Le Conseil du roi, parfois appelé Conseil d'État du roi, prend de multiples décisions administratives et juridictionnelles. De grandes ordonnances réorganisent la justice et la marine. Les manufactures des Gobelins et d'Aubusson sont créées. Versailles est le centre du pouvoir en même temps qu'un lieu exceptionnel de créativité architecturale, littéraire, théâtrale, musicale. Les premières institutions sociales voient le jour, avec l'inscription maritime, la caisse des invalides, premier régime de retraite de l'histoire, suivie par la caisse des retraites de l'Opéra royal, qui est le premier organisme à verser des pensions à des femmes, danseuses ou cantatrices. Des compagnies de commerce, des Indes orientales et occidentales, du Levant, du Sénégal, poursuivent la constitution d'un empire outremer, tandis que de plus en plus de Français peuplent le Canada.

3/ *Bonaparte et le renouveau de l'État*

Il faut attendre le Consulat et le Premier Empire pour retrouver une force égale dans le mouvement de l'État[4]. Si les institutions alors mises en place ont une telle solidité, c'est sans doute parce que le génie de leur créateur est de mêler les traditions profondes de l'histoire et les aspirations de l'esprit révolutionnaire.

Le Conseil d'État est un exemple de cette synthèse. Chargé, selon l'article 52 de la Constitution de l'an VIII, de « rédiger les projets de

3. Voir notamment Voltaire, *Le Siècle de Louis XIV*, Berlin, Henning, 1751 ; François Bluche, *Louis XIV*, Paris, Fayard, 1986.

4. Voir notamment Adolphe Thiers, *Histoire du Consulat et de l'Empire*, Paris, Paulin, 1884 ; Jean Tulard, *Napoléon ou le mythe du sauveur*, Paris, Fayard, 1977 ; Patrice Gueniffey, *Bonaparte*, Paris, Gallimard, 2013.

lois et les règlements d'administration publique et de résoudre les difficultés qui s'élèvent en matière administrative », il hérite de l'Ancien Régime son appellation et ses doubles fonctions, administratives et juridictionnelles. On y retrouve des conseillers d'État et des maîtres des requêtes. Il tient ses premières séances en suivant le règlement du Conseil du roi établi sous Louis XV. Mais, à ces retours vers l'Ancien Régime, se mêlent les créations inspirées de la Révolution. Un arrêté des consuls du 9 avril 1803 crée le concours d'auditeur au Conseil d'État : ce grade nouveau et ce mode de recrutement traduisent l'exigence d'égal accès des citoyens aux emplois publics, « sans autre distinction que celle de leurs vertus et de leurs talents », posée par l'article 6 de la Déclaration des droits de l'homme et du citoyen. Les conseillers d'État de l'an VIII avaient déjà été nommés en s'inspirant de ce principe. Juristes ou administrateurs de grande valeur, ils appartiennent à toutes les tendances de l'opinion : jacobins (Brune, Merlin), révolutionnaires modérés (Roederer, Regnaud), conservateurs (Bigot de Préameneu, Dufresne). À partir de la création, en 1806, de la commission du contentieux, l'indépendance du Conseil d'État en matière contentieuse s'affirme. Certes, suivant les règles de la *justice retenue*, les décisions de justice administrative sont rendues par l'empereur, après avis du Conseil d'État. Mais, en pratique, cet avis est toujours suivi – même si parfois l'empereur maugrée : « On me fait signer aveuglément des décisions délibérées par le Conseil d'État sur des matières contentieuses : je ne suis pour cela qu'une griffe. »

D'autres « masses de granit » de la constitution administrative de la France qui se met en place témoignent de la même volonté d'inspiration conjointe de l'Ancien Régime et de la Révolution. Les préfets sont pour une large part les successeurs des intendants – et comme eux, ils sont volontiers choisis parmi les maîtres des requêtes. Il existe un lien de filiation directe entre la Chambre des aides et la Cour des comptes instituée en 1807. Créée en 1804, la Légion d'honneur elle-même n'est pas sans rappeler les ordres de chevalerie, notamment l'Ordre de Saint-Louis que Louis XIV avait fondé en 1693 et qui était accessible à tous, sans condition de naissance.

4/ *Le général de Gaulle : de la Libération à la Cinquième République*

Pour donner à l'État toute sa force, le général de Gaulle l'inscrit lui aussi dans sa dimension historique, tout en l'adaptant aux nécessités du présent.

De la Libération à son départ du gouvernement provisoire, en janvier 1946, il témoigne du souci de la continuité républicaine et met en œuvre un ensemble de réformes d'autant plus remarquables que l'achèvement de la guerre, le ravitaillement, la reconstruction absorbaient une grande part des énergies. Le vote des femmes, la mise en place, sous l'impulsion de Pierre Laroque, de la sécurité sociale, la création des comités d'entreprise datent de 1945. Remplaçant les anciens concours de recrutement propres à chaque corps de fonctionnaires, l'École nationale d'administration (ENA) apparaît comme le symbole d'une fonction publique plus ouverte et mieux formée. Les réflexions que livre à son sujet le général de Gaulle dans ses *Mémoires de guerre* sont significatives : « La satisfaction m'était donnée, le 15 décembre, d'inaugurer l'École nationale d'administration, institution capitale qui allait rendre rationnels et homogènes le recrutement et la formation des principaux serviteurs de l'État, jusqu'alors originaires de disciplines dispersées. L'École, sortie tout armée du cerveau et des travaux de mon conseiller Michel Debré, recevait le jour, il est vrai dans l'atmosphère assez sceptique dont l'entouraient les grands corps de la fonction publique et les milieux parlementaires. Mais elle n'en verrait pas moins se dissoudre les préventions, jusqu'à devenir peu à peu, au point de vue de la formation, de la conception et de l'action administratives, la base de l'État nouveau. »

De 1958 à 1969, le général de Gaulle aura la possibilité de mettre en place cet État nouveau sur une plus longue durée. Dès la période transitoire, qui précède ou qui suit immédiatement l'entrée en vigueur de la nouvelle Constitution, une série d'ordonnances, qui ont dès leur adoption valeur législative en vertu des dispositions transitoires de l'article 92 de la Constitution, dessinent un cadre administratif transformé. Le terme d'« ordonnances », repris de l'Ancien Régime et réapparu à la Libération, témoigne d'une conception renouvelée de l'action publique, conduite par le pouvoir exécutif. Des ordonnances déterminent notamment le statut général de la fonction publique et celui de la magistrature, les modalités d'adoption des lois de finances.

La Constitution du 4 octobre 1958, qui renouvelle les institutions politiques en suivant les lignes tracées par les discours d'Épinal et de Bayeux, contient elle-même de nombreuses dispositions qui intéressent l'administration. Un vaste pouvoir réglementaire est conféré au gouvernement. Celui-ci « dispose de l'administration ». À plusieurs reprises, le Conseil d'État et la Cour des comptes sont mentionnés dans la Constitution. En prévoyant la nomination en conseil des ministres des ambassadeurs, des préfets, des recteurs d'académie, des directeurs des administrations centrales, son article 13 détermine les grandes lignes de l'organisation administrative. L'indépendance de l'autorité judiciaire et la libre administration des collectivités territoriales sont affirmées.

Mûrie durant les années de « traversée du désert », la Constitution de 1958 n'est pas pour autant regardée comme un texte intangible. Elle connaît, sous le général de Gaulle, trois révisions : deux sont de caractère technique, l'une tire les conséquences de l'accession à l'indépendance de pays africains membres de la Communauté en 1960, l'autre modifie la date des sessions parlementaires en

1963 ; la troisième influe sur la nature même du régime, puisqu'elle prévoit, en 1962, l'élection du président de la République au suffrage universel direct. En 1969, le départ du général de Gaulle résulte du rejet, lors du référendum du 27 avril, d'une nouvelle révision relative à la fois à la régionalisation et à la réforme du Sénat.

De multiples réformes entreprises sous la présidence du général de Gaulle concernent tous les aspects de la vie de l'État. Les unes posent le socle de structures durables : dès 1959, une nouvelle organisation hospitalière est dessinée autour des centres hospitaliers et universitaires (CHU), tandis que les rapports des collectivités publiques et de l'enseignement privé sont redéfinis, avec l'apparition des établissements privés sous contrat, contrat simple ou contrat d'association. Les régions succèdent en 1964 aux simples circonscriptions d'action régionale et les préfets de région sont créés. La sécurité sociale est profondément réformée en 1967 avec la mise en place des grandes caisses nationales. D'autres réformes apparaissent davantage comme de premiers pas vers des évolutions futures. Des administrations de mission voient le jour, pour mener des actions nouvelles, en matière notamment d'aménagement du territoire ou de recherche scientifique, indépendamment des structures traditionnelles. La rationalisation des choix budgétaires (RCB) se veut une méthode de gestion des finances publiques. En matière économique, un souffle réformateur anime, en 1959, le rapport Rueff-Armand, comme, en 1967, le rapport Nora. Qualifié par le général de Gaulle d'« ardente obligation », le plan traduit l'investissement de l'État dans une vie économique qui, en particulier sous les gouvernements de Georges Pompidou, s'ouvre à l'industrialisation et au marché européen. Première grande autorité de régulation, la Commission des opérations de Bourse date de 1967.

Les ministres du général de Gaulle sont des réformateurs, qui s'investissent dans la conduite de leurs administrations, qu'ils marquent fortement de leur action : André Malraux à la culture, Jean Foyer à la justice, Pierre Messmer aux armées, Maurice Couve de Murville aux affaires étrangères, Edgard Pisani à l'agriculture, Alain Peyrefitte à l'information, Edgar Faure, après Mai 1968, à l'éducation nationale. Sous l'autorité de tels ministres, l'ensemble des fonctionnaires a le sentiment de participer à une action publique d'envergure, menée avec le seul souci de l'intérêt général, loin des querelles partisanes, avec une haute conception du rôle de l'État et une vision de l'avenir.

Certains de ceux qui occupent alors d'importantes fonctions administratives feront ensuite une carrière politique, comme Olivier Guichard, délégué à l'aménagement du territoire de 1963 à 1967, année où il devient ministre de l'industrie, ou Robert Galley, qui exerce des responsabilités en matière d'énergie atomique, d'électronique et d'informatique avant d'entrer au gouvernement, comme ministre de l'équipement et du logement, en 1968. D'autres, qui ne quitteront pas la fonction publique, demeurent comme des modèles de grands commis de l'État. Ayant pris part à la Résistance, ils ont commencé ou poursuivi sous la Quatrième République une carrière qui s'épanouit sous la Cinquième. Leurs grandes figures donnent forte allure à l'administration. L'un des premiers compagnons du général de Gaulle, René Cassin, est nommé vice-président du Conseil d'État le 22 novembre 1944. Il exerce ses fonctions jusqu'en 1960. Un autre héros de la Résistance, artisan de la libération de Paris, Alexandre Parodi, lui succède jusqu'en 1971. Sous la présidence du général de Gaulle, le secrétariat général de l'Élysée est confié à l'ambassadeur Étienne Burin des Roziers, puis au conseiller d'État Bernard Tricot. Pierre Laroque est directeur général de la sécurité sociale avant de présider la section sociale du Conseil d'État ; son collègue Pierre Racine, directeur du cabinet de Michel Debré à l'hôtel Matignon, préside ensuite la mission chargée de l'aménagement du littoral de Languedoc-Roussillon puis est nommé directeur de l'École nationale d'administration après Mai 68. Inspecteur général des finances, François Bloch-Lainé est directeur général de la Caisse des dépôts et consignations de 1952 à 1967 ; son collègue, Paul Delouvrier, après avoir été délégué général du gouvernement en Algérie de 1958 à 1960, met en place les nouvelles institutions de la région parisienne, dont il est le premier préfet de région de 1966 à 1969. Des ambassadeurs illustrent leur métier dont ils portent les traditions tout en ayant une importante dimension personnelle, Hervé Alphand à Washington, René Seydoux de Clausonne à Moscou et son frère François à Bonn, Lucien Paye à Pékin, Étienne Dennery à Tokyo. Il en va de même de préfets qui, après avoir appartenu à la génération des préfets de la Libération, restent plusieurs années à la tête des grandes préfectures, Jean Benedetti à Lille puis à Paris, Gabriel Delaunay à Bordeaux, Max Moulins à Lyon, Alexandre Stirn à Rennes. La République du général de Gaulle est une grande époque pour l'administration.

Même brièvement rappelées, ces pages de l'histoire sont riches d'enseignements. Elles apprennent qu'il n'y a pas de fatalité. La volonté de réformer l'État échoue parfois, elle connaît également des réussites éclatantes. Tout dépend sans doute pour une part des circonstances, mais aussi de la force des hommes et de la valeur des projets. Une réelle ambition, nourrie du passé et ouverte au présent, connaît le succès lorsque, appuyée sur de solides soutiens dans l'opinion, elle est mise en œuvre dans la durée par des acteurs compétents. Inspirées par le passé, ces réflexions aident à répondre aux interrogations d'aujourd'hui.

II

PEUT-ON AUJOURD'HUI RÉFORMER L'ÉTAT ?

Plus qu'on ne le croit parfois, de vraies perspectives de réforme de l'État peuvent se dessiner. De nombreuses réformes de grande portée accomplies au cours des années récentes l'attestent. Pour une part, les exigences de la construction européenne y contribuent, tandis que les exemples d'autres pays européens confirment la capacité de l'administration à se moderniser, en même temps qu'ils procurent une source complémentaire d'inspiration. Toutefois, pour avancer à un rythme suffisant, il reste sans doute à transformer certains obstacles en aiguillons.

A | DES RÉFORMES DE GRANDE PORTÉE ONT RÉUSSI

Depuis le milieu des années 1970, l'administration est engagée dans un mouvement qui a commencé à la transformer profondément. Peut-être le rythme est-il encore trop lent. Mais les réformes réussies ont préparé l'avenir. Elles portent en particulier sur les structures administratives comme sur le périmètre d'intervention des autorités publiques et les modalités de leur action.

1/ *Les structures administratives*

Les structures administratives ont considérablement évolué, au niveau central comme à l'échelon local. Certes, les administrations centrales de l'État ont conservé leurs caractéristiques principales. Les tentatives, en particulier, de réduire l'importance et le rôle des cabinets ministériels, de manière à promouvoir un travail plus direct des ministres avec les services, n'ont jusqu'à présent guère donné de résultat. D'autres évolutions sont plus significatives : le développement des autorités administratives indépendantes et la multiplication des agences ont modifié de manière substantielle l'organisation et les méthodes d'action des services centraux de l'État, dans un sens convergent avec celui des autres pays européens.

Les autorités administratives indépendantes se sont affirmées à la fois comme instances de régulation (Autorité de la concurrence, Autorité des marchés financiers, Commission de régulation de l'énergie, Autorité de régulation des communications électroniques, des postes et de la distribution de la presse, Autorité de régulation des transports, Autorité de contrôle prudentiel et de résolution,

Conseil supérieur de l'audiovisuel, appelé à devenir Autorité de régulation de la communication audiovisuelle et numérique) et comme garants des droits fondamentaux des administrés et des citoyens (Commission d'accès aux documents administratifs, Commission nationale de l'informatique et des libertés, Contrôleur général des lieux de privation de liberté, Haute Autorité pour la transparence de la vie publique). Le Défenseur des droits, créé par la révision du 23 juillet 2008, consacre ce deuxième aspect de l'évolution, en lui donnant un fondement constitutionnel.

Dans le même temps, de nombreux services se sont transformés en *agences*. Les formes juridiques en sont variées : établissement public, groupement d'intérêt public, service à compétence nationale. Mais l'objectif commun est de rechercher une plus grande autonomie de gestion, pour atteindre, dans un domaine déterminé, au travers de méthodes inspirées par des préoccupations managériales, des objectifs mieux définis. L'affirmation des agences dans des domaines où l'État rencontre des défis particulièrement lourds est significative à cet égard, qu'il s'agisse des risques sanitaires et environnementaux (Agence nationale de sécurité du médicament et des produits de santé, Agence nationale de sécurité sanitaire, de l'alimentation, de l'environnement et du travail), de la gestion du système de soins (agences régionales de santé, en place depuis le 1er avril 2010), de la dynamique des territoires (Agence nationale de la cohésion des territoires) ou de la valorisation de son propre patrimoine (Agence des participations de l'État, Agence du patrimoine immatériel de l'État, Agence publique pour l'immobilier de la justice). Les agences sont utilisées pour le rayonnement de la France à l'étranger (Agence française de développement, Institut français, Agence française pour le développement international des entreprises, dite Ubi-france). Dans son étude annuelle de 2012, *Les Agences, une nouvelle gestion publique ?*, le Conseil d'État a rappelé cette évolution et tracé le cadre d'un recours approprié à l'agence, qu'il définit comme « un organisme autonome, exerçant une responsabilité structurante dans la mise en œuvre d'une politique nationale ».

En matière d'agences, l'administration britannique a joué un rôle pionnier, confiant de nombreuses tâches à des institutions dotées d'une large autonomie en ce qui concerne leur personnel, leur budget, leurs moyens d'action. Les unes sont placées auprès des ministères, dont elles mettent en œuvre les orientations : *executive agencies* ou *next steps agencies*. Les autres, dites *non departmental public bodies* (NDPB), n'ont pas de lien direct avec les ministères et se rapprochent davantage des autorités administratives indépendantes. La formule de l'agence est aussi largement pratiquée en Allemagne, aux Pays-Bas, en Suède, aux États-Unis et en Nouvelle-Zélande. L'administration européenne s'en est également inspirée, en multipliant ses propres agences : Agence européenne pour l'environnement (1990), Agence européenne des médicaments (1993), Agence européenne pour la sécurité et la santé au travail (1994), Agence européenne de sécurité des aliments (2002), Agence européenne chargée de la sécurité des réseaux et de l'information (2004), Agence des droits fondamentaux de l'Union européenne (2007), Agence pour la cybersécurité (2012), Agence européenne de gardes-frontières et de gardes-côtes (Frontex, créée en 2004 et dont les attributions ont été élargies en 2016). L'agence est ainsi devenue l'une des illustrations du *new public management.*

À l'échelon local, l'administration, sous le double effet des lois de *décentralisation* et du mouvement de *déconcentration*, est passée d'une tradition jacobine à la réalité d'une République décentralisée. Sans doute une démocratie locale s'était-elle progressivement constituée à partir des premières réformes intervenues sous la monarchie de Juillet puis, davantage encore, des grandes lois républicaines du 10 août 1871 sur le département et du 5 avril 1884 sur l'administration communale. C'est toutefois une mutation de grande ampleur qui a résulté de la loi du 2 mars 1982 et des transferts de compétences qui ont suivi en 1983 et en 1984. La tutelle a disparu, le préfet a cessé d'être l'exécutif du département, la région est devenue une collectivité territoriale. Une deuxième étape a été franchie avec la révision constitutionnelle du 28 mars 2003. Affirmant que la France est une République décentralisée, elle érige le principe de subsidiarité en clef de la répartition des compétences entre l'État et les collectivités territoriales. Les collectivités ou groupements de collectivités à statut particulier se sont multipliées : la Corse, la collectivité européenne d'Alsace, qui réunit les départements du Haut-Rhin et du Bas-Rhin, le Grand Paris, la Métropole de Lyon. L'organisation de l'outre-mer a été complètement redéfinie : à la traditionnelle distinction entre départements et territoires d'outre-mer a succédé celle entre, d'une part, les départements et régions d'outre-mer et, d'autre part, les collectivités d'outre-mer, qui ont chacune un statut particulier. La Martinique et la Guyane ont été, en outre, dotées d'un statut spécifique de collectivité unique, à la fois région et département. Plus spécifique encore est le cas de la Nouvelle-Calédonie qui, depuis la révision constitutionnelle du 20 juillet 1998, entretient avec la République des liens de nature quasi fédérale.

La libre administration des collectivités territoriales a ainsi reçu sa pleine portée et les compétences confiées à ces collectivités se sont considérablement élargies. Leurs dépenses, qui représentent 20 % de l'ensemble des dépenses publiques, sont passées de 1980 à 2019 de 8 % à 11 % du PIB, la moitié de cette hausse résultant des transferts de compétence. Sans s'orienter, à l'exception peut-être de la situation propre à la Nouvelle-Calédonie, vers un système fédéral, la France s'est rapprochée des pays européens qui, tels le Royaume-Uni, l'Italie ou l'Espagne et sous des formes variées, combinent l'État unitaire avec une grande marge d'action des collectivités décentralisées.

Accompagnant le mouvement de décentralisation, l'administration de l'État s'est elle-même davantage déconcentrée, tout en se réorganisant fortement. Les principes ont été posés par la loi du 6 février 1992 sur l'administration territoriale de la République et les décrets du 1er juillet 1992 puis du 7 mai 2015 portant Charte de la déconcentration. Depuis le décret du 15 janvier 1997, les décisions individuelles de l'État se prennent en principe au niveau déconcentré. Poursuivant le mouvement commencé par les décrets du 14 mars 1964 puis du 10 mai 1982, le décret du 16 février 2010 accroît l'autorité des préfets sur l'ensemble des services déconcentrés de l'État, y compris les établissements publics. Sauf en matière de contrôle des collectivités territoriales, d'ordre public et de police des étrangers, il donne autorité au préfet de région sur les préfets de département. Parallèlement, les services départementaux et régionaux de l'État sont organisés en grandes directions qui disposent d'un plus large périmètre d'action. Au niveau départemental, les principaux services, dont la configuration peut varier d'un département à l'autre et qui forment, à côté des services de la préfecture, l'ossature de base, sont : la direction départementale des territoires, qui regroupe les services de l'agriculture, de l'équipement, de l'architecture et du patrimoine ; la direction départementale de la cohésion sociale ; la direction départementale des finances publiques ; la direction départementale de la sécurité intérieure ; l'inspection d'académie. Cette réorganisation traduit aussi le périmètre que l'État donne à son intervention.

2/ *Périmètre d'intervention et modalités d'action des collectivités publiques*

L'État comme les collectivités territoriales ont modifié le périmètre de leurs interventions et adapté les modalités de leur action. Avec les privatisations d'un côté, le recours accru à la gestion déléguée de l'autre, les collectivités publiques interviennent moins directement dans les activités économiques. Leur rôle de régulation s'est, en revanche, accru. Des politiques publiques sont attendues au regard de préoccupations nouvelles en matière notamment de santé, de sécurité sanitaire, de solidarité, d'accès à la culture, d'environnement et de développement durable.

Dans les différents domaines, les administrations cherchent à exercer leurs missions avec un moindre recours aux procédés d'autorité. Dans la perspective de la loi du 12 avril 2000 relative aux droits des citoyens dans leurs relations avec l'administration, puis du code des relations entre le public et l'administration adopté par l'ordonnance du 23 octobre 2015, les administrés sont regardés comme des partenaires, titulaires de droits, plus que comme des sujets à qui l'autorité publique s'impose sans avoir à s'expliquer. La même logique conduit à préférer, pour un nombre croissant de décisions et d'activités, la *voie contractuelle* à la mesure unilatérale[5].

Une place centrale revient à l'objectif d'efficacité. De ce point de vue, le nouveau cadre budgétaire issu de la loi organique du 1er août 2001 relative aux lois de finances constitue, même si son utilisation est encore susceptible d'amélioration, un important progrès. « Révolution copernicienne des finances publiques, elle vise à permettre la mise en place d'une nouvelle gestion publique et porte en germe une profonde réforme de l'État[6]. » Le budget est désormais présenté et conçu à partir des politiques publiques. À cette fin, les crédits sont groupés par mission, chaque mission comprenant un ensemble de programmes qui concourent à une politique publique. À l'intérieur d'un programme, les crédits sont globalisés et fongibles. Des marges sont ainsi données aux services pour « dépenser mieux ». Des indicateurs de performance permettent de quantifier et de mesurer les résultats obtenus.

Des efforts particuliers ont été entrepris pour mettre en œuvre une meilleure gestion des propriétés publiques. Un cadre normatif rénové est issu de l'ordonnance du 21 avril 2006 adoptant la partie législative du code général de la propriété des personnes publiques. Transformé en 2006 en France Domaines, puis devenu en 2016 la Direction de l'immobilier de l'État, le service des domaines met en place une comptabilité patrimoniale de l'État, définit les « loyers budgétaires » des administrations et procède à de nombreuses ventes d'immeubles dont il n'est pas justifié que l'État conserve la propriété. De 2006 à 2016, l'État a vendu des biens immobiliers représentant 7 milliards d'euros. Le volume des cessions s'est toutefois ralenti, pour se situer dans une moyenne légèrement supérieure à 400 millions d'euros par an de 2015 à 2019.

À la révision générale des politiques publiques (RGPP) entreprise en 2007 ont succédé, en 2012, la modernisation de l'action publique (MAP) puis, en 2017, le Programme action publique 2022, qui cherchent à adapter l'ensemble des actions de l'État. Une direction interministérielle pour la modernisation de l'action publique coordonne les initiatives. Les principaux chantiers lancés sous son impulsion portent sur la simplification de l'action administrative, l'accélération de la transition numérique, l'audit et l'évaluation des politiques publiques.

5. Voir chapitre 18 : Les contrats de l'administration.

6. Frank Mordacq, *La LOLF. Un nouveau cadre budgétaire pour réformer l'État*, Paris, LGDJ, 2006.

B | L'EUROPE ET LA RÉFORME DE L'ÉTAT

De l'Europe découle une double contribution à la réforme de l'État. La construction européenne elle-même entraîne des évolutions des administrations des pays de l'Union. Travaillant de plus en plus en réseau, celles-ci s'inspirent en outre mutuellement : les réformes réussies des uns sont des incitations pour les autres.

1/ La construction européenne et la modernisation de l'État

Sans doute les règles du droit de l'Union laissent-elles aux États une grande marge pour organiser leur propre appareil administratif. Elles sont toutefois à l'origine d'un fort mouvement d'adaptation et de convergence. Un cadre juridique commun se dessine à partir du droit de l'Union et de la transposition des directives. Des conséquences en découlent pour la fonction publique comme pour la commande publique. Les politiques publiques se conçoivent de plus en plus dans un cadre européen. De nombreux procédés d'action publique, recours aux agences, distinction des opérateurs et des régulateurs, sont le dérivé d'exigences communes.

Les administrations nationales inscrivent en conséquence leur action dans un réseau européen. Elles créent souvent des structures pour veiller à l'articulation de leur propre activité avec les impératifs européens. En France, le secrétariat général du comité interministériel pour les questions de coopération européenne (SGCI), créé dès 1948 dans le cadre de la mise en œuvre du plan Marshall, a joué ce rôle avant de devenir le Secrétariat général des affaires européennes[7].

2/ L'évolution de l'État dans les différents pays européens

Plusieurs pays européens ont mené, en matière de réforme de l'État, des politiques particulièrement actives qui, tout en faisant la part nécessaire aux particularités nationales, peuvent éclairer les autres. Tel est le cas, notamment, du Royaume-Uni, de l'Italie et de la Suède.

Au Royaume-Uni, il y a, du point de vue de l'évolution de l'appareil administratif, plus de continuité que de rupture entre les réformes des gouvernements conservateurs de Margaret Thatcher (1979-1990), de John Major (1990-1997) de David Cameron (de 2010 à 2016), de Theresa May (2016-2019) ou de Boris Johnson et celles des gouvernements travaillistes de Tony Blair (1997-2007) et de Gordon Brown (2007-2010). La réduction du secteur public et la diminution du nombre de fonctionnaires qui découlent de

7. Décret du 17 octobre 2005.

l'action vigoureuse de Margaret Thatcher n'ont pas été remises en cause. Si les services publics, en matière, notamment, d'éducation, de santé et de transport, ont connu un important renouveau sous le gouvernement de Tony Blair, leur action s'est développée à partir d'agences plus que de services directement liés à l'État. La décentralisation s'est affirmée en Écosse, au pays de Galles et en Irlande du Nord au travers de la politique de *devolution* qui a conduit en 1998 à la mise en place d'un Parlement et d'un *first minister* écossais, de la National Assembly for Wales, devenue Welsh Parliament en 2019, et d'une assemblée d'Irlande du Nord. Confortée par le référendum de l'automne 2014, l'union avec l'Écosse se trouve de nouveau discutée après le Brexit.

Une continuité comparable apparaît en Italie entre les gouvernements de centre gauche, en particulier la coalition de l'Olivier dirigée par Romano Prodi de 1996 à 1998, et les gouvernements plus orientés à droite. L'Italie est le pays qui a connu le plus important programme de privatisation. Sa fonction publique, conformément aux projets conçus par le professeur Sabino Cassese et par Franco Bassanini, ministre de la Réforme de l'État dans le gouvernement de Romano Prodi, a considérablement évolué : réduction d'effectifs, recrutements par contrats, contrôle des performances et rémunération au mérite. La décentralisation au profit des régions s'est renforcée. De 2014 à 2016, le gouvernement de Matteo Renzi s'est inscrit avec ardeur dans cette filiation réformatrice, avant de démissionner à la suite de l'échec du référendum constitutionnel de décembre 2016. Après sa rupture avec la Ligue, le gouvernement de Giuseppe Conte conserve une inspiration comparable.

Pionnière en matière de garantie des droits des administrés et de transparence, la Suède a aussi été l'un des premiers pays européens à réformer sa fonction publique et à recourir à la gestion par des agences. La décentralisation s'y développe, vers ses 20 régions et ses 289 communes. Elle a fait de l'administration électronique une priorité.

Ces exemples, auxquels s'ajoutent des expériences riches d'enseignements hors d'Europe, au Canada et en Nouvelle-Zélande en particulier, peuvent aider à concevoir des projets pour poursuivre et approfondir les réformes engagées en France.

C | TRANSFORMER LES OBSTACLES EN AIGUILLONS

Si l'administration française a fait preuve de capacités d'évolution, le rythme et l'ampleur du mouvement ne sont pas encore à la hauteur des besoins. Des obstacles entravent le processus de modernisation. Si des actions résolues sont entreprises pour les surmonter, ils peuvent, à l'inverse, constituer des aiguillons qui aideront à construire le changement.

1/ *Trois obstacles majeurs*

Nombre de pesanteurs viennent de trois catégories de difficultés de natures très différentes, mais dont la combinaison entrave les nécessaires améliorations : l'inflation et l'instabilité normatives ; la complexité de la carte administrative ; les déficits et l'endettement publics. Sur ces trois vastes sujets, des progrès ne sont possibles qu'au prix d'actions déterminées menées sur la longue durée.

a) Inflation et instabilité normatives

Dénoncés par le rapport public du Conseil d'État de 1991 intitulé *De la sécurité juridique*, l'excès de réglementation et la dégradation de la qualité des normes n'ont fait qu'empirer depuis. Le Conseil d'État l'a de nouveau constaté dans son rapport public de 2006, *Sécurité juridique et complexité du droit*, puis dans celui de 2016, *Simplification et qualité du droit*. Les textes sont trop nombreux, trop fréquemment modifiés, d'une technicité excessive, d'une qualité qui laisse souvent à désirer.

La jurisprudence a marqué des réactions. L'accessibilité et l'intelligibilité de la loi sont devenues des objectifs de valeur constitutionnelle[8]. Le Conseil constitutionnel a dégagé un principe de clarté de la loi[9] qui le conduit à censurer les lois d'une « complexité excessive[10] ». Le Conseil d'État a érigé la sécurité juridique en principe général du droit[11]. Ces décisions constituent surtout des rappels à l'ordre. Elles n'ont pu inverser le phénomène de prolifération et d'excessive complexité des lois et des règlements. La multiplication du recours aux ordonnances, selon un processus qui n'est pas sans rappeler celui des décrets-lois entre 1930 et 1940, traduit le dérèglement de l'appareil normatif lui-même : débordé par ses propres lois, le Parlement n'a d'autre ressource que de déléguer au gouvernement le soin d'adopter des règles qui relèvent normalement du domaine de la loi.

Une amélioration tangible est toutefois venue de la relance de la codification, à partir de 1989. Des codes existants, comme le code de commerce, le code rural ou le code du travail, ont été mis à jour ou refondus. De nombreux codes nouveaux ont été adoptés : code général des collectivités territoriales, code monétaire et financier, code de l'environnement, code de l'éducation, code général de la propriété des personnes publiques, code des relations entre le

8. CC, décision du 16 décembre 1999.
9. CC, 10 juin 1998 ; CC, 14 janvier 1999 ; CC, 29 juillet 2004.
10. CC, 29 décembre 2005.
11. CE, 24 mars 2006, *Société KPMG*.

public et l'administration, code de la commande publique, code de justice administrative et code des juridictions financières en particulier. Présentant le droit de manière plus claire et ordonnée, en procédant aux ajustements nécessaires pour respecter la hiérarchie des normes et actualiser leur contenu, « la codification répond à l'objectif de valeur constitutionnelle d'intelligibilité et d'accessibilité de la loi[12] ». En 2019, 62 % des articles législatifs en vigueur sont codifiés.

De son côté, le Parlement adopte des lois de simplification[13], qui abrogent des dispositions inutiles ou obsolètes. Le nombre et la complexité de ces lois, qui comportent parfois elles-mêmes des erreurs, montrent toutefois les limites de l'exercice. Le Sénat a créé un Bureau d'abrogation des lois anciennes et inutiles (BALAI), qui a conduit à l'adoption d'une loi du 11 décembre 2019 abrogeant 44 lois obsolètes qui avaient été adoptées entre 1819 et 1940 ; le travail se poursuit pour la période postérieure à 1940 : l'abrogation de 163 lois votées entre 1941 et 1980 fait l'objet d'une proposition de loi sénatoriale. Une obligation constitutionnelle de procéder à une étude d'impact avant le dépôt d'un projet de loi a été introduite par la révision constitutionnelle du 23 juillet 2008 et précisée par la loi organique du 15 avril 2009. Ne sont affranchies de l'obligation d'étude d'impact que les lois constitutionnelles, les lois de finances et de financement de la sécurité sociale, les lois autorisant la ratification des traités et les lois prorogeant des états de crise. Même si elles ne sont pas toujours réalisées assez tôt ni avec tous les éléments nécessaires, les études d'impact des projets de loi sont un instrument utile de réflexion. Au moins pour les réformes les plus importantes, elles devraient sans doute être approfondies.

Des préoccupations voisines se sont manifestées dans les autres pays européens. Au Royaume-Uni, une instance indépendante, dénommée Better Regulation Task Force, a été mise en place en 1997 auprès du Premier ministre pour veiller à la cohérence, à la transparence, à l'efficacité et à la proportionnalité des textes. À la suite du rapport Hampton, *Reducing Administrative Burdens*, rédigé en 2005, un service administratif, Better Regulation Executive, a reçu la charge de veiller à la qualité de la réglementation. En Allemagne, la Cour de Karlsruhe fait, depuis 1993, une exigence constitutionnelle de rassembler les données nécessaires à l'évaluation des

12. CC, 17 janvier 2008 (décision relative au code du travail).

13. Lois notamment du 20 décembre 2007 relative à la simplification du droit, du 12 mai 2009 de simplification et de clarification du droit et d'allégement du droit, du 17 mai 2011 de simplification et d'amélioration de la qualité du droit, du 22 mars 2012 relative à la simplification du droit et à l'allégement des procédures administratives, du 16 février 2015 relative à la modernisation et à la simplification du droit et des procédures dans le domaine de la justice et des affaires intérieures, du 19 juillet 2019 de simplification, de clarification et d'actualisation du droit des sociétés.

effets produits par une loi, tandis que le Parlement allemand pratique sur une grande échelle l'abrogation des lois obsolètes. En Espagne, une loi du 27 novembre 1997 exige pour tout projet de loi une analyse de l'opportunité et de la nécessité du texte ainsi qu'une estimation de son coût. Aux Pays-Bas une agence indépendante, Advisory Committee on the Testing of Administrative Burdens, a été créée en 2000.

b) Complexité de la carte administrative

Plus que dans aucun autre pays européen, la carte administrative, qui résulte d'empilements successifs, est, en France, d'une grande lourdeur. Trois échelons de collectivités territoriales, communes, départements et régions, se superposent. À ces trois catégories de collectivités territoriales s'ajoute l'étage de l'intercommunalité, qui concerne la quasi-totalité des communes. Au 1er janvier 2020, on compte ainsi environ 9 000 syndicats de communes, 997 communautés de communes, 222 communautés d'agglomération, 14 communautés urbaines et 21 métropoles.

D'importants progrès ont toutefois été accomplis durant les dernières années dans le sens d'une réduction du nombre de collectivités. La loi du 16 janvier 2015 a ramené de 22 à 13 le nombre des régions métropolitaines. Prévus par la loi portant nouvelle organisation territoriale de la République (loi NOTRe) du 7 août 2015, les schémas départementaux de coopération intercommunale ont conduit à une très sensible réduction du nombre des établissements de coopération intercommunale, qui ont tous désormais un périmètre plus vaste. Pour les très grandes agglomérations, le statut de métropole s'affirme. Avec un statut spécifique, la métropole du Grand Paris est née le 1er janvier 2016. Pour Paris même, la commune et le département de Paris ont fusionné dans une collectivité à statut particulier, dénommée Ville de Paris, le 1er janvier 2019. Depuis 2015, plus de 2 500 communes se sont regroupées en 754 communes nouvelles, ce qui a permis de faire passer le nombre total de communes de plus de 36 000 à moins de 35 000[14].

La carte des circonscriptions administratives de l'État, largement dessinée à partir des collectivités territoriales, reproduit le même morcellement. De nombreux services ont en outre des ressorts qui leur sont propres : zones de défense, rectorats d'académie, circonscriptions judiciaires. Il en résulte un enchevêtrement d'une grande complexité auquel il est difficile de remédier. La réforme en 2010 de la carte judiciaire, qui s'est traduite par la réduction du nombre des juridictions de première instance, a marqué une étape intéressante, complétée par la réunion, le 1er janvier 2020, des tribunaux d'instance et de grande instance au sein d'un même tribunal

14. Voir *supra* le chapitre 2 : Les collectivités territoriales.

judiciaire. Mais elle a rencontré de fortes résistances, alors qu'elle demeure de portée encore limitée. Elle n'a pas concerné, en particulier, le ressort des 33 cours d'appel.

Le rapport sur l'organisation territoriale remis au président de la République le 5 mars 2009 par la commission présidée par l'ancien Premier ministre, Édouard Balladur, avait pris pour sous-titre *Il est temps de décider*. Ses conclusions tracent des perspectives qui ne pourront être suivies d'effets qu'avec une grande détermination.

c) Déficits et endettement publics

La crise économique apparue en 2008 et les perturbations des marchés financiers ont aidé, en France comme dans les autres pays européens, à prendre conscience de l'ampleur des déficits et des dangers d'un endettement excessif des collectivités publiques. Pour la France, la détérioration des comptes publics a été progressive et continue. Depuis 1981, tous les budgets de l'État ont été adoptés en déficit. Les comptes sociaux, assurance maladie et assurance vieillesse en particulier, ont fait apparaître des besoins croissants de financement. Les collectivités territoriales ont, elles aussi, accru leurs dépenses et, faute de ressources propres suffisantes, creusé leurs déficits. Une baisse de l'investissement public local depuis 2014 et une meilleure maîtrise des dépenses de fonctionnement leur ont toutefois permis de revenir à l'équilibre à partir de 2016. En rendant nécessaires des dépenses de soutien à l'activité économique, la crise économique de 2008 a aggravé la situation. La crise sanitaire provoquée en 2020 par la Covid-19 a des conséquences encore inconnues. Jusqu'à cette crise, le déficit s'était toutefois progressivement réduit, de 4,8 % du PIB en 2012 à 3,6 % en 2016, puis 2,5 % en 2018. La dette publique totale n'en avait pas moins continué d'augmenter, pour atteindre 100 % du PIB fin 2019. Les besoins nés de la crise sanitaire pourraient porter en 2020 le déficit à plus de 7 % du PIB et l'endettement à 112 % de celui-ci. Le redressement est d'autant plus délicat que des efforts sont aussi à mener pour réduire le taux de prélèvements obligatoires. Atteignant 46 % du PIB, il place la France depuis 2017 au premier rang des pays de l'OCDE[15].

Le constat est européen. Les critères du pacte de stabilité, notamment la limitation des déficits à 3 % du PIB, n'ont pas résisté aux politiques imposées pour faire face à la récession. Après la crise grecque du printemps 2010, des plans de redressement ont été adoptés, non seulement en Grèce, mais aussi en Espagne et au

15. Dans l'ensemble de l'Union européenne, ce taux s'élève à 39 %. Il est de 34,2 % pour l'ensemble des pays de l'OCDE, de 45 % au Danemark, de 44 % en Belgique et en Suède, de 42 % en Italie, de 38 % en Allemagne, de 33 % au Royaume-Uni, de 24 % aux États-Unis.

Portugal. Dans la zone euro et, plus largement, dans l'Union européenne, des mécanismes de solidarité sont indispensables. Ils invitent à une gouvernance économique davantage assurée en commun, dont la crise sanitaire de 2020 souligne encore davantage le besoin.

Sur ces trois séries de questions, excès de normes, carte administrative à redessiner, déficits et endettement à résorber, les défis sont considérables. Ils peuvent se transformer en aiguillons de nature à mobiliser les compétences et les énergies afin de rénover en profondeur le cadre d'action des autorités publiques. Si tel est le cas, ils sont susceptibles de former un socle permettant de construire le changement.

2/ *Construire le changement*

Des enseignements tirés des réussites comme des échecs passés aident à définir les moyens de conduire le changement. Certains échecs invitent à la méfiance envers les actions trop générales ou trop brutales. Sans doute des réflexions d'ensemble sont-elles éclairantes. De riches constats se trouvent ainsi dans le rapport de la commission du Commissariat au plan présidée en 2000 par Christian Blanc, *Pour un État stratège, garant de l'intérêt général*, comme dans celui de la commission présidée en 1994 par Jean Picq, *L'État en France : servir une nation ouverte sur le monde*. Mais peu de résultats ont été obtenus à partir de projets à caractère général, comme ceux qu'entendait promouvoir le Commissariat à la réforme de l'État, créé en 1995 et supprimé en 1998.

Des réformes portées par une administration donnée permettent de vraies transformations. L'armée en offre une illustration marquante avec, en 1995, la suppression du service national et la mise en place d'une armée de métier, suivies de la réorganisation de l'implantation des régiments sur le territoire. Progressive, soutenue, au travers de larges concertations internes, par l'ensemble de ses acteurs, la réforme ouverte par la loi du 31 décembre 1987 a de son côté progressivement donné un visage nouveau à la juridiction administrative.

Des réformes trop rapidement avancées n'ont abouti qu'après une reprise de la concertation nécessaire pour obtenir l'adhésion. Ainsi, la réforme des retraites du secteur public, d'abord rejetée, en 1995, a fini par s'imposer, au terme d'un dialogue approfondi qui a permis une évolution des esprits, pour les fonctionnaires au travers de la loi du 21 août 2003, puis, en 2007, pour les régimes spéciaux, avant que la loi du 9 novembre 2010 ne réforme l'ensemble du système de retraite. En 2020, le projet de système universel de retraite s'est de nouveau heurté à de fortes résistances. La fusion des services des impôts et de la comptabilité publique, qui avait dû être retirée au début de 2000 devant l'hostilité des agents concernés, a abouti, au terme d'une nouvelle concertation, avec la constitution, en 2008, de la direction générale des finances publiques[16], suivie de la mise en place en plusieurs étapes des directions régionales et départementales. Parce que toute réforme commence par inquiéter, dialogue, pédagogie et conviction paraissent dans tous les cas nécessaires. La réforme s'inscrit dans le temps. Elle ne peut être conçue sans comprendre et assumer les héritages. Plutôt que par rupture, il est préférable de procéder par étapes, avec une démarche progressive, qui assure un suivi des résultats enregistrés. L'action publique s'inscrit aussi dans une vision de long terme. Le souci d'un tel recul inspire l'institution, par un décret du 1er septembre 2020, d'un haut-commissaire au Plan, « chargé d'animer et de coordonner les travaux de planification et de réflexion prospective conduits pour le compte de l'État ».

Toute réforme doit enfin être inscrite dans un horizon européen de manière tant à bénéficier des acquis de nos partenaires qu'à œuvrer dans le sens d'une plus grande cohésion. Certes, des particularités demeurent dans les modes d'organisation des États. Les héritages historiques et les préoccupations du moment varient de l'un à l'autre. Il est vrai également que tous les États ne peuvent avancer au même rythme sur tous les sujets. Mais aucun ne peut agir isolément avec efficacité. Les intérêts croisés sont trop forts pour autoriser des réponses isolées à des questions qui présentent presque toutes une dimension située au-delà des frontières nationales. Des coopérations renforcées, des projets définis et mis en œuvre par certains sont possibles et souvent nécessaires. La définition de toute politique publique appelle la prise en compte de la dimension européenne.

Bâtisseur de l'État moderne, le cardinal de Richelieu consignait en 1642, dans son *Testament politique*, des réflexions sur ce thème, dont les réformateurs d'aujourd'hui peuvent continuer de s'inspirer : « Un architecte qui, par l'excellence de son art, corrige les défauts d'un ancien bâtiment et qui, sans l'abattre, le réduit à quelque symétrie supportable, mérite bien plus de louange que celui qui le ruine tout à fait pour refaire un nouvel édifice parfait et accompli. »

16. Décret du 3 avril 2008.

SIXIÈME PARTIE

LES JUGES DE L'ADMINISTRATION

Chapitre 24

La dualité des ordres de juridiction

La justice en France est organisée en deux ordres de juridiction : les juridictions administratives et les juridictions judiciaires, ayant respectivement à leur tête le Conseil d'État et la Cour de cassation. Cette dualité des ordres de juridiction, qui a des fondements historiques anciens, est aujourd'hui consacrée par la Constitution. La répartition des compétences, dont les règles ont été pour l'essentiel définies par la jurisprudence, se concrétise par deux grands types de procédures : le mécanisme des questions préjudicielles entre les deux ordres et la saisine du Tribunal des conflits.

Avant de présenter la dualité des juridictions, on évoquera quelques notions fondamentales.

I

NOTIONS FONDAMENTALES

Il n'est pas inutile d'apporter quelques précisions sur les notions de juridiction, de juge et d'ordre de juridiction, ainsi que sur l'organisation du dialogue entre les juridictions.

Une *juridiction* peut être définie comme un organe indépendant, qui a pour fonction de trancher un litige, en se fondant sur des motifs de droit, et qui rend des décisions impératives. Ces quatre critères se dégagent, de façon plus ou moins explicite, de la jurisprudence, qui est parfois confrontée à la question de savoir si un organe doit être qualifié de juridiction et, par suite, est soumis aux principes généraux du procès (impartialité, contradictoire, voies de recours, etc.). Organe *indépendant*, une juridiction se trouve en position de tiers vis-à-vis des justiciables qui se présentent devant elle. Elle a pour fonction de *trancher un litige*, ce qui signifie qu'elle intervient dans une situation de conflit entre des parties. Elle se fonde pour ce faire sur des *motifs de droit*, c'est-à-dire sur des considérations juridiques et non pas sur des éléments tenant à l'équité, à la morale ou encore à la religion. Enfin, une juridiction prend des *décisions* qui s'imposent aux justiciables, et non de simples recommandations. Ses décisions sont revêtues d'une autorité particulière, *l'autorité de la chose jugée*, en ce sens qu'elles mettent fin définitivement au litige, comme le laisse entendre la signification du mot « arrêt ».

Le *juge* est le membre d'une juridiction qui a pour mission de trancher un litige. La notion de juge ne doit pas être confondue avec celle de magistrat : certains juges ne sont pas magistrats, au sens statutaire du terme – c'est le cas des juges des tribunaux de commerce, des conseils de prud'hommes ou encore des membres du Conseil d'État ; inversement, tous les magistrats ne sont pas juges – c'est le cas des magistrats du parquet qui, en tant que responsables de l'action publique devant les juridictions pénales, ont la qualité de partie à un litige. Il y a par ailleurs plusieurs catégories de magistrats : les magistrats *judiciaires*, dont le statut est fixé, en vertu de l'article 64 de la Constitution, par une loi organique, et les magistrats *administratifs* ou ceux des juridictions *financières*, dont le statut est au nombre des matières réservées à la loi ordinaire par l'article 34 de la Constitution.

La notion *d'ordre de juridiction* désigne habituellement un ensemble hiérarchisé de juridictions placées sous l'autorité d'une cour suprême. Selon cette acception, il existe deux ordres de juridiction en France, administratif et judiciaire. En revanche, le Conseil constitutionnel ne constitue pas à proprement parler un ordre de juridiction, mais une juridiction autonome et souveraine *sui generis*. On observera d'ailleurs que la notion de dualité ne reflète pas parfaitement l'organisation de la justice en France et qu'il serait peut-être plus juste de parler aujourd'hui de « pluralité » des juridictions – surtout si l'on inclut les juridictions européennes, Cour européenne des droits de l'homme et Cour de justice de l'Union européenne. Enfin, il faut relever que la Constitution, dans son article 34, réserve à la loi les règles concernant « la création de nouveaux ordres de juridiction ». Cependant, le Conseil constitutionnel a retenu une définition spécifique de cette notion, en vue de permettre une interprétation plus large du domaine de la loi : constitue un ordre de juridiction, au sens de l'article 34, toute catégorie homogène de juridictions, tels les tribunaux pour enfants[1].

1. CC, décision du 18 juillet 1961, à propos de l'ordonnance relative à l'organisation judiciaire.

Enfin, les juridictions entretiennent entre elles un dialogue. Ce dernier peut d'abord résulter, de façon informelle, des échanges de jurisprudence : lorsque des questions juridiques voisines se posent aux différentes cours, elles conduisent à des regards croisés. Il peut aussi être organisé par les règles de procédure. En effet, le juge administratif n'est pas le juge de toutes les questions qui sont posées dans le cadre d'un litige. Il peut être conduit à procéder à un *renvoi préjudiciel* à d'autres juridictions. Ces questions préjudicielles sont, selon les cas, obligatoires ou facultatives. Relèvent du premier cas les renvois préjudiciels effectués par le juge administratif au juge judiciaire (article R. 771-2 du code de justice administrative)[2], au Conseil constitutionnel (question prioritaire de constitutionnalité), ou encore à la Cour de justice de l'Union européenne (en vertu de l'article 267 TFUE). Relèvent d'un renvoi facultatif certaines questions préjudicielles posées au Tribunal des conflits ou encore à la Cour européenne de droits de l'homme (CEDH). À cet égard, le protocole n° 16 à la Convention de sauvegarde des droits de l'homme et des libertés fondamentales de 2013 prévoit qu'en cours d'instance, une juridiction suprême peut solliciter un avis de la CEDH, qui n'est pas contraignant, sur des questions de principe relatives à l'interprétation ou à l'application des droits et libertés définis par la Convention ou ses protocoles.

II

LA DUALITÉ DES JURIDICTIONS : UNE RÉALITÉ ANCIENNE AUJOURD'HUI CONSTITUTIONNELLEMENT CONSACRÉE

Plusieurs éléments peuvent être avancés pour expliquer la dualité des ordres de juridiction telle que nous la connaissons aujourd'hui : héritage de l'histoire, elle est consacrée au niveau constitutionnel. L'existence d'une justice administrative spécialisée est d'ailleurs un mode d'organisation largement répandu en Europe.

A | L'HÉRITAGE HISTORIQUE

La dualité des ordres de juridiction est tout d'abord héritée d'une longue tradition historique caractérisée par un refus constant de

2. Le plus souvent, les renvois préjudiciels concernent l'état et la capacité des personnes, la nationalité, la capacité électorale ou l'existence d'un droit de propriété,

l'immixtion des juridictions ordinaires dans les affaires du gouvernement et de l'administration. Affirmé sous l'Ancien Régime, ce principe a été confirmé et affermi à l'époque révolutionnaire.

Sous l'Ancien Régime, le pouvoir royal s'est heurté à la résistance des parlements, alors juridictions souveraines. Se reconnaissant la possibilité d'un contrôle des actes du roi, ces derniers refusaient parfois d'enregistrer les ordonnances royales, notamment en cas de création d'impôts. La mise en garde adressée en janvier 1632 par Louis XIII au parlement de Paris atteste ces rapports tendus : « Je veux que vous sachiez que vous êtes les seuls qui entrepreniez contre l'autorité royale. Vous n'êtes établis que pour juger entre maître Pierre et maître Jean et je vous réduirai aux tenues de votre devoir. » En des termes très stricts, l'édit de Saint-Germain de 1641 interdit aux parlements de connaître des affaires publiques. Le roi y rappelle que les cours « n'ont été établies que pour rendre la justice à nos sujets » et leur fait « très expresses inhibitions et défenses de prendre à l'avenir connaissance d'aucunes affaires qui peuvent concerner l'État ». Est ainsi posée la distinction entre les causes « de partie à partie », qui relèvent des juridictions ordinaires, et les litiges « touchant le roi », qui sont de la compétence des intendants et du Conseil du roi[3].

À l'époque révolutionnaire, cette interdiction faite aux juridictions d'intervenir dans les affaires publiques est consacrée sous la forme d'une déclinaison du principe de séparation des pouvoirs. La loi des 16 et 24 août 1790 dispose ainsi dans son article 13 : « Les fonctions judiciaires sont distinctes et demeureront toujours séparées des fonctions administratives. Les juges ne pourront, à peine de forfaiture, troubler, de quelque manière que ce soit, les opérations des corps administratifs, ni citer devant eux les administrateurs pour raison de leurs fonctions[4]. » Quelques années plus tard, face à la persistance de ces empiétements, le décret du 16 fructidor an III affirme à nouveau la règle : « Défenses itératives sont faites aux tribunaux de connaître des actes d'administration de quelque espèce qu'ils soient, aux peines de droit. »

la régularité de l'interprétation des actes unilatéraux (testaments, donations) et des contrats de droit privé.

3. À partir du XVIe siècle, les *intendants de justice, police et finances* exercent au niveau local une juridiction spécialisée, concurrente à celle des parlements, notamment pour les litiges relatifs à l'administration. Pour aller plus loin, voir l'ouvrage de Katia Weidenfeld, *Histoire du droit administratif*, Paris, Economica, 2010.

4. Ces dispositions sont complétées par celles des articles 10 et 12 de la même loi, qui prévoient respectivement que « les tribunaux ne pourront prendre directement ou indirectement aucune part à l'exercice du pouvoir législatif, ni empêcher ou suspendre l'exécution des décrets du corps législatif, à peine de forfaiture » et qu'« ils ne pourront point faire de règlements ».

B | LA CONSÉCRATION CONSTITUTIONNELLE DE LA DUALITÉ DE JURIDICTION

La dualité des ordres de juridiction fait aujourd'hui l'objet d'une consécration au plus haut niveau de la hiérarchie des normes. Dès 1958, l'ordre judiciaire est mentionné dans le texte initial de la Constitution. L'ordre administratif, pour sa part, a d'abord été reconnu par la jurisprudence du Conseil constitutionnel, avant d'être introduit dans la Constitution à l'occasion de diverses révisions.

Par sa décision du 23 janvier 1987, *Conseil de la concurrence*, le Conseil constitutionnel a constitutionnalisé l'existence de la juridiction administrative, à laquelle il a reconnu un noyau de compétence exclusive. Il a en effet estimé que, conformément à la « conception française de la séparation des pouvoirs », figure au nombre des « principes fondamentaux reconnus par les lois de la République » celui selon lequel « relève en dernier ressort de la compétence de la juridiction administrative l'annulation ou la réformation des décisions prises, dans l'exercice des prérogatives de puissance publique, par les autorités exerçant le pouvoir exécutif, leurs agents, les collectivités locales de la République ou les organismes placés sous leur autorité ou leur contrôle ». Ce bloc de compétence constitutionnellement protégé, qui n'inclut pas les recours en responsabilité, doit s'entendre exception faite des « matières réservées par nature à l'autorité judiciaire », telles que la liberté individuelle ou l'état des personnes. En outre, le Conseil constitutionnel prévoit que le législateur peut déroger ponctuellement à cette répartition des compétences dans l'intérêt d'une bonne administration de la justice.

La dualité des juridictions a plus récemment été consacrée dans le texte même de la Constitution. À l'origine, celui-ci n'évoquait pas les juridictions administratives. Le Conseil d'État n'y était mentionné qu'au titre de ses missions consultatives, l'article 39 prévoyant que les projets de loi soit délibérés après avis du Conseil d'État et les articles 37 et 38 mentionnant son avis sur certains projets de décret et sur les ordonnances. C'est à l'occasion de révisions constitutionnelles récentes que trois articles de la Constitution se réfèrent désormais aux fonctions juridictionnelles du juge administratif. La révision du 28 mars 2003 relative à l'organisation décentralisée de la République a tout d'abord inscrit à l'article 74 l'exercice, par le Conseil d'État, d'un « contrôle juridictionnel spécifique » sur certains actes des collectivités d'outre-mer. Surtout, deux nouveaux articles issus de la révision du 23 juillet 2008 font référence au Conseil d'État au titre de ses attributions contentieuses. L'article 61-1 relatif à la question prioritaire de constitutionnalité évoque le renvoi d'une telle question devant le Conseil constitutionnel par le Conseil d'État ou la Cour de cassation. D'autre part, et pour la première fois, l'existence des deux ordres de juridiction est reconnue au sein du texte constitutionnel par son article 65, qui dispose que le Conseil supérieur de la magistrature comporte des personnalités qualifiées n'appartenant « ni à l'ordre judiciaire ni à l'ordre administratif ».

Point final de cette évolution, la décision du Conseil constitutionnel du 3 décembre 2009, sur la loi organique relative à l'application de l'article 61-1 de la Constitution, reconnaît nettement l'existence et la fonction du Conseil d'État au sein de l'ordre juridictionnel administratif, en affirmant que le constituant a donné compétence, pour juger si le Conseil constitutionnel doit être saisi d'une question prioritaire de constitutionnalité, « au Conseil d'État et à la Cour de cassation, juridictions placées au sommet de chacun des deux ordres de juridiction reconnus par la Constitution ».

C | LA JUSTICE ADMINISTRATIVE EN EUROPE

L'organisation de la justice est, dans chaque pays, le fruit de l'histoire et des traditions nationales. Les spécificités sont nombreuses, de la Chambre des lords britannique, organe législatif dont s'est peu à peu détachée une fonction juridictionnelle, aux cinq cours suprêmes allemandes, compétentes en matière judiciaire, de droit du travail, administrative, fiscale, sociale, auxquelles il convient d'ajouter les cours constitutionnelles de la Fédération et des *Länder*.

Toutefois, en y regardant de près, on est parfois davantage frappé par les convergences que par les divergences. Ainsi en est-il de l'existence d'une juridiction administrative. Loin d'être une exception française, une justice administrative spécialisée existe dans de nombreux pays. Elle est même le modèle majoritaire dans l'Union européenne[5]. Ainsi, sur les vingt-sept États membres de l'Union européenne, seize disposent d'une juridiction administrative suprême, distincte des juridictions civile et pénale, tandis que onze ont opté pour le système de la cour suprême unique. Si l'on précise un peu l'analyse, au sein de chacun de ces deux grands modèles, deux sous-catégories d'organisations peuvent être identifiées, si bien qu'on peut distinguer quatre types d'architecture juridictionnelle.

Parmi les seize États dotés d'une juridiction administrative spécialisée, une distinction peut être faite entre le système du Conseil

5. Yann Aguila, « La justice administrative, un modèle majoritaire en Europe », *AJDA*, *6*, 12 février 2007, p. 290. Voir également : « Observatoire des mutations institutionnelles et juridiques », dans *La Justice administrative en Europe*, Paris, PUF, coll. « Les Notes – Droit et justice », 2007.

d'État à la française et celui de la Cour suprême allemande. Le premier se caractérise par la double mission juridictionnelle et consultative dévolue à la plus haute juridiction administrative. Adopté en Europe par cinq États (outre la France, les Pays-Bas, l'Italie, la Belgique et la Grèce), ce type d'institution se retrouve également en Turquie, en Égypte, en Algérie, en Colombie ou encore au Liban. Le second mode d'organisation est celui d'une cour suprême administrative dont la fonction est exclusivement juridictionnelle. Il est le plus répandu en Europe, onze États l'ayant adopté, parmi lesquels l'Allemagne, l'Autriche, le Portugal, le Luxembourg, la Suède ou encore la Finlande. Les pays d'Europe de l'Est ont souvent opté pour ce modèle : Pologne, République tchèque, Bulgarie, Lituanie, ou encore le dernier État membre, la Croatie. Ce système est également répandu dans le monde et peut être notamment rencontré en Suisse et en Thaïlande. Il est à noter que l'existence d'une juridiction administrative spécialisée n'est pas nécessairement liée à une dualité des ordres de juridiction : le système allemand est ainsi organisé en cinq ordres de juridiction distincts avec, en outre, un juge constitutionnel fédéral.

Parmi les onze pays de l'Union européenne dotés d'une cour suprême unique, on peut également distinguer deux sous-catégories, selon que la juridiction suprême comporte une chambre administrative spécialisée, comme en Espagne, ou qu'elle soit une cour indivise, comme en Irlande, conformément au modèle anglo-saxon. Dans le premier groupe d'États, la juridiction suprême, si elle est unique, est toutefois *divisée en chambres* : elle comporte ainsi une chambre administrative spéciale, distincte des chambres civile, pénale ou commerciale. En outre, un ensemble de juridictions administratives de première instance et/ou d'appel relèvent de la chambre administrative de la cour suprême.

Au sein de l'Union européenne, ce modèle est répandu dans sept États : Espagne, Hongrie, Roumanie, Slovénie, Slovaquie, Estonie et Lettonie. En pratique, ce système est très proche de celui de la cour administrative suprême. En effet, les juridictions administratives de premier ressort ainsi que la chambre administrative au sein de la cour suprême ne sont pas loin de former un ordre de juridiction relativement autonome. Ainsi, en Espagne, malgré un tribunal suprême unique, on parle volontiers de la « juridiction administrative » (*jurisdiction contencioso-administrativa*) pour désigner l'ensemble de ces juridictions. On observe dans ces pays, comme en France ou en Allemagne, le même besoin d'une formation de jugement spécialisée pour les questions de droit administratif, ainsi que, bien souvent, l'émergence de juges spécialisés dont la carrière est consacrée au droit administratif[6].

6. Dans certains de ces pays, comme l'Espagne ou la Hongrie, la spécialisation du juge en droit administratif se traduit par la délivrance d'un certificat ou l'inscription sur une liste.

En réalité, seuls quatre États de l'Union européenne ont retenu le modèle anglo-saxon de la *cour suprême indivise* : Irlande, Chypre, Malte et Danemark. Tous les juges y connaissent indistinctement de toutes les affaires portées devant la juridiction supérieure. Au niveau de la juridiction suprême, ce mode d'organisation se distingue nettement du système de la justice administrative spécialisée. Il est cependant à noter que ces États disposent souvent, malgré tout, de juridictions administratives en première instance.

De ce point de vue, de véritables juridictions administratives se développent au Royaume-Uni, notamment à la suite d'une importante réforme de 2007. Certes, ni la Cour suprême[7] ni la Cour d'appel (Court of Appeal) ne comportent de formation de jugement spécialisée en droit administratif, conformément à la doctrine de Dicey, constitutionnaliste anglais de la fin du XIXe siècle selon qui les autorités publiques devaient être jugées par les tribunaux ordinaires[8]. Mais il en va autrement devant les juridictions de première instance que sont la Haute Cour (High Court) et les *tribunals*. D'abord, la High Court est, en Angleterre, le juge de droit commun des actes administratifs, sur lesquels elle exerce un contrôle juridictionnel (*judicial review*). Or, depuis une loi de 2000, elle comporte en son sein une liste d'une quarantaine de juges dénommée *administrative court*. Sans être à proprement parler une juridiction autonome, cette « cour administrative », au sein de la High Court, témoigne d'un besoin croissant de spécialisation. Surtout, en 2007, le système des juridictions administratives spécialisées de première instance a été profondément restructuré. Celui-ci reposait autrefois sur des organismes d'une grande diversité, qui, malgré leur nom de *tribunals*, s'apparentaient plutôt à des commissions administratives, rendant de simples décisions administratives et non juridictionnelles. Désormais, ils sont devenus de véritables tribunaux administratifs. Une loi de 2007, dite *TCE Act 2007* (*tribunals, courts and enforcement*), a créé une structure juridictionnelle unique, chargée d'exercer les fonctions des anciens *tribunals*. Organisée en deux niveaux de juridictions, elle est composée du *first-tier tribunal* (tribunal de première instance) et de l'*upper tribunal* (tribunal supérieur). Ces juridictions spéciales connaissent essentiellement de recours contre les décisions des autorités publiques, le droit administratif étant ici entendu au sens large (immigration, fiscalité,

7. L'ancienne Chambre des lords est devenue, en 2009, la Cour suprême, juridiction de dernier recours pleinement indépendante du Parlement, en application de la réforme constitutionnelle de 2005, le *Constitutional Reform Act* (CRA).

8. En réalité, on a pu montrer que la doctrine d'Albert Venn Dicey reposait sur un malentendu : il était influencé par sa connaissance du système français tel qu'il fonctionnait avant 1872, c'est-à-dire avant la justice déléguée et avant l'épanouissement de la jurisprudence du Conseil d'État. Voir Carol Harow, « La distinction public-privé dans le système juridique anglais », *Politiques et management public*, 5 (1), 1987, p. 199-215.

expropriation, sécurité sociale, hôpitaux, retraites, etc.). La gestion administrative de ces *tribunals* est confiée à une agence indépendante (*non-departmental public body*), l'Administrative Justice and Tribunals Council (AJTC), rattaché au Lord Chancellor. Les décisions de l'*upper tribunal* peuvent, dans certains cas, faire l'objet d'un recours limité aux questions de droit devant la Court of Appeal.

Ainsi, sous des formes variées, partant de traditions historiques et culturelles différentes, les pays européens se rejoignent de plus en plus autour d'un besoin de juridictions administratives spécialisées.

III

LES RÈGLES DU PARTAGE DES COMPÉTENCES ENTRE LES DEUX ORDRES DE JURIDICTION

Il est nécessaire de décrire à grands traits l'évolution historique des critères qui ont présidé au partage des compétences pour mieux comprendre l'état du droit.

A | L'ÉVOLUTION HISTORIQUE

À l'origine, la répartition des compétences se fondait essentiellement sur la loi des 16 et 24 août 1790, qui interdit aux juges de connaître des « opérations des corps administratifs ». Le Conseil d'État en déduisait l'incompétence du juge judiciaire dès qu'une administration était en cause. En témoigne la *théorie de l'État débiteur,* en vertu de laquelle tout litige tendant à la condamnation de l'État à une somme d'argent relevait de la compétence administrative. Il est toutefois apparu que ce seul critère ne suffisait pas : dans certains cas, l'administration décide d'employer des techniques du droit privé. Au cours du XIXe siècle, l'approche organique a donc été complétée par la prise en considération de la matière en litige. Édouard Laferrière, dans son *Traité de la juridiction administrative,* en 1887, distingue ainsi les « actes d'autorité » et les « actes de gestion ». Les premiers, reposant sur l'usage de prérogatives de puissance publique, relèvent du Conseil d'État ; les seconds, dans lesquels l'administration se borne à utiliser les procédés du droit privé, peuvent être jugés par les tribunaux judiciaires.

Un autre critère matériel a vu le jour au tournant des XIXe et XXe siècles. À la suite de l'arrêt *Blanco* du 8 février 1873, le *service public* devient la pierre angulaire du droit administratif[9]. L'évolution de la jurisprudence peut être schématiquement retracée en trois étapes : la consécration, la crise, puis la renaissance du service public. Dans un premier temps, le service public est consacré comme principal critère de définition du champ du droit administratif et, par suite, de la compétence du juge administratif[10]. Puis, durant l'entre-deux-guerres, la crise du service public fait suite à l'extension des interventions économiques et sociales des collectivités publiques. Par sa décision du 22 janvier 1921, *Société commerciale de l'Ouest africain*, dans l'affaire du bac d'Eloka, le Tribunal des conflits admet qu'une personne publique puisse être soumise au droit privé et donc à la compétence judiciaire, lorsqu'elle gère un *service public industriel et commercial.* Seul le *service public administratif* relève du juge administratif. Enfin, la renaissance du service public se manifeste par un ensemble de décisions, prises entre 1954 et 1956, employant le critère de service public pour définir quatre grandes notions du droit public, l'agent public[11], les travaux publics[12], le contrat administratif[13] et le domaine public[14].

B | LES DEUX CRITÈRES EN PRÉSENCE

De l'arrêt *Blanco* du 8 février 1873 résulte un autre principe fondamental : celui de la *liaison de la compétence et du fond.* Le Tribunal des conflits affirme en effet nettement l'existence d'un lien entre l'application du *droit administratif* – en l'espèce, les règles spéciales de la responsabilité administrative – et la compétence du *juge administratif.* Dès lors, s'interroger sur la compétence administrative, c'est aussi s'interroger sur le champ du droit administratif. Bien souvent, ces deux questions sont abordées ensemble par la jurisprudence. Par exemple, la définition de la notion de contrat administratif commande à la fois l'application du droit administratif et la compétence du juge administratif. Or, en schématisant, on peut concevoir deux manières de définir le champ du droit public. Dans une conception organique, il est le droit des *personnes publiques* : il regroupe les règles qui régissent la désignation et le fonctionnement des institutions publiques. Dans une approche matérielle, on peut

9. Voir *supra* le chapitre 19 : Le service public.

10. CE, 9 février 1903, *Terrier* ; CE, 4 mars 1910, *Thérond.*

11. CE, 4 juin 1954, *Affortit et Vingtain.*

12. TC, 28 mars 1955, *Effimieff.*

13. CE, 20 avril 1956, *Époux Bertin et Ministre de l'agriculture c/ Consorts Grimouard.*

14. CE, 19 octobre 1956, *Société Le Béton.*

le définir comme le droit de *l'activité publique* : il rassemble alors les règles qui visent à protéger le bien commun, c'est-à-dire les biens et les activités utiles à l'ensemble de la collectivité.

À ces deux approches complémentaires du droit public répondent deux critères de définition du champ de compétence du juge administratif : malgré la diversité des solutions jurisprudentielles, la détermination de la juridiction compétente suppose toujours la combinaison d'un critère organique et d'un critère matériel. Première question : quelle est, *ratione personae*, la personne en litige (personne publique ou privée) ? Seconde question : quelle est, *ratione materiae*, la nature de l'activité concernée (activité publique ou privée) ?

Cette présentation simple est bien entendu trop schématique, comme on va le voir en examinant la jurisprudence. Elle permet toutefois de souligner d'emblée que, le plus souvent, le choix du juge compétent ne soulève aucune difficulté, dès lors que les deux critères se recoupent. Dans la grande majorité des cas, il y a concordance : personne publique, activité publique et compétence du juge administratif ; personne privée, activité privée et, par voie de conséquence, compétence du juge judiciaire. C'est lorsque les deux critères ne coïncident pas que peuvent apparaître des interrogations, essentiellement lorsqu'une personne publique exerce une activité privée ou, inversement, lorsqu'une personne privée est chargée d'une mission de service public.

1/ *Le critère organique : la nature publique ou privée de la personne en litige*

Le cas général est celui des litiges mettant en cause une administration publique. La compétence du juge administratif est alors entendue largement : elle inclut l'ensemble des administrations publiques, non seulement les administrations de l'État, mais aussi les collectivités territoriales et les établissements publics. Au sein de l'État, le juge administratif n'est en principe que le juge de l'exécutif.

Toutefois, sa compétence s'étend parfois au-delà, en direction soit du Parlement, soit des juridictions judiciaires, lorsque ces institutions ont des activités purement administratives.

Dans certains cas, les personnes privées relèvent de la compétence du juge administratif. Cette hypothèse reste exceptionnelle. En principe, il appartient au juge judiciaire de connaître d'un litige entre deux personnes privées. Tel est le cas en matière contractuelle : un contrat passé entre deux personnes privées est normalement un contrat de droit privé[15]. Il en va de même s'agissant des

15. TC, 3 mars 1969, *Interlait*.

agents : les personnes employées par une personne privée sont toujours des agents de droit privé, selon le principe établi par la décision du Tribunal des conflits du 4 mai 1987, *Du Puy de Clinchamps*. Toutefois, dans certaines circonstances, les personnes privées chargées de la gestion d'un service public peuvent relever du juge administratif, en particulier pour les litiges qui se rattachent à la mise en œuvre par ces personnes de prérogatives de puissance publique.

On observera enfin que si, le plus souvent, la nature publique ou privée de certaines personnes morales est aisée à déterminer[16], celle-ci a parfois suscité des hésitations. Tel est le cas des organismes intervenant en matière professionnelle : dans un premier temps, le Conseil d'État avait jugé qu'il ne s'agissait pas d'établissements publics, sans pour autant les qualifier de personnes privées[17] ; ils sont aujourd'hui regardés comme des personnes privées[18].

2/ *Le critère matériel : la nature de l'activité*

S'agissant de la matière en litige, deux critères sont utilisés de façon complémentaire par le juge : l'usage de *prérogatives de puissance publique* ou le *service public*. Le premier est retenu pour définir la compétence minimale du juge administratif, celle qui fait l'objet d'une protection constitutionnelle. Le Conseil constitutionnel, dans sa décision du 23 janvier 1987, *Conseil de la concurrence*, juge que relèvent de la compétence administrative l'annulation et la réformation « des décisions prises, dans l'exercice des prérogatives de puissance publique », par les autorités publiques.

Le critère du service public reste toutefois largement dominant dans la jurisprudence. Durant les années 1950, comme nous l'avons vu, une série de grands arrêts ont employé ce critère pour définir les grandes notions du droit public et, par suite, la compétence du juge administratif (agent public, travaux publics, contrat administratif, domaine public). Encore aujourd'hui, ces définitions restent largement d'actualité. Au sein du service public, le développement du rôle économique de l'État a toutefois conduit la jurisprudence à introduire une distinction entre *service public administratif* (SPA) et *service public industriel et commercial* (SPIC). Alors que le premier relève très largement de la compétence administrative, le second est en partie soumis à la compétence du juge judiciaire.

16. Tel est le cas des sociétés et des associations qui, en raison de leur forme, restent des personnes morales de droit privé, même lorsqu'elles sont détenues ou créées par des personnes publiques.

17. CE, 31 juillet 1942, *Monpeurt*, pour les comités d'organisation chargés d'une mission d'organisation de la production industrielle ; puis CE, 2 avril 1943, *Bouguen*, s'agissant des ordres professionnels.

18. CE, 13 janvier 1961, *Magnier* ; CE, 7 décembre 1984, *Centre d'études marines avancées*.

C | LES PRINCIPES GÉNÉRAUX DE RÉPARTITION DES COMPÉTENCES

En combinant le critère organique (personne publique/personne privée) et les différents critères matériels (prérogatives de puissance publique/service public ; SPIC/SPA), on peut résumer l'état de la jurisprudence en cinq principes :

— le cas le plus général de compétence administrative est celui des litiges relatifs aux services publics administratifs gérés par les personnes publiques ;

— s'agissant des services publics industriels et commerciaux, la compétence est essentiellement judiciaire, quelle que soit la nature de la personne gestionnaire ;

— les personnes privées chargées d'une mission de service public peuvent parfois relever du juge administratif, pour leurs actes mettant en œuvre des prérogatives de puissance publique ;

— les personnes publiques ne relèvent pas du juge administratif lorsque leurs activités ne concernent pas le service public ;

— le Parlement et les juridictions judiciaires peuvent relever, à titre subsidiaire, du juge administratif, pour certains de leurs actes de nature purement administrative.

1/ *Une compétence administrative de principe pour les services publics administratifs gérés par les personnes publiques*

S'agissant des litiges provoqués par les services publics administratifs gérés par les personnes publiques, la compétence administrative est générale. Elle inclut tant les recours en annulation dirigés contre les actes que les actions en responsabilité. Elle porte sur les litiges avec les usagers[19], les tiers[20] ou avec les agents[21].

Précisons, dans ce dernier cas, que la compétence du juge administratif va de soi en ce qui concerne les fonctionnaires, qui sont toujours, par nature, des agents de droit public sous statut réglementaire. S'agissant des agents contractuels, l'arrêt *Berkani* du 25 mars 1996 a mis fin à une situation complexe dans laquelle, en application de la décision du Tribunal des conflits, *Dame Mazerand*, du 25 novembre 1963, la qualification de chaque agent résultait de l'analyse des fonctions exercées : seules étaient agents publics les personnes directement associées à l'exécution même du service public. Désormais, tous les agents contractuels des services publics administratifs gérés par des personnes de droit public sont des agents publics, quel que soit leur emploi.

19. TC, 15 mars 1999, *Mme Pristupa*.
20. TC, 15 novembre 1999, *Comité d'expansion de la Dordogne*.
21. TC, 25 mars 1996, *Berkani*.

Il arrive parfois qu'un établissement public gère *à la fois* des services à caractère administratif et des services à caractère industriel et commercial. La qualification du service en litige est alors déterminante : dans un aéroport, l'accident survenu à une passagère en zone d'embarquement est lié à un ouvrage public relevant de services à caractère administratif et, par suite, relève de la compétence administrative[22].

2/ *Une compétence essentiellement judiciaire pour les services publics industriels et commerciaux*

S'agissant des services publics industriels et commerciaux, la compétence est moins homogène. Il est vrai que la notion est composite. Il s'agit bien d'un service public et non d'une activité privée ordinaire, dans la mesure où une personne publique, quand elle n'en est pas le gérant direct, est le plus souvent à l'origine de sa création, contribue à son financement et exerce un droit de regard sur son organisation[23]. Il est dès lors soumis pour partie à des règles du droit public. Mais, intervenant dans le domaine économique « dans les mêmes conditions qu'un industriel ordinaire », selon la formule de l'arrêt du bac d'Eloka, ce service est en grande partie régi par les règles du droit privé. Il convient de distinguer les rapports du service avec les usagers, avec les tiers et avec ses agents.

Les relations d'un service public industriel et commercial avec ses usagers sont essentiellement régies par le droit privé et relèvent donc de la compétence judiciaire. C'est là le cœur de la solution dégagée par la décision du bac d'Eloka. Cette jurisprudence a été constamment réaffirmée par la suite : « En raison des liens existant entre un tel service et ses usagers, lesquels sont des liens de droit privé, les tribunaux judiciaires sont seuls compétents pour connaître de l'action formée par un usager[24] » ; et, précise le Tribunal des conflits, « il n'en va autrement que pour les litiges relatifs à celles de ses activités qui, telles la réglementation, la police ou le contrôle, se rattachent, par leur nature, à des prérogatives de puissance publique[25] ». Elle a trouvé de nombreuses illustrations avec le développement des grands services publics industriels et commerciaux dans les domaines des transports (SNCF, RATP), de l'eau, de l'énergie (EDF, GDF) ou encore des communications (France Télécom, La Poste). La jurisprudence tend, dans ce domaine, à consacrer un « bloc » de compétence judiciaire : le contrat passé

22. TC, 15 mars 1999, *Mme Pristupa.*

23. On reconnaît là les critères de définition de la notion de service public, qui sont étudiés plus amplement *supra* au chapitre 19 : Le service public.

24. TC, 17 octobre 1966, *Dame veuve Canasse,* rendu à propos d'un usager de la SNCF.

25. TC, 3 juillet 2017, *Syndicat mixte à la carte du Haut Val de Sèvre et Sud Gatine.*

par la personne publique gestionnaire et un usager est toujours de droit privé, même s'il comporte des clauses exorbitantes du droit commun[26]. De même, elle s'attache à retenir une conception large de la notion d'usager, incluant l'usager frauduleux, par exemple le voyageur de chemin de fer sans titre de transport qui se blesse en sautant du train à l'occasion d'un contrôle[27].

S'agissant des tiers, le principe est également celui d'une compétence judiciaire[28]. Il connaît toutefois plusieurs réserves. Ainsi, les litiges qui se rattachent à l'exercice de prérogatives de puissance publique relèvent du juge administratif. Tel est le cas des litiges relatifs à l'émission des timbres-poste, prérogative de La Poste[29]. De même, lorsqu'un service utilise un ouvrage public, les dommages causés par l'ouvrage ou par son exploitation relèvent, par principe, de la compétence administrative[30], en raison de l'effet attractif de la responsabilité pour dommage de travaux publics[31].

Enfin, les agents des services publics industriels et commerciaux relèvent toujours du droit privé et, par suite, des tribunaux judiciaires, quelle que soit la nature, publique ou privée, de l'employeur gestionnaire. Il existe cependant une exception pour le directeur et le comptable public d'un établissement public, qui relèvent du droit public.

3/ *Une compétence judiciaire pour les personnes privées chargées d'une mission de service public, sauf mise en œuvre de prérogatives de puissance publique*

Lorsque le service public est géré par une personne privée, la compétence est en principe judiciaire et ce, quelle que soit la nature du service, administratif ou industriel et commercial. Dans ce cas, le critère organique tient une place importante. Toutefois, par exception, certains litiges relèvent du juge administratif ; dans la plupart des cas, il s'agit de l'hypothèse où une personne privée met en œuvre des prérogatives de puissance publique[32]. Le Conseil

26. CE, 13 octobre 1961, *Établissements Campanon-Rey.*
27. TC, 5 décembre 1983, *Niddam.*
28. TC, 11 juillet 1933, *Dame Mélinette.*
29. TC, 22 novembre 1993, *Matisse.*
30. CE, 25 avril 1958, *Veuve Barbaza.*
31. La compétence des juridictions administratives du fait des dommages de travaux publics était consacrée par l'article 4 de la loi du 28 pluviôse an VIII (17 février 1800), abrogé par l'ordonnance n° 2006-460 du 21 avril 2006 relative à la partie législative du code général de la propriété des personnes publiques. Cette abrogation n'a toutefois que des effets limités, dans la mesure où la compétence administrative dans ce domaine résulte également de la jurisprudence.
32. À cette exception générale, on peut ajouter une seconde dérogation, déjà évoquée : la compétence administrative pour connaître des actions en responsabilité pour dommage de travaux publics, qui vaut y compris lorsque le service public est géré par une personne privée (CE, 25 avril 1958, *Veuve Barbaza*).

d'État a ainsi admis que les personnes privées chargées d'une mission de service public peuvent édicter des actes administratifs, relevant de la compétence du juge administratif. Lorsque la personne privée gère un service public *administratif*, tant ses décisions individuelles que les actes réglementaires sont qualifiés d'actes administratifs lorsqu'ils manifestent l'exercice d'une prérogative de puissance publique. La décision du Conseil d'État *Magnier*, du 13 janvier 1961, est explicite sur le lien entre la notion d'acte administratif et la mise en œuvre d'une prérogative de puissance publique. Relèvent donc du juge administratif certaines décisions des fédérations sportives[33] ou encore la décision d'une association communale de chasse agréée relative à son périmètre d'activité[34]. Lorsque la personne privée gère un service public *industriel et commercial*, il convient de distinguer. Ses décisions individuelles sont en principe des actes de droit privé. Toutefois, ses actes réglementaires intéressant l'organisation du service public sont qualifiés d'acte administratif et relèvent, en conséquence, de la compétence administrative[35]. On peut en effet noter qu'« en elle-même, l'organisation du service public constitue une prérogative de puissance publique[36] ».

4/ *L'incompétence du juge administratif pour les activités des personnes publiques qui ne relèvent pas du service public*

Cette considération conduit à une double exclusion de la compétence administrative : les activités purement privées, d'une part ; les actes politiques des personnes publiques, d'autre part.

En creux, le critère du service public permet une première exclusion de la compétence administrative, qui va de soi : les *activités purement privées des personnes publiques*. Ainsi, la gestion du domaine privé relève de la compétence des tribunaux judiciaires, qu'il s'agisse de l'expulsion des occupants sans titre ou des actions en responsabilité formées contre les personnes publiques à raison des dommages dus à une mauvaise gestion du domaine privé[37]. Il en va de même des contentieux relatifs aux contrats de droit privé conclus par l'administration. Tel est le cas d'un contrat de prêt conclu auprès d'une banque par une collectivité locale, qui constitue un contrat de droit privé dès lors qu'il n'a pas pour objet l'exécution d'une mission de service public et qu'il ne comporte pas de

33. CE, 22 novembre 1974, *Fédération des industries françaises d'articles de sport* ; 22 novembre 1976, *Fédération française de cyclisme* ; 13 mai 1991, *Association Girondins de Bordeaux football club.*

34. CE, 7 juillet 1978, *Vauxmoret.*

35. TC, 15 janvier 1968, *Air France c/ Époux Barbier*, à propos du règlement d'Air France.

36. Commentaire sous la décision *Époux Barbier*, *Les Grands Arrêts de la jurisprudence administrative*, Paris, Dalloz, 2019 [22e éd.].

37. CE, 28 novembre 1975, *Office national des forêts.*

clause exorbitante du droit commun[38]. De même, le juge administratif est incompétent pour connaître d'un litige portant sur les jeux de hasard organisés par la Française des jeux, ces derniers n'ayant pas le caractère d'un service public[39].

Une seconde exclusion porte sur les *actes politiques*, qui ne relèvent pas de la compétence du juge administratif. Certaines activités des institutions publiques ne sont pas, en effet, de nature administrative, au sens strict. On peut ranger sous cette rubrique les actes de gouvernement et les scrutins politiques. La notion d'acte de gouvernement résulte de l'arrêt du Conseil d'État *Prince Napoléon*, du 19 février 1875. Progressivement réduite au fil du temps, elle s'applique aujourd'hui aux actes concernant les relations internationales de la France et les rapports entre les pouvoirs publics constitutionnels[40]. Les scrutins politiques ne relèvent pas davantage de la compétence administrative. Le Conseil constitutionnel est chargé du contentieux des élections présidentielles et législatives, en vertu respectivement des articles 58 et 59 de la Constitution. Le Conseil d'État n'a ici qu'une compétence limitée aux actes administratifs concourant à l'organisation des élections (élections présidentielles, à propos des décisions du CSA fixant les conditions de programmation des émissions radiotélévisées[41] ou élections législatives[42]). De même, le Conseil constitutionnel est compétent pour juger les réclamations contre les opérations d'un scrutin référendaire[43].

5/ *Une compétence administrative limitée pour la gestion administrative du Parlement et des juridictions judiciaires*

Le juge administratif, juge de l'exécutif, est en principe radicalement incompétent pour le cœur de l'activité du Parlement ou des juridictions judiciaires, qu'il s'agisse des lois pour le premier ou des décisions juridictionnelles pour les secondes. Toutefois, certains litiges concernant ces institutions peuvent être soumis au juge administratif, lorsque celles-ci prennent des actes qui relèvent d'une activité de gestion purement administrative.

S'agissant des actes du Parlement, le principe est celui de l'incompétence du juge administratif, non seulement, bien entendu, pour les recours dirigés contre les lois, mais aussi pour les litiges relatifs à la pension d'un député[44] ou aux sanctions prises à l'égard

38. CE, 29 décembre 1995, *Société Natio-Énergie*.
39. CE, 27 octobre 1999, *Rolin*.
40. Pour des développements plus précis sur les actes de gouvernement, voir *infra* le chapitre 26 : Les recours devant le juge administratif.
41. CE, 16 octobre 1995, *Meyet*.
42. CE, 12 mars 1993, *Union nationale écologiste*.
43. CC, 23 décembre 1960, *Le Regroupement national*.
44. CE, 4 juillet 2003, *Papon*.

d'un parlementaire[45]. Toutefois, en vertu de l'article 8 de l'ordonnance du 17 novembre 1958, le juge administratif est compétent pour les litiges individuels concernant les agents des assemblées. En outre, le Conseil d'État a admis sa compétence pour connaître des marchés passés par les assemblées parlementaires[46].

De même, si les autorités judiciaires ne relèvent normalement pas du juge administratif pour les actes liés à l'exercice de la fonction juridictionnelle, il n'en va pas de même lorsqu'elles agissent en qualité de simple autorité administrative. On comprend en effet que les actes touchant à l'administration des juridictions (marchés publics, travaux immobiliers, gestion des agents de greffe, etc.) doivent pouvoir faire l'objet d'un recours devant le juge administratif. Certains actes de gestion ne sont toutefois pas aisément détachables de la fonction judiciaire. Ainsi le Tribunal des conflits, dans sa décision du 27 novembre 1952, *Préfet de la Guyane*, a-t-il établi une distinction entre deux catégories d'actes, selon qu'ils touchent au fonctionnement des juridictions ou à l'organisation du service public de la justice. Le juge administratif est incompétent pour les premiers : tel est le cas des décrets de grâce[47] ; en revanche, les seconds relèvent de la compétence de la justice administrative, qu'il s'agisse de la carrière des magistrats[48], du contentieux disciplinaire des magistrats[49] ou encore de la réforme de la carte judiciaire[50].

D | LES EXCEPTIONS : LES CAS PARTICULIERS DE COMPÉTENCE JUDICIAIRE

À côté de ces principes généraux de répartition de compétence, il faut mentionner deux séries d'exceptions, qui conduisent à confier au juge judiciaire un litige qui, normalement, relèverait du juge administratif.

1/ *Les exceptions législatives*

Certains cas d'incompétence du juge administratif sont d'abord prévus par la loi. Il arrive que le législateur, par dérogation, attribue au juge judiciaire un contentieux qui relèverait normalement de la compétence du juge administratif. Il résulte ainsi des lois du 5 avril

45. CE, 28 mars 2011, *Gremetz*.
46. CE, 5 mars 1999, *Président de l'Assemblée nationale*.
47. CE, 28 mars 1947, *Gombert*.
48. CE, 31 janvier 1975, *Exertier et Volff*.
49. CE, 14 mars 1975, *Rousseau*.
50. CE, 19 février 2010, *Molline et autres*.

1937 et du 31 décembre 1957 que les contentieux touchant respectivement à la responsabilité des instituteurs et à la responsabilité lors des accidents de véhicules sont soumis à la compétence du juge judiciaire. La dérogation est plus nette encore dans le cas de la loi du 6 juillet 1987 : elle attribue en effet au juge judiciaire la compétence pour les recours en annulation contre les décisions du Conseil de la concurrence[51], qui constituent pourtant des actes administratifs. Depuis 1987, d'autres lois ont prévu la compétence totale ou partielle du juge judiciaire pour d'autres autorités de régulation, telles que l'Autorité des marchés financiers ou la Commission de régulation de l'électricité. À l'inverse, la loi peut élargir la compétence du juge administratif au-delà de son périmètre jurisprudentiel. Le contentieux des marchés passés en application du code des marchés publics, le contentieux du RSA et celui des plans de sauvegarde de l'emploi ont ainsi été attribués par la loi au juge administratif.

2/ *Les exceptions jurisprudentielles*

La jurisprudence a défini une seconde série d'exceptions, qui s'inscrit dans la tradition des matières réservées « par nature » au juge judiciaire, dans sa fonction de protecteur de la liberté individuelle et du droit de propriété. C'est ainsi l'autorité judiciaire qui est compétente en cas de voie de fait ou d'emprise irrégulière. Ces deux exceptions à la compétence du juge administratif ont perdu une partie de leur intérêt depuis la création des référés d'urgence devant la juridiction administrative par la loi du 30 juin 2000. En outre, elles ont récemment été redéfinies par le Tribunal des conflits dans un sens restrictif. Aussi leur mise en œuvre est-elle aujourd'hui devenue plus exceptionnelle.

La notion de *voie de fait*, dont la définition résultait de la décision du Tribunal des conflits du 8 avril 1935, *Action française*, avait parfois été entendue de façon extensive par le juge judiciaire, notamment en référé. Le Tribunal des conflits en a délimité plus strictement le champ d'application par sa décision du 17 juin 2013, *Bergoend c/ société ERDF Annecy Léman*, en jugeant qu'il y a voie de fait lorsque l'administration « soit a procédé à l'exécution forcée, dans des conditions irrégulières, d'une décision, même régulière, portant atteinte à la liberté individuelle ou aboutissant à l'extinction d'un droit de propriété, soit a pris une décision qui a les mêmes effets d'atteinte à la liberté individuelle ou d'extinction d'un droit de propriété et qui est manifestement insusceptible d'être rattachée

51. Cette loi a donné lieu à l'importante décision du Conseil constitutionnel du 23 janvier 1987 précitée, qui est venue délimiter le domaine de compétence du juge administratif constitutionnellement protégé et a précisé les motifs autorisant le législateur à y introduire des dérogations.

à un pouvoir appartenant à l'autorité administrative ». Comme auparavant, une voie de fait peut résulter de la décision administrative elle-même ou de ses conditions d'exécution. Toutefois, alors que la précédente définition visait, d'une façon large, une atteinte à une liberté fondamentale ou au droit de propriété, il n'y a désormais de voie de fait qu'en cas d'atteinte à une « liberté individuelle » – au sens de l'article 66 de la Constitution – ou d'« extinction » du droit de propriété. En outre, l'arrêt précise expressément que l'implantation, même sans titre, d'un ouvrage public sur le terrain d'une personne privée ne procède pas d'un acte manifestement insusceptible de se rattacher à un pouvoir dont dispose l'administration. Lorsque ces conditions sont réunies, le juge judiciaire est alors compétent pour ordonner la cessation ou la réparation de la voie de fait. Cette compétence n'est toutefois pas exclusive : elle n'interdit pas au juge administratif, saisi par la voie du référé, d'ordonner à l'administration de faire cesser une voie de fait[52].

La notion de « liberté individuelle » mérite quelques précisions, surtout à la lumière du développement du référé-« liberté », qui permet au juge administratif de protéger les « libertés fondamentales ». Certes, seul le juge judiciaire est compétent en matière de liberté « individuelle ». Mais cette notion est ici entendue au sens strict – et non pas dans son sens courant. Au sens de l'article 66 de la Constitution, elle concerne seulement les détentions arbitraires. L'article 66 a été conçu en effet comme une clause d'*Habeas corpus*, c'est-à-dire comme une disposition protégeant contre les arrestations arbitraires et l'emprisonnement, dans l'esprit du principe révolutionnaire du droit à la sûreté. Le Conseil constitutionnel a clairement distingué la *liberté individuelle*, au sens strict, des *libertés personnelles*, au sens des articles 2 et 4 de la Déclaration des droits de l'homme, que sont par exemple le secret de la vie privée[53], la liberté d'aller et venir[54] ou la liberté du mariage[55]. Si le juge judiciaire est le gardien de la liberté *individuelle* ainsi strictement entendue, le juge administratif reste pleinement compétent pour toutes les formes de liberté *personnelle*. À titre d'illustration, dans l'affaire dite « du burkini », le juge des référés du Conseil d'État a suspendu une mesure édictée par un maire interdisant les tenues regardées comme manifestant de manière ostensible une appartenance religieuse lors de la baignade et sur les plages. Par une ordonnance du 26 août 2016, il a jugé que l'arrêté municipal portait « une atteinte grave et manifestement illégale aux libertés fondamentales que sont

52. Juge des référés du CE, 23 janvier 2013, *Commune de Chirongui*.

53. CC n° 98-405 DC du 29 décembre 1998, *Loi de finances pour 1999*, cons. 60 à 62.

54. CC n° 2003-467 DC du 13 mars 2003, *Loi pour la sécurité intérieure*, cons. 8.

55. CC n° 2010-92 QPC du 28 janvier 2011, *Mme Corinne C.*, cons. 6.

la liberté d'aller et venir, la liberté de conscience et la *liberté personnelle*[56] ».

En cas *d'emprise irrégulière* de l'administration sur une propriété privée, c'est au juge judiciaire qu'il revient de statuer sur les préjudices qui en résultent, par dérogation à la compétence normale de la juridiction administrative en matière de responsabilité de l'administration[57]. Par sa décision du 9 décembre 2013, *M. et Mme Panizzon c/ Commune de Saint-Palais-sur-Mer,* le Tribunal des conflits a toutefois retenu une définition restrictive de la notion d'emprise irrégulière : dans la logique de sa jurisprudence sur la voie de fait, il limite la compétence judiciaire au seul cas de dépossession *définitive.* En cas de dépossession simplement temporaire ou d'atteinte ponctuelle à l'un des attributs du droit de propriété, le juge administratif reste compétent pour statuer sur une demande d'indemnisation du préjudice né d'une emprise irrégulière.

IV

LES PROCÉDURES DE RÉPARTITION DES COMPÉTENCES

La répartition des compétences se traduit par deux grands types de procédures : les questions préjudicielles entre les juridictions et l'intervention du Tribunal des conflits.

A | LES QUESTIONS PRÉJUDICIELLES

1/ *La notion de question préjudicielle*

Conséquence du partage de compétences ainsi établi, il arrive que l'on rencontre, au cours d'un litige, le problème de l'incompétence du juge saisi. Le règlement de cette question sera différent selon qu'elle se pose par voie d'action ou par voie d'exception. Par voie d'action, l'incompétence du juge, lorsqu'elle est avérée, est radicale et absolue : le juge judiciaire ne peut jamais connaître d'une action en justice dont l'objet direct serait de demander l'annulation d'une décision administrative ; symétriquement, le juge administratif ne pourra que rejeter une action dont l'objet serait l'annulation

56. Juge des référés du CE, ordonnance du 26 août 2016, *Ligue des droits de l'homme et autres.*

57. TC, 17 mars 1949, *Société Hôtel du Vieux Beffroi.*

d'un acte de droit privé, tel qu'un contrat. Lorsque la question se pose par voie d'exception, elle reçoit une réponse plus nuancée. Une telle question incidente peut se poser dans les deux sens : soit devant le juge judiciaire, lorsqu'à l'occasion d'un litige relevant bien à titre principal de sa compétence, se pose une question accessoire de validité d'un acte administratif ; soit, symétriquement, devant le juge administratif, lorsqu'une question touchant à la validité ou à la portée d'un acte de droit privé se pose à l'occasion d'un litige portant sur une mesure administrative.

La théorie dite « de l'acte clair » permet de limiter le nombre de ces hypothèses. Dans certains cas en effet, la question posée par le requérant ne soulève en réalité aucune difficulté, tant la réponse est évidente : le juge saisi pourra alors y répondre directement, sans procéder à un renvoi au juge normalement compétent, au motif que l'acte contesté est clair. Lorsque tel n'est pas le cas, plusieurs solutions sont théoriquement concevables au sein d'un système juridictionnel. En application du principe de plénitude de juridiction, tout juge qui se voit saisi d'un litige est compétent pour l'intégralité des questions que ce litige donne à trancher : le juge du principal est juge de l'accessoire. Mais, selon le système de répartition des compétences qui prévaut en France, chaque ordre de juridiction dispose de compétences exclusives. Dès lors, dans l'hypothèse où l'acte faisant l'objet d'une contestation incidente n'est pas clair, le juge saisi devra renvoyer une question dite « préjudicielle » à la juridiction compétente.

Le mécanisme des questions préjudicielles régit ainsi les rapports entre les deux ordres de juridiction. D'un côté, l'incompétence du juge administratif pour les questions de droit privé le conduit à surseoir à statuer lorsqu'une difficulté sérieuse apparaît en matière d'état des personnes ou de droit de propriété. Il en va de même lorsqu'une question se pose quant à la validité ou à l'interprétation d'un acte privé tel qu'un contrat ou un testament. Dans ces hypothèses, le juge administratif ne peut se prononcer qu'après que le juge judiciaire a statué sur la question préjudicielle. Symétriquement, les compétences du juge judiciaire sont limitées. Celles-ci étaient précisées par la décision du Tribunal des conflits du 16 juin 1923, *Septfonds*, qui retenait une conception relativement rigide : le juge judiciaire était radicalement incompétent pour apprécier la légalité d'un acte administratif quel qu'il soit – sauf lorsque était en cause un acte réglementaire portant atteinte aux libertés individuelles ou au droit de propriété[58]. De même, s'il pouvait procéder à l'interprétation des règlements, il était incompétent pour interpréter les actes administratifs individuels. Comme le relèvent Jacques Arrighi de Casanova et Jacques-Henri Stahl, cette jurisprudence

58. TC, 30 octobre 1947, *Barinstein*.

« paraissait de plus en plus en décalage avec une conception moderne de la bonne administration de la justice, impliquant en particulier le droit, pour tout justiciable, à ce que sa cause soit jugée dans un délai raisonnable[59] ».

Par sa décision du 17 octobre 2011, *SCEA du Chéneau*, le Tribunal des conflits a donc procédé à un réexamen de la théorie des questions préjudicielles. Il restreint le champ du renvoi préjudiciel en apportant deux assouplissements substantiels à la jurisprudence *Septfonds*. En premier lieu, le juge judiciaire est compétent pour apprécier la légalité d'un acte administratif « lorsqu'il apparaît manifestement, au vu d'une jurisprudence établie, que la contestation peut être accueillie par le juge saisi au principal ». Cette première hypothèse a été illustrée deux mois plus tard par la décision du Tribunal des conflits, *Société Green Yellow*, du 12 décembre 2011, qui admet la compétence du juge judiciaire pour apprécier la légalité d'un acte réglementaire au regard du principe de non-rétroactivité des actes administratifs[60]. Cette jurisprudence, explicitement inspirée par « l'exigence de bonne administration de la justice » ainsi que par « les principes généraux qui gouvernent le fonctionnement des juridictions, en vertu desquels tout justiciable a droit à ce que sa demande soit jugée dans un délai raisonnable », apporte plus de souplesse dans les relations entre les deux ordres de juridiction. Elle permet d'éviter les renvois inutiles, en cas d'illégalité manifeste. Réciproquement, le juge administratif peut se prononcer sur une question de droit privé réglée par une jurisprudence établie de l'autorité judiciaire.

La seconde dérogation, prévue par la décision *SCEA du Chéneau*, concerne le cas particulier du droit de l'Union européenne. Lorsque la conformité d'un acte administratif au droit de l'Union est mise en cause devant le juge judiciaire, ce dernier peut soit, en cas de difficulté d'interprétation, saisir lui-même la Cour de justice de l'Union européenne, soit, « lorsqu'il s'estime en état de le faire, appliquer le droit de l'Union, sans être tenu de saisir au préalable la juridiction administrative d'une question préjudicielle ». Le Tribunal des conflits justifie expressément cette solution par le « principe d'effectivité » du droit de l'Union européenne, en vertu duquel « le juge national chargé d'appliquer les dispositions du droit de l'Union a l'obligation d'en assurer le plein effet en laissant au besoin inappliquée, de sa propre autorité, toute disposition contraire ».

Enfin, au sein des juridictions judiciaires, le juge pénal constitue un cas particulier : il bénéficie traditionnellement d'une plénitude

59. Jacques Arrighi de Casanova et Jacques-Henri Stahl, « Tribunal des conflits : l'âge de la maturité », *AJDA*, 2015, p. 575.

60. À ne pas confondre avec une autre décision du Tribunal des conflits, *Société Green Yellow*, rendue un an plus tôt, le 13 décembre 2010, relative à la conformité d'une loi à la Convention européenne des droits de l'homme.

de juridiction. Il peut, en application de l'article L. 111-5 du code pénal de 1994, interpréter les actes administratifs, qu'ils soient individuels ou réglementaires, et en apprécier la légalité, lorsque « de cet examen dépend la solution du procès pénal ». Ce texte est venu consacrer et étendre des jurisprudences antérieures, qui reconnaissaient depuis 1951 aux juridictions pénales le pouvoir d'apprécier la légalité des règlements[61], voire des décisions individuelles[62].

2/ *Les modalités du renvoi préjudiciel*

Deux modalités sont envisageables en matière de question préjudicielle. Soit le juge compétent pour le litige principal transmet luimême directement la question à la juridiction de renvoi ; tel est le cas pour les questions prioritaires de constitutionnalité (QPC) renvoyées au Conseil constitutionnel ou encore pour les questions préjudicielles posées à la Cour de justice de l'Union européenne par le juge national. Soit le juge se borne à surseoir à statuer, et il appartient aux parties de saisir le juge de renvoi. C'est cette dernière procédure qui était retenue jusqu'en 2015 s'agissant des rapports entre juridictions administratives et juridictions judiciaires. Ainsi, le prononcé d'une question préjudicielle contraignait les parties à devoir engager une nouvelle instance.

Dans un objectif de simplification, le décret du 27 février 2015 relatif au Tribunal des conflits et aux questions préjudicielles a introduit deux innovations. D'une part, la juridiction saisie au principal transmet désormais directement la question préjudicielle à la juridiction de l'autre ordre territorialement compétente. D'autre part, la juridiction ainsi saisie statue en dernier ressort : sa décision ne peut donc faire l'objet que d'un pourvoi en cassation, ce qui contribue à accélérer les procédures.

B | LE TRIBUNAL DES CONFLITS

Il arrive que la compétence d'une juridiction ne puisse être déterminée avec certitude à l'occasion d'un litige ; dans ces hypothèses, la question peut être soumise au Tribunal des conflits, instance de règlement des conflits de compétence apparue en 1848 et définitivement instituée par une loi du 24 mai 1872[63]. Le Tribunal a fait

61. TC, 5 juillet 1951, *Avranches et Desmarets*.

62. En vertu d'une jurisprudence dissidente de la chambre criminelle de la Cour de cassation : Cass., crim., 5 décembre 1989.

63. Le Tribunal des conflits avait déjà été prévu par la Constitution de 1848. La loi du 4 février 1850 relative à son organisation est toujours en vigueur, ainsi que le décret du 26 octobre 1849 déterminant les procédures valables devant le Tribunal des conflits et portant sur ses règles de saisine.

l'objet d'une importante réforme issue de la loi du 16 février 2015 et de son décret d'application du 27 février 2015[64].

Il faut toutefois noter d'emblée que le Tribunal des conflits est saisi de moins de 50 affaires chaque année (37 en 2017, 38 en 2018), à rapporter au 1,5 million d'affaires nouvelles présentées chaque année devant les juridictions civiles et aux quelque 200 000 requêtes présentées annuellement devant les tribunaux administratifs. La faiblesse de ce chiffre témoigne de façon éloquente du bon fonctionnement du système de répartition des compétences entre les deux ordres de juridiction : dans l'immense majorité des cas, l'application des règles de compétence permet de trouver une solution simple et rapide aux questions qui peuvent se poser en la matière.

1/ *Composition et présidence du Tribunal des conflits*

La composition du Tribunal des conflits, initialement fixée par la loi du 24 mai 1872, a été profondément rénovée par la loi du 16 février 2015. Juridiction paritaire, le Tribunal des conflits est, aujourd'hui encore, composé de huit membres, dont quatre membres du Conseil d'État et quatre membres de la Cour de cassation. Par ailleurs, deux maîtres des requêtes au Conseil d'État et deux avocats généraux à la Cour de cassation assurent le rôle de rapporteur public[65].

La loi du 16 février 2015 a toutefois réformé sa présidence et la procédure de départage. Jusqu'en 2015, en cas de partage des voix, le Tribunal des conflits était présidé par le garde des Sceaux. Cette situation était toutefois exceptionnelle. En pratique, le Tribunal était présidé par son vice-président, élu pour trois ans, lequel était, suivant la coutume de l'alternance, successivement choisi parmi les membres de chacune des deux juridictions suprêmes.

En réalité, dans l'histoire du Tribunal des conflits, le nombre de départages a été très limité : onze décisions seulement ont nécessité l'intervention du garde des Sceaux. Le premier cas, certes important, a été l'arrêt *Blanco* du 8 février 1873, rendu sous départage du garde des Sceaux Dufaure. Le dernier départage date de l'arrêt du 12 mai 1997, *Préfet de police c/ TGI de Paris*.

Toutefois, en dépit de sa faible utilisation, le départage par le garde des Sceaux constituait le dernier vestige de la justice retenue. La présidence d'une juridiction par un ministre n'était plus compatible avec la conception actuelle de l'impartialité des juridictions,

64. Loi du 16 février 2015 relative à la modernisation et à la simplification du droit et des procédures dans les domaines de la justice et des affaires intérieures ; décret du 27 février 2015 relatif au Tribunal des conflits et aux questions préjudicielles.

65. L'ancienne appellation de « commissaire du gouvernement » a été modifiée par la loi de 2015, au profit de celle de « rapporteur public », conformément à celle qui est retenue depuis 2009 devant les juridictions administratives.

résultant tant de la Constitution que de la Convention européenne des droits de l'homme. C'est pourquoi plusieurs réflexions avaient été engagées sur cette question, notamment à l'occasion d'un colloque sur le Tribunal des conflits réunissant universitaires et praticiens, organisé le 1er octobre 2008 à la Sorbonne[66], ou encore d'un article du président Labetoulle et Jacques-Henri Stahl, paru à l'*AJDA* du 14 janvier 2013 sous un titre évocateur : « Pour un Tribunal des conflits sans garde des Sceaux ». En 2013, un groupe de travail présidé par Jean-Louis Gallet, conseiller à la Cour de cassation et vice-président, à l'époque, du Tribunal des conflits, a remis au garde des Sceaux un rapport dont l'essentiel des propositions a été repris par le législateur.

C'est ainsi que la loi du 16 février 2015 met fin à l'anomalie que constituait, au XXIe siècle, la présidence du Tribunal des conflits par un membre du gouvernement. Elle introduit plusieurs innovations importantes. Elle institue une présidence alternée par un conseiller d'État et un conseiller à la Cour de cassation, conformément à la coutume précédente. En cas d'égalité des voix, écartant la solution d'un neuvième membre, elle prévoit une formule originale, qui en appelle au consensus : si le partage persiste après deux délibérations, le Tribunal siège en formation élargie, à douze membres, mais toujours paire (en y adjoignant deux conseillers d'État et deux conseillers à la Cour de cassation). Dans ce cas, le Tribunal ne peut siéger que si tous les membres sont présents ou suppléés. On a pu parler, à propos de cette réforme, de « l'âge de la maturité[67] » tant il est vrai que la solution retenue est la plus conforme à l'identité paritaire du Tribunal, la plus propice à maintenir l'esprit de dialogue qui le caractérise : la loi de 2015 fait « le pari raisonnable de la confiance envers les membres du Conseil d'État et de la Cour de cassation appelés à siéger au Tribunal ».

Aboutissement ultime de cette réforme, même si la question n'est pas essentielle, on pourrait également songer à modifier l'appellation du Tribunal « des conflits ». Comme le relevait le commissaire du gouvernement dans ses conclusions sur l'arrêt *Ville de Pamiers* : « Plus qu'un théâtre de conflits, votre tribunal est une instance de rencontre et de dialogue. Loin de débats parfois trop passionnés, détaché des nécessités pressantes de l'urgence, éclairé par l'échange de réflexions qui ont des sources différentes, il a pour mission de faire régner l'harmonie entre les composantes de notre droit[68]. »

66. Voir les actes du colloque : Pascale Gonod et Loïc Cadiet (dir.), *Le Tribunal des conflits. Bilan et perspectives*, Paris, Dalloz, 2009. Voir également Bernard Stirn, « La justice administrative en mouvement », art. cité, p. 8.

67. Jacques Arrighi de Casanova et Jacques-Henri Stahl, « Tribunal des conflits : l'âge de la maturité », art. cité, p. 575.

68. Conclusions de Bernard Stirn sur l'arrêt du Tribunal des conflits, 6 juin 1989, *Préfet de la région Île-de-France*, dit *Ville de Pamiers*, *RFDA*, 1989, p. 457.

2/ *Attributions du Tribunal des conflits*

On peut distinguer cinq cas de saisine du Tribunal des conflits. Les deux premiers concernent l'hypothèse d'un conflit, positif ou négatif. On parle de conflit *positif* lorsque deux juridictions se reconnaissent également compétentes : dans ce cas, la difficulté est constatée par un arrêté de conflit pris par le préfet de département, qui oblige ainsi le juge judiciaire à surseoir à statuer jusqu'à la décision du Tribunal des conflits. Le conflit *négatif est* constaté lorsque, aucune juridiction ne s'estimant compétente, il existe un risque de déni de justice. Le deuxième juge saisi a alors obligation de renvoyer la question devant le Tribunal des conflits.

Le troisième cas de saisine est celui du renvoi pour difficulté sérieuse. Une juridiction peut, avant même la survenance d'un conflit, renvoyer une question sérieuse de compétence devant le Tribunal des conflits. Avant 2015, cette faculté n'était ouverte qu'au Conseil d'État et à la Cour de cassation. La loi du 16 février 2015 l'a étendue à toute juridiction de chaque ordre, dans le souci d'améliorer la prévention des conflits de compétence. Afin de limiter le risque d'encombrement qui pourrait résulter de cette extension, la loi de 2015 a en outre donné la possibilité au président du Tribunal de statuer par une simple ordonnance « lorsque la solution de la question soumise au Tribunal des conflits s'impose avec évidence ». Le président statue alors « conjointement avec le membre le plus ancien appartenant à l'autre ordre de juridiction », dans le souci de respecter le paritarisme. En 2018, sur neuf renvois opérés pour difficulté sérieuse de compétence, quatre émanaient du Conseil d'État et deux d'autres juridictions administratives, deux de la Cour de cassation et un d'autres juridictions judiciaires.

Enfin, dans deux hypothèses, le Tribunal peut être saisi pour règlement au fond : il s'agit de cas exceptionnels où il se prononce non pas pour régler des questions de compétence, mais pour juger le fond d'un litige. Le premier cas est ancien : en application de la loi du 20 mai 1932, afin d'éviter un déni de justice, il peut intervenir en cas de contrariété de décisions, c'est-à-dire dans l'hypothèse où deux décisions contradictoires ont été rendues par les deux ordres de juridiction. À titre d'exemple, dans l'affaire *Rosay*[69], en 1933, le juge judiciaire et le juge administratif avaient abouti à deux solutions différentes lors d'un litige portant sur un accident survenu entre une voiture privée et un camion militaire et au cours duquel une personne avait été blessée : tandis que le juge judiciaire, saisi d'un recours contre le conducteur de la voiture, avait jugé que la faute incombait au camion militaire, le juge administratif avait conclu à la responsabilité du conducteur de la voiture privée. La

69. TC, 8 mai 1933, *Rosay*.

seconde hypothèse a été introduite par la loi du 16 février 2015 : le Tribunal peut statuer sur les actions en indemnisation du préjudice découlant d'une durée totale excessive des procédures afférentes à un même litige et conduites entre les mêmes parties devant les juridictions des deux ordres en raison des règles de compétence applicables et, le cas échéant, devant le Tribunal des conflits[70].

3/ *Rôle structurant de la jurisprudence du Tribunal des conflits*

À côté de celle du Conseil d'État, la jurisprudence du Tribunal des conflits joue un rôle important dans la structuration du droit public français. Sur le plan historique, l'apport du Tribunal des conflits aux grandes étapes de la jurisprudence a été essentiel. Dès le 8 février 1873, avec l'arrêt *Blanco*, il pose l'acte fondateur du droit administratif moderne : écartant l'application du code civil à l'État, il fait de la notion de service public la pierre angulaire du droit administratif et assigne à ses « règles spéciales » la finalité de concilier les « droits de l'État et les droits privés ». Les grandes décisions du Tribunal des conflits vont ensuite affirmer des principes qui, non seulement permettent de délimiter la répartition des compétences entre les deux ordres de juridiction, mais aussi éclairent bien souvent les règles de fond applicables aux autorités publiques : la distinction, en matière de responsabilité, entre faute personnelle et faute de service[71] ; les conditions de l'exécution forcée des actes administratifs[72] ; le régime applicable au service public industriel et commercial[73] ; l'incompétence du juge judiciaire pour apprécier la légalité des actes administratifs[74] ; sa compétence, par exception, en cas de voie de fait[75] ; la compétence du juge administratif pour connaître des actes relatifs à l'organisation du service public de la justice à l'exclusion de ceux qui touchent à l'exercice de la fonction juridictionnelle[76] ; ou encore la définition de la notion de travaux publics[77].

Dans la jurisprudence contemporaine, le Tribunal des conflits joue un rôle important pour trancher de questions nouvelles de répartition de compétence. Dans le domaine du droit de la concurrence, l'arrêt du 6 juin 1989, *Ville de Pamiers*, précise que, si le Conseil de la concurrence et, par suite, les juridictions judiciaires sont compétents pour les litiges relatifs aux activités de production,

70. Voir nos développements au chapitre 21 : La responsabilité de la puissance publique.
71. TC, 30 juillet 1873, *Pelletier*.
72. TC, 2 décembre 1902, *Société immobilière de Saint-Just*.
73. TC, 22 janvier 1921, *Société commerciale de l'Ouest africain*.
74. TC, 16 juin 1923, *Septfonds*.
75. TC, 8 avril 1935, *Action française*.
76. TC, 27 novembre 1952, *Préfet de la Guyane*.
77. TC, 28 mars 1955, *Effimieff*.

de distribution et de services des personnes publiques, en revanche, les actes administratifs relatifs à l'organisation du service public relèvent du juge administratif, quand bien même il s'agirait, comme en l'espèce, d'une décision relative à l'attribution d'une concession de distribution d'eau. La décision du 25 mars 1996, *Berkani*, juge, dans un esprit de simplification, que tout agent employé par un service public administratif a la qualité d'agent public, quel que soit son emploi. L'arrêt *INSERM* du 17 mai 2010 précise les règles gouvernant la délicate question des recours contre les décisions d'arbitrage concernant les personnes publiques : il apporte un tempérament à la compétence judiciaire, en réservant à la compétence du juge administratif les recours qui impliquent le contrôle de la conformité d'une sentence arbitrale aux règles impératives du droit public français relatives à l'occupation du domaine public ou qui régissent la commande publique, dès lors que les contrats de la commande publique relèvent d'un régime administratif d'ordre public. Avec la décision *Société Green Yellow* du 13 décembre 2010, le Tribunal des conflits exerce pour la première fois un contrôle de conventionnalité d'une loi au regard de la Convention européenne des droits de l'homme : il estime qu'une loi qui modifie de façon rétroactive la répartition de compétence entre les ordres de juridiction porte atteinte au droit à un procès équitable protégé par l'article 6 de la Convention[78]. L'arrêt *UGAP*, du 13 novembre 2011, fait une application large de l'article 2 de la loi dite « Murcef[79] », en vertu duquel « les marchés passés en application du code des marchés publics ont le caractère de contrats administratifs » ; en l'espèce, il qualifie de contrat administratif l'ensemble des marchés publics passés par l'Union des groupements d'achats publics (UGAP), alors même que celui-ci, en sa qualité d'établissement public industriel et commercial, n'entrait pas directement dans le champ d'application du code des marchés publics, mais n'y était soumis pour ses marchés qu'en vertu d'une disposition du décret du 30 juillet 1985 relatif à son statut.

Enfin, on peut observer une grande vivacité jurisprudentielle au cours des années récentes, avec d'importantes évolutions de jurisprudence sur des notions centrales. Le Tribunal des conflits redéfinit, dans un sens de simplification et de bonne administration de la justice, les questions préjudicielles[80]. Le Conseil d'État[81] et la Cour

78. À distinguer d'une autre décision, *Société Green Yellow*, du Tribunal des conflits, en date du 12 décembre 2011, qui, faisant application des principes dégagés par l'arrêt *SCEA du Chéneau*, admet la compétence du juge judiciaire pour apprécier la légalité d'un acte réglementaire au regard du principe de non-rétroactivité des actes administratifs.

79. Loi n° 2001-1168 du 11 décembre 2001 portant mesures urgentes à caractère économique et financier.

80. TC, 17 octobre 2011, *SCEA du Chéneau*.

81. CE, 23 mars 2012, *Fédération Sud Santé Sociaux*.

de cassation[82] ont fait application de cette nouvelle grille de lecture. De même, le Tribunal des conflits a donné des définitions plus restrictives des notions de voie de fait[83] et d'emprise[84], susceptibles de justifier la compétence des juridictions judiciaires.

82. Cass., 1re civ., 24 avril 2013, *Commune de Sancoins et Syndicat mixte du Parc des Grivelles*.

83. TC, 17 juin 2013, *Bergoend c/ Société ERDF Annecy Léman*.

84. TC, 9 décembre 2013, *M. et Mme Panizzon c/ Commune de Saint-Palais-sur-Mer*.

Chapitre 25

La justice administrative

La justice administrative ne peut se comprendre sans tenir compte à la fois de sa longue histoire et de sa capacité d'adaptation aux circonstances. L'apparition de la justice administrative résulte d'abord d'une lente évolution historique. Le Conseil d'État est l'héritier du Conseil du roi qui, sous Philippe le Bel, comprenait déjà des conseillers d'État et des maîtres des requêtes. Sous sa forme moderne, il a été créé par Bonaparte et la Constitution de l'an VIII (13 décembre 1799). En vertu de l'article 52 de cette dernière, « un Conseil d'État est chargé de rédiger les projets de lois et les règlements d'administration publique et de résoudre les difficultés qui s'élèvent en matière administrative ». D'emblée, l'institution est dotée d'une double fonction, à la fois consultative et contentieuse. Les conseils de préfecture, institués auprès des préfets par la loi du 28 pluviôse an VIII (17 février 1800), sont profondément réformés par le décret-loi du 30 septembre 1953 : ils prennent l'appellation de « tribunaux administratifs » et reçoivent alors une compétence générale pour juger en premier ressort le contentieux administratif. La loi du 6 janvier 1986 dote les membres des tribunaux administratifs d'un véritable statut législatif comportant de solides garanties d'indépendance. Enfin, la loi du 31 décembre 1987 complète l'architecture de la juridiction administrative en créant les cours administratives d'appel.

La justice administrative a toujours fait preuve d'une grande capacité d'adaptation aux circonstances nouvelles. En témoigne le « vent de réformes[1] » qui l'a concernée ces dernières années. Un

1. Jean-Marc Sauvé, « Vent de réformes au Conseil d'État », *Petites Affiches*, 12 août 2008, p. 3. Voir également Bernard Stirn, « La justice administrative en mouvement », art. cité, p. 8.

décret du 6 mars 2008 portant sur l'organisation du Conseil d'État est venu opérer une séparation plus nette entre ses fonctions juridictionnelles et consultatives. La révision constitutionnelle du 23 juillet 2008 a introduit la question prioritaire de constitutionnalité et la possibilité, pour le Parlement, de demander son avis au Conseil d'État sur une proposition de loi. Le décret du 7 janvier 2009 a modifié le statut du commissaire du gouvernement, désormais dénommé « rapporteur public ». Un décret du 22 février 2010 relatif aux compétences et au fonctionnement des juridictions administratives a modernisé la procédure, en introduisant la possibilité de recourir aux avis de tiers, notamment d'un *amicus curiae*[2], en réduisant la compétence du Conseil d'État en premier ressort et en encadrant le calendrier d'instruction des affaires. La loi du 17 mai 2011 de simplification et d'amélioration de la qualité du droit a élargi le champ des recours administratifs préalables obligatoires[3] et a introduit des cas de dispense de conclusions du rapporteur public.

Ce mouvement se poursuit. La loi du 20 avril 2016 modernise certaines appellations : les « sous-sections » du Conseil d'État deviennent des « chambres » ; l'appellation de « magistrat » administratif est généralisée dans tout le code de justice administrative et se substitue à celle de « membres du corps des tribunaux administratifs et des cours administratives d'appel », cette dernière reflétant une conception ancienne et aujourd'hui dépassée selon laquelle ces juges n'étaient pas tout à fait des magistrats. Deux ordonnances du 13 octobre 2016 ont édicté des dispositions statutaires respectivement pour les membres du Conseil d'État et les magistrats des cours et tribunaux administratifs, en renforçant notamment l'indépendance et les missions du Conseil supérieur des tribunaux administratifs et des cours administratives d'appel (CSTA). La loi du 18 novembre 2016 de modernisation de la justice du XXIe siècle a rénové le cadre juridique de la médiation en matière administrative. Le décret dit JADE, pour « justice administrative de demain », du 2 novembre 2016, a apporté de nombreuses modifications à la procédure contentieuse, notamment dans le but d'accélérer le traitement des requêtes. Adoptée le 23 mars 2019, la loi de programmation 2018-2022 et de réforme pour la justice apporte quelques nouveautés, dont la faculté pour le juge administratif de prononcer des injonctions d'office (articles L. 911-1 à L. 911-5 du code de justice administrative).

À côté des juridictions administratives *de droit commun* – les tribunaux administratifs et cours administratives d'appel –, l'ordre

2. Voir *infra* les développements sur ce point au chapitre 26 : Les recours devant le juge administratif.

3. La loi détermine des obligations à la charge de l'administration lorsque la formation d'un recours contentieux à l'encontre d'un acte administratif est subordonnée à un tel recours administratif préalable obligatoire.

administratif comporte également des juridictions administratives *spécialisées*. Alors que les premières disposent d'une compétence générale pour juger les litiges en matière administrative, les secondes n'ont qu'une compétence d'attribution, qui leur est conférée par un texte spécifique, dans un domaine particulier. Les juridictions administratives spécialisées ont en commun le fait de relever du Conseil d'État par la voie de la cassation. Elles sont toutefois d'une grande diversité. Certaines sont uniques et statuent sans appel (Cour nationale du droit d'asile[4], Cour de discipline budgétaire et financière) ; d'autres forment un ensemble hiérarchisé de juridictions (chambres régionales des comptes et Cour des comptes ; juridictions disciplinaires locales et nationales des ordres professionnels).

On examinera ici les juridictions administratives de droit commun que sont le Conseil d'État, d'une part, les tribunaux administratifs et les cours administratives d'appel, d'autre part.

I

LE CONSEIL D'ÉTAT

Ancré dans l'histoire, le Conseil d'État est aussi une institution en mouvement, qui se caractérise par l'adaptation constante de ses missions, de son organisation et de sa composition aux exigences de son époque.

A | LES MISSIONS DU CONSEIL D'ÉTAT

Le Conseil d'État, institution suprême de la juridiction administrative, a pour particularité d'exercer deux fonctions : juge administratif, il joue également le rôle de conseiller.

1/ *Juger*

La fonction juridictionnelle du Conseil d'État, qui s'est développée de façon progressive, est aujourd'hui définie par le code de justice administrative.

4. La Cour nationale du droit d'asile a remplacé la Commission des recours des réfugiés, depuis la loi du 20 novembre 2007 relative à la maîtrise de l'immigration.

a) L'évolution historique

La mission contentieuse du Conseil d'État se précise au cours du XIXe siècle. Un décret du 11 juin 1806 crée, au sein du Conseil d'État, la commission du contentieux, qui préfigure l'actuelle section du contentieux. Napoléon justifiait cette réforme par cette formule : « Je veux instituer un corps demi-administratif, demi-judiciaire, qui réglera l'emploi de cette portion d'arbitraire nécessaire dans l'administration de l'État. » Une ordonnance du 12 mars 1831 institue les audiences publiques et les commissaires du gouvernement, précisant ainsi les règles de procédure.

Il faut cependant attendre la fin du XIXe siècle pour que le Conseil d'État devienne le véritable juge de droit commun de tout litige administratif. D'une part, parce qu'il s'agissait, à l'origine, d'un système de *justice retenue* : les décisions étaient préparées par le Conseil d'État, puis présentées pour signature au chef de l'État. Dans les faits, Napoléon comme ses successeurs ont presque toujours suivi les avis du Conseil d'État. Mais il reste qu'à l'époque, selon l'adage alors en vigueur, « juger l'administration, c'est encore administrer ». Avec la loi du 24 mai 1872 s'opère le passage fondateur à la *justice déléguée* : le Conseil d'État reçoit le pouvoir de statuer souverainement « au nom du peuple français », sans soumettre ses décisions au chef de l'État. Cette grande loi trouvera un écho, un siècle plus tard, dans la consécration constitutionnelle de l'indépendance du juge administratif : dans sa décision du 22 juillet 1980, *Validation d'actes administratifs*, le Conseil constitutionnel déduit de la loi du 24 mai 1872 un principe fondamental reconnu par les lois de la République, dont il résulte que « l'indépendance des juridictions est garantie ainsi que le caractère spécifique de leurs fonctions sur lesquelles ne peuvent empiéter ni le législateur ni le gouvernement ».

D'autre part, au XIXe siècle, selon la théorie du *ministre-juge*, chaque ministre était, dans le silence des textes, juge de droit commun en premier ressort pour connaître des réclamations des administrés. Le Conseil d'État n'avait qu'une compétence d'attribution, dans les seules matières où l'intéressé pouvait former un recours contre la décision du ministre devant le chef de l'État. L'arrêt *Cadot* du 13 décembre 1889 abandonne la théorie du ministre-juge et reconnaît au Conseil d'État une compétence générale pour connaître du contentieux administratif, même sans intervention préalable du ministre. Le Conseil d'État devient ainsi le juge de droit commun en premier ressort du contentieux administratif.

S'ouvre alors la période de « l'âge d'or[5] » du contentieux administratif. À partir de l'arrêt *Blanco*, arrêt fondateur rendu par le Tribunal des conflits le 8 février 1873, soit moins d'un an après la loi du

5. Voir Bernard Stirn, *Le Conseil d'État, son rôle, sa jurisprudence*, Paris, Hachette, coll. « Les Fondamentaux », 1994 [2e éd.].

24 mai 1872, la jurisprudence définit peu à peu les grandes notions du droit administratif : responsabilité de l'État, contrat administratif, acte unilatéral, recours pour excès de pouvoir, etc. Les principes alors posés par la jurisprudence, à la lumière des conclusions des commissaires du gouvernement, tels Laferrière, David, Corneille, Romieu ou encore Blum, sont encore en grande partie applicables.

b) Les compétences actuelles du Conseil d'État

Le Conseil d'État exerce aujourd'hui trois types de compétences : il peut être saisi, selon les cas, en premier ressort, en appel ou en cassation.

En *premier ressort*, le Conseil d'État dispose d'une compétence d'attribution. Certains recours relèvent directement de la haute juridiction dans une liste de cas limitativement énumérés par l'article R. 311-1 du code de justice administrative, par dérogation à la compétence de droit commun en première instance des tribunaux administratifs. Il s'agit principalement des recours dirigés contre les ordonnances du président de la République, les décrets, les actes réglementaires des ministres, ainsi que les décisions émanant de certaines autorités de contrôle et de régulation. S'y ajoutent les litiges concernant le recrutement et la discipline des agents publics nommés par décret du président de la République[6].

La compétence *d'appel* du Conseil d'État est désormais résiduelle. Si, auparavant, il était le juge d'appel des jugements des tribunaux administratifs, la réforme de 1987 a transféré cette compétence aux cours administratives d'appel. Toutefois, dans un souci de bonne administration de la justice, et notamment de rapidité, les décisions des tribunaux administratifs peuvent être frappées d'appel directement devant le Conseil d'État dans deux cas : les litiges relatifs aux élections municipales et départementales, ainsi que les ordonnances rendues, après une audience, en matière de référé-liberté.

À titre principal, le Conseil d'État est aujourd'hui juge de *cassation*. Cette compétence était traditionnelle pour ce qui concerne les juridictions administratives spécialisées. En vertu d'un principe général du droit dégagé par l'arrêt *D'Aillières*, du 7 février 1947, le pourvoi en cassation est une voie de recours toujours ouverte, même sans texte, contre toute décision juridictionnelle rendue en dernier ressort. Lorsque le Conseil d'État reconnaît à un organisme

6. Le décret du 22 février 2010 est venu restreindre cette liste, afin de la recentrer sur les compétences majeures du Conseil d'État en premier ressort. L'ancienne version de l'article R. 311-1 visait pour sa part toutes les décisions des « organismes collégiaux à compétence nationale » ou encore l'ensemble des litiges « relatif[s] à la situation individuelle » des agents publics nommés par décret du président de la République.

le caractère de juridiction administrative, il en déduit ainsi la possibilité d'un pourvoi en cassation[7]. Subsidiaire avant la réforme de 1987, cette compétence est désormais essentielle, puisque le Conseil d'État connaît également des pourvois en cassation dirigés contre les arrêts des cours administratives d'appel, ainsi que de certains jugements et ordonnances[8] des tribunaux administratifs[9]. Les pourvois en cassation représentaient, en 2019, près de 70 % des saisines du Conseil d'État[10].

À la différence d'un juge d'appel, un juge de cassation ne connaît que des questions de droit, et non des questions de fait. Pour l'essentiel, il se limite à contrôler, d'une part, la régularité de la procédure et, d'autre part, le respect des règles de droit. Au titre de la régularité, les *moyens de cassation* ou *cas d'ouverture* du pourvoi portent principalement sur la compétence de la juridiction, sa composition, le respect du contradictoire et la motivation de la décision ; au titre des motifs de droit, ils concernent l'erreur de droit et l'erreur de qualification juridique des faits[11]. S'y ajoute le contrôle de l'exactitude matérielle des faits, moyen de cassation inhabituel pour un juge de cassation et, à vrai dire, assez rarement retenu en pratique, mais dont la présence s'explique par des raisons historiques.

En revanche, l'appréciation des faits est laissée à « l'appréciation souveraine des juges du fond », sauf le cas, exceptionnel, de *dénaturation des faits*. C'est pourquoi un juge de cassation ne constitue pas, selon l'expression consacrée, un « troisième degré de juridiction » : il est le juge du jugement et non pas celui du litige. En témoigne le fait que, lorsque la décision attaquée est annulée, le Conseil d'État se borne normalement à renvoyer l'affaire aux juges

7. Tel est le cas du Conseil supérieur de la magistrature, lorsqu'il statue en matière disciplinaire (CE, 7 février 1969, *Sieur L'Étang*).

8. Précision terminologique : on parle de « jugement » pour les décisions rendues par un tribunal administratif et d'« arrêt » pour les décisions du Conseil d'État et des cours administratives d'appel ; quant au terme d'« ordonnance », il désigne les décisions rendues par un juge unique, normalement sans audience, quelle que soit la juridiction concernée.

9. Certaines décisions des tribunaux administratifs sont en effet rendues en dernier ressort, sans possibilité d'appel, et relèvent du Conseil d'État par la voie de la cassation. Il s'agit, d'une part, des ordonnances de référé-suspension (à la différence des ordonnances de référé-liberté qui, pour leur part, peuvent faire l'objet d'un appel devant le Conseil d'État) et, d'autre part, depuis le décret du 24 juin 2003, des jugements rendus dans des affaires de faible importance, énumérées à l'article R. 222-13 du code de justice administrative (telles que les actions indemnitaires portant sur un montant inférieur à 10 000 euros).

10. Soit 6 845 pourvois, pour un total de 10 216 affaires enregistrées devant le Conseil d'État en 2019. Ces pourvois se répartissaient ainsi : 32 % du total des affaires pour les arrêts des cours administratives d'appel, 23 % pour les tribunaux administratifs (jugements rendus en dernier ressort et ordonnances de référé) et 12 % pour les juridictions administratives spécialisées (Conseil d'État, *Rapport public*, 2020, p. 54).

11. CE, 7 juillet 2000, *Clinique chirurgicale de Coudon*.

du fond, pour qu'elle soit jugée à nouveau. Ce n'est qu'à titre d'exception qu'il a la faculté d'évoquer l'affaire, pour statuer lui-même sur le fond du litige, dans l'intérêt d'une bonne administration de la justice (par exemple, dans le but de régler rapidement le sort d'un litige ancien).

Il convient de préciser que, dans un esprit d'efficacité et de diligence dans le traitement des requêtes, la loi du 31 décembre 1987 a institué une procédure préalable d'admission des pourvois en cassation (PAPC). En vertu de l'article L. 822-1 du code de justice administrative, l'admission de la requête peut être refusée selon une procédure simplifiée, « si le pourvoi est irrecevable ou n'est fondé sur aucun moyen sérieux ». Ce système de filtrage permet de juger plus rapidement certaines requêtes, manifestement vouées au rejet. Il s'inscrit dans un effort global d'amélioration du délai de jugement, reposant notamment sur l'adaptation du mode de traitement des affaires à leur degré de difficulté.

Il faut enfin mentionner l'existence d'une voie originale de saisine du Conseil d'État, *l'avis contentieux*, créé par la loi du 31 décembre 1987 (aujourd'hui codifié à l'article L. 113-1 du code de justice administrative). Un tribunal administratif ou une cour administrative d'appel a la possibilité de saisir le Conseil d'État « d'une question de droit nouvelle présentant une difficulté sérieuse et se posant dans de nombreux litiges ». Le Conseil d'État se prononce dans un délai de trois mois et peut décider de publier son avis au *Journal officiel de la République française*. Même si cet avis contentieux n'a pas, sur le plan juridique, l'autorité de la chose jugée, il est en pratique revêtu de toute l'autorité de la juridiction suprême de l'ordre administratif. Cette procédure a démontré toute son utilité, en permettant d'abréger les incertitudes sur l'interprétation d'une loi nouvelle et d'éviter les divergences de jurisprudence[12].

En 2019, la section du contentieux a jugé près de 10 320 affaires, soit plus que le nombre d'affaires enregistrées (10 216). Les ordonnances ont représenté 42,5 % de ces décisions. Parmi les 4 915 arrêts rendus par des formations collégiales, 74 % ont été rendus en chambres jugeant seules et plus d'un quart (1 269) en chambres réunies, tandis que 21 décisions ont été prises en section du contentieux et 8 en assemblée du contentieux[13].

Le Conseil d'État joue ainsi pleinement son rôle de juridiction suprême de l'ordre administratif, à la fois garant du bon fonctionnement des juridictions et gardien de l'unité du droit.

2/ *Conseiller*

Le Conseil d'État est essentiellement consulté sur des projets de texte. Qu'il s'agisse d'actes réglementaires, de projets de loi ou de

12. Elle a d'ailleurs été étendue, les juridictions de l'ordre judiciaire ayant également désormais la possibilité de saisir pour avis la Cour de cassation.

13. Source : Conseil d'État, *Rapport public*, 2020.

projets de révision constitutionnelle, il contribue dans cette mission à la qualité du droit, en veillant à la clarté de la forme des textes ainsi qu'à leur conformité aux normes supérieures.

a) Le champ de la consultation

Dans l'exercice de sa fonction consultative, le Conseil d'État rend principalement des avis au gouvernement sur des projets de texte. Sa consultation est fréquente s'agissant des actes administratifs. En matière réglementaire, le recueil de l'avis du Conseil d'État est obligatoire sur certains projets de décret, principalement lorsque la loi a prévu l'intervention d'un *décret en Conseil d'État*, ce qui est fréquent pour les décrets d'application des lois[14]. Il est également nécessaire dans le cadre de la procédure particulière de déclassement prévue par l'article 37 de la Constitution : lorsqu'une disposition législative est intervenue dans le domaine réglementaire, elle peut être modifiée par décret, après avis du Conseil d'État ; pour les lois postérieures à la Constitution de 1958, cet avis doit être précédé d'une décision du Conseil constitutionnel constatant l'empiétement du législateur sur le domaine réglementaire. Des décisions administratives particulières sont parfois soumises à la consultation obligatoire du Conseil d'État. Tel est notamment le cas de certaines déclarations d'utilité publique, pour les grands projets d'équipement public, et des décisions de retrait, ainsi que de certains refus d'acquisition de la nationalité française. Par ailleurs, en dehors de ces cas de consultation obligatoire, le gouvernement peut toujours recueillir l'avis du Conseil d'État, à titre facultatif, sur les autres projets de texte[15]. En dehors de tout projet de texte, le gouvernement peut saisir le Conseil d'État de demandes d'avis sur une question juridique particulière (voir par exemple l'avis rendu le 27 novembre 1989 dans l'affaire dite « des foulards islamiques »).

Le champ de la consultation s'étend également au domaine législatif. Facultatif sous la Troisième République[16], l'avis du Conseil d'État est aujourd'hui obligatoire, en vertu de la Constitution, sur les projets de loi (article 39) et d'ordonnance (article 38). La consultation concerne toutes les catégories de projets, sans distinction :

14. D'une façon plus générale, il a été jugé que la consultation du Conseil d'État est toujours obligatoire pour modifier un décret en Conseil d'État (CE, 3 juillet 1998, *Syndicat national de l'environnement CFDT*). Cette définition purement formelle du champ du décret en Conseil d'État est à rapprocher de la définition, également formelle, du champ du décret en conseil des ministres (CE, 10 septembre 1992, *Meyet*).

15. La distinction entre les deux cas de consultation du Conseil d'État se traduit par la présence, dans les visas du texte, de deux formules différentes : « Le Conseil d'État entendu », lorsque la consultation est obligatoire, et « Vu l'avis du Conseil d'État », si elle est facultative.

16. Sous l'empire de la loi du 24 mai 1872, sa consultation sur les projets et propositions de loi était facultative et, en pratique, très rare. Elle a été rendue obligatoire sur les projets de loi, au lendemain de la seconde guerre mondiale, par l'ordonnance du 31 juillet 1945, reprise sur ce point par la Constitution de 1958.

loi ordinaire ou loi organique, loi de finances ou loi référendaire, ou encore loi constitutionnelle[17]. Ainsi, en 2019, le Conseil d'État a examiné 1 090 projets de texte – contre 976 en 2018 –, renouant avec les seuils d'activité observés sur la dernière décennie[18]. Toutefois, cette obligation de consultation ne porte pas sur les amendements présentés en cours d'examen du texte, qu'ils émanent du gouvernement ou des parlementaires. C'est pourquoi un nombre non négligeable de dispositions législatives adoptées échappent à cette consultation : en 2019, seule la moitié a fait l'objet d'un examen préalable de la part du Conseil d'État. La proportion était de deux tiers en 2014. Cette situation est regrettable, sachant que certains amendements peuvent être relativement consistants. C'est pourquoi il a parfois été envisagé d'étendre l'obligation de consultation aux projets d'amendement émanant du gouvernement.

La révision constitutionnelle du 23 juillet 2008 a en outre donné au Parlement la possibilité de consulter le Conseil d'État sur des propositions de loi (dernier alinéa de l'article 39 de la Constitution). Le président de l'assemblée concernée saisit alors le Conseil d'État, qui examine le texte en présence de fonctionnaires de l'assemblée et, s'il le souhaite, de l'auteur de la proposition. Cette saisine, si elle reste facultative, n'en représente pas moins une innovation importante : à côté de sa fonction traditionnelle de conseiller de l'exécutif, le Conseil d'État devient ainsi le « conseiller du Parlement[19] », pour reprendre la formule du rapport public du Conseil d'État pour 2011[20]. Ainsi a-t-il été saisi, notamment, de la loi n° 2019-753 du 22 juillet 2019 portant création d'une Agence nationale de la cohésion des territoires, de la loi n° 2018-1202 du 22 décembre 2018 relative à la lutte contre la manipulation de l'information, ainsi que de la loi n° 2016-231 du 29 février 2016 d'expérimentation territoriale visant à résorber le chômage de longue durée.

Le Conseil d'État peut également réaliser, à la demande du gouvernement ou de sa propre initiative, des études sur des sujets d'intérêt général. On peut citer par exemple l'étude de 2007 sur les établissements publics, celle de 2008 sur les recours administratifs préalables obligatoires, celle de 2014 sur le rescrit ou encore celle de 2019 sur les expérimentations des politiques publiques. Les

17. Les révisions de la Constitution prennent la forme de lois constitutionnelles.

18. Conseil d'État, *Rapport public*, 2020, p. 163.

19. Cette évolution fait écho à la jurisprudence du 5 mars 1999, *Président de l'Assemblée nationale*, par laquelle le Conseil d'État avait reconnu la compétence de la juridiction administrative pour juger de la légalité des décisions prises par les assemblées parlementaires en matière de marchés publics.

20. Voir également son communiqué de presse du 11 juin 2020 (« Depuis 10 ans, le Conseil d'État est aussi le conseil du Parlement ») : « Avec ces avis, le Conseil d'État apporte son expertise au service du Parlement pour un droit plus simple, plus intelligible et de meilleure qualité ainsi que pour une plus grande sécurité juridique. »

études du Conseil d'État nourrissent la réflexion des pouvoirs publics et, plus spécialement, du législateur. Ainsi les travaux du Conseil d'État ont-ils pu précéder l'adoption des lois relatives à la bioéthique – ces dernières prévoyant des clauses de révision périodique : ce fut le cas en 1988 pour la loi du 1er juillet 1994, en 1999 pour la loi du 6 août 2004, en 2009 pour la loi du 7 juillet 2011 ou encore en 2020 pour le nouveau projet de loi relatif à la bioéthique.

En outre, le rapport annuel du Conseil d'État comporte chaque année des « considérations générales » portant sur un thème plus large. Pour donner quelques exemples : *Collectivités publiques et concurrence* (2002), *Un siècle de laïcité* (2004), *Sécurité juridique et complexité du droit* (2006) ou encore *Le Contrat, mode d'action publique et de production des normes* (2008). Dénommée, depuis 2012, « étude annuelle », cette étude de caractère général a porté, en 2013, sur *Le Droit souple* et, en 2015, sur *L'Action économique des personnes publiques*. En 2018, il a été question de *La citoyenneté : être (un) citoyen aujourd'hui* et, en 2019, du *Sport : quelle politique publique ?* L'étude de 2020 est consacrée à l'évaluation des politiques publiques. Les suites données à ses études font désormais l'objet d'un suivi renforcé.

L'activité consultative représente une part importante de la mission du Conseil d'État. Pour donner un ordre de grandeur, il est saisi d'environ 1 300 demandes d'avis chaque année, dont 900 décrets réglementaires, 200 décisions particulières, 100 à 150 projets de loi et 20 à 30 questions juridiques posées sans qu'un texte soit concerné. S'agissant des propositions de loi, les statistiques témoignent d'un usage modéré mais constant, par le Parlement, de cette nouvelle possibilité issue de la révision constitutionnelle du 23 juillet 2008. À ce titre, 32 propositions de loi ont au total été soumises au Conseil d'État, dont les deux tiers émanaient des députés et le tiers restant des sénateurs[21], étant précisé que le nombre de saisines parlementaires varie en fonction des circonstances politiques et s'avère de l'ordre de 3 à 6 par an environ[22].

b) Portée et sanction des avis du Conseil d'État

Dans le cadre de sa mission consultative, le Conseil d'État vérifie d'abord la mise en forme et la rédaction du texte qui lui est soumis. Dans ce cadre, il a développé des règles d'écriture des textes qui sont présentées dans un *Guide de légistique*, élaboré en collaboration avec le secrétariat général du gouvernement[23]. Le Conseil d'État s'assure ensuite, sur le fond, de la conformité du texte aux

21. Conseil d'État, *Rapport public*, 2020, p. 169-176.

22. Pour aller plus loin, voir le rapport d'activité du Conseil d'État, consultable sur www.conseil-etat.fr.

23. *Guide pour l'élaboration des textes législatifs et réglementaires*, Paris, La Documentation française, 2017 [3e éd.], avec une mise à jour en ligne.

normes supérieures. Ce contrôle inclut ainsi, s'agissant des projets de loi, le respect du droit de l'Union européenne, des conventions internationales ou de la Constitution. Enfin, le troisième sujet d'interrogation concerne « l'opportunité administrative » ou la sagesse des projets du gouvernement, non pas sous l'angle des choix politiques – sur lesquels le Conseil d'État n'a pas à se prononcer –, mais du point de vue de la bonne administration. Il s'agit d'examiner la nécessité du texte, son coût, son utilité juridique, sa cohérence, ses difficultés de mise en œuvre ou encore sa pertinence au regard des objectifs que le gouvernement s'est lui-même fixé.

L'avis du Conseil d'État revêtait traditionnellement un caractère secret, puisqu'il est uniquement destiné au gouvernement. Depuis 2015, la publicité des avis tend cependant à se développer. Auparavant déjà, au cas par cas, le gouvernement pouvait décider de rendre public un avis rendu par le Conseil d'État. Ainsi, les avis les plus importants étaient publiés, avec l'accord du gouvernement, dans le rapport annuel d'activité du Conseil d'État[24]. En janvier 2015, le président de la République, François Hollande, a annoncé sa décision de rendre désormais systématiquement publics les avis sur les projets de loi. L'objectif est non seulement de répondre à une demande de transparence des citoyens, mais aussi de mieux éclairer les débats parlementaires. L'avis du Conseil d'État est joint au projet de loi au moment de son dépôt au Parlement. Parallèlement, depuis 2015, le Conseil d'État a créé la base de données ConsiliaWeb, sur laquelle sont mis à la disposition du public près de 3 500 avis, notamment ceux qui ont été rendus entre 1947 et 1991 et, depuis 1991, ceux pour lesquels la publication a été autorisée par le gouvernement.

Il ne s'agit que d'un avis simple, que le gouvernement est libre de ne pas suivre[25]. En pratique, toutefois, le gouvernement reprend le plus souvent les recommandations du Conseil d'État, qu'il s'agisse de la rédaction ou de la régularité juridique des textes. S'il décide de s'en écarter, il ne peut que reprendre son texte initial, et non pas un troisième texte qui n'aurait pas été soumis à la consultation du Conseil d'État.

Le respect de cette procédure est sanctionné au contentieux. S'agissant des actes administratifs, le défaut de consultation du Conseil d'État constitue un moyen d'ordre public[26], c'est-à-dire un moyen que le juge administratif soulève d'office pour annuler un décret faisant l'objet d'un recours, même lorsque le requérant ne l'a pas invoqué. La justification de cette solution a varié dans la

24. Voir également l'ouvrage d'Yves Gaudemet, Bernard Stirn, Thierry Dal Farra et Frédéric Rolin, *Les Grands Avis du Conseil d'État*, Paris, Dalloz, 2008 [3e éd.].

25. Hormis dans l'hypothèse, rare, où les textes exigent un avis conforme du Conseil d'État.

26. CE, 19 juin 2013, *Miceli*.

jurisprudence : autrefois regardée comme un vice de compétence, cette irrégularité est aujourd'hui considérée comme un vice de procédure[27], ce qui est plus juste, le Conseil d'État n'étant pas un véritable coauteur du texte, même si son avis a une influence substantielle sur ce dernier. Il s'agit toutefois d'un vice de procédure particulier, dès lors que la consultation du Conseil d'État constitue une garantie pour les citoyens comme pour la qualité de l'édifice normatif. S'agissant des lois, c'est le Conseil constitutionnel qui sanctionne le respect de cette procédure. Par une décision du 3 avril 2003, *Élection des conseillers régionaux*, il a ainsi rappelé que la consultation du Conseil d'État sur les projets de loi est imposée par l'article 39 de la Constitution et a, en conséquence, censuré une disposition d'une loi issue d'un projet adopté en conseil des ministres qui posait une question non évoquée devant le Conseil d'État.

Ainsi, dans le cadre de sa mission consultative, le Conseil d'État veille à la qualité de la loi et apporte une contribution à la clarté et à la lisibilité des textes, objectifs à valeur constitutionnelle[28].

3/ *La double fonction du Conseil d'État, facteur de renforcement de l'État de droit*

Les deux missions du Conseil d'État se renforcent mutuellement : la bonne connaissance de l'administration par le juge est un atout pour mieux juger l'État, tandis que l'expérience juridictionnelle apporte plus de sécurité pour donner un avis sur un texte. Ce double rôle, original, constitue ainsi un élément important de renforcement de l'État de droit. Dans plusieurs pays européens existe d'ailleurs un Conseil d'État exerçant ces deux fonctions : la Belgique, l'Italie, la Grèce et les Pays-Bas. Un tel système se retrouve ailleurs dans le monde : Algérie, Colombie, Égypte, Liban ou Turquie. L'Espagne et le Luxembourg sont quant à eux dotés d'un Conseil d'État aux fonctions exclusivement consultatives.

La double fonction du Conseil d'État, enracinée dans l'histoire, est aujourd'hui consacrée par la Constitution : ses articles 37, 38 et 39 prévoient sa consultation sur les projets de loi, d'ordonnance et de décret modifiant une disposition de forme législative portant sur une matière réglementaire, tandis que l'article 61-1, notamment, lui confère une mission juridictionnelle[29]. Dès lors que le texte constitutionnel lui-même organise cette dualité, la question prioritaire de

27. CE, 29 octobre 2008, *Caisse nationale d'assurance vieillesse des professions libérales*.

28. CC, 16 décembre 1999, *Codification par ordonnance*.

29. Le Conseil constitutionnel, dans sa décision du 3 décembre 2009 sur la loi organique relative à l'application de l'article 61-1 de la Constitution, a ainsi jugé qu'il résulte de cet article que le Conseil d'État est placé au sommet de « l'un des deux ordres de juridiction reconnus par la Constitution ».

constitutionnalité tirée de ce que celle-ci serait contraire à la Constitution ne présente pas de caractère sérieux, ainsi que l'a constaté une décision du Conseil d'État, *Alcaly*, du 16 avril 2010.

La Cour européenne des droits de l'homme a également confirmé la compatibilité du système français avec l'article 6 paragraphe 1 de la Convention européenne des droits de l'homme, en particulier avec le principe d'impartialité. Même si cette question a été initialement débattue, les incertitudes sont aujourd'hui levées. Dans un premier temps, par une décision du 28 septembre 1995, *Procola c/ Luxembourg*, la Cour de Strasbourg a condamné le système alors en vigueur au Luxembourg, lequel a, par voie de conséquence, réformé son organisation institutionnelle pour se doter d'une cour administrative suprême distincte d'un Conseil d'État au rôle exclusivement consultatif. Mais cette décision concernait une hypothèse où quatre des cinq membres du Conseil d'État du Luxembourg qui avaient jugé de la légalité d'un texte avaient auparavant participé à l'avis rendu sur celui-ci lors de son élaboration. Avec les arrêts du 6 mai 2003, *Kleyn c/ Pays-Bas*, relatif au Conseil d'État néerlandais, puis *Sacilor-Lormines*, du 9 novembre 2006, dans lequel était mis en cause le système français, la Cour a précisé sa jurisprudence. Elle a admis, dans son principe, la possibilité qu'un même organe cumule des fonctions juridictionnelles et consultatives ; en revanche, et comme on pouvait s'y attendre, elle a jugé contraire au principe d'impartialité l'hypothèse particulière dans laquelle une *même personne* s'est successivement prononcée sur la *même question* en formation consultative puis en formation juridictionnelle. Dans l'affaire *Sacilor-Lormines*, procédant à une appréciation *in concreto*, la Cour a estimé qu'en l'absence d'identité de personne et de question, il n'y avait pas violation de l'article 6. La séparation des fonctions, qui était traditionnelle avec la pratique coutumière du déport, a été renforcée par le décret du 6 mars 2008. Le travail juridictionnel est organisé de telle sorte que les membres du Conseil d'État ayant participé à l'adoption d'un avis sur un projet d'acte ne participent pas au jugement des recours mettant en cause ce même acte. Sous réserve du respect des conditions ainsi définies, le système français caractérisé par la dualité fonctionnelle du Conseil d'État est compatible avec les exigences de la Convention européenne des droits de l'homme, ainsi que l'a confirmé la Cour européenne des droits de l'homme par les arrêts *UFC Que Choisir ? Côte d'Or* du 30 juin 2009 et *Escoffier* du 8 mars 2011[30].

En revanche, dans un tout autre domaine, par une décision, *M. Sofiyan I.*, du 16 mars 2017, le Conseil constitutionnel a jugé que le fait de confier au juge des référés du Conseil d'État la compétence

30. CEDH, 5e section, 30 juin 2009, *UFC Que Choisir ? Côte d'Or c/ France*, n° 39699/03 ; CEDH, 5e section, 8 mars 2011, *M. Escoffier c/ France*, n° 8615/08.

d'autoriser, par une décision définitive et se prononçant sur le fond, une mesure d'assignation à résidence méconnaissait le principe d'impartialité, dans la mesure où le Conseil d'État pourrait ultérieurement devoir se prononcer, comme juge de dernier ressort, sur la légalité de cette autorisation[31]. Le juge constitutionnel n'a donc pas pris en compte le fait qu'il n'y avait pas nécessairement identité de personne. Mais cette solution porte sur une hypothèse très spécifique où le Conseil d'État, même s'il statuait en la forme des référés, délivrait en réalité lui-même, au travers d'une décision juridictionnelle, une véritable autorisation administrative. Il s'agit d'une configuration très particulière, différente de celle des missions consultatives, où le Conseil d'État rend un avis à une autorité administrative qui prend ensuite une décision.

B | L'ORGANISATION DU CONSEIL D'ÉTAT

Présidé par un vice-président, le Conseil d'État est organisé en sections exerçant, selon les cas, des fonctions consultatives ou juridictionnelles. La réforme du 6 mars 2008 a contribué à « désimbriquer » ces diverses formations.

1/ *Le vice-président*

Le Conseil d'État est présidé par un « vice-président ». Ce titre s'explique par des raisons historiques : il résulte de l'époque où la présidence de l'institution était exercée par une autorité politique, chef de l'État, puis Premier ministre. Désormais, selon la formule de l'article L. 121-1 du code de justice administrative, le vice-président « assure la présidence du Conseil d'État ». Il est simplement prévu que *l'assemblée générale*[32] peut être présidée par le Premier ministre ou, en son absence, par le garde des Sceaux, ce qui ne se produit que de façon très exceptionnelle pour une séance à caractère protocolaire.

Le vice-président du Conseil d'État est le premier fonctionnaire de l'État, dans l'ordre protocolaire. Il préside l'assemblée générale et l'assemblée du contentieux, qui sont les deux formations supérieures du Conseil d'État, respectivement en matière consultative et en matière juridictionnelle. Il préside également le Conseil supérieur des tribunaux administratifs et des cours administratives d'appel et il est, de droit, président du conseil d'administration de l'ENA. Dans sa mission de gestion du Conseil d'État, il est entouré

31. CC, décision QPC n° 2017-624, 16 mars 2017, *M. Sofiyan I.*

32. L'assemblée générale est une formation consultative, qu'il ne faut pas confondre avec l'assemblée du contentieux, formation juridictionnelle.

du *bureau*, qui réunit les sept présidents de section, et il est assisté par le *secrétaire général* du Conseil d'État.

2/ *Les formations consultatives*

Le Conseil d'État est organisé en sept sections : la *section du contentieux* assure le rôle de juge administratif suprême ; les six autres, les *sections administratives*, exercent les fonctions de conseil[33].

Cinq sections administratives traitent les affaires émanant des différents ministères et prennent le nom, le plus souvent, du principal ministère relevant de leur compétence : section de l'intérieur, section sociale, section des travaux publics et section des finances, auxquelles est venue s'ajouter la section de l'administration, créée par un décret du 6 mars 2008. Elles préparent les avis du Conseil d'État, qui sont adoptés soit en section, soit en assemblée générale. Cette dernière, présidée par le vice-président du Conseil d'État, réunit l'ensemble des présidents de section et des conseillers d'État lorsqu'elle siège en formation plénière, les présidents de section et un tiers environ des conseillers d'État en formation ordinaire. En cas d'urgence, une *commission permanente* peut rendre des avis sur les projets de texte. Dans l'idée d'améliorer les méthodes de travail des sections administratives, un décret du 1er juillet 2016 permet un examen en formation restreinte pour les projets de texte qui ne soulèvent pas de difficulté particulière.

La section du rapport et des études remplit une mission particulière d'étude et de prospective juridique. Créée en 1963 sous le nom de « commission du rapport », elle existe depuis 1985 sous sa dénomination actuelle. Elle prépare le rapport établi chaque année par le Conseil d'État et remis au président de la République. Elle procède à des études à la demande du Premier ministre ou à l'initiative du vice-président. Elle coordonne l'activité de coopération internationale du Conseil d'État et est également chargée du règlement des difficultés auxquelles peut donner lieu l'exécution des arrêts et jugements des juridictions administratives.

3/ *Les formations juridictionnelles*

La section du contentieux est divisée en dix chambres. La loi du 20 avril 2016 a modernisé leur ancienne appellation de « sous-sections », en l'alignant sur celle qui est plus fréquemment employée dans les juridictions, notamment dans les cours et tribunaux administratifs. Cette évolution a été transposée dans les textes réglementaires par le décret du 1er juillet 2016, qui précise que les « secrétaires de sous-section » deviennent des « greffiers en chef de

33. On se réfèrera utilement sur ce point au site internet très complet du Conseil d'État (www.conseil-etat.fr).

chambre ». Si les chambres n'ont pas de spécialisation officielle, la distribution des affaires, qui relève de la compétence du président de la section du contentieux (R. 611-20 du code de justice administrative), se fait selon une répartition objective des matières entre les chambres. Chaque chambre est présidée par un conseiller d'État, assisté de deux assesseurs, également conseillers d'État, et comprend une dizaine de rapporteurs de grades différents. Elle assure l'instruction des affaires, lesquelles sont ensuite réglées par différentes formations de jugement, selon leur degré de complexité. La grande majorité des dossiers est jugée soit par une *chambre jugeant seule* (3 membres), pour les affaires les plus simples, soit par deux *chambres réunies* (9 membres), pour les affaires soulevant des difficultés juridiques. Une formation à trois ou quatre chambres réunies est également prévue, cette faculté étant surtout utilisée en matière fiscale pour la réunion de la formation dite de « plénière fiscale ». Les formations plus solennelles sont la *section du contentieux* (15 membres) et l'*assemblée du contentieux* (17 membres)[34], pour les affaires posant des questions de principe.

Enfin, les décisions du Conseil d'État peuvent également être rendues par un *juge unique*, sous la forme d'une *ordonnance*, soit en matière de référés, soit pour des cas de rejet évident énumérés par le code de justice administrative (article R. 122-12), tels que l'incompétence de la juridiction administrative, le non-lieu à statuer, l'irrecevabilité manifeste de la requête, le refus d'admission évident d'un pourvoi en cassation. La loi du 20 avril 2016 a ouvert la possibilité de juger les affaires complexes de référé dans une formation composée de trois juges des référés, cette faculté étant ouverte tant devant le Conseil d'État que devant les cours et tribunaux administratifs.

4/ *Les apports de la réforme du 6 mars 2008*

Afin d'assurer une meilleure séparation de ses fonctions juridictionnelles et consultatives, pour mieux tenir compte du renforcement des exigences de la Cour européenne des droits de l'homme, un décret du 6 mars 2008 a apporté trois modifications à l'organisation du Conseil d'État. Tout d'abord, la pratique du déport a été codifiée dans un nouvel article, R. 122-12-1, du code de justice administrative, dont il résulte que les membres du Conseil d'État ayant pris part à la délibération d'un avis ne peuvent participer au jugement des recours dirigés contre les actes pris après cet avis. Cette règle, qui figurait déjà à l'article 20 de la loi du 24 mai 1872, avait disparu des textes lors de la seconde guerre mondiale ; elle était cependant toujours appliquée en pratique.

34. À ne pas confondre avec l'assemblée générale du Conseil d'État, qui est, comme nous l'avons vu, une formation consultative.

La réforme met ensuite fin à la présence de représentants des sections administratives dans les formations de jugement. Celle-ci avait été instituée par un décret du 30 juillet 1963, afin de renforcer les liens entre les formations consultatives et juridictionnelles du Conseil d'État, à la suite de l'arrêt *Canal* du 19 octobre 1962[35]. Les deux fonctions sont donc désormais moins imbriquées.

Le décret modifie enfin la composition de l'assemblée du contentieux, formation de jugement la plus solennelle du Conseil d'État. Cette formation, qui comptait auparavant 12 membres, comporte nécessairement des membres des sections administratives, puisqu'elle rassemble notamment tous les présidents de ces sections. Elle dénombre désormais 17 membres, dont une majorité de membres de la section du contentieux. Lorsque la question portée au jugement de l'assemblée concerne un acte pris après avis du Conseil d'État, le président de la section administrative ayant délibéré sur cet avis ne siège pas.

C | LA COMPOSITION DU CONSEIL D'ÉTAT

Le Conseil d'État comprend environ 300 membres[36], dont 200 en fonctions au Conseil d'État et une centaine à l'extérieur. La carrière dans le corps se déroule en trois grades : auditeur d'abord, maître des requêtes ensuite, puis conseiller d'État. La composition du Conseil d'État est marquée par un esprit d'ouverture sur l'extérieur, qui se manifeste tant dans le recrutement que dans le déroulement de la carrière des membres.

Les auditeurs, autrefois issus d'un concours spécial institué en 1803, sont recrutés, depuis 1945, par le concours de sortie de l'ENA, concours commun à l'ensemble de la haute fonction publique, à raison de quatre à six postes par an. Le système du *tour extérieur* permet de diversifier les origines : un maître des requêtes sur quatre et un conseiller d'État sur trois viennent ainsi d'horizons variés (un préfet, un ambassadeur, un avocat, un officier général, etc.). Ils sont librement nommés par le gouvernement sous réserve, pour les maîtres des requêtes, d'être âgés de 30 ans et d'avoir effectué au

35. La réforme de 1963 trouve son origine dans l'arrêt *Canal* du 19 octobre 1962, par lequel le Conseil d'État avait annulé l'ordonnance du président de la République créant une Cour militaire de justice. Le général de Gaulle, mécontent de cette décision, en avait notamment attribué la source à des liens trop distendus entre les formations administratives et contentieuses du Conseil d'État.

36. On parle de « membres » du Conseil d'État, ceux-ci n'ayant pas le titre de « magistrats », à la différence des magistrats judiciaires ou des magistrats de la Cour des comptes.

moins dix années de service public et, pour les conseillers d'État, d'être âgés de 45 ans. Les nominations au tour extérieur sont soumises à l'avis du vice-président du Conseil d'État, dont le sens est publié au *Journal officiel de la République française*. Des nominations au tour extérieur sont en outre réservées aux membres des tribunaux administratifs et des cours administratives d'appel, sur proposition du vice-président[37]. Douze personnalités qualifiées peuvent également être nommées dans les fonctions de *conseillers d'État en service extraordinaire*, pour une période de cinq ans ; elles n'exercent alors que des fonctions consultatives. Quatre conseillers d'État en service extraordinaire peuvent enfin être nommés, en raison de leur expérience en matière juridique et sur proposition du vice-président du Conseil d'État, après une procédure de sélection, pour exercer, pendant cinq années également, des fonctions de conseiller d'État en service extraordinaire à la section du contentieux. Cette composition accroît la diversité des expériences.

Au 31 décembre 2019, sur 326 membres du Conseil d'État en activité, 191 avaient été nommés directement à l'issue de l'ENA (soit près de 59 %), 121 au tour extérieur (dont 40 parmi les membres des tribunaux administratifs et des cours administratives d'appel) et 14 en service extraordinaire. Par ailleurs, 27 fonctionnaires ou magistrats judiciaires et 1 officier étaient détachés dans le corps[38]. Depuis la loi du 12 mars 2012, ces derniers ont la qualité de *maîtres des requêtes en service extraordinaire* et sont nommés en cette qualité pour quatre ans. Chaque année, l'un d'eux peut, à l'issue de ces quatre années, être nommé, sur proposition du vice-président, maître des requêtes.

La variété des carrières possibles est également un facteur d'ouverture. Certains membres font l'essentiel de leur carrière à l'intérieur du Conseil d'État. D'autres exercent en alternance des fonctions à l'intérieur et à l'extérieur du corps, par exemple en position de détachement dans des ministères. D'autres encore accomplissent la plus grande partie de leur carrière à l'extérieur du corps. Le Conseil d'État joue ainsi un rôle de vivier pour la haute administration et, parallèlement, les membres du Conseil d'État bénéficient d'une meilleure connaissance de l'administration. En contrepartie, des précautions sont prises pour éviter les conflits d'intérêts susceptibles de surgir lors du retour en juridiction, en particulier avec la règle du déport : les membres d'une formation de jugement ne siègent pas lorsque est en cause une affaire dont ils ont eu à connaître à l'occasion de fonctions administratives antérieures ou

37. À raison de deux maîtres des requêtes chaque année et d'un conseiller d'État tous les deux ans (article L. 133-8 du code de justice administrative).

38. Source : Direction des ressources humaines du Conseil d'État.

dont ils pourraient connaître au cours de fonctions administratives à venir[39].

Les membres du Conseil d'État bénéficient de solides garanties d'indépendance, qui sont en grande partie coutumières. Ainsi, l'avancement de grade, d'auditeur à maître des requêtes, puis de maître des requêtes à conseiller d'État, se fait exclusivement à l'ancienneté, tandis que la gestion des carrières à l'intérieur des corps relève exclusivement du bureau du Conseil d'État. De même, leur inamovibilité n'est pas expressément consacrée par les textes, mais résulte d'une tradition très forte. À cet égard, la Cour européenne des droits de l'homme a eu l'occasion de juger, dans sa décision *Sacilor-Lormines* du 9 novembre 2006, que « l'inamovibilité des membres du Conseil d'État n'est pas prévue par les textes mais se trouve garantie en pratique tout comme est assurée leur indépendance par des usages anciens » et que « l'absence de consécration expresse en droit n'implique pas en soi un défaut d'indépendance du moment qu'il y a reconnaissance de fait ».

La loi du 20 avril 2016 a renforcé les obligations déontologiques pour les juges administratifs. Une charte de déontologie, qui existait déjà en pratique, est désormais prévue par la loi. Un collège de déontologie des juridictions administratives veille à son application et formule des recommandations sur toute question déontologique. Un dispositif de prévention des conflits d'intérêts est mis en place, notamment à travers une déclaration d'intérêts qui doit être remise par les membres du Conseil d'État et les magistrats administratifs dans les deux mois qui suivent leur prise de fonctions.

II

LES TRIBUNAUX ADMINISTRATIFS ET LES COURS ADMINISTRATIVES D'APPEL

Ayant à son sommet le Conseil d'État, l'ordre administratif comprend deux degrés de juridiction : les tribunaux administratifs et les

39. Cette dernière hypothèse a fait l'objet de l'arrêt de la Cour européenne des droits de l'homme du 9 novembre 2006, *Sacilor-Lormines* : celle-ci estime que la nomination au poste de secrétaire général du ministère des finances d'un membre d'une formation de jugement du Conseil d'État qui s'était prononcée peu de temps auparavant sur un litige concernant ce même ministère risquait de créer un doute sur son impartialité dans l'esprit du justiciable. La solution du déport habituellement adoptée par le Conseil d'État permet de répondre à l'élévation du niveau d'exigences quant aux garanties du procès équitable.

cours administratives d'appel. Les fonctions de magistrats administratifs sont exercées par les membres du corps des tribunaux administratifs et des cours administratives d'appel.

A | LES TRIBUNAUX ADMINISTRATIFS

Les tribunaux administratifs sont les héritiers des conseils de préfecture qui étaient chargés, depuis l'an VIII, de donner des avis au représentant de l'État et de juger le contentieux des travaux publics et des contributions directes. Après avoir été transformés en conseils interdépartementaux de préfecture par le décret-loi du 6 septembre 1926, ils ont pris l'appellation de tribunaux administratifs avec le décret-loi du 30 septembre 1953 et sont devenus les juges de droit commun de premier ressort du contentieux administratif (le Conseil d'État n'exerçant plus, en premier ressort, qu'une compétence d'attribution, dans les cas limitativement énumérés à l'article R. 311-1 du code de justice administrative).

On compte aujourd'hui 42 tribunaux administratifs, dont 31 en métropole et 11 outre-mer (article R. 221-3 du code de justice administrative). Ainsi chaque tribunal administratif dispose-t-il d'un vaste ressort territorial, chacun d'entre eux regroupant le plus souvent plusieurs départements. Pour faire face à l'augmentation du contentieux, de nouveaux tribunaux administratifs ont été régulièrement créés ces dernières années, les plus récents étant les tribunaux administratifs de Nîmes (2006), de Toulon (2008) et de Montreuil (2009).

Les tribunaux administratifs sont organisés en chambres, dont le nombre est fixé par arrêté du vice-président du Conseil d'État et varie selon la taille du tribunal : depuis une chambre, pour certaines juridictions d'outre-mer, jusqu'à 18 chambres pour le tribunal administratif de Paris – lequel présente d'ailleurs la particularité d'être divisé en six sections, regroupant chacune plusieurs chambres. Formation de jugement ordinaire, la chambre comporte en principe trois membres. Toutefois, il est possible de statuer à juge unique dans certains litiges dont la liste est fixée à l'article R. 222-13 du code de justice administrative : actions indemnitaires dont le montant est inférieur à 10 000 euros, litiges en matière de communication de documents administratifs ou encore litiges relatifs à la situation individuelle des fonctionnaires (à l'exception de ceux concernant le recrutement, la discipline ou la sortie du service). S'y ajoute, comme on l'a vu pour le Conseil d'État, la possibilité de juger certaines affaires par voie d'ordonnance, en particulier les référés ainsi que les requêtes dont le rejet est évident, dans les cas limitativement énumérés à l'article R. 222-1 du code de justice administrative (incompétence, irrecevabilité manifeste, etc.).

La compétence territoriale des tribunaux administratifs est définie par le code de justice administrative : le tribunal normalement compétent est celui dans le ressort duquel se trouve le siège de l'administration qui a pris la décision attaquée ou a signé le contrat litigieux. Ce principe, fixé par l'article R. 312-1 du code de justice administrative, se rapproche de la règle de compétence qui prévaut en matière civile, celle du lieu où demeure le défendeur (article 42 du code de procédure civile), étant précisé que, dans la quasi-totalité des cas, l'administration est en situation de défendeur en première instance. Des exceptions sont toutefois prévues par les articles R. 312-2 et suivants, telles que le lieu d'implantation des immeubles pour les litiges en matière d'urbanisme ou de déclaration d'utilité publique (R. 312-7), le lieu d'exécution des contrats (R. 312-11) ou encore le lieu d'affectation pour le contentieux individuel de la fonction publique (R. 312-12).

Un décret du 22 février 2010 a étendu la compétence des tribunaux administratifs à des hypothèses qui relevaient auparavant de celle du Conseil d'État[40]. Ainsi, lorsqu'un acte est signé par plusieurs autorités, le tribunal compétent est celui dans le ressort duquel a son siège la première des autorités dénommée dans l'acte (article R. 312-1). Le tribunal administratif de Nantes est désormais compétent pour les litiges relatifs au rejet des demandes de visa d'entrée sur le territoire français relevant des autorités consulaires (article R. 312-18). L'article R. 312-19 attribue au tribunal administratif de Paris les litiges pour lesquels la compétence d'aucun tribunal ne peut être déterminée.

Les tribunaux administratifs ont également des compétences consultatives : les préfets de leur ressort peuvent les consulter pour avis (article R. 212-1 du code de justice administrative). Cette faculté n'est toutefois que rarement exercée. Lorsque tel est le cas, si le tribunal administratif est appelé à rendre un jugement dans une affaire sur laquelle il a donné un avis, il doit alors siéger dans une composition différente.

B | LES COURS ADMINISTRATIVES D'APPEL

Complétant l'édifice des juridictions administratives, les cours administratives d'appel ont été créées par une loi du 31 décembre

40. Décret n° 2010-164 du 22 février 2010 relatif aux compétences et au fonctionnement des juridictions administratives. Auparavant, le Conseil d'État était compétent, en vertu de l'ancien article R. 311-1, pour connaître notamment « 5° Des

1987, afin de remédier à l'encombrement du Conseil d'État. Plusieurs autres projets de réforme avaient précédemment échoué : en 1981, le projet de création de conseillers référendaires au sein du Conseil d'État, puis, en 1985, celui de chambres adjointes, rattachées au Conseil d'État et spécialisées dans certains contentieux. C'est finalement le projet porté par le vice-président du Conseil d'État Marceau Long, s'inspirant de l'architecture des juridictions judiciaires, qui a été retenu. La juridiction administrative est aujourd'hui dotée de huit cours administratives d'appel : Bordeaux, Douai, Lyon, Marseille, Nancy, Paris, Nantes et Versailles. La création d'une neuvième cour à Toulouse est prévue et devrait probablement être réalisée en 2021 ou 2022[41]. Comme les tribunaux administratifs, les cours sont organisées en chambres, dont le nombre est fixé par arrêté du vice-président du Conseil d'État.

Les cours administratives d'appel ont une large compétence : elles sont les juges d'appel de droit commun des jugements des tribunaux administratifs. La compétence d'appel du Conseil d'État leur a toutefois été transférée en plusieurs étapes : elles ont d'abord reçu les appels en matière de plein contentieux, puis, en 1995, les appels en matière d'excès de pouvoir. Le Conseil d'État conserve aujourd'hui une compétence d'appel résiduelle, justifiée par un désir de célérité, limitée aux élections locales et au référé-liberté. Deux modifications ont été apportées au régime de l'appel par un décret du 25 juin 2003. L'obligation du ministère d'avocat en appel a tout d'abord été généralisée à l'ensemble des litiges, à la seule exception de ceux formés en matière de fonction publique (R. 811-7). La faculté d'appel a par ailleurs été supprimée pour certains petits litiges, comme c'est le cas en matière civile pour certains litiges de faible importance. Nous l'avons vu, en matière d'accès aux documents administratifs ou encore pour les litiges dont l'enjeu ne dépasse pas 10 000 euros[42], les tribunaux administratifs statuent en premier et dernier ressort : leur jugement n'est susceptible que d'un pourvoi en cassation.

Les cours administratives d'appel peuvent avoir des compétences de premier ressort qui leur sont attribuées par décret en Conseil d'État dans l'intérêt d'une bonne administration de la justice. Cette possibilité, ouverte par la loi du 13 décembre 2011, a été généralisée par la loi du 20 avril 2016. Certaines affaires peuvent être attribuées pour l'ensemble du territoire à une seule cour. Tel est le cas de la

recours dirigés contre les actes administratifs dont le champ d'application s'étend au-delà du ressort d'un seul tribunal administratif » et « 6° Des litiges d'ordre administratif nés hors des territoires soumis à la juridiction d'un tribunal administratif ».

41. Cinq cours ont été prévues dès la réforme de 1987. Trois autres cours ont été créées ultérieurement : Marseille (1997), Douai (1999), puis Versailles (2004).

42. La liste des litiges concernés est définie à l'article R. 811-1 du code de justice administrative.

cour de Paris, qui connaît en premier ressort des décisions du ministre du travail relatives à la représentativité des différents syndicats, des attributions de fréquences de radio par le Conseil supérieur de l'audiovisuel, ainsi que des décisions du ministre de la culture relatives aux visas d'exploitation des films. Le contentieux des éoliennes en mer est de même attribué en premier ressort à la cour de Nantes. D'autres affaires peuvent être réparties entre toutes les cours, en fonction de leur ressort géographique. Cette formule a été retenue pour les décisions d'urbanisme commercial qui autorisent ou non l'ouverture des grandes surfaces.

C | LES MAGISTRATS ADMINISTRATIFS

Les juges des cours et des tribunaux administratifs forment un corps unique, le corps des magistrats des tribunaux administratifs et des cours administratives d'appel. Initialement, ils n'étaient pas regardés comme des magistrats, mais plutôt comme des fonctionnaires. C'est pourquoi le code de justice administrative les désignait comme les « membres » du corps des tribunaux administratifs et des cours administratives d'appel et se bornait à indiquer qu'ils « exercent les fonctions de magistrat ». La qualité de magistrat a été clairement affirmée par une loi du 12 mars 2012, l'article L. 231-1 indiquant désormais que « les membres des tribunaux administratifs et des cours administratives d'appel sont des magistrats ». L'appellation de magistrat a été généralisée à tout le code de justice administrative par la loi du 20 avril 2016. Cette qualification, outre son aspect symbolique, a des conséquences sur la répartition de compétence entre la loi et le règlement. Les membres des cours et des tribunaux administratifs constituent ainsi des magistrats au sens de l'article 34 de la Constitution qui réserve à la loi le soin de fixer les règles « concernant le statut des magistrats[43] ». Avec la loi du 6 janvier 1986, aujourd'hui codifiée aux articles L. 231-1 et suivants du code de justice administrative, ils ont été dotés d'un véritable statut législatif.

Le corps des magistrats des tribunaux administratifs et des cours administratives d'appel comporte trois grades : conseiller, premier

43. L'article 64 de la Constitution prévoyant quant à lui, mais pour les seuls magistrats judiciaires, l'intervention d'une loi organique. La jurisprudence reconnaissait déjà une large compétence du législateur, notamment pour fixer les règles garantissant l'indépendance des membres des tribunaux administratifs et des cours administratives d'appel. En revanche, elle admettait la compétence du pouvoir réglementaire pour adopter les règles relatives à leur notation et à leur évaluation (CE, 3 mai 2006, *Syndicat de la juridiction administrative et Union syndicale des magistrats administratifs*, n° 274689).

conseiller, puis président. Les conseillers sont recrutés en principe à la sortie de l'ENA, à raison d'une dizaine par an. Toutefois, l'augmentation des besoins en recrutement liée à la croissance des effectifs du corps a conduit à organiser, parallèlement, un concours de recrutement complémentaire. Créé par une loi de 1980, et reconduit régulièrement, ce concours propose chaque année 30 à 40 postes.

Il est devenu, par la loi du 12 mars 2012, un concours dénommé concours direct, de caractère permanent, qui comprend désormais un concours externe et un concours interne ouvert aux fonctionnaires de catégorie A justifiant de quatre années de service effectif. Par ailleurs, un tour extérieur permet de nommer directement au grade de conseiller et de premier conseiller des fonctionnaires de niveau équivalent, des magistrats de l'ordre judiciaire ou encore des professeurs et maîtres de conférences des universités, sous réserve de remplir certaines conditions de grade et d'ancienneté (articles L. 233-3 et L. 233-4 du code de justice administrative). Enfin, par la technique du détachement, les mêmes catégories de personnes peuvent être nommées dans les fonctions de juge administratif pendant une période d'une durée limitée.

Au 31 décembre 2019, sur 1 217 magistrats en activité dans les juridictions administratives, 168 avaient été nommés à l'issue de l'ENA, 638 à la suite du concours de recrutement complémentaire, 165 au tour extérieur et 246 étaient des magistrats judiciaires ou fonctionnaires détachés dans le corps. En outre, 258 magistrats administratifs n'exerçaient pas dans le corps, étant en position de mise à disposition, de détachement, de disponibilité ou de congé parental ou professionnel[44]. Si ce corps est distinct de celui des membres du Conseil d'État, des passerelles existent : d'une part, comme on l'a vu, le tour extérieur du Conseil d'État réserve des postes aux membres des tribunaux administratifs et des cours administratives d'appel ; d'autre part, les cours administratives d'appel sont présidées par un conseiller d'État, choisi soit au sein du Conseil d'État, soit parmi les membres des tribunaux administratifs et des cours administratives d'appel, alors promus conseillers d'État. Les mêmes règles s'appliquent pour la présidence de la Cour nationale du droit d'asile, qui est assurée par un conseiller d'État, choisi au sein du Conseil d'État ou parmi les présidents de tribunal administratif et alors promu conseiller d'État.

La loi du 6 janvier 1986 a prévu de solides garanties d'indépendance au profit des magistrats administratifs. Ils bénéficient de l'inamovibilité : ils « ne peuvent recevoir, sans leur consentement, une affectation nouvelle, même en avancement » (article L. 231-3 du code de justice administrative). Le Conseil supérieur des tribunaux administratifs et des cours administratives d'appel (CSTA),

44. Source : Direction des ressources humaines du Conseil d'État.

présidé par le vice-président du Conseil d'État, assure la supervision des grandes décisions concernant leur carrière, en matière d'avancement, de mutation ou de discipline. Présidée par un conseiller d'État, une mission permanente d'inspection des juridictions administratives contrôle le bon fonctionnement des cours administratives d'appel et des tribunaux administratifs. Une ordonnance du 13 octobre 2016 est venue approfondir l'indépendance des magistrats administratifs, notamment en modifiant la composition et les missions du CSTA.

La réforme de 1987 a en outre transféré la gestion du corps du ministère de l'intérieur – qui en était responsable depuis l'époque des conseils de préfecture – vers le Conseil d'État. Désormais « le vice-président du Conseil d'État assure la gestion du corps des tribunaux administratifs et des cours administratives d'appel » (article R. 231-1 du code de justice administrative). D'une façon plus générale, le Conseil d'État est responsable de la gestion de la justice administrative et ce, dans tous ses aspects. Il assure la gestion des budgets d'équipement et de fonctionnement comme celle des personnels et des équipements mobiliers et immobiliers. Il organise ainsi le concours de recrutement des tribunaux administratifs et assure la formation des conseillers de tribunaux administratifs. Les crédits de la juridiction administrative sont inscrits, au sein de la mission « Conseil et contrôle de l'État », à un programme propre, dont le vice-président du Conseil d'État est l'ordonnateur principal. En somme, le Conseil d'État remplit, pour l'ordre administratif, la même fonction de gestionnaire que celle tenue par le ministère de la justice vis-à-vis des juridictions judiciaires. C'est sans doute là une des missions les moins connues du Conseil d'État, qui contribue à renforcer l'indépendance de la juridiction administrative.

Chapitre 26

Les recours devant le juge administratif

Garant de l'effectivité de la soumission de l'administration au droit, le droit au recours constitue l'un des fondements de l'État de droit. Les principes directeurs du procès administratif, issus de la jurisprudence, sont aujourd'hui codifiés au sein du code de justice administrative. La diversité des recours et leur large ouverture permettent à tout justiciable de contester l'action de l'administration devant les juridictions, qu'il s'agisse du recours pour excès de pouvoir ou des recours de pleine juridiction. Leur efficacité a été accrue par l'introduction des référés et la réduction des délais de jugement.

I

LE PROCÈS ADMINISTRATIF

Le procès administratif est soumis à des principes directeurs, aujourd'hui précisés par le code de justice administrative. Il se traduit par différentes catégories de recours.

A | LES PRINCIPES DIRECTEURS DU PROCÈS ADMINISTRATIF

Affirmés dans le titre préliminaire du code de justice administrative, les principes directeurs de la procédure fondent les règles applicables à l'instruction et au jugement des recours par le juge administratif.

1/ Le *code de justice administrative*

Adopté le 4 mai 2000, le code de justice administrative concerne l'ensemble des juridictions administratives de droit commun : il rassemble les règles qui figuraient autrefois au code des tribunaux administratifs et des cours administratives d'appel, pour ces deux niveaux de juridiction, et dans une ordonnance du 31 juillet 1945 et un décret du 30 juillet 1963, pour le Conseil d'État. D'une façon originale, le code de justice administrative est ouvert par un titre préliminaire composé de ses articles numérotés de L. 1 à L. 11. Sorte de « décalogue » du procès administratif, il pose les principes directeurs qui irriguent l'ensemble des règles de la procédure administrative : jugement au nom du peuple français, collégialité, principe du contradictoire, publicité des audiences, rôle du rapporteur public, secret du délibéré et motivation des jugements.

Très complet, le code de justice administrative regroupe des dispositions relatives à trois catégories de sujets : l'organisation des juridictions, le statut de leurs membres et les règles de la procédure contentieuse. Par comparaison, ces questions sont traitées, pour les juridictions judiciaires, dans des textes dispersés : code de l'organisation judiciaire, ordonnance du 22 décembre 1958 relative au statut de la magistrature, codes divers de procédure – civile, pénale, etc. Les deux premiers livres du code de justice administrative, respectivement consacrés au Conseil d'État (Livre I) et aux tribunaux administratifs et cours administratives d'appel (Livre II), règlent, pour chacune de ces institutions, l'organisation de la juridiction (organisation interne, formations de jugement, ressort territorial) et le statut de ses membres. Les livres suivants évoquent, en suivant un ordre à la fois logique et chronologique, les diverses questions qui se posent au requérant qui souhaite former un recours : la détermination de la juridiction compétente (Livre III : La compétence), les règles de recevabilité des recours (Livre IV : L'introduction de l'instance de premier ressort), les procédures d'urgence, dans l'attente de la décision (Livre V : Le référé), l'instruction puis le jugement de la requête (respectivement Livre VI et Livre VII). Enfin, les deux derniers livres évoquent les questions qui se posent à la suite d'un jugement, à savoir les voies de recours contre la décision (Livre VIII) et l'exécution des décisions (Livre IX).

2/ Une instruction écrite et contradictoire

À la différence de celle qui a cours devant le juge judiciaire, la procédure devant le juge administratif est essentiellement *écrite*, même si l'oralité prend aujourd'hui davantage de place. Le caractère écrit se traduit d'abord par la forme des débats entre les parties, qui consiste principalement en un échange de mémoires : requête, mémoire en défense, mémoire en réplique, etc. Surtout, il a une conséquence juridique précise : devant les tribunaux et les cours, l'instruction est clôturée *avant* l'audience, à une date fixée par le président de la formation de jugement ou, à défaut, au plus tard trois jours avant l'audience ; lors de l'audience, même si les parties peuvent prendre la parole pour appuyer leurs écritures, il n'est plus possible de déposer un nouveau mémoire ni même de soulever oralement un nouveau moyen. Il faut toutefois noter que, par dérogation, les recours en référé relèvent d'une procédure largement orale : cela se traduit par le fait que, dans ce cas, l'instruction est close à l'issue de l'audience, au cours de laquelle les parties peuvent continuer à développer leur argumentation. En dehors même du référé, l'oralité se développe devant la juridiction administrative. Pour les affaires les plus délicates, une audience d'instruction, également appelée « enquête à la barre », permet de poser des questions aux parties, de manière contradictoire, afin de mieux éclairer le débat. Lors des séances de jugement, les parties ont la possibilité de reprendre la parole après les conclusions du rapporteur public et il arrive, y compris au Conseil d'État, que le président de la formation de jugement leur pose des questions. La procédure contentieuse administrative devient ainsi davantage orale, alors que, symétriquement, la procédure civile réduit la part des débats oraux au profit des échanges écrits.

La procédure administrative se distingue ensuite par son caractère *inquisitorial*, par opposition à la procédure accusatoire qui a cours devant le juge civil. Ce mot, qui évoque malheureusement l'inquisition, traduit simplement l'idée que le juge joue un rôle actif dans la conduite de la procédure. L'échange des mémoires a lieu sous sa supervision. Dans la procédure civile, le justiciable s'adresse d'abord à son adversaire : il lui remet une *assignation* à comparaître, autrement dit une convocation devant le juge, puis les parties se transmettent directement leurs écritures sous le regard neutre du juge, qui s'assure simplement du bon déroulement de ces échanges au cours d'audiences dites de « mise en état ». Devant les juridictions administratives, le requérant s'adresse seulement à la juridiction – et non pas à son adversaire –, qu'il saisit d'une *requête* – ce terme reflétant bien, par lui-même, le rôle central du juge. C'est ensuite le juge – en pratique, le greffe de la juridiction – qui se charge de communiquer le recours aux autres parties, puis de transmettre au requérant les mémoires en défense de ces dernières.

Plaque tournante des débats, le juge est ainsi le garant du caractère *contradictoire* de la procédure. Cette exigence, affirmée dès 1913 par l'arrêt *Téry* à propos des juridictions disciplinaires[1], est

1. CE, 20 juin 1913, *Téry*.

aujourd'hui consacrée par l'article L. 5 du code de justice administrative. Elle correspond au principe de l'*égalité des armes* que la Cour de Strasbourg déduit du droit à un procès équitable garanti par l'article 6 de la Convention européenne des droits de l'homme. Le juge peut fixer des délais pour la production des mémoires et veille à ce que chaque partie ait connaissance des arguments de ses adversaires et soit en mesure d'y répondre. Il ne peut fonder sa décision sur un élément qui n'aurait pas été soumis au débat. En conséquence, en vertu de l'article R. 611-7 du code de justice administrative, lorsque la juridiction envisage de soulever d'office un moyen qui n'a pas été évoqué par les parties, elle doit préalablement en informer ces dernières afin de recueillir leurs observations. Par ailleurs, le juge dispose de certains pouvoirs dans la recherche de la preuve, tels que la désignation d'un expert, la visite des lieux ou encore l'enquête à la barre. L'instruction est de plus en plus ouverte. Un décret du 22 février 2010 a introduit la procédure de l'*amicus curiae* (littéralement, « l'ami de la cour »). Inspirée du système judiciaire anglo-saxon, celle-ci consiste pour le juge à inviter toute personne extérieure au litige, dont la compétence lui paraît utile, à produire un avis écrit ou à s'exprimer oralement lors d'une audience d'instruction ou de jugement. Le décret de procédure dit JADE, pour « justice administrative de demain », du 2 novembre 2016, a apporté, on l'a vu, plusieurs modifications, notamment dans l'idée d'accélérer le traitement des requêtes et de renforcer les conditions d'accès au juge. Ainsi, le juge pourra fixer d'office une date à partir de laquelle de nouveaux moyens ne pourront plus être invoqués par le requérant ; de même, il pourra sanctionner par un désistement d'office l'absence de production d'un mémoire récapitulatif dans le délai imparti.

Il ne faut pas se méprendre sur la portée de ces pouvoirs : ce n'est pas au juge qu'il incombe d'établir les faits – comme le ferait un juge d'instruction en matière pénale. Il n'y a d'ailleurs pas, à proprement parler, de règle quant à la *charge de la preuve* devant le juge administratif. Il incombe à chaque partie de prouver ses affirmations : à défaut, le juge écarte les prétentions du requérant au motif que ce dernier – selon la formule habituelle – « n'apporte pas de précisions suffisantes à l'appui de ses allégations ». Toutefois, le juge administratif tient compte du fait que, dans certains cas, le requérant peut éprouver des difficultés à apporter des éléments de preuve qui sont bien souvent détenus par l'administration dans ses dossiers. Venant à l'appui du justiciable, alors en position d'infériorité, le juge raisonne par présomption : lorsque le requérant apporte suffisamment d'indices au soutien de sa thèse, c'est à l'administration qu'il revient de produire les éléments nécessaires à l'établissement des faits.

Dans la fameuse affaire *Barel* du 28 mai 1954, les requérants affirmaient que leurs candidatures à l'entrée de l'ENA avaient été écartées en raison de leurs opinions politiques, supposées communistes. Le Conseil d'État relève « qu'ils se prévalent, à l'appui de leur allégation, de circonstances et de faits précis constituant des présomptions sérieuses » et, dès lors, demande au secrétaire d'État de produire les dossiers des intéressés, « usant du pouvoir qui appartient au Conseil d'État d'exiger de l'administration compétente la production de tous documents susceptibles d'établir la conviction du juge ». En l'espèce, l'administration n'ayant pas répondu, il annule les décisions attaquées.

Dans l'arrêt *Mme Perreux*, du 30 octobre 2009, le Conseil d'État tient le même type de raisonnement face à des allégations de discrimination. L'intéressée soutenait que le refus de la nommer en qualité de chargée de formation à l'École nationale de la magistrature était motivé par son appartenance syndicale. Le Conseil d'État pose, dans un but pédagogique, les principes qui régissent la preuve en matière de discrimination, en considérant « que, de manière générale, il appartient au juge administratif, dans la conduite de la procédure inquisitoire, de demander aux parties de lui fournir tous les éléments d'appréciation de nature à établir sa conviction ; que cette responsabilité doit, dès lors qu'il est soutenu qu'une mesure a pu être empreinte de discrimination, s'exercer en tenant compte des difficultés propres à l'administration de la preuve en ce domaine et des exigences qui s'attachent aux principes à valeur constitutionnelle des droits de la défense et de l'égalité de traitement des personnes ; que, s'il appartient au requérant qui s'estime lésé par une telle mesure de soumettre au juge des éléments de fait susceptibles de faire présumer une atteinte à ce dernier principe, il incombe au défendeur de produire tous ceux permettant d'établir que la décision attaquée repose sur des éléments objectifs étrangers à toute discrimination ». Toutefois, en l'espèce, les éléments produits en défense par le garde des Sceaux permettaient d'établir que la préférence donnée à un autre candidat reposait sur des motifs objectifs et que, par suite, il n'y avait pas eu de discrimination à l'égard de la requérante.

3/ *Le rapporteur public*

Le rapporteur public, naguère commissaire du gouvernement, constitue une institution *sui generis*, propre aux juridictions administratives. Sans équivalent à l'étranger ni dans les juridictions judiciaires, la fonction a été créée par ordonnance du 12 mars 1831, parallèlement à l'instauration de la publicité de l'audience, afin d'assurer la défense des intérêts de l'État. Elle s'est toutefois rapidement émancipée de l'administration, pour devenir totalement indépendante – le récent changement de dénomination traduisant l'évolution opérée de longue date. Les grands commissaires du gouvernement ont joué un rôle majeur dans l'élaboration prétorienne du droit administratif. Les noms de Laferrière, Romieu, Blum ou Letourneur restent respectivement attachés aux notions de faute personnelle, de responsabilité sans faute, d'équilibre financier du contrat public ou de principe général du droit. Plus récemment, ceux de Marceau Long ou de Guy Braibant sont liés, pour le premier, au renouveau du critère du service public dans la définition des notions de contrat administratif, travaux et domaine publics et, pour le second, à la théorie du bilan.

a) Le rôle du rapporteur public dans la chaîne contentieuse

L'originalité de cette institution réside dans le fait que le rapporteur public entre difficilement dans les catégories juridiques habituelles de la procédure : il n'est pas un juge, puisqu'il ne vote pas ; il est encore moins une partie au procès administratif, puisqu'il ne représente aucun intérêt et doit être impartial. Comme le relève la Cour européenne des droits de l'homme elle-même dans l'arrêt *Kress* du 7 juin 2001, « il n'est pas contesté que son rôle n'est nullement celui d'un ministère public ». La plus juste définition de sa mission a été donnée par la décision *Gervaise*, du 10 juillet 1957, selon laquelle le commissaire du gouvernement a « pour mission d'exposer au Conseil les questions que présente à juger chaque recours contentieux et de faire connaître, en formulant en toute indépendance ses conclusions, son appréciation, qui doit être impartiale, sur les circonstances de fait de l'espèce et les règles de droit applicables, ainsi que son opinion sur les solutions qu'appelle, selon sa conscience, le litige soumis à la juridiction à laquelle il appartient ». Cette définition a été reprise et complétée par l'arrêt *Esclatine*, du 29 juillet 1998, qui précise que le commissaire « participe à la fonction de juger dévolue à la juridiction dont il est membre ». Elle est aujourd'hui codifiée, dans des termes très proches, à l'article L. 7 du code de justice administrative[2].

Le rapporteur public est d'abord un membre de la juridiction. À ce titre, il contribue en toute indépendance à l'élaboration de la décision juridictionnelle. Il ne faut pas perdre de vue que, dans une procédure écrite, l'examen de la requête s'échelonne dans le temps : l'audience n'est que la partie visible, l'aboutissement ultime d'un long processus. La « chaîne contentieuse[3] », qui varie selon les juridictions et les formations de jugement, comporte par exemple cinq étapes au Conseil d'État : examen par le rapporteur, révision du dossier par un autre membre de la formation de jugement (président de chambre ou assesseur), préparation du projet en séance

2. Aux termes de l'article L. 7 du code de justice administrative, « un membre de la juridiction, chargé des fonctions de rapporteur public, expose publiquement, et en toute indépendance, son opinion sur les questions que présentent à juger les requêtes et sur les solutions qu'elles appellent ».

3. Mattias Guyomar et Bertrand Seiller, *Contentieux administratif*, Paris, Dalloz, coll. « Hypercours », 2019 [5e éd.].

d'instruction, étude par le rapporteur public, puis, lors de l'audience, décision par la formation de jugement, composée en principe d'une majorité de membres n'ayant pas encore étudié l'affaire auparavant. L'intervention du rapporteur public s'inscrit donc dans une procédure de dialogue interne à la juridiction marquée par une préoccupation constante pour la qualité de la décision juridictionnelle.

Le rapporteur public est ensuite un membre qui s'exprime publiquement. C'est pour cette raison, et compte tenu du secret du délibéré, qu'il ne peut pas participer à la décision finale. À travers ses conclusions, il s'adresse non seulement aux membres de la formation de jugement et aux parties au litige, mais aussi, d'une façon plus large, à la communauté des juristes – professeurs de droit, avocats ou encore juges administratifs qui consulteront ultérieurement ce précédent. Ses conclusions permettent d'éclairer une décision juridictionnelle parfois succincte. La parole du rapporteur public est une fenêtre ouverte « sur le fonctionnement interne, intime, de la juridiction et sur le travail des juges, avec leurs interrogations et leurs hésitations. Le dispositif contribue ainsi à la transparence qu'on est en droit d'attendre de la justice dans une société démocratique[4] ».

b) Des exigences renforcées : du commissaire du gouvernement au rapporteur public

Sous l'influence de la Convention européenne des droits de l'homme, il a toutefois été nécessaire de faire évoluer l'institution. La jurisprudence de la Cour européenne des droits de l'homme a en effet conduit à relever le niveau des exigences qui se déduisent du droit au procès équitable consacré par l'article 6. L'arrêt *Kress* du 7 juin 2001 examine successivement deux questions. D'abord, sous l'angle du principe du contradictoire, il valide le dispositif, en estimant que les modalités d'intervention du commissaire du gouvernement ne méconnaissent pas l'équité du procès, dès lors que les avocats, avant l'audience, peuvent prendre connaissance du sens des conclusions et, à l'issue de l'audience, ont la faculté d'y répondre par la production d'une note en délibéré. En revanche, faisant application de la *théorie des apparences*, la Cour condamne le fait que le commissaire du gouvernement assiste au délibéré. Elle estime qu'un plaideur peut « éprouver un sentiment d'inégalité si, après avoir entendu les conclusions du commissaire dans un sens défavorable à sa thèse à l'issue de l'audience publique, il le voit se retirer avec les juges de la formation de jugement afin d'assister au délibéré » et ce, quand bien même il n'y participe pas. Cette analyse a été confirmée par la Cour par sa décision *Martinie*, du 12 avril 2006.

4. Didier Chauvaux et Jacques-Henri Stahl, « Le commissaire, le délibéré et l'équité du procès », *AJDA*, 38, 2005, p. 2116.

Cette jurisprudence, bien que particulièrement exigeante, rejoignait en réalité les observations faites en France sur la mauvaise compréhension du rôle du commissaire du gouvernement par une grande partie des justiciables. Sa dénomination elle-même, devenue anachronique, induisait en erreur. Chaque communiqué de presse des juridictions administratives évoquant le commissaire de gouvernement se devait d'ajouter la formule rituelle : « Qui, contrairement à ce que son nom indique, ne représente pas le gouvernement ». En outre, l'ordre de prise de parole au cours de l'audience, donnant le dernier mot au commissaire du gouvernement, ne permettait pas aux avocats de lui répondre oralement.

Une réforme de l'institution a donc été engagée, à l'initiative du Conseil d'État. Sans en changer la nature, elle s'est attachée à en améliorer la lisibilité pour les observateurs extérieurs. Un décret du 1er août 2006 est venu préciser les conditions de la présence du commissaire du gouvernement au délibéré. Dans les tribunaux administratifs et les cours administratives d'appel, ce dernier se tient hors de sa présence ; au Conseil d'État, il y assiste sans y prendre part, sauf demande écrite contraire d'une partie. Il est cependant extrêmement rare qu'une telle demande soit présentée. Le décret du 7 janvier 2009 a ensuite modifié l'appellation du commissaire du gouvernement en « rapporteur public », réformé la procédure au cours de l'audience en prévoyant que les avocats peuvent reprendre la parole après l'exposé du rapporteur public et consolidé le droit des parties à se voir communiquer à l'avance le sens de ses conclusions en l'inscrivant dans le code de justice administrative. Cet ensemble de réformes a été validé par une décision *Étienne c/ France* du 15 septembre 2009 de la Cour européenne des droits de l'homme. Enfin, par une décision du 4 juin 2013, *Marc-Antoine*, la Cour, soulignant le rôle positif du rapporteur public pour le débat contradictoire, a admis que lui soient communiqués la note et le projet d'arrêt préparé par le rapporteur. Cette méthode de travail, traditionnelle dans les juridictions administratives, est fondamentale pour le bon déroulement de la chaîne contentieuse et, par suite, pour la qualité des décisions juridictionnelles. À l'inverse, s'agissant de la Cour de cassation, la Cour de Strasbourg a condamné la communication de la note du conseiller rapporteur à l'avocat général[5].

L'ensemble de ces réformes puis les décisions *Étienne* et *Marc-Antoine* ont ainsi contribué, avec l'enrichissement récent des échanges entre le Conseil d'État et la Cour de Strasbourg, à l'apaisement et à une meilleure compréhension entre les deux juridictions.

5. CEDH, 31 mars 1998, *Slimane Kaïd*.

4/ *L'audience et le jugement*

Les jugements émanant des juridictions administratives sont en principe délibérés et rendus par une formation collégiale, ce qui contribue à garantir l'impartialité du procès administratif, également protégée par les textes européens. Les décisions du Conseil d'État émanent de quatre formations de jugement collégiales réunissant un nombre plus ou moins important de juges : la chambre jugeant seule, les chambres réunies, la section du contentieux ou, formation la plus solennelle, l'assemblée du contentieux. Devant les tribunaux administratifs et les cours administratives d'appel, la formation de jugement de droit commun est la chambre, qui comporte trois membres.

Le recours au juge unique, dont le Conseil constitutionnel a eu l'occasion de juger qu'il ne portait pas atteinte au principe de l'égalité devant la justice[6], tend cependant à se développer ; il permet d'augmenter la célérité du jugement des recours portés devant les différentes juridictions. Ainsi, les présidents des formations de jugement peuvent statuer par ordonnance sur les affaires les plus simples, tels que les irrecevabilités manifestes ou l'incompétence manifeste de la juridiction administrative (article R. 122-12 du code de justice administrative pour le Conseil d'État). En outre, devant les tribunaux administratifs, un magistrat statuant seul peut se prononcer sur des litiges de faible importance dont la liste est énumérée à l'article R. 222-13 (demandes d'indemnité inférieure à 10 000 euros, communication de documents administratifs ou encore impôts locaux). À la différence des ordonnances, le jugement du magistrat statuant seul est normalement rendu à l'issue d'une audience publique et après avoir entendu les conclusions du rapporteur public.

Lors de l'audience, les membres de la formation de jugement écoutent successivement les parties et le rapporteur public, les avocats des parties étant susceptibles de reprendre la parole après les conclusions du rapporteur public. Cependant, dans certaines catégories d'affaires (permis de conduire, obligation de quitter le territoire français, notamment), le président de la formation de jugement peut dispenser le rapporteur public, sur sa proposition, de prononcer ses conclusions à l'audience. La reprise de parole des avocats à l'audience s'inscrit dans le mouvement qui offre davantage de place à l'oralité devant le juge administratif.

La décision est rendue au terme d'un délibéré secret. Elle obéit à un certain formalisme : dénommée « jugement » pour les tribunaux administratifs, « arrêt » pour les cours administratives d'appel et le

6. Décision n° 2010-54 QPC du 14 octobre 2010, *Union syndicale des magistrats administratifs*.

Conseil d'État, elle doit être motivée et mentionner le nom des juges. En revanche, elle ne mentionne pas, en France, la majorité à laquelle elle a été adoptée ni les éventuelles opinions dissidentes, afin de garantir le secret du délibéré.

B | LA DIVERSITÉ DES RECOURS

Tandis que les modes alternatifs de règlement des conflits se développent, les frontières évoluent au sein des recours contentieux.

1/ *Les modes non juridictionnels de règlement des litiges : la prévention des contentieux*

Afin d'éviter certains contentieux inutiles, des modes alternatifs de règlement des litiges se développent : recours administratifs préalables, médiation, transaction ou arbitrage.

Les règles générales applicables à la procédure administrative non contentieuse, et notamment celles relatives aux recours non contentieux, sont désormais codifiées dans le code des relations entre le public et l'administration (CRPA), issu d'une ordonnance du 23 octobre 2015. Son Livre IV, « Le règlement des différends avec l'administration », reprend les principales règles en la matière, qu'elles soient d'origine jurisprudentielle ou textuelle. Il comporte deux titres principaux : le Titre Ier, « Les recours administratifs » et le Titre II, « Les autres modes non juridictionnels de résolution des différends ». Le Titre III, consacré aux « Recours juridictionnels », ne comprend pour sa part que deux articles et renvoie pour l'essentiel au code de justice administrative.

a) Les recours administratifs

Les administrés ont toujours la faculté, avant de saisir le juge, de demander à l'administration de réexaminer sa décision. Il s'agit alors d'un recours administratif qui peut prendre deux formes, comme le précise l'article L. 410-1 du CRPA : soit celle d'un *recours gracieux*, lorsqu'il est adressé à l'agent qui a pris l'acte contesté, soit celle d'un *recours hiérarchique*, lorsqu'il est effectué auprès de son supérieur hiérarchique.

La possibilité de former un recours hiérarchique est un principe général du droit, applicable même en l'absence de texte, qui découle du pouvoir de réformation dont dispose toujours une autorité hiérarchique sur les actes de son subordonné[7]. Cette faculté est

7. CE, 30 juin 1950, *Queralt*.

désormais codifiée à l'article L. 410-2 du CRPA, qui prévoit que « toute décision administrative » peut faire l'objet d'un recours gracieux ou hiérarchique. L'exercice d'un tel recours a pour effet d'interrompre le cours du délai de recours contentieux, lequel ne recommence à courir à l'égard de la décision initiale que lorsqu'ils ont été l'un et l'autre rejetés. L'autorité administrative saisie se prononce sur le fondement de la situation de fait et de droit prévalant à la date de sa propre décision, et non à celle de la décision initiale, à l'exception toutefois des recours contre une décision créatrice de droit, pour lesquels l'administration se place à la date de cette dernière. Le recours administratif est parfois organisé par les textes. Son examen peut ainsi être confié à un organisme spécialement constitué à cet effet, comme la Commission d'accès aux documents administratifs dans le cas d'un refus de communication.

Dans certains cas, l'exercice d'un recours contentieux est subordonné au recours administratif : on parle alors de *recours administratif préalable obligatoire* (RAPO). Un tel recours administratif obligatoire est prévu notamment dans le domaine fiscal (réclamation préalable devant le directeur départemental des impôts et avis de la commission départementale des impôts directs), en matière de refus de visa d'entrée en France (devant la Commission de recours contre les décisions de refus de visas), dans le cadre de la fonction publique militaire (devant la Commission de recours des militaires) ou encore en matière de communication de documents administratifs (la saisine de la CADA devant obligatoirement être effectuée avant tout recours devant le juge).

Le développement des RAPO, qui ont l'avantage de la rapidité et qui permettent d'éviter certains contentieux inutiles, est aujourd'hui largement encouragé. Dès 2008, une étude du Conseil d'État réalisée par un groupe de travail présidé par Olivier Schrameck[8], après avoir dressé le constat de la profonde hétérogénéité des RAPO existants, a ainsi recommandé de fixer des règles générales pour organiser et unifier leur régime et d'étendre leur champ à de nouveaux contentieux (permis à points, fonction publique civile, droit des étrangers, contentieux pénitentiaire). La loi du 17 mai 2011 de simplification et d'amélioration de la qualité du droit a repris certaines de ces recommandations, telles que la mention de la possibilité de former un RAPO dans la notification de la décision administrative initiale[9] ou l'obligation de motiver les décisions de rejet d'un tel recours.

Ces règles sont désormais reprises par le code des relations entre le public et l'administration, qui comporte un chapitre spécialement

8. Conseil d'État, *Les Recours administratifs préalables obligatoires*, Paris, La Documentation française, 2008.

9. Insérée dans la loi n° 2000-321 du 12 avril 2000 relative aux droits des citoyens dans leurs relations avec les administrations, aujourd'hui codifiée à l'article L. 412-3 du code des relations entre le public et l'administration.

consacré aux règles générales applicables au RAPO. Ainsi, il est précisé que l'autorité administrative saisie se fonde sur la situation de fait et de droit prévalant à la date de sa décision, et non à celle de la décision initiale, sauf texte contraire (L. 412-5) ; la décision prise sur le fondement d'un RAPO se substitue à la décision contestée (L. 412-7). Les moyens invoqués à l'appui d'un RAPO ne contraignent pas l'éventuel recours contentieux ultérieur : de nouveaux moyens peuvent toujours être soulevés devant le juge.

Plusieurs rapports ont plaidé pour la généralisation du recours administratif préalable obligatoire. À la suite de l'étude du Conseil d'État précitée de 2008, la loi du 17 mai 2011 avait prévu que des décrets pourraient, à titre expérimental, organiser un recours préalable obligatoire en matière de fonction publique, pour certains agents[10]. Mais cette possibilité n'a guère été suivie d'effets[11]. On peut également mentionner, en 2015, le rapport *Justice administrative de demain*[12], qui préconise pour sa part le développement du rôle des médiateurs internes à l'administration pour la gestion des recours, y compris des RAPO. Il relève que le succès de ces instances de médiation[13] tient à la fois à leur proximité avec les administrations dont ils traitent les litiges, à leur indépendance (du point de vue de leur positionnement institutionnel) et à leur spécialisation dans le traitement des recours administratifs.

b) Les modes alternatifs de règlement des litiges

Les justiciables ont également la possibilité de recourir à certains modes de résolution des litiges alternatifs à la saisine du juge administratif. Initialement, le droit public était réticent à l'égard de procédés qui risquaient de mettre en cause la protection de l'intérêt général dont l'administration a la garde. Toutefois, en raison de leur souplesse, de leur rapidité, mais aussi de leur utilité pour lutter contre l'encombrement des tribunaux, le recours à ces techniques, qui ont fait l'objet de nombreux rapports et recommandations depuis la fin des années 1980[14], est aujourd'hui encouragé par les

10. Cette disposition est insérée à l'article 23 de la loi n° 2000-597 du 30 juin 2000 relative au référé devant les juridictions administratives.

11. Une expérimentation a été menée en application d'un décret du 10 mai 2012 dans le contentieux de la fonction publique, pour certaines catégories de décisions et d'agents. Mais son champ était très restreint.

12. *Réflexions pour la justice administrative de demain*, rapport réalisé par un groupe de travail présidé par Odile Piérart, chef de la mission permanente d'inspection des juridictions administratives, novembre 2015.

13. Médiateur national de Pôle Emploi, médiateur de la police nationale, médiateur de l'éducation nationale, etc.

14. Notamment, *Régler autrement les conflits : conciliation, transaction, arbitrage en matière administrative*, étude du Conseil d'État, 1993 ; *Arbitrage des litiges intéressant les personnes publiques*, rapport du groupe de travail présidé par Daniel Labetoulle, 2007 ; Recommandation du Conseil de l'Europe aux États membres sur les modes alternatifs de règlement des litiges entre les autorités administratives et les personnes privées, 2001.

pouvoirs publics – bien que leur portée demeure encore relativement circonscrite. À côté du recours au Défenseur des droits, dont la mission est prévue par l'article 71-1 de la Constitution et qui est mentionné à l'article L. 424-1 du code des relations entre le public et l'administration, trois principaux modes alternatifs de résolution des litiges peuvent être évoqués : la médiation, la transaction et l'arbitrage.

Par la *médiation*, les parties tentent de parvenir à un accord de résolution amiable de leurs différends avec l'aide d'un tiers, dont les propositions peuvent ou non être acceptées. Cette méthode repose parfois sur des dispositions spéciales, prévoyant l'intervention d'organismes *ad hoc*. Ainsi, dans le domaine sportif, le Comité national olympique et sportif français exerce une mission de conciliation dans les conflits opposant une fédération sportive à ses licenciés ou aux agents sportifs (L. 141-4 du code du sport). En matière d'accidents médicaux et d'infections nosocomiales, les victimes peuvent saisir une commission de conciliation et d'indemnisation, instituée au niveau régional.

Surtout, la médiation en matière administrative bénéficie d'un cadre juridique général, prévu par le code de justice administrative[15], qui a été profondément rénové par la loi du 18 novembre 2016 de modernisation de la justice du XXIe siècle, complétée par le décret de procédure du 2 novembre 2016, dit « Justice administrative de demain ». Le champ de la médiation est considérablement élargi, celle-ci pouvant être employée pour tous les différends en matière administrative. La notion même de médiation est entendue au sens large, sans faire de différence avec la conciliation. L'article L. 213-1 du code de justice administrative en donne la définition suivante : « Tout processus structuré, quelle qu'en soit la dénomination, par lequel deux ou plusieurs parties tentent de parvenir à un accord en vue de la résolution amiable de leurs différends, avec l'aide d'un tiers, le médiateur, choisi par elles ou désigné, avec leur accord, par la juridiction. » La médiation peut être organisée à l'initiative des parties ou à celle du juge. Dans tous les cas, les parties peuvent bénéficier du soutien de la juridiction pour désigner le médiateur. Le juge peut ensuite homologuer et donner force exécutoire à l'accord issu de la médiation. La loi clarifie l'articulation entre la médiation et le recours contentieux : l'ouverture de la médiation interrompt le délai de recours, qui ne recommence à courir qu'à son issue.

En outre, en écho au rapport précité, *Justice administrative de demain*, la loi du 18 novembre 2016 prévoit, à titre expérimental et pour une durée de quatre ans, la possibilité de créer par décret en Conseil d'État des dispositifs de *médiation préalable obligatoire*

15. Auquel renvoie le code des relations entre le public et l'administration.

avant toute saisine du juge dans certains domaines, dont les litiges relatifs à la situation personnelle des agents publics[16].

Dans ce nouveau cadre, la médiation se développe : 600 procédures ont été organisées en 2018 et 1 040 en 2019. La médiation a débouché sur un accord entre les parties dans 66 % des cas en 2019.

D'une façon plus générale, le juge administratif dispose de la faculté d'organiser une mission de conciliation lorsque les parties en sont d'accord (L. 211-4 du code de justice administrative). Plus largement, comme le soulignait le vice-président du Conseil d'État, Jean-Marc Sauvé, il serait souhaitable que se diffuse une véritable « culture de la médiation » : l'essor de ces procédures amiables ne sera possible que « si les acteurs de la résolution des conflits – et, plus particulièrement, les juges et les avocats – font l'effort de s'impliquer dans le développement et la réussite de ces nouveaux dispositifs[17] ». Dans cet esprit, le Conseil d'État a admis que le juge du référé-expertise pouvait confier, même d'office, à l'expert qu'il désigne la mission de concilier les parties[18]. Cette solution a été codifiée par le décret JADE du 2 novembre 2016 à l'article R. 621-1, qui prévoit que l'expert peut non seulement se voir confier une mission de médiation, mais également en prendre l'initiative, avec l'accord des parties. En cas d'échec de la médiation ou de la conciliation, les parties peuvent porter leur litige devant la juridiction compétente. En cas de réussite, elles peuvent éventuellement conclure une transaction.

La *transaction* consiste, pour les parties, à conclure un contrat mettant un terme à une contestation existante ou prévenant un conflit à naître. Limité à un objet exclusivement pécuniaire, le droit de transiger a été reconnu à l'administration dès l'arrêt du 23 décembre 1887, *Évêque de Moulins*. Cette solution amiable est recommandée par la circulaire du Premier ministre du 6 avril 2011 relative au développement du recours à la transaction pour régler amiablement les conflits. Sous certaines conditions, le contrat de transaction peut être homologué par le juge administratif, qui vérifie alors la réalité du consentement et la licéité de la transaction, et notamment qu'elle ne constitue pas pour la collectivité publique une libéralité[19]. L'homologation a pour effet de donner une force exécutoire à la transaction. La transaction est désormais prévue par

16. Ainsi que les recours relatifs aux prestations, allocations ou droits attribués au titre de l'aide ou de l'action sociale, du logement ou en faveur des travailleurs privés d'emploi.

17. Discours de Jean-Marc Sauvé, vice-président du Conseil d'État, au colloque « Paris, place internationale des modes alternatifs de règlements des litiges. Développer la médiation en matière administrative », Paris, Maison du Barreau, 24 novembre 2016.

18. CE, 11 février 2005, *Organisme de gestion du cours du Sacré-Cœur.*

19. CE, avis contentieux, 6 décembre 2002, *Syndicat intercommunal des établissements du second degré du district de L'Haÿ-les-Roses.*

l'article L. 423-1 du CRPA, qui exige « qu'elle porte sur un objet licite et contienne des concessions réciproques et équilibrées ».

L'arbitrage, à la différence des précédents procédés, constitue un mode juridictionnel de règlement des litiges. Les parties choisissent alors de confier à un tribunal arbitral, composé d'un ou de plusieurs arbitres, la mission de trancher leur litige par une décision dite « sentence arbitrale », qui sera dotée de l'autorité de la chose jugée. Le recours à l'arbitrage peut être décidé par les parties soit par anticipation d'un éventuel litige, par une *clause compromissoire* insérée dans le contrat qui les lie, soit postérieurement à la naissance du conflit, par la conclusion d'un *compromis d'arbitrage*. Cette forme de justice non étatique se prête mal à la résolution des litiges de droit public. C'est pourquoi, en principe, les personnes publiques ne peuvent avoir recours à l'arbitrage, en vertu d'un principe général du droit public confirmé par l'article 2060 du code civil, repris à l'article L. 432-1 du CRPA et rappelé par le Conseil d'État dans son avis *Eurodisneyland*, du 6 mars 1986, portant sur un contrat envisagé entre les collectivités publiques et la société Walt Disney Productions relatif à la création du parc de loisirs Disneyland Paris[20]. Toutefois, ce procédé peut présenter un intérêt dans certaines matières, notamment économiques, en raison de la célérité de la procédure et de la reconnaissance attachée à l'expertise des arbitres choisis. Des dérogations sont donc parfois aménagées, soit par des dispositions législatives expresses, soit par des conventions internationales. Ainsi, l'article 2060 du code civil permet d'autoriser par décret des catégories d'établissements publics à caractère industriel et commercial « à compromettre » – cette faculté ne visant que les litiges déjà nés[21]. Par ailleurs, le législateur a organisé des dérogations ponctuelles, mentionnées à l'article L. 311-6 du code de justice administrative, soit au bénéfice de certaines personnes publiques, telles que la SNCF[22], La Poste[23] ou Réseau ferré de France[24], soit pour certaines matières, comme pour la détermination du montant des dettes et créances en matière de marchés publics[25] ou dans le cadre des litiges s'élevant à propos des contrats de partenariat, devenus marchés de partenariat[26]. Saisi d'un recours contre l'ordonnance du 17 juin 2004 sur les contrats de partenariat, le Conseil d'État

20. CE, avis n° 339710 du 6 mars 1986.

21. Faculté prévue par le deuxième alinéa de l'article 2060 du code civil.

22. Article 25 de la loi n° 82-1153 du 30 décembre 1982 d'orientation des transports intérieurs.

23. Article 28 de la loi n° 90-568 du 2 juillet 1990 relative à l'organisation du service public de la poste et des télécommunications.

24. Article 3 de la loi n° 97-135 du 13 février 1997 portant création de l'établissement public Réseau ferré de France en vue du renouveau du transport ferroviaire.

25. Article 69 de la loi du 17 avril 1906 portant fixation du budget général des dépenses et des recettes de l'exercice 1906 (auparavant repris à l'article 132 du code des marchés publics).

26. Article 90 de l'ordonnance n° 2015-899 du 23 juillet 2015 relative aux marchés publics.

a admis sans difficulté le recours à l'arbitrage pour ce type de contrats[27]. Enfin, le recours à l'arbitrage est également prévu par certaines conventions internationales, particulièrement en matière de commerce international, pour le règlement des différends entre les investisseurs étrangers et les États. C'est ainsi que l'accord économique et commercial global (AECG) conclu entre l'Europe et le Canada, dit CETA[28], prévoit que les litiges entre les investisseurs étrangers et les États seront jugés par un tribunal d'arbitrage permanent, la Cour internationale d'investissement[29]. Par une décision du 31 juillet 2017, le Conseil constitutionnel a jugé que ces dispositions du CETA n'étaient pas contraires à la Constitution[30]. Il a notamment relevé, s'agissant du respect des conditions essentielles d'exercice de la souveraineté nationale, que les pouvoirs attribués au tribunal sont limités au versement de dommages pécuniaires et à la restitution de biens : le tribunal ne peut ni interpréter ni annuler des décisions prises par les États. Il a en outre estimé que le principe d'égalité n'était pas méconnu : si l'accès au tribunal institué par l'accord est, en France, réservé aux seuls investisseurs canadiens, cela répond à un motif d'intérêt général, tiré de la nécessité d'attirer les investissements canadiens en France. Lorsqu'un litige les oppose à un État, les entreprises préfèrent parfois s'en remettre à une institution arbitrale qui, en raison de sa nature non étatique, est jugée plus neutre que les juridictions nationales, lesquelles sont dépendantes du système judiciaire de cet État. Parmi les intérêts d'une telle procédure, on peut mentionner la spécialisation – les arbitres désignés étant experts en la matière –, ainsi que la confidentialité. Le recours à l'arbitrage implique que les parties s'entendent préalablement sur le siège de l'arbitrage, qui commande à la fois le droit applicable et les possibilités de recours. À cet égard, la Chambre de commerce internationale, qui siège à Paris, bénéficie d'une excellente réputation, avec un comité de sélection des arbitres composé de six membres cherchant à diversifier les propositions d'arbitres dans le cadre d'un processus transparent et ouvert.

En France, les sentences arbitrales peuvent être contestées par la voie d'un recours contentieux devant le juge judiciaire ou le juge administratif. Dans sa décision, *Inserm*, du 17 mai 2010, le Tribunal

27. CE, 24 octobre 2004, *Sueur.*

28. Pour Comprehensive Economic and Trade Agreement. Ce traité est entré en vigueur à titre provisoire le 1er avril 2017 (avant la ratification par les Parlements nationaux des États membres de l'Union européenne), mais uniquement pour ses dispositions relevant de la compétence exclusive de l'Union européenne. Les dispositions relatives au tribunal d'arbitrage ne sont pas concernées par cette entrée en vigueur provisoire.

29. En anglais, International Court System (ICS).

30. CC, décision nº 2017-749 DC du 31 juillet 2017, *Accord économique et commercial global conclu entre le Canada, d'une part, et l'Union européenne et ses États membres, d'autre part.*

des conflits a jugé que relèvent de la compétence administrative les affaires mettant en cause la conformité d'une telle sentence aux règles impératives du droit public français relatives à la commande publique ou à l'occupation du domaine public. II a confirmé cette jurisprudence par une décision du 11 avril 2016, *Société Fosmax*, et il a précisé que la compétence du juge administratif s'étendait aux mesures *d'exequatur* d'une sentence arbitrale qui relevait de son contrôle, par une décision du 24 avril 2017, *Syndicat mixte des aéroports de Charente c/ société Ryanair.* Statuant pour la première fois dans le cadre ainsi défini par le Tribunal des conflits, le Conseil d'État a, par une décision du 9 novembre 2016, *Société Fosmax*, confirmé qu'il intervient comme juge d'appel de la sentence arbitrale. Il a en même temps donné à cet appel un caractère spécifique, qui le distingue très nettement de l'appel de droit commun, en limitant son contrôle, conformément à l'esprit de l'arbitrage, à des points essentiels. Le Conseil d'État vérifie la compétence de la juridiction arbitrale, son indépendance et son impartialité. Il s'assure du respect des exigences fondamentales de la procédure, au regard notamment du caractère contradictoire des débats et de la motivation de la sentence. Sur le fond, il veille au respect des impératifs d'ordre public, qui découlent du droit national comme du droit de l'Union européenne, au regard notamment de l'interdiction des libéralités, de l'inaliénabilité du domaine public et de l'exercice des prérogatives dont l'administration dispose dans l'intérêt général et auxquelles elle ne peut renoncer.

2/ La classification des recours contentieux

Deux grandes classifications devenues traditionnelles ont permis de distinguer les différents types de recours portés devant le juge administratif : l'une repose sur les pouvoirs exercés par le juge, l'autre se réfère à la nature des litiges. Ces différentes classifications peuvent se combiner.

a) Les deux classifications

La première classification se fonde sur l'étendue des pouvoirs du juge. Elle est proposée par Édouard Laferrière dans son *Traité de la juridiction administrative*, qui distingue essentiellement le contentieux de l'*annulation* de celui de *pleine juridiction*. Dans le premier cas, qui recouvre le recours pour excès de pouvoir, le juge n'a que le pouvoir d'annuler un acte illégal. Dans le second, il dispose d'un pouvoir de réformation des actes administratifs et peut notamment infliger une sanction ou octroyer une indemnité. L'image de la gomme et du crayon illustre bien la différence entre les deux recours : le juge de l'excès de pouvoir ne dispose que d'une gomme pour annuler l'acte qui lui est déféré, alors que le juge de plein contentieux peut également utiliser un crayon pour le corriger ou le compléter. On peut également souligner que le premier, qui est le juge d'un acte, ne connaît le litige qu'à travers le prisme de la décision administrative qui lui est présentée, alors que le second statue plus directement sur le bien-fondé de la demande soumise à l'administration ; la distinction n'est pas sans rappeler celle entre un juge de cassation – juge du jugement – et un juge d'appel – juge du litige. Il en résulte des différences de régime juridique : le juge de l'excès de pouvoir, juge de l'acte, se place à la date de la décision attaquée pour en apprécier la légalité, alors que le juge de plein contentieux, juge du bien-fondé de la demande de l'administré, se prononce en fonction des circonstances de droit et de fait existantes à la date de son jugement.

Pour être complet, la classification de Laferrière comporte quatre contentieux : outre les deux premiers, quantitativement les plus importants, il identifie le contentieux de l'*interprétation* et celui de la *répression*. Le premier correspond pour l'essentiel à l'hypothèse où le juge administratif est saisi d'une question préjudicielle posée par le juge judiciaire : il ne lui est alors demandé qu'une déclaration quant à la légalité ou à la portée d'un acte administratif, et non pas son annulation. Le contentieux de la répression est principalement à l'œuvre en matière de contraventions de grande voirie.

La seconde classification repose sur la nature de la question en litige. Défendue notamment par Léon Duguit, elle distingue *contentieux objectif* et *contentieux subjectif*. Dans le premier, le juge se prononce sur une question de droit objectif : il contrôle la conformité de l'action de l'administration aux règles juridiques, afin de veiller au respect du principe de légalité. Dans le second, le juge statue sur l'étendue des droits subjectifs du justiciable – typiquement, sur son droit à indemnisation dans le contentieux de la responsabilité administrative.

b) La combinaison des différents recours

Les deux classifications se recoupent en partie, mais pas totalement. Le recours pour excès de pouvoir relève normalement du contentieux objectif, en particulier lorsqu'il est dirigé contre un acte réglementaire : il conduit le juge à exercer un contrôle abstrait sur une norme. Il n'est toutefois pas exempt d'éléments subjectifs, surtout lorsqu'il porte sur une décision individuelle concernant les droits du requérant[31]. Quant à la catégorie des recours de pleine juridiction, elle est d'une grande diversité : à côté du plein contentieux subjectif, tels que les recours indemnitaires, existe un plein contentieux objectif, comme le contentieux électoral, le contentieux fiscal ou celui des arrêtés autorisant les installations classées pour la protection de l'environnement (ICPE).

31. Maxime Letourneur, « L'apparition de nouveaux éléments subjectifs dans le recours pour excès de pouvoir », *EDCE*, 7, p. 66.

En outre, il ne faut pas surestimer l'importance de ces distinctions. En pratique, les différents recours peuvent être mêlés à l'intérieur d'une même requête : il n'est pas rare que le justiciable demande dans le même temps au juge d'annuler l'acte attaqué et de condamner l'administration à indemniser le préjudice qu'il a subi du fait de l'illégalité de cet acte. La terminologie, qui distingue le « juge de l'excès de pouvoir », le « juge du plein contentieux » ou encore le « juge du contrat », ne doit d'ailleurs pas induire en erreur : il s'agit bien d'une seule et même formation de jugement qui examine les différentes demandes.

Enfin, les frontières entre les recours tendent à se brouiller. Les pouvoirs du juge, dans le cadre d'un recours pour excès de pouvoir, se sont considérablement élargis depuis une vingtaine d'années : il a désormais la possibilité de procéder à une substitution de motifs, de moduler dans le temps les effets de l'annulation ou encore d'enjoindre à l'administration, à la suite de l'annulation d'un refus, d'édicter une nouvelle décision. L'office du juge de l'excès de pouvoir se rapproche de celui du juge de pleine juridiction. De plus en plus, il vise non seulement, d'une façon négative, à effacer une illégalité, mais aussi, d'une façon positive, à rétablir la légalité.

II

LE RECOURS POUR EXCÈS DE POUVOIR

« Procès fait à un acte », selon la formule de Laferrière, le recours pour excès de pouvoir est l'archétype du recours contentieux devant le juge administratif. Si les recours indemnitaires relèvent d'une logique proche de celle des actions en responsabilité portées devant le juge judiciaire, le recours en annulation d'un acte administratif, pour sa part, obéit à des règles originales. Définies par voie purement prétorienne par le Conseil d'État dès le début du XXe siècle, ces règles ont inspiré d'autres recours contre des actes juridiques, qu'il s'agisse du contrôle de constitutionnalité des lois exercé par le Conseil constitutionnel ou des recours en annulation des actes des institutions de l'Union européenne portés devant la Cour de justice.

A | UN RECOURS CONSUBSTANTIEL À L'ÉTAT DE DROIT

Le recours pour excès de pouvoir joue un rôle fondamental dans un État de droit. Puisque le droit public est au cœur de la relation entre l'État et les citoyens, il est essentiel, pour la démocratie, que ces derniers puissent facilement saisir le juge pour lui demander d'annuler les actes des autorités publiques.

1/ *Le droit au recours, un principe général du droit*

Le droit au recours, qui figure parmi les principes cardinaux du droit public, se décline sous diverses formes. Par sa décision, *Dame Lamotte,* du 17 février 1950, le Conseil d'État consacre comme principe général du droit la possibilité de former un recours pour excès de pouvoir contre tout acte administratif. En l'espèce, une loi avait prévu que la décision attaquée, un acte de concession, « ne [pouvait] faire l'objet d'aucun recours administratif ou judiciaire ». Le Conseil d'État estime, avec une certaine audace, que la loi « n'a pas exclu le recours pour excès de pouvoir devant le Conseil d'État contre l'acte de concession, recours qui est ouvert même sans texte contre tout acte administratif et qui a pour effet d'assurer, conformément aux principes généraux du droit, le respect de la légalité ». Il faut souligner que le Conseil d'État relève, dans une incidente, que cette loi, qui datait du 23 mai 1943, s'applique « tant que sa nullité n'aura pas été constatée conformément à l'ordonnance du 9 août 1944 relative au rétablissement de la légalité républicaine ». L'interprétation *contra legem* de l'arrêt *Dame Lamotte* – rendu sous la présidence de René Cassin – paraît ainsi constituer un palliatif à l'absence, à l'époque, de contrôle de constitutionnalité des lois.

Cette décision s'inscrit dans le prolongement de l'arrêt du 7 février 1947, *D'Aillières,* rendu à propos du recours en cassation. Le Conseil d'État y estime que toute décision juridictionnelle doit pouvoir être contestée, au moins au moyen d'un pourvoi en cassation. Une application retentissante en a été faite en 1962 dans l'affaire *Canal.* Celle-ci mettait en cause une ordonnance du président de la République prise sur le fondement de l'habilitation donnée par la loi référendaire du 13 avril 1962 et qui avait institué une cour militaire de justice, juridiction d'exception dont les décisions n'étaient pas susceptibles de recours. Le Conseil d'État, d'une part, admet la possibilité de former un recours pour excès de pouvoir contre cette ordonnance – illustrant ainsi la large portée du droit au recours consacré par l'arrêt *Dame Lamotte* – et, d'autre part, annule cette ordonnance comme étant contraire au principe général du droit au recours en cassation – conformément à la jurisprudence *D'Aillières*[32].

32. CE, 19 octobre 1962, *Canal.*

En vertu de la décision du Conseil constitutionnel du 9 avril 1996, *Autonomie de la Polynésie française*, le droit au recours juridictionnel constitue également un principe constitutionnel. Le juge constitutionnel estime en effet que l'exigence d'une garantie des droits posée par l'article 16 de la Déclaration des droits de l'homme et du citoyen implique le droit à un recours effectif devant une juridiction.

Le droit au recours est un principe reconnu par la plupart des États en Europe. Au Royaume-Uni, par sa décision *Anisminic*[33] de 1969, la Chambre des lords a consacré le droit d'accès à la justice. Par un raisonnement qui n'est pas sans rappeler l'affaire *Dame Lamotte*, elle a estimé qu'un recours juridictionnel contre les décisions d'une commission administrative était recevable, alors même qu'une clause de non-recours était prévue par la loi créant cette commission (le *British Foreign Compensation Act*), « au motif que le Parlement, soumis au *rule of law*, ne pouvait pas avoir entendu consacrer une situation de non-justiciabilité[34] ».

Principe partagé par les États européens, le droit à un recours effectif est également consacré par l'article 13 de la Convention européenne de sauvegarde des droits de l'homme et des libertés fondamentales. La Cour de justice de l'Union européenne, relevant qu'il se trouve « à la base des traditions constitutionnelles communes aux États membres », l'a pour sa part élevé au rang de principe général du droit communautaire dans un arrêt, *Johnston*, du 26 février 1986. Dans son arrêt, *Les Verts c/ Parlement européen*, du 23 avril 1986, elle en a tiré une conséquence importante en admettant la faculté de former un recours en annulation contre les actes du Parlement européen. L'arrêt *Les Verts* a particulièrement retenu l'attention en ce qu'il déduit, d'une manière très explicite, le droit au recours de la notion d'État de droit, qui devient ici « Communauté de droit » – et aujourd'hui « Union de droit ». Il affirme en effet d'une façon solennelle : « La Communauté économique européenne est une communauté de droit, en ce sens que ni ses États membres ni ses institutions n'échappent au contrôle de la conformité de leurs actes à la charte constitutionnelle de base qu'est le traité. »

2/ *La diversité des recours en Europe*

À l'échelle européenne, on observe une grande diversité des voies de recours contre les actes administratifs. Certains États, telle l'Allemagne, ont adopté une conception très subjective du recours

33. *Anisminic Ltd v. Foreign Compensation Commission*, 2 AC 147 (HL) 1969.

34. Horatia Muir-Watt, « Le problème du *"constitutional review"* : le modèle du Royaume-Uni », *Cahiers du Conseil constitutionnel*, 24, dossier « Le pouvoir normatif du juge constitutionnel », juillet 2008.

en annulation. Le Royaume-Uni connaît le système de la révision juridictionnelle (*judicial review*). L'Union européenne a retenu une conception plus objective du recours contre les actes de l'Union, qui s'inspire partiellement du recours pour excès de pouvoir français. On observera qu'en Allemagne, au Royaume-Uni ou encore en droit de l'Union européenne, le régime de ces recours est défini non pas par voie prétorienne, comme en France, mais par des textes, qui précisent notamment les conditions de recevabilité tenant aux personnes pouvant agir et aux actes susceptibles de recours.

a) Allemagne

En Allemagne, le recours en annulation vise avant tout à protéger les droits subjectifs des particuliers. À cet égard, dès le début du XXe siècle, la doctrine définissait le droit subjectif comme le « rapport juridique du sujet à l'État par lequel il peut, sur la base d'un acte juridique ou d'une règle de droit contraignante édictée pour la protection de ses intérêts individuels et dont il doit pouvoir se prévaloir vis-à-vis de l'administration, exiger quelque chose de l'État ou pouvoir agir contre lui[35]. » Cette approche subjective du recours s'est renforcée au fil du temps, en raison des fortes spécificités de l'histoire de l'Allemagne, en particulier après la seconde guerre mondiale, en réaction au nazisme. De nos jours, l'article 19 de la Loi fondamentale dispose : « Quiconque est lésé dans ses droits par la puissance publique dispose d'un recours juridictionnel. » Il en résulte toutefois, de façon paradoxale, une conception assez restrictive des conditions de recevabilité, précisées par la loi sur la juridiction administrative du 21 janvier 1960. Seul le titulaire d'un droit subjectif violé par l'acte attaqué est recevable à former une action en annulation. Cette exigence rend difficile, par exemple, le recours intenté par des tiers contre une décision individuelle : typiquement, la jurisprudence allemande a éprouvé des difficultés à admettre qu'un recours contre un permis de construire puisse être formé par des voisins, ces derniers devant démontrer que le permis viole une règle de droit édictée en vue de protéger leurs droits[36].

Pour remédier aux limites inhérentes au système d'un procès fondé sur les droits subjectifs, le législateur intervient ponctuellement. Ainsi, des difficultés ont pu apparaître en matière de reconnaissance d'intérêt à agir des associations de défense de l'environnement[37]. Dans l'arrêt *Trianel Kohlekraftwerk Lünen*, rendu le 12 mai 2011, la Cour de justice de l'Union européenne a sanctionné l'atteinte portée par la législation allemande tant à l'objectif

35. Ottmar Bühler, *Die subjektiven öffentlichen Rechte und ihr Schutz in der deutschen Verwaltungsrechtsprechung*, Berlin, Kohlhammer, 1914, p. 224.
36. Hartmut Maurer, *Droit administratif allemand*, *op. cit.*, p. 160.
37. Aurore Gaillet, « Chronique de droit administratif allemand », *Droit administratif*, 10, octobre 2013, p. 19 et suiv.

de la Convention d'Aarhus de permettre « un large accès à la justice » (article 9) qu'au principe d'effectivité du droit de l'Union : en effet, seuls étaient admis les recours des associations de protection de l'environnement invoquant une norme apte à conférer des « droits » subjectifs aux « individus ». Cette décision a entraîné une réforme de la loi sur les recours en matière environnementale (*Umwelt-Rechtsbehelfsgesetz* – UmwRG), le 8 avril 2013, pour permettre à une association environnementale de former un recours lorsqu'elle fait valoir qu'une décision méconnaît une disposition relative au droit de l'environnement.

De même, le champ des actes administratifs susceptibles de recours est limité aux décisions individuelles qui, seules, mettent directement en cause les droits d'un particulier. En Allemagne, le recours contre un règlement est exclu, au même titre que le serait un recours contre un acte législatif. En outre, toute illégalité n'entraîne pas nécessairement l'annulation : il faut encore démontrer que la violation des règles de droit lèse effectivement les droits subjectifs du requérant.

En revanche, cette conception subjective aboutit à conférer à l'action en annulation des effets vigoureux. D'une part, le recours a, par lui-même, un effet suspensif : l'exécution de l'acte est suspendue pendant la durée de l'instance. Des exceptions sont toutefois aménagées, pour certaines catégories d'actes administratifs (avis d'imposition, mesures prises au titre du pouvoir de police) ou encore lorsque l'administration prend une décision spécialement motivée ordonnant l'exécution immédiate « dans l'intérêt général ou dans l'intérêt prédominant d'une des parties » (paragraphe 80 de la loi sur la juridiction administrative du 21 janvier 1960). D'autre part, les pouvoirs du juge sont très larges, celui-ci pouvant non seulement annuler l'acte administratif, mais également reconnaître, positivement, les droits des particuliers. Le paragraphe 42 de la loi sur la juridiction administrative prévoit d'ailleurs deux types d'actions : à côté de l'action en annulation (*Anfechtungsklage*), il existe une action en émission d'un acte administratif individuel (*Verpflichtungsklage*), à la suite du refus ou de l'abstention de l'administration de prendre une décision. Le paragraphe 43 organise, quant à lui, une action déclaratoire ou en constatation de droits (*Feststellungsklage*), qui n'est envisageable que lorsque le requérant possède « un intérêt légitime à obtenir promptement la constatation de l'existence ou de la non-existence d'un rapport de droit ou de l'inexistence d'un acte administratif ». Enfin, l'action tendant à l'obtention d'une prestation (*allgemeine Leistungsklage*) permet au requérant d'obtenir une prestation autre qu'un acte administratif.

Cette conception subjective se retrouve *en Autriche* : la cour administrative ne connaît que des recours contre les actes administratifs individuels. Toutefois, les actes réglementaires peuvent y être attaqués devant la Cour constitutionnelle. Il n'est d'ailleurs pas sans intérêt de noter que les recours contre les règlements constituaient l'une des principales attributions de la Cour constitutionnelle d'Autriche lors de sa création, en 1920 – bien plus que les recours contre les lois.

b) Royaume-Uni

Au Royaume-Uni, les justiciables peuvent agir contre les autorités publiques en formant une demande de révision juridictionnelle (*claim for judicial review*). Les modalités procédurales en sont fixées par les « Règles de procédure civile » (*Civil procedure rules*), dans sa partie 54 (*Part 54 : Judicial review and statutory review*). L'action relève de la chambre administrative (*administrative court*) de la Haute Cour (High Court). Comme en France avec le recours pour excès de pouvoir, le *judicial review* repose sur une approche objective. Ainsi, il a un large champ d'application : il peut porter non seulement sur une décision administrative individuelle, mais aussi sur un texte réglementaire[38]. À titre d'exemple, dans le cadre du Brexit, la Cour suprême n'a pas hésité à se prononcer sur la légalité de la suspension (ou « prorogation ») du Parlement décidée par le gouvernement de Boris Johnson. Par une décision du 24 septembre 2019, elle a annulé à l'unanimité cette décision de suspension, au motif que celle-ci avait pour effet « d'empêcher, sans motif raisonnable, la capacité du Parlement d'assumer ses fonctions constitutionnelles en tant que corps législatif et en tant qu'institution responsable du contrôle de l'exécutif ». L'intérêt pour agir est largement entendu : une association peut par exemple agir dans l'intérêt collectif de ses membres[39]. Pendant la durée de l'instance, le juge peut ordonner la suspension de l'acte administratif attaqué. Le contrôle exercé par le juge repose sur la théorie de l'*ultra vires*[40]. Cette notion, proche de celle de l'excès de pouvoir, était initialement conçue de manière restrictive : il s'agissait surtout pour les juges, soucieux de veiller à la souveraineté parlementaire, de sanctionner l'administration si elle outrepassait les pouvoirs que lui avait conférés le Parlement. Le contrôle s'est progressivement étendu et comporte aujourd'hui trois motifs de révision, qui ont été résumés dans l'opinion de Lord Diplock de 1985, *Council of Civil Service Unions*[41] : l'illégalité, principal vice, qui correspond à l'ancienne notion d'*ultra vires* et qui inclut l'incompétence, l'erreur de droit et

38. Le *judicial review* peut porter, en vertu du point 54.1 du *Civil procedure rules*, sur « un texte ou une décision, action ou omission dans l'exercice d'une fonction publique » (« an enactment or a decision, action or failure to act in relation to the exercise of a public function »).

39. Michel Fromont cite l'action de Greenpeace contestant des autorisations d'entreposer des déchets nucléaires (*Droit administratif des États européens*, Paris, PUF, coll. « Thémis », 2006, p. 193).

40. Voir Bernard Stirn, Duncan Fairgrieve et Mattias Guyomar, *Droits et libertés en France et au Royaume-Uni*, Paris, Odile Jacob, 2006, p. 66 et suiv.

41. *Council of Civil Service Unions v. Minister for the Civil Service*, 1985, AC 374.

l'erreur de fait ; l'irrationalité, motif qui recouvre l'exigence du caractère non « déraisonnable » de la décision (*unreasonableness*), énoncé dès 1948 par une opinion de Lord Greene[42] ; enfin, les irrégularités procédurales, commises en violation soit de règles de procédure prévues par la loi, soit des exigences jurisprudentielles de procédure équitable qui relèvent, dans la terminologie anglaise, de règles de « justice naturelle » (*natural justice*)[43].

Les pouvoirs du juge sont importants[44]. Ils résultent tant de la *common law* que de l'*equity*. Il faut rappeler que *common law* et *equity* constituent deux ensembles de règles jurisprudentielles qui provenaient initialement de deux types de juridictions différentes. Une réforme de 1875 a procédé à la fusion de ces juridictions, permettant ainsi à toutes les juridictions de statuer à la fois selon la *common law* et selon l'*equity*. Dans le cadre de la *common law*, le juge peut prononcer l'annulation rétroactive d'un acte administratif (*quashing order* ou *certoriari*), interdire à l'administration d'agir pour le futur pour l'empêcher de commettre une illégalité (*prohibition*) ou, à l'inverse, lui enjoindre d'agir dans un sens déterminé (*mandamus*). Dans le cadre de l'*equity*, le juge est habilité à prononcer des injonctions, à condamner l'administration à régler des dommages et intérêts ou encore à imposer à l'administration la direction à suivre par le biais d'une déclaration (*declaration*).

c) Union européenne

En droit de l'Union européenne, la Cour de justice peut être saisie d'un recours en annulation dont le régime, qui s'inspire du recours pour excès de pouvoir, est fixé par l'article 263 du TFUE[45]. La Cour de justice est d'ailleurs la seule juridiction habilitée à annuler un acte pris par l'une des institutions de l'Union européenne, en vertu de la jurisprudence *Foto-Frost* du 22 octobre 1987, conformément au principe de coopération loyale entre l'Union européenne et les États membres. Les actes susceptibles de recours sont largement

42. *Associated Provincial Picture Houses Ltd v. Wednesbury Corporation*, 1948, 1 KB 223 : en raison de cette décision, le principe est connu sous le nom de principe de *Wednesbury unreasonableness*. Il s'agit de vérifier si l'autorité publique a agi d'une façon « si exorbitante que nulle autorité publique raisonnable n'aurait agi de cette façon ». La notion, qui n'est pas très éloignée de celle d'erreur manifeste, vise à régler la question du contrôle du pouvoir discrétionnaire de l'administration.

43. Les règles de *natural justice* impliquent, pour certaines catégories de décisions administratives – essentiellement les décisions individuelles –, des exigences proches de celles des décisions de justice : impartialité, auditions, motivation.

44. Karine Abderemane, Antoine Claeys, Élise Langelier, Yseult Marique et Thomas Perroud, *Manuel de droit comparé des administrations européennes*, Bruxelles, Bruylant, 2019, p. 405 et suiv.

45. Éléonore von Bardeleben, Francis Donnat et David Siritsky, *La Cour de justice de l'Union européenne et le droit du contentieux européen*, Paris, La Documentation française, 2012, p. 200 et suiv.

entendus : peuvent être attaqués les actes de l'ensemble des institutions européennes, y compris les actes du Parlement européen depuis l'arrêt précité, *Les Verts*, du 23 avril 1986, ainsi que, depuis le traité de Lisbonne, les actes des organes de l'Union, tels que les diverses agences européennes. Sont toutefois exclus les actes ne produisant pas d'effets juridiques à l'égard des tiers[46], tels que les avis ou recommandations. La dénomination et la forme de l'acte attaqué importent peu : le juge européen se focalise sur sa substance et l'intention de ses auteurs[47]. Ainsi la lettre d'un directeur de la Commission à l'un des États membres n'est-elle pas susceptible de faire grief[48]. À cet égard, le 4 décembre 2019, le Conseil d'État a posé une question préjudicielle à la CJUE en vue de savoir si un acte de droit souple et, plus spécialement, les orientations émises par une autorité européenne de surveillance sont susceptibles de faire l'objet du recours en annulation prévu par les stipulations de l'article 263 TFUE[49].

Le recours peut être formé non seulement par les États membres et les institutions de l'Union – Parlement européen, Conseil et Commission –, mais aussi par les particuliers – personnes physiques ou morales. Toutefois, dans ce dernier cas, une personne n'est recevable à former un recours que contre les actes « dont elle est destinataire ou qui la concernent directement et individuellement, ainsi que contre les actes réglementaires qui la concernent directement et qui ne comportent pas de mesures d'exécution » (article 263 du TFUE). Cette exigence est parfois appréciée souplement : dans l'arrêt *Scuola Elementare Maria Montessori c/ Commission* du 6 novembre 2018, la CJUE estime que le recours est également ouvert à des concurrents dans l'hypothèse où la Commission renoncerait à la récupération d'aides d'État illégales et incompatibles. Les moyens d'annulation sont expressément énumérés par l'article 263 du TFUE, selon la méthode des *cas d'ouverture* du recours pour excès de pouvoir français : « Incompétence, violation des formes substantielles, violation des traités ou de toute règle de droit relative à leur application, ou détournement de pouvoir ».

46. En ce sens, l'arrêt *IBM c/ Commission* du 11 novembre 1981 a précisé que le recours en annulation doit être dirigé contre une mesure produisant des effets juridiques obligatoires de nature à affecter les intérêts du requérant en modifiant sa situation juridique.

47. CJCE, 31 mars 1971, *Commission c/ Conseil*. À titre d'exemple, dans l'arrêt *Royaume de Belgique c/ Commission* rendu le 20 février 2018, la Cour a admis à titre exceptionnel la recevabilité d'un recours en annulation formé contre une recommandation. En effet, le juge européen a alors estimé que la recommandation 2014/478/UE de la Commission, du 14 juillet 2014, relative aux principes pour la protection des consommateurs et des joueurs dans le cadre des services de jeux d'argent et de hasard en ligne générait des effets de droit. Au regard de son contenu, cet acte était davantage qu'une simple recommandation.

48. CJUE, 25 octobre 2017, *Roumanie c/ Commission*.

49. CE, 4 décembre 2019, n° 415550.

S'agissant de ses pouvoirs, la Cour de justice ne peut qu'annuler l'acte attaqué : elle est incompétente pour le réformer ou pour adresser des injonctions aux institutions. Enfin, à côté de l'action en annulation, le traité prévoit un recours en carence (article 265 du TFUE) qui, comme en Allemagne, permet de saisir le juge en cas d'abstention d'une institution.

3/ *Les traits généraux du recours pour excès de pouvoir en France*

En France, le recours pour excès de pouvoir relève traditionnellement d'une conception objective. Institué dans l'intérêt de tous, il cherche d'abord à faire respecter le principe de légalité par l'administration. Cette considération a guidé très tôt la jurisprudence dans la détermination du régime applicable. Dès le début du XXe siècle, elle a adopté une large définition des conditions de sa recevabilité, qu'il s'agisse de l'intérêt pour agir ou des actes susceptibles de recours. Les moyens d'annulation ont été progressivement étendus. Le Conseil d'État n'a cessé par la suite d'approfondir les techniques du contrôle juridictionnel. C'est ainsi que le professeur Gaston Jèze pouvait affirmer, en 1929, que le recours pour excès de pouvoir est « l'arme la plus efficace, la plus pratique, la plus économique qui existe au monde pour défendre les libertés individuelles[50] ». Cette belle formule montre d'ailleurs que la finalité initialement objective de ce recours (le contrôle de l'administration) n'est pas exempte de considérations subjectives (la protection des libertés individuelles).

Toutefois, l'efficacité pratique du recours pour excès de pouvoir pouvait être mise en doute, dans la mesure où la simple constatation de l'illégalité d'une décision administrative ne suffit pas toujours à régler définitivement la situation du requérant. La doctrine s'est alors inquiétée du risque d'« annulations platoniques », satisfaisantes pour l'esprit mais sans effet pratique. Tel était le constat dressé en 1962 par le professeur Jean Rivero, dans un texte malicieusement intitulé « Le Huron au Palais Royal ou réflexions naïves sur le recours pour excès de pouvoir[51] », imaginant la visite d'un membre du clan des Indiens hurons, originaires du Canada, au Conseil d'État. Parce que le recours n'a pas d'effet suspensif, il n'empêche pas l'administration de mettre en œuvre sa décision ; parce que les délais de jugement peuvent être longs, la décision du juge n'intervient pas en temps utile ; parce que le juge ne dispose pas du pouvoir d'injonction, l'administration peut ne pas exécuter correctement sa décision.

Cette préoccupation pour les effets concrets du recours domine les évolutions législatives et jurisprudentielles depuis une vingtaine

50. Gaston Jèze, « Les libertés individuelles », *Annuaire de l'Institut international de droit public*, 1929, p. 180.

51. Jean Rivero, « Le Huron au Palais-Royal ou réflexions naïves sur le recours pour excès de pouvoir », Paris, Dalloz, 1962, Chron. VI, p. 37-40.

d'années, qu'il s'agisse de la loi du 8 février 1995 donnant au juge le pouvoir d'injonction, de la loi du 30 juin 2000 créant de nouveaux référés ou encore des arrêts admettant la modulation des effets de l'annulation[52] ou élargissant le recours de pleine juridiction pour conférer au juge un pouvoir de réformation des actes attaqués[53].

B | LES CONDITIONS DE RECEVABILITÉ : UN RECOURS LARGEMENT OUVERT

Le prétoire administratif est largement ouvert, qu'il s'agisse des personnes ayant intérêt pour agir ou des actes susceptibles de recours. Les règles de forme et de délai sont simples et protectrices des droits des justiciables.

1/ *L'auteur du recours : une large conception de l'intérêt pour agir*

La conception objective du recours pour excès de pouvoir se manifeste tout particulièrement dans la large définition de l'intérêt pour agir retenue par la jurisprudence. Recours d'utilité publique, il vise à faire respecter le principe de légalité par l'administration. Dès lors, il doit pouvoir être facilement déclenché par les requérants, lesquels contribuent à l'intérêt général en saisissant le juge. C'est pourquoi le Conseil d'État s'est toujours montré d'un grand libéralisme. Certes, il n'est pas allé jusqu'à en faire une véritable « action populaire », du nom de l'*actio popularis* du droit romain dans laquelle chaque citoyen se fait défenseur de la loi. Mais, à l'inverse, il cherche à éviter la situation dans laquelle un acte administratif bénéficierait d'une immunité juridictionnelle au motif que nul n'aurait un intérêt suffisant pour l'attaquer.

L'intérêt peut être individuel ou collectif : très tôt, la jurisprudence a jugé recevable le recours d'une personne morale, telle une organisation professionnelle ou syndicale, pour la défense des intérêts collectifs dont elle a la charge[54]. Dans un but de simplicité, le juge raisonne souvent par catégorie de requérants. L'intérêt pour agir des *contribuables* d'une commune contre les décisions de la commune mettant en jeu ses finances[55], puis celui des *usagers d'un service public* contre les mesures d'organisation et de fonctionnement de ce service[56] ont été successivement admis dès le début du XXe siècle.

52. CE, 11 mai 2004, *Association AC !*
53. CE, 16 février 2009, *Société Atom.*
54. CE, 28 décembre 1906, *Syndicat des patrons-coiffeurs de Limoges.*
55. CE, 29 mai 1901, *Casanova.*
56. CE, 21 décembre 1906, *Quartier de Croix-de-Serguey-Tivoli.*

Pour le reste, la jurisprudence est casuistique : elle définit l'intérêt pour agir au regard des circonstances de chaque espèce. Elle recherche un lien, plus ou moins direct, entre la qualité dont se prévaut le requérant et l'objet de l'acte attaqué. L'intérêt pour agir d'un voisin contre un permis de construire sera facilement admis, mais à condition qu'il ne soit pas géographiquement trop éloigné de la construction envisagée[57]. Une association locale de protection de l'environnement aura en général un intérêt suffisant pour attaquer une décision administrative classant un site naturel ou délivrant une autorisation d'exploitation à une installation classée pour la protection de l'environnement. Une association nationale pourra agir contre une opération d'envergure nationale, emportant des conséquences sur l'ensemble du territoire ; mais elle pourra rarement attaquer une décision purement locale, ayant des effets circonscrits au niveau d'une commune.

2/ *L'objet du recours (1) : un recours ouvert contre tout acte administratif*

Recours objectif, le recours pour excès de pouvoir est dirigé non pas contre une personne, mais contre un *acte*. Cette caractéristique majeure a de nombreuses conséquences. Elle se traduit notamment par la *règle de la décision préalable*, aujourd'hui posée à l'article R. 421-1 du code de justice administrative, selon laquelle le recours ne peut être formé que contre une décision.

Une exception à cette exigence concernait traditionnellement les litiges en matière de travaux publics, mais elle a été supprimée par le décret du 2 novembre 2016 dit JADE (pour « justice administrative de demain »). Cette règle vaut d'ailleurs non seulement pour le recours pour excès de pouvoir, mais également dans le contentieux de la responsabilité : est irrecevable l'action qui n'a pas été précédée d'une demande d'indemnisation préalable adressée à l'administration par la victime du dommage.

Il est donc revenu au Conseil d'État de définir la notion d'acte administratif et, par voie de conséquence, le champ du recours pour excès de pouvoir. Ce dernier est particulièrement étendu, la jurisprudence en ayant progressivement fait reculer les limites.

La notion d'acte administratif est largement entendue, qu'il s'agisse de son contenu, de sa forme ou de son auteur.

Quel que soit son *contenu*, tout acte de l'administration est en principe susceptible de recours, depuis la simple décision individuelle jusqu'aux actes réglementaires. Le Conseil d'État a même

57. L'ordonnance n° 2013-638 du 18 juillet 2013 a inséré un article, L. 600-1-2, dans le code de l'urbanisme, qui précise que le recours n'est recevable que si la construction envisagée est de nature à affecter « directement les conditions d'occupation, d'utilisation ou de jouissance du bien » du requérant – cette exigence ne valant pas toutefois pour les associations.

admis la recevabilité d'un recours formé contre une ordonnance, estimant que celle-ci constitue, par sa forme, un acte administratif, même si, par son contenu, elle intervient dans le domaine de la loi. Cette solution, adoptée à propos des ordonnances prises en application de l'article 38 de la Constitution[58], a été étendue, par l'arrêt *Canal*, du 19 octobre 1962, aux ordonnances prises sur le fondement d'une loi d'habilitation référendaire[59]. Elle ne vaut toutefois que tant que l'ordonnance n'est pas encore ratifiée : après l'intervention d'une loi de ratification, l'ordonnance recouvre son statut d'acte législatif.

Par une décision n° 2020-843 QPC du 28 mai 2020, dont la portée a été précisée par une décision n° 2020-851/852 du 3 juillet suivant, le Conseil constitutionnel a jugé que, dès l'expiration du délai d'habilitation, une ordonnance, même non ratifiée, pouvait faire l'objet d'une QPC, en estimant que, dès cette date et sans attendre la ratification, elle avait le caractère d'un acte législatif pour l'application de l'article 61-1 de la Constitution. Le Conseil d'État a, pour sa part, maintenu sa jurisprudence, confirmant, par une décision du 1er juillet 2020, que le recours pour excès de pouvoir était ouvert contre les ordonnances jusqu'à leur ratification[60]. Ainsi, pendant une période intermédiaire (après l'expiration du délai d'habilitation mais avant la date de la ratification), coexistent deux recours possibles contre les ordonnances : le recours pour excès de pouvoir devant le Conseil d'État et la possibilité de soulever une QPC devant le Conseil constitutionnel, à l'occasion d'un litige concernant l'application de l'ordonnance. Une exception d'illégalité contre une ordonnance pourrait en outre être invoquée devant le juge administratif, en tout cas pour un motif autre que la méconnaissance des droits et libertés garantis par la Constitution, par exemple un dépassement du champ de l'habilitation donnée par le Parlement.

Le juge n'est pas *formaliste* : on a vu, à propos des actes administratifs unilatéraux, qu'il peut être saisi non seulement des décisions *explicites*, mais aussi des décisions *implicites*, qui naissent du silence gardé par l'administration au-delà d'un certain délai. Cette règle, essentielle pour garantir l'effectivité du droit au recours, permet d'éviter que l'administration, par son inertie, n'empêche l'administré de saisir le juge. Les recours sont recevables non seulement contre les décisions *écrites*, mais également contre les décisions *non formalisées*, dès lors que leur existence est certaine ou suffisamment révélée par les circonstances de l'affaire. À titre d'exemple, le Conseil d'État a admis un recours contre la décision du ministre de la culture d'implanter les colonnes de Buren dans la

58. CE, 24 novembre 1961, *Fédération nationale des syndicats de police*.
59. CE, 19 octobre 1962, *Canal, Robin et Godot*.
60. CE, 1er juillet 2020, *Conseil national de l'ordre des architectes*, n° 429132.

cour d'honneur du Palais-Royal, en estimant qu'une telle décision, même si elle n'avait pas été formalisée ni produite par les requérants, pouvait se déduire de l'exécution matérielle des travaux[61]. Ainsi, un agissement *matériel* peut révéler l'existence d'un acte *juridique*.

Sous l'angle de leur *auteur*, les actes administratifs émanent normalement d'une autorité administrative, quelle qu'elle soit. Toute administration est soumise au contrôle de légalité de ses actes : administrations centrales de l'État comme services déconcentrés, autorités administratives indépendantes, collectivités territoriales ou encore établissements publics. Toutefois, le juge fait volontiers abstraction de ce critère organique, pour s'attacher au contenu de l'acte, faisant ainsi primer le critère matériel. Ainsi, un acte administratif peut être édicté par une personne privée chargée d'une mission de service public. Retenue par l'arrêt du Conseil d'État *Monpeurt*, du 31 juillet 1942, à propos d'organismes corporatifs, les comités d'organisation de la production industrielle, cette solution a fait l'objet d'une application remarquée dans la décision du Tribunal des conflits du 15 janvier 1968, *Époux Barbier*. Le statut du personnel de la Compagnie Air France, société anonyme, résultait d'un règlement adopté par son conseil d'administration qui prévoyait que le mariage des hôtesses de l'air entraînait la cessation de leurs fonctions. Le Tribunal des conflits estime qu'un tel règlement, alors même qu'il émane d'une personne morale de droit privé, présente le caractère d'un acte administratif, dès lors qu'il touche à l'organisation du service public. Il en va de même de la réglementation du droit de grève dans les centrales nucléaires par les dirigeants d'EDF, devenue une société anonyme[62].

La question s'est également posée à propos d'actes émanant d'autorités publiques autres qu'exécutives. On a vu ainsi, à propos de la compétence de la juridiction administrative, que si les actes du Parlement échappent normalement au contrôle du juge administratif, il en va différemment des litiges relatifs aux fonctionnaires des assemblées[63] ou des contentieux liés aux marchés publics des assemblées[64]. Certains actes du Parlement sont donc regardés comme des actes administratifs, détachables de la fonction législative. De la même façon, certaines décisions de gestion prises par les juridictions judiciaires constituent des actes administratifs susceptibles d'un recours pour excès de pouvoir, lorsqu'elles touchent à l'organisation du service public de la justice[65].

61. CE, 12 mars 1986, *Mme Cusenier.*

62. CE, 12 avril 2013, *Fédération Force ouvrière Énergie et Mines*.

63. En vertu de l'article 8 de l'ordonnance du 17 novembre 1958.

64. CE, 5 mars 1999, *Président de l'Assemblée nationale.*

65. TC, 27 novembre 1952, *Préfet de la Guyane* : le juge administratif, s'il est incompétent pour les décisions concernant le *fonctionnement* du service public de la justice, peut en revanche connaître les décisions touchant à l'*organisation* du service public de la justice.

3/ L'objet du recours (2) : les actes non susceptibles de recours

Trois catégories d'actes sont traditionnellement exclues du champ des actes attaquables : les actes de gouvernement, les décisions ne faisant pas grief et les actes non décisoires[66]. Toutefois, chacune de ces catégories est aujourd'hui en recul, le juge ayant progressivement étendu son contrôle. En outre, la jurisprudence a admis récemment une nouvelle possibilité de recours, dirigés contre les actes de droit souple et, plus largement, les « documents de portée générale ».

a) Les actes de gouvernement

En premier lieu, les *actes de gouvernement* ne sont pas susceptibles de recours. Il s'agit d'ailleurs, en réalité, d'une incompétence du juge et non pas d'une irrecevabilité : les actes de gouvernement, de même que les actes législatifs, ne sont pas des actes *administratifs*, mais des actes de nature *politique*. Leur définition a évolué. Au XIXe siècle, la jurisprudence en avait une acception large, puisqu'elle se référait au but de l'acte : toute décision adoptée pour un « mobile politique » constituait un acte de gouvernement. Tel avait été le cas, par exemple, de la décision de saisie d'un ouvrage du duc d'Aumale, sous Napoléon III, qui ne fut pas examinée par le Conseil d'État[67].

Abandonné par l'arrêt *Prince Napoléon*, du 19 février 1875, le critère du mobile politique n'a pas été remplacé par une définition générale, mais par une liste d'actes, qui se réfère à l'objet de la décision et non pas à son but. La notion concerne aujourd'hui principalement deux domaines. Il s'agit tout d'abord des *rapports entre les pouvoirs publics constitutionnels*, essentiellement entre pouvoir exécutif et pouvoir législatif. Sont ainsi considérés comme des actes de gouvernement la décision de recourir au référendum prévu par l'article 11 de la Constitution[68], le refus de déposer un projet de loi[69], la décision de mettre en œuvre l'article 16 de la Constitution[70], un décret de dissolution de l'Assemblée nationale[71], les décrets relatifs à la nomination du Premier ministre et à la composition du gouvernement[72] ou encore la décision de nomination d'un membre du Conseil constitutionnel par le président de la République[73]. Il s'agit ensuite des actes intervenant dans le champ des *relations*

66. Voir *supra*, sur ces différentes catégories d'actes, le chapitre 11 : Les actes administratifs unilatéraux.
67. CE, 9 mai 1867, *Duc d'Aumale*.
68. CE, 19 octobre 1962, *Brocas*.
69. CE, 29 novembre 1968, *Tallegrand*.
70. CE, 2 mars 1962, *Rubin de Servens*.
71. CE, 20 février 1989, *Allain*.
72. CE, 16 septembre 2005, *Hoffer*.
73. CE, 9 avril 1999, *Mme Ba*.

internationales de la France. La décision de reprendre les essais nucléaires[74], d'engager les forces militaires au Kosovo[75], d'autoriser les avions anglais et américains à survoler le territoire français durant la guerre d'Irak[76] ou encore la proposition d'un candidat à l'élection des juges de la Cour pénale internationale[77] constituent des actes de gouvernement à ce titre.

Un net recul du champ des actes de gouvernement est observé, dans chacun de ces deux domaines. Pour le premier, n'ont pu bénéficier de cette immunité juridictionnelle ni le décret du président de la République déclarant l'état d'urgence en application de la loi du 3 avril 1955[78] ni la décision du Premier ministre refusant d'engager la procédure de déclassement de l'article 37 alinéa 2 de la Constitution (à propos des dispositions législatives intervenues dans le domaine réglementaire)[79]. Pour le second, le juge administratif avait considéré dès 1937 qu'un décret d'extradition ne constituait pas un acte de gouvernement[80]. Poursuivant cette logique, il a admis qu'il en allait de même d'un refus d'extradition, par une décision du 15 octobre 1993, *Royaume-Uni de Grande-Bretagne et d'Irlande du Nord.* Celle-ci montre, par son intitulé même, le recul des limites de la notion d'acte de gouvernement : le Conseil d'État français se retrouve ici juge d'un litige opposant les gouvernements français et britannique. De même, n'est un acte de gouvernement ni la délivrance d'un permis de construire à un État étranger en vue de la réalisation d'une ambassade[81], ni la décision d'interdiction de manifester à Paris lors de la visite du président chinois[82], ni encore le décret décidant la ratification et la publication d'un traité international[83].

Par comparaison, les décisions rendues par la Cour suprême britannique dans le cadre du Brexit sont intéressantes. Par son arrêt *Miller* du 24 janvier 2017, celle-ci a jugé que la décision de quitter l'Union européenne ne pouvait résulter du seul référendum, mais nécessitait un vote du Parlement de Westminster, tout en précisant que l'accord des assemblées locales d'Écosse, du pays de Galles et d'Irlande du Nord n'était pas requis. Par son second arrêt *Miller* du 24 septembre 2019, écartant l'argument tiré de la séparation des

74. CE, 29 septembre 1995, *Association Greenpeace France.*
75. CE, 5 juillet 2000, *Mégret.*
76. CE, 10 avril 2003, *Comité contre la guerre en Irak.*
77. CE, 28 mars 2014, *De Baynast.*
78. CE, 24 mars 2006, *Rolin et Boisvert.*
79. CE, 3 décembre 1999, *Association ornithologique et mammalogique de Saône-et-Loire.*
80. CE, 28 mai 1937, *Decerf.*
81. CE, 22 décembre 1978, *Vo Thanh Nghia.*
82. CE, 12 novembre 1997, *Ministre de l'intérieur c/ Communauté tibétaine de France.*
83. CE, 18 décembre 1998, *SARL du Parc d'activités de Blotzheim.*

pouvoirs, et contrairement à la Haute Cour de Londres, la Cour suprême a admis la recevabilité du recours contre la décision du gouvernement de suspension du Parlement et a annulé cette décision. Selon une logique proche de celle de l'acte de gouvernement, certaines prérogatives hautement politiques des autorités britanniques, comme la convocation du Parlement, la nomination du Premier ministre ou encore celle des Lords, restent toutefois insusceptibles de recours. Mais nul doute que les arrêts *Miller* pourraient nourrir la réflexion du juge administratif et du juge constitutionnel français dans le cadre d'un dialogue des juges européens.

b) Les décisions ne faisant pas grief

La deuxième catégorie est celle des *décisions ne faisant pas grief*. Il s'agit bien de véritables décisions (à la différence de la catégorie suivante), mais celles-ci, pour des raisons diverses, ne sont pas susceptibles de recours. Cette catégorie comporte essentiellement les actes préparatoires et les mesures d'ordre intérieur.

Considérés comme des *mesures préparatoires* à un acte, les avis, enquêtes ou recommandations ne peuvent pas être attaqués. Ces mesures – qui ne sont d'ailleurs pas toujours à caractère décisoire – pourront être critiquées ultérieurement, lors d'un recours contre l'acte finalement édicté à l'issue de la procédure.

Toutefois, contrairement au requérant dans le cadre d'un recours pour excès de pouvoir, le préfet, dans le cadre du déféré qui lui est ouvert au titre du contrôle de légalité des actes des collectivités territoriales, est habilité à demander la suspension d'un acte préparatoire, sur le fondement de l'article 2131-6 du code général des collectivités territoriales[84]. L'arrêt *Ministre de l'intérieur c/ Communauté de communes du pays de Fayence* s'inscrit dans le prolongement de la jurisprudence *Syndicat CGT des hospitaliers de Bédarieux*, rendue le 15 avril 1996 et relative au régime contentieux des délibérations à caractère préparatoire des collectivités territoriales et de leurs établissements publics.

Les *mesures d'ordre intérieur* constituent le second exemple de décisions ne faisant pas grief. Cette notion relève de l'adage *de minimis non curat praetor* – littéralement « le préteur [magistrat romain] ne s'occupe pas des petites affaires ». Certaines décisions, de portée limitée, sont en effet considérées comme ne faisant pas grief, afin d'éviter l'encombrement des juridictions par des litiges de faibles conséquences. Destinées, selon l'expression de Maurice Hauriou, à régler « la vie intérieure des services » dans leur fonctionnement quotidien, elles se situent, en quelque sorte, en deçà du seuil de *justiciabilité* des actes administratifs. Pour donner un exemple, si

84. CE, 5 avril 2019, *Ministre de l'intérieur c/ Communauté de communes du pays de Fayence*.

un professeur de droit administratif décide de prolonger son cours d'une demi-heure, cette mesure ne pourra pas faire l'objet d'un recours de la part des étudiants : alors même qu'elle présente de toute évidence le caractère d'une décision, le juge considérera qu'il s'agit d'une mesure d'ordre intérieur.

La catégorie des mesures d'ordre intérieur a connu un net recul dans trois domaines de prédilection qui ont en commun la prise en charge, par l'administration, d'une vie collective dans des lieux fermés : les écoles, les casernes et les prisons. Dans l'affaire *Kherouaa*, du 2 novembre 1992, mettant en cause la question du port du voile à l'école, le Conseil d'État a considéré que le règlement intérieur d'un établissement scolaire ne constituait pas une mesure d'ordre intérieur. Par deux arrêts d'assemblée du 17 février 1995, *Hardouin* et *Marie*, il a admis la recevabilité de recours formés contre des sanctions disciplinaires infligées respectivement aux militaires et aux détenus. Il s'agissait, pour le premier, de la punition des arrêts (*Hardouin*) et, pour le second, de celle de mise en cellule de punition (*Marie*). Pour déterminer si une décision doit être qualifiée de mesure d'ordre intérieur, le Conseil d'État tient compte notamment de son effet sur une liberté ou encore de son degré de gravité. S'agissant de l'administration pénitentiaire, plusieurs autres décisions sont venues reculer encore la frontière des mesures d'ordre intérieur dans les prisons et étendre, par là même, le champ des décisions pénitentiaires susceptibles d'être déférées au juge. Ainsi, un changement d'affectation d'un détenu d'une maison centrale à une maison d'arrêt, un déclassement d'emploi ou le placement d'un détenu sous le régime des rotations de sécurité sont susceptibles de recours[85].

c) Les actes non décisoires et les actes de droit souple

En principe, un recours ne peut être formé que contre une décision, comme l'indique expressément l'article R. 421-1 du code de justice administrative. Or, la vie quotidienne de l'administration fourmille d'actes ne renfermant pas de véritables décisions : échanges entre services, circulaires, courriers, recommandations ou encore lettres de réponse à des demandes de renseignements d'administrés. De tels actes ne sont normalement pas susceptibles de recours.

Toutefois, sans constituer des décisions, certains actes revêtent en pratique une importance telle que le juge ne saurait les ignorer totalement. C'est pourquoi, progressivement, le juge administratif a élargi le champ du recours. Ainsi le Conseil d'État a-t-il multiplié

85. Sur ces trois mesures, voir respectivement les trois arrêts rendus par le Conseil d'État le 14 décembre 2007 : *Garde des Sceaux, ministre de la justice c/ M. Boussouar* ; *M. Planchenault* ; *M. Payet*.

les exceptions pour les circulaires[86], les lignes directrices[87], puis, plus récemment, pour certains actes dit « de droit souple[88] ». Par un arrêt *GISTI* du 12 juin 2020, ces différents types d'actes ont été regroupés au sein d'une catégorie plus vaste, celle des documents de portée générale[89]. Avant de présenter ce dernier arrêt, il convient de rappeler l'évolution antérieure, qui reposait sur trois branches de la jurisprudence.

Les *circulaires* ont donné lieu à une jurisprudence abondante. Tout organisme, qu'il soit public ou privé, produit des circulaires, c'est-à-dire un document par lequel un chef de service communique des orientations à ses collaborateurs. Elles prennent des formes diverses : lettres, notes, instructions, etc. Il s'agit normalement de documents purement internes, sans valeur impérative pour les tiers et qui ne peuvent dès lors être considérés comme faisant grief. Toutefois, les circulaires émises par l'administration, à la différence de celles d'une entreprise privée, sont parfois susceptibles de produire des effets sur les tiers. C'est pourquoi le juge a admis, sous certaines conditions, que certaines circulaires puissent faire l'objet d'un recours.

Les critères de définition des circulaires susceptibles de recours ont évolué. Une première orientation jurisprudentielle distinguait les circulaires *réglementaires*, c'est-à-dire ajoutant une règle de droit nouvelle à l'ordonnancement juridique, seules susceptibles de recours, des circulaires *interprétatives*[90], qui ne faisaient pas grief dès lors que l'interprétation retenue était conforme à la loi. Cette solution présentait cependant l'inconvénient de rendre nécessaire, afin de permettre au juge de se prononcer sur la recevabilité d'une requête, un examen préalable du fond de l'affaire. Le critère a évolué avec la décision du 18 décembre 2002, *Mme Duvignères*, qui juge que les « dispositions impératives à caractère général d'une circulaire » peuvent être déférées au juge de l'excès de pouvoir. Ainsi le critère est purement formel : dès lors qu'elles ont un caractère impératif, les circulaires peuvent faire l'objet d'un recours, même lorsque leur contenu est simplement interprétatif ou lorsqu'elles se bornent à réitérer une règle contenue dans les lois et règlements en vigueur. Un des intérêts de la solution est de permettre de soumettre au juge une disposition législative ou réglementaire, reprise dans une circulaire, qui serait contraire aux normes de droit supérieur, qu'il s'agisse de la Constitution ou du droit de l'Union européenne.

En pratique, les circulaires sont l'objet d'un contentieux relativement fourni. Elles se prêtent volontiers à des actions « citoyennes »

86. CE, section, 18 décembre 2002, *Mme Duvignères*.
87. CE, 11 décembre 1970, *Crédit foncier de France*.
88. CE, 21 mars 2016, *Société Fairvesta International GMBH et autres*.
89. CE, 12 juin 2020, *GISTI*, n° 418142.
90. CE, 29 janvier 1954, *Institution Notre-Dame du Kreisker*.

ou militantes, conduites par des associations ou des organisations syndicales ou professionnelles, en particulier lorsqu'elles définissent les grandes orientations d'une politique publique. C'est ainsi, à titre d'exemple, que le Conseil d'État a annulé, sur un recours de l'association SOS Racisme, la circulaire du ministre de l'intérieur du 5 août 2010 relative à l'évacuation prioritaire des campements illicites de Roms[91].

Par ailleurs, la notion de *directive*, ou *lignes directrices*, est moins fréquente dans la jurisprudence que celle de circulaire. Dans son rapport de 2013 sur le *droit souple*, le Conseil d'État avait recommandé de renommer les directives « lignes directrices », pour éviter la confusion avec les directives de l'Union européenne. Ce changement d'appellation a été réalisé par un arrêt du 19 septembre 2014[92]. Comme on l'a vu dans un précédent chapitre[93], il s'agit d'une catégorie d'actes dégagée par le Conseil d'État dans une décision du 11 décembre 1970, *Crédit foncier de France*. Elle vise l'hypothèse où l'administration se fixe à elle-même des orientations générales pour l'application de textes réglementaires ou législatifs, alors même que ces derniers lui laissent normalement une certaine liberté d'appréciation. Il arrive parfois qu'une autorité décide par avance de fixer des critères généraux pour l'examen de situations individuelles, alors même qu'elle dispose d'un pouvoir discrétionnaire, tout en se réservant la faculté de déroger à ces critères si un cas particulier le justifie. Le Conseil d'État a admis la légalité du procédé, ce qui n'allait pas de soi s'agissant d'un pouvoir quasi réglementaire puisque, ce faisant, l'administration édicte des normes. Initialement, les lignes directrices n'étaient pas susceptibles de recours, puisqu'elles n'étaient pas, normalement, de caractère impératif[94]. Leur légalité pouvait seulement être discutée, par la voie de l'exception, à l'occasion d'une requête dirigée contre une décision qui en faisait application. Cette solution a progressivement évolué. Le Conseil d'État a d'abord admis la possibilité de recours contre les lignes directrices émanant des autorités de régulation, lorsqu'elles sont de nature à produire des effets notables, notamment de nature économique, ou ont pour objet d'influer de manière significative sur les comportements des personnes auxquelles elles s'adressent[95]. Avec l'arrêt GISTI du 12 juin 2020, cette exception a été étendue aux lignes directrices de l'ensemble des administrations.

Enfin, plus récemment, la jurisprudence a admis la recevabilité d'un recours pour excès de pouvoir contre des actes de droit souple.

91. CE, 7 avril 2011, *Association SOS Racisme.*
92. CE, 19 septembre 2014, Jousselin.
93. Voir *supra* le chapitre 11 : Les actes administratifs unilatéraux.
94. CE, 26 juin 1973, *Société Géa.*
95. CE, 13 décembre 2017, *Société Bouygues Telecom*, n° 401799

Cette nouvelle orientation est remarquable, puisque ces actes ne comportent pour leur part aucune décision.

Il est vrai que les pouvoirs publics recourent de plus en plus aux actes de droit souple pour élargir la gamme de leurs moyens d'action. Tel est le cas des autorités de régulation. Or ces actes ne pouvaient pas faire l'objet d'un recours, puisqu'ils ne sont pas décisoires. Cette conception restrictive ne paraissait plus adaptée à l'importance nouvelle du droit souple dans la vie économique. Comme le relevait le rapport du Conseil d'État de 2013 sur le *droit souple*, « il n'est pas souhaitable de voir des autorités publiques développer un pouvoir à l'abri de tout contrôle juridictionnel[96] ».

Cet angle mort du contentieux a été comblé par deux décisions du 21 mars 2016, *Fairvesta International GmbH* et *NC Numéricable*. La première concernait des communiqués publiés sur le site internet de l'AMF mettant en garde les investisseurs contre certains placements immobiliers. La seconde portait sur une prise de position de l'Autorité de la concurrence sur les modalités d'application d'une injonction qu'elle avait précédemment formulée dans une précédente décision autorisant une concentration. De façon très novatrice, alors même que ces actes ne comportent pas de décision, le Conseil d'État a pris en considération leur impact *pratique* : il admet qu'un recours puisse être formé contre de tels actes lorsqu'ils « sont de nature à produire des effets notables, notamment de nature économique, ou ont pour objet d'influer de manière significative sur les comportements des personnes auxquels ils s'adressent ».

Les décisions *Fairvesta* et *Numéricable* constituent les premières pierres d'un nouvel édifice. Au recours traditionnel, dirigé contre des décisions ayant un *effet de droit*, elles ajoutent un recours d'un type nouveau, dirigé contre des actes non décisoires, ayant un faible impact normatif, mais un important *effet de fait*. De nombreuses questions restent à préciser par la jurisprudence quant au régime de ce nouveau recours. La décision de section, *Société GDF Suez*, du 13 juillet 2016, est venue préciser le délai de recours : faisant application de l'article R. 421-1 du code de justice administrative, elle juge que le recours doit être formé dans un délai de deux mois, et que celui-ci commençait à courir, en l'espèce, à compter de la mise en ligne de l'acte attaqué sur le site internet de l'autorité de régulation. S'agissant des actes concernés, la jurisprudence concernait initialement les actes des seules autorités de régulation, telles que la Commission de régulation de l'énergie (CRE)[97] ou le Conseil supérieur de l'audiovisuel[98]. Elle a désormais été étendue aux actes de droit souple de toutes les autorités administratives, par une décision du 19 juillet 2019[99].

96. *EDCE*, 2013, p. 15.
97. CE, 13 juillet 2016, *Société GDF Suez*, n° 388150.
98. CE, 10 novembre 2016, *Mme Z.*, n° 384691.
99. CE, ass., 19 juillet 2019, *Marine Le Pen*, n° 426389.

Dans un autre domaine, mais dans le même esprit, le Conseil d'État a admis l'exercice d'un recours pour excès de pouvoir contre les rescrits fiscaux. Le rescrit fiscal est une réponse donnée par l'administration, par avance, à un contribuable sur l'application d'un texte fiscal à sa situation. L'intéressé pourra s'en prévaloir ensuite dans le cadre de la procédure d'imposition. Jusqu'en 2016, si le contribuable ne partageait pas l'analyse de l'administration, il ne pouvait pas former un recours direct contre le rescrit, ce dernier ne produisant pas par lui-même d'effets juridiques. Le contribuable devait attendre les impositions finalement mises à sa charge pour, le cas échéant, saisir le juge. Par une décision, *Société Export Press*, du 2 décembre 2016, le Conseil d'État a toutefois admis un tel recours, lorsque le fait pour le contribuable de s'y conformer « entraînerait des effets notables autres que fiscaux » et qu'ainsi, le recours devant le juge de l'impôt ne lui permettrait pas d'obtenir des résultats équivalents. La décision fournit des illustrations de cette hypothèse : il en va ainsi dans le cas où le fait de se conformer à la prise de position de l'administration « aurait pour effet, en pratique, de faire peser sur le contribuable de lourdes sujétions, de le pénaliser significativement sur le plan économique ou encore de le faire renoncer à un projet important pour lui ou de l'amener à modifier substantiellement un tel projet ».

d) Les documents de portée générale

Cette jurisprudence kaléïdoscopique reposait sur des critères variables. Parfois, le juge recherchait au cas par cas si un acte, malgré son appellation, avait un caractère décisoire et produisait un effet *de droit*. Dans d'autres hypothèses, il tenait compte de l'effet *pratique* des actes, en recherchant s'ils avaient concrètement une influence sur les comportements des destinataires. L'arrêt *GISTI* fusionne ces jurisprudences en instituant un régime de recours unique et simplifié[100].

D'une part, il rassemble ces divers actes au sein d'une catégorie nouvelle, les *documents de portée générale*. Sont désormais susceptibles de recours « les documents de portée générale émanant d'autorités publiques [et ce] lorsqu'ils sont susceptibles d'avoir des effets notables sur les droits ou la situation » des tiers (plus précisément, dit l'arrêt, sur « d'autres personnes que les agents chargés de les mettre en œuvre »). L'arrêt donne d'emblée deux illustrations de cette catégorie nouvelle. « Ont notamment de tels effets ceux de ces documents qui ont un caractère impératif ou présentent le caractère de lignes directrices. » On reconnaît dans le premier exemple une référence au cas des circulaires, le critère du caractère impératif étant celui de la jurisprudence *Duvignères*. La seconde mention

100. CE, 12 juin 2020, *GISTI*, n° 418142.

consacre un élargissement des possibilités de recours contre les lignes directrices, qui n'étaient jusqu'alors justiciables que lorsqu'elles émanaient d'autorités de régulation.

D'autre part, l'arrêt *GISTI* définit le « mode d'emploi » du régime de recours contre ces actes. Il précise d'abord le mode de raisonnement du juge, qui doit refléter le cadre juridique très souple dans lequel s'inscrivent ces actes : « Il appartient au juge d'examiner les vices susceptibles d'affecter la légalité du document en tenant compte de la nature et des caractéristiques de celui-ci ainsi que du pouvoir d'appréciation dont dispose l'autorité dont il émane. » Il dresse ensuite une liste non exhaustive des moyens de légalité pouvant être soulevés contre un tel acte : « Le recours formé à son encontre doit être accueilli notamment s'il fixe une règle nouvelle entachée d'incompétence, si l'interprétation du droit positif qu'il comporte en méconnaît le sens et la portée ou s'il est pris en vue de la mise en œuvre d'une règle contraire à une norme juridique supérieure. »

Ces évolutions jurisprudentielles illustrent à la fois l'adaptation perpétuelle du recours pour excès de pouvoir aux nouvelles façons d'administrer et le souci de réalisme de la jurisprudence administrative.

4/ *Les conditions de forme : des règles simples et protectrices du justiciable*

La simplicité des règles de procédure applicables au recours pour excès de pouvoir en fait un recours facilement accessible au citoyen. Le dépôt du recours est soumis à un faible formalisme. La requête peut être présentée par l'intéressé lui-même sur une feuille de papier quelconque. Il est simplement exigé qu'elle contienne un bref exposé des faits et des moyens ainsi que l'énoncé de conclusions. Elle n'est plus soumise au droit de timbre dont devaient s'acquitter les justiciables (supprimé au 1er janvier 2014[101]). Elle doit en principe être accompagnée d'une copie de la décision attaquée.

L'action en justice est peu coûteuse, puisque le recours pour excès de pouvoir est traditionnellement dispensé du ministère d'avocat, à la différence du recours indemnitaire. Le recours à un avocat est cependant obligatoire en appel[102], en application du

101. Le droit de timbre a connu plusieurs évolutions successives, dans son montant comme dans son principe. Jusqu'en 2004, les requérants devaient s'acquitter d'une taxe d'un montant de 15 euros sous forme de timbres fiscaux. Supprimée à compter du 1er janvier 2004, cette taxe a été rétablie sous la forme d'une contribution pour l'aide juridique d'un montant de 35 euros. Elle a de nouveau été supprimée par la loi de finances pour 2014.

102. Sauf dans le cas des litiges opposant les fonctionnaires à leur employeur.

décret du 24 juin 2003, ainsi qu'en cassation. Les requérants qui n'ont pas la possibilité de rémunérer un avocat peuvent bénéficier de l'aide juridictionnelle, dont la loi du 10 juillet 1991[103] a élargi les conditions d'accès. Par ailleurs, l'article L. 761-1 du code de justice administrative prévoit que la partie gagnante peut se voir rembourser par son adversaire tout ou partie des frais engagés à l'occasion d'une instance sur décision du juge, qui tient compte pour ce faire de l'équité ou de la situation économique de la partie condamnée.

Les règles de procédure protègent le requérant : non seulement la plupart de ces exigences sont susceptibles d'être régularisées en cours d'instance, mais le juge a l'obligation d'inviter le requérant à régulariser sa requête. Ce n'est que si le requérant reste passif, malgré cette invitation, que le juge pourra rejeter la requête pour irrecevabilité.

5/ *Le délai de recours*

Le délai de recours, fixé à deux mois, est relativement bref. Il est comparable aux délais fixés chez nos voisins : un mois en Allemagne, soixante jours en Italie, trois mois au Royaume-Uni, deux mois pour les actions en annulation devant la Cour de justice de l'Union européenne. Il ne court qu'à compter de la publication, pour les actes réglementaires, ou de la notification, pour les décisions individuelles. En outre, dans ce dernier cas, la notification ne fait courir le délai que si elle mentionne expressément les délais et voies de recours. L'absence d'information sur les voies et délais de recours était sévèrement sanctionnée auparavant : faute de cette mention, le délai ne courait jamais et l'acte pouvait donc être attaqué sans limitation de durée. Par un arrêt d'Assemblée, *Czabaj*, du 13 juillet 2016, le Conseil d'État a fixé de façon prétorienne une date butoir. Il relève d'abord que « le principe de sécurité juridique, qui implique que ne puissent être remises en cause sans condition de délai des situations consolidées par l'effet du temps, fait obstacle à ce que puisse être contestée indéfiniment une décision administrative individuelle ». Il en déduit que, lorsqu'une telle décision a été notifiée à son destinataire ou, à défaut, lorsqu'il est établi que celui-ci en a eu connaissance, le destinataire de la décision ne peut exercer de recours juridictionnel au-delà d'un « délai raisonnable », qui est en principe d'un an à compter à compter de la notification ou de la date à laquelle il est établi qu'il en a eu connaissance. Cette solution, initialement dégagée par l'arrêt *Czabaj* à propos du bénéficiaire d'une décision individuelle, a été étendue au recours qui émane d'un tiers[104]. Cette jurisprudence s'inspire pour partie de règles

103. Loi n° 91-647 du 10 juillet 1991 relative à l'aide juridique.

104. CE, *Mme B.*, 9 novembre 2018, n° 409872. La question pourrait aussi se poser de l'application de la jurisprudence *Czabaj* au recours contre un contrat administratif : en ce sens, voir le jugement du tribunal administratif de Lille du 15 octobre 2019, n° 1706673.

appliquées par d'autres juridictions européennes. Un délai maximal d'un an est prévu par les textes en Allemagne. Dans le contentieux de la fonction publique de l'Union européenne, le Tribunal de la fonction publique l'appliquait sans texte.

Même après l'expiration du délai de recours, le requérant dispose de moyens alternatifs pour contester un acte administratif. S'il s'agit d'un acte réglementaire, il peut invoquer son illégalité par voie d'exception à l'appui d'un recours contre une décision d'application. Il a également la faculté de former un recours indemnitaire si cette illégalité lui a causé un préjudice. Enfin, sur le fondement de la jurisprudence *Alitalia*[105], aujourd'hui codifiée à l'article L. 243-2 du code des relations entre le public et l'administration, il peut présenter une demande d'abrogation d'un règlement illégal et, le cas échéant, former un recours pour excès de pouvoir contre le refus d'abrogation. Si l'abrogation ne vaut que pour l'avenir, à la différence de l'annulation prononcée par le juge de l'excès de pouvoir dans le cadre d'un recours formé directement contre un acte, elle présente toutefois l'avantage de pouvoir être demandée à tout moment à l'administration, sans condition de délai. Toutefois, dans le cadre de ces recours tardifs, postérieurs à l'expiration du délai de recours, les moyens de légalité sont limités : par sa décision *Fédération des finances et des affaires économiques de la CFDT* du 18 mai 2018, le Conseil d'État a jugé que les vices de forme et de procédure ne peuvent plus être invoqués dans le cadre de ce type de recours[106].

C | L'ÉTENDUE DU CONTRÔLE JURIDICTIONNEL

En France, le recours pour excès de pouvoir repose traditionnellement sur des cas d'ouverture, c'est-à-dire sur différentes catégories de moyens susceptibles d'être soulevés par le requérant. Le juge n'a cessé de perfectionner ses techniques de contrôle.

1/ *Les différentes catégories de moyens*

Sur le plan historique, le recours pour excès de pouvoir contre des décisions administratives était initialement assez voisin du contrôle de cassation sur les décisions juridictionnelles. Comme un pourvoi en cassation, il était enfermé dans des cas d'ouverture, limitativement énumérés, et ne portait que sur des questions de pur droit. Le premier motif de censure résultait de l'intitulé même du

105. CE, 3 février 1989, *Alitalia*.
106. Voir *infra*, nos développements à propos des moyens de légalité externe.

recours dans la loi des 7 et 14 octobre 1790, qui évoquait les « réclamations d'incompétence[107] ». Ont ensuite été progressivement ajoutés les vices de procédure et de forme, l'erreur de droit, puis, avec la décision *Pariset*, du 26 novembre 1875, le détournement de pouvoir. Enfin, le juge a étendu son contrôle aux questions de fait, en deux étapes : d'abord, l'arrêt *Gomel*, du 4 avril 1914, pour le contrôle de la qualification juridique des faits, et, en dernier lieu seulement, l'arrêt *Camino*, du 14 janvier 1916, pour celui de l'exactitude matérielle des faits – question que le Conseil d'État avait longtemps considérée comme devant rester de l'appréciation souveraine de l'administration.

Aujourd'hui, on peut présenter la grille des moyens susceptibles d'être soulevés en les regroupant dans deux grandes catégories, la légalité externe et la légalité interne. Cette distinction a une conséquence juridique précise : le juge considère que ces deux catégories procèdent de deux *causes juridiques* différentes de la demande d'annulation. Or, une règle veut qu'une nouvelle « cause juridique » ne puisse être soulevée après l'expiration du délai de recours. Dès lors, si le requérant entend présenter de nouveaux moyens en cours d'instance, seuls seront recevables ceux qui relèvent de la même cause juridique que celle des moyens initialement soulevés[108].

Dans certains cas, plusieurs moyens paraissent fondés – par exemple un moyen de forme (tel que l'insuffisance de motivation) et un moyen de fond (tel qu'une erreur de droit). Dans cette hypothèse, le juge ne retient normalement qu'un seul moyen pour justifier l'annulation de l'acte attaqué, en vertu du principe dit de « l'économie des moyens », et procède à ce choix d'une façon discrétionnaire. Toutefois, dans un arrêt *Société Eden* du 21 décembre 2018, le Conseil d'État a estimé que le juge est tenu d'examiner prioritairement certains moyens, soit lorsqu'un des moyens serait mieux à même de justifier le prononcé d'une injonction demandée[109], soit lorsque le requérant décide de hiérarchiser ses prétentions entre une demande principale et une demande subsidiaire.

a) Les moyens de légalité externe

Sous l'angle de la légalité externe, le juge administratif contrôle la régularité des conditions d'édiction de l'acte. On a vu, à propos

107. En vertu de l'article 3 de la loi des 7 et 14 octobre 1790, « les réclamations d'incompétence à l'égard des corps administratifs ne sont en aucun cas du ressort des tribunaux. Elles seront portées au roi, chef de l'administration générale ».

108. CE, 20 février 1953, *Société Intercopie*. Concrètement, si le justiciable n'a soulevé dans sa requête que des moyens de légalité externe, il ne pourra plus ultérieurement critiquer la légalité interne de l'acte attaqué. Si, en revanche, il a pris la précaution de soulever au moins un moyen de légalité externe et un moyen de légalité interne, il sera ultérieurement recevable à invoquer tout moyen.

109. Par exemple, un moyen de fond est susceptible, davantage qu'un moyen de forme, de fonder une injonction faite à l'administration de prendre une décision dans un sens déterminé.

des actes administratifs unilatéraux, que celles-ci comprennent trois catégories de règles, relatives à la compétence, à la procédure et à la forme[110]. Il en résulte, fort logiquement, trois moyens de légalité externe : l'incompétence, le vice de procédure et le vice de forme.

L'*incompétence* est un vice grave : il est d'ailleurs au nombre des moyens que le juge doit relever d'office, alors même que le requérant ne l'aurait pas soulevé. En revanche, un *vice de procédure* n'entraîne pas systématiquement l'illégalité de l'acte. Le juge doit ici concilier deux exigences contradictoires. D'un côté, il n'est pas très satisfaisant de laisser sans sanction la méconnaissance d'une règle de droit, fût-elle de procédure. Comme le disait Benjamin Constant, « ce qui préserve de l'arbitraire, c'est l'observance des formes[111] ». Dans le même esprit, le juriste allemand Ihering affirmait au XIXe siècle que « la forme est la sœur jumelle de la liberté ». Mais, d'un autre côté, il convient d'éviter un formalisme excessif qui conduirait à sanctionner des irrégularités sans conséquences. C'est pourquoi une jurisprudence ancienne estimait que seule la méconnaissance des *formalités substantielles* entraînait l'annulation d'un acte. Cette notion, qui n'était pas très claire, restait peu appliquée, si bien que le vice de procédure était, selon la formule de Daniel Labetoulle, « le parent pauvre de l'évolution du pouvoir d'appréciation du juge de l'annulation[112] ». Elle a été précisée par la décision *Danthony* du 23 décembre 2011, en vertu de laquelle un vice affectant le déroulement d'une procédure administrative n'est de nature à entacher d'illégalité la décision prise qu'à la condition qu'il ait été susceptible d'exercer, en l'espèce, une influence sur le sens de la décision prise ou qu'il ait privé les intéressés d'une garantie[113].

Dans le même esprit, en application de la *théorie des formalités impossibles*, l'administration qui se trouve dans l'impossibilité matérielle de respecter les formalités nécessaires à l'adoption d'un acte ne sera pas sanctionnée pour ce manquement. Les formalités impossibles s'appliquent essentiellement en matière de consultation, lorsque l'organe compétent n'est pas en mesure de se prononcer, parce qu'il n'est pas institué[114] ou encore car il a été supprimé[115]. Cette théorie est également susceptible de concerner

110. Pour un examen plus détaillé de ces conditions, voir *supra* le chapitre 11 : Les actes administratifs unilatéraux.

111. *Principes de politique*, 1815.

112. Daniel Labetoulle, « Le vice de procédure, parent pauvre de l'évolution du pouvoir d'appréciation du juge de l'annulation », dans *Mélanges en l'honneur d'Yves Jégouzo*, Paris, Dalloz, 2009, p. 479.

113. L'arrêt *Danthony* étend à l'ensemble des vices de procédure la solution qui avait été prévue pour les seuls vices affectant la consultation d'un organisme par l'article 70 la loi du 17 mai 2011 de simplification et d'amélioration de la qualité du droit, dite « loi Warsmann ».

114. CE, 30 décembre 2003, *Hôpital local du Croisic*.

115. CE, 7 juin 1999, *Syndicat hippique national*.

des formalités constitutionnelles, telles que celles qui entourent la procédure de nomination du président de la commission indépendante prévue à l'article 25 de la Constitution[116] : en l'espèce, la commission des lois du Sénat n'avait pas pu se réunir à temps en vue de se prononcer sur la candidature proposée par le président de la République.

Les *vices de forme* sont ceux qui concernent l'acte lui-même, au sens matériel du terme. Ils proviennent pour l'essentiel de la méconnaissance de l'obligation de motivation issue de la loi du 11 juillet 1979, pour les décisions individuelles défavorables. En revanche, contrairement à ce qu'on croit parfois, le fait de ne pas mentionner les délais et voies de recours ne constitue pas un vice de forme : cette mention doit figurer dans la notification de la décision, et non pas dans la décision elle-même ; en cas d'omission, le délai de recours ne court pas, mais la légalité de la décision n'en est pas affectée.

Le Conseil d'État, par sa décision d'assemblée *Fédération des finances et des affaires économiques de la CFDT* du 18 mai 2018, a apporté une limitation à la possibilité d'invoquer certains moyens de légalité externe. Il a jugé que les vices de forme et de procédure ne peuvent être soulevés contre un acte réglementaire que dans le cadre d'un recours par voie d'action, c'est-à-dire uniquement lors d'un recours formé dans le délai de deux mois à compter de la publication de l'acte contesté. En revanche, ces vices ne peuvent plus être invoqués ultérieurement, après l'expiration du délai de recours contentieux. Ainsi, le moyen tiré d'une irrégularité procédurale sera désormais inopérant, d'une part, dans le cadre d'une exception d'illégalité dirigée contre un acte réglementaire à l'occasion d'un recours contre une décision d'application et, d'autre part, dans le cadre d'un recours pour excès de pouvoir dirigé contre un refus d'abroger cet acte réglementaire.

La jurisprudence *Fédération CFDT* a pu susciter certaines réserves, qui transparaissent dans le titre d'un dossier spécial de l'*AJDA* du 27 juin 2019, « Légalité et sécurité juridique, un équilibre rompu ? ». Après la jurisprudence *Danthony*, après l'arrêt *Czabaj*[117], après le développement des possibilités de substitution de base légale[118] ou de motifs en cours d'instance[119], après l'ouverture de la possibilité d'annulation à effet différé[120], certains y ont vu une nouvelle restriction du droit au recours, s'inscrivant dans un mouvement plus large de « fermeture du prétoire », dans un souci de

116. CE, 13 décembre 2017, *Président du Sénat*.

117. Voir *supra* : l'arrêt *Czabaj* du 13 juillet 2016 enferme le recours contre les décisions individuelles dans un délai d'un an, y compris en l'absence de notification des délais et voies de recours.

118. CE, 3 décembre 2003, *Préfet de la Seine-Maritime c/ El Bahi*.

119. CE, 6 février 2004, *Mme Hallal*.

120. CE, 11 mai 2004, *Association AC !*

« sécurisation » de l'administration. On a pu s'inquiéter du retour d'une nouvelle forme d'« annulation platonique » qui, dans les années 1970, dans le prolongement de l'article du professeur Rivero sur « le Huron au Palais Royal », avait nourri les critiques de la doctrine.

Cette jurisprudence peut toutefois se prévaloir de plusieurs justifications. Il faut garder présent à l'esprit que la possibilité de contester un acte réglementaire des années après son édiction, à l'occasion d'une décision individuelle d'application, reste une exception au principe même de l'existence d'un délai de recours. Elle ne se justifie que par le fait qu'une décision d'application risque de perpétuer l'illégalité affectant l'acte réglementaire initial. Or un tel risque de contagion concerne surtout les illégalités de fond, et non les vices de forme ou de procédure. La même philosophie se retrouve d'ailleurs dans la question prioritaire de constitutionnalité : une loi, après sa promulgation, ne peut plus être contestée que pour violation des droits et libertés, et non pas pour méconnaissance de la procédure parlementaire[121].

b) Les moyens de légalité interne

Avec l'examen de la légalité interne, le juge administratif se prononce sur le bien-fondé du contenu de l'acte attaqué. La présentation des moyens varie selon les auteurs et selon les périodes. La classification traditionnelle en distingue deux : la violation de la règle de droit et le détournement de pouvoir.

Le *détournement de pouvoir* est un moyen un peu particulier. Il s'agit d'un contrôle délicat, puisqu'il ne porte pas sur les motifs apparents de l'acte, mais sur sa finalité cachée. Il est consacré très tôt, avec l'arrêt *Pariset*, du 26 novembre 1875 : en l'espèce, le préfet avait ordonné la fermeture d'une fabrique d'allumettes dans un but purement financier, parce qu'un litige opposait l'industriel à l'État sur le montant de l'indemnité dans le cadre de l'expropriation de cette fabrique. Le Conseil d'État a annulé la décision au motif que le préfet « a ainsi usé des pouvoirs de police qui lui appartenaient sur les établissements dangereux, incommodes ou insalubres pour un objet autre que celui a raison desquels ils lui étaient conférés ».

121. Ces jurisprudences qui tendent à limiter la sanction des vices de procédure révèlent sans doute une autre question, celle du choix du bon moment pour cette sanction. À cet égard, le référé précontractuel offre un modèle intéressant, en tant qu'il permet de sanctionner les vices de la procédure de passation d'un contrat avant même sa signature, c'est-à-dire tant qu'il est encore temps. Dans le même esprit, on pourrait se demander s'il ne faudrait pas créer un référé pré-décisionnel, permettant de traiter les éventuels vices de procédure avant même l'édiction de la décision. Sur ce point, voir Yann Aguila : « Vers un référé pré-décisionnel ? Pour un traitement préventif des vices de procédure "tant qu'il est encore temps" », *La scène juridique : harmonies en mouvement. Mélanges en l'honneur de Bernard Stirn*, Paris, Dalloz, 2019, p. 7-16.

Apparu à une époque où le juge ne contrôlait pas les motifs de fait, ce quatrième moyen n'est aujourd'hui que rarement retenu. Le contrôle de la qualification juridique des faits suffit aujourd'hui bien souvent à sanctionner une illégalité comme celle qui était en cause dans l'arrêt *Pariset*. Le détournement de pouvoir conserve toutefois une utilité dans certains cas exceptionnels : un pouvoir est toujours donné à l'administration non pas dans son intérêt propre ni dans celui d'un particulier, mais dans l'intérêt général.

La *violation de la règle de droit* est donc le principal moyen de légalité interne. Encore appelé « violation de la loi », il peut porter sur le dispositif comme sur les motifs de l'acte. Dans le premier cas, c'est le contenu même de la règle posée par l'acte attaqué qui est en cause : on parle alors de « violation *directe* de la règle de droit », par exemple lorsqu'un acte réglementaire édicte une norme générale directement contraire à une règle supérieure, posée par la loi, le droit de l'Union européenne, un traité international ou la Constitution. Dans le second cas, le juge contrôle les motifs qui justifient un acte administratif, qu'il s'agisse des motifs *de droit* ou *de fait*. Les décisions individuelles se prêtent bien à ce type de contrôles, surtout lorsqu'un texte précise les conditions auxquelles est subordonnée leur édiction. Il ne faut pas confondre le contrôle de la motivation et celui des motifs : le premier, qui touche à la légalité externe, consiste seulement à vérifier si la décision comporte *la mention* des motifs et répond bien ainsi à l'obligation purement formelle de motivation, comme celle qui est posée par la loi du 11 juillet 1979 pour certaines décisions individuelles défavorables ; le second, relatif à la légalité interne, conduit à vérifier le *bien-fondé* des motifs. Le moyen tiré de la violation de la règle de droit se subdivise lui-même en trois moyens : l'erreur de droit, l'erreur de fait et l'erreur de qualification juridique des faits.

Le moyen tiré de l'*erreur de droit* consiste à critiquer la base juridique de l'acte attaqué. Il comporte deux variantes. Dans la première, la plus fréquente, le requérant fait valoir que l'administration a commis une erreur dans l'application de la règle de droit. C'est, par exemple, l'interprétation du texte qui est en cause ou encore le point de savoir s'il est applicable, *ratione temporis* ou *ratione materiae*, aux faits de l'espèce[122]. Dans la seconde variante de l'erreur de droit, plus indirecte, le requérant discute la validité même de la règle de droit dont la décision fait application, au regard de normes supérieures. C'est l'*exception d'illégalité*, qui consiste le plus souvent à critiquer la légalité d'un acte réglementaire à l'occasion d'un

122. Le moyen tiré de la violation du champ d'application de la loi constitue d'ailleurs, avec l'incompétence, l'un des principaux moyens d'ordre public que le juge doit relever d'office. Bien que sa délimitation ne soit pas toujours très claire, il s'agit de savoir si le texte dont l'administration a fait application était bien applicable : tel ne serait pas le cas, par exemple, d'un texte abrogé.

recours contre une décision individuelle d'application[123], mais qui peut prendre d'autres formes : *exception d'inconventionnalité*, lorsque est invoquée la méconnaissance des normes internationales ou européennes, ou *question prioritaire de constitutionnalité*, lorsque est en cause la conformité d'une loi à la Constitution. Si cette possibilité permet de contester un acte réglementaire, de façon incidente, après l'expiration du délai de recours, elle n'aboutit pas cependant à son annulation : le juge le déclare illégal et le laisse simplement inappliqué.

Le moyen tiré de l'*erreur de fait* consiste à discuter l'exactitude matérielle des faits. Le débat contentieux portera sur l'établissement de la réalité des faits, de leur matérialité, ce qui relève du simple constat. C'est à ce stade du raisonnement que se pose la question de la preuve devant le juge administratif ou celle du rôle de l'expertise.

L'*erreur de qualification juridique des faits* se situe à la frontière du droit et du fait. Il s'agit de reconnaître aux faits en cause, tels qu'ils préexistent, une qualification. Par exemple, dans l'arrêt *Gomel*, du 4 avril 1914, la question était de savoir si une construction était « de nature à » porter atteinte à une perspective monumentale – en l'espèce, celle de la place Beauvau à Paris. La question du degré de contrôle se pose uniquement à propos de ce dernier moyen, tiré de l'erreur de qualification juridique des faits.

2/ *Les différents degrés de contrôle*

Le contrôle juridictionnel des actes administratifs soulève, dans tous les pays du monde, la même question : comment trouver le juste point d'équilibre entre les pouvoirs du juge et la liberté d'appréciation dont doivent nécessairement disposer les autorités publiques dans la conduite des politiques publiques ? D'un côté, le *principe de légalité* commande de contrôler le respect par l'administration des règles de droit. Mais, d'un autre côté, en vertu du *principe de séparation des pouvoirs*, le juge, qui n'est pas élu, ne doit pas substituer sa propre appréciation à celle de l'exécutif dans des choix de pure opportunité politique.

a) Compétence liée et pouvoir discrétionnaire

Préciser l'étendue du contrôle du juge sur les actes de l'administration revient à délimiter la part de la légalité et celle de l'opportunité ou, pour employer la terminologie traditionnelle, la part de la

123. CE, 10 février 1967, *Société des Établissements Petitjean* : cette décision précise qu'une exception d'illégalité ne peut être accueillie « que dans la mesure où la décision dont l'annulation est demandée constitue une mesure d'application de celle dont l'illégalité est invoquée par voie d'exception et où sa légalité est subordonnée à celle du premier texte ».

compétence liée et celle du pouvoir discrétionnaire. Ces deux dernières notions sont toutefois trompeuses. L'opposition binaire compétence liée/pouvoir discrétionnaire est réductrice. Entre les deux situations, il existe toute une gradation d'hypothèses intermédiaires.

Les cas de compétence *totalement* liée sont rares. On parle parfois de compétence « ligotée », pour désigner la situation dans laquelle l'administration n'a le choix ni du *contenu* de sa décision ni même du *moment* où la décision doit intervenir. Tel est le cas de la décision d'admission à la retraite d'un fonctionnaire, qui intervient automatiquement le jour où le fonctionnaire atteint la limite d'âge : l'administration ne dispose d'aucun pouvoir d'appréciation[124]. La notion de compétence liée a été source de certaines confusions. La jurisprudence a en effet retenu le principe qu'en cas de compétence liée, les moyens invoqués devant le juge, notamment de forme et de procédure, étaient *inopérants* – autrement dit, qu'ils ne peuvent être « utilement invoqués » devant le juge. Quand bien même ils seraient fondés, il ne sert à rien d'annuler une telle décision si, en tout état de cause, celle-ci doit être prise. Toutefois, cette conséquence radicale n'est pas valable pour toutes les hypothèses de compétence liée. Par sa décision, *Montaignac*, du 3 février 1999, le Conseil d'État a défini d'une façon restrictive la notion de compétence liée – au sens de la jurisprudence sur l'inopérance des moyens. Cette inopérance ne vise que l'hypothèse où la compétence est liée à la fois dans les motifs *de droit* et – c'est la nouveauté – dans les motifs *de fait*. La compétence liée, au sens de cette jurisprudence, est celle qui présente deux caractéristiques : non seulement le droit règle entièrement les obligations de l'administration, y compris le choix du moment de la décision, mais en outre, la simple *constatation des faits* commande directement une décision de l'administration, sans qu'il y ait place pour une *appréciation* des faits. Tel sera principalement le cas lorsque les conditions légales sont libellées en termes quantitatifs : la survenance de l'âge dans la jurisprudence traditionnelle sur la mise à la retraite ; le respect d'une règle de distance, fixée à cent mètres entre deux dispositifs publicitaires, dans l'affaire *Montaignac*. En revanche, une condition qualitative, qui ne relève pas du simple constat, mais qui suppose une appréciation, un jugement de valeur, ne devrait pas pouvoir entraîner une compétence liée au sens de la jurisprudence *Montaignac*.

Il n'y a donc pas compétence liée à chaque fois que l'administration « est tenue », en droit, de prendre une décision dans un sens déterminé. Pour prendre un exemple, en vertu de la jurisprudence *Alitalia* du 3 février 1989, l'administration est tenue de faire droit à une demande d'abrogation d'un règlement illégal. Il s'agit, certes, d'une obligation juridique, qui *lie* l'administration ; mais encore

124. CE, 3 février 1956, *De Fontbonne*.

faut-il que le règlement soit illégal – ce qui, bien entendu, appelle une appréciation délicate sur l'acte réglementaire critiqué. En réalité, dans l'immense majorité des cas, la compétence est *partiellement* liée : à l'intérieur d'un cadre juridique contraignant, l'administration dispose d'un certain choix ou doit porter certaines appréciations.

Le pouvoir discrétionnaire, pour sa part, se définit par la liberté d'action et d'appréciation de l'autorité publique. Elle a le choix entre plusieurs solutions : elle peut agir ou ne pas agir et, lorsqu'elle agit, elle a plusieurs choix légalement possibles. La conduite des politiques publiques comporte, par définition, des décisions qui relèvent d'un pouvoir discrétionnaire : le choix du nom d'une rue, la détermination de la hauteur des immeubles dans un plan d'urbanisme, la décision de procéder ou non à la construction d'une route ou encore la fixation du nombre de directions dans un ministère sont autant d'exemples où les pouvoirs publics disposent d'une grande latitude. L'existence d'un pouvoir discrétionnaire peut résulter de la rédaction du texte, en particulier lorsque la loi emploie le verbe « pouvoir », ce qui ouvre une faculté de choix à l'autorité compétente. Il peut aussi se déduire du silence du texte, lorsqu'il confie un pouvoir à une autorité sans le subordonner à des conditions.

De même que la compétence totalement liée est rare, de même est-il exceptionnel que les autorités publiques disposent d'un pouvoir discrétionnaire absolu. Celui-ci est au minimum toujours subordonné à des règles de compétence, de procédure et de forme ; sur le fond, il s'exerce à l'intérieur d'un cadre juridique contraignant qui délimite une *zone* de pouvoir discrétionnaire. Par exemple, si la décision de réaliser ou non une route est entièrement libre quant à son principe, elle est soumise à des règles s'agissant de ses modalités : le tracé retenu par la déclaration d'utilité publique de l'opération sera soumis au contrôle du juge à travers la théorie du bilan. Enfin, le pouvoir est parfois asymétrique : discrétionnaire dans un sens, mais pas dans l'autre. On cite fréquemment l'exemple du règlement national d'urbanisme[125] qui comporte de nombreuses dispositions rédigées avec l'expression « le permis peut être refusé si... ». Si une construction risque de porter atteinte à un site, l'autorité peut refuser le permis, mais elle n'y est pas obligée. Elle dispose d'une marge d'appréciation pour accorder, malgré tout, le permis.

125. Le « règlement national d'urbanisme » comporte les dispositions de fond que doivent respecter les permis de construire. Il est applicable, par défaut, dans les communes qui ne se sont pas dotées d'un plan local d'urbanisme. Il est aujourd'hui codifié aux articles R. 111-2 à R. 111-24 du code de l'urbanisme. La disposition la plus fameuse est sans doute l'article R. 111-21 du code de l'urbanisme, qui codifie une règle dite « esthétique », en vertu de laquelle l'autorité compétente *peut* refuser le permis de construire si la construction risque de porter atteinte à un site ou à une « perspective monumentale », comme dans l'hypothèse de l'arrêt *Gomel*.

En revanche, si la construction remplit toutes les conditions légales et ne porte pas atteinte au site, l'autorité doit alors obligatoirement accorder le permis.

b) Contrôle normal et contrôle restreint

À la gradation des contraintes juridiques, de la compétence liée au pouvoir discrétionnaire, correspond la gradation du contrôle du juge. La question des différents *degrés* de contrôle du juge se pose à propos du moyen tiré de l'erreur de *qualification juridique des faits* : il s'agit de savoir si les faits pris en compte par l'administration étaient *de nature à* justifier sa décision. Le juge peut exercer sur ce point différents types de contrôle. La clé de distinction passe principalement entre légalité et opportunité. Le partage pourrait se résumer de la façon suivante : contrôle normal de la légalité, absence de contrôle de l'opportunité. Toutefois, il existe des situations intermédiaires : même dans le domaine de l'opportunité, le juge a développé des techniques de contrôle pour encadrer l'exercice du pouvoir discrétionnaire, avec le *contrôle de l'erreur manifeste d'appréciation*, dit « contrôle restreint ».

Le juge exerce un *contrôle normal* ou *contrôle entier* à chaque fois que l'action de l'administration est commandée par le droit. En particulier, lorsqu'un texte précise les conditions auxquelles est subordonnée l'édiction d'une décision, le juge s'assure normalement du respect des conditions légales. Il contrôle la qualification juridique des faits, pour vérifier s'ils étaient de nature à justifier l'exercice de ses pouvoirs par l'autorité publique. Par exemple, le Conseil d'État contrôle le point de savoir si les caractéristiques d'un site justifient son classement[126], la loi prévoyant le classement des sites naturels « dont la conservation ou la préservation présente, au point de vue artistique, historique, scientifique, légendaire ou pittoresque, un intérêt général » (article L. 341-1 du code de l'environnement). La circonstance que la condition légale soit libellée dans des termes généraux ou imprécis n'empêche pas normalement le juge d'exercer un contrôle entier sur la qualification juridique. Pour preuve, le contrôle exercé sur l'existence d'une faute, en matière de sanction disciplinaire. La faute est une *notion standard* dont le contenu, surtout en matière disciplinaire, n'est pas défini à l'avance. Il n'en reste pas moins que le juge vérifie si les faits reprochés à l'intéressé peuvent être qualifiés de fautifs et sont, par suite, de nature à justifier une sanction. En matière de police administrative, le juge contrôle si les faits peuvent porter atteinte à l'ordre public, autre notion standard au contenu indéterminé.

À l'autre extrême, dans certains cas exceptionnels, le juge n'exerce *aucun contrôle* sur certaines appréciations de l'administration qui relèvent d'un pouvoir totalement discrétionnaire. Tel est le

126. CE, 16 décembre 2005, *Groupement forestier des ventes de Nonant*.

cas des appréciations portées par les jurys d'examen ou de concours sur la valeur des candidats[127] ou l'appréciation des mérites d'un postulant à une décoration[128]. La qualité d'une copie de concours ou celle d'un candidat à une décoration peuvent difficilement être déterminées par le juge. On parle alors d'un *contrôle minimum* : quand bien même il n'inclut pas les appréciations de fait, il porte au minimum sur l'ensemble des autres moyens, légalité externe, erreur de droit ou détournement de pouvoir.

Toutefois, entre contrôle normal et absence de contrôle, existe une situation intermédiaire : même en présence d'un pouvoir discrétionnaire, le juge exerce un *contrôle restreint*, limité à l'erreur manifeste d'appréciation commise par l'administration. La notion d'erreur manifeste d'appréciation a été introduite par l'arrêt *Lagrange*, du 15 février 1961. Elle a connu une illustration fameuse dans le domaine dit de « la haute police », avec la décision du 2 novembre 1973, *Librairie François Maspero* : il s'agissait d'une mesure d'interdiction d'une publication étrangère, qui échappait jusque-là au contrôle du juge. Le Conseil d'État a accepté de la contrôler, en suivant l'invitation de son commissaire du gouvernement, Guy Braibant, selon qui « le pouvoir discrétionnaire comporte le droit de se tromper, mais non celui de commettre une erreur manifeste, c'est-à-dire à la fois apparente et grave ». En droit britannique, la Chambre des lords a introduit, on l'a vu, une notion comparable avec l'exigence du caractère non déraisonnable de la décision (*unreasonableness*). Le but poursuivi est le même : il s'agit d'un instrument permettant de contrôler, au-delà du respect des conditions légales, le pouvoir discrétionnaire de l'administration. Un contrôle restreint est par exemple exercé sur la fixation du nombre de postes ouverts à un concours[129], sur la notation d'un fonctionnaire[130] ou encore sur le classement de terrains en zones par un plan d'occupation des sols[131]. En réalité, il est difficile de présenter un tableau complet de la jurisprudence dans ce domaine. Le choix d'un contrôle restreint obéit à des considérations diverses. En principe, il représente une avancée du contrôle juridictionnel dans le champ du pouvoir discrétionnaire : il s'agit d'une incursion du juge dans des appréciations non juridiques. Toutefois, l'usage du contrôle restreint se rencontre aussi, dans la jurisprudence, face à des textes fixant des conditions légales, qui pourraient donc faire l'objet d'un contrôle de qualification juridique. Tel est le cas pour certaines matières techniques, pour lesquelles le juge hésite à substituer son appréciation à celle de l'administration.

127. CE, 20 mars 1987, *Gambus*.
128. CE, 10 décembre 1986, *Loredon*, à propos de la Légion d'honneur.
129. CE, 28 décembre 2001, *Syndicat de lutte pénitentiaire*.
130. CE, 27 juin 2007, *Allemane*.
131. CE, 23 mars 1979, *Commune de Bouchemaine*.

La frontière entre simple appréciation des faits et qualification juridique des faits, parfois mince, est susceptible d'évoluer. Le degré du contrôle exercé dans chaque matière peut varier au cours du temps. Le juge administratif est ainsi passé d'un contrôle de l'erreur manifeste à un contrôle entier sur les décisions d'interdiction des publications étrangères[132]. De même, il exerce désormais un contrôle normal sur la proportionnalité de la sanction par rapport à la gravité de la faute pour les sanctions prononcées par les fédérations sportives[133] comme pour les sanctions disciplinaires des agents publics[134]. Lorsqu'il étend de la sorte son contrôle, le juge déplace en réalité la frontière entre l'opportunité et la légalité. En exerçant sur les faits un contrôle de qualification juridique, et non plus d'erreur manifeste d'appréciation, il fait entrer dans les conditions de légalité des éléments qui relevaient auparavant de la simple opportunité.

Dans certaines hypothèses, le juge exerce un contrôle plus approfondi. En matière de police administrative, le juge procède, depuis la décision *Benjamin*, du 19 mai 1933, à un *contrôle de proportionnalité* : il vérifie non seulement l'existence d'une menace pour l'ordre public, mais également le choix de la mesure de police, en s'assurant que celle-ci était appropriée à l'importance de la menace. En matière d'expropriation pour cause d'utilité publique, en application de la *théorie du bilan*, issue de l'arrêt *Ville Nouvelle Est*, du 28 mai 1971, le juge met en balance les avantages et les inconvénients (lesquels incluent le coût financier, l'atteinte à l'environnement ou encore l'atteinte à la propriété privée) d'un projet afin d'en évaluer l'utilité publique. Ces deux jurisprudences relèvent de la même filiation. Dans les deux hypothèses, le juge était en présence d'un pouvoir partiellement discrétionnaire de l'administration, en raison notamment du silence ou de l'imprécision des textes. Dans les deux cas, ces décisions administratives apportaient des limitations à des droits fondamentaux : libertés publiques dans le premier, droit de propriété dans le second. Dans chacune de ces affaires, le Conseil d'État vient combler les lacunes des textes en précisant lui-même, par voie jurisprudentielle, les principes qui s'imposent à l'administration dans l'exercice de son pouvoir. Le principe de proportionnalité connaît d'ailleurs de nouveaux développements et s'étend aujourd'hui à de nouveaux domaines : s'inspirant de la jurisprudence du Conseil constitutionnel comme de celle de la Cour de justice de l'Union européenne, le Conseil d'État examine si des mesures administratives sont « adaptées, nécessaires et proportionnées » à propos des passeports biométriques[135] et du contrôle des

132. CE, 9 juillet 1997, *Association Ekin.*

133. CE, 2 mars 2010, *Fédération française d'athlétisme.*

134. CE, 13 novembre 2013, *Dahan*, revenant sur la décision *Lebon*, du 1er février 2006, qui s'en tenait au contrôle de la disproportion manifeste.

135. CE, 26 octobre 2011, *Association pour la promotion de l'image.*

concentrations économiques[136]. Ce « triple test » de proportionnalité s'exerce désormais à l'égard de l'ensemble du pouvoir de police, y compris pendant les périodes d'état d'urgence[137] et d'état d'urgence sanitaire[138].

D | LES EFFETS DE L'ANNULATION

L'annulation d'un acte administratif est la sanction normale de l'illégalité. Elle a des conséquences importantes, qu'il s'agisse de sa portée, de son étendue ou de sa date d'effet.

1/ *La sanction de l'illégalité : l'annulation de l'acte attaqué*

Toute illégalité constatée par le juge de l'excès de pouvoir entraîne l'annulation de l'acte attaqué. Il y a toutefois, à titre exceptionnel, quelques dérogations à ce principe. Ainsi, comme on l'a vu, un vice de procédure n'entraîne l'annulation que s'il a exercé une influence sur le sens de la décision ou s'il a privé les intéressés d'une garantie[139]. De même, un vice de procédure ou de forme sera normalement inopérant si l'administration était en situation de compétence entièrement liée, au sens de la jurisprudence *Montaignac*, du 3 février 1999.

Dans le même esprit, la décision *Mme Hallal*, du 6 février 2004, a autorisé la substitution de motifs. Lorsque le motif initialement indiqué par la décision s'avère illégal – ce qui aurait dû normalement entraîner son annulation –, l'administration peut faire valoir devant le juge qu'un autre motif pouvait également justifier celle-ci. Après s'être assuré que l'administration aurait pris la même décision si elle s'était fondée initialement sur ce nouveau motif, le juge peut procéder à la substitution de motifs, sous réserve toutefois qu'elle ne prive pas le requérant d'une garantie procédurale liée au motif substitué. Il s'agit d'éviter l'annulation d'un acte qui pourrait être immédiatement repris par l'administration. Le juge peut également procéder à une substitution de base légale, lorsque l'administration s'est trompée sur le texte applicable mais aurait pu, sans que l'intéressé ne dispose de garanties moindres, prendre la même décision sur le fondement d'un autre texte[140].

Une sanction originale est apportée à l'hypothèse de l'erreur matérielle. Il arrive parfois qu'un acte réglementaire soit entaché

136. CE, 21 décembre 2012, *Société Groupe Canal Plus et autres.*
137. CE, 11 décembre 2015, *Cédric Domenjoud et autres.*
138. Juge des référés du CE, 22 mars 2020, *Syndicat Jeunes Médecins*, n° 439674.
139. CE, 23 décembre 2011, *Danthony.*
140. CE, 3 décembre 2003, *Préfet de la Seine-Maritime c/ M. El Bahi.*

d'une erreur non pas juridique mais purement matérielle – telle qu'une erreur de référence ou encore une erreur à l'occasion de l'insertion d'une nouvelle disposition quant à sa place au sein d'un article. Dans ce cas, le juge ne procède pas à son annulation, puisqu'il n'y a pas à proprement parler d'illégalité. En revanche, il peut devenir juge correcteur : il rectifie lui-même l'erreur matérielle et prévoit la publication au *Journal officiel de la République française* d'un extrait de sa décision[141].

2/ *La portée de l'annulation : un effet à l'égard de tous*

Le jugement d'annulation est revêtu de l'autorité absolue de la chose jugée. Cette annulation vaut *erga omnes*. Elle ne s'impose pas seulement aux parties au litige, administration et requérant, mais elle bénéficie à tous les citoyens. L'acte annulé disparaît de l'ordonnancement juridique. C'est une différence majeure avec l'hypothèse de l'exception d'illégalité, dans laquelle le juge, de façon incidente, examine la légalité d'un acte réglementaire, à l'occasion d'un recours contre une décision d'application. Si le juge donne raison au requérant, il se bornera à laisser l'acte inappliqué. Son jugement comportera une *déclaration* d'illégalité, mais ne fera pas disparaître par lui-même l'acte de l'ordonnancement juridique.

3/ *L'objet de l'annulation : annulation totale ou partielle*

L'annulation ne porte pas nécessairement sur la totalité de l'acte administratif. Le juge s'en tient en principe à l'annulation des seules dispositions illégales – sous réserve que celles-ci soient divisibles du reste de l'acte attaqué. Il peut ainsi parfaitement annuler un seul article, un seul alinéa, voir un seul mot. Cette technique permet, dans un souci de sécurité juridique, de limiter l'annulation à ce qui est strictement nécessaire. Cette possibilité d'annulation partielle montre que les frontières sont parfois minces entre le recours en annulation et le recours en réformation. L'image de la gomme et du crayon ne suffit plus ici à expliquer la différence entre les deux recours : annuler un seul mot dans un texte, c'est parfois en modifier le sens, c'est un peu le réformer.

Cette extension du pouvoir du juge est particulièrement visible dans l'hypothèse de l'annulation d'un acte « en tant que ne pas ». Derrière cette formule, qui relève du jargon contentieux, se trouve la faculté, pour le juge, d'annuler, non pas une disposition d'un acte, mais un acte en tant qu'il ne contient pas certaines dispositions. Certes, la décision du juge ne réforme pas directement, par elle-même, l'acte attaqué. Mais, en annulant un silence du texte, elle crée une obligation positive pour l'autorité publique et la contraint

141. CE, 4 décembre 2013, *France Nature Environnement*, n° 357839.

à édicter les dispositions manquantes. Ainsi, la décision *Vassilikiotis*, du 29 juin 2001, après avoir annulé un arrêté ministériel « en tant qu'il ne prévoit pas » les conditions d'attribution des cartes professionnelles des guides de musées et de monuments historiques, précise explicitement dans son dispositif : « Cette annulation comporte pour l'État les obligations énoncées aux motifs de la présente décision. » Le Conseil d'État a ainsi pu annuler un décret de classement de site, en tant qu'il ne procédait pas au classement d'une parcelle[142], ou encore un arrêté relatif aux pistolets à impulsion électrique de marque Taser, en tant qu'il ne procédait pas à leur classement dans les armes de quatrième catégorie[143].

Dans le même esprit, la problématique particulière de l'annulation d'un refus conduit le juge de l'excès de pouvoir à étendre son office. Dans une décision, *Titran*, du 27 juillet 2001, le Conseil d'État était saisi du refus d'un ministre d'abroger des arrêtés. Constatant leur illégalité, il ne se borne pas à annuler le refus d'abrogation ; il précise les conséquences à tirer de cette annulation, en mentionnant deux solutions possibles pour remédier à cette illégalité (compléter les arrêtés ou adopter un décret) et en donnant au ministre un délai de deux mois pour mettre en œuvre l'une de ces solutions. On a vu qu'en Allemagne existe un recours spécifique, l'action en émission d'une décision administrative. De même, le droit de l'Union européenne organise, à côté de l'action en annulation, une action en carence. Avec la décision *Titran*, complétée par le pouvoir d'injonction du juge administratif, le contentieux administratif français permet d'aboutir à des solutions comparables.

4/ *L'effet rétroactif de l'annulation*

L'annulation par le juge a un effet rétroactif. Effacé de l'ordre juridique, l'acte est annulé rétroactivement à compter de la date à laquelle il a été pris. Selon la formule consacrée, celui-ci est « réputé n'être jamais intervenu ». Il y a une part de fiction juridique dans cet effet, puisqu'on ne peut jamais complètement effacer le passé. Mais l'efficacité du recours pour excès de pouvoir implique que l'administration tire toutes les conséquences de l'annulation en reconstituant le passé. C'est ainsi qu'en matière de fonction publique, l'administration doit, le cas échéant, « reconstituer la carrière du fonctionnaire dans les conditions où elle peut être réputée avoir normalement dû se poursuivre si aucune irrégularité n'avait été commise[144] ».

Le principe de la rétroactivité de l'annulation pour excès de pouvoir doit toutefois être aujourd'hui combiné avec la faculté du juge

142. CE, 16 décembre 2005, *Groupement forestier des ventes de Nonant*.
143. CE, 3 décembre 2010, *Société SMP Technologies*.
144. CE, 26 décembre 1925, *Rodière*.

de moduler dans le temps les effets des annulations. Par sa décision *Association AC !* de 2004[145], le Conseil d'État a procédé à une importante évolution de jurisprudence : l'annulation rétroactive demeure le principe, mais elle ne présente plus un caractère systématique ; s'il apparaît que l'effet rétroactif de l'annulation est de nature à emporter des conséquences manifestement excessives en raison tant des effets que cet acte a déjà produits que de l'intérêt général, le juge peut fixer lui-même la date d'effet de l'annulation qu'il prononce. Inspiré des jurisprudences de la Cour de justice de l'Union européenne ou encore de la Cour constitutionnelle italienne, ce pouvoir de modulation dans le temps des effets de l'annulation manifeste la volonté de mieux prendre en compte un impératif de sécurité juridique. S'il reste d'usage exceptionnel[146], il représente toutefois une véritable innovation, qui s'inscrit dans la ligne de l'extension de l'office du juge de l'excès de pouvoir.

III

LES RECOURS DE PLEINE JURIDICTION

Également appelés « recours de plein contentieux », les recours de pleine juridiction sont ainsi dénommés parce que le juge dispose de la totalité des pouvoirs juridictionnels : il peut non seulement annuler un acte, mais aussi le réformer ou encore condamner l'État à verser des indemnités. Sous une apparente unité d'appellation, il existe une grande diversité de recours de pleine juridiction. Ils peuvent être regroupés en plein contentieux subjectif et plein contentieux objectif – même si cette classification n'est pas totalement satisfaisante, certains recours présentant un caractère hybride, tel que le contentieux de la répression.

A | LES RECOURS SUBJECTIFS DE PLEIN CONTENTIEUX

Pour la plupart des recours subjectifs de plein contentieux, le ministère d'avocat est obligatoire, l'article R. 431-2 du code de justice

145. CE, 11 mai 2004, *Association AC ! et autres*.

146. Voir notamment CE, 25 février 2005, *France Télécom*, à propos de l'annulation des tarifs d'accès des opérateurs de téléphonie mobile aux installations de France Télécom ; CE, 12 décembre 2007, *M. Sire*, à propos de l'annulation de la

administrative l'exigeant pour « les conclusions de la demande [qui] tendent au paiement d'une somme d'argent » ainsi que pour « la solution d'un litige né d'un contrat ». Par dérogation, sont toutefois dispensés du ministère d'avocat certains litiges énumérés à l'article R. 431-3, dont les contraventions de grande voirie et les litiges individuels concernant les agents publics[147].

1/ *Les actions en responsabilité extracontractuelle*

Par ces actions, la victime d'un dommage causé par l'administration en demande réparation sous la forme d'une indemnité. Il s'agit du recours de plein contentieux le plus fréquent devant le juge administratif et l'un des plus subjectifs, puisqu'il doit déterminer le droit à indemnisation du requérant, c'est-à-dire l'étendue d'une créance du justiciable sur l'administration. Le mode de raisonnement du juge administratif est proche de celui du juge judiciaire en matière de responsabilité civile : l'engagement de la responsabilité administrative est subordonné à l'existence d'un fait générateur, d'un préjudice et d'un lien de causalité entre les deux[148].

S'agissant des conditions de recevabilité, on mentionnera l'exigence d'une décision préalable : le requérant ne peut saisir le juge qu'après avoir sollicité une indemnisation de l'administration. Cette exigence a été réaffirmée par le décret de procédure du 2 novembre 2016, dit « justice administrative de demain » ou JADE, à l'article R. 421-1, dans le souci de renforcer les conditions d'accès au juge[149]. Si l'administration prend formellement une décision – ce qui n'est pas toujours le cas –, le délai de recours est normalement de deux mois à compter de cette décision expresse. Par ailleurs, l'existence de la créance elle-même se prescrit en quatre ans, en vertu de la règle de la prescription quadriennale (loi du 31 décembre 1968 relative à la prescription des créances sur l'État, les départements, les communes et les établissements publics).

L'action de groupe a été introduite dans le code de justice administrative par la loi du 18 novembre 2016 de modernisation de la

nomination d'un magistrat ayant déjà rendu des jugements ; CE, ass., 19 juillet 2017, *Association nationale des opérateurs détaillants d'énergie*, à propos de l'annulation d'un décret relatif aux tarifs réglementés de vente du gaz naturel. Il ne faut pas confondre la modulation des effets de l'*annulation d'un acte administratif* avec la question, voisine, de la modulation dans le temps des effets d'un *revirement de jurisprudence*, admise par la décision du 16 juillet 2007, *Société Tropic Travaux Signalisation* (voir *supra* le chapitre 10 : La jurisprudence et les principes généraux du droit).

147. Le décret du 2 novembre 2016 a supprimé la dispense d'avocat qui existait auparavant en matière de travaux publics et de contrats relatifs au domaine public.

148. Voir *supra* le chapitre 21 : La responsabilité de la puissance publique.

149. Le décret du 2 novembre 2016 revient ainsi sur le tempérament qu'avait introduit la jurisprudence, en admettant que la demande puisse être formée par le requérant après l'introduction de son recours (CE, 11 avril 2008, *Établissement français du sang*).

justice du XXIe siècle, complétée par un décret du 6 mai 2017. Ce nouvel instrument permet de faciliter l'accès à la justice dans l'hypothèse d'un dommage collectif. Désormais, l'article L. 77-10-3 prévoit qu'une action de groupe peut être exercée lorsque « plusieurs personnes, placées dans une situation similaire, subissent un dommage causé par une personne morale de droit public ou un organisme privé chargé d'une mission de service public, ayant pour cause commune un manquement de même nature à ses obligations légales ou contractuelles ». Un grand nombre de comportements fautifs de l'administration peuvent justifier une action de groupe : celle-ci nécessite avant tout un fait générateur commun. L'action peut tendre non seulement « à l'engagement de la responsabilité de la personne ayant causé le dommage », mais aussi à « la cessation du manquement ». Elle ne peut toutefois être engagée que dans des domaines expressément prévus par la loi, qui sont repris à l'article L. 77-10-1, tels que l'action de groupe environnementale (L. 142-3-1 du code de l'environnement) ou l'action « discriminations » (ouverte sur le fondement de la loi n° 2008-496 du 27 mai 2008 portant diverses dispositions d'adaptation au droit communautaire dans le domaine de la lutte contre les discriminations). Elle ne peut en outre être présentée que par une association agréée ou par une association déclarée depuis plus de cinq ans dont l'objet statutaire est lié à la matière concernée. Avant de saisir le juge, cette association doit au préalable adresser à la personne responsable une mise en demeure. S'il fait droit à la demande, le juge rend un jugement-cadre, dans lequel il statue sur la responsabilité de l'administration et définit le groupe de personnes à l'égard desquelles cette responsabilité est engagée. En outre, il ordonne, à la charge de l'administration, des mesures de publicité pour informer de cette décision les personnes susceptibles d'avoir subi un dommage causé par le fait générateur constaté. L'indemnisation des victimes peut ensuite se faire selon deux types de procédure, l'une collective, gérée par l'association, l'autre individuelle, reposant le cas échéant sur la saisine du juge.

2/ *Les actions contractuelles*

La seconde catégorie importante de recours subjectifs de pleine juridiction est constituée par les actions contractuelles. Tous les litiges qui peuvent s'élever en matière contractuelle entre l'administration et son cocontractant sont des litiges de plein contentieux. Si l'action la plus fréquente est celle d'un particulier contre l'administration, ce contentieux comporte également des actions de l'administration contre son cocontractant : il arrive à l'administration de se trouver en position de demandeur devant le juge.

Les actions contractuelles sont d'une grande variété : elles peuvent être d'ordre purement indemnitaire, sur le terrain de la responsabilité contractuelle ; elles peuvent également porter sur la validité du contrat et tendre soit à son annulation, soit, au contraire, au maintien des relations contractuelles. Elles sont en principe engagées par les parties au contrat. Mais l'arrêt *Société Tropic Travaux*, du 16 juillet 2007, a également créé un recours direct de plein contentieux contre le contrat administratif au bénéfice des concurrents évincés de la procédure d'attribution du contrat et l'arrêt *Département de Tarn-et-Garonne*, du 4 avril 2014, a élargi la solution aux tiers dont les intérêts sont lésés de façon suffisamment directe et certaine par le contrat.

Comme on l'a vu[150], l'approche traditionnelle du contentieux contractuel a été profondément renouvelée par une série d'arrêts récents[151]. Le juge du contrat dispose désormais de pouvoirs particulièrement larges. S'agissant de la validité du contrat, il peut choisir entre l'annulation rétroactive, dans les cas les plus graves, ou la résiliation pour l'avenir du contrat, le cas échéant avec un effet différé ; il peut encore ordonner la poursuite de l'exécution du contrat, éventuellement sous réserve de mesures de régularisation, voire la reprise des relations contractuelles. S'agissant de l'exécution du contrat, il peut condamner l'administration à verser une indemnité ; il peut prononcer des sanctions à l'égard du cocontractant ; il peut également assurer le règlement du marché en se substituant sur ce point à l'administration.

B | LES RECOURS OBJECTIFS DE PLEIN CONTENTIEUX

La plupart de ces contentieux objectifs ne sont pas soumis au ministère d'avocat, à la différence des recours subjectifs de pleine juridiction. Quant aux délais de recours, ils sont très variables, allant de cinq jours pour les élections municipales à un an, pour les tiers, en matière d'installations classées pour la protection de l'environnement.

1/ *Le contentieux fiscal*

Le contentieux fiscal, qui concerne notamment l'impôt sur le revenu, l'impôt sur les sociétés, la taxe sur la valeur ajoutée et les impôts locaux, a une grande importance économique. Bien qu'il comporte des enjeux subjectifs évidents, il est traditionnellement classé dans les recours objectifs, dans la mesure où sont en jeu des

150. Voir *supra* le chapitre 18 : Les contrats de l'administration, pour des développements plus détaillés sur le contentieux contractuel.

151. CE, 16 juillet 2007, *Société Tropic Travaux Signalisation* ; CE, 28 décembre 2009, *Commune de Béziers I* ; CE, 21 mars 2011, *Commune de Béziers II* ; CE, 4 avril 2014, *Département de Tarn-et-Garonne*.

questions de légalité : il s'agit d'apprécier la conformité d'un acte d'imposition à la loi et à la réglementation fiscales. Le juge dispose des plus grands pouvoirs : il peut déterminer le montant de l'imposition et celui des pénalités dues par le contribuable.

2/ *Le contentieux électoral*

Ce contentieux englobe non seulement les élections aux assemblées des collectivités locales (élections municipales, départementales et régionales) et les élections européennes, mais aussi de nombreuses élections purement administratives (conseils d'université, assemblées des chambres de commerce et d'industrie). Les tribunaux administratifs sont en principe compétents en premier ressort, sauf pour les élections régionales et européennes, qui relèvent directement du Conseil d'État. En revanche, le contentieux des élections législatives et présidentielles est attribué au Conseil constitutionnel.

Le juge dispose de pouvoirs étendus : il peut non seulement annuler les résultats, mais aussi, dans certains cas, les rectifier et proclamer élus ceux qu'il estime avoir gagné les élections. Le caractère objectif de ce contentieux se traduit en outre par l'intérêt pour agir, qui est largement défini par les textes. Ainsi, pour les élections municipales, l'article L. 248 du code électoral prévoit que « tout électeur et tout éligible » peut contester les opérations électorales devant le tribunal administratif. En revanche, par comparaison, les réclamations concernant une élection présidentielle ne peuvent émaner que des candidats (article 28 du décret du 14 mars 1964).

3/ *Le contentieux de certaines polices administratives spéciales*

Certaines polices administratives spéciales font, traditionnellement, l'objet de recours de plein contentieux. Ces derniers relèvent d'une logique proche de celle de l'excès de pouvoir, puisqu'il s'agit également de procès fait à un acte administratif. Le juge y dispose toutefois de pouvoirs élargis. C'est d'abord le cas des *immeubles menaçant ruine*, qui relève d'une police spéciale du maire (articles L. 511-1 et suivants du code de la construction et de l'habitation). Après une procédure préalable, le juge lui-même prend les décisions. Il peut ainsi ordonner des réparations ou la démolition d'un immeuble qui présente des dangers. Se substituant au maire, le juge joue ainsi un rôle d'administration active.

Tel est également le cas de la police des pollutions industrielles, dite des *installations classées pour la protection de l'environnement*, qui relève du préfet. Actuellement régie par le code de l'environnement (articles L. 511-1 et suivants), elle remonte au décret impérial du 15 octobre 1810 relatif aux manufactures et ateliers qui répandent une odeur insalubre ou incommode. Ce contentieux est aujourd'hui très important, compte tenu de ses enjeux à la fois économiques et écologiques. Il s'agit pour l'essentiel des recours contre les divers arrêtés du préfet relatifs à la vie d'une installation classée, depuis l'arrêté initial autorisant l'exploitation jusqu'à l'arrêté ordonnant la remise en état des lieux après la cessation de l'activité, en passant par les arrêtés autorisant l'extension ou fixant des prescriptions techniques complémentaires. L'intérêt pour agir y est conçu d'une façon assez large, comme pour le recours pour excès de pouvoir : le recours peut être formé par l'exploitant lui-même ou par des tiers – par exemple des voisins ou des associations de protection de l'environnement. Le délai de recours est d'ailleurs variable : deux mois pour les exploitants, un an pour les tiers. Là encore, le juge a des pouvoirs très étendus puisqu'il peut non seulement annuler l'arrêté, mais aussi le réformer en modifiant directement son contenu. Il peut, par exemple, insérer dans l'arrêté de nouvelles prescriptions techniques à l'attention de l'exploitant, de manière à mieux assurer la sécurité de l'exploitation.

C | LE PLEIN CONTENTIEUX DES SANCTIONS

On peut regrouper ensemble deux types de contentieux qui obéissent à la même logique répressive et qui, par suite, sont tous deux soumis aux principes généraux du droit pénal (principe de légalité des délits et des peines, principe de rétroactivité des lois pénales plus douces ou encore principe *non bis in idem*). Ils sont de nature plutôt objective, puisque la sanction intervient dans l'intérêt général, mais comportent également des enjeux subjectifs, sous l'angle de la personne sanctionnée.

1/ Le *contentieux des sanctions administratives*

Le recours de pleine juridiction se développe depuis quelques années dans un domaine qui prend un certain essor : celui des sanctions administratives. Il s'agit non pas des sanctions disciplinaires infligées par l'administration à ses propres agents, lesquelles relèvent d'un recours pour excès de pouvoir, mais de mesures prises par les autorités administratives à l'égard de tiers. Dans un premier temps, ce sont surtout les sanctions administratives prononcées par des autorités administratives indépendantes qui ont été concernées. Les lois spécifiques qui les instituent ont souvent prévu des recours de pleine juridiction : tel est le cas des sanctions prononcées par le Conseil supérieur de l'audiovisuel ou par l'Autorité des marchés financiers.

Par sa décision, *Société Atom*, du 16 février 2009, le Conseil d'État a élargi cette solution à l'ensemble des sanctions infligées par l'administration à un tiers. L'existence d'un recours de pleine juridiction paraît ici répondre aux exigences de la jurisprudence de la Cour européenne des droits de l'homme, qui estime que le droit à un procès équitable est mieux garanti, en matière de sanction, lorsqu'un recours peut être formé devant un juge ayant plénitude de juridiction[152]. Le fait que le recours relève du plein contentieux et non de l'excès de pouvoir permet au juge de se placer, pour rendre sa décision, à la date du jugement et non à celle de la décision administrative contestée ; il peut ainsi prendre en compte, le cas échéant, les nouvelles dispositions qui auraient prévu des sanctions plus douces pour les faits en cause, en application du principe dit de « la rétroactivité *in mitius* ». Toutes les sanctions administratives relèvent désormais d'un recours de plein contentieux, comme a pu le confirmer le Conseil d'État à propos d'un litige relatif au permis à points : le retrait de points constitue en effet « une sanction que l'administration inflige à un administré[153] ».

2/ *Le contentieux répressif*

À la différence du contentieux précédemment évoqué, qui concerne les sanctions prononcées par une autorité administrative, il s'agit ici de l'hypothèse où le juge lui-même prononce directement une sanction. Cette dernière catégorie est beaucoup moins importante. Elle concerne essentiellement les contraventions de grande voirie. Il s'agit des atteintes portées au domaine public, à l'exclusion, depuis 1926, de celui des routes et des chemins. Dans ce cas, le juge administratif, à titre exceptionnel, peut infliger une amende ; il peut également condamner l'auteur du dommage à le réparer et à payer les frais du procès-verbal.

IV

L'EFFICACITÉ DU JUGE ADMINISTRATIF

Plusieurs réformes ont permis de mieux prendre en compte l'exigence d'effectivité du recours, qu'il s'agisse de l'introduction de nouveaux référés, permettant au juge d'intervenir dans des délais très brefs, ou de l'amélioration de l'effet des décisions du juge administratif. L'interpellation ancienne du professeur Jean Rivero a ainsi été entendue[154].

152. CEDH, 27 octobre 1987, *Boden et Pudas*.

153. Par un avis, *M. Berthaud*, rendu le 9 juillet 2010, le Conseil d'État, interrogé par le tribunal administratif de Lyon, a confirmé cette solution.

154. Jean Rivero, « Le Huron au Palais-Royal... », art. cité, p. 37-40.

A | LES RÉFÉRÉS

Au cours de l'instance, c'est-à-dire avant qu'un jugement ne soit rendu sur le fond d'une affaire, le juge peut prononcer des mesures provisoires lorsqu'il est saisi par la voie du référé. Sous réserve de la faculté de renvoyer à une formation collégiale, il siège comme juge unique, sans audition du rapporteur public. Il examine alors l'affaire qui lui est soumise selon une procédure d'urgence et rend sa décision, dénommée « ordonnance » et non pas « jugement », dans un délai très bref. Depuis la loi du 20 avril 2016, les affaires de référé complexes peuvent être jugées dans une formation composée de trois juges des référés.

De telles procédures existent de longue date. Ainsi, deux référés offrent au requérant la possibilité de rassembler des éléments pour préparer une future action en justice sur le fond, notamment en obtenant du juge la désignation d'un expert : le *référé-constat*, dans lequel l'expert se borne à constater les faits qui seraient susceptibles de donner lieu à un litige (article R. 531-1 du code de justice administrative) et le *référé-instruction* ou *référé-expertise*, qui permet de lui confier une véritable mission d'expertise des faits (article R. 532-1).

Les procédures d'urgence se sont considérablement développées depuis les années 1980. Le *référé-provision* a été introduit par un décret du 22 septembre 1988, actuellement codifié à l'article R. 541-1 du code de justice administrative. Procédure ancienne devant les juridictions civiles, il permet l'obtention provisoire d'une créance lorsque celle-ci n'est pas sérieusement contestée et que la discussion porte sur son seul montant. Une réforme importante a été opérée par le décret du 22 novembre 2000 : celui-ci a fait du référé-provision un recours autonome, en supprimant l'exigence d'un recours au fond. Désormais, le référé-provision n'est plus seulement une procédure d'attente, mais est devenu un véritable recours substantiel.

Le recours au *référé précontractuel* de l'article L. 551-1 du même code est, quant à lui, issu de la directive communautaire « recours » du 21 décembre 1989, transposée par une loi du 4 janvier 1992. Il permet, avant même la signature d'un contrat, d'obtenir du juge la suspension de la procédure de passation de ce dernier en cas de violation des obligations de publicité et de mise en concurrence. Ce référé est particulièrement efficace, puisque, à elle seule, son introduction a un caractère suspensif : dès la saisine du tribunal administratif, le contrat ne peut plus être signé (article L. 551-4). Une ordonnance du 7 mai 2009[155] est venue compléter cette réforme, en instaurant le *référé contractuel*, codifié aux articles L. 551-13 et

155. Ordonnance n° 2009-515 du 7 mai 2009 relative aux procédures de recours applicables aux contrats de la commande publique, transposant en droit interne la directive n° 2007/66/CE du Parlement européen et du Conseil du 11 décembre 2007 relative à l'amélioration de l'efficacité des procédures de recours en matière de passation des marchés publics.

suivants du code de justice administrative, qui est ouvert notamment lorsque, dans le cadre d'une « course à la signature », le pouvoir adjudicateur a signé le contrat alors que le juge était saisi d'un référé précontractuel. Il est dirigé contre le contrat lui-même, dont le juge peut prononcer la nullité[156].

Mais, si ces référés ont permis d'acclimater la juridiction administrative à l'urgence, ils n'avaient qu'un champ d'application limité. Il n'y avait pas d'équivalent, en procédure administrative, au référé civil, qui permet au juge d'ordonner « toutes les mesures qui ne se heurtent à aucune contestation sérieuse ou que justifie l'existence d'un différend » (article 808 du code de procédure civile). C'est pourquoi une importante loi du 30 juin 2000[157] a profondément réformé les référés en introduisant trois nouvelles procédures d'urgence : le référé-suspension, le référé-liberté et le référé-mesures utiles. Ces dispositions, insérées aux articles L. 511-1 et suivants du code de justice administrative, constituent le socle actuel des procédures de référé, qui se caractérisent par la rapidité et l'oralité : juge unique, le juge des référés statue dans des délais brefs et – à moins que l'indigence de la requête n'ait conduit à son rejet sans instruction, par une procédure dite « de tri » – après une audience publique.

Prévu par l'article L. 521-1 du code de justice administrative, le *référé-suspension* permet au juge d'ordonner la suspension de l'exécution d'un acte administratif, dans l'attente du jugement au fond. Il doit nécessairement être accompagné d'un recours en annulation de pouvoir, dont il est l'accessoire. Il permet d'atténuer la rigueur du caractère non suspensif du recours au fond. Il remplace l'ancien sursis à exécution, aux conditions plus strictes[158] et qui était plus long à obtenir. La suspension peut être prononcée lorsque, d'une part, l'urgence le justifie et qu'il existe, d'autre part, un doute sérieux quant à la légalité de l'acte contesté. La jurisprudence a précisé qu'il y a urgence lorsque l'exécution de l'acte administratif en cause « porte atteinte, de manière suffisamment grave et immédiate, à un intérêt public, à la situation du requérant ou aux intérêts qu'il entend défendre[159] ». De l'exigence d'un « doute sérieux » sur la légalité se déduit l'idée que le juge des référés est un « juge de l'évidence ». Après avoir déduit de cette considération qu'il n'appartenait pas normalement au juge des référés d'apprécier la conformité d'une loi à des engagements internationaux, le Conseil d'État a

156. Voir chapitre 18 : Les contrats de l'administration.

157. Loi n° 2000-597 du 30 juin 2000 relative au référé devant les juridictions administratives.

158. Il était nécessaire de prouver, notamment, que l'exécution immédiate de la décision administrative attaquée risquait d'entraîner un « préjudice difficilement réparable ».

159. CE, 19 janvier 2001, *Confédération nationale des radios libres*.

étendu son office, en jugeant que le juge des référés pouvait constater toute méconnaissance manifeste du droit de l'Union européenne[160] puis, plus largement, de l'ensemble des engagements européens et internationaux de la France[161]. Les ordonnances de référé-suspension prises par les juges des référés des tribunaux administratifs ne sont susceptibles que d'un pourvoi en cassation devant le Conseil d'État.

Le *référé-liberté*, codifié à l'article L. 521-2 du code de justice administrative, permet d'obtenir une décision du juge dans un délai de quarante-huit heures, lorsqu'il est porté à une liberté fondamentale une atteinte grave et manifestement illégale. Dans ce cas, le juge des référés dispose d'un large pouvoir, y compris celui d'injonction. Il peut « ordonner toutes mesures » nécessaires à la sauvegarde de la liberté en cause. Il peut par exemple ordonner à l'administration de prendre une mesure d'organisation de ses services – à condition toutefois que celle-ci conserve un caractère provisoire[162]. Il peut même aller au-delà des mesures provisoires, si cela est nécessaire pour assurer la sauvegarde d'une liberté fondamentale[163]. Les mesures qu'il lui revient de prescrire sont celles qui permettent de remédier rapidement à la méconnaissance d'une liberté fondamentale, qu'il s'agisse de dératiser une prison[164] ou d'assurer un minimum d'hygiène à des migrants[165]. En revanche il ne peut être demandé au juge du référé-liberté de prescrire des mesures réglementaires[166], moins encore de définir les orientations d'une politique publique[167]. La jurisprudence apprécie la condition d'urgence d'une manière plus stricte que dans le référé-suspension, s'agissant d'un référé qui suppose l'intervention d'un juge dans les quarante-huit heures. Précisant la notion de liberté fondamentale, le Conseil d'État en a retenu, pour la mise en œuvre de la procédure du référé-liberté, une large définition. Ont ce caractère les grandes libertés publiques traditionnelles, telles que la liberté d'aller et

160. Juge des référés du CE, 16 juin 2010, *Diakité*.

161. CE, 31 mai 2016, *Mme Gonzalez Gomez*. En outre, lorsqu'il s'agit de dispositions *réglementaires*, rien ne fait obstacle à ce qu'elles soient contestées au regard d'engagements internationaux (CE, 18 décembre 2015, *Société routière Chambard*, nº 389238).

162. Voir, à propos des conditions de détention dans une maison d'arrêt : CE, ordonnance du 30 juillet 2015, *Section française de l'Observatoire international des prisons*, nº 392043.

163. CE, 31 mai 2007, *Syndicat CFDT Interco*.

164. Juge des référés du CE, 22 décembre 2012, *Section française de l'Observatoire international des prisons*.

165. CE, 31 juillet 2017, *Ville de Calais*.

166. CE, 27 mars 2015, *Section française de l'Observatoire international des prisons*.

167. CE, 28 juillet 2017, *Section française de l'Observatoire international des prisons*.

venir[168] ou la liberté d'opinion[169]. Il en va de même des droits fondamentaux, tels que le droit d'asile[170], le droit de mener une vie familiale normale[171], le droit de propriété[172] ou le droit au respect de la vie[173]. La présomption d'innocence[174] et l'interdiction du travail forcé[175] sont également regardées comme des libertés fondamentales pour l'application du référé-liberté. Les libertés fondamentales existent aussi pour les personnes morales de droit public : la libre administration des collectivités territoriales en est un exemple[176]. La demande de référé-liberté n'est pas subordonnée à l'existence d'un recours principal devant le juge du fond. Le Conseil d'État est directement le juge d'appel des ordonnances prises en premier ressort après une audience.

Enfin, la loi du 30 juin 2000 a institué un *référé-mesures utiles*. Codifié à l'article L. 521-3 du code de justice administrative, il permet au juge d'ordonner, en cas d'urgence, toutes « mesures utiles ». Il est subordonné à une condition d'urgence et à l'exigence que la mesure demandée ne fasse pas obstacle à l'exécution d'une décision administrative. Remplaçant l'ancien référé conservatoire qui était issu d'une loi du 28 novembre 1955, il permet d'obtenir des mesures à caractère conservatoire, par exemple pour enjoindre à un maire de prendre un arrêté interruptif de travaux en cas de poursuite de travaux de construction en dépit de la suspension du permis de construire les autorisant[177].

B | L'EFFET DES DÉCISIONS DU JUGE ADMINISTRATIF

Les délais de jugement comme l'exécution des décisions du juge administratif ont connu des améliorations sensibles.

1/ *La réduction des délais de jugement*

La réalité de l'exercice du droit au recours dépend en partie du respect de délais raisonnables de jugement. Cette exigence se heurte cependant à un phénomène d'augmentation massive des recours

168. CE, 9 janvier 2001, *Deperthes.*
169. CE, 28 février 2001, *Casanovas.*
170. CE, 12 janvier 2001, *Mme Hyacinthe.*
171. CE, 30 octobre 2001, *Ministre de l'intérieur c/ Mme Tliba.*
172. CE, 21 novembre 2002, *GDF.*
173. CE, 16 novembre 2011, *Ville de Paris et société d'économie mixte PariSeine.*
174. Juge des référés du CE, 14 mars 2005, *Gollnisch.*
175. Juge des référés du CE, 3 mai 2005, *CFTC.*
176. CE, 18 janvier 2001, *Commune de Venelles.*
177. CE, 6 février 2004, *Masier.*

portés devant le juge administratif. Le nombre d'affaires enregistrées annuellement devant les tribunaux administratifs est passé de près de 70 000 en 1990 à plus de 230 000 en 2019, soit une multiplication par plus de 3 en trente ans[178], qui représente une augmentation continue de plus de 5 % par an. Il en est résulté un engorgement des tribunaux et, par voie de conséquence, un allongement des délais de jugement. La France a été condamnée à plusieurs reprises par la Cour européenne des droits de l'homme en raison de délais excessifs de jugement[179].

Affirmant le droit à un jugement dans un délai raisonnable comme découlant des « principes généraux qui gouvernent le fonctionnement des juridictions administratives », le juge administratif a ouvert la possibilité, dans le cas d'une durée excessive de traitement d'une affaire contentieuse, d'engager la responsabilité de l'État sur le fondement d'une faute simple[180]. Un décret du 28 juillet 2005 a confié au Conseil d'État la compétence en premier et dernier ressort pour les actions en responsabilité engagées contre l'État pour durée excessive d'une procédure devant une juridiction administrative, tandis qu'un décret du 19 décembre 2005 a prévu que la mission permanente d'inspection des juridictions administratives pouvait formuler des recommandations à la suite d'une décision accordant réparation pour délai excessif de jugement.

Plusieurs réformes, conjuguées à un renforcement des moyens ainsi qu'à un effort considérable des juridictions administratives, ont cependant permis de réduire de manière très significative les délais de jugement. Les cours administratives d'appel ont été mises en place par la loi du 31 décembre 1987. Après une première loi de programme pour la justice du 6 janvier 1995, la loi du 9 septembre 2002 d'orientation et de programmation pour la justice a prévu une augmentation du nombre d'emplois ainsi que la création de nouvelles juridictions administratives. De nouveaux tribunaux administratifs ont ainsi été créés, dont ceux de Toulon (2008) et de Montreuil (2009). Le nombre de juges en poste dans les cours et tribunaux administratifs a été porté de 300 à 1 220 entre 1980 et 2019. Des contrats pluriannuels d'objectifs ont été conclus le 9 septembre 2002 entre chacune des cours administratives d'appel et le vice-président du Conseil d'État, agissant ici en sa qualité de responsable de la gestion des juridictions administratives. Il convenait de programmer une augmentation progressive des moyens tout en responsabilisant les cours autour d'un objectif de réduction du stock des affaires en instance.

Les efforts ont également porté sur les méthodes de traitement des dossiers. Le recours aux ordonnances permettant de filtrer en

178. Source : Conseil d'État, *Rapport public,* 2020, p. 19.
179. Voir notamment CEDH, 24 octobre 1989, *H.*
180. CE, 28 juin 2002, *Garde des Sceaux c/ Magiera.*

amont du jugement les pourvois manifestement irrecevables et, plus globalement, le développement du juge unique ont contribué à la baisse des délais de jugement. Au Conseil d'État, la mise en œuvre de la procédure d'admission des pourvois en cassation, qui accélère considérablement le traitement des pourvois dépourvus de chances de succès, procède de la même logique. Le développement des référés, dont les délais sont extrêmement brefs et se comptent en jours, a permis d'améliorer la rapidité du traitement des affaires les plus urgentes. La loi du 17 mai 2011 de simplification et d'amélioration de la qualité du droit a par ailleurs réduit le champ d'intervention du rapporteur public en prévoyant que, dans certaines matières énumérées par décret en Conseil d'État, le président de la formation de jugement peut dispenser le rapporteur public de faire connaître à l'audience ses observations sur une requête lorsque la solution de l'affaire semble évidente ou ne soulève aucune question de droit nouvelle. Cette possibilité, validée par le Conseil constitutionnel[181] et qui ne vaut que pour les tribunaux et les cours, permet d'améliorer la célérité du jugement des affaires les plus simples portées devant ces juridictions.

Les réformes de procédure ont touché en particulier le contentieux de l'urbanisme, domaine particulièrement sensible aux enjeux de sécurité juridique et de célérité de la justice. En janvier 2018, un groupe de travail présidé par Christine Maugüé a rendu son rapport *Propositions pour un contentieux des autorisations d'urbanisme plus rapide et plus efficace*[182]. À sa suite, un décret du 17 juillet 2018 a fixé un délai impératif de dix mois pour les jugements relatifs aux permis de construire pour les bâtiments comportant plus de deux logements (article R. 600-6 du code de l'urbanisme). Il institue en outre un mécanisme dit de « cristallisation des moyens » : il n'est plus possible, pour le requérant, d'invoquer contre le permis de construire des moyens nouveaux, passé un délai de deux mois après la communication du premier mémoire en défense (R. 600-5 du code de l'urbanisme). Un décret du 26 décembre 2018 a prorogé jusqu'au 31 décembre 2022 la suppression de l'appel pour certains permis de construire (mesure déjà initiée en 2013, prévue à l'article R. 811-1-1 du code de justice administrative). Plusieurs mesures ont également été adoptées par loi ELAN du 23 novembre 2018, en particulier en vue de resserrer l'intérêt à agir : désormais, seules les associations existantes depuis plus d'un an peuvent former un recours contre une décision d'urbanisme (article L. 600-1-1 du code de l'urbanisme). Auparavant, il suffisait que les statuts de l'association soient déposés en préfecture avant l'affichage en mairie de la

181. CC, décision n° 2011-629 DC du 12 mai 2011.

182. *Propositions pour un contentieux des autorisations d'urbanisme plus rapide et plus efficace*, Rapport au ministre de la cohésion des territoires, 11 janvier 2018.

demande, ce qui permettait de créer une association spécialement dédiée à la contestation d'un projet. La loi ELAN consacre également une possibilité de régularisation : si le permis initial n'est censuré que partiellement par le juge, l'administration peut délivrer un nouveau permis rectifié, dit « de régularisation », et ce même après l'achèvement des travaux (article L. 600-5 du code de l'urbanisme).

Le tableau ci-après retrace l'activité des juridictions administratives en 2019. Il est à noter que, grâce à la fois à un accroissement des moyens et à l'adaptation des procédures, l'ensemble des juridictions équilibrent les entrées et les sorties et ont un stock d'affaires en instance inférieur à leur capacité annuelle de jugement. Le délai moyen de traitement des affaires est, en conséquence, inférieur à une année à tous les niveaux. Devant les *tribunaux administratifs*, le délai prévisible moyen de jugement des affaires en stock[183] est passé de 1 an, 2 mois et 5 jours en 2007 à 9 mois et 10 jours en 2019 ; devant le *Conseil d'État*, il est passé dans le même temps de 10 mois à 6 mois et 5 jours. La proportion d'affaires en stock enregistrées depuis plus de deux ans au Conseil d'État a également été réduite, passant de 9,9 à 2,3 % entre 2009 et 2019.

Tableau 1. *L'activité des juridictions administratives en 2019*

Statistiques 2019	TA	CAA	CE
Affaires enregistrées	231 280	35 684	10 216
Affaires jugées	223 229	34 260	10 320
Stock d'affaires en instance au 31 décembre 2019	173 792	30 892	5 323
Délai prévisible moyen	9 mois et 10 jours	10 mois et 25 jours	6 mois et 5 jours

Source : *Conseil d'État*, Rapport public, *2020, p. 15.*

2/ *L'amélioration de l'exécution des décisions juridictionnelles*

Les décisions du juge administratif étant revêtues de l'autorité de la chose jugée, aucun motif ne peut, en principe, entraver l'exécution d'une telle décision lorsqu'elle est devenue définitive. La Cour européenne des droits de l'homme a eu l'occasion d'affirmer que l'exécution des décisions juridictionnelles fait « partie intégrante du procès, au sens de l'article 6 » et découle donc du droit

183. Le délai prévisible moyen de jugement des affaires en stock est l'un des indicateurs de la mission budgétaire « Conseil et contrôle de l'État ». Il correspond au nombre de décisions en stock en fin d'année, divisé par la capacité annuelle de jugements de chaque type de juridiction. Cet indicateur doit cependant être mis en regard du délai moyen constaté pour les affaires ordinaires, qui reflète mieux les délais très élevés de certaines affaires au fond, notamment en matière de contentieux fiscal ou des marchés publics.

au recours[184]. De même, le Conseil constitutionnel a estimé que l'exécution d'un jugement constitue le corollaire du principe de séparation des pouvoirs et ne peut être écartée qu'en raison de circonstances exceptionnelles tenant à la sauvegarde de l'ordre public[185]. Le Conseil d'État considère que le retard de l'administration dans l'exécution d'une décision juridictionnelle constitue une faute susceptible d'engager sa responsabilité[186].

Pour autant, certaines décisions du juge administratif ne sont pas exécutées, ou le sont mal ou tardivement. Même si les cas sont relativement peu nombreux, il ne faut pas ignorer ce problème. L'exécution forcée des décisions de la justice administrative soulève une difficulté particulière. Normalement, la force publique est du côté du juge, conformément à l'image qui veut que la justice ait non seulement la balance, mais aussi le glaive. Si les décisions du juge civil ne sont pas exécutées, la police peut être chargée d'exécuter le jugement, par exemple pour l'expulsion du locataire. Si le juge pénal condamne une personne à aller en prison, la police, à nouveau, se chargera de l'arrêter. Mais il en va différemment pour le juge administratif. S'il condamne l'administration, il lui sera difficile de requérir la force publique, puisque cette dernière est à la disposition des autorités publiques. Par exemple, que faut-il faire si la police occupe illégalement un immeuble ?

Une première solution a été apportée avec l'institution d'une procédure spécifique permettant au justiciable bénéficiaire d'une décision non exécutée par l'administration de saisir la juridiction qui l'a prononcée. Au Conseil d'État, cette mission a été confiée à la commission du rapport créée en 1963, devenue, en 1985, section du rapport et des études, et plus spécialement, en son sein, à une cellule dite « d'exécution des décisions de justice ». Le dispositif a été déconcentré par la loi du 8 février 1995, qui a donné aux tribunaux administratifs et aux cours administratives d'appel compétence pour veiller à l'exécution de leurs propres décisions, sauf à renvoyer au Conseil d'État le traitement d'un dossier particulièrement délicat.

Dans un premier temps, la juridiction entame un dialogue avec l'administration concernée, ce qui suffit le plus souvent à régler les difficultés d'exécution. Toutefois, lorsque cette possibilité se révèle insuffisante, il est nécessaire de passer à une phase juridictionnelle. Le juge administratif dispose alors de deux instruments particulièrement efficaces. La loi du 16 juillet 1980 a tout d'abord donné au juge la possibilité de prononcer une astreinte en cas de non-exécution d'une décision juridictionnelle. Aujourd'hui codifiée à l'article L. 911-3 du code de justice administrative, cette faculté au

184. CEDH, 19 mars 1997, *Hornsby c/ Grèce.*

185. CC, décision n° 98-403 DC du 29 juillet 1998, *Loi d'orientation relative à la lutte contre les exclusions.*

186. CE, 16 novembre 1960, *Peyrat.*

fort pouvoir dissuasif consiste à condamner l'administration au paiement d'une certaine somme pour chaque jour de retard dans l'exécution d'un jugement[187]. La loi du 8 février 1995 a ensuite conféré au juge administratif un pouvoir d'injonction, introduit aujourd'hui aux articles L. 911-1 et suivants du code de justice administrative. Le juge peut désormais ordonner à l'administration de prendre toutes les mesures qu'implique sa décision. Cette faculté nouvelle met fin au principe ancien de prohibition des injonctions adressées à l'administration[188]. Le juge peut prescrire ces mesures soit d'emblée, dans le dispositif de sa décision initiale, soit à l'occasion d'une saisine ultérieure, après avoir constaté que l'administration a fait défaut dans l'exécution de son jugement. Se développe ainsi pour le juge administratif une nouvelle mission, celle d'un *juge de l'exécution*, qui consiste à préciser les modalités d'exécution de ses décisions. Selon les cas, il peut prescrire à l'administration soit de procéder à un réexamen de l'affaire, dans un délai déterminé, soit, allant plus loin, de prendre une décision dans un sens déterminé. Cette dernière modalité d'exécution peut par exemple consister à ordonner à l'administration de réintégrer un fonctionnaire évincé de manière irrégulière ou encore de délivrer un visa à un étranger[189].

Une décision d'assemblée, *Association les Amis de la Terre*, du 10 juillet 2020, a franchi un pas dans la mise en œuvre des astreintes. Dans cette affaire, relative aux carences persistantes de l'État dans l'application des règles européennes relatives à la prévention de la pollution de l'air, le Conseil d'État a retenu un montant d'astreinte sans commune mesure avec les sommes modestes jusque-là retenues, en enjoignant à l'État d'agir dans un délai de six mois et en assortissant cette injonction d'une astreinte de 10 millions d'euros par semestre de retard[190]. Le juge administratif a également précisé les règles de liquidation d'une telle astreinte. Afin d'éviter un enrichissement indu, le code de justice administrative prévoit que le juge peut décider qu'une fraction de l'astreinte liquidée ne sera pas versée au requérant. Interprétant de façon constructive les règles du code sur ce point, le Conseil d'État a décidé que, lorsqu'il choisit de ne pas affecter une fraction de l'astreinte au requérant, le juge peut prévoir, lorsque cela paraît nécessaire à l'exécution effective de sa décision, que cette fraction sera versée « à une personne morale de droit public disposant d'une autonomie suffisante à l'égard de l'État et dont les missions sont en rapport avec l'objet du litige ou à une personne morale de droit privé, à

187. Voir par exemple CE, 17 mai 1985, *Mme Menneret*.

188. CE, 27 janvier 1933, *Le Loir*.

189. CE, 4 juillet 1997, *Époux Bourezak*.

190. CE, ass., 10 juillet 2020, *Association les Amis de la Terre France et autres*, n° 428409.

but non lucratif, menant, conformément à ses statuts, des actions d'intérêt général également en lien avec cet objet ».

Le nombre des procédures engagées pour assurer l'exécution des décisions de justice est modeste au regard du nombre de décisions rendues. En 2019, 3 757 difficultés d'exécution ont été signalées pour l'ensemble de la juridiction administrative, 66 au Conseil d'État, 683 aux cours administratives d'appel et 3 008 aux tribunaux administratifs. Ces chiffres sont à rapprocher des 268 000 décisions environ rendues la même année par l'ensemble de ces juridictions[191] ; 80 % des affaires signalées ont été réglées en quelques mois. Ces éléments statistiques sont révélateurs d'un niveau d'exécution des décisions du juge administratif très satisfaisant.

La particularité de la justice administrative, partout dans le monde, est de sanctionner le pouvoir exécutif. En France, la justice administrative s'est dotée, d'une façon purement prétorienne, d'instruments très perfectionnés pour assurer la soumission de l'administration au droit. On prendra un dernier exemple pour illustrer ce propos. On fait parfois le reproche au gouvernement de tarder à prendre les décrets d'application des lois. Or il existe un moyen très simple de le contraindre à édicter de tels décrets, en combinant les diverses techniques de la procédure administrative contentieuse. Les personnes intéressées par l'objet de la loi – citoyens, association, entreprise, organisation professionnelle ou syndicale – peuvent d'abord demander au Premier ministre de prendre ce décret. Au-delà d'un silence de deux mois naîtra une décision implicite de refus. Les demandeurs pourront alors saisir le Conseil d'État d'un recours pour excès de pouvoir contre cette décision. L'annulation sera prononcée par le Conseil d'État, presque automatiquement, à partir du simple constat, purement objectif, qu'un délai raisonnable a été dépassé depuis l'adoption de la loi. Si les requérants ont pris soin d'inclure dans leurs conclusions une demande d'injonction et d'astreinte, alors la décision du juge pourra non seulement annuler le refus de prendre un décret d'application de la loi, mais en outre enjoindre au gouvernement de prendre ce décret[192], en assortissant le cas échéant son injonction d'une astreinte[193].

Il faut bien mesurer que, s'agissant du contrôle juridictionnel de l'État, de tels pouvoirs ne sont pas donnés à tous les juges dans le monde. Un pays dans lequel le juge peut ordonner au Premier ministre, sous astreinte, de prendre un décret est une démocratie vivante, un véritable État de droit.

191. Source : *Rapport public 2020 du Conseil d'État*, p. 128.

192. CE, 26 juillet 1996, *Association lyonnaise de protection des locataires*, prescrivant de prendre dans le délai d'un an les décrets d'application des dispositions du code de la construction et de l'habitat relatives à l'aide personnalisée au logement.

193. CE, 13 janvier 1997, *Viscontini*, ordonnant au gouvernement de pourvoir à l'application de la loi dans un délai d'exécution de six mois, assorti, à son expiration, d'une astreinte de 1 000 francs par jour de retard.

Chapitre 27

Le juge constitutionnel

Malgré l'existence de réticences initiales face à l'idée d'un « juge de la loi », la justice constitutionnelle s'est progressivement développée, sous diverses formes, aux États-Unis et en Europe. En France, le Conseil constitutionnel a vu sa mission profondément modifiée en cinquante ans, entre 1958, date de sa création, et 2008, date d'introduction de la question prioritaire de constitutionnalité. Il exerce aujourd'hui de larges attributions.

I

L'ÉMERGENCE DE LA JUSTICE CONSTITUTIONNELLE EN EUROPE

L'affirmation de la suprématie de la Constitution sur les autres normes resterait purement théorique si elle n'était accompagnée de mécanismes procéduraux permettant au juge de contrôler et, le cas échéant, de sanctionner le respect des normes constitutionnelles. Telle est l'idée développée par Hans Kelsen dans un article publié dans la *Revue de droit public* dès 1928, sous le titre évocateur de « La garantie juridictionnelle de la Constitution »[1]. S'agissant de la

1. Cet article s'inscrivait dans le cadre de la controverse doctrinale relative au gardien de la Constitution, qui a opposé Hans Kelsen à Carl Schmitt durant la République de Weimar. Ce dernier pensait qu'une telle mission revenait à un organe politique (mais non partisan), comme le chef de l'État, et non pas à un juge.

loi, la mise en place d'une telle garantie s'est initialement heurtée à des réticences, compte tenu du principe de souveraineté parlementaire et de la séparation des pouvoirs. Une convergence est toutefois progressivement apparue sur l'idée que l'accomplissement de l'État de droit devait conduire à instituer un contrôle juridictionnel non seulement des actes de l'exécutif, mais aussi de ceux du Parlement. Par des voies diverses, ce résultat a été atteint dans la plupart des pays européens.

A | LES RÉTICENCES INITIALES

Il importe d'abord de bien distinguer ici selon le type d'acte contrôlé, pour ne pas commettre d'erreur de perspective. L'importance de la difficulté – et les modalités du contrôle – varie selon qu'est en cause la constitutionnalité de la loi, d'un acte administratif ou d'un acte de droit privé. Dans les deux derniers cas, l'exigence d'une garantie juridictionnelle ne pose guère de problème. Le juge administratif est pleinement compétent pour assurer le contrôle de constitutionnalité des actes administratifs, dans l'hypothèse où une loi ne s'interpose pas entre ces derniers et la Constitution. Les exemples abondent, dans la jurisprudence, d'arrêts dans lesquels le Conseil d'État sanctionne le respect par les actes administratifs de la Constitution, qu'il s'agisse des articles 34 et 37 (domaines respectifs de la loi et du règlement), des articles 13 et 21 (répartition des compétences entre le président de la République et le Premier ministre) ou encore des principes constitutionnels touchant aux droits et libertés (principe d'égalité, liberté d'association, etc.). La jurisprudence administrative contribue ainsi à l'interprétation de la Constitution en précisant, au cas par cas, la portée de ces normes constitutionnelles. De même, le juge judiciaire veille au respect des principes constitutionnels par les actes de droit privé, en particulier les contrats. C'est ainsi qu'en toute rigueur, on doit considérer qu'il y a, en France, non pas un mais plusieurs juges constitutionnels, qui varient selon l'acte contrôlé.

En revanche, une difficulté particulière se présente en ce qui concerne la constitutionnalité de la loi. Le principe de séparation des pouvoirs a été interprété comme interdisant à une juridiction de juger de la validité des actes du législateur. La loi, « expression de la volonté générale », selon la définition rousseauiste reprise à l'article 6 de la Déclaration de 1789, ne saurait connaître de limitations. Comment concilier la tradition légicentriste, dans laquelle le juge est la « bouche de la loi » selon la formule de Montesquieu, avec l'idée d'un juge de la loi ? Dans une décision du 23 août 1985, *Évolution de la Nouvelle-Calédonie*, le Conseil constitutionnel a employé une belle formule pour fonder le dépassement de cette contradiction : « La loi n'exprime la volonté générale que dans le respect de la Constitution. » Mais cette affirmation est le point d'aboutissement d'une longue évolution : au départ, la faculté pour un juge d'écarter la loi n'allait pas de soi.

B | LES DEUX MODÈLES DE JUSTICE CONSTITUTIONNELLE

Ces difficultés ont été surmontées différemment selon les traditions juridiques. Deux grands modèles de justice constitutionnelle se sont affirmés : le modèle américain, celui d'un contrôle *diffus* exercé par l'ensemble des juridictions, d'une part ; le modèle européen, d'un contrôle *concentré* entre les mains d'une juridiction constitutionnelle spécialisée, d'autre part.

La Cour suprême des États-Unis a estimé très tôt, à l'occasion de son fameux arrêt de 1803, *Marbury v. Madison*, que chaque juge avait la faculté d'écarter une loi contraire à la Constitution. Pour écarter l'objection tirée de la séparation des pouvoirs, l'opinion rédigée à cette occasion par le juge Marshall rattache ce pouvoir à la nécessité, pour le juge, de choisir le texte applicable au litige : « C'est par excellence le domaine et le devoir du pouvoir judiciaire de dire ce qu'est le droit. [...] Lorsque deux lois sont en conflit, le juge doit décider laquelle des deux s'applique. » Si une loi est en opposition avec la Constitution, il doit alors « décider de l'affaire conformément à la Constitution et écarter la loi ». Ce contrôle revêt deux caractères : il est diffus, puisqu'il appartient à toute juridiction, fédérale ou étatique ; il est concret, puisqu'il est exercé *a posteriori*, à l'occasion de l'application de la loi, dans le cadre d'un litige particulier (et non pas *a priori*, dès le vote de la loi). Certes, la décision rendue par le juge n'a alors que l'autorité *relative* de la chose jugée, puisque la censure de la loi est en principe limitée au litige en cause. Mais sa portée est accrue, dans un système de *common law*, par la règle du précédent, en vertu de laquelle les tribunaux se conforment aux décisions antérieures. Ainsi, même si la Cour suprême n'annule pas formellement une loi, elle en paralyse l'application pour l'avenir, en raison de la valeur de son arrêt.

En Europe, c'est le modèle d'une justice constitutionnelle spécialisée qui a prévalu. Proposé par le juriste autrichien Hans Kelsen, il a été retenu dès 1920 en Tchécoslovaquie et en Autriche, puis a progressivement été adopté par de nombreux États, en trois vagues. Au lendemain de la seconde guerre mondiale, il a d'abord été implanté en Italie (1948), puis en Allemagne (1949), dans le dessein clairement affirmé d'empêcher la survenance de toute nouvelle dictature. Le modèle s'est ensuite étendu aux autres pays d'Europe de l'Ouest, en France (1958), au Portugal (1976), en Espagne (1978) ou encore en Belgique (1980). Il s'est enfin développé en l'Europe de l'Est, au fur et à mesure de l'effondrement des régimes communistes, en Pologne (1985), en Hongrie (1989), en Russie, en Roumanie, en Bulgarie et en Slovénie (1991) ou encore en Ukraine (1996). Si quelques pays continuent d'ignorer la justice constitutionnelle, comme le Royaume-Uni, le Danemark, les Pays-Bas, la Finlande ou encore la Suisse, ils font figure d'exception. Le fait saillant de l'histoire du droit constitutionnel au XXe siècle est ainsi l'apparition des cours constitutionnelles.

Cette extension géographique coïncide avec une évolution des finalités du contrôle de constitutionnalité des lois. D'abord conçu comme un contrôle abstrait et objectif des normes, dans le cadre d'un recours direct contre la loi devant la Cour constitutionnelle, il était réservé à certaines autorités politiques et visait à assurer le respect de l'ordonnancement juridique. Il s'est peu à peu orienté vers des recours plus subjectifs, ouverts aux citoyens, permettant de protéger les droits fondamentaux, soit dans le cadre d'une action directe contre la loi, soit, plus souvent, par le biais de questions préjudicielles posées par les juridictions ordinaires.

Aujourd'hui, ces diverses modalités du contrôle se combinent d'une façon variable selon les États : abstrait ou concret, *a priori* ou *a posteriori*, par voie d'action ou par voie d'exception. En Autriche, la Constitution ne prévoyait, en 1920, qu'un recours direct contre les lois des *Länder*, ouvert au gouvernement fédéral ; progressivement, une faculté de question préjudicielle a été ouverte au profit de certaines juridictions[2]. En Allemagne, un recours individuel direct contre une loi, un mécanisme de renvoi préjudiciel par les juridictions ordinaires et, modalité originale, un recours individuel direct contre les décisions des juridictions coexistent. En Italie, le recours direct est possible dans certains cas particuliers, mais la voie prédominante de saisine de la Cour constitutionnelle est celle du renvoi préjudiciel par les juridictions ordinaires. L'Espagne connaît ces divers types de saisine, auxquelles s'ajoute une voie particulière, l'*amparo*, un recours qui permet à tout citoyen de saisir le Tribunal constitutionnel de tout acte – qu'il soit administratif ou juridictionnel – qui méconnaîtrait ses droits fondamentaux.

La compétence de la juridiction constitutionnelle peut porter non seulement sur la constitutionnalité des lois étatiques, mais également sur celle des lois des *Länder* (Allemagne, Autriche), des régions (Italie), des communautés autonomes (Espagne), voire des actes administratifs (Autriche[3], Espagne).

2. D'abord réservée aux juridictions suprêmes lors de sa création en 1929, cette procédure de renvoi préjudiciel a été étendue aux juridictions ordinaires de seconde instance en 1975.

3. Dès 1920, la compétence de la Cour constitutionnelle autrichienne portait sur tout sur les règlements administratifs : un mécanisme de question préjudicielle permettait aux juridictions ordinaires de saisir la Cour lorsqu'un requérant contestait

Par ailleurs, les juges constitutionnels se voient parfois confier des missions d'arbitrage entre les pouvoirs publics, et cela tant au niveau de la répartition des compétences entre l'État fédéral et les entités fédérées (Allemagne et Belgique notamment) que s'agissant du fond du droit. En Allemagne, la procédure du litige inter-organes permet ainsi à des organes constitutionnels (comme le président, le gouvernement et le Parlement) et leurs démembrements (comme les groupes parlementaires) de demander à la Cour constitutionnelle fédérale de statuer sur l'interprétation donnée à la Loi fondamentale. Des compétences similaires sont reconnues au juge constitutionnel en Italie, en Espagne ou en Roumanie[4].

Malgré cette diversité, les États européens ont en commun d'avoir choisi, dans leur grande majorité[5], de se doter d'un système de contrôle concentré, et non diffus. La faculté de censurer la loi est apparue suffisamment grave pour devoir être confiée à une juridiction spécialement créée à cet effet. Comme le montre Hans Kelsen, celle-ci est un organe de nature juridictionnelle, et non politique, puisqu'elle se borne à statuer en droit et ne dispose pas de la même liberté de création que le législateur ; elle exerce toutefois le pouvoir considérable d'annuler la loi et s'apparente ainsi, selon la formule du juriste de Vienne, à un « législateur négatif ».

Même si la distinction entre lois et actes de l'exécutif n'y a pas la même portée, l'Union européenne n'échappe pas à la nécessité d'un contrôle des actes législatifs. La Cour de justice a affirmé, dans l'arrêt *Les Verts* du 23 avril 1986, que la Communauté européenne est une « communauté de droit en ce que ni ses États membres ni ses institutions n'échappent au contrôle de la conformité de leurs actes à la charte constitutionnelle de base qu'est le traité ». Elle en a déduit que les actes du Parlement devaient pouvoir faire l'objet d'un recours en annulation.

devant elles la constitutionnalité d'un règlement administratif. Par comparaison, rappelons qu'en France, cette compétence est exercée non seulement par le Conseil d'État, mais également par tout juge administratif. En effet, en vertu du principe selon lequel il n'y a pas de question préjudicielle à l'intérieur d'un ordre de juridiction, un tribunal administratif est parfaitement compétent pour statuer sur la validité d'un règlement lorsque celle-ci est contestée devant lui de façon incidente, à l'occasion d'un litige contre une décision individuelle, et ce, y compris dans l'hypothèse où un recours direct exercé contre ce règlement relèverait normalement de la compétence du Conseil d'État.

4. Élise Carpentier, « La résolution juridictionnelle des conflits entre organes constitutionnels », *Revue internationale de droit comparé*, 59 (4), 2007, p. 805-832.

5. Même si certains États européens, comme la Grèce, connaissent un système de contrôle diffus, exercé dans chaque affaire et par tous les juges, ce qui conduit certains auteurs à relativiser aujourd'hui l'opposition entre modèles américain et européen (voir Louis Favoreu et Wanda Mastor, *Les Cours constitutionnelles*, Paris, Dalloz, coll. « Connaissance du droit », 2011).

II

L'AFFIRMATION PROGRESSIVE D'UNE VÉRITABLE JURIDICTION CONSTITUTIONNELLE EN FRANCE

En France, la justice constitutionnelle a fait son apparition d'une façon progressive.

A | LES PRÉCÉDENTS HISTORIQUES

L'introduction d'un contrôle de constitutionnalité des lois par la Constitution de 1958 n'est pas totalement dépourvue de précédents. En 1795, Sieyès défend l'idée d'un « jury constitutionnaire » ou « jury de constitution »[6], précurseur des juridictions constitutionnelles en Europe : « Une constitution est un corps de lois obligatoires, ou ce n'est rien ; si c'est un corps de lois, on se demandera où sera le gardien, où sera la magistrature de ce code[7] ? ». Composé de cent huit parlementaires, renouvelable par tiers chaque année, pouvant être saisi par tout citoyen, il serait chargé d'annuler les lois contraires à la Constitution. D'une étonnante modernité, le projet de Sieyès prévoit que « les actes déclarés inconstitutionnels par arrêt du jury constitutionnaire sont nuls et comme non avenus ». Cette proposition suscite un vif débat, finalement emporté par les adversaires de Sieyès, qui demandent « qui gardera le gardien » de la Constitution[8].

Le Premier et le Second Empire instituent un « Sénat conservateur » chargé de veiller au respect de la Constitution, compétent pour annuler « les actes qui lui sont déférés comme inconstitutionnels par le Tribunat ou par le gouvernement » (article 21 de la Constitution de l'an VIII). Mais, privé de toute indépendance par rapport à l'autorité politique, soumis à l'exécutif, ce Sénat conservateur dessert durablement l'idée d'un contrôle de constitutionnalité.

6. Sieyès le désigne parfois sous l'appellation francisée de « jurie constitutionnaire », mais l'expression employée dans son projet est bien celle de « jury constitutionnaire ».

7. « Opinion sur les attributions et l'organisation du jury constitutionnaire », présentée à la Convention nationale dans la séance du 18 thermidor an III (5 août 1795).

8. Antoine Thibaudeau, président du Conseil des Cinq-Cents, relève : « Ce pouvoir monstrueux serait tout dans l'État et en voulant donner un gardien aux pouvoirs publics, on leur donnerait un maître qui les enchaînerait pour les garder facilement » (*Le Moniteur,* 1er fructidor an III [18 août 1795]).

Quant aux juges ordinaires, ils continuent d'écarter toute forme de contrôle par eux de la constitutionnalité des lois. Au début de la monarchie de Juillet, la Cour de cassation juge ainsi « qu'une loi délibérée et promulguée dans les formes constitutionnelles ne peut être attaquée devant les tribunaux pour cause d'inconstitutionnalité[9] ».

Sous la Troisième République, le contrôle de constitutionnalité est difficile à envisager. Certes, le débat est lancé autour du modèle autrichien de justice spécialisée. Charles Eisenmann, disciple de Kelsen, a soutenu sa thèse en 1928, *La Justice constitutionnelle et la Haute Cour constitutionnelle d'Autriche*. Une majorité de la doctrine, avec Maurice Hauriou, se prononce plutôt en faveur du modèle américain de contrôle diffus : celui-ci semble porter une atteinte moins directe à la séparation des pouvoirs, puisque le juge se borne à refuser ponctuellement d'appliquer la loi, à l'occasion d'un procès, sans l'annuler formellement. Toutefois, certains craignent l'émergence d'un « gouvernement des juges », selon la formule d'Édouard Lambert[10]. En outre, les lois constitutionnelles de 1875 sont très procédurales, dépourvues de préambule et de déclaration des droits. Le débat est tranché par le Conseil d'État qui, sans fermer la porte à toute possibilité d'évolution, confirme, dans son arrêt *Arrighi* du 6 décembre 1936, l'incompétence du juge pour statuer sur l'inconstitutionnalité de la loi : « En l'état actuel du droit public français, ce moyen n'est pas de nature à être discuté devant le Conseil d'État statuant au contentieux. » En 1946, la Constitution de la Quatrième République crée un Comité constitutionnel. Composé de treize membres et présidé par le président de la République, il est seulement chargé d'examiner si « les lois votées par l'Assemblée nationale supposent une révision de la Constitution ». Le dispositif est un échec : effacé dans la pratique, ce Comité constitutionnel n'est saisi qu'une seule fois, en 1948, sur une question de procédure.

B | LA NAISSANCE ET L'ÉVOLUTION DU CONSEIL CONSTITUTIONNEL

En 1958, la création du Conseil constitutionnel est donc une véritable innovation. Toutefois, initialement, le nouvel organe est limité à un rôle purement procédural. Conçu avant tout comme le gardien des règles du parlementarisme rationalisé et, tout particulièrement, des domaines respectifs de la loi et du règlement, il est

9. Cass., 11 mai 1833, *Paulin*.

10. Édouard Lambert, *Le Gouvernement des juges et la lutte contre la législation sociale aux États-Unis*, Paris, Giard, 1921.

considéré, par les auteurs de la Constitution, comme une « arme contre la déviation du régime parlementaire », étant entendu qu'il n'est « ni dans l'esprit du régime parlementaire ni dans la tradition française de donner à la justice, c'est-à-dire à chaque justiciable, le droit d'examiner la valeur de la loi[11] ». Le Conseil constitutionnel lui-même, durant ses premières années, se cantonne à un rôle limité : il se définit, dans les motifs de sa décision *Loi référendaire*, du 6 novembre 1962, comme un simple « organe régulateur de l'activité des pouvoirs publics ». Les opposants du général de Gaulle voient une abdication dans cette décision écartant la compétence du Conseil constitutionnel pour connaître des lois référendaires : le président du Sénat, Gaston Monnerville, va jusqu'à affirmer que « le Conseil constitutionnel vient de se suicider[12] ».

Trois grandes étapes vont marquer l'élargissement progressif des missions du Conseil constitutionnel et de sa place dans les institutions : 1971, 1974, puis 2008.

1/ *1971 : l'élargissement du contrôle aux droits fondamentaux*

Par sa décision *Liberté d'association*, du 16 juillet 1971, le Conseil constitutionnel élargit le bloc de constitutionnalité aux droits fondamentaux. Jusqu'à cette date, il se limitait à vérifier la conformité aux seuls articles de la Constitution, lesquels contiennent essentiellement des dispositions d'ordre procédural. Avec cette décision, le Conseil constitutionnel reconnaît la valeur juridique du préambule de la Constitution de 1958 et, par voie de conséquence, celle des textes auxquels il renvoie. Peuvent désormais être invoqués devant lui la Déclaration des droits de l'homme de 1789, les principes économiques et sociaux consacrés par le Préambule de 1946 ainsi que les « principes fondamentaux reconnus par les lois de la République » évoqués par ce dernier. Ouverte désormais au respect des droits fondamentaux, la nature de la mission du Conseil constitutionnel s'en trouve profondément transformée.

2/ *1974 : la saisine parlementaire, nouveau droit de l'opposition*

La révision constitutionnelle du 29 octobre 1974 vient élargir la possibilité de saisine à soixante députés ou à soixante sénateurs. Auparavant, seules quatre autorités pouvaient déférer la loi au Conseil constitutionnel : le président de la République, le Premier ministre et les présidents des deux assemblées. Les saisines restaient relativement rares : de 1958 à 1975, le Conseil a reçu soixante saisines, soit une moyenne de trois à quatre par an. Avec la révision

11. Discours de Michel Debré, garde des Sceaux, devant le Conseil d'État, 27 août 1958.

12. Déclaration au journal *Le Monde*, 8 novembre 1962.

de 1974, l'opposition parlementaire dispose d'un nouvel instrument, lui permettant de contester la constitutionnalité d'une loi adoptée par la majorité gouvernementale. On peut y voir une illustration de la théorie de la démocratie de Kelsen, selon laquelle la minorité parlementaire, pour ne pas être assujettie à la majorité, doit pouvoir saisir le juge constitutionnel[13].

Cette faculté sera souvent utilisée, faisant ainsi de l'intervention du Conseil constitutionnel un enjeu du débat politique. De nombreuses grandes réformes sont portées devant le juge constitutionnel, qu'il s'agisse – pour donner quelques exemples – de l'interruption volontaire de grossesse (décision du 15 janvier 1975), de la politique pénale (décision du 20 janvier 1981, *Loi sécurité liberté*), des nationalisations (décision du 16 janvier 1982, *Loi de nationalisation*), de la décentralisation (décision du 25 février 1982, *Loi de décentralisation,* ou, censurant la reconnaissance d'un « peuple corse », décision du 9 mai 1991, *Statut de la collectivité territoriale de Corse*), des privatisations (décision du 26 juin 1986, *Privatisations*), du statut de l'audiovisuel (domaine qui a fait l'objet de nombreuses décisions : 25 juillet 1982, 18 septembre 1986, 17 janvier 1989, puis 3 mars 2009), de l'immigration (décision du 13 août 1993, *Maîtrise de l'immigration*), des lois de bioéthique (décision du 27 juillet 1994 affirmant que la dignité de la personne humaine est un principe de valeur constitutionnelle), du pacte civil de solidarité (décision du 9 novembre 1999) et du mariage pour tous (décision du 17 mai 2013) ou encore de la politique fiscale (décision du 29 décembre 2012, *Loi de finances pour 2013*, censurant le projet de taxation à 75 % des hauts revenus).

3/ *2008 : la saisine par les justiciables*

Enfin, avec l'introduction de la question prioritaire de constitutionnalité (QPC) par la révision constitutionnelle du 23 juillet 2008, le Conseil constitutionnel peut désormais être saisi par tout justiciable, par l'intermédiaire des juridictions suprêmes. Auparavant chargé d'un contrôle par voie d'action et *a priori* de la norme, il s'est vu confier l'exercice d'un contrôle par voie d'exception et *a posteriori* de la loi, au moment de son application.

Cette nouvelle attribution a renforcé la juridictionnalisation du Conseil constitutionnel. La procédure suivie devant lui a été modifiée pour se conformer aux principes traditionnels du procès équitable, tels que le contradictoire et la publicité des audiences. Symétriquement, toute juridiction ordinaire est désormais susceptible d'être saisie de questions constitutionnelles. Ainsi, la QPC

13. *La démocratie. Sa nature – Sa valeur,* Paris, Sirey, 1932 [2e éd.], p. 86-87 notamment.

consolide la place du Conseil constitutionnel dans la justice française en même temps qu'elle renforce celle de la Constitution dans l'édifice normatif appliqué par tous les juges. La nature de juridiction du Conseil constitutionnel, qui était parfois discutée, est désormais incontestable. Même s'il n'en porte pas le nom, il remplit aujourd'hui les fonctions d'une véritable cour constitutionnelle[14].

C | LA COMPOSITION DU CONSEIL CONSTITUTIONNEL

En vertu de l'article 56 de la Constitution, le Conseil constitutionnel est composé de membres nommés et de membres de droit.

1/ *Les membres nommés*

Le Conseil constitutionnel comprend d'abord neuf membres nommés par le président de la République, le président de l'Assemblée nationale et le président du Sénat, à raison de trois membres chacun. La durée du mandat, fixée à neuf ans, permet un recul par rapport aux événements politiques. Le Conseil est renouvelé par tiers tous les trois ans, ce qui favorise la stabilité de l'institution. Le mandat n'est pas renouvelable, gage d'indépendance vis-à-vis des autorités de nomination. On a pu parler du nécessaire « devoir d'ingratitude » des membres envers ceux qui les ont nommés[15]. Le président du Conseil constitutionnel est nommé par le président de la République parmi ses membres. En pratique, le chef de l'État le choisit toujours parmi les membres qu'il nomme, mais il pourrait, théoriquement, le désigner parmi les autres membres.

En Europe, la majorité des cours constitutionnelles sont soumises à des nominations relevant également des autorités politiques. Les juges sont toutefois le plus souvent nommés au moins en partie par les assemblées parlementaires. Dans la plupart des États, est exigée une majorité qualifiée, souvent des deux tiers (Allemagne, Italie), voire des trois cinquièmes (Espagne), afin que les juges ne soient pas désignés par une simple majorité gouvernementale. Ainsi, en Allemagne, les seize membres de la Cour constitutionnelle fédérale sont élus pour moitié par le Bundestag et pour l'autre moitié par le Bundesrat, à la majorité des deux tiers dans les deux cas. En pratique, le consensualisme allemand aboutit à ce que

14. Le président Badinter a d'ailleurs proposé, lors de la révision du 23 juillet 2008, de donner au Conseil l'appellation de « cour constitutionnelle », mais il n'a pas été suivi par les assemblées.

15. Formule dont la paternité est attribuée, selon les sources, au doyen Vedel ou au président Badinter.

les partis représentés au Bundestag se répartissent un quota de nominations en fonction de leur importance numérique respective, alors qu'au Bundesrat, cette mission incombe aux ministres de la Justice. En Autriche, la Cour constitutionnelle comporte quatorze membres, dont huit nommés par le gouvernement fédéral, trois par le Conseil national et trois par le Conseil fédéral. En Belgique, les douze membres de la Cour sont nommés à vie par le roi, sur des listes établies par les chambres à la majorité des deux tiers. En Espagne, huit des douze juges du Tribunal constitutionnel sont nommés par les chambres, à la majorité des trois cinquièmes, deux par le gouvernement et deux par le Conseil général du pouvoir judiciaire. En Italie, les quinze membres de la Cour constitutionnelle sont désignés à raison d'un tiers par le Parlement (lors d'une réunion commune des deux chambres à la majorité des deux tiers), un tiers par le président de la République et un tiers par les juridictions suprêmes (Cour de cassation, Conseil d'État et Cour des comptes).

À la différence de la plupart de ses voisins, la France a donc choisi de confier cette attribution aux présidents des assemblées plutôt qu'aux parlementaires eux-mêmes. Le constituant de 1958 semble ainsi avoir fait le pari de la sagesse et de la mesure de ces autorités de nomination, afin d'éviter les tractations entre groupes parlementaires auxquelles l'intervention des assemblées risquerait parfois d'aboutir. La révision constitutionnelle du 23 juillet 2008 a toutefois introduit un droit de regard parlementaire sur la nomination des membres, en soumettant celle-ci à l'avis de la commission compétente dans chaque assemblée[16]. Le mécanisme repose sur un droit de veto : une nomination est impossible lorsque l'addition des votes négatifs dans chaque commission représente au moins trois cinquièmes des suffrages exprimés au sein des deux commissions. Les nominations effectuées par les présidents de chaque assemblée sont subordonnées au seul avis de la commission permanente compétente de la chambre concernée (laquelle ne peut donc s'opposer à une nomination qu'à une majorité des trois cinquièmes).

Les membres du Conseil constitutionnel ne sont soumis à aucune condition de nomination, contrairement à la plupart des juges des cours constitutionnelles en Europe, où des compétences juridiques sont le plus souvent requises (Autriche, Belgique, Italie, Espagne et Portugal notamment), conformément à la recommandation émise par Kelsen lui-même en 1928. Ainsi, en Allemagne, trois des membres de chaque sénat de la Cour constitutionnelle fédérale doivent provenir de l'une des juridictions supérieures. Concrètement, les candidats sont, le plus souvent, soit des juges, soit des universitaires, même s'ils sont fréquemment membres d'un parti politique.

16. L'article 56 de la Constitution renvoie sur ce point à la procédure prévue à l'article 13. La loi organique n° 2010-838 du 23 juillet 2010 relative à l'application du cinquième alinéa de l'article 13 de la Constitution précise que la commission compétente est la commission chargée des lois constitutionnelles.

En France, l'introduction de ce type d'exigences pourrait se justifier par la juridictionnalisation croissante de l'institution. Toutefois, en pratique, la grande majorité des personnalités qui ont été nommées avaient une formation juridique ou disposaient d'une expérience dans le domaine du droit. Le président actuel du Conseil constitutionnel, Laurent Fabius, a commencé sa carrière professionnelle comme membre du Conseil d'État, tandis que son prédécesseur, Jean-Louis Debré, avant d'exercer de hautes responsabilités politiques, avait été magistrat. Jusqu'en 2016, le Conseil comptait en son sein Renaud Denoix de Saint Marc, ancien vice-président du Conseil d'État, et Guy Canivet, ancien premier président de la Cour de cassation. En 2021, figurent parmi ses membres Nicole Maestracci, ancien premier président de cour d'appel (nommée en 2013), Claire Bazy-Malaurie, ancien président de chambre à la Cour des comptes (nommée en 2010, d'abord pour trois ans pour terminer le mandat d'un membre décédé en cours de mandat, puis à nouveau en 2013) et Michel Pinault, ancien président de section au Conseil d'État (nommée en 2016).

2/ *Les membres de droit*

À côté des membres nommés, la Constitution prévoit que les anciens présidents de la République sont, à vie, membres de droit du Conseil constitutionnel. Cette disposition était motivée, en 1958, par l'intention de faire bénéficier cette institution de l'expérience des anciens chefs de l'État, tout en leur conférant un statut digne de leurs anciennes fonctions. Elle est aujourd'hui discutée. Elle constitue une exception française, qui soulève depuis l'origine des difficultés. Si René Coty y a siégé jusqu'à son décès, en 1962, Vincent Auriol n'a pas accepté d'y participer. Le général de Gaulle n'a pas usé de cette faculté en 1969. Des trois anciens présidents aujourd'hui membres de droit, Valéry Giscard d'Estaing, Nicolas Sarkozy et François Hollande, seul le président Giscard d'Estaing prend part aux activités du Conseil – à l'exception, selon sa décision, des questions prioritaires de constitutionnalité. Pour des raisons de santé, Jacques Chirac ne s'y rendait plus ; en juillet 2013, Nicolas Sarkozy a pris la décision de ne plus y siéger[17] ; François Hollande n'envisage pas de le faire.

Compte tenu du rôle politique majeur du président de la République dans les institutions de la Cinquième République, la participation des anciens présidents de la République paraît en vérité de

17. Le 4 juillet 2013, Nicolas Sarkozy a annoncé sa « démission » immédiate « afin de retrouver sa liberté de parole » après la décision du Conseil constitutionnel du même jour confirmant le rejet du compte de sa campagne à l'élection présidentielle de 2012 en raison d'un dépassement du plafond autorisé des dépenses électorales. Certains ont observé qu'une telle démission n'était pas juridiquement possible, un membre de droit n'ayant pas la faculté de renoncer à son mandat.

plus en plus difficilement conciliable avec le statut juridictionnel du Conseil constitutionnel, tout particulièrement depuis l'introduction de la QPC. Le rapport Balladur en proposait la suppression[18], mais il n'a pas été suivi sur ce point. Le 14 mars 2013, le conseil des ministres a adopté un projet de loi constitutionnelle tendant à supprimer, pour l'avenir, la participation des anciens présidents de la République au Conseil constitutionnel. Ce texte n'a toutefois pas été inscrit à l'ordre du jour du Parlement. Adopté en conseil des ministres en août 2019, le projet de loi constitutionnelle « pour un renouveau de la vie démocratique » comporte également des dispositions en ce sens. Au total, cette proposition de suppression a figuré successivement dans trois projets de révision constitutionnelle, mais aucun de ces textes n'a jusqu'à présent prospéré.

III

LES ATTRIBUTIONS DU CONSEIL CONSTITUTIONNEL

Le Conseil constitutionnel ne dispose pas d'une compétence générale mais seulement d'une compétence d'attribution. Dès sa décision du 14 septembre 1961, *Recevabilité de la motion de censure*, il jugeait « que la Constitution a strictement délimité la compétence du Conseil constitutionnel ; que celui-ci ne saurait être appelé à statuer ou à émettre un avis que dans le cas et suivant les modalités qu'elle a fixés ». Sous cette réserve, les attributions du Conseil constitutionnel sont variées. La mission traditionnelle de contrôle de constitutionnalité de la loi ne s'exerçait initialement que de façon préventive, avant la promulgation des lois. Renouvelée par la QPC, elle concerne désormais les lois déjà en vigueur. Le Conseil constitutionnel contrôle également la constitutionnalité des traités et est le juge de certains scrutins nationaux.

A | LE CONTRÔLE DE CONSTITUTIONNALITÉ DES LOIS *A PRIORI*

Prévu par l'article 61 de la Constitution, le contrôle de constitutionnalité des lois *a priori* a longtemps constitué la principale attribution du Conseil constitutionnel.

18. *Rapport du Comité de réflexion et de proposition sur la modernisation et le rééquilibrage des institutions de la Cinquième République*, octobre 2007.

1/ *L'objet du contrôle*

La Constitution prévoit un contrôle de constitutionnalité obligatoire pour trois catégories d'actes : les lois organiques, les règlements des assemblées parlementaires ainsi que, depuis la révision de 2008, les propositions de loi référendaire, avant qu'elles ne soient soumises au référendum[19]. Le Premier ministre transmet obligatoirement ces actes au Conseil constitutionnel. Ce dernier exerce alors un contrôle sur la totalité des dispositions du texte qui lui est soumis.

Le Conseil constitutionnel peut ensuite être saisi de tout type de lois, ce qui inclut les lois ordinaires, les lois de finances et les lois de financement de la sécurité sociale. Sa saisine, dans ce cadre, est facultative : initialement réservée aux quatre plus hautes autorités politiques de l'État (le président de la République, le Premier ministre, le président du Sénat et le président de l'Assemblée nationale), elle est ouverte, depuis la révision constitutionnelle de 1974, à soixante députés ou à soixante sénateurs.

En revanche, le Conseil constitutionnel s'est déclaré incompétent pour juger la constitutionnalité de deux types d'actes : les lois *référendaires* et les lois *constitutionnelles.* Dans une décision *Loi référendaire*, du 6 novembre 1962, il a d'abord rejeté le recours formé par le président du Sénat, Gaston Monnerville, contre une loi référendaire, en relevant que celle-ci constitue l'« expression directe de la souveraineté nationale ». En l'espèce, il s'agissait du référendum constitutionnel du 28 octobre 1962 instituant l'élection du président de la République au suffrage universel. De même, le Conseil constitutionnel a refusé de contrôler les lois révisant la Constitution dans sa décision du 26 mars 2003, *Révision constitutionnelle relative à l'organisation décentralisée de la République.* Comme on l'a vu précédemment à propos de la hiérarchie des normes, cette décision a clos le débat sur la supra-constitutionnalité. Suivant la doctrine de Kelsen, qui soumet le juge constitutionnel au pouvoir constituant, le Conseil est ainsi un simple « aiguilleur » du législateur : en censurant une loi ordinaire, il lui indique la voie constitutionnelle à suivre, mais ne dispose pas, par la suite, du pouvoir de censurer la révision constitutionnelle.

2/ *Le moment du contrôle*

C'est la principale caractéristique de ce contrôle *a priori* : ayant un but préventif, il intervient avant l'entrée en vigueur de la loi.

19. La révision du 23 juillet 2008 a introduit à l'article 11 de la Constitution un référendum d'initiative parlementaire. Enfermé dans de strictes conditions (il doit être proposé par un cinquième des membres du Parlement, soutenu par un dixième des électeurs), il est en outre subordonné à un contrôle de constitutionnalité préventif obligatoire.

La saisine du Conseil constitutionnel n'est possible que dans un laps de temps très court, entre le vote définitif de la loi et sa promulgation. Cette saisine suspend la promulgation de la loi ; en contrepartie, le Conseil constitutionnel doit se prononcer dans un délai d'un mois, qui peut être réduit à huit jours en cas d'urgence déclarée par le gouvernement.

La Constitution ne fixe pas de délai de recours. Celui-ci est toutefois soumis à une contrainte de temps : le président de la République doit promulguer la loi dans un délai maximal de quinze jours. En pratique, la promulgation est suspendue, à l'intérieur de ce délai, si un recours est annoncé. Il est cependant arrivé que le Conseil constitutionnel se déclare incompétent pour juger d'un recours tardif, arrivé le lendemain de la promulgation[20]. De même, un recours a été jugé irrecevable dès lors qu'il avait été formé postérieurement à la décision du Conseil rendue sur un premier recours, le Conseil estimant qu'une seule suspension du délai de promulgation est possible[21].

De façon exceptionnelle, le Conseil constitutionnel a admis que son contrôle puisse porter, d'une façon incidente, sur une *loi déjà promulguée*, à l'occasion d'un recours contre une loi nouvelle. Il accepte de contrôler la constitutionnalité d'une loi ancienne lorsque les nouvelles dispositions législatives « la modifient, la complètent ou affectent son domaine[22] ». Il n'en va pas de même toutefois lorsque la nouvelle loi n'est que « la simple mise en application » de la loi ancienne, ce qui le conduit en l'espèce à refuser de contrôler la loi du 3 avril 1955 fixant le régime de l'état d'urgence à l'occasion d'un recours contre une loi la mettant en œuvre, pour confirmer la déclaration de l'état d'urgence en Nouvelle-Calédonie[23]. Le juge constitutionnel a fait une application positive de cette jurisprudence dans sa décision du 15 mars 1999, *Loi organique relative à la Nouvelle-Calédonie*, en censurant une disposition nouvelle au motif de l'inconstitutionnalité de dispositions de la loi du 25 janvier 1985 relative au redressement et à la liquidation judiciaires des entreprises. Ce mécanisme comporte une limite : la loi ancienne déclarée contraire à la Constitution est toujours en vigueur et doit donc, formellement, être abrogée ultérieurement pour disparaître de l'ordonnancement juridique.

20. CC, décision n° 97-392 DC du 7 novembre 1997, *Loi portant réforme du service national.*

21. CC, décision n° 2001-449 DC du 4 juillet 2001, *Loi relative à l'interruption volontaire de grossesse.*

22. CC, décision du 25 janvier 1985, *État d'urgence en Nouvelle-Calédonie.*

23. Cette solution diffère de celle qui prévaut devant le juge administratif dans le cadre d'une exception d'illégalité : un requérant peut critiquer un règlement déjà en vigueur à l'occasion d'un recours dirigé contre une mesure d'application de ce dernier (CE, 10 février 1967, *Société des Établissements Petitjean*).

3/ *La procédure devant le Conseil constitutionnel*

Dans le cadre de ce contrôle abstrait et *a priori* des normes, la procédure devant le Conseil constitutionnel ne concerne que les autorités de l'État. Si l'audience n'est pas publique, une certaine forme de contradictoire et de publicité des échanges est, en pratique, organisée[24]. À la suite de la saisine par les députés ou les sénateurs, le gouvernement présente des observations, que le secrétariat général du gouvernement est chargé de préparer, en concertation avec les administrations intéressées. Une réunion de travail est généralement organisée à l'initiative du Conseil constitutionnel avec le ou les membres du Conseil intéressés, le service juridique du Conseil constitutionnel, le secrétariat général du gouvernement et les représentants des ministères concernés. Enfin, les saisines, comme les observations du gouvernement sur le recours, sont publiées au *Journal officiel de la République française* et reproduites sur le site du Conseil constitutionnel.

Le 24 mai 2019, le Conseil constitutionnel a annoncé que, dorénavant, il rendrait publiques les contributions extérieures qu'il reçoit dans le cadre du contrôle de la constitutionnalité des lois. Comme dans le cas des « interventions » devant les autres juridictions, des tiers à l'instance peuvent, par ce biais, présenter leurs observations sur les textes de loi adoptés par le Parlement. Communément appelées « portes étroites », selon la formule de Georges Vedel[25], ces contributions extérieures n'ont pendant longtemps pas été officielles. Elles émanent souvent d'organisations économiques et professionnelles, ou encore d'associations, par exemple en matière de protection de l'environnement. Cette évolution est l'illustration d'un souci de transparence.

4/ *La portée des décisions du Conseil constitutionnel*

La Constitution a entendu conférer une grande portée aux décisions du Conseil constitutionnel. Elle prévoit en son article 62 que celles-ci « s'imposent aux pouvoirs publics et à toutes les autorités administratives et juridictionnelles ». S'agissant plus particulièrement des décisions prises dans le cadre du contrôle de constitutionnalité des lois *a priori*, l'article 62 de la Constitution précise qu'« une disposition déclarée inconstitutionnelle sur le fondement de l'article 61 ne peut être promulguée ni mise en application ». Les dispositions législatives censurées ne sont pas encore entrées en

24. Pour une description de cette procédure, voir notamment le point 2.2.6. du *Guide de légistique* publié sur le site Légifrance.

25. En référence à l'Évangile selon Matthieu (7, 6.12-14) : « Entrez par la porte étroite. Elle est grande, la porte, il est large, le chemin qui conduit à la perdition ; et ils sont nombreux, ceux qui s'y engagent. Mais elle est étroite, la porte, il est resserré, le chemin qui conduit à la vie ; et ils sont peu nombreux, ceux qui le trouvent. »

vigueur : il ne s'agit donc pas à proprement parler d'une annulation ni d'une abrogation, lesquelles font disparaître un acte de l'ordonnancement juridique, mais plus simplement d'une déclaration d'inconstitutionnalité qui a pour principal effet d'empêcher la promulgation de la loi.

La censure peut être *totale* ou *partielle*. Rares sont les cas où le Conseil constitutionnel déclare non conforme la totalité de la loi. Le plus souvent, il ne censure qu'un article, un alinéa, voire seulement quelques mots d'un article. Cette faculté est toutefois subordonnée à la condition que la disposition inconstitutionnelle soit divisible du reste du texte. Si tel est le cas, le Conseil constitutionnel limite la censure à celle-ci et la loi est promulguée sans la disposition déclarée contraire à la Constitution. En vertu de l'article 10 de la Constitution, le président de la République peut toutefois demander au Parlement une nouvelle délibération de la loi partiellement censurée, sans la promulguer. Rarement utilisée, cette procédure permet d'amender le texte rapidement, le cas échéant pour tirer les conséquences d'une censure du Conseil constitutionnel.

Plutôt que de censurer le texte, le Conseil constitutionnel émet parfois des *réserves d'interprétation*. En effet, lorsqu'une disposition législative ambiguë est susceptible de deux interprétations, l'une contraire à la Constitution et l'autre conforme, le Conseil constitutionnel n'admet alors sa constitutionnalité que sous la réserve expresse qu'elle soit interprétée dans le sens, conforme à la Constitution, qu'il détermine. Ces réserves d'interprétation s'imposent à tous et sont revêtues de l'autorité de la chose jugée : les juridictions administratives et judiciaires doivent les appliquer. Dans son arrêt d'assemblée SA *La Cinq*, du 11 mars 1994, le Conseil d'État a ainsi estimé que le juge administratif était tenu par les réserves d'interprétation énoncées par le Conseil constitutionnel, cette interprétation étant la condition de la constitutionnalité de la loi. En pratique, cette reconnaissance se traduit par la mention explicite de la décision du juge constitutionnel dans les visas ou les motifs de celle du Conseil d'État.

Le Conseil constitutionnel se reconnaît en outre la faculté de *moduler dans le temps les effets* d'une déclaration d'inconstitutionnalité. Ainsi, dans sa décision *Loi relative aux organismes génétiquement modifiés*, rendue le 19 juin 2008, après avoir constaté l'inconstitutionnalité d'une disposition, il reporte au 1er janvier 2009 la date d'effet de la déclaration d'inconstitutionnalité et ce, « afin de permettre au législateur de procéder à la correction » du vice constaté. Ce mécanisme est remarquable : une disposition reconnue inconstitutionnelle pourra être promulguée, mais avec une durée de validité limitée. Le Conseil pouvait se prévaloir en l'espèce d'une justification particulière : la loi transposait une directive et son édiction constituait donc une obligation pour le législateur. Une déclaration immédiate d'inconstitutionnalité aurait contribué à placer la

France en situation de manquement au droit de l'Union européenne et aurait méconnu un autre principe constitutionnel : l'exigence constitutionnelle de transposition des directives.

Enfin, dans certaines hypothèses particulières, le Conseil constitutionnel choisit de ne pas sanctionner une méconnaissance de la Constitution. Tel est le cas s'agissant de la répartition des compétences entre la loi et le règlement prévue par les articles 34 et 37 de la Constitution : un empiètement de la loi sur le domaine réglementaire n'est pas « frappé d'inconstitutionnalité » (décision *Blocage des prix et revenus*, du 30 juillet 1982)[26]. Tel a été également le cas s'agissant d'un vice de procédure affectant la loi organique d'urgence pour faire face à l'épidémie de Covid-19. Dans sa décision n° 2020-799 DC du 26 mars 2020, le Conseil constitutionnel a estimé que, « compte tenu des circonstances particulières de l'espèce, il n'y a pas lieu de juger que cette loi organique a été adoptée en violation des règles de procédure prévues à l'article 46 de la Constitution » (délai minimal de 15 jours entre le dépôt d'un projet et la délibération de la première assemblée saisie). La motivation du Conseil constitutionnel n'est pas explicitée, mais l'on peut supposer que les circonstances exceptionnelles liées à la crise de la Covid-19 expliquent cette solution particulière, proche de la théorie des formalités impossibles[27].

B | LA QUESTION PRIORITAIRE DE CONSTITUTIONNALITÉ

Introduite en France par la révision constitutionnelle du 23 juillet 2008, la question prioritaire de constitutionnalité (QPC) permet désormais à tout justiciable de contester la constitutionnalité d'une loi déjà entrée en vigueur à l'occasion d'un procès.

1/ *La naissance difficile de la QPC*

Auparavant, aucun contrôle de constitutionnalité n'était possible après l'entrée en vigueur de la loi. Le Conseil d'État avait confirmé la théorie de la *loi-écran*, issue de la jurisprudence *Arrighi* de 1936, par un arrêt du Conseil d'État, *Mlle Deprez et Baillard*, du 5 janvier 2005, se fondant cette fois sur la Constitution de 1958 et ses travaux préparatoires : « Considérant que l'article 61 de la Constitution du 4 octobre 1958 a confié au Conseil constitutionnel le soin d'apprécier la conformité d'une loi à la Constitution ; que ce contrôle est susceptible de s'exercer après le vote de la loi et avant sa promulgation ;

26. Voir nos développements au chapitre 9 : La loi.

27. Voir *infra*, nos développements sur les moyens de légalité externe au chapitre 26 : Les recours devant le juge administratif.

qu'il ressort des débats tant du Comité consultatif constitutionnel que du Conseil d'État lors de l'élaboration de la Constitution que les modalités ainsi adoptées excluent un contrôle de constitutionnalité de la loi au stade de son application. »

Certes, le Conseil d'État admet sa compétence pour constater l'abrogation implicite d'une loi par la Constitution. Traditionnellement, lorsque deux lois sont incompatibles, le juge fait primer le texte le plus récent. Appliquant cette règle de résolution de conflit de normes à l'hypothèse de lois antérieures à la Constitution, le juge administratif estime qu'une loi doit être regardée comme implicitement abrogée lorsque son contenu est inconciliable avec un texte constitutionnel qui lui est postérieur[28]. Mais la technique de l'abrogation implicite reste d'application exceptionnelle : le principe est celui de l'incompétence du juge ordinaire pour connaître de la constitutionnalité d'une loi.

Il est dès lors apparu impératif d'introduire l'exception d'inconstitutionnalité en donnant au juge ordinaire la possibilité de saisir le Conseil constitutionnel d'une question préjudicielle. Cet approfondissement de l'État de droit n'est pas allé de soi : il s'est d'abord heurté à de solides résistances. Par deux fois, en 1990 puis en 1993, des projets de révision constitutionnelle instituant l'exception d'inconstitutionnalité, pourtant soutenus par le président de la République et adoptés en conseil des ministres, ont échoué devant le Sénat[29]. Lorsqu'en 2008, cette réforme – parmi de nombreuses autres propositions de modernisation des institutions issues du rapport Balladur[30] – fut de nouveau soumise aux parlementaires, elle ne souleva plus les mêmes difficultés : il est vrai que ce refus devenait de plus en plus paradoxal au regard du développement du contrôle de conventionnalité des lois par le juge ordinaire à la suite de l'arrêt *Nicolo* de 1989.

Désormais, l'article 61-1 de la Constitution prévoit : « Lorsque, à l'occasion d'une instance en cours devant une juridiction, il est

28. CE, 16 décembre 2005, *Syndicat national des huissiers de justice*. Cette technique présente un intérêt particulier en présence de dispositions constitutionnelles récentes, telles que celles de la Charte de l'environnement de 2005 : le Conseil d'État a déjà eu l'occasion de constater l'abrogation implicite par cette dernière d'une loi de 1992 (CE, 24 juillet 2009, *Comité de recherche et d'informations indépendantes sur le génie génétique*).

29. Le 14 juillet 1989, le président François Mitterrand annonça son intention de proposer l'introduction de l'exception d'inconstitutionnalité. Le projet de réforme, adopté en conseil des ministres le 28 mars 1990, fut adopté par l'Assemblée nationale. Il fut toutefois abandonné par le gouvernement, à la suite de modifications substantielles introduites par le Sénat, qui ne permettaient pas d'envisager la majorité des trois cinquièmes nécessaire pour l'adoption d'une révision constitutionnelle par le Congrès. Le 15 février 1993, le rapport Vedel du comité consultatif pour la révision de la Constitution reprit cette réforme parmi ses propositions. Un projet de loi constitutionnelle fut présenté au Parlement, mais se heurta à nouveau au refus du Sénat.

30. *Rapport du Comité de réflexion et de proposition sur la modernisation et le rééquilibrage des institutions de la Cinquième République*, octobre 2007.

soutenu qu'une disposition législative porte atteinte aux droits et libertés que la Constitution garantit, le Conseil constitutionnel peut être saisi de cette question sur renvoi du Conseil d'État ou de la Cour de cassation qui se prononce dans un délai déterminé. » Complétée par une loi organique du 10 décembre 2009[31] et un décret du 16 février 2010[32], la réforme est entrée en vigueur le 1er mars 2010.

2/ *Les traits généraux de la QPC*

a) Le champ de la QPC

Le champ de la QPC se définit au regard des normes de référence comme au regard des normes contrôlées.

Au sein des *normes constitutionnelles de référence*, la QPC est limitée aux droits et libertés. Le constituant n'a pas souhaité y inclure les règles de constitutionnalité *externe* – à savoir les règles de compétence, de procédure et de forme prévues par la Constitution pour l'édiction des lois. Comme le soulignait le rapport Balladur, « le justiciable n'a pas vocation à s'ériger en gardien de la procédure législative ou du respect des compétences respectives du législateur et du pouvoir réglementaire ». Seule exception, le Conseil constitutionnel a admis que l'incompétence *négative* du législateur[33] soit invoquée, sous certaines conditions, à l'appui d'une QPC : « La méconnaissance par le législateur de sa propre compétence ne peut être invoquée à l'appui d'une question prioritaire de constitutionnalité que dans le cas où est affecté un droit ou une liberté que la Constitution garantit[34]. » La jurisprudence retient une conception large de la notion de droits et libertés au sens de l'article 61-1 de la Constitution : celle-ci inclut non seulement les grandes libertés traditionnelles (par exemple la liberté d'aller et venir[35] ou la liberté d'expression[36]), mais également certains principes, tels que l'égalité devant la loi[37] ou devant l'impôt[38], l'indépendance de la justice[39], la protection de la

31. Loi organique n° 2009-1523 du 10 décembre 2009 relative à l'application de l'article 61-1 de la Constitution : celle-ci modifie l'ordonnance n° 58-1067 du 7 novembre 1958 portant loi organique sur le Conseil constitutionnel pour y ajouter un chapitre relatif à la QPC.

32. Décret n° 2010-148 du 16 février 2010 portant application de la loi organique précitée.

33. Sur la notion d'incompétence négative, voir *supra* les développements dans le chapitre 9 : La loi.

34. CC, décision QPC du 18 juin 2010, *Kimberly Clark*.

35. CC, décision QPC du 9 juillet 2010, *M. Orient O. et autres*.

36. CC, décision QPC du 28 mai 2010, *Union des familles en Europe [Associations familiales]*.

37. CC, décision QPC du 28 mai 2010, *Consorts L. [Cristallisation des pensions]*.

38. CC, décision QPC du 17 septembre 2010, *Association sportive du football club de Metz*.

39. CC, décision QPC du 2 juillet 2010, *Consorts C. et autres [Tribunaux maritimes commerciaux]*.

liberté individuelle par l'autorité judiciaire[40] ou la libre administration des collectivités territoriales[41]. Elle n'inclut pas en revanche les principes constitutionnels liés au fonctionnement des institutions, tels que le principe du consentement à l'impôt[42] ou celui de péréquation entre les collectivités territoriales[43].

Les *normes contrôlées*, dans le cadre de la QPC, sont les « dispositions législatives ». Cela exclut bien entendu le contrôle de constitutionnalité des actes administratifs, qui relève exclusivement du juge administratif, ou celui des actes de droit privé, qui appartient au juge judiciaire. Une ordonnance ratifiée par le Parlement prend le caractère d'une disposition législative. Le Conseil constitutionnel a en outre jugé qu'après l'expiration du délai d'habilitation, une ordonnance, même non ratifiée, peut faire l'objet d'une QPC[44]. En outre, le Conseil constitutionnel a précisé qu'« au regard de l'équilibre des pouvoirs établi par la Constitution », il n'était pas possible de former une QPC contre une *loi référendaire*, celle-ci constituant « l'expression directe de la souveraineté nationale[45] ».

Le champ de la QPC s'apprécie aussi dans le temps : la loi contestée doit entrer, *ratione temporis*, dans le champ d'application de la Constitution de 1958. Ainsi, par une décision du 4 mai 2016, le Conseil d'État a jugé qu'une QPC ne peut être soulevée à l'encontre d'une loi antérieure à la Constitution de 1958, *lorsque ses effets ont été définitivement produits* avant l'entrée en vigueur de cette Constitution. Cette dernière précision est importante : restent dans le champ de la QPC les lois antérieures à 1958, nombreuses, dont les effets perdurent. En l'espèce, il s'agissait de la loi relative à la nationalisation des usines Renault en 1945 et plus précisément à la prescription de la créance qui découlait de cette nationalisation : à la date où la prescription avait éteint leur créance, en 1945, les droits et libertés que les héritiers invoquaient n'étaient encore pas garantis par la Constitution de 1958[46].

b) Le double filtrage

Le dispositif adopté repose sur un double filtrage. Une QPC peut d'abord être soulevée devant toute juridiction ordinaire, y compris

40. CC, décision QPC du 30 juillet 2010, *Daniel W. et autres [Garde à vue]*.

41. CC, décision QPC du 2 juillet 2010, *Commune de Dunkerque [Fusion de communes]*.

42. CC, décision QPC du 18 juin 2010, *Kimberly Clark*.

43. CC, décision QPC du 22 septembre 2010, *Commune de Besançon [Instruction CNI et passeports]*.

44. CC, décisions QPC 2020-843 du 28 mai 2020 et 2020-851/852 du 3 juillet 2020.

45. Décision n° 2014-392 QPC du 25 avril 2014, *Province Sud de Nouvelle-Calédonie*, qui reprend, à propos d'une QPC, la solution dégagée par la décision n° 62-20 DC du 6 novembre 1962, rendue dans le cadre du contrôle de constitutionnalité *a priori*, sur saisine du président du Sénat.

46. CE, 4 mai 1016, *Mme A*, n° 394466.

le juge d'instruction ou le juge des référés[47]. Seule en est exclue la cour d'assises[48]. Si les conditions sont réunies, le premier juge la transmet, selon les cas, au Conseil d'État ou à la Cour de cassation, seuls à détenir la *compétence de renvoi* au Conseil constitutionnel. Ce système est unique en Europe : en Allemagne, Belgique, Espagne ou Italie, le juge de première instance renvoie directement les questions de constitutionnalité à la Cour constitutionnelle. Il présente toutefois un double intérêt : d'une part, il permet d'éviter l'encombrement du Conseil constitutionnel par de nombreuses saisines ; d'autre part, il favorise un dialogue entre les juridictions. Il était d'ailleurs déjà prévu par les précédents projets de 1990 et de 1993 : « Nous cherchions à garantir une unité de la jurisprudence, mais en associant à l'élaboration de cette jurisprudence les deux plus hautes juridictions dans l'ordre administratif et dans l'ordre judiciaire, de telle façon que toute la justice française soit pénétrée de la nécessité de veiller au respect des principes du bloc de constitutionnalité[49]. » Au Conseil d'État comme à la Cour de cassation, le jugement des QPC est confié aux formations de jugement ordinaires[50].

La QPC a été conçue comme une question prioritaire et non préjudicielle de constitutionnalité. Elle doit en effet être examinée par le juge en priorité, avant les autres questions soulevées par le litige. À cette fin, le justiciable a l'obligation de la présenter, formellement, dans un mémoire distinct et motivé, de manière à permettre une identification rapide par le juge et un traitement immédiat. Les délais d'examen sont réduits : la juridiction saisie se prononce sans délai sur la QPC pour décider de son éventuelle transmission. Le Conseil d'État et la Cour de cassation disposent pour leur part d'un délai de trois mois pour se prononcer sur le renvoi au Conseil constitutionnel. Ce dernier doit à son tour statuer sur la QPC dans un délai de trois mois.

c) QPC et question préjudicielle à la CJUE

La question de l'articulation entre QPC et renvoi préjudiciel à la Cour de justice de l'Union européenne a été rapidement réglée par

47. Juge des référés du CE, 16 juin 2010, *Diakité*, n° 340250 : le juge des référés peut renvoyer une QPC au Conseil constitutionnel et prendre toutes les mesures provisoires nécessaires.

48. En vertu de l'article 23-1 de l'ordonnance organique du 7 novembre 1958 portant loi organique sur le Conseil constitutionnel.

49. Robert Badinter, intervention lors du colloque organisé le 16 février 2009, dans *Le Contrôle de constitutionnalité par voie préjudicielle en France*, Aix-en-Provence, Presses universitaires Aix-Marseille, 2009, p. 17.

50. S'agissant de la Cour de cassation, le jugement des QPC était initialement centralisé au sein d'une formation unique, présidée par le premier président et composée notamment des présidents de chambre. Après quelques mois de fonctionnement, il a été jugé préférable de traiter les QPC au sein des formations de jugement de droit commun de la Cour de cassation : cette formation spéciale a été supprimée par une loi organique du 22 juillet 2010.

la jurisprudence, dans une série de décisions qui ont été l'occasion d'un véritable dialogue entre juridictions suprêmes. Saisie d'une question préjudicielle posée par la Cour de cassation[51], la Cour de Luxembourg a jugé, dans sa décision *Melki*, du 22 juin 2010[52], que le caractère prioritaire de la QPC était compatible avec le droit de l'Union européenne, dans la mesure où, d'une part, les juridictions restent libres de poser une question préjudicielle à la CJUE « à tout moment de la procédure qu'elles jugent approprié », y compris avant la QPC, et où, d'autre part, il ne fait pas obstacle à la primauté du droit de l'Union, les juridictions ayant toujours l'obligation de laisser inappliquée une disposition jugée contraire au droit de l'Union. Cette solution est en harmonie avec la jurisprudence du Conseil constitutionnel, qui venait de rappeler, dans sa décision DC du 12 mai 2010 sur la loi dite « jeux en ligne », que la transmission d'une QPC ne privait pas le Conseil d'État et la Cour de cassation de leur faculté de saisir la CJUE et que l'autorité qui s'attache aux décisions du Conseil constitutionnel ne limite pas la compétence des juridictions administratives et judiciaires pour faire prévaloir les engagements européens de la France sur une disposition législative incompatible avec eux. Le Conseil d'État, dans un arrêt du 14 mai 2010, *Rujovic*, a retenu la même interprétation[53].

Par ailleurs, la CJUE évoque, toujours dans son arrêt *Melki*, le cas particulier des lois de transposition des directives. Juger la loi revient à juger la directive, lorsque la première se borne à transposer mécaniquement la seconde. Dès lors, précise la Cour, si une loi reprenant le contenu d'une directive est contestée, le juge national doit « interroger la Cour de justice sur la validité de cette directive » au regard du droit primaire et ce, de façon préalable au contrôle de constitutionnalité afin de ne pas priver la Cour de la possibilité de constater l'invalidité d'un acte du droit de l'Union[54]. Tirant les conséquences de cette exigence et dans la lignée de sa jurisprudence *Économie numérique*, rendue dans le cadre du contrôle de constitutionnalité *a priori*[55], le Conseil constitutionnel, dans sa décision

51. Cass., QPC du 16 avril 2010, *MM. Melki et Abdeli*, n° 10-40002.

52. CJUE, 22 juin 2010, aff. C-188/10 et C189/10, *Aziz Melki et Sélim Abdeli*.

53. Par l'arrêt *Rujovic* du 14 mai 2010, le Conseil d'État confirme que le mécanisme de la QPC ne fait pas obstacle à la compétence du juge administratif pour assurer l'effectivité du droit de l'Union. Il rappelle que celui-ci, même saisi d'une QPC, peut à tout moment, lorsque l'urgence le commande, faire cesser immédiatement tout effet éventuel de la loi contraire au droit de l'Union et qu'il dispose également de la possibilité de poser à tout instant une question préjudicielle à la Cour de justice de l'Union européenne.

54. Cette compétence, ajoute la Cour, « ayant pour objet de garantir la sécurité juridique en assurant l'application uniforme du droit de l'Union ».

55. Dans le cadre du contrôle *a priori* de l'article 61, depuis la décision du 10 juin 2004, *Économie numérique*, complétée par la décision du 27 juillet 2006, *Loi relative au droit d'auteur*, le Conseil constitutionnel juge qu'un moyen critiquant la constitutionnalité d'une loi de transposition d'une directive n'est pas recevable, sauf si celle-

QPC *Kamel D.*, du 17 décembre 2010, a jugé que, sauf le cas où serait en cause une règle ou un principe inhérent à l'identité constitutionnelle de la France, il n'est pas compétent pour contrôler la conformité à la Constitution de dispositions législatives qui se bornent à tirer les conséquences nécessaires des dispositions inconditionnelles et précises d'une directive : lorsqu'il est saisi d'une telle loi, il prononce un non-lieu à statuer[56]. Faisant application de la jurisprudence *Kamel*, le Conseil d'État a jugé que, lorsqu'il est saisi d'une QPC dirigée contre de telles dispositions législatives, il n'y a pas lieu de transmettre au Conseil constitutionnel cette question prioritaire de constitutionnalité[57].

Enfin, confronté cette fois à la question de l'interprétation d'un acte de l'Union, et non à celle de sa validité, le Conseil constitutionnel a été conduit à poser lui-même, pour la première fois, une question préjudicielle à la Cour de justice de l'Union européenne. Il s'agit de l'hypothèse où un acte de l'Union est susceptible de deux interprétations, dont l'une pourrait entacher d'inconstitutionnalité la loi prise pour le mettre en œuvre. En l'espèce, une disposition législative excluait tout recours contre les décisions de la chambre de l'instruction étendant les effets d'un mandat d'arrêt européen, méconnaissant ainsi le principe constitutionnel du droit à un recours juridictionnel effectif. Dans sa décision du 4 avril 2013[58], le Conseil constitutionnel a posé à la CJUE la question de savoir si cette absence de recours découlait nécessairement des actes de l'Union relatifs au mandat d'arrêt européen. Statuant en procédure d'urgence, la CJUE a répondu par la négative dans un arrêt du 30 mai 2013, permettant au Conseil constitutionnel de rendre sa décision définitive le 14 juin 2013, censurant la disposition législative en cause. Dans le même esprit, dans sa décision d'assemblée

ci va « à l'encontre d'une règle ou d'un principe inhérent à l'identité constitutionnelle de la France ». Cette solution est justifiée par le fait que la censure d'une telle loi serait contraire à l'exigence de transposition en droit interne des directives, qui découle de l'article 88-1 de la Constitution.

56. Une autre solution aurait pu consister, pour le Conseil constitutionnel, à surseoir à statuer dans l'attente de la réponse de la CJUE à une question préjudicielle sur la validité de la directive, que celle-ci ait été saisie par la juridiction ayant transmis la QPC ou – hypothèse proche de celle de la jurisprudence *Arcelor* – par le Conseil constitutionnel lui-même. Mais une telle solution paraîtrait difficilement compatible avec les délais très brefs de la QPC, lesquels, sans interdire totalement une saisine de la CJUE par le Conseil constitutionnel, rendent celle-ci exceptionnelle. Pour cette raison procédurale, la question de l'articulation entre contrôle de constitutionnalité et contrôle de conventionnalité d'un acte national de transposition d'une directive reçoit ainsi une réponse différente devant le Conseil constitutionnel et devant le Conseil d'État : ce dernier, en vertu de la décision *Arcelor*, du 8 février 2007, lorsqu'il est saisi d'un moyen critiquant la constitutionnalité d'un acte administratif de transposition d'une directive, fait primer le contrôle de conventionnalité en transmettant, si nécessaire, une question préjudicielle à la Cour de justice de l'Union européenne.

57. CE, 14 septembre 2015, *Société NotreFamille.com*, n° 389806.

58. CC, Décision QPC du 4 avril 2013, *M. Jérémy F. [Mandat d'arrêt européen]*.

Jacob, du 31 mai 2016, le Conseil d'État était confronté à une situation dans laquelle l'interprétation d'une directive était nécessaire pour déterminer si une QPC était sérieuse. Le Conseil d'État a choisi de transmettre une question préjudicielle à la CJUE pour interpréter la directive. En revanche, il juge qu'en l'état, tant que cette interprétation n'a pas été précisée, la QPC ne peut être regardée comme ayant un caractère sérieux.

3/ *Les conditions de la QPC*

Les critères de la transmission sont définis par l'ordonnance organique du 7 novembre 1958, telle que modifiée par la loi organique du 10 décembre 2009. Le premier juge doit transmettre une QPC aux juridictions suprêmes lorsque trois conditions cumulatives sont remplies : « 1° La disposition contestée est applicable au litige [...] ; 2° Elle n'a pas déjà été déclarée conforme à la Constitution dans les motifs et le dispositif d'une décision du Conseil constitutionnel, sauf changement de circonstances ; 3° La question n'est pas dépourvue de caractère sérieux » (article 23-2 de l'ordonnance organique). Au niveau du Conseil d'État et de la Cour de cassation, le renvoi de la QPC au Conseil constitutionnel est soumis aux mêmes conditions, avec toutefois une variante pour la troisième condition, qui devient plus exigeante : il est procédé au renvoi lorsque « la question est nouvelle ou présente un caractère sérieux » (article 23-4 de l'ordonnance organique). La portée de ces exigences, après avoir fait l'objet de premières indications dans la décision rendue par le Conseil constitutionnel le 3 décembre 2009 à propos de la loi organique[59], est précisée peu à peu par la jurisprudence.

La première condition est originale : une question préjudicielle traditionnelle n'est normalement renvoyée que lorsqu'elle commande l'issue du litige ; ici, il suffit que la loi soit « applicable » au litige. Le juge administratif l'interprète largement, déclarant cette condition satisfaite dès lors que la disposition est *susceptible* d'être interprétée comme applicable au litige[60]. Cette appréciation relève d'ailleurs de la seule compétence du juge qui a renvoyé la QPC : dès la première décision de QPC, le Conseil constitutionnel a jugé qu'il ne lui appartenait pas de remettre en cause la décision du Conseil d'État ou de la Cour de cassation décidant de l'applicabilité de la loi au litige[61].

59. CC, décision DC du 3 décembre 2009, *Loi organique relative à l'application de l'article 61-1 de la Constitution* : en contrôlant la constitutionnalité de cette loi organique, le Conseil constitutionnel a précisé la portée de celle-ci, délivrant un premier « mode d'emploi » de la QPC.

60. CE, 14 avril 2010, *Union des Familles en Europe*.

61. CC, décision QPC n° 2010-1 du 2 juillet 2010, *Consorts L.*

La deuxième condition, celle tenant à l'absence de précédente décision de conformité, est tempérée par l'exception du « changement de circonstances ». Celui-ci peut consister en un changement de circonstances *de droit*, par exemple en cas de modification des normes constitutionnelles applicables[62] ou si les dispositions législatives contestées ont subi des modifications depuis leur déclaration de conformité par le Conseil constitutionnel[63]. Le changement de circonstances *de fait* permet de prendre en compte la portée concrète de la disposition législative contestée. Ainsi, dans sa décision *Garde à vue*, du 30 juillet 2010[64], le Conseil constitutionnel retient une approche pragmatique des conditions de mise en œuvre de la loi pour admettre la recevabilité d'une QPC malgré sa décision du 11 août 1993, qui avait déclaré constitutionnel le régime de droit commun de la garde à vue. Il s'appuie sur des données chiffrées, en relevant notamment que le nombre de fonctionnaires ayant la qualité d'officier de police judiciaire est passé de 25 000 à 53 000 de 1993 à 2009 et que plus de 790 000 mesures de garde à vue ont été décidées en 2009, pour estimer que « ces évolutions ont contribué à banaliser le recours à la garde à vue, y compris pour des infractions mineures ; qu'elles ont renforcé l'importance de la phase d'enquête policière dans la constitution des éléments sur le fondement desquels une personne mise en cause est jugée » et en déduire un changement de circonstances.

La troisième condition comporte deux critères alternatifs. Le premier, celui du caractère nouveau de la question, est rarement rempli : il faut que la norme constitutionnelle invoquée n'ait fait l'objet d'aucune application par le Conseil constitutionnel[65]. Tel peut être le cas pour les dispositions constitutionnelles récentes – par exemple celles de la Charte de l'environnement[66] – ou encore pour un principe que le Conseil constitutionnel n'aurait pas encore consacré comme constitutionnel, notamment un principe fondamental reconnu par les lois de la République[67]. Mais cette hypothèse est peu fréquente et ce critère n'est en tout état de cause invocable que devant les juridictions suprêmes, puisqu'il n'est pas prévu pour les juridictions du

62. CC, décision DC du 3 décembre 2009, *Loi organique relative à l'application de l'article 61-1 de la Constitution.*

63. CE, 9 juillet 2010, *M. et Mme Alain A. [Impôt sur la fortune].*

64. CC, décision QPC du 30 juillet 2010, *M. Daniel W. [Garde à vue].*

65. CC, décision DC du 3 décembre 2009, *Loi organique relative à l'application de l'article 61-1 de la Constitution.*

66. Voir, à propos du principe de participation du public consacré par l'article 7 de la Charte de l'environnement : CE, 21 mars 2011, *Association France Nature Environnement.*

67. Voir CE, 21 septembre 2011, *M. A.*, n° 350385, jugeant que « le moyen tiré de ce qu'un principe fondamental reconnu par les lois de la République impliquerait que des règles de prescription soient prévues en matière disciplinaire soulève une question nouvelle ».

fond. C'est donc le plus souvent sur le caractère sérieux que les juges doivent s'interroger. Comme l'indiquait le vice-président du Conseil d'État, Jean-Marc Sauvé, « parmi les critères retenus par le Conseil d'État pour écarter une QPC, le plus usité est, de loin, celui tiré de l'absence de caractère sérieux de la question, puisqu'il motive environ 75 % des refus de transmission[68] ».

4/ *La procédure devant le Conseil constitutionnel*

La procédure devant le Conseil constitutionnel, dans le cadre d'une QPC, doit respecter les exigences du procès équitable issues de l'article 6 de la Convention européenne des droits de l'homme, conformément à la jurisprudence de la Cour européenne des droits de l'homme[69]. À cette fin, le Conseil constitutionnel a adapté son règlement intérieur[70].

Une *procédure contradictoire* a été organisée. Elle met en présence non seulement les parties initiales au litige, mais également les autorités constitutionnelles, puisqu'il s'agit de la mise en cause d'une loi. Ainsi, le président de la République, le Premier ministre et les présidents des assemblées sont invités à présenter des observations – étant précisé que le Premier ministre est en pratique presque le seul à faire usage de cette faculté. Pour permettre un échange contradictoire tout en respectant le délai de trois mois qui est imparti au Conseil pour statuer, l'article 1er du règlement intérieur du Conseil organise deux « salves successives[71] » de dépôt des observations : production des premières observations par l'ensemble des parties d'abord ; puis, après communications réciproques, remise des mémoires en réponse.

En vertu de la loi organique du 9 décembre 2009, la tenue d'une *audience publique* est obligatoire, « sauf dans des cas exceptionnels définis par le règlement intérieur du Conseil constitutionnel ». Le Conseil constitutionnel, qui n'avait jamais tenu de telles audiences, a donc réformé son règlement intérieur et aménagé ses bâtiments afin de retransmettre l'audience en direct dans une salle ouverte au

68. Audition du vice-président du Conseil d'État devant la commission des lois de l'Assemblée nationale, 1er septembre 2010, compte rendu n° 81, www.assemblee-nationale.fr.

69. La Cour de Strasbourg a en effet jugé à plusieurs reprises que ce type de procédure est soumise à l'article 6 de la Convention européenne des droits de l'homme « même si elle se déroule devant une juridiction constitutionnelle, si son issue est déterminante pour des droits et obligations de caractère civil » (CEDH, 19 avril 1993, *Kraska c/ Suisse*, série A n° 254-B, 13942/88), que ce soit à l'occasion d'un recours direct ou d'une question préjudicielle (CEDH, 23 juin 1993, *Ruiz-Mateos c/ Espagne*, série A n°262, 12952/87).

70. Règlement instauré par la décision du 4 février 2010, modifié par les décisions des 24 juin 2010 et 21 juin 2011.

71. Christine Maugüé et Jacques-Henri Stahl, *La Question prioritaire de constitutionnalité*, Paris, Dalloz, coll. « Connaissance du droit », 2017 [3e éd.].

public. La vidéo de l'audience est par ailleurs diffusée sur le site internet du Conseil constitutionnel, sauf avis contraire de l'une des parties. Le président du Conseil constitutionnel dirige les débats et veille au bon déroulement de la séance. Les parties ne sont pas habilitées à prendre la parole en personne et doivent donc la confier à leurs représentants ayant la qualité d'avocat. Le Premier ministre est systématiquement représenté à l'audience par le directeur, adjoint du secrétaire général du gouvernement. La pratique a montré des audiences généralement brèves, de l'ordre d'une demi-heure, chaque partie résumant successivement ses arguments, sans véritablement dialoguer. Le délibéré est secret, sa date elle-même n'étant pas rendue publique.

5/ *Les effets de la décision du Conseil constitutionnel*

L'article 62 de la Constitution prévoit expressément que « la disposition déclarée inconstitutionnelle [...] est abrogée à compter de la publication de la décision du Conseil constitutionnel ». La décision du Conseil constitutionnel a ainsi un effet absolu, *erga omnes*, ce qui est remarquable : en principe, un juge qui statue par voie d'exception prononce une simple déclaration qui ne vaut que pour l'affaire en cours et qui, par elle-même, ne fait pas disparaître le texte de l'ordonnancement juridique. Ici, la QPC aboutit à l'abrogation de plein droit de la disposition législative, comme ce pourrait être le cas dans le cadre d'un recours par voie d'action contre la loi. La QPC constitue bien « un procès dans le procès[72] » : tout se passe comme si elle permettait d'engager une action directe contre la loi, à l'occasion d'un procès ordinaire.

Le principe est celui non seulement de l'abrogation immédiate de la loi, pour le futur, mais aussi de son application au litige en cause comme aux autres instances en cours. Par exception, l'article 62 précise que l'abrogation peut être reportée à « une date ultérieure fixée par cette décision ». Comme il le fait déjà dans le cadre du contrôle *a priori*[73], le juge constitutionnel a la faculté de moduler dans le temps les effets de sa décision. Il peut décider de prononcer une abrogation différée des dispositions inconstitutionnelles. Cette technique permet d'empêcher un vide juridique, en laissant le temps au législateur d'adopter, s'il l'estime nécessaire, de nouvelles dispositions conformes à la Constitution. Le Conseil a ainsi différé l'abrogation lors de ses décisions sur la cristallisation des pensions[74], la garde à vue[75] ou les hospitalisations d'office[76].

72. *Ibid.*

73. CC, décision du 19 juin 2008, *Loi relative aux organismes génétiquement modifiés*. Voir *supra* les effets de la décision du Conseil constitutionnel dans le cadre du contrôle *a priori*.

74. CC, décision QPC du 28 mai 2010, *Consorts L.*

75. CC, décision QPC du 30 juillet 2010, *M. Daniel W.*

76. CC, décision QPC du 26 novembre 2010, *Mlle Danielle S.*

Enfin, ultime effet de la QPC : celle-ci peut conduire à engager la responsabilité de l'État. Le Conseil d'État, par sa décision *Société Paris Clichy* du 24 décembre 2019, a admis la possibilité d'une responsabilité du fait des lois inconstitutionnelles[77].

6/ *Bilan de la QPC*

Les chiffres montrent que la QPC est un vrai « succès statistique[78] ». Le nombre d'affaires enregistrées a largement dépassé les prévisions initiales. Au 31 décembre 2019[79], depuis l'entrée en vigueur de la question prioritaire de constitutionnalité le 1er mars 2010, le Conseil constitutionnel a rendu 730 décisions QPC, ce qui représente près de 50 % des décisions relatives au contrôle de constitutionnalité rendues par cette institution depuis sa création. Au 31 décembre 2019, les deux juridictions suprêmes ont, pour leur part, statué sur 5 455 dossiers, à raison de 2 023 pour le Conseil d'État et de 3 432 pour la Cour de cassation[80].

Le contrôle de constitutionnalité de la loi a rapidement pris une place importante dans les requêtes, aux côtés du contrôle de conventionnalité : Marc Guillaume, alors secrétaire général du Conseil constitutionnel, relevait qu'« en 2011, première année pleine de la réforme, le nombre de QPC dont le Conseil constitutionnel a été saisi – 114 – s'est ainsi révélé très supérieur, non seulement au nombre des questions préjudicielles renvoyées par des juges français à la CJUE – 31 –, mais aussi à celui des requêtes visant la France devant la Cour européenne des droits de l'homme (CEDH) et déclarées recevables – 25[81] ». Le nombre de QPC paraît se stabiliser. S'agissant du Conseil d'État, le nombre de saisines est de l'ordre de 250 par an, avec des fluctuations annuelles. Après un niveau élevé la première année d'application, sans doute lié à un effet « d'appel d'air », le nombre de QPC avait diminué avant que ne se dessine à nouveau, à partir de 2016 et surtout en 2018-2019, une tendance à la hausse, sous l'effet des recours liés aux mesures relatives à l'État d'urgence. On observe, néanmoins, une décrue en 2019.

77. CE, ass., 24 décembre 2019, *Société Paris Clichy*. Voir *supra* nos développements dans le chapitre 21 : La responsabilité de la puissance publique.

78. *Rapport d'information n° 842 sur la question prioritaire de constitutionnalité*, commission des lois de l'Assemblée nationale, 27 mars 2013, www.assemblee-nationale.fr.

79. Source : www.conseil-constitutionnel.fr, « Bilan statistique au 31 décembre 2019 ».

80. Sources : www.courdecassation.fr, « Tableaux statistiques sur les QPC soumises à la Cour de cassation » et www.conseil-etat.fr, *Rapport public*, 2020, p. 36.

81. Audition devant la commission des lois, séance du 21 novembre 2012, dans *Rapport d'information n° 842...*, *op. cit.* Cf. également Marc Guillaume, *Question prioritaire de constitutionnalité*, Paris, Dalloz, 2019.

Tableau 1. *Les saisines du Conseil d'État au titre de la QPC depuis 2010*[82].

2010	2011	2012	2013	2014	2015	2016	2017	2018	2019
256	212	187	162	180	160	210	258	317	161

La procédure fonctionne de façon satisfaisante. Le délai de traitement des QPC est toujours inférieur à trois mois : il est en moyenne légèrement supérieur à deux mois au Conseil constitutionnel, comme devant le Conseil d'État et la Cour de cassation. Le filtre exercé par les juridictions suprêmes n'apparaît « ni trop étroit ni trop large », selon la formule du vice-président du Conseil d'État, Jean-Marc Sauvé[83]. Le taux de renvoi par les juridictions suprêmes s'établissait en 2016 en moyenne autour de 15 %, avec toutefois des différences : ce taux était de 26 % pour le Conseil d'État et de 11 % pour la Cour de cassation, ce qui montre l'utilité du filtre puisqu'il permet d'éviter au Conseil constitutionnel d'être encombré de questions ne posant pas de problèmes sérieux de constitutionnalité. Le taux de censure du Conseil s'élève, quant à lui, à environ 25 %[84], ce qui témoigne de la largeur du filtre, puisque le Conseil constitutionnel a le plus souvent jugé que la loi était conforme à la Constitution.

Plus fondamentalement, la QPC a consolidé la place du Conseil constitutionnel dans la justice française et celle de la Constitution dans notre système juridique. Elle a ouvert le prétoire du Conseil constitutionnel aux citoyens et à leurs avocats, qui viennent désormais y plaider ; symétriquement, le droit constitutionnel a pris une place accrue devant toutes les juridictions françaises. Les statistiques démontrent une appropriation rapide de la procédure par les justiciables et leurs conseils. S'agissant des juridictions suprêmes, la QPC a permis d'instaurer un nouveau dialogue, plus direct, entre Conseil constitutionnel, Conseil d'État et Cour de cassation. Si les premiers mois ont fait apparaître des divergences d'interprétation, émanant en particulier de la Cour de cassation[85], le débat est

82. Sources : www.conseil-etat.fr, *Rapport public*, 2020, p. 36.

83. Audition devant la commission des lois, séance du 21 novembre 2012, dans *Rapport d'information n° 842...*, *op. cit.*

84. Sur les 548 décisions de QPC rendues par le Conseil constitutionnel au 31 mars 2017, environ 25 % ont abouti à une déclaration de non-conformité, totale ou partielle, à la Constitution (www.conseil-constitutionnel.fr).

85. Certaines frictions sont apparues les premiers mois. La Cour de cassation s'est d'abord interrogée sur la compatibilité de la QPC avec le droit de l'Union européenne (Cass., QPC, 16 avril 2010, *Melki*, n° 12003). Elle a ensuite jugé qu'une QPC ne pouvait porter que sur le texte législatif contesté et non sur l'interprétation de la loi donnée par les juridictions (Cass., QPC, 19 mai 2010, n° 12009), position infirmée par le Conseil constitutionnel (CC, n° 2010-39 QPC du 6 octobre 2010, *Mmes Isabelle D. et Isabelle B*). Enfin, elle a estimé qu'une loi modifiée ou abrogée en cours d'instance ne pouvait

aujourd'hui apaisé. La QPC a ouvert un nouveau champ de compétence pour les juridictions suprêmes sur le terrain constitutionnel. Leur mission s'apparente à celle d'un « juge constitutionnel négatif » ou d'un « juge constitutionnel de droit commun »[86] : si elles ne peuvent pas censurer la loi[87], il leur appartient de confirmer sa constitutionnalité, en l'absence de doute sérieux. Elles sont ainsi conduites à se pénétrer de la jurisprudence du Conseil constitutionnel, qui dispose plus que jamais d'une « autorité persuasive[88] ». Jean-Marc Sauvé invoque ainsi « le devoir de cohérence jurisprudentielle et de coopération des cours suprêmes[89] ».

Enfin, la QPC contribue à améliorer la qualité du droit : de grandes lois qui posaient des problèmes majeurs de constitutionnalité ont été rapidement identifiées par les justiciables et soumises au juge constitutionnel. Tel a été le cas de la cristallisation des pensions des anciens combattants[90], de la garde à vue[91] ou des hospitalisations d'office[92]. Si les questions ont porté sur l'ensemble des branches du droit, les domaines qui ont suscité le plus d'abrogations par le Conseil constitutionnel sont le droit pénal et la procédure pénale (42 décisions), le droit processuel (11 décisions), le droit de l'environnement (10 décisions), le droit fiscal (10 décisions) et la santé publique (7 décisions)[93]. À l'occasion de la campagne présidentielle de 2017, la QPC a également démontré son efficacité en situation

faire l'objet d'une QPC (Cass., QPC, 15 juin 2010, n° 12092), question également tranchée dans un sens différent, le même jour, par le Conseil constitutionnel et le Conseil d'État (CC, décision n° 2010-16 QPC du 23 juillet 2010 ; CE, 23 juillet 2010, *Guibourt*).

86. Sophie-Justine Lieber et Damien Botteghi, « Le juge administratif, juge constitutionnel de droit commun ? », *AJDA*, 24, 2010, p. 1361.

87. Postérieurement à l'introduction de la QPC, dans la lignée des jurisprudences *Arrighi* de 1936 et *Deprez et Baillard* de 2005, le Conseil d'État a confirmé l'incompétence du juge ordinaire pour connaître de la constitutionnalité d'une loi : « La conformité de dispositions législatives à des principes constitutionnels ne saurait être contestée devant le Conseil d'État, statuant au contentieux, en dehors de la procédure prévue à l'article 61-1 de la Constitution » (CE, 6 décembre 2012, *Société Air Algérie*, n° 347870).

88. Cette formule, qui vient du président Genevois, permet de faire la distinction entre, d'une part, les décisions particulières du Conseil constitutionnel, qui s'imposent avec l'autorité de la chose jugée, mais pour le seul litige (la seule loi) en cause et, d'autre part, sa jurisprudence générale, dont l'autorité est « persuasive », dans la mesure où elle repose sur une adhésion volontaire de la Cour de cassation ou du Conseil d'État et sur la force de conviction du raisonnement suivi par le Conseil Constitutionnel.

89. Dans l'exposé de synthèse de Jean-Marc Sauvé lors de la journée d'étude organisée au Conseil d'État par le Centre de recherche en droit constitutionnel de l'Université Paris 1-Panthéon-Sorbonne le 1er avril 2011 (www.conseil-etat.fr).

90. CC, décision QPC du 28 mai 2010, *Consorts L.*

91. CC, décision QPC du 30 juillet 2010, *M. Daniel W.*

92. CC, décision QPC du 26 novembre 2010, *Mlle Danielle S.*

93. Source : www.conseil-constitutionnel.fr, « Avril 2015 : les cinq ans de la QPC au Conseil constitutionnel ».

d'urgence : saisi par une ordonnance du juge des référés du Conseil d'État en date du 29 mai 2017, le Conseil constitutionnel a statué dès le 31 mai 2017. Faisant droit à la requête de l'association *En Marche !*, il a jugé que la répartition du temps d'antenne entre les candidats à l'élection présidentielle, en octroyant une trop forte part aux partis déjà représentés à l'Assemblée nationale, affectait l'égalité devant le suffrage dans une mesure disproportionnée. Conformément au vœu du constituant, la QPC a ainsi permis de replacer la Constitution au sommet de la hiérarchie des normes et de mieux assurer la primauté des droits et libertés qu'elle garantit.

C | LE CONTRÔLE PRÉVENTIF DE CONSTITUTIONNALITÉ DES TRAITÉS

La problématique est ici différente de celle du contrôle de constitutionnalité des lois, dans la mesure où il ne s'agit pas de normes internes. Les rapports entre traités internationaux et Constitution sont une question complexe, comme nous l'avons vu *supra* dans le chapitre 8 consacré aux traités. Le terme de « contrôle » est d'ailleurs presque impropre, puisque le juge interne est bien entendu incompétent pour censurer une norme internationale. Pour autant, il existe bien une procédure préventive permettant de soumettre cette question au Conseil constitutionnel, afin d'éviter une contradiction entre traité et Constitution : à l'occasion de l'insertion d'un traité international dans l'ordre juridique interne, le Conseil constitutionnel s'assure que la ratification ou l'approbation du traité peut se faire dans le respect de la Constitution.

1/ *Les deux modes de saisine*

L'examen d'un engagement international par le Conseil constitutionnel peut passer par deux procédures : celle, dédiée, du traité lui-même (article 54 de la Constitution) ou celle, plus indirecte, de la loi autorisant la ratification (article 61). Dans les deux cas, la saisine est ouverte aux mêmes autorités. La saisine de l'article 54 était, comme celle de l'article 61, initialement limitée aux quatre hautes autorités de l'État : président de la République, Premier ministre et présidents des deux assemblées. Depuis la révision constitutionnelle de 1992, elle est désormais élargie à soixante députés ou à soixante sénateurs – rejoignant ainsi l'ouverture réalisée en 1974 pour la saisine de l'article 61. Dans les deux cas également, il s'agit d'un contrôle *a priori* : la saisine a lieu avant la ratification ou l'approbation de l'accord international en cause. Un contrôle *a posteriori* de la constitutionnalité des traités n'est pas envisageable, sauf à mettre la France en situation de manquement au regard de ses engagements internationaux. Pour cette raison, le Conseil constitutionnel refuse de contrôler les traités déjà introduits dans l'ordre interne[94], même à l'occasion de l'examen d'une convention internationale qui modifie ou complète un traité déjà ratifié par la France[95]. Il estime en effet qu'un tel contrôle serait contraire à la règle du droit international public, *pacta sunt servanda*, qui implique que tout traité en vigueur lie les parties et doit être exécuté par elles de bonne foi, règle qui a, en France, une valeur constitutionnelle en vertu du Préambule de 1946. Ainsi, le Conseil constitutionnel ne saurait procéder à un contrôle de constitutionnalité du traité de Rome à l'occasion de la ratification de ses traités modificatifs.

En vertu de l'article 54, le Conseil constitutionnel peut être saisi directement du traité international lui-même et, plus précisément, de la question de savoir s'il « comporte une clause contraire à la Constitution » ; en cas de non-conformité, « l'autorisation de ratifier ou d'approuver l'engagement international en cause ne peut intervenir qu'après révision de la Constitution ». Cette rédaction suscite parfois des interrogations, l'article 54 paraissant organiser une modification de la Constitution, comme s'il s'agissait d'un contrôle de conventionnalité de la Constitution. Mais la révision de la Constitution n'est qu'une simple faculté ; si les textes restent en l'état, une déclaration de contrariété a bien pour principale conséquence de faire obstacle à la ratification du traité international.

L'article 61 est en principe consacré au contrôle de la constitutionnalité des lois. Il permet toutefois de procéder indirectement à celui des traités : le Conseil constitutionnel a accepté d'examiner la constitutionnalité de la loi qui autorise la ratification d'un engagement international, en utilisant la procédure de l'article 61[96]. À cet égard, il ne faut pas confondre la ratification elle-même, qui est un acte du président de la République, et la loi qui l'autorise. Seuls certains traités supposent l'intervention préalable d'une telle loi[97]. Si le Conseil constitutionnel censure la loi autorisant la ratification, le traité en cause ne peut être ratifié.

94. CC, décision n° 92-308 DC du 9 avril 1992, *Maastricht I*.

95. Alors qu'il accepte, en revanche, de contrôler une loi promulguée à l'occasion de l'examen de dispositions législatives ayant pour effet de modifier, de compléter ou d'affecter le domaine de cette loi (décision n° 85-187 DC du 25 janvier 1985, *État d'urgence en Nouvelle-Calédonie*).

96. Décision n° 80-116 DC du 17 juillet 1980, *Convention franco-allemande d'entraide judiciaire*.

97. En vertu de l'article 53 de la Constitution, ce sont notamment les traités de paix, de commerce ou ceux qui modifient des dispositions de nature législative.

2/ *Les normes de référence du contrôle de constitutionnalité des traités*

Comme pour le contrôle de constitutionnalité des lois, le Conseil constitutionnel examine d'abord le traité au regard de l'ensemble des règles et principes constitutionnels. Ainsi, dans la décision *Maastricht I* du 9 avril 1992, le Conseil constitutionnel a estimé que le droit de vote des ressortissants européens aux élections locales était contraire à l'article 3 de la Constitution, au regard duquel seuls les nationaux français sont électeurs. Dans sa décision *Cour pénale internationale*, du 22 janvier 1999, il a considéré que la responsabilité pénale prévue par le statut de cette Cour pour les chefs d'État ainsi que pour les membres des gouvernements et des parlements était contraire aux régimes particuliers de responsabilité institués par les articles 26, 68 et 68-1 de la Constitution. Enfin, dans sa décision du 15 juin 1999, *Charte des langues régionales et minoritaires*, le Conseil constitutionnel a jugé cette Charte contraire à l'article 1er (indivisibilité de la République, égalité devant la loi et unicité du peuple français) et à l'article 2 (usage du français comme langue de la République) de la Constitution.

En outre, le juge constitutionnel exerce, s'agissant des traités, un contrôle plus spécifique au regard du principe de souveraineté nationale. Dans un premier temps, s'inspirant du Préambule de 1946[98], il opérait une distinction entre les simples « limitations » de souveraineté, qui étaient possibles, et les véritables « transferts » de souveraineté, qui seuls étaient jugés contraires à la Constitution. Le subtil partage entre ces deux notions soulevant des difficultés d'interprétation, le Conseil constitutionnel, dans sa décision du 22 mai 1985, *Protocole sur la peine de mort*, a retenu un autre critère, celui de l'atteinte aux « conditions essentielles d'exercice de la souveraineté nationale ». Si des atteintes à des éléments non essentiels sont admises, en revanche, un traité ne saurait mettre en cause des conditions « essentielles » de la souveraineté. Depuis ses décisions du 19 novembre 2004 sur le Traité établissant une constitution pour l'Europe et du 20 décembre 2007 sur le traité de Lisbonne, le Conseil constitutionnel juge, par une formule synthétique, qu'une révision constitutionnelle est nécessaire avant la ratification d'un traité lorsque les stipulations de celui-ci « contiennent une clause contraire à la Constitution, remettent en cause les droits et libertés constitutionnellement garantis ou portent atteinte aux conditions essentielles d'exercice de la souveraineté nationale ».

À titre d'illustration, il a ainsi jugé que mettent en cause les conditions essentielles de la souveraineté nationale les transferts de

98. Le quinzième alinéa du Préambule de 1946 dispose : « La France consent aux limitations de souveraineté nécessaires à l'organisation et à la défense de la paix. »

compétence prévus au profit de l'Union européenne dans certaines matières régaliennes, tels que la politique monétaire commune et la politique de visas externes commune[99] ou encore la politique commune en matière d'asile, d'immigration et de franchissement des frontières[100]. De même, portent atteinte à des conditions essentielles les règles de la Cour pénale internationale qui pourraient imposer à la France d'arrêter et de remettre à la Cour une personne à raison de faits couverts, selon la loi française, par l'amnistie ou la prescription[101]. À l'inverse, en matière de droits fondamentaux, le Conseil constitutionnel a considéré à plusieurs reprises qu'il n'y avait pas d'atteinte aux conditions essentielles de la souveraineté nationale. Il a ainsi admis la conformité à la Constitution du protocole prohibant la peine de mort[102] et de la Charte des droits fondamentaux de l'Union européenne[103].

3/ *Le cas particulier des traités conclus par l'Union européenne et les États membres avec des tiers*

Saisi, par soixante députés, sur le fondement de l'article 54 de la Constitution, avant la ratification par la France de l'accord économique et commercial global entre le Canada, d'une part, l'Union européenne et ses États membres, d'autre part, le Conseil constitutionnel a précisé, par une décision du 31 juillet 2017, la nature du contrôle qu'il exerce sur les traités, nombreux en pratique, qui sont conclus à la fois par l'Union européenne et par les États membres avec des tiers.

Il distingue selon que les stipulations du traité relèvent d'une compétence exclusive de l'Union européenne, d'une compétence partagée entre l'Union et les États, ou d'une compétence appartenant aux États seuls. Dans le premier cas, et dans la logique de ses décisions relatives aux lois de transposition des directives[104], il juge qu'il lui appartient seulement de veiller à ce que le traité ne mette pas en cause une règle ou un principe inhérent à l'identité constitutionnelle de la France. En l'absence d'une telle mise en cause, il ne revient qu'à la Cour de justice de contrôler la compatibilité de l'accord avec le droit de l'Union. Lorsqu'en revanche les stipulations de l'accord relèvent d'une compétence partagée entre l'Union et les États membres ou, à plus forte raison, d'une compétence appartenant aux seuls États membres, le Conseil constitutionnel exerce son

99. CC, décision n° 92-308 DC du 9 avril 1992, *Maastricht II*.

100. CC, décision n° 97-314 DC du 31 décembre 1997, *Traité d'Amsterdam*.

101. CC, décision n° 99-408 DC du 22 janvier 1999, *Cour pénale internationale*.

102. CC, décision n° 85-188 DC du 22 mai 1985.

103. CC, décision n° 2004-505 DC du 19 novembre 2004, *Traité établissant une constitution pour l'Europe*.

104. CC, décisions DC du 10 juin 2004 et du 27 juillet 2006.

plein contrôle de conformité du traité à la Constitution. Il détermine alors si les stipulations du traité « contiennent une clause contraire à la Constitution, remettent en cause les droits et libertés constitutionnellement garantis ou portent atteinte aux conditions essentielles d'exercice de la souveraineté nationale ».

D | LES AUTRES ATTRIBUTIONS DU CONSEIL CONSTITUTIONNEL

À côté de son rôle de gardien du respect de la Constitution par les lois et les traités, le Conseil constitutionnel est chargé de diverses missions complémentaires, que l'on peut regrouper en deux grandes rubriques : d'une part, il joue un rôle d'arbitre constitutionnel entre les pouvoirs publics ; d'autre part, il est juge électoral pour les scrutins nationaux.

1/ *Le Conseil constitutionnel, arbitre constitutionnel*

Le Conseil constitutionnel exerce, dans certains cas, une mission d'arbitre constitutionnel. Sans que son rôle soit clairement juridictionnel, il s'agit de veiller au bon fonctionnement des institutions et à la régularité de l'action des pouvoirs publics au regard de la Constitution.

Deux attributions traduisent son rôle de gardien de la répartition des compétences entre le législateur et le pouvoir réglementaire. La procédure d'irrecevabilité de l'article 41 permet au gouvernement ou au président de l'assemblée concernée d'opposer une fin de non-recevoir à une proposition de loi ou à un amendement qui ne serait pas du domaine de la loi. En cas de désaccord entre eux, l'un ou l'autre peut saisir le Conseil constitutionnel. Au titre de la procédure de déclassement de l'article 37, les dispositions législatives intervenues dans le domaine réglementaire peuvent être modifiées par décret en Conseil d'État, à la condition, pour celles qui ont été édictées postérieurement à 1958, que le Conseil constitutionnel ait confirmé leur caractère réglementaire.

Peut être ensuite mentionné à ce titre le contrôle obligatoire des règlements des assemblées. Cette compétence du Conseil constitutionnel, qui semble aujourd'hui sans enjeu, était une véritable innovation en 1958. Avant cette date, ces « lois internes » aux assemblées échappaient à tout contrôle, donnant aux partis un pouvoir discrétionnaire. Le secrétaire général de la Chambre des députés, Eugène Pierre, constatait en 1902 : « Le règlement n'est en apparence que la loi intérieure des assemblées, un recueil de prescriptions destinées à faire procéder avec méthode une réunion où se rencontrent et se heurtent beaucoup d'aspirations contradictoires. En réalité, c'est un instrument redoutable aux mains des partis ; il a souvent plus d'influence que la Constitution elle-même sur la marche des affaires publiques[105]. » Désormais, les règlements sont obligatoirement soumis au Conseil constitutionnel, qui en vérifie la constitutionnalité.

Enfin, le Conseil constitutionnel intervient en cas de mise en œuvre de l'article 16 relatif aux pouvoirs exceptionnels du président de la République en période de crise. Il rend d'abord un avis, publié au *Journal officiel de la République française,* sur la décision même du président de la République de recourir à l'article 16[106]. Il est ensuite consulté par le président sur les mesures qu'il édicte durant cette période. Enfin, depuis la révision constitutionnelle de 2008, le Conseil constitutionnel contrôle la durée de mise en œuvre de l'article 16 : d'une part, après trente jours d'exercice des pouvoirs exceptionnels, il peut être saisi par le président d'une assemblée parlementaire, soixante députés ou soixante sénateurs, afin d'apprécier si les conditions de mise en œuvre de l'article 16 sont toujours réunies. Après soixante jours, le Conseil constitutionnel procède de plein droit à cet examen. Ce nouveau dispositif vise à éviter la situation connue en 1961, où le général de Gaulle avait maintenu l'article 16 en vigueur pendant cent cinquante-neuf jours, alors qu'il n'en avait fallu que trois pour mettre fin au *putsch* des généraux d'Alger.

2/ *Le Conseil constitutionnel, juge électoral*

C'est en tant que juge électoral que le Conseil constitutionnel rend le plus grand nombre de décisions (3 235 à la date du 31 mars 2017[107]). Juge du contentieux des élections présidentielles (article 58 de la Constitution) et parlementaires (article 59), il veille également à la régularité des référendums nationaux (article 60).

Pour l'élection présidentielle, son rôle va au-delà du contentieux, puisqu'il en supervise l'organisation : il vérifie la recevabilité des candidatures et les publie au *Journal officiel de la République française,* veille à la régularité des opérations électorales, statue sur les réclamations, puis proclame les résultats. Dans l'hypothèse particulière du décès ou de l'empêchement d'un candidat pendant l'élection présidentielle, il lui appartient de décider du report de l'élection (article 7 de la Constitution). Enfin, il peut être saisi, par le candidat

105. Eugène Pierre, *Traité du droit politique électoral et parlementaire,* Paris, 1902.

106. Cette décision constitue un acte de gouvernement qu'il n'appartient pas au Conseil d'État de connaître (CE, 2 mars 1962, *Ruben de Servens*).

107. Source : « Bilan statistique au 31 mars 2017 », *Nouveaux Cahiers du Conseil constitutionnel,* 55-56, juin 2017, également disponible sur www.conseil-constitutionnel.fr.

concerné, de recours contre les décisions de la Commission nationale des comptes de campagne et des financements politiques.

Le contrôle des élections parlementaires, qui semble aujourd'hui aller de soi, représentait en 1958 une innovation et un progrès de l'État de droit. En effet, jusqu'à cette date, le contentieux des élections nationales était jugé par les parlementaires eux-mêmes, en l'occurrence la majorité nouvellement élue, qui exerçait un contrôle parfois critiqué pour son manque d'impartialité. Désormais, le Conseil est le juge de l'élection : il peut être saisi, par les candidats ou les électeurs, de recours contestant la régularité des élections. Il est en outre le juge des inéligibilités : avant l'élection, il statue en appel sur les décisions des tribunaux administratifs ; après l'élection, il peut, pour ce motif, constater la déchéance d'un parlementaire.

S'agissant enfin des consultations référendaires, le Conseil est chargé par l'article 60 de la Constitution de veiller à « la régularité des opérations de référendum ». Consulté à ce titre par le gouvernement sur l'organisation du référendum, le Conseil constitutionnel en a également déduit, dans sa décision du 25 juillet 2000, *Hauchemaille*, sa compétence pour statuer sur les requêtes dirigées contre les actes préparatoires au référendum[108]. Il contrôle le bon déroulement de la campagne et des opérations de vote, examine les réclamations portées devant lui et proclame les résultats. Enfin, la révision constitutionnelle du 22 juillet 2008 a étendu sa mission en lui confiant un contrôle de constitutionnalité obligatoire des propositions de loi référendaire d'initiative partagée (RIP), avant qu'elles ne soient soumises au référendum.

Ce dernier type de référendum peut être organisé, en vertu du troisième alinéa de l'article 11 de la Constitution, à l'initiative d'un cinquième des membres du Parlement, soutenu par un dixième des électeurs inscrits sur les listes électorales. Cette possibilité a été utilisée pour la première fois en avril 2019, pour contrer un projet de privatisation d'Aéroports de Paris (ADP), avec une proposition de loi visant à affirmer le caractère de service public national de l'exploitation des aérodromes de Paris. Cette proposition n'a toutefois pas obtenu le soutien du nombre d'électeurs requis, comme l'a constaté le Conseil constitutionnel dans sa décision n° 2019-1-8 RIP du 26 mars 2020. Dressant le bilan de cette première mise en œuvre du RIP le 18 juin 2020, le juge constitutionnel a formulé des observations afin d'en améliorer la procédure. Ainsi observe-t-il que certains électeurs susceptibles de soutenir une telle initiative peuvent être découragés de le faire par l'exigence d'un nombre de soutiens

108. Tirant les conséquences de l'existence de ce recours exceptionnel devant le Conseil constitutionnel, le Conseil d'État en a déduit l'irrecevabilité des requêtes formées devant lui contre les actes préparatoires au référendum (CE, 1er septembre 2000, *Larrouturou*).

à atteindre très élevé (environ 4,7 millions) et par le fait que la tenue d'un référendum n'est qu'hypothétique, puisqu'un examen du texte par les deux assemblées suffit à mettre un terme à la procédure. Dans la suite des revendications formulées par le mouvement des « gilets jaunes », le projet de révision constitutionnelle « pour un renouveau de la vie démocratique » présenté en 2019 envisage une profonde modification de la procédure de référendum d'initiative partagée, avec, en particulier, un abaissement des seuils de déclenchement à un dixième des parlementaires et à un million d'électeurs.

Bibliographie

DROIT PUBLIC GÉNÉRAL

En guise d'introduction

MOLFESSIS (N.) et TERRÉ (F.), *Introduction générale au droit*, Paris, Dalloz, coll. « Précis Dalloz », 2020 [12e éd.]

Ouvrages généraux

CHAPUS (R.), *Droit administratif général*, Paris, Montchrestien, 2001 [15e éd.].

DELAMARRE (M.) et PARIS (T.), *Droit administratif*, Paris, Ellipses, coll. « Optimum », 2009.

DELVOLVÉ (P.), *Le Droit administratif*, Paris, Dalloz, coll. « Connaissance du droit », 2018.

FEKL (M.), SIRINELLI (M.) et SORIN (J.), *Droit public*, Paris, Ellipses, coll. « Actu concours », 2015.

FRIER (P.-L.) et PETIT (J.), *Droit administratif*, Paris, LGDJ, 2020 [14e éd.].

GAUDEMET (Y.), *Traité de droit administratif*, Paris, LGDJ, Tome 1, 2001 [16e éd.] et Tome 2, 2014 [15e éd.].

GAUDEMET (Y.), *Droit administratif*, Paris, LGDJ, coll. « Manuel », 2020 [23e éd.].

GONOD (P.), *Droit administratif général*, Paris, Dalloz, coll. « Mémentos », 2020 [2e éd.].

GONOD (P.), MELLERAY (F.) et YOLKA (P.), *Traité de droit administratif*, Paris, Dalloz, 2011.

LOMBARD (M.), DUMOND (G.) et SIRINELLI (J.), *Droit administratif*, Paris, Dalloz, coll. « Hypercours », 2019 [13e éd.].

MORAND-DEVILLER (J.), BOURDON (P.) et POULET (F.), *Droit administratif*, Paris, LGDJ, coll. « Cours », 2019 [16e éd.].

PLESSIX (B.), *Droit administratif général*, Paris, LexisNexis, 2020 [3e éd].
PUIGSERVER (F.), *Le Droit de l'administration*, Paris, LGDJ, 2019 [4e éd.].
SEILLER (B.), *Droit administratif*, Paris, Flammarion, 2016.
STIRN (B.), *Les Mots-clés du droit administratif*, Paris, Dalloz, coll. « À savoir », 2018
TRUCHET (D.), *Le Droit public*, Paris, PUF, coll. « Que sais-je ? », 2018.
TRUCHET (D.), *Droit administratif*, Paris, PUF, coll. « Thémis Droit », 2019.
VAN LANG (A.), GONDOUIN (G.) et INSERGUET-BRISSET (V.), *Dictionnaire de droit administratif*, Paris, Armand Colin, 2015 [7e éd.].
WALINE (J.), *Droit administratif*, Paris, Dalloz, 2020 [28e éd.].
WEIL (P.) et POUYAUD (D.), *Le Droit administratif*, Paris, PUF, coll. « Que sais-je ? », 2017.

Recueil de jurisprudences et d'avis

BRAIBANT (G.), WEIL (P.), GENEVOIS (B.), LONG (M.) et DELVOLVÉ (P.), *Les Grands Arrêts de la jurisprudence administrative*, Paris, Dalloz, 2019 [22e éd.].
FAVOREU (L.) et PHILIP (L.) [mis à jour par GAIA (P.), GHEVONTIAN (R.), MELIN-SOUCRAMANIEN (F.), OLIVA (E.) et ROUX (A.)], *Les Grandes Décisions du Conseil constitutionnel*, Paris, Dalloz, 2018 [19e éd.].
GAUDEMET (Y.), STIRN (B.), DAL FARRA (T.) et ROLLIN (F.), *Les Grands Avis du Conseil d'État*, Paris, Dalloz, 2008 [3e éd.].
LACHAUME (J.-F.), PAULIAT (H.), BRACONNIER (S.) et DEFFIGIER (C), *Droit administratif. Les grandes décisions de la jurisprudence*, Paris, PUF, 2017 [17e éd.].
RICCI (J.-C), *Mémento de la jurisprudence administrative*, Paris, Hachette Éducation, coll. « Les Fondamentaux », 2016 [11e éd.].

OUVRAGES SPÉCIALISÉS

Droit constitutionnel

AMSON (D.), *La Vie politique sous la Cinquième République*, Paris, Ellipses, coll. « Mise au point », 2002.
ARDANT (P.) et MATHIEU (B.), *Droit constitutionnel et Institutions politiques*, Paris, LGDJ, 2020 [32e éd.].
AVRIL (P.) et GIQUEL (J.), *Le Conseil constitutionnel*, Paris, Montchrestien, 2011 [6e éd.].
CHAGNOLLAUD (D.) et QUERMONNE (J.-L.), *La Cinquième République*, Paris, Flammarion, 2000.
CHANTEBOUT (B.), *Droit constitutionnel*, Paris, Dalloz-Sirey, 2015 [32e éd.].
CHEVALLIER (J.-J.), CARCASSONNE (G.) et DUHAMEL (O.), *Histoire de la Cinquième République*, Paris, Dalloz, 2017 [16e éd.].
DELAUNAY (B.), *L'Indispensable du droit constitutionnel*, Levallois-Perret, Studyrama, 2004 [2e éd.].
DRAGO (G.), *Contentieux constitutionnel français*, Paris, PUF, 2020.
DUHAMEL (O) et TUSSEAU (G.), *Droit constitutionnel et Institutions politiques*, Paris, Seuil, 2016.

FAVOREU (L.), GAIA (P.), GHEVONTIAN (R.) et MESTRE (J.-L.), *Droit constitutionnel*, Paris, Dalloz, coll. « Précis Dalloz », 2020 [22e éd.].
FAVOREU (L.) et PHILIP (L.), *Le Conseil constitutionnel*, Paris, PUF, coll. « Que sais-je ? », 2005.
GENEVOIS (B.), *La Jurisprudence du Conseil constitutionnel*, Paris, STH, 1987.
HADAS-LEBEL (R.), *Les 101 mots de la démocratie française*, Paris, Odile Jacob, 2002.
HAMON (F.) et TROPER (M.), *Droit constitutionnel*, Paris, LGDJ, coll. « Manuel », 2020 [41e éd.].
PACTET (P.) et MELIN-SOUCRAMANIEN (F.), *Droit constitutionnel 2021*, Paris, Sirey, 2020 [39e éd.].
TROPER (M.) et CHAGNOLLAUD (D.), *Traité international de droit constitutionnel*, Paris, Dalloz, 2012.
VERPEAUX (M.), MONTALIVET (P. de), ROBLOT-TROZIER (A.) et VIDAL-NAQUET (A.), *Droit constitutionnel. Les grandes décisions de la jurisprudence*, Paris, PUF, 2017 [2e éd.]

Contentieux et justice administrative

BELRHALI (H.), *Responsabilité administrative*, Paris, LGDJ, 2020 [2e éd.].
BONICHOT (J.-C), CASSIA (P.) et POUJADE (B.), *Les Grands Arrêts du contentieux administratif*, Paris, Dalloz, 2020 [7e éd.].
BROYELLE (C), *Contentieux administratif*, Paris, LGDJ, coll. « Manuel », 2020 [8e éd.].
CHABANOL (D.) et BONNET (B.), *La Pratique du contentieux administratif*, Paris, LexisNexis, 2020 [13e éd.].
CHAPUS (R.), *Droit du contentieux administratif*, Paris, Montchrestien, coll. « Domat Droit Public », 2008.
CHAVRIER (H.) et DELAMARRE (M.), *Leçons de contentieux administratif*, Paris, Ellipses, 2013.
COSTA (D.), *Contentieux administratif*, Paris, LexisNexis, 2014 [2e éd.].
DAËL (S.) et COURRÈGES (A.), *Contentieux administratif*, Paris, PUF, coll. « Thémis Droit », 2013.
FOUGEROUSE (J.), *Le Contentieux administratif en schémas*, Paris Ellipses, coll. « Le droit en schémas », 2017 [2e éd.].
GOHIN (O.) et POULET (F.), *Contentieux administratif*, Paris, LexisNexis, coll. « Manuels », 2017 [9e éd.].
GUYOMAR (M.) et SEILLER (B.), *Contentieux administratif*, Paris, Dalloz, coll. « Hypercours », 2019 [5e éd.].
LE BOT (O.), *Contentieux administratif*, Bruxelles, Bruylant, 2020 [7e éd.].
MASSOT (J.), FOUQUET (O.), STAHL (J.-H.) et GUYOMAR (M.), *Le Conseil d'État, juge de cassation*, Paris, Berger-Levrault, 2018.
MAUGÜÉ (C.) et STAHL (J.-H.), *La Question prioritaire de constitutionnalité*, Paris, Dalloz, coll. « Connaissance du droit », 2017 [3e éd.].
ODENT (R.), *Contentieux administratif*, Paris, Dalloz, 2007 [2e éd.].
PACTEAU (B.), *Traité de contentieux administratif*, Paris, PUF, coll. « Droit fondamental », 2008.
PACTEAU (B.), *Manuel de contentieux administratif*, Paris, PUF, 2014.
RICCI (J.-C), *Contentieux administratif*, Paris, Hachette Supérieur, 2016 [5e éd.].

ROBINEAU (Y.) et TRUCHET (D.), *Le Conseil d'État*, Paris, PUF, coll. « Que sais-je ? », 2008.
ROUAULT (M.-C), *L'Essentiel du contentieux administratif*, Issy-les-Moulineaux, Gualino, coll. « Les Carrés », 2014.
ROUQUETTE (R.), *Petit Traité du procès administratif*, Paris, Dalloz-Sirey, 2020 [9e éd.].

Contrats administratifs

BRACONNIER (S.), *Précis du droit de la commande publique*, Paris, Le Moniteur, 2019 [6e éd.].
LICHÈRE (F.), *Droit des contrats publics*, Paris, Dalloz, coll. « Mémentos », 2020 [3e éd.].
RICHER (L.), *L'Europe des marchés publics*, Paris, LGDJ, 2009.
RICHER (L.), *Droit des contrats administratifs*, Paris, LGDJ, coll. « Manuel », 2019 [11e éd.].

Domaine, biens et propriétés publiques

AUBY (J.-M.), AUBY (J.-B.), BON (P.) et TERNEYRE (P.), *Droit administratif des biens*, Paris, Dalloz, coll. « Précis Dalloz », 2020 [8e éd.].
FOULQUIER (N.), *Droit administratif des biens*, Paris, LexisNexis, 2019 [5e éd.].
MORAND-DEVILLER (J.), BOURDON (P.) et POULET (F.), *Droit administratif des biens*, Paris, LGDJ, 2020 [11e éd.].

Droit public économique

COLSON (J.-P.) et IDOUX (P.), *Droit public économique*, Paris, LGDJ, coll. « Manuel », 2018 [9e éd.].
DELAUNAY (B.), *Droit public de la concurrence*, Paris, LGDJ, coll. « Manuel », 2018 [2e éd.]
MARAIS (B. du), *Droit public de la régulation économique*, Paris, Presses de Sciences Po-Dalloz, coll. « Amphi », 2020 [2e éd.].
NICINSKI (S.), *Droit public des affaires*, Paris, LGDJ, coll. « Précis Domat », 2019 [6e éd.].

Finances publiques

ADAM (F.), FERRAND (O.) et RIOUX (R.), *Finances publiques*, Paris, Presses de Sciences Po-Dalloz, 2018 [4e éd.].
DAMAREY (S.), *Finances publiques*, Issy-les-Moulineaux, Gualino, 2020.
MORDACQ (F.), *La LOLF. Un nouveau cadre budgétaire pour réformer l'État*, Paris, LGDJ, coll. « Systèmes », 2006.
MORDACQ (F.), *La Réforme de l'État par l'audit*, Paris, LGDJ, coll. « Systèmes », 2009.

Fonction publique

AUBIN (E.), *L'Essentiel du droit de la fonction publique*, Issy-les-Moulineaux, Gualino, 2020 [14e éd.].

AUBY (J.-M.), AUBY (J.-B.), DIDIER (J.-P.) et TAILLEFAIT (A.), *Droit de la fonction publique*, Dalloz, coll. « Précis Dalloz », 2018 [8e éd.].
DORD (O.), *Droit de la fonction publique*, Paris, PUF, coll. « Thémis », 2017 [3e éd.].
MELLERAY (F.), *Droit de la fonction publique*, Paris, Economica, 2017 [4e éd.].
PEISER (G.), *Droit de la fonction publique*, Paris, Dalloz, coll. « Memento », 2012 [21e éd.].
PLANTEY (A.) et PLANTEY (M.-C), *La Fonction publique*, Paris, LexisNexis, coll. « Traités », 2012.
POTVIN-SOLIS (L.) (dir.), *Vers un modèle européen de fonction publique ?*, Bruxelles, Bruylant, 2011.
VIGOUROUX (C), *Déontologie des fonctions publiques*, Paris, Dalloz, 2012 [2e éd.].

Histoire du droit

BIGOT (G.), *Introduction historique au droit administratif depuis 1789*, Paris, PUF, 2002.
BIGOT (G.), *L'Administration française (1789-1870)*, Paris, LexisNexis, 2014 [2e éd.].
GAUDEMAR (H. de) et MONGOIN (D.), *Les Grandes Conclusions de la jurisprudence administrative. Volume 1 : 1831-1940*, Paris, LGDJ, 2015 ; *Volume 2 : 1940-2000*, Paris, LGDJ, 2019.
MESTRE (J.-L.), *Introduction historique au droit administratif français*, Paris, PUF, 1985.
MORABITO (M.), *Histoire constitutionnelle de la France de 1789 à nos jours*, Paris, LDGJ, coll. « Précis Domat », 2020 [16e éd.].
PACTEAU (B.), *Le Conseil d'État et la fondation de la justice administrative française au XIXe siècle*, Paris, PUF, 2003.
PICQ (J.), *Une histoire de l'État en Europe*, Paris, Presses de Sciences Po, 2015.
ROYER (J.-P.), *Histoire de la justice en France*, Paris, PUF, 2016 [5e éd.].
WEIDENFELD (K.), *Histoire du droit administratif*, Paris, Economica, 2010.

Institutions administratives

DENOIX DE SAINT MARC (R.), *L'État*, Paris, PUF, coll. « Que sais-je ? », 2016.
FAURE (B.), *Les Institutions administratives*, Paris, PUF, 2010.
GÉRARD (P.), *L'Administration de l'État*, Paris, LexisNexis, 2018 [3e éd.].
LACHAUME (J.-F.), BOITEAU (C), PAULIAT (H.) et DEFFIGIER (C), *Droit des services publics*, Paris, LexisNexis, 2015.
OBERDORFF (H.) et KADA (N.), *Les Institutions administratives*, Paris, Sirey, 2019 [9e éd.].
THIELLAY (J.-P.), *Droit des outre-mers*, Paris, Dalloz, coll. « Connaissance du droit », 2011.

Libertés publiques et droits fondamentaux

ANDRIANTSIMBAZOVINA (J.), GAUDIN (H.), MARGUENAUD (J.-P.), RIALS (S.) et SUDRE (F.), *Dictionnaire des droits de l'homme*, Paris, PUF, 2008.

Bioy (X.), *Droits fondamentaux et libertés publiques*, Paris, LGDJ, 2018 [5e éd.].
Cabrillac (dir.), *Libertés et Droits fondamentaux*, Paris, Dalloz, 2020 [26e éd.].
Chagnollaud (D.) et Drago (G.), *Dictionnaire des droits fondamentaux*, Paris, Dalloz, 2010.
Favoreu (L.), Gaïa (P.) et Ghevontian (R.) (dir.), *Droit des libertés fondamentales*, Paris, Dalloz, coll. « Précis Dalloz », 2015.
Hennette-Vauchez (S.) et Roman (D.), *Droit de l'homme et Libertés fondamentales*, Paris, Dalloz, 2020 [4e éd.].
Oberdorff (H.), *Droits de l'homme et Libertés fondamentales*, Paris, LGDJ, coll. « Manuel », 2019 [7e éd.].
Oberdorff (H.) et Robert (J.), *Libertés fondamentales et Droits de l'homme, Recueil de textes français et internationaux*, Paris, LGDJ, 2020 [18e éd.].
Renoux (T.) (dir.), *Protection des libertés et droits fondamentaux*, Paris, La Documentation française, 2011.
Stirn (B.), *Les Libertés en questions*, Paris, LGDJ, coll. « Clefs », 2019 [11e éd.].

Sources du droit

Abraham (R.), *Droit international, Droit communautaire et droit français*, Paris, Hachette, 1989.
Cassia (P.) et Olson (T.), *Le Droit international, le Droit européen et la Hiérarchie des normes*, Paris, PUF, coll. « Les Notes », 2015.
Stirn (B.), *Les Sources constitutionnelles du droit administratif*, Paris, LGDJ, coll. « Systèmes », 2019 [10e éd.].

Pour aller plus loin

Latour (B.), *La Fabrique du droit. Une ethnographie du Conseil d'État*, Paris, La Découverte, 2004.
Lignières (P.), *Le Temps des juristes*, Paris, LexisNexis, 2012.
Schnapper (D.), *Une sociologue au Conseil constitutionnel*, Paris, Gallimard, 2010.

DROIT EUROPÉEN

Ouvrages de réflexion générale

Allard (J.) et Garapon (A.), *Les Juges dans la mondialisation*, Paris, Seuil, coll. « La République des idées », 2005.
Auby (J.-B.), *La Globalisation, le Droit et l'État*, Paris, LGDJ, coll. « Systèmes », 2020 [3e éd.].
Bonnet (B.), *Traité des rapports entre ordres juridiques*, Paris, LGDJ, 2016.
Cassese (S.), *Au-delà de l'État*, Bruxelles, Bruylant, 2011.
Delmas-Marty (M.), *Pour un droit commun*, Paris, Seuil, 1994 [traduction anglaise, Cambridge University Press, 2005].

DELMAS-MARTY (M.), *Vers une communauté de valeurs ?*, Paris, Seuil, 2011

DJAÏZ (D.), *Slow Démocratie*, Paris, Allary, 2019.

HABERMAS (J.), *La Constitution de l'Europe*, Paris, Gallimard, coll. « NRF Essais », 2012.

LETTA (E.), *Faire l'Europe dans un monde de brutes*, Paris, Fayard, 2017.

MOUNK (Y.), *Le Peuple contre la démocratie*, Paris, L'Observatoire, 2018.

VAN MIDDELEAAR (L.), *Le Passage à l'Europe*, Paris, Gallimard, coll. « Bibliothèque des idées », 2012.

VAN MIDDELAAR (L.), *Quand l'Europe improvise*, Paris, Gallimard, coll. « Le Débat », 2018

Droit public européen

ABDEREMANE (K.), CLAEYS (A.), LANGELIER (É.), MARIQUE (Y.), PERROUD (T.) *et al.*, *Manuel de droit comparé des administrations européennes*, Bruxelles, Bruylant, 2019.

AUBY (J.-B.) (dir.), *L'Influence du droit européen sur les catégories du droit public*, Paris, Dalloz, 2010.

AUBY (J.-B.) et DUTHEIL DE LA ROCHÈRE (J.) (dir.), *Traité de droit administratif européen*, Bruxelles, Bruylant, 2014 [2e éd.].

CONSEIL DE L'EUROPE, *Séminaire multilatéral. Le contrôle juridictionnel des actes administratifs*, Strasbourg, Éditions du Conseil de l'Europe, 1996.

KÖTZ (H.), FAUVARQUE-COSSON (B.), SIGNAT (C.) et GALBOIS-LEHALLE (D.), *Droit européen des contrats*, Paris, Sirey, 2019.

OBSERVATOIRE DES MUTATIONS INSTITUTIONNELLES ET JURIDIQUES, *La Justice administrative en Europe*, Paris, PUF, coll. « Les Notes – Droit et justice », 2015.

SAURON (J.-L.), *Procédures devant les juridictions de l'Union européenne et devant la CEDH*, Issy-les-Moulineaux, Gualino, 2016.

SCHWARZE (J.), *Droit administratif européen*, Bruxelles, Bruylant, 2009 [2e éd.].

STIRN (B.), *Vers un droit public européen*, Paris, LGDJ, coll. « Clefs », 2015.

Droit de la convention européenne des droits de l'homme

BERGER (V.), *Jurisprudence de la Cour européenne des droits de l'homme*, Paris, Sirey, 2014 [13e éd.].

BURGORGUE-LARSEN (L.), *La Convention européenne des droits de l'homme*, Paris, LGDJ, coll. « Systèmes », 2019 [3e éd.].

COSTA (J.-P.), *La Cour européenne des droits de l'homme. Des juges pour la liberté*, Paris, Dalloz, 2017.

MARGUÉNAUD (J.-P.), *La Cour européenne des droits de l'homme*, Paris, Dalloz, coll. « Connaissance du droit », 2016 [7e éd.].

MODERNE (F.), *La Convention européenne des droits de l'homme*, Paris, Armand Colin, 2019 [4e éd.].

SUDRE (F.), *Droit européen et international des droits de l'homme*, Paris, PUF, 2019 [14e éd.].

TEITGEN-COLLY (C.) (dir.), *La Cour européenne des droits de l'homme, 60 ans et après ?*, Paris, LGDJ, coll. « Systèmes », 2013.

Droit de l'Union européenne

BARDELEBEN (E. von), DONNÂT (F.) et SIRITSKY (D.), *La Cour de justice de l'Union européenne et le Droit du contentieux européen*, Paris, La Documentation française, 2012.

BERTONCINI (Y.) et CHOPIN (T.), *Politique européenne*, Paris, Presses de Sciences Po-Dalloz, coll. « Amphi », 2010.

BLUMANN (C.) et DUBOUIS (L.), *Droit institutionnel de l'Union européenne*, Paris, LexisNexis, 2019 [7e éd.].

BRAIBANT (G.), *La Charte des droits fondamentaux de l'Union européenne*, Paris, Seuil, coll. « Points », 2001.

CHALTIEL (F.), *Le Processus européen de décision après le traité de Lisbonne*, Paris, La Documentation française, 2010.

DOUTRIAUX (Y.) et LEQUESNE (C), *Les Institutions de l'Union européenne après le traité de Lisbonne*, Paris, La Documentation française, 2013 [9e éd.].

DUBOUIS (L.) et BLUMANN (C), *Droit matériel de l'Union européenne*, Paris, LGDJ, coll. « Précis Domat », 2019 [8e éd.].

DUBOUT (E.), NABLI (B.), *Droit français de l'intégration européenne*, Paris, LGDJ, coll. « Systèmes », 2015

GHEVONTIAN (R.), *Droit de l'Union européenne*, Paris, Dalloz, coll. « Aide-mémoire », 2013 [5e éd.].

MARTUCCI (F.), *Droit de l'Union européenne*, Paris, Dalloz, coll. « Hypercours », 2019 [2e éd.].

QUERMONNE (J.-L.), *Le Système politique de l'Union européenne*, Paris, LGDJ, coll. « Clefs », 2015 [9e éd.].

ROSAS (A.) *et al.*, *La Cour de justice et la construction de l'Europe*, ouvrage collectif publié à l'occasion des 60 ans de la Cour, Dordrecht, Springer, 2012.

SAURON (J.-L.), *Comprendre le traité de Lisbonne*, Issy-les-Moulineaux, Gualino, 2008.

SAURON (J.-L.) (dir.), *Comprendre l'Union européenne*, Paris, La Documentation française, 2016.

Recueil de textes et de jurisprudences

DUBOUIS (L.) et GUEYDAN (C), *Les Grands Textes du droit de l'Union européenne*, Paris, Dalloz, 2010 [8e éd.].

KADDOUS (C.) et PICOD (F.), *Traité sur l'Union européenne, Traité sur le fonctionnement de l'Union européenne*, Paris, LexisNexis, 2020 [11e éd.].

PRIOLLAUD (F.-X.) et SIRITZKY (D.), *Le Traité de Lisbonne*, Paris, La Documentation française, 2008.

SUDRE (F.), MARGUÉNAUD (J.-P.), ANDRIANTSIMBAZOVINA (J.) *et al.*, *Les Grands Arrêts de la Cour européenne des droits de l'homme*, Paris, PUF, coll. « Thémis », 2019 [9e éd.].

DROIT COMPARÉ

Ouvrages généraux

BON (P.) et MAUS (D.), *Les Grandes Décisions des cours constitutionnelles européennes*, Paris, Dalloz, 2008.

CANIVET (G.), ANDENAS (M.) et FAIRGRIEVE (D.), *Comparative Law before the Courts*, Londres, British Institute of International and Comparative Law, 2004.

FAIRGRIEVE (D.) et MUIR WATT (H.), *Common law et tradition civiliste. Convergence ou concurrence*, Paris, PUF, coll. « Droit et justice », 2006.

FAVOREU (L.) et MASTOR (W.), *Les Cours constitutionnelles*, Paris, Dalloz, coll. « Connaissance du droit », 2016 [2e éd.].

FROMONT (M.), *Droit administratif des États européens*, Paris, PUF, coll. « Thémis », 2006.

MAK (E.), *Judicial Decision-making in a Globalised World*, Oxford, Hart Publishing, 2015.

MARCOU (G.) (dir.), *Les Mutations du droit de l'administration en Europe. Pluralisme et convergences*, Paris, L'Harmattan, 2000.

NOGUELLOU (R.) et STELKENS (U.) (dir.), *Droit comparé des contrats publics*, Bruxelles, Bruylant, 2011.

ZOLLER (E.), *Introduction to Public Law. A Comparative Study*, Leyde, Martinus Nijhoff Publishers, 2008.

Allemagne

MAURER (H.), *Droit administratif allemand*, trad. fr. Michel Fromont, Paris, LGDJ, 1994.

Belgique

BOUVIER (P.), *La Naissance du Conseil d'État de Belgique. Une histoire française ?*, Bruxelles, Bruylant, 2012.

BOUVIER (P.), BORN (R.), CUVELIER (B.) et PIRET (F.), *Éléments de droit administratif*, Bruxelles, Larcier, 2013 [2e éd.].

États-Unis

BREYER (S.), *La Cour suprême, l'Amérique et son histoire*, Paris, Odile Jacob, 2011.

GARAPON (A.) et PAPADOPOULOS (L), *Juger en Amérique et en France*, Paris, Odile Jacob, 2003.

LACORNE (D.), *L'Invention de la république. Le modèle américain*, Paris, Hachette, 2008.

ZOLLER (E.), *Les Grands Arrêts de la Cour suprême des États-Unis*, Paris, Dalloz, 2010.

ZOLLER (E.), *Histoire du gouvernement présidentiel aux États-Unis*, Paris, Dalloz, 2011.

Pologne

JAKIMOWICZ (W.) et SERRAN (P.), *Le Pouvoir discrétionnaire. Regards croisés franco-polonais*, Paris, Mare et Martin, 2013.

Royaume-Uni

ANTOINE (A.), *Droit constitutionnel britannique*, Paris, LGDJ, coll. « Systèmes », 2018 [2e éd.].
ANTOINE (A.), *Le Brexit, une histoire anglaise*, Paris, Dalloz, coll. « Le sens du droit », 2020.
BARANGER (D.), *Parlementarisme des origines*, Paris, PUF, coll. « Léviathan », 1999.
BARANGER (D.), *Écrire la constitution non écrite. Une introduction au droit politique britannique*, Paris, PUF, coll. « Léviathan », 2008.
CRAIG (P.), *Administrative Law*, Andover, Sweet and Maxwell, 2008.
HARLOW (C.) et RAWLINGS (R.), *Law and Administration*, Cambridge, Cambridge University Press, 2009.
LE BRETON (J.-M.) (dir.), *France et Grande-Bretagne. Mythes et préjugés. Actes du colloque*, Paris, L'Harmattan, 2009.
STIRN (B.), FAIRGRIEVE (D.) et GUYOMAR (M.), *Droits et libertés en France et au Royaume-Uni*, Paris, Odile Jacob, 2006.

Liste des sigles et des acronymes

ACNUSA	Autorité de contrôle des nuisances aéroportuaires
ADP	Aéroport de Paris
AECG	Accord économique et commercial global
AELE	Association européenne de libre-échange
AFD	Agence française de développement
AFLD	Agence française de lutte contre le dopage
AJTC	Administrative Justice and Tribunals Council
AMF	Autorité des marchés financiers
AMP	Accord sur les marchés publics
ANJ	Autorité nationale des jeux
AOT	Autorisation d'occupation temporaire
APA	*Administrative Procedure Act*
APE	Agence des participations de l'État
ASN	Autorité de sûreté nucléaire
BALAI	Bureau d'abrogation des lois anciennes et inutiles
BCA	*Boards of contract appeals*
BEA	Bail emphytéotique administratif
BCE	Banque centrale européenne
BEA	Bail emphytéotique administratif
CAA	Cour administrative d'appel
CADA	Commission d'accès aux documents administratifs
CAR	Comité de l'administration régionale
CC	Conseil constitutionnel
CCAG	Cahier des clauses administratives générales
CCAP	Cahier des clauses administratives particulières
CCTG	Cahier des clauses techniques générales
CCTP	Cahier des clauses techniques particulières

CDCI	Commission départementale de coopération intercommunale
CEA	Commissariat à l'énergie atomique
CECA	Communauté européenne du charbon et de l'acier
CED	Communauté européenne de défense
CEDH	Cour européenne des droits de l'homme
CEE	Communauté économique européenne
CE	Conseil d'État
CESE	Conseil économique, social et environnemental
CETA	*Comprehensive Economic and Trade Agreement*
CGCT	Code général des collectivités territoriales
CGE	Compagnie générale d'électricité
CGPPP	Code général de la propriété des personnes publiques
CHU	Centre hospitalier universitaire
CJCE	Cour de justice des Communautés européennes
CJUE	Cour de justice de l'Union européenne
CNCCFP	Commission nationale des comptes de campagne et des financements publics
CNCTR	Commission nationale de contrôle des techniques de renseignement
CNDP	Commission nationale du débat public
CNDS	Commission nationale de déontologie de la sécurité
CNEN	Conseil national d'évaluation des normes
CNFPT	Centre national de la fonction publique territoriale
CNIL	Commission nationale de l'informatique et des libertés
CNRS	Conseil national de la recherche scientifique
COB	Commission des opérations de bourse
COM	Collectivité d'outre-mer
CPI	Cour pénale internationale
CRA	*Constitutional Reform Act*
CRE	Commission de régulation de l'énergie
CROUS	Centres régionaux des œuvres universitaires et scolaires
CRPA	Code des relations entre le public et l'administration
CSA	Conseil supérieur de l'audiovisuel
CSDN	Commission du secret de la défense nationale
CSM	Conseil supérieur de la magistrature
CSTA	Conseil supérieur des tribunaux administratifs et des cours administratives d'appel
CTAP	Conférence territoriale de l'action publique
CTEC	Convention territoriale d'exercice concerté
DCRA	Droits des citoyens dans leurs relations avec les administrations
DDAC	Diverses dispositions d'adaptation au droit communautaire
DGE	Dotation globale d'équipement
DGF	Dotation globale de fonctionnement
DOM	Département d'outre-mer
EDF	Électricité de France
EEE	Espace économique européen
ENA	École nationale d'administration
EPA	Établissement public administratif
EPCC	Établissement public de coopération culturelle

EPCE	Établissement public de coopération environnementale
EPCI	Établissement public de coopération intercommunale
EPIC	Établissement public industriel et commercial
Euratom	Communauté européenne de l'énergie atomique
FAR	*Federal Acquisition Regulation*
FEDER	Fonds européen de développement économique et régional
FPE	Fonction publique de l'État
FPH	Fonction publique hospitalière
FPT	Fonction publique territoriale
Frontex	Agence européenne de gardes-frontières et de gardes-côtes
GAO	Government Accountability Office
GDF	Gaz de France
GEC	Groupement eurorégional de coopération
GECT	Groupement européen de coopération transfrontalière
GIP	Groupement d'intérêt public
Hadopi	Haute Autorité pour la diffusion des œuvres et la protection des droits sur internet
Halde	Haute Autorité de lutte contre les discriminations
HAS	Haute Autorité de santé
HATVP	Haute Autorité pour la transparence de la vie publique
ICPE	Installation classée pour la protection de l'environnement
Insee	Institut national de la statistique et des études économiques
Inset	Institut national spécialisé d'études territoriales
JADE	Justice administrative de demain
LCSP	*Ley de contratos del sector publico*
MAFI	Mission d'appui au financement des infrastructures
MAP	Modernisation de l'action publique
MAPA	Marché à procédure adaptée
MOP	Maîtrise d'ouvrage public
Murcef	Mesures urgentes à caractère économique et financier
NAO	National Audit Office
NDPB	*Non departmental public bodies*
OCDE	Organisation de coopération et de développement économiques
OECE	Organisation européenne de coopération économique
OGM	Organisme génétiquement modifié
OIT	Organisation internationale du travail
OMC	Organisation mondiale du commerce
ONG	Organisation non gouvernementale
ONU	Organisation des Nations unies
Oniam	Office national d'indemnisation des accidents médicaux
OVC	Objectif de valeur constitutionnelle
PACTE	Parcours d'accès aux carrières territoriales, hospitalières et de l'État
PAPC	Procédure préalable d'admission des pourvois en cassation
PFI	*Private finance initiatives*
PFRLR	Principes fondamentaux reconnus par les lois de la République
PIB	Produit intérieur brut
PLU	Plan local d'urbanisme
PNR	*Passenger name record*

PPNANT	Principes particulièrement nécessaires à notre temps
PPP	Partenariat public-privé
PPPI	Partenariat public-privé institutionnalisé
QPC	Question prioritaire de constitutionnalité
RAPO	Recours administratif préalable obligatoire
RATP	Régie autonome des transports parisiens
RCB	Rationalisation des choix budgétaires
RGPD	Règlement général sur la protection des données
RGPP	Révision générale des politiques publiques
RIP	Référendum d'initiative partagé
RMI	Revenu minimum d'insertion
ROM	Région d'outre-mer
RSA	Revenu de solidarité active
RTT	Réduction du temps de travail
SCOT	Schéma de cohérence territoriale
SDCI	Schéma départemental de coopération intercommunale
SEC	Securities and Exchange Commission
SEML	Société d'économie mixte locale
SEMOP	Société d'économie mixte à opération unique
SGAE	Secrétariat général des affaires européennes
SGCI	Secrétariat général du comité interministériel pour les questions de coopération européenne
SIEG	Service d'intérêt économique général
SIS	Système d'information Schengen
SIVOM	Syndicat à vocation multiple
SIVU	Syndicat à vocation unique
SNCF	Société nationale des chemins de fer français
SPA	Service public administratif
SPIC	Service public industriel et commercial
SPL	Société publique locale
TA	Tribunal administratif
TAAF	Terres australes et antarctiques françaises
TC	Tribunal des conflits
TCE	*Tribunals, courts and enforcement*
TFUE	Traité sur le fonctionnement de l'Union européenne
TOM	Territoire d'outre-mer
TPICE	Tribunal de première instance de l'Union européenne
TUE	Traité sur l'Union européenne
UEO	Union de l'Europe occidentale
UGAP	Union des groupements d'achats publics
VwVfG	*Verwaltungsverfahrensgesetz*

Liste des abréviations des revues et documents juridiques

AJDA	*Actualité juridique, droit administratif*
BOAMP	*Bulletin officiel d'annonces des marchés publics*
EDCE	*Études et documents du Conseil d'État*
JCPG	*La semaine juridique – Édition générale*
RFDA	*Revue française de droit administratif*
RDP	*Revue de droit public*

Index

Table des matières

DEUXIÈME PARTIE
LA HIÉRARCHIE DES NORMES

CINQUIÈME PARTIE
L'ACTION ADMINISTRATIVE

SIXIÈME PARTIE
LES JUGES DE L'ADMINISTRATION

Cet ouvrage a été mis en pages par

<pixellence>

PEFC 10-31-1895

720417, 721018 - (I) - CSB 80 g - PSP (CDR)
Imprimerie CHIRAT - 42540 Saint-Just-la-Pendue
Dépôt légal : janvier 2021
N° 202012.0240

Imprimé en France